정현에게

몰로토프 회고록 - 스탈린을 위한 변명

초판 1쇄 발행　2018년 9월 20일

역　자 | 이완종
발행인 | 윤관백
발행처 | 도서출판 선인

등록 | 제5－77호(1998.11.4)
주소 | 서울시 마포구 마포대로 4다길 4 곶마루 B/D 1층
전화 | 02)718－6252 / 6257　　팩스 | 02)718－6253
E-mail | sunin72@chol.com

정가　53,000원
ISBN　979-11-6068-206-9　93990

몰로토프 회고록

스탈린을 위한 변명

이 완 종

도서출판 선인

역자서문

이 책은 F. 추예프가 1969년부터 1986년까지 몰로토프와 지속적으로 만나면서 두 사람이 나눈 대화를 주제별로 정리 기록한 것으로, 소연방 해체 직전인 1991년 2월 출간되었다. 책의 원제는 『몰로토프와의 140 대화: F. 추예프의 일기에서(Сто сорок бесед с Молотовым: Из дневника Ф. Чуева)』이다. 17년에 걸쳐 두 사람이 만난 횟수가 140번이었다. 이 책이 초판에 30만 부가 발행된 것이나 그것이 곧 매진되었던 것은 몰로토프의 말에 대한 러시아 사회의 관심이 지대했기 때문이리라. 1991년 12월 소연방 해체와 더불어 자본주의 혁명이 추진되면서 러시아에서 공산주의적 요소들은 완전히 청산되어야 할 사회악으로 취급되었다. 그동안 터부시 되던 레닌에 대한 비판도 본격화되었다. 모스크바 유학 초기, 소비에트 사회주의의 현실 문제에 천착하던 나는 소비에트사에 관한 기존의 해석들, 특히 페레스트로이카 시대에 만연했던 부하린주의적 역사 해석과 선전에 염증을 느끼고 있었다. 1993년 가을 『몰로토프와의 대화』를 서점에서 집어든 나는 몰로토프의 이야기에 몰입했고, 그간 접할 수 없던 정보들로 소비에트 사회에 대한 이해를 넓힐 수 있었다.

『몰로토프와의 대화』를 우리말로 번역하고 싶었던 나는 러시아인 친구의 주선으로 추예프를 만났다. 모스크바 도심 작가동맹 건물 앞 벤치에 앉아 깐깐한 스탈린주의자를 대면한다는 생각에 약간 긴장하기도 했던 나는 곧 실망감을 맛봤다. 책에 실린 사진과 달리 그는 외견상 '–이즘'과 별 관계없어 보이는, 이마가 벗겨진 통통한 중년 남자였다. 책을 번역하고 싶다는 내게 그는 먼저 금전적 조건을 물었다. 프랑스에서 누군가 자신의 허락도 없이 책을 무단으로 번역했다며 투덜대는 그의 모습을 보면서 모스크바의 초여름 화창한 날씨에 고무됐던 나의 기분은 씁쓰레한 마음으로 처져버렸다. 1990년대 중반, 많은 러시아 시민들이 "잔혹한 세월"에 힘겨워했었다.

펠릭스 이바노비치 추예프는 '러시아 전후 세대의 운명'이라는 주제로 여러 편의 시집을 출간한 중견 작가이다. 1941년 아무르 주 스바보드니에서 출생한 그는 대조국전쟁 참전 조종사였던 부친의 영향 때문인지 자기 작품에 애국주의적 시각을 자주 드러냈으며, 1960년대 이후 문단에서 스탈린주의자라는 평판을 얻었다. 그럼에도 그가 대중적으로 유명해진 결정적 계기는 바로 이 책『몰로토프와의 대화』의 출간이었다. 1980년대에 몰로토프가 회고록을 쓰고 있다는 소문이 돌았다. 사실이 아니었다. 하지만 그는 추예프를 통해 자신의 이야기를 남겼고, 그럼으로써 후세 사람들에게 역사의 내밀한 부분을 읽을 수 있게 했다. 추예프는 1999년 4월 고인이 되었다.

뱌체슬랍 미하일로비치 스크랴빈, 즉 몰로토프는 1890년 3월 9일 러시아 뱌트카 성 쿠카르카(현 키로프 주 소비에츠크)에서 태어났다.[1] 어머니 안나 야코블레브나 니에보가티코바는 부유한 상인의 딸이었고, 아버지 미하일 프로호로비치 스크랴빈은 처가에서 운영하는 〈니에보가티코프 형제 상회〉라는 사업체에서 직원으로 일했다.

새로 이주한 놀린스크에서 4년제 소학교를 마친 몰로토프는 뱌트카(현 키로프)의 김나지야에 입학했다가 그 다음 해인 1902년 카잔에 있는 7년제 실업학교로 전학했다. 문학을 섭렵하며 비판적 사회의식에 눈을 뜬 그는 방학 같은 때 본가에 내려와 볼쉐비키 유형자들과 어울렸고, 이는 그가 혁명운동권으로 들어가는 계기가 됐다. 당시 그의 본가가 있던 놀린스크는 유형지이기도 했다. 1906년 여름 그는 러시아사회민주노동당에 입당했으며, 이후 실업학교에서 지하운동서클을 이끌다가 졸업 직전인 1909년 4월 체포되어 볼로그다에서 유형생활을 시작했다. 2년 형기를 마친 그는 1911년 페테르부르크 종합기술대학에 입학했다.[2]

1912년 4월 볼쉐비키당 기관지『프라우다』가 페테르부르크에서 발행되기 시작했다. 스탈린이 볼쉐비키당의 국내 지도기관으로 페테르부르크에 설치된 중앙위원회 러시아 사무국을 이끌면서『프라우다』의 창간을 준비하는 데 지도적 역할을 했다. 이때 몰로토프는 스탈린과 처음 만났다. 하지만 스탈린과 몰로토프 두 사람이 처음부터 친밀한 관계를 형성했던 것 같지는 않다. 스탈린이 1879년 12월생이니 두 사람 간에 10년여의 나이 차이가 있었다. 학생 신분의 활동가였던 몰로토프와 이미 "카프카스의 레닌"이라는

1) 성(губерния)은 러시아제국 시절의 광역 지방행정단위의 이름으로, 소비에트 권력 수립 후인 1923~29년 주(область) 및 변강주(край)로 재편되었다. 참고로, 제국 시절의 지방행정단위인 군(уезд)과 면(волость)은 지구(район)로 대체되었으며, 현재 러시아에서 지구는 공화국, 주 및 대도시에 속한 하위 행정단위이다.
2) 몰로토프는 1910년 유형지에서 실업학교 졸업 검정시험에 합격했다.

명성을 누리던 스탈린과는 당내 지위의 격차도 컸다. 게다가 스탈린은 『프라우다』 창간일에 체포되어 시베리아 유형지로 쫓겨났다.

1914년 가을부터 모스크바에서 당 조직 재건사업에 주력하던 몰로토프는 1915년 여름 체포되어 3년형을 선고받고 시베리아 이르쿠츠크 성 만주르카로 쫓겨났다. 1916년 봄 유형지를 탈출한 그는 페트로그라드로 귀환하여[3] 당 중앙위원회 러시아사무국의 멤버가 됐다.[4]

1917년 2월 23일(신력 3월 8일) 국제 여성의 날에 준비된 시위에 페트로그라드의 노동자, 병사, 시민들이 가세하면서 2월혁명이 시작됐다. 제정이 붕괴되었고, 소비에트와 임시정부가 양립한 이른바 이중권력 상태가 조성됐다. 2월혁명의 와중에 볼쉐비키의 활동은 거의 보이지 않았다. 소비에트 내에서도 볼쉐비키는 소수세력이었다. 이런 상황에서 중앙위원회 사무국 멤버들은 볼쉐비키 조직을 수습하며 『프라우다』를 다시 발행하기 시작했다. 몰로토프는 쉴랴프니코프와 함께 당원들에게 임시정부에 대한 지지를 거부하라고 요구했다.

몰로토프의 활약은 3월 12일에 스탈린이 페트로그라드로 귀환하면서 끝이 났다. 스탈린은 몰로토프를 중앙위원회 사무국과 『프라우다』 편집국에서 쫓아냈다. 입장 차 때문이었다. 소비에트에서 볼쉐비키는 절대소수이며 그런 상황을 타개하기 위해서라도 다수파인 멘쉐비키와의 적절한 협력이 필요하다는 게 스탈린의 지도 노선이었다. 이들의 이견은 레닌이 4월 3일 페트로그라드의 핀란드 역에 도착하면서 종식됐다. 레닌은 사회주의 혁명을 선동했으며, 임시정부에의 지지를 거부하면서 모든 권력을 소비에트로 집중시키라고 요구했다.

1917년 여름 몰로토프는 페트로그라드의 한 아파트에서 스탈린과 함께 살기도 했다. 이것이 그들에겐 상호이해가 확대되고 친해지는 계기가 됐을 것이다. 중요한 것은 두 사람 모두 레닌의 충복이었다는 사실이다. 1917년 10월 몰로토프는 페트로그라드 소비에트 군사혁명위원회 위원으로 활동하면서 10월혁명의 날에는 레닌과 함께 혁명본부인 〈스몰늬〉에 있었다.

---

3) 페테르부르크는 독일과의 전쟁이 시작된 후 러시아적 어감의 페트로그라드로 개칭됐다.
4) 러시아사회민주노동당 중앙위원회 러시아사무국은 당 지도부가 국외에 있는 상황에서 1903년 당 지도기관으로 러시아 내지에 처음 설치되었다. 조직상 부침을 거듭하다 1915년 레닌에 의해 재건되었는데, 1917년 초에는 알렉산드르 쉴랴프니코프, 표트르 잘루츠키, 뱌체슬랍 몰로토프가 그 멤버로 활동하고 있었다.

1918년 초 몰로토프는 페트로그라드 포함 북방 5개 성을 관할하는 인민경제회의 의장으로 임명됐다. 1918년 3월 소비에트 러시아의 수도가 모스크바로 옮겨진 후, 페트로그라드 소비에트 의장 지노비예프는 북방 지역의 최고 권력자가 됐다. 몰로토프는 지노비예프와 좋은 관계를 유지하지 못했던 것 같은데, 1919년 중반 특명전권위원(코미사르) 신분으로 볼가 지역에 파견된 그는 그곳에서 기선 〈붉은 별〉호를 타고 레닌의 처 크룹스카야와 함께 소비에트 권력의 안정을 위해 활동했다. 동년 가을 니제고로드 성 소비에트 집행위원회 의장에 임명된 그는 1920년 9월 우크라이나 도네츠크 성 당위원회 서기로 전보됐으며, 11월에는 우크라이나볼쉐비키공산당 중앙위원회 제1서기로 승진했다. 레닌과 스탈린 덕분이었다.

1921년 봄 제10차 당대회 참석차 모스크바에 온 몰로토프는 러시아볼쉐비키공산당 중앙위원으로 선출됐으며, 이어 중앙위원회 정치국 후보위원과 서기국 서기로 임명되면서 중앙 정치무대에서의 활동을 시작했다. 그는 스탈린을 좌장으로 하는 레닌파의 주요 멤버가 되었다. 당시 중앙위원회 서기국은 사실상 레닌의 비서실이었다. 몰로토프는 1922년 봄까지 서기국의 책임서기로서 레닌을 지근거리에서 보좌했다.

레닌의 사망 후에도 그는 스탈린과 함께했다. 스탈린이 트로츠키와의 노선투쟁 내지 권력투쟁에서 승리하면서 몰로토프는 1926년 정치국원에 임명됐다. 우파와의 투쟁이 전개되던 1928~29년 그는 모스크바 시 당위원회 제1서기가 되어 시당 내 부하린파에 대한 숙청을 주도했다. 이른바 좌파와 우파가 다 몰락한 후 그는 당내 2인자의 지위를 굳혔으며, 1930년 12월 알렉세이 릐코프 후임으로 소브나르콤 의장에 취임했다. 소브나르콤은 소비에트 정부의 내각이었고, 그 의장은 곧 정부 수반을 뜻했다. 그는 충실히 스탈린을 보좌했는데, 1920~30년대 각종 기록은 두 사람의 동지적, 인격적 연대를 확인해준다.[5)]

1939년 5월 소브나르콤 의장 몰로토프는 외무인민위원에 임명됐다. 겸직이었다. 이때부터 1949년까지 그는 소련 외교의 얼굴이 되어 서방세계에까지 그 명성을 넓혀갔다. 1939년 8월 하순 그는 모스크바에서 독일 외무상 리벤트로프와 두 개의 문서에 조인했다. 하나는 독소불가침조약이었고, 다른 하나는 동유럽에서의 영향권 분할에 관한 합의문서였다. 1941년 4월 소련은 일본과 중립조약을 체결하며 극동에서의 군사적 위협을

---

5) 특히 См.: Письма И.В. Сталина В.М. Молотову 1925~1936 гг. (Сборник документов). М., 1995.

경감시켰다. 몰로토프는 독소전, 그러니까 대조국전쟁 직전에 소련이 취한 일련의 군사적 · 외교적 조치들에 직접 관여했으며 대외적으론 그 전면에 있었다.

1941년 5월 몰로토프는 소브나르콤 의장직에서 물러나며 외무인민위원으로서의 임무 수행에 주력했다.[6] 1941년 6월 22일 독일의 침공이 개시되자 그는 당일 정오 라디오 방송으로 전쟁의 시작을 알리면서 "적은 분쇄될 것이며 승리는 우리 것이 될 것"이라고 천명했다. 7월에는 소련 주재 영국 대사 S. 크립스[7]와 반(反)히틀러 상호협력에 관한 협정을 체결했으며, 10월에는 미국의 W. 해리먼,[8] 영국의 W. 비버브룩[9]과 함께 대(對)소련 군수지원에 관한 협정에 서명함으로써 대량의 미제 군수물자가 소련으로 도입되게 했다.

1942년 5~6월 몰로토프는 영국과 미국을 방문했다. 서유럽에서의 제2전선 개설 문제를 매듭짓기 위함이었다. 그는 런던에서 A. 이든[10]과 영소동맹조약에 서명한 후 바로 대서양을 건너 워싱턴으로 날아갔다. 처칠은 제2전선의 개설을 문서로 약속하기를 거절했다. 하지만 미국 대통령을 설득하는 데 성공한 몰로토프는 런던으로 다시 날아가 처칠에게 루스벨트의 서명 문서를 들이댔으며, 그렇게 해서 1942년에 제2전선을 개설하겠다는 영국의 약속을 문서로 받아냈다. 그는 테헤란회담, 얄타회담, 포츠담회담에 참여하며 전후 세계 질서를 구축하는 데 직접 참여했다. 외교 업무와 함께 그는 전시에 탱크 생산을 책임지고 있었다. 1943년 9월 소련 최고회의 간부회 명령 79호에 의거하여 그는 전시 탱크산업의 발전에 기여한 공적을 인정받아 레닌훈장과 함께 사회주의노동영웅 칭호를 받았다. 종전 직후에는 유엔 창설을 합의한 샌프란시스코 회의에 참석했으며, 일련의 미 · 영 · 소 외무장관 회의에서 소련대표단을 이끌었다.

1949년 3월 몰로토프는 외무상에서 해임됐다.[11] 그는 스탈린의 눈 밖에 났고, 이는 그의 아내 젬추지나의 행적과도 연관이 있었다.

폴리나 세묘노브나 젬추지나(본명: 페를 세묘노브나 카르폽스카야)는 1897년 우크라

---

6) 이때 몰로토프 후임으로 스탈린이 소브나르콤 의장이 되었다.

7) 크립스(Richard S. Cripps, 1889~1952)는 1940년 3월~1942년 1월 소련 주재 영국 대사를 지냈다.

8) 해리먼(William Harriman, 1891~1986)은 1943~46년 소련 주재 미국 대사였다.

9) 비버브룩(William Beaverbrook, 1879~1964)은 1941~42년 처칠 내각의 군수(軍需)상이었다.

10) 이든(Anthony Eden, 1897~1977)은 1935~38년, 1940~45년, 1951~55년 세 차례 외상을 지냈고, 1955~57년에는 영국 수상을 역임했다.

11) 1946년 3월 스탈린은 정부 행정부서의 명칭을 인민위원부(Наркомат)에서 미니스트리(Ministry)로 바꿨다. 그에 따라 인민위원은 상(=장관), 소브나르콤(인민위원회의)은 소브민(각료회의)로 개칭됐다.

이나 유대인 가정에서 태어났다. 1910년 담배공장 직공으로 사회생활을 시작한 그녀는 1918년 러시아볼쉐비키공산당에 입당한 후 바로 적군(赤軍)에 입대해 복무했다. 1919년에는 백군(白軍) 치하의 키예프에 잠입하여 지하공작을 수행하기도 했는데, 이때부터 폴리나 젬추지나라는 이름을 사용했다. 내전이 끝난 후 우크라이나공산당 중앙위원회에서 여성분과 지도원으로, 이어 자포로지예 시당 여성국장으로 일하던 그녀는 1921년 봄 페트로그라드에서 열린 국제여성협의회에 참석했다가 몰로토프를 만나 그해 여름 결혼했다. 몰로토프는 당시 많은 당 간부들이 그랬던 것처럼 크렘린 안의 아파트에 살림을 차렸고, 폴리나 젬추지나는 자연스레 스탈린의 처 나데즈다 알릴루예바와 가까이 지냈다.

1926년 플레하노프 인민경제대학 경제학부를 마친 그녀는 일정 경력을 쌓은 후 1936년 식품공업인민위원 대리가 됐으며,[12)] 1939년 1월에는 신설된 수산업인민위원부의 수장으로 취임했다. 스탈린이 임명한 유일한 여성 인민위원이었던 그녀는 1939년 3월 당 중앙위원회 후보위원으로 선출됨으로써 자신의 정치경력에 정점을 찍었다.

1939년 여름 정치국은 돌연 젬추지나의 스파이 접촉설에 관한 문건을 심의했다. 내무인민위원부(엔카베데)에서 올라온 보고는 근거 부족으로 결론 났지만, 정치적으로 적극적이며 사교적이었던 젬추지나는 당 고위간부로서 그런 의심을 살 수 있는 신중치 못한 행동을 했다는 이유로 질책을 받았다. 그녀는 결국 러시아공화국 경공업인민위원부의 섬유공업중추부 책임자로 좌천됐으며, 1941년 2월 당 중앙위원회 후보위원 지위를 상실했다. 당 중앙위원회에서 젬추지나의 후보위원 지위 박탈 여부를 표결할 때, 중앙위원 모두가 그것에 찬성하는 상황에서 몰로토프는 혼자 기권을 했다.

대조국전쟁이 시작된 후 젬추지나는 〈유대인 반(反)파시스트위원회〉 즉 EAK의 활동을 적극 지지하며 그 주요 인사들과 친교를 유지했다. 1942년 2월 조직된 EAK의 임무는 서방세계 유대인들의 반파쇼-친소비에트 활동을 동포의 이름으로 독려하는 데 있었다. 승리가 다가오자 EAK 지도자들은 소련 내 유대인의 지위 문제를 숙고했고, 그 일환으로 크림반도에 유대인자치공화국을 수립하자고 공개적으로 요구하고 나섰다.[13)] 스탈린은

---

12) '대리'는 대리자를 뜻하는 러시아어 '자메스찌쩰(заместитель)'을 옮긴 말인데, 우리식 표현으로 하면, 인민위원 대리는 부(副)인민위원, 의장 대리는 부의장, 위원장 대리는 부위원장이 된다.

13) 크림반도는 역사적으로 타타르인의 땅이었으며, 그곳에는 1921년 수립된 타타르자치공화국이 있었다. 1939년의 인구조사에 의하면 그곳의 타타르인 수는 약 218,000여 명으로 전체 거주자의 19.4%에 달했다. 크림반도는 1941년 말부터 1944년 봄까지 독일군 점령 하에 있었는데, 독일군에 협력했다는 비난을 받은 타타르인들

그것을 국제 시온주의자들의 음모라고 생각했다. 그는 그들이 그곳에 미 제국주의의 전초기지를 마련하여 소비에트 체제를 위협하려는 계략을 꾸미고 있다고 봤다. 1948년 11월 EAK가 해체됐고, 시온주의자들에 대한 탄압이 시작됐다. 이 과정에서 폴리나 젬추지나는 시오니스트 조직과 연계를 맺고 있다는 의심을 받았다.

이미 1948년 5월 러시아공화국 경공업성에서 축출된 젬추지나는 동년 12월 당에서 제명되었다. 스탈린은 몰로토프에게 이혼할 것을 종용했다. 1949년 1월 젬추지나가 체포됐다. 러시아공화국 경공업성 재직 때의 독직 혐의로 5년형을 선고받은 그녀는 2년간 형무소에서 복역한 후 카자흐스탄에 있는 교정노동수용소로 보내졌다.[14)]

1952년 10월 제19차 당대회 직후 열린 중앙위원회 전원회의에서 몰로토프는 당 중앙위원회 간부회 위원으로 선출되긴 했지만, 뷰로에는 들지 못했다.[15)] 이게 사태의 끝이 아니었다. 그때 전원회의 석상에서 스탈린은 몰로토프의 "리코프주의"를 대놓고 비난했다. 몰로토프가 미국의 경제력에 주눅이 들어있으며, 과거에도 곡물 조달과 관련하여 나약한 모습을 보인 적이 있었다는 것이었다. 몰로토프는 절망의 나락에 빠졌다.

1953년 3월 스탈린의 사망과 동시에 몰로토프는 권력 핵심부로 복귀했다. 외무상 몰로토프는 베리야가 제거될 때나 게오르기 말렌코프가 각료회의 의장에서 해임될 때 그 일을 주도한 흐루쇼프를 지지했다. 그러나 흐루쇼프의 정치적 독주가 계속되면서 두 사람의 관계가 악화되기 시작했다. 결정적이었던 것은 1956년 제20차 당대회에서 흐루쇼프가 감행한 비밀연설과 그로 인해 촉발된 동유럽 사태였다. 몰로토프는 흐루쇼프의 스탈린 비판이 누구를 겨냥하고 있는지 이해했다. 그는 폴란드, 헝가리 등에서의 정치적 안정을 위해 흐루쇼프와 함께 행동했지만 흐루쇼프에 대한 비난을 감추진 않았다. 1956년

은 조국을 배신했다는 죄목으로 전원(약 19만 1천여 명)이 우즈베키스탄 등지로 강제 이주를 당했다. 크림자치공화국은 해체되어 1945년 6월 크림 주가 되었다. EAK 지도자들은 "무주공산"이 된 크림에 유대인자치공화국 수립을 청원했던 것이다.

14) 교정노동수용소에 수감되어 있던 젬추지나는 1953년 1월 모스크바로 소환됐다. 이른바 "시온주의자 의사들의 음모"에의 연루 여부를 심문하기 위함이었다. 국가보안성에서 조사에 시달리던 그녀는 스탈린 사망 직후 바로 석방됐다.

15) 제19차 당대회에서 정치국은 간부회(Presidium)로 개칭되어 25명의 위원과 11명의 후보위원이 선출됐다. 그 위에 간부회 뷰로(Bureau)가 신설됐는데, 이는 스탈린, 말렌코프, 베리야, 흐루쇼프, 보로쉴로프, 카가노비치 등 9명으로 구성됐으며, 몰로토프는 거기에서 배제됐다. 1953년 3월 스탈린 사망과 더불어 뷰로가 철폐되었고, 말렌코프, 베리야, 흐루쇼프, 몰로토프, 카가노비치, 미코얀 등 10명의 위원 및 4명의 후보위원으로 중앙위원회 간부회가 새로 구성됐다.

12월 몰로토프는 외무상 자리에서 해임됐다.

몰로토프는 흐루쇼프의 "비(非)레닌주의"로부터 당을 구하고자 했다. 말렌코프, 보로쉴로프, 카가노비치, 불가닌 등의 지지를 규합한 그는 1957년 6월 당 중앙위원회 간부회회의 때 흐루쇼프에게 당 제1서기에서 물러날 것을 요구했으며, 이 제안은 가결됐다. 그러자 흐루쇼프는 이 문제가 당 중앙위원회 전원회의에서 의결되어야 한다고 주장했고, 나흘 후 중앙위원회 전원회의가 소집 개최됐다. 전원회의에서 몰로토프파는 절대소수였다. 130여 명의 중앙위원들 대다수는 흐루쇼프를 지지했다. 스탈린 때는 그들에게 부여한 지위와 권한만큼의, 아니 오히려 그보다 더 큰 책임을 요구했다. 무언가 잘못되었을 때 그들은 생명의 안전조차 보장받지 못했다. 그들은 몰로토프에게서 그런 과거를 기억했다. 몰로토프는 말렌코프, 카가노비치와 함께 〈반당그룹〉으로 낙인찍히며 당 중앙위원회에서 쫓겨났다.

1957년 여름 몰로토프는 몽골 주재 소련 대사로 임명되어 꼬박 3년을 그곳에 있었다. 1960년 9월에는 국제원자력기구 소련대표부 책임자로 임명되어 빈으로 떠났다. 1961년 가을 제22차 당대회에서 흐루쇼프는 공산주의 건설을 목표로 설정한 당 강령을 새로 채택하면서 1980년까지 소련에서 공산주의가 실현될 것이라고 선언했다. 또한 스탈린 비판을 한층 강화했는데, 그 일환으로 붉은광장 한편에 있는 영묘(마우솔레움)에 레닌과 나란히 안치된 스탈린 시신을 반출하여 크렘린 궁 담벽 아래 매장해버렸다. 몰로토프는 그런 흐루쇼프를 대놓고 비판했으며, 결국 1961년 11월 빈에서 소환된 몰로토프는 모든 공직이 박탈됨과 동시에 당에서 제명됐다.

흐루쇼프의 사위 알렉세이 아주베이의 전언에 따르면, 한번은 폴리나 젬추지나가 흐루쇼프를 찾아와 몰로토프의 복당을 요청했다고 한다. 흐루쇼프는 스타니슬랍 코시오르를 비롯한 우크라이나 당지도자들의 아내들이 과거에 무고하게 총살됐던 일을 언급하면서, 몰로토프가 서명 결재한 그 처형명령서를 젬추지나에게 내보이며 물었다. "지금 몰로토프 동무의 복당에 관해 말할 수 있어요? 그를 법정에 세워야 하는 게 아니오?"

야인이 된 몰로토프의 거주지는 모스크바 도심 그라놉스키 거리(현 로마노프 거리)에 있는 한 아파트로 정해졌다. 이미 70이 넘은 나이에 요시찰 대상이었음에도 몰로토프는 나름대로 적극적인 삶의 모습을 보였다. 자주 도서관을 찾았고, 극장에도 갔으며, 산책도 많이 했다. 1966년 몰로토프는 모스크바 근교 주코프카에 있는 국영 다차(별장)를 제공받았고,[16] 1970년 폴리나 세묘노브나가 사망한 후 그곳은 몰로토프의 주된 생활공간이 됐다. 몰로토프는 이런저런 현안에 대한 자신의 생각을 정리 메모했으며, 그것을 당 중앙위원회에 보내기도 했다. 그는 계속하여 자신의 복당을 요청했다. 1984년 당시 소련공산당 서기장 콘스탄틴 체르넨코는 몰로토프에게 직접 당원증을 주며 그간의 서운함을 위로했지만, 몰로토프의 복당 사실이 언론에 보도되지는 않았다.

1986년 6월 폐렴으로 쿤체보 병원에 입원한 몰로토프는 동년 11월 96세를 일기로 사망했다. 그의 몸은 모스크바 도심 노보데비치 묘원에 안장됐다. 그가 남긴 경제적으로 유의미한 재산은 자신의 장례식에 쓰도록 예금통장 안에 넣어둔 500루블뿐이었다.

몰로토프는 창의적 이론가가 아니었다. 그는 실천가였다. 1920년대부터 1940년대까지 스탈린의 최측근으로 일하면서 그의 이론과 전술에 공감했으며, 그것이 갖는 역사적 정당성을 확신했다. 이점에서 몰로토프는 흐루쇼프나 베리야 등과 달랐다. 자기 아내가 〈인민의 적〉으로 몰려 교정노동수용소에서 고초를 겪었어도, 특히 제19차 당대회 이후 자기 일신에 위협을 느끼는 처지에 빠졌어도 그는 자기 소신을 버리지 않았다. 특히 대조국전쟁 시기에 외무인민위원으로 활동했던 그는 소비에트 인민들 사이에 대중적 명성을 누렸으며, 1961년 이후에는 은둔자로서 경외의 대상으로 남았다. 그는 1969년부터 추예프와 정기적인 만남을 유지했다. 1969년이면 그의 나이 80세일 때였다. 인생의 황혼에서 그는 추예프와의 대화를 통해 스탈린을 변호하고 스탈린주의를 옹호했다.

스탈린은 누구이며, 스탈린주의란 무엇인가?

요시프 비사리오노비치 주가쉬빌리, 즉 스탈린은 1879년 12월 그루지야 고리에서 태어났다. 아버지는 제화 장인이었다. 4년제 고리 소학교를 우등으로 졸업한 그는 1894년 9월 티플리스(트빌리시)로 가서 신학교에 입학했다. 당시 자카프카지예, 즉 카프카스 산맥 이남의 그루지야, 아르메니아, 아제르바이잔에는 짜리 정부가 중앙 러시아에서 쫓아낸 유형수들이 다수 거주하고 있었다. 티플리스는 자카프카지예의 중심 도시였다. 그곳에서 신학생 스탈린은 유형수 맑스주의자들과 교류하게 되었고, 그것이 그가 혁명운동권에 들어서는 계기가 됐다. 그들의 영향 아래 그는 맑스와 엥겔스의 저작들을 탐닉하

16) 당 지도부에 다차를 달라고 요청한 이는 폴리나 세묘노브나였다. 그녀는 자신이 당 중앙위원 및 인민위원 출신임을 내세웠고, 결국 각료회의 소관 다차가 제공됐다. 몰로토프를 의식한 결과이기도 했다. 주코프카는 모스크바 외곽순환도로 서단에서 서쪽으로 8~9km 지점에 위치해 있다.

면서 교내 지하서클 활동을 주도했으며, 1898년 여름엔 그루지야 최초의 사회민주주의 조직인 〈메사메-다시〉[17]에 가입했다.

1899년 5월 신학교에서 제적된 스탈린은 노동운동에 몰두하다가 1902년 4월 체포됐다. 옥중에서 러시아사회민주노동당 카프카스연맹 위원으로 선출된 그는 결국 이르쿠츠크 지방의 유형지 발라간스크로 추방되었다.

스탈린은 『이스크라』를 통해 레닌에 대해 알기 시작했다고 한다.[18] 레닌의 화두는 혁명이었으며, 그런 뜻에서 레닌주의 이론의 등장은 1902년 출간된 『무엇을 할 것인가?』에서 확인된다. 맑스주의란 완전한 혁명이론이라고 주장하며 레닌은 멘쉐비즘적 경제주의를 비판했고, 그것은 게오르기 플레하노프의 입장에도 부합했다. 하지만 플레하노프가 사회주의 운동에서 인텔리겐치야의 지도적 역할을 강조한 데 반해 레닌은 혁명가 정당을 요구했다. 레닌은 아르키메데스의 아포리즘을 바꿔 이렇게 외쳤다. "우리에게 혁명가 조직을 달라. 그러면 우리는 러시아를 뒤엎을 것이다." 그것은 직업혁명가들로 구성된 폐쇄적이고 강력한 중앙집권적 조직으로, 활동의 비밀성과 규율성이 필수적이었다.

레닌에게서 희망을 발견한 스탈린은 볼쉐비크가 됐으며 직업혁명가로서의 삶을 자신의 소명으로 생각했다. 1904년 초 유형지를 탈출하여 티플리스로 잠입한 그는 자카프카지예에서 레닌의 주장을 옹호하고 실천하면서 "레닌주의자"로서 두각을 나타내기 시작했다.

1905년 첫 번째 러시아 혁명 때 트로츠키가 페테르부르크 소비에트를 이끌면서 20대 중반의 나이에 혁명지도자로서 전국적 명성을 누리고 있을 때, 그와 동갑인 스탈린은 변방 그루지야에서 쓰고 토론하고 때론 연설하면서 레닌의 노선을 대변했다. 이런 활동은 레닌과 스탈린 두 사람의 만남으로 이어졌다. 1905년 12월 핀란드 탐페레에서 열린 볼쉐비키 분파모임에 참석한 스탈린은 레닌과 처음 대면했으며, 곧 이어 1906년 4월 스톡홀름에서 열린 러시아사회민주노동당 제4차 대회에서 두 번째 만남을 가졌다.

스톡홀름에서 티플리스로 돌아온 후, 1906년 7월, 스탈린은 후배 알렉산드르 스바니제의 누이 예카테리나와 정교회 성당에서 결혼식을 올렸다. 1907년 3월 아들 야콥이 태

17) 제3그룹이라는 뜻의 〈메사메-다시〉는 1893년 자카프카지예에서 처음 등장한 사회민주주의 조직으로, 1898년 러시아사회민주노동당에 흡수 편입됐다.

18) 레닌, 마르토프, 플레하노프 등의 주도로 1900년 12월부터 서유럽에서 발행되었던 지하신문으로, 러시아사회민주노동당의 기관지 역할을 했다. 1903년 여름 제2차 당대회 이후 레닌은 『이스크라』 편집국에서 배제되었다.

어났으나, 1907년 12월 예카테리나가 돌연 사망함으로써 고단한 직업혁명가의 삶에 그나마 위안을 주었던 그의 결혼생활은 짧게 끝났다.

1907년 봄 스탈린은 런던에서 열린 러시아사회민주노동당 제5차 대회에 티플리스 당 조직의 대의원 자격으로 참석했다. 런던에서 레닌과 그가 무슨 대화를 나눴는지는 확인할 수 없지만, 이 무렵 그가 자카프카지예 볼쉐비키의 중심인물이자 레닌의 심복으로 활동했다는 것은 분명한 사실로 보인다. 영국에서 귀국한 후 그는 주 활동무대를 바쿠로 옮겼으며, 기존 선전사업과 조직사업에 더해 새로운 임무를 수행했다. 스탈린은 레닌파의 재정문제 해결을 위한 “수탈자에 대한 수탈” 작전에도 가담했는데, 이 맥락에서 유명했던 사건이 1907년 6월 티플리스에서 국고 자금을 강탈한 일이었다. 러시아국립은행 티플리스 지점으로 향하는 현금호송 마차를 습격해서 조달된 거금 25만 루블은 레닌의 금고로 들어갔다.

대략 1907~08년 이후 러시아는 스톨리핀의 개혁정책과 세계경제 호황을 배경으로 공업의 비약적 성장을 구현하면서 자본주의 발전의 전성기를 구가했다. 그 결과 국내 사회정치적 안정이 이루어지면서 혁명운동이 퇴조기에 접어들었다. 유럽의 망명지에서 러시아 사회민주주의자들은 대립과 반목 속에 결집된 힘을 상실해 갔다. 1908년 3월 또다시 체포된 스탈린은 이후 유형지에서의 탈출과 체포를 반복하면서, 혁명운동의 불씨를 살리기 위한 방안으로 당 기관지의 발행 및 외국 소재 당 지도부의 국내 귀환을 부단히 요구했다.

레닌은 1912년 초 프라하에서 자파만의 협의회를 열고 러시아사회민주노동당과 분리된 볼쉐비키당을 창당했다.[19] 레닌, 지노비예프, 스탈린 등이 당 중앙위원으로 선출됐다. 협의회 결정사항 중 하나가 러시아 내지에서 볼쉐비키 신문을 발행하는 것이었다. 연락을 받고 유형지에서 탈출한 스탈린은 1912년 4월 10일경 페테르부르크로 잠입했고, 중앙위원회 러시아사무국을 이끌면서 당 기관지 『프라우다』의 창간을 준비했다. 그러나 『프라우다』 창간호가 나온 4월 22일에 그는 다시 체포됐으며, 이번에는 시베리아 톰스크 쪽으로 압송됐다.

---

19) 당시 레닌은 러시아사회민주노동당이라는 당명을 그대로 사용했다. 그러다가 멘쉐비키와의 구별을 위해 1917년 5월 러시아볼쉐비키사회민주노동당(РСДРП(б))이라는 명칭을 쓰기 시작했고, 이는 10월혁명 후인 1918년 3월 러시아볼쉐비키공산당(РКП(б))으로 변경되었다. 이것이 소연방 출범 후인 1925년 12월에 전연방볼쉐비키공산당(ВКП(б))으로, 1952년 10월에 소련공산당(КПСС)으로 바뀌었다.

1912년 6월 레닌은 파리에서 러시아제국의 국경에 인접한 크라쿠프로 이주했다. 유형지를 탈출하여 페테르부르크에 잠입한 스탈린은 1912년 말 크라쿠프를 두 차례 방문하여 레닌을 만났다. 그 무렵 레닌은 유럽과 러시아에서의 부르주아 민족주의의 성장을 걱정하고 있었다. 당시 오스트로-맑시스트들은 "문화적 자치"라는 구호 아래 민족적 분리주의를 주창하고 있었다. 레닌과 스탈린의 대화는 "사이비 사회민주주의자들"의 부르주아적 본질을 폭로할 수 있는, 볼쉐비키만의 민족이론을 마련하자는 합의로 귀결됐다. 레닌은 스탈린을 오스트리아 빈으로 보냈고, 1913년 초 스탈린은 그곳에서 『맑시즘과 민족문제』를 썼다. 민족자결권 및 각 민족의 지역자치권 보장을 근간으로 하는 『맑시즘과 민족문제』의 기본 테제는 민족문제에 관한 볼쉐비키당의 강령이 됐다.

페테르부르크로 돌아온 스탈린은 레닌의 지시에 따라 『프라우다』 편집국의 재편에 착수했다. 그는 이론과 실천 양면에서 볼쉐비즘에의 헌신을 입증했으며, 레닌은 그를 신뢰했다. 하지만 1913년 2월 하순 다시 체포된 스탈린은 4년형을 선고받고 시베리아 예니세이 강 중하류쯤에 있는 오지로 쫓겨났다. 희망이 없던 유형지 생활에서 그를 구원한 것이 2월혁명이었다.

스탈린은 2월혁명 발발 보름 후인 1917년 3월 12일 페테르부르크로 귀환했다. 앞서 언급한 것처럼, 중앙위원회 사무국과 『프라우다』 편집국을 접수한 그는 멘쉐비키와의 협력을 지향하는 새 지도 노선을 추구했다. 그러나 레닌은 4월 3일 페트로그라드에 도착해 "사회주의 혁명 만세!"를 외치며 「4월테제」를 공표했다. 레닌은 혁명이론 상의 입장을 바꾼 자신에게 항의하는 볼쉐비키 당원들에 대해 낡은 볼쉐비즘을 버리라고 일갈했다. 이렇게 말이다. "나의 친구 이론이여! 그대는 잿빛이나, 영원한 생명의 나무는 푸르도다!" 스탈린은 즉각 레닌을 지지하고 나섰다.

레닌은 과거에 자신이 열심히 비판했던 트로츠키의 영구혁명론을 수용하여 러시아에서 사회주의 혁명을 하자고 주장하였다.[20] 그는 원래 연속혁명론에 의거하여 노동자·농민의 혁명적 민주독재 체제의 수립을, 즉 노동자·농민에 의해 통제 관리되는 부르주

20) 영구혁명론은 세계 자본주의라는 명제에 의거하는 국제주의적 입장에서 러시아에서의 프롤레타리아 독재 권력의 수립을 역설한다. 트로츠키는 이미 1905년 러시아 혁명 때 노동자 정부의 수립을 선동하였는데, 이는 서유럽 선진국에서 사회주의 혁명이 곧 성공할 것이라는 확신을 전제로 했다. 즉, 트로츠키는 러시아에서 사회주의 정권이 수립되더라도 서유럽 프롤레타리아트의 지원이 없이는 러시아 노동자 권력이 몰락할 수밖에 없다는 투기적 내지 모험주의적 예상을 피력하였다.

아 민주주의 정권의 수립을 러시아 혁명의 1차적 목표로 설정하고 있었다. 그러다가 자신의 제국주의론을 통해 낡은 볼쉐비즘에서 새 볼쉐비즘으로의 이론적 발전을 이루었는데, 그에 의하면 제국주의는 "프롤레타리아 사회혁명의 전야"이며, 그런 뜻에서 러시아에서 부르주아 혁명은 시대착오적 과제였다. 트로츠키는 레닌이 국제주의자가 됐다고 평가했고, 트로츠키파는 볼쉐비키당에 합류했다. 1917년 7월사태 이후에는 핀란드로 피신한 레닌을 대신해 스탈린이 당을 관리했으며, 트로츠키를 중심으로 임시정부의 전복을 위한 무장봉기, 즉 10월혁명이 준비됐다.

10월혁명 후 스탈린은 볼쉐비키 정부, 즉 소브나르콤에서 민족문제인민위원부의 수장이 되었다. 물론 그것만으로 그의 정치적 위상을 평가하면 안 된다. 그는 처음부터 권력의 핵심에 있었다. 10월혁명 직후 당 중앙위원회는 레닌, 트로츠키, 스탈린, 스베르들로프 4인에게 모든 긴급 문제의 결정권을 부여했다. 하지만 스베르들로프는 전러시아 중앙집행위원회 의장으로서의 업무로 인해 긴급회의에서 멀어져 갔으며, 트로츠키의 증언처럼, 결국 3인방이 당 최고지도부를 구성하게 됐다. 물론 세 사람의 관계는 대등하지 않았다. 레닌은 트로츠키를 정치적으로 인격적으로 나름 예우했지만, 스탈린에 대해서는 자신의 심복으로 취급했다.

1918년 봄 레닌의 지시로 스탈린은 소비에트 러시아의 헌법을 제정하는 일에 착수했다. 민족문제인민위원으로서 연방제적 국가체계를 조직해가던 그에 적합한 임무였다. 1918년 7월 공포된 러시아소비에트연방사회주의공화국(PCФCP) 헌법과 1924년 1월 공포된 소비에트사회주의공화국연방(CCCP) 헌법은 모두 그의 손을 거친 작품이었다. 1918년 6월부터 약 2년 동안 그의 활동은 볼쉐비키 정권의 구원을 위해 필수적인 과제들 및 내전 상황에서 발생하는 최우선 과제들의 해결에 집중되었다. 식량문제 해결을 위해 곡창지대인 북카프카스의 관문 차리친[21]으로 급파되었던 그는, 내전이 시작되면서, 군사적 위기 상황의 해결을 위해 뱌트카, 페트로그라드, 스몰렌스크, 쿠르스크, 하리코프 등으로 급파되었다. 독자적으로 군사전략과 전술을 제시, 운용했던 그는 공화국혁명군사회의 의장 트로츠키와 자주 대립했다. 레닌에게 스탈린은 "어떤 자리에도 유용한 사람"이었다. 이 무렵 스탈린은 우리 감사원에 해당하는 국가통제인민위원부 수장이기도 했다.

21) 차리친은 후에 스탈린그라드로 개칭되었으며, 지금은 볼고그라드로 불린다.

스탈린은 이른바 워커홀릭이었다. 자의였든 타의였든 그는 일에 파묻혀 살았다. 직함의 수와 업무량에 비례해 권력도 커져갔다. 1918년 중반, 38세의 스탈린은 자신보다 22살이나 어린 나데즈다 알릴루예바와 살림을 차렸다. 1921년에 아들 바실리, 1926년에 딸 스베틀라나가 태어났지만, 1932년 11월 나데즈다가 돌연 자살함으로써 그의 두 번째 결혼생활도 불행으로 끝났다.

1922년 봄 레닌이 스탈린을 당 중앙위원회 서기국의 책임자, 즉 서기장으로 앉혔던 것은 자신의 권력을 보다 강화하려는 포석의 일환이었다. 정치국원이며 조직국의 좌장이며 민족문제인민위원이며 감찰기관인 노농감독인민위원부의 수장인 스탈린은 "서기장이 되고서 무한한 권력을 자기 수중에 넣었다"는 말을 듣기도 했다. 물론 서기장이 레닌을 보좌하는 자리인 까닭에, 레닌의 유고가 스탈린의 권력을 더 강화시켰을 수 있다. 하지만 분명한 것은 당시 서기장이라는 형식보다 스탈린이라는 내용이 당내 권력관계에 더 중요하게 작용했다는 사실이다. 레닌의 권력도 소브나르콤 의장이라는 직책보다 당 최고지도자로서의 권위에 근거했다.

1922년 5월 레닌이 뇌혈관 질환으로 쓰러지고, 약 1년 후 그가 회생불능 상태에 빠지면서 정치국 내의 트로츠키, 스탈린, 지노비예프, 카메네프 사이에 네프(신경제정책) 3년차에 대한 처방을 둘러싼 이견과 대립이 표출됐다. 트로츠키는 10월혁명 지도자로서의 대중적 명성과 공화국혁명군사회의 의장 및 군사인민위원으로서의 권위를 누리고 있었지만, 당내에선 비주류 세력을 대표했다.

1924년 봄 스탈린은 『레닌주의의 기초』를 통해 일국사회주의론을 제시하며 네프를 정당화했다. 사실 러시아에서 사회주의 혁명이 가능하다는 영구혁명론의 주장도 정통 맑스주의적 관점에서 보면 "헛소리"일 수 있었다. 그런데 스탈린은 한 걸음 더 나아가, 국가권력을 장악한 서유럽 프롤레타리아트의 지원 없이도 러시아에서 노동자·농민의 제휴를 통해, 즉 네프를 통해 사회주의 건설이 가능하다고 주장했다.[22] 트로츠키의 입장은 1921년에는 농민에게의 양보정책, 즉 네프가 노동자 정권의 유지를 위해 불가피했지만 이제는 사회주의 부문을 최대한 강화하며 서유럽의 사회주의 혁명을 기다려야 한

---

22) 영구혁명론은 10월혁명의 이념적 지주였으며, 그것이 볼셰비키 당원들의 사고를 지배했다. 10월혁명 후 국가자본주의, 전시공산주의, 네프로 이어진 정책은 그런 사실을 반증한다. 문제는 서유럽 혁명이 부재한 상태에서 네프의 정체성을 놓고 발생한 이견에 있었다. 스탈린은 일국사회주의론으로 서유럽 혁명에 대한 러시아 혁명의 종속성을 거부하며 영구혁명론에서 도출되는 기회주의나 패배주의를 일소했다.

다는 것이었다. 공업독재론은 그런 생각의 발로였으며, 결국 그는 네프의 무분별한 확대를 반대했다. 그런데 스탈린은 사회주의적 축적이라는 개념에 의거하여 네프를 계속 확대해갔다. 비사회주의적 혼란이 점증하긴 했어도 국가재정은 안정되어 갔다.

1925년경 네프는 농촌에서 토지 임대 및 노동력 고용이 허용될 정도로 발전해 있었다. 트로츠키를 반대하던 지노비예프와 카메네프조차 이제는 트로츠키와 연대하여 스탈린의 노선을 비판하기 시작했다. 레닌주의에 반하는 정책이라는 것이었다. 크룹스카야도 가세한 이른바 연합반대파는 일국사회주의론을 집중적으로 비판했으며, 트로츠키는 스탈린의 정책을 테르미도르적 반동이라 평가했다. 스탈린은 1927년 말 트로츠키, 지노비예프 등을 당에서 축출하고서야 반대파의 집요한 비판에서 벗어날 수 있었다.

1925년 말 스탈린은 공업화를 사회주의 건설의 총노선으로 확정했다. 공업에의 집중적 투자와 함께 비약적인 공업 발전이 도모되었다. 반면 농업의 성장세가 둔화되자 그는 1927년 말 제15차 당대회에서 농업집단화를 당의 총노선에 추가했다. 동시에 경제계획의 원리를 강조했는데, 1929년 5월 확정된 인민경제 5개년계획은 계획기간 중 공업 136%, 농업 55%, 국민소득 103%의 증대를 예상했으며, 특히 중공업 생산의 경우 3.3배 성장을 목표로 하면서 총투자 자본의 78%를 생산수단의 생산 분야에 집중시켰다.

문제는 농업에 있었다. 중공업으로 편중된 자본 투자의 결과 경공업 제품의 만성적 상품기근이 발생했으며, 결국 도시와 농촌 간의 상품교환이 마비되었다. 1928년 초 도시민과 병사의 급양 및 수출을 위한 곡물 조달이 계획에 한참 미달하자 스탈린은 내전 때 시행되었던 무보상적 곡물 징발을 전국에서 감행했다. 특히 공업 발전에 필요한 기계 설비를 수입하기 위한 수출용 곡물이 확보되지 못하면 경제계획이 붕괴될 수 있었다. 부하린 등 우파는 즉각 반발했다. 그들은 사태의 원인이 스탈린의 중공업 우선 정책에 있다고 비난하며, 노동자·농민의 제휴란 공업과 농업의 균형발전 아래서 가능한 것이라 주장했다. 농민에게의 더 많은 양보를 요구하는 우파에게 스탈린은 "사회주의로 진행함에 따라 계급투쟁이 격화되는 법"이라고 답했다.

1929년 봄 스탈린은 곡물 조달 전선에서 재현된 위기상황에 직면하여 농업집단화 계획을 전면적으로 추진하라고 지시했다. 우파에 대한 조직적 탄압에 병행하여 각종 공장과 건설현장 등에서는 "자본주의 국가들을 따라잡고 추월하자!"는 슬로건 아래 "사회주의적 경쟁을 조직하자!"는 캠페인이 대대적으로 전개되었다. 트랙터 생산이 독려되고 농촌에 기계·트랙터관리창이 설치되는 가운데, 1929년 가을부터 곡물 조달은 노골적인 부농해체정책과 함께했다. 한 연구에 따르면, 160만 명이 넘는 부농 가족이 농촌에서 쫓겨났다. 농업집단화는 1932년 가을 완료되었으며, 이로써 스탈린은 콜호즈(집단농장)라는 "거대한 곡물공장"을 확보하는 동시에 노동자와 집단농장원을 계급적 기본 축으로 하는 새로운 소비에트 사회를 완성했다.

1929년 10월 이후, 미국을 위시한 서방세계가 대공황의 여파로 휘청거리고 있을 때 소련에서는 나라의 지리를 바꾸는 공업화의 대역사가 전개되고 있었다. 스탈린은 급속한 공업화에 소련의 희망이 있다고 생각했다. 1931년 2월 그는 "소련이 선진국들에 비해 50~100년을 뒤져 있으며 이 간격을 10년 내에 극복하지 못하면 소련은 그들에 의해 분쇄될 것"이라고 말했다. 공업의 성장은 눈부셨지만 농업이 문제였다. 트랙터 등 대규모 영농에 필요한 농기계들이 부족한 상태에서 전면적 집단화의 후유증은 컸다. 1931~32년은 1920년대 중반 이래 농업 생산이 최대로 감소한 시기였다. 그래도 스탈린은 연차 계획에 따른 곡물 조달을 명령했으며 곡물 수출도 계획대로 감행했다. 특히 1932년 농촌에서는 대규모 기근이 빚어져 우크라이나, 북카프카스 등에서 아사자가 속출했으며, 사태는 농업의 실패를 확증하는 듯했다. 잔존 반대파 세력의 스탈린에 대한 비판이 확산되었다.

그러나, 1933년 한 해의 풍작은 소비에트 사회의 분위기를 완전히 바꾸어 놓았다. 도시와 군대로 공급될 식량과 수출 곡물이 계획대로 확보되었으며, 농촌에서는 기계화된 대규모 영농이 그간의 폭압적 질서를 대치했다. 1934년 말에 식량배급제가 폐지된 것은 공업과 농업 및 상업을 포괄하는 소비에트 경제체제가 안정적으로 작동하기 시작했음을 의미했다.

스탈린은 공업과 농업의 성공을 통해 〈인민의 영도자〉로 우뚝 섰다. 그는 1934년 초 제17차 당대회에서 "사회주의의 승리"를 선언했으며, 경제가 안정되면서 그에 대한 개인숭배가 본격 시작되었다. 트로츠키가 국외에서 스탈린을 계속 비난하고 있었지만, 좌우를 막론하고 옛 반대파 지도자들은 이구동성으로 스탈린의 리더십을 칭송했다. 스탈린은 인민경제의 발전을 위해 자본주의적 경영요소들의 도입도 마다하지 않았다. 1935년 가을부터 그는 스타하노프 운동을 대대적으로 고취하며 인민들의 사회주의 발전 열기를 고조시키기 위해 노력했다.

문제는 외부에서 제기되었다. 제17차 당대회에서 스탈린은 나치독일과의 전쟁 가능성을 언급하며 이에 대비할 것을 당원들에게 촉구했다. 히틀러는 이미 1925년에 출간된 『나의 투쟁』에서 독일 민족의 레벤스라움 확보를 위한 동방정책, 즉 러시아 정벌의 당위성을 공공연히 강조했었다. 이런 상황에서 1934년 말에 발생한 키로프 암살사건은 스탈린에게 특별한 정치적 결단을 내리게 했다. 레닌그라드는 원래 지노비예프의 "영지"였다. 1926년 지노비예프 후임으로 자신의 심복 키로프를 레닌그라드 시/주 당위원회 제1서기로 임명했던 스탈린은 키로프 암살을 이미 축출된 지노비예프파의 조직적 범죄로 간주했으며, 소위 "12월 1일자 법"을 제정하며 소비에트 권력에 도전하는 세력을 응징하겠다는 각오를 나타냈다. 그 법에 의하면, 테러 행위와 관련된 사건은 수사 시작 후 10일 이내에 소추되어야 하고 재판은 비공개로 진행되며 판결에 불복한 항소도 허용되지 않으며, 특히 총살형이 선고된 경우에는 형이 즉각 집행되어야 했다.

1934년 말부터 1937년 초까지 지노비예프파, 트로츠키파, 노동자반대파, 부하린파 등 과거의 반대파 인사들이 체포되거나 처형되었다. 그러다가 1937년 2월 스탈린은 당 간부진의 단련을 위해 최고위에서 말단에 이르기까지 당서기의 전면적 점검과 교체를 요구했으며, 1937년 7월에는 사회 내 반(反)소비에트 분자들에 대한 체포와 처형을 지시했다. 〈인민의 적〉을 색출 제거하는 "광란"이 1938년 여름까지 지속되었다. 대숙청의 목적은 독일과의 전쟁을 목전에 둔 상황에서 볼쉐비즘으로 무장하여 일치단결된 소비에트 사회를 만들기 위함이었다.

1930년대 후반 스탈린이 건설한 소비에트 사회주의의 본질은 국가사회주의이다. 그는 맑스·엥겔스의 국가소멸론을 부정했다. 자본주의의 포위 상태에 놓인 사회주의가 외부로부터 침공 위협을 받는 상황에서 사회주의 국가의 소멸은 어불성설이라는 것이었다. 소비에트 사회에는 화폐 등 비사회주의적 요소들이 존속하고 있었다. 그는 이들을 한낮 수단으로 간주하면서 이들의 사회주의성이 사회주의 국가권력으로 보장된다고 주장했다. 국가의 사회주의성은 당에 의해, 당은 당 간부에 의해, 간부들의 사회주의성은 영도자에 의해 담보되는 위계구조가 소비에트 사회주의의 본질이었다. 즉, 소비에트 사회의 사회주의성은 결국 스탈린이 담보하는 셈이었다.

1941년 6월 22일 독일의 침공으로 시작된 대조국전쟁은 1945년 5월 8일 종료되었다. 2,600만 이상의 인명과 국가적 부의 약 30%를 상실하는 등의 엄청난 희생을 치르고서 얻어낸 승리에서의 수훈갑은 단연 스탈린이었다. 지금 모스크바 도심 한복판에 대조국 전쟁의 영웅 게오르기 주코프의 동상이 세워져 있지만, 리더십의 측면에서 승리의 기념비는 이미 1930년대부터 파시즘과의 전쟁에 대비했고 전방과 후방을 엮어가며 전쟁을 총지휘했던 스탈린의 몫으로 돌려져야 한다.

전후 〈인민의 영도자〉로서의 정치적 권위가 크게 고양된 스탈린은 1946년 2월 전쟁 이전의 정책들이 갖는 역사적 정당성을 역설하면서 앞으로도 과거와 같은 정책이 추진될 것이라고 했다. 물론 그 정책은 '사회주의의 완전한 승리'라는 전략 목표에 종속되는 것이었다. 중공업 위주의 경제발전 5개년계획이 새로 수립되었고, 자본주의의 포위에서 벗어난다는 대외 정치적 목표가 추구되었다. 그것은 적군이 엄청난 희생을 치르며 해방시킨 동유럽 나라들이 예전과 같은 "반공주의적 방역선"이 아니라 소련에 우호적인 지대로 변경되어야 함을 의미했다. 냉전이 본격화되면서 소련공산당의 군사적 교리는 "죽어가는 자본주의-제국주의"와 사회주의 간의 마지막 결전의 불가피성을 선전했으며, 소비에트 사회는 전투적 분위기로 충만하여 병영 사회주의적 특징이 최대로 고양되었다. 미국의 군사적 위협이 현실이 된 상황에서 그러한 분위기는, 스탈린이 보기에, "인민들이 자신의 미래를 위해 투쟁하는 데" 유익한 것이었다. 실제로 소비에트 사회는 전쟁으로 인한 피해를 빠르게 복구했다. 1947년 12월에 소련은 전쟁에 참여했던 유럽 국가들 가운데 가장 먼저 식량 등에 대한 배급제를 폐지했다. 과거와 같은 정책, 과거와 같은 인민들의 혁명적 열정을 통해 신속히 사회경제적 안정이 이루어졌다.

소비에트 국가사회주의 체제 하에서 스탈린은 국가였으며 그 자신이 곧 사회주의였다. 정치, 경제, 사회, 문화 등 소비에트 사회 각 분야의 거의 모든 문제가 스탈린으로 통했다. 그가 말년에 쓴 언어학 논문, 경제 관련 논문 등을 보면 그의 정신적 에너지가 유지되고 있음이 분명했지만, 그의 육체적 노화와 더불어 스탈린이즘의 노쇠화 현상도 뚜렷이 나타났다. 1940년대 후반부터, 인민들에게 "혁명운동의 목표를 인식하는 힘과 미래에 대한 확신, 일에 대한 신념, 그리고 과업의 승리에 대한 믿음"을 제공하는 이론은 더 이상 제시되지 않았다. 대신, 일부 지식인들 사이에서 유행한 세계시민주의에 대한 반대 캠페인, "퇴폐적 모더니즘"과 "부르주아 귀족주의적 미학"에 대한 비판, 그리고 민족주의 혐의에 대한 가혹한 처벌(레닌그라드 사건) 및 유대인들의 시온주의적 지향에 대한 탄압 등에서 알 수 있듯이 국가사회주의 권력은 교조적인 이념적 원칙에 대한 훼

손을 용납하지 않았다. 세계 혁명의 문제와 관련해서도 뚜렷한 진전이 없기는 마찬가지였다. 미국의 봉쇄정책에 직면하여 스탈린은 자신의 영향력 하에 있는 인민민주주의 국가들에 대한 통제를 강화하면서, 미국과의 불필요한 대결을 피하기 위한 정치적 조심성을 발휘할 수밖에 없었다. 물론 한국전쟁의 경우를 통해서도 짐작할 수 있듯이, 그는 결코 제국주의자들에게 일방적으로 양보하거나 굴복하려 하지 않았으며 소모적인 대립도 마다하지 않았다.

1953년 3월 5일 스탈린이 사망하자 대다수 소련 인민들은 큰 충격 속에서 영도자를 애도했다. 그러나 당 간부들, 특히 영도자의 측근들은 속내가 복잡했다. 한편으론 스탈린 없는 소련의 미래에 불안감을 느끼기도 했지만, 다른 한편으론 자신에게 드리워져 있던 다모클레스의 칼이 제거된 것에 안도했다. 평소 그들은 자신이 누렸던 지위와 권한 이상의 책임을 스탈린으로부터 요구받았고, 만약의 경우 자신의 생명조차 보장받지 못했다. "사회주의의 최후 보증인"이 사라지자 베리야, 흐루쇼프, 말렌코프 등을 위시한 그의 후계자들은 개혁을 말하기 시작했으며, 그것은 국제정치적 영역에서 스탈린주의적 도그마를 해체하는 것부터 시작되었다.

스탈린주의란 기본적으로 일국에서의 사회주의 건설, 나아가 사회주의의 완전한 승리를 위한 이론과 전술이며 전략이다. 스탈린은 자신이 구축한 국가사회주의 체제의 화신이었으며, 그 체제로 자본주의 진영에 정치적·군사적 위협을 가하며 사회정책상 변화를 강요하기도 했다. 20세기 인간사에 있어 스탈린만큼 강력하고 광범위한 권력과 영향력을 행사한 사람도 없을 것이다. 그런 점에서 스탈린의 이념과 정치, 나아가 인간됨을 이해하는 것은 현대사 공부에 유용한 계기가 된다. 이 책은 이론서가 아니다. 몰로토프가 전하는 이야기에 주를 이루는 것은 러시아 혁명 및 스탈린의 정치에 관련된 그 자신의 경험과 생각이다. 그런 이유로 이 책의 제목을 『몰로토프 회고록』으로 정하고 여기에 '스탈린을 위한 변명'이라는 부제를 달았다. 스탈린에 관한 많은 책이 있지만 정작 스탈린 자신의 증언이 없는 상황에서 몰로토프가 전하는 이야기는, 그의 변명과 무관하게, 소비에트사를 전공하거나 그에 관심이 있는 분들의 지적 욕구에 나름 부응하리라는 것이라는 것이 역자의 생각이다.

번역상의 문제와 관련하여 부연하자면, 몰로토프는 대화할 때 상대에게 존칭을 썼다. 추예프에게도 "븨(Вы)"라고 했지 "띄(Ты, =너)"라고 칭하지 않았다. 10월혁명 후 소비에트 러시아에서 동무라는 말이 널리 유포되어 레닌과 스탈린도 레닌 동무, 스탈린 동무라고 불렸지만, 상대를 예우하여 칭할 때는 흔히 러시아 전통에 따라 이름과 부칭을 사용하였다. 몰로토프에 대해서라면 "뱌체슬랍(이름) 미하일로비치(부칭)"라고 부르는 것이 예법에 맞다. 하지만 몰로토프가 50세 이상이나 나이가 적은 추예프를 매번 "펠릭스 이바노비치"라고 부르는 것도 어색한 일이다. 몰로토프는 그를 추예프 동무라고 불렀다. 결국 서로 "븨"라고 칭했지만 의미는 균등하지 않았으며, 그래서 이 책에서는 우리말 어감에 맞추어 "븨"가 몰로토프에 해당하면 의장님(그는 소브나르콤 의장을 지냈다)으로, 추예프에 해당하면 동무로 옮겨 표기했다. 몰로토프는 동무라는 말에 아주 익숙했던 사람이다.

2018년 7월 24일

이 완 종

저자 서문

…벨로루시 역[1]에서 교외선 전철을 타고 간다. 내 맞은편에 앉은 아이는 자신에게 주어진 지상에서의 시간을 유추하려는 듯, 성에가 낀 차창에 숫자를 쓰고 있다. 누군들 그 시간을 알겠는가? 그러나 왠지 모르게, 문득 이 아이가 2060년에 죽을 것이라는 생각이 들었다. 지금 12살쯤 되어 보이는 이 아이를 나는 더 이상 볼 수 없을 거다. 설령 보게 된다고 하더라도 알아보지 못하겠지. 아이 역시 그럴 거다. 하지만 나보다 오래 살 이 아이는 나보다 훨씬 많은 것을 알게 될 것이다. 오늘 나를 혼란케 하는 일들을 아이는 더한 평정심과 무심함으로 대하겠지. 오래 전부터 나는 그 일들에 관해 말하려고 준비해왔는데, 이제 그것들을 "연민도 분노도 배제하며" 진술하려 한다.

5년 동안 나는 읽는 데 익숙해져 있었다. 집에는 정치 관련 문헌들과 『프라우다』 신문만 있었다. 일찍이 정치, 다음엔 역사에 관심이 생겼고, 이 관심이 오랫동안 지속되었다. 그 때문에 삶은 내게 정치, 국가, 군사 분야의 훌륭한 지도자들과 학자, 영웅들과의 만남을 선물했을지도 모른다. 내 기억과 일기 속에는 알렉산드르 골로바노프 원수, 게오르기 주코프 원수, 니콜라이 쿠즈네초프 해군제독, 정치국원 키릴 마주로프, 그리고 알렉산드르 미쿨린, 세르게이 투만스키, 아르히프 률카 같은 석학들, 항공기 설계사인 알렉산드르 야코블레프와 알렉산드르 아르한겔스키, 그리고 비행기 조종사인 미하일 그로모프, 미하일 보도피야노프, 알렉산드르 포크릐쉬킨 등 우리 시대에 유명했던 인물들의 강렬한 개성이 또렷이 남아있다. 그들은 각자가 위인전의 주인공이 될 만한 사람들이다.

그들 중에서 뱌체슬랍 미하일로비치 몰로토프는 내 기억 속에 아주 특별한 위치를 차지하고 있다. 몰로토프와 나는 그의 생애 말년에, 즉 1969년부터 1986년까지 정기적으로 만남을 유지하였다. 140번에 걸친 대화는 매우 상세하게 기록되었고, 1회 평균 4~5시

---

1) 벨로루시 역은 벨로루시 방향으로 가는 철도의 시발점이다. 모스크바에는 여러 개의 철도역이 있는데, 그 목적지가 역명(驛名)이 된다.

간이 소요되었다. 몰로토프에 대한 세간의 평가와 관계없이 그의 의견은 경청할 가치가 있고, 그의 삶은 우리나라의 역사와 별개로 생각될 수 없다. 그는 레닌과 함께 일했으며, 1917년 10월 페트로그라드에서 무장봉기를 준비했던 군사혁명위원회의 일원이었다. 대조국전쟁 때는 국방위원회 의장 대리였고, 당과 정부에서 고위직에 있었으며, 우리의 외교정책을 주관하였을 뿐만 아니라 20세기의 거의 모든 국가지도자들과 만남을 가졌다.

그의 판단은 주관적이며, 지금 이미 출판되어 진실로 간주되는 것들과 많은 부분에서 배치된다. 그러나 17년 동안 교류하면서 나는 청년 때부터 이념에의 봉사에 헌신한 몰로토프라는 인물에 대해 어느 정도 연구할 수 있는 기회를 가졌다. 물론, 그가 말한 것들 가운데 많은 부분이 그 자신만 알고 있는 사실이고 지금 정확히 하거나 검증하기가 어렵다. 그렇기 때문에 나는 그의 진술을 해석하려 하지 않고 그냥 전달하기만 할 것이다. 몰로토프와의 대화 주제는 매우 다양하며, 대화는 10월혁명 이후 우리나라 역사상 가장 긴박했던 순간들을 언급하고 있다. 이 책은 몰로토프와의 만남에 관한 간략한 개요로서, 우리의 대화를 일기에 기록한 결과물이다. 여기에는 타자기로 쳐서 5천 쪽이 넘는 나의 『몰로토프 일기』 가운데 일부가 수록되었다. 17년 동안에 나는 매 번의 대화, 각각의 진술을 상세히 기록하면서 계속 다른 노트에 일기를 적어나갔다. 다음에 만났을 때 다시 묻고, 확인하면서...

이 책에 포함된 내용은 몰로토프의 회고록이 아니라 실제의 대화이다. 몰로토프는 나와 대화를 나누었지 구술하지 않았다. 특히 우리의 만남 초기에는 그로부터 단정적인 생각을 "도출"하기가 결코 쉽지 않았다. 몰로토프는 처음에 몇몇 에피소드에 대해 침묵하였는데, 그러다가 5년, 10년, 15년이 지나 그 일들을 이야기했다.

사건들에 대한 이해 방법은 변하지 않았다. 그는 자기 자신을 검열했다. 문제를 보는 시각은 바뀌었지만, 그 대답은 전과 같았다. 그렇기 때문에 한 주제의 대화 밑에 종종 날짜 몇 개가 기재되었다.

그를 방문할 때마다 항상 준비가 필요했다. 질문하려 하는 것에 관해 사실을 어느 정도 알아야 했으며 역사적 자료를 기억해야 했다. 그리고 또 하나. 나는 그와 오랜 기간을 자주 만났지만, 만날 때마다 몰로토프가 누구인지 잊지 않았다.

그가 질문에 답할 때, 나는 부러우리만큼 빠른 그의 반응에 놀라곤 했다. 대화가 시작되면 그는 적게 말했으며, 많이 듣고, 자기가 많이 질문했다. 대화가 계속 이어지면서 그는 누구에게도 어디에서도 들을 수 없는 것들을 말하기 시작했다. 그의 뺨은 홍조를 띠었고, 눈은 가늘어지면서 젊은이처럼 반짝거렸다.

몰로토프는 오래된 과거에 대한 회상으로 이따금 흥분하는 듯했으며 말을 조금 더듬기 시작하였고 심지어 자음을 발음하지 못하기도 했는데, 그럴 때는 발음이 안 된 단어의 첫 음절을 되풀이하거나, 간단한 낱말일 경우에는 단어 전체를 두세 번 반복했다. 그는 유머감각을 지니고 있었지만, 내가 보기에 우스갯소리는, 물론 몇 번 말하기도 했지만, 별로 좋아하지 않았다. 시를 음미하였으며, 4행 민요와 볼가 강변의 노래들을 기억했다. 첫 눈에 좀 재미없는 사람으로 보였다. 하지만 다양한 교육 수준 혹은 지적 수준의 사람들과 어울릴 줄 알았다.

그와 이야기를 나누면서 나는 자연스레 나 자신의 생각과 말에 유의하였고, 대화방식이나 말의 간결성, 압축성에 익숙해져 갔다. 그도 그의 스승들도 장황한 말을 견디지 못했다. 몰로토프는 간단명료하게 표현함에 있어 늘 정확했으며, 때로는 무의미하게 보이는 사소한 것들에 시비를 걸었다. 핵심까지 파내려가기를 좋아했으며, 대화를 함에 고집이 세고 일관성이 있었다. 자신에 관해서는 별로 이야기하지 않았다.

— 의장님께선 짜리 제국의 감옥을 전부 다 겪어보셨지요?

▶ 중요한 곳에는 거의 다 있어 봤지, – 바로 정정한다.

...1985년에 나는 몰로토프에 관한 르포를 썼다. 민감한 사안에 대한 언급도 피하지 않았다. 그는 내 글을 읽은 다음 전체적으로 승인하였으며, 지적 사항은 거의 없었다. 나는 그 글을 『프라우다』에 보냈지만, 내가 받은 것은 신문사 전직 사원의 신상에 관한 원고를 게재하지 않는다는 답변이었다. 몰로토프는 1912년 4월 22일 『프라우다』 창간호가 발행되는 데 관여했었다.

몰로토프는 내가 그에 관한 책을 쓰려고 한다는 것을 이해했다. 그 자신은 회고록을 남기지 않았다. "어디서, 누가, 무엇을 말했는지, 누가 누구에게 침을 뱉는지 나는 관심이 없소. 레닌은 회고록을 쓰지 않았고 스탈린도 마찬가지지요. 내 책을 봤다고 말하는 사람들이 있던데... 나는 회고록을 쓰지는 않을 거고, 사회주의에 관해서, 그것이 대체 무엇이며, 농민들이 말하는 것처럼, 그것이 우리에게 왜 필요한지에 대해서 쓸 거요."

그와의 만남이 얼마나 지속될지 나는 알지 못했다. 만남이 빈번해졌을 때, 나는 이번이 그를 보는 마지막일 수도 있다는 사실을 알아차렸다. 내가 그의 집을 처음 방문했던 1969년에 그는 이미 80세가 넘어 있었다. 중간키에 매우 단단한 몸매, 넓고 곧은 이마, 흐르는 세월에도 흐려지지 않은 선명하고 예리한 갈색 눈을 가진 노인이었다. 그리고 빳빳하고 흰 콧수염. 그의 시대에 정치국원들은 모두 콧수염을 기르고 있었다.

우리의 만남이 어떻게 진행되었을까? 나는 보통 주코프카에 있는 그의 다차로 갔으며, 그는 현관에서 나를 따뜻하게 식구처럼 맞이했다. "거기 누구요, 펠릭스 동무가 오셨는가?"

우리는 식탁에 앉아 점심식사를 하고, 숲 속을 산책했다. "내가 소브나르콤 의장이었고, 그래서 나를 도청하기도 했는데... 나가서 좀 걸읍시다."

우리가 처음 만나기 시작했을 때 그는 거의 말하지 않았으며, 잘 모르는 손님들에게 그러하듯이 묻는 말에나 소극적으로 대답했다. 시간이 가면서 이야기가 많아졌다.

바로 눈에 들어온 것은 그의 검소하고 꼼꼼하고 신중한 모습이었다. 그냥 낭비되는 게 없도록, 예를 들면 빈방에 쓸데없이 불이 켜있지 않도록 단속하고 또 단속했다. 물건을 또 오래 썼는데, 그는 정부에서 일할 때 찍은 사진 속에 있는 그 모자를 쓰고 바로 그 외투를 입었다. 집에서는 질겨 보이는 갈색 셔츠를 헐렁하게 걸쳐 입었으며, 휴일에는 회색 양복에 어두운 넥타이를 맸다.

나는 내가 소년단원 시절이던 1955년 〈아르텍〉 개장 30주년 기념식장에서 몰로토프를 처음 보았다. 당시 그곳에는 뱌체슬랍 미하일로비치 몰로토프의 이름이 붙여져 있었다.[2] 나는 내가 모스크바에서 살게 되리라곤 생각하지 않았다. 그런데 세월이 지나 지인들이 나를 그라놉스키 거리로 데려왔고, 이번에 나는 가족적인 분위기 속에서 이제 공인이 아닌, 당에서 쫓겨나 연금생활자가 되었지만 그래도 당당하고 낙천적인 몰로토프를 다시 보게 되었다. 그는 당시 내게 고난을 겪게 했던 나의 시(詩)들을 알고 있는 듯 했다.

생애 마지막까지 그는 비상한 기억력을 갖고 있었다. 나는 모든 걸 메모하고자 했다. 애초에 기록에 대한 체계적 계획이 없었던 나는 메모한 것들을 주제에 따라 몇 개의 장

2) 아르텍은 크림반도 남부 해안 아르텍 강 주변에 위치한 공산소년단의 캠프로, 1925년 건설되었다. 당시 정식 명칭은 〈몰로토프 기림 전연방공산소년단 아르텍 숙영장〉이었다.

으로 구분하기로 했는데, 겨우 비슷하게 되었다. 많은 것들이 서로 얽혀 뒤범벅이 되었는데, 그러나 다른 방도가 없었다. 엄청나게 많은 자료 중에서, 그 신빙성을 훼손하지 않으면서 독자들에게 흥미를 제공할 수 있는 것을 선별해 내기가 쉽지만은 않았다.

5천 쪽에 달하는 나의 일기 중에 선별된 것은 7백 쪽 미만이다. 매우 평범하지 않은 이 책은 다시 말하지만 몰로토프의 회고록이 아니다. 왜냐하면 이 책의 내용 중 많은 부분이 서로 신뢰하는 사람들 사이에 오간 대화인 것이며, 만약 몰로토프가 회고록을 썼더라면 그에 포함되지 않을 수도 있는 것이기 때문이다.

나는 각 대화를 시간적 순서에 따라 일관되게 배치하지 않았다. 가능한 한 주제별로 배열하였으며, 따라서 큰 시간적 격차를 갖고 행해진 진술들이 바로 이웃할 수도 있다. 또한 대화 날짜를 기입하였는데, 내게 기일처럼 소중한 그 날짜는 독자에겐 사건 진술이 행해진 시간적 배경에 관한 이해를 제공할 것이다. 이 책은 내가 수정하거나 미화하지 않은 일기 그 자체이다. 여기에는 부정확하거나 반복되는 부분이 있을 수 있는데, 우리의 만남이 있던 그 시절에 바로 그렇게 기록되었다.

...아무래도 이 일기에는 어떤 운명적인 힘이 서려있는 듯하다. 우리 가족에서 몰로토프는 당시 지도자들 가운데 가장 존경스런 인물이었다. 스탈린은 말할 것도 없었다. 스탈린은 신(神)이었다. 지위에 있어서나 마음에 있어서나 스탈린보다 높은 이는 없었다. 사람들이 뭐라고 말하더라도 그것은 진실이다. 그의 뒤에 몰로토프가 있었다. 필경 우리 가족에서만 그랬던 것이 아니었다. 우리 친구들 몇몇의 이름이 뱌체슬랍이었는데, 이는 몰로토프에 대한 존경의 표시로 그의 이름을 따서 지은 것이었다. 그런 일은 당의 어떤 지령에 의해서도 될 수 있는 게 아니다.

1946년에 그때 다섯 살이던 나는 몰로토프가 유엔에서 행한 연설을 읽었는데, 어찌나 그 일에 몰두했는지 지금까지 그것을 일부 외울 정도로 잘 기억하고 있다. 그리고 당시 나의 부모는 조국에 대한 자부심을 북돋운 우리나라의 강고한 외교정책을, 경외심을 갖고, 몰로토프의 이름과 연계시켰다.

1954년 공산소년단 캠프에서 나는 모친으로부터 편지를 받았는데, 그것을 지금까지 보관하고 있다. "너는 뱌체슬랍 미하일로비치께서 제네바에서 우리에게 선사한 큰 기쁨에 관해 알고 있겠지. 그건 평화를 원했던 사람들 모두의 기쁨이란다..." 베트남 전쟁이 끝났다.[3] 우리는 미지의 인물과 정부 요인들에 대해 그들이 마치 우리의 친형제나 되는 듯 말하였다.

그때 나의 부친은 이미 이 세상 분이 아니었고, 1년 후에 모친도 돌아가셨다. 대조국 전쟁 때의 영예로운 파일럿과 그의 평범한 아내는 조국의 제단에 젊음을 바쳤다. 그때 두 분의 나이가 각각 37세와 34세였다. 보통사람들이었던 두 분은 정직하게 일했으며, 우리 가족 내에 어떠한 공포도 없었다. 몇 해가 지나서 나는 내 외조부를 처음 만났다. 그는 1930년대 대숙청 때 탄압을 받았다. 그의 이야기는 내가 "수용소 테마"에서 읽는 것과 달랐다. 하지만 그것은 다른 이야기리라.

이미 말한 것처럼, 나는 〈아르텍〉에서 처음 몰로토프를 보았다. 그의 곁에 아주 가까이 서 있었고, 그의 양복 소매 끝에 닿기도 했다. 그가 연단에 섰을 때 사진을 찍기도 했다. 내가 14살 때였다. 조명등으로 환하게 밝혀진 그곳의 코스트로프 광장에서 그를 배웅하면서 우리는 노래를 불렀다.

그리고 매 시간 생각하신다,
경애하는 몰로토프는 우리에 대해서.
이 분이 얼마나 많은 일을 하셨던가!

그런데 14년이 지나 내가 그의 아파트를 방문하였을 때, 그는 예전에 찍은 사진에다 기념으로 서명을 해주었다. 우리의 만남은 빈번해졌으며, 그가 사망할 때까지 지속되었다. 운명이란 것이 몰로토프라는 인물과 나를 엮어버린 게 틀림없었다. 〈아르텍〉은 몰로토프의 이름을 기리고 있었고, 후에 나는 몰로토프 기림 모스크바 에너지대학을 졸업했다.

나는 그에 관해서나 그의 이야기와 결론에 대해서, 더욱이 그의 정치활동이 전개되었던 그 시대에 대해서 평가하려 하지 않는다. 아마, 평가를 위한 시간이 아직 도래하지 않은 것 같다.

나는 당 간부로서 활동하는 몰로토프의 모습을 본 적 없으며, 나는 그가 40년간 권력의 상층부에서, 30년간 국가의 제2인자 자리에서 어떠했던 사람이었는지 알지 못한다.

외교관과 정치인으로서 그는 어떠했을까? 이에 관해서는 전 세계 여러 정치가들의 진

3) 1954년 7월 제네바협정으로 '인도차이나[=프랑스–베트남] 전쟁'이 종료되었다.

술이 있다. 그와 함께 일했던 옛 외무성 관리들로부터 나는 이미 레닌이 몰로토프를 외무인민위원으로 임명하길 원했으며, 치체린이 스탈린에게 몰로토프를 외무인민위원 후보로 추천했다는 사실을 알았다.

특명전권대사를 지낸 블라디미르 세묘노프가 말한다. "혁명 후에 레닌과 스탈린, 치체린이 우리의 독일정책을 담당했고, 그 다음엔 스탈린과 몰로토프가 주도했어요. 그들은 청년들을 사랑했고, 그래서 외무성이 많은 젊은이들로 채워졌지요."

대외정책의 전선에서 그가 어떠했는지 나는 알지 못한다. 그러나 그는 [흐루쇼프가 그랬던 것처럼] 유엔에서 구두를 벗어 탁자를 내려치지는 않았다. 국내 정치활동에서 그가 어떠했는지에 관해서는 쓰인 것들이 적지 않다. 누구는 그를 스탈린 의지의 집행자이자 범죄자로 간주하고 있고, 다른 이들은 "혁명[이라는 대장간]의 망치잡이"라고 생각한다.[4)]

그가 어떠한 사람이었건 간에 그는 20세기 가장 중요한 사건들의 목격자이며 가담자였다. 그런 인물들의 증언은 비록 시간이 변한다고 하더라도 항상 흥미롭고 중요하다. 모든 것이 새롭게 변한다. [모스크바 도심의] 마니에쉬 광장에서 오랜 세월 빛나고 있던 "공산주의는 승리한다!"는 슬로건이 제거되었다.

작가 표도르 아브라모프가 내게 자신을 몰로토프에게 데려가 달라고 수차례 부탁했다. 나는 뱌체슬랍 미하일로비치를 설득할 수 없었다. 그는 자신이 잘 모르는 새로운 사람과 만나는 것을 좋아하지 않았다. 하기는 어쩌다 "객기로" 맹렬한 비판자들을 그에게 끌고 가본 적이 있었다. 스탈린과 그 측근들을 잘 알고 또 논리로 무장한 그들은 스탈린을 증오하는 사람들이었다. 몰로토프는 보통 서너 시간을 모든 질문에 그대로 대답하였고, 누구도 논쟁에서 몰로토프를 이길 수 없었다. 물론, 각자가 자신의 생각을 고수했지만 말이다.

어쨌든 표도르 아브라모프는 주코프카에 있는 다차에 들어갈 수 있었는데, 그가 몰로토프에게 물었다. "의장님께선 공산주의를 신봉하십니까?"

뱌체슬랍 미하일로비치에게 그런 종류의 질문은 존재하지 않았다. 그의 세계관을 이해할 수 있는 열쇄가 바로 거기에 있었다. 그는 막연히 믿거나 그냥 믿지 않았다. 그는

---

4) 몰로토프의 본래 성은 스크랴빈(Скрябин)이다. 대개 러시아 혁명가들은 운동에서 가명을 사용했는데, 몰로토프는 노동자를 상징하는 망치, 즉 '몰로트(молот)'라는 말에서 자기 가명을 만들었다.

전혀 흔들림 없이 확신했으며, 그 목표에 다가서는 그런 일들을 행하였다. 그는 각 사건을 공산주의를 위한 투쟁이라는 척도로 가늠하였다.

내가 그에게 레닌에게 가장 주요한 것이 무엇이냐고 물었을 때 그는 이렇게 대답했다. "목적지향성이오." 그리고 덧붙였다. "레닌의 모든 저작에는 제국주의 타도라는 목표가 내포되어 있소."

그를 전적으로 부정하지 않는다면, 그가 이야기한 것은 "골수 스탈린주의자"인 자신을 정당화하려고 그냥 하는 말이 아니었다. 그랬다, 그것은 확고한 신념이었다. 대화를 나누던 기간 내내 나는 무언가를 정당화하려고 시도하는 그의 모습을 한 번도 본 적이 없다. 그는 이념의 인간이었다. 어떤 문제에 대해서도 확실한 자기 의견을 갖고 있었으며, 항상 그것을 끝까지 고수했다. 그는 뭔가에 신념을 가졌던 사람이 어떻게 변절할 수 있는지 전혀 이해하지 못했다. 당에 필요하고 노동자계급의 대의를 위해 필요하다고 생각하면 무엇이든 마다하지 않았다. 여러 시기에 그는 자신을 아끼지 않고 수차례 생명을 건 모험을 감수했다. 1942년에 그가 독일군 점령 지역을 가로질러 런던과 워싱턴으로 날아간 것은 보통 위험한 일이 아니었다.

행위는 옳거나 그르고, 공적(功績)이거나 범죄인데... 누군가를 마음대로 비난할 수도 옹호할 수도 있는데, 이는 판단 주체가 어떤 입장에 서는가에 달려 있다. 몰로토프 같은 사람들은 자기 기준으로 많은 것을 측정한다. 바로 여기에 비극의 일단이 있다.

선과 악에 대한 사람들의 개념은 다양하며, 나는 내 일기에서 몰로토프가 어떻게 비쳐질지에 관해 개의치 않는다. 우리나라에서는 하나의 동일한 역사적 사실이나 사건이 누구에겐 불만을 야기하고 다른 누구에겐 황홀감에 젖게 한다.

나의 목표는 내가 듣고 기록한 것들을 진실하고 확실하게 보여주는 것이다.

내가 아는 한 독일인이 말했다. "당신네 러시아인들은 참 이상합니다! 히틀러에게 승리한 스탈린에 대해선 그렇게 욕을 하면서 배신자들을 추켜세우니..."

제2차 대전 중의 에피소드가 생각났다. 나치스 친위대장이 자기 집무실에서 두 명의 러시아 장군, 즉 안드레이 블라소프와 안톤 데니킨을 만나게 했다.

블라소프를 소개받은 데니킨이 말했다. "나는 저런 장군을 모르오."

그러자 친위대장이 말했다. "물론, 당신들은 서로 다른 시대에 하나의 동일한 적인 볼쉐비키와 싸웠소."

데니킨이 대답했다. "그런데 나는 그들을 위해 복무하지 않았소!"[5)]

내가 보기에, 아무리 용감한 정의의 투사였다고 하더라도 사람이 자기 자신을 배신한다면 그는 인간으로서 죽은 거나 다름없다.

많은 의문이 든다. 스탈린 한 사람 혹은 그를 포함한 당시 지도부에 모든 책임이 있다면, 스탈린 혹은 한 줌의 사람들이 도대체 얼마나 사악하고 얼마나 파멸적인 힘을 가졌다는 말인가! 그런데 여기 『영웅과 군중』[6)]을 보자. 강철 같은 당과 절대다수 주민의 지지가 없었다면 한 사람 혹은 몇 사람이 그런 일을 저지르진 못했을 것이다. 인민에게는 진로 선택에 대안이 있던 적이 없었다. 높은 연단에서 그렇게 말했을 뿐이다. 지난 시절에도 그랬고, 페레스트로이카 외에 대안이 없다고 강조되고 있는 지금도 그러하다.

다들 스탈린이 인민을 속이고 겁주고 공포에 떨게 할 수 있었다고 하는데... 그렇다면 그토록 쉽게 속일 수 있고 겁먹게 할 수 있는 인민이 발휘했던 사회주의에의 열정과 헌신은 무엇이었을까?

또 중요한 것은 스탈린도 몰로토프도 당 최고지도부에서, 레닌 생전에 그 어떤 반대파에도 가담하지 않았던 소수에 속한다는 사실이다. 그 시대를 연구해보면 분명하지 않는 게 아주 많다. 많은 것이 이해하기 어렵고, 정당화하거나 용서하기는 더욱 어렵다. 문서 자료를 분석하고 연구하고, 반대되는 의견들을 경청해보자.

그러나 많은 우리 동포, 특히 내 동년배나 이보다 더 나이 많은 사람들의 건망증은 나를 늘 놀라게 한다. 예를 들면 나는, 지극히 당연한 것이지만, 1940~50년대 신문에서 언급되었던 사건이나 공식, 이름, 날짜들을 지금까지 정확하게 기억하고 있다. 얼마 전 텔레비전에서 나는 레닌의 「유언」에 적혀 있는 스탈린 인물평을 예전에 알지 못했다고 말하는 전직 고위 군 검찰관을 보았다. 나는 그 구절을 내가 어린애였던 1940년대에 읽었

---

5) 1942년 제2타격군 사령관 블라소프는 동년 6월 볼호프 근처에서 독일군 포로가 되었다. 이후 전향한 그는 주로 반(反)소비에트 캠페인에 종사하다가 1944년 가을부터는 "부역자"들로 구성된 '러시아해방군'을 지휘하며 동부전선에서 전투에 참여했다. 종전 무렵 포로가 된 그는 국가반역행위로 유죄를 선고받고 1946년 8월 처형되었다. 제정 러시아의 장군이었던 데니킨은 1918~20년 내전 때 백군 최고사령관을 지냈으며, 패배 후에 유럽으로 망명했다.

6) 『영웅과 군중(Герой и толпа)』은 인민주의 진영의 주요 이론가인 니콜라이 미하일롭스키(Н.К. Михайловский, 1842~1904)의 저작이다. 1860년대부터 문필 활동을 시작한 그는 자신을 니콜라이 체르니솁스키(Н.Г. Чернышевский)의 계승자로 간주하였으며, 『진보란 무엇인가』, 『개성을 위한 투쟁』 등을 비롯한 많은 글을 남겼다. 특히 『영웅과 군중』 및 일련의 저작을 통해서 인간의 모방성에 의한 집단행동 메카니즘을 규명하고자 했으며, 그러한 가운데 사회개혁에서의 인텔리겐치야의 역할을 강조했다.

다. 아버지의 서가에는 몇 권의 정치 관련 책들이 꽂혀 있었고, 그중에서 1936년도에 출판된 한 책에는 레닌의 「유언」에서 발췌된 매우 신랄한 구절이, 그것도 스탈린이 붙인 주석과 함께 인용되고 있었다(『전연방볼셰비키공산당사 연구를 위한 저작집』. 폴리트이즈다트 출판사, 초판 30만 5천 부 발행). 당시 그 책에 얼마나 큰 의미가 부여되었는지는 기억하지 못한다. 누렇게 바랜 그 책은 지금도 내게 있다. 그러나 제20차 및 제22차 당대회가 끝난 후, 높은 연단에서 울려 퍼진 "스탈린이 레닌의 「유언」을 감추었다"는 소리를 듣고 분개하는 지인들에게 내가 그 책을 보여주자 그들은 흥미로운 듯 책장을 넘겨보더니 씁쓸하게 말문을 닫아버렸다. 그렇게 해서, 내가 15살이던 1956년 나는 흐루쇼프를 불신하게 되면서 스스로 역사를 탐구해보자고 작정하였다. 거리의 바람 말고는 누구도 나를 그 길로 인도하지 않았는데, 그건 나 자신의 결정이었던 게 틀림없다. 왜냐하면, 나는 부모 없이 고아로 자랐고 어린 동생을 데리고 있었다.

내가 살고 있는 시대의 지도자들 모두가 나를 기만했다는 생각이 든다. 스탈린을 제외하고 모두가. 왜 그랬는지 모르지만 우리는 스탈린을 믿었다. 적어도 그의 치세였던 나의 생애 초기 12년 동안은 그랬던 것으로 기억한다. 지금 많은 일들이 알려지고 공개되었다. 그러나 나는, 이미 말한 것처럼, 오래 전부터 메모를 적고 있으며, 이 기록이 지금 인쇄되든 백 년 후에 인쇄되든 내게는 아무런 의미가 없다. 나는 저급한 센세이션을 기대하지 않았고, 그렇기 때문에 나는 이 책을 갖고서 현대사의 급류 속으로 뛰어들려고 하거나 그 급류를 앞지르려고 서두르지 않았다. 이는 내가 늘 내 시에 대해 취하고 있는 태도이기도 하다. 나의 시들 가운데 일부는 그것을 쓴 지 20~30년이 지나서 출판되기도 했다. 비록 그들이 이미 시류에 맞지 않게 되었어도, 내게 그들은 매우 소중하다. 이 책을 위해 21년 동안이나 작업하였지만 그래도 나는 서두르지 않는다. 이 테마에 관해 읽는 데 모두가 싫증이 났을 때 책이 발간되어도 좋다. 그러면 더 흥미롭겠다. 내가 저축한 것에는 영원성이, 또는 하다못해 교외선 전철에서 내 맞은편에 앉은 이 아이라도 있는데...

〈고르키[7]에서의 레닌과 스탈린〉이라는 제목의 유명한 사진이 바로 몽타주이며 위작에 불과하다는 기사를 『아가뇩』[8]에서 읽었다. 나는 그 사진이 처음 게재된 1922년 9월

7) 고르키(Горки)는 레닌이 말년에 살았던 다차가 있는 모스크바 근교의 지명이다.
8) 『아가뇩(Огонёк)』은 1899년에 창간된 시사주간지로, 제호는 '불꽃'이라는 뜻이다.

24일자『프라우다』의 도해 부록을 몰로토프와 함께 넘겨보았던 일을 즉시 기억했다. 레닌은 그 신문을 읽었다. 그렇다면 결국 레닌이 살아 있을 때 몽타주가 제작되었다는 말인가? 오늘날의 증오가 선동하는 건 그런 일만이 아닌데…

우리가 탁자에 마주 앉았다. 창문 너머는 겨울 러시아에 전형적인 환한 대낮이다. 모스크바 근교의 풍경이 눈에 들어온다. 높게 쌓아 놓은 눈더미들, 눈으로 덮인 큰 나무와 관목들, 지붕들이…

몰로토프가 말한다. "모든 일이 생각처럼 되진 않았소. 실제로 그렇게 되지 않았지. 많은 일이 근사하게 완수되었지만, 지금 보면 충분치 않아. 매사가 생각처럼 된다면야 얼마나 좋겠소. 동무는 여기에 편하게 왔으니 이제 열심히 일해야 될 거요."

그는 말하고, 나는 레닌의 장례식 때 사진들을 본다. 레닌의 관을 멘 스탈린은 그 무게로 등이 굽었고, 옆에는 몰로토프가 자신의 젊은 어깨를 세우고 있는데… 나라가 그랬던 것처럼, 지도자들도 젊었다.

몰로토프는 주코프카에 있는 국영 다차에서 생애 마지막 20년을 살았다. 그의 아내 젬추지나가 1970년도에 사망한 후 매우 자상하고 상냥한 두 명의 여인, 즉 타치야나 아파나시예브나 타라소바와 처조카인 사라 미하일로브나 골로바넵스카야가 그를 돌봐주었는데, 주인과 잘 어울렸던 두 사람은 손님을 좋아하고 환대하는 성격을 갖고 있었다.

우리는 보통 낮 12시에서 4시까지 대화를 나눴다.

몰로토프가 말한다. "빵하고 같이 시[=러시아의 야채수프]를 드시오! 전통적인 러시아 식사요. 어릴 때 흑빵 조각을 [칼로] 깎아서 시에 넣고 먹었던 생각이 나는데, 자, 배도 좀 먹어봐요. 그루지야에서 보낸 거요! 코냑도 따라 마시고… 스탈린의 말처럼, 자, 토대를 위하여! 나한테는 코냑을 조금만… 빈 그릇은 치웁시다. 예전에 미코얀이 빈 병에서 석유 냄새가 난다고 했지."

우리 만남의 절반, 정확히 말하면 140번 진행된 대화 가운데 70번의 대화에 쇼타 이바노비치 크반탈리아니가 함께했다. 1970년부터 1977년에 이르는 기간이었다. 활달하고 급하며 활동적인 성격을 가졌던 그는 역사를 전공한 선한 사람이었다. 그는 1977년 12월에 갑자기 사망했는데, 그때 나이가 50도 되기 전이었다. 이 책을 어떻게 시작할지를 포함해서 모든 것을 나에게 조언했다. "이렇게 써봐. 낡고 편안한 벨로루시 역…"

몰로토프는 그때로부터 9년을 더 살았고, 나는 쇼타 이바노비치 없이 혼자서 벨로루시 역에서 교외선 전철을 타고 그에게 갔다. 연로한 작가 친구들, 학자, 군인들이 몰로토프를 찾아오곤 했으나, 지인들의 수는 그들이 고령인 탓에 급속히 줄어들었다.

우리의 만남이 진행되는 동안에 몰로토프가 사망했다는 소문이 몇 번이나 모스크바 전역에 돌았다. 가장 권위가 있다는 기관들에서도 그랬다. 주코프카로 즉시 전화를 걸었다.

— 의장님 계십니까?

▶ 예, 바로 나요.

그런 경우가 최소한 세 번이었다. 몰로토프의 다차에 도착하니 집 위의 작은 방 창문으로 그의 머리가 보였다. 일하고 있었다.

몰로토프가 말한다. "나는 19세기 사람이오. [그때] 사람들은 어떤 미신을 갖고 20세기를 맞이했는데, 모든 것을 두려워했소!"

그는 "비행접시", 즉 우주선이 등장하고 페레스트로이카와 우스코레니예[9]를 향한 당의 새 노선이 등장할 때까지 살았다. 그는 레닌 기림 체르노빌 원자력발전소의 희생자들을 돕기 위한 재단에 100루블을 송금했다. 1986년 6월 18일자 우편환 영수증이 있다.

내가 모스크바로 떠날 때 그는 현관에서 문설주를 잡고 서 있었다. 배웅하는 시선이 우울한, 우울한...

몰로토프가 말한다. "물론 우리 노선에 좌절과 실패가 있을 거요. 하지만 제국주의 역시 파탄에 이르게 될 거요!"

그는 97년을 살고서 1986년 11월 8일에 사망했다. 11월 8일은 69년 전에 소비에트 권력의 수립을 선포하던 레닌 곁에 섰던 바로 그날이다. 그의 유언장을 개봉했다. 봉투 안에는 예금통장이 있었다. 장례식에 쓰도록 남긴 500루블이 예금의 전부였다.

벨로루시 역에서 교외선 전철을 타고 간다. 역사를 직접 얻고자 애쓰고 있다. 물론,

---

9) 1985년 3월, 소련공산당 서기장으로 선출된 미하일 고르바초프는 침체기의 극복을 선언하면서 사회경제적 발전의 가속화(=우스코레니예)를 정치적 목표로 설정했다. 이를 위해 우선 사회주의 발전을 저해하는 모든 요인을 제거하기 위한 총체적 개혁(=페레스트로이카)을 추구하고, 권력에 대한 사회적 신뢰 회복 및 인민들의 창발성 제고를 위해 모든 사실의 공개성과 정책 결정의 투명성(=글라스노스치)을 인정, 실현할 것을 선언했다. 이후 그의 정책은 '우스코레니예'라는 근본 목표는 방기된 채 '페레스트로이카'와 '글라스노스치'로 특징지워졌다.

주관적 역사이리라. 하지만 그것 없이는 객관적 역사가 완전해질 수 없을 것이다. 내 맞은편 자리에 아이가 앉아 있다. 아이도 차창 밖을 내다보고 있는데...

펠릭스 추예프

1990년 11월

※ 일러두기

1. 이 책에서 러시아 인명과 지명은 원어의 경음이 격음으로 고쳐 표기되었으며, 러시아어 모음의 음가 변화는 무시되었다. 다만, 러시아 황제를 뜻하는 '짜리' 등 일부 낱말은 원어 발음대로 적었다.
2. 책이나 신문 등의 제호는 우리말로 번역 표기하고 필요한 경우 괄호 안에 원어를 병기하였다.
3. 프라우다, 네프, 크렘린 등 우리에게 익숙한 단어는 관례화된 방식으로 표기하였다.
4. 대화의 어투를 살리기 위해 원문을 의역하거나 매끄럽게 번역하려고 하지 않았으며, 필요한 경우 [ ] 안에 역자의 설명을 삽입하였다.
5. 원문에 역사적 사실 및 인명에 대한 언급이 많아 독자의 이해를 돕기 위해 본문 하단에 역자의 주석을 달고 책 뒤에 등장인물의 이력을 간략히 설명해놓았다.
6. 본문에 대화 날짜가 일부 누락되어 있는데, 이는 원문에 누락되어 있기 때문이다.

차례

제1장

국제 업무

새 지도

...뱌체슬랍 미하일로비치 몰로토프는 자기 생애의 주된 과업이 사회주의 체제 강화, 우리나라와 전체 사회주의 국가들의 군사적, 경제적, 정치적 역할 강화 및 제국주의의 진지 약화를 위한 것이었다고 생각했다.

▶ 러시아 황제[=짜리]들이 이렇게 넓은 땅을 획득해서 우리에게 남겨준 건 좋은 일이오. 그래서 지금 우리가 보다 쉽게 제국주의와 싸울 수 있는 거요, – 몰로토프가 말한다.

1975년 1월 14일

▶ 나는 외무상으로서 내 임무가 우리 조국의 국경을 가능한 최대로 넓히는 데 있다고 생각했소. 그리고 스탈린과 나는 그런 과제를 잘 수행했다고 봅니다.

...[전 그루지야공산당 중앙위원회 제1서기] 므겔라제의 이야기가 생각난다. 몰로토프에 의해 재차 확인된 그 이야기에 따르면, 전쟁이 끝난 후 소련의 새 국경이 그려진 지도를 스탈린의 다차로 가져왔다. 스탈린이 학교 교재처럼 별로 크지 않은 그 지도를 압정으로 벽에 붙였다. "자, 우리나라가 어떻게 되었는지 봅시다... 북쪽은 제대로 됐고, 좋아! 핀란드가 우리한테 아주 나쁜 짓을 했는데,[1] 우리가 국경을 레닌그라드에서 더 멀리 옮겼어. 발트 해 연안은 다시 우리 것이 됐는데, 여긴 옛날부터 러시아 땅이야! 벨로루시 사람들이 이제 모두 같이 살게 됐고, 우크라이나인들도 같이 살고, 몰다비아 사람들도 서로 함께...[2] 좋아, 서쪽은 모두 정상이네." 스탈린의 시선이 동부 국경 쪽으로 옮겨갔다. "여긴 어떤가?.. 쿠릴 열도는 이제 우리 것이고, 사할린도 전부 우리 거야. 다들 보시오, 얼마나 좋소! 그리고 여순 항도 우리 것이고 대련도 우리 것이야." 그리고서 그는 담뱃대로 중국 전체를 죽 내리그었다. "동청철도도 우리 것이고,[3] 중국, 몽골... 다

1) 제2차 대전 중에 핀란드는 독일군과 연합하여 소련을 공격했다.
2) 제2차 대전 전에 벨로루시 서부 지역과 서 우크라이나는 폴란드가 지배했으며, 역사적으로 몰다비아 민족의 삶의 터전인 베사라비아는 루마니아 영토에 속해 있었다. 종전 후에, 소련–폴란드 국경이 〈커즌 라인〉이라 불리는 민족적 경계선을 따라 설정되고 베사라비아가 소련 영토로 귀속됨으로써 벨로루시, 우크라이나, 몰다비아 세 민족은 각각 완전하게 통합되었다.
3) 동아시아 지역에 대한 러시아의 관심은 특히 1891년 시베리아철도 부설공사의 시작과 함께 구체화될 수 있었다. 그런데, 러시아–중국 국경을 이루는 아무르(흑룡)강의 북안을 따라 러시아 영토에 부설되는 철도의 건설

좋아. 그런데 우리 국경선이 여기가 마음에 안 들어!" 그러면서 그는 카프카스 산맥 남쪽을 가리켰다.[4)]

1974년 11월 29일

▶ 이란에서의 문제와 관련해서 우리가 물론 조금 과하게 굴기도 했는데, 하지만 남쪽에서 뭔가 [혁명의] 움직임이 있었소. 그러나 만사에 적당함이 있음을 알아야 하는데, 안 그러면 목이 멜 수도 있지.

우리는 발트 해 연안, 서 우크라이나, 서 벨로루시 및 베사라비아 문제를 1939년에 [독일 외무상] 리벤트로프와 함께 결정했소. 독일인들은 우리가 라트비아, 리투아니아, 에스토니아, 베사라비아를 합병하는 것에 마지못해 동의했지. 그로부터 1년이 지났을 때인 1940년 11월에 나는 베를린에 있었는데, 히틀러가 내게 물었소. "좋아요, 우크라이나인들과 벨로루시 사람들을 귀국이 모두 합병하시오. 자, 좋습니다. 몰다비아인들을 합

사업은 자본과 기술면에서 많은 어려움이 예상되었고, 이에 만주를 관통하여 시베리아와 블라디보스톡을 최단거리로 연결하는 철도의 부설 필요성이 제기되었다. 물론, 짜리 정부가 만주로의 진출을 모색하였던 것은 철도 부설과 관련된 기술적 이유 때문만이 아니었다. 그것은 시장으로서의 동아시아, 특히 중국으로 보다 가까이 접근하기 위함이었으며, 그런 의미에서 "철의 실크로드"로 불렸던 시베리아철도는 제국주의 정책을 위한 수단이기도 했다. 아무튼, 청일전쟁에서 승리한 일본을 '3국 간섭'으로 제압한 것은 러시아 외교의 승리였으며, 그 대가로 중국으로부터 동청철도의 부설 · 개발권(1896년 9월)을 획득하고, 이어 여순 항과 대련 조차권 및 남만주철도 부설 · 개발권(1898년 3월)을 얻어낸 것은 러시아에게 횡재나 다름없었다. 동청철도는 바이칼 호 동쪽에 위치한 치타에서 북만주를 관통하여 블라디보스톡까지 최단거리로 연결하는 구간으로, 1897년에 공사를 시작하여 1903년 완공되었다. 남만주철도는 러시아 태평양함대의 모항으로 요새화 작업이 시작된 여순에서 동청철도의 중간 거점인 하얼빈을 연결하는 지선을 말하며, 이 역시 1903년에 개통되었다. 그런데 러일전쟁에서 패배한 러시아는 여순, 대련, 남만주철도를 포함한 만주 지역과 남 사할린 등을 일본에 할양하였으며, 만주사변 이후인 1935년에 소련 정부는 1억 4천만 엔에 동청철도를 일본에 매각했다. 1945년 8월 일본군의 항복을 받고 만주를 점령한 소련은 러일전쟁으로 잃은 만주에서의 제 권리를 회복하였다. 소련 정부는 중국이 적화 통일된 후 만주에서의 권리를 중화인민공화국에 넘겨주었다.

4) 실제로 스탈린은 1941년부터 적군(赤軍)이 주둔해있던 이란 북부 지역에서 전개되는 정세에 주목하고 있었으며, 이란 사태는 종전 후 서방과의 대립을 심화시키는 중요한 계기가 되었다. 1945년 12월 북 이란에서는 적군의 지지 하에 아제르바이잔자치공화국과 쿠르드인민공화국의 수립이 선포되었는데, 이를 중동 석유지대의 안전에 대한 소련의 위협으로 평가한 영국은 자국 군대를 이란으로 파병, 증강하는 한편 모스크바와의 협상을 시작했다. 소련-이란 합작석유회사를 설립한다는 영국 측 제안을 수용한 소련이 이란으로부터 자국 병력을 철수시킨 후에, 영국은 아제르바이잔 및 쿠르드족 "분리주의자들"의 저항을 진압하면서 북 이란에 대한 통제권을 확립한 다음, 1946년 말 석유회사 설립에 대한 소련과의 합의를 파기했다. 동유럽에 대한 공산화에 관한 문제는 차치하고서라도, 이란에서의 문제는 서방 보수주의자들이 "소비에트 팽창주의"의 위협을 선전하는 데 좋은 구실이 되었다. 이란에서의 위기가 절정에 달했던 1946년 3월 W. 처칠은 '철의 장막'을 운운하며 소련의 위협에 적극 대처할 것을 호소하는 연설을 했다.

병하는 거, 설명할 수도 있겠지요. 그런데 발트 해 연안 문제에 대해서는 전 세계에 어떻게 설명할 겁니까?" 내가 그자에게 말했지. "당연히 설명할 수 있습니다."

발트 해 연안국의 공산주의자와 인민들은 소연방과의 통합을 원했소. 그들의 부르주아 지도자들이 협상을 하러 모스크바에 왔지만, 결국 소연방과의 합병에 서명하기를 거부했소. 우리가 어떻게 해야 했을까? 내가 매우 강경한 노선을 걸었다는 사실을 동무한테 은밀히 말해야겠지. 라트비아 외무상이 1939년에 우리에게 왔고, 내가 그에게 말했소. "우리와 통합하는 것에 서명하지 않으면 귀하는 이제 돌아가지 못합니다."

에스토니아 국방상이 모스크바에 왔소. 그 사람 이름을 이미 잊었는데, 흔한 이름이었지. 우리가 그자에게도 똑같이 말했소. 우리는 그렇게 강하게 나가야 했는데, 결국 나쁘지 않게 일을 마무리했던 것 같소.

내가 동무한테 너무 우악스럽게 그 일을 설명한 것 같은데, 실제로 그랬지만, 일은 아주 치밀하게 진행되었소.

— 하지만 처음에 온 사람이 다른 사람들에게 상황을 예고할 수도 있지 않았습니까?

▶ 그들은 어쩔 수가 없었지. 어떻게든 자신들의 안전을 지켜야만 했어요. 우리가 요구사항을 제시했을 때... 적시에 조치를 취해야 했소. 그렇지 않았으면 늦었어. 그들은 우왕좌왕 했고, [그곳의] 각 부르주아 정부는 물론 흔쾌히 사회주의 국가로 편입되어 들어올 수 없었지. 다른 측면에서 보면, 국제 정세가 그들에게 무엇인가를 결정해야 하도록 강요했던 거요. 그들은 두 대국, 즉 파시스트 독일과 소비에트 러시아 사이에 있었소. 상황이 복잡했지. 그런데 우리에겐 발트 해 연안이 필요했소.[5)]

우리는 폴란드를 그런 방식으로 처리할 수 없었소. 폴란드인들과는 타협이 전혀 불가능했지. 우리가 독일인들과 대화하기에 앞서 영국인들 및 프랑스인들과 협상을 했소. 우리 군대가 체코슬로바키아와 폴란드로 진입하는 것을 그들이 방해하지 않는다면 물론 우리 관계가 좋은 쪽으로 갈 거다. 뭐, 그런 내용이었지. 하지만 그들은 우리 제안을 거절했고, 따라서 부분적인 조치나마 취할 수밖에 없었던 건데, 우리는 독일 군대를 모스크바로부터 가급적 멀리 있도록 해야만 했소.

---

5) 제정 러시아에 속해 있던 에스토니아, 라트비아, 리투아니아 3국은 내전기의 혼란을 틈타 1920년에 소비에트 러시아로부터 독립할 수 있었으나, 1940년 여름 세 나라는 모두 소비에트사회주의공화국의 형태로 소연방에 편입되었다.

1939년에 우리가 독일인들과 타협하지 않았더라면, 그들은 폴란드 전체를 장악하고 우리 국경까지 왔을 거요. 그래서 우리가 그들과 합의했던 거요. 그들은 [우리에게] 동의를 해야만 했는데, 불가침조약 체결은 그들의 주도한 거요.[6] 폴란드가 우리와 함께 협력하기를 원하지 않았기 때문에 우리는 폴란드를 지킬 수 없었소. 폴란드는 원하지 않고, 전쟁은 코앞에 다가와 있는데, 그렇다면 우리가 당연히 소연방에 속한다고 간주하는 폴란드의 일부라도 우리에게 주시오, 그랬던 거요.[7]

그리고 레닌그라드는 꼭 지켜야 했소. 우리는 핀란드에 대해 발트 해 연안국들에 했던 것과 같은 방식으로 문제를 제기하지 않았소. 우리는 그들에게 단지 레닌그라드 부근의 영토만을 넘겨달라고 했지. 비보르크[8]에서부터... 그들은 완강하게 저항했소.

나는 핀란드 특사 파아시키비와 많은 대화를 나누게 됐는데, 그는 후에 대통령이 되었소. 러시아어를 잘하진 못했는데, 알아듣기는 했지. 그의 집에는 훌륭한 도서관이 갖춰져 있었는데, 그가 레닌을 읽었어요. 러시아와의 합의 없이는 아무 것도 안 될 것이라는 점을 그는 이해했지. 나는 그가 우리 제안을 받으려 한다는 것을 직감했지만, 핀란드 내에 반대자들이 많았소.[9]

1978년 7월 24일

▶ 어떻게 핀란드를 용서했을까! 그들은 영리하게 굴었고, 우리는 그들을 병합하지 않았소. 지울 수 없는 상처가 있는 것 같았는데, 핀란드 자체에서 생긴 게 아니었소. 그 상처가 소비에트 권력에 저항하도록 하는 어떤 동기를 제공했을 거요.

핀란드 사람들은 확실히 엄청 고집이 세, 엄청 고집이 세. 그곳에서 소수파는 아주 위험할 거요.

이제 조금씩, 조금씩 관계를 강화해 갈 수 있지. 하지만 핀란드를 오스트리아처럼 민주적으로 만드는 데는 실패했소.

---

6) 독소불가침조약은 1939년 8월말에 체결되었다.

7) 1939년 9월말 소련군은 폴란드를 침공하여 서 우크라이나를 장악했다.

8) 비보르크는 레닌그라드에서 철도로 129km 북서쪽에 위치한 공업도시로서, 1918~40년까지 핀란드 영토에 속해 있었다.

9) 1939년 11월말 소련군이 핀란드를 침공하였고, 그에 따라 시작된 전쟁은 1940년 3월 핀란드가 소련에 카렐리야 지협과 비보르크 등을 양도하는 조건으로 종전협정이 체결됨으로써 끝났다. 제2차 대전 때 독일 편에 가담했던 핀란드는 1944년 소련에 항복하였으며, 카렐리야 지방, 발트 해의 일부 섬 등을 할양하고 전쟁배상금을 지불했다.

흐루쇼프가 핀란드인들에게 포르칼라-우드[10]를 돌려주었지. 우리 같으면 반환할 수 없을 것 같은데...

물론, 여순 항 때문에 중국인들과의 관계를 그르칠 필요는 없었지. 중국인들은 일정한 틀 내에서 유지되고 있었고, 국경 부근의 영토 문제를 제기하지 않았소. 그런데 흐루쇼프가 그들을 자극해서...[11]

1974년 11월 28일

▶ 그런데 우리는 베사라비아를 루마니아 땅으로 인정한 적이 전혀 없어요. 우리 지도에 베사라비아가 가느다란 선으로 칠해져 있던 걸 기억하시오? 그것 봐요. 베사라비아가 우리에게 필요해졌을 때 내가 게펜카를 불러서 그들에게 자국 군대를 철수하도록 시한을 줬고, 그 후 우리 군대를 진입시켰소.[12]

— 의장님께서 루마니아 대사 게펜카를 부르셨습니까?

▶ 그렇지. 내가 이렇게 말했소. "자, 합의합시다. 우리는 베사라비아를 한 번도 귀국의 영토로 인정한 적이 없는데, 지금 합의를 통해 그런 문제를 해결하는 게 더 좋을 겁니다." 그가 즉시 대답하더군. "본인은 본국 정부에 문의해야 합니다." 물론, 완전히 맥이 빠졌지. "문의하시고, 대답을 갖고 오시오!" 나중에 그가 다시 왔소.

— 그런데 의장님께선 독일인들에게서 그들이 베사라비아에 대해 개입하지 않겠다는 언질을 받으셨습니까?

▶ 리벤트로프가 모스크바에 도착했을 때, 우리가 그때 합의를 했소. 동시에 우리는 직접 루마니아와 이야기를 했고, 거기서 의견 접근을 보았지.

히틀러가 그자들에게 말했소. "다 주시오, 내가 곧 되찾을 거요!" 그들은 히틀러의 지도 아래 줄곧... 1939년에 리벤트로프가 모스크바에 왔을 때, 나는 그때 지리를 잘 알지

10) 핀란드 남부의 작은 반도로서, 1944년 9월 소련과 핀란드 사이에 체결된 평화조약에 따라 50년 동안 소련에 조차되었다. 1955년 소련공산당 제1서기 흐루쇼프는 양국의 우호협력관계 증진을 위해 그곳에 주둔하던 소련 군대를 철수시키며 기한 전에 그곳을 반환하였다.

11) 이른바 중소이념분쟁의 발전 과정에서, 1958년 7월말 북경을 방문한 흐루쇼프는 양국 간의 군사적 협력에 관한 계획을 제시하는 가운데 소련 잠수함함대의 정박과 수리를 중국의 항구에서 할 수 있도록 협력해 달라고 요청했다. 흐루쇼프를 불신했던 마오쩌둥은 그 제안을 거절하였고, 결국 양국 간의 갈등이 더욱 심화되었다.

12) 1940년 6월 말, 소련군은 루마니아 영토였던 베사라비아 및 부코비나 북부 지역을 점령하였으며, 8월초에 베사라비아에서는 몰다비아소비에트사회주의공화국이 수립되었다.

못해서 (몰로토프가 하도 심각하게 말해서 그를 모르는 사람은 지리를 모른다는 그의 말을 곧이곧대로 믿을 수도 있을 것 같다. – F. 추예프) 러시아, 독일, 오스트리아–헝가리 사이의 국경선을 잘 몰랐소. 요구사항을 제시했소. “체르노비츠[13]가 우리에게 오도록 국경선을 그읍시다.” 독일인들이 내게 말합디다. “아니 체르노비츠는 한 번도 귀국 영토였던 적이 없습니다. 그 도시는 항상 오스트리아 영토였는데, 어떻게 귀하가 우리에게 그런 요구를 할 수 있습니까?” — “우크라이나인들이 요구합니다! 거기에 우크라이나 사람들이 살고 있고, 그들이 우리에게 지시를 내렸습니다!” — “거기는 한 번도 러시아에 속했던 적이 없으며, 항상 오스트리아의 일부였고, 다음에 루마니아 땅이 됐습니다!” 내가 반박했소. “그렇지요, 하지만 우크라이나 민족은 통합되어야 합니다!” — “거기에 그 우크라이나인들을… 아예 이 문제는 결정하지 맙시다!” — “결정해야 합니다. 우크라이나인들은 이제, 카르파티아 산맥 너머도 그 동쪽도 역시 우크라이나의 일부이며 모두 우크라이나에 속하는 지역입니다. 그런데 거기가 조각으로 나뉘어 있어야 합니까? 그러면 안 됩니다. 왜 그래야 합니까?”

그곳을 어떻게 부르더라… 그렇지, 부코비나!

잠시 생각한 다음에 그가 말했소. “본국 정부에 보고하겠습니다.” 그는 보고를 했고, 히틀러가 동의했소.

한 번도 러시아에 속한 적이 없었던 체르노비츠가 우리에게 넘어 왔고, 또 지금도 남아 있소. 그런데 그때 독일인들은 우리와의 관계를 훼손하거나 완전히 단절할 필요가 없다고 생각하고 있었소. 체르노비츠 문제와 관련해서 모두들 깜짝 놀라 정신을 잃을 지경이었지.

나중에, 체르노비츠에 다녀왔던 사람들이 내게 말했소. 그들의 말인 즉, 예전에는 그렇게 질서정연하던 그곳이 지금은 난장판이 되어 무질서하기 짝이 없다는 거요… 왜 그런가 하니, 체르노비츠가 오스트리아에 속해 있을 때는 우크라이나인들이 모든 잡일을 도맡아했는데, 그곳이 우리 땅이 된 후에 그들이 전혀 일하려 들지 않기 때문이라는 거요. 그들은 자주적 존재가 된 거요, 그냥 잡역부가 아니라… 스스로 일할 줄도 모르고, 효율적 경영을 위한 경험도 없고, 습관을 버리지도 않고 있는 거요.

---

13) 우크라이나 서남부에 위치한 지역으로, 현재 명칭은 체르니우치이다.

국경의 최종적 분할은 전후에 이루어졌소. 일부 사람들이 놀랐지. "아니 어떻게 체르노비츠가 러시아에? 그랬던 적이 전혀 없었습니다!"

...우리는 바보짓을 하지 않았다. 그리고 적어도, 우리의 적과 그 부역자 중에서 그 누구도 우리를 바보로 취급하지 않았다. 나는 그런 경우를 알지 못한다.

1975년 4월 25일, 1981년 9월 30일

리벤트로프-몰로토프

— 서방의 라디오 방송에서 의장님에 관해 많이 언급하면서 스탈린과 의장님을 비난하고 있습니다.

▶ 칭찬하는 것보다야 나쁘지 않군, – 몰로토프가 무뚝뚝하게 대답한다.

— 그들은 인간사에서 국가 간의 국경선을 지칭하는 데 그 이름이 사용되는 사람들이 조금 있다고 하면서 〈리벤트로프-몰로토프 라인〉을 지적하고 있습니다. 그런데 전쟁 때 왜 화염병을 "몰로토프 칵테일"이라고 불렀습니까? 의장님께선 그 명칭에 어떤 연관도 없으신데요...

▶ 누군가 고안해냈겠지... 혼합물을. 러시아인과 독일인을 섞었어.[14)]

— 의장님을 전쟁의 주요 도발자 중 하나로 간주하고 있습니다. 말인 즉, 리벤트로프와의 조약을 통해서 몰로토프가 히틀러의 손을 자유롭게 해주었다고...

▶ 그렇게 말들 하라지.

1984년 8월 1일

— 리벤트로프가 샴페인 장사를 잘했습니다, – 쇼타 이바노비치가 지적한다.

▶ 분명히 그랬을 거요. 그자가 포도주 양조업자였는데... 그가 비행기를 타고 우리한테 왔는데, 어디선가 우리 병사들이 그가 탄 비행기에 대공포로 사격을 가했소. 거의 격추될 뻔했지. 그런데 조사하지 않았소.

---

14) 1939/40년 겨울에 벌어진 소련과 핀란드의 전쟁 때 소련군 탱크를 저지하기 위한 수단으로 핀란드 병사들이 많이 사용했던 것이 바로 화염병인데, 그들이 몰로토프에 대한 야유의 뜻으로 화염병을 "몰로토프 칵테일"이라 부르기 시작했다는 설이 있다.

그는 좀 마르고 키가 컸는데... 크렘린에서 회담이 진행되었소. 거기서 우리는 샴페인도 마셨지.

— 자기네 것을 가져왔습니까?

▶ 아니오, 우리 것으로 접대했소.

1972년 10월 4일

▶ 우리가 리벤트로프를 영접했을 때 그는 물론 스탈린을 위해, 그리고 나를 위해 건배하자고 했소. 그자는 이를테면 나의 절친이었거든, – 씩 웃는 몰로토프의 눈이 가늘어진다. – 돌연 스탈린이 제안을 했어요. "새로운 반(反)코민테른주의자 스탈린을 위하여 건배!" 그렇게 자조적으로 말하고는 내게 슬쩍 눈짓을 했는데... 리벤트로프의 반응을 떠보려고 농담을 했던 거요. 그자는 급히 베를린으로 전화를 걸었고, 환희에 차있는 히틀러에게 보고를 했소. 히틀러가 그자에게 화답했지. "오, 나의 천재적인 외무상!" 히틀러는 맑스주의자들을 전혀 이해하지 못했소.

1971년 7월 9일

▶ 내가 독일 지도자 히틀러를 위해 건배하자고 제안해야 했던 경우가 있었소.

— 어디, 독일에서 말입니까?

▶ 여기에서, 오찬을 할 때 그랬소. 그들은 스탈린을 위해 건배했고, 나는 히틀러를 위해... 그 자리에서만 그랬던 거고, 그게 외교라는 거요. (리벤트로프가 모스크바를 방문했을 때 몰로토프가 영접을 주관했다. 스탈린이 발언할 차례가 되었을 때 그는 리벤트로프와 의자 하나를 사이에 두고 테이블 곁에 앉아 있던 카가노비치를 보며 건배를 제안했다. "우리의 도로교통인민위원 라자리 카가노비치를 위하여!" 이런 상황을 설명하면서 카가노비치가 내게 말했다. "그래서 리벤트로프가 나를 위해 건배할 수밖에 없었지!" – F. 추예프)

1982년 3월 12일

— 전쟁 발발 직전에, 히틀러를 달래기 위해 의장님께서 스탈린과 함께 발트 해 연안을 독일에 떼어주기로 했다는 말이 돌고 있는데요...

▶ 그것은 사실과 전혀 관련이 없소. 우리는 그런 행위야말로 히틀러를 멈추게 하기는커녕, 반대로 그의 식욕을 자극할 것이라는 점을 매우 잘 이해하고 있었소. 오히려 우리 자신들에게 공간이 필요했소.

— 작가들이 그렇게 말하는데...

▶ 무지한 작가들이 있을 수 있지... 터무니없는 소리! 발트 해 연안은 우리 자신에게 필요했소.

— 자네 전부 잘 적어둬, – 쇼타 이바노비치가 말한다. – 자네, 행복한 줄 알아야 돼. 의장님 댁에서 내가 이 문제를 제기했다는 걸 잊지 마. 그 어떤 작가도 자네만큼 의장님과 가까이 접촉한 사람이 없어. 이 인연을 소중히 해야 돼. 5~6년이 지나면 의장님 말씀이 매우 유용하게 될 거야.

▶ 도움이 될 수도 있겠지, – 몰로토프가 말한다. – 새로운 문제들이 등장할 수 있소.

1975년 7월 17일

— 서방에서 줄기차게 주장하는 바로는 1939년에 [독소 간에] 불가침조약과 함께 모종의 비밀협정이 맺어졌다는 것인데요...

▶ 그런 거 없소.

— 없었습니까?

▶ 없었소. 전혀 터무니없어.

— 이제 그에 관해 말씀하셔도 괜찮을 겁니다.

▶ 물론, 거기에 어떤 비밀도 없어. 내 생각엔, 어떻게든 믿게 하려고 고의적으로 소문을 내는 것 같소. 아냐, 아냐, 내 생각엔, 거긴 역시 깨끗해. 그런 비밀협정 같은 게 있을 수가 없어. 내 자신이 그 일에 아주 가까이 있었고, 실제로 그 일을 담당했는데... 분명히 말할 수 있는 것은 물론 모두 공상이라는 거요.[15)]

1983년 4월 29일

15) 독일 외무상 리벤트로프가 모스크바에 도착한 날은 1939년 8월 23일이었고, 그날 저녁 늦게 리벤트로프와 소련 외무인민위원 몰로토프는 두 개의 문서에 조인했다. 하나는 독소불가침에 관한 조약으로서 즉시 공표되었다. 다른 하나는 비공개로 체결된 것으로, 그에 담긴 동유럽에서의 영향권 분할에 관한 양국 합의는 은폐되었다. 1939년 가을부터 서부국경 지역에서 전개된 소련의 군사작전은 독일과의 합의에 의거해 있었다. 비공개조약 문건은 **Вопросы истории**, 1993, No.1, c.3~11에 수록되어 있다.

...몰로토프에게 재차 묻는다.

— 1939년에 리벤트로프와 회담할 때 비밀협정 같은 것이 체결되었습니까?

▶ 기억나는 게 없소.

— 처칠이 회고록에 쓴 것을 보면, 히틀러는 남 부코비나를 의장님께 양보하려고 하지 않았는데, 왜냐하면 그것이 독일의 이익에 완전히 반하기 때문이었고 그래서 비밀협정에 남 부코비나가 언급되지 않는다고 합니다.

▶ 음, 그런데?

— 그리고 의장님께 삼국동맹에 가담할 것을 촉구했다고 합니다.

▶ 그랬지. 쓰레기 같은... 그건 단지 사실을 호도하기 위해서요. 게임, 그것도 아주 유치한 게임이지.

— 그런데 의장님께선 그에 관한 스탈린의 의견을 알지 못한다고 말씀하셨답니다. 그런데, 물론 알고 계셨지요?

▶ 물론. 히틀러는 솔직하게 터놓고 대화할 상대가 아니었소.

1986년 3월 9일

...몰로토프는 전쟁 중에 스탈린과 히틀러, 몰로토프와 리벤트로프 사이에 비밀스런 서신교환이 있었다는 설에 대해서, 그리고 모스크바 전투 이후 한 쪽에서 휴전을 제안했다는 주장에 대해서, 또 전쟁이 시작되었을 때 스탈린이 히틀러에게 전화를 걸었다는 식의 이야기에 대해서 모두 근거 없는 것이라고 말한다.

▶ 웃기는 소리요. 물을 더럽히기 위해 별짓들을 다하는군. 스탈린은 자신을 더럽히려 하지 않았소. 그건 그에게 유리하지도 않았어. 내가 조사해야 했었던 건...

1972년 7월 31일

— 외국 소식통에 따르면, 의장님께서 전쟁 중에 리벤트로프를 만나셨다고 합니다. 모길료프[16]에서 말이죠.

▶ 그건 널리 퍼진 이야긴데, 나도 알고 있소. 1943년에 미국의 라디오 방송이 보도

16) 벨로루시의 도시로, 드네프르 강 우안에 위치해 있다.

했다던데? 물론, 터무니없는 이야기요. 내게 놀라운 것은 그들이 전혀 사리에도 안 맞는 그런 잡소리를 유포시키는 데 흥미를 갖는다는 사실이오. 그러면서 [그런 것들을] 계속 출판하고 있지.

1975년 4월 25일

— 제가 보기에, – 몰로토프에게 내가 말한다. – 제2차 대전 중에 스탈린이 의장님께 때로 위험한 임무를 맡길 수밖에 없었던 것 같습니다.

▶ 그랬던 경우도 있었지. 그는 국가의 핵심에 있었고 당연히 일을 진척시키기 위해 이것저것 타진해봐야 했지. 그건 불가피했고, 거기에 특별한 의미는 없소.

1981년 5월 1일

베를린에서[17)]

...내가 차콥스키의 소설 『봉쇄』[18)]를 소리 내어 읽는다. "그러나 인민위원[19)]은 그러한 영접에 대비하고 있었다. 모자를 조금 벗어 올리며 인사를 건넸고, 자신의 차가운 손가락들을 편 채 손을 내밀어 리벤트로프와 가볍게 악수했다..."

▶ 고정된 시선, 곧게 편 손가락, – 몰로토프가 나를 따라 말한다.

— "리벤트로프가 혼잣말로 중얼거렸다. 김나지야 교사 같은 평범한 얼굴인데..."

▶ 그렇지, 그렇지, – 몰로토프가 시니컬하게 웃는다.

— "리벤트로프가 단안경을 쓴 채로 몰로토프의 얼굴을 잘 볼 수 있을지 궁금하다. 그[=몰로토프]는 왜 보통 안경보다 구식 코안경을 선호할까? 독일에서는 대개 유대인 보석상이나 치과 의사가 저런 코안경을 사용하지 않았던가."

▶ 이거, 울어야 하나 웃어야 하나? – 몰로토프가 묻는다.

---

17) 몰로토프는 1940년 11월 12~13일 베를린을 방문하여 히틀러와 협상했다. 이때 히틀러는 몰로토프에게 독일–이태리–일본의 삼국동맹에 소련도 가담할 것을 권유했다.

18) 『봉쇄(Блокада)』는 제2차 대전 당시 독일군의 레닌그라드 봉쇄를 소재로 한 장편소설로, 1969년에 출간되었으며 동명으로 영화화되기도 했다.

19) 여기서 인민위원은 외무인민위원, 즉 몰로토프를 가리킨다.

— "무거운 침묵을 깨기 위해 리벤트로프가 어색하게 미소를 지으며 물었다. "모스크바는 어떻습니까?" 인민위원이 리벤트로프 쪽으로 얼굴을 조금 돌리며 대답했다. "모스크바는 모든 게 다 좋습니다." — "스탈린 각하의 건강은 어떻습니까?" — "아주 좋습니다." 리벤트로프가 계속 물었다. "볼쇼이 극장은요?" — "볼쇼이 극장도 잘 있습니다.""

▶ 다 지어낸 말이오, – 몰로토프가 말한다.

— "리벤트로프가 말을 이어간다. "음악 감상은 매우 즐겁습니다. 〈백조의 호수〉는 내게 잊을 수 없는 깊은 감동을 주었습니다. 물론 극장 공연시즌이 이미 시작되었지요?" 코안경을 쓴 사람이 짧게 대답한다. "예, 9월 1일부터." — "귀국의 그 빼어난 레페쉰스카야는 어떻게 지냅니까?" — "누구를 말씀하시죠?" — "귀국의 그 대단한 발레리나 말입니다." — "그녀는 춤추고 있습니다만…""

1976년 4월 28일

▶ 히틀러는, – 몰로토프가 말한다. – 극단적 민족주의자이며 맹목적이고 아둔한 반공주의자요.

— 스탈린이 그자와 만난 적은 없습니까?

▶ 아니, 나 혼자만 그와 만나는 그런 희열을 누렸지. 지금도 히틀러 비슷한 자들이 있소. 그렇기 때문에 아주 조심스레, 확고하게 정책을 추진해야 합니다.

1985년 5월 9일

▶ 히틀러라… 그자는 외관상으로 눈에 확 들어오는 특이한 게 아무 것도 없었소. 그러나 매우 자기만족적이고, 이를테면 자기애에 빠진 인간이었소. 물론 책이나 영화에서 묘사되는 것과 같은 그런 사람은 아니었지. 거기서는 외적인 면을 비판하고, 그자를 미치광이나 어떤 망상에 사로잡힌 인간으로 묘사들을 하지만, 사실은 그렇지가 않아요. 그는 매우 영리한 인간이었지만, 애초에 자신이 가졌던 이념의 불합리성과 자기애로 인해 시야가 좁고 둔했소. 하지만 나와 회담할 때 그자는 정신이 멀쩡했소. 처음 만났을 때 그자는 내내 한 가지만을 말했는데, 나는 그자가 무엇이라도 다른 화제 거리를 찾도록 그자를 자극했소. 베레쉬코프의 책에서 나와 히틀러의 만남이 그래도 가장 사실에 가깝

게 쓰여 있고, 그 주제에 관해 문예 서적들에서 많이 묘사된 심리과정은 다 허구요.

히틀러가 말했소. "영국인지 어떤 빌어먹을 섬들인지가 세계의 반을 지배하며 전 세계를 장악하려 한다면, 이게 말이 됩니까? 그건 용인될 수 없습니다! 그건 공정하지 않습니다!"

나는 그것이 물론 용인될 수 없고 공정하지 않으며, 그자의 말에 동감한다고 대답했지.

히틀러에게 말했소. "그걸 정상적이라고 보면 안 됩니다." 그가 고무됐지. 이럽디다. "그래서, 귀국은 따뜻한 바다로 나가는 출구를 가져야 합니다. 이란과 인도에 귀국의 미래 전망이 있습니다." 내가 그자에게 말했지. "그거 흥미로운 생각입니다. 어떻게 그런 걸 다 궁리하십니까?" 그자가 자신의 생각을 전부 말하게 하려고 대화를 더 이어갔소. 그건 내게 심각하지 않은 문제였는데, 그는 왜 영국이 없어져야 하는지에 관해 열변을 토하면서 우리를 이란을 거쳐 인도로 내몰았소. 소련의 정치에 대해 진부한 이해를 가진 좀 어리석은 인간이었지만, 그자는 우리를 투기장으로 끌어들이려 했소. 그런데 우리는 이미 그때 거기 남쪽[=이란]에서 이러지도 저러지도 못하는 처지에 있었는데, 그자의 속셈은 영국이 우리와 전쟁을 하게 되면 그곳에서 우리가 자기를 따를 수밖에 없다는 것이었는데, 바보가 아니라면 어찌 그런 사실을 모를 수 있겠소.

그자와의 두 번째 회담에서 나는 우리 자신의 문제로 대화를 끌고 갔소. 이런 말을 했지. 즉, 당신은 우리에게 좋은 나라들을 추천하지만, 1939년 리벤트로프가 모스크바에 왔을 때 우리는 우리 국경이 안전해야만 하며 핀란드에도 루마니아에도 그 어떤 타인의 군대가 주둔할 수 없다고 합의했는데, 당신은 거기에 자국 군대를 두고 있다! 그랬더니 그자가 "그건 별일 아니오!" 하더군.

내가 또 말했소. 사회주의 국가와 자본주의 국가 사이에, 만약 그들이 합의를 원한다면 여기는 네 영향권이고 여기는 내 영향권이라는 식의 분할이 있을 수 있으며, 그래서 리벤트로프와 우리가 폴란드와의 국경을 그렇게 긋기로 했고, 핀란드와 루마니아에 그 어떤 외국 군대도 두지 않기로 합의한 것이다. 그리고는 물었소. "각하께선 왜 그들을 쥐고 있습니까?" — "별일 아닙니다." — "부차적인 문제조차 협력하여 처리하기로 합의할 수 없다면, 어떻게 우리가 각하와 함께 중대한 문제들을 논할 수 있겠습니까?" 그자는 자신의 주장을 했고, 나는 내 주장을 폈소. 신경전이 시작됐지. 내가 좀 끈질긴 편인데, 그자를 꽤 속 타게 했을 거요.

1969년 12월 6일, 1971년 7월 9일

▶ 회담 후에 점심식사를 했지요. 히틀러가 말하더군. "전쟁이 진행 중인데, 나는 요즘 커피를 마시지 않습니다. 왜냐하면 내 국민들이 커피를 마시지 않기 때문입니다. 고기 안 먹고 오직 채식만 하며 담배도 안 피우고 술도 마시지 않습니다." 내가 바라봤지. 내 앞에 토끼가 앉아서 풀을 먹고 있더군. 이상적인 남자지. 물론 나는 어떤 음식도 거절하지 않았소. 히틀러 정권의 수뇌부들 역시 먹고 마셨소. 말해야 할 것은 그들이 미친 사람들 같은 인상을 주지 않았다는 거요.

1971년 2월 19일

▶ 커피를 마시고 있을 때, 흔히 외교관들이 그러는 것처럼 사교적인 대화가 오갔소. 주류상 출신인 리벤트로프가 포도주 상표에 관해 이야기했고, 〈마싼드라〉[20]에 대해 물었는데... 히틀러는 놀이를 하면서 내게 좋은 인상을 남기려고 애썼지.

기념사진을 촬영할 때 히틀러가 한 손으로 나를 감쌌소. 1942년에 캐나다에서 사람들이 내가 왜 그 사진 속에서 웃고 있냐고 내게 물었는데, 그건 우리들 사이에 합의된 게 없었고 앞으로도 없을 것이기 때문이었소!

히틀러도 웃고 있었는데, 그건 내가 그런 별일 아닌 사소한 문제들을 정리하자고 강변했기 때문이었소.

내가 그자에게 말했지. "자, 정리합시다!"

히틀러는 내게 뭔가 확실치 않게 대답했어.

우리가 작별할 때 히틀러는 자기 집무실에서 나와 현관의 옷걸이 있는 곳까지 나를 배웅했는데, 내가 외투를 입을 때 내게 말했소. "역사가 영원히 스탈린을 기억할 거라고 나는 확신합니다!" 내가 그자에게 대답했지. "본인도 그것을 의심하지 않습니다." — "그러나 역사가 나도 기억해주기를 바랍니다." — "본인은 그것도 의심치 않습니다."

그는 우리나라를 좀 겁내고 있을 뿐만 아니라, 스탈린 개인에게도 두려움을 느끼고 있다는 생각이 들었소.

1971년 6월 22일

---

20) '마싼드라'는 크림반도 소재 구소련 포도주생산콤비나트 이름이자 포도주 상표명이다.

— 저는, – 쇼타 이바노비치가 말한다. – 의장님께서 베를린에 도착하는 장면이 담긴 기록영화를 기억하고 있습니다. 증기기관차였는데, 당시 독일인들에게조차 전동기관차가 없었습니다. 베를린 역, 병사들, 기관총, 그리고 의장님께서 천천히 나오십니다. 모자를 쓰고 계셨지요.

▶ 그랬을 수 있지.

— 예, 중절모를 쓰셨지요. 의장님께선 걸음걸이가 좀 느리시죠. 리벤트로프가 친위대풍의 예식으로 의장님을 영접하고, 괴링, 괴벨스가 현장에 있고, 그리고 제국의회에서 히틀러가 의장님을 포옹하는데... 히틀러는 그렇게 의장님을 환대했습니다.

▶ 에이, 아니오.

— 죄송합니다, 의장님. 저는 영화에서 봤고, 그렇게 기억합니다. 의장님은 여기, 히틀러는 저기... 당시 그는 어떠했습니까?

▶ 그자가 어떠했는지 누가 알겠는가...

— 저는 설명할 수 있습니다.

▶ 동무가 설명할 수 있다고? 동무는 그 자리에 없었는데!.. 히틀러, 리벤트로프, 그리고 [독일 측] 통역관 두 명이 있었지. 그들 중 한 사람인 힐게르[21]는 러시아에서 쭉 살았는데, 그때 모스크바에 있었소. 그는 자기가 우리의 친구라고 말했소. 그리고 나도 당연히 [우리 대표단] 네 명 중 하나였어. 비록 그 이름들이 잘 기억나지 않지만, 아무튼 베레쉬코프[22]가 있었고, [블라디미르] 파블로프라는 동무가 있었소. 확실히 두 명은 있었지. 베레쉬코프가 책임통역관이었지만 실질적으로 파블로프가 통역을 했소. 그리고 [독일 주재 소련] 대사가 있었는데, 내가 그의 후임으로 데카노조프를 임명했소. 선택의 폭은 넓지 않았지. 우리는 매우 크고 천장이 꽤 높은 방에 있었소.

히틀러는 대략 나 정도의 중간키였소. 물론 히틀러가 말하고, 나머지 사람들이 조금 추가하거나 해명하고 문제를 제기하는 정도였는데...

그는 나를 선동하려 했는데, 선동하는 데 거의 성공했지, – 몰로토프가 시니컬하게 웃는다. – 모두가 왜 우리들이, 왜 독일과 소련이 함께해야 하는지, 영국에 대항해서 연합

---

21) 힐게르(1886~1965)는 당시 모스크바 주재 독일대사관의 참사관이었다.

22) 베레쉬코프는 1940년 11월 당시 베를린 주재 소련대사관에서 근무하고 있었는데, 후에 스탈린의 외교정책에 관한 저서 몇 권을 출간했다. 몰로토프는 베를린에서 자신을 보좌했던 통역관을 기억하지 못하는 상태에서 베레쉬코프의 책을 읽어본 후에 비로소 책 저자와 통역관이 동일인이라는 사실을 알았던 것 같다.

해야 하는지 나를 선동하려 했소. 그가 말했소. "이미 영국은 거의 분쇄됐어요." — "뭐가 분쇄되었다는 겁니까? 아직 완전히 분쇄되지 않았습니다!" — "우리는 영국을 곧 끝장낼 거요. 귀국은 어디론가 남쪽으로, 따뜻한 바다로 나아가면 됩니다. 인도를 가지시오!"

나는 그의 말을 아주 흥미롭게 들었소. 그는 어떻게는 나를 선동하려고 했는데, 논리가 정연하냐고? 흠, 그럴 리가! 왜냐하면 그는 일방으로 치우쳐 매우 편협했으며, 자신의 이념으로 눈이 먼 극단적 민족주의자이자 쇼비니스트였소. 그는 위대한 독일을 만들려고 했고, 모든 것을 독일의 압제 하에 넣으려고 했던 거요.

볼쉐비키에 대한 비판은 자제했소. 물론, 외교 협상을 진행하기 위해서 그것은 당연한 것이겠지. 만약 뭔가 합의하길 원하면서 상대방 얼굴에 침을 뱉는 것은... 인간적으로 대화를 하게 됐어요. 말하게 됐지.

— 그런데 처칠과는 어떠했습니까? – 쇼타 이바노비치가 묻는다.

▶ 처칠과도 협상을 하게 됐지요.

— 하지만 루스벨트가 의장님을 보다 부드럽게 맞이하지 않았습니까?

▶ 그렇지. 더 능란한 동무였소. 물론, 우리는 함께 술을 마시기도 했지. 그는 샴페인을 좋아했어요. 아주 좋아했지, 스탈린이 그랬던 것처럼.

히틀러와의 대담 후에 내가 스탈린에게 전문을 보냈소. 매일매일 제법 많은 양의 전문을 보냈는데, 내가 무얼 말했고 히틀러가 또 무얼 말했는지 보고했어요. [나중에] 스탈린을 만나 이야기를 나눌 때 그가 말합디다. "자네가 이걸 모두 그자[=히틀러]에게 말할 때, 어떻게 그자가 자넬 인내할 수 있었을까?"

흠, 인내할 수밖에 없었지. 히틀러는 조용한 목소리로 말했지, 험한 소리는 하지 않았어요. [자신의 요구를] 논증하곤 했지만. 그가 말했소. "우리와 협정을 체결할 생각이 있습니까?"

1939년 리벤트로프가 [모스크바에] 왔을 때 우리는 합의를 했고, 이미 9~10월에 [합의한 바에 따라] 각자 자기 것을 차지했소. 달리 어쩔 도리가 없었어. 시간을 낭비하지 않았지. 그리고 우리와 국경을 마주하고 있는 나라들에서, 우선 레닌그라드로부터 불과 50km 거리에 있는 핀란드에서 독일 군대가 주둔할 수 없다고 합의했소. 그리고 루마니아에서도, 역시 우리와 국경을 마주하고 있는데, 루마니아 군대 말고는 그 어떤 국가의 군대도 주둔할 수 없다고 합의했지. 내가 말했소. "그런데 귀국은 여기저기에 대군을 주둔시키고 있습니다.” 정치적인 문제들이 있었고, 우리는 많은 대화를 나눴소.

리벤트로프가 내게 말해요. “자, 영국에 대해 대화할 필요가 있습니다.” 내가 답했소. “그럼, 어디 말해봅시다. 무엇을 원하십니까? 어떤 제안을 하시겠습니까?” — “자, 우리 세계를 분할합시다. 귀국은 남쪽으로, 따뜻한 바다로 나아가야 합니다.”

그리고 우린 점심식사를 했는데, 리벤트로프가 오찬을 베풀었소. 히믈러, 괴벨스, 괴링이 참석했고, 다만 헤스가 없었지. 내가 [나치]당 중앙위원회에 있는 헤스의 집무실도 방문했는데, 그는 겉으로 매우 겸손하게 처신했고, 그자의 집무실은 병실처럼 소박했소. 그러나 괴링의 집무실은, 반대로, 큰 그림들이 걸려 있고 카펫이... 히틀러 관저에서도 만찬이 있었소.

히틀러가 내게 다시 말했소. “여기 좋은 나라들이 있는데...” 그래서 내가 답했지. “리벤트로프를 통해 1939년에 합의한 바가 있습니다. 각하께서 핀란드에 군대를 주둔시키지 않겠다고 하셨지만, 약속과 달리 그곳엔 독일 군대가 주둔하고 있습니다. 이런 상황이 언제 종료되겠습니까? 각하께선 루마니아에도 군대를 주둔시킬 수 없으며, 거긴 오직 루마니아 군대만 있을 수 있습니다. 그런데 그곳에, 바로 우리 국경에 독일 군대가 주둔하고 있습니다. 이게 어찌 가능합니까? 이건 우리의 합의에 위배됩니다.” — “그건 사소한 일이오. 자, 보다 큰 문제들에 대해 논의합시다.”

그렇게 해서 히틀러와 나는 전혀 합의에 도달할 수 없었는데, 왜냐하면 내가 내 의견을 고수했기 때문이지. “그것은 대답이 아닙니다. 나는 각하께 문제를 제기했습니다. 그런데 각하께선 어떤 분명한 대답도 하지 않으시는데, 나는 분명한 답변을 요구합니다.” 여기서 우리는 그들이 우리와의 관계 개선을 실제로 원하는지 아니면 모든 게 전혀 무익한 공리공담에 불과한 것인지 그들을 시험해봐야 했어요. 결국 밝혀진 것은 그들이 우리에게 조금도 양보하려 하지 않는다는 것이었소. 밀고 당기기도 했지만, 그들은 그냥 어떤 괴물들과 협상하는 게 아니었고, 이런 점을 히틀러도 이해하고 있었소. 그자와 진지한 대화를 나눌 수 있는 한, 이번엔 우리 쪽에서, 우리는 그자의 속내를 더 깊숙이 탐지해야만 했소. 이행하기로 합의한 것을 이행하지 않고 있었소. 분명, 이행하기를 원치 않았던 거요. 우리는 반드시 결론을 내야만 했고, 그들도 물론 결론을 내렸지.

— 그렇습니다, – 쇼타 이바노비치가 말한다. – 제국주의로 성장한 가장 거대한 괴물에 대해 [우리가] 승리했습니다.

▶ 그리고 더 구체적으로는, – 몰로토프가 부연한다. – 영국과 프랑스도.

1973년 11월 16일

— 1940년도에 의장님과 회담하는 것이 독일인들에게 과연 의미가 있었을까요?[23)]

▶ 그들은 우리를 영국과의 전쟁에 끌어들여서 우리를 바보로 만들려고 했소. 히틀러에겐 우리를 투기장으로 밀어 넣을 수 있는지의 여부를 알아보는 것이 필요했던 거요. 그들은 히틀러주의자이자 파시스트로서 그대로 있는데, 우리가 그들을 돕는다... 과연 우리를 거기로 끌어들일 수 있었을까?

내가 히틀러에게 말했소. "우리가 직접적으로 관계되는 사항에 대해 각하께선 어떤 입장이십니까? 각하께서 이행하기로 약속했던 일을 이행하겠다는 데 동의하십니까?"

물론, 그가 우리를 투기장으로 끌어들이려 한다는 사실이 분명해졌지만, 다른 측면에서, 내가 핀란드 및 루마니아 문제와 관련하여 그에게서 어떤 양보도 얻어낼 수 없었소.

1974년 3월 8일

▶ 히틀러와 협상을 하는 동안 우리는 테이블에 둘러앉았는데, 전문가들을 위한 테이블이 있었고, 통역관을 위한 테이블이 있었소. 힐게르가 히틀러의 통역을 맡았지. 오데사에서 태어난 그는 어머니가 러시아인이었소. 그의 아들은 후에 모스크바 근교에서 전사했지. 힐게르는 우리와의 전쟁에 반대했어요. 두려워했지. 러시아말을 아주 유창하게 했고 발음이 러시아인과 구별되지 않았소.

슐렌부르크[24)]는 러시아어를 어느 정도 이해했지만, 말은 잘하지 못했소. 그는 모스크바에서부터 쭉 우리를 보좌했지. 자기 제복을 챙겨야 하는 걸 깜박했는데, 기차가 이미 떠나버려서 차를 타고 우리를 쫓아와 모스크바를 지나 어디에선가 합류를 했지. 국경부터 베를린까지 철도를 따라 [독일] 의장병들이 서 있었고...

첫 번째 회담에서는 주로 히틀러가 말을 했소. 내가 좀 가볍게 받아쳤지. 문제를 제기

23) 이미 1940년 여름에 히틀러는 소련에 대한 침공 계획을 수립하라는 명령을 내려놓고 있었다. 그리고 그해 12월에는 1941년 5월 15일을 〈바르바로사 작전〉 개시일로 확정한 문서에 서명했다. (실제로 소련 침공은 1941년 6월 22일 새벽에 시작되었다.)

24) 슐렌부르크(1875~1944)는 당시 모스크바 주재 독일 대사였다.

하고 뭔가를 해명하고 그랬소. 그는 필요하다고 생각되는 것을 상세히 말하고, 내가 듣고... 그러다가 내가 말할 차례가 되었지, 두 번째 회담에서.

외교에서 [상대를] 비난하거나 욕설을 퍼부으며 시작할 필요가 없어요. 그런 것 없이 할 수가 있지. 그러나 어떠한 계획이 있는지, 의도가 무엇인지, 상황이 어떠한지 등을 반드시 설명해야 해요. 그에 관해 생각해야만 합니다. 히틀러는 내게 아주 정중하게 굴었소.

1976년 5월 12일

▶ [프랑스의 정치가] 탈레랑이 가르쳤소. "외교는 말하고, 침묵하고, 경청할 줄 알게 하기 위해 존재하기도 한다."

외교관을 얭기가 좋은 할머니에게 보낼 수는 없지.

1978년 7월 24일

▶ 1940년 11월 베를린에 도착하고 난 다음에 나는 독일 주재 대사를 교체했소. 그는 자리를 지키지 않고 있었는데, 그도 역시 내가 임명한 사람이었소. 내가 임명했지만 적절하지 않았소. 나는 [외무인민위원으로서의] 업무를 익혀야 했을 뿐만 아니라 모두를, 나이 든 외교관들을 젊은이들로 교체해야 했는데, 그러다 보니까 일부 과오가 저질러졌지. 그는 괜찮은 동무였는데, 매우 유약하고 불운했어. [그의] 성씨 말인가? 아마 쉬바르코프였던 것 같은데, 아니 쉬크바르체프였나? 그는 교원 출신인데 독일어를 조금 알았고, 몇 달간 [대사로] 일했소. 내가 1939년부터 외무성에서 일하기 시작했는데, 간부를 거의 모두 전격 교체해야 했지.

그러면서 나는 소브나르콤 의장직을 유지했소.

데카노조프를 독일 주재 대사로 임명했는데, 스탈린이 그를 추천했소. 그는 아르메니아 사람 같았는데, 자신을 그루지야 사람으로 내세웠어. 스탈린조차도 그에게 "동무는 그루지야 사람이 아니오!"라고 단언했지.

제법 능력도 있었고, 그래도 정직한 사람이었소.

1972년 7월 31일

▶ 헤스에게 물었소. “귀하의 당에 강령이 있습니까?” 없다는 것을 내가 알지. 강령이 없는 정당이라... 어떻게 그럴 수가?

또 물었소. “귀하의 당에 규약이 있습니까?” 나는 그들에 당 규약이 없다는 것을 알고 있었지만, 그래도 그자를 좀 탐색해 보고자 했던 거요. 그는 나치당에서 히틀러 다음의 제1부총재였고 당 서기였소. [마틴] 보르만이 그의 대리였지.

내가 계속 가볍게 찔러봤지. “그런데 헌법은 있습니까?” 역시 없었지. 그런데도 조직화 수준은 어떻게 그렇게 높을 수가 있을까!

— 그런데, – 쇼타 이바노비치가 말한다. – 의장님께선 헤스가 동성애자였다는 것을 아십니까?

▶ 몰라요, 관심 없소. 그러나 거기에 그런 사람이 헤스 혼자가 아니었다는 사실은 알고 있소.

1977년 6월 16일

▶ 솔직히 말해서, 히틀러의 침공이 뭐요? 그거 계급투쟁 아닌가? 그런 측면도 있지. 무엇이 핵전쟁 발발을 가능케 할까? 그거야 뭐, 계급투쟁이 아닐까? 계급투쟁 말고는 거기에 아무 것도 없어. 문제는 매우 심각해. 평화로운 생존, 평화공존이 전부라는 건 아니지만, 우리는 일정 기간 그것을 고수하고 있고, 스탈린 치하에도 우리는 어떤 순간까지 그것을 고수했었는데, 문제는 나중에 그자들이 “평화공존 입장을 버려라, 아니면 전쟁이다!”라고 하면서 노골적으로 양자택일을 요구하고 나올 수 있다는 거요. 아직 그들은 그런 생각을 포기하지 않고 있소.

1976년 7월 7일

배웅의 가치는...

▶ 스탈린은 대단한 전술가였지. 히틀러는 일본과 상의 없이 우리와 불가침조약을 체결했던 거요! 스탈린이 히틀러를 그렇게 하도록 만들었소. 그 일이 일어난 후에 일본은 독일에 대해 굉장히 분개했고, 이는 그들의 동맹관계에 전혀 득이 되지 않았소. 일본 외

무상 마쓰오카와의 협상은 그 의미가 컸어요. 그가 [모스크바] 방문을 마치고 떠날 때 스탈린이 전 세계가 주목했던 한 가지 제스처를 취했는데, 자신이 역까지 나가 일본 외무상을 친히 배웅했던 거요. 그것을 누구도 예견하지 못했는데, 왜냐하면 한 번도 그런 적이 없었기 때문이오. 일본인들도, 독일인들도 굉장히 놀랐지. 기차는 한 시간 동안 지체되었소. 스탈린과 우리가 마쓰오카를 엄청 취하게 만들었고, 거의 객차 안으로 데리고 들어가다시피 했소. 이 배웅이 일본으로 하여금 우리와 전쟁을 하지 않도록 했던 거요. 마쓰오카는 귀국한 다음에 소련 방문에 대한 보답을 했는데...[25]

그런데 1945년에 나는 일본인들을 상대로 선전포고를 했소. 일본 대사를 크렘린으로 불러 문서로 통첩을 했지.

— 일본인들이 어떻게 받아들이던가요?

▶ 어떻게 받아들였냐고? 황홀경에 빠졌지.

— 1941년에 스탈린과 함께 의장님께서 어떻게 마쓰오카를 환대했는지 텔레비전에서 방영하였습니다. 스탈린이 샴페인을 마시고 그를 바라봤습니다. 그리고 의장님께선 발코니에 서서 웃고 계셨지요. 마쓰오카가 스탈린의 손을 잡고...

▶ 그는 이미 많이 마셨소. 기자들이 거의 강제로 권했는데, 문제는 전쟁이었지. 연회는 내 집무실에서 열렸소. [참석한] 사람들이 많았는데...

1982년 4월 29일

— 1941년에 마쓰오카를 배웅할 때 의장님께서 그와 함께 러시아 인민가요 〈갈대가 울었고(Шумел камыш)〉를 불렀다고 사람들이 말합니다.

▶ 그랬지, 그런 일이 있었지... 하지만 역에서 그는 술에 취해 겨우겨우 두 다리로 자기 몸을 지탱했소.

나도 그렇게 만취한 경우가 있었는데, 1925년에 그루지야인들이 나를 그렇게 만들었지. 세르고 오르조니키제가 주모자였는데, 그와 내가 같은 일행이었소. 그들이 마차를 옆으로 세워서 길을 막아버렸는데, 그건 모두 사전에 모의된 일이었고, 술과 안주, 그리고 제법 많은 사람들이 모여들었소. 지방의 [당 간부들의] 차가 몇 대 있었고... 코가 비

---

25) 1941년 4월 마쓰오카 요스케(松岡洋右, 1880~1946)는 모스크바에서 일소중립조약을 직접 조인하였으나, 6월 22일에 독소전이 시작되자, 몰로토프의 기대와는 달리, 소련에 대한 전쟁을 개시해야 한다고 주장했다.

뚫어지도록 마시고, 마시고, 마시고... "자 뿔[잔]을 가져와! 거기에 술 두 병을 따라봐!" — "흠, 안 돼, 저런 거 못 마셔!" 결국 나는 그걸 마셔버렸는데, 이미 즐거움은 없어지고 몸을 가눌 수가 없게 되어서...

우리가 수후미[26]에 도착했는데, 도착하자마자 그들이 벌써 그곳에 마실 것과 안주, 아코디언, 그리고 뭔가를 갖춰놓고 있었어. 내가 말했소. "나는 위층으로 올라 갈 거야, 잠을 푹 자야 돼." 그런데 그들이 나를 초대하는 거야. 나는 "죽어도 안 돼!" 하면서 버텼고, 결국 그들이 동의했지. 그런데 내가 잠에서 깨자마자 그들은 다시 술과 안주를 가져다 놓고는 노래를 부르고, 건배를 하자며...

그루지야... 거기서 내가 엄청 시달렸지. 저녁 때 나는 완전히 초주검이 되어 있었소.

1979년 1월 1일, 1979년 3월 9일

전쟁을 지연시키려고 했다

— 모든 역사책에서 지적하기를, 전쟁 발발을 전후해 스탈린이 오판을 했다고 합니다.

▶ 어느 정도 그렇게 말할 수도 있는데, – 몰로토프가 대답한다. – 단 누구에게도 무오류라는 건 있을 수 없다는 것을 전제로 하는 경우에 그렇소. 적이 언제 침공해올 지 어떻게 알 수 있었겠소? 우리가 그들과 전쟁을 하게 될 것이라는 사실은 알고 있었지만, 몇 월 몇 날에 공격해올 지는...

— 침공에 대비하여 전투태세를 갖출 나름의 시간이 있었다는 것은 주지의 사실 아닙니까?

▶ 첩보원들의 보고를 무시했다고 다들 우리를 비난하는데, 그래, [그들이] 경고를 했어.[27] 그러나 만약 우리가 그들의 보고에 일일이 대응했더라면 [독일에] 아주 작은 구실이라도 주었을 거고, 침공 시기가 더 빨라졌을 거요.

우리는 전쟁이 턱밑에 다가와 있다는 것과 우리가 독일보다 약하다는 것, 그리고 우리가 후퇴할 수밖에 없다는 것을 알고 있었어. 분명 문제는 우리가 어디까지 후퇴하게

26) 그루지야의 도시로, 흑해 연안에 위치해 있다.
27) 특히 일본에서 활동하던 첩보원 리하르트 조르게(Рихард Зорге)는 1941년 3월부터, 비록 정확한 예측이 아니었지만, 그 날짜를 적시하며 독일의 침공을 예고하는 전문을 보냈다.

될 것인가, 스몰렌스크까지인가 아니면 모스크바까지인가 하는 데 있었는데, 전쟁 직전에 우리는 그 문제를 논의했소.

우리가 후퇴할 수밖에 없다는 사실을 알고 있었고, 그래서 우리에겐 가능한 한 넓은 영토가 필요했던 거요.

...내가 처칠의 책을 읽는다. "소련 지도부에 도움이 되게 말하자면, 러시아인들이 시간을 벌고 자신의 광활한 영토 각지로부터 힘을 결집하기 위해 소련에게 필사적으로 요구되었던 것은 독일군의 공격 기지를 최대한 서쪽으로 멀리 밀어놓는 것이었다고 말할 수 있다. 그들의 정책이 냉정하게 계산된 것이기도 했다면, 동시에 그 정책은 고도로 현실주의적인 것이었다."

▶ 우리는 전쟁을 지연시키기 위해 모든 일을 다 했어. 그리고 우리는 목적을 달성할 수 있었소. 1년 10개월이나 지연시켰소.[28] 물론, 더 미루고 싶었지만... 전쟁 직전에 스탈린은 1943년쯤 가서야 우리가 독일인들과 대등하게 겨룰 수 있을 것이라 생각했소. (공군 원수 골로바노프가 내게 해준 이야기에 따르면, 모스크바 전투[29]에서 독일군을 격퇴하고 난 뒤 스탈린이 말했다. "신이시여, 우리가 이 전쟁을 1946년에 끝낼 수 있게 해주소서." – F. 추예프)

— 그렇지만 첩보원들의 보고도 있었는데...

▶ 그에 대해 서로 모순되게 쓰여 있지. 내가 보기에 전쟁 초기의 양상은 그럴 수밖에 없었소. 질질 끌었고, 결국 하품도 하다가 느닷없이 시작된 거요. 나는 첩보원들을 신뢰하면 안 된다고 생각하는데, 그들의 보고를 들어야 하지만, 동시에 그들을 검사하기도 해야 해. 첩보원들은 어떤 위험한 입장을 취하도록 밀 수 있지만, 나중에 그것을 해명하지는 않아. 도처에 밀정이 있음을 고려해야 합니다. 그렇기 때문에 지극히 세밀하고 부단한 검사와 재검사 없이 첩보원들을 신뢰해서는 안 되며, [독일군] 투항자들이 [침공 사실을 알리기 위해] 국경을 넘어왔다고 첩보원들이 보고했다는데 왜 그걸 묵살했을까, – 이런 생각은 그냥 순진한 사람들이나 속물들이 회고록에서 이야기하는 거요.

개별 증언들을 신뢰하면 안 돼, 종합적으로 판단해야지. 하지만 지나치게 많은 의심

---

28) 여기서 몰로토프는 독소불가침조약이 체결된 1939년 9월을 염두에 두고 있다.

29) 전쟁이 시작되고 석 달이 지난 1941년 9월말 독일군은 모스크바를 직접적인 목표로 삼아 공세를 시작했고, 11월 중순에는 모스크바 근방 25~30km 지점까지 접근하기도 했다. 그러나 1942년 1월경 독일군은 모스크바 기점 100~250km 밖으로 격퇴되었고, 이로써 위기가 일단 극복되었다.

을 품는 것 또한 다른 극단으로 빠지는 거요.

내가 소브나르콤 의장이었을 때,[30] 나는 매일 반나절씩 첩보기관의 보고서를 읽어야만 했소. 기간을 막론하고 늘 [정보가] 넘쳐났어! 그리고 만약 우리가 보고에 넘어갔더라면, 전쟁은 훨씬 전에 시작되었을 거요. 지체하지 않고 적시에 알리는 것, – 이게 첩보원의 임무요.

전반적으로 우리는 일어날 전쟁에 대비를 했는데, 전쟁을 방지하는 건 우리에게 어렵고 불가능한 일이었소. 1년을 미뤘고, 그리고 1년 반을 미뤘어. 만약 히틀러가 1년 반 전에 침공해 왔다면, 그 당시 우리의 상태로는 아주 위험했어요, 아시겠소? 그렇기 때문에 우리가 크고 중요한 조치들을 계획하고 있다는 사실을 독일 첩보원들이 탐지할 수 없도록 하면서 전쟁을 준비할 수밖에 없었소. 엄청나게 많은 조치들이 취해졌지만, 그래도 역시 충분하지 못했지. 계획한 많은 일들을 끝까지 완수할 겨를이 없었소. 여러 회고록에 보면, 그에 대한 모든 책임이 스탈린에게 있다고들 하지. 그런데 국방인민위원도 있었고 총참모부 책임자도 있었고... 하지만 다른 측면에서 보면...

— 일부 인사들, 특히 골로바노프 원수는 총참모부가 전쟁을 수수방관했다고 생각하고 있습니다.

▶ 그렇지 않아! 총참모부가 책임져야 할 부분이 있다면, 그건 처음의 보고를 믿지 말고 검증하라는 지령을 하달했기 때문이오. 그렇게 하느라고 어느 정도의 시간이 소비됐던 거요.

— 하지만 그것 자체가 이미 스탈린의 실책 아닙니까?

▶ 물론, 그렇게 볼 수도 있겠지. 그는 간절하게 전쟁을 원치 않았고, 그래서 그의 입장이 매우 어려웠소.

— 그런데, 스탈린은 히틀러를 과대평가하고 영리한 인물로 간주하면서, 그자가 영국과의 전쟁이 종료되기 전에는 우리를 침공하지 않을 거라고 생각했겠지요?

▶ 그렇지, 그렇지. 스탈린에게 그런 경향이 있었지. 나도 그랬고, 다른 사람들도 그랬소. 하지만, 다른 측면에서 보면, 히틀러에겐 영국과의 전쟁이 끝나지 않았더라도 우리를 침공하는 일 말고는 아무 것도 할 게 없었는데... 그는 그 전쟁을 절대로 끝낼 수

30) 몰로토프는 1930년에서 1941년까지 소브나르콤 의장이었고, 1939년 5월부터는 외무인민위원의 직위를 겸했다.

가 없었소. 영국과의 전쟁을 끝내보라지!

— 한 작가는 스탈린이 독일 주재 소련 대사 데카노조프와 "이제 우리에게 독일과의 친선이 있을 거라고 자랑했던" 몰로토프를 저주하는 장면부터 전쟁의 시작을 기술하고 있습니다.

▶ 내가 지금 공개적으로 나 자신을 변호할 수 없다는 걸 알고서 매 페이지마다 침 뱉고 중상하는 건데...

— 지금 다들 쓰기를, 스탈린은 히틀러를 믿었는데 히틀러는 1939년에 조약을 체결하면서 스탈린을 속이고 그의 경계심을 둔하게 했다고 합니다. 스탈린이 히틀러를 믿었다고...

▶ 스탈린은 그렇게 순진한 인물이 아니야. 그는 사안을 매우 정확하게, 제대로 이해했소. 스탈린이 히틀러를 믿었다고? 그는 누구도 결코 믿지 않았소! 이를 입증하는 근거도 있소. 히틀러가 스탈린을 속였다고? 하지만 그는 그 기만의 결과로 자살할 수밖에 없었고, 스탈린은 지구의 반을 지도하게 된 거요!

우리는 독일의 침공을 지연시켜야만 했고, 그렇기 때문에 그들과 수출입 같은 경제적 관계를 가지려고 노력했소.

그 자신 누구도 믿지 않았지만 스탈린이 얼마나 믿음직한 사람이었는지!.. 다만 반년이라도, 조금이라도 더 전쟁을 지연시켜야 한다는 갈망이 매우 컸어요. 그런 갈망은 물론 각자에게 있었고, 그 당시의 문제를 조금이라도 아는 사람이라면 스탈린이 가졌던 것과 같은 그런 갈망을 갖지 않을 수가 없을 텐데... 그렇지만 문제는 그런 상황에서 벗어날 줄 아는 인물이, 단순히 벗어나는 게 아니라 승리할 줄 아는 인물이 과연 존재했는가에 있는 거요!

내가 하고 싶은 말은 실책이 있었으나 그건 부차적인 것이라는 거요. 왜냐하면 우리는 우리가 전쟁을 강요하지 않을까, 명분을 주지 않을까 두려워했기 때문이오. 그렇지만 전쟁이 시작되었을 때 우리는 그것을 책임져야 했소.

내가 보기에 그것은 실책이 아니라 우리의 약점이었소, 약점! 왜냐하면 우리가 전쟁에 대해 심리적으로 완벽한 대비 태세를 갖추는 것이 거의 불가능했기 때문이지. 우리는 아직 모든 게 준비되지 않았다고 느꼈고, 그렇기 때문에 우리 쪽에서 과도하게 몸을 사렸던 건 당연할 수밖에 없었소. 그렇지만 그걸 정당화할 수는 없지. 그렇다고 해서 거기에 어떤 실책이 있었다고는 생각하지 않소. 전쟁의 예방이라는 뜻에서 독일인들에게 전쟁을 일으킬 구실을 주지 않기 위해 전력을 다했던 거요.

— 하지만 히틀러가 이미 [침공을] 결정하고 있었다면, 그자에게 어떤 영향을 미치기가 이미 어려웠을 텐데요...

▶ 그랬어도 역시 우리는 그의 속내를 꿰뚫어 볼 수 없었소. 그는 이미 1939년에 전쟁을 일으키기로 작정하고 있었지요. 언제 전쟁을 시작할 것인가? 1년 아니면 몇 달이라도 더 전쟁을 지연시키는 건 우리에게 매우 바람직했었소. 물론, 우리는 이 전쟁에 대해 하시라도 대응할 수 있는 태세를 갖추고 있어야 한다는 점을 알고 있었지만, 어떻게 그것을 실제로 가능하도록 할 수 있었겠소? 매우 어려웠소.

...우리가 이 주제에 관해 대화를 나눴던 회수는 내가 몰로토프의 주장을 정확하게 암기할 정도로 많았다. 5년, 10년, 그리고 15년이 지나서도 그는 항상 예전과 똑같이 말했으며, 그에게 그것은 정당화를 위한 시도가 아니라 흔들림 없는 확신이었다. 언젠가 주코프카의 다차에서 몰로토프와 함께 있을 때 작가 이반 스타드늑이 찾아왔다. 몰로토프는 새로 출판된 스타드늑의 소설 『전쟁(Война)』을 검토하였고, 긍정적으로 평가하면서 조언했다. 하지만 소설의 제3권을 훑어본 몰로토프는 스탈린이 "1942년 이전에 독일이 우리를 침공하지 않을 것이라고 말했다"는 대목[의 허구성]을 지적하며 작가를 질책하였고, 스타드늑은 그 문제에 관해서 메레츠코프 원수의 회고록에 의존했다고 말했다.

▶ 나는, – 몰로토프가 말한다. – 그게 틀렸다는 거요. 고인에게, 스탈린에게 그가 하지도 않은 말을 마치 한 것처럼 뒤집어씌우면 되겠소? 첫째, 메레츠코프는 정확하지 않은 사람이며, 이 문제와 관련해서 절대 그를 신뢰하면 안 됩니다. 스탈린은 그를 "야로슬라블 사람"이라고 불렀어.[31] 왜 야로슬라블 사람인가? 스탈린이 말하길, 야로슬라블에는 얍삽한 사람들이 많이 있는데, 그곳에는 유대인이 거의 없지만 바로 러시아인들이 바로 유대인이 하는 얍삽한 짓들을 한다는 거야. 메레츠코프는 그런 얍삽한 사람들 가운데 하나라는 거지. 메레츠코프는 회고록을 쓸 정도로 정확한 사람이 아니야! 나 역시 스탈린과 교류했지만, 내 기억에 그가 그런 말을 한 적이 없소. 또, 스탈린과 항상 가깝게 지냈던 사람들 가운데 그런 사실을 증언하는 사람이 한 명도 없어. 물론 내가 뭔가 망각했을 수도 있고, "아마도"라는 말과 함께 스탈린이 그 비슷한 발언을 했을지도 모르

31) 메레츠코프는 랴잔 부근의 나자리예보 태생이다.

지만... 동무가 쓴 소설에서 동무는 전쟁의 시점에 대해 궁리하는 티모쉔코를 정당화하기 위해 그렇게 단정했소. 그런데 티모쉔코가 확실히 마지막 인물은 아니었잖소. 그냥 국방인민위원이었지! 과연 그가 최고위에 있었소? 스탈린에게 도대체 무엇을 뒤집어씌우려고?

...몰로토프가 대화중에 흥분했다. 얼굴이 벌개졌으며, 눈은 생기가 돌면서 옛 정부 수반의 위엄으로 번쩍이기 시작했다.

▶ 나는 동무의 작품에 대해 엄격하게 평가합니다. 보다 진실한 증언을 하는 인물이 등장했는데, 갑자기 그가 스탈린을 비난한다! 문제의 핵심은 언제 침공이 시작될 것인가를 적시에 매우 정확하게 예측하는 데 있었던 게 아니라, 히틀러가 모스크바에 진입하지 못하게 하고, 레닌그라드로, 스탈린그라드로 쳐들어오지 못하게 하는 데, – 바로 거기에 문제의 핵심이 있었던 거요! 결국, 핵심은 우리의 최종적인 찬란한 승리에 있었던 거요! 그리고 지금 스탈린이 고인이 된 지금 그를 중상하는 것은...

— 저는, – 스타드늑이 말한다. – 메레츠코프의 증언도 스탈린을 정당화하고 있다고 생각합니다. 왜 우리가 준비 태세를 갖추지 못했는가? 왜냐하면 예상하기를...

▶ 그런데 우리는, – 몰로토프가 격하게 말을 가로챈다. – 대비하고 있었소! 어떻게 대비하지 않을 수 있겠소? 동무는 우리에게 준비가 없었다고 말하는데, 그건 틀렸어! 무엇이 준비되지 않았다는 거요?

— 침공이 있던 날에, 침공이 이루어지던 시간에 우리에겐 대체로 준비가 없었습니다.

▶ 그렇소, – 몰로토프가 반박한다. – 침공이 시작된 시각에는 누구라도, 심지어 신이라도 준비를 갖출 수 없었을 거요! 우리는 침공을 예상했고, 우리에겐 주요한 목적이 있었지. 히틀러에게 침공의 구실을 주지 않는 것, – 바로 그것이었소. 히틀러는 "이미 소련 군대가 국경에 집결하고 있는데, 그들이 나를 행동하도록 강요하고 있다!"고 트집을 잡을 수도 있었소.

물론, 그것이 직무 태만을 의미하고 준비 부족을 의미할 수도 있어요. 물론, 그밖에 다른 태만도 있겠지. 동무는 그러한 문제에서 태만이 없어야 했다고 주장하면서 없을 수 있었던 가능성을 지적하지만, 만약 그런 문제에 집착하게 되면 가장 주요한 것을, 역사에서 결정적으로 작용했던 것을 등한시하게 돼요. 스탈린은 아직 누구에 의해서도 대치되지 않소. 나는 스탈린의 비판자이고, 몇몇 문제에서는 스탈린에 동의하지 않으며, 그가 중

대한, 원칙적인 과오들을 저질렀다고 생각해. 하지만 그런 과오들에 대해서는 아무도 말하지 않으면서, 반면 스탈린이 옳았던 부분에 대해서는 끝없이 부정적으로 떠들어댑니다.

사실상 우리는 전쟁이 시작될 무렵에 기본적인 준비를 갖추고 있었소. 인민경제의 발전을 위한 5개년계획이 있었고, 이미 조성된 공업적 잠재력도 전쟁을 이겨내는 데 도움을 주었소. 그렇지 않았더라면 우리는 아무 것도 이룰 수 없었을 거요. 전쟁 이전 시기에 실현된 방위산업의 성장은 그 이상이 불가능할 정도로 대단한 것이었소!

전쟁 전에 인민들은 엄청난 긴장 속에서 지냈소. 각종 사업과 동원이 이어졌고, 요구에 부응하지 않으면 당에서 쫓아내고 체포합니다. 인민을, 당을, 군대를, 또는 심지어 자기 친지를 1년이나 2년 동안 과연 그러한 긴장 속에 살게 할 수 있겠소?

아니오. 전쟁의 위협에 있었음에도 불구하고 정당화할 수 없는 것들이 있어요.

과오가 있었지만, 문제는 그러한 과오를 어떻게 이해하는가에 달려 있어요. 첫째, 누구의 과오인가? 둘째, 그 과오를 피할 수 있었던가? 적어도 이런 2개의 문제가 생겨납니다.

긴장은 1939년에도, 1940년에도 느껴졌어요. 긴장은 매우 강력했고, 그렇기 때문에 어떤 선의가 당연히 좀 있었어요. 이를테면 쉬고 싶다는 희망 같은 거 말이오. 얼마 전에 누군가가 비난조로 내게 말했소. "즈다노프는 대체 어디 있었습니까?" 전쟁이 발발했을 때 그는 소치에 있었소. 물론, 1939년에 또는 1940년에, 나아가 1941년에 소치에 가지 않을 수도 있었겠지. 그런데 아픈 사람에게 휴양을 하도록 하는 것 말고는 다른 무엇을 할 수 있단 말이오. 이렇게 비난들을 합니다. "그들은 무엇을 생각했습니까? 전쟁에 관해서? 아니오, 그들은 소치에서 쉬고 있었습니다!" 정치국원들이 그렇게 낙천적일 수가 있느냐는 거요.

건강한 사람이건 아픈 사람이건 간에 모든 정치국원의 매일 매일은 긴장의 연속이었는데... 그런데 전체 인민을, 전체 간부들을 봅시다. 우리는 전쟁이 발발하기 2년 전에 7시간 노동일제를 폐지했었소![32] 더 좋은 조건을 찾아서 움직이는 노동자들의 전직도 금지되었소. 많은 사람들이 매우 어렵게 살면서 더 잘살 수 있는 곳을 찾아다녔는데, 우리는 그것조차 금지시켰어요. 그 어떤 주택 건설 사업도 없었고, 대신 대대적인 공장 건

32) '노동일'이란 일평균 노동시간을 말한다. 10월혁명 후 소비에트 러시아에서는 소브나르콤 법령으로 8시간 노동일제가 도입되었다. 이후 1928~33년에 7시간 노동일제(=주당 42시간)로의 전환이 이루어졌으나 1940년 소련 최고회의 간부회 명령으로 8시간 노동일제(=주당 48시간)로 환원되었다.

설과, 그리고 탱크와 비행기로 무장한 새로운 군부대의 창설이 이어졌는데... 모든 설계 기사들을 압박했어요. “더 빨리 합시다! 더 빨리 합시다!” 그들은 기한을 맞추지 못했는데, 그들은 모두 젊은 기사들이었소!..

나는 벨로루시군관구 사령관이었던 [드미트리] 파블로프를 잘 알고 있었소. 그는 우둔한 겁쟁이라는 이유로 총살되었지요. 그런데 그는 탱크부대 지휘관으로 강인한 남자였으며, 물론 당에 충성스런 사람이었소. 그는 전쟁터에서 우리나라를 지키기 위해 기꺼이 자기 생명을 바칠 준비가 된 사람이었소. 우둔함은 이를테면 죄라기보다는 사람의 불행인 거요. 아무튼, 그가 그렇게 우둔했다면 어떻게 사령관까지 승진할 수 있었겠소! 그건 모든 사령관에게 해당되는 이야기요. 그는 우둔하지 않았을 뿐만 아니라, 공산당원으로서 정직한 방법으로 지휘관까지 오른 거요. 그런데 6월 21일에 그는 극장에 있게 되었소. 국경이 전혀 조용하지 않다고 그에게 보고했지만 그는 이렇게 말했소. “괜찮아, 공연이 끝난 다음 상황을 좀 봅시다.” 그런데 어떻게 그에게 1939년에, 1940년에, 그리고 1941년에도 극장에 가지 말라고 말할 수 있었겠소. 그것 또한 옳지 못하지. 즉, 내가 보기에는 바로 거기에 더 큰 불행이 있었던 겁니다. 그 이유는 사람이 원치 않거나 심지어 이해하지 못하기 때문이 아니라, 지쳐서 휴식을 원하기 때문에, 그리고 사람을 휴식 없이 계속 일하게 하는 게 불가능하기 때문이오.

...골로바노프 원수가 내게 해준 이야기를 몰로토프에게 전한다. 골로바노프는 전쟁이 시작되기 불과 몇 주 전에 파블로프와 스탈린이 전화로 통화하는 것을 파블로프의 집무실에서 직접 보았다고 했다. 스탈린은 [독일의] 느닷없는 공격 가능성을 경고했지만, 최전방에 주둔한 파블로프가 역설적이게도 그 경고를 심각하게 받아들이는 것 같지 않더라는 것이었다.

— 문제는 지금, – 내가 몰로토프에게 말한다. – 파블로프 같은 그런 무능한 인물들을 의장님께서 임명했다는 의견이 퍼져있다는 겁니다. 만약 투하첸스키가 그 자리에 있었더라면...

▶ 투하첸스키 같은 사람은, – 몰로토프가 대답한다. – 만약 소동이라도 벌어지면 누구 편에 있을지 확실하지 않은 그런 존재요. 그는 충분히 위험한 인물이었소. 나는 그가 어려운 순간에 전적으로 우리 편에 남았을 것이라고 확신하지 않는데, 왜냐하면 그가 우파였기 때문이오. 우파의 위험성이 당시 가장 주된 위협이었소. 그리고 우파의 대다

수는 자신이 우파인지를 알지도 못했고 우파가 되기를 바라지도 않았소. 트로츠키주의자들, 그 고함꾼들은 "이겨낼 수 없다! 우리는 패배할 것이다!"라고 외치고 다녔소. 그들은 말하자면 자신을 드러냈던 거지. 그런데 이 부농의 옹호자들은 깊숙이 숨어 있었소. 그리고 그들은 아주 신중하고, 그들의 동조 세력은 도처에 아주 많아. 농민들이나 소시민 대중들 말이오. 1920년대에 우리에겐 당 지도부의 층이 아주 얇았었는데, 이 얇은 층 내부에 항상 균열이 있었소. 우파라든가, 민족주의 분자들, 그리고 노동자반대파...[33] 그들을 레닌이 어떻게 통제했는지, 정말 알게 되면 놀랄 거요. 레닌은 죽었지만, 그들은 그대로 남았지. 그리고 스탈린이 매우 힘들게 됐지. 그 증거 중에 하나가 바로 흐루쇼프요. 그는 우파에서 빠져 나와 자기가 스탈린파라고, 레닌파라고 하며 읊조렸소. "아바이 스탈린! 우리는 당신을 위해 목숨을 바칠 준비가 되어 있습니다. 모두 없애버립시다!" 그런데 [머리에 쓴] 금고아가 느슨해지자마자 그는 속내에 담아두었던...

전쟁을 앞두고 우리는 노동자와 농민들에게 엄청난 희생을 요구했소. 농민들에게 곡물이나 면화 및 노동에 대한 대가를 아주 적게 지불했는데... 솔직히, 지불할 게 아예 없었소! 무엇으로 지불합니까? 농민의 물질적 동기를 고려하지 않았다고 우리를 비난하는데, 그것을 고려했더라면 우리는 궁지에 빠졌을 거요. 대포를 만드는 데에도 돈이 부족했어!

전쟁을 지연시켰고, 이는 사람들을 좀 안심시켰소. 1년하고도 10개월을 미루었으니 한 달 더 지연시키는 것쯤이야 했지. 역시 나도 지도부의 관점에서 그에 관해 생각했는데, 물론 지금도 그렇지만 그때에도 6월이 러시아 침공에 최적기임을 고려했어야 마땅했지. 이런 사실이 어디에서도 충분히 고려되지 않았던 것 같은데, 나폴레옹 역시 6월에 러시아를 침공했소. 여름은 몹시 위험해. 하지만 그래도 소연방은 영웅적으로 그런 상황에서 벗어났소.

— 그건 오산이었네요.

▶ 그렇지, 오산이었지. 그러나 6월이 이미 한 번 지나갔고, 1940년 6월도 지나갔는데... 이는 1941년 6월도 그냥 지나갈 것이라고 생각하게 했소. 바로 거기에 생각의 부족이 있었소. 엄청난 긴장 속에서 전쟁 준비가 이루어졌고, 내가 보기에 더 준비하는 게 불가능했소. 뭐, 5% 정도는 더 할 수 있었을지 모르지만, 그 이상은 전혀 불가능했어.

---

33) 1921년 초 노동조합논쟁을 계기로 레닌의 반대파들이 당내에서 본격적으로 조직되었는데, 그 중 하나가 상디칼리즘적 경향의 노동자반대파로서, 레닌의 집요한 공격을 받았다. 쉴랴프니코프, 콜론타이 등이 주도하였다.

나라가 방어 태세를 갖출 수 있도록 필사적으로 노력했고, 인민들을 고무했소. "내일 전쟁이 난다면, 내일 출정을 한다면, 오늘 우리는 출정 태세를 갖춘다!" 정말 강제하지 않았는데도 항상 서로 격려하고 부추겨주었소. 누구나 그런 긴장을 겪으면, 휴식도 어느 정도 필요한데...

— 하지만 휴식을 위한 시간을 제대로 고르지 못했군요.

▶ 아니오, 휴식은 항상 필요했지. 1월에도, 2월에도, 3월에도, 그리고 계속... 그러나 언제 침공할 것인가? 5월보다 6월을 더 조심해야 했었다고 비난할 수 있어. 하지만 당시 취해진 모든 조치들을 알면서도 그렇게 비난하기 위해서는 현학자가 되어야만 할 거요. 그것 때문에 비난하려 한다면, 솔직히 말해서 관료가 아니라면 바로 현학자가 되어야 한다는 말이오. 물론, 6월에는 5월보다 긴장이 조금 더 고조됐었지. 그런데 이미 5월에 엄청난 긴장상태가 지속되었고, 바로 인간의 기관은 휴식이 배제되면 그런 엄청난 긴장을 부단히 견뎌내지 못한다는 데 바로 불행이 있었던 거요. 만약 6월에 긴장을 더 강화하려 했다고 하더라도, 그래도 6월에는 일정한 이완이 있을 수밖에 없었을 거요. 당시 왜 즈다노프가 소치에 머물고 있었으며, 왜 장교들이 휴가 중이었으며, 왜 파블로프가 극장에 있었겠소? 맙소사! 물론, 그런 사소한 일들은 안 그럴 수도 있었겠지. 하지만 그런 일들이 사태를 결정하는 건 아니오!

— 왜 예전의 진지라인을 허물었습니까? 그리고 새 국경에 진지를 구축할 시간은 모자랐습니까?

▶ 그건 쉽게 설명이 되는데, 불가능했어요. 허물어야 할 것을 허물지 못했을 뿐만 아니라 새 것으로 대체할 시간적 여유가 없었소. 이건 사실이오. 아마, 서두르기는 했던 것 같은데, 확실치 않소.

— 아무튼, 히틀러가 지략이 뛰어났다는 게 객관적으로 판명됐네요.

▶ 아니오, 그런 말에 동의할 수 없소. 그자에게 계산이 있었다는 건 분명해. 침공을 위한 최적의 시간을 선택해야 했겠지. 그런데 우리 쪽에서는 5월에서보다 더 큰 긴장을 요구한다는 것은... 긴장이 터질 위험이 있었소. 모든 게 팽팽하게 당겨졌고 또 당겨졌고, 그런데 먹고 살아야 할 것 아니겠소. 시기 선별에 과오가 있었다는 비난은 그래도 옳지 못해. 그럼, 옳지 못하지. 거기에 오판이, 일부 오판이 물론 있었소. 그런데 그것은 과오라기보다는, 죄라기보다는 불행이었던 거요. 우리가 긴장의 고삐를 더 조이려 했었

더라도, 동무가 이미 알다시피...

— 흐루쇼프가 처칠의 말을 이용하였습니다. 처칠은 자신이 스탈린에게 독일의 침공을 경고했다고 말한 바 있습니다. 그에 대해 스탈린이 나중에 이렇게 말했죠. "내겐 어떠한 경고도 필요하지 않았습니다. 나는 전쟁이 일어난다는 사실을 알고 있었지만, 반년 정도 더 벌 수 있을 것이라고 생각했습니다." 이것 때문에 사람들이 스탈린을 비난합니다. 자신을 과신해서 자기가 전쟁을 더 지연시킬 수 있다고 생각했다는 겁니다.

▶ 그건 어리석은 비난이오. 왜냐하면 그 경우에 스탈린은 자신을 믿을 수가 없었소. 나라 전체를 믿었던 거요. 그는 자신에 대해서가 아니라 온 나라에 대해 생각했소. 전쟁을 몇 주라도 더 지연시키는 것은 전체 인민의 주된 관심사였소.

— 그런데 당시 처칠에겐 우리를 적대할 하등의 이유가 없었다고...

▶ 뭐, 그럴 수도. 그런데 그 문제에서 처칠을 과연 믿을 수 있겠소? 그가 관심을 가졌던 것은 소련과 독일이 최대한 빨리 전쟁에 돌입하도록 하는 데 있었는데... 그것 말고는 아무 것도 없었소!

— 슐렌부르크 대사가 데카노조프에게 전쟁이 시작될 거라고 예고했습니다.

▶ 예고가 아니라 암시를 준 거요. 많은 사람들이 전쟁이 임박해 있음을 암시했어요. 그렇지만 슐렌부르크를 신뢰하기에는... 엄청나게 많은 소문과 예언이 난무했었소! 그런 것들에 유의하지 않는 것 역시 옳지 못하지.

— 하지만 군대에 지시를 내렸더라면...

▶ 그건 선동이기도 해, – 몰로토프가 대답한다.

— 어째서 선동입니까? 그럼 비무장상태에서 공격하라고 하는 게 아닙니까? 군인들에게 휴가도 줬고...

▶ 비무장상태가 아니었고, 조심하고 있었소. 그런데 일 년 내내 휴가 없이는 누구도 일하지 않아. 내가 보기에, 기습 공격을 완전히 피한다는 것은 당시 상황을 고려할 때 불가능했소. 하지만 역시 거기에 대처해야 했어. 영웅적인 과업을 위해 나아가는데, 우리에겐 길게 계속되는 긴장에 대한 인내력이 종종 부족했어요. 비난하기 어렵지만, 그래도 그 점에서 비난받아야 할 사람들도 있어요. 독일군은 더 철저히 훈련되어 있었고, 명령만 내리면 그대로 완수되었소. 나중에 우리 병사들도 기합과 함께 그렇게 되었지. 하지만 충분한 인내력과 충분한 체계성은 내가 보기에 아직 부족했소. 여기에는 우리의

농민 기질이 반영되어 있는데, 일하고 거의 반죽음이 되도록 마시고 고생하고... 물론 불시의 공격은 나름 역할을 하지. 역시 지금도 어디에서 뭔가가 개시될 수 있다는 보고가 들어오고 있다고 나는 확신해요. 우리의 기질이 그렇지. 그리고 이는 맑스 · 레닌주의와 전혀 관계가 없소. 그에 의거하면, 가능성이 있을 때는 공세적으로 행동하고 가능성이 없다면 기다려야 합니다.

— 우리가 가능성을 보고 하려고 하는 동안에 적이 우리를 쪼아댈 겁니다.

▶ 그렇소, 그럴 수 있지. 그 이유는 하려고 하지 않아서가 아니라, 모든 사람이 다 자기 재능을 발휘할 줄 아는 게 아니기 때문이오. 그건 시간을 요하는데, 시간이 그렇게 많지 않았었소.

지금 사람들은 스탈린을 자기애에 빠진, 자신이 원하는 대로 될 것이라는 자기 확신이 강한 인물로 묘사하는데... 그건 사실이 아니고 악의적이기도 해. 물론, 유감스럽게도 갑작스런 기습 공격이 있었소. 그렇지 않을 수 없었지. 그런데 자신의 적이 언제 공격해오리라는 것을 정확하게 말할 수 있는 그런 영리한 사람은 아마 없을 거요.

— 스탈린에 대한 인민의 신뢰는 그가 선동한 개인숭배에 특히 의거하고 있었다고 사람들이 말합니다. 그가 선동을 했습니까?

▶ 뭐, 알다시피 조금 그랬지. 사람은 역시 사람인 거요. 하지만 그는 많은 일을 했고, 그게 주요한 거지. 그런 상황에서 그 누구도 스탈린보다 잘할 수 없었소. 전쟁 전에도, 전쟁 중에도, 그리고 전쟁 후에도 역시 마찬가지요.

주코프의 책에는 논쟁이 될 만한 주장이 많소.[34] 사실이 아닌 것들도 있고... 그의 말에 따르면, 전쟁 발발 전에 그가 독일이 기동연습을 하며 전쟁 위험을 조성하고 있다고 스탈린에게 보고할 때, 나도 그 자리에 있었는데, 내가 그에게 이렇게 물었다는 거요. "그런데, 동무, 우리가 독일과 전쟁을 하게 될 거라고 생각하시오?" 그런 비양심적인 말이 어디 있어? 말하자면, 나를 최고의 바보로 만들어 버렸어. 모두가 이해하는데 오직 나만 이해하지 못했다는 거지, – 몰로토프가 흥분해서 말을 더듬기까지 한다. – 그리고 스탈린이 전쟁을 방지할 수 있다고 확신했다고 쓰고 있는데... 하지만 모든 면에서 스탈린 한 사람만을 비난한다면, 그럼 그가 혼자서 사회주의를 건설했고 혼자서 전쟁을 이

34) 주코프의 회고록 『회상과 숙고(Воспоминания и размышления)』는 1969년 처음 출간되었다. 그리고 그의 사망 직후인 1974년 말에 2판이 나왔는데, 초판본과 2판본에 내용상의 차이가 있다.

겼다는 거요? 레닌도 혼자 지도하지 않았고, 스탈린도 정치국에 혼자 있지 않았소. 각자는 맡은 바 책임을 집니다. 물론, 그때 스탈린의 상황이 결코 쉬운 게 아니었소. 알지 못했다는 것은 사실이 아니오. 정말로 키르포노스와 쿠즈네초프가 전투태세를 갖추고 있었던 반면, 파블로프는 그렇지 못했는가? 항상 그렇듯이 군인들이 방심했던 거요. 뭐, 물론 그때 우리가 독일군에 비해 매우 약했소. 물론, 더 잘 조여야 했지. 하지만, 그 일에 최고의 군인들이 우리나라에 있었소. 주코프는 괜찮은 군인이었고, 총참모부에서 일했소. 티모셴코 역시 괜찮은 군인이었는데, 그가 국방인민위원이었소.

— 그런데 군인들은 스탈린이 군사적 주도권을 속박하는 바람에 그의 명령을 기다릴 수밖에 없었다고 하면서 모든 것을 스탈린에게 덮어씌우고 있습니다.

▶ 각자 모두 자기 책임을 면하고 싶은 게지, – 몰로토프가 말한다. – 하지만 해군인민위원 쿠즈네초프는 6월 21일 저녁부터 22일에 걸쳐 공습 경계 태세를 갖추라고 지시했소. 주코프는 그렇게 하지 않았지. 쿠즈네초프는 자기 판단에 따라 과감하게 명령을 내렸던 거요. 이 경우에 그가 더 옳았는데, 왜냐하면 그는 [침공 정보를] 충분히 확인하지 않아도 됐지만, 총참모부는 들어온 정보를 끝까지 확인해야 했기 때문이오. 전쟁 시작 직전까지 총참모부는 서두르지 말라, 우리에게 들어온 정보를 믿기 전에 확인하라는 등의 지침 하에 있었소. 주지하듯이 여기에 지체가 있었는데, 때문에 아무 것도 결정하지 못했지.

— 네크리치의 주장에 따르면, 스탈린은 히틀러가 정치적, 경제적 양보를 강요하기 위해 술책을 부린다고 생각했다고 합니다.

▶ 왜 생각하지 않았겠소? 그자는 물론 날강도였고, 강요할 수 있었어. 그걸 예상할 수 있었소. 각 쟁점을 둘러싸고 강요도, 기만도, 사기도, 찬양도 있을 수 있었는데, 흠... 사실대로 말할 수 있나...

— 스탈린은 히틀러가 전쟁을 시작할 것이라고 생각하지 않았다는 게 여러 문헌에서의 기본적인 생각인데요.

▶ 그렇지, 그렇게들 쓰고 있지. 바실렙스키는 전쟁의 시작에 관해 조금 나이브하게 쓰고 있는데, 나는 지금 베레쉬코프의 책을 읽고 있소.[35]

---

35) 여기서 몰로토프가 언급하는 것은 바실렙스키의 회고록 『평생의 과업(Дело всей жизни)』(1975)과, 베레쉬코프의 책 『베를린에서의 외교 임무 1940~41년(С дипломатической миссией в Берлин 1940~1941 гг.)』(1967)이다.

— 좋은 책입니다.

▶ 아주 좋은 것은 아니고, – 몰로토프가 대답한다.

— 하지만 흥미롭지요.

▶ 그래, 흥미롭지. 내가 이제 처음 100쪽을 읽었는데, 거기에 전혀 동의할 수 없는 대목이 두 개가 있소. 첫째, 히틀러가 1941년에 침공하지 않을 것이라고 스탈린이 생각했다는 대목이오. 어떻게 스탈린에게 그런 말을 할 수 있나... 더욱이 그에게 온갖 비난이 퍼부어지는 지금! 스탈린은 반박할 수가 없고, 누구라도 반박할 수 없지. 심지어 "스탈린이 간주하기를, 스탈린이 생각하기를..."이라는 표현을 쓰는데, 마치 누군가가 스탈린이 전쟁에 관해 생각한 바를 정확히 아는 것처럼 말이오! 사람들은 힘든 순간에 좀 더 좋은 상황이 되었으면 하고 바라지. 물론, 1941년에는 전쟁이 없을 것이라고 좀 희망적으로 생각하게 됐었소. 만약 전쟁이 일어난다고 해도 조금 늦게 터질 것이라고. 나는 그런 판단이 당연한 것이라고 생각해. 하지만 스탈린이 그해에 전쟁은 없을 것이라 생각했다고 단정하는 것은 내가 보기에 근거가 없어. 다른 사람에 대해 누구도 그렇게 말할 수 없는 거요. 이게 첫 번째요.

두 번째. 그가 『타스』[36]의 보도에 관해 말하고 있는데, 전쟁 발발 열흘 전쯤 『타스』가 이렇게 보도했소. "독일이 우리에게 아무런 적대행위도 하지 않고 있으며, 양국 간에 정상적 관계가 유지되고 있다." 내 생각에 그건 스탈린의 지시에 따른 것인데, 베레쉬코프는 『타스』의 그런 보도가 근거 없는 것이었다고 스탈린을 비난해. 하지만 그것은 외교적 게임이었던 거요. 물론 생각대로 되지 않았지. 모든 시도가 항상 좋은 결과를 주는 것은 아니지만, 그런 시도가 자체로 나쁜 결과를 예상했던 게 아니오. 베레쉬코프는 마치 그것이 순진한 발상이었던 것처럼 쓰고 있는데, 그건 순진함이 아니라 일정한 외교적 수순, 정치적 수순이었던 거요. 물론 이 경우엔 긍정적 결과가 없었지만, 받아들이기 어렵거나 용인하기 어려운 부분이 아무 것도 없었소. 그건 바보 같은 짓이 아니라, 말하자면 문제의 해명을 자극하는 시도였던 것이며, 그들이 그것에 반응하지 않았던 것은 그들이 우리를 속일 것이라는 사실을 말해주었던 거요. 그들은 그들의 입장에서 어떤 합법적 조치가 취해진 것처럼 외부 세계에 보여주려고 했지만, 그렇다고 『타스』의 보도

---

36) '타스(TACC)'는 소련전보통신사의 약칭이다.

자체를 비난할 수는 없고 그것을 조롱하는 것 또한 옳지 못한 것 같소. 그 보도를 분명히 잘못된 것으로, 마치 순진성의 발로인 것처럼 평가하는데, 전혀 순진한 것이 없어. 실제로 그것은 매우 중요한 행보였으며, 그것은 독일인들에게 침공을 정당화할 수 있는 어떠한 구실도 주지 않으려 했다는 점에서 정당화되는 거요. 만약 우리가 우리 군대를 움직였다면, 히틀러는 "자, 보시오, 저들은 이미 거기서 군대를 이동시켰소! 자, 여기 사진을 보시오! 저들의 군사 행동을 보시오!"라고 즉시 말했을 거요. 국경에 배치할 병력이 부족했더라도 우리는 국경 지역으로 부대 이동을 시작했어야 했다고 지적하는데, 그랬다면 구실을 주었을 거요! 그동안 우리는 전쟁에 최대한 대비했소.

우리에겐 다른 방도가 없었소. 그래서 그것 때문에 우리를 비난한다면, 그건 추악한 거요. 『타스』의 보도가 마지막 수단으로 필요했지. 우리가 여름 내내 전쟁을 미룰 수 있었더라면, 가을부터 전쟁을 시작하기란 매우 어려웠을 거요. 지금까지는 외교로 전쟁을 미루는 데 성공했는데, 이게 불가능한 시점이 언제인지 누구도 미리 말할 수 없었소. 그런데, 침묵하는 것은 침공을 묵인하는 거나 마찬가지요. 히틀러는 6월 22일 전 세계 앞에서 침략자가 되었던 거요. 그리고 우리에겐 연합국이 생겼소.

— 네크리치는 스탈린이 히틀러를 협상 테이블로 불러내려고 했던 것이라고 주장합니다.

▶ 그렇소, 옳은 말이오. 시도해볼 필요가 있었소! 물론, 그런 경우들에서, 그런 짐승 같은 자들과 어울려 사기도 당할 수 있고 모든 게 잘되기도 어렵지만, 하지만 본질적으로 어떠한 양보도 없었고, 시도하는 건 아주 당연했소.

— 사람들 말은, 스탈린이 히틀러를 독일 군부와 분리해 생각하는 가운데 "전쟁이 군인들의 선동으로 시작될 수 있으나 정작 히틀러 자신은 불가침조약을 어기지 않을 것"이라고 생각했다고 하는데, 저는 스탈린이 그랬을 것이라고 여기지 않습니다.

▶ 나도 그렇게 생각하지 않소, – 몰로토프가 동의한다. – 그건 스탈린을 중상하려는 근거 없는 주장일 뿐이오. 그는 순진한 사람도 아니었고, 마음대로 주무를 수 있는 그런 착한 얼뜨기도 아니었소. 무엇인가 해야 하는, 히틀러와 통하는 길을 찾아야만 하는 상황이었소.

히틀러에 대한 스탈린의 평가

...내가 몰로토프에게 이른바 「히틀러의 유언」,[37] 즉 1945년 2월 14일 보르만에 의해 작성된 메모를 읽어준다.

— "이 전쟁을 패하게 만든 결정적 요인은 독일이 전쟁을 너무 일찍, 그리고 동시에 너무 늦게 시작했다는 것이다. 순전히 군사적 관점에서 볼 때 우리는 더 일찍 전쟁을 시작해야만 했다. 나는 1939년에 전쟁에 돌입하도록 허락하는 게 아니라 이미 1938년에 주도권을 장악했어야 했다."

▶ 당연하지! – 몰로토프가 지적한다.

— "왜냐하면 어떤 경우에도 전쟁은 불가피했기 때문이다. 그럼에도 불구하고 나를 비난할 수는 없는데, 왜냐하면 영국과 프랑스가 뮌헨에서 나의 요구를 모두 들어주었기 때문이다! 현재의 관점에서 보면 전쟁의 시작이 너무 늦었다. 그러나 우리의 정신적 준비라는 관점에서 보면 해야 했던 것보다 너무 일찍 시작되었다. 내 사도들에겐 완전한 [정신적] 성숙에 도달한 시간이 부족했다."

▶ 음, 그건 이미 아는 사실이야! – 몰로토프가 소리 높여 말한다.

— "이 새 엘리트들을, 아주 어린 시절부터 민족사회주의의 철학에 몰두한 청년 엘리트들을 성숙하게 만들기 위해서는 기본적으로 내게 20년이 더 필요했을 것이다. 우리 독일인들의 비극은 우리에게 항상 시간이 부족하다는 것이다. 상황은 우리를 늘 서두를 수밖에 없게 하는데, 지금 우리에게 시간이 없다면 그것은 주로 우리에게 생활공간이 부족하다는 사실에 의해 설명된다. 러시아인들은 그 광활한 공간을 가졌기에 서두름을 거절하는 호사를 누릴 수 있다. 시간은 그들에게 유리하게, 우리에겐 불리하게 작용한다."

▶ 하지만 러시아인들은 1941년도가 아니라 그 오래 전부터 그런 광활한 공간을 가졌는데, – 몰로토프가 지적한다. – 그는 그것을 이해할 수 있었음에도 이해하지 못했소. 그게 그의 과오였던 거요.

---

37) 「히틀러의 유언(Politisches Testament Adolf Hitlers)」은 1945년 2월 히틀러가 그의 측근 보르만(Martin Bormann)에게 2월 4일에서 2월 26일까지 10여 차례에 걸쳐 구술한 것에 4월 2일자로 추가된 내용을 포함한다. 히틀러는 자살 하루 전인 1945년 4월 29일 그 문서에 서명하며 안전한 장소에의 보관을 명령했다. 지금 추예프가 읽는 부분은 2월 14일자로 기록된 내용이다.

— "왜 바로 1941년이었나? 왜냐하면, 서쪽에 있는 우리 적들의 힘이 계속 강화되는 상황에서, 우리가 행동할 수밖에 없는 운명이라면 우리는 지체 없이 그것[=소련 침공]을 해야 했기 때문이다. 그리고 유의할 것: 스탈린은 그냥 팔짱을 끼고 앉아 있지 않았다."

▶ 물론, 그렇지! – 몰로토프가 고개를 끄덕인다.

— "시간은 다시 두 개의 전선에서 우리에게 대항했다. 실제로 문제는 왜 1941년 6월 22일이었는가에 있었던 게 아니라, 오히려 왜 그 이전이 아니었는가에 있었다."

▶ 그렇지, 옳은 말이야.

— "이탈리아인들 때문에 우리가 겪은 어려움과 그들이 그리스에서 감행한 바보 같은 전투작전이 없었더라면, 나는 몇 주 더 빨리 러시아를 공격했을 것이다."

▶ 음, 그렇게 했어야지.

— "우리의 주된 문제는 러시아가 반격하지 못하도록 최대한 오랫동안 러시아를 억제하는 것으로 귀착되었고, 내가 아니라 스탈린이 전쟁의 주도권을 발휘할 수 있다는 악몽은 나를 끊임없이 괴롭혔다."

▶ 물론, 그것도 다들 아는 문제지, – 몰로토프가 동의했다.

— "전쟁의 결말이 어떠하든가에 관계없이 우리는 자신 있게 대영제국의 종말을 예언할 수 있다. 대영제국은 치명적인 상처를 입었다. 미래에 영국 인민은 자신의 저주받은 섬에서 굶주림과 결핵으로 죽어 없어질 것이다."

▶ 그렇지, 그건 그가 내게 직접 말한 바 있소. 이런 식으로 말했지. "어떤 저주받은 섬..."

— 그런데 의장님께선 만약 그자들이 아니었다면 우리가 먼저 전쟁을 시작했을 것이라는 주장에 동의하십니까?[38]

▶ 우리는 그런 계획을 작성하지 않았소. 우리에겐 인민경제발전 5개년계획이 있었지. 우리에겐 연합국이 없었고, 당시 그들은 독일과 연합해서 우리에게 대항할 수도 있었소. 미국은 우리를 적대했고, 영국도 그랬고, 프랑스도 그냥 있지 않을 수도 있었지.

— 하지만 당시 공식 독트린은 남의 영토에서 피를 적게 흘리며 싸우는 것이었지요.

▶ 도대체 누가 그런 독트린을 마련할 수 있지? – 몰로토프가 말한다. – 자, 우리 영토

38) 이런 주장을 담은 대표적인 예가 빅토르 수보로프의 『쇄빙선』이다. 1989년 독일어로 처음 출간된 이 책에서 수보로프는 "스탈린이 1941년 7월 독일 침공을 계획했으며, 히틀러는 소련의 공격계획을 시간적으로 앞섰을 뿐"이라고 하면서, 나아가 "1941년 여름에 중유럽과 서유럽을 장악하려 했던 스탈린의 정책이 제2차 대전의 주된 원인"이라는 주장을 폈다. См.: Суворов В. Ледокол. М., 1991.

에 와서 여기서 전쟁을 하십시오?! 국방상이 "우리에게 오십시오!"라고 말할 거라고? 아니, 당연히 그는 "적은 피로, 남의 영토에서!"라고 말하겠지. 그건 그냥 선동의 수법이오. 그래서 선동이 일반 정치에 대해 우세했는데, 그것 역시 필요했소. 그것 없이는 안 됐어.

— 히틀러가 이렇게 말합니다. "우리에게 필요한 오직 하나는 우리가 패배자임을 자인하길 거부하는 것이다. 왜냐하면 독일 민족에게는 독립과 생존의 지속이라는 사실 자체가 이미 승리이기 때문이다. 이것 하나면 이번 전쟁을 정당화하기에 충분할 것이다. 전쟁은 헛되지 않을 것이다. 어떤 경우에도 전쟁을 피할 순 없었다. 독일 민족사회주의의 적들은 이미 1933년 1월에 내게 전쟁을 강요했다."

그런데 그는 이런 말을 합니다. "만약 내가 파멸할 운명이라면 독일 민족도 파멸하게 하라. 왜냐하면 독일 민족은 나보다 무가치한 존재로 판명되었기 때문이다."

▶ 그건 그자의 유명한 말이오, – 몰로토프가 말한다. – 아주 멍청한 소리지.

— 스탈린은 인간 히틀러를 어떻게 대했습니까, 그를 어떻게 평가했습니까?

▶ 과소평가했다고 하면 사실이 아닐 거요. 그는 히틀러가 그래도 단기간에 독일 민족을 조직화한 것을 보았소. 거대한 공산당이 있었지만, 그게 없어졌소. 사라졌어! 히틀러는 일사불란하게 국민을 이끌었고, 이게 느껴지게 전시에 독일인들은 잘 싸웠지. 큰 전략을 논의함에 있어 냉혈한의 면모를 과시했던 스탈린은 히틀러의 지도력을 매우 심각하게 받아들였소.

1969년 12월 6일, 1971년 7월 9일, 1972년 7월 31일, 1974년 3월 8일,
1975년 1월 14일, 1975년 5월 24일, 1977년 8월 16일, 1978년 7월 24일,
1978년 11월 4일, 1979년 7월 1일, 1981년 1월 9일, 1982년 10월 21일,
1983년 3월 11일, 1983년 6월 16일

슐렌부르크를 접견하러 갔다

...내가 몰로토프에게 묻는다.

— 제가 주코프의 회고록 『회상과 숙고』를 읽어봤는데, 그래도 제게 1941년 6월 22일의 상황이 아주 분명하게 다가오질 않습니다.[39] 그는 이렇게 기술합니다. "밤 12시경 키

예프군관구 사령관 키르포노스 장군이 독일 병사 하나가 또 우리 쪽으로 탈주해 와서 새벽 4시에 독일군이 침공을 개시할 것임을 알렸다고 보고했다.

모든 정황은, – 주코프가 기술한다. – 독일군이 국경에 가깝게 접근하고 있음을 말하고 있었다. 그에 관해 우리는 밤 12시 30분 요시프 스탈린에게 보고했다. 요시프 스탈린은 각 군관구에 지령이 전달되었는지 물었다. 나는 그렇다고 대답했다.

요시프 스탈린의 사망 후에, 일부 지휘관과 그 참모들이 6월 22일 밤 아무 것도 의심하지 않고서 평화롭게 자거나 태평하게 즐기고 있었다는 설이 등장했다. 그것은 사실과 다르다... 흑해함대 사령관 악탸브리스키 제독도 새벽 3시 7분 함대 방공시스템이 대량의 미확인 비행기가 바다 쪽으로부터 접근하고 있음을 경고하고 있다고 고주파선 전화로 알려왔다. 내가 제독에게 물었다. "동무의 결정은?" — "결정은 하나입니다. 방공방위 함대가 비행기에 사격으로 대응한다는 것입니다."

서부군관구 참모장 클리몹스키 장군이 3시 30분 독일군 비행기가 벨로루시의 도시를 공습하고 있다고 보고하였다. 국방인민위원이 요시프 스탈린에게 전화하라고 내게 명령했다. 전화를 건다. 아무도 전화를 받지 않는다. 계속 전화를 건다."

이때가 이미 새벽 4시경입니다, – 내가 책에서 눈을 떼며 몰로토프에게 말한다.

▶ 아니, 우리는 더 일찍 모였소, 더 일찍! – 몰로토프가 격하게 반박한다. – 그가 어떻게든 자신을 과시하고 싶었던 모양이오. 그는 자신이 상황을 정확히 이해하고 있었다고 믿고 있지만, 그도 역시 제대로 이해하지 못했소.

---

39) 1941년 6월 22일 시작된 나치독일의 침공 작전, 즉 〈바르바로사 작전〉에는 루마니아, 슬로바키아, 핀란드, 헝가리 등 동맹국 병력을 포함하여 총 550만 명에 달하는 190개 사단, 3,500대 이상의 탱크, 비행기 약 5,000대, 47,000문 이상의 대포와 박격포 등이 동원되었고, 이는 나치독일이 확보한 전체 군사력의 약 70%를 집중시킨 것이었다. 당시 소련은 총 500만 명으로 구성된 170개 사단을 보유하고 있었는데, 그중 149개 사단, 290만 명의 병력을 전방에 분산 배치하고 있었다. 독일군은 3개의 집단군으로 나누어졌다. 리투아니아를 거쳐 라트비아로 향한 북부 집단군은 1941년 9월초 레닌그라드에 도달했으며, "혁명의 요람"에 대한 900일간의 봉쇄를 시작했다. 중부 집단군은 벨로루시의 수도 민스크에서 스몰렌스크, 모스크바로 이어지는 선을 공격 축으로 삼고 있었다. 그리고 우크라이나의 곡물과 석탄 및 각종 공업시설을 우선 목표로 삼았던 남부 집단군은 키예프로 집결하게 예정되어 있었다. 독일군은 스몰렌스크에서 완강한 저항을 받기도 했지만, 전체적으로 다수의 소련군 병력이 포진해 있던 우크라이나에서 진격 속도가 더 느렸다. 8월에 히틀러는 중부 집단군에 부여했던 전략적 주도권을 키예프를 점령하는 데로 돌렸고, 결국 우크라이나에서 대규모 접전이 벌어졌다. 스탈린이 키예프 사수를 명령했지만, 예료멘코가 지휘한 소련군은 50만 명 이상의 인적 손실을 겪으며 괴멸되었다. 레닌그라드를 봉쇄하고 키예프를 함락시킨 독일군은 9월말부터 모스크바를 장악하기 위한 〈태풍 작전〉을 개시했다. 그때 히틀러는 소련이 완전히 격파되었고 "결코 다시 일어서지 못할 것"이라고 장담했다.

...내가 주코프의 책을 계속 읽는다.

— "마침내, 경호국 당직 장군의 잠이 덜 깬 목소리가 들린다. 그에게 요시프 스탈린을 대달라고 부탁한다. 3분 정도 지나서 요시프 스탈린이 전화를 받았다. 나는 상황을 보고하고 필요한 전투행위에 대한 승인을 요청했다. 요시프 스탈린이 침묵하고 있다. 나는 그의 숨소리만을 듣는다. "제 말씀을 이해하였습니까?" 다시 침묵이 이어진다. 마침내 요시프 스탈린이 물었다. "인민위원은 어디 있소?" — "키예프군관구와 고주파선으로 통화하고 있습니다." — "[국방인민위원] 티모셴코와 함께 크렘린으로 오시오. 정치국원을 모두 소집하라고 포스크료비쉐프에게 말하시오.""

▶ 그건 그 전의 일이오, – 몰로토프가 재차 지적한다.

...내가 다시 책을 읽는다.

— "새벽 4시 나는 다시 악탸브리스키 제독과 대화를 했다. 그가 조용한 어조로 보고하였다. "적의 공습이 격퇴되었습니다. 함대에 타격을 가하려는 시도도 무산됐습니다. 하지만 도시가 상당히 파괴되었습니다." 호출된 정치국원들이 새벽 4시 30분에 모두 모였다."

▶ 그 이전이오, – 몰로토프가 말한다.

— "나와 [국방]인민위원을 집무실로 불러들였다. 요시프 스탈린은 안색이 창백했고, 연초가 채워진 파이프 담뱃대를 손에 들고 테이블 곁에 앉아 있었다. 스탈린이 속히 독일대사관에 전화하라고 말했다.

대사관에서는 독일 대사 폰 슐렌부르크 백작이 긴급통지문을 전달할 수 있게 대사를 접견해줄 것을 요청한다고 대답했다. 접견은 뱌체슬랍 몰로토프에게 위임되었다. 그 무렵, 총참모장 제1대리 니콜라이 바투틴 장군이 독일 육군부대가 서북방 및 서방 지구들에 맹렬한 포사격을 가한 후에 공세로 전환했다고 전해왔다. 시간이 좀 지나 뱌체슬랍 몰로토프가 집무실로 급히 들어와 말했다. "독일 정부가 우리에게 선전포고를 했습니다." 요시프 스탈린이 의자에 털썩 주저앉아 깊이 생각하기 시작했다."

— 아마 이때가 이미 아침 5시쯤 됐겠네요, – 내가 말한다.

▶ 에이, 시간도 부정확하고 내용도 틀렸소, – 몰로토프가 대답한다. – 여기서 주코프는 스탈린이 모두에게 했던 말, 즉 사태의 추이를 예의주시하여 보고할 것과, 필히 올라올 온갖 선동적인 보고를 액면 그대로 믿지 말라고 지시한 것에 관해 언급하지 않고 있소.

...우리의 만남이 지속된 17년 동안에 대화가 6월 22일로 돌아갔던 게 부지기수였다.

전체적으로 몰로토프의 말에서 다음과 같은 그림이 그려졌다.

▶ 주코프가 실수하거나 아니면 내가 잊었겠지, – 몰로토프가 말한다. – 주코프가 전화했소. 그가 전쟁이 시작되었다고 말하진 않았지만, 국경에서는 위험스런 사태가 이미 진행되고 있었소. 폭격도 있었고 다른 심상치 않은 정보들도 입수되고 있었는데, 본격적인 전쟁의 시작을 단정하기엔 좀 이른 감도 있었으나 총참모부가 [당 수뇌부가] 모여야 할 필요성을 인식할 정도로 사태는 작렬하고 있었소. 우리가 늦어도 밤 2시쯤에 크렘린의 스탈린 집무실에 모였는데, 다차에서 차로 가면 약 30~35분이 걸렸소.

— 하지만 주코프는 자신이 스탈린을 깨워서 독일군이 폭격하고 있다는 사실을 보고했다고 쓰고 있습니다. 즉, 이미 밤 1시에 폭격을 했다는 거지요?

▶ 잠깐만... 그 대목에서 그가 정확하지 않는 것 같소. 주코프와 티모쉔코가 우리를 깨워서 이미 국경에서 뭔가 심상치 않은 사태가 시작되었다고 알렸다는 건데... 그 전에 누군가 산발적인 폭격에 관해 그들에게 보고했을 수도 있고, [폭격이] 두 시 전에 시작되었을 수도 있는데, 아무튼 이건 이미 부차적인 문제이고... 우리는 밤 2시쯤 크렘린의 스탈린 집무실에 모여 공식 회의를 시작했소. 정치국원 전원이 소집되었는데, 그때까지, 6월 21일 저녁에 우리는 11~12시까지 스탈린의 다차에 있었소. 아마 영화를 봤을 수도 있는데, 당시 우리는 저녁 때 자주 그렇게 저녁식사 후에 영화를 보곤 했소. 그리고 헤어졌다가, 다시 우리를 소집했던 거요. 밤 2시에서 3시 사이에 슐렌부르크 쪽에서 내 비서실로 전화를 했고, 내 비서실에서 포스크료비쉐프에게 전화를 걸어 독일 대사 슐렌부르크가 외무인민위원 몰로토프를 접견하길 원한다고 전했소. 그래서 내가 스탈린의 집무실에서 나와 위쪽에 있는 내 방으로 갔던 거요. 우리는 한 건물의 같은 층에 각자 집무실을 갖고 있었는데, 다만 구역이 달랐지. 내 집무실은 이반 대제[40]의 방을 직각으로 마주하고 있었소. 정치국원들은 스탈린의 방에 남아있고, 나는 슐렌부르크를 접견하러 내 방으로 갔는데, 그게 2~3분이 걸렸소.

그렇지 않았다면 이랬을 거요. 만약 내 다차로 전화를 해서 슐렌부르크가 접견을 요

40) 16세기에 이르러 러시아는 봉건적 구속을 벗고 중앙집권적 제국으로 발전하는 질적 도약을 준비하게 되는데, 모스크바공국의 짜리 이반 4세의 치세(1533~1584)가 그 역사적 계기가 되었다. 이반 뇌제로 더 알려진 그의 업적은 절대 왕권과 중앙집권적 국가체제를 확립한 것만이 아니었다. 그의 시대에 "시베리아 정복"이 시작됨으로써 러시아는 유라시아 대륙을 포괄하는 거대 국가로 발전하고 있었다. 그의 사망 후 정치사회적 혼란이 지속되다가, 1613년 2월 미하일 로마노프가 새 짜리로 선출됨으로써 제정 러시아가 출범했다.

청했다고 알려왔다면, 나는 당연히 스탈린에게 전화로 사실을 고했을 거요. 참고로, 대사는 외무인민위원에게 밤에 보통 전화를 하지 않습니다. 아무튼, 물론 그런 경우에 내가 스탈린의 허락 없이는 슐렌부르크를 만나러 가지 않았을 텐데, 내가 다차에서 스탈린에게 전화했는지 지금 확실한 기억이 없소. 그런 건 내가 기억을 할 텐데, 왜냐하면 전쟁이 시작되고 있다거나 혹은 전쟁 비슷한 상황이라는 것 말고는 그때 내게 다른 생각이 있을 수 없었기 때문이오. 하지만 내게 전화한 사람은 슐렌부르크가 아니라 포스크료비쉐프와 관계된 보안기관 요원이었고, 그는 내게 스탈린이 소집 지시를 내렸다고 했소. 내가 슐렌부르크를 접견한 시각은 밤 2시 반에서 3시쯤이었는데, 아무리 늦었어도 3시는 넘지 않았던 것 같소. 독일 대사가 침공과 동시에 선전포고 각서를 내게 전달했소. 그들에겐 모든 것이 잘 짜여 있었는데, 대사에게 접견 시각에 관한 지시가 내려져 있었고, 그는 전쟁이 몇 시에 시작될 것인지 잘 알고 있었소. 물론, 당시 우리는 그것을 알 수 없었지만...

— 그러나 3시에 독일군은 우리를 아직 공격하지 않았었는데...

▶ 지역마다 모두 달라요. 세바스토폴에서는 공습을 격퇴시켰소. 공격 시간은 새벽 2~3시였고. 동무는 왜 그런 하찮은 부분에 집착하시오? 물론 모든 것이 흥미롭겠지. 그리고 그런 세세한 부분들도 문서나 설문을 통해서 분 단위까지 정확하게 할 수 있겠지만, 그건 별 의미가 없어요. 말렌코프와 카가노비치는 자신들을 언제 불렀는지 반드시 기억할 거요. 그건, 내 생각에, 2시 반 이후는 아니오. 그리고 주코프가 티모쉔코와 함께 도착한 시각도 3시 이전일 거요. 주코프가 그 일을 새벽 4시 이후로 규정한 것은 그가 자기 시계에 맞추기 위해서 의식적으로 늦춘 거요. 사태는 그 이전에 벌어졌소.

— 스탈린이 주로 밤에 일했다는 것은 주지의 사실인데, 그날 밤 그는 왜 잠을 잤을까요? 주코프가 그를 깨웠다는데...

▶ 뭐, 주코프가 자기를 과시하고자 했겠지. 아닐 수도 있고, – 몰로토프가 대답한다.

— 얼마나 사실인지 모르겠지만, 의장님 말고는 누구에게 묻겠습니까. 의장님께서 독일 대사에게 "우리가 왜 이런 일을 당해야 합니까?"라고 말했다고 하는데요?

▶ 동무가 그걸 베르트의 책에서 본 것 같은데, 그건 꾸며낸 말이오.[41] 그가 그 자

41) 참조: Верт А. Россия в войне: 1941~1945, М., 1967.

리에 있지도 않았는데 그걸 어떻게 알겠소? 순전히 거짓말이지. 물론 내가 그렇게 멍청하지 않아. 난센스지, 황당해. 누구에게서 그 말을 들었을까? 독일인 두 명과 내 통역관 한 명이 있었는데... 차콥스키의 책에도, 그가 그 장면을 기술할 때 역시 꾸며낸 심리묘사가 많아. 하지만 슐렌부르크를 접견했던 사람은 바로 나요, 차콥스키가 아니야...

— 슐렌부르크 백작이 소련 침공에 반대했었다는 사실은 잘 알려져 있습니다. 그와 관련하여 슐렌부르크가 전쟁 직전에 히틀러에게 심지어 비망록을 보내기도 했습니다. 공식적인, 외교적인 발언 말고 그가 뭔가 사적인 생각을 말한 게 있습니까?

▶ 그때는 사적인 대화를 나눌 만한 상황이 아니었소. 슐렌부르크는 조용하게 자세를 취하고 있었는데, 물론 아무 것도 말할 수 없었겠지. 후에 그는 총살되었소.

— 히틀러에게 러시아에 관해 제대로 알리지 못했다는 겁니까?

▶ 그야 그렇기도 하겠지. 하지만, 그는 히틀러에 대한 반역 모의에 가담했소. 그의 통역이었던 독일대사관 참사관 힐게르는 [독일] 각서가 우리에게 전달될 때 눈물을 흘렸소.

— 슐렌부르크는 그때 이미 노인이었습니까?

▶ 늙었다는 게 뭘 의미하는 거요? 지금 내–내 나이보다는 조금 저–젊었는데, 나는 아직 지금도 나를 노인으로 생각하지 않소.

1969년 12월 6일, 1972년 7월 31일

1972년 8월 15일, 1974년 5월 21일

스탈린이 절망하지 않았습니까?

▶ 주코프는 전쟁의 시작 상황에 대해 자신의 책임이 없다고 하는데, 그건 나이브한 거요. 그는 자신의 책임을 부인할 뿐만 아니라 혼돈하고 있소. 6월 21일 군에 전투태세를 갖추라는 지령을 내보냈소. 주코프에게는 모호함이 있는데, 그가 보기에 스탈린의 대처가 올바른 것이었는지 아니면 잘못된 것이었는지에 대해 말이 없어. 물론 스탈린은 올바르게 대처했소. 일부 군관구에서는 합당한 조치를 취할 수 있었으나, 벨로루시군관구에서는 그렇게 하지 못해서...

1974년 3월 8일

…몰로토프의 말에 따르면, 전쟁이 시작되었을 때 그는 스탈린과 함께 국방인민위원부로 갔다. 일행 중에는 말렌코프와 또 누군가도 있었다. 스탈린이 상당히 거친 말투로 티모셴코 및 주코프와 대화를 나눴다.[42)]

▶ 스탈린은 화를 내는 경우가 별로 없었소, – 몰로토프가 말한다.

…이어서 그는 어떻게 자신이 스탈린과 함께 대국민 담화문을 썼는지 이야기했는데, 그는 그것을 6월 22일 정오에 중앙전신국에서 발표했다.

▶ 스탈린이 아니고 왜 내가 했냐고? 그는 맨 먼저 연설하는 것을 원치 않았는데, 어떤 논조로 어떻게 접근할 것인지 보다 분명한 그림을 가질 필요가 있었소. 그는 기관총처럼 즉각 모든 것에 대응할 수 없었고, 그건 불가능해. 사람이 다 그렇지. 하지만 그가 사람만은 아니라는 등, – 이런 주장은 전혀 맞지 않소. 그는 사람이기도, 정치가이기도 해. 정치가로서 그는 마땅히 기다려야만 했고, 뭔가를 살펴봐야만 했소. 확실히 그는 아주 명쾌하게 연설을 했는데, 그때는 즉시 방향을 정하고 분명한 대답을 주는 게 불가능했소. 그는 조금 기다려라, 며칠이 지나 전선에서의 상황이 분명해졌을 때 내가 연설을 하마, 그렇게 말했소.

— "우리의 일은 정의롭습니다. 적은 분쇄될 것이며, 승리는 우리 것이 될 것입니다"라는 의장님의 [담화문] 말씀은 전쟁의 주요 슬로건 중의 하나가 되었습니다.

▶ 그건 공식 연설이었소. 초안은 내가 썼고, 정치국원 모두가 참여해서 교정을 봤지. 그렇기 때문에 그것이 전부 내 말이라고 할 수는 없는데, 물론 수정도 했고, 부연하기도 했소.

— 스탈린도 참여했습니까?

▶ 물론, 당연하지! 그런 담화를 어떻게 그의 승인 없이 발표할 수 있겠소? 확인을 받아야 했는데, 스탈린은 아주 엄격한 검열관이었소. 그가 어떤 말을 첨가했고 그것이 어느 부분인지는 기억이 나지 않는데, 아무튼 담화문의 최종 문안에 대한 책임자는 역시 스탈린이오.

— 7월 3일자 연설[43)]은 스탈린이 작성했습니까, 아니면 정치국에서 했습니까?

---

42) 스탈린은 개전 1주일 후인 6월 29일, 전시상황을 통제하지 못하고 있는 군 수뇌부를 질책하기 위해 국방인민위원부를 직접 방문하였다. 당시 세묜 티모셴코가 국방인민위원, 게오르기 주코프가 총참모장이었다. 1941년 7월 19일 스탈린은 티모셴코를 해임하고 자신이 직접 국방인민위원직을 맡았다.

43) "동무들! 공민들! 형제자매들! 우리 육군과 해군의 병사들이여! 여러분에게 내가 고합니다, 나의 친구들이여!" 라고 시작되는 7월 3일자 스탈린의 연설은 라디오를 통해 전국으로 방송되었다. 독일 파시스트 군대가 불패

▶ 아니오, 그건 스탈린이오. 그런 식으로 하지 않았소. 스탈린을 위해 누가 대신 작성해주지 않았소. 그건 우리의 수정 없이 준비된 거요. 그의 몇몇 연설은 사전 수정 없이 한 겁니다. 1945년인가 1946년에, 내가 10월혁명 기념일에 보고할 때나 유엔에서 연설할 때조차도 그건 내 말이었고, 누구도 내 연설을 수정해주지 않았소. 나는 써준 대로 읽은 것이 아니라, 다소 자유롭게 말했소.

스탈린이 1941년 11월 7일 붉은광장에서 군사퍼레이드를 할 때[44] 연설할 것이라는 사실을 나는 물론 알고 있었소. 그가 내게 미리 말해주었소. 그가 연설문을 대독하게 했는지는 기억이 나지 않는데, 아마 읽게 했을 거요. 흔히 읽게 했소. 11월 7일의 퍼레이드에서 그가 한 연설은 녹음되지 않았는데, 그가 후에 별도로 녹음을 했소.

— 전쟁 초기에 스탈린이 절망하여 언어능력을 상실했다고 합니다.

▶ 절망했다고는 할 수 없고, 힘들어 했지. 그래요, 하지만 겉으로 드러내지 않았소. 스탈린에겐 물론 자신의 어려움이 있었지. 힘들어 하지 않았다면 이상한 일이지. 하지만 지금 사람들은 그를 당시 모습 그대로가 아니라, 무슨 회개하는 대역 죄인처럼 묘사하고 있어! 음, 황당한 일이지, 물론. 항상 그랬듯이 그는 그때 밤낮을 가리지 않고 일했고, 숨거나 또는 언어능력을 잃을 겨를이 없었소. (유명한 극지탐험비행사이며 소련영웅 칭호를 받은 보도피야노프가 내게 해준 말에 따르면, 그는 1941년 6월 22일 전쟁 발발 소식을 듣고 북방에서 수상비행기를 타고 모스크바로 날아와 힘키에 있는 호수에 착수하여 바로 크렘린으로 갔다. 스탈린이 그를 맞았다. 보도피야노프는 우리 폭격기들로 파시스트 독일을 공습하자고 제안했다. "이건 어떻게 생각하십니까?"라고 스탈린에게 물으며 지도 쪽으로 다가선 보도피야노프가 모스크바에서 베를린까지 선을 죽 그었다. 그러자 스탈린이 "여기에서부터가 더 좋지 않겠소?" 하면서 발트 해의 섬들을 가리켰다. 전쟁 시작 첫 날의 일이었다. – F. 추예프)

▶ 스탈린, 베리야, 말렌코프, 그리고 나, – 이렇게 넷이서 국방인민위원부로 갔소.

의 세력은 아니며, 그들이 소련 영토를 장악할 수 있는 주된 이유는 독일군에 유리한 조건 하에서 전쟁을 먼저 시작했기 때문이라 주장하면서 스탈린은 전방에서의 승리를 위해 후방의 모든 것을 효율적으로 최대한 동원할 것을 요구했다.

44) 11월 7일은 10월혁명 기념일이다. 러시아는 1918년 1월까지 율리우스력을 사용했고, 따라서 10월혁명이 터진 1917년 10월 25일은 그레고리우스력에 따르면 1917년 11월 7일이 된다. 독일군이 모스크바 근교까지 진출하여 소비에트 권력을 위협하고 있는 상황에서 스탈린은 1941년 혁명 기념일에 붉은광장에서 군사퍼레이드를 벌였으며, 열병식이 끝난 후 참여 병사들은 곧장 전선으로 보내졌다.

나와 베리야는 거기서 스탈린의 다차로 갔는데, 그게 [전쟁 발발 후] 둘째 날인가 셋째 날인가 그랬지, 아마.[45] 우리와 함께 말렌코프도 갔을 거요. 그리고 또 누가 있었는데, 기억이 나질 않소. 말렌코프는 기억이 납니다.

스탈린은 아주 복잡한 상태에 있었소. 욕설을 하진 않았으나, 기분이 좋지 않았지.

— 어떻게 견디던가요?

▶ 어떻게 견뎠냐고? 스탈린답게 견뎠지, 흔들림 없이.

— 그런데 차콥스키가 쓰기에는 스탈린이...[46]

▶ 거기서 차콥스키가 뭐라고 썼는지 나는 몰라. 우리는 전혀 다른 것에 대해 이야기 했어. 스탈린이 말했소. "[레닌이 남겨준 소비에트 국가를] 말아먹었어."[47] 그건 우리들 모두에게 해당되는 말이었소. 내가 그 장면을 잘 기억하는데, 그래서 이야기하는 거요. 그는 그냥 말했소. "다 말아먹었어." 우리가 다 말아먹었지. 그때 상황이 그렇게 어려웠소. 뭐, 나는 그를 좀 격려하려고 했지.

— 우리 군대가 궤멸된 것이 마음 아픕니다, – 쇼타 이바노비치가 말한다. – 그러나 독일군이 전선을 돌파하지 않았다면, 우리가 반격을 해서 성공적으로 폴란드로 밀고 들어갔었을 것이고, 영국, 미국 및 다른 나라들은 1941년에 우리가 독일을 분쇄할 수 있게 허락했을 것 같은데, 그들이 우리와 협력하지 않았을까요?

▶ 물론, 아직 확실치 않지만, – 몰로토프가 동의한다.

— 우리가 영국과 미국하고 연합국이 된 게 소비에트 권력을 위해 얼마나 다행입니까!

▶ 그렇지, 옳은 말이오, 옳은 말이오, – 몰로토프가 말한다.

1972년 7월 31일, 1972년 8월 15일, 1973년 11월 9일, 1977년 6월 16일
1977년 8월 16일, 1978년 7월 24일, 1979년 7월 1일, 1984년 1월 13일

---

45) 스탈린이 국방인민위원부를 방문한 날은 6월 29일이고, 몰로토프, 베리야 등이 스탈린 다차를 찾아간 때는 6월 30일 늦은 밤이다.

46) 차콥스키가 『봉쇄』에서 개진하는 것은 독일 침공일인 1941년 6월 22일부터 한 열흘간 스탈린의 지도력이 부재했다는 이른바 권력공백설이며, 몰로토프는 여기서 그에 항변하고 있다. 참고로, 1924년부터 1953년까지 스탈린의 크렘린 집무실을 출입한 인사들 명부가 1990년대 러시아 문서보관소에서 발굴되었는데, 명부를 보면 그가 6월 22일 당일부터 주야를 가리지 않고 많은 사람을 부르고 접견하며 바쁘게 업무를 처리했음이 확인된다. 다만 6월 29일과 6월 30일은 집무실에서 업무를 본 흔적이 없다. 7월 1일 스탈린은 집무실에서 몰로토프, 미코얀, 말렌코프, 베리야, 티모셴코, 주코프 순으로 간부들을 접견하며 업무를 시작했다.

47) 원문은 "прос...ли"라고 표기되어 있다. 이는 '잃었다'는 뜻의 비속어(просрать)인데, 활자화하기 민망하여 단어 중간을 생략한 듯하다.

다른 대리가 없었는데...

— 의장님께서 신문에 그런 문서가 [실린 게] 없을 것이라고 말씀하셨는데, 제가 찾았습니다. 1942년 8월 17일자 『프라우다』에 뱌체슬랍 미하일로비치 몰로토프 동무를 소련 소브나르콤 의장 총무담당 제1대리에 임명한다고 보도되었습니다. 칼리닌과 고르킨의 서명이 있습니다. 가장 힘든 때였습니다. 독일군이 돈 강으로 집결하고 있던 때였습니다.

▶ 내가 그걸 잊고 있었군, – 몰로토프가 대답한다. – 내가 국방위원회 의장 대리였는데, 나 말고 다른 대리가 없었소. 그건 이미 내가 모든 문제를 관할한다는 걸 의미했고, 소브나르콤 의장 대리는 부차적인 것이었소.

1973년 12월 30일

이 조국을 위해 싸웠다

...쇼타 이바노비치 크반탈리아니와 나는 그루지야에서 온 손님 인디코 삼소노비치 안텔라바, 멜리톤 바를라모비치 칸타리야와 함께 몰로토프의 집으로 갔다. 칸타리야는 [독일] 제국의회에 승리의 깃발을 꽂았던 사람이다.

벌써 화창한 기분 좋은 봄날이었다. 숲속을 걸었다. 사람이 많았는데, 사람들 모두가 돌아서서 오랫동안 몰로토프를 쳐다보았다.

집에 와서, 탁자에 둘러앉았다.

— 자, 우리의 멜리톤 바를라모비치가 자기 친구 예고로프와 함께 승리의 깃발을 꽂았습니다, – 쇼타 이바노비치가 말한다. – 어떻게 올라갔어요? 어떻게 둥근 지붕을 발견한 거예요? 제국의회 건물 모양을 동무는 전부터 알고 있었나요?

— 병사의 육감이죠, – 칸타리야가 대답한다.

▶ 그건 그렇게 하려고 했던 건데, 물론 잘했소, – 몰로토프가 말한다. – 지체하지 않았고, 적시에 완수했소. 우리, 우리 병사들이 전진해 있었고, 잘한 거요.

...이번 만남에서 많은 이야기를 나눴다. 주제는 일반적인 것들이었고, 이날 일기에

기록된 내용 중에 어떤 것은 이 책의 여러 곳에 수록되었다.

대화가 끝날 즈음 칸타리야가 말했다.

— 저는 별로 배운 사람이 아니지만 제 조국을 사랑합니다. 저는 소비에트 권력을 항상 지킬 겁니다, 필요하다면 말입니다. 저는 제 조국을 사랑합니다.

▶ 그루지야를? – 몰로토프가 묻는다.

— 아닙니다. 조국 소연방을 사랑합니다. 제가 어디에서 태어났는가는 의미가 없습니다. 조국은 곧 마음에 있으며, 이 조국을 위해 우리는 싸웠습니다. 스탈린을 위해서, 그리고 조국을 위해서. 다민족의 나라인 소연방을 위해 어깨를 맞대고 일어섰으며 승리했습니다. 그리고 또 승리할 겁니다, 앞으로 필요하다면.

— 그루지야에서 좋은 소식들을 가져와 보세요, 그루지야공화국에서 어떻게 공산주의를 건설하고 있는지, – 그에게 쇼타 이바노비치가 말한다. – 의장님께서 좋아하실 거예요.

▶ 하다못해 사회주의라도, – 몰로토프가 말한다.

1974년 3월 17일

전선에서

— 의장님께선 언제 전선에 나가셨습니까?

▶ 1941년에 레닌그라드전선에 갔는데, 거기서 내가 코네프를 해임했소. 그 다음에는 주코프를 독려하기 위해 [전선에] 갔었는데, 그게 1942년이나 1943년이었을 거요. 그때 나는 타고 다니는 기차가 있었지.

1974년 6월 13일

▶ 1941년 10월에 나는 전선으로 가서 코네프를 해임했소. 임무를 제대로 수행하지 못했는데, 그가 왜 주코프로 교체되어야 하는지 그에게 설명해야 했소. 주코프가 사태를 바로 해결했지.

— 주코프는 전선을 잘 지켰겠지요?

▶ 그렇지. 나는 레닌그라드에서 보로쉴로프도 해임해야 했소.

— [사태를] 수습하지 못했군요?

▶ 수습을 했지. 그런데 그는 항상 참호 속을 돌아다녔소!

1975년 1월 14일

▶ 레닌그라드가 [독일군에 의해] 완전히 봉쇄되기 직전에 내가 그곳에 있게 되었소. 우리는 비행기를 타고 갔는데, 말렌코프도 같이 갔지. 해군 [제독] 쿠즈네초프와 포병 [원수] 보로노프 등이 포함된, 주로 군인들로 구성된 큰 그룹이었소. 그게 아마 1941년 8월이었을 거요. 우리는 체레포베츠[48]까지 비행기를 탔고, 다음에 기차로 레닌그라드를 향해 출발했소. 하지만 우리는 레닌그라드로 들어갈 수 없었는데, 그게 기차로는 불가능했소. 철로가 이미 끊어져 있었어. 우리는 므가[49] 역에서 수동식 운반차로, 운반차를 타고 레닌그라드에 도착할 수 있었소. 그런데 반대로 돌아올 때는 이미 철로를 이용할 수 없었는데, [독일군의] 봉쇄망이 완전히 닫혀버렸던 거요. 그리고 사나흘이 지나서 라도가 호[50]에 내린 비행기를 겨우 탈 수 있었는데, 그때가 가장 힘든 시기였소.

즈다노프는 레닌그라드에 남아있었소.[51] 그는 아주 좋은 동무였는데... 아주 좋은 동무. 하지만 그때 큰 절망감에 사로잡혀 있었소. 모든 게 좋지 않았고, 독일군은 그들을 포위하고 또 포위해서 결국은 완전히 봉쇄해 버렸지.

그런데 그때 마침 내가 스탈린의 지시를 받고 거기에 갔던 거고, 내가 돌아온 다음에 즉시 주코프를 레닌그라드로 보냈소.

— 차콥스키의 『봉쇄』에는 그런 이야기가 없습니다.

▶ 아냐, 그랬는데... 즈다노프는, 어떻게 말할까, 좋은 사람이지만 좀 심약했지.

1972년 4월 13일

---

48) 볼로그다 주의 가장 큰 도시로, 레닌그라드에서 동쪽으로 약 500km 지점에 위치해 있다.

49) 레닌그라드 주 키로프 지구에 있는 소읍(小邑)이다.

50) 레닌그라드와 핀란드 국경 사이에 있는 호수로서, 독일군의 레닌그라드 봉쇄가 풀리는 1944년 1월까지 라도가 호는 도시에 필요한 물자를 공급하는 수송 통로로 이용되었다. 그랬음에도 봉쇄기간 중에 약 300만 명의 시민 중 67만여 명이 주로 굶주림과 추위로 사망했다.

51) 당시 즈다노프는 레닌그라드 시/주 당위원회 의장이었다.

주코프, 로코솝스키, 그 다음 세 번째가 누군지는 좀 생각해봐야지

...세르게이 쉬테멘코 대장이 독자들과 만나 나눈 대담의 속기록을 내가 뱌체슬랍 미하일로비치에게 읽는다. 쉬테멘코가 말한다. "바실리 소콜로프의 책『침입(Вторжение)』에는, 무슨 이유에서인지 모르겠으나, 전쟁의 시작에 관해 사실과 다르게 서술되어 있는데... 그는 우리 군대가 전쟁 때까지 공격하는 법만 배웠다고 주장합니다. 그런데 그게 왜? 우리는 지금도 군대에 공격법을 가르치고 있으며, 그렇지 않으면 군대는 절대로 승리할 수 없습니다. 그건 스파르타쿠스에게도 알려진 진리입니다. 나아가, 그는 우리 전쟁 교범의 올바름에 대해 의혹을 갖고 비판합니다... 스탈린을 신뢰하지 않았다면, 그런 상황에서 적에 승리한다는 것은 불가능했을 겁니다."

▶ 그렇지, – 몰로토프가 말한다.

— "이 문제에서 나는 우리 인민들이 지혜로우며 스스로 모든 것을 이해할 것이라는 생각에 의거했습니다. 그렇기 때문에 나는 스탈린에 관해 좋은 것도 나쁜 것도 쓰지 않고, 있었던 일들에 대해서만 썼습니다. 그렇지만 내가 하나 말할 수 있는 것은 스탈린이 군사문제에 대해서, 군사전략뿐만 아니라 전술에 대해서도 잘 알고 있었다는 겁니다... 군사문제에 관해 대강 아는 게 아니라 작전상의 기법들을 아주 세밀하게 잘 알고 있었고, 최고 레벨에서 전쟁을 총지휘했습니다. 몇 가지 예를 들지요. 독일군이 모스크바에 바짝 다가왔던 1941년 10월에 매우 힘든 상황이 조성됐습니다. 많은 국가기관 및 총참모부가 후방으로 철수되었지요. 모스크바 근교에 진을 친 독일군은 모스크바로 진입하려고 시도하고 있었습니다. 상황은 서부전선 볼로코람스크 차도[52] 쪽에서 특히 어려웠습니다. 그 시기에 모든 병단이 전력 보강을 요구했는데, 우리에겐 증원부대가 없었습니다. 우리는 각 방어 지역을 중대 단위로 막고 있었고, 심지어 각 군사학교를 조각조각 나누었습니다. 그 시기에 스탈린에겐 신무기로 무장된 5개 군(軍)이 온전한 상태로 있었습니다. 그때 주코프가 모스크바 전투의 작전을 지휘하고 있었는데, 그의 수차례에 걸친 청원과 애원에도 불구하고 스탈린은 그에게 일개 대대 병력조차 주지 않았고, 어떤 대가를 치르더라도 제 자리에서 버티라고 그에게 명령했습니다. 그때 우리는 스탈린이

52) 모스크바 서북쪽의 소콜 지구에서 볼로코람스크 방면으로 나있는 도로이다.

실수하고 있다고 생각했습니다. 독일군이 무기력해졌던 12월에 스탈린은 그 병력을 전선에 투입했습니다. 그리고 독일군이 모스크바에서 격퇴되었습니다.

그때서야 우리는 스탈린이 전략에서뿐만 아니라 전술에서도 얼마나 높은 경지에 있는지를 이해했습니다.

절체절명의 시기에 주코프의 지휘소가 방어선 가까이 있었습니다. 주코프는 스탈린에게 자기 지휘소를 방어선에서 조금 멀리 벨로루시 역 쪽으로 옮기도록 허락해달라고 요청했습니다. 스탈린은 만약 주코프가 벨로루시 역 쪽으로 옮기면 자신이 그의 위치에 가 있을 것이라고 대답했습니다.

전쟁 때 흐루쇼프의 역할을 봅시다. 그는 전선의 군사회의 위원이었습니다. 그의 탁월한 공적에 대해 말할 수 있는 게 아무 것도 없습니다. 물론 군사회의 위원들 중에는 대단한 공적을 세운, 예를 들면 즈다노프 같은 사람도 있습니다. 그런데 흐루쇼프가 탁월한 인물이었다는 것을 누구도 내게 입증하지 못합니다. 나는 흐루쇼프가 예료멘코와 함께 독일군을 궤멸시키는 어떤 계획을 세웠다는 사실에 관해 알지 못합니다. 나는 그런 계획들을 들은 바 없습니다.

전쟁 발발 직후에 스탈린이 과연 심리적 공황상태에 있었을까요? 그랬을 것이라고 생각하지 않습니다. 스탈린이 공황상태에 있었다면, 그건 분명히 우리 일에 영향을 미쳤을 겁니다."

▶ 그렇지.

— "로코솝스키와 주코프의 회고록에 관해 말해봅시다. 로코솝스키의 책이 마음에 듭니다. 좋은 책이지요. 주코프의 책을 나쁘다고 말할 수 없지만 나는 그 책에 서평을 쓰는 걸 거절했습니다. 주코프의 책에는 전혀 객관적이지 않은 대목들이 있어요. 전선에서 좋았던 것은 주코프의 제안과 공훈 때문인 것처럼 서술되고 있고, 우리가 패배하거나 실수했던 것을 모두 스탈린 탓으로 돌리고 있습니다.

바르샤바에서 봉기가 있었어요.[53] 그 도시의 거리에는 폴란드 파르티잔들의 선혈이 낭자했습니다. 애초에 우리는 그 봉기의 시작과 의도를 몰랐습니다. 봉기는 [폴란드 망명정부 수반 스타니슬랍] 미콜라이칙에 의해 사주되었고, 그 목적은 소련군이 바르샤바

53) 봉기는 1944년 8월 1일에 시작되어 10월 2일에 마감되었는데, 그 와중에 폴란드 봉기군과 시민 15~20만 명이 독일군에 학살되었다고 한다. 이때 소련군은 1944년 8월 10~29일 바르샤바에 대한 작전을 전개하였으나 유의미한 결과를 얻지 못했다. 소련군이 바르샤바를 해방시킨 날은 1945년 1월 17일이다.

로 진입하기 전에 정부를 구성하고 그럼으로써 소련으로 하여금 그것을 사실로 인정하도록 만드는 것이었지요. 우리가 바르샤바 봉기에 관해 알게 된 후에 작전이 수립되었습니다. 작전은 실패로 돌아갔어요. 주코프는 그 작전이 자신과 관계가 없으며 스탈린의 제안에 의한 것이었다고 적고 있습니다. 주코프의 책을 읽고 난 후에 내가 총참모부에서 자료를 찾아봤습니다. 밝혀진 바로는 주코프가 진실을 왜곡하고 있었어요. 거기에 주코프의 서명이 있었습니다."

▶ 주코프는 좀 협소하게 접근한 거요. 정치적인 면을 완전히 이해하지 못했소. 쉬테멘코가 제대로 쓰고 있는데, 물론 무언가 첨가하고 있지. 속기록이 어디서 출판됐나요? 물론, 출판되지 않았겠지...

— 대포 설계사인 바실리 가브릴로비치 그라빈이 의장님께 인사를 전했습니다. 얼마 전에 그와 인사를 나누게 됐습니다. 그 분이 자신의 글「승리의 무기(Оружие победы)」가 실린 잡지를 제게 선물하면서 거기에 이렇게 썼습니다. "승리의 무기가 요시프 스탈린 시대에 어떻게 만들어졌는가?" 제가 그라빈에게 물었습니다. "스탈린이 영리한 인물이었다고 생각하십니까?"

— "영리하다는 말은 적합하지 않아요. 우리나라에 영리한 사람은 많습니다. 스탈린, 그는 다정한 인물이었고 주위 사람을 배려했습니다. 흐루쇼프는 우리가 전쟁에 대비하지 못했다고 말했는데, 내가 제작한 대포들은 모두 전쟁 전에 만든 겁니다. 하지만 그때 투하쳅스키의 말을 들었더라면, 대포가 생산되지 못했을 겁니다."

▶ 그가 아주 잘 썼군, 훌륭해, – 몰로토프가 동의한다.

— 그라빈이 말했습니다. "내가 투하쳅스키에게 우리 대포를 사열에 내놓자고 요청했는데, 그는 단호히 거부했어요. 그래서 내가 정치국에 청원할 것이라고 했습니다. 그 대포는 전시에 가장 좋은 무기로 판명되었소. 1942년 1월 1일에 스탈린이 이렇게 말했어요. "동무의 대포가 러시아를 구했소." 사람들은 투하쳅스키를 보나파르트라고 하면서 배신자가 될 수 있었다고 썼지요."

▶ 그가 무슨 보나파르트? 그는 보나파르트가 될 수 없었소. 그는 배신자였는데, 그것도 가장 추악하고 위험한 배신자였소.

1974년 5월 21일

▶ 사람들은, – 몰로토프가 지적한다. – 스탈린이 주코프의 조언을 듣지 않고서 키예프를 [독일군에] 내주지 말라고 명령했는데, 결국 주코프가 옳았다고 하지. 그러나 실제로 스탈린이 모스크바를 포기하자는 주코프의 제안을 거절했던 것에 대해서는 침묵하고 있소. 스탈린에 관해 지금 쓰고 있는 것이야말로 최근 자행된 가장 큰 거짓말이오.

주코프는 스탈린이 독일군의 주된 공격 목표가 우크라이나로 향하고 있다고 판단했다고 기술하면서 그를 비난하는데, – 몰로토프가 말한다. – 나는 그렇게 생각하지 않아. 그리고 주코프가 자신의 책에서 스탈린의 말을 올바로 인용하고 있다고 생각하지도 않소. 나는 스탈린이 말한 것을 주코프보다 확실히 많이 알고 있는데, 그가 인용한 스탈린의 말을 나는 들은 적이 없소. 그런 말을 했다는 것에 동의할 수 없어. 그런데 역사적 팩트는 실제로 독일군이 먼저 모스크바를 향해 진격해왔다는 거요. 독일군은 스몰렌스크 부근에서 저항에 부딪혔고, 원했든 원치 않았든 간에 우크라이나 쪽으로 방향을 돌려야 했는데...

주된 공격 목표는 우크라이나가 아니라 모스크바였으며, 물론 스탈린은 그들에게 돈바스와 드네프로페트롭스크 쪽으로 진격할 수 있는 가능성을 주면 안 된다는 것도 유념하고 있었소.

— 주코프는 돈바스와 키예프가 모스크바 전투를 석 달간 지연시켰다고 쓰고 있습니다.

▶ 왜냐하면 독일군이 모스크바를 고집했기 때문이오. 하지만 장악할 수 없었소. 그걸 고려해야 하는데... 그렇기 때문에 주코프를 인용할 때는 더욱 조심해야 하는 거요. 동무들은 지금 내키는 대로 말할 수 있지만, 나는 동무들보다 그 일에 좀 더 가까이 있었소. 하지만 동무들은 내가 모든 걸 잊었다고 생각하고 있으니...

1975년 1월 14일, 1985년 10월 4일

...내가 모스크바가 절체절명의 위기에 직면했던 1941년 10월 모스크바를 탈출하는 문제를 놓고 스탈린이 동요하지 않았는가를 물었다.

▶ 그건 거짓말이오. 어떠한 동요도 없었소. 그는 모스크바를 떠나려고 하지 않았소. 나는 모두 2~3일간 쿠이비쉐프[=현 사마라]에 갔었고, 그곳에 보즈네센스키를 선임자로 남겨 놓았소. 스탈린이 내게 그곳 상황을 살펴보고 즉시 돌아오라고 했소.

…몰로토프는 주코프를 군인으로서 높이 평가했다.

▶ 로코숍스키는 성격상 그 강인함이나 고집에 있어 주코프에 뒤지지 않았소. 주코프는 정말 목소리가 우렁찼지. 나는 그의 재능에 탄복했는데, 전쟁 막바지에 스탈린이 바실렙스키를 불러 쾨니히스베르크[=현 칼리닌그라드]를 함락시키려면 어느 정도 기간이 필요한가를 물었소. 바실렙스키가 대답했소. "2~3주 정도 필요합니다."

그 다음 주코프가 불려왔는데, 그는 쾨니히스베르크 점령계획을 차근히 설명하면서 그곳을 점령하기가 결코 쉽지 않아 족히 2~3개월이 소요될 것이라 말했소. 실제 그리 되었지.

1975년 5월 7일, 1978년 7월 16일

▶ 샤포쉬니코프 원수는 좋은 사람이오. 스탈린은 그를 호의적으로 대했지. 그는 제정 시대 장교 출신이오. 역사적 계기에 대한 레닌주의적 이해 덕분에, 바로 그런 이해로 인해 그때 우리는 그 누구도, 샤포쉬니코프 같은 사람도 감당할 수 없는 그런 입장[즉, 이른바 부르주아 전문가를 고위직에 등용하는 입장]을 취했던 거요. 그러나 그는 정치에 달려들지 않았소. 자기 일에 정통했지.

주코프도 정치하고는 인연이 없었소. 비록 그가 정치를 좋아했더라도 잘된 일이 아무것도 없었어. 나는 바실렙스키를 아주 잘 압니다. 아주 유능한 군사 전략가였소. 가장 유능한 군 지휘관 셋을 꼽자면 주코프가 그 첫째에 해당됩니다. 주코프와, 물론 로코숍스키가 포함되어야 하고, 그 세 번째가 누군지는 좀 생각해봐야지. 로코숍스키는 매우 유쾌한 사람이었소. 골로바노프는 로코숍스키의 개인적 기질이 그가 가진 특출한 군 지휘관의 재능을 발휘하는 데 장애가 되기도 했다고 말했는데, 그건 옳은 지적이오.

1978년 4월 2일

포크리쉬킨과의 대화

…알렉산드르 이바노비치 포크리쉬킨과 그의 아내 마리야 쿠지미니츠나가 몰로토프와 함께 베란다에 서있다. 점심식사를 하기 위해 식탁에 둘러앉았다. 먼저 백포도주가

잔에 채워졌다. 포크릐쉬킨이 미간을 좀 찌푸렸다. 코냑이 등장했다. 포크릐쉬킨이 영웅 칭호를 받은 조종사들의 단체사진을 본다.

— 이제 이 동무도 없고, 이 동무도 없고, 이 동무도 없고, 이 동무도 없습니다. 주소프도 죽었고, 글린카 형제 두 사람도 죽었습니다. 이 동무는 건강했는데, 술 마시고 담배 피워서... 이 동무는 술도 담배도 하지 않았는데, 그만 암 때문에.

— 저 역시 전쟁 내내 전선에 있었습니다! – 마리야 쿠지미니츠나가 말한다. – 일반 병사로 복무했던 게 아니라... 아니 저는 높은 계급의 하사관이었습니다.

▶ 병사들에게 각 계급은 아주 큰 의미가 있지요. 건강은 어떻소? – 몰로토프가 포크릐쉬킨에게 묻는다.

— 아시겠지만, 전쟁이...

— 이 사람이 허리가 아픕니다, – 남편을 대신해 마리야 쿠지미니츠나가 대답한다. – 전쟁 중에 격추를 당한 것 때문이죠. 이 사람은 비행기에서 바로 숲으로 추락했는데, 그때 척추를 다쳤습니다. 다음에 어려운 대수술을 두 번 받았습니다. 우리는 간절히 기도하고 있습니다. 의사들 말이 그런 게 전쟁이라고 하더군요.

▶ 동무가 겪은 일이 건강에 반영되지 않을 수 없겠지요, – 몰로토프가 말한다.

— 네가 쏘면 우리도 쏜다는 식으로, 출격 부담이 정신을 잃을 정도로 과중했습니다. 그렇게 4년을 보냈습니다, – 포크릐쉬킨이 짧게 설명한다.

— 이 사람은 전쟁 첫 날부터 마지막 날까지 꼬박 4년간 전투를 했어요! – 마리야 쿠지미니츠나가 덧붙인다.

— 과감한 외교를 펼쳐주신 것에 감사드립니다, – 포크릐쉬킨이 몰로토프에게 인사한다.

▶ 아니오. 오히려 동무에게 더 고맙다고 해야지. 그게 더 마땅한 일이오.

— 우리의 일이란 게 보잘 것 없습니다. 총 쏘는 일이지요. 그런데 의장님께서 하신 일은 정치였습니다, 창조적 결과를 내는... 자본가들을 자본가들에 대적해 싸우게 만드는 것은 어려운 일이었죠. 중요한 것은 우리가 승리했다는 사실입니다.

▶ 이제 우리는 누구에게도 승리를 되돌리게 해서는 안 됩니다, – 몰로토프가 말한다. – 하지만 아직도 어려움이 많을 수 있지. 히틀러까지 포함해서 온갖 사람들과 교섭을 하게 되었소. 나만 히틀러하고 협상을 했는데... 다양한 많은 사람들을 만나게 됐지.

...내가 공중전에 관해 포크릐쉬킨에게 묻는다.

— 모든 비행기에는 조종간이 있는데, 이게 기관포와 연결되어 있습니다, – 알렉산드르 이바노비치가 대답한다. – 조종간이 크지요. 기관총은 쏘려면 단추를 누릅니다. 공중전은 초 단위로 전개되는데, 출격했다가 귀환해서 보면 총탄은 없는데 포탄은 가득 남아있습니다. 그래서 내가 대원들에게 명령했습니다. "기관포와 기관총의 방아쇠를 한꺼번에 잡고 조준해서 눌러!" 기관포를, 기관총을 모두 일제히 발사합니다. 그러면 물론 격추되지요. 미제 〈코프라〉 전투기에는 37mm 기관포가 달려 있고, 우리의 〈라–5〉 전투기에는 20mm 기관포가 두 개 달려있습니다.[54]

▶ 동무는 몇 번이나 그런 상황에 있게 됐소? – 몰로토프가 묻는다.

— 수없이 많습니다. 기록된 출격 횟수가 700번 정도입니다. 그리고 공중전 횟수는 150번이 넘습니다.

— 그리고 적기를 59대나 직접 격추시켰습니다, – 내가 부연한다.

— 그건 통계 수치지요. 1941년에 우리 보병이 확인한 것을 기준으로 계산하라는 명령이 있었습니다. 나중에 건 카메라(gun camera)가 활용되었지요. 독일군이 우리에게 확인해주겠습니까?

▶ 동무가 격추시킨 적기가 모두 몇 대나 되지요?

— 90대를 격추시킨 것으로 기억합니다, – 말수 적은 포크리쉬킨이 대답한다. – 공식적 비공식적인 것을 모두 합해 그렇습니다. 저의 공격을 받고 연기와 함께 어딘가 떨어진 적기는 합산하지 않았습니다. 조종사들이 유능했고, 그들의 비행기도 성능이 좋았지요. 1942년에 저는 특수 임무를 위해 〈메서슈미트〉[55]를 조종했습니다, 독일군 표식을 붙이고서... 그런데 〈미그–3〉[56]에서 캐노피를 열려면 [그것을 위로 밀어 올리는 메서슈미트와 달리] 반대로, 앞이 아니라 뒤로 밀어야 합니다. 출격 시에는 캐노피를 앞으로 잡아당겨 잠금장치를 거는데, [그래서 우리 조종사들은] 캐노피를 투하하고서 완전히 얼어붙었습니다. 안 그러면 열기 힘든 캐노피 때문에 [타격을 당할 경우] 조종사가 불길에서 탈출할 수 없어서...

---

54) 제2차 대전 중 미국은 무기대여법에 의거하여 〈코브라〉 전투기(Bell P–39 Airacobra)를 소련에 제공하였다. 〈Ла–5〉는 세묜 라보츠킨(1900~1960)이 설계하여 1942년부터 생산된 단발 전투기이다.

55) 이는 독일명 〈Messerschmitt Bf.109〉로서, 나치독일이 제2차 대전 때 주력기로 썼던 전투기이다.

56) 이는 아르촘 미코얀(1905~1970)과 미하일 구레비치(1892~1976)가 공동 설계하여 1940~43년에 사용된 야간용 단발 전투요격기이다.

흔히 말하듯, 역사는 언젠가 스스로를 증명합니다. 저는 스탈린에 의해 성장했는데, 만약 전쟁 때 허약한 사람들이 우리를 지도했다면 우리는 패전했을 거라고 생각합니다. 오직 힘과 지혜만이 그런 상황을 견뎌내게 했습니다. 의장님께서 그것을 하셨습니다. 커다란 기여를 하셨습니다. 항상 우리는 의장님을 높이 평가하고 있는데...

저는 [스탈린의 고향] 고리에 가본 적이 한 번도 없었습니다. [그곳에] 일요일에 도착했는데, [스탈린 박물관이] 잠겨있더군요. 저를 위해 열어주었습니다. 물론 제가 기대했던 것은 커다란... 방명록을 주더군요. 이렇게 썼습니다. "우리가 사회주의를 건설하고 독일 파시즘을 격파할 수 있도록 우리를 지도한 위대한 혁명가, 위대한 영도자 앞에 머리 숙입니다." 짧게 썼습니다. 전투조종사들은 짧게 말합니다.

모스크바에 도착한 후 당 중앙위원회로 소환되었습니다. 제게 묻더군요. "뭐라고 썼습니까, 무슨 말인지 아시겠소?" 바로 대답했습니다. "느끼는 대로, 그대로 썼습니다."

▶ 잘하셨네, – 몰로토프가 찬동한다.

— 우리는 전쟁이라는 것을 체험했고, 스탈린의 영도 아래 승리했습니다. 그는 사단의 지휘관들을 선발했는데... 인물이 없는 역사는 있을 수 없습니다!

우리가 전쟁을 시작했을 때 "저쪽에 공산주의자들이 많다!"고 했습니다. 그런데 그들이 우리에게 총을 쏩니다. 포로로 잡히면 "나는 공산주의자요!"라고 합니다. 그런데 포로가 아니면 총을 쏩니다. 그런데 의장님께선 처칠을, 가장 악독한 적인 처칠을 독일과 싸우도록 만드셨습니다!

...사람들이 포크릐쉬킨을 존경하는 이유는 그의 영웅적 행위 때문만이 아니라 전쟁 때 그의 대원들 중에 전사자가 전혀 없었다는 사실 때문이기도 하다고 내가 말한다.

— 클루보프가 저 없이 출격했는데, 고사포에 격추됐지요, – 알렉산드르 이바노비치가 애석한 목소리로 말한다.

마리야 쿠지미니츠나가 시베리아식 펠메니[=러시아 만두]를 먹자고 자기 집으로 초대한다. 그들의 다차가 바로 옆이다.

— 의장님께선 뱌트카 출신이시지요? – 그녀가 몰로토프에게 말한다.

— 뱌트카 사람들이 잽싸지요, – 포크릐쉬킨이 이어 말한다.

▶ 일곱이서 한 사람을 겁내지 않소,57) – 몰로토프가 덧붙인다.

— 뱌트카 사람들이 코스트로마58)에 도착했는데, – 포크릐쉬킨이 말한다. – 기차에서

잠이 들었습니다. 잠시 정거했던 기차가 다시 뱌트카로 돌아오고 있었습니다. 그때 잠이 깬 그들이 말했답니다. "코스트로마가 우리 뱌트카보다 나쁘지 않네!"

▶ 자기 고향을 자랑스럽게 여기고 아름답게 만들어야지요, – 몰로토프가 말한다.

— 알렉산드르 이바노비치께서 고향을 아름답게 했습니다. 노보시비르스크 도심에 이 분의 동상이 있습니다, – 내가 말한다.

...마리야 쿠지미니츠나가 언젠가 포크리쉬킨이 자기 고향 노보시비르스크에 착륙했을 때 그곳에서 친척들 모르게 호텔에 묵기로 했던 일에 관해 이야기했다.

— 1959년에 통과비행을 했습니다, – 포크리쉬킨이 말한다. – 부랴티야[59]에서 이륙했는데, 이를 알리면 붙잡혀서 공장마다 가야 한다는 것을 알고 있었습니다. 제게 모두 이틀의 여유가 있었는데, 익명으로 처리하기로 했습니다. [노보시비르스크에] 착륙해보니 그곳 공항 책임자가 아는 사람이었습니다. 차를 잡아타고 도시로 들어갔는데, 집에 들르지 않고 호텔로 가기로 했습니다. 제복을 입고 있었지요.

프론트 데스크로 갔습니다. "방이 있겠지요?" — "크라스늬 대로로 가시죠, 그곳에 분명 있을 겁니다."

그곳으로 갔습니다. 빈 방이 없다고 하길래 지배인을 불러달라고 했습니다. 여직원이 조금 꾸물거리더니 가서 전화를 했습니다.

약 40세가량 된 사람이 나왔습니다. "방이 없다고 동무한테 말했잖아요!" 그래서 제가 말했지요. "내가 내 흉상 밑에서 잠을 자야 합니까?" — "어, 알렉산드르 이바노비치?! 우리들에게 동무는..."[60] 곧 특실이 제공되었습니다. 그 후 5년 동안 저는 그곳에 가지 않았습니다.

주당위원회 서기가 전화를 했기에 제가 말했습니다. "이제 안 오겠습니다. 이 도시에서 군인들을 이런 식으로 대우한다면, 다시 오고 싶지 않습니다. 이건 정말 꼴불견이네요."

...포크리쉬킨이 담황색 셔츠에 장롱처럼 커다란 회색 양복 상의를 입고 있다. 최초로 소련영웅 칭호를 세 번이나 받은 러시아 하늘의 일리야 무로메츠,[61] 공군 원수... 적이 라디오 방송을 통해 자국 부대에 경고한 유일한 전투비행사. "주목하라! 에이스 포크리

57) 이는 소심한 헛똑똑이 이미지를 가진 뱌트카 사람들을 풍자하는 말이다.
58) 모스크바 북동쪽 약 300km 지점 볼가 강변에 위치한 소도시이다.
59) 바이칼 호 인근에 있는 부랴트자치공화국(Бурятская АССР)의 통칭이다.
60) 노보시비리스크의 크라스늬 대로에는 포크리쉬킨의 흉상이 세워져있다.
61) 고대 러시아 민족서사시에 나오는 전쟁영웅의 이름이다.

쉬킨 출격 비행 중!" (후에 몰로토프의 서류를 정리하던 중에 떨리는 손으로 쓴 전보 원고가 내 눈에 들어왔다. "친애하는 영웅 알렉산드르 포크리쉬킨의 서거에 수많은 소비에트 인민들 및 국외 거주민들과 함께 깊은 애도를 표합니다. 그는 항상 우리 가슴에 살아 있을 것입니다. 뱌체슬랍 몰로토프." – F. 추예프)[62)]

1984년 5월 19일

전후 스탈린의 건배

...전쟁 때 총참모부에서 일했던 이반 릐지코프 장군이 몰로토프에게 이야기한다. 오룔과 벨고로드의 수복을 기념하는 첫 번째 예포 행사에 관한 명령서를 작성하는 과정에서 전몰자에 관한 언급이 누락되었는데, 스탈린이 그 누락을 지적했다고 한다.

— 제가, – 이반 니콜라예비치가 말한다. – 이렇게 추가했습니다. "전투에서 스러진 영웅들이 영원히 기억되기를..."

스탈린이 그걸 읽고서 말했습니다. "기억이 아니라 영광이오, 아시겠소? 기억은 교회식으로 들립니다. 우리 조국의 명예와 독립을 위한 전투에서 스러진 영웅들에게 영원한 영광을!"

1979년 3월 9일

...승전 39주년을 맞이하여 릐지코프가 전쟁 때 몰로토프의 역할과 외교에 관해 말하고 있는데, 뱌체슬랍 미하일로비치가 끼어든다.

▶ 동무가 하는 이야기의 두 번째 부분은 내일로 가져갑시다. 우리 군대가 외교관들을 훌륭히 도왔소. 그렇지 않았다면 외교관들은 어떤 것도 할 수 없었을 거요!.. 우리나라에는 전쟁 때보다 더 어려운 순간들이 있었소. 모든 게 풍전등화의 처지에 놓였던 때, 1920년대는 더 어려웠소! 우리는 전쟁에 대비했고, 준비를 갖추고 있었소!

...몰로토프는 95살이다. 혈압은 80~120이다.

1984년 5월 9일

62) 포크리쉬킨은 1985년 11월 13일 모스크바에서 사망했다.

— 의장님 말씀에 의하면, 전후에 스탈린은 첫 번째 건배를 이렇게 제안하였습니다. "우리의 뱌체슬랍을 위하여!"

▶ 스탈린은 그렇게 해서 전시 우리 외교의 역할을 강조하려 했을 거요, – 몰로토프가 대답한다. – 스탈린이 공개적으로 말했소. "우리의 뱌체슬랍을 위하여, 건배!" 지금 내가 정확히 기억하진 못하지만, 때론 외교가 1개 혹은 2개 군(軍)보다 더 큰 역할을 한다는 생각이 그에게 있었던 것 같소. 지금 정확하게 옮겨 말할 순 없지만, 대략 그런 뜻이었소.

1971년 8월 18일, 1973년 6월 6일

— 우리가 평화롭게 사는 게 승리의 가장 큰 성과라고 말들을 합니다.

▶ 그건 그냥 평화애호 같은 거지, – 몰로토프가 동의하지 않는다.

— 사회주의 체제가 가장 큰 성과입니까?

▶ 그렇지, 국제 사회주의 체제 말이오.

…우리는 승전 40주년을 자축했다.

1985년 5월 9일

〈영원의 불〉

▶ 나는 〈영원의 불〉이 잘못되었다고 봐요. 왜 잘못되었냐? 다시 말하면, 우리가 부르주아의 길을 답습했던 거요.[63] 우리에겐 무명용사의 묘가 아니라 반(反)파시스트의 묘를 만드는 게 필요했소, – 몰로토프가 말한다.

— 우리는 무명용사의 묘뿐만이 아니라 무명 최고총사령관의 묘가 있는 세계 유일의 나라입니다. 모스크바에 소련병사 기념비를 세워야 했던 것 같은데…

63) 프랑스에서 제1차 대전 때의 전몰 용사를 기리기 위해 파리 개선문 아래 '무명용사의 묘'를 조성한 것은 1921년의 일이다. 여기에 1923년부터 '영원의 불'이 밝혀졌는데, 이것이 유럽 최초의 것으로 간주된다. 소련에서는 1950년대 중반부터 쇼키노(1955년), 레닌그라드(1957년), 세바스토폴(1958년), 모스크바(1961년, 프레오브라젠스코예 묘원) 등에서 전몰자를 기리는 '영원의 불'이 밝혀졌다. 그러다 1967년 모스크바 크렘린 궁 서쪽 담벽 아래 알렉산드르 정원에 제2차 대전 때 전몰자를 기리는 '무명용사의 묘'를 조성하면서 꺼지지 않은 '영원의 불'을 지폈는데, 이것이 이후 소련 전역 주요 도시에 조성된 전몰자 추모시설의 모범이 되었다.

▶ 그건 그렇지, 전쟁을 기억하기 위해서는 말이오. 부르주아 계급에게는 무명용사라도 괜찮아. 하지만 우리에겐 각각의 병사가 아니라 파시즘과의, 제국주의와의 투쟁에 일조한 병사만이 우리 병사인데, 우리는 그들을 칭송하면서 그들의 이름을 널리 알리고 있는 거요. 그런데 무명이라는 게 누구에게 소용되는지... 이집트에? 이란에?

1972년 4월 13일

연합국들

— 쿠즈네초프 제독이 기술하기를, 1945년 5월 1일 스탈린은 몰로토프가 샌프란시스코에서 보낸 노동절 축하 전보를 공표했다고 합니다.

▶ 그렇지, 5월에 내가 미국에 있었는데... 그로미코를 보내려 했지만, 미국인들이 [유엔 총회] 첫 번째 회기라며 꼭 오라고 하도 성화를 대서... [미국 대사] 해리먼이 비행기를 보내줘서 내가 미국 비행사들과 함께 그걸 타고 야쿠티야 상공을 가로질러...

전승일인 1945년 5월 9일에 내가 샌프란시스코에서 라디오 연설을 했소. 내게 8일에 출연할 것을 요청했는데, 우리는 9일을 전승일로 삼기 때문에 그럴 수 없다고 했지. 그들은 8일, 우리는 9일이오. 8일을 전승기념일로 삼는 것이 역시 대세일 수 있으나, 우리에겐 그것이 타당하지 않아. 스탈린은 연합국들이 우리를 기만하지 않을까, 우리를 골탕을 먹이지 않을까 두려워했소. 어떤 계략을 꾸미지나 않을까 걱정했지.

스탈린은 아주 조심했는데...

그들은 1945년 3월부터 알렌 덜레스[64]를 통해 독일인들과의 협상을 시작했는데, 우리를 배제했지. 물론 모든 게 결정되기 전까지 우리는 아주 큰 불신을 표했소. 기다렸지. 내 생각에 그렇게 한 게 옳았소.

처칠이 몽고메리에게 독일군 무기를 잘 간직하라는 지침을 내렸소. 소련에 대적해서 아직 필요할 수도 있다고 말이오. 우리가 더 멀리 갈까봐 두려워서...

5월 8일에 그들이 내게 축하 인사를 건넸소. 허나 그들은 기념일을 크지 않게 치렀어.

---

64) 알렌 덜레스(Allen W. Dulles, 1893~1969)는 미국 아이젠하워 정부에서 국무장관을 지낸 존 포스터 덜레스(1888~1959)의 동생으로, 1942~45년 미국 베른 주재 전략사무국(OSS) 국장, 1953~61년 미국 CIA 국장을 역임했다.

예상대로 묵념 시간이 있었지만, 공감이 없었는데... 그들에 진정성이 없었다는 건 아니지만, 그들은 우리에게 경계심을 갖고 있었소. 그런데 우리는 그들을 더 경계하고 있었지.

1972년 5월 9일, 1978년 5월 11일

▶ 우리가 연합국들에 군대 파병을 요청하면서 그들의 군대를 우리의 서부전선으로 보내면 좋겠다고 했는데, 그러나 그들은 우리에게 카프카스에 주둔하고 있는 우리 적군을 차출하라고 하면서, 자기들은 석유회사의 안전을 확보하겠다며 우리 요청을 거부했소. 무르만스크 역시 자기들이 지키길 원했지.

루스벨트는 원동에서 하겠다고 했소. 여러 방면에서 들어가겠다고... 독일군과 싸우는 대신 소련의 특정 지역을 점령하겠다는 거요. 나중에 그들을 쫓아내는 게 결코 쉽지 않겠지...

내가 그 자본주의자들을 모두 알았는데, 그들 중 처칠이 가장 강하고 영리했소. 물론 그는 순도 100%의 제국주의자요. 스탈린을 칭송했지... 교활한 자야. 그가 말했소. "무르만스크에 우리 영국의 공군기지를 건설할 수 있게 해주시오. 좀 어렵겠지요?" — "그렇소, 어려운 일입니다. 대신 귀국 군대를 전선으로 보내시죠. 무르만스크는 우리 스스로 지킬 겁니다." 그러자 그가 제안을 철회했소.

1969년 12월 6일, 1972년 10월 4일

▶ 내가 잡지에서 차콥스키의 『봉쇄』를 드문드문 읽어봤는데, 마지막 권을 끝까지 읽기로 했소. 내가 어찌 그런 책을 주목하지 않을 수 있겠는가. 그가 영국 외상 이든이 1941년 12월 모스크바에 도착하는 광경을 서술하고 있는데, 이든을 만난 건 나요.

...몰로토프가 읽는다. "영국 외상 안소니 이든, 부외상 캐도건, 영국 대사 크립스가 그루지야 약수병과 크리스탈 포도주잔들이 놓인 긴 테이블의 한편에 앉아 있다. 스탈린과 영국 주재 소련 대사 마이스키가 다른 편에 앉아 있다. 마이스키가 통역을 한다."

▶ 당연히 내가 그곳에 있었지. 그러나 차콥스키는 나를 언급하지 않고 있어. 내가 스탈린보다 더 많이 이든과 만났소. 차콥스키는 그냥 나에 관해 언급하길 원치 않아. 그게 사실과 모순되더라도 말이오. 어떤 특별한 사정이 있겠지... 그는 스탈린에 관해서라

면 장소 불문하고 뭐든지 틀어막으려고...

1976년 8월 18일

▶ 히틀러가 아르덴에서 연합군을 괴멸시키려 했을 때[65] 우리는 독일인들이 그렇게 하도록 놔두지 않았소. 그건 우리에게 유익하지 않았어. 1942년에 나는 제2전선의 개설을 위해 연합국과 벌인 협상에 전부 참여했는데,[66] 그들이 그걸 하리라고는 처음부터 믿지 않았소. 그들에게 그건 완전히 불가능한 일임을 나는 차분히 이해하고 있었소. 하지만 그런 요구는 우리에게 정치적으로 필요했을 뿐 아니라, 그들로부터 가능한 모든 것을 짜내야만 했던 거요. 스탈린도 그들을 믿지 않았는데, 그건 의심의 여지가 없어. 요구는 당연한 것이었어! 인민들을 위해서도... 사람들은 어떤 도움이라도 있을지 기다렸지. 우리에겐 그들의 문서가 가진 정치적 의미가 컸소. 그건 인민들에 용기를 주는 것이었고, 그런 일은 당시 큰 의미를 가졌지.

[1942년 8월 모스크바를 방문한] 처칠은 제2전선을 개설할 수 없다고 말하기 시작했고, 나는 스탈린이 그것에 아주 침착히 대응하는 것을 봤소. 그게 불가능하다고 이해했지만 스탈린에겐 문서 자체가 필요했소. 인민을 위해, 정치적으로, 향후 그들을 압박하는 데 문서가 큰 의미를 가졌지.

— 그들을 바로 밀어붙이고 강제하기 위해서요?

▶ 물론, 그렇게 우릴 도울 수 없다면 무기나 비행기를 제공하는 방식으로 우릴 지원하라는 거지... 바로 그거요. 그러나 그들이 1944년이 아니라 1943년이나 1942년에 제2전선을 개설했더라면 우리에게야 엄청난 도움이 되겠지만, 그들에겐 매우 힘들었을 거요!

— 이미 1943년에 개설이 가능했지 않았습니까?

▶ 가능했지. 허나 그들은 그렇게 하지 않았어! 하려 들지 않았다고! 그들은 먼저 이탈리아를 공격해 들어갔지. 그러나 우리에겐 그것도 도움이 됐지. 결국 우리는 영국을 수호한 게 아니라 사회주의를 수호했는데, 그게 문제의 본질이야. 사회주의를 수호하는 대업에 그들의 도움을 기대할 수 있을까? 그랬다면 볼쉐비키가 바보였겠지! 그들을 압

65) 독일군이 1944년 12월 서부전선에서 마지막으로 감행한 아르덴 공세(=벌지 전투)를 말한다.
66) 1942년 5~6월 런던과 워싱턴을 방문한 몰로토프는 1942년 내에 유럽에서 제2전선을 개설한다는 미 · 영 양국의 약속을 받아냈고, 이 내용을 담은 코뮤니케가 동년 6월 12일 소련 언론에 공표되었다.

박하려고 했소. "당신들은 말과 행동이 다른 비열한 인간들이오!" 이건 그들을 국내정치적으로 어려운 상황에 처하게 만드는데, 인민들이 다 보고 있거든. 러시아인들은 싸우고 있는데, 저들은 안 싸우네? 싸우지 않을 뿐만 아니라, 쓰는 것과 행동하는 것도 다르네? [자국] 인민들 면전에서 그들의 정체가 폭로되는 거지. "당신들 뭐라고 사기를 치는 거야?" 제국주의자들에 대한 믿음이 깨지는 거요. 이 모두가 우리에겐 아주 중요하지.

나는 1942년 나의 서방 방문과 그 결과를 우리가 거둔 큰 승리로 간주하는데, 왜냐하면 그들이 제2전선을 개설하지 않으리라는 것을 알고 있었지만 우리는 그들을 전선 개설에 동의하고 서명하게 만들었기 때문이오. 스탈린은 그들에게 30~40개 사단을 우리한테 달라고 요구하라는 또 하나의 지침을 주었소. 내가 루스벨트한테 가서 그렇게 말하니까, 그가 그것이 "당연하고 올바른 요구"라고 대답하는 것을 보고 정말 깜짝 놀랐어! 그는 달러만 보았고, 분명 이렇게 생각했을 거요. "어쨌건 당신들은 우리에게 숙이고 들어올 거다. 물론 우리가 당연히 당신들을 도와야 하는데, 이는 당신들이 [독일과] 더 오래 싸우도록 하기 위해 그런 것이며, 그래서 우리가 당신들을 도우려고 하는 거다." 그는 1942년에 제2전선을 개설한다는 코뮤니케 초안에 자구 수정 없이 동의했소. 그러나 그건 미국 인민들이 보기에 치욕이었지. 미국 인민의 다수는 확실히 정직한 사람들일 텐데, 국가의 이름으로 제2전선을 열겠다고 약속하고서 나중에 다른 짓을 하면, 사람들이 그런 지도자를 믿으면 안 된다는 걸 보게 되는 거요. 우리에겐 제국주의자들의 정체를 폭로하는 것이 이득이지. 그걸 유념해야 해. 내가 그들에게 의구심을 가졌다면, 스탈린은 더욱이 그들을 전혀 신뢰하지 않았소. 그럼, 그렇고말고... 하지만, 그럼에도 불구하고 우리는 [약속을 이행하지 않는다고] 그들을 비난했어! 그건 잘한 거요.

루스벨트는 달러를 믿었소. 달러만 믿었다는 게 아니라, 그는 우리가 자신들에게 도움을 청하러 갈 수 밖에 없을 정도로 자신들이 부유한 반면 우리는 가난하고 또 더 약해질 것이라고 생각했소. 그의 속내야 뻔하지. "그러면 그때 우리가 이들에게 본때를 보여주겠지만, 지금은 전쟁을 오래 끌 수 있게 이들을 도와야 한다."

여기서 그들이 오판을 했지. 그들은 맑스주의자가 아니었지만 우리는 맑스주의자였다는 거요. 유럽의 반이 그들에게서 떨어져 나갔을 때, 그들이 정신을 차렸지. 물론, 처칠은 아주 바보 같은 상황에 빠졌지. 내가 보기에 처칠은 제국주의자로서 그들 중 가장 영리했소. 그는 우리가 독일군을 섬멸하게 되면 영국이 소란스러워질 것이라 느꼈어. 그는 느꼈던 거지. 그렇지만 루스벨트는 좀 다르게 생각했소. "이들은 우리에게 와 머리를 숙일 것이다. 공업도 없고 식량도 없는 가난한 나라, – 이들은 올 것이고 간청할 것이다. 이들은 갈 데가 없다."

그런데 우리는 그걸 전혀 다르게 봤소. 왜냐하면 그런 면에서 인민 모두가 자기희생을 각오하고, 온갖 대외 환경에 대한 투쟁과 가차 없는 폭로에 나설 태세를 갖추고 있었기 때문이오. 물론 우리는 이른바 제2전선의 개설을 믿지는 않았지만, 그래도 그걸 관철시켜야 했소. 우리는 그들을 잡아끌었소. "할 수 없어? 약속했잖아,.." 그렇게 된 거요.

우리에겐 우리 군대를 돕고 승리를 쟁취할 다른 방도가 없었소. 엄청난 인내가 필요했지. 전쟁 전에, 아주 복잡하고 냉혹한 상황에서 우리가 인민들을 앞으로 끌고나갈 때의 어려움이란 이루 말로 다할 수가 없지. 사람들이 어떻게 그걸 견뎠는지! 엄청난 어려움이 있었소.

내전 때 나는 우랄 지방의 기차역들 근처에 시체 더미가 쌓여 있었다는 이야기를 들었소. 시체들 더미가! 늘 우리에겐 그런 엄청난 희생이 있었고, 인민들은 바로 볼쉐비키를 믿었어! 그리고 인민 정서의 진정한 대변자로서 볼쉐비키가 결국 옳았지. 물론 인민 정서란 것을 항상 기대할 수는 없는데, 왜냐하면 인내는 터질 것이고, 힘은 부족하게 될 것이고, 그리고 그냥...

1919년인가 1920년에 레닌이 이렇게 말했소. "만약 우리가 분쇄되더라도 우리는 그것이 보상될 만큼 많은 일을 했습니다. 오늘이 아니라 내일을 위해."

1976년 6월 9일

...골로바노프는 1942년 런던과 워싱턴을 방문하는 외무인민위원 몰로토프의 비행계획을 작성하고 실행을 지도했다. 종단 비행 아이디어는 1941년 말 모스크바 전투 후에 스탈린에게서 나왔다. 적군(赤軍)의 승리를 단기적인 것으로 보면서 스탈린은 몰로토프가 런던에 가서 영국 수상 처칠을 만나고, 다시 워싱턴으로 가서 미국 대통령 루스벨트를 만나 연합국들로 하여금 1942년에 제2전선을 개설하게 해야 한다고 생각했다. 그것이 여의치 않다면 최소한 그들로부터 필요한 문서라도 받아내야 한다고 생각했다. 스탈린은 1942년 3월에 장거리비행단 사령관으로 임명된 골로바노프 장군에게 항로를 찾아보라고 지시했다.

골로바노프가 내게 이야기했다. "스탈린은 위대한 음모가요. 그 일은 극비로 진행되었는데, 내 집무실에 내 대리[=부사령관]가 들어왔을 때조차도 나는 항로가 표시된 지도를 탁자에 넣어 숨겼소. 이는 스탈린이 "이 일은 나, 몰로토프, 그리고 동무 세 사람만 아는 거요!"라고 말했기 때문이오. 처음엔 스탈린이 직접 가려고 했으나 1942년 전선 상황이 복잡해지면서 그가 최고총참모부를 방치할 수 없었소. 스탈린이 뱌체슬랍 마하일로비치가 갈 거라고 했지요."

1942년 5월 몰로토프는 사발(四發) 폭격기 〈페-8〉[67]을 타고 독일군이 점령하고 있는 유럽 상공을 지나 런던으로 날아갔고, 이어 대서양을 건너 워싱턴으로 갔다. 처칠은 필요한 문서에 서명하기를 거절했지만, 루스벨트를 설득하는 데 성공한 몰로토프는 모스크바로 오는 대신 런던으로 다시 날아가 처칠에게 미국 대통령이 서명한 문서를 들이밀었는데...

기상 조건으로도 비행이 아주 힘들었을 뿐만 아니라, 적의 전투기들이 소련 폭격기를 공격하는 아찔한 전투상황이 있기도 했는데, 바로 모스크바를 목전에 두고서 리빈스크 상공에서는 우리 전투기들에 의해 공격을 받기도 했다. 골로바노프 휘하 에이스들의 조종 솜씨와 신의 가호 덕분에 무사할 수 있었다.

골로바노프가 말한다. "그 장거리 비행을 출발하기 전 나는 세르게이 아샤노프 소좌를 위시한 최고의 승무원단을 런던으로 파견했어요. 푸세프가 부조종사였고, 항법사는 로마노프와 쉬테펜코였소. 그런데 아샤모프가 런던에서 죽었지..."

알렉산드르 예브게니예비치 골로바노프 이외에 소련영웅 엔델 카를로비치 푸세프와 뱌체슬랍 미하일로비치 몰로토프도 그 전설적인 장거리 비행에 관해 내게 이야기해주었다.

— 영국 비행기를 살펴보자 해서, 우리는 누가 영국인들과 그들의 비행기를 타 볼 것인지 성냥개비로 결정하기로 했지요, – 푸세프가 말한다. – 내가 성냥개비를 머리부터 뽑았고, 결국 세르게이 아샤모프가 비행기를 탔습니다. 안 그랬다면 그 일에 관해 내가 아닌 세르게이가 동무에게 이야기해주었을 겁니다.

▶ 1942년에 미국으로 떠나기에 앞서, – 몰로토프가 말한다. – 나는 런던에서 처칠 입회하에 동맹조약, 향후 평화조성을 위한 양국의 동맹관계 수립에 관한 조약, 공동으로 전쟁을 끝내고 평화를 구축하기 위한 조약에 서명했소. 이든과 내가 서명했지... 런던에

67) 〈Пе-8〉은 블라디미르 페틀랴코프(1891~1942)가 설계하여 1940~54년 사용된 장거리 폭격기이다.

서 50~60km 떨어진 체커스에 묵었소. 거기서 내가 도착 첫 날 오찬을 베풀었지. 처칠, 이든, 나, 그리고 우리 일행이 참석했소. 정원은 그리 크지 않았고, 좀 초라한 낡은 건물이었는데, 어떤 늙은 귀족이 정부에 쓰라고 선물을 한 것이었어. 수상 공관인데도, 욕조는 있었지만 샤워시설이 없었소. 그리고 내가 루스벨트에게 갔을 때는 백악관에 묵었소. 루스벨트의 관저는 모든 것이 신식이었는데, 그곳에는 샤워기가 있는 욕조가 있었소.

1975년 8월 15일

▶ 우리는 전후 우리 국경에 관해 문서로 정하자고 고집했소. 자세한 것은 기억이 나지 않지만 그 핵심이야 물론 기억하지. 우리는 늘 그렇게 고집을 폈고, 내가 그것을 역설했소. 스탈린이 1941년에 언급하고, 1942년에는 내가 계획안을 갖고 갔는데... 처칠이 대답했소. "우리는 절대 동의할 수 없습니다."

나는 곰곰이 궁리하다 스탈린에게 전문을 보냈지. 그의 대답은 그것 없이 합의하라는 거요. 내가 강하게 나갔지. 발트 해 연안을 우리 영토로 인정받으려고 전력을 다했소. 그들은 동의하지 않았어. 그런데 우리가 그것을 철회했을 때, 물론 당시 그것이 불가피했는데, 그들은 놀랐지. 처칠은 경악했고, 이든은 우리가 화답한 것에 몹시 즐거워했지.

이든이 모스크바에 왔을 때 스탈린은 그가 [처칠과의] 협의 없이는 스스로 문제를 결정하지 못한다며 그의 자존심을 계속 건드렸소.

1976년 6월 30일

▶ 우리가 양보해야 했고, 문제는 미결상태로 남았소, – 몰로토프가 말한다. – 그런데 이제 와서, 현 상황에서 영국과 미국은 처음으로 발트 해 연안 지역을 우리 국경으로 공식 인정했어요. 늦었지만 인정한 거지...

포드 대통령이 말했소. "발트 해 연안 지역이 아직까지 독립성을 획득하지 못한 것은 보기 흉한 일이나, 정치는 불개입을 요구합니다."

미국인들이 발트 해 연안 지역을 우리 영토로 인정한 것은 우리에게 큰 이익이오. 그들은 그걸 전혀 원하지 않았어. 진일보한, 아주 좋은 일이오.

나중에 내가 루스벨트에게 날아갔을 때, [그들은] 우리에게 고무보트도 주고, 벤치도 만들어줬지. 그런데 내가 대개 폭격기를 타고 다녔잖소.

— 비행사인 푸세프 동무가 제게 말했습니다, – 내가 말한다. – 그는 의장님께서 주무실 때 의장님의 산소호흡기 호스가 너무 구부러지지 않을까 마음 조렸다고 합니다. 또 말하길, 영국인들이 우리한테 의장님께서 편하게 타고가실 수 없는 그런 항로를 알려주었다고 했습니다. 그러나 한 미국인 대령이 푸세프에게 비밀 미군기지인 쿠스베이(혹은 쿠스–베이) 비행장을 지도에 표시해주었다는 겁니다. 대령이 말했답니다. "비행이 극비사항이지만 귀하가 누구를 태우고 가는지 압니다. 뉴펀들랜드로 비행하지 마십시오. 영국인들이 그쪽으로 추천했지요? 그곳은 항상 안개가 끼어있어 당신들은 박살납니다. 쿠스베이의 미기후 덕에 당신들이 무사히 착륙할 수 있을 겁니다."

이어 푸세프가 말했습니다. "저는 물론 지휘부에서 확인해준 항로를 따라 펀들랜드 쪽으로 방향을 잡았지만, 아주 조심스레 비행하면서 미국인이 옳다는 것을 확신했지요. 안개로부터 기수를 돌려 햇빛이 좋은 쿠스베이에 착륙했는데, 이는 연합국들에게는 전혀 예상치 않은 일이었어요."

▶ 나는 그런 걸 몰랐소. 맞아, 우리 비행기에 미국인 항법사가 탑승했었지.

— 골로바노프 원수는 제게 그 비행이 어떻게 준비됐는지 이야기해주었습니다, – 내가 말한다. – 처음에 아샤모프 소좌가 비행기를 조종해야 했습니다. 그는 런던에 착륙했고, 영국인들이 그에게 자신들의 비행 기술을 보여준다고 했답니다. 그런데 비행기가 추락해서 아샤모프가 사망했습니다. 영국인들은 몰로토프의 [미국행] 비행이 불가능하다고 했습니다. 아샤모프 후임 비행사인 푸세프 동무 역시 폭격기 기장이었고, 비행을 성사시켰습니다.

그 이야기를 듣고 스탈린이 말했답니다. "우리의 연합국이란 것들도!"

▶ 그렇지. 영국인들은 내가 미국의 루스벨트에게 가는 것을 원치 않았소. 루스벨트가 내게 전부 서명해주고, 내가 그것을 갖고 다시 처칠에게 날아갔는데, 그자가 엄청 놀랐지…

— 처칠이 런던에서 의장님과 가진 만남에 관해 이렇게 적었습니다. "나는 그로부터 자연스런 인간적 반응을 딱 한 번 얻어낸 것 같다. 그것은 그가 미국에서 돌아와 영국에 머물던 1942년이었다. 우리는 영소조약에 서명했고, 그에게는 조국으로 돌아가는 위험한 비행이 기다리고 있었다. 우리가 비밀유지를 위해 이용했던 다우닝 가의 정원 쪽문에서 나는 그의 손을 꼭 잡았고, 우리는 서로의 눈을 바라봤다. 갑자기 그가 깊은 감동을

받은 것처럼 보였다. 가면 아래로 사람이 보이기 시작했다. 그는 그렇게 굳은 악수로 내게 답했다. 우리는 말없이 악수를 했다. 그때 우리는 굳게 하나가 되었다. 함께 살아남든지 아니면 함께 죽든지 말이다."

1975년 8월 15일

▶ 이미 1918년에 처칠은 소비에트 권력을 교살해야 한다고 말했소. 그런데 테헤란과 얄타에서 루스벨트와 함께 가졌던 작은 만찬에서는 말이 달랐지. "나는 아침에 일어나 스탈린 님이 건강하게 사시길 기도합니다. 스탈린 님 만이 세계를 구할 수 있습니다!" 그는 바로 스탈린이 전쟁에서 그가 맡은 특별한 역할을 수행하고 있다고 확신하는 사람이었소. 뺨에 눈물을 흘렸지. 훌륭한 배우였거나 아니면 진심으로 말했거나, – 둘 중 하나겠지.

우리의 인명 손실이 2천만 명이었음에 반해 영국인들의 경우 모두 20만 여에 불과했던 것은 다 이유가 있는 거요. 무엇 때문에 그들에게 그게 필요했을까? 그는 우리를 증오하는 사람이기도 했고, 우리를 의식했으며, 우리를 이용하고자 했소. 그러나 우리도 그를 이용했지. 함께 탄 배에서 도망치게 만들었어. 안 그랬으면 우리에게 힘들었을 거요.

1977년 6월 16일

— 서방에서 나온 『흐루쇼프 회고록』에 달린 주석에 이런 말이 있습니다. "유감스럽게도 책 전체에서 그렇듯이 (그에 관해 스쳐 언급하는 몇몇 대목을 제외하고) 여기서도, 스탈린으로 하여금 자기 입장을 확고히 고수하게 하고, 논증적으로 또 해박한 실무 지식으로 처칠과 루스벨트와 협상하게 했던 그의 개인적 자질에 대한 분석이 없다. 이에 관해 아마 몰로토프만이 권위 있는 이야기를 해 줄 수 있을 것이다."

▶ 어려운 역사야, – 몰로토프가 말한다. – 그러나 스탈린이 처칠과 루스벨트라는 자본주의자들을 독일에 대항해 싸우도록 만든 것 하나만 해도 시사하는 바가 크지. 처칠을 생각해봐요...

...내가 스탈린의 80회 생일인 1959년 12월 21일에 영국 수상이 하원에서 했던 짧은 연설을 읽는다. 대영백과사전의 번역이다. "아주 힘든 고난의 시기에 천재이자 불굴의 지휘관인 스탈린이 나라를 지도했다는 것은 러시아에게는 큰 행복이었습니다. 그는 그

가 살았던 시대에 담긴 우리의 변덕스럽고 잔혹한 시간들을 압도하는 가장 탁월한 인물이었습니다.

스탈린은 범상치 않은 에너지와 불굴의 의지를 가진, 예리한, 잔인한, 가리지 않고 말하는 사람이었으며, 여기 영국 의회에서 길러진 본인조차도 그와는 아무 것도 비교할 수 없었습니다. 스탈린은 무엇보다도 대단한 유머 감각과 풍자 감각, 생각을 정확히 파악하는 능력을 갖고 있었습니다. 이런 힘은 스탈린이 시대와 민족을 불문하고 국가지도자들 가운데 유례없는 인물로 보일 정도로 대단한 것이었습니다.

스탈린은 우리에게 엄청난 인상을 주었습니다. 그는 깊고 냉철한, 논리적으로 이해하는 지혜를 가졌습니다. 그는 어려운 순간에 전혀 출구가 없는 상황에서 출구를 발견하는 불패의 장인이었습니다. 더욱이 스탈린은 절체절명의 순간에도 승리의 순간에도 역시 한결같이 절제하였으며, 한 번도 환상에 빠지지 않았습니다. 그는 범상치 않게 복잡한 인물이었습니다. 그는 거대한 제국을 건설하여 자기 지배하에 두었습니다. 그는 자신의 적으로 자신의 적을 섬멸하는 사람이었습니다. 스탈린은 쟁기의 러시아를 이어받아 핵무기의 나라로 변모시킨, 세계에 유례가 없는 가장 위대한 독재자였습니다.

그렇습니다, 역사는, 인민은 그런 사람들을 잊지 않습니다."[68]

▶ 그것이, 그 처칠의 표현을 빌리면, "공공의 적 1호"가 이야기한 것이란 말이지! – 몰로토프가 말한다. – 나는 스탈린보다 레닌을 더 높게 평가해. 그렇지만 그때 스탈린이 없었더라면 우리가 어떻게 되었을지 모르지... 스탈린의 역할은 특출했지. 스탈린은 군대를 지휘한 것만이 아니라 전쟁하는 나라를 지도했소. 레닌과 스탈린은 영원히 남을 거요.

1985년 5월 9일

---

68) 이 단편은 과거 소련에서 유포된 바 있는데, 날짜 등 여러 사실을 근거로 많은 연구자들은 그런 연설이 없었던 것으로 본다. 다만, 1942년 8월 모스크바를 방문했던 처칠이 동년 9월 8일 하원에서 소련 방문 보고연설을 하며 스탈린을 언급한 대목이 있는데, 위 단편과 내용이 유사한 그 연설 대목을 인용하면 다음과 같다:
"It is very fortunate for Russia in her agony to have this great rugged war chief at her head. He is a man of massive outstanding personality, suited to the sombre and stormy times in which his life has been cast; a man of inexhaustible courage and will–power and a man direct and even blunt in speech ... Above all, he is a man with that saving sense of humour which is of high importance to all men and all nations, but particularly to great men and great nations. Stalin also left upon me the impression of a deep, cool wisdom and complete absence of illusions of any kind. I believe I made him feel that we were good and faithful comrades in this war but this, after all, is a matter which deeds not words will prove."

▶ 1943년 테헤란에서 .스탈린이 이란의 젊은 샤[=국왕, 팔레비]를 만나러 갔소, – 몰로토프가 말한다. – 샤가 당황했지. 베리야는 그 방문을 반대했어.

— 골로바노프가 제게 말하길, 그때 스탈린이 베리야를 정치적 바보라 불렀답니다.

▶ 나도 스탈린과 함께 모하메드-레자 팔레비를 방문했소. (몰로토프가 "샤-수도사에게나 가라!"[69]는 표현을 언급한 후 이야기한다. – F. 추예프) 우린 함께 있었는데, 스탈린은 국왕을 완전히 이해하지 못했고 좀 어색한 상황이 연출됐지. 그가 곧 국왕에게 동맹을 맺자고 했으나, 일이 잘되지 않았소. 스탈린은 그에게 영향을 미치려 했지만 실패했소. 그는 물론 우리가 그곳에서 명령할 수 없다는 것과, 영국인들과 미국인들이 자신을 통째로 스탈린에게 넘겨주지 않으리라는 것을 알아챘던 거요. 물론 그들은 이란 국왕에게 그게 당연하다고 조언했지. 그들은 팔레비를 항상 자신들의 통제 아래 두었소.

1977년 11월 1일

...내가 몰로토프에게 그가 몰랐던 일화를 이야기한다. 테헤란회담에서 루스벨트와 처칠은 스탈린이 자기들을 계속 압박하고, 그의 제안들만이 통과되고, 그가 혼자서 자신의 의지를 자기들에게 강요하는 상황에 염증을 느꼈다. 그들은 스탈린을 속이기로 작정했다. 아침에 정례 회의가 시작되기 전 처칠이 말했다. "오늘 꿈을 꾸었는데 내가 세상의 지배자가 되었습니다!" 그러자 루스벨트가 말했다. "내 꿈에는 내가 우주의 지배자가 되었습니다! 그런데 스탈린 대원수께선 어떤 꿈을 꾸셨는지요?" 스탈린이 천천히 대답했다. "내 꿈에서 나는 처칠 씨도, 루스벨트 씨도 추인하지 않았습니다."

▶ 그와 비슷하게 비아냥이 섞인 대화가 "세 거두"의 회담에서 오고갔는데, 실제로 스탈린은 출구가 없어 보이는 상황에서 늘 해법을 발견했소.

1970년 6월 11일

...내가 공군 원수 골로바노프의 회고록 집필 작업을 돕게 되었는데, 그가 소련에 온 처칠을 크렘린의 오찬에 초대했을 때 생긴 일화를 회고했다. "테이블 곁에 전부 몇 명이 있었소. 건배 제의가 이어지고 나는 걱정스레 스탈린을 주시했어요. 유명한 술꾼인 처칠은 스탈린과 독주 많이 마시기 경연을 연 것처럼 굴었지요."

---

69) 이 속어적 표현에서 '샤-수도사'는 악마 내지 지옥이라는 뜻을 갖는다.

스탈린도 처칠과 똑같이 마셨는데, 사람들이 처칠을 쉬게 하려고 부축해 데리고 갔을 때 스탈린이 골로바노프에게 다가가 말했다. “동무, 왜 나를 그렇게 바라보는가? 내가 러시아를 마셔버리지 않을 테니, 걱정 마시오. 처칠은 내일 프라이팬 위의 붕어처럼 엎어져 있을 거요!”

그런데 골로바노프가 회고록에 쓴 그 대목은 검열을 통과하지 못했다. 여백에 그 이유가 적혀있었다. “스탈린은 그렇게 말할 줄 모른다.”

골로바노프가 외쳤다. “말할 줄 모른다고? 정말 스탈린이 내게 직접 그렇게 말했소!”

▶ 그런 것들이 외교에서는 의미가 있지, – 몰로토프가 말한다. – 스탈린은 그런 것에 주목했는데... 우리가 영국 외상 베빈[70]이 일리야 레핀의 명화 〈자포로지예 카자크들이 터키 술탄에 편지를 쓴다〉에 관심이 있다는 것을 알았소.[71] 그래서 우리는 [1945년 말 모스크바에서 열린] 미 · 영 · 소 외무상회담의 한 세션이 시작되기에 앞서 그에게 놀랄만한 선물을 했지. 트레치야코프 미술관에서 그 그림을 가져다가 회의가 열리는 방 입구에 걸어 놓았어. 베빈이 그림 앞에 멈춰 서서 그것을 한참 들여다보더니 말했소. “놀랍군! 반듯한 사람이 하나도 없네!”

1971년 7월 9일

▶ 스탈린은 자포로지예 카자크들이 터키 술탄에게 보낸 편지를 몇 년간 갖고 있었는데, 때로 측근들 앞에서 그걸 주머니에서 꺼내곤 했소. 그러면서 말했지. “우리가 저 영국을 엿 먹였어!” 모두가 웃었지, 물론.

하지만 그는 우리 외교에 큰 의미를 부여했소.

1971년 7월 29일 1972년 12월 12일

▶ 베빈은 처칠파요. 적대적 인물이지. 그런데 처칠의 보좌역이었던 이든은 성격이

70) 베빈(Ernest Bevin, 1881~1951)은 1940년 5월 처칠이 구성한 전시 연립내각에서 노동상을 지냈고, 1945년 7월 노동당 애틀리 내각이 출범하면서 외상에 올라 1951년까지 직위를 유지하였다.

71) 레핀의 이 그림은 ‘자포로지예 카자크들의 답장(Reply of the Zaporozhian Cossacks)’ 또는 ‘자포로지예 카자크들’이라는 제목으로도 유명하다. 이 그림의 모티브는 1676년에 있었던 사건이다. 오스만제국의 술탄 메흐메트 4세는 당시 접경 지역인 우크라이나 남부 자포로지예의 카자크들에게 복종을 요구하는 최후통첩을 보냈는데, 이에 카자크들은 통첩장을 패러디한 야유와 욕설로 채워진 답장을 황제에게 보냈다.

너무 나약하고 섬세하며 무력하기까지 했소. 물론 나는 이든이 더 마음에 들었어. 이든과는 그래도 말이 통했는데 베빈과는 그게 불가능했소. 한번은 베빈이 런던에서 우리가 베푼 야회에 참석했어요. 우리들이 손님 접대를 좋아하잖소. 그가 만취했는데, 내가 그를 배웅하려 건물 밖으로 나갔을 때 그는 자기 아내와 함께 있었소. 단아해 보이는 늙은 부인이 먼저 차를 탔고, 뒤에서 꾸물대던 그는 차에 오르던 중에 그만 자기 부인의 옷자락에 토하는 사고를 쳐버렸어. 그가 도대체 누구요! 자기 자신을 제어하지 못한다면 외교관이라 할 수 있는가? 우리는 그를 만취하게 했고, 그는 기분이 좋았지. 러시아인들은 술 먹이기를 좋아하잖소.

1979년 3월 9일

…몰로토프가 처칠의 미망인 클레멘틴이 폴리나 세묘노브나 젬추지나의 사망을 애도하며 보낸 편지를 찾으러 갔다.

▶ 클레멘틴은 아직도 내게 "모스크바, 크렘린, 몰로토프 귀하"라고 편지를 씁니다. 스탈린이 젬추지나를 통해 그녀에게 보석반지를 선물했는데, 그녀가 그걸 도둑맞았어요. 클레멘틴은 상당한 보상을 약속하며 반지를 돌려달라고 신문에 광고했는데, 내가 알기론 성과가 없었소.

…몰로토프는 클레멘틴의 편지를 찾지 못했다. 대신, 1942년 협상 중에 워싱턴에서 선물로 받은 루스벨트의 초상을 가져왔다. 초록색 비단으로 감싼 화려한 액자에 끼여진 커다란 미남자 사진 위에 보라색 잉크로 쓴 서명이 있었다. "나의 친구 뱌체슬랍 몰로토프 님께. 프랭클린 루스벨트로부터. 1942년 5월 30일."

1970년 6월 11일

▶ 루스벨트는 제국주의자였소. 누구라도 꼼짝 못하게 할 그런 제국주의자였어.

— 어떤 동무의 지적에 따르면, 미국에서 소아마비 장애인으로 대통령이 되기란, 그것도 세 번이나 대통령이 되기란 사기꾼이 아니고선 불가능하다고 합니다.

▶ 말 잘했군, – 몰로토프가 찬동했다.

1982년 2월 5일

▶ 우리가 아주 중요한 선언문에 서명을 했소. 스탈린은 처음에 크게 설레며 그 문건을 접했는데, 1945년 얄타회담에서의 일이오. 선언문은 유럽 인민들의 해방에 관한 것으로, 그 내용이 화려했지.[72] 미국인들이 초안을 주었는데, 내가 그걸 갖고 스탈린에게 가서 말했소. "뭔가 너무 과도한데요." — "괜찮아, 괜찮아, 수고 좀 해. 나중에 우리 식으로 실행할 수 있어. 문제는 힘의 관계야."

미국과 동맹관계를 유지하는 것이 우리에게 유리했소. 그게 아주 중요했지.

1975년 8월 15일

...몰로토프는 1945년 미국에서 기차를 타고 가던 중에 루스벨트의 서거 소식을 들었다.

▶ 식당 칸에서 일행과 저녁을 먹고 있었지. 그때가 나의 마지막에서 두 번째 미국 방문이었는데, 유엔 총회의 개막을 준비하고 총회 의장단을 구성해야 했소.

식당 칸은 만원이었는데, 어떤 시민이 들어오더니 "지금 방송에서 루스벨트가 서거했다고 합니다!"라고 말하는 거야. 그런데 그 말에 주목하는 사람도 없었고 반응도 없었어. 미국인들이란 정책이 자기 주머니를 위협하면 무슨 짓이라도 하려고 들지. 그런데, 그래도 대통령이고, 미국인들의 절대다수가 그를 지지했는데... 우리의 경우를 생각해봐. 그런 소식에 아무도 주목하지 않는다는 게 과연 가능한가?

— 우리가 그들보다 더 안타까워했겠지요.

▶ 물론. 미국인들은 그 점에서 얼굴이 두껍지. 자기들 지갑이... 자기들 것이 직접 건드려지지 않는 한 그들은 아무 것도 신경을 안 써. 루스벨트는 우리에게 자기 속내를 숨길 줄 알았소. 그런데 트루먼은 전혀 그렇지 않았지. 노골적으로 아주 적대적으로 우릴 대했소.

— 심지어 그들은 어떻게 소련을 점령할 것인가에 관한 계획안을 만들기도 했습니다. 미국의 [러시아 출신] 이민자들을 선발해서 그들에게 무기와 병력을 주고, 그들로 하여금 정부를 수립하게 해서 공산주의자들을 섬멸토록 하고, 소련을 조각내서 민족별로 서로 갈라지게 한다는 것인데요...

▶ 맞아, 그들은 꿈꾸고 있어! 하지만 최근 그들은 자기존재가 위험하다고 이미 느끼

72) 얄타회담에서 '해방 유럽에 관한 선언(Declaration of Liberated Europe)'이 채택되었다.

고 있고, 그래서 제대로 미친 반공주의자인 레이건을 내세운 거지.

1983년 6월 16일

▶ 아이젠하워는 평화공존이란 강제수용소에서의 생존이라고 말했소. 내가 아이젠하워와 몇 번 만났지. [국무장관 존 포스터] 덜레스와도 만났고. 아이젠하워는 그냥 선량한 사람이었소. 그런데 덜레스는 갈고리 같은 사람이란 게 한 눈에 보였지. 그의 동생 [알렌]은 정보부원이오. 이들 형제는 남의 주머니를 뒤지면서 동시에 머리를 떼어낼 그런 사람들이었소.

1975년 1월 14일

▶ 존 포스터 덜레스는 전형적인 제국주의자요. 그런 의미에서 편협했지. 단련되고 확신에 찬 사람이었소. 그것이 그를 처칠과 가깝게 했어. 우리는 한번 파리에서 일주일 내내 회의를 했는데, 도저히 의사일정을 합의할 수 없어서 결국 각자 집으로 헤어졌소.

1970년 7월 30일

협상 과정에서

— 미국인들이 독일을 어떻게든 작게 나누자고 제안했다지요?..

▶ 크지 않은 나라들로 만들자고 했지, – 몰로토프가 확인한다. – 어리석은 생각이야. 그런 제안이 있었어. 내가 보기에 미국에도 역시 둔한 정치가들이 있어. 난센스지.

1985년 1월 1일

— 적군(赤軍)이 베를린에서 멈추지 말고 더 멀리 진격해서 파리까지 장악해야 한다고 주코프가 제안했다는 설이 있습니다.

▶ 글쎄, 내 기억엔 그런 거 없는데... 사람들은 지리를 잘 몰라.

1974년 3월 8일

...우리가 포츠담회담 때 사진을 보고 있다. 사진 속 인물들이 누구인지 말해달라고 부탁하자 몰로토프가 설명을 한다.

▶ 이게 븨신스키, 그로미코, 쿠즈네초프 니콜라이 게라시모비치, 이게 경호대장 블라식, 마이스키... 이게 경제국 책임자 게라센코.

— 여기가 스탈린이고, 여긴 몰로토프지요, – 내가 말한다.

▶ 그렇지, 스탈린과 몰로토프지. 이게 내 보좌관 포드체로브, 이게 차라프킨, 여긴 이른바 노비코프, 그리고 실린, 내 제2보좌관 포트루바치, – 다 내 동료들인데...

— 스탈린 옆에 앉아 있는 이가 누구죠?

▶ 외무성 법무국장 골룬스키인데, 그가 통역을 맡았소. 그는 언어들만 잘 알았던 게 아니라 법률 지식도 해박했소. 그래서 스탈린이 우리를 속이지 못하도록 그를 자기 옆에 앉혔던 거요. 스탈린이 수차례 말했소. 러시아가 전쟁은 이겼지만 승리의 과실은 향유할 줄 모른다고 말이오. 러시아인들은 대단히 잘 싸우지만 평화조약을 제대로 체결할 줄 모르고, 잘 속고, 정당한 대가를 얻어내지 못한다는 거지. 대조국전쟁의 결과로 우리가 얻은 것은 내가 보기에 아주 좋았어요. 소비에트 국가를 강화할 수 있었지. 그게 나의 주된 과업이었소. 외무상으로서 내 임무는 우리를 속이지 못하게 하는 것이었는데, 우리는 그런 부분에 노력했고, 내 생각엔 나쁘지 않은 결과를 얻었소.

우리는 폴란드 문제에 노심초사했는데, 배상 문제 말이요. 우리를 온갖 방법으로 압박하면서 본질상 제국주의의 첩자일 수밖에 없는 부르주아 폴란드 정부를 승인하라고 강요했지만 우리는 우리 뜻을 관철시켰소. 우리는, 스탈린과 나는 우리 국경 옆에 독립적이나 우리에게 우호적인 폴란드가 있어야 한다는 노선을 견지했소. 협상 과정에서나 그 전에도 국경 설정과 관련하여 〈커즌 라인〉, 〈리벤트로프–몰로토프 라인〉에 관해 논쟁이 있었는데,[73] 스탈린은 단호했소. "뭐든 마음대로 부르시오! 그러나 우리 국경은 이렇게 지나가야 합니다!" 처칠이 항변했지. "하지만 리보프가 러시아 도시였던 적이 없습니다!" 스

73) 1919년 2월 시작된 소비에트 러시아와 폴란드 간의 전쟁은 1920년 10월 양국이 휴전에 합의하고 1921년 3월 리가평화조약을 체결함으로써 끝났다. 폴란드가 수세에 몰렸던 1920년 7월 당시 영국 외무상 커즌(G. Curzon)은 민족적 · 인종적 경계에 근거하는 양국 국경선(=커즌 라인)을 소비에트 러시아에 제안했다. 이후 적군(赤軍)이 패퇴함에 따라 1921년 3월 확정된 양국 국경은 〈커즌 라인〉 훨씬 동쪽에 획정되었고, 결국 폴란드는 서 벨로루시와 서 우크라이나의 땅 대략 135,000천㎢를 자국 영토로 얻었다. 제2차 대전 후 획정된 폴란드와 구소련의 국경선이 〈커즌 라인〉과 대략 일치한다.

탈린이 조용히 대답했소. "[그보다 훨씬 서쪽에 위치한] 바르샤바가 러시아 땅이었습니다."

1971년 7월 9일

▶ 폴란드 국경선과 관련해서 포츠담에서... 스탈린이 〈커즌 라인〉에 관해 말했소. "여러분은 무엇을 원하십니까? 우리가 커즌이나 클레망소[74]보다도 덜 러시아인이 되길 원하시는 겁니까?.. 만약 우리가 여러분의 제안을 수용한다면 우크라이나 사람들이 뭐라고 하겠습니까? 그들은 필경 러시아인과 우크라이나인의 보호자로서 스탈린과 몰로토프가 커즌이나 클레망소보다도 미덥지 못하다고 말할 겁니다."

포츠담에서 국경 문제가 주요 의제였지만, 폴란드 문제 역시 중요한 의미를 가졌소. 미국인들은 우리와 우리 서방 동맹국들 간의 갈등을 완화하는 방식의 타협안을 우리에게 제시했소. 폴란드 문제는 미리 꽤 오랫동안 협의를 했고 결국 합의안에 서명할 수 있었는데, 우리의 원칙은 폴란드가 소련에 적대적이어서는 안 된다는 것이었소. 독립적인, 그러나 비적대적인 폴란드 말이오. 반면 그들은 폴란드 부르주아 정부의 수립을 수용하라고 우리에게 강요했는데, 그건 당연히 제국주의의 밀정이거나 소련에 적대적일 수밖에 없는 거요. 이미 1945년 2월 얄타회담에서 폴란드 문제가 비슷하게 다뤄졌지만 분명히 결정된 것은 없었소. 위원단이 꾸려져서 모스크바에서 활동했지. 내가 위원단에 들어갔고, [미국 대사] 해리먼, [영국 대사] 커...[75]

1971년 7월 9일

— 폴란드인들은 우리 포로였던 폴란드 장교들의 운명에 관심이 있습니다.[76] 아픈 부

---

74) 클레망소(Georges Clemenceau, 1841~1929)는 1917~20년 프랑스 전시내각 총리를 지냈으며. 1919년 파리평화회의에 프랑스 대표로 참여하여 베르사이유 조약 체결에 주요 역할을 하였다.

75) 커(Archibald Clark Kerr, 1882~1951)는 1942~46년 소련 주재 영국 대사를 지냈다.

76) 1943년 6월 독일군 당국은 동년 3월부터 점령지인 소련 스몰렌스크 인근 카틴(Катынь)의 숲속에서 진행되던 시신 발굴 조사작업을 마무리하면서, 발견된 시신 4,000여 구가 볼쉐비키공산당에 의해 학살된 폴란드군 장교라고 발표하였다. 독일군은 현장에서 발견된 일련의 소련 측 문서를 학살의 증거로 공개하며 대대적인 반소비에트 선전을 전개했다. 1943년 가을 스몰렌스크 수복 후 소련에서는 1944년 1월 부르덴코(Н.Н. Бурденко)를 의장으로 하여 〈카틴 숲에서 파시스트 침략자들이 폴란드 장교 포로들에 자행한 학살사태의 확인조사 특별위원회〉가 꾸려졌고, 학살이 독일군의 카틴 점령 이후 시점에 자행되었다는 조사 결과가 1944년 1월 26일자 『프라우다』에 발표되었다. 전후 소련은 뉘른베르크 국제군사재판에서 카틴 학살을 나치독일이 자행한 주요 전쟁범죄 목록에 넣으려 했으나 재판부는 그를 수용하지 않았다. 아무튼 카틴 학살이 나치독일의 전쟁범

분이지요... 그들은 우리가 그들을 사살했다고 하는데...

▶ 그들은 그럴 수 있지. 소련 정부의 특별성명이 있었는데, 나도 그것을 지지합니다. 나중에 위원단이 구성되었소. 부르덴코가 거기에 참여했는데...

— 폴란드인들이 우크라이나와 벨로루시에 얼마나 많은 아픔을 주었습니까, – 작가 이반 스타드뉵이 말한다. – 말이 나왔으니 말인데, 제1차 대전 때 폴란드인들은 우크라이나 사람들에게 가장 겁나는 존재였지요. 엄청 잔인했습니다. 그들은 마을 주민 모두를 무차별적으로 바로 몰살했습니다.

▶ 폴란드인, 러시아인, 우크라이나인, 루마니아인을 막론하고 민족주의자들은 모두 무슨 짓이라도 마다하지 않지. 가장 절망적인 것까지도 말이오, – 몰로토프가 말했다.

1974년 6월 13일

▶ 로코숍스키를 폴란드에 임명하기에 앞서 내가 폴란드로 가서 우리가 그들에게 노련한 장군들 가운데 한 명을 국방상으로 보내겠다고 말했소. 최고들 중 하나, 즉 로코숍스키를 주기로 결정했소. 그는 성격이 유순하고 붙임성 있는 인물이었는데, 약간 폴란드 피가 섞인 재능 있는 군 지휘관이었소. 그는 폴란드어를 잘하지 못했는데, 강세를 무시하고 말했소. 그는 폴란드로 가길 원치 않았지만, 우리에겐 그가 폴란드에서 질서를 확립하는 게 몹시 필요했소. 우리는 폴란드의 사정을 거의 알지 못했소.

1978년 7월 16일

▶ 레이건이 폴란드가 공산주의 종언의 시작이라 선언했소. 폴란드는 항상 어려움을 겪었소. 우리가 트루먼, 해리먼 등과 폴란드에 관해 많은 이야기를 나눴는데... 우리는

죄라는 소련 정부의 일관된 입장은 1990년 봄 고르바초프가 "카틴 학살은 스탈린주의의 범죄"였음을 공식 인정하면서 종식되었다. 1992년에 공간된 소련의 관련 문서들에 의하면, 소련과 독일이 폴란드를 동서로 분할 점령한 후인 1940년 봄, 소련의 여러 수용소와 감옥에 분산 수용되어 있던 폴란드 장교, 경찰, 지주 등 "소비에트 권력의 적"들이 1940년 3월 5일자 볼쉐비키공산당 정치국 결정에 의거하여 총살되었다. 카틴 숲에서 발견된 4,421명에 다른 수용소 및 감옥에서 처형된 폴란드인들을 합하면 학살 규모가 총 21,857명에 달한다. 1920년 폴란드전쟁에서의 패배에 대한 스탈린의 복수가 학살 동기라는 주장도 있지만, 당시 내무인민위원 베리야의 제안서에 나타나는 것처럼 폴란드인들을 "소비에트 권력의 적"으로 인식한 것이 학살의 주된 동기가 아닐까 싶다. 1939년 9월 소련이 서부 폴란드를 점령하면서 약 50만 명의 폴란드인이 적군(赤軍) 포로가 되었고, 곧 대다수가 석방되었으나 그래도 13만여 명이 엔카베데 산하 수용소와 감옥에 남았다. 이들에 대한 선별작업이 계속되었고, 1940년 초까지 석방되지 않는 폴란드인들이 처형 대상이 되었다.

폴란드를 잃을 수 없는데, 그렇게 되면 우리가 많은 어려움을 겪을 거요. 만약 그런 방침이 실행된다면, 그게 우리를 덮칠 거요. 그것에도 역시 대비해야 해요.

1981년 12월 4일

▶ 폴란드인들은 한 번도 조용했던 적이 없고 평안했던 적도 없어. 왜 그런지 몰라. 모두 자신이 감당할 수밖에... 필경 뭔가 더 심각한 사태가 발생할 것 같은데...

1982년 12월 9일

▶ 베를린의 분할 문제는 이미 런던에서 결정되었소. 독일을 분할하기로 하고, 베를린도 세 부분으로 나누기로 했소. 그 다음에 동맹국들이 한 제안은 프랑스인에게도 한 부분을 주자는 것이었소. 우리가 말했지. "당신들 몫에서 주시오. 그들은 전쟁 하지 않았습니다." 그들이 나누어주었고, 우리 구역을 침범하진 않았소. 문제의 핵심은 베를린이 아니었더라도 다른 대립점이 있었을 것이라는 데 있소. 우리의 목표와 입장이 서로 다른 한, 대립은 있을 수밖에 없었고 그것이 베를린에서 시작되었다는 거요. 만약 그들이 "우리는 함께 싸우는 동맹국이오!"라고 말하면, 우리가 어떻게 그들의 제안을 거부할 수 있겠소.

1970년 8월 24일

▶ 그들의 소비에트 권력에 대한 십자군원정은 실현되지 못했소. 우리가 제국주의 진영을 분열시켰지.

우리가 바보였더라도, 누구도 우리를 바보로 여기지 않았소. 비록 몇몇은 우리를 바보 취급 하려 했지만...

루스벨트가 사망한 후에, 트루먼과의 첫 만남은 그가 내게 명령조로 말하는 것에서 시작되었소! 그에 앞서 나는 모스크바에서 [미국 대사] 해리먼과 영국 대사 커와 어떻게 폴란드 정부를 구성할 것인가에 관해 대화를 나눴어요. 우리는 폴란드민족[해방]위원회가 정부를 수립하는 방안을 지지했는데, 그들은 [런던의 폴란드망명정부 수반이었던] 미콜라이칙을 갖은 방법으로 우리에게 들이미는 거요. 그리고 트루먼이 이렇게 말했소.

"귀하는 우리가 전혀 동의할 수 없게끔 문제를 제기하시는데, 그건 수용할 수가 없소!" 내가 그자의 대통령으로서의 자질을 의심하며 대답했지. "그런 말투로는 각하와 대화할 수 없습니다!" 그가 입을 다물었어. 내가 보기엔 우둔한 자요. 그리고 아주 반소비에트적이고... 그렇기 때문에 그런 어조로 말했던 거지. 말하자면 자신의 "자아"를 보여주려 했던 거지. 이후 좀 더 점잖고 조용한 어조로 우리와 대화하게 됐지. 그가 본인에 관해 이야기했는데, 자기 자신을 대단치 않게 평가한다고 했소. "나 같은 사람은 미국에 수백만 명이 있는데, 그래도 나는 대통령입니다." 그랜드 피아노를 쳤지. 못하진 않았지만 물론 특별한 것도 없었소. 루스벨트의 지성에는 전혀 미치지 못했지. 격차가 엄청 컸지. 공통적인 것 하나는 [트루먼도] 루스벨트도 골수 제국주의자였다는 거요.

1971년 7월 9일

트루먼은 놀래주려고 했다

▶ 포츠담에서 트루먼은 우리를 놀래주려고 했소. 내가 기억하기에, 미국 대표단이 베푼 오찬 후에 트루먼은 슬며시 스탈린과 나를 옆으로 데리고 가더니 미국이 지금껏 없었던 그런 특수무기를 갖고 있다고 말했소. 상상을 뛰어넘는... 그가 의도했던 바를 말하긴 어렵지만, 내가 보기에 그는 우리가 당황하기를 바랐던 것 같아. 그런데 스탈린은 굉장히 침착했소. 트루먼은 스탈린이 아무 것도 이해하지 못했다고 단정했지. 원자폭탄이라는 말은 없었지만, 우리는 트루먼이 무엇을 언급하는지 금방 알아차렸어. 그리고 그들이 전쟁 확산을 당분간 원치 않는다는 것과 그들에게 있는 폭탄이 모두 하나 또는 두 개 정도라는 것을 이해했는데, 그들은 나중에 히로시마와 나가사키에 폭탄을 투하했고, 더 이상은 없었지. 그러나 가진 게 더 있었다 하더라도 그것은 이미 중요한 문제가 아니었소. 우리는 1943년부터 원자폭탄 개발에 착수했는데, 그 사업 책임이 내게 맡겨졌고, 나는 우선 원자폭탄을 만들 사람을 찾아야 했소. 정보기관에서 내게 믿을만한 물리학자들의 명단을 가져왔고, 내가 그들 가운데 몇 명을 선발했어요. 아카데믹[77] [표

77) 소련과학원 회원은 '아카데믹'과 '츨렌-코레스폰덴트' 두 범주가 있는데, 과학원 회의에 정상적으로 참여하는 '아카데믹'과는 달리 '츨렌-코레스폰덴트', 즉 교신회원은 원래 외국이나 먼 지방에 거주하는 관계로 교신을

트르] 카피차를 불렀는데, 그는 우리가 그 일에 아직 역량이 부족하며 원자폭탄이 현재의 무기가 아니라 미래의 일이라고 내게 말했소. [아브람] 요페에게 물었지만 그의 대답 역시 분명치 않았소. 간단히 말해서, 내게는 가장 젊고 아직 무명인 [이고리] 쿠르차토프가 있었는데, 그는 아주 후순위에 있었지. 그를 불러 이야기를 좀 나눴는데, 그는 내게 좋은 인상을 주었소. 그러나 그는 자신이 모르는 것이 많다고 했어요. 그때 나는 우리 첩보원들이 수집한 자료들을 그에게 넘겨주기로 했는데, 첩보원들이 엄청 중요한 일을 했지. 쿠르차토프는 며칠을 크렘린에 머물며 자료를 검토했는데... 스탈린그라드 전투 이후인 1943년에 어디선가 내가 그에게 물었지. "자료를 보니 어떻소?" 나는 그 내용을 전혀 이해하진 못했으나 자료가 확실하고 믿음직한 곳에서 수집되었다는 것을 알고는 있었소. 그가 말했지. "대단합니다. 자료가 제공하는 게 마침 우리에게 없는 것들입니다."

우리 정보기관의 작전이 아주 훌륭했소. 우리에게 꼭 필요한 것을 제대로 꺼내 왔지. 우리가 원자폭탄 개발에 막 착수했을 때인 가장 적절한 순간에 필요한 게 확보되었어.

생각나는 것이 있는데, 기억이 정확치 않아 말하기 어려운데, 로젠버그 부부가...[78] 내가 그 일에 관해 자세히 묻지 않으려 했지만, 나는 그들이 우리 정보기관과 연계되었다고 생각하는데... 누군가가 우리에게 원자폭탄을 개발하는 데 결정적 도움을 주었소. 정보기관이 매우 큰 역할을 했지. 미국에서 로젠버그 부부가 고초를 겪었는데, 그들의 도움이 있었음을 배제할 수 없소. 그러나 우리가 그에 관해 말할 필요는 없지. 그런 것은 미래에도 우리에게 도움이 될 수 있소.

— 그것은 독일 것이 아니라 미국 자료였습니까?

▶ 주로 미국 것이었지. 우리 정보기관이 전쟁 전이나 전쟁 중에 일처리를 잘했는데, 미국에 그에 합당한 요원들이 있었소. 활동한지 이미 꽤 오래된... 베리야가 이미 전쟁 전에 [공작을] 시작했지.

내가 쿠르차토프를 스탈린에게 데려갔고, 그는 온갖 지원을 다 받았소. 그리고 일은 그를

통해 기관과 소통하는 학자들의 범주였다. 하지만 교통의 발달로 그것은 점차 학자들의 등급을 나타내는 타이틀이 되었는데, 현재 러시아에서는 교수 타이틀을 가진 학자들 중에서 업적 심사를 통해 (과학원) 교신회원을 선발하고, 이들 중에서 '아카데믹'을 선출한다.

78) 줄리어스 로젠버그와 에델 로젠버그 부부는 미국 공산주의자로서, 소련을 위해 스파이 행위를 했다는 혐의로 기소되어 1953년 6월 사형을 당했다. 후에 드러난 소련 문서에 따르면, 줄리어스 로젠버그는 1940년대 초부터 소련 정보기관을 위해 일했다.

중심으로 추진되었는데, 그가 연구개발 그룹을 조직했고 결과가 성공적이었어.

물론, 포츠담회담 무렵에 우리가 원자폭탄 개발과 관련해 성취한 것은 상대적으로 적었지.

1971년 7월 9일, 1977년 12월 28일, 1981년 8월 28일

▶ 우리는 누구에게도 기대를 두지 않고 오직 우리 힘에만 의지했소.

국가적 능력이나 국방력 증진에 관련해서 스탈린은 뒤쳐지지 않으려고 했던 것만이 아니라 선두에 있으려고 했어요. 물론 그는 우리가 농민 국가라는 엄청난 내적 낙후성을 극복하지 못한 채 선진 대열로 나갔음을 잘 이해하고 있었어! 하지만 우리는 전쟁 중에 본격적으로 로켓을 개발하기 시작했소. 우리가 그렇게 일찍 로켓 개발에 나서지 않았더라면, 과연 1957년에 세계 최초로 인공위성을 쏘아올리고 1961년에 유인 우주선을 발사할 수 있었을까?

— 그에 관해 아카데믹 바실리 파블로비치 미쉰이 제게 이야기한 바가 있습니다, – 내가 말한다. – 그는 오랫동안 코롤료프의 제1대리였다가 나중에 그의 후임으로 책임설계사가 되었지요. 그의 말은 미래의 소련 우주개발이 전쟁 끝 무렵에 있었던 스탈린과 처칠 간의 서신 교환에서 비롯되었다는 겁니다. 제가 그 2권짜리 서한집을 읽었는데...

▶ 흥미로운 서한들이 있지, – 몰로토프가 말한다. – 우리 둘이서 많은 서한을 작성했소. 모든 것이 나를 통해 이루어졌는데, 예외가 없었소.

— 저는 처칠이 보낸 극비전문 하나를 읽고 그걸 주목하지 않을 수 없었는데, 그건 독일군 탄도로켓 〈V–2〉의 실험장소인 폴란드 데비체를 소련 군대가 가까운 시일 내에 점령하게 될 것이라는 정보였습니다. 그리고 이어진 말은 이러했습니다. "스탈린 원수님, 각하께서 귀국 군대가 데비체 지역 점령 후에 접수할 그곳의 설비와 요원들이 보존되게 적절한 조치를 취해주시고, 그 후에 우리 전문가들이 그 실험시설을 연구할 기회를 우리에게 주신다면 감사하겠습니다. 1944년 7월 13일."

스탈린은 어느 데비체를 말하는지 모르겠다면서 폴란드에는 그런 지명을 가진 곳이 여럿 있다고 답했습니다.

영국 수상은 즉각 새로운 서한을 보내 데비체의 정확한 좌표를 알려왔습니다.

그러자 스탈린은 자신이 그에 관해 필요한 조치를 취했다고 간결하게 답했습니다. "각

하의 요청이 모두 실현될 수 있도록 그 일을 제가 직접 통제할 것을 각하께 약속합니다."

그리고 그가 실제로 그 일을 직접 통제했습니다.

바실리 파블로비치 미쉰이 이렇게 말했습니다. "바로 그날, 코롤료프와 나는 스탈린에게 불려갔어요. 그는 우리에게 방금 독일군에게서 해방된 데비체로 즉시 날아가 탄도로켓에 관한 모든 자료를 수집해 모스크바로 가져오고, 그곳에서 오래 전부터 활동하고 있는 영국 기관원들 손에 아무 것도 들어가지 않게 하라는 지시를 내렸어요.

우리는 지시대로 했지요. 찾아낸 도면과 깨진 조각들을 참조해 탄도로켓을 설계하고, 그것을 체코슬로바키아에서 금속으로 제작했지요. 우리 정보원들이 독일 로켓개발 책임자 베르너 폰 브라운의 대리였던 코작이라는 자를 찾아냈는데, 그는 체코인이었소. 그가 우리를 돕기 시작했지요. 코롤료프와 내가 그의 집에 손님으로 갔던 게 기억납니다. 그 부부는 중좌 계급장이 달린 군복을 입고 있었는데 그의 아내가 우리를 쳐다보더니 말했어요. "두 분은 군인이 아니시죠? 신으신 구두가 군용이 아니고, 이마가 매우 넓으시네요." 말하자면, 우리에 대해 견적을 낸 거지요.

10월혁명 기념일 무렵에 우리는 완성된 탄도로켓, 〈타트라〉 자동차, 체코 맥주 상자를 기차에 실어 모스크바로 보내면서 "스탈린 동무에게의 선물"이라고 썼어요. 그렇게 소련의 우주개발이 시작되었던 겁니다."

▶ 스탈린이 그 일의 진행을 예의주시했지, – 몰로토프가 말한다. – 그런데 지금, 스탈린이 사이버네틱스를 용인하지 않았다고 써대고 있으니...

— 저는 대학 다닐 때 악셀 이바노비치 베르크의 강의를 듣는 영광을 누렸습니다, – 내가 말한다. – 그 분은 조종장치학에서 최고 권위자였지요!

▶ 그 베르크를 사이버네틱스 분야의 국가위원회 의장 대리로 임명한 사람이 스탈린이오. 어느 수준에서 문제가 결정되었는지 알아야 해! 물론 우리가 전 세계를 향해 그에 관해 공표하지는 않지. 스탈린은 가장 위대한 음모꾼이었소.

— 저는 다섯 살 때인 1946년에 의장님께서 유엔에서 하신 연설을 기억하고 있습니다. 온 나라가 그 연설을 알고 있었습니다. "일방의 원자폭탄에 대하여 타방의 누군가가 원자폭탄이나 또 다른 무엇으로 맞대응할 수 있음을 잊으면 안 됩니다. (몰로토프가 대꾸한다. "그렇고말고!" – F. 추에프) 그렇게 되면 독선적이나 어리석은 몇몇 사람의 계산은 완벽한 착각이라는 사실이 더욱 분명해집니다."

▶ 그건 내 개인적 생각이었소, – 몰로토프가 말한다. – 나는 거기에 위험한 게 아무 것도 없다고 봤지. 나는 그 일을 아주 면밀히 숙고했고, 그렇게 말해야만 했소. 일본에 원자폭탄 두 발이 투하되었는데, 그것은 물론 일본이 아니라 소련을 겨냥했던 것이기 때문이었소. 그들에게 무엇이 있는지 우리더러 생각하라는 거지. 즉, 너희들에겐 없지만 우리에겐 원자폭탄이 있다! 손가락 하나라도 까딱하면 어떤 결과가 초래될 것인가 유의하라! 그런 협박이었지.

우리 인민들이 다소나마 자신감을 갖게 하기 위해서 우리에겐 우리의 어조로 어떤 대답을 해야 할 필요가 있었던 거요.

내게 준비된 원고가 없었지만, 나는 진실을 말한 거요. 다음에 사람들이 물었소. "또 다른 무엇이 무슨 뜻입니까? 서방에는 원자폭탄만 있지만 소련은 원자폭탄과 함께 다른 무엇을 가질 것이라는 게 의장님 말씀 아닙니까."

스탈린이 나중에 내게 말했소. "자네, 세게 나갔네!"

그때 우리에겐 아직 아무 것도 없었고, 나도 그걸 잘 알고 있었소.[79]

— 역시 1946년에 의장님께서 유엔에서 하신 연설 중에 이런 내용이 있습니다. "필리핀 대표가 소련의 제안에 대해 표결이 불가능하다고 하면서 이를 입증하고자 하였습니다. 표결이 의회주의 원칙에 위배되기 때문이라는 것인데… 본인은 필리핀 대표가 의회주의적 질서에 관해 우리에게 준 유용한 가르침에 사의를 표합니다. 본인이 보기에 그건 특히 필리핀에서, 그곳에 의회가 생길 때 유용할 것이며, (모두 웃음) 그리고 의회가 이미 존재하는 다른 나라에서도 유용할 겁니다."

▶ 그렇지, 물론 그런 일이 종종 있었지, – 몰로토프가 심드렁하게 지적한다.

1979년 7월 1일

▶ 누구도 내게 "또 다른 무엇"에 관해 말하도록 시키지 않았소. 이후 스탈린은 우리에게 아직 아무 것도 없었을 때 우리가 약자라는 것에 관한 논의를 잠재우기 위해 그걸 이용했지. 아무 것도 없었어, 과장이 아니오. 나는 대체로 현실 상황을 알고 있었고, 그렇기 때문에 내가 말하는 게 사실과 다르지 않소. 아직 아무 것도 없었소, 시작했을 뿐

79) 소련은 1949년 8월 20일 카자흐스탄에서 첫 번째 핵실험을 했다.

이지. 우리가 원자폭탄도 갖게 될 것이니까 하는 논리로 그게 합리화되었소. 참, 수소폭탄은 우리가 먼저 개발했는데... 물론 한참 후에 된 일이지만.[80]

1977년 11월 1일

▶ 내가 유엔에서 "또 다른 무엇"이 우리에게 있을 것이라고 했을 때, 나중에 사람들이 무엇을 염두에 두었냐고 물었소. 물론 로켓을 생각한 거지. 우리는 전쟁이 끝난 후 코롤료프의 실험실에 갔었소.

— 스탈린이 의장님과 같이 갔습니까?

▶ 그랬던 것 같소.

냉전

▶ 처칠은 승리의 지도자 중 한 명인데, 그가 1945년 선거에서 패하는 일이 어떻게 생길 수 있었는지 지금까지 나 자신이 분명히 납득할 수 없소! 아마 영국 상황을 보다 잘 알아야겠지. 포츠담에서의 협상은 처칠과의 대화부터 시작되었는데, 나중에... 그는 매우 적극적인 사람이었소. 늘 메모하는 것도 잊지 않았지. 그는 자기 방식으로 사실을 말했는데, 이것 역시 염두에 두어야 합니다. 다른 사료들을 통해 검증해야 해요. 아주 교활하게 말했지. 그는 골수 제국주의자요.

1972년 7월 31일

▶ 나는 냉전이라는 말을 좋아하지 않는데, 내 생각에 그건 흐루쇼프식 표현이오. 스탈린 치하에 서방 언론에 그런 표현이 있었고, 그 다음 그것이 우리에게 전해졌소. 〈철의 장막〉이란 말은 [나치 선전상] 괴벨스가 고안한 거요. 그런데 처칠이 널리 유포시킨 거지. 그게 정확해. 그럼 냉전이 뜻하는 바는? 그건 첨예화된 관계요. 이 모든 건 그냥

80) 1953년 8월 소련은 수소폭탄 〈RDS-6〉 폭파실험을 단행했으며, 1954년 3월 미국도 수소폭탄 실험을 성공적으로 마쳤다. (1952년 11월 미국이 "Ivy Mike"라는 코드명으로 마셜 군도에서 행한 실험은 메가톤급 폭탄의 제조 가능성을 입증한 것으로, 엄밀히 말하면 수폭 실험이라 보기 어렵다고 한다.)

그들이 주도했거나 아니면 우리가 진격했기 때문이겠지. 그들은 물론 우리에게 잔인하게 굴었고, 우리는 전쟁에서 얻은 것을 굳게 지켜야 했소. 독일 일부를 우리 편으로, 사회주의 독일로 만들었는데, 체코슬로바키아, 폴란드, 헝가리, 유고슬라비아 등은 모두 유동적인 상태에 있었소. 도처에 질서를 확립해야 했지. 흠, 냉전이라... 물론 한도를 알아야겠지. 내가 보기에 스탈린은 그런 측면에서 한도를 매우 엄격히 준수했소.

1974년 11월 28일

▶ 처칠이 풀턴에서 한 연설이 소위 "냉전"의 시작이었소.[81] 스탈린이 은퇴한다는 것은 전혀 불가한 일이었어. 전후에 설령 그가 그럴 마음을 가졌더라도 말이오. 그는 이런 식으로 말했소. "뱌체슬랍이 일하도록 해!"

— 우리의 어떤 작가가, – 내가 말한다. – 자신의 가정을 피력했습니다. "만약 스탈린이 십년 정도 더 살았다면 그는 즉위했을 겁니다. 모두 그런 방향으로 갔지요. 인민은 그를 사랑했고, 적들은 그를 두려워하고 존경했으며, 그는 엄청난 권위를 누렸지요. 크렘린에는 이미 제정 때 쌍두독수리를 치우고 옥좌를 갖다놨는데..." 그래서 제가 말했습니다. "그런데 그건 늘 거기에 있었어요." 그러자 작가가 말을 바꿨습니다. "명예로운 자리로 옮겼지요. 그가 즉위를 했더라도 내가 보기에 그건 분명 그리 나쁘지 않았을 겁니다. 물론, 두말할 나위 없이 그는 군주나 다름없었지요."

▶ 군주라... 거기엔 모든 게 제국을 위해 있다면, 여기에는 프롤레타리아트를 위해, 근로자들을 위해 존재하지, – 몰로토프가 말한다. – 그 작가가 동무에게 기도하라고 강요하지 않던가?

1971년 5월 1일

— 아데나워를 아셨습니까?

▶ 알았소. 그가 우리를 방문했을 때 내가 그를 불편하게 만들기도 했지.[82] 내가 그

81) 1946년 3월 처칠은 미국 미주리 주 풀턴에 있는 웨스트민스터대학에서 〈철의 장막〉이라는 표현을 쓰며 소련을 비난하는 연설을 했다.

82) 1955년 9월 서독 수상 콘라드 아데나워가 모스크바를 방문했고, 이때 양국 간 국교정상화가 실현되었다. 당시 몰로토프가 외무상이었다.

와 옆에 나란히 앉아있는데 그가 내 귀에 대고 말했소. “파시즘 하에서 내가 할 수만 있었더라면 나는 히틀러의 목을 졸랐을 겁니다!” 그런데 당시 그들은 모두 그것을 감싸고 있었고, 아데나워 자신도 실질적으로 히틀러가 했던 짓들 중에 많은 걸 따라했다는 거요. 공산주의자들을 탄압했고, 나치스트들에게 호의를 보였지. 내가 점심만찬 중에 연설하면서 그가 내게 속삭인 것을 말해버렸소. 그리고 그게 공표됐지. 그가 나를 신뢰할 수 없는 친구로 치부하겠지만, 그럼에도 나는 사람들이 그를 표리부동하고 위선적인 인물로 여기게 했던 거요.

1971년 8월 24일

▶ [폴-헨리] 스팍이 나토 초대 서기였는데, 그는 우리말 ‘까또릐’[который, =관계대명사]의 뜻을 이해하지 못했소. 이렇게 말하더군. “당신네 러시아 사람들은 그 말을 자주 사용합니다.” 우리가 실제로 많이 쓰기는 하지. “까또릐, 까또릐...”

1975년 7월 17일

전쟁배상

▶ 전후 우리가 배상을 받았는데, 그게 푼돈 정도였지. 우리의 국가 규모가 엄청나잖소. 나중에 배상이 오래된 설비로 충당되었는데, 설비 자체가 노후된 상태였지. 다른 방도가 없었소. 그런 자그마한 것들조차 우리 경제를 위해 활용해야 했는데, 하지만 그런 것들을 뜯어 가져오면서도 역시 우리가 꼭 고려해야 할 게 있었소. 우리는 조용히 독일민주공화국을 수립해 갔는데, 우리의 독일을 말이오. 만약 우리가 그곳에서 모든 걸 빼내왔다면 독일 인민들이 우리를 어떻게 생각했겠나? 미국, 영국, 프랑스는 서독을 원조했어. 그런데 우리는 우리와 함께 일하려는 독일인들에게서 빼내왔지. 그것은 아주 조심스레 처리해야 했는데, 그때 우리는 중도에 많은 것을 포기했소. 아무튼 그것도 우리에게 긍정적으로 작용했지. 독일인들이 경제적 펀드를 복구하고 신기술로 옮겨갔다는 것을 지적해야 합니다. 우리는 그때 그걸 속히 할 수 없었는데, 설비의 일부를 중국으로 보냈소.

1976년 5월 12일

무기대여

…무기대여[83] 협상에 관해 이야기를 나누고 있다.

▶ 지원이 계속 있었지, 전쟁 초기부터. 1942년에 내가 미국에 있을 때 무기대여 협정이 내 면전에서 체결되었소. 내 면전에서. "마이 프렌드"였지, 그렇지.

— 종전 후에도 협상이 있었습니까?

▶ 물론, 수차례 있었지. 내가 각서에도 서명했는걸. 종전 후 무기대여에 관해서도 이견이 시작되었소. 그때까지는 없었어. 우리는 부채 상환을 거절하지 않았고, 무언가 갚기도 했소.

— 그들이 압착기를 가져와서는 우리가 그들에게 돌려준 스튜드베이커 트럭을 찌그러뜨려서 바다에 버렸지요.

▶ 뭐, 그럴 수 있지.

— 의장님께선 상환할 것이라고 하셨는데, 기간을 정했습니까?

▶ 온갖 쟁점이 다 제기되었소. 내가 정확히 기억할 수 없지만, 그래도 상환 거절은 없었소. 전부 다 지불하지는 않았지만 거절하진 않았어. 거절 안 했어. 그러나 그래도 다 상환하지는 않았지.

1972년 7월 31일

마셜플랜

— 서방에서의 평가는 마셜플랜을 수용하지 않은 게 소련 외교의 큰 실책이라는 겁니다.

▶ 그것은 마침 우리의 아주 성공적인 방책이었소. 처음에 나는 동의를 했고, 내친김

83) 연합국들에 대한 군수물자 지원이 목적인 무기대여법(Lend-Lease Act, =An Act to Promote the Defense of the United States)은 1941년 3월 11일 의결되었다. 무기대여법에 의거하여 총 501억 US달러(=2008년 가치 기준 약 6,100억 US달러 추정) 정도의 물자가 연합국들에 제공되었는데, 이중 영국에 314억, 소련에 113억, 프랑스에 32억, 중국에 16억 달러어치가 할당되었다. 과거에 서방에서는 미국의 지원이 없었다면 소련이 독일의 공격을 버텨내기 어려웠을 것이라는 평가가 지배적이었다. 이에 소련에서는 미국의 지원 규모가 소련이 지출한 총 전쟁 비용의 4% 정도에 불과하기 때문에 그 기여가 생각보다 크지 않다고 주장하였다.

에 참여해야 한다고 당 중앙위원회에 제안하기도 했소. 우리만이 아니라 체코와 폴란드도 그래야 한다는 것이었지. 파리에서 열린 협의회에 갔었소.[84] 나중에 나는 정신을 차렸고, 바로 그날 두 번째 메모를 보내 거절하자고 했소. 우리는 떠나겠다고 하면서, 체코나 다른 우방국들에게 협의회에 참여하지 말라고 제안을 했지. 왜냐하면 우리는 그들의 경험을 미처 신뢰할 수 없었기 때문이오. 우리는 거기서 동의하지 말자는 결정을 내렸고 그걸 모두에게 알렸는데, 그들은 마셜플랜을 수용할 뜻이 있었고 특히 체코가 적극적이었어. 체코 [외무]장관은 아주 미심쩍은 인물이었는데, 그 이름이 클레멘티스인가 그랬어. 참여할 필요가 없다는 우리의 지시를 받고는 그들도 떠났지요.

거기에는 우호적 관계를 전혀 기대할 수 없는 그런 패거리들이 모였소. 나는 이런저런 자들과 서로 비난을 주고받았는데, 일을 어렵게 만들 수 있는 그런 보좌관들이 내게 없었다는 게 다행이었지. 체코슬로바키아 사람 클레멘티스는 우익 편향적인 매우 위험한 사람이었소. 그건 1948년에 베네쉬가 퇴임한 후지.[85]

혼란스런 일들이 많았지. 마셜플랜을 거부한 것이 우리의 실수라고 그들이 생각한다면, 그것은 우리의 결정이 옳았다는 걸 의미하는 거요. 물론, 그렇고말고. 지금 그걸 증명하는 건 아주 쉽지. 처음에 우리는 외무성에서 모든 사회주의 국가에게 참여하라고 제안하려 했소. 그러나 곧 그건 옳지 못하다는 것을 알아챘지. 그들은 우리를 자신들의 패거리로, 그러나 예속된 패거리 속으로 잡아끌었소. 우리가 그들에 예속될 뻔했던 거요. 제대로 받는 것도 없이 말이오. 예속될 뻔했지, 물론. 하물며 체코인, 폴란드인들이야 더 말할 나위가 없지. 그들은 아주 힘든 상황에 있었는데...

1979년 3월 9일

▶ 전후에 체코슬로바키아는 우리의 원조 덕에 안정될 수 있었는데, 그건 우리에게서 빵을 가져가 가축을 먹이는 식이었소. 반면 우리에겐 기근이 들었지.

1981년 9월 30일

---

84) 몰로토프는 1947년 6월 27일~7월 2일 파리에서 영국 및 프랑스 대표단과 미리 마셜플랜을 논의했다. 회담이 결렬되었고 이에 소련은 동년 7월 12일에 예정된 파리협의회에 참여하지 않겠다고 선언하였다.

85) 클레멘티스(Vladimir Clementis, 1902~1952)는 에드바르트 베네쉬 후임으로 1948년 클레멘트 코트발트가 집권하자 부르주아 민족주의적 편향을 이유로 탄압을 받았고, 1952년 12월 처형되었다.

▶ 체코슬로바키아로의 군대 투입은 옳은 일이었고, 또 많은 사람이 그걸 지지하는데, 그들은 대국주의적 입장에서 지지하지만, 나는 공산주의적 관점에서 지지합니다.

1978년 7월 24일

가장 어려운 두 나라

— 미국에서 『안드로포프 전기』가 출판되었는데, – 내가 몰로토프에게 말한다. – 거기에 보면 말렌코프가 안드로포프를 등용하여 스탈린에 소개했다고 쓰여 있습니다. 스탈린은 안드로포프가 마음에 들었고, 적절한 때가 되면 핀란드를 지도하게 하려고 그를 카렐리야-핀란드소비에트사회주의공화국의 제2서기로 임명하여 쿠시넨에게 보냈다고 합니다.[86] 그러나 핀란드 합병 계획이 무산되면서 스탈린이 쿠시넨과 안드로포프에 대한 관심을 잃었다는 겁니다.

▶ 당장은 안드로포프가 잘하고 있는 것 같소. 요령 있게 말하고, 직설적이나 오만함이 없어. 오히려, 과거의 결함에 대해 자아비판을 하는데, 그럼, 그건 옳은 일이야. 그에겐 우익 편향이 없어 보여. 선임자인 흐루쇼프나 브레즈네프보다 더 진지해.

당 중앙위원회에서 그를 내게 보냈소. 인사부 아니면 서기들 중에 누군가가 내게 안드로포프를 보냈는데, 그의 인상이 괜찮았어.[87]

그가 외무성으로 나를 찾아왔소. 말하더군. "외교 채널에서 일하라고 저를 보냈습니다." 당 중앙위원회에서, 기억이 안 나는데, 누군가 내게 말하길, 안드로포프를 외교 분야에서 잘 활용할 수 있을 거라고 해. 내가 헝가리를 제안했고, 합의가 됐소. 안드로포프는 헝가리에서 업무를 잘 처리했어. 그를 임명한 것은 내가 보기에 잘한 일이었어. 왜냐하면 그를 대사로 임명한 후 헝가리 사태의 와중에도 돌발 상황이나 나쁜 일이 생기지 않았소. 안심이 됐지.

---

86) 카렐리야-핀란드소비에트사회주의공화국은 기존의 카렐리야소비에트사회주의자치공화국(KACCP)에 핀란드 전쟁 후 핀란드에서 떨어져 나온 영토를 병합하여 1940년 3월 수립되었다. 이후 1956년 7월 예전과 같이, 러시아공화국 내 자치공화국(KACCP)으로 지위가 환원되었다.

87) 1940~44년 카렐리야-핀란드공화국 서기로 근무했던 유리 안드로포프는 1951년 모스크바로 전근되었고, 1954년 7월~1957년 3월 헝가리 주재 소련 대사로서 헝가리 사태를 처리했다. 1967년 국가보안위원회(KGB) 의장이 되었고, 1982년 11월 브레즈네프 후임으로 소련공산당 중앙위원회 서기장에 올랐다.

예피세프는 루마니아 스쿨을 거쳤소. 그렇지, 내가 그를 루마니아 주재 대사로 내보냈는데, 그 역시 업무를 훌륭히 처리했어.

헝가리와 루마니아가 우리에게 가장 어려운 나라들이었소.

헝가리 초대 정부를 수립하는 일에 내가 적극 참여했는데, 그게 아마 1945년이었을 거요. 정부 수립이 아주 신속하게 됐지.

— 제가 얼마 전 헝가리에 다녀왔습니다. 제게 말하길, 그곳에선 누구도 공산주의를 신봉하지 않는답니다.

▶ 헝가리인들? 진짜 속물들이지, 속물들... 러시아인들에겐 어떤 내적 본능이 있소. 러시아인은 스케일이 큰 걸 좋아하지. 싸운다면 제대로 싸우고, 사회주의를 한다면 세계적 차원에서 하고... 특별한 임무인데... 이번 경우엔, 그렇지.

— 도스토옙스키의 말처럼, 인민이란 신의 체득자(богоносец), 즉 신의 뜻으로 움직이는 존재지요.

▶ 신의 체득자라, 그렇지. 인민에게는 자신의... 아무튼 러시아인들은 결단을 내렸고, 어려움을 겁내지 않았고, 다른 인민들에게도 길을 열어주었는데... 그래서 여러 인민들이 나란히 함께 살지만 다양하게 호흡하지. 어떤 누구에게 사회주의는 위대한 목표인데, 다른 누구에게 그건 그냥 수용할 수 있는 것이고 너무 걱정할 대상이 아니지.

1982년 12월 9일, 1983년 6월 16일, 1983년 10월 14일

...내가 유엔 청년회의 참석차 미국에 갔다가 돌아왔다. 뉴욕에서 가져온 유엔의 역사에 관한 책자를 몰로토프에게 보여주었다. "불독을 닮은 뱌체슬랍 몰로토프가 소련대표단을 인솔했다. 그 옆에 고양이를 닮은 통역관 파블로프가 앉아 있다. 불독이 짖을 때, 고양이는 불독의 짖는 소리를 "냐옹"이라고 통역한다."

▶ 스탈린은, – 몰로토프가 말한다. – 제국주의 파멸과 공산주의 도래를 위한 과업을 수행했소. 우리에겐 평화가 필요했으나, 미국은 우리 도시 200개를 일시에 원자폭탄으로 폭격하겠다는 계획과 그럴 능력을 갖고 있었소.

스탈린은 이렇게 판단했소. "제1차 대전은 한 나라를 제국주의의 노예상태에서 빼냈다. 제2차 대전은 사회주의 체제를 성립시켰고, 제3차 대전은 제국주의를 완전히 끝장낼 것이다."

...나는 이런 의견도 들을 수 있었다. 우리가 몰로토프의 다차에서 알렉산드르 골로바노프 원수와 함께 탁자에 둘러앉아 대화를 나누고 있던 때였다.

— 만약 스탈린이 10년을 더 살았더라면, – 골로바노프가 말했다. – 세계 자본주의가 끝장났을 겁니다. 스탈린의 면전에서 처칠과 루스벨트 중 누가 나은지 논쟁을 했던 게 기억납니다. 스탈린이 말했지요. "처칠, 루스벨트, 나세르, 네루 모두 다 같은 종자들이오. 그들 중 누구도 노동자들에게 돈을 내주지 않아." 종전 후 처음 개막된 소련 최고회의 회기에 앞서 원수들 가운데 누군가가, 아마 바실렙스키 같은데, 스탈린에게 공산주의가 무엇이라 생각하느냐고 물었습니다. 스탈린이 말했어요. "내 생각에, 공산주의의 처음 국면 혹은 첫 단계는 우리가 주민들에게 빵을 무상으로 제공하기 시작할 때 비로소 시작될 거요." 그러자 아마 보로쉴노프가 묻습니다. "스탈린 동무, 어떻게 빵을 무상으로... 그건 불가능한 일이야!" 스탈린이 우리를 창가로 데려갔어요. "저기 무엇이 있소?" — "강이 있습니다, 스탈린 동무." — "물이지요?" — "물입니다." — "왜 물을 사려는 행렬이 없소? 자, 보시오, 여러분은 우리나라에서 저런 상황이 빵에 대해서도 가능한지 생각해보지도 않았잖소." 그리고는 이리저리 좀 걷다가 그가 말했습니다. "만약 국제적 혼란이 당분간 야기되지 않는다면, 내가 그 말로 염두에 두는 것은 오직 전쟁인데, 나는 1960년에 전쟁이 있을 거라고 생각하오. 다들 아시겠소?"

이게 정말 가당키나 한 말입니까? 맙소사! 나라는 파괴되어 사람들이 가난하고 굶주리고 있었지만, 우리나라엔 엄청난 양의 금이 비축되어 있었고 백금은 가격 하락을 우려해 세계 시장에 보여주지도 않을 정도로 많았습니다!

1970년 7월 30일, 1971년 12월 2일

세계적 차원에서

...1926년 제15차 당협의회에서 몰로토프가 한 연설을 내가 읽는다. "우리 당의 정치는 세계적 차원에서 사회주의의 최종적 승리를 위한 정치이며 지금도 그렇습니다."

▶ 벌써 49년이 지났네, – 몰로토프가 말한다. – 나는 지금도 부정 안 해. 부정하지 않아. 그건 옳은 생각이야. 지지해야 해. 나는 그걸 공표하기 전에 스탈린에게 보냈소.

"지적할 것 있어요?" 그는 내게 글로 답했는데, 그 메모를 아직도 갖고 있지. 그가 이렇게 썼소. "자넨 자신의 겸손함으로 나를 놀라게 했어. 자네 연설에 대한 지적 사항을 말해달라고 했는데, 그건 나를 엄청 힘들게 하는 거야. 나는 내 보고문을 평가해 달라고 자네에게 보내지 않았어. 그렇기 때문에 나는 자네 연설에 관해 어떤 지적도 하지 않을 걸세." 나는 그가 대답하길 원치 않는다는 것을 알아챘지.

대신 그는 말로 대답했소. "자네, 왜 그래? 우리하고 트로츠키 사이에 자리를 잡으려고 하는 거야? 중간에?" 그는 매우 정확하게 이해했소. 내 관점은 스탈린의 그것과 약간 달랐지. 그가 또 말했소. "자네 예언하고 있어!" 그런데, 내 생각으론, 우리가 국제 혁명을 옹호한다면 그게 왜 예언이 되는가? 그건 내 의견이지 예언이 아니야. 그런데 스탈린은 일국에서 공산주의를 건설할 수 있다고 생각했고, 제18차 당대회에서 그것에 관해 말했소.[88] 그리고 공산주의 시대에도, 자본주의적 포위 속에서 국가는 존재할 것이라고 했지. 그런데 그건 옳지 않아. 그래서 내가 스탈린과 논쟁을 했소. 나는 그와 아주 긴밀히 연결되어 있었지만, 이미 1926년에 그 문제를 가지고 논쟁을 했어. 왜냐하면 그런 일에 관등을 무시하는 것이 우리에겐 일상이었기 때문인데, 우리는 볼쉐비즘의 정신으로, 진리의 정신으로 성장했소.

1975년 1월 14일

▶ 흐루쇼프의 강령에는 공산주의가 먼저 우리나라에서 승리하고 다음에 다른 나라들에서 승리해야 한다고 쓰여 있는데, 읽어봤소? 거기에 그렇게 쓰여 있지. 그런데 그건 민족주의적 성격의, 소비에트 민족주의적 성격의 것이오. 민족주의적 탐욕이지. 민족주의자는 모두 탐욕스럽지. 말이 나온 김에, 스탈린은 이렇게 말했소. "민족주의자들이란 무슨 짓이든 다할 수 있는 인민이다."

— 민족주의는 어떤 형태의 것이라도 위험합니까?

▶ 아니오, 전부는 아니지. 만약 제국주의, 식민주의에 대항하는 것이라면 우리는 그걸 지지하지. 그러나 그런 것도 권력을 장악하면 때로 취하는 형태가...

내 생각에 우리 공화국의 이름에서 핀란드라는 말을 뺀 것은 잘한 일인데,[89] 우리는

88) 스탈린은 1924년에 일국사회주의론을 처음 제시하였다.
89) 카렐리야-핀란드소비에트사회주의공화국(КФССР)이 1956년 카렐리야자치공화국(КАССР)으로 지위가 변경된

뷰랴트-몽골자치공화국에서 몽골을 없애고 대신 부랴트자치공화국이라 부르기 시작했소. 비록 전쟁기간 중 몽골인들이 소연방의 일부로 편입하길 원했지만 우린 그들의 제안을 거절했소. 그리고 불가리아인들도 그걸 원했지만...

1975년 1월 14일

바람직했지만, 적당한 때가 아니었다

— 왜 우리가 전후에 그리스 일부를, 즉 [에게 해 북부] 연안 지역을 불가리아로 편입시키지 않았냐고 불가리아인들이 자주 문제를 제기하지 않았습니까? – 내가 몰로토프에게 묻는다.

▶ 디미트로프와 함께 일했던 [바실] 콜라로프 동무가 그렇게 하자고 엄청 고집을 피웠는데, 불가능했지. 우리가 왜 베를린 전역을 장악하지 못했을까? 그랬으면 더 좋았을 텐데. 그러나 한도를 알아야 해. 그랬다면 많은 일을 망쳤을 거요. 영국인들과 프랑스인들이 반대하고 나섰을 걸? 전쟁이 끝난 후 우리는 즉각 안짱다리가 되었을 거요. 그리스 관련 문제가 제기되었지만 불가능했소. 나는 당 중앙위원회에 조언을 구했고, 내게 그럴 필요 없다고, 적당한 때가 아니라고 그랬어. 침묵해야 했지. 그런데 콜라로프는 그렇게 하자고 강하게 압박했는데, 바람직했지만 적당한 때가 아니었소.

1978년 11월 4일

분명하지 않은 것 하나

— 뱌체슬랍 미하일로비치, 제게 분명하지 않은 게 하나 있습니다.

▶ 겨우 하나? 내겐 더 많은데.

— 이스라엘 건국에 관해서입니다. 미국인들이 반대했는데...

▶ 우리 말고는 모두 반대했지. 나와 스탈린 이외에 모두가. 몇 사람이 내게 왜 그러

것을 염두에 둔 말이다.

냐고 물었소. 우리는 국제적 자유를 지지하는데, 그렇다면 우리가 그걸 반대해야 할 이유가 있는가? 솔직히 말해서 그걸 반대하는 것은 민족문제에서 어떤 적대정책을 시행한다는 걸 의미하는 거요. 예전에 볼셰비키는 정말로 시오니즘에 반대했고 또 반대해왔어. 심지에 분트[90]에도 반대했어. 비록 그것이 사회주의 단체로 간주되었어도 말이오. 시오니즘에 반대하는 것은 변치 않는 정치적 방침인데, 그건 부르주아적 방향에 반대하는 거요. 그런데 유대 인민에 반대하는 것은 그와 전혀 다른 별개의 일이오. 우리는 두 가지 선택 대안을 제안했소. 첫째, 아랍–이스라엘 연합정부를 수립한다. 이는 두 민족이 함께 살고 있기 때문이며, 그에 관한 [양쪽의] 합의를 전제로 우린 그 안을 지지했어요. 둘째, 합의가 없다면 이스라엘 국가를 단독으로 수립한다. 하지만 반(反)시오니즘의 입장은 계속 유지했지.

— 그러나 의장님께선 이스라엘이 부르주아 국가가 될 것이라는 사실을 아셨을 텐데요...

▶ 이런, 맙소사!

— 왜 이스라엘을 사회주의 국가로 만들지 않았습니까?

▶ 왜냐고? 음! 그랬다면 우린 영국과 전쟁을 해야만 했을 걸. 그리고 미국과도... 동무는 왜 우리가 핀란드를 사회주의 국가로 만들지 않았냐고 말하겠지만, 그게 더 간단한 일이지. 내 생각에, 우리가 옳게 행동했어. 일정한 한도를 넘어갈 수 있었지만, 그랬다면 우린 완전히 새로운 투기판으로 말려들었을 거요, 투기판으로. 우리는 스스로 오스트리아를 양보했어.

그런데 유대인들, – 이들은 오래 전부터 시오니즘의 기치 아래 자신의 국가 수립을 위해 투쟁했는데, 우리는 물론 그것에 반대했지. 그러나 [유대] 인민에게 그것을 거부한다면, 그건 우리가 그들을 억압한다는 걸 의미하는 거요.

지금 그로부터 좋지 않은 일들이 흘러나오고 있는데, 어찌 저런 일이!... 미 제국주의가 존재하는 게 과연 좋은 일인가?

1972년 10월 4일

---

90) 분트(Bund), 즉 '유대인노동자총동맹'은 라트비아, 폴란드 등 러시아제국의 서부 지역에 기반을 둔 유대인 맑스주의자들이 1897년 조직한 사회주의 정당으로, 생산수단의 사회화, 민주적 맑스주의, 유대인을 위한 민족적·문화적 자치 등을 주요 강령으로 삼았다.

속물적 시각

— 우리가 남들을 너무 많이 돕는 데 대해 많은 사람이 불만을 표시하면서 이제는 우리 자신을 돌봐야 한다고 말하고 있는데...

▶ 스탈린 치하에도 원조를 했는데, 물론 그 가능성이야 [지금보다] 적었지. 그때도 투덜댔소. 그런데 지금은 물론 관계가 훨씬 많고 그것의 규모도 크지만, 내가 보기엔 기본적으로 그 모든 게 필요하다는 거요. 그 모든 건 우리가 돕는 그들에 필요한 게 아니라 무엇보다도 우리를 위해 필요해요. 3~4년 전에 내가 병원에서 외무성 일꾼들을 만났는데, 상당히 높은 자리에 있는 사람들이었소. 내가 물었지. "거긴 어떻소? 잘되어갑니까?" — "베트남이 그렇지요, 끝나면 좋겠는데... 가능성이 별로 없습니다."

속물적 시각이야. 우리를 위해 싸우는 사람들이 자기 자신을 위해 싸우는 사람들보다 더 많아! 그들은 죽고 있소. 우리에게 가장 위험한 적인 제국주의의 약화라는 관점에서 보면, 그들은 엄청난 일을 하는 거요. 제국주의를 약화시키는 매 일보가 정말 위대한 일이오. 그렇지 않으면 몇 년이 지났을 때, 아니 당장 내일 모레라도 우리는 훨씬 큰 난관에 봉착할 거요.

— 안 그러면 우리가 스스로를 고립시킬 수 있지요?

▶ 거기에도 문제가 있지. 글쎄, 말하자면 스스로를 고립시킨다기보다는 스스로 자신을 매우 어렵게 만든다는 거요. 공산주의자를 포함해서 아주 많은 사람들이 이런 생각을 해요. "평화롭기만 하다면, 오직 평화!" 그래 좋아. 하지만 평화가 보장되어야 하는데, 그게 거저 주어지는 게 아니잖소. 아니면 항복해야 해. 베트남인들은 항복하길 원하지 않아. 그런 제국주의에 맞서 작은 베트남이 미증유의 영웅주의를 발휘하며 저항하고 있어! 왜 우리가 제국주의를 겁내야 하는가! 이 평화가 얼마나 덧없는지 또 미래에 우리가 치를 수밖에 없는 희생이 어떠할지에 관해 조금만 생각해보면...

— 지금 사람들의 관심사는 오직 전쟁만 없었으면 하는 겁니다.

▶ 그게 바로 흐루쇼프식 근시안적 관점이오. 그건 아주 위험해. 우리는 새로운 전쟁에의 대비책을 생각해야 해요. 사태가 그리로 접근하고 있소. 그렇지, 우리가 대비하고 있기를 빌어야지. 그러면 그들은 보다 신중해질 거요. 만약 그들이 극단으로 치닫는다

면 우리가 강하게 대처해야 돼. 전 세계에 주는 베트남의 교훈은 이런 거요. 즉, 저렇게 작은 베트남이 친구들의 도움으로 미 제국주의에 맞서 버티고 있는데, 소련에겐 무엇이 두려운가? 오직 자신의 고립성, 냉담성, 부도덕성을 겁내야...

1972년 5월 9일

중앙집권화된 외교

▶ 대개의 경우 대사들이란 자신이 듣는 바를 전달하는 송신기인데, 그들은 그 한계 내에서만 활동합니다. 내가 외무상으로 일하게 되었을 때, 특히 스탈린 사후에 내가 그토록 독자적으로 행동하는 것에 많은 사람들이 놀랐지. 하지만 나는 내 지침의 범위 내에서 독자적이었고, 그리고 우리가 마치 모든 것에 합의한 것처럼 보이도록 노력했어요. 외교관은 그렇게 행동해야 합니다.

내가 보기에 브레즈네프에겐 기본 방침이 약해. 모든 게 평화공존으로 향해 있어. 평화공존, – 그건 물론 우리에게 매우 필요하지. 허나 그와 동시에 기억해야 할 것은 그것이 우리에게 보장되어 있지 않다는 거요. 그걸 잊는다면 우린 반드시 궁지에 몰리게 될 거요, 반드시.

1976년 12월 7일

...몰로토프에게 『처칠 회고록』의 한 구절을 읽어준다.

▶ 그가 제2차 대전에 관한 자기 책을, – 몰로토프가 말한다. – 내 비서에게 선물했소. 목적이 있었다고 생각해. 우리가 처칠과 도대체 얼마나 싸워야 했나!

— 그가 이렇게 썼습니다. "리트비노프의 경질은 한 시대가 끝났음을 의미했다. 그것은 크렘린이 서방 열강들과의 안보조약에 대한 여하한 믿음도 포기함을 뜻했다." 처칠은 리트비노프가 서방과의 동맹을 지지했다고 생각합니다.

▶ 그건 그렇지.

— 처칠에 따르면, 리트비노프가 "당의 사동(使童)" 보로쉴로프 원수와 격한 논쟁을 벌인 후에 퇴임했다는 소식이 서방 신문에 실렸다고 합니다. 뻔뻔하고 대담한 러시아인

들이 뒤에서 보로쉴로프를 “당의 사동”이라 불렀다는데, 정말 그렇습니까?

▶ 처음 듣는 말이오.

리트비노프를 미국 대사로 두었던 것은 그가 세계적인 유명 인사라는 이유 하나 때문이었는데, 그는 많이 타락한 사람이었소.

전쟁 기간 내내 우리는 리트비노프를 배제하고서 논의를 진행했는데, 지금은 그가 없었다면 우리가 아무 것도 합의하지 못했을 거라는 식으로 그의 역할을 기술하고 있어! 루스벨트는 리트비노프에 대한 우리의 태도를 이해하고서, 그를 배제한 채 나만 불러 대화했소.

리트비노프는 우리에게 완전히 적대적인 태도를 취했지. 첩보원인 게 확실한 미국 특파원과 그가 나눈 대화의 메모를 우리가 가로챘는데, 거기에는 그가 1944년에 리트비노프를 만났다고 쓰여 있었어. 그때 리트비노프가 나의 대리였소, 외무인민위원 대리! 그를 방문한 미국 특파원이 이렇게 썼소. “우리는 벽난로 주위에 앉았다. 리트비노프가 아주 솔직하게 내게 말하길...”

이 특파원은 리트비노프와 나눈 대화에 관해서, 물론 사실 그대로 모두 기술한 게 아니라 그때 출간 가능했던 것만 기술했던 거요. 우리는 대화의 전체 기록을 알만한 경로로 전달받았는데, 거기서 리트비노프가 그 흥미로운 순간에 무엇을 말했을까?

그가 말하길, 당신네 미국인들이 이 소비에트 정부와 해서 잘될 일은 아무 것도 없을 것이라고 했소. 소비에트 정부는 어떤 중요 문제에 관해 당신들과 합의할 수 없을 것이라는 입장에 서 있다고 말이야. 그래, 바로 그런 정부와, 그런 아둔한 자들과 뭘 하려고 하냐고... 그리고는 어떻게 생각하냐고 물었어. 그런 정부는 당신들에게 전혀 화답하지 않을 거라고, 당신들에겐 되는 일이 없을 거라고 했소.

그럼 어떻게 행동할 수 있는가? 화답을 위한 내부의 힘이 없는데, 왜냐하면 탱크가 인민이 아니라 정부에게 있고, 비행단도 포병도 인민이 아니라 정부가 갖고 있기 때문이라는 거요. 정부에는 엄청난 규모의 당 사관들이 포진해 있어서, 정부의 동의 없이는 인민들이 자기 의지에 따라 바꿀 수 있는 게 아무 것도 없다고 했어! 그래서 여기에 오직 외부의 힘이 기여할 수 있다는 거야. 즉, 전쟁에 의한 진군 말이오. 오직 외부의 간섭이 나라의 상황을 변화시킬 수 있다는 거요. 이게 리트비노프의 상황 판단이었소. 그는 프롤레타리아트로부터 최고형을 받아야 했소. 종류를 불문하고 말이야. 이걸 모두 설명해야 해.

그는 내게 아무 것도 말하지 않았소. 그것 역시 그의 입장에선 물론 양심적인 게 아니지. 완전한 배신이지.

— 어떻게 스탈린이 용서했습니까?

▶ 어떻게 용서했냐고? 조심스럽게, 격식 있게 행동해야 했지. 우리가 그걸 가로챘소. 첩보원들이 필름을 가로챈 거요. 우리는 그때까지도 그를 믿지 않았소. 그들의 대화는 모스크바에서 있었던 거요. 아무튼 내가 1942년 미국에 가서 루스벨트와 헐[91]과 협상했을 때, 루스벨트 곁에는 홉킨스[92]가 있었지만 내 옆에는 통역관만 있었소. 리트비노프를 데려가지 않았어, 그가 소련 대사였음에도... 그가 공식 접견에는 참석했는데, 그때 루스벨트가 내게 이렇게 말했소. "귀하께서 본인에게 귀국 대표단을 소개하시죠." 나는 그때 우리 첩보원들을 데리고 있었는데, 외무성 직원들도 있었고, 나는 그들을 모두 데려갔소. 조종사도 데려갔지. 결국 루스벨트는 모두에게 인사를 했지. 그는 매우 사교적이고 좋은 성격에 민첩한 인물이었소. 모든 게 멋졌지. 그때 리트비노프도 있었지만, 업무를 처리할 때는 그를 동석시키지 않았소. 파블로프가 통역을 했지.

— 리트비노프는 자신이 배제당하는 상황에 상심했겠지요?

▶ 물론 그랬겠지. 어쩔 수 없었소. 그에 대한 신뢰가 전혀 없었어. 회담에 그를 참여시키지 않았던 이유는 안 좋은 걸 지껄일 수 있었거든. 그는 영리하고 멋진 사람이었지만 그를 믿지는 않았소. 내가 귀국한 후에도 그를 미국에 그대로 있게 했는데, 후에 그를 소환하면서 대신 [콘스탄틴] 우만스키를 잠깐 주미 대사에 임명했지. 물론 그는 진중한 사람이 아니었는데, 다른 적임자가 없었소.

얼마 후 나는 그로미코를 주미 대사로 임명했소. 역시 아주 젊고 경험이 많지 않았지만 정직한 외교관이었어. 우리는 그가 우리를 힘들게 하지 않으리라고 생각했고, 실제로 그리 되었소. 리트비노프와는 되는 일이 아무 것도 없었지.

[각국 대사를 지낸 야콥] 수리츠가 그와 친했지. 내가 보기에 수리츠는 멘쉐비크 출신들 가운데 덜 자주적이었는데, 리트비노프는 고참 볼쉐비크였소.

— 그가 볼쉐비크였다고요?!

91) 헐(Cordell Hull, 1871~1955)은 1933~44년 F. 루스벨트 정부 때 국무장관을 지냈다.

92) 홉킨스(Harry L. Hopkins, 1890~1946)는 1938~40년 미국 상무장관을 지냈고, 제2차 대전 중에는 무기대여 프로그램 책임자였다.

▶ 사람은 변해! 그럼, 변하고말고… 리트비노프는 그냥 우연히 살아남았던 거요.

1975년 4월 25일, 1975년 5월 7일,
1978년 7월 16일, 1986년 1월 1일

▶ 나는 물론 리트비노프를 좋게 평가하지 않지만, 그에겐 공적도 있어. 그런데 그의 동생이 외국 어딘가에 살았는데, 투기꾼이었소. 소련에 오곤 했어. 누구를 위해 일했는지는 몰라. 아무튼 리트비노프 자신은 고참 볼쉐비크였는데, 동생은 투기꾼이었어.

1984년 10월 30일

— 지금 리트비노프에 관해 많이들 쓰고 있는데, 의장님께선 그를 신뢰하지 않았다고 말씀하셨지요?

▶ 물론 그는 무능하지 않은 좋은 외교관이었지만, 그러나 사상적으로 다른, 다분히 기회주의적인 입장을 취하고 있었소. 트로츠키, 지노비예프, 카메네프에 많이 공감했고, 당연히 우리의 완전한 신임을 얻지 못했지.

언제 배반할지 모르는 자를 어찌 신뢰할 수 있겠나? 하지만 그는 드물게 영리한 사람이었고 외국 상황을 잘 알고 있었소. 그는 스탈린에게 좋게 대했지만, 내 생각에 그는 우리가 내리는 결정들에 대해 속으론 늘 찬성하지 않았어. 그는 말년에 정치적으로 부패했다고 생각해. 그렇기 때문에, 에렌부르크가 자기 책에서 스탈린이 리트비노프를 해임하고 일을 주지 않았다고 푸념했던 것은 뭘 모르고 한 말이지.

1985년 10월 4일

— 의장님께서 현역에 계시던 시기에 누가 가장 유능한 외교관이었다고 생각하십니까?

▶ 누가 외교관이었냐고? 유능한? 우리 외교는 중앙집권화 되어 있소. 대사들에게는 어떤 자주성도 부여되지 않았고, 그걸 가질 수 없었어. 국제 정세는 복잡했고, 대사들은 어떤 외교적 창의성도 발휘할 수 없었어. 그건 유식한 사람들에게, 대사들에게 유쾌할 수 없겠지만 달리 방도가 없었어. 최고위급에 있던 치체린이나 리트비노프 말고는 우리 외교관과 대사들의 역할이 의도적으로 제한되었는데, 왜냐하면 우리에게 노련한 외교관들

이 없었기 때문이오. 하지만 정직하고 신중하며 교양 있고 박식한 외교관들은 있었소. 내 생각에 우리를 속이기가 아주 어려웠는데, 이는 모두가 스탈린의 수중에, 내 수중에 단단히 잡혀있었기 때문이지. 그때는 달리 방도가 없었소. 대체로 우리는 충분한 확신을 갖고 우리의 중앙집권화 된 외교를, 내가 중앙집권화 되었다고 하는 것은 모든 것이 중앙에, 모스크바에 종속되었다는 뜻인데, 아무튼 중앙집권화 된 외교를 지도했지만, 위험한 행보는 마다했소. 왜냐하면 완전히 검증되고 교양 있는, 그리고 독일, 프랑스, 영국의 외교와 외국 외교관들에 정통한 사람들을 가져야 했기 때문이오. 대미 외교는 적극적 역할을 하지 않았고, 제2차 대전 발발 직전에야 일정한 역할을 하지 시작했을 뿐이지.

내 기억에는 우리가 외국 외교에 기만당했던 적이 없어. 물론 우리는 어떤 때는 더 노련하게, 또 어떤 때는 덜 노련하게 행동했지만 항상 매우 신중했으며, 아주 큰 실책을 범하지 않았소. 물론 작은 것들이야 있었지. 그리고 중간 정도의 실책과 잘못도 있었지. 우리나라에 근무했던 외국 대사들 역시 풀어져 있을 수 없었소. 왜냐하면 그 복잡하고 작렬하는 상황에서 우리는 매우 신중해야 했기 때문이오. 그럼으로써 우리는, 내가 보기에, 우리에게 필요한 것을 취했소.

우리 외교는 나쁘지 않았소. 하지만 그 어떤 외교관이 아니라 스탈린이 외교에서 결정적 역할을 했지.

— 그러면 스탈린 역시 외교관이었습니까?

▶ 물론, 그걸 말이라고! 심지어 대단한... 내가 강조하는데 1930~50년대의 우리 외교는 극히 중앙집권화 되어 있었고, 대사들은 받은 훈령의 집행자에 불과했소. 그런 외교는 우리의 상황에서 불가피했고, 그건 긍정적 결과를 가져왔소.

— 하지만 역시 대사에게도 많은 게 달려 있을 텐데...

▶ 많은 게 달려 있지. 하지만 우리 대사들은 외국어에 항상 정통하진 못했소. 그럼에도 우리는 필요한 인물들과 허용되는 범위 내에서 적절한 관계를 유지할 줄 알았지.

1973년 1월 16일, 1985년 10월 4일

사회주의를 위한 나라

...내가 최근에 다녀온 콜리마[93] 여행과 그곳의 마가단에서 만났던 예술가 바딤 코진[94]에 관해 이야기한다. 코진은 아무도 비난하지 않았고 스탈린을 높게 평가했다.

▶ 동무가 교육을 시켰군, 그래. 그가 정치를 연구하기 시작했어, – 몰로토프가 해석한다. – 내 생각에 우리들 중에서 보로쉴로프가 처음 콜리마에 관해 말했던 것 같소. 그가 원동 지방에, 캄차카에 갔었는데, 누군가 그에게 술을 엄청 먹였어. 그가 돌아와서 "콜리마! 콜리마!" 하며 다녔는데, 우리는 콜리마라고는 전혀 몰랐소.

— 1929년에 지질학자 [유리] 빌리빈이 그곳을 탐사하여 엄청난 금광을 발견했습니다.

▶ 그건 그때도 화제가 됐지.

— 그곳으로 처음엔 일반 사람들이 갔고, 공산청년동맹원들, 나중엔 그곳으로 유형을 보내기 시작했습니다. 코롤료프도 그곳의 수수만에서 복역을 했습니다. 그를 누군가와 혼돈해서 실수로 그가 [모스크바에 있는] 투쉬노 기계공장 대신 콜리마로 보내졌던 것입니다.

▶ 나는 코롤료프가 그곳에 수감되었던 사실을 몰랐소, – 몰로토프가 말한다.

...내가 콜리마 광산의 풍요함에 관해 말한다. 금을 탐사하고, 수은을 발견하고...

▶ 우리는 아직도 개발하고 탐사해야 할 게 많은 엄청나게 넓은 영토를 갖고 있소. 그런 뜻에서 우린 행복한 사람들이지. 우리는 사회주의를 위해 필요한 모든 것이 있는, 그냥 찾기만 하면 되는 그런 나라를 가진 거요! 그리고 모든 걸 발견할 수 있지.

...내가 얼마 전까지 육군 총사령관이었던 이반 파블롭스키 대장과 추코트카에서 함께 지낸 일에 관해 이야기한다. 추코트카에는 1946년에 [니콜라이] 올레쉐프 장군 휘하 제14상륙군이 배치되었는데, 그 병영이 지금까지 그대로 있다. 부대는 전략적 임무를 띠고 있었다. 만약 미국이 우리에게 원자폭탄 공격을 감행하면 부대는 알래스카로 침투하여 해안

93) 러시아의 동북부 지역, 즉 야쿠티야 서부, 마가단 주 북부, 캄차카 북부, 추코트카 동부가 접하는 지역을 부르는 이름이자, 이 지역을 흐르는 강의 이름이기도 하다.

94) 소련의 경연극(에스트라다) 가수이자 작곡가이며 시인이기도 했던 바딤 코진(1903~1994)은 러시아공화국 형법 제154조 위반, 즉 동성애와 미성년자약취유인죄로 8년형을 선고받고 1945~50년 마가단 교정노동수용소에 수감되었다. 1959년 같은 혐의로 또 체포된 다시 마가단 수용소로 보내졌고, 석방 후에도 마가단에서 살다가 생애를 마감했다.

을 따라 가며 미국에 대한 공격을 전개한다는 것이다. 스탈린이 그런 임무를 맡겼다.

▶ 그렇지, 알래스카를 되찾으면 좋을 텐데, – 몰로토프가 추인한다.

— 그런 생각이 있었습니까?

▶ 물론 있었지, – 몰로토프가 동의한다. – 그런데 생각만 있었지 더 이상 아무 것도 없었어. 내 생각에 그런 일이 추진되기엔 아직 때가 아니야.

...탁자 전면의 벽에 커다란 세계지도가 걸려있다. 몰로토프는 전후 자신이 유엔 총회에 참석하기 위해 미국에 갔었다고 말한다. 비행기는 추코트카 상공을 지나 [축치 자치구의 행정중심지] 아나디리에 착륙했다.

▶ 미국은, – 몰로토프가 말한다. – 사회주의를 하기에 가장 적합한 나라요. 다른 나라들에 비해 먼저 공산주의가 실현될 거야.

1981년 5월 1일, 1981년 6월 3일

마오쩌둥이 손가락질을 했는데...

▶ 흐루쇼프가 내게 말하길, 그가 중국 방문을 마치고 귀국길에 오르던 차에 마오쩌둥이 그에게 몽골 문제가 미해결 상태에 있다면서 손가락질을 했다더군.[95] 마오쩌둥 생각에 몽골은 중국 영토라는 거지. 몽골인 다수는 중국에 살고 있소. 지금 독립 국가가 수립되어 있는 지역은 한때 외몽고라 불렸는데, 그곳은 지금 중국에 속해 있는 지역과 분리되었소. 그렇게 예전에 그곳은 몽골이 아니라 외몽고로 간주되었던 거지. 중국에서는 그곳[=네이멍구]에 사는 몽골인들을 그리 정중하게 대우하는 것 같지 않아. 하지만 그곳에 칭기즈칸 동상이 있지. 중국인들이 몽골인에 대한 경의 표시로 세웠지.

우리는 만주를 가질 수 없었어. 불가능한 일이었지. 우리 정책에 위배되었소.

우리가 만주에서 많은 것을 취했지만, 그건 또 다른 일이오.

1981년 8월 28일

95) 과거 몽골공화국은 소련의 16번째 공화국으로 간주될 만큼 모스크바의 영향 하에 있었다. 마오쩌둥은 (외)몽골의 중국 편입을 허용하지 않는 소련공산당에 불만을 나타냈다.

부르주아지의 친구가 되었는데...

...방에 많은 손님들이 있다. 내가 묻는다.

— 히틀러와 함께 술을 드셨습니까? 그는 술을 안 마시는 사람인데요.

▶ 내가 히틀러 대신 마셨지! 무얼 생각하시나? 우리는 히틀러를 우리한테 오지 못하게 했는데, 그는 오고 싶었겠지. 모스크바를 왜 포위했겠소?

— 그런데 런던에서 처칠이 의장님을 환대했습니까?

▶ 그랬지. 우리는 위스키 잔으로 술을 거푸 마셨지.

— 처칠과 대화를 나누셨습니까?

▶ 밤새 이야기했지.

— 처칠이 돕는다고 약속했습니까?

▶ 아니지, 그는 자기를 도와달라고 우리에게 요청했지.

— 의장님께서 보시기에, 루스벨트는 어떤 사람이었습니까?

▶ 꽤 영리한 사람이었지.

— 유쾌하고 사교적이었지요?

▶ 그렇지, 사교적이고 호감을 주는 사람이었지. 내게는 루스벨트가 선물한 그의 초상이 있는데, 거기엔 "나의 친구 몰로토프 님께..."라는 자필 서명이 있소. 그렇게 내가 부르주아지의 친구가 되어버렸어.

— 비록 작은 원조였더라도, 원조는 있었지요?

▶ 그들은 우리가 도움을 준 것에 고마워했소. 반면 우리는 그들에게 고마워하지 않았지. 무엇 때문에? 우리가 그들을 위해 더 많은 것을 했소. 받은 것보다 준 게 많아.

— 우리가 아니었다면 인류가 파멸할 뻔했지요. 안 그렇습니까?

▶ 파멸했기까지야... 내 생각에, 인류는 파멸할 수 없소. 그런데 히틀러가 뭔가 큰일을 저질렀겠지. 그리고 이미 저지른 것도 상당히 많았고... 그랬었지.

1979년 11월 7일

보스포루스, 다르다넬스

— 출간된 독일 황제[=빌헬름 2세]의 일기에 보면, 의장님께서 히틀러에게 해협 문제를 제기했고, 그가 의장님께 동의했다고 합니다.

▶ 아니야, 아니야, 그런 일은 없었소. 그건 황제 때 일이야. 내가 나야 책임지겠지만 황제를 책임질 수는...

...내가 그를 자극했다는 느낌이 든다. 몰로토프는 생기가 돋았고 그의 눈가엔 정치가의 흥분이 감돈다.

▶ 바로 내가 그-그자에게 말했는데...

... 몰로토프가 낱말의 첫 음절을 반복하며 말을 좀 더듬기 시작한다. 그는 좀 흥분하면 종종 말을 더듬는다.

▶ 전쟁이 끝날 때쯤 우리가 터키인들에게 다르다넬스 해협에 대한 통제권을 요-요-요구했는데, 그들은 그것에 동의하지 않았소. 동맹국들도 우리를 지지하지 않았지. 그것은 내 생각에 우리의 실수였소. 스탈린은 모두 합법적으로, 유엔을 통해 처리하길 바랐지. 다르다넬스 해협으로 우리 배들이 진입했을 때, 그곳엔 이미 영국인들이 전투태세를 갖추고... 물론 그건 우리가 방심했던 탓이지.

1972년 7월 31일, 1975년 8월 15일

▶ 내가 우리 소련과 터키 양측에서 보스포루스, 다르다넬스 두 해협에 대한 통제권을 갖자고 문제를 제기했소. 생각하면 그런 문제 제기가 전적으로 옳은 것은 아니었지만, 나는 내게 주어진 임무를 완수해야 했소. 1945년 전쟁이 끝난 후 그 문제를 제기했지. 두 해협이 소련과 터키 양국의 보호 아래 있어야 한다고 말이오. 그런데 그것은 부적절한 시기에 제기된, 실현될 수 없는 일이었소. 나는 스탈린을 대단한 정치가로 생각하지만 그에게도 실수가 있었어.

우리는 소련 군대에 의해 쟁취된 승리에 대한 기념으로 통제권을 제안했소. 그러나 그것은 수용될 수 없었고, 나는 그걸 알고 있었소. 우리 쪽에서 보면, 그건 본질적으로 옳지 않아. 만약 터키가 사회주의 국가였다면 해협 통제권을 요구할 수 있었을 거요.

1978년 7월 24일

▶ 우리가 터키 영토에 대한 영유권을 주장한 적이 있소. 그루지야 학자들이 그런 주장을 제기했는데... 난처한 문제였지. 터키인들과 함께 보스포루스 해협을 지킨다는 것은...

밀류코프가 늘 보스포루스에 관해 떠들었지. 러시아 장군들은 항상 보스포루스에 관해서... 흑해에서 나가는 출구를 확보하라!

통과하지 못했소. 만약 우리가 그리로 들어갔더라면, 모두가 그것을 주목했을 거요.

1982년 8월 28일

▶ 말년에 스탈린이 좀 거만해졌고, 나는 대외정책과 관련해서 밀류코프가 주장한 것을 요구해야 하는 상황에 빠졌소. 바로 다르다넬스 해협 말이오! 스탈린은 밀어붙이라고, 공유할 수 있게 만들라고 했소. 내가 그들이 허용하지 않을 거라고 하자 그가 내게 말했소. "요구해!"

1981년 9월 30일

— 독일군이 모스크바 코앞에서 진을 치고 있는데, 그런 상황에서 어떻게 지금 베를린 분할을 궁리하느냐고 해리먼이 스탈린에게 물었다고 합니다. 그러자 스탈린이 이렇게 대답했답니다. "짜리 알렉산드르는 파리까지 진격했소!"

▶ 맞는 말이야.

논증하기 어려웠다

▶ 전후 우리에게 리비아가 필요했고, 스탈린이 말했소. "자, 밀어붙여!"

— 무슨 구실로, 어떻게 논증하셨습니까?

▶ 논증하기 어려웠다는 데 문제가 있지. 외무상협의회 회의 때 내가 리비아에서 민족해방운동이 등장했다고 알렸소. 하지만 그게 당장은 미약한 상태였는데, 우리는 그걸 지원하는 동시에 리비아에 우리 군사기지를 세우려 했소. 그때 [영국 외상] 베빈의 상태가 나빠졌소. 그에게 주사를 놓기도 했지.

[계획을] 포기해야만 했소. 베빈이 펄쩍 뛰며 소리쳤지. "이건 쇼크요, 쇼크! 쇼크! 쇼

크! 당신들은 리비아와 관련된 적이 없어요!"

— 의장님께선 어떤 근거를 대셨습니까?

▶ 근거를 찾기가 아주 어려웠지. 그럴듯한 게 없었어, 없었어... 자주성 비슷한 걸 들이댔지만, 그 자주성을 지키기 위해서... 일이 관철되지 않았소.

전에 우리는 아프리카에 있는, 확고하지 않은 국경에 거의 주목하지 않았소. 리비아에서 내게 주어진 과제는 그 지역이 우리 몫이 되도록, 우리가 통제할 수 있도록 문제를 제기하는 것이었소. 거기 주민들이 그대로 있는 상태에서 전쟁이 끝난 후 즉시 우리의 통제 하에 놓이도록 말이오.

다르다넬스 해협 문제도 물론 해결해야만 했지. 적시에 요구를 철회한 건 좋았지만, 알다시피 그건 우리에 대한 협공으로 귀결될 뻔했소.

동시에 아제르바이잔 사람들이 이란 북부 지역을 병합하여 자기네 공화국을 거의 두 배로 확대시키자고 요구했소. 우리가 그 문제를 탐색하기 시작했지만, 누구도 그걸 지지하지 않았소. 그것 말고도 우리는 [그루지야] 바투미에 인접한 터키 북부 지역을 요구했는데, 왜냐하면 언젠가 그 지역에 그루지야인들이 거주한 적이 있었기 때문이오. 아제르바이잔인들은 자신의 고토 회복을 원했고, 그루지야인들은 그들대로 또 자기 땅을 찾으려 들었지. 또 아르메니아인들은 [노아의 방주로 유명한] 아라라트 산을 [터키로부터] 돌려받길 원했어. 그런데 당시 그런 요구들을 내세우고 나서기가 어려웠소. 짜리 정부는 러시아 주변 지역을 잔뜩 절취했어. 우리가 아주 조심스레 행동할 수밖에 없었는데, 하지만 요구하는 것만으로도 우리는 큰 위협을 가했던 거요.

1972년 7월 31일, 1981년 9월 30일

"나는 진짜 외교관이 아니오"

▶ 스탈린이 사망하자 내가 다시 외무상에 임명되었소. 그 첫 해에 한국전쟁을 끝내기 위한 제안을 마련하기로 결정이 됐지. 전쟁은 우리에게 소용이 없게 됐소. 전쟁은 원래 한국인들 자신이 우리에게 강요한 것이었는데, 스탈린은 한국인들의 단일 민족국가 구성 문제를 우리가 회피해서는 안 된다고 했소.

우리는 독일문제에 관한 협상안을 마련했는데, 그밖에 내가 한국문제를 제기했소.

1982년 10월 21일

— 〈미국의 소리〉 방송은 전유럽협의회 구상을 "몰로토프의 낡은 아이디어"라고 평했습니다.[96]

▶ 그렇지.

— 방송에 따르면, 우리가 몰로토프의 "살라미 정책", 즉 유럽을 조금씩 떼어내 소련으로 편입시키는 정책을 알고 있다는 겁니다.

▶ 그렇지. 그것 역시 정책이지. 우린 아직 그보다 더 좋은 다른 정책을 찾지 못했소. 한마디로, 못 찾을 텐데... 살라미란 돼지비계로 만든 칼바사잖소.[97] 내가 살라미를 좋아했는데, 그들이 나를 그렇게 불렀다는 걸 몰랐네. 입맛이 아주 나쁘진 않아. 헝가리대사관에서 내게 살라미를 여러 번 대접했는데, 아주 맛이 좋았어. 질 좋은 진짜 맛있는 살라미였어. 나는 그런 구식 미각을 좋아하는데... 그리고 지금은 더 좋은 정책이 없소.

1975년 8월 15일

...몰로토프에게 내가 말한다.

— 파르티잔 투쟁을 하던 세르비아 공산주의자들의 노래를 유고슬라비아 시인 욜레 스타니쉬치로부터 알게 되었습니다.

흥해라, 흥해라, 몰로토프,
새 국가들을 창설하라!

▶ 시인에게 인사를 전하시게, – 몰로토프가 말한다. – 내가 이렇게 오래 살 거라곤 생각하지 못했는데, 아무튼 이제 지팡이에 의지하게 됐네.

1983년 6월 16일

---

96) 1973~75년간 미국, 소련 및 전 유럽국가의 참여 하에 유럽의 긴장완화를 위한 논의가 이루어졌고, 그 결과 1975년 8월 헬싱키협정이 체결됨으로써 유럽안전보장협력회의(CSCE)가 출범했다. 그와 관련된 소련의 제안에 담긴 속내를 '미국의 소리'는 몰로토프의 옛 정책과 결부시켜 평가한 듯하다.

97) '칼바사'는 비교적 굵고 길게 만들어진 러시아 소시지로 보통 가래떡 썰 듯이 잘라 먹는다.

▶ 내가 전철을 타고 모스크바에 자주 갑니다. 노동자들이 나를 알아보고서 자리를 내주는데, 그들과 이런 식의 대화를 해요. "우리나라의 외무상 대리가 누구였습니까? 그는 어땠습니까? 우리는 그를 모릅니다. 그는 그걸 어떻게 이해했습니까? 의장님께서 외무상이었던 걸 우리는 모두 잘 알고 있었습니다."

1970년 12월 18일

— 제가 옛날 신문에서 보니 의장님께서 군복 비슷한 옷을 입고 찍은 사진이 있던데, 그게 외무성 정복입니까? 왜 그러셨지요?

▶ 그랬지, 그랬지. 거기엔 몇 가지 의도가 있었는데, 무엇인가 하면, 제복을 입게 되면 연미복, 턱시도 등을 꼭 입지 않아도 된다는 거요. 단일한 제복을 입고... 제복은 좋은 거요. 아마 스탈린에게는 규율을 조여야겠다는 생각이 있었을 거요. 제복이 조이는 건... 물론 그 효과가 오래 유지될 수는 없지. 심지어 단검을 차기도 했소. 나도 그걸 찼지. (나는 몰로토프의 외무성 예복이 그라놉스키 거리에 있는 아파트의 옷장에 걸려 있는 것을 보았다. 검은 색상에 금색 자수가 있고 별이 달린 위압적인 옷이었다. – F. 추예프)

1973년 12월 30일

— 어제 TV에서 [당 정치국원 안드레이] 키릴렌코가 외국 언론사 특파원들과 만나는 장면을 보셨습니까? – 내가 몰로토프에게 묻는다.

▶ 봤지, 봤어. 하지만, 물론 그를 이해할 수 있어. 키릴렌코에겐 그런 기회가 적었잖소. 나 자신이 그런 사–상황에 처해봤지. 때로 청중이 특히 즐겁진 않아. 예나 지금이나 농담으로 얼버무리며 시작해도...

언젠가 내가 미국 뉴욕에서, 아니 샌프란시스코에서 기자회견을 한 적이 있었는데, 기자들이 내게 물었소. "러시아 말로 어떻게 발음합니까? 보오드카 아니면 보트카?" — "내겐 여러분의 발음이 마음에 듭니다!" 그러자 그들이 모두 웃기 시작했소. 그들은 그냥 낱말을 이상하게 발음했고, 나는 발음이 마음에 든다고 하며 넘겼던 거요. 모두가 웃었고, 그냥 그렇게 일이 끝났지.

다른 경우를 보면, 역시 샌프란시스코에서 이른바 [소련] 숭배자들이 아니라 미국에 오래 산 구(舊)러시아인들이 모였소. 그들이 러시아 대표를 위해 만찬을 베풀었는데, 미국어로만, 즉 영어로만 대화했어. 의장인가 하는 나이든 자가 내게 말했소. "미국에서 특히 무엇이 장관님을 놀라게 했습니까?" — "무엇 때문에 놀랐냐? 음, 미국에서 러시아를 얼마나 잘못 알고 있는지를, 얼마나 조금 알고 있는지를 보고 제일 놀랐습니다." 그러자 그들이 좀 어색해졌지. 그들이야말로 러시아인이잖소. 내가 그들과 거리를 두는 게 좋지 않을까 생각했지. 실제로 그런 헛소리를 듣는 경우가 또 있었는데...

— 그렇지만 외교관은 그냥 당 일꾼들 가운데 선발하지 말고 특별과정을 통해 육성해야 하지 않겠습니까?

▶ 나는 특별교육을 받은 적이 전혀 없소. 당의 업무경험이 있을 뿐이지. 당내 논쟁에 관여한 경험도 있고... 나는 수차례 당의 대규모 집회에서 트로츠키주의자들을 반박하는, 우파를 비판하는 연설을 해야만 했소. 그들이 정오에 말하면 내가 7시 반에 연설을 해야 하는 그런 상황이었지. 연설 메모는 쳐다볼 수도 없었고. 정서해주지도, 교정을 봐주지도 않았소. 그런 경험은 외교 업무에 큰 도움이 되었는데, 정치적으로 아주 정통했던 트로츠키주의자들이나 우파 같은 만만치 않는 적들과 싸우려면 적지 않은 내공이 필요했기 때문이오. 말하자면 그것이 나의 내공을 키웠고 나를 고양시켰소.

— 현재 상황에서 당 일꾼들은 그런 경험을 갖고 있지 않습니다.

▶ 그렇지, 없지. 그런데 그들이 그걸 바라는지 모르지만, 얼마나 생산이 증대되었는가, 얼마만큼 콜호즈의 노동생산성이 높아졌는가 하는 것들 또한 모두 중요하고 흥미로운 문제들이오. 하지만 그것은 논쟁거리가 아니고, 다른 반대파 사조들과의 투쟁을 동반하지도 않지.

— 당 중앙위원회 전원회의에 전혀 논쟁이 없습니다.

▶ 전원회의에서뿐만 아니라 어디에도 없지. 그들에겐 모두 매끈하지. 물론 우리 때와는 모든 게 달라. 여기에 큰 난관이 있지.

— 저는 콤소몰[=공산청년동맹] 중앙위원회 전원회의에서 연설을 하곤 했습니다. 석 달 전에 연설문을 당 중앙위원회로 보내면, 그걸 읽고 확인하고...

▶ 그럼, 그럼. 아니야, 예전에 우린 물론 요즘과는 전혀 다른 상황에서 성장했소.

1975년 4월 25일

▶ 국제관계연구소(ИМО)는 내가 한창 때 간부 양성을 위해 만들었소. 내 자식이나 다름없지. 그러나 지금 거기엔 볼쉐비키당의 정신이 거의 없어.

1978년 7월 16일

▶ 내가 어떤 외교관이었냐고? 나는 구사할 줄 아는 외국어가 하나도 없소.

— 아니 자넨 언어를 여러 개 알지 않는가? 불어를 자유롭게 읽고, 또 영어, 독어 책도 읽는 것을 내가 봤는데, – 작가 말라쉬킨이 몰로토프에게 말한다. 이들은 1919년부터 친구지간이다.

▶ 기본 외국어들이야 좀 읽을 수 있지만 제대로 하진 못하지. 유엔에서 항상 통역을 동반했는걸. 완전히 능통한 외국어가 하나도 없어. 그래서 나는 외교관으로는 진짜가 아니지.

— 그런데 내가 기억하기론, 유엔에서 통역이 자네 생각을 정확히 표현하지 못하자 자네가 그를 교정한 적이 있는 것 같은데...

▶ 나는 장관이었지만 외국어를 전혀 마스터하지 못했네. 독어와 불어를 읽는 것과 듣고 좀 이해하는 정도야 할 수 있지만 유창하게 대화를 나누는 것은 어렵지. 그런데 영어가 최근 십 년 사이 거의 공용어가 되었고, 그게 외교관으로서 나의 주된 결점이었네.

— 일본의 진주만 공격 후에 히틀러가 한 연설을 의장님께서 스탈린에게 번역해주셨지요? 스탈린이 연설을 잘 듣고 자신에게 알려달라고 의장님께 요청했지요, 안 그렇습니까?

▶ 물론, 그랬지.

1975년 7월 17일

— 스탈린에게도 대외정책을 맡길 만한 사람이 의장님 말고는 달리 없었지요?

▶ 그건 다른 문제요, – 몰로토프가 말한다. – 내가 외국에 수차례 갔었는데, 그때마다 전혀 다른 상황에 있었소. 나에 관한 보고서는 우리 편만이 아니라 적들도 썼는데, 나를 바보로 여기진 않았지.

— 의장님께선 매사를 단정하지 말고 그것의 여러 가능성을 열어두라고 말씀하십니다. 확실히 그건 외교관의 언사입니다.

▶ 나는 진짜 외교관이 아니오, – 몰로토프가 단언한다.

— 소련 사람들 가운데 의장님 한 분만 그렇게 생각하십니다. 우리 모두는 의장님을 제일의 외교관으로 생각합니다. 소련 사람들만이 아니라 심지어 처칠도 그렇게 생각했습니다!

▶ 그에겐 그럴 권리가 있지만, 동무에겐 없지. 나는 내 자신을 외교관이 아니라 무엇보다도 정치가로 생각해.

— 그런데 훌륭한 외교관과 정치가는 동격 아닙니까?

▶ 옳지 않은 생각이오. 왜냐하면 정치가가 외교관보다 상급에 있기 때문인데, 그러니까 나를 외교관이라 하는 것은 내겐 듣기 거북한 말이오.

— 덜레스는 의장님이야말로 20세기 최고의 외교관이라 했는데...

▶ 아르투르[=여순] 부근에서 사건이 있었지,[98] – 몰로토프가 농담조로 대답한다.

— 처칠은 의장님이 "정교하게 연마된 외교관"이었다고 회고했습니다.

처칠이 의장님에 관해 이렇게 썼습니다. "그때 스탈린이 소련 대외정책의 연단으로 밀어올린 뱌체슬랍 미하일로비치 몰로토프는 당시 영국과 프랑스 정부에서는 찾아볼 수 없던 그런 사람이었다고 평가할 수 있다. 그는 빼어난 능력을 가진 냉정하고 엄격한 사람으로, 모든 볼쉐비키 지도자들이 혁명기에 맞닥트렸던 참혹한 우연과 시련을 거쳤다. 그는 부단히 변화하는 이해관계가 개인의 생존에 부단한 위협을 수반하는 사회에서 살았으며 출세했다. 그의 검은 수염과 명민한 눈, 평평한 얼굴, 노련한 언변, 그리고 침착함은 그의 장점과 기예를 반영한다. 그는 활동을 예측하기가 전혀 불가능했던 그런 정치기구의 요원이나 도구가 되는 데 적합한 사람들의 최선봉에 섰다... 나는 때로 유머가 좀 섞이기도 했던 회담장에서, 또는 그가 공식적이고 공허한 건배를 수차례 정중히 제안했던 만찬장에서 그와 대등한 지위에서 그를 만났다. 나는 최신의 기관총 이미지에 [그보다] 더 부합할 법한 인간 존재를 만난 적이 전혀 없다. 그럼에도 역시 그는 분명 영리하며, 정교하게 연마된 외교관이었다. 그가 자신의 수하들에게 어떻게 대했는지는 알지 못한다. 테헤란회담의 결과로, 스탈린이 독일군을 괴멸시킨 다음 일본을 공격하겠다

98) 이는 러일전쟁 때 러시아 병사들이 불렀던 노래의 첫 소절로, 여기서 몰로토프는 동문서답을 하고 있다. 노래는 이렇게 시작된다: "아르투르 부근에서 사건이 있었지 – 추접한 사건이 있었지, 친구들이여... 도고, 노기, 가미무리가 우리를 못살게 굴었다네..."

고 약속한 이후에, 그가 일본 대사에게 어떤 태도를 취했는가 하는 것은 그들 간에 나눈 대화의 메모를 통해서만 짐작이 가능하다. 미묘하고 탐색적이고 난처한 접견이 극도의 냉담함, 감춰진 속내, 정중한 공식 예절 속에서 이어졌다. 장막은 한순간도 전혀 열리지 않았다. 불필요한 비난조의 외교 각서도 전혀 없었다. 시베리아의 한기가 느껴지는 그의 미소와 신중히 계산되고 종종 지혜로운 그의 말들은, 생존을 위협받는 국제적 상황 속에서 소련의 정책을 이상적으로 구현하는 존재로서의 모습을 그에게서 발견하게 했다. 논쟁적인 문제들에 대해 그와 했던 서신 교환은 항상 유용하지 못했다...

그의 전 생애는 그 자신을 위협했거나 그가 다른 사람들에 돌렸던 파멸적인 위험 속에 있었다. 소비에트 체제가 몰로토프에게서 유능하면서 항상 성실한 당원이자 공산주의 추종자로서의 모범을 발견했다는 데 의심의 여지가 없다. 노년에 이르러 나는 몰로토프가 겪어야했던 그 긴장감을 내가 체험하지 않아도 됐었다는 것에 감사한다. 겪어야 했다면 나는 태어나지 않는 편을 선택했으리라. 대외정책의 지도권에 관해 보자면, 쉴리, 탈레랑, 메테르니히는 기꺼이 볼쉐비키를 자신의 한패로 수용할 것이다. 단, 볼쉐비키가 가고자 하는 그런 저승세계가 있다면 말이다."

이것이 처칠이 쓴 『제2차 세계대전』에서 발췌한 내용입니다. 그는 의장님을 세기의 가장 위대한 외교관들의 반열에 올려놓고 있습니다!

▶ 아니오, 나는 나를 외교관으로 생각하지 않소, – 몰로토프가 말한다. – 나는 정치가요. 물론 외교관의 위신 역시 작지 않지만.

1970년 7월 30일, 1975년 5월 7일,
1985년 3월 8일, 1985년 5월 9일

서방 앞에서 뻘짓을 했다

▶ 지금 우리는 서방 앞에서 뻘짓을 했소. 결국 기본 목표가 제국주의와의 투쟁이 아니라 평화를 위한 투쟁이 됐는데, 물론 항상 평화를 위해 투쟁해야 하지만 말과 희망만으론 얻어질 게 아무 것도 없어. 힘을 가져야 해요.

1976년 6월 30일

— 뱌체슬랍 미하일로비치, 우리는 포르투갈에 관해 알지 못합니다. 심지어 그곳이 어떤지, 무슨 일이 생겼는지도 모르는데... 파시즘 후에 레닌주의입니다.[99]

▶ 그건 한시적이고, 잠깐 동안이오. 오래 가는 건 불가능해. 그러나 내 생각에는 매우 잘된 일이오. 포르투갈에서 멋졌어. 쿠냘, 잘했어! 전체 자본주의 시스템이 흔들리고 있소. 당분간 우리 수중에 넣으면 안 돼. 그건 천천히 될 거요. 결과가 있겠지만, 지금 당장은 아니야. 포르투갈은 제국주의에 둘러싸인 작은 나라요.

— 그런데 칠레에서는 일이 잘되지 않았습니다.[100]

▶ 칠레에서도 그럼에도 한시적이오. 우리나라도 1905년에는 실패했지만 1917년에 우리가 결국 승리했소. 1905년이 없었다면 1917년에 승리할 수 없었을 거요. 여기에서 교훈을 얻어야 합니다. 그걸 이해해야지. 자, 지금 끝장을 봅시다! 아니야, 그건 좋지 않소. 모든 게 요리돼서 바로 접시에 담을 수 있는 상황이라면, 그땐 할 수 있지.

— 유감스럽게도 그런 게 아주 많습니다.

▶ 많지, 그리고 오랫동안 많을 거요.

— 그리고 그들은 성장할 겁니다.

▶ 아니오, 그들과 나란히 새로운 게 생겨날 거요. 그걸 봐야 해.

1974년 5월 21일, 1976년 7월 28일

— 아프가니스탄에서 전쟁을 얼마나 지속할 수 있다고 생각하십니까? 어떻게든 마무리해서 털어버릴 때가 아닙니까?

▶ 그건 우리한테 달린 문제가 아니오. 상황을 단순화하면 안 돼. 아프가니스탄과 다른 나라들에서 우리는 우리를 외교적으로 도울 수 있는 사람들을 육성하고 있소. 우리에게 다른 방법이 없어. 우리와 국경을 마주한 그곳에서 우리는 우리 사람들을 육성하고 있는 거요. 그들은 후진 민족이지만 그래도 역시 우리 뒤를 따르고 있소.

---

99) 1974년 4월 포르투갈에서 군부쿠데타(카네이션 혁명)로 살라자르 독재정권이 붕괴되었다. 혁명주도세력(MFA)은 사회당 및 공산당 인사들과의 협력 하에 주요 산업의 국유화 등 사회주의 정책을 추진했으며, 1976년 6월 대통령 선거와 총선이 실시되어 민주정부가 수립되었다. 참고로, 포르투갈공산당 서기장 알바루 쿠냘(1913~2005)은 1974년 5월 수립된 임시정부에 무임소장관으로 참여하였다.

100) 1970년 칠레에서는 살바도르 아옌데가 민주선거를 통해 대통령에 선출되었다. 아옌데의 사회주의 정권은 1973년 9월 아우구스토 피노체트가 주도한 군부쿠데타로 전복되었다.

— 당장은 아직 우리를 따르지 않고 있습니다.

▶ 따르고 있어. 내 생각에 동무는 사태를 단순화하며 서두르고 있소. 물론 지주와 부농들이 우리 편에 있지 않지만, 우리는 아프가니스탄을 잃으면 안 돼...

1985년 10월 4일

— 의장님께선 전에 찍은 공식 사진들에서보다 지금이 더 좋아 보이십니다.

▶ 예전에 나는 국가 간에 평화조약이 체결되도록 무진 노력을 했소. 그런데 지금은 자고, 읽고, 마시고, 아내가 내조를 잘해주고 있지. 정상적인 시대였다면, 개념이 달랐을 테고 정치가들의 활동도 그에 부합했겠지. 지금도 제국주의자들과 대화하는 것이 간단치 않지만, 그때는 더 어려웠소.

1970년 7월 11일, 1975년 10월 9일

...가끔 하늘과 흐르는 물을 끝없이 보여주는 기록영화를 보자면, 영화가 좀 짧다고 느껴진다. 그런데 내겐 자료가 너무 많다.

부연하면, 이 모두는 몰로토프가 상이한 시점에 같은 걸 여러 번, 그럼에도 항상 똑같은 내용으로 내게 이야기해 준 것이다. 영국 대사 아치발드 커 경으로부터 예전에 선물 받은 지팡이를 짚고서 그라놉스키 거리에서, 주코프카의 다차에서, 또는 숲속을 거닐면서 말이다.

제2장

외국 지도자들

에른스트 텔만

▶ 텔만은 노동자 출신인데 비범했고 아주 호인이었소. 무척 강인한 사람이었는데, 문화적인 교양이 좀 부족했지. 그래서 연설문 작성이라든가 어떤 이론적 근거를 부여하는 작업 같은 일에는 누구의 도움을 받았는데, [하인츠] 노이만이라는 동무가 그 일을 맡았소. 노이만은 외관이 전형적인 트로츠키주의자 같았지만 교양 있고 머리 회전이 빠르고 책도 많이 읽은 사람이오. 하지만 노이만이 분명하지 않거나 충분히 혁명적이지 않는 공식을 주입하려 하면 텔만은 즉시 소리를 쳤어! 마음에 들지 않았던 거지... 키가 크고 건장한 그런 사람이었는데, 나는 그와 수차례 만났소. 그는 교양이 부족했지만 독일 인민에게 공산주의와 맑스주의에 관해 말해야 했는데... 열정과 혁명성이 충만했고 확고한 공산주의자였지만 재능이 좀 부족했지. 그에게 뭐라도 써줘야 했고 추가하거나 주입시켜야 했는데, 그는 그냥 보기만 했소. 그러다 그게 아니다 싶으면 곧 호랑이처럼 포효하며 소리쳤어. "안 됩니다!" 그래도 아주 좋은 사람이었지! 두뇌 회전이 빠르고 의견 교환에 쉽게 개입했으며, 노선이나 사업의 본질적 측면을 빨리 포착해서 금방 결론을 냈소. "이렇게 해야 합니다, 저렇게 해야 합니다, 당장!" 근사했지. 아주 좋은 인상을 주었소. 우리하고 관계도 좋았고, 헌신적이며 연설도 잘했소. 그의 인격은 감동을 줄 정도였지, 그렇고말고!

벨라 쿤

▶ 벨라 쿤은 트로츠키주의자가 아니었을 거요. 무엇이 그를 대숙청의 희생자가 되게 했을까? 내 생각에 그가 확고한 신념을 갖지 못했던 것 같은데. 혁명의 발흥기에 그는 아주 훌륭했지. 그러다가 1930년대에 오면... 그의 패거리가... 그는 모스크바에서 헝가리공산당 대표였소. 뭔가 있었는데... 그때 많은 사람들이 제거됐소. 물론 그중에는 사회민주주의자 출신이 많았지. 폴란드인들이 많이 제거되었고...

— 죽기살기식의 잔혹한 유혈투쟁이었습니다, – 쇼타 이바노비치가 말한다. – 다다익선이었지요. 선혈이 낭자한 생사의 접전에 스탈린이 참여했습니다. 실책이 충분히 많았고, 모두 희생될 뻔했습니다! 저는 의장님 말씀을 언제나 잊지 않을 겁니다. 말씀대로, 억울한 희생자들이 있었습니다. 그렇습니다. 하지만 하마터면 더 많을 뻔했습니다! 당시 스탈린이 어떻게 달리 행동할 수 있었겠습니까?

▶ 그건 그렇지요. 하지만 과오도 있었고 희생자도 있었소.

1976년 6월 9일

라코쉬

▶ 라코쉬는 좋은 사람이었는데... 그럼에도 역시 결점이 있었소. 헝가리에서 스탈린처럼 행세한 거요. 지나쳤어. 지나쳤어. 물론 그의 공적도 있지. 혁명운동을 하다가 [1925~40년에] 감옥에 있었지. 그를 [1848~49년 헝가리 혁명의 진압에 참여한 러시아 원정군이 노획했던] 헝가리 국기들과 맞교환해서 석방시켰소.

고물카

▶ 고물카에겐 민족주의적 편향이 있었는데, 우파였지. 내 기억에 그는 가택연금 상태에 있었소. 아마 감옥에 있었을 수도 있는데, 나는 그렇게 들었소. 우리가 바르샤바에 갔는데, 그는 우리가 중앙위원회 전원회의에 들어가려는 것을 막았소.[1] 우리가 세 명이었는데, 니키타 흐루쇼프, 나, 그리고 또 누구였더라? 말렌코프였나, 아니면 카가노비치

1) 1956년 10월 폴란드 사태는, 크렘린에서 보기에, 통제 불가능한 상황으로 치닫고 있었다. 흐루쇼프는 "사회주의에 이르는 폴란드의 길"을 주장하는 고물카를 신뢰할 수 없었다. 폴란드노동자당 중앙위원회 제8차 전원회의의 개막을 앞두고 폴란드 및 그 인접국 주둔 소련군이 바르샤바로 이동하기 시작하였고, 군사적 개입이 임박한 상태에서 바르샤바의 공장이나 학교 등지에서는 그에 저항하기 위한 바리케이드가 설치되었다. 제8차 전원회의가 열리고 있던 10월 19일 사전 협의 없이 흐루쇼프 등 소련공산당 대표단이 바르샤바에 도착했고, 긴장된 회담을 통해 고물카는 당 지도부 개편과 당 강령 개정이 폴란드 사회주의의 강화를 목적으로 하는 것이라고 흐루쇼프를 설득할 수 있었다.

였나? 로코솝스키가 폴란드 국방상으로 거기에 있었는데, 우리가 그를 폴란드로 보냈지. 물론 스탈린이 보냈던 거지만.

고물카는 우리와 몇 차례 만났는데, 우리에게 근사한 숙소 등을 제공했지만 당 중앙위원회 전원회의에 우리를 입장시키지 않았소.

— 그러나 폴란드에 관해서라면 포츠담회담 때 의장님께서 우리의 요구를 거의 모두 관철시키셨지요, – 쇼타 이바노비치가 말한다.

▶ 그렇지, 그랬지요. 포츠담에서 폴란드 문제로 트루먼과 충돌했었지.

1976년 8월 18일

디미트로프

▶ 디미트로프는 좋은 사람이었고 영웅적인 혁명가였지. 그러나 그는 후에 추문이 조금 폭로되기도 했소. 그는 오래 살지 못했지만 뚜렷한 자취를 남겼는데, 그가 독일인들을 완전히 농락했어.[2]

— 제가 보기에 그는 불가리아에 너무 큰 인물이었던 것 같습니다. 그에게는 더 큰 활동무대가 필요하지 않았을까 싶습니다.

▶ 그렇게도 말할 수도 있지. 물론 그는 큰 나라에도 적합했지.

— 그래도 역시 그는 국제 [공산주의] 운동의 활동가가 아니었습니까?

▶ 그가 국제 사업에 종사했던 게 아니오. 반동 시대가 그에게 그런 일을 하게 했던 거요.

1983년 3월 11일

2) 디미트로프는 1929년 이후 베를린에 체류하며 코민테른 중유럽 책임자로 일했다. 그는 나치 정권이 좌익운동 세력을 탄압하는 구실로 삼은 의회의사당 방화사건(1933년 2월 27일)으로 검거되었으나, 공판 과정에서 변론을 통해 나치 검찰당국의 기소를 압도하여 결국 면소판결을 받았다.

루트 피셔

— 루트 피셔를 기억하십니까?

▶ 누가 그녀를 기억하지 않겠는가? 독특한 사람이지. 그녀는 공산주의자처럼 보이지 않았지만 [독일공산당] 지도부에 속했지. 독일에서 러시아로 왔소.

— 사람들이 말하기를, 루트 피셔가 [드미트리] 마누일스키의 일화집에 등장하는 주인공 가운데 하나였다고 하는데, 그렇습니까?

▶ 왜냐하면 마누일스키와 루트 피셔는 코민테른에서 함께 일했기 때문이오. 마누일스키는 자신에 관한 일화도 지었지. 마누일스키가 죽자 정부 요인들 중 루트 피셔를 제외하곤 아무도 운구행렬에 끼지 않았는데, 그녀가 관을 따라가면서 신문을 읽었다고...

1984년 10월 30일

마오쩌둥과 저우언라이

▶ 중국인들은 우리에게 진 채무를 모두 변제했소. 그들은 우리가 제공한 모든 원조에 대해 예전에, 종전 직후 고가의 금속으로 상환했고, 그 문제에 있어 그들은 아주 정직했지.

— 의장님이 보시기에 마우쩌둥은 어떤 사람이었습니까?

▶ 차를 마셨지. 그리고 보다 편한 시간에 그가 스탈린과 만나는 것이 좋겠다고 이야기했소. 스탈린이 며칠 동안 마오쩌둥을 만나지 않았는데, 내게 이렇게 말했소. "마오쩌둥을 만나서 그가 어떤 인간인지 살펴봐." 그는 근저[3]에 묵었소.

그와 대화를 나눈 후에 스탈린에게 그를 접견할 필요가 있다고 말했소. 그는 영리한 사람이었고 농민 지도자였고 중국판 푸가초프[4] 같은 사람이었소. 물론 맑스주의자와는 거리가 있었는데, 그가 자신이 맑스의 『자본』을 읽지 않았다고 내게 시인했어.

---

3) 근저(近邸)란 현재 모스크바 시내 필리-다븨드코보 지구에 있는 스탈린의 다차를 말한다. 다른 것에 비해 가깝게 있다고 해서 근저라고 했는데, 흔히 '쿤체보 다차'라고 부른다.

4) 푸가초프는 러시아 농민반란(1773~75년)의 지도자이다.

그런데 동무는 『자본』을 읽었소? – 몰로토프가 묻는다.

— 정치경제학 시험을 칠 때 읽었습니다.

▶ 끝까지? 몇 권까지 읽었소? 제4권은 안 읽었지? 그건 시험 범위에 안 들어가는데.

— 스탈린은 신학생 시절에 『자본』을 모두 필사했습니다. 신학교에는 『자본』이 한 권밖에 없었습니다, – 쇼타 이바노비치가 말한다.

▶ 『자본』은 영웅적인 사람만이 끝까지 읽을 수 있지, – 몰로토프가 말한다. – 내가 몽골에서 대사로 있을 때 나와 관계가 좋았던 중국 대사와 대화하다가 내가 말했소. 중국에서는 제철공업을 빨리 발전시키려고 하는데, 지금 중국에서 시도하는 것과 같은 방법으로는 가망이 없다고 말이오. 그들은 마을마다 작은 용광로를 만들었는데, 그건 정말 터무니없는 짓이었어. 중국인들을 비판했지. 후에 나는 그 일로 견책을 받기도 했소. 하지만 멍청한 짓이 분명한데도!.. 작은 용광로들은 제대로 된 철을 전혀 만들지 못했는데, 참 웃기는 일이었어.

1971년 7월 28일, 1973년 12월 4일

▶ 저우언라이와는 업무로 만났소. 교양 있고 박식했지. 그는 이론가가 아니라 실천가였는데, 그러나 매우 영리한 사람이었소. 그가 우리의 제22차 당대회를 박차고 나간 것은 내가 보기에 아주 현명한 처사는 아니었는데, 그러나... 물론 그는 수완가였소. 1954년 제네바에서 나는 외교 업무를 통해 그를 좀 더 잘 알게 되었소.

1976년 4월 28일

토레즈

▶ [프랑스 공산당 지도자 모리스] 토레즈는 아주 호인이었지. 그는 스탈린주의자였으나 흐루쇼프를 지지했소. 사실 그들은 흐루쇼프를 지지했다기보다는 소련과 소련공산당을 지지했던 거요.

1977년 4월 19일

몽골 지도자들

▶ 흐루쇼프가 나를 몽골에 대사로 보냈을 때, 나는 거기의 모든 지자체를 두 곳 빼고 모두 둘러봤고 게르에도 가봤지. 가는 곳마다 스탈린, 보로실로프, 나, 그리고 칼리닌의 초상이 걸려 있었소. 나는 몽골 기후를 잘 견뎠는데, 내 아내는 그렇지 못했소. 나는 그곳에서 건강했는데, 그 후 1년 반을 살았던 빈에서 오히려 병에 걸렸지. 빈에서 내가 몇 차례 폐렴에 걸렸는데, 하지만 그때부터 지금껏 폐는 아주 좋아요.

[1921년 몽골 혁명의 영웅인] 초이발산이 생각납니다. 교양은 없지만 소련에 헌신적인 인물이었소. 그가 죽은 뒤 누군가를 후임으로 임명해야 했는데, 몽골인들은 [다쉬인] 담바를 추천했지. 나는 상황을 본 다음 담바 대신 체덴발을 임명하기로 결정했는데, 체덴발은 우리에게 호의적이었소.

1972년 4월 13일, 1972년 5월 9일

▶ 내가 몽골 대사였을 때, 나는 체덴발의 집에 꽤 자주 들렀소. 특히 내 아내 폴리나 세묘노브나가 그랬어. 그들은 몽골어를 안 쓰고 러시아어로만 이야기했는데, 그게 이유였지. 체덴발의 부인은 랴잔 출신 여자였는데, 예의 없는 그런 부인네였소.

러시아어로만 대화하는 것이 모양새가 좋지 않았는데, 그걸 몽골인들도 좋아하지 않지.

나는 담바를 잘 알았소. 그는 뒤쳐진 인간이었는데, 한때 당 제1서기였소. 체덴발을 밀어냈어. 내가 귀국할 때 체덴발이 각료회의 의장이었는데, 담바가 당 제1서기로 임명됐지. 그는 간교했고 신중하게 처신했소. 러시아어 구사능력이 없었는데, 그것 하나만으로도 그가 당 지도자로서 결격 사유가 있다는 것이 입증되는 거요. 『프라우다』와 『코뮤니스트』는 읽어야 하지 않겠소? 체덴발은 이르쿠츠크 금융대학에서 공부했는데, 그곳에서 러시아 여자와 결혼했지. 그의 집에 도서관 같은 서재가 있었소. 술을 좋아했는데, 독주를 즐겼어. 불변의 습성이지.

1976년 12월 7일

고트발트

▶ 고트발트는 좋은 사내였소, 아주 좋은... 그런데 음주벽이 있었지.

물론 나치즘에 승리하는 데 있어 특별한 역할을 하진 않았소. 그러나 체코에서 사회주의를 건설하는 문제나 자본주의에서 이행하는 문제에 있어서는 결정적 역할을 했지. 고트발트가 훌륭한 일을 했어.

(P. 포피보다가 해준 이야기가 생각난다. 그의 말에 따르면, 한번은 스탈린이 고트발트에게 친근하게 말했다. “동무는 체코에 하나 밖에 없는 반듯한 사람이오, 이 술꾼아!” – F. 추예프)

1975년 7월 17일, 1976년 12월 7일

빌리 브란트

▶ [전 독일연방 수상] 빌리 브란트는 [1951년에 결성된] 사회주의 인터내셔널의 리더요. 나는 그것을 아주 긍정적인 정치적 징후로 간주하는데, 실용주의적 노선을 추구하는 듯해. 그의 아들은 공산주의자요. 그래도 역시 큰일을 해냈어. 동서독 간 국경에 관해 소련과 합의를 이끌어낸 것은 아주 큰일이었어. 결코 작은 일이 아니었소.

1976년 12월 7일

티토

▶ 1953~54년 동안 나는 티토 및 유고슬라비아 문제와 관련하여 정치국에서 여러 차례 발언했지만 말렌코프도, 심지어 카가노비치도, 누구도 나를 지지하지 않았소. 그런 자들이 스탈린주의자 행세를 했다니! 흐루쇼프 같은 자가 한둘이 아니었소. 그들은 수백, 수천에 달했는데, 그렇지 않았다면 흐루쇼프가 아무 것도 할 수 없었겠지. 단지 그는 인민 정서를 이용했고 그것에 화답했는데, 그게 어디로 귀결되겠소? 지금도 흐루쇼

프 같은 자들이 도처에 널렸지...

지금 티토가 매우 어려운 상황에 처해 있는데, 유고연방공화국은 터–터져가고 있고, 그는 소련에 매달릴 수밖에 없게 될 것이고, 소련이 화답하면 더 확고하게 문제 해결에 나설 수 있겠지...

유고슬라비아에는 티토보다도 못한 그런 자들이 많지. 결국 티토는 이미 민족주의 문제를 탄식하기 시작했는데, 그 자신이 민족주의자요. 그리고 그것은 공산주의자로서 그의 주된 결점이지. 그는 민족주의자이고, 그것은 곧 그가 부르주아 정신으로 가–감염되어 있다는 것을 뜻하는 거요. 그런데 지금 티토는 민족주의를 지지하는 자기 수하들을 욕하고, 비판하고 있소. 즉 사태는 유고연방이 터져가는 지경까지 진행되었다는 거요. 유고슬라비아에는 세르비아, 크로아티아, 슬로베니아 등 여러 민족이 있는데...

티토가 처음 우리에게 왔을 때 우리는 그를 미처 다 알지 못했소. 그의 외관은 마음에 들었지. 내가 티토를 찬찬히 보았지만, 그래도 그를 분명하게 알 수 없었소. 당연한 일이겠지. 그때 그가 내 마음에 들었지만, 문득 어떤 생각이 스쳤는데... [밀정이었던 로만] 말리놉스키가 생각이 났소.

1972년 6월 21일, 1972년 7월 31일, 1977년 6월 16일

내가 몰로토프에게 진술한 포피보다의 이야기

...1960년대 말 나는 항공과학조사연구소에서 페로 포피보다와 함께 일하게 되었다. 우리는 그를 표트르 삽비치라고 불렀는데, 그는 과거에 유고슬라비아의 반(反)나치 파르티잔부대를 이끈 유명한 장군 출신으로 인민적 영웅이었다. 1948년에 그는 티토 정권 타도를 위한 쿠데타를 감행했는데, 그것이 실패한 후 유고슬라비아에서 소련으로 도피하였다. 그가 모스크바에 도착하자 스탈린이 그를 접견했다는데, 그는 그때의 장면을 내게 이렇게 이야기했다.

— 내가 스탈린의 집무실 문을 열었을 때, – 표트르 삽비치가 이야기한다. – 그는 밖으로 막 나오려던 참이어서 우리가 거의 부딪힐 뻔했습니다. 인사하면서 내가 악수를 청하자 그는 한 걸음 물러서며 말했습니다. "우리 러시아인들은 문지방을 사이에 두고

악수하지 않소!"

집무실로 들어가 나를 소개했습니다. "포피보다입니다." 그가 나를 보고 빙그레 웃었던 걸 보면 소개가 필요 없었던 것 같은데, 아무튼 그가 내게 손을 내밀었습니다. "스탈린이오." 그러더니 말했습니다. "아, 이렇게 젊은데, 벌써 장군이라! 우리나라에도 젊은 장군들이 있는데, 여기 부됸늬 동무가 혁명 때 그랬소." 그리고는 테이블 곁에 있던 세묜 미하일로비치[=부됸늬]를 가리켰습니다.

스탈린이 많은 질문을 했습니다. 그가 "동무는 티토를 어떻게 생각하시오?"라고 물었고, 내가 "트로츠키스트입니다, 스탈린 동무!"라고 대답했는데, 그러자 그가 말했지요. "더 나빠, 더 나빠! 트로츠키즘은 강력한 노동운동이었소. 우리는 트로츠키즘에 승리했고, 지금 그것은 존재하지 않소. 그 더러운 찌꺼기만 남았지. 당신들의 티토 같은 자 말이오!"

1952년에 나는 유고슬라비아 공산주의자연맹 대표로 소련공산당 제19차 대회에 참석했습니다. 대회 개막 전에 인민대회당 안에 사람들이 아직 많지 않았을 때 돌연 스탈린이 나타나 간부회석에 놓인 의자들을 하나하나 세더니 아래로 내려가 의자 하나를 가져왔습니다. 대의원들이 달려들어 스탈린을 도우려했으나 그는 손사래를 쳤습니다. 더 이상 필요 없다는 거죠.

당대회 말미에, 환영사를 하기 전에 클레멘트 고트발트가 우리를 불러 모았습니다. 디미트로프의 사망 후에 그는 사회주의 형제 정당들의 최고참으로 여겨졌어요. 당시 동시통역은 아직 없었고, 연설에 20분이 할당되었는데 통역도 그 정도 시간이 걸렸습니다.

당대회를 지체시키지 않기 위해 고스발트가 러시아어를 아는 사람은 직접 러시아어로 연설을 하자고 제안했습니다. 몬테네그로 사람인 내게는 그것이 그지 어려운 일은 아니었습니다. 우리 집에서는 내가 어렸을 때부터 푸시킨의 시가 읽혀졌거든요. 아무튼, 그래서 나는 러시아어로 내 연설문을 썼습니다.

말렌코프가 당대회를 주재했습니다. 그는 다음에 등단할 대의원에게 가서 연설 준비가 다 되었는지 확인하곤 했는데, 내게 다가와 말했습니다. "이제 동무가 할 차례요." 그런데 내가 준비한 연설문을 얼핏 보더니 "아니 이런, 동무는 러시아어로 연설할 겁니까?"라고 물었습니다. 고스발트 동무가 그렇게 지시했다고 하자 말렌코프는 "안 됩니다. 어떤 경우에도 오직 세르비아 말로 해야 합니다!"라고 말하는 겁니다. 그래서 내가 지금 번역할 시간이 없다고 했습니다. 그때 서독에서 온 막스 레이만이 연설을 하고 있었고, 내가 그 다음 차례였는데...

말렌코프가 스탈린에게로 갔고, 두 사람이 문제를 상의하더니 스탈린이 천천히 내게 다가 왔습니다. "무슨 일이오, 포피보다 동무?" 내가 설명을 하자 스탈린이 말했습니다. "말렌코프가 옳소. 세르비아어로 연설해야 합니다. 하지만 우리 볼쉐비키에겐 타개할 수 없는 난국이란 없소. 동무는 처음 두 세 문장을 세르비아어로 할 수 있겠소?" — "물론, 할 수 있습니다, 스탈린 동무!" — "그럼 좋소, 그 뒤로는 러시아어로 하시오! 그리고 세르비아어로 끝내도록 하시오. 동무는 모스크바에서, 러시아에서 살더니 모국어조차 잊어버렸다(!)고 조국에서 비난하는 소리를 들어야 할 거요. 동무가 아직 나라를 장악하지 못하고 있으니... 1년만 견뎌 봐요!"

나는 그가 말한 대로 했고, 연설은 잘됐습니다.

...포피보다의 이야기가 이어진다.

— 이제 루마니아에 관한 것입니다. 전쟁 중에 스탈린이 루마니아 공산지도자인 게오르게 게오르기우-데지를 나치 고문실에서 구출하라는 명령을 내렸어요. 우리 첩보원들이 부쿠레슈티에서 약한 고리를 탐지했고, 데지의 운명을 쥐고 있던 한 친위대원이 그들에게 화답했어요. 금을 준다고 하니까... 어려운 문제는 그 금을 어떻게 감옥으로 전달한 것인가에 있었습니다. 하지만 그 감옥에는 정치범만 있었던 게 아니라 일반 형사범도 수감되어 있었어요. 죄수들 가운데 젊은 소매치기 한 명을 찾아냈고, 그 지역의 범죄세계와 깊이 관련되어 있던 그가 일을 도왔습니다.

작전은 성공적으로 완수되었고, 루마니아공산당 지도자는 당시 코민테른 본부가 입주해 있던 모스크바의 〈첸트랄나야〉 호텔에 묵게 됐지요. 데지는 소련 적군이 부쿠레슈티를 해방시키는 1944년 8월을 기다렸습니다. 데지는 새 루마니아의 지도자가 되었고, 과거 자신을 감옥에서 탈출하게 도와준 청년을 기억해냈습니다. 그런데 청년은 또다시 소매치기업에 빠져들었고, 이미 인민 정권 하에서 감동적으로 새 형기를 살고 있었어요. 데지가 청년의 운명에 개입했습니다. 옛날 좀도둑에게 직장을 마련해주었고, 열성적인 공산청년동맹원이 된 그는 고속으로 승진하더니 드디어 부쿠레슈티 공산청년동맹을 이끌게 되었어요. 나중에 데지는 그를 당 중앙위원회에 발탁하여 자신을 보좌하게 했는데... 우리는 지금도 루마니아공산당 서기장 니콜라에 차우셰스쿠[5)] 동무를 보고 있습니다. 그러나 루마니아에서 그런 역사를 발설하면 감옥에 갈 수 있습니다.

…내가 포피보다에게서 이런 이야기를 들은 건 1968년 여름 정기 시험비행을 끝낸 후 그의 집무실에 들어갔을 때였다. "나의 장군"은 『프라우다』을 읽고 있었다. 신문을 옆으로 밀어내더니 그가 말했다. "소매치기 따위가 우리에게 맑스 · 레닌주의를 가르치다니!" 『프라우다』에 차우셰스쿠의 연설문이 실려 있었다.

내 말을 다 들은 후에 몰로토프가 덧붙였다.

▶ 부쿠레슈티가 해방된 후에 븨신스키가 그곳에 가서 왕궁에 살았는데, 미하이 국왕에게 왕위를 버리라고 설득을 했소. 우리는 사전에 그것을 합의했는데, 나와 이든이 먼저 했고, 그 다음 스탈린과 처칠 사이에 합의가 있었소.

(익히 알려진 바와 같이 미하이 국왕에겐 소련 승리훈장이 수여되었고, 그는 순조롭게 조국을 떠났다. 그로부터 몇 년 후 신문에 옛 루마니아 국왕이 이탈리아에서 불법 외환거래로 체포되어 징역을 살다가 이제 출소한다는 기사가 게재되었다. – F. 추예프)

…또한 포피보다는 전후 [1945~52년에] 루마니아 총리를 지낸 페트루 그로자가 독일어로 진행된 스탈린과의 대담 후에 우리 지도자들과 함께한 만찬에서 있었던 일을 이야기했다. 거나하게 마시고 입가심을 한 다음 페트루 그로자가 말했다. "여러분 아십니까? 저는 여자를 매우 사랑합니다." 그러자 스탈린이 답했다. "그런데 나는 공산주의자를 매우 사랑합니다."

▶ 전형적인 부르주아 리버럴이었군, – 몰로토프가 루마니아 총리에 관해 평했다.

1972년 8월 15일

5) 차우셰스쿠(N. Ceauşescu, 1918~1989)는 1965~89년 루마니아공산당 서기장, 1974~89년 루마니아사회주의공화국 대통령을 지냈으며, 1989년 12월 처형되었다.

제3장

“우리는 뱌트카 사람인데…”

가족

— 의장님의 어린 시절에 관해 여쭙고 싶습니다.

▶ 우리는 뱌트카[1] 사람인데, 잽싼 사람들이지! 내 부친은 상회 매니저, 사무원으로 일하셨는데, 생생하게 기억합니다. 모친은 부유한 상인 집안 출신이었소. 어렸을 때 외삼촌들을 봤는데, 그들 역시 부유했지. 모친의 성씨는 니에바가티코바였소.[2]

— 원래 시베리아 출신이십니까?

▶ 아니오, 왜 시베리아? 나는 뱌티츠요.[3] 내 고향이 뱌트카라는 걸 인정하지 않으시나? 릐코프, 키로프 모두 뱌트카 성 출신인데... 나와 릐코프는 같은 마을 출신이야. 둘 다 소브나르콤 의장을 지낸데다, 또 둘 다 말더듬이였지. 마을 이름이 슬로보다 쿠카르카였는데, 마을이라기보다는 그보다 더 컸지. 읍이었지. 그곳이 지금은 소비에츠크 시가 되었는데, 슬로보다는 지금 시내 한복판이 되었소. 슬로보다는 컸지. 친조부는 기억이 나는데, 외가 쪽은 기억이 아주 흐릿해. 외삼촌들도 거의 기억에 없소. 내가 일곱 살 무렵일 거요. 여름에 내 형과 함께 조부 댁에 다녔지. 친조부는 농노 출신으로 이름이 프로호르 나우노비치 스크랴빈이었소. 옛날식 이름이지. 외삼촌들은 〈니에바가티코프 형제 상회〉라는 업체를 갖고 있었는데, 그들은 대가족이었지. 아버지는 외가 쪽에서 매니저로 일했소.

모친인 안나 야코블레브나의 친정은 아주 부유한 집안이었소. 내 이모의 아들이 바로 배우 보리스 치르코프의 아버지요. 즉 보리스는 내게 조카가 됩니다. 내가 높은 자리에 있을 때 그가 내게 들리곤 했는데, 지금은 아무도 안 보이네.

부친의 이름은 미하일 프로호로비치 스크랴빈이었고, 내가 당 중앙위원회에서 일할 때 내게 들리곤 하셨소. 교회를 열심히 다니셨는데... 부친이 정교회 신자였지만 반소비에트 분자는 아니었소. 다만 낡은 시각을 갖고 계셨지.

내가 어렸을 때 부친은 나를 무지막지하게 때리셨는데, 헛간에 집어넣기도 하도, 채찍으로도 때리고... 그땐 보통 그랬어요.

---

1) 현재의 이름은 키로프이다.
2) 니에바가티코바(Небогатикова)는 역설적으로 '부자가 아닌 사람들'이라는 뜻을 가진다.
3) 뱌티치(Вятичи)는 8~13세기 중부 러시아 오카 강 중상류 지역에 살았던 동슬라브족의 이름이다.

내가 처음 체포되었을 때, 부친께서 면회를 오셨지.

1971년 8월 17일, 1973년 12월 4일, 1979년 4월 10일

▶ 부친께선 술을 엄청 드셨는데, 말 그대로 술고래였소. 혼자서도 마시고, 상인들이 마시면 그들과 함께 또 마시고. 멀리 니즈니-노브고로드의 시장에 가시는 날이면... 부친을 썰매에 태워 겨우겨우 데려오다가 커브 길에서 그를 썰매에서 떨어뜨렸소. 부친이 넘어져 기둥에 부딪혀 다리가 부러졌지. 러시아에서만 있을 수 있는 일이오. 철봉을 지팡이로 짚고 다니셨지. 그런데 술 취해서는 이러셨소. "우리의 맑스, 쇼펜하우어, 니체, – 흠, 그들이 뭘 알어?" 부친은 특히 쇼펜하우어를 좋아했는데, 그의 이름을 발음하는 걸 좋아하셨소. 그것도 큰 소리로!

65세를 사셨지.

꼭 70년 전 내가 처음 유형에 처해졌는데, 카잔에서 볼로그다 성으로 보내졌소. 그게 시작이었지. 1909년이었는데, 열아홉 살 때였지. 처음 석 달은 감옥에 있었소.

— 유형지에서 탈출하기는 쉬웠습니까?

▶ 물론. 그러나 탈출한 다음에는 어딘가 몸을 숨겨야 했지.

지방경찰 관리는 때론 출두하라고 재촉하기도 하고 때론 방관하기도 했어. 나는 첫 유형지에서 탈출하지 않고 형기를 끝까지 마쳤는데, 중등학교를 졸업하려 했기 때문이었소.

1979년 4월 10일

— 제 마음을 저리게 하는 것은, – 쇼타 이바노비치가 말한다. – 볼쉐비키가 강제노역이나 감옥 같은 것을 겁내지 않았다는 겁니다. 그런데 의장님께선 호의호식하며 살고 싶지 않으셨습니까? 김나지야에 들어가셨는데, 졸업을 했을 수도 있었잖습니까. 외삼촌이 길러주시고 배려도 많이 해주셨습니다. 페테르부르크에서 대학을 졸업할 수도 있었고, 고급 관리가 될 수도 있었잖습니까. 하지만 그런 인생을 선택하지 않고 감옥에 가고, 강제노역 당하고, 유형지로 쫓겨나셨습니다!

▶ 놀라게 했지, – 몰로토프가 대답한다.

— 부친께선 매니저이셨고, 의장님 모친과 결혼하셨습니다. 누군가에 고용된 매니저로 일하셨습니까? – 쇼타 이바노비치가 묻는다.

▶ 그랬지요.

— 그 후 의장님 모친과 결혼하셨군요.

▶ 그 후뿐만이 아닌데...

— 그럼 그전에도?

▶ 일도 하고 결혼도 하고 그랬지. (웃음)

— 의장님 부모님의 명복을 빕니다. 그런데 외가 쪽에서 의장님께 많은 도움을 주었지요?

▶ 외삼촌들이 많은 도움을 주셨지.

— 좋은 가족이네요, – 내가 말한다. – [니콜라이] 놀린스키는 의장님과 어떤 관계입니까?

▶ 놀린스키? 그가 내 형이오. 당연히 그는 스크랴빈이고, 작곡가요. 하지만 성을 바꿨지. 왜냐하면 꽤 유명한 작곡가 [알렉산드르] 스크랴빈 때문인데, 그는 자기도 스크랴빈이라고 불리는 것을 싫어했소.

— 음악가 집안이군요. 의장님께 음악을 가르쳤습니까?

▶ 내가 배웠지. 바이올린을 배웠소.

— 심지어 몰로토프도...

▶ 왜 그리 말씀들 하시나? 심지어 스탈린도, 보로쉴로프도, 몰로토프도, – 셋 다 노래 불렀소! 우리 셋은 모두 교회 성가대원이었소. 스탈린도, 보로쉴로프도, 나도. 스탈린은 트빌리시에서, 보로쉴로프는 루간스크에서, 나는 내가 살던 놀린스크에서 그랬지. 그때는 우리가 정치국에 있었던 시절이 아니라, 그 훨씬 전의 이야기요. (웃음) 스탈린이 노래를 제법 잘했지.

— 정치국에서도 즈다노프가 피아노를 치면 노래를 불러야 했지요. 다들 테이블 곁에...

▶ 다들 술이 좀 취했을 때 피아노를 쳤지. 보로쉴로프가 노래했는데, 그는 음감이 좋았소. 우리 셋이 노래했지. 〈너의 기도로 좋아지리라...〉 같은 노래들을 불렀지. 매우 좋은 음악인데, 교회 노래였소.

— 아주 아름다운 노래들이 있습니다.

▶ 아주 아름다운 것들이 있지. 차이콥스키도 교회를 위한 음악을 작곡했고, 다른 위대한 작곡가들도 마찬가지요.

— [인민예술가 이반] 코즐롭스키도 성가대에서 노래했습니다.

▶ 코즐롭스키? 그렇지. 물론 그렇고말고.

— 우리의 베이스 가수 [막심] 미하일로프도 그랬습니다.

▶ 그렇지. 내가 알기에, 미하일로프는 [교회] 부제 아니면 부제장 출신이오.

— 뱌체슬랍 미하일로비치, 그런데 의장님 모친께선 언제 돌아가셨습니까?

▶ 내 모친은 10월혁명 후 돌아가셨는데, 1920년일 겁니다.

— 1920년이라면 의장님께선 우크라이나공산당 제1서기로 계셨는데, 이미 높은 지위에 계실 때 아닙니까? 아직 정치국원은 아니셨지만…

▶ 내가 우크라이나에 있을 때는 전부… 돈바스에서…

— 부친께선 언제 돌아가셨습니까?

▶ 아마 1923년일 거요.

— 양친 두 분의 명복을 빕니다! – 쇼타 이바노비치가 삼가 말한다.

— 형제는 모두 몇 분이셨습니까? – 내가 묻는다.

▶ 모두 일곱이었소. 부친 말씀처럼, "아들 여섯과 꾀꼬리 하나"였지. 아들 여섯 명과 딸 하나가 모두 [교회에서] 노래했어요. 내게는 누님이지. 이들 외에 또 세 명이 더 있었는데, 나는 그들을 보지 못했소. 어릴 때 죽었거든. 그러니까 내 모친에게 모두 10명의 자녀가 있었는데, 나는 밑에서 둘째였소.

— 그런데 작곡가 형님은 언제 돌아가셨습니까?

▶ 한 4~5년 전에 사망했지.

— 음악성은 어디서 받으셨습니까? 부계 쪽인가요, 아니면 모계 쪽입니까?

▶ 자, 봅시다. 내 부친에겐 베이스 톤의 좋은 목소리가 있었지만 음감은 별로였소. 그랬어도 교회 성가대에서 노래하셨지. 부친은 같은 베이스이자 음감이 좋은 사람 바로 곁에 서서 눈치껏 그를 따라 노래를 부르셨는데… 엄청 많은 교회 성가 악보를 필사하셨고, 성지순례를 다니셨소. 그뿐인가? 내 중형(仲兄) 니콜라이는 재능 있는 화가였소. 그림을 아주 잘 그렸는데, 독학으로 그림을 배웠어. 그리고 또 혼자 공부해서 작곡가가 되었소. 재주가 대단한 사람이지. 음악가로는 재능이 있었지만, 정치가로는 쓸모가 없었소. (웃음)

— 부친께선 아마 여자에 통달하셨겠지요? – 쇼타 이바노비치가 호기심을 보인다.

▶ 부친은 경험이 많은 분이었소. 여러 시장을 다녀보셨고, 니즈니-노브고로드와 그밖에 많은 지역을 다니셨는데, 그곳들에서 아버지는 자유 인생을 누리셨소. 양친은 뱌트카에 사셨고, 〈니에바가티코프 형제 상회〉는 놀린스크에 있었소. 외삼촌은 모두 세 분이었는데, 그 분들이 우리를 도와줬지. 내 형 니콜라이는 김나지야를 졸업하고 대학에 들어갔소.

— 의장님 형제분들 가운데 볼셰비크가 또 있었습니까?

▶ 볼셰비크는 없었소. 공산주의자는 있었지. 내 동생인데, 매우 심약한 사람으로 정치에는 별 관심이 없었소. 이름이 세르게이인데, 1919년에 실성을 했지. 그때 이미 나는 니즈니-노브고로드 성 당위원회 의장이었소.

1975년 10월 9일

…몰로토프가 왼쪽 눈을 계속 찡그리기 시작했다.

— 햇빛이 거북하시면 커튼을 치는 게 좋지 않겠습니까? – 우리는 창가에 앉아 있다.

▶ 그게 좋겠지만… 내 양쪽 눈이 완전히 똑같지 않소. 그래서…

내가 지금 안경을 써야 읽을 수 있지만, 6~7년 전, 아마 8년 전까지만 해도 안경을 쓰지 않았어요. 그 후에 사용하게 된 거지. 대신에, 지금 공중을 볼 땐 안경이 필요 없소. 예전엔 안경을 써야 했지.

— 사진에서 의장님께선 항상 코안경을 쓰고 계시던데… 히틀러는 뭔가 쓸 때면 안경을 썼다고 합니다. 사진은 없습니다만.

▶ 그가 안경을 썼는지 잘 기억나지 않는데…

— 그런데 레닌이 안경 쓴 모습을 보신 적 있습니까?

▶ 그는 그런 모습을 보이길 원치 않았소. 안경 쓴 모습을 한두 번 본 적 있지. 레닌에게 어울리지 않았소. 눈을 무장한 것 같았지.

…몰로토프는 병을 앓고서 몹시 수척해졌다. 완쾌되기 어려울 것처럼 보였다.

▶ 지금 나는 노동 능력이 없는 상태요. 나는 내 병을 세월이라고 불러. 아침에 일어나면 전신이 아프지. 목덜미부터 시작해서 목, 어깨, 관절, 다리, 그리고 무릎 위쪽으로 다 아파. 그러면 가슴이 좀 아프고, 몽롱해지고. 피로감을 느끼는데…

1982년 2월 5일

— 제가 유심히 보니, 의장님께선 안경을 쓰지 않고 읽으시네요.

▶ 안경 없이 읽을 수 있지. 그래도 잘 간직해야 해. 왜 그러냐? 좀 어둡거나 밝지 않은 곳에선 전혀 읽을 수가 없어. 내가 그런 상태라는 걸 늘 잊지 않고 있지. 내가 타냐와 사라 미하일로브나를 보면, 이들은 시력을 전혀 소중하게 생각하질 않아. 그러고서 나중에 후회하지. 그런 사람들이 대다수야. 교양 수준이 낮아서 그렇다는 걸 알아야 해. 야만성은 감춰지지 않아. 우리는 조금만 밝아도 뭔가 읽으려고 하는데, 그게 시력을 망치는 첩경이야.

...몰로토프가 〈외교관〉 상표가 붙은 내 가방을 유심히 본다.

▶ 지금 많은 사람들이 저런 가방을 갖고 다니는군.

— 〈외교관〉표 가방입니다. 왜 그런 이름을 붙였는지 모르겠습니다.

▶ 비밀문서를 넣고 다니라는 거지, – 몰로토프가 말한다.

1984년 10월 30일

...오늘 몰로토프의 집에 초로의 부인 두 명이 손님으로 와 있다. 몰로토프의 친척이다. 사촌 여동생인 지나이다 표도로브나는 그의 고모 딸이고, 조카딸인 조야 빅토로브나는 그의 형 빅토르 미하일로비치의 딸이다.

▶ 형 빅토르는 1918년 백군에 징집되었는데, 그때부터 소식이 없어.

— 티푸스가 유행했고, 아버지도 돌아오지 않았어요, – 조야 빅토로브나가 덧붙인다. – 아들이 여섯에 딸이 하나인데...

▶ 여섯 형제라, 그래, 맞아, – 몰로토프가 말한다. – 모두가 내 기억에 생생하게 남아있어. 내가 끝에서 둘째였고, 맨 막내가 세료자[=세르게이]였어.

— 그 분은 군의관이었는데, – 지나이다 표도로브나가 말한다. – 젊어서 돌아가셨어요. 스크랴빈 집안의 일곱 남매는 미하일, 빅토르, 니콜라이, 지나이다, 블라디미르, 뱌체슬랍, 그리고 세르게이 순이었어요. 니콜라이가 바로 작곡가 놀린스키지요. 매우 겸손한 분이었는데, 뱌체슬랍 미하일로비치와의 관계를 한 번도 이용한 적이 없어요.

...그들은 니에바가티코프 집안에 두세 대의 증기선이 있었던 걸 회고했다. 〈삼형제〉호와 〈니에바가티코프〉호가 상품을 싣고 볼가 강과 카마 강을 왕래했고, 그들은 점점

더 부자가 되었다. 미하일 스크랴빈과 빅토르 스크랴빈은 자기 외삼촌네 회사에서 상품의 출납을 맡았다.

몰로토프의 손님들이 해준 이야기에 의하면, 언젠가 한 집시 여인이 그들의 집 부엌으로 들어왔는데, 어린 몰로토프를 보더니 "이 아이가 전 세계에 유명한 인물이 될 거예요!"라고 말했다는 것이다.

몰로토프가 1919년 증기선 〈붉은 별〉호를 타고 자기 고향인 슬로보다 쿠카르카에 들렀던 일을 회상했다.

몰로토프의 조카딸은 10월혁명 전 그녀의 "베차 삼촌"[=몰로토프]이 놀린스크에 도착해 니에바가티코프 형제들 소유의 담배제조공장에서 집회를 조직했던 일에 관해서도 이야기했다. 그녀의 외할아버지가 몽둥이를 들고 말했다. "너, 누굴 위해 데모하는 거냐? 이게 우리의 생활 터전이야!"

다정하고 겸손한 노부인들이었다. 나는 이들을 각자 모스크바의 집까지 모셔다 드렸다. 귀경 시간이 오래 걸렸다. [브레즈네프의 사위인] 유리 추르바노프의 행차로 인해 교통이 통제된 까닭에 우리는 루블료보 차도에서 멈춰 기다려야 했다.

— 우리는 모두 우리의 겸손함 때문에 고생을 했어요, – 노부인 두 분이 내게 말한다. – 그가 크렘린에 있을 때 우리는 그에게 한 번도 전화한 적이 없어요. 누구도 우리가 그의 친척이라는 사실을 알지 못했어요.

— 나는 보로네시에 살았어요, – 조야 빅토로브나의 이야기이다. – "베차 삼촌"이 레닌훈장을 수여하기 위해 왔어요. 그런데 나를 식장에 들여보내지 않았어요. 그런데 밤 12시 경 삼촌이 우리 아파트에 오셨어요. 나중에 모두가 내게 물었어요. "몰로토프 동무가 왜 그 집에 다녀갔지요?" 대답했지요. "연구원들이 어떻게 사는지 보러 왔습니다."

내가 몰로토프의 조카딸이란 걸 누구도 몰랐어요. 우리는 한 번도 그의 이름을 팔아본 적이 없고 모두 자기 힘으로 살았어요. 한번은 뱌체슬랍 미하일로비치의 친형인 내 아버지가 전화를 걸었어요. 숙모인 폴리나 세묘노브나가 전화를 받았는데, 그는 바쁘다, 지금 스탈린 집무실에 가 있다는 등, 그런 대답을 했어요. 우리를 크렘린으로 들여보내지 않았어요.

1983년 10월 14일

볼쉐비크가 되었다

예전엔 여덟 살부터 학교에 갔는데 나는 일곱 살에 들어갔소. 1897년 9월, 뱌트카에서 학교에 갔어.[4] 우리가 쿠카르카에서 한 3년 살았는데, 그 이상을 아닐 거요. 나는 거기서 태어났을 뿐, 기억에 남는 이렇다 할 일이 없소.

뱌트카의 학교에서 까칠한 아이가 내 앞에 앉아 있었는데, 나는 그를 지분거리고 놀리고 그랬지. 한번은 경고를 받았지만, 그 다음엔... 일 년도 다니지 못했어. 장난꾼이라고 학교에서 쫓겨났지. 넌 아직 어리니까 집에 가서 마음대로 놀아라, – 이렇게 내게 말했소.

우리는 뱌트카에 살다가 나중에는 놀린스크에 살았는데, 내가 일곱 살 때 놀린스크로 이사를 갔어. 놀린스크에 있는 도시소학교에 다시 들어갔고, 거기에서 4년 동안 공부했지.

그 후에 나는 뱌트카에 있는 김나지야에 들어갔는데, 낙제를 했어. 왜 낙제 했냐? 내가 특히 산수에 재능을 보였소. 나와 내 형 블라디미르, 그러니까 내 조카 블라딕의 부친인 그는 나보다 두 살이 더 많았는데, 아무튼 둘이 문제를 받으면 나는 그것을 풀었는데, 형은 그러지 못했소. 시험 기간이 되었을 때 내가 실력을 과시하고 싶었지. 어떻게 과시할 거냐? 어–어머니가 내게 행운의 작은 이콘을 주셨는데, 그것을 주머니에 넣고 있으면 시험을 잘 보게 된다는 거였소. 내가 그걸 흰 종이로 싸서 갖고 갔지. 시험지를 받아들고 어떤 문제가 나왔는지, 그것을 어떻게 풀어야 하는지, 주어진 수가 다른 수로 어떻게 나누어지는지 좀 생각했소. 나는 이콘에다가 문제를 좀 푼 다음, 나온 답을 깨끗이 옮겨 적었소. “너는 이 문제를 어떻게 풀었지? 1270을 75로 나누었니?”하고 시험감독이 내게 물었소. 내가 암산으로 했다고 대답하니까 그가 숫자를 제시하며 말하더군. “그렇다면, 내 앞에서 75로 나누어봐.” 나는 물론 거북해졌지. 그가 말했소. “그래, 너, 베꼈구나.” 나는 침묵했어. 결국 낙제하게 되었지. 일 년 후 재시험을 봐야 했소. 그렇게 이콘이 나를 골탕 먹였지. 이콘을 가져가면 행복이 온다고 해서 주머니에 넣고 시험을 보러 갔다가 결국 그렇게 된 거요, – 몰로토프가 웃으면서 즐겁게 이야기했다. – 낙제한 그 다음 해 나는 카잔에 있는 실업학교로 전학을 갔어. 실업학교는 유자격자만 받아주

4) 몰로토프는 1890년 3월생이다.

었는데, 막내 형은 예비반에, 나는 1학년에 들어갔소. 김나지야는 8년제였고, 실업학교는 7년제지만 예비반이 있었지. 김나지야는 고전 교육에 주력하는 경향이 있었는데, 외국어 관련해서는 라틴어, 그리스어, 프랑스어, 독일어, 그리고 드물게 영어를 가르쳤소. 그때 영어는 유행이 아니었지. 카잔에서 나를 받아주자 다른 형제들도 그 학교로 전학을 했소.

— 의장님께선 카잔의 실업학교를 졸업한 후 대학에 가셨습니까?

▶ 유형지로 갔지. 졸업시험 직전 실업학교에서 제적되었소.

— 누가 의장님을 자극했습니까? 처음에 무얼 하셨습니까? – 내가 묻는다.

▶ 문학이었지. 나는 전부 읽었소. 체홉을 처음부터 끝까지 읽었지. 그리고로비치의 작품도 모두 읽었는데, 그는 정말 훌륭한 러시아 작가요. 그의 『안톤-고레미카』[5]를 닳도록 오래 읽었지. 나는 아직 꼬마인 내게 마인 리드[6]나 쿠퍼[7]의 소설을 읽는 게 허락되지 않던 시절에 학교를 다녔어. 그런 취미는 금지됐지. 학교에서 금했소. 비밀스레 쿠퍼 등을 꺼내 읽었지. 소수만이 마인 리드를 읽었어.

그건 그렇고... 나는 놀린스크에 살았소. 놀린스크가 유형지였는데, 유형자들 중에 카잔대학 출신의 훌륭한 볼쉐비크 한 명이 있었소. 그는 우크라이나 사람으로 이름이 안드레이 스테파노비치 쿨레쉬였는데, 내 사촌누이와 결혼을 했지. 그는 1905~06년에 카잔에서 가장 뛰어난 볼쉐비크였소. 첫 번째 혁명 때였지. 나중에 그는 시베리아 유형지로 추방되었는데, 그곳에서 어떤 여인하고 정분이 났고, 결투로 끝이 났을 거요. 한마디로, 살해되었지. 말하자면, 내 눈에 훌륭한 사람으로 보였다는 거지.

그때 내가 열다섯 살이었는데, 실업학교에 다니고 있었소. 5학년 때 나는 이미 불법조직에 가담해 있었는데... 7학년 졸업시험 직전에, 금메달을 받으러 가다가 체포되었소. 내가 1906년에 [러시아사회민주노동당에] 입당한 것이 그 원인이었겠지. 방학 때 내가 놀린스크에 가니까, 그곳에 그루지야인들을 포함해서 유형자들이 많이 있었소. 나는 그들과 섞이곤 했는데, 특히 한 명이 내 눈길을 끌었지. 말하자면 더 지적인 사람이었는데, 저녁 때 그에게 종종 놀러갔소. 내 생각에, 그는 바쿠 출신이었소. 내가 그에게 물었

5) 『Антон-Горемыка(불운의 안톤)』은 드미트리 그리고로비치(1822~1899)의 대표작으로, 농노제의 공포를 묘사하여 당시 러시아 지식인 사회에 큰 반향을 일으켰다. 1847년에 출판되었다.
6) 리드(Thomas Mayne Reid, 1818~1883)는 아일랜드 출신의 미국 작가로, 모험소설을 많이 썼다.
7) 쿠퍼(James F. Cooper, 1789~1851)는 미국의 저명 모험소설 작가이다.

지. “결정론이란 게 뭐지요?” 맑스의 저작들을 읽었지만 잘 이해되지 않는 부분이 있었는데, 그가 내게 설명해주었소. 그는 멘쉐비크였던 것 같은데, 하지만 짜리 정권에 반대했어.

그게 1906년이었지. 당시 내겐 볼쉐비키와 멘쉐비키에 관한 분명한 생각이 없었소. 우리는 러시아사회민주노동당 집회에 같이 참여했지.

— 저는 의장님께서 카잔에서 입당하신 걸로 생각했습니다.

▶ 그렇지, 그렇게 생각할 수 있지. 나도 그렇게 쓴 적이 있는 것 같아. 카잔에서 입당했다고... 그러나 1906년에 이미 나는 놀린스크의 숲에서 열린 사회민주당원 집회에 참여하고 있었소. 거기에 아까 말한 [바쿠 출신의] 그루지야인 마르코프가 있었지. 그 사람의 가명이오.

— 도처에 그루지야인들이 있었군요, – 쇼타 이바노비치가 만족스레 웃는다.

▶ 그렇지, 당시 그루지야인들이 유형지에 많았지. 그런데 그 집회에 내 사촌누이도 참석했는데, 볼쉐비크였소. 국가두마의 해산 문제를 갖고 투–투표했던 기억이 납니다. 국가두마를 보이콧할 것이냐, 아니면 국가두마 의원 선거에 참여할 것이냐? 멘쉐비키는 보이콧에 반대했는데, 내 사촌누이 혼자만 국가두마를 보이콧해야 한다고 주장했어. 나는 기권했지. 신참 처지에 소신 있는 투표가 가능했겠소? 집회 후 내게 국가두마에 관한 삐라를 인쇄하라는 임무가 주어졌소. 목욕탕에서 인쇄한 다음 도시 전역에 살포했지. 내 생각에 그것이 당원 활동이야. 당 집회에 참석하여 투표까지 포함하는 모든 행위를 하고, 그 다음 집회가 위임한 사항을 이행하는 것이 바로 그것이지. 의장, 서기 등 있어야 할 직책은 다 있었소.

— 의사록을 작성했습니까?

▶ 무슨 의사록! 불법 형태의 집회였는데...

— 헌병들[8]이나 보안국[9]에서 추적했겠지요?

---

8) 대개 국가헌병대(gendarmerie)란 경찰 기능을 담당하는 군대조직을 말한다. 러시아에서 국가헌병(‘잔다름’)은 정치경찰의 의미를 갖는데, 이는 데카브리스트의 난 후인 1927년 러시아제국군에 창설된 특별헌병단(Отдельный корпус жандармов)이 계기가 됐다. 특별헌병단의 검열, 대열, 경리 관련 부대는 국방성 관할 하에 놓였으나, 감시감독 관련 부대는 1880년까지 황제직속관방 제3부(Третье отделение Собственной Его Императорского Величества канцелярии, 정치적 사건에 대한 수사 심리 및 검열 등을 담당)의 관할 하에, 1880년 이후에는 내무성 경찰부의 관할 하에 혁명운동의 진압을 위한 주무기관으로 활약하다가 1917년 3월 해체되었다.

9) 러시아제국 내무성 경찰부 산하 보안국(Охранное отделение)은 흔히 오흐란카(Охранка)로 불리는데, 1866년

▶ 아니, 누구도 추적하지 않았소. 거긴 모든 게 비밀스러웠지. 그리고 열 명 쯤으로 구성된, 아니 그보다 많을 수도 있고 적을 수도 있는데, 아무튼 그런 어떤 그룹이 있었어요. 거의 모두가 유형자였는데, 그들은 이를테면 이미 [운명이] 예약된 사람들이었소. 내가 열여섯 살 때였지. 그런데 내 사촌누이 리디야 페트로브나 치르코바는 카잔에서 가장 유능한 볼쉐비크의 아내였소. 누이에게 아들이 있었는데, 후에 적군에 자원입대해서 오렌부르크 근처 어딘가에서 사망했어. 누이는 자기 아들이 죽었다는 것을 평생 믿지 않았고, 그가 돌아오기를 늘 기다렸는데... 그녀는 카잔에서 살았고 조산부였소. 내가 잠 잘 곳이 전혀 없을 때 누이 집에 가곤 했지. 누이는 1904년인가 1905년부터 당원이었소. 한때 카잔에서 우리 가족이 누이네 식구들과 한 아파트에 함께 살았던 적이 있었는데, 나야 물론 쿨레쉬로부터 영향을 좀 받았겠지. 그러나 쿨레쉬와 했던 이야기가 하나도 기억이 안 나. 그런데 나는 그루-그루지야 사람 마르코프와 이론적인 문제를 토론하게 되었는데... 그때 내가 플레하노프를 읽었지.

나는 마르코프의 진짜 이름을 몰라. 그러나 그의 얼굴은 아직까지 기억이 나. 당시 나의 시야에서 그는 많은 것을 의미했소. 그가 내게 설명해주었고, 나는 제대로 알지 못했지만 플레하노프가 쓴 것들을 읽었지. 그때까지 나는 레닌을 전혀 알지 못했고, 볼쉐비키에 관해 아무 것도 몰랐소. 거기에서 시작했지.

나는 삐라를 인쇄하라는 임무를 완수했소. 삐라를 써서 내게 주면 내가 그것을 인쇄해서 도시에 뿌렸지. 놀린스크는 후에 [내 이름을 따서] 몰로톱스크가 되었다가 지금은 도시 이름이 다시 놀린스크가 됐소. 페름이 [1940~57년에] 몰로토프였지. 페름 역시 뱌트카 주 내에 있소. 아르한겔스크 근처에 몰로톱스크가 또 있었는데, 나는 그곳에 가본 적이 없소. 하지만 소브나르콤 의장으로서 내가 조선소를 지원한 적이 있는데, 거기서 누군가가 내 이름을, 말하자면, [그곳에] 꽂아버렸던 거지.

그렇게 해서, 우리는 실업학교에서 2년간 운동서클을 이끌었고 카잔에서 중학생들의 혁명조직을 만들었소. 소속 당적은 없었지. 그때 이미 우리나라 중학교에는 일련의 운동서클이 있었는데, 우리는 [지도기관으로] 위원회를 구성했고 내가 중학생 혁명조직의 위원회 의장이 됐소. 우리는 사회민주당원과 사회혁명당원[=에세르], 무정부주의자들을

알렉산드르 2세 암살미수 사건 이후 "치안 및 도시질서 유지"를 위해 비밀경찰조직 형태로 페테르부르크에서 처음 설립되었고, 이후 조직이 전국으로 확대되었다. 1917년 2월혁명 직후 해체되었다.

위원회에 받아들였는데, 내가 좌장 노릇을 하던 우리 사회민주주의 그룹이 에세르들을 사회민주주의자로 변화시키는데 결국 성공했소. 그런데 몇 사람은 버릴 수밖에 없었지. 드물긴 했지만, 그런 경우가 있었소.

그 그룹은 실업학교생, 김나지야 학생, 신학생, 그리고 추바쉬인들로 구성됐소. 그때 형제처럼 지내던 우리 4총사가 있었는데, 우리는 한 방에 살았소. 침대가 네 개였어. 모두 음악을 했는데, 바이올린을 연습하면서 서로 괴롭혔어. 내 장형(長兄)이 바이올린을 아주 잘 켰지. 아무튼 문예과학의 후원자 한 명이 카잔에 살고 있었는데, 거상이었지. 음악에 각종 지원을 아끼지 않았소. 우리 모두 그가 설립한 무료 음악학교에서 배우기 시작했는데...

우리 비밀 지하그룹에서 나를 포함해 네 사람이 주된 역할을 했는데, 아로세프라고 있었어. 작가였지. 내 가까운 친구였는데, 북망산으로 벌써 갔어.[10] 1930년대에 많은 비판을 받았소. [1929~33년에] 체코슬로바키아 주재 소련 대사를 지냈는데...

넷 중에서 카잔의 대저택 소유자 아들인 빅토르 알렉산드로비치 티호미르노프와 내가 가장 의지력이 강했소.

볼쉐비키에겐 돈이 필요했지. 우리가 3천 루블을 냈어. 어디서 났느냐? 빅토르 티호미르노프의 부친이 사망하자 우리는 그의 근사한 저택을 팔았지. 빅토르가 우리 그룹 명의로 3천 루블을 납입하라고 내게 위임했어. 당시 그건 엄청 큰돈이었지. 사람들 주머니에 25루블이 넘게 있는 경우가 거의 없었소.

네 번째가 말체프였지. 그는 의사가 됐지만 의술에는 거의 종사하지 않았어. 충분히 재능 있는 친구였는데 특별히 내세울만한 일은 아무 것도 한 게 없어. 그는 [1941년 말] 모스크바 전투가 시작되며 산화했지. 초로의 나이에도 불구하고 의용군으로 나갔어. 그 불쌍한 친구가 어디서 죽었는지도 잘 몰라.

1909년에 우리 지하그룹 멤버들이 거의 모두 연행되고 우리 네 명은 구속되었어. 밀정이 하나 있었지...

부유한 집안 출신인 티호미르노프는 외국으로 떠났고, 거기서 레닌과 관계를 구축했소. 한때, 전쟁 전에 그는 레닌의 비서 노릇을 하기도 했는데, 레닌이 그에 관해 언급한

---

10) 알렉산드르 아로세프는 1938년 대숙청 때 처형되었다.

적이 있어요. 빅토르 티호미르노프 명의의 수기가 남아있는데, 그는 통계자료 같은 걸 선별하는 작업을 도왔어...

10월혁명 직후 그는 내무인민위원부 지도위원회[11] 위원에 임명되었소. 그런데 1919년 독감으로 사망했어. 에스파냐 인플루엔자라고 불렀지. 스베르들로프 역시 같은 이유로 죽었소. 아주 좋은 동무였는데, 헌신적인 볼쉐비크로 아주 훌륭한 인물이었지. 그는 시력이 좋지 않았는데, 엄청난 근시였어. 아무튼, 나는 아로세프와 함께 유형에 처해졌고, 말체프도 같이 볼로그다 성으로 쫓겨났는데, 그는 다른 곳에 살았소. 우리가 있던 곳에서 아주 가까웠지.

우리는 시험 치르기 직전에 체포되어 2년 형기로 볼로그다 유형지에 보내졌소. 나는 실업학교에서 제적되었고...

— 예전 유형지에서도 공부하는 것이 허용되었다고 의장님께서 말씀하신 바 있지요?

▶ 시험 치는 것을 허용했었지. 어떤 사람이 시-시험을 치르고자 한다면, 그것은 그 사람이 혁명이 아니라 출세를 염원하고 있음을 뜻하는 것이라 여겨졌소. 공부하고 시험까지 본다면, 그것은 이미 혁명을 거부하고 자신의 출세를 궁리하기 시작했기 때문이라는 거지. 그렇기에 시험 치르는 것이 용인되고 허락됐소.

말체프와 나는 [학교에서] 한 책상에 앉아 공부했는데, 우리를 볼로그다로 유형 보냈지. [거주하는] 도시만 서로 달랐어. 우리는 편지를 주고받았고, 지사에게 검정시험을 치를 수 있게 해달라고 함께 청원했소. 그리고 1910년에 실업학교 졸업검정시험에 합격했지. 그렇게 해서 내가 1911년 페테르부르크 종합기술대학에 입학할 수 있었던 거요.

— 그런데 의장님 형제분들은 그렇게 하지 않으셨습니까?

▶ 내가 나이순으로 끝에서 두 번째요. 막내 동생은 공산당원이 됐지만 특히 정치에는 별 관심이 없었고, 음악을 더 좋아했지.

...몰로토프가 점심식사 후에 휴식을 취하러 방으로 들어갔다. 보통 40분 정도 잠을 잤는데, 대개 한 시간이 넘지는 않았다. 그러면 나는 어디서도 읽을 수 없는 것들 중에서 아무거나 꺼내 읽었고, 그가 돌아오면 함께 차를 마셨다. 그렇게 오늘도 그는 탁자 곁에 앉았다.

---

11) 당시 각 인민위원부에는 최고협의기구로 지도위원회(콜레기야, collegium)를 두었는데, '콜레기야'가 인민위원의 결정에 동의하지 않은 경우 '콜레기야'는 소브나르콤이나 전러시아 중앙집행위원회 간부회에 이의 신청을 할 수 있었다.

▶ 차를 들지. 찻잔이 어디로 날아가는지 잘 봐![12]

— 이게 뱌트카산(産)인가요?

▶ 어디선가 얼핏 들었는데, 잘 모르겠네.

...몰로토프가 대포 설계사 그라빈과 전화 통화를 한다. "나는 뭔가를 위해 투쟁하는 사람을 좋아해..." 수화기를 내려놓고서 몰로토프가 말한다.

▶ 그라빈이 내게 자기 책을 보냈소. 다 읽었지. 재미있어. 논리정연하고, 장점도 있어. 전에 내가 그라빈에게 말했소. "언제 동무의 책이 완간되지요?" — "어려움이 아주 많습니다." — "그래도 동무는 해낼 거요!" — "아시다시피 매우 어렵습니다."

그라빈은 잘 듣지 못하고 말하는 것도 힘들어 해. 늙은 포병이...

1971년 8월 17일, 1972년 4월 13일, 1975년 1월 14일,

1976년 3월 11일, 1982년 3월 12일

첫 번째 유형

— 짜리 정부가 유형자에게 금화 11루블을 주었지요? – 쇼타 이바노비치가 말한다. – 기억이 확실치 않습니다. 교육받은 사람에게는 11루블을 준 것 같은데, 그건 암소 반 마리 값에 달하는 거액이었지요. 니콜라이 치세에 암소 한 마리가 25루블이었답니다.

▶ 글쎄, 그걸 사고판 적이 없어 잘 모르겠는데, – 몰로토프가 대답한다.

— 중급 관리가 한 50루블 받았고, 집에 개인 요리사(!)를 두었습니다. 김나지야 교장이 요리사를 두었답니다.

▶ 아니, 그 정도는 아니었지.

— 하지만, 그래도 국가범죄자에게 그 만큼의 돈을 주었다는 것은...

▶ 그건 유형(流刑)이오. [안 그랬다면] 어떻게 살 수 있겠나? 다들 무일푼이었어.

— 그냥 감옥살이를 시킬 수도 있었지 않습니까?

▶ 이미 감옥이 꽉 차 있었지.

1972년 6월 29일

12) '갈매기가 어디로 날아가는지 잘 보라'는 뜻의 경구(Чай примечай, куда чайки летят!)을 이용한 농담이다.

▶ 유형지 볼로그다에서 나는 11루블을 받았소. 그건 내가 실업학교를 다녔고, 중등 교육을 받았기 때문에 누린 특전이었지. 대개 8루블 받았어. 북극 지역의 유형자는 극지 수당을 더해 12루블을 받았소.

— 금화 11루블이었지요? – 쇼타 이바노비치가 묻는다.

▶ 금화였지. 그게 아니면 안 받았지.

— 하지만 그 돈으로 생활이 가능했었습니까?

▶ 그럭저럭 가능했지, 그럭저럭.

— 레스토랑에 다닐 수는 없었겠네요.

▶ 내가 한때 레스토랑에서 일했소. 보수가 좋았지. 볼로그다에서 만돌린을 연주했어. 1910년에 돈벌이를 좀 했는데, 하루에 1루블 받았어. 우리는 네 명이 연주했소. 거기 좋았지, 손님이 많았소.

— 그런데 팁으로 돈을 줬습니까?

▶ 아니, 돈 대신 접대를 받았지. 주로 상인들이었는데, 우리에게 다가와 말하지. "〈얼마나 아름답던가...〉를 연주해주세요. 부탁합니다. 로망스예요. 오래된 로망스." 그러면서 읊조리는 거야. "얼마나 아름답던가... 밤이... 아름다운 밤이었어... 라–라–라, 라–라–라..."

— 제목이 〈아, 그 밤은 왜 그리 아름다웠던가〉[13]이지요?

▶ 그런 게 있는데... 상인들이 우리에게 그 노래를 신청하고, 그러면 지휘자는 우리한테 무얼 주문하겠냐고 묻고, 우리가 "위스키를 넣은 커피요!"라고 대답하면, [레스토랑 측에서] 우리에게 그 커피를 제공했어.

— 커틀릿을 가져왔다면 더 좋았을 텐데요.

▶ 음, 그렇지... 우리 지휘자는 페테르부르크 출신이었지.

— 역시 볼셰비크였습니까?

▶ 거기에 웬 볼셰비크!

— 협잡꾼이었나요?

▶ 협잡꾼이 아니라 그냥 보통사람이었어, 그럼! 유랑 악사였는데 그렇게 돈벌이를

13) 노래의 원 제목은 〈Ax, зачем эта ночь так была хороша〉이다.

했지. 나이는 나보다 많았소. 내가 전에 이야기한 적이 없었나?

그 일은 이렇게 된 거요. 즉, 한번은 내가 산책하러 길거리에 나갔는데, 거기서 악사들이 돌연 나타나더니 만돌린하고 피아노를 연주하는 거야. 여름이었는데, 내가 다가갔지. 구경꾼들은 적었어. 그런데 그들이 누군 연주하고 누군 쉬고 그러더라고. 당신들 어디에서 왔냐고 내가 물었지. 그러니까 자기들은 페테르부르크 출신이라는 것 등등 말하더라고. 그러더니 자기들에게 악사 한 명이 필요하다고 하기에 물었지. “내가 도움이 될 수 있을까?” — “당신 연주할 수 있어?” — “그래, 할 수 있어.” — “그럼 여기 앉아서 연주해봐.” 그런 대화가 이어졌지.

그들이 내게 악보를 주고 만돌린도 줬소. 연주했지. 그랬더니 말하는 거야. “이리 좀 와봐! 우린 여기서 영화관 한 곳과 연주계약을 했어.” 그때 중심가에 영화관이 새로 문을 열었거든. 그때는 음악영화가 아예 없었지. 발성영화도 없고 모두 무성영화였는데, 거기에 음악이나 작은 악단, 아니면 그랜드 피아노가 있어야 했어. 그들은 그 영화관에서 연주하기로 고용계약을 했던 거지. 그런데 영화관은 아직 개관도 하지 않은 상태였어. 나는 그들에 합류했고, 함께 예행연습도 했지. 나는 이미 학생 때도 악보를 보고 연주했고, 콘서트에도 출연했어.

영화관 주인이 당분간 영화관 개관이 되지 않을 것이라고 우리에게 말했어. 왜냐고? 사제들이 시비를 걸고 나섰거든. 영화관과 정교회 성당 사이의 거리가 법적 규정보다 가까웠기 때문이지. 그래서 영화관 개관이 금지되었지만 주인은 모든 게 잘될 거라고 했어. “기름칠”을 한다고 했어. 아무튼, 우리는 당장 무슨 일이라도 할 수밖에 없었지. 임시로 레스토랑에서 연주할 수 있다고 하면서 주인이 “어때, 동의하나?” 하며 우리에게 묻기에, 내가 동의한다고 했지. 그러자 그는 레스토랑에서 연주할 때 좀 웃겨 보이는 무대용 양복을 입어야 한다고 예고하더군. 그래서 내가 말했지. “양복 같은 거야 상관없어요!”

그리고 그때 영화관이 오랫동안 개관하지 못했기 때문에 그들은 레스토랑에서 연주했고, 물론 나도 함께 했지. 하루에 1루블 받았어. 매일 그랬지. 일요일엔 특별히 [오후] 한 시에서 열두 시까지 일했지만, 그래도 1루블이야. 그런 식이었소. 평일은 한 시에서 여덟 시까지였지, 대략. 거기서 우리는 외지에서 온 상인들과 그 애인들을 위해 별실에서도 연주했어. 거기엔 피아니스트가 없었고 오직 만돌린 연주자들만 있었지. 팁으로 돈을 주진 않았고... “신청곡 들어왔나요?”라고 하면 “원하는 노래가 이러이런... 자, 연주하세요! 당신들이 뭘 원하냐고 그가 묻는데요?"라는 답이 와. 레스토랑은 그리 호사스럽지 않고 역전에 흔히 있던 전형적인 중급 식당이었는데, 볼로그다는 많은 젊은이들이 지나가는 교통의 요지였소. 레닌그라드로 가거나 레닌그라드에서 시베리아로 가는... (몰로토프는 요즘 식으로 레닌그라드라고 한다. – F. 추예프) 여행 중에 마시기 좋아하는 그런 사람들은 도중에 지체하기 일쑤였고, 주연을 벌이는 게 다반사였지.

결국 영화관 개관 날짜가 정해졌을 때, 당연히 "기름칠"을 했기 때문이었는데, 아무튼 우리는 레스토랑 주인에게 가서 돈을 추—추가로 더 주거나, 아니면 일을 그만둘 수밖에 없다고 말했소. 돈을 더 줄 수 없다고 하길래, 결국 우리는 영화관으로 옮겨갔지.

내 기억에 영화관은 월급을 주는 곳이었는데, 내가 얼마를 받았는지 지금 정확한 기억이 없소. 15루블 아니면 20루블? 그보다 많지는 않았어. 수입이 레스토랑에서보다 좀 적었지. 휴일에는 일이 고됐지. 사람들도 많았고, 보여주는 것도 많았지. 그곳도 한 시부터 일했던 것 같은데, 아니면 더 일찍, 열한 시나 열두 시부터...

1975년 3월 8일

여기저기서 내쫓았다

▶ 목하 봄이 벌써 한창이야, – 때로 몰로토프는 대화를 부드럽게 하기 위해 고풍스런 낱말을 사용했다. – 겨울과 봄이 지나가고, 그러면 최고의 계절이라 할 수 있는 여름이 시작되지. 아니, 또다시 동무는... (내가 무비카메라로 촬영 중이다. – F. 추예프) 그만 해, 그만 하지...

— 필름을 다 써야 합니다.

▶ 다 쓴다... 이미 다 썼어. 동무는 전부 똑같은 걸 찍고 있는데, 그럼 무슨 작품이 되겠소? 뭔가 반소비에트적인 게 되겠지. 소비에트적인 것은 되지 않을 거야.

1975년 4월 25일

▶ 때로 논쟁도 하고 단호한 결정도 내리고 했지만, 나는 내 의견을 말했소. 고참 혁명가 출신으로 나는 내 머리로 볼쉐비즘에 도달했고, 스스로 모든 걸 공부했고, 내게 부

과되는 모든 걸 기꺼이 짊어졌어. 나는 그렇게 살았소.

1975년 1월 14일

▶ 아주 헌신적이며 고집스런 사람들이 있소. 당도 그런 사람들에 의지하지. 당에서 아무리 그들을 반대하거나 찬성하더라도 그건 일시적이고, 결국에는 진리가 승리하는 법이오.

1982년 2월 5일

— 뱌체슬랍 미하일로비치께서 볼쉐비크가 되신 것은 우연이 아닙니다, – 쇼타 이바노비치가 말한다.

▶ 누가 그를 아는데? – 몰로토프가 말한다.

— 그는 볼쉐비즘을 선전했다는 이유로 실업학교에서 제적되고 체포됐지요.

▶ 바람에 밀려갔어. 그래서 볼쉐비크가 됐지, – 몰로토프가 윙크한다. – 바람에 떠밀리고, 떠밀리고, 그렇게 된 거요. 그 다음 유형지로 향했지. 거기 말고는 갈 데가 없었소.

1975년 3월 8일

...내가 묻는다.

— 얼마 전 고참 볼쉐비크인 [니콜라이] 알렉세예프가 사망했는데, 그는 어떤 사람이었습니까? 저는 그에 관해 들어본 적이 없습니다. 사회주의노동영웅 칭호를 받았다는데...

▶ 오랫동안 망명생활을 했지. 10월혁명 후 특별한 역할을 한 바는 없어. 볼쉐비키당과 혁명을 지지했지. 집행자였소.

— 표도르 니콜라예비치 페트로프와 의장님과의 관계는 좋았습니까?

▶ 1915년에 우리가 시베리아에서 유형생활을 할 때 관계가 좋았지.

그곳에서 그는 말이 없었소. 우리는 젊었고, 늘 시끄러웠고, [특정 문제에 관해] 보고서를 내고 토론했는데, 그는 한옆에 그냥 앉아 있었지. 그는 나보다 12~15세가량 나이가 많았소. 징역을 살았지. 고참 볼쉐비크였고 정직한 사람이었으나 정치에 대한 식견이 부족했어. 과학문화예술관리총국에서 일했지. 백과사전을 편집했어. 흐루쇼프가 페트로프를 중용하려 했는데, 마침 그를 대신해서…

— 그런데 의장님께선 사회주의노동영웅 칭호를 계속 갖고 계시죠?

▶ 그렇지, 당연하지. 박탈당할 이유가 있나. 영웅 칭호와 훈장은 가지고 있어.

— 탱크산업 발전에 기여한 공로로 영웅 칭호를 받으셨지요?

▶ 그렇지. 대조국전쟁 때 내가 탱크 생산을 책임졌지. 말렌코프에겐 항공산업이 맡겨졌고, 베리야는 탄약 같은 걸 맡았지, 아마. 우리나라 탱크가 성능이 아주 뛰어났지. 〈T-34〉형이 우리 탱크의 기본 모델인데, 다른 나라 탱크는 무겁고 또 편리하지 않아. 우리 것은 어떤 장애물이라도 통과할 수 있었어. 적 탱크들을 쳐부쉈지. 우리 탱크는 다른 나라 것들과 달리 휘발유가 아니라 디젤을 연료로 사용하는데… 영국 탱크가 위협적이었지…

1972년 6월 21일, 1973년 4월 27일

▶ 1912년 페테르부르크에 한 연설가가 있었는데, 노동자 집회에 적극적으로 나섰던 그는 항상 농업문제 타령을 했소. 농업문제는 당시 아주 민감한 이슈였는데, 정작 그는 농업문제라는 낱말을 올바로 발음하지 못했어.

노동자나 농민들이 항상 바르게 말하지는 못했지. 그러나 바르게 말할 줄 알아야 했어. 칼리닌은 "콤프로미스"[=타협]를 "콤프리미스"라고 하고, "페리오드"[=기간] 대신에 "피리유드" 또는 "페리에드"라고 했소.

1972년 8월 15일

▶ 레닌은 "부르주아지야"라고 말했소. 그건 프랑스식이지. 다른 사람들은 모두 "부르주아지야"라고 했소.

그런데 우리의 지도자 브레즈네프는 "스렛스트바"[=수단], "옵쉐스트브"[=사회], "심프톰"[=징후]이라고 말하고 있어…[14] 특히 나를 화나게 하고 놀라게 하는 것은 그 사람이 "콘크리에트노"[=구체적으로]라고 발음하는 것을 아직 배우지 못했다는 거요. 항상 "콘크렌트노"라고 말하잖소! 무식한 사람이야.

1976년 6월 9일

---

14) "스렛스트보", "옵쉐스트보", "심프톰"이라고 발음해야 옳다.

▶ 니콜라이 니콜라이비치 이콘니코프가 내게 전화를 했는데, 그는 1911~12년에 나와 함께 종합기술대학에서 공부를 했소. 그곳에서 나를 퇴학시킬 때까지 말이오. 나는 모든 학교에서, 내가 공부했던 모든 곳에서 퇴학을 당했어. 여기저기서 다 나를 내쫓았지.

— 그래서 의장님께선 모든 감옥을 전전하셨지요.

▶ 모스크바와 페테르부르크에 있는 감옥에는 다 가봤지, – 몰로토프가 정정한다. – 거의 다 가봤어. 모스크바의 타간카 감옥과 부티르카 감옥, 페테르부르크의 프렛바릴카 감옥과 크레스티 감옥에... 그리고 모스크바에서 이르쿠츠크에 이르기까지에 있는 모든 감옥에 있어 봤지. 그게 전부가 아니고, 전국의 주요 감옥은 전부 다 알지. 방문한 적도 있고, 살기도 했고...

— 그에 관해 글로 쓰실 필요가 있습니다.

▶ 이렇게 사람을 들볶기는... 뭘 쓰라는 건가? 이미 다 쓰여 있어. 삶으로 기록되어 있어. 그게 닳아 없어지나? 아무 것도 안 없어져. 내 생각엔 뚜렷이 남아있어.

— 이콘니코프, 그 분은 지금 뭐 하십니까?

▶ 당연히 연금생활자지. 그는 다리 같은 데가 아파. 15년 전쯤 그가 내게 전화해서 우리 집에 한번 오겠다고 하더군. 내가 말했지. "내게 들릴 필요 없소." — "왜 그럽니까?" — "이미 동무는 내가 포함된 〈반당그룹〉에 대한 각종 비방문서에 서명했는데, 우리가 대화할 필요가 뭐 있겠소?"

[옐레나] 스타소바 역시 내게 전화했었는데, 내가 물었지. "서명했소?" 나는 그들과 대화하기를 거절했어.

1979년 11월 7일

— 의장님의 조카 보리스 치르코프가 출연한 영화 〈막심〉 3부작을 보고 있노라면, 그가 영화의 몇몇 장면을 의장님의 인생역정에서 차용한 게 아니가하는 생각이 드는데... 제정 시대에 범죄인들은 49개 도시에서 거주가 금지되었지요...

▶ 다양했지. 49개인가? 42개? 내 생각엔 56개인가? 63개... 나를 여러 도시에서 쫓아냈는데...

— 뱌체슬랍 미하일로비치, 의장님 말씀에 따르면 스탈린이 영화 〈막심〉에 대해 이렇

게 지적을 했습니다. “동맹파업은 저렇게 진행되지 않아. 혁명도 저렇게 되는 게 아니야. 모두 저렇지 않았어. 그렇지만 좋은 영화요!”

▶ 실제로 허구적인 데가 좀 있지. 노동자가 은행에 나타나 지시하기 시작하는 장면 등을 보면 유치하기 짝이 없어. 은행에 임명된 사람들은 학식 있는 사람들이었소. 예를 들면, 라트비아 출신으로 고참 볼쉐비크인 스쿤데, 퍄타코프, 그리고 또 누군가 있었는데... 퍄타코프는 유식하고 머리가 좋았소. 레닌은 젊은이들 중에서 부하린과 퍄타코프만 총애했소. 우리는 그들만큼 높게 평가받지 못했어.

— 저는 영화 〈븨보르크 방면〉을 보면서 의장님께서 페테르부르크 븨보르크 지구 노동자들 사이에서 지하활동을 벌인 사실을 생각했습니다.

▶ 그래, 거기가 내 근거지였지. 고맙게도 거기에 내 그룹이 있었소.

1911년에 페테르부르크에 도착한 나는 곧 종합기술대학에 입학했소. 처음에 나는 가장 귀족적이고 배우기 제일 어렵다는 조선학부에 배정되었지만 곧 바로 경제학부로 옮겨졌어. 그러니까 조선학부에선 채 한 달도 못 배운 거지. 1911년에서 1916년까지 경제학부에서 공부했고, 4학년까지 올라갔소. 거의 공부를 안 했는데, 주로 학교 밖의 내 개인 일에 몰두했지. 그러면서 아주 권위 있는 교수들과 관계를 맺게 되었소. 막심 코발렙스키[15]는 표트르 베른가르도비치 스트루베 같은 사람과 편지를 주고받은 사람이고, 나중에 디야코노프[16]나 추프로프[17] 같은 대가들도 알게 됐지. 이들은 지금 다소 생소할 수 있는데, 추프로프는 통계학의 대가였고, 나는 그의 강의를 전부 수강했소. 통계학이 내겐 아주 재미가 있었는데, 맑스주의자에게도 경제학도에게도 통계학은 매우 중요하지. 그는 매우 훌륭하고 실력을 갖춘 교수였는데, 저명한 부르주아 정치경제학자인 [알렉산드르 이바노비치] 추프로프가 그의 부친이오. 그리고 또 다른 대가들이 있었는데...

나는 그런 것에 특히 큰 의미를 부여하진 않는데, 왜냐하면 역시 제일 중요한 것은 독학이기 때문이오. 나는 강의를 잘 듣진 않았어. 통계학, 경제지리학... 시험을 봤지. 여

15) 막심 코발렙스키(М.М. Ковалевский, 1851~1916)는 귀족 집안 출신의 개량주의적 법/역사/사회학자로서, 1905~16년 페테르부르크대학 교수로 재직하며 페테르부르크 종합기술대학에서도 강의하였다. 1906~16년 러시아제국 국가자문회의 위원을 지냈으며, 1912년 노벨평화상 후보에 올랐다.

16) 미하일 디야코노프(М.А, Дьяконов, 1855~1919)는 1905년부터 페테르부르크 종합기술대학 교수로 재직했던 저명한 역사/헌법학자이다.

17) 알렉산드르 추프로프(А.А. Чупров, 1874~1926)는 맑스, 엥겔스 및 사회운동 문제에 정통했던 통계학자로서, 1902~17년 페테르부르크 종합기술대학에서 교수로 일했다.

러 교수들에게 답안을 냈어. 진지하게 썼지.

일 년 반을 더 배워야 했소. 볼쉐비키 지하활동에 바쁜 사람으로서 나는 오직 진급하기 위해, 또는 최소한 학적을 유지하는 데 필수적인 시험들을 통과하기 위해 노력했소. 내게 중요했던 것은 군대에 징집되지 않는 것이었고, 그래서 학적은 유지되어야 했지. 장학금은 없었지만 뱌트카 군회(郡會)에서 내게 25루블을 주었고, 그게 큰 도움이 됐지. 군회에 에세르가 몇 명 있었는데, 그들이 민주주의자들을 지원했어. 그들은 민주주의자였지, 에세르들 말이오. 그러나 프티부르주아적인...

〈토지에 관한 법령〉은 사회혁명당의 것이오. 완전히 그렇다는 게 아니라, 〈법령〉에 담긴 모든 게 사회혁명당이 지도했던 농민대회의 결정문에서 발췌된 내용이었지. 그렇지, 그게 정확해. 즉, 순전히 사회혁명당이 만든 문서가 아니라, 그 정신과 성격이 사회혁명당의 것이라는 거지. 〈법령〉은 개인 영농을 강화시키는, 지주의 토지를 개인 수중에 나누어주는 그런 체계로 모두 구성되었소. 레닌이 이렇게 말했소. "어떻든 아무 방도가 없습니다. 여기서 여러분은 어떠한 생활수준의 향상도 얻어내지 못합니다. 빈농은 토지를 받겠지만 경작할 수가 없습니다. 부농은 경작하고, 잘사는 농민도 경작하고,[18] 정부가 은행을 통해 융자금을 주는 중농 역시 경작할 수 있겠지만 이들은 소수일 뿐이오." 레닌이 에세르들에게 말했소. "당신들은 시험해보고 싶어 합니다. 그럼 해보시오. 우리가 당신들을 돕겠습니다. 우리가 당신들의 강령을 적용합니다만..." 그런데 나중에, 레닌은 10월혁명 때 우리나라에서 부르주아 혁명이 끝나지 않았다고 표명하고는...

1977년 3월 10일

▶ 스톨리핀은 강력했소, 그럼. 철저히 목적 지향적이었지. 자기 방식으로 농민개혁을 추진했소. 부농계급을 심고 육성했어. 그 이유는 농촌을 자기 수중에 넣으려고, 또 누군가가 지주계급에 대항할 수 있게 만들려고 했던 거요.

1975년 1월 14일

18) 부농(쿨락)은 보유 자금과 잉여곡물의 대여를 통해 많은 이득을 취하는 농촌 지배계급을 지칭하는 개념으로, 부정적 의미가 강하다. 반면 잘사는 농민(зажиточный крестьянин)은 부정적 의미가 배제된, 문자 그대로 부유한 농민을 의미한다.

『프라우다』의 시작

▶ 『프라우다』 편집국은 1912년 페테르부르크에서 방 세 개에 입주했소. 어떤 거리에 있었는지 기억나지 않지만 분명 그곳에 기념 현판이 있을 거요. 아주 평범한 방들을 세냈지. 인쇄소도 있었는데, 다른 곳에 방 두 개를 임차해 썼지. 신문은 합법적으로 발행됐소. 내가 한때 수배상태에 있었는데, 나를 잡으려고 찾는 통에 집에서 잠을 잘 수가 없었소. 그런데도 우리는 흑색백인단[19] 신문인 『젬쉬나』에서 인쇄기를 빌려서 『프라우다』를 발행했어.

내가 동무한테 그 신문에 얽힌 일화를 이야기해주지. 일화가 아니라 삶 그 자체지.

부활제는 일요일 밤 12시에 시작돼요. 예전에는 부활절 새벽근행이라 불렀소. 그런데 이미 저녁 10시에 우리 『프라우다』 일꾼들은 그 『젬쉬나』에서 새벽근행 때 무슨 일이 일어났고 어느 성당에 있었고 무엇을 갖고 나왔는지에 관한 기사를 읽었던 거요. 벌써 헷갈리는데, 한마디로, 봄이다, 부활절이다, 성당에서 사람들이 어떠어떠한 양초를 갖고 나왔다, – 뭐 그런 내용인데, 미리 써둔 기사였지. 성당 주변을 어떻게 우회해야 했는지, 사람들이 얼마나 많이 모였는지, 북새통에 어떤 사건이 발생했는지가 정교회 신자들을 위해 모두 기사화 되어 있었소. 다음날 그들은 거대한 종교의식이 행해진 그 성당에서 간밤에 어떤 일이 벌어졌는지에 관해 읽었지. 이 모든 것이 지난 해 생긴 일들에 기초해 작성된 거짓말이었던 거요. 그래, 그게 기본적으로 반복되었지. 특히 두드러지는 일도 대개 별로 없어. 아무튼, 미국 신문들만 독자를 속이는 게 아니오. 정교도 러시아인들도 10월혁명 전까지 속였어.

1979년 8월 26일

— 어떻게 『프라우다』를 조직하셨는지 의장님께 여쭙고 싶습니다.

▶ 그건 이야기가 길지, – 몰로토프가 빙그레 웃는다. – 어떻게 일꾼들이 모일 수 있

---

19) 흑색백인단(Черносотенцы)은 1905~17년 러시아에서 전제정, 국수주의, 반유대주의 등을 슬로건으로 내걸고 활동했던 극우단체이다. 이들은 처음에 '진정한 러시아인', '애국자', '전제주의자' 등으로 자신을 표현하다가 점차, 17세기 초 도시평민층('쵸르나야 소트냐')으로 군대(Ополчение)를 조직하여 폴란드 침략군으로부터 러시아를 구한 쿠지마 미닌의 역사에서 자신의 정체성을 구했다.

었고, 조직이 성립했고, 신문이 발간됐는지를 이야기해야 돼. 외국 손이 강하게 작용했지. 페테르부르크 노동자 출신의 볼쉐비크로서 당시 국가두마 의원이었던 [니콜라이] 폴레타예프라는 사람이 있었는데, 그에게 『프라우다』 창간 작업에 종사할 사람들을 조직하라는 지시가 내려졌소. 레닌의 지시였지. 자세한 내막은 우리가 단 둘이 있을 때 어떻게든 동무한테 이야기해주지. 그건 저 사람에겐, – 몰로토프가 작가 세르게이 말라쉬킨을 눈짓으로 가르킨다. – 재미없는 이야기일 거야.

1982년 3월 12일

▶ 트로츠키는 우리가 그에게서 『프라우다』라는 신문 이름을 훔쳐온 것에 분노했고, 그에 대한 항의 편지를 썼소. 그가 유럽에서 『프라우다』를 발행했는데, 볼쉐비키가 신문 이름을 훔쳤다고 했지. 트로츠키의 말인 즉, 그의 『프라우다』가 노동자들 사이에 인기가 많은데, 그래서 볼쉐비키가 신문 이름을 훔쳐가지고 지금 트로츠키의 간판으로 자기들을 위장하려 한다는 것이었데... 그는 1910년 오스트리아 빈에서 『프라우다』를 발행했소.

— 메쥐라이온파[20] 말씀입니까?

▶ 완전히 그렇진 않지. 메쥐라이온파는 러시아 국내에 있었소. 외국에는 그런 메쥐라이온파가 없었어. 러시아에서 그들은 전형적인 트로츠키주의자로서 이른바 메쥐라이온파라는 조직을 구성했소. 트로츠키는 1917년 귀국 후에 우리 당에 들어왔지. 루나차르스키, 마누일스키도 함께 입당했지. 그들은 볼쉐비즘에서 이탈했어.

1975년 10월 9일

▶ 우리가 『프라우다』를 발행하고서 반년이 지나 우리 신문이 큰 인기를 누렸소. 매일 발행되는 첫 번째 볼쉐비키 신문으로 합법적이었어. 그 전에는 주간으로 발행되는 『즈베즈다』가 있었는데, 우리는 그것이 곧 폐간될 것이라는 사실을 알았기 때문에 지사

---

20) 메쥐라이온파(межрайонцы)는 1913년 페테르부르크에서 등장한 "연합 사회민주주의자들의 지구간(地區間) 조직" 세력을 말한다. 통일된 러시아사회민주노동당의 수립을 슬로건으로 내세웠던 메쥐라이온파는 트로츠키파의 다른 이름으로서, 1917년 당시 멘쉐비키, 볼쉐비키와 더불어 러시아사회민주노동당 내 주요 세력을 구성했다. 라콥스키, 루나차르스키, 소콜니코프, 안토노프–오브세엔코, 랴자노프, 치체린, 발라바노프, 콜론타이 등이 세력의 주요 인사들이었다.

에게 예비로 『루츠』 또는 『스베타』라는 이름의 신문 발행을 허락해 달라는 청원서를 냈소. 『프라우다』가 폐간될 경우의 대비책이지. 다음에 우리가 새로운 계책을 궁리했는데, 그것은 『프라우다』가 폐간되었을 때 새 이름을 짓는 것보다 그걸 그냥 활용하는 것이었어. 그래서 『프롤레타리아 프라우다』, 그 다음엔 『노동자 프라우다』 같은 신문이 나왔던 건데...

『노동자 프라우다』가 폐간된 후 『진리를 위해』가 발행되었소. 이름을 바꿨지. 돈이 필요했는데, 레닌은 물론 많은 관계를 갖고 있었소.

— 의장님께선 트로츠키가 "결사의 자유!"를 외쳤을 때 볼쉐비키는 슬로건 세 개를 제시했다고 말씀하셨는데...

▶ 그건 공화국, 농민에 토지분배, 8시간제 노동일이었지. 그걸 "세 고래"라고 불렀소. 그런데 트로츠키는 자신의 슬로건이 더 포괄적이며 적실성이 있다고 했어. 사기꾼이지. 나는 1913년 페테르부르크에서 노동자서클을 이끌고 있었는데, 거기서 우리 슬로건을 모두 설명해줬어. 그때 칼리닌도 있었는데, 그는 모습을 드러내지 않으려 했소. 왜냐하면 그는 요시찰 대상이었거든. 몇 번 체포도 당했고, 카프카스, 트빌리시, 에스토니아로 활동하러 다녔소. 그러다가 에스토니아에서 첫 번째 아내와 결혼했는데...

노동자서클의 멤버로는 1917년에 노동인민위원이 된 [바실리] 쉬미트, 이바노보-보즈네센스크의 노동자 출신으로 레닌 치하인 1922년 작은 소브나르콤 의장을 지낸 [알렉세이] 키셀료프 같은 사람들이 있었소. 키셀료프는 괜찮은 사람이나 좀 분명하지 못했는데, 그래도 역시 볼쉐비키 이념을 지지했지. 모호프는 잘 알려지진 않았으나 충분히 흥미로운 노동자였소. 서클은 여러 지역에서 모인 가장 우수한 사람들로 구성된 최고 형태의 것이었소. 이미 그들은 노련하고 박해받은 볼쉐비키로서, 각자 자기 지역을 지도했던 사람들이오. 당시 그들은 유명하진 않았지만 남보다 뛰어났지. 그들에게 트로츠키의 거짓말을 설명하던 게 생각이 나. 멘쉐비키가 발행하던 잡지 『우리의 여명』에만 그의 논문이 실렸는데, 그것은 그들 제일의 이론적, 정치적 기관지였고, 그들의 주된 지도자가 [율리] 마르토프요. 레닌은 마르토프에게 선의를 베풀었는데, 트로츠키의 논문을 게재하다니! 근본 문제는 볼쉐비키와 멘쉐비키 간의, 당시 화법으로는 "프라우다파"와 "루츠파"[21] 간의 투쟁이었는데, 볼쉐비키가 요구했던 것은 제정 타도와 민주공화국 수립이었소. 처음부터 인민적인 민주공화국을 주장했던 것은 아니고, 나중에 그것을 요구했지.

물론, 볼쉐비키는 늘 인민공화국을 지지했지. 그러나 당시에는 제정을 타도하고 공화국을 수립하는 것, 짜리즘에서 해방되는 것만으로도 감지덕지하는 상황이었고, 후에 더 많은 것을 얻고자 했소.

그런데 트로츠키와 멘쉐비키-청산주의자[22]들은 당시 역사단계에서의 주된 과제가 결사의 자유를 쟁취는 것이라 주장했어. 결사의 자유는 연맹, 집회, 인쇄의 자유를 뜻했어. 그들은 말하기를, 자기들이 결사의 자유를 위한 캠페인을 벌이게 되면 그것으로 짜리즘을 전복시킬 것이고, 그럼 정치운동이 더 진전되어 갈 것이라는 거요.

반면 볼쉐비키는 이렇게 말했지. "짜리가 자유를 줄 것이라 기대합니까? 이건 제국입니다! 당신들은 짜리한테서 어떤 자유라도 전혀 받지 못할 겁니다! 그를 내쫓아야 합니다, 그러면... 그렇습니다, 그때 자유는 단지 부르주아적인 것이 될 겁니다. 하지만 그것도 어느 정도는 자유의 새 단계입니다. 짜리즘 하에서는 안 됩니다!" 그런데 [유리] 라린과 다른 사람들이 글을 써서 우리를 조롱했어. 당시 라린은 멘쉐비크였는데 나중에 공산주의자가 됐지. 그는 감바리처럼 약삭빠른 자로, 글쟁이였어. 그는 유럽에 오래 살았고 각종 부르주아 간행물을 물리도록 봤지. 그에겐 본래 다른 성씨가 있었소.[23] 그리고 또 예조프가 있었는데, 그는 본래 체데르바움이오.[24]

그들은 이렇게 썼어. "당신들은 무슨 소리를 합니까? 우리나라엔 노동조합이 있고 우리 신문들이 발행되고 있는데, 결국 이미 쟁취한 자유를 활용해야 합니다." 그런데 트로츠키가 글을 써서 "결사의 자유!"라는 슬로건이 볼쉐비키의 제안보다 더 포괄적이라고 장황설을 늘어놓기 시작했어. 왜 그러냐? 왜냐하면 민주공화국에서도 그들은 노동자를 위한 결사의 자유를 요구할 것인데, 그 말인 즉, 결사의 자유란 짜리즘에 대한 반대만이 아니라 나아가 부르주아 계급에도 반대하는 슬로건이라는 거야. 그런데 그런 말은 사기꾼만이 할 수 있어! 짜리즘 하에서 "결사의 자유!"라는 슬로건이 "전제정 타도"보다 더 우위에 있음을 확인했다고? 웃기는 이야기야. 트로츠키는 매우 똑똑하고 유능한 반(反)

21) 『루츠(Луч, 빛)』는 1912년 9월부터 1913년 7월까지 페테르부르크에서 발행되었던 멘쉐비키 일간지로서, 악셀로드, 단, 조르다니야, 마르토프 등이 제작에 참여했다.

22) 청산주의(ликвидаторство)란 1907~10년 러시아사회민주노동당 내에 등장한 사조로서, 노동운동에 '국가두마'로 대표되는 의회주의적 환경이 마련된 상황에서 불법적 투쟁방식은 청산되어야 한다는 입장을 말한다.

23) 라린(1882~1932)의 본래 이름은 미하일 잘마노비치 루리예이다.

24) 여기에서 예조프는 대숙청 때의 내무인민위원 니콜라이 이바노비치 예조프가 아니라, 율리 마르토프의 친동생인 멘쉐비크 세르게이 오시포비치 예조프(1879~1939)를 말한다.

볼쉐비즘의 수호자로 간주되었어. 많은 사람들이 경악하고 탄식했어. 이르건 늦건 간에 투쟁할 수밖에 없었지. 얼핏 들으면 옳은 소리 같지. 그런데 그건 뿌리부터 썩은 거였소. 볼쉐비키의 슬로건만이 정곡을 찔렀어.

임시정부에 멘쉐비키도 참여했지. 그루지야 이메레티야의 공작 체레텔리를 봐. 그는 스탈린보다 오래 살았어. 하지만 그에게서 받은 행복이라곤 부스러기 하나 없어. 쓴 것이라곤 아무 것도 없고, 그의 목소리조차 들리지 않았어. 웅변가로서는 괜찮았지.

나는『프라우다』를 떠날 수밖에 없었는데, 그때 내가 노동자서클을 이끌고 있었거든. 경찰이 나를 체포하려 해서 지하로 잠적해야 했는데, 그때도『프라우다』에 글을 써서 보냈어. 내가 쓴 기사들이, 세 개로 기억하는데, 1913년의 한날에 한꺼번에『프라우다』에 게재되었던 적이 있었지. 필자가 누군지는 기재되지 않았지만...

—『프라우다』에 체르노마조프라고 있었습니까?

▶ 있었지. 밀정이었소.

— 어떤 인간입니까?

▶ 사제 출신인데, 유대인이었어. 좀 검고 곱슬머리였지. 체르노마조프도 그가 사용한 가명들 중 하나겠지. 그는 비밀요원이었소. 그는 [1913년 5월부터] 수개월 동안『프라우다』의 편집인이었고, 사설을 쓰기도 했어. 그건 이미 내가 그만두고 난 후의 일이고, 그때 이미 난 검거된 상태였지. 나중에 레닌이 국외에서 페테르부르크로 카메네프를 보냈고, 카메네프가 체르노마조프 대신 편집을 맡았지. 체르노마조프가 오기 전까지 우리들이, 우리 죄수들이 거기서 웅크려 있었던 거요.

1916년에 내가 두 번째 유형지에서 탈주해 돌아왔을 때 체르노마조프는 이미『프라우다』에 없었소, – 몰로토프가『프라우다』창간호를 손에 들고 있다. – 우리에게 편집인은 항상 외부에서 잠입한 인물이었는데, 그런 자들이 많이 있었지. 날아든 자, 심어진 자, 또 임명된 자 등 다양했어. 그런 준비가 다 끝나면, 그때 신문 발행 허가를 내주는 거지, – 몰로토프가『프라우다』첫 면에 기재된 직원 명단을 읽는다. – 랴빈이라... 이건 내가 쓴 가명들 중에 하나야. A. 랴빈이 바로 나요. 이런저런 이름들이 가명일 수 있어. 내겐 미하일로프라는 가명도 있었고, 즈바노프라는 가명도...

내가 왜 랴빈이라고 서명했을까? 내 성이 스크랴빈이잖소. 거기서 앞의 두 음절을 지웠고, 결국 스크랴빈 대신 랴빈이 된 거요.

짜리 정부 당국은 『프라우다』 간부들을 체포하고 우리를 붕괴시키려고 집요하게 노력했어. 사보타지는 일상이었고. 『프라우다』는 조직을 보호하기 위해 명목상의 편집인을 내세울 수밖에 없었는데, 흔히 볼쉐비키에게 동조하지만 공산주의자가 아닌 노동자들 가운데 한 명을 골라 편집인으로 등록을 했소. 왜냐하면 당국이 일상적인 일을 트집잡아서, 또는 혁명투쟁의 당위성을 단지 암시하는 기사나 슬로건을 빌미로 『프라우다』에 이런저런 탄압을 가했을 때마다 『프라우다』가 아주 큰 어려움을 겪었기 때문인데, 나는 『프라우다』 편집국원이자 신문사 서기였고, 따라서 나는 신문의 존속을 위해 자신의 편안한 삶을 좀 희생할 용의가 있는 노동자들을 물색해야 했소. 당국은 매우 빈번히 우리에게 벌금 500루블을 부과하는 처분을 내렸는데, 그것은 3개월 금고형으로 대체될 수 있었소. 우리는 석 달 동안 감옥에서 몸으로 때우는 일을 전담하는 편집인을 다수 보유하고 있었고, 그래서 국가에 아무 것도 납부하지 않을 수가 있었는데, 돈이 없었지. 물론 부과된 모든 벌금을 납부했다면 『프라우다』는 활동을 지속할 수 없었을 거야. 우리를 처벌하면서 정부 관헌들은 볼쉐비키를 처벌했다는 사실 자체로부터 작은 안도감을 얻었을 뿐이지. 그렇게 『프라우다』는 살아남았어. 그냥 이름만 바꾸면서 말이오.

편집국이 어떻게 구성되었냐? 물론 편집국을 구성하는 일은 지속되었고, 계속 그 일에 종사했지. 당 질서 속에서 일상이었어. 편집국에다 단순 노동자를 데려다 놓고 있었는데, 불가피할 경우 그는 벌금을 납부하는 것 대신 자신의 몸을 던져 옥살이하기로 자청한 사람이었지.

노동자들이 『프라우다』에 늘 들락거렸고 당의 연락망을 지지해주었소. 그들은 거기서 누가 일하는지 보는 걸 제일 흥미로워 했어. 어떤 방식으로든 당국과 정상적 관계를 유지해야 했고, 벌금도 내야 했지. 『프라우다』가 창간되고 탄압을 감당해야 했던 그 오랜 기간 동안 그 모든 일이 당 질서 속에서 동의되었소. 노동자들 중 당에 헌신적인 한 동무가 벌금을 납부하는 대신 스스로 옥살이함으로써 진짜 편집인은 업무를 위험에 노출시키지 않을 수 있었고 자신이 투옥되는 것을 면할 수 있었지.

여기 『프라우다』 창간호에 스탈린이 쓴 기사가 있는데, 어떤 건지 잘 모르겠네. 아마 「편집국에서」일 거야...[25] 레닌이 서한을 보냈는데... 나를 "타협주의자"라고 불렀어. 그

25) 1912년 4월 22일자 『프라우다』 창간호에 스탈린은 신문의 편집 방향에 관한 사설을 썼다.

런데 내가 타협주의자였다면 비타협주의자인 사람이 누가 있었겠나? 그런데 레닌 자신이 나를 교체멤버로 다시 편집국으로 불러들였고, 나는 그 직무를 수행했어. 다양한 가명으로 기사를 썼지.

1985년 3월 8일

▶ 1915년에 수배된 상태에서 도피생활을 할 때 내가 책임지고 모스크바당 지하조직을 구축했소. 그런데 1928~30년에 내가 모스크바 시당 서기를 했지. 거기에서 우파를 몰아낼 필요가 있었소.

...오늘이 5월 1일이다. 몰로토프가 제1차 대전 중이었던 1915년 모스크바에서 노동절을 어떻게 보냈는지 회상한다.

▶ 모스크바 근교 파브리카 관문 너머에 있는 공장 지역에 크라스나야 로자라는 마을이 있었소. 그곳의 작은 분지에 노동자들 몇몇이 모였고, 내가 그들을 선동했지.

— 꿈만 같습니다! 제가 의장님을 뵙는 게 꿈만 같습니다! – 손님 중 한 명이 소리친다.

▶ 1915년에 모스크바에서 내가 다시 체포됐소.

1977년 6월 16일, 1981년 5월 1일

브라우데, 카라쿠르치, 포테힌...

▶ 밀정이 대체 얼마나 많았던지! 영리하고 노련하고 준비된 자들이었소. 짜리 정부 보안국은 일을 잘했어. 바보들이 아니었어. 그래서 나는 당원증을 받지 않으려고 했는데, 받으면 반드시 안 좋은 일이 생겼어.

1915년 가을에 내가 [바이칼 호 근처의] 만주르카에서 유형생활을 시작했는데, 이름을 바꾸고 재빨리 도망쳤지. 물론 경찰의 감시가 있었고, 거기는 정말, 하느님 맙소사! 끔찍했어. 매달 경찰에 출두해야 했어. 거리에서 얼굴을 마주치면 그걸로 충분했지만, 때론 출두하라는 요구도 있었어. 그게 한 달 동안 해야 할 일의 전부였소. 물론, 잡혔다면 재미있었겠지.

(알렉산드르 골로바노프에게서 들은 에피소드가 생각났는데, 그것은 대조국전쟁 때

스탈린이 그에게 해준 이야기다.

스탈린이 스베르들로프와 함께 유형지에서 탈주했다. 스베르들로프가 세탁물이 담긴 큰 광주리에 들어가 숨었는데, 마주친 헌병이 총검으로 광주리를 찔러보려 했다. 그때 스탈린이 헌병에게 뇌물을 주었고, 그래서 상황을 모면할 수 있었다. 스탈린은 1943년 테헤란 행 비행기가 이륙하기 직전에, 어설픈 음모의 사례로서 자신의 옛일을 이야기했던 것이다. 테헤란으로의 비행은 골로바노프 등의 극소수 인사를 제외하곤 극비사항이었다. – F. 추예프)

그런데 그때 전까지 나는 감옥에 들어가 있었소, – 몰로토프가 말을 이어간다. – 한 감방에 스무 명이 마룻바닥에서 생활했는데, 내부 변기통을 청소하는 게 내가 하는 일이었소. 형사범들이었지. 그들은 내게 나쁘지 않게 대했는데, 우리 같은 정치범을 무언가를 위해 투쟁하는 사람으로 인정해줬어. 아주 이기적이거나 간수에 아첨하는 자들을 빼면 수인들 대다수는 우리에게 경의를 갖고 대했는데, 보통 우리에게 와서 이렇게 말을 해. “여러분 중 누구 방을 청소해줄까요? 시간을 얼마나 주겠어요? 반시간?” 그리곤 산뜻하게 일을 끝내지. 생각나는 게 있는데, 한 감방에서 생활하는 20명 중에서 12~15명이 형사범이야. 그들과 대화하고 있는데 그들이 “당신들에겐 어리버리가 되게 많군!”하면서 바로 [우리에게서] 훔친 것을 내보이는 거야, 참. 서서 이야기를 하다가 한 사람이 어깨로 치면, 그때 다른 사람이 상대의 주머니에 있는 것을 슬쩍…

…몰로토프가 1913년에 같은 감방에서 생활했던 동갑내기 동무를 요양원 〈루스코예 폴레〉에서 만났던 일에 관해 말한다.

▶ 그는 페테르부르크 노동자였고, 나는 『프라우다』에서 일했지. 그가 말하길, 자기는 나를 기억한다면서 내가 감방에서 그들을 위해 정세보고 했던 일을 이야기하더라고… 그러고는 이렇게 말했어. “기억하시죠, 의장님이 〈휘파람을 불며 나는 갔다네…〉, 뭐 그런 노래를 했던 걸 말예요.” 그래, 그랬었지. 그는 좋은 동무요.

— 감방에서 어떤 노래들을 부르셨습니까?

▶ 그건 조용히 동무에게 따로 말해주지, – 몰로토프가 미소 짓는다.

…옆에 손님들이 있었다. 그 후 나는 그게 어떤 노래들인지 묻는다는 걸 잊어버렸다.

1978년 7월 24일

▶ 모스크바에서 이르쿠츠크까지 쭉 형사범들과 함께 구간을 따라 호송되어 갔지. 이르쿠츠크 성에 도착해서 나는 말을 따라 걸어서 갔는데, 그때가 가을, 아니 초겨울이었지. [그리고] 레나 강변의 소도시 베르홀렌스크에서 유형자 몇 명과 나를 내리게 했소.

우린 또 걸어서 이동했는데, 하루 동안 20~25km를 지나면서 숙박도 해결해야 했어. 다리가 물집 때문에 쓸려 아팠지만 대체로 잘 도착했지. 아마 7일이 걸렸지. 대략 200km 거리였소. 모스크바에서 이르쿠츠크까지는 기차를 탔는데, 이르쿠츠크에서 베르홀렌스크까진 짐을 운반할 말을 내줬어. 내 기억에 그곳에선 가을이 무척 건조했어. 목적지에 거의 도착할 즈음 벌써 우리에게 썰매를 내줬지. 산보치고는 나쁘지 않았어, – 몰로토프가 웃는다. – 짐마차에는 일용품이 가득 실려 있었지만, 가끔 좀 쉬어 갈 수 있었지.

나는 다른 유형자들과 마찬가지로 내 옷을 입고 유형지로 갔소. 그리고 감옥에서도 대개 자기 옷을 입고 수감생활을 했어. 죄수복이 따로 없었지.

— 형사범들이 의장님을 공격하기도 했습니까?

▶ 아니오. 그 형사범들은 국경 어딘가에서 투기행위를 한 사람들이었는데, 그들을 체포한 거지. 필경 몇 사람은 돈을 주고 풀려났는데, 그걸 난 몰랐고 신경 쓰지도 않았어. 이르쿠츠크에서 그 위쪽의 한 소도시로, 이제 계속 살게 될 곳으로 떠나기 전에 한 서른 명이 감방에 있었소. 대체로 그 일이 내겐 다행스레 지나갔는데, 아무 것에도 감염되지 않았거든. 병에 안 걸렸지. 물론 호송되면서 병이 나는 것은 아주 안 좋은 일이지. 거기서 뭔가 심각한 병에 걸릴 수도 있었어.

시베리아의 강이 레나, 예니세이 그리고 마지막 것이 생각 안 나는데... 앙가라? 아니, 앙가라가 아니야. 큰 강이 세 개가 있는데. 그렇지, 오비 강, 예니세이 강, 레나 강이지. 왜 이리 정신이 없는지 몰라. 그런데 거점 도시들은 잘 기억해. 모스크바에서 이르쿠츠크까지는 첼랴빈스크를 거쳐서 가는데, 나는 견장이 있는 학생복 상의를 입고 있었어. 내가 표트르 1세 기림 페테르부르크 종합기술대학을 다녔잖소. 이르쿠츠크에서 몇 사람한테 숟가락이 없었어. 밥을 주는데 숟가락이 없다? 그거 문제였지. 같은 감방에 있던 숟가락 없는 동무들이 내게 전권을 부여했어. "네가 가서 우리한테 숟가락을 달라고 말해봐! 안 그러면 우리가 밥을 못 먹어." 내가 모든 감방을 대표해 나서서 우리에게 숟가락을 지급하라고 요구했어. 식사는 수프를 줬는데, 그게 아니면 뭐라도 줬고, 두 번째 코스로 카샤[=포리지]를 줬어. 투기꾼이나 사기꾼 같은 형사범이 대다수였지.

1985년 2월 16일, 1985년 11월 7일

▶ 1915년 말에서 1916년에 나는 이르쿠츠크 유형지에서 쉴랴프니코프와 함께 있었소. 나는 [유형지까지] 차를 타고 제법 멀리 가야 했는데, 그때가 늦은 가을이었기 때문에 나를 레나 [강]까지 데려다주었고, 다음엔 거꾸로 카추그를 거쳐 만주르카 마을에 도달했지. 이르쿠츠크에서부터 병사가 나를 호송했소. 만주르카에서 겨울을 났지. 징역수였던 오르조니키제는 긴 유형을 마치고 있었는데, 그는 더 깊은 오지에서...

쉴랴프니코프는 볼쉐비키 그룹에 속해 있었소. 우리는 그를 리더로 여겼는데... 후에 엄청 타올랐지. 노동자반대파를 만들었어. 그런 사람이 과연 적었을까? 준비가 안 된 노동인이지. 전형적인 니즈니-노브고로드 사람이오. 철자 '오'를 그대로 발음했어.[26] 레닌의 추천에 따라, 국외에 있던 쉴랴프니코프를 이리로 보냈지.

쉴랴프니코프의 강점은 그가 몇 년을 외국에서 노동자로 생활했다는 데 있었소. 영국에서도 프랑스에서도 일했고, 프랑스어를 아주 잘했지. 아마 영어도 할 줄 알았을 거요. 유능한 사람으로, 글쟁이였지. 책을 몇 권 썼소. 혁명 전 시기에 관한 회고록도 있지. 그가 활동하기 시작했을 때... 적극적이고 빈틈없는 사람이었어. 콜론타이의 여러 남편들 중 한 사람이지. 혁명 전에는 부하린 쪽으로 기울었소. 그가 말했소. "레닌이 부하린을 너무 심하게 비판하는 거 아닙니까?" 솔직히, 1917년 2월혁명 직전 러시아에 있던 우리 세 명 가운데 쉴랴프니코프는 노동자반대파가 되었고, 잘루츠키는 지노비예프파가 되었는데, 나만 반대파에 속하지 않았지. 그런데 지금은 나 역시 반대파가 되어버렸어!

1971년 8월 24일

...몰로토프가 이르쿠츠크의 유형지 만주르카에서 맞은 1916년 새해를 회상한다.

▶ 대개 에세르[=사회혁명당원]였던 늙은 혁명가들은 〈라 마르세이예즈〉를 불렀고, 반면 우리 젊은이들은 다른 구석에서 〈인터내셔널〉을 불렀소. 우리는 그들과 서로 비난하고 다투다가 결국 헤어져 우리끼리 따로 모였소. 우리는 보드카, 밀주, 그리고 찰돈[27]

26) 모스크바 표준 러시아어는 철자 '오(o)'를 강세가 없는 경우에 보통 '아'로 발음한다. 반면 남부 사투리는 '오'를 그대로 발음하는 경향이 있다.

이 만든 그 지방 맥주를 마셨는데, 아무튼 다음날 나는 심한 두통에 시달렸어. 왜 그럴까 생각했지. 우리가 도대체 어떤 맥주를 마셨을까 반문했는데, 결국 알게 된 사실은 찰돈들이 술의 도수를 높이려고 맥주에 닭똥을 넣었다는 거요.

코냑을 듭시다! 소비에트 인민은 자신의 최고로 훌륭한 지도자들을 기리며 코냑을 마시지!

…그러고서 그는 두 잔을 마셨다. 물론 단숨에 들이키진 않았다.

1978년 5월 11일

▶ 1915년 9월말부터 1916년 4월까지 나는 만주르카에서 지내다가, 탈주했지. 나를 짐마차로 이르쿠츠크에 데려다주기로 어떤 사람과 약속했는데, 거리가 170베르스타[=약 180km]였소. 신분증이 필요했지. 나는 가짜 신분증을 용인하지 않았는데, 전쟁기간 중 위조 신분증은 중한 형벌이 따르는 사안이었소. 내가 그걸로 두 번 문제가 생겼던 적이 있는데, 법정까지 가진 않았지. 증거가 없었거든.

한 가족이 있었소. 부인이 유형지에 있었는데 그 남편은 변호사이고 멘쉐비크였소. 아주 드문 경우였지. 남편이 부인 때문에 유형지까지 따라 왔던 거요! 부인이 남편을 따라 오는 일은 그때 꽤 자주 있었지. 그녀는 귀족 출신으로 국제주의파 에세르였는데, 이름이 베라 페트로브나 불리치였소. 후에 베체카[28]에서 근무했지. 그녀는 내게 꽤 호의적으로 대했는데, 우린 둘 다 국제주의자였거든. 그녀가 내게 자기 남편의 신분증을 마련해줬는데, 그 이름이 사무일 마르코비치 브라우데였던 거요! 유대인 같았어! 여행 중에 뭔가를 제시해야 하는데, 그걸 자세히 살펴보진 않겠지.

그런데 모스크바에, 페테르부르크에 도착하면 거기서 걸릴 것 같았고, 그래서 뭔가 더 그럴듯한 신분증을 구해야만 했소. 당 조직이 도움을 주었는데, 돈으로 사람들을 유인하는 거야! 그렇게, 감시 대상이 아닌 일반 사람의 신분증을 얻으려고 했지. 내 친구 아로세프의 신분증을 구했고, 다음에 니콜라이 이바노비치 스미르노프[29]가 쓸 것을 구했

---

27) 찰돈(чалдон)은 시베리아 토착 러시아인을 가르킨다.

28) 베체카(ВЧК)는 10월혁명 직후 창설된 국가보안기관으로서 원명은 '전러시아반혁명태업단속비상위원회'로, 줄여서 '체카'라고 부르기도 했다.

29) 니콜라이 스미르노프(Н.И. Смирнов, 1893~?)는 나로포민스크 출신의 볼쉐비크로서 1912년부터 볼쉐비키 당원으로 활동했으며, 10월혁명 후에는 우편전신인민위원부 지도위원(1928~31), 노동인민위원부 지도위원(1932~33),

지만, 우리는 내게 적당한 신분증을 구하는 데 실패했소. 당원증이야 물론 없었고, 소용도 없었지. 사람들이 그리 많지 않았소. 그럼, 문서를 직접 만든다?

동무들이 내게 말했소. "빨리 적어, 적어! 시간 없어."

내가 그렇게 살았어!

1977년 12월 28일, 1978년 5월 11일, 1978년 7월 24일

▶ 내가 [만주르카에서] 탈주했소. 그때 내 이름이 사무일 마르코비치 브라우데요. 페테르부르크 부근 오제르키 지구에 도착하고서, 아파트를 세낸 다음에 계약금을 지불했소.

주인이 물었소. "그런데 당신의 성씨가 뭐지요?" — "카라쿠르치입니다." — "그루지야 사람 아니겠지?" — "아닙니다. 저는 약간 그리스 혼혈입니다. 야콥 미하일로비치 카라쿠르치입니다."

전쟁 중이었지. 그때 나는 나이 스물여섯의 건강한 청년이었소. 우리는 잡히면 전선으로 끌려가는 게 아니라 전쟁 때문에 바로 투옥되었는데, 그런 걸 원치 않았지.

내가 페테르부르크에서 리테이늬 대로를 걸어가고 있는데, 오래 전부터 알고 지내던 데미얀 베드늬가 내 쪽으로 걸어오더군. 잠시 대화를 나눈 후 그가 나를 자기 사무실로 데려갔소. 그는 입헌민주당의 사회분과위원회 같은 데서 일했는데, 큰 사무실에서 할 일 없이 빈둥대고 있었소.

베드늬가 물었소. "그래, 어떻게 지내?" — "지금 지하생활을 하고 있는데, 야콥 미하일로비치 카라쿠르치 신분증을 갖고 있어요." — "그게 누구야?"

나는 베드늬에게 카라쿠르치가 우크라이나 멜리토폴 출신으로 꼽추인데 역시 학생이라고 말해줬소. 내 동무 한 명이 그를 내게 소개해줬다고 했지. 베드늬가 자기 신분증을 내게 주기로 약속했는데, 그에겐 자기 군(郡)에서 발행한 학생 거주허가증이 있었소.

"자네 꼽추란 말이지?" 베드늬가 킬킬거렸어. 명랑한 사람이었지. 그는 형편이 좋았고 그래서 말하는 것도... 그런데 1916년 가을 크론쉬타트 군항에서 수병들의 소요가 시작됐고, 검거 선풍이 불었소.

그 카라쿠르치가 공산주의자 동무들을 통해 내게 말을 전해왔소. 자기 신분증을 돌려

방위산업인민위원부 산하 요페물리기술연구소 소장(1935~37)을 역임하였고, 1937년 11월 반혁명 혐의로 체포되었으나 1940년 무혐의로 석방되었다.

달라고 말이오. 안 그러면 그것 때문에 내가 체포될 수도 있기에, 자기가 그걸 태워버릴 거라고 하더군. 돌려줬지. 별 도리 있나? 나는 다시 신분증이라는 것과 씨름할 수밖에 없었소. 갖고 있던 것을 다른 것으로 바꾸고, 또 다른 것으로 바꾸고... 그런데 밀정이 많았다고 내가 이미 말했는데, 신분증이 어디에서 오는지 알아내기 불가능해서 나는 아는 사람들 것만 받았소.

내가 오룔에 갔는데, 거기에 아는 사람이 한 명 있었소. 종합기술대학에 같이 다녔던 학생인데, 그가 우리 볼쉐비키 조직에 들어왔지. 그가 문득 이런 생각을 했건 거요. "내가 학업을 계속하면 대학을 졸업할 것이고, 다음에 어딘가 들어가면 다시 부르주아적인 생활이 계속될 것이다. 차라리 러시아 문화를 위해 일하리라!" 그리고는 학업을 포기하고 진보 문학을 보급하기 시작했소. 그의 부친이 오룔에서 서점을 갖고 있었거든. 물론, 바보짓이지. 하지만 매우 좋은 청년이고 정직한 사람이었소. 후에 맑스 · 레닌주의연구소에서 일했지.

그런데 나는 그가 결핵환자라서 병역이 면제되었다는 것을 알고 있었어. 오룔에 갔지. "알렉산드르 스테파노비치, 안녕하신가?" — "무슨 일로 왔어?" — "자네 신분증이 필요해서 왔지. 자넨 집에 있고 거주등록이 되어 있는데, 다행히 자네한테 신분증이 필요 없지 않은가. 당분간 내가 좀 쓰겠네."

당시 사진은 필요 없었소. 사진 기술이 그리 발달하지 않았기 때문이지. 하지만 나이는 비슷해야 했소. 왜 내가 병역 면제야? 꼽추였기 때문이지. 즉, 그런 [법]조항에 의해 면제됐던 건데... 결핵환자에 대해서도 조항이 있었소. 그래서 2월혁명이 발발했을 때 나는 알렉산드르 스테파노비치 포테힌이었소. 그리고 그때서야 제대로 된 내 신분증을 만들었소.

단 5개월 동안, 즉 1916년 9월부터 1917년 2월까지 내 이름이 여섯 번 바뀌었소.

— 사람들이 말하길, 의장님과 스탈린이 워낙 많이 체포되었던 탓에 [감옥의] 모든 출구를, 모든 개구멍을 훤히 알고 있었고, 나중에 소련 감옥에 지시해 탈주하지 못하게 개구멍을 모두 막았다고 합니다.

▶ 맞아, 그랬소. 당연하지.

1974년 3월 8일

▶ 1916년 가을부터 2월혁명 때까지 나는 지하생활을 하고 있었소. 페테르부르크 안에만 있었고, 어디로도 나가지 않았소. 신분증 구하러 에스토니아에 딱 한 번 다녀왔군. 『프라우다』에서 일한 고참 볼쉐비크 한 명이 거기 있었는데, 나보다 나이가 많았지. 물론 그건 모험이었지만 혁명 때까지 운 좋게 체포되지 않고 살 수 있었소. 그 다음에 몰로토프로 합법화됐지.

— 의장님께선 당에서 어떤 가명을 쓰셨습니까?

▶ 뭔지 기억이 잘 안 나는데... 우리 학생조직에서, 처음에 나를 "쟈쟈"[=아저씨]라고 불렀소. 첫 번째 유형을 갈 때까지 말이오. 나중에는 성씨 없이 "알렉세이 페트로비치"라 불렀지.

— 그럼 언제부터 몰로토프가 되셨습니까?

▶ 전쟁 중이었던 1915년에 합법적으로 발행되던 볼쉐비키 잡지 『보험문제』에 내가 글을 하나 게재했는데, 당시 노동자들은 잡지가 노동보험에 관한 것이라는 걸 알고 있었소. 유일한 볼쉐비키 잡지였는데, 전쟁 중에도 살아남았어. 그때 처음 몰로토프라는 이름으로 서명했지.

내 성이 스크랴빈인데, 내가 특히 흥분하면 그것을 발음하기가 힘들어. 자음이 너무 많아. 그래서 쉽게 발음할 수 있는 보다 단순한 성을 찾았는데, 마호프가 좋을까, 아니면 몰로토프가 좋을까 고민을 했소. 흥분했을 때도 내게는 발음하기 편했지.

공장 냄새가 나는 성이지.[30] 나는 노동자와 함께했고 노동자서클에도 몸담았소.

— 멋진 성입니다.

▶ 문학에서는 몰로토프가 그리 긍정적이지 않은데, 포먈롭스키의 작품을 보면 그렇지.[31]

— 그런데 스탈린은요? 스탈린이란 성은 어떻게 생겨났습니까?

▶ 그걸 언제부터 썼는지 기억이 나지 않는데, 어떻게 그걸 착안했는지 스탈린에게 물어보지 않았소. 그것 역시 공업적이지. 그는 강함을 강조하고자 했는데, 하지만 그에게 잘 어울려. 잘 어울려.

— 그런데 레닌은 어떻습니까?

---

30) 몰로토프에는 '망치'라는 뜻이 담겨있다.

31) 니콜라이 포먈롭스키(Н.Г. Помяловский, 1835~1863)는 체르니쉡스키의 영향을 받은 사실주의 작가로서, 대표작으로 『소시민적 행복(Мещанское счастье)』, 『몰로토프』 등이 있다. 『소시민적 행복』에서 주인공 몰로토프는 공정한 세계를 꿈꾸는 나이브한 낭만주의자로 묘사되고 있다.

▶ 레나 강 학살사건[32] 훨씬 이전부터 그 성을 사용했소. 내 생각에, 레나 강에서 착안했을 거야. 물론 레닌은 레나 강이 아니라 예니세이 강 쪽에서 유형생활을 했지만. 그의 역사에, 그의 생애에 그 어떤 옐레나[=레나]도 없었소. 속설이 있긴 하지. 레닌이 처음 체포되었을 때 그를 취조했던 국가헌병 대위의 성씨가 레닌이었다는 건데, 그건 좀...

1975년 1월 14일, 1978년 3월 4일, 1977년 12월 28일, 1979년 1월 1일

▶ 유감스럽게도, 스탈린은 지하활동을 했던 기간이 적어. 거의 감옥에 있거나 유형지에 있거나 했지. 나는 수감생활을 적게 했고, 그래서 활동의 여지가 많았는데... 나는 2월혁명이 발발하기 전 마지막 석 달간 [러시아사회민주노동]당의 돈을 받았소. 아니면 스스로 벌어서 살았지. 혁명 전에 나는 잡지 『소브레멘늬 미르』[33]의 경리이자 편집국 서기였소. 나중에 군대에 끌려간 아로세프가 나를 거기에 취직시켰는데, 그때가 1916년이었소. 아로세프가 그곳의 경리였는데, 그 전까진 은행에서 일했지. 그가 나를 추천한 거요. 1916년 11~12월부터 시작해 월급 100루블을 받았는데, 많은 건 아니었소. 그땐 [전쟁으로] 물가가 터무니없이 비쌌어.

율리안 세묘노프[34]가 자기 책 『고레니예』에서 제르진스키를 언급하며 그의 책상 위에 『미르 보쥐』[35]와 『소브레멘늬 미르』가 놓여 있었다고 했는데, 허나 그건 정확한 게 아니오. 둘 다 같은 잡지요. 1905년까지 『미르 보쥐』였고, 그 다음에 『소브레멘늬 미르』가 된 거고, 그게 지금은 『노븨이 미르』[36]요. 이름만 다르지 다 뿌리는 같지.

문제는 1916년에 내가 『소브레멘늬 미르』의 편집국 서기이자 경리였다는 거요. 내가 직업혁명가로 전업하기 전인 1916년 말의 2~3개월을 호구지책으로 그곳에서 일했소. 11월에서 12월 동안이었던 게 분명해. 멘쉐비키 형의 잡지였는데, [니콜라이] 이오르단스키

32) 1912년 4월, 레나 강변의 소도시 보다이보에서 금광 노동자들이 파업 중 그 지도자들의 체포에 항의시위를 벌였는데, 이들에 국가헌병단이 발포하여 수백 명의 사상자가 발생한 사건이다.
33) 『소브레멘늬 미르(Современный мир)』는 1906~18년 발행된 월간 문예지로, 제호는 '현대 세계'라는 뜻이다.
34) 율리얀 세묘노프(Ю.С. Семёнов, 1931~1993)는 작가이자 기자, 평론가로 1989년에 신문 『Совершенно секретно(극비)』를 창간하기도 했다. 소비에트 시절에 '탐사보도'라는 장르를 개척한 선구자에 속한다. 『고레니예(Горение, =burning)』는 펠릭스 제르진스키의 1900~11년 혁명활동을 다룬 4권짜리 역사소설이다.
35) 『미르 보쥐(Мир Божий)』는 1892~1906년 페테르부르크에서 발행된 월간 문예지로서, 제호는 '신(神)의 세계'라는 뜻이다.
36) 월간 문예지 『노븨이 미르(Новый мир)』는 1925년부터 모스크바에서 발행되었다. 제호는 '신(新)세계'라는 뜻이다.

가 발행인이었소. 나는 실제로 잡지의 경리가 아니라 서기였소. 경리 업무에 관해 나는 아는 게 전혀 없어. 어찌 되었건 일 처리는 했지. 1월부터 당에서 내게 봉급을 주기 시작했는데, 그 전까지는 일할 만한 곳이 없었소.

1978년 3월 4일, 1979년 1월 1일, 1982년 2월 5일

— 의장님께선 푸리쉬케비치와 로쟌코를 보셨습니까?

▶ 로쟌코? 봤지. 구츠코프도 봤고...

— 밀류코프도 역시 보셨지요?

▶ 그럼, 당연하지. 코르닐로프와는 논쟁을 했지.

— 라브르[=코르닐로프]하고 말입니까?

▶ 그렇소. 1917년 2월혁명을 지지하는 간행물에 관해 논쟁을 했지. 그가 소리쳤소. "모든 관점에 대해 출판의 자유가 이상적으로 보장되어야 합니다!" 그렇게 공표됐고, 정치적 지향에 무관하게 모든 종류의 문예물과 신문이 전선에 반입됐는데...

— 그런데, 짜리는 만나보셨습니까?

▶ 어떻게 짜리를 만나? 맙소사, 아니오. 내가 짜리를 만나야 할 이유라도...

— 그런데 케렌스키는요? 여러 번 만나셨습니까?

▶ 그렇지, 많이 만났지. 유능하고, 젊고, 훌륭한 연설가였소. 에세르들이 모두 그를 좋아했지. 그는 에세르들의 리더이었고, 빨간색의 큰 나비넥타이를 매고 다녔소. 에세르들은 빨간 나비넥타이를 좋아했지. 그들은 대개 감정적 혁명가였소. 그들은 행보는 헌신적인 것이었는데, 때론 아주 훌륭한 일을 했지만 동시에 비겁한 짓도 했어. 그들은 사회주의자이자 혁명가였으며, 잘 알겠지만 그 이상이었소.

케렌스키 자신은 에세르-트루도빅이지.[37] 트루도비키 당이 있었는데, 그것은 합법 활동을 지향하는, 보다 온건한 사회혁명당원들로 구성되었소. 달리 말하면, 노-노-농민 그룹이지. 그는 사회혁명당 정신으로 충만한 농민-노동 그룹을 이끌었소. 그는 국가두마에서 회의를 주재했고, 이미 연설가로 꽤 유명했는데 에세르-트루도빅, 즉 케렌스키파

37) 트루도비키(Трудовая группа)는 1906~17년 국가두마에서 활동했던 원내 분파로서, 농민뿐만 아니라 노동자 및 근로지식인의 이익을 대변하고자 했다. 사회혁명당을 기반으로 했던 트루도비키는 당이라는 명칭을 쓰지 않았으며, 제3대 국가두마에서 14석, 제4대 때는 10석을 차지했다.

의 주요 연설가였소.

나는 많은 에세르들을 알고 있었고, 스피리도노바와 많이 만났소. 트루톱스키라는 사람도 있었지. 첫 번째 소브나르콤에서, 공영사업 문제에 대해... 에세르들은 농민과 프티부르주아지를 위한 농민정당이오. 농민의 입장에 선다면, 농민은 소자산가 아닌가? 때문에 그들은 원하든 원치 않든 프티부르주아지의 이해관계를 옹호하게 되는 거요.

그런 정당만 있었던 게 아니지!

카데트, 즉 입헌민주당원들은 군주제를, 짜리를 지지하며 동시에 의회주의를 주장했소. 영국의 자유당원들과 비슷했지. 카데트당에는 부르주아 인텔리, 귀족, 장교나 장군의 자제 등이 많았소.

그런데 상인들의 생각이 더 훌륭했소. 그들은 우파적 질서에 기초한 중도적 진보를 지향하는 당을 만들었는데,[38] 진보를 지지하지만 그것은 온건해야 한다는 거지.

정당이 엄청 많았소. 머리가 어지러울 지경이었지. 미카엘대천사당... 평화혁신당...

— 동시에 여러 정당에 적을 두는 그런 인물들이 필경 있었겠죠?

▶ 사기꾼들이 물론 많았지, 도처에.

1976년 3월 5일

2월부터 10월까지

▶ 1917년 2월에 나는 페테르부르크에서 지하생활을 하고 있었는데, 그랬어도 중앙위원회 러시아사무국[39] 멤버였소. 러시아사무국의 소재를 아는 사람이 많지 않았는데, 살

---

38) 몰로토프가 '진보당(Партия прогрессистов)'을 염두에 둔 듯하다. 진보당은 1912년에 '10월당(Союз 17 октября)'의 분열로 등장했으며, 제3대 국가두마에서 28석, 제4대 때는 48석을 점유했다.

39) 러시아사회민주노동당 중앙위원회 러시아사무국(Русское Бюро ЦК РСДРП)은 당 지도자들이 국외 망명지에 있는 상황에서 러시아 내지에 설치된 일종의 중앙 집행기구였다. 제2차 당대회 후인 1903년에는 키예프, 1904년에는 모스크바, 1905년부터는 페테르부르크에 위치했는데, 1905년 혁명기에 당 중앙위원들이 대거 귀국하면서 활동이 소멸되었고, 1907년 이후에는 국원들이 체포됨으로써 유명무실화되었다. 러시아사무국은 1912년 레닌에 의해 러시아 내지에 다시 설치되었으나, 1914년 전쟁이 시작되면서 국원들이 모두 체포되는 바람에 와해되었다가 1915년 재건되어 1917년까지 볼쉐비키당의 연락사무소 비슷하게 명목을 유지하였다. 문제는 중앙위원회 러시아사무국이 러시아사회민주노동당 전체의 기구였다는 데 있었고, 따라서 1917년 2월 볼쉐비키당의 독자 활동이 시작된 후에는 그것을 러시아볼쉐비키사회민주노동당 중앙위원회 사무국(Бюро ЦК РСДРП(б))이라고 불렀다.

아남으려면 숨을 수밖에 없었지. 당시 사무국의 멤버는 쉴랴프니코프, 잘루츠키 그리고 나, – 이렇게 모두 세 명이었소.

잘루츠키는 한때 내 친구였는데 노동자였소. 우리는 2월혁명 직전 중앙위원회 러시아사무국에 있었소. 3인방이었지, 러시아사무국 멤버가... 그건 2월의 부르주아 혁명이었소. 1916년 말에서 1917년 초까지 아무도 없었어. 레닌은 외국 망명지에 있었고, 스탈린은 시베리아의 유형지에, 스베르들로프 역시 시베리아 어딘가에 있었지. 한마디로 아무도 없었소. 그래서 우리는 이를테면 호랑이 없는 굴에 있었던 거지. 중앙위원회 사무국, 러시아사무국은 러시아에서 당 중앙위원회를 대리하는 기구였소. 페트로그라드에 있으면서 우리는 2월혁명을 준비했소.[40]

— 신문을 발행했습니까?

▶ 거기서 무슨 신문을! 모두 폐간됐지. 지하 신문만 있었소, 불법적인 것만. 어떤 것이었더라... 짜리즘을 타도했지. 제법 근사하게 타도했는데... 근사하게.

1971년 8월 24일, 1976년 3월 5일, 1985년 5월 9일

▶ [1917년] 2월 26일의 사태가 벌어졌을 때 나는 잘루츠키와 함께 그래도 상황이 어떻게 전개되고 있는지 알아보기 위해 븨보르크 지구에 있는 우리 아지트로 갔소. 당시 나는 잘루츠키와 더 친하게 지냈는데, 우리의 세 번째 멤버 쉴랴프니코프가 거기에 없었소. 사람들이 그가 막심 고리키의 집에 있을 것이라고 해서 고리키 집으로 갔는데, 그때가 늦은 밤이었소. 아마 자정이 넘어 이미 27일이었을 거요. 거리에서 총소리가 났는데, 아무 데나 총을 쏴댔어. 나와 잘루츠키가 고리키 집 현관 앞에 도착하자 고리키가 나왔는데, 그때 그를 처음 봤지.

우리가 물었소. "무슨 이야기를 못 들으셨습니까? 쉴랴프니코프가 여기에 있지 않습니까?" 그러자 그가 남부 억양으로 답하더군. "지금 이미 페트로그라드 노동자 대의원 소비에트 회의를 하고 있소." — "그런데 어디서 회의를 한답니까?" — "타브리다 궁이

40) 2월혁명은 1917년 2월 23일(신력 3월 8일) 국제 여성의 날을 맞아 페테르부르크 노동자들이 기획한 시위가 계기가 되었다. "기아 폭동"은 대규모 시위와 총파업으로, 시위대와 진압부대 간 충돌에 따른 유혈사태로 발전했으며, 2월 27일에는 페트로그라드군관구 병사들이 혁명에 본격 가담하고 페트로그라드에서 소비에트와 임시정부라는 이중권력이 등장함으로써 짜리즘은 종말을 고하게 되었다.

오. 쉴랴프니코프가 아마 거기 있을 거요. 내게 왔다가 떠났소."

우리가 타브리다 궁에 도착한 후 케렌스키를 불렀지. 케렌스키가 소비에트 의장이었는데, 우리는 그에게 우리가 누군지 밝혔소. "우리는 볼쉐비키 중앙위원회에서 왔는데, 회의에 참석하길 원합니다." 그가 우리를 간부회로 데려갔는데...

1917년 2월 27일 케렌스키는 그때 막 창설된 페트로그라드 소비에트에 나를 넣어줬소. 거기에 볼쉐비키가 거의 없었소. 아주 적었지.

그런데 이 모든 게 국가두마 건물인 타브리다 궁에서 벌어졌는데, 케렌스키는 혁명의 상황에 관해 모두 알고 있었소. 노-농민 그룹의 리더로서 그는 국가두마 내 여러 의원 그룹들 모두와 연결되어 있었는데, 혁명의 시간에 자유주의자들 역시 농민 그룹과 어떤 관계를 맺길 원했소. 아주 영향력이 큰 사람이었지...

우리 러시아 인텔리겐치야는 농민계급과, 부농계급과, 잘사는 농민들과 밀접히 연계되어 있었소. 볼쉐비키는 그렇게 노동자 대의원 소비에트 회의에 참여하기 시작했어. 회의 자체는 분명 겨우 막 시작된 상태였는데, 멘쉐비키 사회민주 그룹의 리더인 츠-츠헤이제가 회의를 주재하고 있었소. 훌륭한 연설가였냐고? 내가 그의 연설을 별로 듣지 못했는데, 그 회의에서 그는 거의 등단하지 않았소. 아주 유순한 그런 사람이었지. 턱수염이 있고, 품위도 있었고.

— 혹시 츠헤이제가 어떻게 자살했는지 아십니까? 그는 파리에서 빵 써는 칼로... - 쇼타 이바노비치가 말한다.

▶ 알지... 그때 우리는 "임시정부 지지 불가!"라는 슬로건을 내걸었소. 어떠한 지지도 불가하다는 거지. 나는 그것이 자본가와 지주의 정부이며, 따라서 그것이 반혁명 노선을 추구할 것이라고 공식화했소. 거기에 좀 부정확한 게 있었는데, 그래도 레닌은 나중에 그 기본 내용을 승인했지...

내가 들어가서 가-간부회 테이블 뒤로 갔소. 갈 데가 어디 있어? 소비에트에 필히 들어가야지...

간부회에서 나는 당시 『소브레멘늬 미르』의 발행인이자 편집인인 이오르단스키 바로 옆에 앉았소. 그 얼마 전에 내가 『소브레멘늬 미르』에서 경리이자 편집국 서기로 일했고, 그때 나는 알렉세이 페트로비치 카르포프라는 이름을 썼소. 이오르단스키는 술고래였는데... 나중에 그가 우리의 이탈리아 주재 대사가 됐고... 그의 모든 업무는 당시 그와 함께 살던 마리아 카를로브나라는 여자가 모두 맡아 처리했소.

아무튼, 그가 내 옆에 있게 됐지. 내가 그의 잡지사에서 일할 때는 카르포프였는데, 간부회 회의에서 내가 몰로토프란 이름으로 발언하고 있는 거야. 그가 눈을 휘둥그렇게 뜨고 날 봤어! 내가 제안을 하나 했지. 혁명을 지지하는 신문들에 대해서만 그 발행을 허가하자는 거였소. 혁명을 지지하지 않는 신문들은 폐간시키고. 내 제안은 통과되지 못했소. 아마 내가 그것을 제대로 변론하지 못했겠지, 본질적으로 내가 옳았다고 생각하는데... 그런데 그에 앞서 나는 우리 아지트에 들러서, 카유로프라는 한 노동자가 만든 선언문을 교정하게 되었소. 문안을 다듬고 바꾸고 추가했는데, 대체로 괜찮게 됐지. 후에 레닌이 그것을 추인했소. 바로 그날 우리는 선언문을 유포시키기도 했지. 나는 전혀 거리낌 없이 인쇄소로 갔는데, 거기는 [페트로그라드 소비에트의 기관지] 『노동자 대의원 이즈베스치야』가 처음 인쇄된 곳이기도 해. 신문 호외가 저녁에 발행됐는데, 그때 나는 이미 인쇄소에 없었지. 아침에 『노동자 대의원 이즈베스치야』 제1호가 나왔는데, 나는 그날 밤새 인쇄소에 앉아 있었소. 거기에 편집국의 일원으로 스테클로프가 있었고, 수하노프와, 역시 나중에 꽤 유명해진 세레브로프도 있었지. 나는 우리의 선언문을 그들에게 내밀어 그걸 『노동자 대의원 이즈베스치야』에 싣게 하고는, 아침에 차를 타고 타브리다 궁으로 출발했소. 그때 한숨도 못 잤지.

1977년 3월 10일

— 의장님께 차가 있었습니까?

▶ 차는 무슨 차! 혁명의 시간에 사람들이 징발을 했지. 그런데 우리는 이미 지휘관 자격으로 차량들을 사용했소. 아침에, 대여섯 시 되었을까, 나는 다시 타브리다 궁으로 갔고, 차를 타고 다니며 『이즈베스치야』와 우리 선언문을 좌우로 살포했소. 이렇게 말이오, – 몰로토프가 몸짓을 한다.

1972년 6월 29일, 1979년 1월 1일

▶ 그때 스테클로프가 내게 말했소. "우리가 좀 일찍 태어난 거 같아!" 나중에 레닌 치하에 그는 꽤 오랫동안 『이즈베스치야』의 편집인을 했지. 고참 볼셰비크였는데, 나중

에 멘쉐비키 타입의 타령만 늘어놓다가 당을 떠났소. 타브리다 궁에서의 두 번째 회의 때 내가 제안을 하나 했는데, 통과되지 못했소. 또 내가 케렌스키를 비판하는 연설을 하게 됐는데…

나는 2월혁명의 사건들에 직접 참여했소. 레닌은 없었고, 우리는 스스로 지도할 수밖에 없었소. 레닌의 지시는 없고, 그래 있을 수가 없었지. 2월혁명의 날은 레닌에게만 예상치 못했던 사건이 아니야. 그건 페트로그라드에 있던 우리에게도 마찬가지였소. 모든 것을 미리 예상할 수 없었지.

— 의장님께선 『프라우다』에서 일하고 계셨는데, 1917년 7월사태 때 스탈린과 카메네프가 의장님을 편집국에서 쫓아냈다고 말씀하셨던 것 같은데요…

…몰로토프가 처음에 무슨 말인지 모르겠다는 듯한 표정을 짓더니 곧 빙그레 웃었다.

▶ 스탈린이 [페트로그라드에] 도착하기 전에 내가 『프라우다』를 재건했소. 『프라우다』가 발행되기 시작했을 때 스탈린과 카메네프는 아직 없었다고! 그 후에 스탈린과 카메네프가 실제로 나를 거기에서 내쫓아버렸지. 그렇게 된 거요. 1917년 일이었지.

자료를 통해 확인할 수 있소. 당시 『프라우다』를 보면 되지. 카메네프 측에서 큰 과오를 저질렀다는 것은 모두가 아는 일이오. 스탈린, 카메네프, 무라노프가 유형지에서 돌아왔소. 무라노프는 노동자 출신의 볼쉐비크로서 국가두마 의원이었고, 정치적 견해에 있어 스탈린과 카메네프에 의지했소. 그때까지 『프라우다』 편집국엔 나, 칼리닌, 그리고 아마 올민스키가 있었는데… 지금 올민스키가 그때 있었는지 정확히 기억나지 않는데, 아마 있었을 거요. 예니세이스크 유형지에 함께 있던 스탈린과 카메네프가 페트로그라드에 돌아왔을 때, 그들은 편집국에서 나를 빼버렸소. 그때 그들은 대체로 함께 행동했는데… 또 그때 중앙위원회 사무국에서도 나를 빼버렸소. 2월혁명 전에 나는 중앙위원회 사무국 멤버였고, 말하자면 당의 기간 일꾼이었는데, 그건 레닌이 추인한 거지. 2월혁명이 터졌을 때 중앙위원회 사무국을 충원하기 시작했는데, 거기에 형식적 선거 같은 게… 누가 충원할 수 있었을까? 우리 스스로 결정했지. 칼리닌을 받아들이기로 했는데, 그는 그때까지 사무국 멤버가 아니었소. 다음에 슈트코를 끌어들였는데, 그는 그저 그런 선동가이자 선전가였소.

그런데 지하활동 시절에 스타소바가 우리를 많이 도와줬는데, 그녀는 사무국에 들어오지 않았소. 노동자보험 업무의 책임자였던 오시포프도 우리를 도왔는데, 우리가 그를 사무국 멤버로 받아들였으나 그는 실제 아무 역할도 하지 않았소.

또한 다른 동무들이 있었는데, 그들을 조금씩 중앙위원회 사무국으로 끌어들이기 시작했소. 누군가가 [혁명을 위해] 무엇이든 해야겠다고 나서면, 우리는 당연히 그를 새 멤버로 추가했소. 말하자면, 마리야 일리니츠나, 안나 일리니츠나[41]처럼 우리 노선을 일관되게 보급하는 그런 이들을 어찌 받아들이지 않을 수 있겠소!

사무국이 그렇게 충원되었소. 그런데 2월혁명 초기에 [볼셰비키당] 페트로그라드 위원회에서 나를 배척해버렸어! 내가 [위원회에] 정세보고를 하고, 중앙위원회 사무국 명의로 결정문을 직접 썼는데, 그때 극도로 혁명적인 노선을 취했지. 그런데 그건 비판자들의 대다수조차 논박하지 않았을 정도로 기본적으로 옳은 노선이었소. 즉, 새 정부는 반혁명적이며, 리보프 공작, 구츠코프, 케렌스키는... 케렌스키가 노동자 대의원 소비에트에서 연설을 했는데, 내가 나서서 그를 비판했고 잘루츠키도 비난 연설을 했소. 그런데 나중에, 중앙위원회 사무국의 위임을 받아 내가 볼셰비키당 페트로그라드 위원회 회의석상에서 정세보고를 했을 때, 나는 궁지에 몰렸소. 내가 제출한 결의문은 거부되고 대신 다른 것이 채택됐소. 칼리닌, 슈트코, 그리고 또 누군가가 나를 지지했는데, 우리는 소수파에 불과했지. 기본적으로 우리는 초지일관 혁명적인 입장을 취했소. 즉, 우리는 임시정부를 부르주아적이라 규정하고, 대놓고 반혁명 정부라고 불렀소. 애초에 우리는 임시정부 타도를 주장하진 않았는데, 나중에, 임시정부 타도로 가는 잘못된 행보를 했지. 내가 그런 행보에 가담하지는 않았으나, 어쨌건 나는 임시정부가 부르주아적이고 반혁명적이라는 입장을 확고히 유지했소. 우리에겐 분명한 결론이 부족했을 수 있으나, 임시정부 문제에서 우리는 일관되게 아주 비판적인 입장을 취했소. 임시정부의 활동을 지지하지 말자는 것이었지. 그런데 다른 노선이 승리했소.

다른 노선의 주창자가 누구였냐? 지금 그가 누군지 정확히 거명할 순 없지만 포드보이스키, 그리고 레닌그라드, 아니 당시로는 페트로그라드 노동자 출신으로 당 중앙위원에 선출되었던 [그리고리] 표도로프가 그런 노선을 적극 옹호했소. 폴리티쿠스, 그러니까 [레프] 미하일로프[42]도 있었고, 몇 명이 더 생각나지만 가장 적극적인 옹호자 중 하나가 포드보이스키였을 거요. 그가 연설은 별로 안 했지만, 분명해. 나중에 당 중앙위원과

41) 마리야와 안나는 레닌의 누이들이다.
42) 폴리티쿠스의 본명이 레프 미하일로프이다.

노동인민위원을 지낸 쉬미트도 그에 적극 동참했지. 그들은 나와는 달리 "비판적 지지" 노선을 천명했소. 임시정부는 부르주아적인 게 분명하지만, 그래도 그것이 혁명에너지를 지녔다면 바로 그만큼 지지해야 한다는 주장이었소.

우리는 임시정부를 반혁명적이라 규정하고는 그에 대한 지지에 반대했으며, 나아가 혁명정부 수립을 위해 투쟁하자고 제안했지. 그러나 우리에겐 레닌과 같은 대안이 없었소. 소비에트 정부, 소비에트 권력 같은 것 말이오. 그런 게 우리에겐 없었소. 나는 민주공화국을 옹호했지 사회주의에 관해선 꿈꾸지 않았어. 그게 나를 좌절케 했소. 기회주의적인 "비판적 지지" 노선은 레닌이 귀국한 후 심판을 받았소. 그런 입장은 옳지 않다는 거지. 우리 입장이 완전히 분명했던 건 아니지만, 그래도 그것이 보다 일관성이 있었소.

스탈린과 카메네프가 귀환했을 때, 그들은 페테르부르크 위원회에서 나를 배척하고 『프라우다』 편집국에서 말하자면 교묘하게, 잡음 없이, 노련한 솜씨로 역시 나를 쫓아냈소. 그들은 더 큰 권위를 갖고 있었고, 그건 전혀 의심의 대상이 아니지. 나이로도 나보다 열 살이 더 많았소. 나는 저항하지 않았어. 내가 지지를 받지 못하는데 어떻게 저항한단 말인가! 나는 내 의견을 개진했고 무언가 좀 부연했지만, 역시 소수파였소. 우리가 쫓겨나던 그때 『프라우다』에는 카메네프가 쓴 유명한 사설이 게재됐소. 제목이 「총알에는 총알로」였는데, 눈에는 눈, 이에는 이로 대응하자는 거지. 그건 주전론의 노선이었소. 그런데 그때 스탈린이 『프라우다』 편집국에 있었소. 거기에 과오가 있었지. 우리 때는, 우리가 있었을 때는 그런 게 없었소.

그게 스탈린의 과오요. 그 시절에 그의 또 다른 과오도 있어.[43] 그의 글이 『스탈린전집』에 실려 있는데, 왜 그게 거기에 있는지 지금까지 모르겠어. 1917년을 복잡하게 생각할 필요가 없어요. 자, 보자고. 거기에 전쟁문제에 관한 글도 있소. 거기에도 같은 생각

43) 스탈린의 지도 노선은 노동자·농민의 혁명적 민주독재 이론을 근간으로 하는 레닌의 연속혁명론을 이중권력이라는 상황에 적용시킨 결과였다. 문제는 '임시혁명정부'의 토대가 되어야 할 소비에트에서 볼쉐비키가 군소세력에 불과하다는 사실에 있었다. 소비에트는 반혁명적인 임시정부를 부단히 압박하며 부르주아 혁명 과제를 조속히 완수해야 했는데, 그러다보니 소비에트를 주도하는 멘쉐비키의 노선을 추종하는 것도 소비에트와 대립하는 것도 바람직한 일이 아니었다. 소비에트의 멘쉐비키 리더들과 불필요한 대립을 피하고자 했던 스탈린의 바람은 1917년 3월 21일과 22일자 『프라우다』에 반영되어 있다. 몰로토프의 지적과는 달리 스탈린은 카메네프의 입장을 전적으로 지지하지 않았다. 또 여기서 몰로토프는 스탈린의 과오를 지적하는데, 다만 스탈린은 레닌이 1916년 저작 『자본주의의 최고 단계로서의 제국주의』를 계기로 영구혁명론적 입장을 취하게 되었다는 사실을 몰랐을 뿐이었다.

이 배여 있는데, 대략 이렇게 말할 수 있소. 즉, 평화를 위해 싸워야 하고 평화를 위해 임시정부가 하는 노력을 활용해야 한다. 물론 그건 레닌주의의 기본 방침이 아니오. 스탈린의 글은 게재됐고, 그건 마침 카메네프의 「총알에는 총알로」에 딱 맞아떨어졌어. 왜냐하면 그것 역시 "비판적 지지" 노선이었거든. 임시정부가 평화를 얻어내는 한, 그만큼 임시정부를 지지할 필요가 있다는 주장이었소. 내가 너무 대충 말하는 것 같은데, 그걸 한번 읽어봐요. 스탈린이 그걸 자기 전집에 포함시켰던 건 무엇 때문일까? 확실히 스탈린에겐 선전가로서의 특별한 언어가 있었소. 고전적이고 정확하고 간결했지. 읽으면 머릿속에 꼭 박혔어. 하지만 과오를 저질렀소.

내가 그 일에 관해서 스탈린에게 말하지 않았던 것 같소. 그렇게 기억해. 내가 그때 스탈린의 글을 읽지도 않았다가 후에, 시간에 좀 많아졌을 때 그걸 읽게 됐는지도 몰라. 지금까지 이해가 안 돼. 왜 그랬을까? 그건 당시 스탈린에게 모든 상황이 분명하지 않았다는 걸 말해주는데…

이제 1917년 [여름] 레닌의 출두에 관해 말해봅시다.44) 사람들이 그 일로 스탈린을 비난한다는 걸 알아. 그런데, 지나친 것 같소. 벌써 기억이 정확하지 않고 당시 문서들을 읽어보지 않았는데, 아마 스탈린은 형식논리에 따라 보다 신중한 입장을 취했던 것 같기도 해. 즉, 임시정부의 출두 요구를 부정적으로 평가하지만 그렇다고 그걸 반드시 거부할 필요는 없다, – 뭐 이런 생각이지. 그런 방법은 잘하면 임시정부의 정체를 폭로할 수도 있고, 임시정부를 활용할 수도 있고, 정부가 어떠한 보장도 할 수 없다는 사실을 입증할 수도 있다, – 뭐 이런 취지였던 것 같소. 그 일로 스탈린을 비난하는데, 내겐 문서를 확인하고 읽어볼 기회가 없었소. 먼저 문서를 봐야 되지.

하지만, 내가 보기에 사람들은 레닌의 법정 출두 문제에 대한 스탈린의 입장을 왜곡하고 있소. 대부분이 왜곡하는 쪽으로 모아지고 있소.

그때 나는 스탈린과 한 아파트에 살았소. 그는 홀아비였고, 나도 혼자였지. 페트로그라츠키 지구에 커다란, 그런 아파트가 있었는데, 중앙위원회 사무국 멤버였다가 나중에 지노비예프파가 된 잘루츠키와 내가 한 방에 살았소. 또 스밀가가 부인과 함께 살고 있

44) 1917년 7월 초 페트로그라드에서는 제1기관총연대 병사들의 반정부 봉기 움직임에서 촉발된 병사 · 노동자들의 무장소요사태가 일었다. "임시정부 타도", "소비에트로의 권력 이양" 등을 요구한 병사 · 노동자들을 무력으로 진압한 임시정부는 800여 명의 사상자가 발생한 유혈참사의 배후세력으로 볼쉐비키를 지목하며 그 지도자들의 법정 출두를 요구했는데, 이때 레닌은 핀란드로 피신했다.

었는데, 스탈린이 우리에게 합류했던 거요. 그래서 우리 다섯 사람이 한 아파트에 살았지. 우리에게 코뮨 같은 게 있었지. 방이 셋이나 네 개가 있는...

그 시기에, [1917년] 7월사태 때 스탈린이 말했소. "시작 단계였던 지난 4월에 자네는 레닌의 입장에 누구보다도 가장 가까웠어." 스탈린에겐 의구심이 좀 있었소. 그는 레닌의 테제에 금방 찬동하지 않았어. 그래, 「4월테제」 말이오. 그는 인내를 갖고 보다 신중하게 생각했지. 우리는 더 젊었고, 보다 단순하게 문제에 접근했으며, 어떠한 동요도 없이 레닌을 지지했고, 그 길을 따라 굳게 밀고나갔는데...

무엇인가 스탈린을 불안케 했소. 그에게는 평화문제에 대한 자기 생각이 있었는데, 그것을 깊이 숙고하다가 3월 초에, 즉 8~10일쯤 문제의 해법을 찾았지. 그런데 레닌이 4월 4일에 [페트로그라드에] 도착했던 거요. 물론 처음에 스탈린은 카메네프에게 과도한 자유를 주었고, 그런 글을 『프라우다』에 실었던 거요.

레닌을 이해하기가 때로는 그리 간단치 않았지.

...몰로토프는 1917년 4월에 페트로그라드 핀란드 역에서 사람들이 레닌을 어떻게 영접했는지에 관해 이야기하기 시작했다. 나는 그때, 영화에서 보여준 것처럼, 역에 인민들이 많이 모였었는지 물었다.

▶ 말하기 어렵소. 그때가 밤이었는데, 내 기억에 탱크 두 대를 배치해 놨던 것 같소.

— 장갑차입니다, – 탁자 곁에 앉은 손님들이 정정을 한다.

▶ 그렇지, 장갑차들이었지.

1983년 11월 7일

▶ 나는 1917년 4월 핀란드 역에서 레닌을 처음 봤고, 거기서 그와 인사를 나눴소. 그가 스탈린과 함께 객차 밖으로 나왔는데, 스탈린은 페트로그라드에서 몇 정거장 앞서 멀리 마중을 나가 있다가 레닌의 기차에 미리 탑승을 했지. 레닌이 장갑차에 오르더니 이렇게 외쳤소. "사회주의 혁명 만세!"

그것은 볼쉐비키에게 전혀 다른 정치적 지향이었소. 나중에 레닌은 소수 핵심 당원들만 모인 자리에서 연설을 했는데, 잘해야 모두 45명이 넘지 않았던 그런...

페트로그라드에서 열린 당협의회에서 나는 간부회 석상에 앉아 있었는데, 그때 레닌이 이렇게 연설했소. "우리가 새로운 단계에 직면해 있다는 것을 이해하지 못하는 낡은 볼쉐비키 속에 지금 우리의 위험이 도사리고 있습니다. 그들은 우리의 과제가 민주주의 혁명이라고 생각합니다. 그런데 우리는 당연히 사회주의 혁명으로 나아가야 합니다!" 그러니까 모두가 머리를 쥐어뜯었지. 어떻게 사회주의 혁명이 가능하다는 말인가?

나는 한 번도 레닌에 반대하지 않았소. 그러나 나뿐만 아니라, 항상 레닌과 함께했던 사람들 모두가 즉각 레닌의 말을 잘 이해하지 못했어요. 모든 볼쉐비키가 민주주의 혁명을 말하고 있는데, 갑자기 사회주의 혁명이라니!

카메네프는 분명 볼쉐비크이고, 리코프 역시 볼쉐비크인데, 그들도 이해하지 못했고, 우리 과제는 아직 민주주의 혁명이라고 단언하기도 했소. 그들은 아주 저명한 볼쉐비키였지. 그들은 연설을 통해 민주주의 혁명을 주장했고, 반면 레닌은 사회주의 혁명을 요구했어. 그들이 사회주의 혁명이란 미래의 과업이라고 말했을 때 레닌은 이렇게 대답했소. "아니오, 지금 벌써 사회주의 혁명을 준비해야 마땅합니다. 민주주의 혁명을 말하는 자는 우리를 방해하는 낡은 볼쉐비키일 뿐입니다. 그들이 당내의 주된 위험 요소입니다. 그들이 나쁜 사람들이라서가 아니라 두뇌를 즉시 돌리지 못하기 때문입니다. 그들은 특정한 목표에 자기 인생을 바칠 준비가 됐다고 각오를 다졌겠지만, 목표는 변했고, 그래서 지금은 다시 생각해야 합니다. 그렇게 간단치 않습니다." 레닌이 우리를 각성시켰소.

1970년 6월 11일, 1972년 2월 3일, 1972년 7월 31일, 1981년 7월 22일

군사혁명위원회 위원

▶ 10월의 봉기 직전에 당 지휘센터가 만들어졌고, 거기에 스탈린이 참여했소. 나는 페트로그라드 소비에트에 부속된 군사혁명위원회에 들어갔지. 트로츠키가 페트로그라드 소비에트 의장이었고, 그는 그때 책무를 훌륭히 수행했소.

봉기 열흘 전쯤에 당 중앙위원회 회의가 열렸는데, 물론 불법이었지. 레닌은 이미 페트로그라드에 잠입해 있었소. 그 비밀회의에서 5명을 떼어내 당 참모부 같은 역할을 맡겼는데, 그것은 개별 군부대뿐만 아니라, 물론, 페트로그라드 위원회와도 연계됐어요. 나는 페트로그라드 위원회의 사무국원으로서 군사혁명위원회로 보내져 그 일원이 됐던

거요. 군사혁명위원회는 페트로그라드 노동자 · 병사 대의원 소비에트 산하에 설치된 공식 조직이오. 우리 군사혁명위원회는 당 지휘센터도 있었고 레닌도 있었던 〈스몰늬〉[45] 건물에 자리 잡았는데, 사실 우리 위원회가 10월의 날들부터 시작해서 5주, 아마 10주 동안 봉기 과정에서의 모든 실제 업무를 맡아 처리했소. 그런데 군사혁명위원회는 형식적으로 사태를 지휘했을 뿐이고, 그 뒤에는 당 중앙위원회와, 군사혁명위원회를 지도한 당 그룹이 있었소. 이 혁명군사위원회 멤버들 가운데 지금 살아있는 사람이 아무도 없어. 아마 내가 봉기의 초창기 때 〈스몰늬〉에 맨 처음부터 있었던 사람들 중 유일한 생존자일 거요.

— 1917년 10월 25일[=신력 11월 7일]은 의장님께 어떤 기억으로 남아있습니까?[46]

▶ 말하기 어렵지. 기본적인 것은, 우리가 크고 중요한 일을 완수했다고 느꼈다는 거요. 내게 [혁명의] 전체적인 그림은 없소. 그때 나는 독신이었는데, 25일, 26일 집에 가지 않고 〈스몰늬〉에서 밤을 보냈지.

— 의장님 계셨던 곳에 본부가 있었습니까?

▶ 본부? 그런 거 없었소. 나는 군사혁명위원회 위원이었고, 그래서 나는 먹거나 자는 일에 다소 형편이 좋았지. 위원회에는 스탈린, 스베르들로프, 트로츠키가... 부브노프 역시 들어왔지. 유명한 활동가들이 많이 참여했소.

〈스몰늬〉에서 한 동무와 함께 밤을 보냈는데, 그는 군사혁명위원회 멤버가 아니었던 것 같소. 이름이 바카예프였는데, 노동자 출신의 고참 공산주의자로서 나이가 많은 편은 아니었소. 그때는 다들 젊었어. 그 동무도 물론 젊었어. 내 나이가 이미 스물일곱이었는데, 일련의 일들을 처리해야 했고, 25일이나 26일에 공장에서 열린 당 집회에서 연설을 했지. 그때 그 공장의 활동가 중 하나였던 비노그라도프가 살아 있는 걸 얼마 전에 봤소. 텔레비전에서 봤는데, 나는 그를 기억해요. 그때 그는 물론 지금 같지 않았지. 67년

45) 〈스몰늬〉란 스몰늬귀족여학교가 있던 건물로서, 1917년 10월 페트로그라드 소비에트와 전러시아 중앙집행위원회가 입주해 있던 이곳은 볼쉐비키의 혁명본부로 사용되었다.

46) 1917년 10월 25일 새벽부터 혁명세력(볼세비키와 좌파 에세르들)은 페트로그라드의 주요 시설을 장악했고, 같은 날 밤 10시 40분경 개최된 제2차 전러시아 소비에트대회는 모든 권력이 소비에트로 넘어왔다고 선언했다. 이어, 26일 새벽 2시 동궁(冬宮)이 접수됨과 동시에 임시정부 요인들이 체포되었으며, 같은 날 저녁 소비에트대회가 〈평화에 관한 법령〉과 〈토지에 관한 법령〉을 승인하고, 27일에는 최고기관으로서 전러시아 중앙집행위원회와 새 정부로서 소브나르콤을 구성함으로써 혁명이 기본적으로 완수되었다. 구력 10월 25일, 즉 11월 7일은 10월혁명 기념일이다.

전이야. 그는 아주 긴장했어.

— 어느 공장이지요? 푸틸로프 공장 아닙니까?

▶ 아니오, 전엔 기억했는데, 지금은 그게 아닌 것 같아. 말하고 싶지 않은데... 정확히 말할 자신이 없어. 자, 혁명을 위해 건배! – 몰로토프가 내게 또 자신에게 몰다비아산 카베르네 와인을 따른다. – 조금만 따르겠소. 그럼, 두 방울만...

바카예프 역시 페트로그라드 당위원회 멤버였고, 우리가 그전에 좀 만난 적이 있었소. 그도 그날 밤 〈스몰늬〉에 있었는데, 우리는 꽤 넓은 홀을 골라 거기에서 리볼버 권총으로 사격을 했어. 거기에 판자 같은 게 있었는데, 하마터면 벽에다 쏠 뻔했던 게 생각나네. 나는 거의 총을 쏠 줄 몰랐는데, 조금 배워둬야 한다고 생각했소. 아마 전에 총을 좀 쏴봤을 거야. 하지만 혁명 전에는 리볼버를 지니는 것이 그리 유익하지 않았소.

— 백과사전에는 의장님께서 페트로그라드 군사혁명위원회 위원이었다고 기술되어 있는데, 그냥 군사혁명위원회가 아니라 왜 페트로그라드 군사혁명위원회입니까?

▶ 그건, 전국 차원의 조직이 아니라 오직 페트로그라드에 국한되었다는 거지. 군사혁명위원회는 페트로그라드 노동자·병사 대의원 소비에트의 산하 조직이고, 나는 군사혁명위원회 내의 페트로그라드위원회 의장이었소. 분명히 말하는데, 지도 업무를 맡았던 것은 군사혁명위원회가 아니라 당 중앙위원회와 그 내부 그룹이었소.

— 트로츠키가 큰 역할을 했습니까?

▶ 큰 역할을 했지. 그러나 오직 선전활동에서 큰 역할을 했소. 그는 조직 업무에 별로 참여하지 않았어. 그를 부르지 않았는데, [그 이유가] 아마... 껍질은 잘게 부숴 수프에 넣어야 치아가 고생하지 않는 법이지, – 몰로토프가 다시 포도주를 따른다. – 10월혁명에 건배하기엔 와인 한 잔으로는 부족해!

우리가 혁명을 할 준비를 갖췄다고 우리 스스로 생각하지 않았소. 그런데 하게 됐어. 레닌 때문에! 그래, 그가 얼마나 초지일관했는지...

10월혁명 직후 레닌을 자주 봤는데, 그와 대화를 나누진 않았소. 그는 나를 『프라우다』의 편집국원이자 서기로 알고 있었지.

1984년 11월 15일

▶ 25일 밤, 아니 10월 24일일 수도 있는데, 〈스몰늬〉에서 새 정부의 수립 문제를 논의할 때 내가 그 자리에 있었소. 아니 그냥 있었던 게 아니라 그 이상이지. 논의에 참여했지. 레닌이 있었던 게 기억이 나고, 웬일인지 소콜니코프가 생각나네. 그가 필경 어떤 사실들을 알리고 있었기 때문일 거요. 레닌과 연결된 당 중앙위원 그룹도 있었소. 나는 중앙위원이 아니었지만 페트로그라드 위원회의 선임자 비슷한 존재였소. 어떻게 당대회를 개최할 것인가 하는 문제도 논의했는데, 레닌이 개회를 맡아야 한다는 게 분명했고, 실제 그가 개회 선언을 했소.

레닌이 새 정부를 어떻게 부르면 좋겠냐고 물었소. 장관회의는 뭔가 부르주아 냄새가 나서 부적당하다고 제외됐고, 누군가 소브나르콤이 어떠냐고 제안을 했지.[47] [전권을 부여받은 위원이라는 뜻의] 코미사르는 프랑스에서 자주 쓰는 말이오. 경찰 코미사르, 지자체 코미사르 등등. 또 우리에겐 프랑스가 정신적으로 독일보다 더 가깝지. 독일은 훈련과 규율이 더 엄한데... 우리는 군대에서도 필드마셜[=원수] 대신 프랑스에 가까운 마셜을 차용했소. 아무튼 비(非)독일적인 걸 쓰려고 했는데, 나중에 독일식도 조금 가져왔던 거지. 군대에 하사관 제도를 두지 않았소. 그런 것은 새 정부의 일원이 된 다수의 볼쉐비키 망명자들이 스위스와 프랑스, 그리고 일부는 영국에서 살았다는 사실을 반영한 결과이기도 하지.

코미사르... 파리코뮌...

군사혁명위원회 위원으로서 나는 그 위원회의 선동분과 책임자로 임명됐소. 그 주된 기능이 무엇이냐? 당시 노동자, 사환, 페테르부르크 노동자들이 군사혁명위원회로 몰려와 이렇게 말했소. "나는 고향 칼루가로 갈 겁니다. 가서 어떻게 이야기해야 합니까? 필요한 책들을 어디서 구합니까?" 그들과 대화하고, 질문에 대답하고, 책들을 골라줘야 했지. 그리고, 또한 각 공장과 군부대에서 온 노동자와 병사들을 영접하고, 그들에게 지침을 주고, 팸플릿과 삐라를 배포했소. 25일 밤이었던 같은데, 그때 내게 사회혁명당의 『농민신문』을 장악하고 그 편집진을 체포하라는 지시가 떨어졌소. 유명한 고참 에세르였던 아르구노프가 그 신문의 발행인이었는데, 적위대원들을 데리고 『농민신문』 편집국으로 갔지. "신문은 폐간됐소!" — "우리도 그렇게 알고 있소! 뭔가 다른 좋은 소식을 당

47) 소브나르콤의 원명은 '인민 코미사르들의 회의(Совет народных комиссаров)'이다.

신에게 기대해도 괜찮겠소?" — "문 닫으시오! 당신들이 여기서 할 일은 아무 것도 없소!"

편집인과 직원들을 쫓아내고, 신문사 입주공간을 폐쇄했는데, 그게 10월 25일 밤이었소.

하루나 이틀이 지나 [러시아정교회] 신성종무원 경비가 나타나 누구와 이야기를 좀 할 수 있냐고 물었소. 위원회의 각 위원들은 자러가거나 출장 가는 사람을 교대하면서, 돌아가며 당직 근무를 했어. 그 경비가 신성종무원에 파업위원회가 모여 있다고 하더라고. 아니 정확히 하자면, 그는 "파업위원회"라고 하지 않고 어떤 의심스런 사람들이 모여서 늘 뭔가를 조직하고 행동하고 있다고 했소.

내게 잘 훈련된 20~30명의 적위대원이 할당됐지. 정확히 몇 명인지 기억나진 않지만 적어도 20명은 넘었소.

— 차를 타고 가셨습니까?

▶ 당연하지. 권력을 잡았는데, 우리에게 차량이 없다는 게 말이 되나? 그곳으로 갔지. 모반자들이, "태업자 파업위원회" 모반자들이 큰 테이블에 둘러앉아 있었는데, 그들은 [임시]정부 각 부처를 대표한 자들로서 한 40~50명쯤 됐어요. "손들어! 수색하시오!"

수색한 후 모두 압수했지. 그들은 멘쉐비키와 에세르들이었소. "우리는 페트로그라드 소비에트에 항의할 거요!" — "마음대로 하시오!"

고함치는 자 두 명을 페트로그라드 소비에트로 연행했소. 바로 거기에 군사혁명위원회도 있었거든... 난 모르지, 그들의 다음 운명을. 내 임무는 그들은 연행하는 것이었는데...

레닌이 소비에트 권력의 수립을 선언하는 장면이 웬일인지 지금껏 생각이 나요. 아니 머릿속에 박혀서 생생하게 떠올라. 나는 단상 뒤쪽, 그러니까 간부회가 위치한 곳에 있었소. 레닌이 연단에 서서 연설하면, 간부회 좌석에 앉은 나는 레닌을 바로 가까이 보게 돼. 레닌이 청중을 향해 연설하면서 그의 한쪽 다리 뒤축을 좀 들어 올리고 있었는데, 그 모습이 왠지 머리에서 떠나질 않아. 그는 연설할 때 그런 버릇이 있었소. 내게 구두 밑창이 보였는데, 그게 다 닳아서 구멍이 나 있었소. 구멍의 모양조차 머리에 깊이 각인이 됐지, – 몰로토프가 레닌이 신었던 구두의 구멍 난 밑창을 그린다. – 뭐, 대략 이렇게 구멍이 났었지. 하지만 거기에 두 번째 밑창이 있었소. 두 번째 밑창은 아직 멀쩡했는데, 맨 아래 것이 다 닳았던 거지. 구멍의 모양까지 기억이 나니, 이거 참...

그때가 트로츠키가 잘 버티면서 활동하던 유일한 시기였는데... 그는 아주 출중한 연설가였소. 청중을 휘어잡기 위해서는 연설가적 재능이 중요한데, 그는 아주 재능이 뛰어났어. 그는 대중을 쉽게 제압했고, 그래서 나중에 그와 투쟁하는 게 몹시 어려웠어. 내가 아로세프와 친했는데, 그는 트로츠키를 엄청 싫어했소. 너무 지나칠 정도였어. 트로츠키에겐 흔히 예술가가 같은 그런 특별한 풍모가 생겨났는데...

나는 10월혁명의 맨 첫 날부터 〈스몰니〉에 있었고, 그 안에서 사흘을 지냈소. 전에 그곳은 귀족 처녀들을 위한 기숙여학교였어. 귀족 여자 김나지야라고 할 수 있지.

나, 지노비예프, 트로츠키가 옆에 나란히 앉았고, 그 맞은편에 스탈린, 카메네프가 앉았소. 그리고 의장을 위한 중앙테이블 곁에 레닌이 앉았지. 나는 고맙게도 그들을 개인적으로 아주 잘 압니다. 그들 각자를 말이오. 특히 지노비예프를 잘 아는데, 왜냐하면 나중에 레닌그라드에서 그와 함께 일하기도 했기 때문이오. 물론 그는 나를 별로 인정하지 않았지. 나를 좋아하지 않았소.

10월혁명 후 나는 북방 지역 인민경제회의 의장이었소.

— 백과사전에 이렇게 기록되어 있습니다. "타도 후에... 뱌체슬랍 미하일로비치 몰로토프는 페트로그라드 노동자 · 병사 대의원 소비에트의 지도자들 중 하나가 된다."

▶ 그건 초창기 때요. 그게 어떻게 된 일인지 나도 정말 몰라. 실제로 나는 그때 일을 정확히 기억 못해요. 나는 페트로그라드 소비에트 산하 군사혁명위원회 위원이었는데, 군사혁명위원회는 혁명 후 두 달 정도 존속했거든. 1918년 초, 나는 페트로그라드 포함 5개 성을 관할하는 북방 지역 인민경제회의를 창설하면서 그 의장이 됐소. 노브고로드, 프스코프, 지금 카렐리야가 된 올로네츠 등이 해당됐는데... 나머지 하나가 무르만스크였나... 정확히 모르겠네. 그때 무르만스크까지는 아니었소. 아무튼 공업 발전의 초석을 놓아야 했는데, 공업은 그 중심지인 페트로그라드에 주로 몰려있었소. 나중에 공업 설비를 철거해서 후방으로 이송하게 됐는데, 독일군의 공격을 겁냈던 거지. 그때 내가 페트로그라드 위원회 사무국 멤버였는데, 그래도 공장들이나 각종 집회에서 했던 연설이 더 기억납니다. 하지만 페트로그라드 소비에트에서도 일해야 했는데, 공장과의 각종 관계를 유지하는 업무를 맡았소. 1917년 말까지 그게 전부요. 바로 페트로그라드 위원회에서 1918년 새해를 맞았소. 그랬었지.

[그때] 레닌과 스탈린은 없었고, 트로츠키도 없었소. 아마 지노비예프도 없었을 거요. 스베르들로프가 있었고, 소콜니코프와 제르진스키도 있었지...

1977년 11월 1일

— 10월혁명 직후 볼쉐비키 지도자들은 새로운 삶과 사회주의를 어떻게 생각했습니까?

▶ 다들 단편적으로 생각했지. 전체적인 그림은 없었소. 많은 일들이 처음 생각했던 것처럼 되질 않았어. 예를 들면 레닌은 우리나라에서 세 개의 주적, 즉 돈의 압제, 자본가의 압제, 착취의 압제가 없어질 것이라 생각했소. 다들 1920년대에는 화폐가 완전히 청산될 것이라고 진지하게 말했지.

1983년 11월 7일

▶ 많은 난관과 미해결 과제들이 산적해 있었지만, 1917년 우리의 출발은 나쁘지 않았고, 일이 진척되어 갔소. 우리가 꿈꾼 게 모두 실현되지 않았지만 그 중 많은 것이 실현됐는데...

— 1917년 볼쉐비키는 그런 일을 계획했고, – 내가 몰로토프에게 말한다. – 모든 게 빠르게 실현될 것이라 생각한 것 같습니다만...

▶ 아주 중요한 일이었지. 가장 중요한 일은 2주일을 버티는 것이라고 말들 했소.

— 제가 염두에 둔 것은 과연 사람들이 그렇게 빨리 새 궤도로, 새 심리로 옮겨갈 수 있느냐는 겁니다.

▶ 모든 게 다 그렇지도 않고, 모두가 다 그렇지도 않지, – 몰로토프가 말한다.

1983년 10월 14일

"고참 볼쉐비크로서 내가 아는데..."

▶ 1919년에 지노비예프는 페테르부르크에서 나를 쫓아내려고 무진 애를 썼소. 우리는 같은 호텔에서 살았는데, 늘 그랬던 건 아니겠지만 함께 점심식사를 했고, 저녁도 같이하고... 〈아스토리아〉 호텔에서 말이오. 페트로그라드의 고위층 인사들이 모두 거기에 살았는데... 니콜라이 1세의 동상이 있는 곳이오. 이런 말이 있지. "바보가 현자를 따라잡는데, 이삭이 가로막네."[48] 봄에 내가 한 달 이상을 병원에 있었던 것 같은데, 재귀

48) 이 글귀는 페테르부르크 이삭 광장에 니콜라이 1세의 동상이 1859년 건립되자마자 등장했다. 여기서 바보는 니콜라이 1세, 현자는 표트르 대제, 이삭은 이삭성당을 말한다. 니콜라이 1세 동상은 이삭성당을 바라보고

열을 앓았지. 내가 완쾌됐을 때 지노비예프는 페테르부르크로 내가 돌아가는 것을 허락하지 않았소. 그는 나를 기선 〈붉은 별〉호의 코미사르로 보냈어. 볼가 강 및 카마 강 주변 지역에서 소비에트 권력을 복구하라는 거였지.

— 얼마 전 텔레비전에서 〈붉은 별〉호를 보여줬습니다.

▶ 정말이오? 그랬다면, 나도 나왔는가?

— 아닙니다.

▶ 내가 거기서 대장이었소.

— 주로 크룹스카야에 관해 언급했습니다.

▶ 크룹스카야는 인민교육 부문 지도원이었고, 거기에서 내가 코미사르였소. 그것은 내게 꽤 흥미로운 여행이었는데, 거기서 내가 집회에서 연설을 했소. 그때까지는 집회에서 연설하지 않았는데 거기서는 싫든 좋든 할 수밖에 없었소. 나는 〈붉은 별〉호를 지휘하며 때로 연설을 했고, 게다가 당 열성분자 모임에서 우리끼리 보고하기도 했는데, 보좌역들이 있었지. 그들은 인민교육, 당 업무, 노동조합 문제, 의료보험 등 각 부문의 지도원들이었는데, 당시 그런 부문들이 있었소. 자주성이 별로 발전하지 않았었지.

우리는 거의 전선지대를 누비고 다녔는데... 내가 기억하기엔, 러시아전보통신사 대표가 우리 배에 타고 있었어. 가내수공업 수준의 그런 조잡한 선전활동을 했어요. 우리 경험은 아주 일천했지만 열심히 노력했고 적극적으로 일했소. 기선을 타고 다니던 시절, 물론 칼리닌의 연설은 큰 효과를 나타냈지. 그는 연설할 줄 알았고 단순한 언어로 말했소. 누가 그에게 농담을 하면 그도 수준에 맞게 대응했고 작은 인사를 교환했어. 그렇지만 내가 보기에 칼리닌은 선전에 관한 한 수완가였소. 그에겐 기차가 있었는데, 기차보다 기선을 더 많이 타고 다녔소. 그가 왜 그랬는지 지금 알 수가 없지.

아무튼 나는 기선을 타고 다니게 됐고, 내가 갔던 지역들은...

당시 스탈린은 전선에 있었고, 우리는 민간 업무에 종사하고 있었소. 그래도 우리는 전선 부근에서 활동했어. 차리친에 가까이 갔는데, 우리를 그곳으로 진입시키지를 않았어. 차리친에는 아직 백군이 있었는데, 그때 그들을 소탕하고 있었소. 우리는 차리친에 진입하진 않고 그곳에 맞닿은 볼가 강변의 한 소도시에 머물렀소. 〈붉은 별〉호를 타고

있으며, 이삭성당 너머 세나트 광장에 있는 표트르 대제 동상은 성당을 등지고 네바 강을 바라보는 모습으로 있다. 두 기마상과 이삭성당은 거의 일직선상에 있다.

서 말이오. 그 배는 원래 〈체홉〉호였소.

— 왜 이름을 바꿨습니까?

▶ 〈비행기〉라는 상선회사가 있었는데, 볼가 강을 운항하는 그런 개인회사였소. 기선은 모두 작가나 작곡가의 이름이 붙여져 있었는데, 〈차이콥스키〉호도 있었지. 그 배는 〈체홉〉이었고. 우리는 그것을 혁명 전의 구식 이름이라고 생각했소.

— 급식은 좋았습니까?

▶ 그냥 그랬지. 살림을 스스로 해결해야 했는데, 그 기선은 우리 것이었지. 모든 것이 소비에트식으로 잘 해결됐소. 거기에 특별한 건 없었고, 우리는 열심히 일했어. 아침부터 밤까지 말이오.

크룹스카야는 정치에 관여하지 않았소. 그녀는 인민교육 부문 지도원이었고, 학교를 세웠어. 즉, 문맹퇴치사업의 씨를 부렸지. 우리는 모스크바에서 니즈니-노브고로드까지 기차를 타고 갔는데, 레닌이 쿠르스크 역에 나와 우리를 배웅했어요. 그리고 내가 부탁하지도 않았는데 내게 추천서를 써줬지. 그 내용이란 내가 확고한 볼쉐비크이며, 레닌 자신이 그런 나를 가깝게 여긴다는 것, 그리고 전적으로 나를 신뢰하고 있으며 내게 최대한의 도움을 제공하길 바란다는 것이었소. 레닌의 그 메모를, 미안하지만, 나는 그 쪽에 주지 않고 그냥 보관하고 있는데... 가는 길에 레닌의 전문을 받았는데, 그는 크룹스카야의 건강을 걱정했어요. 대체로 그는 우리 여행에 꽤 만족스러워 했소. 물론 모스크바로 돌아온 후 크룹스카야가 우리 활동에 관해 무엇인가 레닌에게 이야기했겠지.

1975년 5월 24일, 1981년 8월 17일, 1982년 2월 6일, 1984년 11월 15일

▶ 미코얀이 『노븨이 미르』에서 나를 험담했소, - 몰로토프가 알려준다.

— 의장님께 그 잡지가 있습니까?

▶ 있지. 그런데 왜, 역시 나를 험담하시게?

미코얀이 1919년도의 일을 꺼내들었는데, 그는 내가 니즈니-노브고로드를 떠난 후에 곧 그곳에 부임했소. 그가 나의 난폭함을 지적했는데, 몰로토프에겐 난폭성이 일상이라는 거지. 니즈니-노브고로드에서 나는 성 소비에트 집행위원회 의장이었어. 그리고 그곳엔 [스테판] 쿠즈네초프라는 성당위원회 서기를 중심으로 엮인 패거리가 있었소. 쿠즈

네초프는 우파였지. 우리도 그룹을 형성했고 내가 그룹의 대장이었소. 내가 너무 도전적으로 굴어서 양쪽 관계를 긴장시킨 측면도 있는데, 두 파의 대립은 내가 돈바스로 전보되는 것으로 종결됐어요.

그런데 내가 니즈니-노브고로드에 부임한 것은 크룹스카야와 함께한 볼가 강 여행을 마친 후인 1919년 가을이었소. 그해 여름 나는 크룹스카야와 함께 다녔는데, 우리가 볼가 운항을 시작했던 그곳에 나를 남겨놨던 거지, 가을에.

— 레닌의 지시에 따른 것이었습니까?

▶ 그렇지 않았을 거요. 내 생각에 그건 지노비예프 그룹과 크레스틴스키의 작품이야. 지노비예프는 내가 페테르부르크에 있는 것을 원치 않았어. 그래서 나는 그게 크레스틴스키의 짓이라고 생각하는 거요.

…내가 아나스타스 미코얀의 회고록을 펴들고 있다.

— 미코얀이 자신의 책에 이렇게 썼습니다. "나는 제9차 전러시아 당협의회에서 몰로토프를 처음 만났다. 그 얼마 전에 몰로토프는 니즈니-노브고로드 성 소비에트 집행위원회 의장에서 소환되어 돈바스로 전보되었고, 그곳에서 구브콤[=성당위원회] 서기로 선임되었다. 우리는 인사를 나눴다. 나는 내가 니즈니-노브고로드 구브콤으로 발령이 났다고 말했고, 그곳 상황을 말해달라고 요청했다.

몰로토프는 그곳에 주로 노동자로 구성된 대규모 당조직이 있다고 했다. 구브콤 위원 거의 모두가 혁명 전부터 공산주의자인 사람들이며, 역시 노동자 출신이라고 했다. 하지만 그곳 상황이 좀 복잡한데, 특히 지역 문벌주의 경향이 강하다고 했다. 그들은 다른 성 출신의 일꾼들을 받아들이려 하지 않는다는 것이었다. 당원들의 도덕적 해이 및 알코올음료의 악용 사례도 적지 않다고 했다(당시엔 국내에서 알코올음료의 생산과 판매가 완전히 금지되었다)."

— 그런가요? 금주법이 있었습니까?

▶ 아마 있었을 거요. 그런데 장담하기가 어렵네, – 몰로토프가 말한다. – 그래, 분명 있었어. 레닌이 한 당대회에서 말했소. "우리는 보드카와 이콘의 판매를 절대 허용하지 않을 겁니다." 그런데 우리는 팔고 있었소. 그에 관해 논쟁을 벌이다가 결국 보드카를 팔아야 한다는 결론에 도달했지. 다른 방도가 없었어. 돈을 모아야 했거든. 고-공업이 거의 방치되어 있었소.

...내가 책을 계속 읽는다.

— "일부 당원들은 부르주아들에게서 압수한 아파트에 입주하고는 상인의 딸들과 결혼을 했다."

▶ 그랬었지, – 몰로토프가 동의한다.

— "부르주아 계급의 잔재와의 투쟁이 거의 전개되지 않았다... 니즈니-노브고로드에서 일어난 모든 일로 몰로토프는 걱정이 가득한 것 같았다. 그의 결론은 니즈니에서 일하는 것이 몹시 어려울 것이며, 그곳에서는 지역 문벌세력이 모든 것을 주재하고 있다는 것이었다."

▶ 미코얀은 그들에 장단을 맞췄어. 장단을 맞췄는데... 그래서 모두의 마음에 들었지.

— "몰로토프가 말한 것이 내게는 뭔가 미심쩍어 보였다. 그렇지만 노동자들로 구성된 조직에서, 공산주의자들 사이에서 그런 상황이 조성될 수 있다는 것이 내 머리로는 어쩐지 이해되지 않았다. 그러나 물론 나는 몰로토프에게 반박하려 하지 않았다."

▶ 사기꾼, 사기꾼 같으니...

— "나는 그를 믿지 말아야 할 어떤 근거도 갖고 있지 않았기 때문에 나 스스로 현지에서 모든 것을 알아보기로 했다.

후에 니즈니에서 일하면서 나는 니즈니-노브고로드의 볼쉐비키가, 노련한 당 일꾼인 구브콤 간부회 의장 쿠즈네초프와 성 소비에트 집행위원회 의장 몰로토프의 참여 하에, 붕괴된 경제를 극복하기 위해 많은 일을 했고, [인민들의] 노역 의무와 운송 의무를 잘 조직해내는 동시에 연료를 충분히 확보했으며, 나아가 사람들을 토요노동과 일요노동에 성공적으로 동원하면서 적군 병사 가족들에 대한 일련의 원호사업을 훌륭하게 시행했다는 것을 확신했다.

지역 문벌주의와 싸우면서 몰로토프는 일관되게 또 적극적으로 당 중앙위원회 노선을 구현했다. 그러나 그에겐 인내력이 부족했던 것 같다. 그런데 중요한 것은 몰로토프와 노동자 지구들과의 연계가 아주 약했다는 사실이다(주로 도심 지구에서 그를 지지했다)."

▶ 으흠, 그래.

— "구브콤과 성 집행위원회 지도부에서 지역 문벌세력이 굳게 단합되어 있었고, 그들은 몰로토프를 완전 고립상태에 빠뜨렸다."

▶ 나는 그들과 관계가 좋았지만 연설할 때 그들을 부단히 비판하고 질책했소. 실제

내가 조금 심하게 굴었던 부분도 있지만, 그건 볼셰비즘을 위해 의도적으로 그랬던 거지.

— "쿠즈네초프 지지자들은 몰로토프의 보고를 중단시키라고 요구했다."

▶ 내가 보고를 끝내지 못했지…

— "몰로토프는 쿠즈네초프가 지역 문벌주의를 보급 고취했다고 비판하면서 연단에서 보고를 해나갔다. 진짜 싸움이 벌어졌고, 극도로 격한 발언들이 쏟아져 나왔다. 쿠즈네초프 지지파는 몰로토프의 보고를 중단시키라고 요구했으며, 성 소비에트 집행위원회 의장 대리 하노프의 제안에 따라 몰로토프와 타가노프를 질책하는 결의안이 채택됐다(타가노프는 고참 당 일꾼으로, 니즈니-노브고로드 출신이다)."

▶ 그렇지.

— "왜냐하면 그들[=몰로토프와 타가노프]이 군(郡) 일꾼과 구브콤 일꾼 열 명에게 모욕적인 별명을 붙이면서, 또한 구브콤에서 새로 세력관계를 구성할 목적으로 이전 구브콤의 다수파 일꾼들 모두를 중상하면서, 우리 당의 제반 전통을 어기고 구브콤 선거 목전에 선동을 일삼았을 뿐만 아니라 구브콤의 성과 군 책임일꾼들에게도 근거 없는 비난들을 싸잡아 퍼부었기 때문이었다.

이 결의안에 격분한 몰로토프는 바로 전에 협의회에서 자신이 다른 사람들과 함께 구브콤 위원으로 선출되었음에도 불구하고 구브콤에서 나가겠다고 주장했다."

▶ 나는 구브콤에서 어디로도 나가지 않았소. 어떻게 나간단 말인가? 나를 선출했는데.

— "명백히 비정상적인 상황이 조성되었다. 구브콤 의장이 구브콤에서 나갔다!"

▶ 그래, 그건 미코얀이 상상한 거요. 미코얀은 정치적으로 전혀 노력하지 않았어… 그런데 나는 투쟁했지. 그때는 우파가 없었소. 그런데 그들이 바로 우파 그룹, 폭로되지 않은 우파 그룹이었던 거요.

— 하지만 우파는 아직 존재하지 않았고, 당시 그들은 아직 결성되지 않았습니다.

▶ 물론, 없었지. 그런데 실제로 그들은 늘 존재했어. 레닌이 『공산주의에서의 "좌익" 소아병』을 괜히 쓴 게 아니야. 그 책은 모두 좌파를 비판하는 데 집중하고 있지만, 한 대목에서 레닌은 우리가 늘 좌파에 대해서도 우파에 대해서도 투쟁해야 한다고 언급하고 있어. 볼셰비즘에겐 좌파보다 우파가 더 위험하다는 것을 알아둘 필요가 있소. 레닌은 그것을 인정했고 지적했으며 경고했어.

내가 싸움을 걸었지. 그 협의회에서 내가 12번이나 연설했을 거요. 당시 나는, 물론,

우익 편향 같은 것에 대해 말할 수 없었지. 당시엔 그것이 충분히 밝혀지지 않았소. 그러나 구브콤은 우파에 의해 장악되었던 거요. 나 자신은 이방인이었고, 그곳에 계속 박혀있고 싶지 않았소. 당연히 그럴 생각이 없었지. 사람들은 타성에 젖어있었고, 적어도 좀 거칠었어. 쿠즈네초프가 그곳에서 왕초 노릇을 했는데, 거기엔 상인 기질을 가진 레빗이라는 자도 있었소. 그자 역시 볼쉐비키 같은 구석이 거의 없었지. 그들은 시골풍으로 살았고 특정 인물들을 중심으로 뭉쳐 있었소. 술을 좋아했는데, 때론 엄청 마셔댔어.

내가 그들을 공격하게 됐던 거요. 그들은 내게 복수하려 들었고, 나를 [우랄 산맥 인근의] 바쉬키리야에 처박으려 했는데 성사되진 않았지. 지노비예프가 내게 대립각을 세웠지만, 레닌이 나를 지켜줬소.

— "그래서 몰로토프는 니즈니-노브고로드를 떠날 수밖에 없었다."

▶ 내가 스스로 당 중앙위원회에 나를 소환해 달라고 요청했소. 원하는 대로 됐지. 그것은 당 중앙위원들과의 꽤 오래된 인간관계 때문에 가능했던 거요. 나를 당 업무로 옮겨달라고 요청했어. 크레스틴스키가 그때 당 중앙위원회 제1서기였소. 트로츠키주의자인 프레오브라젠스키와 세레브랴코프도 있었는데, 이들은 모두 당 중앙위원회 서기였소. 그래서 레닌은 그들에 의존할 수밖에 없었소. 그때 그들이 내게 제안을 했어. "그럼, 우리는 동무를 바쉬키리야로 보낼 겁니다." — "아니, 무슨 이유로 바쉬키리야로 갑니까? 나는 가고 싶지 않습니다. 거긴 노동자들이 적습니다. 나를 공업 지구로 보내주시오. 어디든지 좋습니다."

자기들끼리 상의하더니 이렇게 말하더군. "그럼, 돈바스로 가시오." 그래서 내가 돈바스의 구브콤 서기로 전보됐던 거지. 그때가 1920년이었소. 물론 나는 흥미를 갖고 돈바스로 갔는데...

...그래도 좀 춥지 않느냐고 몰로토프가 묻는다. 우리는 길을 따라 산책을 한다. 나는 가죽으로 된 양복 상의를 입었고, 그는 중절모에 코트를 입었다. 영상 10도이다. 오늘은 날씨가 좋고 청명한 그런 날이다.

1983년 10월 14일

▶ [백군 총사령관] 브랑겔이 아직 돈바스의 일부 지역을 점령하고 있었소. 내 생각에

그는 심지어 마리우폴레에도 있었소. 아조프 해 연안에 있는 도시지. 그게 아마 1920년 가을일 거요.

나중에 성 당협의회 결정에 따라 나는 전(全)우크라이나 볼쉐비키당 대회에 참석했고, 거기서 우크라이나볼쉐비키당 중앙위원회 제1서기로 선출됐소. 그게 1920년 말이오.

— 그런데 돈바스 구브콤 서기에서 곧바로 우크라이나당 제1서기가 되셨는데, 그거 엄청난 고속 승진 아닙니까! 레닌의 작품이 아니었다면, 그런 일은 전혀 불가능했을 겁니다.

▶ 물론이지.

— 그리고 스탈린도 아마 도움을 줬겠지요?

▶ 스탈린? 스탈린도 손을 썼을 거요. 그는 나를 잘 알고 있었지. 1921년 3월 나는 당 대회 참석차 모스크바에 도착했어. 그리고 여기에 남게 된 거요.

스탈린이 나를 지원한 게 확실해. 우크라이나에서 나를 그렇게 지지할 수는 없었거든.

레닌은 크룹스카야를 통해 나를 알았을 거요. 내가 『프라우다』에 있을 때 편지 교환을 통해 좀 알게도 됐고. 분명 스탈린이 말했을 거요. 그는 1912년부터 나를 알았고, 1917년에 우리가 한 아파트에서 함께 살았는데…

거의 10년 동안 나는 당 중앙위원회 서기로 일했소. 처음엔 제1서기였는데, 그땐 책임서기라고 불렀어. 그리고 스탈린이 서기장이 되었을 때 내가 제2서기로 일했어요. 그리고 1930년 12월 내가 릐코프 대신 소브나르콤 의장이 될 때까지 전 시기에 걸쳐 스탈린을 옹호했소. 그러다가 1939년 5월 내가 외무인민위원을 겸직하게 됐던 거요.

소브나르콤 의장이자 외무인민위원으로서 내가 리벤트로프와 회담을 했던 거지…

1980년 4월 29일, 1983년 10월 14일

▶ 1921년 3월에 내가 당 중앙위원회에서 일하기 시작했소.

— 그런데 폴리나 세묘노브나와는 언제 만나셨습니까?

▶ 1921년 국제여성협의회가 열렸을 때, 짜리 정권에서 볼쉐비키 수중으로 넘어온 궁전에서 만났지, 페테르부르크에서 말이오.

폴리나 세묘노브나는 우크라이나에서 지하활동을 했소. 그녀는 [드네프르 강 남쪽의] 자포로지예 출신이지…

1921년 여름에 결혼했어. 그때까지 전혀 그런 일에 종사한 적이 없었소. 총각이었거든. 그냥 여행가방과 함께 돌아다녔지...

1971년 6월 22일, 1977년 2월 18일, 1985년 3월 8일

...1970년 5월 폴리나 세묘노브나 젬추지나의 장례를 치렀다. 관은 클럽 〈붉은 10월〉의 홀에 모셔졌다. 몰로토프가 연설을 했다. 조문객들이 많았다. 그 다음, 노보데비치 묘원에서 불가닌 옆에 선 뱌체슬랍 미하일로비치는 오케스트라가 소련 국가를 연주할 때 아내의 묘 앞에서 말했다. "내 장례식 때는 국가를 연주하지 않기 바랍니다." — "연주할 겁니다, 반드시 연주할 거요!", – 불가닌이 그를 위로했다.

아니, [몰로토프의 장례식 때는] 연주하지 않았는데...

1984년 5월 9일

제4장

레닌과 함께

...이 장에서 나는 몰로토프가 레닌에 관해, 그리고 소비에트 권력 초창기에 레닌과 함께했던 인물들에 관해 말한 내용을 모아 놓았다. 이미 언급한 것처럼, 몰로토프 자신은 회고록을 쓰지 않았다. 하지만 여기 내 앞에 몰로토프가 남긴 메모 한 장이 놓여 있다. 몰로토프가 자신의 이론 작업을 위해 써놓은 것들 중 하나인 이것은 그가 사망하기 바로 전에 쓴 것으로, 그에게 회고록 집필 의사가 있었음을 시사한다. 처음엔 연필로, 다음엔 볼펜으로 쓰인 그것을 보면 몰로토프는 각 낱말의 끝부분을 생략하며 조급히 서두르고 있다. 이미 그의 손은 머리의 지시를 잘 따르지 않고 있으며, 뒤틀린 자모들은 서로 엉켜 있다. 허나 몸은 늙었으되 정신은 맑다. 나는 그가 남긴 메모를 판독했고, 그것을 모두 인용할 것이다. 왜냐하면 우리는 그 주제에 관해 여러 번 대화를 나누곤 했기 때문이다.

정치국 제1후보위원으로서...

— "제10차 당대회(1921년 봄)에서 나는 당 중앙위원으로 선출되었고, 이어 중앙위원회 전원회의에서 정치국 후보위원으로 뽑혔다. 그때 중앙위원회 정치국은 다섯 명의 위원, 즉 레닌, 스탈린, 트로츠키, 카메네프, 지노비예프와, 세 명의 후보위원, 즉 몰로토프, 칼리닌, 부하린으로 구성되었다. (질병, 휴가 등의 이유로) 회원 중 누군가 정치국 회의에 참석하지 못했을 때, 정치국 제1후보위원으로서 나는 자주 결정 투표권을 행사했다.

그때 나는 당 중앙위원회 서기들 중 한 명으로 선출되기도 했는데, 그것은 내게 적잖은 조직 업무를 부과했다. 당 중앙기구에서 업무를 시작한 후 몇 주일 지나 나는 몇 개 현안을 가지고 블라디미르 일리치[=레닌]에게 면담을 요청했다. 레닌과의 대화에서 중요한 간부 문제 몇 개가 언급되었다. (예를 들면, 툴라 성 당위원회 지도부를 강화하는 문제라든가, 농민들의 불만을 이용하여 탐보프 성에서의 반소비에트 봉기를 확산시키려는 사회혁명당원들의 시도를 끝장낼 필요성에 관한 문제 같은 것들) 레닌은 국내 정치 상황의 복잡성을 강조했다. 그러면서 그는 정치 분야의 상황 개선을 위해 국가재정 업무의 근본적 개혁이 요구되지만 충분치 않은 사전 준비 혹은 불필요한 조급증은 특히 농민들의 불만을 폭발시킬 수 있고, 이는 아직 강화되지 않은 소비에트 체제를 쓰러뜨릴 수 있음을 지적했다."

...여기서 초고가 중단되었다. 이미 초고는 깨끗이 정서될 수 없다. 나와 대화를 나누면서 몰로토프는 여러 번 레닌과 함께 처리한 일들을 언급했다. 그럴 때마다 그것이 정치국 제1후보위원으로서 행한 역할이었음을 강조했다. 몰로토프의 말에 따르면, 그에게 제1후보위원이라는 지위를 부여한 사람은 바로 레닌이었으며, 때문에 정치국에서 그는 칼리닌과 부하린에 우선하여 투표권을 행사했다.

▶ 1921년 3월에 내가 정치국 제1후보위원이 되었는데, 그것은 병이 난 정치국원을 나로 하여금 첫 번째로 대신하게 하려는 목적이었소. 칼리닌이 두 번째, 부하린이 세 번째 후보위원이야. 그런데 정치국원은 모두 다섯 명이었고, 따라서 실제 부하린은 한 번도 정치국 회의에 참석한 적이 없었어. 레닌이 다 그렇게 결정했지, – 몰로토프가 말한다.

...1912년 몰로토프가『프라우다』창간을 준비하며 페트로그라드에서 일하던 시절 서신 교환을 매개로 그와 레닌과의 교류가 시작되었다. 일리치는 망명지에서 신문 작업을 지도했으며, 몰로토프 앞으로 매일 편지와 기사를 보내왔다.

▶ 국외에서 레닌과 지노비예프가 보낸 소포꾸러미가 도착할 동안에, – 몰로토프가 회고한다. – 러시아 국내 상황이 계속 변했고, 우리는 어쩔 수 없이 레닌의 기사를 고치거나 우리 스스로 신문에 뭔가를 써야만 했소. 그랬던 게 한두 번이 아니야. 레닌이 쓴 기사들 중 몇 개는 게재되지도 않았지. 레닌이 우리가 쓴 기사들을 비판하기도 했지만, 좋은 다른 대안이 없었소. 페테르부르크에서 발행한 우리 신문이 레닌과 지노비예프가 살고 있던 오스트리아로 발송되는 동안에, 그땐 러시아제국과 오스트리아가 국경을 거의 맞대고 있었는데, 그들이 그곳에서 기사를 써 보냈지만 그게 페테르부르크에 도착하기에 많은 시간이 소요됐어요. 그런데 우린 신문을 찍어야 했지. 편집국에서는 아무 말이건 떠들어댔고 그걸 기사화했는데... 그런데 똑같은 주제에 관해 비슷한 내용을 작은 신문에 반복 기사화한다는 게 여간 불편한 게 아니었어. 그땐『프라우다』가 아주 작은 신문이었소.

그런데 물론 우리에게 1921년은 우리가 이미 견고한 사회주의 국가를 가졌던 1941년보다 훨씬 어려웠어. 내전 때 일인데, 데니킨이 모스크바에 근접했을 때 전혀 예기치 않게 [네스토르] 마흐노가 소비에트 공화국을 구출했소. 데니킨의 백군을 측면에서 때렸던 거요. 데니킨은 마흐노 군대에 반격하기 위해 모스크바로 향했던 진격 방향을 돌렸어. 자, 봅시다. 심지어 마흐노도 때로 쓸모가 있었지. 당시 레닌은 우리들을 모아놓고 이렇게 말했소. "자, 이제 끝났습니다. 소비에트 권력은 존재하지 않습니다. 당은 이제 지하로 갑니다." 그런 상황이었소. 지하투쟁에 대비해 우리의 신분증이나 암호 같은 게 만들어졌는데...

나는 여러 차례, 그것도 비공식적인 자리에서 레닌과 함께 있게 됐소. 한번은 일과 후 저녁에 레닌이 내게 말했지. "몰로토프 동무, 우리 집에 갑시다." 검은 구즈베리잼을 곁들여 차를 마셨는데, 그때 그가 말했소. "우리 인민들에게는 뭔가를 구현하기 위해선 처음에 한 쪽으로 강하게 구부렸다가 다음에 조금씩 바르게 펴야 한다고 믿는 성향이 있소. 그런데 모든 걸 애초부터 올바로 있게 하는 법을 인민들은 아직 오랫동안 배우지 못할 거요. 그러나 우리가 볼쉐비키당을 이를테면 레프 니콜라예비치 톨스토이의 당으로 바꿨더라면, 우리는 완전히 한 세기를 지체했을 거요."

1919년 아니면 1920년 초의 일인데, 그때 내가 레닌의 숙소에 있었소. 그는 크렘린 안에서 살고 있었는데, 나는 니즈니-노브고로드에서 모스크바에 막 도착한 상태였소. 그전에 레닌이 나와 전화로 통화했고 내게 메모를 보냈어. 내가 니즈니-노브고로드 성 소비에트 집행위원회 의장이었거든. 거기에서 제1차 지역 무선기술자대회가 열렸는데, 그 수뇌가 본츠-부르예비치라는 사람으로서 내가 1917년경부터 알고 지내던 사업가의 친척이었소. 이 사람은 부자였고 출판업에 종사했는데, 교회 분리파운동에 관한 책들을 갖고 있었소. 분리파운동에 정통했던 그는 유식한 사람이었고 레닌에게 도움을 줬어요. 그래서 그의 친척이 우리나라의 주요 무선기술자가 되었던 거요. 레닌이 그의 경험과 작업을 지원해야 한다고 말했소. 그래서 지원을 했지.

그리고 나는 목재 공급 상황에 관해서도 레닌에게 보고를 했소.

레닌의 방에서 둘이 마주앉아 한 시간 정도 이야기를 나눴소. 자세한 내용은 기억이 나지 않는데, 차를 마셨지.

— 레닌이 차를 좋아했습니까?

▶ 음, 뭐랄까...

— 그럼, 포도주를 마셨습니까?

▶ 뭐, 조금. 그런데 레닌은 특히 그런 것에 관심이 없었소. 그는 사교적인 사람이었소.

— 그런데 레닌이 의장님께 뭐라고 말했습니까?

▶ 우리들 대화에 어떤 특별한 건 없었소. 그는 니즈니-노브고로드의 지역 분위기에 관심이 있었는데, 지역 일꾼들이 어떻게 활동하는지 알고 싶어 했소.

...레닌은 부단히 몰로토프의 주의를 외교 업무 쪽으로 돌렸다.

▶ 제정 때 귀족 출신으로 외국에서 거주했고 외국어에도 능통했던 치체린은 레닌에게 꼭 필요한 존재였소. 몇 년 후 내가 외무성에서 오랫동안 일하게 됐지.

우리나라 현대 경제학자나 철학자의 글을 보면, 그들이 이러저런 많은 것을 읽었음에도 불구하고 그 주제로 뭔가 거짓말을 한다는 게 눈에 보여요. 있을 수 없는 일이오! 물론 주된 실수는 그들이 이를테면 레닌주의의 본질과 그 접근법을 이해하지 못했다는 데 있지. 늘 거기엔 자본주의의 밑동, 부르주아 이데올로기의 밑동을 파낸다는 목적이 있고, 그것은 최대로 다양한 견지에서 아주 적확하게, 그런 형태로 추구되고 있소. 레닌의 책을 읽어보시오. 그의 모든 저작에는, 또 그것의 각 구절에는 제국주의에 던지는 폭탄이 있소. 그것이 레닌주의의 핵심이오. 그런데 우리나라에선 레닌에게서 이상한 걸 억지로 도출하고 거짓말하기 시작했어. 이것을 어떻게 극복할 것인가를 생각하면, 오직 젊은이들에게 기대를 거는 수밖에 없을 것 같소.

물론 내가 잊어버린 게 많겠지만, 그렇다고 전부 잊은 건 아니야. 동무들은 지금 그 시대에 관해 내키는 대로 말할 수 있지만, 비록 동무도 내가 모든 것을 잊었다고 생각할지 모르지만, 나는 그 시대에 동무들보다 조금 더 가까이 있었소.

1974년 1월 8일, 1978년 4월 27일, 1977년 3월 10일

레닌은 모두 다 데리고 갔다

▶ 제국주의가 존속하고 계급이 존재하는 한, 그들은 우리 사회를 파괴하기 위해 돈을 아끼지 않을 거요. 물론 모든 사람이 매수되는 건 아니지. 혁명 전에 말리놉스키의 정체가 드러났을 때 레닌은 그걸 믿지 않았소. 그는 볼셰비크로서 국가두마 의원이자 러시아사회민주노동당 중앙위원이며, 볼셰비키 중 가장 뛰어난 연설가였어. 활발하고 영리하며 인내할 줄 알고 당당해야 할 땐 당당하고 침묵해야 할 땐 말이 없는 그런 사람

이었소. 금속노동자 출신인데 지역구가 모스크바에 있었어. 내가 그를 잘 기억해. 한두 번 만난 게 아니었거든. 외모는 티토와 비슷해. 잘 생겼고, 특히 자신에게 공감하는 사람들을 적극적인 자기 지지자로 만드는 솜씨가 있었어. 그런데 그가 혐오스런 상놈이라는 걸 어떻게 아느냐 말이야. 멘쉐비키가 우리에게 그가 밀정이라는 사실을 알려줬는데, 우리는 그걸 믿지 않았을 뿐만 아니라 그건 볼쉐비키를 모독하는 거라고 단정했어. 나중에 레닌이 이렇게 말했소. “그가 밀정이라 하더라도 그는 경찰을 위해 한 것보다 우리를 위해 한 일이 더 많습니다. 왜냐하면 그는 자신이 받은 지령을 결국 이행할 수밖에 없었기 때문입니다.” 그는 국가두마에서만 연설했던 게 아니야. 그를 노동자 조직에 보내 연설케 했어. 연설해 달라는 요청도 많았어. 그는 볼쉐비키당의 모든 요구를 이행했으며, 동시에 짜리 정부 경찰 보안국의 밀정 노릇을 하면서 조직을 붕괴시키고 많은 볼쉐비키를 경찰에 내줬소. 10월혁명 후 말리놉스키가 처형됐는데, 아마 그게 1918년이었을 거요.

국가두마 의원으로 슈르카노프 혹은 쉰가료프라는 자가 있었소. 페테르부르크 출신이었는데, 역시 밀정이었어.[1] 1914년 [11월에 열린] 볼쉐비키 반전(反戰)회의에 관한 정보를 누설했소. 볼쉐비키당 소속 국가두마 의원 중 다섯 명은 강제노동에 동원되는 징역형을 받았는데 유독 카메네프만 유형에 처해졌어요.[2] 왜냐하면 그는 법정에서 자기는 볼쉐비키의 전쟁 반대 입장에 동의하지 않으며 단지 회의에 참석했을 뿐이라고 진술했거든.[3]

볼쉐비키당 소속 국가두마 의원으로 바다예프라고 있었는데, 나약한 사람이었소. 선거인단 대다수가 부르주아나 지주 출신이었는데, 그들은 노동자 출신 한 사람을 의원으로 뽑아야만 했소. 그들은 누가 가장 덜 위험한지, 누가 혁명운동에 가장 적게 참여했는지를 살펴봤고, 바다예프를 발견하자 그에게 투표했던 거요. 그는 그다지 적극적이지 않고 좀 무식했어도 정직한 사람이었고, 그리고 일을 열심히 했어. 국가두마 의원에 당선되자 그

---

1) 바실리 슈르카노프(В.Е. Шурканов,1876~1917)는 제3대 국가두마 의원을 지냈는데, 1917년 2월혁명 후 보안국 밀정임이 밝혀져 체포되었다.

2) 제4대 국가두마(1912~17년) 때 볼쉐비키 분파에 6명의 의원이 있었는데, 그들 중 말리놉스키는 1914년 봄 보안국 밀정임이 드러나자 의원직을 버리고 외국으로 도주했다. 카메네프는 의원 신분이 아니었다.

3) 이때 레닌은 혁명계급이라면 반동적인 제국주의 전쟁에서 자국 정부의 패배를 바라지 않을 수 없다면서 “제국주의 전쟁을 내전으로 전환하라!”는 슬로건을 내걸었다.

가『프라우다』에 나타나 말했소. "저는 아는 게 적고, 국가두마 의원직은 제게 아주 버겁습니다. 제가 해야 할 일이 무엇인지 알게 해주는 책을 어떤 거라도 좋으니 제게 주시면 좋겠습니다. 그런 책을 한 권 읽고 잘 기억해서 활동의 지침으로 삼겠습니다!"

그러나 나중에 보니 발전한 게 전혀 없었소.

레닌은 입후보한 적이 없었소. 볼쉐비키 거의 모두가 감옥이나 강제노역장에서 인생을 소진하고 있었는데, 나는『프라우다』를 발행하고 있었고... 그때 내가 스물두 살이었는데, 내게 무슨 [이론적] 준비가 있었겠나? 물론 피상적이고 설익은 것들이야 있었겠지. 이미 두 번이나 유형생활을 했더라도 내가 무엇을 이해했겠소? 아무튼 살려면 일해야 했지. 그런데 고참 볼쉐비키라는 사람들은 대체 어디서 무엇을 했을까? 특히 위험을 무릅쓰는 일은 누구도 하지 않았소. 크르쥐좌놉스키는 직장생활을 했고 크라신도 마찬가지였는데, 두 사람 다 훌륭한 전기기사였소. 추루파는 영지 관리인이었고, 키로프는 지방의 작은 신문사 기자 노릇을 하면서 우리에게 가담하지 않았소. 흐루쇼프에 관해서는 더 말할 것도 없어. 그는 늘 적극적이었지만, 그가 입당한 시점은 이미 모든 게 분명해졌던 1918년이었소.

그렇지만 국가를 운영하게 되었을 때 레닌은 우리들을 다 데려갔소. 레닌은 대범한 사람이었고, 모든 사람을 활용할 줄 알았어. 볼쉐비키, 하프 볼쉐비키, 그리고 25% 볼쉐비키까지도 모두 활용했는데, 단 유식한 사람들만. 그런데 그 유식한 사람들이 많지 않았소. 정치국에서는 다섯 명 중 셋이 매번 레닌에 반대하고 나섰어. 그런데 레닌은 그들과 함께 일해야만 했지. 그들은 훌륭한 웅변가로 글 잘 쓰고, 연설 잘 하고, 유능하며, 좀 혼돈이 있긴 해도 사회주의에 동조하는 그런 사람들이었는데, 다른 사람들이 없었어. 어쩌겠나, 함께 일할 수밖에.

1975년 8월 15일

나는 고참 볼쉐비크가 아니다

▶ 노보데비치 묘원에 가면 거기 묘 한 곳에 이런 비문이 있소. "옛 레닌근위대 출신 전사 V. I. 이바노프." 그리고 괄호 안에 "느림보"라고 쓰여 있어. 그건 그의 별명이오.

무슨 이유에선가 아니면 별 이유 없이 그를 그렇게 불렀겠지만, 그걸 비문에 새겨놓을 것까지야! 게다가 "친구들로부터"라고 써놨어.

그들이 고참 볼쉐비키인데... 그런데 말인데 나는 나를 고참 볼쉐비크로 생각한 적이 없소, 최근까지. 왜? 1905년에 이미 고참 볼쉐비키가 있었소. 볼쉐비키라는 세력이 형성된 것은 1905년 이전이오.

— 의장님께선 소년 시절인 1906년에, 열여섯 살 때 당원이 되셨지요.

▶ 그렇지, 그러니까 내가 왜 고참 볼쉐비크요?

— 1912년에는 『프라우다』를 발행하셨습니다.

▶ 나는 이미 1917년 혁명 때와 혁명 후에 나 자신을 고참 볼쉐비크로 간주할 수 있었소. 그런데 내 주위에 텁석부리들이 앉아 있는데, 그들은 이미 1905년에 명령하고 지휘하던... 완전히 우리 아버지뻘 되는 사람들이었소. 당연했지. 나는 그들의 말을 경청했고, 비록 내가 그들과 함께 꽤 높은 자리에 올랐지만, 그리고 내가 2월혁명 전에는 중앙위원회 사무국을 책임졌던 세 명 중 하나였고 또 혁명에 적극 참여하기도 했지만, 그래도 역시 나는 1903~04년의 옛 레닌당 출신이 아니오. 하지만 나는 그들에 매우 근접하지, 아주 가깝게 말이오. 그건 사실이야. 1903년에 나는 볼쉐비키가 되기엔 좀 어렸지. 열여섯 살이 됐을 때 입당할 수 있었소. 그렇지, 입당했지. 그런데 지금 열여섯 살짜리들은 중등학교에 다녀요. 지금 내 손자를 보면, 그 아이가 열여섯 살이야. 그 아이가 뭘 이해하겠어? 아주 훌륭한 아이지. 그 아이는 학교에서 동무들을 위해 정치학습 시간을 주도하고 있어. 그런데 그 아이가 교실에서 신문 기사들에 대해 이야기할까? 만약 신문 내용을 그대로 반복한다면 그건 이미 볼쉐비키적 선전이 되는 거요. 아무튼, 그때 우리나라엔 그런 신문이 없었고 오직 부르주아 신문들만 있었는데...

...우리가 마을을 산책하고 있다.

▶ 저기 소비조합이 있는데, 저기서 빵을 좀 삽시다, – 몰로토프가 말한다. – 가까운데 상점 두세 곳이 있는데 소비조합이 제일 크지. 이 지역은 식료품 공급이 잘되고 있소. 여기에 당 간부들이 많이 산다는 사실을 고려하는 거겠지. 도시에서 간부들이 많이 오고 있고, 때문에 공급이 역시 잘되고 있소.

...4킬로미터 이상 걸었다. 집에 거의 다 왔다.

— 라일락을 심으셨네요, – 내가 말한다.

▶ 그건 우리가 돌보는 건데, 나는 그 일을 거들지 않소. 타냐가 애쓰고 있지. 그녀가 시골에서 태어났거든.

— 땅 파는 일이 가장 좋은 일 같습니다, – 쇼타 이바노비치가 말한다.

▶ 물론, 사람에 따라 그렇긴 하지. 가장 좋은 일이라 할 수는 없고, 좋은 일들 중 하나겠지. 아무튼 동무들을 배웅하려 하는데, 타고 갈 차가 있지요?

1975년 4월 25일

▶ 내게 어떤 사람이 여러 번 찾아왔소. 그가 말하길, 자기가 10월혁명 전까지 레닌을 호위하고 다녔는데, [1917년 여름 레닌이 피신했던] 라즐리브[4]에는 [알려진 것과는 달리] 그 어떤 움막도 없었다는 거요.

— 인민들은 아름다운 전설을 좋아합니다, – 내가 말한다.

▶ 그는 그것을 부정했소. 나도 그렇게 생각해. 과연 레닌을 정상적으로 피신시킬 수 없었을까? 중요한 것은 레닌이 그곳에서 『국가와 혁명』을 썼다는 사실이오.

1975년 8월 15일

스탈린은 어떻게 서기장이 되었나

▶ 1921년 스탈린은 자신도 예기치 않게 당 중앙위원회 서기장이 됐소.[5] 당시 서기국은 몰로토프, 야로슬랍스키, 미하일로프 세 명의 서기로 구성됐는데, 나 몰로토프가 책임서기였소. 그땐 제1서기나 서기장 같은 게 없었고 책임서기가 있었고, [레닌] 접견일은 미리 정해져 고지됐소. 내가 레닌을 만났고, 우리는 일련의 문제를 협의한 다음 크렘린을 함께 산책했는데, 그때 레닌이 말했소. "내가 동무에게만 충고하는데, 동무는 중앙위원회 서기로서 정치 업무만이 아니라 인민위원 대리들 및 보좌관들에 대한 모든 기술적 업무를 담당해야 합니다. 지금까지 중앙위원회 서기는 크레스틴스키였는데, 그는 중앙위원회

4) 라즐리브는 1917년 7월사태 후 은신한 레닌이 8월 8일 핀란드로 도피하기 전까지 머물던 곳이다. 현재 상트페테르부르크 쿠로르트늬 지구 세스트로레츠크에 속해 있다.

5) 서기장의 영어 표현은 'general secretary'이다. 여기서 '세크레타리'는 서기보다 비서라 번역하는 것이 옳을 듯하며, 따라서 서기국은 비서국, 서기장은 총비서라고 쓰는 것이 좋다고 생각하나 관례에 따라 서기라고 표기했다.

서기가 아니라 총무부장 노릇을 했소! 정치가 아니라 온갖 허튼 일에 종사했소!"

그게 [1921년 3월에 열린] 제10차 당대회 폐막 후였지. 그런데 [1922년 봄] 제11차 당대회 때 당 중앙위원으로 선출되어야 할 사람들의 이름을 기입해놓은 이른바 10인 명부가 등장했소. 거기엔 스탈린의 이름 맞은쪽에 레닌의 필치로 "서기장"이라고 쓰여 있었소. 레닌이 10인의 분파모임을 조직했고, 크렘린의 스베르들로프 홀 주변 어딘가에서 빈 방을 찾아내 그곳에서 서로 합의했소. 그 내용은 분파모임에 트로츠키스트도, 노동자반대파도, 민주집중파 역시 초청이 불가하며, 오직 10인의 강력한 지지자들, 즉 레닌파 하나만 초청한다는 것이었소. 내가 기억하기로 [당대회의] 표결 전에 가장 큰 조직들을 대표하는 스무 명 정도가 모였는데, 스탈린은 레닌을 비난하기까지 했소. 즉, 우리가 아무리 봐도 분파적일 수밖에 없는 비밀모임 내지 반(半)비밀모임을 갖고 있는데, 이는 당대회 결정으로 금지되지 않았냐는 거지. 그러자 레닌이 말했소. "스탈린 동무, 동무는 노련한 고참 [볼쉐비키] 분파원이오! 지금 우리에게 다른 방법이 없다는 사실을 의심하지 마시오. 나는 투표를 위해 모든 것이 잘 준비되길 바라며, 이 명단 그대로 확실히 투표하도록 동무들에게 미리 예고해야 합니다! 10인의 명단은 통째로 실현되어야 합니다. 이 사람은 훌륭한 작가라서 저 사람은 좋은 웅변가라서 찍어야 한다면서 사람을 보고 투표하게 하는 건 아주 위험합니다. 그래서 명단이 희석되면 우리는 또다시 다수파가 될 수 없습니다. 그렇게 되면 [당을] 어떻게 지도할 거요!"

제10차 당대회에서 레닌은 분파를 금지시켰어!

그리고 사람들은 괄호 안에 적힌 바대로 투표를 했고, 스탈린이 서기장이 됐소. 레닌은 그렇게 만들려고 무진 애를 썼지. 그러나 물론 그는 문제를 충분히 숙고했고 누구를 신경 쓰고 있는지 알게 했소. 레닌은 내가 정치가로서 부족하다고 생각한 것 같은데, 그래도 나를 서기국과 정치국에 남겨두었고 또 스탈린을 서기장으로 만들었어. 물론 그는 자신의 병색을 느끼면서 준비했던 거요. 과연 그가 스탈린을 자기 후계자로 생각했을까? 그것이 고려되었을 수도 있겠지. 그런데 도대체 왜 서기장이 필요했을까? 그런 직책이 전에는 없었거든. 하지만 스탈린의 권위가 점차 높아졌고, 레닌이 예상했던 것보다 혹은 레닌이 바람직하다고 생각했던 것보다 훨씬 커졌어. 물론 모든 걸 예견할 수는 없지만, 스탈린을 둘러싼 격렬한 투쟁 상황에서 제르진스키, 쿠이비쉐프, 프룬제 등 아주 다양한 사람들로 활동적인 그룹이 형성됐고 그 세가 점점 더 커져갔소.

지도권을 탐한 사람들

레닌은 당과 국가의 업무가 복잡해지는 상황에서 트로츠키가 아주 퇴행적으로 행동하고 있다는 걸 알아챘소. 위험한 인물이지. 레닌이 트로츠키로부터 벗어나고 싶어 하지만 그러지 못하고 있다는 느낌이 들었소. 트로츠키에겐 그를 적극 지지하는 유력한 인물들이 많았고, 이도저도 아니라도 역시 그의 높은 권위를 인정하는 사람들이 많았소. 트로츠키는 아주 영리하고 유능한 인물이었고 엄청난 영향력을 행사했어. 예전에 트로츠키와 불쾌한 투쟁을 했던 레닌조차도 『프라우다』에 자신은 농민문제에 관해 트로츠키와 다른 견해를 갖고 있지 않다고 공표할 수밖에 없었소. 그게 사실과 다르다고 생각해서 스탈린이 격분했던 게 생각이 나. 그가 레닌을 찾아갔는데, 레닌이 이렇게 대답했소. "그럼 내가 무얼 할 수 있겠소? 순전히 농민들로 구성된 적군이 트로츠키의 수중에 있소. 지금 나라는 다 파괴돼 엉망인데 아직도 위에서는 우리가 서로 개싸움이나 하고 있다는 걸 인민들에게 보여줄까!"

레닌은 트로츠키가 누구인지를 스탈린보다 더 잘 이해했고, 트로츠키를 교체하여 그에게서 벗어날 때가 도래할 것이라 생각했소.

지노비예프도 당의 지도권, 그 실질적 지도권을 탐했소. 그는 자주 연설을 했는데, 연설하길 좋아했고 연설할 줄 알았지. 박수 세례를 받았어. 그런 상황에서 박수는 연설자에게 큰 동기로 작용하지. 그런데 지노비예프는 이를테면 스탈린이나 카메네프 정도의 깊이조차 가진 자가 아니었다는 거요. 문헌에 보면 지노비예프와 카메네프의 이름이 항상 함께 붙어 다니는데, 비록 카메네프가 지노비예프를 이데올로기적으로 훈육하긴 했어도 그들은 서로 완전히 다른 사람들이었소. 지노비예프는 쓴 글도 많고 말도 많았는데, 그의 말은 막힘이 없었어. 카메네프는 좀 더 듬직하고 깊이가 있었지만 일관된 기회주의자였어. 지노비예프는 카메네프를 칭찬했고 매우 혁명적인 장황설을 늘어놓곤 했소. 그러면 카메네프가 등장해 전투에 참여하곤 했지. 지노비예프는 겁이 많았소. 반면 카메네프는 강직했지. 그가 실질적으로 지노비예프를 지휘했소. 하지만 지노비예프는 자기가 카메네프 위에 있다고 생각했지. 카메네프가 자신의 보좌역이고 상담역이라는 거지. 지노비예프는 스스로 두목이었소.

— 이론가였습니까?

▶ 무슨 이론가? 그냥 정치가였지. 그는 이론에 해박하지 않았어. 피상적 수준에서 이해하고 있었다고 생각해. 그런데 몇 개 외국어를 잘했소. 레닌이 그를 잘 알았는데, 그들은 외국에서 함께 살았소. 레닌은 그를 저널리스트로 높게 평가했지. "그리샤, 그리샤"[6] 하며 친하게 불렀소. 그를 아꼈지. 왜냐하면 레닌에겐 자기 생각을 알아차려 그걸 빨리 글로 써낼 수 있는 그런 적당한 사람이 주위에 자주 없었거든. 그런데 지노비예프는 때론 카메네프를, 때론 레닌을 경쟁상대로 삼았소. 물론 카메네프와 더 많이 경쟁했지. 카메네프는 우파야. 전형적인 100% 우파 인사지. 때로 자신을 적당히 숨길 수 있었지만, 대부분의 경우에 충분히 공개적으로 발언했소. 그리고 레닌에게 반기를 들었지.

카메네프는 레닌을 아주 높게 평가했소. 그가 천재임을 알았던 거지. 카메네프 자신은 매우 영리한 사람이었지만 레닌에겐 늘 타인이었소. 그런데 지노비예프는 영합하기 잘하고 얍삽한 사람이었는데 모든 일을 아주 빨리 했어. 그는 레닌이 말하는 것을, 비록 질은 그다지 높지 않지만, 민첩하게 또 제법 옳게 반영하는 글을 썼고 또 그렇게 발언했소. 허풍장이였지. 우린 많은 문제를 함께 논의했지만, 레닌은 지노비예프를 한 번도 신뢰한 적이 없소.

레닌은 카메네프를 더 좋아했어. 제1차 대전 때 카메네프는 유형지에 있었지만, 지노비예프는 스위스에 살았소. 레닌도 거기에 살았지. 레닌과 지노비예프가 주고받은 편지들을 보면 레닌이 계속 지노비예프에 불만을 갖고 있었음을 알 수 있소. 그 이유는 지노비예프가 스스로 자신이 레닌파라고 주장하고 있었지만 실제로는 계속 동요했기 때문이었소. 카메네프는 레닌 곁에 있지도 않았고 항상 극단적인 불안정성을 나타냈소. 레닌은 그를 고쳐주고 억누르고 했지. 아무튼 지노비예프는 지도권을, 레닌의 역할을 탐했소. 그리고 아직 레닌이 살아 있는 상태에서 1923년 제12차 당대회에서 [늘 레닌이 했던] 정치보고를 했소. 그때 그는 스탈린에 반대하는, 또 스탈린을 중심으로 뭉쳐있는 우리 그룹 전체에 반대하는 음모를 꾸몄소. 그리고 곧, 카메네프와 지노비예프는 [카프카스의 온천지인] 키슬로보츠크에서 휴식을 취하면서 먼저 루주탁을, 다음엔 보로쉴로프를 그곳으로 불렀소. 키슬로보츠크의 동굴 속을 산책하면서 그들은 서기국을 정치화해야 하는 이유를 논증했지. 그들의 주장인즉슨, 지금 서기국에는 한 명의 진짜 정치가 스

6) 그리고리(Григорий)의 애칭이다. 지노비예프의 풀네임은 그리고리 예브세예비치 지노비예프이다.

탈린만 있는데 거기에 지노비예프, 트로츠키, 카메네프를 추가하는 방식으로 서기국을 확대하자는 것이었소. 지금 정확히 말하긴 어렵지만 대략 그런 이야기요. 물론 스탈린은 무엇이 문제인지 즉시 이해했지. 즉, 서기국에서 스탈린을 소수자로 만들려는 것이었소. 그것이 이른바 「동굴강령」이었던 거요. 동굴에서 협의를 했지. 다음에 지노비예프는 『시대의 철학』이라는 유명한 장문의 글을 썼고, 그들은 자기의 기본 방침을 갖고서 지도권을 달라고 요구하며 거기를 기어 나왔소. 농민문제에 관한 그의 글이 『프라우다』에 하단 기사로 몇 번 실렸는데, 그 요지는 중농에 인사하는 정도가 아니라 무릎까지 꿇어야 한다는 것이었소. 어떻게 무릎을 꿇어? 그게 노동계급의 당인가? 비록 우리가 중농을 세심하고 신중하게 배려해야 했지만 말이오. 우리 레닌파는 지노비예프의 글을 논의한 후 그것을 비판하며 수정하라고 강력히 요구했소. 그때 스탈린이 소치에서 휴가 중이었는데, 그에게 편지를 보냈소. 그의 대답은 이랬소. "옳은 비판이야!"

분명한 균열은 아직 없었지만 이미 조짐을 보이며 심화되고 있었소. 그때 부하린과 리코프는 레닌과 스탈린의 노선을 지지하고 있었어. 제11차 당대회에서 리코프가 정치국원이 됐소. 그런데 레닌은 제르진스키를 정치국원으로 뽑지 않았지. 브레스트-리톱스크 조약을 체결할 때와 노동조합 논쟁 때 제르진스키가 자신을 지지하지 않았던 걸 용서할 수 없었기 때문이었소. 레닌은 예전처럼 그를 신뢰하지 않았어. 레닌은 그런 일에 굉장히 엄격하게 굴었소.

누가 더 냉혹했나

— 레닌과 스탈린 중에 누가 더 냉혹했습니까?

▶ 물론, 레닌이지. 아주 엄격했어. 어떤 일들에 있어서는 스탈린보다 더 엄격했소. 레닌이 제르진스키에게 보낸 메모를 읽어봐요. 그는 불가피하다고 생각될 때는 가장 극단적 조치들을 자주 들먹이고 있소. 탐보프 농민반란의 진압을 명령하면서 모든 걸 태워버리라고 지시했어. 마침 내가 그 문제를 논의하는 자리에 있었는데, 물론 반대도 없었지만 누가 반대했더라도 레닌은 전혀 그것을 듣지 않겠다는 태도였소. 단호했지. 레닌이 스탈린을 질책하던 장면이 생각이 나. 스탈린이 유약할 뿐 아니라 자유주의적이라는 거지. 이렇게

말했소. "우리가 정말 독재를 하는 거요? 이건 독재가 아니라 물러터진 권력이오!"

— 그 일에 관해 어디에 쓰여 있습니까?

▶ 그건 우리 레닌 그룹 안에서 있었던, 막후의 일이오.

1919년 레닌이 자기 고향 심비르스크의 식량전권위원에게 보낸 전문을 봅시다. "페트로그라드와 모스크바의 굶주린 노동자들은 동무의 지도력 부재를 푸념합니다... 동무가 최대한의 능력을 발휘할 것과, 업무에의 형식적 접근을 지양할 것, 그리고 굶주리는 노동자들에 전면적인 도움을 제공할 것을 요구합니다. 일이 지체되는 경우 동무가 책임진 기관의 전 구성원을 체포하여 법정에 넘길 수밖에 없습니다... 동무는 곡물이 가득 실린 30량짜리 기차 두 대를 당장 출발시켜야 합니다. 이행 후 전문을 보내시오... 만약 동무가 4시간 후에도 곡물을 보내지 않고 또 부득이 농민들을 아침까지 기다리게 했다는 사실이 확인되면, 동무는 총살에 처해질 겁니다. 소브나르콤 의장 레닌."

이 대목은 『레닌저작집』[7]에 실려 있소. 내게 저작집의 거의 전권(全卷)이 있어.

또 다른 사례가 생각나는데, 레닌이 로스토프 주에 사는 한 빈농에게서 편지를 받았던 때였소. 내용인즉슨, 그곳 질서가 엉망이며 빈농들을 배려하거나 돌봐주기는커녕 오히려 박해를 가한다는 거야. 레닌은 우선 스베르들로프대학[8] 학생 그룹을 집합시키라고 요구했소. 당시 성인을 위한 그런 대학이 있었어. 정부 부처의 업무를 수행하기에 역량이 부족하여 자신의 지식수준을 높이길 원하는 중등교육 미필자들이 그 대상이었는데, 말라쉬킨이 거기서 공부했지. 아무튼, 레닌은 집합한 그들에게 현지로 출발하라고 지시하면서, 만약 편지 내용이 사실로 확인될 경우 그 죄인들을 현장에서 총살하고 사태를 바로 잡으라고 명령했어.

보다 구체적으로 말하면, 현장에서 사살하라! – 그게 전부야. 그런 일들이 있었소. 그건 적법한 절차에 따른 게 아니지. 그런데 그렇게 했어. 그게 독재요, 초강력 독재!

1980년 2월 29일, 1981년 1월 9일, 1982년 2월 5일,
1983년 10월 14일, 1985년 2월 16일

---

7) 『레닌저작집(Ленинский сборник)』은 1924년에서 1959년에 걸쳐 총 36권이 발행되었는데, 그 내용의 대부분이 1965~75년에 발간된 55권짜리 『레닌전집』(5판)에 포함되어 있다.

8) 1918년부터 1937년까지 모스크바에 소재했던 이 대학의 명칭은 〈스베르들로프 기림 공산대학〉이다. 흔히 스베르들로프대학이라 불렀다.

…쇼타 이바노비치가 예전에 몰로토프에게서 들은 이야기를 꺼낸다. 그에 따르면, 어떤 책 하나를 완독한 레닌은 그 내용이 마음에 들지 않았다. 레닌이 격분해 말했다. "이걸 감옥에 처넣으시오!"

▶ 레닌은 성격이 강한 사람이오. 그는 필요하다면 언제든지 상대의 멱살을 잡았소, – 몰로토프가 덧붙인다.

1976년 6월 30일

— 사람들이 말하길, 레닌은 1918년 짜리 니콜라이 2세 가족이 총살된 일에 아무 관련이 없다고 합니다. 그것은 콜차크가 지휘하는 백군이 진격해 오는 상황에서 [예카테린부르크의] 지방권력이 결정해서 한 짓이라고 하는데… 혹자는 동생 [미하일 대공] 때문이라고도 합니다.

▶ 그러면 레닌을 이상한 사람으로 묘사하는 거요. 좀스런 속물들이야. 지금은 [그 일을] 생각하는 것조차 불필요해. 분명한 건 달리 방도가 없었다는 거요. 순진하게 생각하지 마시오.

…우리는 다차촌을 산책하고 있다. 몰로토프가 문득 발을 멈춘다. 지팡이를 아스팔트에 꽂고서 나를 쳐다본다.

▶ 누구도 그런 결정을 레닌의 승인 없이 독자적으로 내릴 수는 없었을 거요. 당시 그 일은 혁명과 소비에트 권력, 공산주의의 생존과 직결되는 문제였고, 레닌은 타협하기 어려웠을 거요. 만약 우리가 각 문제에 대해 민주적인 결정을 내렸더라도, 그건 당과 국가에 큰 손실을 끼쳤을 거요. 왜냐하면 그때 그 문제는 계속 현안으로 남아있었을 것이고, 그런 형식적 민주주의로부터 얻을 수 있는 거라곤 좋은 게 전혀 없었을 거요. 레닌은 예민한 문제를 자신이 직접, 자신의 권력으로 결정했던 거요.

1971년 11월 23일, 1972년 2월 3일

모든 권력을 소비에트로

▶ 레닌이 충고하기를, 고관들에게 부탁하러 갈 땐 확약서를 받을 수 있게끔 필히 종

이를 갖고 가야 한다고 했소. 안 그러면 나중에 딴 소리를 한다는 거야.

1977년 6월 16일

...내가 묻는다.

— 레닌은 [1917년에] "모든 권력을 당이 아니라 소비에트로" 집중시키라는 슬로건을 내걸었습니다. 의장님께선 어떻게 생각하십니까? 지금 우리나라에서 소비에트의 역할을 너무 얕보는 것 아닙니까?

▶ 그것은 이미 레닌 시대에도 실제로 경시됐소. 권력은 반드시 하나의 수중에 집중되어야 합니다, – 몰로토프가 대답한다.

1971년 7월 9일

•

— 작은 소브나르콤[9]이 무슨 일을 했습니까?

▶ 그건 일상적 업무 처리를 위한 것이었는데, 사소하고 소위 "자질구레한" 각종 문제들을 논의했소. 소브나르콤에 소속된 위원회 같은 거였는데, 소브나르콤에 예속됐지. 레닌의 결정문을 사전에 준비하고 또 그것에 사후 서명했소. 뭐, 그 중요성을 강조하고자 작은 소브나르콤이라 불렀던 거요. 존중하라는 거지...

1976년 6월 30일

치체린

▶ 교양을 갖춘 사람들이 적었소. 그래서 레닌은 그런 사람들을 활용하려 했어. 레닌은 치체린에 당성이 부족하다고 생각했지만 그의 업무 능력을 높이 샀소. 그래서 그는 외무인민위원이었지만 당 중앙위원이 아니었지.

...1922년 1월 20일자 치체린의 편지에 레닌의 이런 메모가 적혀 있다. "모든 정치국원을 위해 몰로토프 동무에게. 치체린의 이 편지와 다음 편지는 현재 그가 중환자임을

9) '작은 소브나르콤(Малый Совнарком)'은 1917년 말에 만들어져 1931년에 폐지되었다.

명백히 보여줍니다. 우리가 바보가 아니라면 당장 그를 강제로 요양원에 보내 치료받게 해야 합니다. 1922년 1월 24일. 레닌"

▶ 그런 걸 읽으면 사람에 대한 레닌의 배려를 가늠할 수 있지. 그런데 그에 앞서 치체린은 레닌에게 "적절한 보상 대신 우리 헌법을 조금 개정할 수 있는지"를 묻는 편지를 보냈소. 그 요지는 네프만,[10] 사제 등을 대표하는 대의원들을 뽑아 소비에트에서 활동케 하자는 것이었소. 그것은 [국내에 투자한] 미국인들의 구미를 맞추는 일이었지. 레닌은 "할 수 있는지"에 밑줄을 긋더니 이렇게 썼소. "미쳤군!"

정치에는 항상 그런 자들이 어른대지만 그럼에도 유능한 자들이 있었소, – 몰로토프가 말을 이어간다. – 그 대목에서 레닌은 치체린을 비판할 수 없는데... 스탈린 치하에도 치체린은 오랫동안 일했소. 그럼에도 그는 중환자였어. 혈당 수치가 아주 높았어. 당시 당뇨병은 치료가 어려웠소. 치체린이 쓴 편지 하나가 생각납니다. "이게 어떻게 되는 겁니까? 외무인민위원부가 자신을 팔다니요! 코민테른이 불량배 짓을 하다니요! 지노비예프파가 주도해서 일을 망치고 있습니다!"

그가 보기엔 일이 뭔가 제대로 되고 있지 않았겠지. 그땐 이미 리트비노프가 외무인민위원이었소.

— 그런데 그가 당 중앙위원회를 비판하진 않았습니까?

▶ 아니오, 무슨 소릴! 중앙위원회 없이 어떻게? 외무인민위원부는 오직 당 중앙위원회에만 보고를 해. 외무인민위원부의 모든 사업은 오직 정치국으로만 통했소.

그런데 치체린이 처음엔 더 뻣뻣했지. 볼쉐비키 대열 출신이지만 변절자였소.

1972년 6월 21일

▶ 치체린은 당 중앙위원회에 보내는 보고서를 너무 남용했소. 에스토니아, 프랑스, 아메리카 등 임의로 고른 지역에 관해 하루에 서너 차례 중앙위원회로 보고서를 보냈어. 그 때문에 레닌은 치체린을 서기광(書記狂)이라 불렀소. 그는 밤에 일하고 쓰고 했는데, 그게 불행이었지. 그는 보고서를 아주 쉽게 썼소. 매우 교양 있고 아주 훌륭한 교육을 받은 사람이지. 몇 개의 외국어에 능통했고, 무엇에 관해서든지 필요하면 즉시 보

10) 네프만(нэпман)이란 네프 시기의 개인 사업주와 상인을 통칭하는 말이다.

고서를 냈소. 모든 게 정치국으로 왔는데, 그 어떤 분리된 부서도 없었어. 국제 업무를 알아야 했고 비밀암호를 읽어야 했는데, 그걸 나 말고는 아무도 읽지 않았소.

1975년 1월 14일

동무는 무엇을 지향합니까?

▶ 그루지야 소브나르콤 의장 대리 므디바니라고 있었소. 기회주의자야. 그가 바투미로 외국 상품을 반입하는 걸 허용했어. 내가 정치국 회의에 참석했을 때인데, 레닌이 므디바니에게 물었소. "동무는 무엇을 지향합니까?" 그가 대답했지. "값싼 상품을 지향합니다." 맑스주의자라는 자가 하는 말이라고는... 값싼 상품을 지향한다니!

레닌은 대외무역의 국가독점을 약화시키는 그 어떤 것에도 반대했어. 혁명 초창기 때 외국 선박의 입항을 실질적으로 허용했소. 그들은 우리를 상품으로 묻어버릴 수 있었지. 논쟁이 벌어졌어. 레닌은 "그런 대외무역"의 완전 폐쇄를 열렬히 지지했어. 사적 차원에서는 거래가 가능했지만, 대외무역의 국가독점은 확고히 유지되어야 했지. 그런데 그루지야인들이, 즉 므디바니가 흑(黑)캐비어와 어란(魚卵)캐비어를 외국으로 반출했던 건데... 그는 노골적인 기회주의자였소. 고참 공산주의자이자 볼쉐비크로 간주됐지만, 부패한 그런 자였어.

1982년 12월 9일

일급 인물들이 아니다

— 콜론타이가 쉴랴프니코프와 함께 레닌에 반대하는 연설을 했고, 결국 레닌을 화나게 했습니다, - 쇼타 이바노비치가 지적한다.

▶ 그래도 역시 콜론타이는 뛰어난 인물이었소. 그럼, 물론 뛰어났지. 재미있는 여자야. 자기를 연모하는 자들을 많이 바꿨는데...

— 콜론타이를 다룬 영화 〈소련 대사〉를 어떻게 생각하십니까?

▶ 콜론타이가 전쟁을 이겼나? 순진하기는... 그녀는 대사였고, 우리가 내리는 훈령을 이행했소. 대사로서 당연한 일이지. 내가 콜론타이를 잘 알아. 나는 그녀와 꽤 좋은 관계를 유지했는데, 그녀는 물론 진짜 혁명가가 아니오. 측면에서 접근했어. 하지만 정직한 사람이야. 아름다운 여인이지. 이 남자와 다니다가 저 남자와 다니다가 했는데... 디벤코가 그녀 남편이었는데, 그 전까지는 쉴랴프니코프였지. 신뢰감을 적게 주는 그런 사람들이었소. 콜론타이 자신은 작가로서 아주 유능했는데. 특히 여성 청중 앞에서 연설을 잘했어. 마음에서 우러나는 감정을 넣어 아주 아름다운 화법을 구사했소. 좋은 인상을 풍겼지. 폴리나 세묘노브나[=몰로토프의 처]가 그녀를 숭배했지. 말은 용감했고 몸짓은 거침이 없었어. 오랫동안 유럽에 살았는데, 거기서도 연설을 했어. 여러 외국어에 능통했고 아주 교양 있는 여자였소. 장군의 딸이지. 레닌이 그녀를 얼마나 발라버렸는지 (그렇게 몰로토프가 말했다. – F. 추예프) 알려면, 그가 제11차 당대회에서 행한 연설을 읽어봐요. 거기 보면 레닌이 노동자반대파를 비난하는 대목이 나와. 레닌의 표현처럼, 쉴랴프니코프와 콜론타이의 [노동자]반대파는 찰싹 달라붙은 동무들이었소.

쉴랴프니코프 이전에 콜론타이의 남자가 누구였더라... 콜론타이에겐 원래 남편이 있었소. 그녀는 한 귀족 장교의 부인이었는데, 그와는 원칙적, 이념적 이유로 갈라섰고, 혁명가 진영으로 넘어왔지. 그리고 제1차 대전 중에 볼쉐비키에 가담했어. 예전에 콜론타이는 제3자적 입장을 취했고, 혁명 전에 발행된 『프라우다』에는 참여하지 않았소.

— 제게 한 노인이 말하길, – 내가 말한다. – 콜론타이와 디벤코가 바람피웠던 기차칸을 내전 중에 "콜론타예프카"라고 불렀답니다.

▶ 그런가? 디벤코는 그녀의 마지막 남편들 중 하나였소. 콜론타이는 전투적...

— 콜론타이의 남편들 중 두 명이 총살되었는데, 그녀는 몸을 보전했습니다, – 쇼타 이바노비치가 말한다.

▶ 콜론타이는 우리나라에 해롭지 않았소.

1975년 1월 25일, 1976년 4월 28일

▶ 우리나라에 마누일스키라고 있었소. 당 중앙위원이었지. 고참 볼쉐비키 출신이지만 헷갈리는 사람이야! 트로츠키파로 빠졌소. 타협적 기질이 있는 그런 사람이었는데,

트로츠키와의 합의가 가능하다고 생각했소. 마누일스키는 대단한 일화 작가였는데, 자기 머리핀으로 우리들을 항상 웃겼소. 머리핀은 그 자신이 고안한 것이었는데, 주로... 전쟁 후에 그가 우크라이나 외무상이었는데, 내게 와 말했소. "동무는 나를 외교관으로 생각합니까?" 내가 대답했지. "외교관도 종류가 다양하지요. 그러나 대개 두 종류가 있는데, 하나는 바보들이고 다른 하나는 사이비들이오." 그가 웃으며 말했소. "그렇다면, 내가 사이비라는 거지요?"

1974년 11월 28일

▶ 로좁스키[11]가 나의 대리였소. 그 역시 미국 유대인들과의 관계 때문에 체포됐지. 그는 폴리나 세묘노브나에 불리한 그 어떤 증언도 하지 않았어.

로좁스키에겐 오래 말하는 재주가 있었소. 그래서 레닌은 그를 쇠심줄이라고 불렀는데, 기지가 뛰어난 사람이었어. 그가 만든 말이 있지. "드골도 머리를 쓴다!"[12]

마누일스키가 일화 하나를 만들어 퍼뜨렸는데, 그 내용인즉슨, 몰로토프의 장례식장에서 로좁스키가 추도사를 했는데 너무 오랫동안 말하는 바람에 몰로토프가 그걸 견디다 못해 다시 살아났다는 거야.

1979년 4월 10일

"존경할 것을 제안합니다..."

▶ 물론 레닌이 스탈린보다 위에 있지. 나는 항상 그렇게 생각해. 이론의 측면에서도 개인적 재능이라는 측면에서도 레닌이 위에 있지. 하지만 실천가로서 스탈린을 능가할 사람은 아무도 없소.

...몰로토프가 자신의 90세 생일잔치를 거부했다.[13]

---

11) 로좁스키는 1939~46년 외무인민위원 대리를 지냈다.
12) 러시아에 '골 나 븨둠끼 히뜨라(Голь на выдумки хитра)'라는 속담이 있는데, 흔히 '궁즉통'이라 해석되는 그것은 '거지도 머리를 쓴다'라는 원뜻을 갖는다. 골(голь)은 거지라는 뜻이며, 로좁스키는 '골'을 '드골'로 바꿔 프랑스 대통령을 야유했다.
13) 몰로토프의 생일은 1890년 3월 9일[=구력 2월 25일]이다.

▶ 내가 그날 집에 없을 거라고 모든 사람들에게 이야기했소. 기회가 되면 다음에 한번 만나자고 했지. 내게 꼭 오고 싶으면 3월 중순 지나서 오는데, 좌우간 3월 9일에 나는 집을 떠날 거라고 했어. 사람들이 많으면 내가 힘들다고 했는데, 그 이유로 나를 비난할 수는 없지. 온당치 않아...

1920년에 사람들이 레닌을 강요해서 그의 50회 생일을 기념하게 했어. 그는 자만하지 않는 것이 중요하다고 말했는데, 혁명가들이 자만하기 시작하면 승리를 쟁취할 수 없어.

1920년 레닌의 50회 생일 축하연에서 우스꽝스런 일이 있었지. 프레오브라젠스키가 자신의 축사를 이렇게 마쳤소. "존경할 것을 제안합니다..." 식장은 웃음바다가 됐고, 레닌은 그에게 손사래를 쳤어. 그런데 사람들은 인물이 아니라 단지 기념일을 숭상하고 있어.

프레오브라젠스키는 나중에 반대파가 됐소. 트로츠키주의자지. 그가 스탈린을 서기장에서 해임하라고 요구했는데, 그 이유는 스탈린이 너무 많은 직책을 갖고 있다는 것이었어. 그때 레닌은 스탈린을 강력 옹호했고...

1980년 2월 29일

오르조니키제는 왜 권총으로 자살했나?

세르고 오르조니키제는 물론 좋은 사람이고 훌륭한 당 중앙위원이었지만 제10차 당대회 때 그를 중앙위원으로 뽑는 것에 반대하는 주장이 여럿 있었소. 그가 거칠고 그와 함께 일하기 어렵다는 것 등이 그 이유로 지적됐는데, 레닌이 그를 옹호하는 발언을 했지. "나는 오르조니키제를 당에 헌신적인 사람으로 생각합니다. 나는 그를 개인적으로 잘 압니다. 그는 외국 망명지의 우리 집에 머물기도 했습니다..." 대회장에서는 그가 툭하면 손찌검하고 다니는 이유가 무엇이냐고 외쳐댔어. 레닌이 대답했지. "오르조니키제한테 뭘 원합니까? 그는 성질이 불같지만 성격은 아주 좋습니다. 그리고 알아두시오. 그의 한쪽 귀는 잘 듣지 못합니다." 아니, 귀가 잘 들리지 않는다고 언급하는 게 무슨 소용이 돼? 그건 레닌이 좋은 사람을 옹호해야만 했다는 거지. 왜냐하면 세르고는 진짜 좋은 사람이었거든. 그게 1921년이었는데, 세르고는 항상 전선에 가 있었소. 뜨거운 시절이었고, 세르고 자신도 뜨거웠지. 나는 그가 누구에게라도 자기 목덜미를 내줄 수 있었을 거라고 봐.

지노비예프가 쓴 『레닌이즘』이 출간됐을 때 세르고가 그 책에 열광했소. 그런데 나는 지노비예프에 동의하지 않는다고 말했지. 그랬더니 열 받은 세르고가 말했소. "왜 동의하지 않는데?" — "이 자가 정말 레닌파야?" — "뭐라고? 그럼 동무는 지노비예프를 레닌파로 생각하지 않는다는 거야?" — "그렇지, 그 책은 비(非)레닌주의적이야." — "대체 동무가 뭘 알아!"

한마디로 그는 흥분했고 나도 욕을 했고, 결국 그가 내게 달려들었소. 키로프가 우리를 떼어놨는데... 나중에 부하린이 우리를 화해시켰소. 세르고는 스탈린에게 가서 나에 대한 불만을 늘어놨어. 그런데 스탈린이 말했소. "몰로토프가 옳아." — "어떻게 옳아요?" — "왜냐하면 그건 실제로 레닌주의적인 책이 아니야."

그리고 스탈린은 세르고에게 "지노비예프가 해석하는 레닌이즘"이란 오직 농민계급이 다수인 러시아처럼 후진적인 그런 나라들에나 적합하다는 사실을 상세히 설명해줬소.

1971년 7월 28일, 1975년 5월 24일

— 뱌체슬랍 미하일로비치! 의장님께선 누구와 친하게 지내셨습니까?

▶ 세르고와 친했지. 좋은 동무였소. 1917년에 우리가 처음 인사를 나눴는데, 항상 좋은 관계를 유지했지... 지노비예프의 책 때문에 딱 한 번 서로 욕하며 싸웠어. 세르고는 좋은 사람이었지만 정치적으론 근시안이었소. 그는 기분과 열정의 사나이요. 스탈린이 그러면 안 된다고 자주 말했는데... 세르고는 오직 기분에 따라 자기 주변에 사람들을 자주 불러 모았소. 세르고에겐 [고향인] 그루지야에 사는 동생이 있었는데, 철도원이었소. 훌륭한 중앙위원에게 나쁜 동생이 있을 수도 있지. 아무튼, 그의 동생은 소비에트 권력에 저항했고, 그에 관해 충분히 많은 자료가 수집 보고됐소. 스탈린이 그를 체포하라고 명령했지. 세르고가 격분했어. 그런데 그 후에 집에서 자살한 채 발견된 거요. 쉬운 방법을 찾아냈지. 자기 사람만 생각한 거야. 그러고서 어떻게 지도자라 할 수 있나! 그냥 스탈린을 곤경에 처하게 만든 거요. 아주 헌신적인 그런 스탈린주의자였고 스탈린을 모든 면에서 옹호했소. 강제노동 감옥에도 있었고, 그런 이력이 그의 권위를 더 높여줬지.

오르조니키제에 관해 다양한 의견이 있소. 나는 지식인인 척하는 사람들이 그를 과도하게 칭찬한다고 생각해. 그는 자신의 마지막 행보로 역시 그가 확고한 공산주의자가 아니었음을 보여줬소. 그건 물론 스탈린에게 해를 끼치는 일이었고, 또 레닌에게도, 노선에도 해가 되는 일이었소. 그건 아주 나쁜 행보였어. 달리 해석할 도리가 없어.

— 오르조니키제 가족은 그의 죽음이 스탈린 책임이라고 합니다.

▶ 그렇게 말할 거요. 왜냐하면 그의 동생에 대한 탄압이 그를 자살로 내몬 마지막 충격이었다면, 그렇게 말할 수 있지. 모두 스탈린에게 전가할 거요. 만약 내 동생이 반소비에트 선동을 하고 그래서 체포된다면, 내가 무슨 말을 할 수 있을까? 나는 아무 말도 못해.

— 세르고가 자살했을 때, 스탈린이 망자에 대해 굉장히 화를 냈지요?

▶ 당연하지.

— 그런데 세르고를 정치국에서 제외시킬 수 있었지 않습니까? 그랬다면 그렇게까지 안 될 수도 있지 않았을까요?

▶ 아닐 거요. 세르고는 모든 것을 잘 분별하지 못했소. 좋은 사람이지. 마음이 따뜻했어. 그래서 라데크, 지노비예프 같은 얍삽한 감바리들이 세르고한테 교묘히 달라붙었소.

1969년 12월 6일, 1972년 4월 13일, 1974년 3월 8일,

1982년 12월 9일, 1986년 1월 26일

▶ 세르고는 훌륭한 볼쉐비키였지만 심약했소. 원칙적인 일들을 처리함에 있어 심약했어. 그래도 그는 미코얀과는 달라. 우리 친구 안드레에프는 스탈린 치하에 꽤 오랜 기간 정치국원이었는데, 트로츠키스트 그룹으로 들어갔소. 그래, 그가 트로츠키스트가 된 것은 실수였어. 그 자신 노동자 출신의 볼쉐비크였는데, 혁명 전까진 가장 훌륭한 볼쉐비키 중 하나였소.

— 루주탁보다 더 뛰어났습니까?

▶ 혁명 전까진 루주탁이 더 셌지. 비교하긴 어렵고, 거의 비슷했다고 할 수 있지.

— 그루지야에서 루주탁을 많이 기억합니다, – 쇼타 이바노비치가 말한다. – 사람들 생각으로는 스탈린이 그를 쓸데없이 처형했다고...

▶ 쓸데가 있었는지 없었는지 어떻게 말할 수 있소? 사람들은 일관되게 처신할 때도 있고 그렇지 않을 때도 있소.

— 쿠이비쉐프와 다른 사람들은 의장님보다 키가 작았는데, 세르고는 더 크지 않았습니까? – 쇼타 이바노비치가 묻는다.

▶ 그렇지, 물론 나보다 좀 컸지, – 몰로토프가 대답한다. – 쿠이비쉐프가 더 교양이 있었지. 그는 많은 책을 읽었소. 빼어난 조직가였지만 트로츠키파에 합류했소. 왜냐하면 정치적 분별력이 부족했고 의미를 잘못 부여했기 때문이오. 확실히 트로츠키스트들은 좋은 사람들이었는데, 그들과 결별한 게 안타까워. 몇몇은 자신을 교정했지만 일부는 당장 바뀔 수 없었소. 모두를 활용했어야 마땅했어. 트로츠키가 좋은 사람이고 좋은 말을 할 것이라고 생각한 것, – 바로 거기에 쿠이비쉐프의 약점이 있었소.

혁명 전까지 나는 쿠이비쉐프를 몰랐소. 그러나 그는 내가 유형을 살았던 레나 강변의 그 농촌 마을을 나보다 앞서 거쳐 갔더라고. 유형지에서 도망쳤던 거지. 나중에 내가 탈주한 후 사마라[14]에 머문 적이 있었는데, 그곳이 쿠이비쉐프의 주된 활동 거점이었소.

1973년 1월 16일, 1973년 4월 27일

▶ 제르진스키는 아주 직선적인 사람이었지만, 그도 1920년에 트로츠키를 추종했소. 그리고 그 전에도, 브레스트-리톱스크 평화조약을 체결할 때도...

— 하지만, 그럼에도 그는 진짜 볼쉐비크였지요.

▶ 그럼, 물론 진짜였지! 그는 볼쉐비크가 되겠다는 희망으로 트로츠키를 추종했소. 그는 그때 아주 좌파였지.

— 서방 사람들은 트로츠키를 많이 읽고 있으며 그를 결코 나쁘다고 생각하지 않습니다.

▶ 물론, 거기서는 트로츠키한테서 나쁜 것을 전혀 찾지 못할 거요.

1977년 4월 19일

"그는 우리 모두를 보전했다"

▶ 레닌은 정치국에 친구가 없었소. 그러나 그는 우리 모두를 보전했소. 사람이 싫고 좋고를 따지지 않았어. 많은 사람이 레닌에 정치적 대립각을 세우기도 했는데, 대안이

14) 사마라는 소련 시절에 쿠이비쉐프로 불렸다.

없었어! 다른 사람들이 언제 나타날지 알 수 없잖소. 거기에 레닌의 힘이 있기도 해. 그렇지 않았으면 그는 자기 자신도 지탱하지 못했을 거고, 모든 게 붕괴돼 버렸을 거요. 지금과는 전혀 다른 시절이었소. 그런데 우리는 오늘날과 그 시대를 자주 착각하면서 현재의 잣대로 그 시대를 가늠하고 있소.

레닌과 스탈린과의 관계는 아주 긴밀했는데, 주로 업무적인 것에 기반을 두었고 그 이상은 아니었소. 레닌은 스탈린을 부하린보다 훨씬 위로 끌어올렸어. 그냥 끌어올린 게 아니야. 스탈린은 당 중앙위원회에서 레닌의 지주였소. 그리고 그를 신뢰했어.

말년에 레닌은 스탈린과 아주 가까웠지. 레닌이 스탈린의 아파트에 가기도 했는데, 스탈린의 집 말고는 그가 가본 곳이 없을 거요. 스탈린이 서기장 직위에서 벗어나게 해달라고 몇 번이나 요청했는데, 그러나 그것은 당 중앙위원회에 의해 매번 기각됐지. 투쟁이 벌어졌고, 그래서 스탈린이 서기장으로 남아있는 게 필요했소.

레닌은 힘들었고, 그래서 그는 젊은 사람들을 끌어올렸소.

레닌은 부하린과 친하게 지냈소, 생애 말년에. 아니, 그들은 [정권] 초창기 때 더 친했을 거요. 부하린은 고르키에 있는 레닌의 집에 그냥 자주 들렀고, 가족들과 함께 점심식사를 하고 그랬어. 이론가를 자처했던 지노비예프가 웅변가나 저널리스트에 더 가깝다면, 이론적으로 가장 해박했던 부하린이야말로 문자 그대로 이론가였소. 그러나 두 사람 다 자존심으로 뭉쳐 있었어. 부하린이 비록 정치적으로 극히 가변적이었지만 그래도 자기 확신이 굉장히 강했어. 레닌은 부하린을 "당의 총아"라고 불렀지만, 동시에 그의 이론적 견해를 완전히 맑스주의적인 것과 연계시키기엔 아주 큰 의구심이 생긴다고 했소. 이게 동무들이 좋아하는 총아에 대한 [레닌의] 평가요! 그래, 그 전까지도 레닌은 부하린을 무자비하게 비판했는데, 그래도 부하린은 따뜻한 마음을 가진 쾌활한 사람이었소.

레닌은 부하린을 잘 대해줬지만, 물론 부하린과 가까운 친교를 맺을 순 없었소. 왜냐하면 레닌은 부하린의 철학적, 정치적 본질을 환하게 알고 있었기 때문이오. 레닌은 부하린을 높이 평가했지만, 그를 정치국 후보위원들 가운데 맨 끝에 위치시켰소. 나와 칼리닌 다음인 세 번째에 말이오. 레닌은 정치국에 대해 아주 신중했어. 그는 부하린의 권위를 높이지 않았소. 그를 밀어내지 않고 가까이 두었지만, 그러면서도 부하린에게 뭔가 기대하면 안 된다는 것을 보여줬소. 그건 당시 정치국 후보위원들 명단을 보면 알 수 있어. 레닌은 부하린에 대해 엄청난 헷갈림의 인간이라고 말했소. 그 점은 레닌만이 아니라 다른 많은 사람도 알고 있었어. 레닌이 부하린을 아꼈다는 것은 분명한 사실이오. 하지만, 이데올로기 영역에서 그는 부하린에게 아무 것도 양보할 수 없었소.

그런데 부하린은 늘 에세르들과의 제휴를 모색했소. 그런 쪽으로 끌렸던 것 같아. 혁명 후에도 그는 그들과의 개인적 교분을 유지했소.

부하린은 지노비예프보다 더 진지한 사람이오. "그리샤"... 그는 재담을 좋아했소.

...내가 몰로토프에게 말한다.

— 부하린, 몰로토프, 스크보르초프-스테파노프 셋이 편집한 1931년 간행『레닌전집』제3판에 속하는 책 한 권을 제가 발견했습니다.

▶ 그래? 내가 참여했지. 스탈린의 지시로 정치국이 내게 그 일을 위임했는데, 그건 부하린을 지켜보려고 했던 거요.

스크보르초프-스테파노프는 교양 있는 아주 좋은 사람이었는데, 어떤 의미에선 나보다 훨씬 위에 있었지. 러시아인으로 고참 볼쉐비크였는데, 서생 같았고, 연설은 잘 못했소.『이즈베스치야』편집인이었지.『자본』의 역자이기도한데, 그게 분량이 적지 않은데도 잘 번역했소.

부하린은 학자이며 작가였소. 그는 어떤 문제에 관해서도, 정도의 차이는 있지만, 확신을 갖고 연설했어. 권위가 있었지. 그런 사실은 부정할 수 없어. 레닌이 사망한 후 발표된 당 중앙위원회의 담화는 정말 잘 쓴 문장이야. 부하린이 그걸 썼지.

— 그는 지금도 인기가 좋습니다.

▶ 물론 지금도 그렇지. 그는 이론문제에서 가장 해박했지만 이념적으로 마땅한 곳으로 가지는 않았지. 그 모든 게 고려될 수밖에 없었소.

레닌 치하에 부하린과 제르진스키가 아주 인기가 좋았소. 제르진스키는 정치국과 관계가 없었지만, 당 업무의 일정 부문을 책임진 사람으로 레닌에게 필요한 존재였소. [체카를 책임진] 그는 가장 힘들고 유쾌하지 않은 업무를, 말하자면 당에 손해가 아니라 이득이 생기도록 처리했소. 그리고 레닌이 그를 인정했고 높게 평가했어. 그러나 경제문제에 관해 레닌은 물론 제르진스키를 항상 지지할 수 없었지. 그런데 제르진스키는 대체로 레닌의 입장에 가까웠는데... 무관심한 사람들이나 혹은 좋지 않은 생각을 갖고 있는 사람들 수중에 역사를 맡기면 안 돼. 특히 공산주의사를 맡기면 안 돼.

1973년 2월 18일, 1979년 1월 1일, 1985년 3월 9일

— 의장님께선 반대파의 거장들 중에서 부하린을 가장 높게 평가하십니까?

▶ 이론적 수준에서는, 그렇지. 더 많이 알았지. 지노비예프가 나름 많이 노력했으나 피상적인 수준에 그쳤소. 1925~26년에 지노비예프는 이미 반대파가 돼 있었는데, 그때 그가 말했소. "나는 엥겔스의 「공산주의 원리」에 입각해 있습니다." 그러자 스탈린이 답했지. "나는 지노비예프 동무가 「공산주의 원리」를 과연 읽었는지 알지 못합니다. 안 읽은 것 같은데, 만약 읽었다면 제대로 이해하지 못했습니다."

느닷없이 이게 무슨 소리야! 스탈린이 반대파에 던진 논제는 이거요. 읽었는가 안 읽었는가? 읽었다면 이해 못했다. 안 읽었다면 내가 너에게 다시 읽어주마. 너는 좀 배워라!

— 스탈린이 노회했지요?

▶ 아주 노회했지, 그럼.

1971년 7월 9일

…크반탈리아니가 말한다.

— 제가 농촌에 갔을 때 모든 사람이 부하린을 이야기했습니다. 부하린, 부하린! 어떤 촌부는 "모든 문제를 편지에 적어 부하린에게 보내시오!"라고 말하기도 했습니다. 부하린의 초상이 도처에…

▶ 부하린은 『프라우다』의 편집인이었고 나중에 『코뮤니스트』의 편집을 맡았소. 그때는 잡지 이름이 『볼쉐비크』였소. 부하린에 공감하는 일정 세력이 있었지, – 몰로토프가 대답한다.

— 그런데 부하린은 어떤 사람이었습니까?

▶ 아주 좋은 사람이지. 아주 유순했고, 물론 단정했지. 이념적인 사람이었소.

— 자기 이념 때문에 죽었지요.

▶ 그렇지, 당의 노선에 반대되는 길을 갔기 때문이었지.

— 존경을 받을만합니까?

▶ 그렇지. 인간으로서 존경 받을만해. 하지만 정치에 있어서는 위험인물이었소. 살면서 아주 극단적인 조치들을 기꺼이 감수했소. 그는 레닌을 살해하려는 에세르들의 음모에 가담했어. 물론 그게 사실로 완전히 입증되었다고 말할 수는 없지. 내게도 확증은

없소. 아무튼, 그는 레닌을 체포하는 데 찬성했소. 그런데 많은 사람들이 차례로 담장에 세워지던 그때는 레닌이 처형될 수도 있다는 그런 극도의 긴장이 감돌았소.

— [부하린에 대한] 그런 비난은 날조된 것 아닙니까?

▶ 그렇게 생각 안 해요.

— 그럴듯하게 꾸밀 수도 있지 않았습니까.

▶ 생각해 보시오. 정치투쟁에서 모든 게 가능해. 특히 다른 권력을 지지한다면 말이오. 부하린이 레닌에 반대하고 나선 것은 한두 번이 아니오. 그를 유토피안이라고 불렀어. 뿐만 아니라 배신자라고도 했소!

— 우파들 역시 코뮤니스트입니까?

▶ 그들은 공산주의자임을 자처했을 뿐이오. 사회민주주의자들, 멘쉐비키 그리고 볼쉐비키는 각자 서로 다른 쪽에 바리케이드를 쳤지. 투쟁 대상이 다 달랐소. 에세르들은 우리더러 좌파답지 못하다고 하더니 나중에 부농들과 행동을 함께하며 볼쉐비키에 대항했소. 이름이라는 것은 정치에서 부차적인 문제요. 이름으로 사람들을 기만하는 경우가 매우 잦아. 급진적 사회주의자들의 부르주아 정당이 늘 있었소. 극단적인 급진주의자들이지만 그들의 당은 순수 부르주아적이지.

브레스트-리톱스크 조약이 체결되던 때 부하린은 좌파[=좌익공산주의자]였소. 그런데 다음에 우파가 된 거지. 1929년에 그가 농민에 대한 군사 · 봉건적 착취를 언급했는데...

1974년 11월 28일

— 부하린이 술을 좋아했습니까, - 쇼타 이바노미치가 묻는다.

▶ 아니오, 릐코프가 좋아했지. 릐코프는 〈스타르카〉 보드카 병을 거의 끼고 살았소. 〈릐코프〉라는 상표의 보드카가 있었는데, 그것이 그의 명성에 일조했지. 우리는 모두 함께 어울려서 말 그대로 동무들답게 술을 마셨소. 내가 젊었을 때 아주 독한 술을 마시곤 했는데, 물론 스탈린도 그랬지. 쿠이븨쉐프... 그렇지 발레리안도 좋아했소![15] 그는 시를 썼지. 아주 훌륭한 사람이오. 그리고 키로프, - 멋진 사람이었지!

— 이론적 수준이 지노비예프가 세르고[=오르조니키제]보다 더 높았습니까?

15) 쿠이븨쉐프의 풀네임은 발레리안 블라디미로비치 쿠이븨쉐프이다.

▶ 더 높았지.

— 그럼, 부하린이 키로프보다 더 위에 있었습니까?

▶ 부하린은 카메네프보다도 이론 수준이 높았소. 키로프하고야 비교할 것도 없지.

— 카메네프가 이론적으로 막강했습니까?

▶ 아주 막강했지. 그러나 부하린이 가장 강했소. 투쟁이 오래 지속됐는데, 모든 사람의 면전에서 인쇄매체의 지면을 통해 싸움이 전개됐소. 부하린이 제14차 당대회까지 우리와 함께했는데, 부하린, 스탈린 그리고 나, 이렇게 셋이서 항상 문서를 작성했어. 부하린이 제일 많이 썼지. (카가노비치의 말에 따르면, 몰로토프는 부하린을 "슈이스키"라고 불렀다고 한다.[16] – F. 추예프)

두 사람 사이가 좋았을 때 스탈린은 부하린을 친근하게 "부하르칙"이라 불렀소. 뭔가 생각나는 게 있는데... 아, 모르겠네. 아무튼 서로 관계가 좋았소.

— 톰스키는 좀 약했습니까?

▶ 그는 이론에 별로... 톰스키는 훌륭한 대중운동가요. 노동자들과 대화할 줄 알았지...

1971년 7월 28일

▶ 리코프와 나는 한 마을 출신이오. 그렇지, 같은 마을 출신이지. 머리가 좋은 사람이었소. 그런데 그 머리가 좋다는 게... 리코프는 늘 기회주의자였는데, 레닌이 이렇게 말한 적도 있소. "여기 초지일관 기회주의자가 있는데, 그는 아주 머리가 좋은 사람이오!" 그는 가장 탁월한 볼쉐비크였소. 레닌도 그를 아주 잘 알았고 또 유능한 조직가로 높이 평가했어. 그러나 리코프는 혁명 전에도 자주 레닌에 반대하고 나섰소. 그래도 레닌은 그를 소브나르콤 의장 대리에 임명했고, 거기서 자신을 보좌하게 했지. 중견 농학자인 추루파가 제1대리였는데, 그는 1905년까지 당에서 적극적으로 일하다가 나중에 당을 떠났소. 레닌은 추루파를 농업에 정통하지만 당성이 약한 사람으로 생각했소. 그를 식량인민위원에 임명하고 나중엔 자신의 제1대리로 삼았지만, 당 중앙위원으로 임명하진 않았소.

16) 1938년 3월에 열린 "우파-트로츠키 블록"에 대한 재판에서 검사로 나선 검찰총장 안드레이 비신스키는 부하린의 배신자적 행태가 "바실리 슈이스키와 유다 이스카리오트"를 연상시킨다고 비난하였다. 바실리 슈이스키는 1606~10년에 러시아를 통치했던 짜리의 이름이다.

1921년에 레닌이 일요일인데 웬일로 고르키에서 내게 전화를 했소. “릐코프에게 가서 내 뜻을 전하고 그의 동의를 받으시오. 나는 그를 나의 대리로 임명하는 문제와 그를 베세엔하[=최고인민경제회의] 의장에서 해임하는 문제를 당 중앙위원회에 곧 상정할 거요.” 레닌은 릐코프가 우파이며 당 관계에서 완전한 신뢰를 주지 못하지만, 그래도 그가 훌륭한 경제일꾼이라는 것을 알고 있었소. 그래서 한때 릐코프에게 우리 경제의 중추기관인 베세엔하를 책임지게 했던 거요.

그리고는 레닌이 전화로 덧붙였소. “릐코프에게 가서 그와 협의하시오. 내 생각엔 전문적 소양을 갖춘 기술자가 베세엔하를 맡아야 하는데, 릐코프에겐 그런 소양이 없소!”

레닌이 사망했을 때 소브나르콤 의장 대리가 추루파, 릐코프, 카메네프, 이렇게 세 명이었소. 우리는 그들 중 누구를 의장으로 임명해야 하는가 하는 문제를 논의했는데, 카메네프를 지지하는 사람들도 있었으나 스탈린이 릐코프를 추천했소. 왜냐하면 그가 비록 우리 정부에 멘쉐비키와 에세르들을 입각시켜야 한다고 주장한 전력을 갖고 있지만, 카메네프처럼 10월혁명에 공개적으로 반대하고 나서진 않았기 때문이라는 거요. 게다가 러시아인이 정부 수반[=소브나르콤 의장]이 되어야 한다는 명분도 작용했소. 당시 유대인이 나라 전체인구에서 차지하는 비율이 아주 낮았음에도 [당과 정부에서] 많은 요직을 차지하고 있었소.

1972년 5월 9일

▶ 지노비예프는 우크라이나 출신이오. 고향이 정확히 어딘지는 잘 모르는데, 그의 본래 성은 라도믜슬스키요. 머리숱이 엄청 많았지. 그래도 역시 그는 찬란한 연설가였소. 아니 찬란한 게 아니라 훌륭한, 그렇지 훌륭한 연설가였소.

카메네프가 신체적으로 더 강인했소. 그는 완전히 러시아인의 필체를 갖고 있었는데, 겉으로만 보면 그는 전혀 유대인하고 닮지 않았소.

1972년 4월 13일

▶ 레닌파를 가장한 의심스런 자들이 많았소. 이런 일화 비슷한 것도 있소. 즉, 잠에서 깬 레닌이 눈을 떴다가 주위를 둘러보곤 다시 눈을 감았는데, 그 이유가 그를 반(半)

적대적이거나 완전히 적대적인 인물이 에워싸고 있었기 때문이었다는 거요. 물론 레닌의 적대자들이 아주 많았지. 1912년에 내가 『프라우다』에서 일하고 있을 때, 우리는 크레스틴스키가 보낸 편지를 받았소. 그는 그 편지에 레닌이 반유대주의자라고 썼어. 그렇게 썼던 것은 레닌이 의심스러운 자들을 지지하는 멘쉐비키-청산주의자들을 아주 거칠게 비난했기 때문이었소. 그래서 크레스틴스키도 레닌을 반유대주의자라고 비난했던 거지. 편지는 신문에 게재되지 않았고, 그래서 레닌에겐 그것에 답변할 이유도 없었지. 그런데 멘쉐비키는 거의 모두가 유대인이었소. 그리고 볼쉐비키 중에도 유대인이 많았어. 볼쉐비키 지도자들 중에도 말이오. 대체로 유대인이란 가장 반대파적인 민족이오. 하지만 유대인은 멘쉐비키에 더 많았어. 그런데 대체 왜! 그들은 심사숙고를 했어. 왜냐하면 볼쉐비키가 된다는 것은 돌연 자기 머리를 잃을 수도 있음을 뜻한단 말이야! 그런데 멘쉐비키 진영에서는 뭔가를 받거든. 멘쉐비키에겐 박새가 손안에 드는데, 볼쉐비키에겐 하늘의 학뿐이거든.[17] 레닌은 주요 멘쉐비키 이론가들을 비판했소. 그런데 그들이 거의 유대인이란 말이오. 그렇기 때문에 크레스틴스키가 레닌을 반유대주의자로 묘사했던 거요.

내가 보기에 크레스틴스키에겐 볼쉐비크다운 모습이 적었소. 아니, 그런 게 거의 없었지. 젊은 시절에 그는 급진적이었고, 그래서 볼쉐비키 대열에 가담했소. 물론 그는 트로츠키스트에 더 가까웠소. 그는 자신의 혁명성을 과시하려 꽤 노력했어, 허사였지만. 그는 러시아정교로 개종한 유대인일 거요. 영세를 받았을 거고, 그래서 성이 크레스틴스키가 됐을 거야.[18] 하지만 내가 잘못 생각했을 수도 있어. 아무튼 그는 고관이었소. 거들먹대는 고관 같았어.

— 그러면 투하쳅스키는 어땠습니까?

▶ 그는 귀족 같았지. 그런데 크레스틴스키가 고관에 더 가까웠소. 아주 활동적인 고관이었지. 외모도 러시아인과 비슷해. 그는 당 중앙위원회 제1서기였는데, 상당히 악의 있어 보이는 그런 사람이었소. 비록 혁명 전까지 자칭 볼쉐비크였지만 말이오. 나중에 외무인민위원부에서 일했는데, 그는 체포되기 전까지 우리에게 처치곤란의 인물이었

17) 러시아에 이런 속담이 있다: '손안에 든 박새가 하늘에 있는 학보다 낫다.'
18) 러시아어로 '크레스트'는 십자가이며, '크레스찌치(крестить)'는 세례를 준다는 뜻의 동사이다. 결국 '크레스틴스키'라는 성씨는 세례 행위를 어근으로 해서 만들어졌다고 추측할 수 있다.

지… 크레스틴스키가 아주 간사했던 사람이라고 말하긴 어려워. 그러나 그는 변호사 노릇을 했고, 우리와 너희를 가리지 않았소. 아무튼 그가 트로츠키를 도왔다는 것, – 그건 확실한 사실이오!

1970년 12월 18일, 1975년 1월 14일, 1975년 5월 24일, 1983년 6월 16일

▶ 트로츠키가 연설을 굉장히 잘했소. 어법이 아주 훌륭했어. 알고 보니 웅변술을 배웠더라고. 트로츠키 연설을 잘 들어보면 유대인 억양이 느껴졌는데, 물론 아주 뚜렷하진 않지. 연설가로서 그는 부하린보다 강했소. 물론 일류였지… 순진한 사람들에게 정치적으로 영향을 행사할 줄 알았소. 부하린도 훌륭한 연설가였지. 레닌은 좀 약했고… 스탈린은 연설가로서 아주 독특했소. 그는 조용히 말했는데, 그래도 사람들은 늘 그를 경청했소. 혁명 전에도 그랬지.

1902년부터 레닌과 트로츠키 사이의 논쟁이 그치질 않았소. 레닌은 트로츠키를 속속들이 알았지만 그래도 정치국에 남겨뒀소. 지노비예프와 카메네프처럼 말이오. 그 누구하고도 함께 일해야 했어! 만약 누가 레닌을 조금이라도 지지한다고 하면 레닌은 그를 데려다 썼소.

실제로 정치국원 각자는 배후에 자신의 지지 그룹을 항상 갖고 있었소. 내가 아는 한 그런 사실에 관해 기술한 책이 없는데, 아무튼 레닌도 마찬가지였소. 레닌이 트로츠키 없이 정치국 회의를 열자고 제안했던 적도 있어. 우리는 트로츠키에 대항해서 우리끼리 협의하곤 했어요. 그런데 2년쯤 지나서 지노비예프와 카메네프가 없어졌고, 다음에 부하린, 톰스키, 리코프가 없어졌소. 그들이 정치국에 남아있었을 때도 우리는 물론 그들에게 회의 소집을 알리지 않았소.

1972년 5월 9일, 1973년 8월 14일

— 내전 때 트로츠키가 큰 권력을 행사했습니까?

▶ 트로츠키한테 큰 권력을 주지 않았소. 레닌이 큰 역할을 했고, 스탈린도 나름 큰 역할을 했지.

1975년 1월 14일

▶ 한번은 스탈린이 자기가 〈트로츠키〉라는 이름의 커터를 타고 얄타에서 자카프카지예의 소치로 갔다고 농담을 했소. 그때 누군가 자기한데 이렇게 물었다는 거야. "당신은 트로츠키를 오래 타고 갈 거요?" 스탈린이 1930년대 내게 그 이야기를 했어.

— 운명의 장난으로, 트로츠키는 기선 〈일리치〉호를 타고 소련을 떠났습니다, – 내가 몰로토프에게 말한다.

▶ 그래? 트로츠키를 [알마아타로 추방할 때, 그를] 아파트에서 손으로 들어냈소. 두 사람이 들어냈는데, 그 중 하나가 내 경호대장 [바실리 이바노비치] 포구딘이었소. 그는 벌써 오래 전에 죽었지. 대단한 술고래였어, 포구딘 말이오.

1975년 7월 25일

"최대한 단호하게 발언하시오"

▶ 네프[=신경제정책] 전까지 많은 사람들이 레닌을 지지하고 추종했소. 그런데 우리가 방향을 급히 꺾어버렸지. 그 사람들은 이미 소용이 없어졌고 이미 그들에 기댈 수 없었소. 그러자 그들이 말했소. "내일 공산주의가 도래할 텐데, 우리는 자본으로, 회사로 넘어갔다!" 절망에 빠진 그들은 당원증을 반납하고 술을 퍼마시고... 그런데 레닌이, 그는 늘 낙천주의자였는데, 뒤돌아서서 말했소. "우리는 지금 후퇴합니다. 잘 준비해서 확실하게 진격해나갈 겁니다!"

물론 레닌을 항상 이해하진 못했지.

나는 더 젊었고, 지체 없이 레닌을 따라갔소. 1917년 4월에 나는 레닌이 무엇을 염두에 두고 사회주의 혁명을 주장하는지에 관해 스탈린과 오랫동안 토론했소. 그때 나는 페트로그라츠키 지구의 한 아파트에서 스탈린과 함께 살고 있었소. 스밀가 부부와 잘루츠키도 바로 그 아파트에서 함께 살았고.

— 스밀가는 나중에 총살됐지요?

▶ 아마 그럴 걸, – 몰로토프는 당연하다는 듯 대답했다. – 그는 트로츠키스트였소.

네프가 시작된 1921년에 당 중앙위원회 전원회의에서 경제 건설 문제와 관련해서 테제들과 함께 두 개의 계획안이 작성 제출되었소. 계획안 중 하나는 당시 베세엔하 의장 대리인 트로츠키스트 스밀가에 의해 작성됐는데, 나는 스탈린을 대신해 정치국 회의에 참석하고 있었소. 스탈린이 맹장수술을 받아 입원해 있었는데, 그때는 맹장수술을 아주 심각하게 생각했어요. 정치국 제1후보위원으로서 결정 투표권을 가진 나는 토론에 참여했고, 스밀가의 테제들에 대한 반대 발언을 했소. 그의 테제들은 상당히 모순적이었어. 그 후 논쟁이 벌어졌지. 마지막으로 레닌이 발언했소. "스밀가의 테제에 기초해 채택할 것을 제안합니다!" 누구도 그것을 예상치 않았고, 나는 더 말할 나위가 없었지.

그리고는 레닌이 덧붙였어. "그 테제들을 더 심도 있게 연구하고 그 지적 사항을 따져볼 위원회를 구성하자고 제안합니다..." 위원회가 구성되었고, 물론 레닌의 지도하에 스밀가의 테제들이 대폭 수정됐어요. 그리고 전원회의가 열렸지. 당시 중앙위원회 전원회의는 지금처럼 규모가 크지 않았소. 모두 25명쯤 됐던 것 같아. 위원회에 의해 채택된 스밀가의 테제들이 토론에 붙여졌소. 레닌은 넓은 테이블의, 어떻게 말할까, 좁은 면 중앙에 앉았고, 내가 그의 오른쪽 옆에 앉았어. 왜냐하면 내겐 당 중앙위원회 서기로서 모든 결의안을 교정 봐야 할 의무가 부과되어 있기 때문이었소. 네프 초기부터 나는 레닌 곁에 앉았소. 속기사가 기록하면 내가 그것을 교정하고, 나중에 그걸 레닌에게 제출해서 확인을 받았소. 레닌이 최종적으로 교정을 본 다음 그것에 이서했고, 나중에 내가 중앙위원회 서기로서 그것에 서명했소. 그런데 내 맞은편에 몇 사람 건너 트로츠키가 앉아 있었소. 나는 그를 아주 잘 볼 수 있었고, 그도 나를 쳐다봤어. 레닌이 메모를 써 내게 줬어. "발언하시오. 트로츠키에 대항해서 최대한 단호하게 발언하시오! 메모는 찢어버리시오." 내 순서가 되었을 때 내가 트로츠키를 마음껏 욕했지. 그가 제2인터내셔널 지도자이며 사회민주주의자인 [에밀] 밴더벨드와 전혀 다를 바 없다고 비난하기도 했어. 나는 이제 스밀가의 테제들이 아니라 트로츠키의 발언 자체를 물고 늘어졌소. 그가 나보다 먼저 발언했거든. 경제적으로 무지하며 근거조차 없는 트로츠키의 주장을 가차 없이 비판했소. 레닌은 내가 트로츠키를 부정적으로 평가한다는 사실을 알고 있었소. 레닌이 트로츠키의 반발을 유도하려고 그랬던 것 같아. 그런데 물론 트로츠키도 나와 레닌의 테이블 밑 거래를 알고 있었소. 그가 다시 발언권을 얻더니 이렇게 말했소. "모든 일에는 늘 몰로토프 같은 자가 끼어 있어요!" 그러더니 격노해서 나를 패기 시작했소, 적의를 갖고서 말이야. 그런데 레닌에겐 그것도 필요했소. 레닌은 다시 일어나 스밀가에 대한 지지를 표명하더니 이내 트로츠키를 비판하기 시작했소. 레닌은 그렇게 트로츠키스트 진영에 쐐기를 박았어.

그런 상황이었소.

그때는 스밀가가 트로츠키주의적 입장을 확고히 견지하기 전의 상태였고, 레닌은 그런 스밀가를 트로츠키로부터 떼어놓을 필요가 있었지...

...이런 기억을 몰로토프는 아주 소중한 보물처럼 간직하는 듯 했다. 그것을 말할 때마다 그는 활기를 되찾았다.

1980년 7월 5일, 1981년 7월 22일

속닥거림을 견디지 못했다

▶ 정치국 회의는 항상 크렘린에서 열렸소. 초창기 때는 우리가 거주하기도 했던 바로 그곳에서 모였는데, 몇 년 동안만 그랬어. 단기간이지. 거기에서 레닌의 주재 하에 소브나르콤 회의도 열렸는데, 거기가 레닌의 집무실 바로 옆방이었소.

— 바로 거기가 현재 레닌의 집무실박물관 자리가 있는 곳입니까?

▶ 잘 모르겠는데, 나는 거기 가본 적이 없소. 나중에 스탈린이 모든 설비를 완전히 새로 갖췄어. 한 층 아래를 말이오. 레닌의 집무실이 3층에 있었고, 그건 2층이었지. 나도 2층에 있었는데, 레닌 사후에, 그리고 릐코프 후에도 거기서 일했소. 릐코프가 소브나르콤 의장 대리였을 때 3층에 그의 집무실이 있었소. 스탈린 집무실은 2층에 있었지. 나중에 2층에다가 큰 방을 만들고 거기에 회전의자들을 갖다 놨지. 그건 엄청 넓은 공간이었고 의자들도 꽤 컸어. 그런데 방문객들은 의자 옆에 그냥 서 있어야 했소. 그건 아마 레닌 사후 이미 5~6년쯤 지난 다음이었을 거요. 소브나르콤 의장이 정치국 회의를 주재한다는 규정이 있었소. 그에 따라 처음엔 레닌, 다음에 릐코프, 그 다음에 내가 10년 동안 회의를 주재했소.

1974년 3월 8일

— 그런데 포티예바가 지금 살아 있습니다. 그녀 나이가 지금 몇입니까?

▶ 나도 알아, 살아 있어. 175세쯤 됐을 거요, – 몰로토프가 빙긋이 웃는다, – 포티예

바는 고참 당원이오. 그녀는 이미 스위스에서 레닌과 교분이 있었소.

내가 포티예바의 책에서 흥미로운 대목을 읽었는데... 그녀는 레닌이 회의 중에 잡담하는 걸 아주 싫어했다는 사실을 비난조로 부각시키고 있는데, 그건 나도 잘 기억을 해. 레닌은 긴장감에 짓눌려 있었고, 비록 자기 자신은 다른 사람들이 논쟁하는 동안 영어사전을 갖고 짬짬이 번역에 종사하면서도 타인이 딴 짓하는 것에는 예민하게 굴었소. 그래, 그랬지. 그런데, 예를 들면 트로츠키는 정치국 회의 시간에 아무 책이라도 읽었소. 그러나 회의 중에 속닥거리는 것을 레닌은 굉장히 싫어했지. 또 흡연을 절대 용인하지 않았소. 그 자신이 담배를 피우지 않았어. 레닌은 귀엣말이나 잡담 같은 것에 굉장히 화를 냈소. 그런 건 완전히 이해될 수 있어. 포티예바가 자기 회고록에 기술한 바에 따르면, 그녀가 소브나르콤 회의장에 들어가 항상 그렇듯 의사록을 작성하고 결의안에 서명했는데, 한번은 회의 참가자 중 한 명이 그녀에게 다가와 무언가를 묻기 시작했고 그러자 곧 레닌이 이런 내용의 쪽지를 자신에게 줬다는 거요. "만약 동무가 회의 중에 계속 대화하면 내가 동무를 쫓아낼 겁니다." 쫓아낸다! 그렇지, 그 이상도 이하도 아니오. 그렇게 단호한 어조였소. 물론 레닌은 화가 났지.

포티예바는 레닌 말년에 기능직 서기였소. 의사록 작성이 그녀의 임무였는데, 불가피할 때 의사록을 레닌이 볼 수 있게 하려고 레닌 근처에 앉았어요. 인민위원들이 그녀에게 다가가서 의사록을 들려다보고 뭔가 소곤거렸소. 흔히 레닌은 정치국원이건 인민위원이건 누구를 가리지 않고 필요하면 아무에게나 뭔가를 적은 작은 쪽지를 보냈소. 문제를 제기하고 즉시 요구했소. "대답을 쪽지로 보내시오!" 하지만 대체로 그는 물론 잘 참을 줄 알았소. 지위를 이용하지 않았소. 그 어떤 난폭함도 정당화될 순 없지. 레닌의 그런 모습을 특별한 문제로 확대할 필요도 없고, 그렇다고 그것을 정당화할 필요도 없소. 위에 있으면 당연히 자기를 억제해야 해. 참아라, 그렇지 않으면, 참을 줄 모르면 너는 지도자가 아니다! 그건 지도자의 기본 의무요. 그런데 아랫사람이 얻어맞게 되면, 그건 그에게 정말 고역이야. 그는 참으로 힘들어. 그것도 위에서 때리면...

1973년 6월 6일, 1974년 11월 28일, 1977년 6월 16일

"공산청년동맹원이군!"

…1980년 7월 5일, 토요일. 아침 10시에 우주인 비탈리 세바스티야노프가 내게 전화를 걸어왔다.

— 어떻게, 합의됐어?

— 모두 예정대로 됐어요.

…그가 11시쯤 내 집에 왔고, 우리는 12시 15분에 주코프카에 도착했다.

— 어떻게 생각해, 훈장을 달아야 할까? – 비탈리가 묻는다.

— 달도록 하세요. 노인께서 좋아하실 겁니다. 의장님은 우리가 우주에서 이룬 업적을 자랑스레 생각하십니다.

…비탈리가 손수건으로 싼 별 모양의 소련영웅훈장 두 개를 호주머니에서 꺼내 양복상의에 달았다.

우리는 소련과 미국의 우주계획에 관해, 또 비행접시에 관해, 그리고 일기에 수십 쪽을 채우고도 남을 정도로 많은 것들에 관해 이야기했다.

보통 그렇듯 대화의 전반은 몰로토프가 주로 듣고 질문하더니, 후반에는 그 자신이 주로 이야기하기 시작했다. 나는 그에게서 많은 이야기를 들었지만, 몇 가지의 새로운 상세한 내용과 그의 판단이 내가 이미 알고 있는 사실들에 추가되었다.

▶ 얼마 전에 내가 레닌에 관한 회상록을 읽었소, – 몰로토프가 말한다. – 크룹스카야가 쓰기를, 혁명 전에 레닌이 이렇게 말했다는 거요. "[혁명 때까지] 우리가 과연 살 수 있을까?" 레닌 역시 [러시아에서 혁명이 터질 것이라는] 확신이 없었소.

1917년 1월에 레닌은 스위스 청년노동자들 앞에서 "우리 노인들은…"라고 하면서 연설을 했소. 그런데 스스로 노인이라 칭했던 레닌의 당시 나이가 겨우 46살에 불과했어! 우리는 노인들이니까 아마 혁명 때까지 살 수 없겠지만, 그러나 젊은 당신들은… 뭐, 그런 말이었지.

스위스 청년노동자들은 지금도 자본주의에 안주하고 있는데, 레닌은 바로 그해에 사회주의 국가의 수장이 됐소.

바로 거기에도 러시아인의 성격이 잘 드러나 있소. 러시아인들은 어떤 일을 시작하면 많은 성과를 이루어낼 수 있지만, 그 경우 반드시 지도력이 행사되어야 합니다. 지도력이 부족하면, 그게 많은 일에 지장을 초래해요.

1917년에 레닌도 그것이 어떻게 끝날지 몰랐소. 사람의 안목으로 역사적 사건을 정확히 평가하기란 어렵지. 불가능해. 레닌은 많은 연설을 통해 이렇게 말했소. 즉, 당연히 우리가 혁명의 길을 계속 가든가 아니면 우리가 파멸하든가, – 그 둘 중의 하나라고 말이오. 네프로 옮겨가든가 아니면 파멸하든가, – 이런 식으로 레닌은 문제를 설정했소. 그는 힘을 축적하려 했소.

— 혁명 초기에 의장님과 트로츠키의 관계는 어떠했습니까? – 세바스티야노프가 묻는다.

▶ 나는 처음에, 초창기 때는 참여하지 않았소. 네프가 시작된 후 1921년부터 나와 트로츠키가 정치국에서 거의 나란히 앉았소. 내가 레닌 주변에 앉고, 트로츠키가 그 반대편에 비스듬히 마주보고 앉았지. 보통 그런 모양이었는데, 트로츠키는 1차적이고 항상적인 레닌의 반대자였소. 그런데 그 시기에 트로츠키가 레닌에게 순응하며 공동보조를 맞췄고, 그래서 레닌은 그를 역시 높게 평가했어요. 그러나 레닌의 뒤에, 그리고 그의 사후에 정치국원 네 명 중에 오직 스탈린만 남았어! 트로츠키, 지노비예프, 카메네프 모두가 떠났고, 그리고 정치국 제3후보위원이던 부하린 역시 떠났소. 레닌은 부하린을 측근으로 삼아 같은 길로 함께 가려고 했소. 레닌이 말하기를, 정말 부하린이 멋진 사람이고 당의 총아지만 정치에서는 지독하게 가변적이라고 했소. 정치에서는! 그런데 그게 정치에서 제일 중요한 거요! 사방에 투쟁이, 아주 처절한 투쟁이 진행되었소. 때론 한쪽 지점에서, 때론 반대쪽 지점에서 압박해왔지. 당파성이 극도로 발전했었소.

— 투쟁은 분트[19] 때문이었던 게 아닙니까? 분트가 당에 연합된 후에 입당한 유대인들 말입니다.

▶ 분트가 특별한 역할을 하지 않았소. 다만, 분트 출신과 일부 유대인 볼쉐비키 사이에 있던 관계들이 의미가 있었지. 레닌의 입장을 확고부동하게 지지하는 굵직한 인텔리가 실제로 한 명도 남아있지 않았소. 내 생각에 유대인이 가장 활동적인 민족이오. 레

19) 1897년 결성된 분트(Bund)의 정식 명칭은 '리투아니아 · 폴란드 · 러시아의 유대인 노동자총동맹'이며, 흔히 '유대인노동자총동맹'이라 불린다. 1898년 러시아사회민주노동당이 창립될 당시 러시아에서 가장 유력한 사회주의 조직이기도 했던 분트는 노동운동 진영 내에서 조직적 독자성을 고수하려 했다. 1906년 러시아사회민주노동당에 합류한 이후 대체로 멘쉐비키 노선을 지지했던 분트는 1920년 봄 분열되어 다수파는 공산당에 연합되고 소수파는 독자성을 유지하다 볼쉐비키 정권의 탄압을 받았다.

닌은 러시아인 1명, 유대인 3명, 그루지야인 1명으로 구성된 정치국을 연합해 이끌었소. 레닌 자신이 러시아인이고 스탈린은 그루지야인, 트로츠키와 지노비예프 그리고 카메네프가 유대인이지. 게다가 트로츠키는 모든 기본 문제들에 관해 혁명 전이나 혁명 후나 항상 레닌의 반대자였소. 그랬음에도 레닌은 트로츠키를 정치국에 포함시켰소. 그런데 그 인간은...

이미 1921년에 이르면 트로츠키와 함께 일하는 게 불가능해졌소. 그런데 그는 대단한 권위를 갖고 있었고 인민위원인데다가 내전 기간 내내 전선을 누볐지. 군대가 트로츠키를 따르지는 않았겠지만, 그래도 그의 직책을 바꾸긴 어려웠소.[20] 사방이 폐허였지. 아주 어려운 상황이었어. 공업은 제1차 대전 전보다 생산수준이 훨씬 낮았소. 농민들에게 소생할 기회를 주었지만 그들에게는 소유자적 본능이 있었소.

나도 참석한 정치국 회의석상에서 트로츠키는 이미 빼꾸기가 울었다고 공언했소. [당이] 권력을 유지하기 이미 불가능해졌다는 뜻이었지. 그를 해임할 수 없었어. 그것을 군(軍)과 인민에게 어떻게 설명할 수 있겠나? 만약 당신들이 지금 트로츠키가 나쁜 사람임을 알았다면, 예전엔 그것을 왜 몰랐냐고 반문할 것 아니겠어? 우리는 트로츠키가 그렇게 유용하며 필요한 사람이라고 말했던 당신들을 믿었는데, 이제 와서 그게 무슨 소리냐고 하겠지. 아무튼 그것은 당시 우리 활동에서 급격한 방향 전환을 의미했소. 반전의 순간이었지. 어떻게든 새 궤도로 옮겨가야 했는데, 그걸 어떻게 실현하느냐, – 그게 문제였소. 경제정책적 경험이 적었고 당내엔 정치적 반대 세력이 있었소. 게다가 반대 세력은 하나의 분파가 아니라 트로츠키즘, 노동자반대파, 민주집중파, 그밖에 각종 민족주의 그룹 등 정말 다양했어. 스탈린이 그들을 파괴하는 데 결정적 역할을 했소.

그때 레닌은 아직 일할 능력이 있었는데, 평일에는 크렘린에서 일하고 일요일에만 고르키에 가서 쉬었소. 할 일은 끝없이 밀려들었고, 1921년에 레닌은 엄청난 업무량에 짓눌려 있었소. 그러다가 1922년에 병이 난 거지.

당내에 위험스런 상황이 누적됐는데, 두 가지 종류의 변형이 생겼소. 한 편엔 트로츠키즘이, 다른 편엔 우파가 있었지. 네프 시작 후 4~5년이 지난 시점에 부하린이 한 집회에서 농민을 향해 "부자가 되시오!"라고 선언하는 지경까지 갔던 거요.[21]

---

20) 트로츠키는 공화국혁명군사회의 의장이자 군사인민위원(1918~25년)으로, 내전 때 적군을 지휘했다.
21) 1925년 4월 부하린은 모스크바 시당 열성분자 집회에서 연설하면서 "부자가 되시오!"라고 외쳤다.

어떤 일단의 무리가 부자가 되는 것은, – 그래 좋다 이거야. 그런데 우리 인민들이 무엇으로 부자가 될 수 있을까? 중농들이 어떻게? 하물며 빈농들이야 더 말할 나위도 없지…

그것은 벌써 부하린에게서 인민을 배려하는 이데올로기가 아닌 다른 것이 튀어나왔다는 걸 의미했던 거요. 부하린의 생각인즉슨, 우리가 부농에게 토지를 줬는데 이제 중농에게 주면 그들도 소생할 것이라는 거지. 그런데 그들이 무엇으로 소생할 수 있겠소? 농기구들이 없었어. 지식도 없고, 가장 중요한 것으로 조직도 없었어. 그런데 "부자가 되시오!"라니?

트로츠키가 더 영리하게, 더 조심스레 처신했소. 이미 뻐꾸기가 울어버렸다! – 이게 바로 그의 생각이었소. 그 의미인즉슨, 나는 늘 볼쉐비키에 반대했지만 혁명 직전 당신들에게 합류해 볼쉐비키당으로 들어갔다. 그랬음에도 당신들에겐 성공한 일이 아무 것도 없다. 국제 프롤레타리아트는 당신들을 지지하지 않았다. 요컨대, 당신들은 실패했고 당신들에겐 전망이 없다! 뭐, 그런 이야기였소.

그런데 부하린이 "부자가 되시오!"라고 했어. [힘든] 상황에서 빠져 나올 출구를 인민에게서 발견하지 못했던 거요. 그냥 허풍이었지. 왜냐하면 인민들은 협동조합, 콜호즈, 그리고 공업이 없는 상황에서 아무 것도 할 수 없는 그런 상태에 있었소. 당시 콜호즈는 상상할 수도 없었지. 왜냐하면 기계도 트랙터도 없는 상황에서 콜호즈가 무엇으로 유지될 수 있겠나? 인민을 일으키기 위한 지렛대의 제공 가능성을 여는 재원은 어디에서 구하나? 기술이란 게 없었고, 허나 공장은 건설되어야 했소. 공장에서 기계를 얼마만이라도 생산하기 시작할 때까지 많은 사람들에게 희망이란 있을 수 없겠지. 결국 될 일이 아무 것도 없다! – 이런 생각이 부하린에게는 한 형태로, 트로츠키에겐 다른 형태로 구체화되었던 거요. 나는 [그들과] 제국주의자들과의 협상이 그것을 확실히 입증했다고 생각해. 실제에서 그렇게 보였소. 내가 읽은 것들이 위조된 서류일 수도 있어. 그걸 믿으면 안 되지. 그렇지만 그 서류들이 위조되었음을 증명하는 다른 것들도 없었어!

그런데 트로츠키 자신이 이렇게 발언했소. "되는 일이 아무 것도 없을 거요!" 나는 레닌이 어떻게 그 말을 듣고만 있는지 아주 놀랐는데, 레닌은 트로츠키를 완전히 알지 못했소.

그때 레닌이 이렇게 결정했지. "자, 어떻게 할 건지 합의하러 지노비예프에게 갑시다.” 우리는 세 명이었소. 레닌, 카메네프, 그리고 나. 정치국원 2명과 후보위원 1명이 차를 타고 지노비예프한테로 갔어.[22] 그는 모스크바 근교 모로조보의 다차에 있었는데, 몸이 조금 아팠소. 당시 지노비예프가 병 때문에 단기 휴가 중에 있었소. 그는 페트로그라드 소비에트 의장인 동시에 코민테른 의장이었는데, 모스크바에 체류하게 되는 경우가 많았지.

출발했지. 운전사 옆에 체카 요원이 앉았고, 우리 셋은 뒤에 앉았소.

— 차 안에서 무슨 대화를 나눴는지 기억하십니까?

▶ 우리가 읽은 어떤 책에 대해... 프세흐스뱌츠코예[23] 근처 차도에서 자동차 타이어가 터지는 바람에 우리는 차에서 내렸소. 사방이 시골이었지. 농민들 몇 명이 우리에게 다가왔소. 그들이 카메네프를 알아봤는데, 왜냐하면 그가 모스크바 소비에트 의장이었거든. 아마 그들 중 몇몇은 모스크바 소비에트의 집회에 참석한 적이 있었던 것 같아. 그들과 대화하기 시작했소. 그런데 레닌과 나한테는 전혀 말을 걸지 않는 거야. 그때는 초상화가 흔하지 않았고, 그래서 그들이 레닌을 알아보지 못했던 거요.

레닌과 나는 옆으로 비켜났는데, 그때 레닌이 내게 묻기 시작했소. “동무는 언제 일어납니까? 언제 잠자리에 들지요? 늦게 잡니까?” — “늦게 잡니다.” — “동무 나이가 지금 몇이오?” — “서른 한 살입니다.” — “공산청년동맹원이군!” 레닌이 뭔가 생각하는 듯 말하고는 내 어깨를 가볍게 쳤어. 그때 레닌의 나이가 50살이었소.

자동차 바퀴를 갈아 끼운 후 지노비예프에게로 출발했소. 그때 지노비예프는 트로츠키에 반대하고 있었는데, 농민문제에 관해 연설할 때 농민에게 머리를 숙였소. 그렇지만 2~3년 후에 이미 트로츠키와 한 블록을 구성했지.

아무튼 트로츠키를 어떻게 할 건지 상의하러 지노비예프한테 갔소. 트로츠키를 군사인민위원 자리에서 해임해야 했거든. 그를 모스크바 솝호즈트러스트 의장에 임명하기로 했소. 그렇게 또 한 가지 일을 해결하고는 레닌이 트로츠키에게 악수를 청했어! 그리고 말했소. “자, 1년 정도만 농업에서 뭐라도 해봐요! 아무 것도 안 할 수는 없소!” 그런데 누가 맡았더라도 아무 성과가 없었을 거요.

트로츠키는 1918년에 농업인민위원을 지낸 옛 에세르를 자신의 대리로 임명했소.[24]

---

22) 이때가 1921년 여름쯤으로 추정된다.
23) 현재 모스크바 소콜 지구 인근 지역의 옛 명칭이다.

당시 영농인민위원부라 했는지 농업인민위원부라 했는지 잘 기억나지 않는데, 아무튼 그때 에세르 출신 인민위원이 몇 명 있었소. 꽤 유명했던 에세르였지. 물론 1921년쯤 그는 이미 인민위원 자리에서 해임돼 있었지만, 그래도 아직 볼쉐비키 당원이었소. 트로츠키가 그를 자신의 대리로 삼았던 거요. 에세르가 농촌을 안다는 게 그 이유였지. 그런데 트로츠키 자신도 물론 그 일에 진지하게 몰두하지 않았어. [외국 자본의 투자 유치를 위한] 특허심사위원회도 트로츠키에게 맡겨졌는데,[25] 그렇게 트로츠키를 군사 업무에서 떼어놓기 위해 온갖 방법이 동원됐던 거요. 즉각 그렇게 만들 순 없었지. 인민들은 그래도 트로츠키를 잘 알고 있었고, 아주 훌륭한 웅변가였던 그가 연단에 서기만 하면 박수갈채를 받았소. 트로츠키를 몰아내는 것이 그리 간단하지 않았지. 꽤 오랫동안 트로츠키와 함께했소. 몇 년 동안을...

우린 트로츠키를 공개적으로 비판하고 나섰소. 대놓고 죽어라고 때렸지. 다른 수가 없었어. 그도 역시 반박 연설을 토해냈어. 인쇄매체에 글을 게재하는 경우는 그리 많지 않았으나, 그것 역시 논쟁거리가 되는 것들이었소. 그를 이념적으로 고립시켜야 했고 이를 위한 작업이 준비됐는데, 내 기억에 적어도 1925년 전에 그가 군사인민위원에서 해임되었고,[26] 그 후임으로 프룬제가 임명됐소. 프룬제는 그 자리에 오래 있지 못했는데, 수술을 받은 직후 죽었소. 당시에 작가 필냐크가 중편소설을 썼는데, 거기서 그는 프룬제가 제거되었고, 그것이 당 지도부에 의해 기획된 것이라고 암시했소. 직접 말한 게 아니라 그냥 암시만... 우리는 프룬제를 아주 좋게 평가했지. 비록 그가 정치적으로 꽤 혼돈스러웠지만 말이오.

우리 모두 레닌의 인내력을 배워야 하는데... 그런데 어떻게! 성격이 대단했지. 악착같은 고집은 또 어떻고...

스탈린이 실제 업무에 정통했다곤 할 수 없지만 더욱 집요했소. 그게 그를 좀 방해했지. 그럼, 방해가 됐지. 그는 민족문제에 대해서 대단한 전문가였소. 소비에트사회주의공화국연방을 수립함에 있어 그는 레닌의 옛 노선을 따랐소.[27] 아주 집요하게 그것을

---

24) 여기서 몰로토프가 언급하는 사람은 안드레이 콜레가예프(А.Л. Колегаев, 1887~1937)이다.

25) 트로츠키는 1925년 5월부터 1927년 10월까지 특허심사위원회 위원장을 맡았다.

26) 트로츠키는 1925년 1월 군사인민위원에서 해임되었다.

27) 스탈린이 처음에 추진했던 '자치화 방안'은 우크라이나공화국, 벨로루시공화국 등에 자치공화국의 지위를 부여해서 러시아소비에트연방사회주의공화국(РСФСР)으로 흡수하는 방식이었다. 그러나 레닌은 우크라이나,

따라갔는데, 레닌이 앞으로 더 나아갔던 거지. 그가 연방공화국을 더 만들자고 했소.

— 그러면서 러시아소비에트연방사회주의공화국 볼쉐비키공산당 중앙위원회의 창설을 잊어버린 겁니까?

▶ 잊은 게 아니라, 그럴 여지가 없었소. 그것은 [소련공산]당의 역할을 축소시킬 수도 있는데, 왜냐하면 러시아인들이 자신의 중앙위원회를 갖지 못한 지금의 형태는 러시아인들로 하여금 주요 [정부]기구를 통해 문제를 해결할 수 있게 하는데, 이는 그것만으로도 매우 거대한 힘이기 때문에... 그때 중앙위원회 서기국과 조직국이 있었소. 조직국에서 [간부의 선발과 배치 등] 각종 조직문제를 결정했지. 지금 각 공화국의 [당 중앙]위원회에 국(局)이 있는데 그것이 정치국이나 조직국으로 불리지 않았을 뿐, 하는 일은 같아. 내 기억에 우크라이나인들만 정치국을 가졌었소. 흐루쇼프 치하에 러시아를 담당하는 국이 있었소. 그 이전에도 한때 있었지. 즈다노프가 의장이었던 것 같은데,[28] 그것에서 얻어진 게 아무 것도 없었소. 왜냐하면 러시아가 국가에서 점하는 비중이 워낙 크기에, 러시아가 결정하면 [소련에서] 그게 그대로 채택될 것이기 때문인 거요.

— 모든 공화국에 과학원이나 인민 작가가 있는데, 러시아공화국에는 그런 것들이 없습니다.

▶ 그렇지. 왜냐하면 러시아의 영향력이 너무 크기 때문이오. 주요 [정부]기구가 지혜롭고 노련하게 일을 처리하면 문제가 없겠는데, 그렇지 않으면 당이 붕괴될 수밖에 없지. 그것 때문에 스탈린이 온 신경을 곤두세웠소.

1980년 7월 5일

네프 - 일시적 후퇴

▶ 네프란 물론 인민에게서 나온 생각이오. 농부들이 레닌을 그쪽으로 밀었지. 레닌

벨로루시, 러시아 등에 민족공화국이라는 대등한 지위를 부여하여 이들을 소비에트연방(СССР)의 구성 부분으로 포괄하고자 했다.

28) 소련공산당 중앙위원회에 러시아공화국의 일을 전담하는 기구, 즉 'Бюро ЦК КПСС по РСФСР'가 설치된 시기는 1956~66년이다. 이 기구는 1936~37년에도 설치된 바 있는데, 니콜라이 예조프가 그 의장이었다. 참고로, 러시아볼쉐비키공산당(РКП(б))은 소연방 출범 후인 1925년 12월 전연방볼쉐비키공산당(ВКП(б))으로 "승격"되었으며, 이후 1990년 6월까지 러시아공화국에 공산당이 별도로 조직되지 않았다.

은 그것을 학자와 정치인들에게 의무인 것처럼 도식화했소. 인민에 뿌리를 둔 그것에 과학적 맑스주의의 지향을 부여해야 했는데, 오직 레닌만이 그걸 할 수 있었소.

1976년 5월 12일

— 레닌은 네프를 충분히 장기간 지속시킬 것을 예상했습니다. 분명 레닌이 네프가 진지하게 오래 갈 것이라고 말하지 않았습니까?

▶ 아니오, – 몰로토프가 대답한다. – 레닌은 네프를 일시적 후퇴로 계획했소. 그는 네프 도입 1년이 지났을 때, 즉 1922년에 벌써 네프를 끝내야 한다고 연설했어요. 그가 말했소. 우리는 1년간 후퇴했다. 당의 이름을 걸고 지금 우리는 [그것이] 충분하다고 말해야 한다. 즉, 레닌의 주장은 네프 시기가 끝나고 있거나 아니면 끝났다는 것이었소.[29)]

— 의장님께서 기억하시는 레닌의 가장 강렬한 특성은 무엇입니까?

▶ 목적지향성이오. 그리고 자신의 대의를 위해 투쟁할 줄 안다는 것이지. 정치국에서는 트로츠키, 지노비예프, 카메네프, 부하린 등 거의 모두가 레닌의 반대자였지 않은가. 그때 정치국에서 레닌은 지지한 사람은 스탈린과 나, – 둘뿐이었소.

1985년 5월 9일

▶ 레닌 치하에 상황이 매우 어려웠는데... 하지만 레닌은 각자의 눈을 응시하며 사람들을 조이는 그런 사람이었소. "죽음이 우리를 위협하고 있다는 걸 유념하시오!" 물론 그가 모든 걸 정확히 예측할 순 없었지만, 모두를 긴장시켰소. "안 그러면 동무들 모두를 난도질할 거요."

1976년 6월 9일

▶ 네프가 시작됐던 1921년에 기근이 있었소. 외국에서 곡물을 수입해야 한다는 이야기까지 나왔지. 그것을 위해서는 [외국에 내다팔] 귀중품이 필요했는데, 레닌은 교회지기들로 하여금 자선을 베풀게 해야 한다고 말했소. 우리가 귀중품들을 빼앗아버리면 사

---

29) 1922년 3월 제11차 당대회에서 레닌은 정치보고 중에 네프의 중단, 즉 후퇴 중지를 요구했다. 당시 레닌의 입장은 스탈린이 아니라, 네프의 확대를 반대하며 이른바 공업독재론을 주창한 트로츠키에 가까웠다. 네프는 레닌의 제안으로 도입되었으나, 그것을 확대 발전시킨 사람은 스탈린이다.

제들이 주눅이 들 거라고 했어. 만약 그들이 저항을 시작하면, 그래도 역시 우리에게 득이 된다고 했소. 왜냐하면 인민들은 굶주리고 있는데 사제들이 자신의 부(富)만 움켜쥐고 있다면, 그것이 결국 교회의 권위를 파괴할 것이라는 말이었소. 종교적 신앙과의 투쟁이라는 관점에서 우리는 어떤 경우라도 승리하게 되어 있었소.

1983년 10월 14일

크룹스카야와의 간단치 않은 관계

— 트로츠키가 겁쟁이는 아니었지요?

▶ 그렇지, 그는 용감했지. 유형생활을 하다가 탈주했고, 나중에 감옥에 들어갔지. 미국에서도 살았소. 1905년에 귀국해서 첫 번째 페테르부르크 노동자 대의원 소비에트의 의장이 되었는데, 1906년인가 1907년 초에 다시 외국 망명길에 올랐다가 1917년에 두 번째 귀국했던 거요. 그에겐 자금이 있었소. 첫째, 그는 신문을 발행했고, 둘째, 재산이 좀 있었던 것 같아. 내가 트로츠키의 자서전을 읽었는데, 그가 이웃 지주의 집을 방문하러 엄마와 함께 헤르손쉬나에 가는 것으로부터 자신의 이야기를 시작해. 그의 나이가 다섯 살쯤이었는데, 거기서 어떤 여자애와 어떻게 놀았고 둘러봤는지 기술하고 있소.[30] 그런 것을 묘사하는 것 보면, 참 자기애가 대단한 사람이야!

트로츠키의 책이 출간되었을 때 데미얀 베드늬가 그를 얼마나 비난했는지! 스탈린도 그것을 읽었어. 트로츠키는 글쟁이였소.

...이야기가 크룹스카야 쪽으로 흘렀다.

— 크룹스카야가 레닌 서거 후 당대회에서 의장님을 이렇게 비판했습니다. "그래서 나는 몰로토프 동무의 보고에서 국가 기구에 관한 낙관론을 봅니다. 여러분은 내가 몰로토프 동무의 보고를 듣고 큰 만족감을 나타낸 걸 알고 있습니다. 몰로토프 동무는 보고를 통해 우리가 어떻게 성장하고 있는지, 또 모든 것이 얼마나 순탄하고 훌륭하게 진행되고 있는지에 관해 말했습니다..."

▶ 물론, 그건 보고로는 좀 빈약했어. 부차적인 문제들이었지. 제대로 하지 못했어!

---

30) 몰로토프는 이 대목에서 트로츠키의 『나의 인생(Моя жизнь)』을 언급하고 있다.

— 크룹스카야가 말을 잇습니다. "문제는 어떻게 올바른 노선을 함께 모색할 것인가에 있는데, 본인이 보기에 몰로토프 동무의 보고에는 그런 것이 없고, 대신 부하린 동무한테 있는 것과 같은 과장된 환상이 있습니다... 다수파가 늘 옳다는 생각으로 자신을 안심시킬 순 없습니다. 우리 당의 역사에서 다수파가 옳지 않았던 당대회들이 있었습니다. 예를 들면, 스톡홀름 대회를 생각해 봅시다. (고함: "예리한 지적이오!") 다수파는 자신이 다수파라는 것으로 취해버리면 안 되며 편견을 버리고 옳은 결정을 모색해야 합니다. 만약 그것이 옳은 것이라면 말입니다. (고함: "레프 다비도비치, 우리의 새 전우들이 나타났습니다!)"[31)]

▶ 그건 객석에서 맞장구치는 소리요. 크룹스카야는 트로츠키의 전우가 되면서 트로츠키주의 노선으로 갈아탔는데... 레닌 서거 후 그녀는 한동안 레닌[의 노선]에 반대하고 나섰지만,[32)] 나중에 트로츠키주의자들과 우파들에 대한 재판까지를 포함해서 당의 노선을 전폭 지지하기 시작했소. 크룹스카야는 전 생애에 걸쳐 레닌을 추종했는데, 그건 혁명 전이나 그 후에도 마찬가지였소. 그런데 크룹스카야는 실제 정치에 대한 혜안이 없었어. 정치가 뭔지 잘 몰랐어. 이미 1925년에 이르면 완전 헷갈려서 지노비예프를 지지하고 나섰는데, 문제는 지노비예프가 반(反)레닌주의적 입장에서 발언했다는 데 있었지. 레닌주의자가 된다는 게 그리 간단한 게 아니오. 그걸 유념하시오!

레닌의 누이동생 마리야 일리니츠나는 부하린에 공감했소. 그녀는 완전히 부하린의 영향력 하에 있었을 뿐 아니라 그에게 거의 도취되었는데, 레닌보다 부하린과 더 가깝게 지냈어. 그리고 레닌이 아니었다면 아마 우파가 되었겠지. 그러나 그녀는 비록 마음이 부하린 편이었어도 부하린을 따라가진 않았어. 역시 레닌의 누이로서, 헌신적 볼쉐비크였소. 오른쪽으로 쏠리는 힘이 얼마나 셌던지! 그러나 레닌은 속물들을 추종하지 않았소. 맑스 · 엥겔스와 관련해서 독일 속물들에게 아무 것도 성사된 게 없는 것처럼, 소련의 속물들에게도 레닌을 빙자해서 이루어진 게 아무 것도 없지.

[나데즈다] 크룹스카야처럼 마리야 일리니츠나도 말년을 레닌과 함께했는데, 마리야는

---

31) 크룹스카야는 1925년경부터 지노비예프, 카메네프 등과 함께 신반대파를 구성하고 스탈린의 네프 정책을 비판하기 시작했다.

32) 크룹스카야가 스탈린의 네프 정책을 비난했던 이유는 그것이 반(反)레닌적이라고 봤기 때문이었다. 참고로 '스탈린이즘'이라는 말은 트로츠키에 저작권이 있는데, 트로츠키는 그것을 '테르미도르 반동'이라는 의미로 사용했다.

부하린을 추종하면서 그가 전혀 다른 타입의 인간임을 알아채지 못했소.

레닌의 남매들 가운데 안나 일리니츠나가 제일 좋은 사람이었던 것 같아. 드미트리 일리치는 영리하지 않았어. 대단한 술고래였지. 술 마시길 좋아했어.[33)]

1974년 11월 28일, 1977년 11월 1일

— 의장님께선 크룹스카야에 관한 영화 〈나데즈다〉를 보셨습니까?

▶ 그것에 별로 관심 없소. 나는 대체로 크룹스카야에게 호의적으로 대했고, 업무상 관계라기보다는 다소 개인적 친분이 있었소. 그런데 스탈린은 그녀를 백안시했어.

— 스탈린에겐 그럴 이유가 있었습니다. [1925년 12월에 열린] 제14차 당대회 때 크룹스카야가 적대감을 드러냈지요.

▶ 아주 잘못했지. 크룹스카야는 나쁜 공산주의자로 판명됐고, 자신이 무슨 짓을 하는지도 몰랐소.

1975년 4월 25일

— 그래도 무슨 이유로 스탈린과 크룹스카야가 갈등을 겪게 된 것입니까?

▶ 레닌 서거 후 크룹스카야가 올바로 처신하지 못했어. 그녀가 지노비예프를 지지했소. 지노비예프의 아주 불합리한 노선을 지지한 거요. 그것도 크룹스카야만이 아니야. 그 문제에 있어 헷갈렸던 정치국원들도 있었지. 레닌의 노선에서 실질적으로 이탈한 것이었는데, 물론 그들은 그것이 레닌의 노선이라고 생각했지만 말이오.

1983년 1월 1일

▶ 레닌이 발병하고 그의 병세가 악화되었을 때 의사들이 그를 방문하지 못하게 했소. 그런데 크룹스카야가 방문을 허용했어. 그게 스탈린과 크룹스카야 사이의 갈등을 야기한 거요. 스탈린이 당 중앙위원회의 결정을 따라 아무도 레닌을 찾아가지 못하게 했어. 그가 그 경우에 옳았지. 만약 중앙위원회가, 더욱이 정치국이 결정하고 그것의 이

33) 레닌의 8남매 중 둘째 알렉산드르(1866~1887)는 페테르부르크대학 물리수학부 재학 중 짜리 알렉산드르 3세 암살 모의 혐의로 체포되어 처형되었고, 셋째와 여섯째는 유아 때 사망하고, 다섯째는 20세에 병사하였다. 결국 장녀 안나(1864~1935)와 일곱째 드미트리(1874~1943), 그리고 막내인 마리야(1878~1937)가 레닌 곁에 남았다.

행과 감독을 스탈린에게 위임했다면...

1982년 10월 21일

▶ 레닌이 스탈린의 무례를 지적하는 편지를 썼던 것은 크룹스카야의 영향력이 작용했기 때문이오. 크룹스카야가 점차 스탈린을 싫어했는데, 그것은 그가 융통성 없이 자신을 대우했기 때문이었소. 스탈린은 지노비예프와 카메네프를 레닌에게 들여보내지 말라는 서기국의 결정을 이행했어. 의사들의 요청이 있었거든. 그들이 크룹스카야에게 불만을 토로했어. 화가 난 그녀는 스탈린에게 항의했고, 스탈린이 이렇게 대답했소. "레닌을 접견할 수 없다는 것은 당 중앙위원회의 결정사항이며, 의사들도 그래야 한다고 했습니다." — "하지만 레닌 자신이 그것을 원해요!" — "만약 중앙위원회가 결정하면 우리는 동무까지도 [레닌에게] 들여보내지 않을 수 있습니다."

스탈린이 흥분해서 말했소. "왜 내가 크룹스카야에게 아첨해야 하는가? 레닌과 잠자는 것하고, 레닌이즘을 제대로 해명하는 건 전혀 다른 문제야!"

또 스탈린은 내게 이런 식으로 말했소. "크룹스카야가 레닌 동무와 같은 변소를 같이 쓴다고 해서 당연히 내가 그녀를 레닌처럼 존경하고 인정해야 돼? 내가 왜 그래야 해?"

너무 거칠었지.

1972년 12월 11일

▶ 크룹스카야는 당내에서 특별한 역할을 하지 않았소. 지노비예프와 친하게 지냈지. 그건 물론 좋지 않았지만, 만약 그걸 갖고 시비한다면 제르진스키도 트로츠키에게 지지투표를 했소. 사람은 다 변해. 그걸 이해하지 않으면 안 돼.

고리키 역시 한참 헤맸지. 그는 공개적으로 10월혁명에 반대했소. 물론 스탈린보다 레닌이즘을 잘 해명한 사람은 아무도 없어요, 당연한 거지만.

1974년 1월 8일, 1976년 4월 28일

봉인 열차

— 니콜라이 루틱츠가 쓴 『권좌의 소련공산당』이 [1960년에] 서방에서 출간됐습니다. 그는 레닌이 볼쉐비키를 위해 어떻게 독일의 돈을 받았는지, 1917년 4월에 레닌이 어떻게 러시아로 돌아왔는지에 관해 기술하고 있는데요...

▶ 그건 완전한 선동이오. 레닌은 모든 게 깨끗해. 그는 독일 제국주의를 대놓고 맹렬히 비난했소. 가차 없이 비난했어, – 몰로토프가 대답한다.

— 그런데 당시 독일은 레닌을 지지하는 것이 자신들에 유리하지 않았을까요?

▶ 독일 돈이 레닌에게 한 푼도 전달되지 않았을 수도 있고, 아니면 일정액이 들어왔을 수도... 아무튼 그 일에도 레닌의 능력이 나타나 있는데, 그는 모든 것을 이용할 줄 알았소.

— 레닌이 타고 온 기차의 봉인 칸에 관한 이야기는 케렌스키도 말했던 것입니다만...

▶ 그건 이미 우리가 끝낸 이야기요! – 몰로토프가 목청을 높인다. – 거리로 나가면 사람들이 선동하기 시작해. 연설을 하면 사람이 모여들고, 군중이 많아지고, 더 많아지고... 인민들은 적극적이었소. 그들은 완전한 의미의 자유를 처음으로 얻었어. 인쇄물이 넘쳐났지. 플레하노프가 레닌에 반대하는 책을 발간했어. 역시 레닌을 비난했지. 레닌이 독일 영사의 도움을 받으며 독일인을 돕고 있다(!)고 주장했어. 국가두마 의원을 지낸 알렉센코는 국가두마에서 볼쉐비키 분파의 리더 중 한 사람이었소. 나중에 볼쉐비키에서 이탈한 그는 외국에 살면서 레닌을 죽어라고 욕하면서 레닌의 갖은 편지를 아무데나 막 팔았어. 그는 레닌이 독일인을 도왔고 연합국들에 해를 끼쳤다고 레닌을 비방했어. 그런 모든 것들은 결국 케렌스키에게 유리하게 작용했던 거요.

1972년 12월 12일

▶ 레닌을 봉인 열차에 태워 스위스와 핀란드를 거쳐 데려왔소. 독일 당국 및 독일인과의 그 어떤 대화나 접촉도 있을 수 없다는 합의가 있었지. 지노비예프가 레닌과 함께 그 열차를 타고 왔소.

— 하지만, 그래도 역시 독일 황제가 레닌에게 모종의 계획을 부과했을 텐데요...

▶ 물론 독일에 이익이 된다고 봤지. 그들은 스위스 은행에, 사회주의자 플라텐[34]에게 그 일을 위임했소.

1975년 1월 14일

이네사

— 이네사 아르만드가 레닌의 정부(情婦)였다고 합니다.

▶ 그렇게들 이야기하지. 흥미로운 여자요. 아르만드, 이네사 아르만드. 레닌이 이렇게 썼어요. "내 소중하고 사랑스런 친구! 안녕하시오, 내 소중한 친구!" 나는 그녀를 잘 기억해. 모습은 러시아 여인 같지 않았어. 아름다운 여인이지. 내가 보기에 딱히 특별한 것이 없었는데... 레닌은 아르만드를 아주 살갑게 대했소.

부하린이 내게 아르만드가 레닌의 애인이라고 대놓고 말했소. 부하린은 레닌에게도 이네사에게도 아주 자유롭게 출입했기 때문에 사정을 잘 알고 있었을 거요. 내가 부하린과 함께 협의회 참석차 페테르부르크에 가서 그곳의 〈예브로페이스카야〉 호텔에서 한 방에 묵었던 적이 있어요. 그때 아직 같은 편이던 우리는 협의회에서 지노비예프를 묵사발로 만들었는데, 그때가 키로프를 [지노비예프 후임으로] 레닌그라드로 전보시키기 직전이었소. 부하린이 내게 많은 것들을 말해줬는데... 그는 쾌활하고 두뇌회전이 빨랐고 농담을 많이 했소. 우파의 리더였지. 농민의 심성을 가졌어.

— 부하린이 안됐다는 생각이 듭니다.

▶ "네가 시인은 못 되더라도 시민은 되어야 한다." 아주 시의적절하고 근사한 말이잖소. 이 말을 나중에 많은 사람들이 반복했는데...

이네사 아르만드에겐 프랑스인 남편이 있었소. 아마 어떤 공장주였을 거요. 그녀는 오랜 외국생활을 했는데, 그러던 중에 레닌과 만난 거요. 그녀가 어떤 연설을 준비하다가 레닌에게 자신의 테제를 보냈어. 아르만드는 엥겔스의 어떤 어구에 대해 비판적 의

---

34) 프리츠 플라텐(Fritz Platten, 1883~1942)은 스위스 공산주의자로서, 1917년 2월혁명 후 레닌의 귀국을 실현시킨 인물로 알려져 있다. 1923년에 소비에트 러시아로 이주하였으며, 1937년에 체포되어 8년형을 선고 받고 교정노동수용소에서 복역 중 1942년 병사하였다.

견을 갖고 있었는데, 레닌이 그것을 면밀히 읽은 다음 이렇게 써 보냈소. "엥겔스와 관련해서 나는 그런 비판에 반대합니다. 항상 나는 맑스와 엥겔스를 공격하려는 온갖 시도들에 극히 신중하게 대처한다는 것을 유념하세요." 진정 그들은 참된 사람들이고, 거기에 배울 게 있다, – 뭐, 그런 뜻이었소. 레닌은 아르만드가 잘못 공부하지 않도록 가르쳐줬소. 즉, [잘못이] 그냥 몰이해에서 비롯된다는 거지.

1973년 4월 27일

— 크룹스카야가 이네사 아르만드를 모스크바에서 다른 곳으로 이주시키라고 강하게 요구했다고 합니다.

▶ 그랬을 수 있지. 물론 그건 예외적인 상황이었소. 쉽게 말해서 레닌에게 정부가 있었고, 크룹스카야는 병든 사람이었다는 거지.

1985년 2월 16일

한시적으로, 일정 단계에서

▶ 크룹스카야는 스탈린에게 큰 모욕감을 느꼈소. 그러나 스탈린도 그녀에게 화가 났는데, 왜냐하면 레닌이 「유언」에 서명한 게 크룹스카야의 영향력 때문이었거든. 그래, 그렇게 생각했어. 어느 정도 그랬을 수 있어. 그렇지. 그러나 레닌이 크룹스카야에 밀렸다거나 휘둘렸다고 생각하는 것은 터무니없지. 레닌을 그렇게 보면 안 돼.

[1925년 12월 개최된] 제14차 당대회에서 크룹스카야가 지노비예프를 지지했소. 그때 지노비예프는 좌익반대파의 입장에서 연설하면서 공업화를 촉구했어. 스탈린이 제대로 공업화를 추진하지 않고 있으며 그것에 열정조차 없다고 했어. 또 스탈린이 노동계급을 충분히 배려하지 않고 있으며 레닌의 유훈을 제대로 이행하지도 않는다고 비난했어. 크룹스카야는 대놓고 스탈린을 비판하진 않았지만 지노비예프의 편을 들었어. 나중에 그녀는 스탈린에 사과했고, 자신이 과거에 가졌던 시각을 거부했소.

신문 같은 인쇄매체를 통해 공개 토론이 벌어졌는데, 대답을 해야 했지. 침묵할 수 없었어. 트로츠키는 자신의 저작집을 발간했어요. 이념적으로 [그의] 정체를 폭로해야 했어. [트로츠키파] 모두가 레닌을 지지하고 맑스를 지지하는 아주 유식한 사람들이었소. 그들의 외침이 어찌나 컸던지 머리를 조금 내밀기만 해도 몸이 떠밀려갈 정도였소. 여기서 스탈린이 엄청난 일을 했소. 만약 그것이 없었더라면 간부들의 결집은 불가능했을 거요. 볼쉐비키당의 간부들은 그렇게 쉽게 지휘봉에 따라 움직이지 않아. 확신이 있어야 했어. 혁명적인 고참 볼쉐비키 간부들에겐 그것이 있었지. 그들은 특히 아무 것도 기대하지 않는 데 익숙해 있었고, 누구의 지휘에도 따르지 않았지만 이념적 지도자에 대해서는 존중했소. 스탈린이 지도했지만, 그의 주변에는 확고한 지지자들도 있었고 그렇지 못한 자들도 있었고 또 재능 있는 자들도 있었소. 1924년에 트로츠키에 전력으로 반대하는 토론이 전개되었소. 그리고 돌연 스탈린을 위시해 지노비예프, 카메네프, 릐코프, 부하린 그리고 나를 포함한 우리 모두가 서명한 성명이 공표됐어. 우리는 트로츠키가 참여하지 않은 정치국을 생각하지 않았소. 정치국이라고 생각조차하지 않았어! 모두가 서명했어. 우리가 트로츠키와 논쟁하고 있지만, 그는 너무 중요 인물이라서 우리는 그가 없는 정치국을 상상조차 못했다는 말이오. 정치도 그랬고, 시절도 그랬고, 어찌 다른 생각이 있을 수 있겠나? 우리는 아주 격렬하게 이념투쟁을 벌였는데, 요컨대 우리는 트로츠키를 아주 높게 평가했다는 거요!

공개적인 분열은 아직 준비되지 않은 상태였소. 그럴 수 없었지. 이념투쟁이 공개적으로 되었을 때, 트로츠키에게서 어떻게 벗어날 것인가 하는 문제가 비로소 설정될 수 있었소.

트로츠키를 추방했지. 그리고 나중에 그자 때문에 큰 소란이 있었소. 외국에 있으면서 그는 실질적으로 테러를 하라고 호소했지... 제국주의가 존속하는 한, 상놈들이 많이 있을 거요.

— 우리나라에는 당연히 없을 겁니다! – 쇼타 이바노비치가 말한다.

▶ 당연히 없다니? 반드시 없어야지. 그렇지 않으면 절대 안 돼, – 몰로토프가 반박한다.

— 안 그러면 우린 제대로 싸우지 못합니다.

▶ 그렇지.

— 그리고 의장님께서 투쟁하신 데에 비난이 있을 수 없습니다!

▶ 아니오, 제대로 투쟁하지 못한 걸로 비난해야 해. 온갖 상놈들을 박멸하지 못했소.

— 하지만 사회주의 체제를 제대로 강화하지 못했다고 의장님을 질책할 순 없습니다.

▶ 질책했던 게 아니라, 때론 심지어 머리를 때리기까지 했지, – 몰로토프가 말한다.

1971년 8월 17일

▶ 존 리드는 자신의 책 『세계를 뒤흔든 열흘』에서 트로츠키를 조금 높게 평가했소. 그때 트로츠키는 마침 훌륭하게 행동했고, 그건 정당하게 평가되어야 해. 브레스트-리톱스크 조약 체결 때는 물론 행동이 좋지 못했지. 그런데 내전 때 그는 좋은 특성을 발휘하는 동시에 나쁜 특성도 보였소. 그는 물론 소비에트 권력을 위해 싸웠는데, 그게 아니라면 어떻게 그가 적군 수뇌부에 있을 수 있었겠나? 그는 과도하게 [부르주아] 전문가들에 의존했는데, 레닌도 그것[의 불가피성]에 관해 말했소. 하지만 다른 측면에서 보면 전문가들 없이는 아무 일도 할 수 없었어. 전문가들을 활용하는 문제와 관련해서 보로쉴로프가 지나칠 정도로 완강히 반대했지. 그건 잘못된 일이오. 전문가들은 물론 정신 상태가 달랐지만 그래도 불가피한 존재였소.

1971년 8월 24일

▶ 트로츠키는 도처에, 특히 군대에 자기 세력을 심었소. [적군] 정치보위부 책임자 가마르닉이 있었고, 스클랸스키는 트로츠키의 제1대리였지. 내가 그자를 알아. 어디서 그를 발탁했는지, 그걸 누가 알겠소? 트로츠키가 그를 어디에서 데려왔는지 전혀 들어본 적이 없어.

1975년 8월 15일

▶ 1917년 4월 페트로그라드에서 열린 당협의회에서, 그러니까 2월혁명 후 처음으로 열린 4월 협의회에서 릐코프가 자신의 우파 성향을 담은 연설을 했소. 카메네프 역시 자신의 정신세계를 내보였어. 지노비예프는 아직 레닌의 최측근으로 간주되고 있었소. 당 중앙위원을 선출하기 직전에 레닌이 스탈린을 후보로 추천하면서, 스탈린이야말로 당연히 중앙위원이 되어야 하는 사람이라고 연설을 했소. 레닌이 바로 스탈린을 위해 연설한 거요. 스탈린은 어떤 임무라도 완수할 수 있으며, 우리 당의 노선을 실현하는 데 있어 가장 신뢰할 수 있는 사람이라고 말했소. 레닌이 그런 연설을 한 거요. 우리는 물

론 아주 화목하게 투표를 했어. 자, 보세요. 하지만 레닌은 그런 스탈린도 비판했어요. 레닌의 인생사를 한번 살펴봐요. 지금 스탈린을 인간 망종, 악당 등으로 묘사하고 있지. 그런데 레닌은 지식과 과학과 거대한 지혜로 무장한 바위 같은 존재였는데... 그가 모든 것을 내다보진 못했겠지만 기본적인 것이야 잘 봤지.

그에게 아주 비범한 사람들이 모여들었소. 모두 적당했던 것은 아니지만, 사람들이 차고 넘쳤지. 레닌은 1890년대에, 심지어 1900년 이후에도 플레하노프를 믿었소. 그런데 그가 곧 플레하노프를 비판하는데, 결국 레닌이 옳았소. 플레하노프 이후에 저명한 맑스주의자들 가운데 레닌에게 가장 가까웠던 사람이 바로 보그다노프[35)]였소. 말리놉스키가 그의 본래 성씨야, 그렇지. 경치경제학 분야에서 아주 권위가 있었지. 1897년에 레닌은 보그다노프의 첫 번째 저서『정치경제학』에 서평을 써줬소. 그런데 후에 보그다노프를 비판했지. 스탈린조차 보그다노프에게 관용적으로 굴었어. 특히 부하린이 보그다노프를 지지했지. 보그다노프는 실험연구소의 소장이었는데, 연구를 위해 그곳으로 레닌의 뇌를 보냈소. 보그다노프가 연구소장으로서 그것을 요청했어. 그는 비당원이자 모든 혁명정치의 국외자였소. 보그다노프에게 레닌의 뇌를 줬고, 거기서 그가 뭔가를 연구했는데...

그런데 트로츠키를 보시오. 처음에 레닌은 트로츠키에 호의를 가졌지. 지노비예프,

---

35) 알렉산드르 보그다노프는 1905~07년 러시아사회민주노동당 내 볼쉐비키 분파의 실질적 2인자였다. 레닌은 1909년『유물론과 경험비판론』을 통해 보그다노프가 맑스주의의 과학성을 유린했다고 공개적으로 비판을 했고, 결국 볼쉐비키 분파에서 축출당한 보그다노프는 자신의 지지자들을 규합하여 독자세력(카프리 학파 또는『전진』그룹)을 구축하며 레닌에 대항하였다. 대개 유물론은 인간을 물적 환경의 지배를 받는 수동적, 감성적 존재로 규정한다. 이에 맑스는「포이어바흐에 관한 테제」를 통해 "철학자들은 세계를 단지 다양하게 해석해 왔을 뿐이다. 하지만 중요한 것은 세계를 변화시키는 것"이라고 하며 실천적, 이성적 존재로서의 인간의 모습을 강조하였으나, 맑스 사후 자본주의 붕괴 내지 사회주의 혁명이 임박했음을 과학적(="형이상학적")으로 규명하는 것이 사회민주주의 내의 일반적 추세가 되면서, 그 일각에서 운동 주체로서의 인간존재를 강조하는 세력이 등장하였다. 이들은 대체로 신칸트주의의 영향을 받고 있었는데, 그 대표적인 예가 독일에서는 E. 베른슈타인, 러시아에서는 A. 보그다노프였다. 먼저 베른슈타인은 사회주의란 과학이 아니라 실현되어야 할 가치라 주장하면서 "나에게는 운동이 전부"라고 역설하였다. 사회주의는 아직 경험되지 않은 것이며, 따라서 과학이 될 수 없다는 주장이었다. 실증주의적 개량주의 내지 수정주의로 귀결된 베른슈타인과 달리, 보그다노프는 레닌보다 급진적인 방향으로 나아갔다. 그의 지향은 국가를 장악할 당의 건설이 아니라 노동자들의 자기조직화에 있었다. 맑스주의의 핵심이 "노동의 관점"에 있다고 생각한 그는 맑스의 이론체계에서 형이상학적 요소들을 걷어내는 방식으로 맑스주의 과학성을 담보하고, 그것의 실천을 통해 노동계급이 사회주의로 나아가야 한다고 생각했다. 부르주아 민주주의에서 프롤레타리아트는 우선 자신의 독립적인 프롤레타리아 문화를 창조, 발전시켜야 하며, 그때까지 사회주의를 위한 시도를 할 수도 없고 해서도 안 된다는 것이 그의 결론이었는데, 이것이 그가 1917년 2월혁명 후 '프롤렛쿨트 운동'을 주도한 계기이자 10월혁명을 반대한 이유였다.

부하린, 카메네프를 봐요. 그들은 레닌에게 가장 가까웠던 사람들이야. 한시적으로, 일정 단계에서 그들은 레닌을 지지했어. 그런데 그들에게는 평생에 걸쳐 이른바 혁명성과 일관성이 부족했소. 누구 탓이겠소? 그게 역사요. 그게 인생이지.

맑스에겐 엥겔스만 남았지. 맑스는 엥겔스 외에 다른 사람들을 좌우로 비판했소. 가르치고 또 가르쳤는데도 자신에게 저항하는 자들을 비판했어. 그런데 그곳은, 말하자면 다른 영역이었소. 보다 이론적인 영역이었지. 그런데 우리에겐 실천적인 정치가 있었소.

"뒤엎어진 도서관"

▶ 맑스는 라쌀에게 가차 없이 대했어요. 라쌀이 두각을 나타내고, 그가 자신의 지혜를 과시하자 맑스는 그를 비판하기 시작했소. 그러지 않을 수 없었지. 과학의 문제였거든. 속물근성과 과학을 어떻게든 결합시키려 하는 건 절대 안 되지. 그건 정녕 아주 위험한 일이오.

1971년 11월 23일

▶ 예전에 다비드 랴자노프라고 하는 맑스주의자이자 당 활동가인 사람이 있었는데, 아주 유명했지. 사람들이 그를 숭배하다시피 했는데, 왜냐하면 이미 레닌 치하에 그가 맑시즘연구소 초대 소장을 지냈거든. 그것이 지금은 맑스·엥겔스·레닌연구소가 됐지. 옛날 그 연구소가 있던 자리에 지금 맑스·엥겔스박물관이 들어섰소. 연구소 집행위원이었던 나는 그 랴자노프와 함께 회의를 했는데, 자주 한 것은 아니지만 아무튼 회의를 하긴 했어. 그는 박식한 사람이었고 책을 아주 많이 읽었어. 그런데 레닌이 랴자노프에 관해 이렇게 말했던 것 같소. "그 사람은 뒤엎어진 도서관이오." 그의 머릿속은 완전한 혼란과 혼동의 상태여서 그것을 정돈하기 불가능했는데, 그런 사람에게서 뭔가 유용한 것이 나올 게 있을까?

랴자노프는 턱수염을 길렀는데, 외모가 맑스와 비슷했소. "뒤엎어진 도서관"이란 말을 내가 레닌에게서 직접 들은 건 아니고, 레닌이 그렇게 말하더라고 사람들이 내게 전해준 거요. 그런데 내가 레닌에게서 이미 이런 말을 들었소. "우리는 이 독설가와 함께 죽을 거요!" 랴자노프는 가는 곳마다 전부 비판했어. 그러나 아주 혼돈스럽게 했기 때문에 황당무계한 결과를 야기했지. 트로츠키주의자도 아니고 우파도 아니야. 단지 자신의 모든 학식으로 혼란만 초래하는 노인이었지. 내 기억에, 그는 1937년 훨씬 이전에 사라토프로 추방됐어. 레닌은 랴자노프를 처벌하는 것이 전혀 무가치하다고 생각했소. 즉, 우리는 그 독설가와 함께 그렇게 살다가 죽을 수밖에 없다는 거지. 그런데 전해들은 바로는 사라토프에서 랴자노프가 이렇게 말했다더군. "나는 살아서 보고 싶습니다. 이 사회주의가 한 구역에서, 한 도시에서, 한 군(郡)에서 어떻게 실현되는지를 말입니다." 우리를 조롱한 거지. 적극적인 인물이었소. 맑스에 관해 그가 쓴 게 많지. 그는『맑스 · 엥겔스전집』첫 번째 판의 편집 책임을 맡았는데, 자신을 대단한 학자라 생각했소. 그런데 그 사람에게서 얻은 효용이라곤...

1972년 6월 21일

누구를 그리고 왜 용서하는가

▶ 다양한 시기에 올바른 볼쉐비키 노선을 유지한다는 게 쉽지가 않았소. 과오를 저지르면 버리면 되지 않느냐고 할 수 있겠지만, 그렇다면 누구에게 의지해야 하나? 과오가 없는 사람이 없었소. 레닌이 그렇게 말했는데... 문제는 먼저 어떤 과오였냐, 그리고 둘째, 과오가 오래 지속되느냐에 달렸지. 그리고 옳다고 생각하는 노선을 지속하기 위한 준비 태세가 되어 있느냐도 중요하지. 만약 준비가 있다면 몇몇 과오는 묵인될 수 있는 거지.

1917년 레닌은 지노비예프와 카메네프가 10월혁명에 반대하는 배신행위를 했다고 그들을 남창(男娼)이라 불렀소. 남창만이 아니라 파업파괴자라고도 했어. 우리를 직접 방해했을 뿐 아니라 적들을 도왔다는 거지.

— 지노비예프와 카메네프가 배신행위를 했음에도 당에서 쫓겨나지도 않았고 나중에 정치국원까지 됐는데, 어떻게 된 일입니까?

▶ 스탈린이 지노비예프와 카메네프를 도왔지, 물론. 그랬지. 왜? 왜냐하면 준비된 사람들이 아주 적었기 때문이오. 그들을 신뢰할 수는 없었지만 그들 없이는 일하기 어려

웠소. 정치라는 게 아주 복잡한 거요. 당시 레닌은 그들을 당에서 제명하라고 요구했지만, 스탈린과 스베르들로프가 항변하기 시작했고, 결국 당분간 보류하게 됐소. 그런데 그들이 또다시 반복해서... 그런데 이미 아무 것도 기대할 게 없게 되었을 때, 그때 그들과의 인연을 끝냈던 거요!

지노비예프와 카메네프는 배신행위를 하고도 몇 년 동안 정치국원 자리에 있었소. 정치국에는 모두 다섯 명, 즉 레닌, 트로츠키, 스탈린, 지노비예프, 카메네프가 있었는데, 레닌은 다섯 명 가운데 두 명을 남창이라 불렀고, 그 전까지는 트로츠키를 유다라고 불렀어. 유다나 화해불가의 적 같은 말을 동원해 트로츠키를 비난했어. 아주 많은 해를 끼치는 존재라는 뜻이었소. 그런데 트로츠키는 정치국원이었을 뿐만 아니라 내전 때 적군을 지휘했어. 그렇게 레닌은 트로츠키도 이용했어. 과오를 올바로 평가해야지, 그것에 너무 집착하거나 또는 지독한 과오를 저지른 사람들에게 완전한 신뢰를 표현하는 것은 안 될 일이야. 그런 경우 완전한 신뢰란 있을 수 없소. 그리고 레닌은 자신의 이른바 작별 편지에 지노비예프와 카메네프의 과오는 우연한 것이 아니라고 썼소.

— 의장님께선 레닌이 지노비예프, 카메네프, 트로츠키를 용서했다고 말씀하십니다. 그런데 스탈린은 누구도 용서하지 않았습니다. 심지어 무고한 사람들이 죽어갔습니다.

▶ 레닌의 유일한 대리, 소브나르콤 의장의 대리가 처음에 추루파였소. 하지만 그는 당 중앙위원이 아니었어. 나중에 스탈린이 그를 중앙위원으로 만들었지. 레닌 치하에 크루쥐좌놉스키가 고스플란[=국가계획위원회] 의장이었소. 레닌의 친한 친구지. 1890년대부터 그들은 좋은 친구 사이였고, 나중에 거의 동시에 유형을 갔지. 크루쥐좌놉스키는 고엘로[=러시아전기화국가위원회]와 고스플란을 맡아 지도했지만 당 중앙위원이 아니었어. 자, 그럼 세 번째로 크라신을 봅시다. 역시 레닌의 오랜 친구이자 동지였지. 볼쉐비즘이 형성된 제2차 당대회의 진행에 있어 큰 역할을 했고, 레닌 치하 전 기간에 걸쳐 대외무역인민위원을 지냈소. 그런데도 레닌은 당 일꾼인 그를 중앙위원으로 선출하지 않았고... 또 치체린을 봐요. 레닌 치하 [외무]인민위원이었고, 더욱이 레닌은 그를 소비에트 권력의 탁월한 활동가라고 여러 번 칭찬했음에도 당 중앙위원으로 뽑지를 않았소. 그런데 스탈린이 그를 중앙위원으로 뽑았어. 시대가 달랐어. 스탈린은 사람들을 발탁하고 레닌이 가까이 두지 않았던 사람들조차 승진시킬 줄 알았어. 그들은 스탈린의 측근이 됐고, 그는 그들을 바로 당 중앙위원으로 만들었소. 서로 다른 시대였소. 한 시대에

레닌은 심지어 잘 아는 사람들인데도 그들에게 당의 정치 업무를 맡기는 게 불가능하다고 생각했소. 그런데 주변 환경이 조금 변하면서, 그리고 비록 젊은 시절 아주 훌륭한 사람이긴 했어도 지금 덜 믿을 만하고 덜 연마된 존재인 그들이 정치관계에 해를 끼칠 수 없는 상황이 조성되면서, 그들을 당 중앙위원회에 집어넣어 함께 일하는 것이 가능해졌던 거요. 결국 모든 게 축적된 상황에 따라 달랐던 거요.

1973년 1월 16일, 1976년 4월 28일

▶ 키로프가 1926년 1월부터 레닌그라드에서 일했소. 지노비예프가 거기서 제거된 때부터였지. 내가 부하린과 함께 협의회 참석차 그곳에 갔고, 키로프를 그곳 당서기로 앉혔소. 일은 민주적으로 됐어. 당시 부하린은 중앙위원회의 노선을 적극 지지했지. 그런데 나중에 더러운 흔적을 남기더니, 우리 정책이 농민에 대한 군사·봉건적 수탈정책이라고 말하기 시작한 거요. 부하린은 오른편에서 우리를 지지했소.

1973년 4월 27일

▶ 츠하카야는 선량하고 강인한 그런 볼셰비크였소. 나는 지금도 츠하카야의 금언을 기억해. 그가 한 말이오. "재치란 지혜의 재채기이다."

1974년 1월 8일

"놀고먹는 자들"

▶ 나는 페테르부르크파 출신이고, 퍄타코프는 모스크바파 출신이오. 그는 나보다 나이가 좀 많았는데, 거의 스탈린과 비슷한 연배였고, 내가 들은 이야기로는 부유한 집안 출신이었소. 우크라이나에 있었지.

— 제 생각에 레닌은 모스크바 노동자들보다 페테르부르크 노동자들에 더 호감을 가졌던 것 같습니다. 그렇지 않습니까?

▶ 물론 그는 페테르부르크 노동자들과 아주 긴밀히 일했지. 모스크바 사람들을 속물적 소시민층이나 소시민-상인층 정도로 여겼소. 인내력이 없었어. 레닌은 모스크바 공

산주의자와 그 지도자들을 자주 놀고먹는 자들이라 불렀어. 레닌이 이렇게 말했소. "그들은 일하는 사람이 아니라 놀고먹는 자들이오!"

1975년 5월 7일, 1980년 4월 29일

"동—무—들!"

▶ 내가 로모프를 잘 알아. 물론 볼쉐비크였지. 그는 모스크바 먀스니츠키 감옥 독방에서 수감생활을 했는데, 거기 감방 벽에 "오포코프-로모프"라고 쓰여 있었소. 그의 본래 성이 오포코프인데, 오포코프-로모프는 말하자면 혁명의 가명이오. 그는 모스크바 출신으로 좌익공산주의자였고 부하린파였는데, 주기(週期)가 있었지. 그는 고지식하고 어느 정도 준비된 사람이었고 지식인이었소. 부잣집 출신인 것 같아. 물론 헌신적인 공산주의자였지만 이론적 확고함이 없었소. 브레스트-리톱스크 조약 체결부터 시작해 엄청 헷갈려 하더니 이후 계속 혼돈 속에 있었어. 레닌 때부터 시작해서 그 후에는 더 심해졌소. 베세엔하에서 고위직을 맡았는데, 레닌이 그를 잘 알았지. 정직한 사람이고 혁명 전에 이미 공산주의자였어. 그러나 솔직히 말해 볼쉐비키적 입장을 확고히 유지하기에는 준비가 충분치 않았고, 그 어떤 특별한 탁월한 재능도 갖고 있지 않았소.

우글라노프는 다른 세대의 사람이오. 역시 부하린파였고 페테르부르크 출신이야. 혁명 전부터 볼쉐비크였소. 아주 건장한 사람이었고, 한 중급의 연설가였는데, 이론적 준비가 전혀 충분치 않았소. 점원 노릇을 했지.

— 스베르들로프 장례식 날 레닌이 그를 아주 많이 칭찬했습니까?

▶ 그랬지, 과도하게 칭찬했지. 당 일꾼이자 조직가였는데 남겨놓은 게 아무것도 없소. 그래, 남긴 게 아무 것도 없어. 그의 논문 한 편조차 기억나는 게 없어.

— 키로프에 관해서도 똑같이 말합니다. 아무 것도 남긴 게 없다는 거죠.

▶ 키로프가 쓴 글이나 그의 연설은 많이 있소, - 몰로토프가 말한다. - 스베르들로프 같은 사람들은 좀 설익었지만, 키로프는 모든 게 준비돼 있었소. 스베르들로프는 작은 키에 가죽 재킷을 입고, 목소리가 우렁찼는데, 도대체 그런 체구에서 어떻게 그런 괴이한 목소리가 나오는지, 참 알 수 없는 노릇이었소. 목소리가 얼마나 우렁찬지 성벽을

허물 정도였어! 집회에서 그가 "동—무—들!"하고 부르면 모두가 즉각 "뭐야?"라고 하고는 조용해졌소. 그는 레닌에게 아주 필요한 존재였는데, 그가 말하는 내용이 모두 레닌의 뜻이라는 사실을 모두가 알고 있었소. 훌륭한 연설가였어. 대규모 집회에서 연설을 짧게 했고 규율을 유지하려고...

스베르들로프에겐 형이 있었는데, 막심 고리키가 그의 대부요. 그는 페쉬코프라는 이름을 썼는데, 혁명 후에 파리로 떠났고 소비에트 권력을 욕했지. 그는 한때 주일 프랑스 대사관 무관 노릇을 했소. 내가 스베르들로프의 가족을 잘 알아. 그의 아내 클라브디야 안드레예브나는 러시아 여자였어.

— 스베르들로프가 왜 죽었는지 기억하십니까?

▶ 내 기억에 그가 하리코프에 갔다가 감기에 걸렸어. 그걸 뭐라고 하더라? 아, 이스판카라고 불렀어. 인플루엔자요. 지금은 그 말을 잘 쓰지 않는데, 독감이지.

— 사람들 말로는, 그가 어디선가 습격당해 많이 얻어맞았는데 그래서 사망했다고 합니다.

▶ 그럴 수 있지. 레닌은 그를 높이 평가했고 아주 애석해 했소. 조직사업에서 그는 레닌의 지시를 훌륭히 완수했어. 레닌에게 그건 중요한 사항이었지. 멀리 내다보지 않고 또 자기주장을 내세우지 않았지만 정직하고 당성이 강하고 헌신적인 사람이었소. 지도적 활동가들에겐 그런 사람이 드물었어. 레닌이 그를 격찬했어, 젊지만 영리하다고 말이오. 34년을 살았는데 그를 비난할 거리가 아무 것도 없어.

1971년 7월 28일, 1973년 12월 4일, 1977년 11월 1일, 1986년 1월 26일

레닌의 이론적 쇄신

▶ 트로츠키는 [세계 혁명의 불발로] 서유럽 노동계급이 우리를 지지하지 않고 있던 상황에서 난국을 벗어나는 출구가 부르주아 공화국이라고 생각했소. 그런데 그는 [노동계급과] 농민과의 동맹이 가능치 않다고 했는데, 그것이 그의 주된 결함이었지. 자, 들어봐요. 그 어떤 맑스주의 이론에 의거해 실현됐더라도 프롤레타리아트의 단결 하나만으론 충분치 못해. 그런데 레닌은, 바로 여기에 그의 강점이 있는데, 농민에게의 접근을 발견

해 냈소. 농민의 프티부르주아적 본성을 비판했지만, 그들이 노동한다는 측면도 봤던 거요. 만약 노동하는 농민에게 올바로 다가선다면 그들은 우리를 지지할 거라는 거지. 바로 여기에 맑시즘에 대한 레닌의 이론적 쇄신이 있고, 그가 실제로 옳은 것으로 판명됐지.

트로츠키는 교활했지. 브레스트-리톱스크 조약 체결을 투표로 결정할 때 그는 자신의 의견을 계속 고수한다고 말했소.[36] 그러나 레닌이 당 중앙위원회가 조약 체결 거부를 결정한다면 자신은 사임하는 동시에 대중과 함께 중앙위원회에 대한 반대투쟁을 전개할 것이라고 선언하자, 트로츠키는 당의 분열 방지를 위해 자신이 투표에 기권할 것이라고 말했소. 그런 다음에야 [무조건적 조약 체결을 요구하는] 레닌의 입장이 다수결로 관철될 수 있었던 거요.

1974년 1월 8일

레닌은 불만이 있었다

▶ 1921년 제10차 당대회 후에 전체 중앙위원이 19명이었소. 지금은 정치국원 수만 하더라도 16명이야. 그때는 19명 중앙위원 가운데 5명이 정치국원이고 3명이 후보위원, 그리고 나머지 11명은 지방 일꾼과 인민위원들이었소. 내가 최근에 명단을 읽고 아주 놀랐는데, 정치국원만 16명에 후보위원이 6명, 즉 모두 합쳐 22명이야. 그런데 그때 1922년에 사람들이 레닌에게 제안하기를, 리코프와 톰스키를 정치국원에 넣자고 했소. 레닌은 완전히 불만이었지. 어색한 상황이 연출됐소. 프룬제가 돌연 그런 제안을 했는데, 그것이 부적절하다는 게 아니라 그게 우파의 정치적 행보였다는 거요. 당대회 후에 열린 중앙위원회 전원회의에서 프룬제가 했던 제안은 물론 그의 제안이 아니야. 불쌍한 그를 이용한 거고, 그를 갖고 장난질한 거요. 그를 슬며시 사주한 게 아니라 그를 확신시켰어, 정치국을 쇄신해야 한다고 말이오. [1922년] 제11차 당대회 후에 새로 구성된 중앙위원회 전원회의가 열렸고, 지도기관인 정치국의 구성원을 선출하려 했어요. 누구를 뽑을까? 프룬제가 일어나더니 말했소. "7명을 뽑읍시다!" 레닌이 이의를 제기했지. "왜 7명

36) 당시 트로츠키의 슬로건은 "비(非)전쟁, 비(非)평화"였다. 즉, 독일과 전쟁도 안 하고 조약 체결도 하지 않는다는 입장이었다.

입니까? 지금껏 5명이었소!" — "그럼, 찬성하는 동무는?" 조금 혼란한 상황이 빚어졌소. 7명을 뽑자는 주장이 다수결로 관철됐지. "그럼 누구를 뽑습니까?"라고 하니, 프룬제가 다시 일어나 말했소. "릐코프와 톰스키를 추천합니다." 그것은 분명 지노비예프와 트로츠키의 의견이었소. 릐코프와 톰스키는 본래 우유부단한 사람들이고, 지노비예프와 트로츠키가 그들을 이용하려 했어. 레닌은 불만이 있었고 그들을 정치국원으로 뽑길 원하지 않았지만 동의할 수밖에 없었지. 역시 거부할 수 없었어.

트로츠키는 정치국원이었지만, 당시 우파인 부하린과 릐코프를 포함해 모두가 스탈린 주위에 결집해 있었소. 그때 우리는 트로츠키에 대항해 스스로를 다수파라고 불렀소. 우리는 음모를 물론 아–알고 있었고 감지했는데, 트로츠키는 그의 패거리들과, 우리는 또 우리끼리 뭉쳤소. 그러나 트로츠키파는 정치국과 중앙위원회에서 소수에 불과했고, 2~3명 정도였어. 중앙위원회에 노동자반대파로는 쉴랴프니코프가, 민주집중파로는 크레스틴스키가 있었소.37)

그때 우리가 분파회의를 열었는데, 중앙위원회에 그런 게 있었어. 이미 우리 분파에 들어온 제르진스키가 이렇게 발언했소. "지노비예프 동무, 카메네프 동무! 동무들은 무슨 짓을 하는 겁니까? 동무들은 크론쉬타트 반란자나 다름없어요!" 그리고 그는 두 사람에게 크론쉬타트 수병들이 소비에트 권력을 전복시키려고 봉기했었음을 상기시켰지. "동무들은 크론쉬타트 반란자요!" 아주 진실하고 격정적인 제르진스키가 격노했어. 그의 피가 완전히 끓어올랐지. 제르진스키는 이미 1925년에 지노비예프와 카메네프를 크론쉬타트 반란자라고 불렀는데...

지노비예프도 부하린도 물론 레닌에 반대했지. 그러나 그들을 바로 내칠 수 없었소. 모든 게 단계에 달려있었는데...

제르진스키는 [1926년 7월에] 퍄타코프를 비판하는 발언을 하던 중에 죽었소. 퍄타코프는 트로츠키주의자였는데, 트로츠키의 최측근 중 한 사람이었소. 트로츠키를 엄청 믿었지.

1976년 4월 28일

---

37) 니콜라이 크레스틴스키는 민주집중파가 아니라 좌익반대파에 속했다.

레닌에 반대했던 단 한 번

— 레닌에게 과오가 있었습니까?

▶ 물론. 나는 정치국 제1후보위원으로, 투표할 때 완전한 결정권을 가진 5인조의 멤버였소. 그런데 내가 레닌에 반대투표를 한 적이 딱 한 번 있소, 물론 레닌 치하에.

1921년 여름 레닌이 볼쇼이 극장을 폐쇄하자고 제안했소. 우리나라가 기근 때문에 아주 힘든 상황에 있을 뿐더러 그것이 귀족의 유산이라는 거요. 지출을 삭감하는 방식으로 그것을 폐쇄해보자고 했는데...

하지만 레닌이 졌소. 대다수가 반대했는데, 스탈린은 그 자리에 없었소. 나도 반대하는 사람들 속에 끼였지. 그런데 큰 손해가 없었어. 레닌이 성질을 부렸어. "빌어먹을!.." 가장 어렵던 해들 중 하나였지. 네프로 전환하던 때였소.

— 레닌은 표현을 독하게 했습니까?

▶ 레닌은 욕설을 입에 담지 않았소. 보로쉴로프가 욕쟁이였지. 그리고 스탈린도 문외한은 아니었소. 그럼, 욕할 수 있지. 이런 경우도 있었는데, 즈다노프는 기분이 좋아서 욕을 하기도 했소. 친하다는 표시였지. 사람들은 바로 그런 방식으로 자기 마음을 내보이기도 하는데, 그건 적의가 아니야.

1976년 6월 9일

레닌이 몰로토프에게 쓰다

— 레닌의 저작집에 그가 의장님께 쓴 편지들이 많이 실려 있는데요... 심지어 스탈린에게 보낸 것들보다도 많습니다.

▶ 그럼, 물론이지. 내가 일 년 내내 당 중앙위원회 제1서기 자리에 있었소. 선임서기라고 할까... 다른 명칭이 없었소. 나중에 스탈린이 서기장이 됐지.

1977년 8월 16일

▶ 우리는 밤에 일했는데, 그건 스탈린 치하에 더 그랬지. 때론 물론 일요일에도 일했고, 때론 일을 마치기 위해 밤새 앉았기도 했소. 우리에게 차(茶)가 제공됐어. 내 기억에 레닌은 밤에 회의를 열지 않았소.

중앙위원회 서기로서 나는 보통 저녁 때 집무실에서 일했는데, 접견은 받지 않았소. 한번은, 일상 업무를 처리하며 어떤 서류들을 만지고 있는데 예기치 않게 돌연 레닌이 내게 메모 쪽지를 보냈소. 어떤 소브나르콤 회의가 열렸던 때 같은데, 그 메모가 내 책 『레닌 소집』에 실려 있소.[38]

레닌이 쪽지에 이렇게 썼소. "몰로토프 동무, 당내 각 개별 그룹의 의견들이, 특히 우리의 추악한[39] 당기구의 그 어떤 기관에서도 일하지 않는 사람들의 의견이 우리 중앙위원회에서 과연 연구되고 있습니까? 연구되지 않는다면 그 문제의 연구를 제기해야 할 듯한데, 동무의 생각이 어떻습니까?"

내 책에서 나는 "추악한"이라는 단어를 삭제하고 줄임표로 찍어놨소. 레닌에게 모든 것이 그렇게 싫어졌던 것 같소. 그가 어떤 마음으로 메모를 적어 내게 보냈을까 생각해 봤는데, 그는 그 관료주의적 기구 전체의 영향을 느꼈던 거요. 그건 사람들이 많은 걸 이해할 수 없도록 방해를 해. 관청 중심적 시각은 사람들을 엄청 압박할 뿐더러, 나중엔 사람들의 사적 이해관계를 모두 무시해 버려. 아무도 그것에 신경을 쓰지 않아. 나도 레닌에게 메모 쪽지로 답을 보냈소.

1976년 6월 30일

레닌에게서 이탈했다

▶ 1922년에 내 처 폴리나 세묘노브나가 체코슬로바키아에서 치료를 받고 있었소. 거기서 그녀를 지키던 나는 외국에 나온 기회를 이용하기로 작정하고 이탈리아로 떠났소.

---

38) 레닌의 사망 직후인 1924년 1월 말 러시아볼쉐비키공산당 중앙위원회는 전원회의를 열고 특히 노동자 · 빈농의 대규모 입당을 실현하기로 결정했는데 이를 '레닌 소집(Ленинский призыв)'이라고 한다. 캠페인 종료 시점인 1924년 5월 15일까지 약 241,000명에게 입당이 허가되어 그때 당원수가 약 78만 명에 이르게 되었다.

39) 원어는 나쁘다는 뜻의 비속어 'говёный'인데, 적당한 표현이 없어 추악하다고 번역하였다. 그러나 러시아어로는 사전에도 나오지 않는 저속한 단어이다.

당시 생성되고 있던 파시즘을 보고자 했던 거요. 예단하기 어려웠지. 그러나 부르주아지는 항상 그런 형태를 추구해. 히틀러는 형식적으로 파시스트가 아니었소. 그는 민족사회주의자였어. 물론 이거나 저거나 매한가지였지만...

당시 당 중앙위원회에서 토론이 시작되고 있었소. 1922년 10월혁명 기념일에 레닌은 네프의 러시아가 사회주의 러시아로 변화할 것이라 말했소. 그런데 카메네프가 노조회관에서 행한 연설에서, 그때 거기서 거행된 게 노동자 집회인지 노동조합대회인지 지금 정확히 기억하지 못하겠지만, 아무튼 그는 네프만의 러시아에서 사회주의 러시아로 변화할 것이라 했소. 레닌은 네프의 러시아라 했는데, 카메네프는 네프만의 러시아라고 했던 거요. 네프만이라는 말은 부르주아적이라는 뜻이지만, 네프라는 말은 전혀 다른 뜻이오. 네프는 긍정적인 것과 부정적인 것을 모두 포괄하며, 거기에는 프롤레타리아 독재가 유지되지만 동시에 부르주아지가 아직 존속하는 거요.

스탈린이 카메네프를 강하게 비판했지. 그리고 정치국에서 논쟁이 시작됐소. 지노비예프와 카메네프가 연대했는데, 두 사람 다 정치국원이었지. 또 지노비예프는 페트로그라드 소비에트 의장이자 코민테른 의장이었고, 카메네프는 모스크바 소비에트 의장이자 소브나르콤 의장 대리였소. 그들은 우리나라에 있는 게 프롤레타리아 독재가 아니라 공산당 독재라고 말했소. 그건 멘셰비키의 생각과 같은 거야. 멘셰비키는 우리가 당을 잘 조직화했기 때문에 권력을 잡을 수 있었다고 주장했소. 즉, 우리가 인민들로부터 유리돼 있다는 것인데... 그런데 레닌은 이렇게 말했소. "아닙니다! 그건 공산주의자들에 의해 지도되는 계급독재이며 프롤레타리아 독재요. 우리는 인민에게서, 노동계급에게서 유리돼 있지 않으며, 우리는 인민을 이끌고 지도하고 가르치는 부분이오."

싸움이 시작됐지. 내가 마침 그 자리에 있었소. 스탈린이 그들을 제대로 격파하기 시작했는데, 아주 대단했지.

리코프가 중언부언 뭔가 떠들었고, 부하린도 마찬가지였소. 누가 어떻게 자기 논지를 고수했는지는 이미 잘 생각나지 않지만, 아무튼 거기서 나는 미코얀이 지노비예프를 지지한다는 걸 눈치 챘소. 미코얀은 아주 비열하게 처신했어! 그런 근본 문제에서 지노비예프를 지지했다고! 논쟁이 진행됐고, 근본적 의견 대립이 있었소. 내가 말했지. "나는 전부다 동의하지 않습니다. 프롤레타리아 독재를 수호해야 합니다. 그에 관해 레닌이 말했으며, 스탈린이 아주 잘 설명했습니다."

자본주의 국가를 지도하는 것은 부르주아지야. 그래서 제국주의와 사회주의가 투쟁 상태에 있을 때는 부르주아지의 독재 아니면 노동계급의 독재 중에서 선택할 수밖에 없소.

1976년 8월 18일, 1981년 7월 29일

▶ 알트스키라는 재정인민위원 대리가 있었소. 개인 소장 예술품 중에서 많은 그림이 당시 알트스키를 통해 외국으로 반출됐소. 폴란드에 살던 그의 동생이 골동품가게 주인이었거든.

레닌이 교시하길, 공산주의란 우리 구미에 맞는 사람들과 만들어가는 것이 아니라 지금 있는 사람들과 함께 만들어 갈 수밖에 없는 것이라고 했소.

1978년 8월 16일

▶ 지노비예프가 1925년 이후 레닌에게서 이탈했소. 크룹스카야 역시 레닌으로부터 옆으로 빠져버렸는데, 그녀가 큰 정치에 개입하지 않은 것은 사실이오.

레닌이 그런 환경에서 살았지. 그런데 그는 산전수전 다 겪은 사람이었잖소. 그가 좌파와도 우파와도 전혀 타협하지 않았다는 걸 알아야 해! 지노비예프와 부하린은 레닌의 최측근이었는데, 그런데도 레닌은 그들을 비판할 때 끝까지 갔소.

나는 1921년에 레닌의 반(反)트로츠키 음모에 가담했소.

레닌이 어찌할 바를 몰랐소. 어느 쪽을 때려야 할지 몰랐어. 예상과 다른 결과가 초래될 수도 있거든. 왼쪽으로나 오른쪽으로나 세게 때릴 수가 없었소.

그때 스탈린은 아주 복잡한 상황에 있었소. 그래, 레닌이 스탈린처럼 그렇게 난폭하지 않았을 수도 있지. 그러나 레닌에게는 엄청난 권위가 있었소!

레닌이 집단화를 추진했더라면 그 정도로 많은 희생자가 발행하지는 않았을 거라고 다들 말하는데, 하지만 그걸 어떻게 다르게 추진해? 내가 확신하는 바는, 꽤 잔혹하게 집단화를 추진했지만 그 방식은 절대로 옳았다는 거요.

1978년 3월 4일

"당신은 곡식이 어떻게 자라는지 몰라요"

…몰로토프의 다차에 딸린 작은 채소밭에는 신문지를 잘라 만든 우스꽝스런 허수아비가 서있다.

▶ 사람들 말이 내가 농업을 모른다던데! – 몰로토프가 웃는다. – 크룹스카야가 레닌에게 이렇게 말했소. "곡식이 어떻게 자라는지 당신은 몰라요. 당신은 흰 빵이 된 곡식을 식탁에서 보면서 그게 곡식의 본래 모습이라고 생각하잖아요!"

1978년 7월 16일

— 잡지 『청춘』에 보면 레닌이 어떻게 농업 분야에 일꾼들을 등용했는지에 관한 기사가 있습니다. 농업인민위원을 임명해야 했는데, 레닌이 우크라이나 성씨를 가진 동무가 있다는 걸 알고…[40]

▶ 야코벤코요. 내가 준비교육을 시켰소. 그는 서부 시베리아 출신이었는데, 나중에 우파가 됐지. 내가 그를 선발했는데, 그건 당 중앙위원회 서기로서 나의 책무였소.[41]

우리는 야코벤코에게 기대를 걸었는데, 그는 콜차크의 백군에 대항해 파르티잔 투쟁을 했소. 그런데 콜차크와 싸울 순 있었지만, 사회주의를 위한 싸움에 이미 그는 없었소. 그는 농업집단화를 지지하지 않았어. 순수한 농민적 심성을 가진 꽤 유능한 사람이었지만 정치적 식견이 없었지.

— 그를 탄압했습니까?

▶ 모르겠네, 그럴 수도… 어찌 다 기억할 수 있나?

1979년 8월 26일

40) 우크라이나는 농업 지역으로 간주되며, '–코'로 끝나는 성씨를 가진 사람이면 대개 우크라이나인이다.

41) 바실리 야코벤코(В.Г. Яковенко, 1889~1937)의 발탁은 고참 볼쉐비크 이반 테오도로비치(1875~1937)가 1922년 1월 레닌에게 추천서를 보내면서 전격 성사되었다. 1919~20년 시베리아 파르티잔 운동에 참여했던 테오도로비치는 당시 농업인민위원부 지도위원이었고, 1922~28년 농업인민위원 대리를 지냈다.

루나차르스키는 빛났다

▶ 루나차르스키는 아주 재능 있는 사람이오, 그럼. 글을 쉽게 쓰고, 쉽게 연설했소. 외국어를 여러 개 구사했는데, 적어도 독어와 불어는 물론이고, 영어, 이태리어도 할 줄 알았지...

1975년 10월 9일

▶ 특별하게 학구적이진 않았지만 아주 교양 있고 좋은 교육을 받은 사람이었소. 루나차르스키의 부인이 [나탈리야] 로제넬인데, 배우였지. 남편 덕에 성공을 누렸소.

혁명 전에 그는 레닌이 망명지에서 인쇄물을 발행하는 데 많은 도움을 줬소. 루나차르스키가 『이스크라』에 어느 정도 참여했는지 모르겠으나, 그 다음 시기의 볼쉐비키 간행물, 즉 1906~08년에 발행된 『프롤레타리아』와 『전진』에는 그가 쓴 글들이 실려 있소. 그 후 그는 당을 떠났고, 이른바 메쥐라이온파 조직에 가담했지. 거기에 트로츠키가 있었고 마누일스키도...

루나차르스키가 쓴 희곡들은 대개 읽기가 어려워. 그러나 몇몇 작품만큼은 꼭 읽을 필요가 있소. 그의 연설은 재미있었어. 연설가로서 재능이 있었어. 하지만 때론 그가 말을 지배하지 못하고 거꾸로 말이 그를 지배했소. 너무 멋을 부렸어. 그런 뜻에서 그는 아주 빛났지. 어떤 주제라도 자유롭게 연설하는 능력이 있었소. 레닌이 그를 높게 평가했는데, 그런 사람이 드물었소.

1975년 10월 9일, 1976년 12월 7일, 1980년 5월 19일

누구에겐 바지가, 누구에겐 구두가...

— 뱌체슬랍 미하일로비치, 그런데 레닌은 전혀 예외 없이 모두에게 그런 끔찍한 인물평을 남겼습니다!

▶ 당연하지. 아니야, 레닌의 인물평은 아주 정확해. 그는 범속한 결론을 내릴 수 없었어. 레닌이 스탈린과 트로츠키를 당의 중심인물로 규정했던 건 우연이 아니오. 그 두

사람이 가장 뛰어난 재능을 가졌어.

— 하지만 레닌은 「유언」에서 모두를 비판했으며, 심지어 스탈린과 트로츠키도 그 대상이 됐습니다.

▶ 그렇지, 모두 비판했지. 레닌은 자신에게 그들을 교정할 수 있는 시간이 없다는 걸 의식했을 거요. 그런데 사람들이 어떤 방향으로 나아가야 할지 알아차릴 수 있도록 뭔가를 말해야 했소. 1921년에 지노비예프는 아직 레닌을 지지했고 카메네프도 그랬지만, 당 중앙위원회에는 동요하는 자들이 적지 않았소. 그 전에 네프의 시작을 알렸던 제10차 당대회가 있었지. 레닌에겐 서기국이 있었지만, 서기 세 명 중 셋 모두가 트로츠키주의자였어! 크레스틴스키, 세레브랴코프, 프레오브라젠스키가 바로 그들이오. 그들은 레닌을 꽉 옭아매다가 제11차 당대회에서 모두 떨려났소.[42] 내가 책임서기가 됐고, 야로슬랍스키와 미하일로프가 서기로 뽑혔지. 미하일로프는 주(州) 정도의 수준에 맞는 그런 보통사람이었는데, 아니면 그 하급에 적당한 일꾼일 수도 있고... 정말로 그는 모스크바 노조평의회 의장이었는데, 정치적 측면에서 그리 비중이 없는 인물이었소.

시간이 좀 지나서 내가 레닌에게 직접 면담 신청을 했소. "제가 레닌 동무와 몇 가지 문제를 논의하고 싶습니다." 그가 내 요청을 수락했고, 면담 날짜가 잡혔소. 야로슬랍스키는 누구에겐 바지가, 누구에겐 구두가 필요하다는 등 잡다한 요청을 늘어놨어. 정말 그때는 사람들이 완전 결핍상태에 있었지. 그러나 근본 문제들에 주의를 집중해야 했어. 그런데도 누구에겐 온갖 종류의 식품이 필요한데 공급해줄 수 없다는 등 요구가 잡다했어. 그런데 우리는 앉아서 누구에겐 주고, 누구에겐 주지 않을 것인지 논의하면서 잡스런 일에만 종사하는 거야. 내가 레닌에게 말했소. "블라디미르 일리치, 일하기가 불가능합니다. 시간이 온통 잡스런 일들로 허비되고 있습니다." 레닌은 잠시 침묵했고, 내게 가타부타 아무 말도 하지 않았어.

— 그런데, 레닌을 블라디미르 일리치라고 부르셨습니까?

▶ 아니오, 레닌 동무라고 불렀지, – 몰로토프가 정정한다. – 블라디미르 일리치로 부르는 경우는 아주 드물었소. 크루쥐좌놉스키 같은 그의 젊은 시절 친한 친구들이나

42) 1919년 봄 제8차 당대회의 결정으로 구성된 서기국은 본래 중앙위원회에 대한, 협소하게는 레닌에 대한 비서 업무 수행을 목적으로 했다. 서기국 업무는 계속 증가했으며, 제10차 당대회를 계기로 다시 정비됐다. 서기국의 정치적 위상이 보다 급신장된 것은 1922년 4월 스탈린이 서기장으로 취임한 이후이다.

블라디미르 일리치라고 불렀어. 나머지는 모두 레닌, 레닌, 그렇게 불렀어... 아마 추루파도 그를 블라디미르 일리치라고 불렀을 거요.

— 그래서 나중에 스탈린도 스탈린 동무가 됐습니까?

▶ 그렇지. 그렇게 부르는 것이 기분 좋았어요. 레닌 동무, 스탈린 동무, 그렇게 말이야. 당원들 사이에 이름과 부칭을 부르는 것은 그리 유쾌하지 않았소. 블라디미르 일리치, 요시프 비사리오노비치, – 뭐 이렇게 부르는 것이 그들에게 적합하지 않았어. 그들을 이름과 부칭으로 부르는 것이 지금 분위기나 용법에는 부합되지만 당시엔 그렇지 않았지.

[1921년] 8월 당 중앙위원회 전원회의에서 야로슬랍스키의 보고가 끝나고 회의가 폐막될 때 레닌이 갑자기 말했소. "아직 내게 문제가 하나 있어요. 야로슬랍스키 동무에 관한 것인데, 나는 그를 시베리아로 보내자고 제안합니다. 우리는 야로슬랍스키 동무 대신 다른 사람을 중앙위원으로 선임할 겁니다. 시베리아에는 지금 일꾼이 부족합니다. 도와주어야 합니다. 반대하는 동무 있습니까? 아무도 없지요. 그럼, 결정됐습니다."

전원회의가 끝난 후 내 일터로 갔는데, 그때 우리는 지금의 군사백화점 맞은편에 있었어. 사무실로 들어가는데, 갑자기 나를 따라서 야로슬랍스키가 방으로 뛰어들면서 내게 덤벼들었어. "동무, 출세주의자! 이게 전부 동무 수작이지? 동무는 모사꾼이야!" 그런 비난이 이어졌소. 어찌 하겠나? 그걸 들어줘야지.

내가 말했소. "나를 비난하는데, 내가 원한 건 단지 동무가 어디든지 [중앙위원회 서기국이 아닌] 다른 곳에서 일하는 거요."

그가 내게 욕설을 퍼부었으나, 이미 늦었지. 결정은 통과됐고, 전원회의가 추인했어. 물론 그게 모두 내가 한 일이지. 나는 그를 시베리아로 보낸 걸 유감스럽게 여기지 않아. 야로슬랍스키는 시베리아에서 한 2~3년 일했지.

그런데 그건 내가 레닌과 대화한 후 두 달여가 지난 시점이었소.

전쟁 직전인 1941년 5월 스탈린이 나를 대신해 소브나르콤 의장이 되자 야로슬랍스키는 내가 이제 끝났다고 단정했는데, 그건 전혀 그렇지 않았소. 전쟁 전에 지도권을 한 곳으로 집중시켜야 했던 거요. 야로슬랍스키가 나를 비방하는 글을 써서 그걸 『프라우다』에 게재했어. 그런데 그걸 교정쇄에서 읽은 스탈린이 이렇게 말했소. "이게 무슨 소리야? 몰로토프가 소브나르콤 의장을 할 때 우리나라에 소비에트 권력도 없었다니?"

1974년 3월 8일, 1976년 6월 9일, 1981년 8월 28일, 1982년 4월 29일

세계관과 인텔리겐치야, 그러나...

...몰로토프와 내가 TV에서 방영 중인 레닌에 관한 다큐멘터리 필름을 보고 있다. [레닌의 고향] 심비르스크가 비춰진다.

— 케렌스키도 심비르스크에서 태어났지요, – 내가 말한다.

▶ 케렌스키는 유능한 사람이었소. 훌륭한 연설가야. 그의 연설을 들을 기회가 여러 번 있었고, 그 자리에서 그를 반박하는 발언을 하기도 했지. 그는 35세의 나이에 러시아 정부의 수장이 됐소. 그의 아버지는 레닌의 [중등교육] 수료증서에 서명을 한 사람이오. 두 가족은 서로 아는 사이였을 거요. 그렇게 별로 크지도 않는 한 도시에 살았는데, 당연한 일이지.

— 의장님께선 레닌의 모친을 기억하십니까?

▶ 아마 내가 그녀를 만났을 거요. 1916년에 페테르부르크에서.

...내가 몰로토프에게 이야기하기를, 골로바노프 원수가 니콜라이 키발치치의 손자인데 흔히 그것이 언급되지 않는 이유는 키발치치의 친구들이 에세르가 됐기 때문이라고 했다. 프티부르주아 정당이라서...

— 프티부르주아 혁명정당이라고 해야지, – 몰로토프가 정정한다. – 혁명정당이라고 말이오. 그들은 테러리즘의 지지자였으며, 각료들에게 폭탄을 던졌어!.. 그들은 농민을 수호하는 농민정당이었고, 그들도 자신을 주된 농민정당으로 간주했어. 그렇다면 볼셰비키가 농민의 사회혁명당과 어떻게 구별될까? 1917년에, 아마 6월이었던 것 같은데, 페테르부르크에서 농민대회가 열렸소.[43] 레닌이 거기서 연설을 했는데, 에세르들이 대회 참가자의 절대다수를 차지한 상태에서 실질적으로 대회를 주도했소. 그 대회에서 농민 대표들이 〈농민선언〉을 작성했는데, 그 요지는 농민에게 토지를 분배하고 지방에 농민 위원회를 수립한다는 것이었소. 에세르들이 선언문 작성을 도왔고 결정문을 채택했소. 그런데 토지를 분배하지 않는다니!

농민들은 〈농민선언〉을 실현하라고 요구했소. 에세르가 소관 부처 장관이고, 그들의 지도자가 빅토르 체르노프였는데, 그가 이렇게 말했소. "아직 때가 아닙니다! 제헌의회

---

43) 1917년 5월 페테르부르크에서 제1회 전러시아 농민대의원대회가 열렸다.

가 소집될 것이고, 거기에서 그 문제도 결정될 겁니다.” 즉, 제헌의회 구성 때까지 미뤄 둔다는 거야. 그런데 레닌은 10월혁명이 승리하자마자 〈토지에 관한 법령〉을 공표했는데, 그것은 〈농민선언〉을 그대로 실현하는 것이었어! 그래, 사회혁명당의 강령을 실천하고 즉각 토지를 장악하라! 레닌은 볼쉐비키가 에세르들의 강령을 차용한 것에 대해 이렇게 설명했소. 즉, 볼쉐비키는 여러 면에서 〈농민선언〉에 동의하지 않지만, 만약 농민들이 그것을 작성했다면 현실에서 그것을 시험해 보도록 하라는 거지. 그럼으로써 그것이 전부 옳진 않다는 것을 그들 스스로 깨닫게 되면, 그들은 볼쉐비키 노선을 지지하고 따를 것이라는 거야. 어쨌든 〈토지에 관한 법령〉을 우선 시행하고 지주들을 분쇄하고 지주들에게서 토지를 몰수하기 시작해야 하는데, 그런 투쟁에서 농민들이 올바른 노선을 발견할 것이라는 거요.

상황이 그렇게 전개됐소. 과감했고 근사했지! 또는 네프를 봅시다. 분명 멘쉐비키는 상업의 자유를 요구했고 판매할 수 있는 가능성 등을 주라고 했어. 1921년에 레닌은 멘쉐비키의 그 강령을 차용해서 실천하기 시작했소. 단, 노동자 국가의 통제 하에서. 강요된 조치였지만 불가피한 것이었소.

내가 쓴 「혁명기의 레닌」이라는 글이 있소. 레닌 사후에 내가 그것을 『젊은 근위대』라는 잡지에 실었는데, 그 글에서 나는 레닌이 사회혁명당에서 많은 걸 도용했음을 입증하고 있소. 나는 에세르들이 농민대회에서 채택한 토지에 관한 결정이 완전히 올바르진 않으나 근본적으로 지주들에게 반하는 것이었고, 레닌이 그것을 차용하여 자신의 무기로 삼았기에 그것으로 10월혁명의 승리가 가능했다고 썼소.

다음, 멘쉐비키는 늘 어떤 교역관계라도 존속할 수밖에 없음을 입증했소. 레닌은 반혁명분자, 부랑배, 노동계급의 적이라는 수사를 동원해 그들을 비판했지만, 나중에 1921년에 네프를 도입했소. 다시 멘쉐비키에게서 차용한 거요.

꽤 많은 분량의 글이지.

내전은 우리가 보다 정상적인 업무방식으로 전환하는 걸 방해했는데, 왜냐하면 이른바 식량분배제[=식량징발제도]가 도입됐기 때문이오. 국가가 무작정 농민에게서 국가가 필요한 만큼 거두는 거지. 많이 있으면 많이 걷고, 더 많이 있으면 전부 걷고, 아무 것도 없으면 안 걷었소. 다른 방도가 없었어. 그리고 그 일에 꽤 몰두했지. 농민들은 참고 또 참을 수밖에 없었는데, 내전이 끝나자 농민반란이 일어났지... 탐보프 지방뿐만 아니라 많은 곳에서 반란이 있었소. 레닌은 이미 1921년 1월에, 즉 네프 시작 2개월 전에 "당의 위기"를 선언했는데, 그런 글이 있소. 도처에 반대파뿐이었어. 트로츠키주의자들, 노동자 반대파, 민주집중파 및 각종 민족주의 그룹이 있었소. "당의 위기"를 선언한 레닌은 어떻게든 당의 단결을 유지하면서 네프라는 개혁을 실현하려 했소. 네프란 농민에의 양보를 의미했고, 그들이 사고팔 수 있도록 허용한 거요. 국가가 그들에게서 곡물을 전부 징발했던 것은 어떻게든 군대를 유지하고 노동자들을 급양해야 했기 때문이었소. 아직 노동자들은 그리 많지 않았으나, 대규모 병력을 보유한 적군은 곡물 없이 존재할 수 없었소.[44]

레닌이 이렇게 말했소. "우리가 농민들에게 일부 양보하지 않는다면 그들이 우리를 쫓아낼 것이오. 그들이 우리의 멱살을 잡고 요구합니다. 자, 빨리 바꾸시오!" 그리고는 네프가 급속히 도입되기 시작했지. "자, 농민들에게 몇 가지 양보를 합시다. 단, 국가와 당의 통제 하에서." 그렇소, 일정한 범위가 전제였소. 나중에 레닌은 우리가 양보를 했지만 필요한 만큼만 양보했다고 썼소. 당시 몇몇 동무들은 우리가 자본주의로 가고 있으며 결국 모두 것을 내줄 것(!)이라고 단언했소. 무엇을 위해 싸울 것인가? 분위기가 그랬지. 일부는 당을 떠나기도 했소. 상황을 이해하지 못한 채, 모두 망했고 양보했고 자본주의로 갔다고 생각했소. 즉, 모든 게 수포로 돌아갔다는 거였지. 그런데 레닌은 모든 걸 우리 수중에 장악하고 있어야 한다고 했소. 그리고 그때, 1922년 3월 제11차 당대회 직전에 레닌이 마침 내게 [노동자들의] 입당 문제에 관해 써 보냈는데, 그 편지가 『레닌전집』에 수록되어 있소. 레닌은 당원 대중이 아니라 당의 고참 근위대라는 얇은 층이 우리의 정책 방향을 규정하고 있다고 하면서, 당에 분열이 생긴다면 모두가 파멸할 것이라고 했소. 그렇기 때문에 인민들에게 엄청나게 크고 완전한 권위를 갖고 있는 그 층의 단결을 지키기 위해 전력을 다해야 한다고 말했소. 당의 정책이 그 권위에 의해 규정된다고 했소. 만약 분열이 시작된다면 우리가 아무 것도 유지하지 못할 것이라는 생각에 레닌은 그 시기에 그런 씁쓸함과 그런 의구심으로, 그 아주 얇은 층의 지도권 아래 당이 단결을 유지하면 좋겠다는 바람을 썼던 거요.

1973년 8월 14일, 1975년 1월 14일, 1976년 3월 11일

---

44) 적군 병력은 1918년 7월에 36만 명 정도였으나, 1919년 5월에는 그 수가 150만 명, 1920년 말에는 550만 명에 달했다.

▶ 인텔리겐치야가 세계관을 제시하지만, 승리는 오직 노동계급만이 할 수 있소. 나는 그것이 레닌의 가장 중요한 유훈이라고 생각해.

1975년 1월 14일

▶ 레닌의 힘은 맑스에 의해서조차 밝혀지지 않았던 것에 있소. 그는 농민을 움켜쥘 수 있었어. 우리는 농업 국가에서 승리했소. 만약 우리가, 노동계급이 농민을 움켜쥐지 않았다면 모든 게 실패했을 거요. 부농을 때리고 소자산가를 때리기 위해 농민을 그렇게 움켜줬어.

1975년 3월 8일

제헌의회 선거

▶ 1918년에 제헌의회 선거가 있었소.45) 그런데 1919년에 레닌이 [볼쉐비키를 비판하는] 소책자를 발간한 카우츠키에게 답변을 썼어. 레닌이 카우츠키의 낯짝을 멋지게 눌러 버렸소! 뿐만 아니라 제헌의회를 구체적으로 분석했는데, 카우츠키도 특히 그것을 자기 논거로 삼았고 에세르들도 마찬가지였소.

스베틀롭스키는 아주 훌륭한 그런 통계학자였는데, 카우츠키가 그를 인용했소. 노골적이진 않았지만 반소비에트 분자였소. 에세르와 비슷한 유형이지. 볼쉐비키의 정체를 폭로하기 위해 스베틀롭스키는 제헌의회 선거 때 사람들이 어떻게 투표했는지를 분석했소. 실제 볼쉐비키는 제헌의회에서 다수를 점하지 못한 소수파에 불과했는데, 그는 그것이 어떻게 됐는지 보여주는 수치를 제시하면서 우리더러 똑바로 알라고, 볼쉐비키가 권력을 탈취했다는 사실을 호도하지 말라고 했소. 그런데 레닌이 그것을 모두 해명했지.

그래, 제헌의회에서 볼쉐비키가 40% 남짓 얻었고 반볼쉐비키 세력이 50% 이상을 얻었소. 레닌은 그것을 인정하면서도 이렇게 말했어. "자, 보시오! 볼쉐비키는 도시, 군대,

45) 공화국 수립을 위한 임시정부의 공약 사항이었던 제헌의회는 예정대로 10월혁명 직후 1917년 11월에 선거가 실시되어 1918년 1월 소집되었다. 결과는 703개 의석 중 사회혁명당이 380석, 볼쉐비키당 168석, 입헌민주당 17석, 멘쉐비키 18석을 차지했고 무소속이 120석이었다. 제헌의회는 소집 다음 날 해산되었다.

전선 등 모든 주요 지역에서, 결정적 시간에 볼쉐비키는 다수파였습니다. 그들이 승리했습니다. 그들이 나라를 이끌었어요! 비록 부패한 적대 세력이 아직 [제헌의회에서] 다수파로 판명되었지만 말입니다." 레닌의 논리가 아주 근사했소. 그 글의 제목이 뭐더라? 그래, 「볼쉐비키가 국가권력을 유지할 수 있을까?」였어. 그 논의가 얼마나 절묘한지! 다수파란 말이오. 많은 볼쉐비키가 믿지 않았어! 레닌이 이끌었지. 겁이 났지만 그래도 레닌에 가세했소.

그런데 많은 사람들이 트로츠키 대열에 빠져들었소. 그러나 우리 상황에선 부하린, 릐코프 등이 더 위험했는데...

1975년 3월 8일

"좀 어렵지만... 더 심오해"

▶ 레닌의 저작이 지금은 세계에서 가장 널리 읽히는 책이 됐소. 적들도 친구들도 [레닌을] 공부하고 있어. 파시키비라는 핀란드 대통령이 있었소. 부르주아 지도자지. 나와 그 사람이 만난 적이 있는데, 그의 집에 큰 도서관이 있었소. 거기에 『레닌전집』이 있더군. 볼쉐비키가 무엇을 생각하는지 알아야 한다는 건데...

[1917년에] 그게 왜 그렇게 되었는지 다들 놀랐지. 그들은 몰랐고 관심이 없었소. 그런데 볼쉐비키가 승리했어.

레닌에 공감하지 않는 자들조차도 레닌을 인용할 수밖에 없지.

1975년 8월 15일

— 저는 노동자와 농민이 레닌을 이해할 수 있다는 주장에 동의하지 않습니다. 물론 레닌은 준비된 독자에게나 이해가 가능합니다, – 내가 몰로토프에게 말한다.

▶ 그래? 나는 [그들이] 레닌을 이해할 수 있다고 생각하는데, – 몰로토프가 대답한다. – 자, 『국가와 혁명』을 봅시다. 거기에는 서술이 아주 분명해. 부지런하기만 하면 다 이해할 수 있어요.

레닌을 이해하려면 다른 책들을 많이 읽어야 합니다. 내 생각엔 스탈린에게서 레닌

읽는 법을 배울 수 있소. 스탈린은 독자를 레닌 쪽으로 향하게 만들지. 왜 그럴까? 그는 레닌을 아주 꼼꼼하게 인용하거든.

스탈린의 저작이 모두 출간되고 널리 보급되도록 해야 해. 레닌은 좀 어렵지만 더 심오해. 아주 공평하지, – 몰로토프가 동의한다.

1973년 4월 27일

"살아있는 사람처럼 생생하게 떠올라"

— 레닌을 영묘(靈廟)에 안치한 게 과연 잘한 일입니까?

▶ 당시엔 그게 필요했소. 크룹스카야가 [레닌의 시신을 방부 처리해 영구보존하자는 주장에] 반대했지. 당 중앙위원회 결정으로 그렇게 했소. 그래, 스탈린이 주창하고 고집했어. 우리들은 그를 지지했고. 필요했어. 그게 필요했다고.

— 레닌의 눈은 어떤 색깔이었습니까?

▶ 기억이 잘 안 나는데, 질문이 아주 생소하네... 아마 갈색이었을 거요. 하늘색이었으면 기억에 남았겠지. 흔한 색이었겠지. 레닌을 잘 기억하지만 눈 색깔은 기억에 없는데. 그래, 모르겠어... 새로운 대목이네...

지금도 레닌이 생생하게 떠올라, 살아있는 사람처럼. 그는 가끔 아주 강렬하게 웃었소. 종소리 같았어. 하–하–하–하–하! 기분이 좋을 때 그랬지... 그래, 아주 큰소리로. 그렇지, 레닌은 쾌활한 사람이 아니었소. 그렇다고 근접하기 어려울 정도로 심각한 사람이었다는 것은 아니야. 유머감각이 있었지. 그냥 보통사람이지... 사람들과의 관계에서 그는 그냥 러시아 사람이었소. 내겐 레닌과 실없는 대화를 나눴던 적이 없어. 레닌의 인생에는 혁명지도자로서의 역할이 있었소. 그러나 그것과 함께 그는 순박하고 다정한 사람이었소. 물론 나는 그를 가까이서 봤지. 생각을 하면 과거의 개별 장면이 순간적으로 머리에 떠오르는데, 그것들을 체계적으로 엮어내기가 아주 힘들어. 그래도 기억은 분명해.

레닌은 항상 위험성을 상기시켰소. 우리가 망할 수도 있음을 가정했지. 그는 우리가 망하더라도 우리가 할 수 있는 모든 것을 다했다고 여러 번 썼소. 우리를 고무하고 격려했지.

그것은 스탈린에 의해 더 단순하고 더 효과적으로 표현됐다고 말할 수 있지. 그의 말은, 협상국들이 우리에게 모종의 음모들을 꾸미고 있고 프랑스가 그 선봉에 있다는 것이었소.[46] 그것에 어떻게 토를 달 수 있겠나! 그는 자포로지예 카자크들이 터키 술탄에 보낸 편지를 호주머니에서 꺼내보였소. 물론 스탈린[의 상황]이 덜 복잡했고 당 상층부와 더 긴밀히 연결돼 있었소. 물론 레닌에겐 그게 어려웠지. 레닌의 친구나 동료 대다수는 아주 미심쩍은 사람들이었소. 그리고 성격도 달랐지. 역할도 무대도 다르고, 상황도 완전히 독특했소. 아주 잘해야 했지. 왜냐하면 스탈린이 훨씬 높게 있었고 다른 상황에 처해 있었기 때문인데...

최근 몇 년간 들은 노래인데도 내 느낌에 신곡 같네.

그리고 레닌은 매우 젊고,
젊은 10월이 도래할지니.

이 노래[47]에는 특별한 메시지가 없지만 가사가 재미있어. "레닌은 매우 젊고..." 누가 작사했지? 도브로느라보프? 그런데 작곡은 파흐무토바가 했나? 파흐무토바는 좋은 노래들을 많이 만들었어. 그래, 노래들이 아주 좋지...

레닌에게 천부적 유머감각이 있었다기보다는 즐거움을, 나아가 유머를 이해하는 소질이 있었다고 말하고 싶소. 레닌은 유머에 순간적으로 반응했는데, 진짜 즐거워했어. 큰 소리로 좋게 웃는 그의 모습이 내 뇌리에 남아있어. 엄청난 에너지의 사람이었는데 오래 살지 못했지. 레닌에게 독일인 같은 모습은 적었어, 그럼. 그러나 질릴 정도의 정확성과 조직성이 있었소. 조직성, – 정말 대단했어! 그래도, 물론, 그는 기본적으로 러시아 사람이었소. 당연한 거지.

스탈린이 여러 번 말했소. 지금 레닌이 살아있다면 필경 "동무들 거기서 뭐하는 거요!"라고 질책을 했을 거라고 말이야. 레닌은 분명 우리가 지금 못하는 뭔가를 생각해 냈을 거요. 그러나 레닌 사후에 스탈린이 남았다는 것, – 그건 커다란 행운이었소. 그럼,

---

46) 협상국(Entente)이란 독일의 팽창정책을 경계하기 위해 1907년 협상을 맺은 3국, 즉 프랑스, 영국, 러시아를 지칭한다.
47) 〈다시 전투는 계속된다(И вновь продолжается бой)〉라는 제목의 이 노래는 1975년부터 불리기 시작했다.

커다란 행운이고말고. 수많은 혁명이 실패했지. 독일에서도, 헝가리에서도... 프랑스에서 파리코뮌도 실패했어. 그러나 우리는 승리를 움켜줬지.

1976년 12월 7일, 1985년 2월 16일

코란과 프랑스인

...내가 몰로토프에게 보고를 한다.

— 제가 얼마 전에 레닌그라드에 출장을 갔는데, 간 김에 공공도서관 고문서과에 들렀습니다. 그곳 책임자가 다니일 알이라는 작가로 아주 박식한 사람이었는데, 그가 제게 코란의 운명을 이야기해줬습니다.

▶ 그래? 어서 말해봐요. 재미있겠네.

— 이미 소비에트 권력 치하에 그 고문서과에 있던 코란 때문에 중앙아시아에서 특사들이 여러 번 왔답니다. 레닌의 지시로 코란을 내주기로 했는데, 그것을 받을 때 그들은 무릎을 꿇고서...

▶ 당연하지.

— 그리고 그들은 차례로 무릎 꿇어가며 코란을 역까지 받들어 모셔갔답니다.

▶ 가능한 일이지.

— 코란을 중앙아시아 자기들 고향으로 가져갔는데, 다음에 코란이 누구 관할 하에 있어야 하는가의 문제 때문에 소요가 일었고 바스마치 운동[48]이 시작됐다고 합니다.

▶ 그것 때문은 아니지.

— 그것이 원인들 중 하나랍니다. 그런데 상황은 영국인들이 코란을 가져가버리는 것으로 끝났고, 그래서 그 코란이 지금 런던에 있답니다. 그런데 그것은 사료적으로나 역사적으로나 아주 중요한 유물이지요.

▶ 우리에겐 아니지만 무슬림에게는 아주 신성한 것이지. 레닌이 괜한 일을 했어. 코란을 내줄 필요가 없었소. 그렇지만 우리가 그것을 귀중품으로 보관했더라도 역시 특별

48) 10월혁명 후인 1918~24년에 중앙아시아 지역에서 반소비에트 이슬람 파르티잔 운동이 광범위하게 전개되었는데, 이를 바스마치 운동(Басмачество)이라 부른다.

한 의미가 없겠지.

— 레닌그라드에 프랑스 혁명의 모든 고문서들이 보관되어 있습니다. 프랑스인들이 자기 나라에서 전부 뒤집어엎고 책들을 내던지고 할 때, 러시아 공작 두 명이 그곳에 가서 대형 화물마차 두 대에 책들을 가득 싣고 러시아로 돌아왔습니다.

▶ 훌륭한 사람들이야!

— 처음엔 자기들이 갖고 있다가 나중에 짜리에게 헌납했습니다. 짜리는 그 문서들을 보관토록 명했습니다. 프랑스인들이 여러 번 그것을 자신에게 양도하거나 판매할 것을 요청했는데, 레닌에게 이렇게 썼습니다. "당신들을 축하합니다. 당신들은 우리처럼 이제 공화국이 됐습니다. 고문서들을 돌려줄 것을 요청합니다." 그러자 레닌은 이렇게 답했습니다. "물론 그 문서들은 프랑스의 자산이며 당연히 조국 품에 있어야 합니다. 그런데 그것은 지금이 아니라 프랑스에 소비에트 권력이 수립되고 난 후에 반환될 겁니다."

▶ 그렇지. 나 역시 그렇게 생각했소. 지금 그것은 시의적절치 않아. 그것을 갖고 서두를 필요가 없어.

1979년 12월 21일

말년에 힘들었는데...

▶ 언젠가 스탈린이 레닌의 "카데트[=입헌민주당원] 씹기"를 빈정댔소. 레닌은 극우파인 흑색백인단이 아니라 자유주의자들을 더 공격했거든. 흑색백인단은 정체가 분명했지. 나 역시 당사(黨史)와 관련해 카데트와 청산주의자들 때문에 레닌에게 혼이 났소.

1980년 2월 29일

...내가 레닌의 「유언」에 관해 물었다.

▶ 과연 「유언」이 레닌에게 그렇게 주요한 것일까? 아니오, 「유언」은 부차적인 거요. 레닌에겐 진짜 주요한 다른 것들이 있소, – 몰로토프가 말한다.

1972년 12월 12일

▶ 레닌이 말년에 아주 힘들었소. 신경질환을 앓았어.

1985년 5월 9일

▶ 1923년 2월에 레닌의 병세가 완전히 악화됐소. 그가 스탈린에게 [안락사를 위한] 독약을 갖다달라고 요청했어. 스탈린이 그러겠다고 약속했으나 독약을 주지 않았어. 나중에 스탈린이 말하길, 그것 때문에 레닌이 분명 자기에게 화가 났을 거라고 했소. 이렇게 말했다더군. "마음대로 하십시오, 그래도 저는 그걸 드릴 수 없습니다." 정치국에서 그 문제를 논의했소.

1972년 12월 12일

▶ 레닌의 입장은 아주 분명하지. 그러나 지금 온갖 잡배들이 레닌주의자로 자처하고 있는데… 여기에 우리의 결함이 있어. 레닌은 『국가와 혁명』 서문에서 이미 예견했소. 역사에서 위인들을 어떻게 다루는가? 이콘처럼 남겨놓지. 그런데 혁명의 본질은…

1973년 12월 4일

▶ 레닌 사후 스탈린이 가장 유능한 정치가였소. 레닌은 그를 신뢰할 수 있는 가장 확실한 사람으로 여겼소. 그러나 그를 비판하기도 했지.

1971년 8월 17일

제5장

스탈린과 그의 측근들

“카프카스의 레닌”

▶ 내가 1910년 에세르[=사회혁명당원] 수린의 편지에서 스탈린에 관해 처음 알게 되었는데, 밀정이었던 수린은 혁명 때 살해됐소. 우리는 볼로그다 성 솔븨체곳스크에서 같이 유형생활을 했고, 그때 우린 한 집에서 옆방에 나란히 살았소. 나는 내 공부를 하고 수린도 자기 공부를 했지. 실업학교 졸업검정시험을 치르려고 볼로그다로 갔소.[1] 내가 유형을 마치기 약 1년 전부터 볼로그다에 머물렀는데, 그때 노동자 출신의 중견 에세르 수린이 솔븨체곳스크에서 내게 편지를 보냈소. “여기 솔븨체곳스크에 스탈린이 도착했는데, 그가 바로 카프카스의 레닌이야.” 카프카스의 레닌! 그때 이미 스탈린은 그토록 대단한 명성을 얻고 있었소. 1910년에 그는 이미 스탈린이었소.[2] 그가 쓴 「맑스주의와 민족문제」라는 논문이 있는데, 거기에 그는 스탈린이라고 서명을 했소.

— 많은 사람이 궁금해 하는데, 누가 그를 스탈린이라고 불렀습니까?

▶ 누구긴, 그가 스스로 그렇게 불렀지. 그리고 나도 스스로 몰로토프라고 했잖소. 레닌도 그렇고. 자신의 가명을 짓고 그걸 바꾸고 그랬소. 스탈린은 공업적인 성이오. 같은 이유에서 나도 몰로토프라고 지었고.[3] 볼쉐비키가 거의 그렇지.

1972년 12월 4일

▶ 나는 솔븨체곳스크를 떠나고, 스탈린은 그곳으로 유형을 살러 왔소. 우리는 서로 엇갈렸지. 그러나 편지를 주고받기 시작했어. 그런데 서로 대면하자마자 우린 한 아파트에 살게 됐소. 그 후 그가 내게서 아가씨를 빼앗아갔소. 마루샤가 그에게 갔다가 도망가 버렸지.

1970년 6월 11일

---

1) 볼로그다는 성 이름이며, 동시에 도시명이기도 하다.
2) 스탈린이라는 이름을 쓰기 전에 그는 코바(коба)라는 이름을 썼다.
3) 스탈린은 스탈(сталь, 철)을, 몰로토프는 몰로트(молот, 망치)를 어근으로 한다.

▶ 레닌은 스탈린보다 키가 작았소. 그러나 체격은 더 다부졌지. 스탈린은 나중에 배가 나왔는데...

1971년 8월 17일

— 스탈린의 눈 색깔은 어떠했습니까?

▶ 내 기억에 갈색이었던 것 같소. 그래, 갈색이야.

1975년 5월 7일

— 얼굴에 곰보자국이 보이는 스탈린의 초상이 있습니다. 그것에 관해 그가 이렇게 말했다고 합니다. "화가들이란 관찰력이 과도한 인민이야."

▶ 스탈린이 말하길, 그가 시베리아 유형지에 있을 때 그곳의 시골 농부들이 자기를 "오시카 코랴븨"라고 불렀다더군.[4] 얼굴에 곰보자국이 있었지만 잘 보이진 않았소. 물론 자세히 들여다보면... 사람들이 곰보에 대해 말하면, 나는 그가 생각나.

1971년 8월 24일, 1972년 4월 13일, 1978년 11월 4일

▶ 얼마 전 나는 1920~30년대에 스탈린이 내게 보낸 편지 76통을 아르히브[=문서보관소]에 기증했소. 내게 편지 사본을 주더군...

1970년 6월 11일

▶ 나는 1912년 『프라우다』를 창간하기 직전에 스탈린을 처음 만났고, 몇 가지 기본 문제들에 관해 이야기를 나눴소. 그는 신문 일에 종사할 수 없었소. 그는 수배자 신분이라 지하활동만 가능했고, 나는 합법상태에 있었지.

우리는 포로호보이 지구에 있는 치과의사 집에서 만나곤 했소. 당시 페테르부르크에 그런 지구가 있었소. 거기에, 네바 강 너머에 화약 공장이 있었지. 스탈린과 스베르들로프가 접선 장소에 나왔는데, 나는 첫 번째 유형을 살고 난 후 1911년에 페테르부르크에 정착했

---

4) 스탈린의 본명은 요시프 비사리오노비치 주가쉬빌리이다. 오시카는 요시프를 친하게 부르는 표현이며, 그래서 '오시카 코랴븨'는 곰보 요시프라는 뜻이다.

소. 모스크바에는 그해 12월에 처음 가봤는데, 어떤 동무 집에서 1주일을 살았지...

1971년 7월 9일

— 그런데 어떻게 스탈린이 그렇게 높이 올라간 겁니까?

▶ 아니, 당연하지! 혁명에 헌신한 그의 역사, 그의 생애를 봐! 그리고 내전 때는 어떠했나... 충분한 자격이 있었지, 물론.

제6차 당대회 때 스탈린이 레닌을 대신해서 정치보고를 했는데, 그게 1917년 8월 초였을 거요. 10월혁명 전이었지. 당 중앙위원회의 위임이 있었지만, 그것은 물론 레닌의 지시에 따른 것이었소. 스탈린이 무장봉기에 관한 결정을 채택한 당대회에서 정치보고를 했어요.

그런데 어떻게 올라갔냐고? 제발, 생각해보시오. 스탈린은 민족문제에 관해 아주 훌륭한 책을 썼어... 그는 『프라우다』 창간호의 편집인이었소. 거기에 그가 쓴 사설도 있고, 나중에도 많은 기사를 썼소.

1971년 8월 24일

▶ 나는 평생에 두 번 스탈린을 천재라고 불렀소. 한번은 어떤 축사에서 그랬는데, 그건 내가 쓴 게 아니고 여러 명이 함께 서명한 것이었소. 스탈린이 화를 냈고, 내 이름을 삭제하라고 명령했어. "자네가 어떻게 여기 껴들었어?" — "당연히 해야죠." — "자네도 아부할 줄 알아? 정말 그래?"

두 번째는 그의 장례식장에서였소.

나는 그를 천재로 여기지 않소. 그냥 위대한 인물이라고 생각해요. 나는 그의 70세 축하연에서 그를 위인이라 불렀소. 그는 전술에서 거의 천재성을 발휘했는데, 반면 이론과 전략에서는 좀 약했소. 우리 당에서 천재는 레닌 단 한 사람이라고 생각해. 스탈린이 말했소. "몰로토프는 아직 자제하고 있고, 말렌코프도 그렇고... 그런데 다른 동무들은 대놓고 만세를 불러. 스탈린, 스탈린! 그건 사회혁명당원이나 하는 짓이야!"

— 그렇게 말했습니까?

▶ 물론, 그렇게 말했지.

— 그런데, 왜 실천하지 않았습니까? 원했던 바가...

▶ 물론, 그는 개인숭배가 확산되는 걸 전혀 원치 않았소. 하지만 전부 차단할 순 없었지. 그때 그게 부정적 결과를 야기했을 거요. 스탈린은 항상 그것에 불만이었소. 그러나 말년에 그걸 조금 좋아하기도 했지.

1972년 2월 3일, 1977년 6월 16일

...내가 소련공산당 중앙위원회에서 들은 이야기를 몰로토프에게 전한다. 사람들 말인즉슨, 스탈린이 서기장 자리에 오르게 된 이유는 레닌이 적극 천거했기 때문이 아니라 카메네프가 추천하고 레닌이 그것에 수동적으로 동의한 결과라는 것이다. 나와 대화를 나눈 동무는 스탈린이 서기장으로 선출된 게 수수께끼이자 큰 비밀이라 하면서, 오직 한 사람만 그것을 아는데 그 사람은 그걸 아무에게도 말하지 않는다고 했다. 그 사람이 바로 몰로토프라는 것이다.

▶ 음, 그 일은 내가 잘 알아. 레닌이 스탈린을 밀었소, – 조금도 주저함 없이 몰로토프가 단언한다.

1973년 12월 4일

...우리는 스탈린의 논문 「10월의 혁명」에 담긴 트로츠키와 그의 활동에 대한 평가에 관해 이야기했다. 원문에 있는 한 문단 전체가 『스탈린전집』에 누락되어 있음을 알았다. 몰로토프가 자기가 소지한 『스탈린전집』의 분책을 보여주었는데, 거기에는 스탈린의 원문에 있는 문단이 책 여백에 빼곡히 손으로 기재돼 있었다. 페트로그라드 경비군이 혁명에 가담함에 있어 트로츠키가 행한 역할을 치하하는 내용이었다. 스탈린의 글 역시 때로 편집됐다는 사실이 드러났다.[5)]

몰로토프가 소지한 『내전의 역사』의 여백에는 스탈린이 기재한 표시들로 가득 차 있

5) 10월혁명 1주년을 기념하여 『프라우다』에 게재된 「10월의 혁명(Октябрьский переворот)」에서 스탈린은 트로츠키에게 마땅한 경의를 표하고 있다. "봉기를 실제 조직하는 활동과 관련된 모든 일은 페트로그라드 소비에트 의장인 트로츠키 동무의 직접적 지도하에 진행되었다. 확실히 말할 수 있는 것은 [페트로그라드] 경비군이 신속히 소비에트 편에 서고, 군사혁명위원회의 과업이 훌륭하게 계획된 것에 대해 당은 누구보다도 먼저 그리고 주로 트로츠키 동무에게 감사해하고 있다는 사실이다." См.: Правда, 6 ноября 1918 г. 나중에 출판된 『스탈린전집』에는 위에 인용된 구절 등이 삭제되어 있다. 물론 스탈린 자신이 삭제했다. См.: Сталин И.В. Соч., т.4, с.152~154.

는데, 그 책을 훑어본 후 나는 스탈린 자신이 아주 능란한 편집자였다는 사실을 확신했다. 그는 각 단락을 필요한 곳에서 정확하고 간결한 문구로 바꿔놓고…

1969년 12월 6일

— 사람들이 말하길, 레닌 사후 스탈린이 당 중앙위원회를 일개 기구로 전락시켰고, 기구의 도움으로 업무를 처리했다고 합니다만…

▶ 과연 누가 더 잘 일할 수 있었을까?

— 스탈린은 근로자에게서 국가 운영에의 참여 권리를 박탈했고, 랍크린과 당통제[기관]을 없애버렸으며,[6] 노동계급의 의식을 마비시켰다고 합니다.

▶ 그건 그냥 바보 같은 소리요. 랍크린에 대해서 뭘? 랍크린을 어떻게 했다고? 아니야, 랍크린은 폐지된 게 아니라 여러 가지로 개편된 거요. 랍크린을 일정한 새 활동에 적응시키려고 했으나 제대로 된 결과가 얻어지지 않았소. 지금도 잘 안 되고 있잖소. 여러 번 개편된 거요. 처음엔 노농감독인민위원부였는데 바로 폐지되지 않았소. 그것을 개편했고 후에 개선했소. 세르고 오르조니키제가 그 책임자였는데, 쿠이비쉐프가 맡기도 했었지. 랍크린을 개선하기 위해 각종 방안이 모색되었는데, 문제는 유능한 일꾼들을 랍크린으로 보낼 수 없었다는 거요. 왜냐하면 그들이 다른 업무 분야에 더 필요했거든. 한두 명이야 보내겠지만, 나머지는 원하든 원치 않든 2급 일꾼들 중에서 선발될 수밖에 없었소. 왜냐하면 당성이 강하고 유능한 인물들은 당과 국가기관에 대한 지도에 더 필요했거든. 그런데 어떻게 그 일꾼들이 특별한 걸 할 수 있겠소? 당에서 그 기본 조직을 만든 것 말고는, 한 게 없지. 그래도 그들은 일정한 기여를 했소.

그래서 각종 개편이 모색됐소. 내 생각에, 랍크린은 명칭이 바뀌어 당–소비에트통제위원회로 재건됐는데, 그때가 1930년대 초쯤이었을 거요. 나중에 그것 대신에 그냥 소비에트통제위원회를 수립했고, 그것을 후에 [국가통제]성으로 만들었소. 이 모든 변화 과정은 기능을 개선하기 위한 모색이오. 한때 당–국가통제가 있던 적도 있었소.[7]

---

6) 랍크린(Рабкрин)은 1920년부터 1934년까지 있었던 정부 감사기관인 노농감독인민위원부의 약칭이다.

7) 볼쉐비키 정권은 1918년 7월 정부 감사기관으로 국가통제인민위원부를 만들었는데, 이것이 1920년 2월에 감찰 기능이 강화된 노농감독인민위원부(РКИ)로 개편되었다. 이와 병행하여 당 감찰기구로 1921년에 중앙통제위원회(ЦКК)가 만들어졌는데, 이른바 소비에트통제를 담당하는 노농감독인민위원부와 당통제를 맡은 중앙통제위원회가 1923년에 'РКИ–ЦКК'로 연합 개편되었고, 노농감독인민위원이 그 지휘를 맡았다. 그러다가

— 의장님께서도 한때 그것을 이끄셨지요…

▶ [1956~57년에] 내가 국가통제성의 수장이었소. 그때는 아직 당통제가 없었어. 이 모든 개편 과정은 어떻게든 그 기구를 보다 유효하게 만들려는 목적을 가지고 있었소. 레닌은 그 기구에 큰 의미를 부여했지만, 얻어진 결과가 아무 것도 없었소. 왜냐? 내가 보기에는, 당이 여러 부분으로 분열한 그런 아주 복잡한 상황에서 레닌은 분열에 올바로 대처하기 위해서는 헌신적인 노동자들로 구성된 노농감독인민위원부가 있어야 한다고 생각했기 때문인 것 같은데… 레닌이 쓴 「노농감독인민위원부를 어떻게 개편해야 하는가」를 읽어봐요. 그 모든 개편이 필요한 효과를 주지 못했지만, 그래도 그동안 당은 성장하고 강화됐는데…

모두 자신이 직접 썼다

▶ 스탈린은 고대 그리스 · 로마의 세계와 그 신화를 아주 잘 알았소. 그 방면에 아주 해박했지. 그는 자신을 위해 많은 공부를 했는데… 정치? 그는 평생 정치에 종사했지… 과묵했고 조용조용 말했소. 물론 소리가 울리는 곳에서는… 빨리 말하는 걸 싫어했어. 냉철하면서도 예술적으로 말했소.

말할 때 가끔 악센트가 부정확하게 놓였소. 물론, 아주 드물게.

1972년 8월 15일

— 스탈린이 러시아어를 완전히 체득했습니까?

▶ 그렇지. 연설을 잘했소, – 몰로토프가 대답한다. – 많이, 아주 많이 읽었고, 예술적 감각을 갖고 있었소.

스탈린은 [연설문이나 보고서 등을] 모두 자신이 직접 썼소. 기관에서 한 번도 써준 적이 없어. 그건 레닌의 전통이야. 지노비예프도 자신이 썼고, 카메네프도 스스로 썼어.

1934년에 'РКИ–ЦКК' 대신에 소비에트통제위원회[1940~57년의 명칭은 국가통제인민위원부/국가통제성]와 당통제위원회가 분리, 수립되어 각각 정부와 당에 대한 감찰을 담당했다. 두 기관은 1962년에 다시 통합되었다가 1965년 재차 분리되었다.

트로츠키야 말할 것도 없지.

— 몰로토프도 자신이 직접 썼습니다, – 내가 부연한다.

▶ 그는 모든 걸 통과했고, 그래서 그에게 쓰기를 가르칠 필요가 없었소, – 몰로토프가 동의한다. – 내일 내가 보고를 해야 하는데, 아직 그걸 준비 못하고 있는 꿈을 가끔 꿔요.

그때는 모두가 직접 썼지.

1971년 7월 28일, 1917년 8월 17일, 1977년 6월 16일

— 『전연방볼쉐비키공산당사 단기과정』을 야로슬랍스키가 썼다는 주장이 있습니다만...

▶ 그건 사실과 전혀 달라. 그렇다고 스탈린이 쓴 것은 아니야. 스탈린은 그걸 자기가 썼다고 말하지 않았소. 그가 직접 쓴 부분은 오직 철학에 관한 장(章)뿐인데, 그는 그걸 우리에게 읽어주었소.

1980년 10월 16일

▶ 과거에 스탈린이 [레닌이 주장한] 지주 소유 토지의 국유화 방안을 거부하고는 그것을 농민에게 분배하자고 주장했던 적이 있는데, 그는 그것이 자신의 과오였음을 인정했소. 그가 레닌에게 이렇게 고백했소. "우리는 토지를 국유화할 만큼 아직 성숙하지 않았습니다."

스탈린은 세계의 그 어떤 나라에서도 토지가 국유화되지 않았음을 염두에 두었는데...

1972년 10월 4일

트로츠키주의자의 헛소리

— 서방에서 스탈린에 관해 쓴 것을 보면...

▶ 그래, 읽어보시오, – 몰로토프가 청한다.

— "1928~29년 스탈린은 트로츠키의 초(超)공업화 강령으로 무장할 것을 결정했다."

▶ 그게 전형적인 트로츠키주의자의 헛소리요. 그렇게 우파들이 먼저 말했소. 우리가

트로츠키의 입장을 수용했다면서 우리 모두를 비난했지. "우리가 우파인 이유는 당신들이 트로츠키주의자들이기 때문이오!"라고 하면서 속임수를 썼소. 우리를 트로츠키즘으로 비난했지.

트로츠키와 그의 경제문제 대리였던 퍄타코프, 그리고 그 문제로 나중에 트로츠키 편에 가담한 지노비예프가 이렇게 항변했소. "중농과 무슨 사회주의를 하겠다는 거요? 그건 프티부르주아 사회주의요." 그런데 레닌은 당연히 우리가 농민과 서두르지 말고 조심스레 협력해 나아가야 한다고 말했소. 그리고 우리가 농민과 동맹을 유지해야 하는데, 그것이 난국을 타개할 수 있는 유일한 방법이라고 가르쳤소. 국외에서의 지원도 없고 국제 혁명도 없어. 공산주의적 측면에서 서유럽 노동자들은 허약해. 그들이 큰 역할을 할 수 없어. 제국주의자들의 마수를 억제할 수는 있겠지만 우리에게 어떤 도움도 줄 수 없는데... 이런 시기에 우리가 누구에게 의지할 수 있단 말이오. 그것은 오직 농민밖에 없었소. 레닌 생전부터 그의 사망 직후까지 마침 내가 농촌지도사업 관련 위원회를 맡고 있었소. 나는 농민들이 당분간 네프적 경제관계를 토대로 살도록 조심스레 조치했고, 그들에게 사고팔 수 있도록 했소. 자신에게 필요한 걸 매매하라는 것이었지. 그것이 농민들을 진정시켰소. 그러나 동시에 부농을 압박하고 부농에게서 가능한대로 많이 짜내서 노동계급을 급양하려고 했소. 그러자 트로츠키주의자들이 "그건 중농을 위한 당신들의 정책"이라고 말하는 거야. 그런데 그게 아니오. 그것은 공업화를 위한 정책이었소. 즉, 많은 자금을 공업에 투자해야 했는데, 투자 자금을 어디서 어떻게 구하나? 무엇을 희생해서? 농부들한테서 얻을 수밖에... 그들은 우리 정책이 비맑스주의적이고 비프롤레타리아적이며, 반(半)농민적이고 반(半)부농적이라고 하면서 우리들을, 특히 정책의 지도자로서 스탈린을 비난했어. "동무들은 무책임한 정책을 시행하고 있소. 필요한 공업화 정책을 시행하지 않고 있소. 가속화된 공업화가 필요한데 동무들은 세월만 보내고 있소!" 1923년부터 1924년 초 그들은 우리가 공업화를 추진함에 너무 소극적이라며 압박했소. 최대한 빨리 공업화를 해야 하며, 그렇지 않으면 우리가 파멸할 것이라고 했어.

우리가 그들에게 말했지. "아니오, 파멸하지 않을 거요! 만약 우리가 농부들과 싸우지 않는다면 우리는 파멸하지 않을 거요." 하지만 부농한테서는 거둬들여야 했지. 부농과 네프만을 압박했고, 그러면서 노동자들 간의 규율을 강화하고 기구를 축소했으며, 온갖 자원과 돈을 단 한 푼이라도 쥐어짜 모았는데, 그것은 공업을 조금씩 소생시키기 위함이었소. 그런데도 그들은 우릴 비난했어. "그걸 용인하면 안 돼요! 그러면 우리가 사회주의 과업을 망칠 거요!"

모든 생각이 공업화를 준비하는 데로 집중돼 있었소. 트로츠키주의자들이 이전에 공업화를 제안했는데, 그건 말로만 했던 거지. 농부들로부터 뭔가 얻어내기가 아직 불가능했소. 농부들도 채 소생하지 못했어.

— 하지만 스탈린파가 트로츠키주의자들이 말한 그 길을 실제 따라간 것 아닙니까? 일정 시간이 지난 다음에 말입니다.

▶ 실제로 우리가 그 길을 따라간 게 아니야. 그들은 공업화에 관해 입으로만 떠들었어. 반면 우리는 그것을 준비했고, 아주 조심스레 추진하기 시작했어. 트로츠키주의자들의 구상에는 그런 실천이 결여되어 있었는데, 우리가 그것을 초공업화라고 불렀던 것 같아. 그것은 공업화에 관한 수다였고, 당장 할 수 있는 게 아무 것도 없었소.

그런데 우리가 준비를 마쳤을 때, 공업화가 급속한 템포로 진행됐소. 레닌도 그런 방식으로 문제를 해결했지. 레닌이 말하길, [1905년 당시] 트로츠키가 취한 입장은 불합리했다고 했소. 당시 트로츠키는 "짜리 없는 노동자 정부!"라는 슬로건을 내걸었지.[8] 즉, 어떤 혁명을 하자는 것인가? 짜리즘을 타도하고 곧장 프롤레타리아 혁명으로 넘어가자는 거야. 그러자 레닌은 그건 터무니없는 일이며, 그러면 우린 파멸한다고 했소. 그는 민주 노선을 따라 사회주의 혁명까지 나아가야 한다고 역설하면서, 농민이 참여한 혁명적 민주정부를 수립하자고 제안했소. 그리고 나중에, 농민들이 더 이상 전진하지 않을 때, 자신의 혁명성을 소진할 때, 그때 프롤레타리아 혁명으로 나아가야 한다고 말했소.[9]

스탈린도 레닌과 똑같이 생각했어. 즉, 준비 없이 공업화를 바로 시작하는 것은 그걸 망치는 지름길이다. 초공업화란 수다에 불과하며, 당신들은 실제 공업화를 지지하지 않

---

8) 1905년의 러시아 혁명 때 트로츠키와 파르부스가 내건 슬로건으로, 그 내용은 당시 러시아에서 프롤레타리아 정부를 수립하자는 것이었다. 문제는 계급적 토대의 부실로 프롤레타리아 권력이 오래 존속하기 불가능한 후진 러시아의 현실에 있었고, 이를 보완하는 것이 바로 영구혁명론이다. 결국 노동자정부론과 영구혁명론이 트로츠키즘의 요체인데, 참고로, 트로츠키의 슬로건에서 현실을 망각한 황당무계함을 본 당시 입헌민주당 지도자 파벨 밀류코프는 그것에 "트로츠키즘"이라는 낙인을 찍었다.

9) 1917년 이전에 트로츠키와 레닌의 혁명론은 상이했다. 트로츠키가 영구혁명론을 설교했다면 레닌은 연속혁명론으로 노동자·농민의 혁명적 민주독재를 주창했다. 전자가 즉각적인 사회주의 혁명을 요구했다면, 후자는 부르주아 혁명을 실현한 후 최단 기간에 사회주의 혁명으로 나아감을 지향했다. 하지만 1917년 4월에 레닌이 제시한 「4월테제」는 트로츠키의 이론과 구별되지 않았다. 레닌이 트로츠키즘을 수용했다기보다는 자신의 제국주의 연구를 통해 트로츠키와 같은 결론에 도달했다고 보는 것이 타당하다.

는다. 왜냐하면 당신들은 노동자 · 농민의 동맹 가능성을 믿지 않고 오직 서유럽 노동자들만 믿는데, 그들은 당장 [혁명을] 서두르고 있지 않다. 당신들은 우리 인민의 혁명적 잠재력을 믿지 않으면서 우리에게 모험을, 초공업화라는 해로운 정책을 강요하고 있다. 뭐, 대략 그렇게 생각했지.[10)]

우리는 준비했고 시작했소. 그리고 그때 트로츠키주의자들은 공업화라는 대역사의 후미에 뒤처져 버렸어. 그들은 우리가 정책 방향을 잘못 잡아 불필요한 일을 하고 있으며, 인민을 지나치게 압박하고 있다고 불평하면서 우리를 비난했어. 우파는 우파대로 우리가 이제 초공업화 정책을 추진하고 있다고 우리를 비판하기 시작했소. 그런 비난은 물론 옳지 않았지. 그건 트로츠키주의자들에게나 우파들에게나 마찬가지요. 사전 준비 없이 그들은 모두 입으로만 공업화에 종사했는데, 우리는 그것을 초공업화라고 평하기도 했어. 반면 우리는 준비를 마친 후 공업화에 착수했는데, 그것은 트로츠키주의자들의 능력 밖에 일이었소.

중견 트로츠키주의자인 프레오브라젠스키는 훗날, 그의 복당 신청이 받아들여졌을 때, 자신의 과거를 참회하는 편지를 썼고, 그것이 『프라우다』에 게재되었소. 편지에 쓰기를, 스탈린과 그 그룹이 추진한 공업화 정책의 규모와 강도는 트로츠키주의자들의 다리를 후들거리게 할 정도였으며, 자기들 중 누구도 그것을 흉내 낼 수 없었을 것이라고 했소. 말로는 공업화를 지지했지만 실제로는 공업화를 준비하기 위해 농민의 지지를 이용하는 것에 그들은 반대했어. 그러면서 외친 거요. "소비에트 권력은 망하겠지만, 그래도 우리는 세계 혁명을 지지한다!" 그건 헛된 말에 불과했소. 내 말이 동무한테 이해가 되는지 모르겠네.

— 하지만, 그럼에도 결국 트로츠키의 계획이 이용된 게 아니겠습니까?

▶ 아니오, 전혀 그렇지 않아. 문제의 핵심은 트로츠키에겐 우리 인민에 대한 믿음이 없었다는 거요. 그게 핵심이야. 그들은 이렇게 말했소. "우리 혁명이 망해도 좋다, 그러나 우린 실패를 딛고 다시금 혁명가가 되리라." 그렇지만 그건 언어적 유희에 불과해.

위기가 지속됐지. 왼쪽으로도 오른쪽으로도 빠지지 않게 지나가야 했고, 시간을 벌어

10) 스탈린의 네프 정책은 레닌의 1917년 이전 이론에, 즉 트로츠키와 논쟁하던 시절의 이론에 의거하고 있다. 이는 1922년 레닌이 당대회에서 "후퇴의 중단"을 요구할 당시 레닌과 스탈린의 네프에 대한 견해 차이를 유추하게 한다. 레닌의 사망 직전에, 그러니까 1922~23년에 그의 정치적 입장은 트로츠키의 그것에 가장 가까웠던 것으로 생각된다.

야 했고, 길을 잃으면 안 됐지. 그런데 트로츠키는 그렇게 하는 데 소질이 없었고 믿지도 않았소. 왜냐하면 그에게는 절제된 레닌 노선보다 그런 모험이 더 익숙했기 때문이야. 그는 아무런 성과도 없을 거라고 했소.

농민 없이는 어쨌든 아무 것도 할 수가 없었지만, 트로츠키는 [자신의 공업독재론으로] 농민을 희생하자고 했고, 그건 그냥 해본 소리가 아니오. 문제의 핵심은 그가 농민의 희생을 제안한 것에 있는 게 아니라, 그가 사회주의 건설을 위한 노동자·농민의 동맹 가능성을 믿지 않았다는 데 있소. 농민의 희생 말고는 다른 방도가 없었소. 농민 없이는 아무 것도 할 수 없었어. 농민의 희생에는 모두가 동의했는데, 왜냐하면 노동자들도 자신이 가진 모든 것을 내놨거든. 부르주아들에게서는 이미 모든 걸 압수했고. 노동자들은 아주 힘든 상황에 처해 있으면서도 열심히 일했고 자신의 역할을 완수했소. 부르주아들과 지주들은 이미 없어졌고, 결국 농민들로부터 뭔가 얻어내고 더 전진하는 일만 남았지. 그러나 본질은 농민의 희생이 아니라, 트로츠키가 농민과 함께 전진할 수 있다는 가능성을 믿지 않은 데 있었소. 반면 우리는 그걸 믿었지.

부하린은 1928년 7월 11일 카메네프와 비밀리에 만나 자신이 스탈린과 나눴던 대화에 관해서 이야기했소.[11)]

1972년 12월 12일

▶ 트로츠키는 사회주의 혁명이 곧 노동자 혁명이라 말했소. 맑스주의자라면 누구나 그렇게 생각하지. 트로츠키는 자신을 굼뜬 모습으로 내보일 정도로 그렇게 어리석은 사람이 아니오. 그가 묻기를, 노동계급만이 사회주의를 건설할 수 있다는 사실은 당신들 모두 인정하는 바가 아니냐고 했소. 그리고는 이렇게 말합니다. "농민의 역할이 무엇이오? 만약 농민이 노동계급을 따라갈 것이라면… 아니오, 농민은 그럴 수 없는데, 왜냐하면 농민 대부분이 프티부르주아적이기 때문이오! 결국 우리는 노동계급이 우리를 지지할 수 있는 만큼 사회주의의 길로 나아갈 수 있는 거요. 하지만 사회주의를 이해하지 못하는 농민계급이 그걸 방해하고 있기에, 그런 상황에서 서유럽에서 우리를 지원해주지

11) 1928년 1월 곡물 조달 계획이 크게 틀어지자 스탈린은 농촌에서 전시공산주의적 곡물 징발을 감행하여 위기를 넘겼고, 그때 부하린은 이미 권력에서 소외되어 있었다. 스탈린의 농민정책과 "이론적 무지"에 분노한 그는 동년 7월 카메네프와 만나서 함께 협력해 스탈린을 제거하자고 제안했다.

않는다면 우리는 승리할 수가 없소. 실제 서유럽에서 지원이 시작될 것이고, 그럼 우린 뒤에서 그들을 따라갈 거요!"

결국 트로츠키의 주장에 따르면, 우리는 갈 데가 없었어. 항복해야 했지. 농민들 없이는 우리가 승리할 수 없는데, 그들이 사회주의에 반대한다면, 그리고 서유럽에서 혁명이 없다면 오직 항복만이 길이었어.

레닌이 옳았소. 농민 없이는 아무 것도 할 수 없었소. 그렇다면 우리 정책을 농민에 맞춰야 했지. 그런데 농민계급의 주력은 부농[=쿨락]이고, 중농[=세레드냑]도 그에 해당될 수 있지. 그런데 빈농[=베드냑]이 뭘 줄 수 있겠어? 그렇다면 잘사는 농민들에게 일정 수준에서 양보하는 수밖에 없었소. 레닌은 양보에 관해 아주 잘 설명해 놨소. 즉, 우리에게 농민과의 동맹이란 농민이 프롤레타리아 독재를 지지한다는 한에서 유의미하다는 거요. 당시 중농도 거의 중립적이지 않았어. 반면 레닌의 생각에 빈농은, 적어도 빈농 대다수는 노동계급과 함께 갈 수 있다는 거지. 바로 거기에 레닌의 위력이 있소. 서유럽[의 혁명]을 기다릴 필요가 없었소.

처음엔 고립된 한 나라에서, 그러나 그건 거기에서 계속 머물 수 있다는 뜻은 아니오. 우선 한 나라에서, 다음에 다른 나라에서, – 이런 식으로 과업이 진행되어 간다면...

트로츠키 쪽에서 그건 기만이었소. 우리는 당연히 낙담해야 했지. [트로츠키주의자들은] 레닌을 질책했고, 게다가 트로츠키 자신은 레닌이 실질적으로 트로츠키주의적 영구혁명의 정치를 구현했다고 썼소. 실제로는 레닌의 주장대로, 2월혁명이 승리한 다음에 사회주의 혁명이 승리했지. 아무튼, 당시 우리 모두는 혹시 트로츠키 이론이 현실에 적중한 게 아닌가 하면서 낙담했었소. 하지만 레닌에게 똑같은 것이 있는 듯 했으나, 그건 전혀 다른 것이었어. 레닌은 농민에 의지했고 농민에게 다른 뜻을 부여했던 거요.[12] 그리고 스탈린과 트로츠키 사이에도 그러한 차이가 있었소.

트로츠키가 사회주의 과업을 믿지 않았다는 것에도 차이가 있소. 그가 말했소. "시도해 봅시다. 그러나 우린 결국 망할 거요! 서유럽 국가들에서 우리 혁명을 지원하지 않으

12) 여기서 몰로토프는 레닌이즘과 트로츠키즘을 구별하려 하지만, 레닌은 1917년 4월 이후 사회주의 혁명을 주장하며 볼쉐비키에게 "신(新)볼쉐비즘"을 수용하라고 촉구했으며 그해 여름 레닌의 주도로 볼쉐비키당과 메쥐라이온파(=트로츠키파) 조직의 합당이 이루어졌다. 10월혁명의 지도이념은 사실상 영구혁명론이었다. 참고로, 스탈린은 일국사회주의론으로 자신의 네프 정책을 합리화했으며, 일국사회주의론은 1917년 이전 레닌의 연속혁명론에 의거해 있었다.

면 우린 실패할 거요!"

그런데 스탈린은 [사회주의 건설에] 착수했고, 우리 이상을 과감하게 구현했어!

스탈린은 대체로 트로츠키주의자와 우파 모두를 이용할 줄 알았지만, 그랬을 때 물론 그 대가를 치룰 수밖에 없었지.

많은 인물들로부터...

1971년 7월 28일, 1973년 4월 27일

알릴루예바의 죽음

...우리가 베란다에 앉았다. 땅벌들이 날아다닌다. 몰로토프가 신문으로 탁탁 친다.

▶ 좀 기다립시다. 아니야, 그냥 앉아, 앉아. 땅벌을 놀라게 하지 않으면, 내가 땅벌을...

— 우리 함께 그냥 쫓아버리시죠.

▶ 아니야, 그러면 우리에게 날아와. 땅벌이 이제 어딘가에 내려앉을 거요. 내겐 이미 익숙해진 일인데...

— 투쟁 경험이 엄청나시군요! – 내가 농담한다.

▶ 그러길 바라는데... 그런데 동무는 뭘 생각하시오? 땅벌은 아주 위험한 적수요. 아주 끈덕지고 아주 신경질적인 놈들이야. 불쾌하지. 반혁명과의 투쟁을 벌어야 해!

— 알릴루예바는 어떤 사람이었습니까? 사람들은 그녀가 정상이 아니었다고 합니다.[13)]

▶ 그래도 그녀는 건강한 사람처럼 보였소. 신경증 같은 게 좀 있었던 건 사실이지만, 그녀가 정상이 아니었다고 생각하면 안 돼. 물론, 그녀의 행위가 좋지는 않았지, 말해서 뭐해.

— 그녀가 왜 자살했습니까? 스탈린이 그녀에게 그렇게 안 좋게 대했습니까?

▶ 스탈린이 나쁘게 대했던 건 아닌데, 하지만 질투가 있었을 수 있지.

— 스탈린이 과연 바람을 피웠을까요? 그에겐 과중한 업무가...

▶ 그는 바람을 피우지 않았소. 하지만 그런 인물에게 유혹의 눈짓이 없을 수가...

— 알릴루예바가 남긴 유서에 관해 계속 말들이 많습니다. 그걸 읽은 사람은 스탈린

13) 나데즈다 세르게예브나 알릴루예바(1901~1932)는 스탈린의 두 번째 부인이다.

을 제외하면 몰로토프뿐이라고 합니다.

▶ 그녀가 무엇을 남겼다고? 처음 듣는 말인데. 음, 그래. 꾸며낸 거요, – 몰로토프는 결국 땅벌 한 마리를 잡았고 이제 다른 놈을 사냥하기 시작한다.

— 경험이 아주 많으시네요, – 쇼타 이바노비치가 웃는다.

▶ 너무 많지. 그래 저걸… 방해하지 마시오. 내가 저놈도 때려잡을 거야. 저놈은 엄청 호전적이야. 항상 덤벼들어. 왜 그런지 어디에도 앉지를 않는데… 놀게 놔두지 뭐…

1975년 7월 17일

— 알릴루예바가 질투로 인해 자살했다는 설이 가장 그럴듯한 한 것 같습니다.

▶ 물론, 그렇지. 그런데 내가 보기에 그녀의 질투는 전혀 근거가 없었소. 스탈린이 머리 깎으러 다니던 여자 이발사가 있었는데, 알릴루예바가 그걸 아주 못마땅해 했어. 아주 신경이 예민한 사람이야. 왜 그랬을까, 무엇 때문에? 그렇게 젊은 사람이…

1932년 11월 7일 혁명기념식이 끝나고 우리가 보로실로프의 아파트에 모였소. 사람들이 많았지. 스탈린이 작은 빵조각을 둥글게 뭉쳐서 그걸 모든 사람이 보는 앞에서 [알렉산드르] 예고로프의 부인에게 튕겼어. 나도 그 장면을 봤지만 대수롭게 생각할 게 없었는데, 그게 큰 역할을 한 것 같소.

당시 알릴루예바는 내가 보기에 약간 정신병이 있는 것 같았소. 그녀가 자신을 이미 지탱할 수 없을 정도로 그것이 그녀에게 늘 영향을 미쳤는데, 그날 저녁에 그녀는 내 처 폴리나 세묘노브나와 함께 나갔소. 두 사람이 크렘린을 산책했는데, 그때가 늦은 밤이었는데 그녀가 내 처에게 이게 싫다 저게 싫다 하면서 푸념을 늘어놓았소. 그 여자 이발사에 대해서도… 또 스탈린이 왜 저녁에 그렇게 시시덕대냐고… 그런데 그게 아무 일도 아니었거든. 스탈린이 술 좀 마신 김에 장난한 거야. 특별한 게 없었는데, 그녀에겐 그게 아니었나봐.

그녀는 스탈린을 매우 질투했소. 그녀에겐 집시의 피가 섞여 있었는데, 그날 밤 그녀가 권총으로 자살했어. 폴리나 세묘노브나가 그녀의 행동을 비난하며 이렇게 말했소. "나쟈[=나데즈다]가 잘못한 거예요. 그렇게 어려운 시기에 그를 홀로 남겨놓다니!"

무엇이 기억났던 걸까? 스탈린이 그녀가 사용한 권총을 주워들더니 이렇게 말했소.

"장난감 같은 권총인데, 금년에 한번 쏴봤어..." 선물용 권총이었는데, 아는 사람이 그녀에게 선물했을 거요. "내가 나쁜 남편이었어. 나쟈를 영화관에 데려간 적이 한 번도 없어", – 스탈린이 말했소.

스탈린이 그녀를 죽였다는 소문이 돌았지. 나는 스탈린이 우는 모습을 본 적이 없는데, 딱 한 번 그가 알릴루예바의 관 옆에 서서 눈물을 흘리는 걸 봤지...

1971년 7월 9일, 1978년 11월 4일

▶ 스탈린에겐 근저라고 불린 다차가 있었소.[14] 원저도 있었는데,[15] 거긴 우리가 아주 가끔 가봤지. 그리고 호수가 딸린 세 번째 다차가 있었는데,[16] 혁명 전 어떤 엔지니어의 소유였던 그 집은 소콜로프카에 있었소.

부하린이 스탈린과 알릴루예바의 집에 자주 출입했던 건 분명해. 그는 아주 사교적이고 지적이며 아주 온화한 사람이오. 그러나 알릴루예바가 스탈린이 아니라 부하린을 추종했다는 설은 사실이 아니오. 믿기 어려워. 그녀가 스탈린을 아주 사랑했다는 것은 정확한 사실이오. 그녀는 정말 전혀 침착한 편이 아니었어.

— 스베틀라나 알릴루예바[=스탈린의 딸]의 회상기에 따르면,[17] 1942년에 베리야가 스탈린 앞에 나타나서, 전에 유죄판결을 받고 5년간 복역한 알료샤 스바니제[18]를 총살하라고 강청하자 스탈린이 그에 순순히 동의했다고 합니다. 왜 그래야 했습니까?

▶ 유감스럽게도 그런 일이 있었지... 알료샤 스바니제는 대단한 자유주의자였소. 서구적인 인물이었지. 그는 서유럽을 동경했고, 스탈린도 그걸 감지했는데, 해명해야 했을 때 알료샤는 거기서 뭔가 떠들어댔고, 당연 스탈린이 아주 준엄한 결정을 내렸던 거요.

---

14) 흔히 '쿤체보 다차'로 불리는 근저(Ближняя дача)는 모스크바 중심부에서 서쪽으로 약 15km 지점에 있다. 스탈린은 1918년부터 크렘린 궁 안의 아파트에서 가족과 함께 생활했으며, '쿤체보 다차'가 완공된 1934년부터 1953년 사망 때까지 그곳을 자기 관저로 사용했다. 참고로, 지금은 근저가 모스크바 시내에 들어와 있으나 건축 당시 근저의 소재지는 모스크바 주 쿤체보 지구였다.

15) 원저(Дальняя дача)는 문자 그대로 먼 곳에 있는 다차이다. 1층짜리 원저는 모스크바에서 남방 약 200km 지점의 세묘놉스코예에 있다.

16) 스탈린이 1919년부터 1932년까지, 즉 알릴루예바가 죽던 해까지 사용했던 이 다차는 옛 주인의 이름을 따서 흔히 '주발로보 다차'라 불렸는데, 이 2층짜리 다차는 모스크바 서부 경계에서 서쪽 10여km 지점의 칼추가에 있었다. 칼추가는 몰로토프가 살던 주코프카에서 서쪽으로 3~4km 떨어져 있다.

17) 스베틀라나,『나의 아버지 스탈린』, 민병산 역(서울: 일신서적, 1993) 참조.

18) 알료샤 스바니제(Алёша Сванидзе)는 스탈린의 첫 부인 예카테리나 스바니제의 동생이다. 즉 스탈린의 처남이었다.

그래, 베리야가 뭔가 꾸몄을 수도...

— 스베틀라나의 회상기에 따르면, 나데즈다 세르게예브나가 유서를 남겼고, 그것을 읽어본 “아버지는 엄마가 오직 남의 이목 때문에 자기 곁에 있었던 것”이라고 생각할 수 있었다는 겁니다.

▶ 알릴루예바는 물론 각종 영향에 짓눌려 있었소. 부하린의 영향을 어느 정도 받았지. [알릴루예바의 대부] 아벨 예누키제는... 그에겐 형이 있었는데, 그 이름이 뭔지 지금은 기억이 안 나네, 거무스레한 그런 사람이었는데. 아, 카인이라고 불렀어. 예누키제는 우파였고 부하린파였소. 그가 [정치를] 잘 알았을 리는 없는데, 그래도 오랫동안 자기 존재를 과시했소.

— 스베틀라나가 이렇게 썼습니다. “그는 잠시 관에 다가섰다가 대뜸 관을 손으로 밀어내며 획 돌아서더니 그대로 나가버렸다. 장지에는 가기 않았다.”

▶ 아니야, 전혀 그렇지 않아, 전혀 그렇지 않아, – 몰로토프가 항변한다. – 내가 잘 기억해. 고인이 장지로 떠나기 직전 마지막 이별의 순간에 관 옆에 선 스탈린이 눈물을 흘렸어. 그리고 아주 슬프게 말했소. “내가 [그녀를] 돌보지 못했어.” 내가 그 말을 들었고, 그건 내 뇌리에 박혀 있어. “내가 돌보지 못했어.”

스탈린은 미남이었고, 여자들이 그에게 매료되는 게 당연했지. 그는 성공한 인물이었소.

— 스베틀라나의 회상기에 따르면, 스탈린은 눈물을 증오했고 오드콜로뉴와 향수를 싫어했다고 합니다.

▶ 그럴 수 있지. 소박함, 깨끗함, – 그런 걸 좋아 했소.

— 스베틀라나는 다차의 접대원과 경호원들 모두가 자기 아버지를 좋아했다고 썼습니다. 그는 그들에게 친근하게 대했고, 접대원들에게도 특별한 것을 요구하지 않았으며, 그들의 부탁을 항상 들어주고 또 도와주었다고 하는데...

▶ 그랬지, 그건 맞아, – 몰로토프가 동의한다. – 그가 다차에 레몬나무를 심었소. 큰 레몬나무였는데, 그를 위해 특별히 큰 온실도 짓고... 그런데 나는 거기서 그가 땅을 파고 가꾸려는 모습을 본 적이 없어. 모두가 레몬나무에 경악하고 탄식을 했지. 그런데 솔직히 말해서 나는 다른 사람들보다 좀 태연한 척 했지만, 속으론 이해가 안 됐소. 대체 레몬나무가 무슨 소용인가! 모스크바에 레몬나무? 그게 무슨 소용인지, 어떤 관심인지 이해할 수가 없었소. 어떤 실험을 하는 것 같기도 했고. 그렇다면, 먼저 상황을 파악해

야지. 그걸 어떻게 이용한다? 무슨 목적으로? 결론은 휴식이야. 그래서 내가 다차에 2층을 올리자고 제안을 했소. 2층엔 한 번도 가보지 않았는데, 아마 스베틀라나가 거기에 살았거나 아니면 가끔 들렀거나 했을 거요. 도대체 왜 그래야 했는지...

(그루지야공산당 중앙위원회 제1서기를 지낸 아카키 이바노비치 므겔라제가 그 레몬나무에 관해 내게 말해주었다. 스탈린이 그를 다차로 초대했고 레몬을 한 조각 썰어 그에게 권했다. "레몬이 맛있지요?" — "맛이 좋습니다, 스탈린 동무." — "내가 직접 재배한 거요."

그들은 걸으면서 대화를 나눴다. 스탈린이 다시 레몬을 썰었다. "자, 또 드시오." 그것을 먹고 맛있다고 할 수밖에 없었다. 스탈린이 말했다. "내가 직접 키운 건데, 어디서? 바로 모스크바에서 키웠지." 그들은 더 걸었고, 스탈린이 레몬을 또 권하며 말했다. "이것 보시오, [레몬나무가] 모스크바에서도 자란다니까!"

므겔라제는 레몬이 시어서 도저히 더 씹을 수 없었고, 그때 문득 생각나는 게 있었다. "스탈린 동무, 앞으로 그루지야가 레몬을 전국에 충분히 공급할 수 있도록 하겠습니다. 책임지겠습니다!" 그리고 기한까지 지정했다. 그러자 스탈린이 말했다. "이제야 깨달았군!" – F. 추예프)

1973년 6월 6일, 1982년 10월 21일

— 사람들은 스탈린이 카가노비치의 딸 마야 라자레브나 카가노비치와 결혼했다고 하는데, 사실이었습니까?

▶ 그건 [서방에서 발행되는] 백위대 신문에 나온 주장이오. 아니야, 물론 거짓말이야. 새빨간 거짓말. 새빨간 거짓말이야.

(마야 라자레브나 카가노비치는 그것이 오래된 유언비어이며 그녀 집에서는 그 말이 스탈린 귀에 들어가지 않을까 노심초사했다고 내게 말했다. "저는 그때 공산소년단원이었어요, – 소문의 여왕이 빙긋이 웃는다. – 우리 인민들은 역시 정말 대단해요!" – F. 추예프)

1977년 11월 1일

동의한 걸 후회했다

▶ 스탈린은 자신이 대원수[=게네랄리시무스] 칭호를 받은 걸 후회했소. 늘 후회했지. 그의 생각이 옳아. 그건 카가노비치와 베리야가 집요하게 주창했는데... 그리고 군 지휘관들도 요청했지.

— [니콜라이] 쿠즈네초프가 쓰기에는...

▶ 그는 잘 몰라. 스탈린이 처음엔 거절했소. 유감스레 생각했지. "왜 내가 그 모든 걸 받아야 하는가?" 이미 스탈린을 모르는 사람이 없는 상황에서 무엇 때문에 그에게 외적 장식이 필요하단 말이오! 군인들에겐 다르지. 그러나 스탈린은 정치가이며 국가지도자요. 수보로프는 국가지도자도 아니었고 정당 활동가도 아니었어![19] 그에겐 그런 칭호가 필요했어. 그러나 스탈린은 공산주의 운동과 사회주의 건설의 지도자요. 대원수 칭호가 그에게 불필요했어. 그는 정말 많이 후회했소.

1973년 12월 30일

▶ 스탈린은 단 한 사람이지만, 장군은 많다는 것을 유념하시오. 그는 후에 자책했소. "어째서 내가 동의했을까?" 당과 모든 인민, 국제 공산주의 운동의 영도자인 인물이 단지 대원수야. 그것은 그를 낮추지 않지만, 그렇다고 높이지도 않아! 그는 그것보다 훨씬 높았어! 대원수란 전쟁 분야의 최고전문가야. 반면 그는 군사 분야에도, 정당 활동 분야에도, 그리고 국제 분야에도 종사했어. 대원수 칭호를 주려고 두 번 시도했소. 그가 첫 번째는 거절했는데, 나중에 그걸 수용한 후 두고두고 후회했소.

1975년 5월 7일, 1977년 6월 16일

...작가 [블라디미르] 카르포프가 몰로토프를 만나게 해달라고 졸라댔다. 나는 몰로토프를 설득했고, 두 사람의 만남이 성사됐다. 카르포프는 자신이 〈스탈린 대원수〉라는 제목의 소설을 쓰려고 준비하고 있다고 말했다.[20]

---

19) 알렉산드르 수보로프(A.B. Суворов, 1730~1800)는 예카테리나 2세 시대의 군사지휘관으로, 러터전쟁(1787~1791) 등을 승리로 이끌었으며 말년에 대원수 칭호를 받았다.

— 스탈린에 관해 사실적으로 쓰고 싶습니다. 그런데 그에 관해 사실적으로 쓴다는 것은 그를 긍정적으로 쓴다는 걸 의미합니다.

▶ 스탈린은 아주 복잡한 인물이란 사실을 유념하시오, – 몰로토프가 말한다. – 단지 개인적 호감만으론 충분치 않소. 물론, 호감은 좋아. 호감 없이는 써야 할 것을 쓸 수도 없지만, 스탈린에겐 시대와 상황에 대한 이해를 요구하는 커다란 특성이 있소. 그래도 역시 동무는 스탈린을 군인으로서만 묘사할 수 없을 거요. 스탈린에 주요한 것은 그가 정치가였다는 사실이오. 그는 국가 정책에서, 역사에서 그런 역할을 수행했소. 이제 그런 사실들은 다 퇴색되고 있소. 각종 건달들이 많아. 그래, 그들은 자기 일을 하는 거겠지.

...대화는 전후 스탈린에게 소련영웅 칭호를 수여하려 했던 일까지 미쳤다. 스탈린은 그것이 자신에게 어울리지 않는다고 말했다. 영웅이란 용감성을 직접 발휘한 결과로 얻어지는 것이라 했다. 스탈린이 말했다. "나는 그런 용감성을 발휘하지 않았소," 그리고 금성훈장도 받지 않았다. 다만 그의 초상이 훈장을 단 모습으로 그려졌다. 그가 사망했을 때, 보훈국장이 스탈린에게 소련영웅금성훈장을 내줬다. 그가 누운 관의 베개에 그것을 꽂았고, 그대로 장례식장으로 옮겼다.

▶ 스탈린은 사회주의노동영웅훈장 하나만 달았소. 나는 때로 레닌훈장을 착용했지, – 몰로토프가 부연한다. – 사람들이 모스크바를 스탈린 시로 개칭하자고 끈질기게 제안했소. 아주 끈질기게! 나는 반대했지. 카가노비치가 제안하며 이렇게 말했소. "레닌주의만 있는 게 아니라 스탈린주의도 있습니다!"

스탈린이 분노했소.

1977년 6월 16일

"내가 그를 잘 알아"

— 스탈린은 인간관계가 어땠습니까?

▶ 평범했고, 아주, 아주 좋았소. 사교적 인물이오. 좋은 동무였지. 내가 그를 잘 알아.

— 샴페인을 좋아했습니까?

20) 카프포프(1922~2010)는 2002년에 2권짜리 스탈린 평전 『대원수(Генералиссимус)』를 출간했다.

▶ 그렇지, 샴페인을 좋아했지. 이게 그가 좋아했던 포도주요. 그는 샴페인부터 마셨는데...

— 의장님께선 스탈린과 어떤 포도주를 드셨습니까? 킨즈마라울리를 드셨습니까?

▶ 킨즈마라울리를 마시는 경우는 적었고, 그때 있었던 게...

— 치난달리?[21]

▶ 아–아니오. 적포도주였어. 나는 치기스타비를 마셨는데, 당시 나는 마실 때 잔을 가득 채우지 않았소. 베리야가 동무는 왜 그렇게 마시냐고 묻길래 내가 다른 사람들처럼 마시는 거라고 대답했지.

그건 새콤한 맛이 나는 포도주였는데, 다른 사람들은 단맛이 나는 달착지근한 포도주를 마셨소. 아, 그거 이름이 뭐더라... 이런...

— 흐반츠카라 아닙니까?

▶ 아니오, 흐반츠카라를 마시는 일은 드물었어. 오잘레쉬도 마셨지. 전쟁 전에 종류가 아주 많았소.

— 촐리카우리 아닙니까? – 쇼타 이바노비치가 묻는다.

▶ 촐리카우리, 맞아! – 기억을 찾은 몰로토프가 무릎을 친다. – 그런데 스탈린은 포도주를 아주 좋아하지 않았어. 코냑을 조금 더 좋아했지. 차와 함께 마셨는데...

— 쉬테멘코가 기술한 바에 의하면, 스탈린이 포도주 상표들을 타자기로 쳐서 그 목록을 갖고 있었다는데, 정말입니까?

▶ 아니야, 아니야. 아무 것도 없었소. 혹시 모르지, 우연히 뭔가 있었는지...

칼리닌은 술을 잘 마시지 않았소. 그는 우리와 가끔씩만 어울렸어.

흐루쇼프가 술꾼이 된 것은 나중 일이오. 그런데 불가닌은 전혀 사양하질 않았어. 술을 아주 좋아했소.

— 사람들 말에 의하면, 베리야는 보드카를 전혀 마시지 않았답니다.

▶ 에이, 무슨 소릴! 늘 우리와 함께 마셨는데. 왜냐하면 그는 스탈린 앞에서 항상 튀고 싶어 했어. 스탈린이 말하면 그는 꾸물거리지 않았소, 물론... 그는 뛰어난 조직력을 가졌지만 잔인한 사람이었소. 용서라는 게 없었어. 그의 친구가 말렌코프였고, 나중에

21) '킨즈마라울리'는 1942년부터 생산된 적포도주이며, '치난달리'는 1886년부터 생산된 백포도주이다. 이들은 모두 그루지야산으로, 그루지야에는 수없이 많은 포도주 상표가 있다.

흐루쇼프가 그에게 빌붙었어. 서로 다른 사람들이었지만, 뭔가 공통점도 있었지.

내 생각에 베리야는 술을 별로 좋아하지 않았어. 비록 자주 마시게 되었지만 말이오. 말렌코프 역시 좋아하지 않았어. 보로쉴로프는, 그래 술을 좋아했지. 보로쉴로프는 늘 고추술[=고추를 넣은 보드카]로 손님을 대접했소.

스탈린은 과음을 하지 않았지만 다른 사람들을 술판에 잘 끌어들였소. 아마 사람들을 마음대로 말하게 함으로써 시험해보고자 했겠지. 그 자신 술을 좋아했지만 적당히 마셨소. 아주 드물긴 했어도 물론 많이 마시는 경우도 있었지. 그런 경우도 있었소. 취하면 즐거워했고, 반드시 축음기를 틀어 온갖 노래를 들었어. 음반이 굉장히 많았지. 그는 첫째로 러시아 민요를 좋아했고, 나중에 공산주의적인 노래들을 틀었지. 그리고 그루지야 노래를... 음반들의 품질이 아주 좋았소.

...1973년 3월 9일은 몰로토프의 83번째 생일이었다. 정정하고 생기 있어 보였고 합리적으로 사고했다. 축하연이 열렸고 노래가 곁들여졌다. 몰로토프는 〈칼린카〉, 〈사방이 온통 초원이네〉, 〈메텔리차〉, 〈볼가 강 아래로〉, 〈쬐꼬리, 쬐꼬리, 작은 새〉, 〈술리코〉 같은 노래를 불렀다. 그는 마음을 담아 진지하게 노래했다. 그는 스탈린이 러시아의 옛 노래를 아주 즐겨 불렀다고 말했다.

— 즈다노프가 그랜드 피아노를 연주했는데, - 몰로토프가 말한다. - 제법 잘했소. 전문적으로 연주하진 않았지만 재능이 있었어. 그는 피아노 앞에 앉아 자유로움을 느끼는 것처럼 보였소. 선곡도 잘했고...

1972년 4월 13일. 1972년 10월 4일, 1974년 1월 8일,
1976년 7월 28일, 1983년 10월 14일

▶ 스탈린은 과음하지 않았지만 여럿이 어울려 함께 마셨고, 술자리가 보통 길었어. 우리들 모두처럼 물론 스탈린도 술을 좋아했소.

— 스탈린은 술이 셌던 것 같은데, 그렇습니까?

▶ 그는 그루지야 사람이오. 자제했을 뿐이지. 허나 때론 본격적으로 마시기도 했어. 나도 역시 그랬고.

1973년 1월 16일, 1985년 2월 16일

— 스탈린이 늦게 잠자리에 들었다는데, 그렇습니까?

▶ 아주 늦게 잠자리에 들었지, – 몰로토프가 동의한다. – 그는 일을 많이 했소.

— 스탈린에게, 그리고 의장님께도 개인 생활이 없었다고 할 수 있겠습니다.

▶ 개인 생활이야 있었는데, 물론 제한적이긴 했지.

1974년 1월 8일

▶ 우리는 스탈린 집에서 시베리아산 송어를 여러 차례 먹었소. 치즈처럼 조각내 썰어서 먹었는데, 아주 맛 좋은 고기였어. 맛이 일품이지.

스탈린에겐 시베리아에 대한 향수 같은 것이 조금 남아있었소. 그가 시베리아에 살았을 때 어부 노릇을 좀 했는데, 그리 좋아하진 않았지. 티가 나지도 않았고. 한때 그랬을 뿐이지.

우리는 고기를 시베리아식으로 먹었소. 즉, 얼린 송어를 마늘, 보드카와 함께 날로 먹었어. 괜찮아, 아주 좋았어. 아주 맛있게 먹었는데... 모오캐를 자주 먹었는데, 베리야가 가져왔지.

베리야가 자주 옥수수와 옥수수죽을 싸왔어. 특히, 바로 그 치즈를 가져왔소. 치즈가 아주 좋았는데, 그럼 우리 모두는 걸신들린 사람들처럼 앞 다투어 거기에 달려들었는데... 시간이 없어서 언제 거기서 식사를 할지 확실치 않았소. 식사를 할 건지 안 하고 나중에 할 건지...

1976년 5월 12일, 1976년 6월 9일

— 스탈린이 시를 썼습니다, – 내가 몰로토프에게 말한다. – 제가 그의 시를 몇 편 번역했는데, 이것이 그 중 하나입니다. 제가 번역한 것을 의장님께 읽어드리겠습니다.

그는 이집 저집 돌아다녔다,
마치 풀려난 악령처럼.
그리고 침잠하는 선율 속에서
예언의 진리를 소중히 지켰다.

많은 이에게 이성을 떠올렸다,
이 황금의 노래는.
그리고 사람들은 녹아내렸다,
노래하는 이 덕분에.
그러나 사람들은 정신을 차렸고, 비틀거렸고,
놀라움으로 가득 찼고,
독으로 가득 찬 잔을
대지 위로 들어올렸다.
그리고 말했다. 마셔라, 저주받은, 희석되지 않은 운명을.
우리는 천상의 진리를 원하지 않는다,
우리에겐 지상의 거짓이 더 쉽다.

이것이 그가 1896년에 [그루지야어로] 쓴 시입니다. 그의 나이 17살 때였습니다.

▶ 스탈린이 17살 때까지 시를 썼소. 그땐 모두가 시를 썼고, 그걸 당연하게 여겼어. 그는 시를 잘 썼어, – 몰로토프가 말한다.

— 스탈린이 독일어를 좀 알았습니까?

▶ 유럽에도 다녀왔는데, 독일어를 이해했소.

— 리벤트로프가 말하는 걸 스탈린이 알아들었습니까?

▶ 아니오, 알아듣지 못했소. 나도 그랬고. 아주 다양한 대화가 오갔는데, 그가 내게 묻더군. "언어를 몇 개 구사하십니까?" 내가 모두에게 답했소. "러시아어로 말합니다."

1974년 1월 8일

▶ 스탈린이 당연히 부상할 거요, 그렇고말고, – 몰로토프가 단언한다.

— 아르메니아인들이 방해하지 않는다면 말입니다, – 그루지야에서 온 손님인 인디코 안텔라바가 농담을 한다. – 쇼타 이바노비치가 싫어하는 대표적 인물이 미코얀이죠.

▶ 미코얀이 스탈린에 그토록 반대했다면, 그런 사람이 어떻게 스탈린 진영에 남을 수 있었습니까? – 쇼타 이바노비치가 묻는다.

— 레닌은 스탈린에게 "민주주의자"라고 했소, – 몰로토프가 대답한다. – 그래, 레닌은

그렇게 오래된 분파활동가인 스탈린 동무가 그런 [민주주의] 문제를 제기한다고 빈정댔어. 실제 그렇게 말했지. 아무튼 미코얀이 자기 회고록에서 [레닌의 말을] 옳게 생각해냈어.

1974년 3월 17일

▶ 스탈린은 기계에 대해 아주 대단한 감각을 갖고 있었소. 그는 특별히 기계를 다뤄 본 적도 없고 그것을 연구한 바도 전혀 없어. 나는 스탈린이 기계 관련 서적을 읽는 것을 전혀 본 적이 없어. 그러나 그는 연락문서뿐만 아니라 설계자들과 각 공장에서 보낸 [기계 관련] 보고서들을 정확히 분별했고, 그것들을 주의 깊게 읽고 서로 대조했으며, 취약점을 찾아내고 합당한 지시를 내렸소.

물론 스탈린에게 편향도 있었는데... 그러나 그에겐 새로운 것에 대한 감각이 있었소. 그는 [세르게이] 일류신이나 [알렉산드르] 야코블레프 같은 설계사들과 좋은 관계를 유지했는데... 그가 경제 분야에서 뛰어난 감각을 발휘했다고 말하고 싶지는 않아. 그러나 군사 분야에서는 대단했지. 공군과 해군의 장관이나 장성들은 내게도 좋게 대했소. 흐루쇼프만이 그들과 사이가 나빴지...

스탈린에겐 대단한 업무처리 능력이 있었는데... 내가 그걸 정확히 알아. 그는 자신에게 필요한 것이라면 아주 세밀히 알고 있었고, 또 그걸 예의주시했소. 그건 전적으로 옳았소. 그리고 그는 일의 한 측면만이 아니라 모든 측면을 다 들여다봤소. 그건 정치적으로 아주 중요했는데, 이를테면 항공이면 항공... (내가 탁월한 항공기 설계사인 알렉산드르 야코블레프에게 과연 스탈린이 비행기에 관해 잘 알고 있었냐고 물었다. 그의 대답은 이랬다. "오-오-오!" – F. 추예프) 대포면 대포, 탱크면 탱크, 시베리아 상황이면 시베리아 상황, 영국 정치면 영국 정치, – 한마디로 말해 지도자라면 자신의 시야에서 절대 놓치지 말아야 할 것들이 모두 해당됐소.

반면 다른 측면에서 각료회의와 당 중앙위원회의 결정들을 기억할 필요가 있소. 각료회의에서 채택된 결정이 굉장히 많아. 일주일에 거의 백 개가 될 때도 있었소. 포스크료비쉐프가 그 결정문 모두를 큰 봉지에 담아 [스탈린의] 서명을 받기 위해 다차로 보냈는데, 개봉되지 않은 그 봉지들이 다차에 수개월씩 놓여있기도 했소. 그런데 그것들은 모두 스탈린 서명을 받아서 세상에 나왔어. 그건 그냥 풀어 놓을 수 없는 엄청난 양이었소. 우리가 논의할 때 스탈린이 우리에게 오늘 거기서 무얼 했는지 어떤 문제들이 있는지 물었고, 우리는 식사하고 협의하고 대화하고 또 논쟁도 했는데, 논쟁은 우리끼리도, 또 우리와 스탈린 사이에도 있었소. 당연하게도 애매한 문제들이 그런 과정을 통해 분명해졌지만, 스탈린에게 모든 문서를 읽어준다는 것은 물론 무의미한 일이었소. 그러면 그가 그냥 관료나 다름없게 되는 거지. 그는 그것을 전부 읽을 만할 상황이 아니었소. 경제적, 군사적, 정치적, 문화적 문제들도 많았고, 초능력자라고 해도 그렇지 그 많은 걸 어떻게... 그 모든 게 각료회의 명의로 처리되었고, 스탈린은 각료회의 의장이었소. 모든 문서에 그의 서명이 있었는데, 그 봉지들은 개봉되지 않은 채 구석에 널려져 있었소. 스탈린의 다차에 가보면(빙긋이 웃는다) 한 달 전에 널려져 있던 것들 말고도 이젠 다시 새로운 서류 봉지들이 더미로 쌓여 있어. 지금보다 [문서들이] 10배나 적었을 때 레닌이 한 말이 있소. 다 아는 이야기지만, 그는 읽지도 못한 결정문에 서명할 수밖에 없었다고 말했소. "내가 전부 다 읽고서 서명하는 건 아닙니다. 그건 우리 동료들에 대한 신뢰가 있기 때문이오."

스탈린이 물었소. "중요한 문제요?" — "중요합니다." 그러면 그는 쉼표까지 들여다봤소. 그런데 자질구레한 문제들의 세세한 내용을 모두 안다는 것은 물론 불가능했소. 하지만 그래도 중앙[집권]화가 필요해. 즉, 그의 대리들에 대한 신뢰, 게다가 인민위원이나 당 중앙위원에 대한 신뢰를 바탕으로 중앙화가 필요해요.

1971년 11월 23일, 1974년 3월 8일, 1975년 1월 14일, 1984년 8월 1일

— 지금 각료회의 의장의 역할이 격하되었습니다. 그렇지요?

▶ 그렇지, 격하된 측면이 있지, – 몰로토프가 동의한다. – 스탈린 치하에는 그렇지 않았소. 그땐 이렇게 썼지. "각료회의 의장 겸 소련공산당 중앙위원회 서기 스탈린"

한때 각료회의와 중앙위원회의 공동 결정문이 있던 시절에는 이렇게 썼소. "소브나르콤 의장 몰로토프, 중앙위원회 서기 스탈린." 그렇게 인쇄됐지. 그게 레닌의 원칙이었는데... 좀 어색한 측면이 있었는데, 왜냐하면 법령은 보통 의장과 서기의 서명을 담거든. 요지는 서기가 사무관리자라는 건데, 거기에 어색함이 있었지. 그때 해결 방법을 찾았고, 한 줄로 "소브나르콤 의장과 중앙위원회 서기"라고 쓰기 시작했소.

1975년 1월 14일, 1977년 6월 16일

▶ 내가 소브나르콤 의장에 임명됐을 때, 나는 나를 중앙위원회 서기에서 해임해 달라고 요청했소. 첫째, 겸직이 힘들었고, 둘째, 새 인물들을 발탁해야 했기 때문이오.

스탈린이 수락했고, 그래서 카가노비치가 제2서기에 임명되었소. 그가 중앙위원회에서 스탈린을 대리했는데, 적어도 당시 중앙위원회 서기국에서 스탈린 다음으로 가장 셌던 사람이 카가노비치였소. 반면 나는 이미 소브나르콤에 몸을 담았는데, 소브나르콤에 갈 때까지 나는 중앙위원회 서기였고 동시에 모스크바 시당 서기이기도 했소. 모스크바 시당에서 나는 권력을 바우만에게 인계했소. 이 사람은 다른 바우만이오.[22] 그는 라트비아 사람인데, 중앙위원회에서 일했지.

— 그 사람은 어디로 갔습니까? 그 사람에 관해 처음 듣습니다.

▶ 아마 그도 역시 북망산으로 갔을 거요.

— 1937년에 말이죠?

▶ 아마 그럴 걸... 모스크바 시당에 바우만 후임으로 카가노비치가 임명됐고, 그때 흐루쇼프가 제2서기가 됐소.

— 그런데 벨렌키를 기억하십니까? – 쇼타 이바노비치가 묻는다.

▶ 기억하지. 거기에 벨렌키가 몇 명 있었소. 열렬한 우파였지. 그래, 맞아. 그를 복권시키지 않았나? 그를 복권시키면 절대 안 되는데, 흐루쇼프가 정말 많은 자들을 복권시켰어. 심지어 투하쳅스키도 복권시켰잖소.

1977년 4월 19일

▶ 스탈린은 재능이 많았고 리더십이 뛰어났소. 그 점에서 스탈린보다 나은 사람이 없었소. 반면 우리는 풋내기들이었지. 고참 혁명가 그룹의 일원으로서 나는 [10월혁명 전에] 독자적으로 볼셰비즘에 도달했고, 그래서 그는 내게 상당히 의지했어. 나는 스스로 공부했고 내게 주어지는 것들을 기꺼이 감당했는데, 나는 달리 생각할 줄 몰라. 나는 준비돼 있었지만 일이 감당할 수 없을 정도로 많았소! 그런데 내가 일을 좀 느리게 하는

---

22) 니콜라이 바우만(1873~1905)은 1895년 카잔 수의(獸醫)대학을 졸업한 후 1896~1897년 페테르부르크에서 〈노동계급해방투쟁동맹〉의 일원으로 활동했던 카잔 출신의 볼셰비크로, 1901년부터 레닌의 지시로 모스크바에서 활동했던 혁명운동가이다. 그의 이름은 흔히 바우만 공대로 불리는 '바우만 기림 모스크바국립공과대학'에도 남아있다. 여기서 몰로토프가 언급하는 사람은 카를 바우만이다.

편이야. 왜 느리냐? 왜냐하면 아마 내겐 그 모든 문제를 깊이 이해해서 처리하기 위한 준비가 불충분했기 때문인 것 같았고, 또 왜냐하면 내가 일을 시작하려고 할 때 오랫동안 진지하게 생각해야 했기 때문이오. 나는 큰 과오를 저지르지 않으려 했지만, 시간이 가버리지. 모든 게 분명해지면 일을 계속, 계속 밀고나갔소.

이제 내게 시간이 많아. 나는 아침부터 하루 종일 이런저런 생각을 하지. 그리고 우리 시절에 시작된 그 무언가를 보게 돼, 유감스럽게도.

— 의장님께서는 스탈린과 의장님 사이에 엄청난 거리가 있다고 말씀하셨습니다. 다른 차원에 있었다고 말입니다.

▶ 물론, 그랬지.

— 스탈린은 의장님보다 열 살이 더 많기도 했지요...

▶ 나보다 연상이었던 것만이 아니야. 그의 역할이 전혀 달랐소. 스탈린에겐 전혀 평범치 않은, 위대한 역할이 있었소. 그는 지도자였고 인민의 영도자였소. 처음엔 자신에 대한 개인숭배를 배격했으나 나중에 그걸 좀 좋아하기도 했는데...

나를 스탈린과 비교할 수 없지. 레닌 이후에 나도, 칼리닌도, 제르진스키도, 그 어떤 사람도 스탈린이 한 것의 10분의 1도 하지 못했어. 그건 사실이오. 나는 이론적 성격의 꽤 중대한 몇 가지 문제를 두고 스탈린을 비판했지만, 정치가로서 그는 누구도 감당할 수 없었던 그런 역할을 수행했소.

— 하지만 그 어떤 정치국원도 의장님 수준에는 전혀 미치지 못했잖습니까! – 쇼타 이바노비치가 항변한다.

▶ 그럴 수도 있지. 하지만 그랬어도 올바르게 처신해야 했소. 자만 없이 말이오.

물론 스탈린이 혼자 일하진 않았지. 스탈린 주변엔 충분히 탄탄한 그룹이 있었소. 그렇지 않았다면 모두 망했을 거요. 물론 좋은 사람들이 많이 있었지만 최정상은 스탈린의 몫이었소. 성격상 그는 그런 역할에 맞았어. 아주 강인한 성격에다가, 명확성, 역사적 혜안 등 많은 사람들에 없는 것들이 그에겐 있었소. 아주 훌륭한 사람들과 유능한 일꾼들이 있었지만 역사에 대한 분명한 전망이 그들에겐 충분치 않았소. 제르진스키가 제일 유명했지. 나무랄 게 없었지, 아마. 그러나 제르진스키조차도 브레스트-리톱스크 평화조약이 체결되던 시절에 레닌의 주장에 반대했는데, 그때 레닌은 아주 어려운 상황에 있었소. 그래, 그는 평화조약을 추잡하다고 인정하면서도 그것 없이는 우리의 생존이 불가능하다고 했소. 제르진스키는 상황을 과소평가했지. 1921년에 레닌이 노동조합 논쟁의 문제에 대해 연설했는데, 제르진스키는 레닌을 지지하지 않았소. 1921년 1월 레닌은 「당의 위기」라는 글을 써서 『프라우다』에 실었는데, 말 그대로 위기였어! 이미 당이 위기에 처했다면... 레닌이 이렇게 썼소. 즉, 사태는 우리가 농민의 신뢰를 잃는 지경에까지 이르렀고, 농민 없이는 우리가 이길 수 없다고 말이오. 레닌이 본격적으로 문제 제기를 한 거지. 그때 제르진스키조차도 그가 가진 훌륭하고 근사한 모든 자질에도 불구하고 레닌에 반대했소. 나는 개인적으로 그를 아주 잘 알고, 스탈린도 그를 알았소. 그는 때로 좀 달착지근하게 묘사되고 있지만, 그래도 당에 대한 자신의 충성에도 불구하고, 자신의 열정에도 불구하고 그는 당의 정책을 완전히 이해하지 못했소.

하지만 스탈린에겐 그런 동요가 없었지.

1971년 7월 9일, 1975년 3월 8일, 1979년 11월 4일

— [1932년의] 제17차 당협의회에서 몰로토프의 보고에 대한 토론이 있었는데...

▶ 그렇지, 그게 주요 문제였지. 제2차 피칠레트카[=인민경제발전 5개년계획]에 대한 보고였소. 내가 동무에게 말한 것 같은데, 그때 내 보고에 따라 채택된 결정안을 지금 동무가 읽는다면, 거기에 언급되기를... 내가 억지로 외우진 않았지만 그래도 정확하게 기억하고 있소. 그 결정안은 내 다차에서 밤새 작성된 거요. 나와 쿠이비쉐프, 메즐라욱이 함께 밤새도록 책상에 앉아 작업을 했지. 메즐라욱은 당시 고스플란 의장이었고, 쿠이비쉐프는 중(重)기계인민위원부의 수장이었소. 그땐 이미 지방 인민경제회의가 없어진 다음이지.

— 메즐라욱이 1937년에 체포됐지요?

▶ 체포됐지.

— 쿠이비쉐프는 지금 추앙을 받고 있습니다.

▶ 그렇지... 가장 훌륭하지. 칼리닌을 보면, 그의 행보가 좀 독특했소. 그는 앞으로 나서는 일이 없었소. 그래서 그게 우리 몫이 되었는데, 비록 그가 늘 정치국 편을 들고 있었지만 말이오. 당연히 거기엔 먼저 스탈린이 있고, 다음에 내가 있었소. 당시 우리 모두는, 약간의 거리감이 있는 미코얀을 포함해 다함께 하나였소.

우파 모두가 우리에게 맹렬하게 반대했는데, 그들 중 가장 유식했던 인물이 부하린이었소. 톰스키는 독살스러웠지. 나는 그가 개인 문제에서도 독살스러웠다고 말하고 싶은데, 이론 쪽에서 상당히 취약했지...

내가 동무에게 말하려고 했던 게 있었는데, 그게 뭔지 잊어버렸네... 그래, 제2차 피칠레트카의 정치적 기본 과제였지. 제2차 피칠레트카는 1932~37년에 실행되었소. 내가 보고자였고, 우리들이 직접 그 결의안을 작성했소. 스탈린이 그걸 먼저 읽은 다음, 나중에 우리를 불러 결정문을 수정했소. 최종안이 마련됐는데, 그것은 국내에서 자본주의적 요소의 완전한 청산을 제2차 피칠레트카의 정치적 기본 과제로 규정했소. 부농계급도 물론 자본주의적 요소에 포함됐지. 부농계급의 존재가 언급되었고, 전면적인 계급 청산도 강조되었소.

— 그건 너무 과도한 처사였습니다!

▶ 채택했지, 채택했어. 누구도 그걸 거부하지 못했소.

— 모두 옳게 잘하셨습니다, – 쇼타 이바노비치가 말한다. – 좀 이르긴 해도 잘하셨습니다. 조기 소멸을 빼고, 모두 다 좋습니다.

▶ 그런데 계급에 관해서는 옳지 않았소, – 몰로토프가 말한다. – 그러면 안 됐어! 그래서 사람들을 겁먹게 했는데, 그 점을 고려하지 못했소.

— 레닌을 제외하면 우리나라의 수상[=소브나르콤/각료회의 의장]들 모두 인민의 적이거나, 아니면 반당분자, 아니면 편향자로 판명됐습니다.

▶ 물론.

— 레닌은 그렇고, 레닌의 후임 리코프는 총살을 당했습니다. 그 후임이 의장님이었는데, 당에서 제명되셨지요. 그 후임인 스탈린은 개인숭배로 비판의 대상이 됐습니다. 말렌코프도 의장님처럼 당에서 제명됐습니다. 말렌코프 후임이 불가닌인데, 역시 의장님의 〈반당그룹〉에 속했습니다.

▶ 그렇지.

— 불가닌의 후임이 흐루쇼프였는데, 주의(主意)주의와 주관주의로 비판을 받았습니다. 흐루쇼프 후임으로 현재 코시긴이 수상 자리에 있는데, 우리가 지금 지켜보고 있습니다. 저는 하나도 놓치지 않고 주시하고 있습니다. 그런데 국가는 발전했고, 올바른 길로 갔습니다.

▶ 옳은 말이오. 그렇지... 나를 아무런 비난 없이 의장에서 해임했지. 스탈린은 죽었고, 이미 그때 사람들이 나를 비난했소.

1976년 8월 18일

▶ 스탈린을 공격하면 할수록 그는 더 높이 올라갑니다. 투쟁이 전개되지. 스탈린에게 있는 엄청난 것을 보지 못하고 있소, – 몰로토프가 말한다. – 레닌 이후에 스탈린보다 더 초지일관하고 더 재능 있고 더 위대한 인물은 없었고, 또 지금도 없어! 레닌 사후 그 누구도 상황을 제대로 파악하지 못했소. 나는 늘 그렇게 생각했고, 또 그렇게 말했소. 그러나 키로프가 스탈린에 대해 피력했던 의견은 내가 보기에 옳지 않아. "스탈린이 있었기 때문에 우리가 어떤 문제라도 해결할 수 있었다." 그런가? 레닌에 대해서도 그런 말은 할 수 없지. 스탈린은 자신의 역할을 완수했소. 각별히 중요한, 하지만 매우 힘든 역할을 완수했소.

자, 그가 실수를 했다고 칩시다. 그럼 그보다 더 적게 실수한 사람이 있으면 한번 대 보시오. 역사적 사건이 있었고, 사람들이 그에 참여했는데, 누가 더 바른 입장을 취했을까? 그는 당시 지도부에 내재했던 그 모든 결함에도 불구하고, 그때 제기됐던 과제들을 해결한 유일한 인물이오.

사람들은 스탈린이 완수한 그 훌륭한 일을 보지 못하고, 겨우 그의 과오만 들추면서 그걸 갖고 날밤을 새고 있는 것 같소. 그들은 스탈린의 과오를 시정하려 하는 것이 아니라 그 과오를 이용하여 당의 노선을 훼손하려 하고 있소.

반면 나는 그 과오에도 불구하고 스탈린을 누구도 대신할 수 없는 위대한 인물로 생각해! 그의 시대에 그와 비교될만한 다른 사람이 없었소!

스탈린이 자신에 대한 나의 비판적 의견을 알고 있었을 거요. 비록 그에게 내 의견을 직설적으로 말한 적은 없지만, 무언가 비판적 의견을 개진했고, 그게 항상 그의 마음에 들지 않았겠지. 그래도 나보다 스탈린에 더 가까웠던 사람이 누굴까? 흐루쇼프? 아니면 말렌코프?

1972년 2월 3일, 1972년 12월 12일, 1975년 7월 17일,
1977년 6월 16일, 1981년 7월 22일

— 바실렙스키 원수가 말하길, 그는 스탈린과 같이 뛰어난 기억력을 갖진 사람을 보지 못했다고 합니다.

▶ 스탈린의 기억력이 정말 탁월했지.

1976년 3월 11일

— 의장님께선 거의 평생 동안 지도부에 계셨는데...

▶ 그 일에 가깝게 있었지.

— 혹시 최저생계비에 관해 알고 계십니까? 노동자가 60루블로 한 달을 사는 게 아주 어렵다는 것을 알고 계셨습니까?

▶ 아주 잘 알고 있었소. 그런데 어찌 하겠나? 그렇다는 걸 알고 있었고, 특별히 알려주는 사람이 필요하지 않았소. 주위에 온통 사람들인데. 오늘은 어떤 의견이, 내일은 또 다른 의견이 두루두루 나왔소. 그걸 모르기 위해서는 귀머거리가 되어야지. 우린 알았지만 해야 할 바를 할 수 없었소. 알았지만, 우리는 그걸 시정해야 한다는 것도 알고 있었지만, 그걸 어떻게 시정할지는 아주 어려운 문제였소. 가능성이 없었소.

아직 모두가 길을 찾은 건 아닌 것 같소. 허나 우리는, 내가 보기에, 꽤 확실한 길을 찾았소. 많은 게 아직 이행되지 않았고, 제국주의자들이 아직도 많은 것을 방해하고 있소. 제국주의가 존속하는 한, 인민들의 생활수준을 개선하기가 아주 어렵소. 국방력과 다른 많은 게 필요해. 많은 걸 건설해야 해. 우리가 제3차 대전으로부터 완전히 자유롭진 않지만, 그것의 발발이 필연적이지도 않소. 하지만 제국주의가 있는 동안 생활수준의 개선을 기대하긴 어렵지. 이게 내 생각이오.

1976년 5월 12일

그리스도 대성당

— 모스크바 재건 계획이 실행되었을 때, 많은 역사적 기념물이 옮겨졌는데...

▶ 예를 들면? - 몰로토프가 묻는다.

— 구세주 그리스도 대성당이 있지 않습니까.[23]

▶ 음... 구세주 그리스도 대성당 말이군.

— 지금 사람들이 그에 관해 자주 문제를 제기합니다.

▶ 그래요?

— 사람들 말은 그걸 카가노비치가 주도했다고 하는데, 맞습니까?

▶ 카가노비치에게 책임을 전가하나? 그래? – 빙그레 웃는다. – 그건 너무 과하지. 그때 내가 그 위원회 위원장이었는지 그냥 위원이었는지 기억나지 않는데, 아마 위원이었을 거요. 구세주 그리스도 대성당 대신에 그 자리에 소비에트 궁전을 건립한다는 결정을 채택했는데, 내가 그 결정에 지지 투표를 했소. 그러나 건축가 [보리스] 요판이 그 설계도를 보여주었을 때, 요판은 유명한 건축가가 아니었지만 어쩌다 높이 출세를 해서 그토록 거대한 건물의 설계도를 우리에게 보여주게 됐는데, 아무튼 나는 반대 의견을 냈소. 이렇게 말했지. "나는 서명하지 않을 거요!" 다들 나를 설득하기 시작했고, 스탈린이 내게 말했소. "서명해야 돼!" 나는 그 계획 자체가 터무니없다고 생각했고, 문제점을 지적한 일부 의견도 알고 있었소. 대화가 있었고, 대성당 자리에 소비에트 궁전이 건립되고 그 상부에 거대한 레닌 동상까지 세워지게 되면, 레닌의 다리만 보이고 머리가 보이지 않는 상황이 생긴다는 사실이 내게 분명해졌소. 그처럼 황당한 일이 어디 있나! 레닌의 동상이 있는데, 머리와 전체 몸통이 보이지 않는다? 온갖 짙은 안개가 끼고 있고, 더욱이 그건 잦은 현상일 수도 있는데, 그냥 멍청하지 짝이 없는 건축가가 그런 일에 착수한 거요. 내가 서명하지 않겠다고 버텼는데, 그때 스탈린과 보로쉴로프가 강하게 요청을 했고, 그들도 위원회에 들어왔소. 그리고서야 내가 서명을 했지.

— 하지만 대성당을 왜 폭파시켰습니까? 원했다면 다른 장소에 레닌 동상을 세울 수도 있지 않았습니까?

▶ 그건 일부러 없애버린 거요, 대성당 자체를 말이오. 그것에 대해 반대가 있었는데, 나는 개인적으로 반대하지 않았어... 무엇 때문에 모스크바 중심지에 대성당을 보존해야 하는가? 그것이 고대의 귀한 유물도 아닌데. 우리는 그 점을 생각했소. 대성당은 소비에트 권력에, 권력의 최중심지에 어울리지가 않았소.

— 거기에 어떤 박물관 같은 것을 만들 수도 있지 않았습니까.

---

23) 구세주 그리스도 대성당(Храм Христа Спасителя)은 나폴레옹과의 전쟁(1812년)에서 '조국'을 지킬 수 있었던 것에 대한 감사 표시로 약 44년에 걸친 공사 끝에 1883년 축성되었다.

▶ 그렇지, 옳은 말이오. 하지만 전혀 예기치 않게 기념물 대신 수영장이 만들어졌는데, 그것도 참 웃기는 일이오.[24)]

— 사람들이 말하길, 그곳에 훌륭한 작품들이 있었다고 합니다.

▶ 그렇지, 그곳에 훌륭한 작품들이 있었지. 일부는 보존되어 있을 걸.

— 지금 그것들이 어딘가 굴러다니고 있겠지만, 예전에는 그곳에 전부 함께 모아져 있었습니다. [제정 시대에] 성 게오르기 훈장을 받은 사람들의 이름도 모두 파손되었습니다. 그것은 러시아 군인의 영예입니다.

▶ 교회 같은 건 우리에게 아무 소용이 없소. 모스크바 최중심부에 있는 교회 같은 것은 전혀 좋지 않소.

— 왜 그것을 폭파시켰습니까? 그냥 그곳에 있게 두시지요!

▶ 깊이 생각하지 못했소. 그냥 둘 수도 없었지만, 폭파시켜 버린 것은 좀 심했지, 그럴 필요가 없었는데. 지금 나도 그렇게 생각해. 나도 그 문제를 논의하는 자리에 참여했는데...

— 그런데 카가노비치가 폭파시켰다고 모든 사람들이 말하는 것은 왜 그렇습니까?

▶ 카가노비치가? 반유대주의적 분위기는...

— 그럼 누굽니까? 스탈린이 결정했습니까? 그가 지시했습니까?

▶ 아니오, 그건 정치국에서 결정됐소. 그리고 우리 위원회도 그것을 지지했지.

— 폭파시킨다는 결정을 지지했습니까?

▶ 아니야, 폭파시킨다는 걸 지지한 게 아니라 대성당을 제거할 수밖에 없다는 것을 지지했소. 그곳에서 대성당을 없앤다는 것을 지지했던 거요.

— 그러나 왜 폭파시켰습니까?

▶ 그건 내가 모르지... 하지만 그때는 폭파시키거나 그렇게 하지 않거나 마찬가지였소.

— 대성당에 [조국전쟁 때 일을 기록한] 그런 벽들이 있었는데... 나중에 소비에트 궁전의 토대를 세우려 했는데, 일이 되지 않았습니다. 무산되었지요.

---

24) 소비에트 궁전(Дворец Советов)은 420미터 높이의 100층짜리 고딕 양식의 건물로 짓고 그 상부에 레닌 동상을 세우는 방식으로 설계되었다. 1931년 12월 구세주 그리스도 대성당이 폭파되고 건축이 시작되었으나, 1941년 전쟁이 시작되면서 기단부까지 진행된 공사가 중단되었다. 전쟁 중 철을 확보하기 위해 '궁전'이 해체되었고, 종전 후에는 전후 복구사업을 위해 계획이 동결 취소되었다. 원래 대성당이 있던 자리에는 세계 최대의 야외 수영장이 만들어져 1960년 개장하였다. 소련 해체 후 수영장이 폐쇄되었고, 그 자리에 구세주 그리스도 대성당이 새로 지어져 2000년 8월 축성되었다.

▶ 그건 내게 중요하지 않소. 나는 거기에 특별한 가치가 있다고 보지 않는데... 말들이 많겠지. 하고 싶은 대로 말하라고 해. 피할 수 없는 일이야. 아무튼 대성당은 제거되어야 했소.

— 그 무렵에 수많은 성당이 파괴되었는데... 그냥 폐쇄할 수도 있었는데, 폭파시킨 게 안타깝습니다. 사람들 말이 아름다운 건물이었다고 합니다. 저는 보지 못했습니다.

▶ 그 대성당을 보지 못했다고? 정말이오? 대성당은 오랫동안 있었는데.

— 제가 태어나기 전입니다. 저는 1941년생입니다. 전쟁 발발 전입니다.

▶ 전쟁 전이라고? 그렇군. 이젠 내가 기억도 못하네... 그건 모두 잘했다고 할 수는 없겠지만, 어떤 특별한 불만을 가지면 안 될 것 같소.

— 하지만 왜 폭파시켰습니까?

▶ 아니 그게 무슨 말인가? 어찌됐건 대성당은 그 자리에서 치워질 수밖에 없었다니까.

— 그곳에는 바스네초프[25]의 작품들이 있었습니다. 프레스코화 말입니다...

▶ 그건 박물관에 있는데, 하지만 그것 때문에 대성당을 보존한다는 것은 내가 보기에 안 될 일이오.

— 대성당은 그 자체로 예술작품입니다.

▶ 뭐, 그러라지.

— 그곳에서 [사람들이] 이미 기도하지도 않았을 겁니다.

▶ 그렇다면 대성당이 왜 필요한 거요?

— 성 바실리 대성당처럼 그냥 둘 수도 있었지 않습니까. 스탈린이 그것을 구했지요!

▶ 그렇소. 성 바실리 대성당이 더 오래됐고, 구세주 그리스도 대성당은 19세기 때 것인데... 물론 많은 세월이 지났고, 물론 부적절한 결정도 있었소. 지금은 그게 과오로 보이지만 항상 그렇게 보였던 것은 아니지.

1982년 12월 9일

▶ 프리메이슨 단원들과 그들의 역할 및 그 성격에 관한 논문을 읽었소. 지금까지 프리메이슨에 대해 별로 주목하지 않았는데, – 몰로토프가 말한다. – 그들은 지금도 존재

---

25) 빅토르 바스네초프(B.M. Васнецов, 1848~1926)는 일리야 레핀과 비교되는 낭만적 민족주의 경향의 화가로서, 풍속, 종교, 신화, 역사를 주제로 많은 작품을 남겼다.

하고 있소. 단순히 존재하는 게 아니지. 프리메이슨은 아주 위험한 현상인데... 우리가 그들을 주목하지 않지만, 그들은 강화되고 있어... 그들은 공산주의를 극구 반대하면서 자본주의를 지지하고 종교를 지지해. 그들은 인텔리 사회에서 온갖 위장막 뒤에서 오래 전부터 존재해 왔소. 그들은 속물적인 소시민 대중에 꽤 깊숙이 침투하고 있고, 이들을 자기편으로 끌어당기면서... 꽤 기민하게 행동하고 있는데, 아주 악의적인 반공산주의 세력이오. 하지만 자신들을 드러내지 않는데, 노출되면 위험하지. 그들에겐 수수께끼 같은 게 아주 많아...

— 지금 프리메이슨에 관해 많은 말이 오갑니다. 사람들 말은 우리나라에도 프리메이슨 단원들이 있다고 합니다, – 내가 대답한다.

▶ 그럴 거요. 비밀리에 활동하겠지. 없을 수 없지.

— 그리고 의장님에 관해서도 말이 많습니다. 의장님께서도 프리메이슨이라는 거죠.

▶ 프리메이슨이 오래 전부터 있었지. 1906년부터 말이오, – 몰로토프가 빙그레 웃는다.

— 의장님께서는 16세 때인 1906년에 입당하셨죠. 그때가 몇 월이었습니까?

▶ 기억이 안 나는데. 방학 때 부모님을 뵈러왔을 때였으니까, 그게 여름이었지.

— 프리메이슨은 공산주의자들 사이에도 있다는 의견이 있습니다.

▶ 그럴 수 있지, – 몰로토프가 동의한다.

— 정치국 내에서 몰로토프가 프리메이슨의 두목이었다고 말합니다.

▶ 두목이라고? 그래, 내가 업무 중에 두목 노릇을 했다? 공산주의자면서 틈틈이 프리메이슨 노릇을 했다? 동무는 어디서 그런 진리를 캐는 거요?

— 프랑스와 미국 및 다른 나라의 몇몇 대통령이 프리메이슨이었습니다. 사람들 말이 우리의 옛 지도자들도 그렇다고 합니다. 흐루쇼프는 거기에 포함되지 않는데, 왜냐하면 그가 좀 모자라기 때문이라고 합니다.

▶ 아니오, 흐루쇼프는 그런 바보가 아니었소. 다만 교양이 없었지.

— 그런데 다들 의장님을 프리메이슨으로 생각합니다.

▶ 그것만 궁리해낸 게 아니오! 우리 적들은 우리가 제2차 대전을 감당할 수 없게 되기를, 우리가 꼭 망하기를, 공산주의가 그 존재를 멈추기를 염원했소. 그런데 그렇게 되지 않았지. 우리는 우리 진지를 더 강화했고 사회주의 진영을 창설했는데, 여기에 스탈린의 엄청난 공적이 있는 거요, – 몰로토프가 말한다.

— 일부 작가들의 생각은 다릅니다. 즉, 러시아는 어쨌든 존속했을 것이고 독일의 지배 밑으로 들어가지 않았을 나라라는 겁니다. 3천 5백만의 인명이 희생된 상태에서 승리가 무슨 의미가 있습니까! 우리가 과연 승리했습니까?

▶ 우리가 승리하는 데 도움이 되지 않는 사람들이 그렇게 말을 해. 편견들로 꽉 차 있어. 러시아가 300년간 타타르–몽골의 압제 하에 있었다는 것을 잊었소? 스탈린 같은 인물이 없었다면... 별로 생각 없는 사람들이 그렇게들 말을 해. 그건 다른 사람의 이야기를 듣고 하는 말이지 자기 자신의 말이 아니오.

— 하는 이야기가 또 있습니다. 몰로토프가 자신의 그릇된 시각을 변호하는 것 말고는 아무 것도 말하지 않을 것이라는 겁니다. 그래서 의장님에게서 얻어낼 게 전혀 없다고 합니다.

▶ 나는 우리가 스탈린 시대에 했던 일이 모두 옳았다고 생각하지 않소. 그러나 기본적인 건 우리의 자부심이오. 만약 우리가 패배했다면, 승리를 오랫동안 기다려야만 했을 거요.

우리 제도, 우리 당, 우리 인민들을 지켰고, 무엇보다 스탈린이 소연방을 구성한 민족들 가운데 가장 우수한 민족이라고 했던 러시아 인민을 지켰소. 스탈린의 말에는 강대국 쇼비니즘이 아니라 역사적 진실이 담겨 있소. 스탈린이 민족문제를 연구했다는 것은 주지의 사실이고, 러시아 인민이야말로 파시즘의 척추를 꺾어버린 결정적 힘이었다는 그의 말은 반론의 여지가 없어. 스탈린은 러시아 인민의 위대한 역사적 숙명과 힘든 사명을 이해했소. 이에 관해 도스토옙스키도 언급한 바가 있는데, 그는 러시아인의 심장이 전 세계적, 전 인류적인 인민 통합을 누구보다도 더 지향한다고 썼는데...

— 골로바노프 원수가 제게 말하길, 자신은 스탈린보다 더 러시아 인민을 걱정하는 사람을 보지 못했다고 합니다.

▶ 러시아도, 소연방도 존속할 것이고, 모두 다 잘될 거요. 스탈린이 언어학 문제를 궁리했던 것은 괜한 일이 아니오. 그는 세계 공산주의 체제가 승리했을 때, 이것이 그의 지상 목표였는데, 아무튼 푸쉬킨과 레닌의 언어가 지구상의 기본 언어로, 국제 공용어로 될 것이라 생각했는데... 역사 서적을 읽으시는가?

— [니콜라이] 카람진이 쓴 『러시아 국가사』를 지금 읽고 있습니다. 혁명 전 판본인데, 유감스럽게도 지금은 출판되지 않습니다.

▶ 그건 물론 재미있지. 그러나 오직 카람진을 통해 역사를 알게 된다면 그건 좋지

않소. 다양한 시각을 아는 것이 필요해. 카람진은 정교회적인 것 하나만을 좋아해.

— 그렇습니다. 하지만 정교회도 긍정적으로 러시아에 기여했습니다.

▶ 물론, 그렇지. 예전에 내가 외무성에서 그 문제에 대해 직원들 앞에서 연설한 적이 있었소. 데미안 베드늬가 쓴 단편인지 우화인지 때문이었는데, 그의 주장은 슬라브인들이 정교회를 받아들이려고 마치 바보들처럼 드네프르로 몰려갔다는 것이었소. 그런데 마음을 진정시키고 보니까 그것은 결코 바보짓을 한 게 아니라 유럽 쪽으로의 일보였으며, 우리 이웃들과의 관계에서 실수를 저지르지 않기 위해 우리에게 가장 필요했던 사람들 쪽으로의 일보였던 거요. 그것은 러시아를 위해 유용한 일이었고, 자신의 멍청함을 보여준 게 아니었소. 진짜 볼쉐비키나 공산주의자들 중 모두에게 그게 이해되었던 건 아니지. 아무튼 그것은 우리나라와 우리 인민의 발전을 위한 정신적이고 정치적인 행보였는데...

유대인, 기독교인 등 많은 사람들이 블라디미르 모노마흐[26]에게 모여들었소. 이는 그것 때문이 아니라 다른 이유 때문이었는데... 이슬람교는 적합하지 않았소. 왜냐하면, "루시의 즐거움은 마시는 것"인데, 왜 그런지 모르지만... 반면 정교회는 큰 화려함, 즉 장식도 허용하지.

물론 그건 실제로 그랬던 게 아니라, 동방의 무슬림 쪽보다 서방 쪽에, 서방의 문화에 더 가까워지고자 하는 바람이 있었소. 그래서 서방으로 향했는데, 그곳의 문화수준이 더 높았고, 그곳이 우리를 높여줄 수 있는 유일한 곳으로 여겨졌소. 이게 바로 서방으로의 전환이오.

스탈린도 호전적 무신론자가 아니었다는 사실을 알아야 해요, - 몰로토프가 말한다. - 물론, 무엇보다도 그는 혁명가였으며 정교회 지배에 반대하는 레닌의 노선을 꾸준히 실현했소.

— 우리 장군들이 제게 이야기하기를, 스탈린이 전투에 앞서 송별사를 하면서 "제발, 신이시여!" 또는 "주여, 도우소서!"라는 말을 자주 했다고 합니다. 그런데 전쟁 중에 크렘린 [경비대]에서 복무했던 작가 블라디미르 솔로우힌이 제게 말했습니다. "요시프 비사리

26) 키예프 대공 블라디미르 모노마흐는 자신의 재위기간(1113~1125년)에 키예프 공국의 중흥을 이루어냈다. 12세기 중반부터 안정을 잃었던 이 나라는 1237~1242년 몽골군의 침략으로 몰락했다. 참고로, 블라디미르 1세 스뱌토슬라비치(재위기간: 980~1015년)는 988년 동로마제국 황제 바실리 2세의 동생 안나와 결혼하며 정교회를 받아들였고, 이를 계기로 키예프 루시의 기독교화가 이루어졌다.

오노비치가 현관 계단으로 나가는데, 왼편에는 총주교 알렉시이, 오른편에는…" 그래서 제가 말을 가로채 "몰로토프지요?"라고 했더니, 그가 주저 없이 대답했습니다. "아니, 크루티츠키 콜로멘스키 대주교야. 그런데 자네 왜 웃지? 그는 사제들을 존경했어. 신학교를 다닌 영향이 있는 거야."

▶ 그의 말은 너무 과해, – 몰로토프가 빙그레 웃는다. – 정말이오, 우린 때로 교회 성가곡을 부르곤 했소, 점심식사 후에. 그런 적이 있었고, 또 백군 노래를 부르기도 했지. 스탈린은 듣기 좋은 목소리를 가졌는데…

어려운 일을 많이 겪었지만 지금 우리는 굳은 반석 위에 서 있소. 우리 역사가들 및 그들과 한 지붕 아래 사는 사람들이 일부 어리석음을 저지르고 있소. 하지만 우리는 기본적인 것을 장악하고 있고, 우리가 거둔 승리는 굳건하지.

하지만, 물론, 다시 힘든 시간을 여러 번 겪어야 해.

1972년 8월 15일, 1983년 3월 11일, 1985년 10월 4일

"뱌체슬랍이 일하게 해…"

— 스탈린은 받은 선물을 모두 박물관으로 보냈습니다, – 쇼타 이바노비치가 말한다.

▶ 그렇지, 박물관으로 보냈지. 내게도 선물을 했는데, 그것들을 외무성 안에 어디엔가 쌓아뒀소. 마오쩌둥이 내게 아주 멋진 자기 꽃병들을 선물했고 나중엔 어떤 조각품들을 선물했는데, 그게 다 외무성에 남아 있소. 일부는 아마 각료회의에 있을 거요. 나는 그것에 신경 쓸 겨를이 없었소. 스탈린에겐 전속 박물관이 있었지. 아주 값진 물건과 예술품을 많이 선물 받았는데, 그것들은 충분히 보관할 가치가 있었소.

— 지금은 전부 자기 집으로 가져갑니다.

▶ 그럴 수 있어, 그럴 수 있지.

— 우리가 얼마 전에, – 내가 몰로토프에게 이야기한다. – 스탈린의 옛 다차에 가봤습니다. 근저 말입니다. 거기서 경비원과 이야기를 나눴습니다. 그는 스탈린 때도 그곳에서 일했는데, 스탈린이 쓰러지던 그날 밤에 당직을 섰답니다. 그의 말에 의하면, 스탈린이 저녁에 산책을 하다가 누군가에 다가가서 물었답니다. "자, 오늘 함께 저녁 먹겠소?"

▶ 그럼, 그럼.

— 그가 말하길, 스탈린이 자기 방에 들어갔는데, 그러고는 나오지 않았답니다.

▶ 나오지 않았다... 내가 스탈린과 크렘린에 있는 한 아파트에 살았는데, 그게 있던 자리가 지금 대회 궁전이 신축된 그곳이오. 드물긴 해도, 서로 집에 놀러 다니기도 했어. 꽤 자주 그랬던 시절도 있었지. 흔히 스탈린의 다차로 몰려가곤 했소. 여기저기 다녔는데 근저에 더 많이 갔지. 스탈린의 원저는 도모제도보 지구 쪽에 있었소.

종전 후에 그가 물었소. "내가 없으면 동무들한테 무슨 일이 있을까? 만약 전쟁이 터지면? 동무들은 군사 일에 관심이 없어. 아무도 관심이 없고 군사 일을 몰라. 동무들은 어떻게 할 거요? 제국주의자들이 동무들을 교살할 거요."

그런 비난 속에 일련이 진실이 있었소. 우리는 군사 일에 거의 관심이 없었지. 말해야 할 것은 스탈린이 1930년대와 전쟁 때 정확히 제 자리를 지켰다는 사실이오. 왜냐하면 전쟁학을 알아야 했을 뿐만 아니라, 군사 일에 대한 감각을 가져야 했기 때문이오. 스탈린에겐 그 감각이 있었지.

종전 후에 스탈린이 은퇴할 생각을 했는데, 한번은 식탁에 앉아 이렇게 말했소. "이제 뱌체슬랍이 일하게 해. 그가 더 젊잖아."

그는 자신의 다차에서 그렇게 말했소. 최측근들 앞에서 말이오. 그 어떤 축배 제의도 없이 그렇게 말했소.

1972년 10월 4일, 1973년 6월 6일

— 의장님께선 스탈린이 종전 후에 은퇴해야 마땅했다고 생각하십니까?

▶ 아니오, 나는 그렇게 생각하지 않아. 하지만 내가 보기에 그는 너무 지쳐있었소. 그리고 누구는 그걸 기회로 삼았지. 그에게 아첨했고, 그의 환심을 사려 노력했소. 그래서 결국 흐루쇼프는 신뢰를 얻었고, 나는 불신을 당했어.

— 그를 당의 명예의장으로 남겨두어야 했지 않습니까?

▶ 뭐, 그럴 수도 있지. 단지 명예의장이 아니라...

— 그런데 그는 일하는 능력이 있었습니까?

▶ 점차 능력이 떨어졌지. 그가 소련 각료회의 의장이었는데, 각료회의 때 그걸 주재한 사람은 스탈린이 아니라 보즈네센스키였소. 보즈네센스키 다음에는 말렌코프가 회의

를 주재했는데, 왜냐하면 나는 외무성을 맡고 있었고 게다가 제1대리에 속하지 않았기 때문이오. 만약 그랬더라도, 그건 단지 형식적인 거였소.

"우리 러시아인들은..."

— 그는 러시아를 매우 사랑했지요, – 쇼타 이바노비치가 말한다. – 왜 그랬을까요? 저는 이렇게 생각합니다. 그는 러시아에, 시베리아에 살았고, 내전을 연구했습니다. 각지에 있는 농촌 마을들을 경험했고 러시아 인민을 아주 잘 이해했으며 그들을 매우 사랑했습니다.

▶ 그렇소, 많이 사랑했지, – 몰로토프가 찬동한다.

— 러시아를 통치하면서 러시아 인민을 사랑하지 않는 것은...

▶ 독일인들은 사랑하지 않았지, – 몰로토프가 지적한다.

1971년 7월 28일

— 스탈린이 소비에트 인민의 이름으로 "우리 러시아인들은..."라고 말했습니다, – 내가 대화를 시작한다.

▶ 우리 러시아인들이 선봉에 서 있소, – 몰로토프가 말한다. – 하지만 러시아로 모든 걸 귀결시키면 안 돼. 그게 전부는 아니야. 러시아인만이 훌륭하다고 생각하면 안 돼. 그런데 동무가 스탈린에 관해 쓴 시에 이런 구절이 있더군. "이 위대한 러시아인은 그루지야인이다." 내가 보기에 그건 꽤 신랄한 표현이오. 여기에는 러시아성을 강조할 것이 아니라, 무언가 국제주의에 관한 것을 보충해야 해. 러시아인들 역시 스스로는 아무 것도 안 했을 텐데, 왜냐하면 그들에게도 역시 많은 결점이 있기 때문이야. 그래, 그건 당연한 것이지 않은가.

그러나 러시아인들 이외에 그 누구도 사회주의 혁명을 생각하지 못했소. 러시아인들이 처음으로 그것을 생각해냈지. 그렇게 된 거요.

— 사람들은 러시아인이 아니라 유대인이 혁명을 한 것이라고 합니다.

▶ 그걸 믿는 사람들은 소수에 불과해. 그래, 첫 번째 소비에트 정부에서, 또 정치국

에서 다수를 구성했던 것은 유대인이었소.

러시아인은 유대인이나 침략의 원수들이 자신을 흔들어댔을 때, 단단히 결집해서...

1982년 12월 9일

▶ 부하린은 당에서 제명됐을 때 가족을 바꿨소.[27] 젊은 처녀와 결혼했는데, 아주 아름다운 유대인 아가씨였소. 결혼생활이 길지 못했지. 첫 번째 부인은 러시아 여자였소. 아내가 유대인 여자인 사람들이 많았는데, 보로쉴로프, 안드레예프, 릐코프, 키로프, 칼리닌... 그건 다 이유가 있소. 유대인들 사이에 반항적이고 혁명적인 분자들이 차지하는 비중이 러시아인들에서의 비중에 비해 더 컸어. 그들은 모욕당하고 고통과 학대를 받은 사람들이었고, 더 약삭빠른 사람들이오. 그들은 이를테면 온갖 곳으로 스며들었는데... 그들은 소시민들이었소. 아주 오랜 기간 도시에 살았고, 그들의 인생 역정은 숫기 없는 러시아인들과는 비교할 수 없을 정도로 아주 적극적인 삶을 살도록 했는데...

탐색하고 망설이고 있는 동안에, 늘 그들은 이미 준비를 하고 있지.

1972년 4월 13일, 1972년 8월 15일, 1973년 4월 27일, 1975년 8월 15일

▶ 미국인들은 이전에도 더 높은 수준에 있었고, 그렇기 때문에 그들에겐 커다란 도약을 해야 할 필요가 없었지만, 우리는 그래야 해. 그런데 우리가 그런 일에 별로 소질이 없다는 게 드러나고 있소. 우리는 더 건설해야 하는데도 나라에 인구도 충분하지 않고, 나중에 국가가 모든 것을 감당해야 하는데도 자영 농민을 전혀 보살피지 않고 있어.

1981년 9월 30일

▶ 1918년에 레닌이 "러시아인은 나쁜 일꾼"이라고 썼소. 그는 러시아를 소농의 나라라고 불렀어. 낮은 레벨에서 더 높은 레벨로 도약하기 위해서 우리에겐 발전한 나라들에서 필요로 했던 것보다 더 많은 시간이 필요해.

우리에게 10~20년은 긴 시간으로 여겨지는데, 이런 수준에서 어떻게 도약할 건지... 러시아인들은 큰 도약을 이루거나 아니면 그냥 모든 것에 만족하거나 하지. 확인해봐!

---

27) 부하린은 1934년 안나 라리나(1914~1996)와 결혼하였다. 그로서는 세 번째 결혼이었다.

1918년에 그렇게도 어려웠는데, 레닌은 이미 그런 결론을 갖고 있었던 거요! 잘 조직화되었다면 우리에게 사람도 충분했을 거야. 그런데 우리는 그게 부족해.

일본인들은 잘 훈련돼 있는데, 우리나라에선 자본주의의 발전 부족이 사회주의에 나쁘게 영향을 미치고 있어.

1981년 9월 30일

▶ 스탈린은 민족문제인민위원이자 동시에 노농감독인민위원부, 당시 불렀던 대로하면 랍크린의 인민위원이었소. 레닌이 복잡한 문제들에 대한 감사 업무를 랍크린에 맡겼지. 스탈린의 편지를 받았는데, 그가 이렇게 썼소. "인민위원으로서 내가 레닌에게 가서 어떤 위원단을 구성하겠다고 하면서 위원 내정자들 이름을 쭉 나열하니까, 그가 내게 "거기 유대인이 한 명도 없다고? 아니오, 그럼 되는 일이 없소!"라고 말하더군."

우리 러시아인들에게 이런 모욕이 어디 있나. 그건 레닌에게도 모욕이 아닌가! 레닌은 러시아인더러 "게으름뱅이"라고 했어. 그도 러시아인이 진짜 게으름뱅이라는 사실을 엄청난 모욕으로 받아들였다는 게 느껴져. 일을 시작하면 끝내지 못하고… "수다 떨고 지껄이는 건 우리가 장인이오! 그런데 조직하는 건 젬병이야", "지껄이다", – 이런 게 레닌이 잘했던 말이었소.

1980년 4월 29일

▶ 1939년에 리트비노프가 해임되면서 내가 외교 업무를 맡았을 때, 스탈린이 내게 이렇게 말했소. "인민위원부에서 유대인들을 제거해!" 맙소사, 그게 무슨 소린지! 문제는 당시 유대인들이 외무성 간부진의 절대다수를 구성하고 있었고, 대사들의 인적 구성도 마찬가지였다는 데 있었소. 물론 그건 올바른 상황이 아니지. 리트비노프 역시 유대인인데… 그리고 각자는 모두 배후에 일단의 자기 사람들을 갖고 있었소. 게다가 내가 인민위원부에 부임했을 때 나를 깔보듯 내려 봤고, 내가 취하기 시작한 조치들을 조롱했어…

스탈린은 물론 유대인과의 관계에서 신중했소. 그럼에도 스탈린에게 가장 충성스러웠던 사람이 바로 [라자리] 카가노비치요. 베리야가 카가노비치 뒤에서 이렇게 말했소. "라자리, 저건 이스라엘이야…"

때로 사람들이 스탈린을 반유대주의자로 묘사하고 있지만, 그는 반유대주의자가 아니었소. 그는 높은 노동생산성, 결속력, 정치적 적극성 등 유대 인민에 있는 많은 장점을 지적했어. 그들에게 정치적 적극성은 물론 평균 이상이야. 그렇기 때문에 한 쪽에 아주 열렬한 사람들이, 또 다른 쪽에 그냥 열렬한 사람들이 있어. 흐루쇼프 시대의 상황에서 그들이, 후자들이 머리를 쳐들었소. 그들은 스탈린을 아주 증오했지.

하지만 제정 시대에 유대인들은 감옥과 유형지에 그리 많지 않았소. 소비에트 권력이 수립된 후 많은 유대인이 즉시 볼쉐비키가 되었는데, 그들 중 다수는 과거에 멘쉐비키였소.

그래도 역시 러시아에는 다른 나라에 없던 볼쉐비키가 있었소, – 몰로토프가 말한다. – 그들에 대해서는 자부심을 가질 만해. 러시아인들이 나쁘게 굴면, 그들에게 침을 뱉어도 돼. 그러나 자부심을 가질만한 부분이 있어.

— 아무리 헛짓을 했더라도 러시아가 세계를 몇 차례 구했습니다, – 내가 말한다.

▶ 그리고 약탈했고, 억압했고, 또 인민의 감옥이기도 했지, – 몰로토프가 부연한다.

1971년 11월 23일, 1975년 1월 14일, 1975년 7월 17일,
1977년 3월 10일, 1979년 4월 10일, 1986년 1월 1일

▶ 레닌은 대러시아 쇼비니즘에서 주된 위험을 보았소. 그가 그렇게 공산당원들을 육성한 것이 그의 가장 큰 공적이라고 생각해.

러시아 인민은 다른 인민들을 도와줬소.[28] 그건 옳은 일이지만 절반의 일에 불과해. 다른 인민들은 러시아의 전제와 짜리즘이 청산되자마자 자신의 능력을 발전시켜 나아갈 수 있었소. 그걸 보지 못하면 근본적인 것을 간과하는 거요. 그걸 호도하면 안 돼. 만약 우리 러시아인들이 그것에 관해 말하지 않는다면, 우리 뒤에는 항상 사이비 친구들만 있게 될 거요.

— 승리 후에 스탈린은 건배하면서 러시아 인민이 전쟁에서 지도적 추동세력이었다고 말했습니다, – 내가 말한다.

---

28) 여기서 인민은 그 의미하는 바가 민족과 유사하다. 즉, 러시아 민족이 우크라니아, 벨로루시, 그루지야 등의 민족을 도왔다는 뜻이다. 그러나 엄밀히 말하면 양자는 다른 개념이다. 스탈린의 정의에 따라, 민족이 "언어, 영토, 경제생활, 심리적 기질의 공동성에 기초하여 역사적으로 형성된 사람들의 견실한 공동체"라면, 인민은 민족 내의 피압박, 피지배적 존재들을 뜻한다.

▶ 그건 누구도 부정할 수 없는 사실이오. 나도 옳다고 생각해. 그는 지혜, 인내력, 기질에 관해 말했고 또 우리의 과오에 대해서도 말했소. 비판적으로 접근했어. 그러나 문제는 그게 일정 시기에 부합하는 발언이었으며 전체적으론 미완이라는 거요.

혁명을 성취하기 위해 러시아인들은 다른 인민들과 굳건한 동맹관계를 가져야 합니다.

1972년 12월 12일

▶ 그래도 과업을 수행하는 것은 소연방이오. 러시아소비에트연방사회주의공화국이 아니야. 러시아소비에트연방사회주의공화국에서 시작됐지만 아직 이룬 게 적어. 그것을 더 넓게 전 세계로 확대해야 해. 그런데 러시아소비에트연방사회주의공화국에서 그 모든 게 유지될까? 전 세계의 혁명 없이 승리란 없소. 혁명이 지체됐어.

러시아 인민의 가장 큰 자부심은 그들이 소연방뿐만 아니라 세계 혁명의 선두에 서 있다는 데 있소. 자신의 역할을 비하하면 안 되지. 반대로 우리가 가장 위대하며 전 세계적 목표를 위해 투쟁하고 있다는 걸 보여줘야 해. 그것 없이는 공산주의가 불가능해. 그에 관해 심각하게 생각해야 해.

러시아 공산주의자들은 세계 혁명을 수수방관할 수 없어. 그들은 더 넓게 봐야 하고 세계 혁명을 위해 투쟁해야 해. 그것을 설명해야 하고, 그것으로부터 숨지 말아야 해.

세계 혁명은 러시아 사회주의의 의미를 낮추는 게 아니라 확대시켜. 러시아 인민이 선두에 서지 않으면, 세계 혁명이 사기꾼들 손아귀로 전락할 거요.

1982년 3월 12일

— 혁명 후에 볼쉐비키는 연방제 기반 위에서 거대한 제국을 보존할 수 있었습니다.

▶ 물론, 그것은 아주 어려운 과업이었는데... 만약 레닌주의 민족정책이 실행되지 않는다면, 지금 공화국들이 아마 우리들에게서 이탈할 거요. 우리에겐 엄청난 경험이 있소. 우리가 독립을 허용한 폴란드, 핀란드, 발트 3국 등을 제외하곤, 온갖 어려움 속에서도 우리들에게서 아무도 이탈하지 않았소. 발트 연안국들은 일정 시기까지 독립해 있었지. 그건 레닌이 민족문제를 백안시하는 자들을 좌우로 비판하며 신중히 만들어 확고히 추진했던 정책을 그대로 실행한 덕분이오. 퍄타코프나 부하린 같은 자들은 이미 민족문

제가 무의미하다고 했소. 그것이 얼마나 근시안적인지 소부르주아적 만용이 느껴질 정도였어. 오직 계급적 접근만 생각했던 거지. 그게 전부요. 그런데 레닌과 스탈린은 민족문제를 잘 이해했소. 아니 어떻게 레닌이 당시 가장 중요한 직책 중 하나인 민족문제를 다루는 인민위원부의 수장으로 스탈린이 아닌 다른 사람을 임명할 수 있었겠소? 그래서 그를 민족문제인민위원부 수장으로 세웠던 거요![29]

1972년 12월 12일, 1973년 4월 27일

▶ 레닌은 스탈린이 민족문제에 관해 논문 쓴 것을 매우 칭찬했소. 결코 쉽지 않은 그 과제를 스탈린에게 맡겼지만 그를 비판하기도 했소. 스탈린과 제르진스키에 관해 레닌이 말하길, 이방인들이 때로 러시아인 자신보다 더 러시아스럽게 된다고 했어. 스탈린에게서 물론 그것이 아주 잘 발현됐는데, 특히 그의 말년에 그것이 지나칠 정도였소. 그는 다른 소수민족의 대표자가 자신의 성을 러시아식으로 바꾸는 것을 좋아하지 않았는데, 이렇게 물었소. "그런데 그가 러시아 민족을 배반하지 않을까?" 그는 기본적으로 러시아인, 우크라이나인, 벨로루시인들로 고위 직책을 채워야 한다고 생각했소.

1975년 5월 7일, 1975년 7월 17일

▶ 스탈린의 성격에 있는 복잡성 모두를 고려해야 되는데… 러시아성(性)과 관련해, 그는 러시아인이 정부를 이끌어야 한다고 생각했소. 그는 소브나르콤 의장이 되는 것을 오랫동안 사양했지. 동의하지 않았다기보다는 그런 문제를 제기하지 않았소. 그런데 나는 내가 소브나르콤 의장이 되기 직전에 스탈린에게 편지를 써서 그가 의장이 되는 것이 더 좋을 거라고 했는데, 그게 1930년 말이었소. 릐코프를 더 이상 그 자리에 둘 수 없고, 그래서 우리는 당신이 그 자리를 맡는 걸 원한다고 한 거지. 나는 당 중앙위원회

29) 스탈린은 1913년에 발표한 「맑스주의와 민족문제」에서 지역 자치를 민족문제의 해법으로 제시했다. 이것이 10월혁명 후 다민족국가인 소비에트 러시아에서 볼쉐비키 정권이 추진한 민족정책의 토대가 되었는데, 민족문제인민위원으로서 스탈린은 자신이 규정한 민족 개념에 의거하여 각 민족의 카테고리를 정한 후 각 민족에 그 발전 수준에 따라 자치주, 자치공화국, 민족공화국이라는 형태의 생활공간을 부여하고 일정 수준의 행정적 자치권을 인정했으며, 이를 기반으로 소비에트사회주의공화국연방(CCCP)의 국가체계를 조직하였다. 제정 시대의 러시아화 내지 동화정책과 대조되는 레닌 · 스탈린의 민족정책은 특히 대러시아 쇼비니즘을 통제하면서 소수민족 보호를 지향했다는 특징이 있다.

서기로 일하고 있었고, 그는 소치에서 휴가 중이었소. 그는 내게 편지를 보내서 내가 맡아야 한다고 했소. 나는 그에게 보낸 답장에서 내가 물론 비중 있는 정치국원이고 만약 인민들이 내가 적합하다고 생각한다면 그렇게 하겠지만, 그래도 그가 그 자리를 맡는 게 더 좋을 거라고 했소. 그게 관행이었고 레닌 치하에도 그렇게 했거든. 레닌은 당의 명실상부한 지도자였고 소브나르콤 의장이었소. 그런데 내가 제1서기 같은 직책에 있었는데, 그것은 나중에 제1서기가 획득한 지위와 전혀 달랐소. 반면 레닌 치하 제10차 당대회 후 내가 책임서기가 되었을 때 스탈린은 서기국에 없었소. 그는 정치국원이자 조직국원이었는데, 나 역시 조직국에서 의장 역할을 맡기도 했지.

스탈린과 나 사이의 편지 교환은 비밀사항이었고 군사연락망을 통해 이루어졌는데, 체카 요원들이 그 임무를 수행했소. 사적인 것도 반(半)공식적인 것도 있었는데, 스탈린이 휴가 중일 때 나는 그를 대리했고 정치국 자료들을 준비했소.

스탈린이 이렇게 말했소. "[그루지야의 소수종족인] 메그렐인들은 말을 훔쳤다고 말하지 않아. 말이 나를 데려 갔다, – 그렇게 말하지."

1973년 6월 6일

…우리가 압하지야의 소요사태와 그루지야에 대한 압하지야인의 요구에 관해 말하기 시작했다.[30]

▶ 혁명 후 그곳 사람들 중 일부는 영어를 국가 공용어로 삼자는 생각을 갖고 있었소, – 몰로토프가 말한다.

1978년 7월 16일

— 전쟁 기간 중 여러 인민들을 통째로 강제 이주시킨 것을 의장님께선 어떻게 설명하시겠습니까?

▶ 그건, 지금 우리가 현명해졌지. 우린 모든 걸 알고 있고, 모든 걸 시간 속에 뒤섞고 시간을 한 점으로 압축하고 있어. 모든 것에 나름의 때가 있소. 전쟁 중에 대대적인

30) 소연방 시절에 압하지야는 자치공화국 형태로 그루지야공화국 안에 포함되어 있었다. 압하지야인들의 그루지야로부터의 분리 요구는 1957년과 1967년, 그리고 1978년에도 표출되었는데, 소연방 해체 직후인 1992~93년에는 무력충돌로까지 번졌다.

배신에 관한 정보가 우리에게 올라왔소. 카프카스인들로 구성된 부대들이 전선에서 우리에게 반기를 들고 뒤에서 우리를 가격했소. 그건 죽느냐 사느냐의 문제였고 심사숙고할 겨를이 없었어. 물론 무고한 사람들도 화를 당했지. 하지만 나는 우리가 그때 올바르게 처리했다고 봐요.

1970년 4월 22일

— 전쟁 중에 왜 칼미크인들을 추방했습니까?[31]

▶ 그들이 독일군을 도왔소.

— 어떤 작가가 제게 말하길, 의장님께서 스탈린이 1943년경 공산주의자이기를 중단했다고 말씀하셨답니다.[32]

▶ 무슨 황당한 소리를! 나는 그렇게 말할 수도 없을 뿐만 아니라 스탈린에 관해 그렇게 생각조차 해본 적이 없어.

1984년 10월 30일

— 문인회관에서 작가들과 미코얀의 만남이 있었는데, – 내가 이야기한다. – 30명 정도가 참석했습니다. 원래 대강당을 예상했는데 참석 인원이 적었기 때문에 소강당에서 모임을 가졌고 큰 테이블 하나에 모두가 둘러앉았습니다.

주제는 소연방 수립 50주년이었습니다. 연방 창설과 관련해 어떤 제안들이 있었는가, 그것을 레닌이 어떻게 경청했는가 등의 문제들이 언급되었는데... 스탈린은 모든 공화국이 자치공화국의 지위로서 러시아소비에트연방사회주의공화국으로 편입될 것을 제안했지요. 그런데 미코얀이 두 번이나 반복한 표현에 의하면, 레닌이 스탈린에 "격분"했다는 겁니다. 나중에 스탈린이 자신의 과오를 인정했다고 합니다.

▶ 사실은, – 몰로토프가 설명한다. – 그 경우 스탈린이 레닌의 노선을 계속 추구했던 거요. 그런데 레닌은 전에 그 자신이 설교했고 또 스탈린이 잘 알고 있던 방침에서부

31) 1942~43년 독일군 점령 하에 있었던 칼미크자치공화국은 1943년 12월 소련 최고회의 간부회 명령으로 해체되어 아스트라한 주로 흡수되었고, 칼미크인 상당수가 시베리아, 중앙아시아 등지로 강제 이주되었다. 1956년 칼미크인들이 복권되었고, 1958년에 칼미크자치공화국도 다시 수립되었다.

32) 스탈린은 1943년 5월 코민테른을 해산했다.

터 더 나아간 겁니다. 해당 문제의 두 번째 단계로 나아간 거요.

원래 레닌은 연방 원칙에 반대하고 있었소. 연방제를 원치 않았던 거지. 왜냐하면 그는 중앙집권주의를 지지했거든. 모든 걸 노동계급의 수중으로 집중시켜야 한다는 거요. 국가를 강화하기 위해서 노동계급이 나라의 모든 중심점을 장악해야 한다는 겁니다. [그러다가 그의 입장이 바뀌었지.] 그의 민족문제에 관한 논문을 읽어봐요. 자치제, – 좋다. 자치제로 가야 한다. [그리 된 거요.]

그리고 레닌은 자신의 기존 방침을 재빨리 변경했고, 더 높이 올라갔소. "자, 다른 [형태의] 연방제 공화국을 수립합시다!"

스탈린이 처음에 그게 무엇인지 몰랐소.

1972년 6월 21일

— 코스모폴리탄이즘에 관해 질문이 있습니다. 코스모폴리탄이라고 불렸던 문인들 중 실명이 밝혀진 사람들 모두가 유대인 출신 인사들이었습니다. 그들에게 꽤 가혹한 탄압이 가해졌습니다. 지금 많은 사람이 문제를 제기하고 있는데...

▶ 물론, 제기되지 않을 수 없지. 그게 모두 올바로 처리된 것 같지는 않지만, 상당히 유력한 근거도 있었소. 일부 공화국에서 소비에트 국가에 반대하는 꽤 큰 그룹들이 적발되었소. 그렇게 엄청난 손실을 겪은 인민들의 승리를 지키고 희생을 줄이기 위해 가차 없는 대응이 불가피했는데, 여기엔 어떤 모순도 없어. 아무도 스탈린만큼 제대로 민족문제를 해명하지 못했고, 아무도 스탈린만큼 영민하게 우리 민족공화국들을 조직하지 못했소. 중앙아시아 공화국들의 수립은 완전히 스탈린의 작품이오! 그리고 중앙에서 누구도 관심을 갖지 않았고 전혀 제대로 알지 못했던 일련의 민족에 대한 발견 자체도, 그들 사이의 국경도 스탈린의 작품이라 할 수 있는데, 왜냐하면 레닌을 포함해 우리 모두가 전혀 그 일에 종사한 적이 없기 때문이오. 그런데 스탈린이 그 일을 훌륭하게 해명했소. 실제 격렬한 투쟁이 진행됐는데, 예를 들면 카자흐인들은 타쉬켄트를 갖기 위해 싸웠고 타쉬켄트가 그들의 수도가 되길 원했소. 스탈린이 그들을 불러서 문제를 논의했고, 국경을 살펴본 후 이렇게 말했소. "타쉬켄트는 우즈벡인들에게, 베르늬[=알마아타]는 카자흐인들에게 갑니다."

그는 결정을 확고히 지켰소. 물론 스탈린은 엄청난 업무를 감당했으며, 말년에는 아주 지쳐있었소. 거의 치료를 받지 못했지. 그것에도 역시 나름의 논거가 있었는데, 그에겐 적이 너무 많다는 거요. 만약 누구라도 불에 기름을 붓기라도 하면... 내 생각에 그가 몇 년 더 살았더라면 나는 나 자신을 무사히 보존하지 못했을 거요. 그러나 그럼에도 나는 그를 우리들 중 그 누구도 완수할 수 없는, 당시 당에 있던 사람들 중 그 누구도 완수할 수 없는 그런 엄청나고 어려운 제 과제를 완수한 사람으로 간주했고 또 지금도 그렇게 생각하고 있소.

1972년 2월 3일

공산주의와 민족

— 공산주의 하에서 민족적 특성들이 유지되겠습니까?

▶ 음, 없어질 거요.

— 하지만 그건 좋지 않습니다!

▶ 왜 안 좋은가? 우린 풍요로워질 거요. 동무는 무얼 생각하시는가? 독일인에게 민족적 장점이 없다고 생각하시오? 프랑스인에겐 그게 없을까?

— 하지만 그렇게 되면 우리에겐 제2의 푸쉬킨, 제2의 차이콥스키, 제2의 수리코프[33]가 등장하지 않을 텐데... 공동의 국제 문화가 있게 됩니다.

▶ 이미 조성된 것으로 자신의 시야를 제한하면 안 되지. 더 넓게 사고하는 법을 배울 때요. 만약 동무가 그것을 배우지 못하면, 동무는 안목이 좁은 반(半)공산주의자로, 러시아인으로 남겠지, 그 이상은 아닐 거요. 누구도 동무에게서 민족적인 것을 빼앗지 않을 것이고, 그 대신 동무는 한 단계 위로 올라가는 거요. 그러나 동무가 그런 입장을 고수한다면 동무는 러시아소비에트연방사회주의공화국의 훌륭한 시인이 되겠지만, 소연방의 훌륭한 시인은 못 될 거요. 트바르돕스키는 러시아의 시를 위해 투쟁했소.[34] 그는 지금 최고의 러시아 시인이오. 내가 그를 기억하는데, 그는 많은 재능이 있지만 식견이 아주 좁아. 왜냐하면 우리들 중 많은 사람이 농민적인 것이 지배적인 나라인 러시아의

33) 바실리 수리코프(В.И. Суриков, 1848~1916)는 러시아 화가로 역사화(歷史畫)의 거장이다.

34) 알렉산드르 트바르돕스키(А.Т. Твардовский, 1910~1971)는 유명 시인으로, 1950~54년과 1958~70년에 잡지『노비이 미르』편집장을 지냈다.

시야로 제한되어 있기 때문이오. 그 농민적인 것을 맑스는 농촌 백치주의라고 불렀소. 농민적 편협성이 백치주의로 옮겨가는 거요. 좁은 시야, – 이것을 농민도 좋아해. 농민적 편협성은 그것이 러시아인이건, 그루지야인이건, 독일인이건 모두 똑같지... 내게 작은 책자가 있었소. 전쟁 후에 어쩌다 입수했는데, 차이콥스키와 타네예프[35] 간의 서간집이요. 타네예프는 차이콥스키의 음악과 색채의 풍부함에 열광했고 러시아 문화에 큰 자부심을 가졌소. 그런데 차이콥스키가 옳아. 그가 말하길, 그는 독일 음악에도, 이탈리아 음악에도, 프랑스 음악에도 열광한다고 했소. 뭐, 그는 러시아인이 아닌가? 진정한 러시아인이지. 그러나 모든 것을 러시아로 귀결시키지 않았는데... 가장 재능 있는 사람들은 자기 시야를 제약하지 않고 오히려 이웃에게서도 뭔가 유용한 것을 얻어내고 있소. 그것 참 멋지지 않나!

1972년 12월 12일

공적과 과오

— 스탈린 꿈을 꾸십니까?

▶ 자주는 아니지만 가끔 그가 꿈에 보이지. 완전히 비정상적 상황에서 보이는데, 어떤 폐허가 된 도시에서라든가... 전혀 빠져나올 수 없는 데서... 그러다가 그를 만나는 거요. 한마디로 꿈이 아주 괴상하고 아주 혼란스러워.

1975년 7월 17일, 1976년 6월 30일

▶ 스탈린은 레닌의 훌륭한 해설자 역할에 그치지 않았소. 아니야, 그는 뭔가 새로운 이론적 기여를 했소. 암, 그렇지.

첫째, 이미 혁명 전에 레닌이 스탈린을 "대단한 그루지야인"이라고 부르면서 민족문제에 관한 그의 논문을 칭찬했다는 사실을 잊으면 안 됩니다. 나는 그것이 베를린에서 발행되던 백위대 잡지에 실렸던 걸로 기억하는데,[36] 그들이 말했소, "대단한 그루지야인"

---

35) 세르게이 타네예프(С.И. Танеев, 1856~1915)는 러시아의 유명 음악가이다.
36) 스탈린이 1912년 말에서 1913년 초에 빈에서 민족문제에 관한 논문을 썼는데, 이는 1911~14년 페테르부르크

이라고. 예전에 스탈린의 소책자를 읽었는데, 아주 멋진 책이오. 그 책은 물론 엄청난 의미를 갖는 민족문제에 관한 맑스주의 이론을 해명하는 데 결정적 역할을 했소.

내가 보기에, 더 나중에 한 일들 가운데 그의 큰 업적은 농업집단화에 있소. 어떤 역할을 했느냐? 그게 이론적으로 아주 중요한데, 레닌이 생각하지 못했고 또 생각할 수 없었던 것에 관해서 바로 스탈린만이 심지어 레닌과도 다르게 말했소. "우리는 콜호즈를 통해, 아르텔을 통해 나아가야 합니다." 레닌에겐 그게 없었소. 레닌에겐 토지의 공동경작 회사, 아르텔, 코뮨이 있었는데, 그가 보다 중시했던 것은 코뮨이었소.[37)]

스탈린은 농업집단화 초창기에 자신이 그루지야에서 했던 일에 관해 아주 상세하게 이야기했소. 그때가 세르고[=오르조니키제]가 아직 카프카스 주 당위원회에 있던 시절인데, 1920년대 초반이었소. 아마 1920년대 중반일 수도 있고, 확실치 않네.

세르고가 스탈린을 코뮨으로 데려가며 말했소. "우리 지역에서 얼마나 사업이 잘됐는지 한번 보여줄 테니, 갑시다!" — "그래, 가지."

스탈린이 후에 꽤 시니컬하게 또 아주 호의적으로 이야기했소. "그는 자기 지역에 좋은 코뮨이 있다는 것에 열광했는데, 그건 실제로 훌륭하고 기반이 확고한 코뮨이었어. 그곳에 도착하니 일부 코뮨원이 자신들의 사정이 어떠하며 어떻게 생활이 개선되는지 등에 관해 우리에게 이야기했어. 나중에 세르고가 내게 말했어. "너무 자세히는 묻지 마요, 그러면 어떤 꼬투리라도 잡게 되잖아! 그렇게 파내기 시작하면 코뮨이 무너질 수도 있어요." — "이렇게 훌륭한 코뮨이 어떻게 무너져?" — "아냐, 참견하지 마세요." 그가 내게 간청했어. 내가 살펴보니까 실제로 코뮨 대표는 강직한 성격을 가진 아주 건장한 농민으로 영리한 사람이었어. 그가 규율을 지키며 모두를 완전히 장악하고 있었는데, 만약 그의 권력이 좀 약화되면 코뮨이 조각날 것 같았어."

그래서, – 몰로토프가 계속한다. – 내가 들은 그대로 똑같이 이야기하기 어려운데, 아무튼 스탈린은 세르고가 코뮨 때문에 얼마나 그 대표에 전전긍긍했는지, 또 스탈린이

에서 발행되던 볼쉐비키의 월간지 『프로스베셰니예(계몽)』의 1913년 3–5호에 「민족문제와 사회민주주의」라는 제목으로 게재되었고, 1914년에 다시 소책자로 발행되었다.

37) 스탈린의 정의에 따르면, 아르텔(артель) 내에서는 노동, 토지 이용, 기계 및 기타의 도구 등 주로 곡물생산을 위한 기본적 생산수단들이 사회화되지만, 집 주변의 개인용 토지(작은 텃밭, 뜰), 주거용 건축물, 낙농 가축의 일부, 돼지나 양 같은 작은 가축, 가금 등은 사회화의 대상이 아니다. 그는 농업회사나 농촌 코뮨이 아니라 바로 아르텔이 콜호즈 운동의 "기본 고리"라고 주장했다.

아무 것도 묻지 않기를 그들이 얼마나 간절히 원했는지에 관해서 아주 자세히 거의 예술적으로 내게 설명했소. 실제로, 훌륭한 조직가이자 강직하고 헌신적인 그 동무에 모든 게 달려 있었소. 내 생각에, 스탈린에게 그곳은 그가 코뮨이란 대체 무엇인가를 직접 보게 해준 중요한 기회들 중 하나였던 것 같소. 그게 스탈린에게 깊은 인상을 남겼고, 그가 우리에게 기본 방침을 주었소. 그리고 우리 모두는 지금 아르텔과 사적 이윤동기 및 기계화가 우리나라에 필요하다는 것을 지지했소. 사적 이윤동기의 원칙은 물론 오직 대규모 영농기계의 기반 위에서, 오직 도움을 제공할 수 있는 강력한 국가권력의 존재를 전제로 구현 가능한 것이오.

코뮨[건설운동]은 특히 1920년대 후반부 집단화 초기에 시베리아에서 시작됐소. 많은 대단위 영농 지역에서 당 조직의 서기들은 우리의 주된 지향점이 바로 코뮨이라고 생각하는 경향이 있었는데, 당시 코뮨[의 건설]을 위한 압박이 있었소.

리코프는 우리가 망할 거라고 생각했지. 확실히 코뮨은 시베리아와 일부 대단위 영농 지역에 있었거든. 거기엔 훌륭한 지도자들과 중견 볼쉐비키가 있었는데, 그들은 코뮨[건설운동]을 지지하려고 노력했소.

1924년에 나는 쿠르스크 주의 한 코뮨에 있었소. 그곳의 코뮨원들은 자신들이 공용하는 모피 외투들을 옷걸이 하나에 걸어놓고 있었는데, 그들은 그걸 순서를 정해 차례로 입었소.

— 그런데 서유럽에서는 그것 때문에 비난이 일었습니다.

▶ 그건 내가 알 바 아니고... 그래서 스탈린은 적시에 아르텔 노선을 확립하고 아르텔을 통해서 점진적으로 나아가야 한다는 생각했던 거요. 나는 지금까지도, 특히 최근에 그것에 관해 생각하고 있는데, 왜냐하면 나도 집단화에 아주 적극 참여했거든. 우리는 기근 때문에 빈농과 힘없는 중농을 결집시키려 노력했고, 코뮨이 없으면 안 되겠다고 생각했소. 나중에 스탈린이 1930년대 초 콜호즈에 대한 노선을 확고히 정립했고, 물론 어떤 일이 있어도 기계화, 기계화를 실현해야 했는데, 그게 옳았지...

반면 레닌은 이렇게 말했소. "토지의 공동경작 회사와 코뮨을 창립하시오!" 이게 전반적인 이론적 준비였소. 레닌의 저작을 읽어봐요. 그는 농민의 통합에 관해 말하고, 이웃한 농민들에 상호이익을 주는 코뮨에 관해 말하고 있소. 그들이 코뮨에 대한 믿음을 갖게 하려고 말이오.

— 릐코프가 그것에 의거했습니다. 그는 집단화가 실패할 거라고 생각했습니다.

▶ 그건 그렇지. 그러나 그에게는 부하린의 이론적 입장도 있었소. 그것은 레닌이 말년에 쓴 조합에 관한 논문들에 의거했다고 하는데, 그러나 거기엔 코뮨도 아르텔도 없소. 대신 소비조합이 있어! 레닌에겐 이른바 보급-구매조합, 즉 소비조합이 있소. 그것은 우리 사업과 맑시즘을 위해 매우 큰 전진이었소. 왜냐하면 레닌은 그것에 목표를 둔 게 아니라, 그것에서 시작하는 걸 목표로 삼았기 때문이오. 반면 부하린은 모든 게 상업을 통해, 소비조합을 통해 이루어지는 노선으로 나아갔소. 스탈린이 옳았는데, 왜냐하면 레닌이 준 것은 조합의 가장 일반적 원리들이오. 어떻게 시작해야 하는지를, 조합이야말로 농민을 위해 가장 분명하고 간단하며 접근 가능한 길이라는 것을 일러준 거요. 실제로 그랬지. 우리는 10년 동안 소비조합과 보급조합의 노선을 따랐소. 집단화 문제에 있어, 그 문제는 엄청 어렵고 중요한 것인데, 누구에게도 경험이 전무했소. 우리가 농부들과 그리 긴밀하게 연결되어 있지는 않았소. 공산주의자들은 항상 노동자들에 더 가깝지. 농민들과는 에세르들이 함께 꾸물대고 있었지. 에세르들은 그것이 자신의 과업이라 생각했소. 스탈린이 역시 그 문제와 관련해 방향을 제대로 잘 잡았고, 훌륭히 실행했소.

— 바로 그것 때문에 스탈린이 비난을 받기도 합니다. 만약 레닌이었다면 보다 민주적으로 정책을 집행했을 거라고 하는데...

▶ 문제는 레닌의 기본 방침인 코뮨 노선이 더 잔혹했다는 거요, 그럼 더 잔혹했지.

레닌이 1923년에 쓴 「협동조합론」을 보면 거기엔 이미 코뮨이나 아르텔에 관해서 한 마디도 없고 상업조합에 관해서만 언급하고 있소. 그게 있어야지, 없으면 안 되지. 레닌은 첫 번째 단계에 있었는데, 세계 혁명이 없는 동안에... 부하린파는 거기가 끝이었소. 레닌은 단지 첫 번째 단계에 있었고, 그건 시작이었소. 레닌은 코뮨도 거부하지 않았지만, 그와 관련해서는 더 나아가지 않았소. 그런데 스탈린은 더 나아갔소. 용감하게 아르텔 노선을 따라 더 나아갔던 거요. 레닌은 문제를 첫 단계에서 풀었소. 소비조합과 보급조합 그리고 상업조합을 통해서 말이오. 한쪽에선 소비재를, 다른 쪽에선 기계류를 매매하는 거요. 농민들은 도시에 농산물을 판매하고 도시에서 기계를 구입한다는 거지. 코뮨에는 모든 일이 통합되었소. 스탈린은 보고를 통해 사회주의적 시각에서 모든 농민을 부유하게 만드는 것이 우리의 과제라고 말했소. 우리는 각 가족이 자신의 소, 돼지, 염소 등을 기를 수 있게 허용했는데, 물론 일정한 한도 내에서 했지.

나아가, 스탈린의 업적은 공업화에 있소. 그게 이미 1924~25년이었는데, 무엇에 있어서? 스탈린의 문제 제기는 훌륭했소. 그것은 공업화가 우리의 자금과 우리의 독자적 힘으로 실현되어야지, 그것이 외국 차관에 의존해서는 절대로 안 된다는 것이었소. 그럼, 공업화 노선을 어떻게 추진할 것인가? 1920년대 말에서 1930년대 초에 그가 내세운 기본 슬로건은 “주된 문제는 기술이며, 기술이 모든 것을 결정한다!”는 것이었소. 그런데 나중에 기술이 확보되었을 때 “간부가 모든 것을 결정한다!”는 슬로건이 게양됐소. 두 번째 과제였지. 그게 공업화의 단계들이었소.

첫 단계에서는 “기술이 모든 것을 결정한다!”, 나중에는 “간부가 모든 것을 결정한다!”고 했소. 우리에겐 믿을 게 아무 것도 없다. 자, 우리 힘으로 해봅시다. 그리고는 믿음을 불어넣었소. 믿음은 아주 큰 위력을 발휘하지. 하지만 어떤 방법으로? 공업화는 어떤 일이 있어도 실현되어야 했는데, 중공업이 수위에 있었고, 소비 분야는 제한되어야만 했소.

키로프가 이런 이야기를 했소. 그가 사라토프 성 어딘가에서 콜로즈 집회에 참석했는데, 어떤 여인이 일어나 이렇게 외쳤다더군. “우리에게 트랙터를 가져왔는데, 그게 프직, 프직거리기만 합니다. 그걸 갖고 뭘 하라는 겁니까?”

스탈린의 말이 옳았소. 그는 우리가 서유럽에 비해 50~100년을 뒤져 있고, 만약 우리가 5~10년 동안에 그 격차를 없애지 못하면 우린 파멸할 것이라 했는데, 옳은 말이었소.

스탈린의 업적은 민족문제, 공업화, 농업집단화에 있소. 이제 전쟁에 관해 말해 봅시다. 전쟁은 이론이 아니라 실천이라고 말할 수 있겠지. 그런데 그건 단지 실천만이 아니야. 스탈린이 여기서도 매우 많은 것을 개괄했는데, 그는 깊이 살펴봤소. 예를 들면, 그는 왜 독일군이 전장에서 보다 유리한 상태에 있게 되는지에 관해 말했소. 그건 그들이 간부진과 문화에서 앞섰고 또 대포를 발전시키는 데 많은 힘을 쏟았기 때문이었는데, 스탈린은 대포가 전쟁의 신이라고 했소. 러시아인들은 대포와 관련해서 뒤쳐지지 않으려 애썼고, 그것에 많은 의미를 부여했지만 결국 뒤쳐졌소. 하지만 바로 그 전쟁에서 히틀러는 진짜 좋은 대포를 갖지 못했소. 그래서 그는 전격전에 기대를 걸었지. 반면 스탈린에겐 이론적인 혜안이 있었소. 아니다, 전격전으로는 러시아를 가질 수 없다. 소연방은 큰 나라이며 소비에트 인민은 위대한 인민이다. 독일인들은 단기전을 예상하고 그에 맞춰 훌륭히 무장하고 준비를 했소. 그렇기 때문에 그들은 크고 강한 대포를 준비하지 않았어. 그들에겐 탱크를 위해, 비행기를 위해 필요한 것이 있었지. 히틀러 일당은 탱크와 항공기에 그들이 보유한 훌륭한 보병을 합치면 승리가 보장된다고 생각했소. 그리고 물론 기동성도 중요하지. 그래서 그들은 기동타격 그룹들, 특히 탱크를 운용했고, 집중해서 타격할 줄 알았소. 우리 전선은 독일 탱크들이 쐐기 대형으로 가하는 거대한 타격에 구멍이 뚫리곤 했는데, 그들은 그 터진 구멍으로 보병부대를 투입했소.

스탈린은 더 나아갔소. 그는 이 모두를 활용하는 데 그친 게 아니라, 독일군에 없는 포병부대를 창설했소. 어떻게 진격할 것인가? 우선, 항공기가 폭격해야지, 그것도 제대로. 폭격이 시작된 다음 대포, 특히 장거리포를 이용해 공격하고, 포격이 이루어진 다음에 비로소 탱크가, 탱크 다음에 보병이 나서는 거요. 스탈린은 공격이 이루어지는 네 단계를 심도 있게 작성했소. 독일군에 포병사단이 있었는지는 잘 모르겠는데, 우리에겐 있었지. 전쟁 말기에는 이미 포병군이 있었소. 그런 대규모 포병부대라면 어떤 전선이라도 돌파할 거요. 그게 우리나라에서 적용되었는데, 적어도 사단 규모였소. 그리고 포병군은 그 필요성이 제기되자 바로 창설되었던 거요.

전쟁 첫 달에, 아마 전쟁 전인 것 같기도 한데, 스탈린은 우리의 군 지휘관들이 모든 병과 부대를 바로 운용할 줄 모른다고 지적했소. 나는 우리 군대 어딘가에서 그것이 반박되는 걸 보지 못했소. 보지 못했지.

그는 어떠한 병과의 부대라도 즉시 지휘할 수 있는 새로운 유형의 지휘관 양성에 박차를 가했소. 이미 1930년대 초에 스탈린이 열병식 때 부죤늬에게 기관총 운반 수레에 관해 말했소. "저것 모두를 이제 박물관에 보내야 하지 않겠소?" 그러나 손실은 최소화하고 결과는 극대화하는 방향으로 기병부대를 효율적으로 운용할 수밖에 없었소. 우리 지휘관들은 스탈린의 말을 이해하지 못했소. 보로쉴로프도 당연히 그랬지.

스탈린은 군인이 아니었지만 군 지휘부를 잘 다뤘소. 아주 잘 다뤘지. 어떤 인민위원도 공군을 지휘하지 않았지만, 스탈린은 지휘했어. 스탈린은 해군도 지휘했고 포병도 지휘했소. 과오도 있었지. 과오는 불가피했어. 그러나 모든 게 지나갔고, 새로운 병기들이 마구 쏟아져 나왔던 것은 다 스탈린의 지도하에 가능했던 일이었소. 이에 관해 아는 사람이 거의 없는데...

1976년 11월 4일

…내가 몰로토프에게 이야기한다.

— 골로바노프가 자기 회고록에 쓰기를, 보로노프 포병 원수가 아니라 바로 스탈린이 스탈린그라드 전투에서의 포격 목표와 방향을 정했는데, 존경하는 니콜라이 니콜라예비치[=보로노프]에게 그 일을 상기시켜야 했으나 그가 웬일인지 자기 책에 그 일에 관해 기술하는 것을 잊고 있다고 합니다.

▶ 그건 맞는 말이오, – 몰로토프가 동의한다. – 골로바노프가 모든 걸 알 수는 없겠지만 그 말은 옳아. (비상전권대사 블라디미르 세묘노프가 내게 해준 이야기에 의하면, 크렘린 대회의장에서 흐루쇼프가 이렇게 말했다. "소콜롭스키 총참모장이 여기에 참석했습니다. 그는 스탈린이 군사문제에 문외한이었다는 사실을 확언합니다. 내가 말한 게 맞습니까?" 그러자 소련원수 바실리 소콜롭스키가 대답했다. "전혀 그렇지 않습니다, 니키타 세르게예비치." – F. 추예프)

1977년 2월 18일

헌법

▶ [1936년에 제정된] 소련 헌법은 전적으로 스탈린의 창조물이오. 그가 감독하고 지침을 주었소. 스탈린의 직접적이고 항시적인 지도 아래 그의 계획에 따라 만들어진 거요.

1975년 5월 7일

▶ 그러나 내 생각에, 그가 몇몇 이론적 실수를 저질렀소. 심지어 오늘날에도 의미를 갖는 것들이 있는데, 사회주의 원리에 대한 헌법 규정이 불분명하고 난해해. 누가 기억하지요?

— 각자는 능력에 따라 [일하고], 각자에게는 노동에 따라 [분배된다].

▶ 그렇소. 하지만 그건 옳지 않아.

1974년 6월 13일

▶ 그런데 흐루쇼프의 실수도 바로 스탈린의 실수에 입각해 있소. 맑스가 그 문제를

제기했고, 레닌에게는 그것이 『국가와 혁명』에서 반복되고 있소. 내가 그 책을 잘 알아. 거기에 뭐라고 쓰여 있는지 아시오? 거기엔 이렇게 쓰여 있소. "공산주의의 최고 단계가 도래할 것이고 그러면 '각자는 능력에 따라, 각자에게는 필요에 따라'의 원칙이 실현된다." 그런데 헌법에는 이 공식의 한 부분인 '각자는 능력에 따라'가 취해진 반면 두 번째 부분, 즉 '각자에게는 필요에 따라'가 배제되고 대신 '각자에게는 노동에 따라'라고 말해지고 있소.[38] 우리의 모든 간행물에는 그 노선이 그냥 법칙처럼 반복되고 있는데, 나는 맑스주의적 관점에서 볼 때 그것이 틀렸다고 생각해. 왜 틀렸냐? 첫째, 맑스의 저작에 보면 '각자는 능력에 따라, 각자에게는 필요에 따라'는 공산주의의 최고 단계의 일이라고 되어 있소. 그건 연결되어 있지. 왜 그게 연결되어 있을까? 우리 상황에서 단순 노동자에게 요구하면 안 돼. 그건 1936년에 쓰인 거요. 노동자에게 '능력에 따라'를 요구하면 안 돼. 그에겐 자기 집조차 없어. 그건 최고 단계에서나 말할 수 있는 거요. 그럼 집단농장원에게 '능력에 따라'를 요구할 수 있을까? 확실히 우린 그가 일해야 하는 노동일의 최소치를 정해 놓았소. 그런데 그는 규정된 노동일 동안 일해서 종종 쥐꼬리만큼 받는단 말이오. 만약 그가 규정된 노동일을 모두 채워 일하지 않으면, 사람들은 그를 제명할 권리를 갖지. 그렇다면 '능력에 따라'라는 게 대체 무엇이오? 그것은 있는 것을 조금 미화하는 거야. 미화하면 안 돼. 맑시즘은 그런 걸 인내하지 않아. 맑시즘은 객관적 과학이오. 맑시즘은 냉철하게 관찰하며 불쾌한 것은 불쾌하다, 좋은 것은 좋다고 말하는 동시에 훌륭한 비타협성을 위한 본격적 투쟁을 요구합니다. 미화하면 안 돼요.

맑스가 말했고 레닌도 반복하기를, 인간의 권리가 그의 경제적 가능성보다 더 우위에 있을 수 없다고 했소. 우리가 공산주의자들에게는 '능력에 따라'를 마땅히 요구할 수 있어. 그가 어떤 상황에 있더라도 그는 모든 걸 투입해야 해. 그런데 '능력에 따라'를 어떻게 인민에게 요구할 수 있나? 아니, 우리나라에 사회주의와 공산주의를 위한 요구들만 있나? 즉, 우리는 몇몇 거짓을, 즉 당장은 있지도 않은 거짓을 만들고 있소. 내가 몽골에 [대사로] 있을 때 당 중앙위원회에 편지를 보냈소. 공산주의자들이 자기가 처한 상황과 무관하게 공산주의를 위한 투쟁 의무가 자신들에 있음을 인정하고 있음에도 불구하고,

---

38) 1936년 공포된 소련 헌법 제1장 12조의 내용은 다음과 같다: "소련에서 노동은 〈일하지 않는 자, 먹지도 말라〉는 원리에 따른 각 공민의 영예로운 의무이며 일이다. 소련에서 〈각자는 능력에 따라, 각자에게는 노동에 따라〉의 원리가 실현된다."

우리는 아직 공산주의자들에게 그것을 [이행하라고] 요구하지 않고 있소. 그들은 혁명가로서, 나쁜 것을 타도해야 하고 필요하다면 자신을 희생해야 해. 노동자들은 살면서 작은 빵조각을 받는데, 우리가 그들에게 무엇을 요구할 수 있단 말이오? 작업 규범을 지켜라! 소박한 일이야. 바라건대, 모두가 정직하게 작업 규범을 지키면, 우리는 현재 우리가 살고 있는 것보다 훨씬 더 풍요롭게 살게 될 거요. 규범을 초과해서 작업하면 더욱 더 잘 살겠지. 공산주의자라면 더 그래야지. 공산주의자는 더 잘 일해야 해. 즉, '각자는 능력에 따라'가 아니라 '사회에 의해 설정된 규준의 완수'라고 써야 해. 국가와 사회가 너에게 요구하는 것을 완수하고, 공장과 작업장과 콜호즈에 쓰여 있는 것을 정직하게 완수하라는 거지. 특히 사무원들이 그래야 해. 이들은 게으름뱅이야. 이들은 과연 '능력에 따라' 일하고 있을까? 복도에서 잡담하며 담배나 피우고 있지. 우리 상황이 왜 그럴까? 레닌이 말했소, 우리나라에 작업장 규율이 있어야 한다고. 그게 아주 유쾌하지 않더라도 그래도 규율이 필요하다고 말이오. 작업장의 규율이 우리의 이상은 아니오. 하지만 당분간 그것 없이는 아무 것도 안 돼. 국가가 설정한 것을 정직하게 양심적으로 혼신을 다해 달성하라는 거지. 만약 초과달성한다면 더욱 고맙고.

이제 '각자에게는 노동에 따라'를 봅시다. 이게 특히 대중성을 가졌는데, 우리나라의 모든 책이 '노동에 따라' 타령을 하고 있소. 일부는 이렇게 이해하지. 즉, 내가 작업장에서 일하면 나는 노동에 따라 [임금을] 받고, 반면 네가 간부라면 누구도 너에게 노동 규준을 정하지 않아. 너는 때론 일할 수도 때론 일하지 않을 수도 있는데, 한마디로 네 마음대로 모든 걸 할 수가 있어. 자, 봅시다! 우리나라에 있는 이런 난장판 덕분에 완전히 비양심적으로 일하는 사람들이, 그런 사람들이 우리나라에 아주 많은데, '노동에 따라'라는 명목으로 [임금을] 받고 있소. 하지만 여기서 가장 중요한 건 이거요. 즉, 맑스와 레닌이 '각자에게는 노동에 따라'를 말했지만 상품화폐관계의 배제를 그 전제로 했소. 그런데 우리는 상품화폐관계가 반드시 있어야 한다고 거꾸로 말하고 있어. 상품화폐관계가 가장 중요하다고 말이오. 우리는 왜 그렇게 쓰고 있는가? 우리는 마땅히 말해야 할 것은 '노동에 따라, 하지만 상품화폐관계의 점진적 폐지와 함께'라는 거요. 그런데 우리는 거꾸로 설교하고 있고, 사회주의의 전 기간에 상품화폐관계를 준수한다고 당 강령에 써놨소. 아니오, 그 반대요. 스탈린이 말했소. "나는 이론을 인정한다. 하지만 나는 이론을 이론이 아니라 삶으로 이해한다." 왜 내가 의자에 앉아 이것저것 쓰면서 자료더미를 넘기고 있나? 마음대로 끼적거려 사람들을 극도로 혼란케 하는 건 정말 끔찍한 일이야! 내가 그런 경제학자나 철학자, 그런 아카데믹을 보면, 확실히 그들은 자기가 매일 거짓말하고 있다는 것을 알고 있소. 그리고 그런 아카데믹과 교수들은 누구도 그것에 반대하는 목소리를 내지 않고 있어. 그런데 맑스와 레닌에 보면 그 반대로 쓰여 있어. 레닌의 『국가와 혁명』에는 심지어 상품이나 화폐 같은 단어가 전혀 언급되지 않아. 왜? 우리나라에서는 모든 게 상품화폐관계에 기초하고 있는데, 그건 자본주의의 잔재요. 간단치 않은, 아주 복잡하고 아주 심각한 문제요. 청년들이 성장할 것이고, 정직한 그들은 이렇게 말할 거요. "그렇습니다, 노인들은 실제에 부합되지 않는 것을 우리에게 떠들어댔습니다. 그건 바보짓입니다!"

그것에 대해서 어떻게 말할 것인가는 또 다른 문제요. 나는 동무에게 거짓말하지 않을 것이고, 어디에서도 거짓말 하지 않을 거요. 나는 침묵할 수 있어. 하지만 내가 1936년에 이 문제를 스탈린에게 두 번 말했소. 그는 물론 모든 걸 이해하면서도 손을 저었소. "자넨 공산주의를 염두에 두고 있는데, 하지만 그건 진실이 아니야. 그건 과학에 부합하지 않아. 과학은 자기 근거를 갖는데..."

— 그런데 맑스에 의하면 러시아 혁명이 과학에 부합합니까? – 내가 몰로토프에게 묻는다.

▶ 부합하지. 레닌이 그걸 입증했소.

— 그런데 1936년 헌법은 그 조항 말고는 모두 좋았습니까?

▶ 그건 아주 훌륭한 문서였소. 거기서 그 항목은 실제로 의미를 갖지 않았소. 하지만 지금 사람들이 그렇게 쓰고 있고, 젊은이들도 그것에 의거해 육성되고 있소. 스탈린이 헌법을 교정했소. 그가 위원회를 이끌었고, 모든 게 그의 수중에 있었소. 그가 큰 역할을 했지.

1971년 2월 9일, 1974년 6월 13일

— 제19차 당대회 후에 스탈린이 우리나라에 사회주의가 아니라 군산(軍産)독재가 수립됐다고 말했다는데, 그게 정말입니까? – 쇼타 이바노비치가 묻는다.

▶ 스탈린은 다른 걸 말했소. 사적인 대화에서 그는 우리나라에 이미 프롤레타리아

독재가 존재하지 않는다고 했소. 그가 내게 직접 그렇게 말했지만, 어조는 단호하진 않았소. 내게만 말한 거요. 그가 나를 탐색했을 수도 있고, 아니면 스스로 뭔가 좀 궁리하기 위해 그리 했을 수도 있는데... 우리 헌법을 잘 읽어보면, 거기에 스탈린이 프롤레타리아 독재에 반하는 내용을 좀 담았다는 걸 알 수 있소. 하지만 그게 분명한 형태로 기술되었는데, 대략 이런 내용이오. 즉, 우리 소비에트 권력은 프롤레타리아 독재 형태로 1917년 수립되었고, 전체 근로자의 권력이 되었다.[39] 벌써 "전체 근로자의"라는 문구가 등장했어. 그렇기 때문에 근로자 대의원 소비에트들이 우리나라를 다스린다는 거요. 소비에트라는 것이 있었고 또 남아있지만 그건 노동자 · 병사 · 농민 대의원 소비에트, 기본적으론 노동자 · 농민 대의원 소비에트였소. 그런데 이제 이미 계급적 구분이 없어. 내 생각에, 근로자의 권력이라는 것은 프롤레타리아 독재를 모호한 형태로 개정한 거요. 그럴만한 이유가 있지.

레닌에겐 프롤레타리아 독재가 『국가와 혁명』 전체를 관통하고 있소. 그럼 농민들은? 불쌍한 농민들이야 원하지만, 그들의 식견이...

1976년 6월 30일

▶ 우리는 스탈린이 쓴 『소련 사회주의의 경제문제』를 그의 다차에서 토의했소. 그가 우리 정치국원을 불러 모았는데, 적어도 고정 인원 6~7명이 모였소. "동무들, 어떤 질문이 있소? 동무들이 이걸 다 읽었는데, 어떻게들 평가하시오? 지적할 게 있소?" 우리가 뭔가 불평을 했는데... 내가 뭔가 지적했지만, 그건 그리 중요하지 않은 부차적 문제였소. 지금 나는 우리가 그의 저작[이 갖는 뜻]을 과소평가했다는 걸 인정할 수밖에 없소. 더 깊게 생각해야 했는데, 그런데 아직도 그걸 분석한 사람이 아무도 없어. 끔직한 일이지. 이론적으로 분석한 사람이 거의 없어.

내가 『소련 사회주의의 경제문제』를 읽으면 읽을수록 그 결함을 더 많이 보게 돼. 내가 오늘도 그걸 읽었는데, 스탈린이 어떻게 그런 걸 썼을까? "세계 시장이 분열한 후에도, 그리고 주요 자본주의 국가인 미국, 영국, 프랑스의 세계 자원에 대한 지배력 감소

---

39) 스탈린 헌법 제1장은 다음과 같다: "1조) 소연방은 노동자 · 농민의 사회주의 국가이다. 2조) 소연방의 정치적 기반은 지주 · 자본가 권력의 타도와 프롤레타리아 독재의 쟁취의 결과 성장하고 강화된 근로자 대의원 소비에트이다. 3조) 소연방에서 모든 권력은 근로자 대의원 소비에트로 대표되는 도시 · 농촌의 근로자들에게 속한다."

가 시작된 후에도 자본주의 발전의 주기적 성격, 생산의 증대와 감소가 계속 유지된다는 것은 분명하다." 이건 옳아. 계속하면, 이게 1952년에 쓰였지. "하지만 그 나라들에서의 생산 증대는 축소된 기반 위에서 이루어지게 되는데, 왜냐하면 그 나라들에서 생산고가 감소할 것이기 때문이다."[40]

그런데 그런 일이 생기지 않았소.

1977년 3월 10일, 1977년 6월 16일, 1985년 11월 7일

▶ 자본주의의 기본 법칙은 갖은 방법으로 최대 이윤을 확보하는 것이오. 하지만 맑스주의자라면 어떻게 자본주의 붕괴를 전제하지 않으면서 자본주의의 기본적 경제법칙을 생각할 수 있겠소? 맑스는 그것의 논증에 전력을 쏟았는데, 자본주의 발전을 분석하여 결국 자본주의가 필연적으로 붕괴할 것이라는 결론에 도달했소. 바로 이게 그의 사상적 핵심이오. 『자본』 전체는 자본주의가 그렇게 발전하겠지만 자신의 내적 법칙의 힘으로 인해 필연적으로 붕괴될 것이며, 결국 사회주의 사회로 이전하게 될 것이라는 논지에 입각해 있소. 장차 도래할 자본주의 붕괴를 논외로 하면서, 어떻게 자본주의 경제법칙에 관해 말할 수 있겠나? 물론, 그럴 수 없지! 바로 거기에 스탈린이 생각한 자본주의 기본 법칙의 결함이 있소.

1975년 1월 14일

▶ 자, 빨리 빨리! – 이렇게 동무들을 가르쳤지. 여기에도 스탈린의 과오가 있소, 그의 경제적 기본 법령에 말이오. 그는 그냥 빨리하라고 다그쳤을 뿐이야! 흐루쇼프도 그것을 당 강령에 포함시켰소. 그런데 스탈린에게는 아주 중요하고 가치 있는, 무엇과도 바꿀 수 없는 다른 것이 있었소. 반면 흐루쇼프는 그것을 내던져 버렸어. 동무들은 스탈린에게서 아주 작고 부차적인 부분을 취하고 있지만, 스탈린에게 그리고 레닌에게 가장 중요한 것을 망각하고 짓밟고 있소. 이건 아주 안타까운 일이야. 볼쉐비키는 1980년에 우리가 공산주의에서 살게 될 것이라는 등의 그런 무지개 같은, 사기성 짙은 계획을 제

40) 여기서 몰로토프는 스탈린의 책을 보며 읽는 게 아니라, 기억나는 대로 말한 것 같다. 아무튼 스탈린은 『소련 사회주의의 경제문제(Экономические проблемы социализма в СССР)』에서 냉전과 더불어 크게 축소된 자본주의 세계 시장과 그에 따라 강요되는 생산 감축을 세계 자본주의 체제의 일반적 위기의 배경으로 지적하였다.

시한 적이 없소. 그런데 흐루쇼프가 그걸 약속했어.

— 그건 정치적 투기였습니다.

▶ 그렇지, 그건 투기지. 그런데 지금 우린 그런 투기를 원하고 있는 것 같은데... 우리는 자라나는 젊은 세대에 무엇을 줄 수 있을까? 우리 자신이 이해하는 게 별로 없고, 별로 생각하지 않고, 레닌과 스탈린이 가르친 것을 별로 탐구하지 않고 있소. 스탈린이 그 문제에서 어느 정도 과오를 범했지, 자신의 불행한 경제 법령으로 말이오. 흐루쇼프가 그것을 포착했고, 그것을 고수했소. 스탈린 판박이였지.

— 동독에서 그것에 관해 생각하고 있습니다. 책이 하나 출간되었는데, 그들은 먼저 사회주의 제도를 강화하고, 나중에 고도의 기술적 기반에 의거해서 사회주의적 생산의 증대 및 향상을 기한다고 되어 있습니다.

▶ 모두 기술 발전을 지지하는구먼. 그런데 제도를 강화한다는 것이 스탈린에겐 누락되었는데, 독일인들은 그것을 포함시켰군.

1976년 3월 11일

▶ 우리나라에 즈베레프라는 재무상이 있었소. 내가 그를 아주 잘 알지. 재정 전문가로 그를 높게 평가했는데, 그와 함께 한 일이 많았소.

그는 모스크바의 한 지구당 조직의 서기였는데, 내 추천으로 인민위원이 됐소. 그전에 내가 금융대학을 졸업한 믿을만한 일꾼과 당원들의 인사 파일을 내게 달라고 요청했소. 내게 가져온 파일을 보니까 즈베레프의 기록이 눈에 들어왔지. 대화를 해보려고 그를 스탈린에게로 불렀소. 그가 지독한 독감에 걸려 담요에 둘러싸여 왔는데, 그 겉모습이 소바케비치[41]와 좀 닮았어. 곰 같은 그런 모습이었지. [작가 미하일] 숄로호프가 그를 "우리의 강철 같은 재무인민위원"이라고 불렀소. 즈베레프가 모두에게 과세했다고 그를 비웃는 거야. 그런데 누구에게서 세금을 거두어야 하지? 부르주아란 게 없잖소. 우리 자신에게 과세할 수밖에 없었어. 노동자에게서, 농민에게서 아주 많은 것을 짜내야 했지. 과수원을 다 망가뜨렸다고 사람들이 비난을 했소. 모든 과수원에 세금이 부과됐는데, 왜냐하면 옥토 지역에 있는 그 과수원들이 추가 수입을 얻고 있었고, 그것에 무언가 과세

41) 소바케비치(Собакевич)는 니콜라이 고골(Н.В. Гоголь)의 작품 『죽은 농노(Мёртвые души)』에 등장하는 지주로, 곰 같은 외관에 거대한 체구를 지닌 인물이다.

를 해야 했기 때문이오. 거둬야 했지. 다른 방법이 없었소. 국가가 어떻게든 살아야 했어! 아주 어려운 상황이었소. 우리에게 누구도 돈을 주지 않는데, 어떻게 해야 할까? 정말 스탈린이 나쁘게 굴었어. 거칠고 비교양적이며 야만적으로 행동했어. 그런데 그런 상황에서 비(非)야만인들을 내세웠다면 국가가 과연 망하지 않고 존속할 수 있었을까? 방법을 한번 찾아보시오. 그건 사물의 가장 기본적인 것을 이해하지 못하는 바보들이야! 그런데 즈베레프가 역할을 훌륭히 수행했소. 나는 그걸 높이 평가해. 그는 물론 능력도 있었고 당성도 강했소. 그는 혁명을 위해, 당을 위해 그것을 해야 한다고 느꼈고, 그걸 피할 수 없다고 생각했소. 그에겐 높은 식견이 있었고, 거기에 더해 실천적 재능도 있었소. 어디서 징세해야 하는지 잘 알고 있었는데, 그런 능력은 반드시 필요했소! 보통사람들 중에서, 그래서 실천적 재능도... 더 적합한 사람이 없었지. 거대한 구상의 정치를 이해하는 것, – 이것이 그의 전공은 아니었지만 그래도 그는 인민경제발전 5개년계획을 계산할 줄 알았소. 노선이 정해졌지. 어떤 일이 있어도 5개년계획이 완수되어야 했고, 스탈린이 확정했소. 그리고 즈베레프는 노력해서, 다소 실천적으로 올바른 노선을 발견했던 거요. 그는 스탈린이 재정문제를 결정함에 있어 전체에서 근간을 추출할 줄 알았고, 그걸 달성하기 위해 부단히 노력했다고 썼는데, 그건 옳은 말이오. 뭐, 재정문제에서만 그랬던 건 아닌데...

스탈린은 회의 때 자신이 직접 쓰거나, 아니면 포스크료비쉐프를 불러 그에게 받아 적게 했소. 그는 [회의 내용을] 아주 분명하고 아주 빨리 아주 짧게 도식화했는데, 그냥 골자만이 아니었소. 대부분의 경우 문서로 주었는데, 나중에 거기에 추가하고 일부 수정을 해서 최종 텍스트를 작성했소.

생활 방식

스탈린의 집무실에는 커다란 테이블이 놓여 있었는데, 거기에 내가 전용으로 앉는 자리가 있었지. 그런데 누가 어디에 앉았는가는 말하기 어렵고, 그건 사람 수에 달려 있었소.

영화에서 보여준 장면은 사실과 부합되지 않소. 그려야 하는데, 내가 붉은광장을 그릴만한 화가가 아니라는 건 다 아는 사실이고, 아무튼 이게 집무실이오, – 몰로토프가 스탈린의 집무실을 그린다. – 자, 회의용 기본 테이블이 놓여 있고... 이게 스탈린의 자리인데... 여기가 창문이고... 그게 둘이었는지 셋이었는지 벌써 기억이 잘 안 나네. 아마 셋이었을 거요. 여기가 입구이고, 여기엔 체키스트[42]들이 앉았어. 여기가 포스크료비쉐프의 자리요. 이쪽으로 문이 있고, 휴식을 위한 내실이 있는데, 거기엔 지도들과 커다란 지구본이 있었고, 우리가 그 방에 들어가는 경우는 아주 드물었소.

테이블 주위에 한 열두 명쯤, – 아마 그 정도가 앉았을 거요. 창문 가까이 벽에는 수보로프와 쿠투조프[43] 초상화가 걸려 있었어. 집무실에는 레닌의 마스크가 유리케이스에 넣어져 받침대 위에 놓여 있었고, 별도의 테이블에 전화기가 놓여 있었소. 건물 2층에 있는 소박한 집무실이었는데, 지금은 창밖으로 〈영원의 불〉이 보이지.

스탈린의 아파트에 관해 말하자면, 그것은 바로 여기 1층에 있었소, – 몰로토프가 그림을 그린다. – 방이 6~7개 정도 있었는데, 스베틀라나가 쓰는 방이 있었고, 서재가 있었고, 침실이 있었고, 봉사원들을 위한 방도 있었소. 다양한 사람들이 거쳐 갔는데, 그루지야 노파가 한 명 있었고 나중에 발렌티나 이스토미나[44]가 왔는데... 그게 [스탈린이] 다차에 살 때였는데, 그녀가 식기를 가져 왔어. 그런데 [스탈린에게] 아내가 있었다면 그런 일이 왜 필요하겠소?

나는 엥겔스가 그런 일에 어떤 태도를 취했는지 읽고 있는 중이오. 엥겔스에겐 공식적으로 아내가 없었소. 그는 아일랜드 출신의 가정부와 살았는데, 그랬어도 그는 결혼한 적이 없어. 그 아일랜드 여인이 죽었을 때 맑스는 그 일에 의미를 부여하지 않았고, 그래서 엥겔스를 아주 화나게 했지. 엥겔스는 두 번째 가정부를 두었는데, 그 여인은 전처의 동생이었고...

레닌에겐 아르만드와의 역사가 있었지만, 역시 거기까진 가지 않았지. 스탈린은 상황이 좋지 않았어. 아이들도... 아이들을 돌볼 겨를도 없었어. 그는 하는 일이 너무 많아

---

42) 소비에트 러시아의 국가보안기관 명칭은 베체카 이후 수차례 바뀌었으나 통칭하여 '체카'라 하며, 그 요원을 흔히 '체키스트'라고 부른다.

43) 미하일 쿠투조프(М.И. Кутузов, 1745~1813)는 알렉산드르 수보로프 휘하에서 성장한 군사지휘관으로, 러터전쟁(1806~12) 등을 승리로 이끌었고, 1812년 나폴레옹 군대가 러시아를 침공했을 때 러시아군 총사령관을 맡았다.

44) 발렌티나 이스토미나(В.В. Истомина, 1917~1995)는 스탈린 경호대장 니콜라이 블라식에 의해 발탁되어 1935~53년에 쿤체보 다차에서 가정부로 일했다. 스탈린의 신임이 두터워 그녀가 스탈린의 정부(情婦)였다는 소문이 페레스트로이카 시절에 돌았다.

몸이 모자랄 지경이었소. 아주 힘든 상황이었지.

종이를 아끼자고... 여기 종이 반쪽에 주방을 그리자면, 거기에 크고 기다란 식탁이 놓여 있었는데, 그건 스탈린의 집에 많은 사람들이 자주 모였기 때문이오. 거기에 역시 스탈린이 항상 앉는 자리가 있었어. 큰 방이었는데, 창문이 아마 세 개가 있었을 거요. 확실해. 여기에는 디반[=침대 겸용 소파]이 놓여 있었어. 한마디로 말해 아파트가 그리 안락하지 않았소. 주방 부근에 외투를 보관하는 데가 있었고. 다차에는 축음기가 있어 그것을 들으며 휴식을 취했소. 평화로운 시절엔 그곳에서 자주 만났소. 회의를 끝낸 후 저녁 때 스탈린 다차로 가서 저녁식사를 하곤 했소. 대화가 이어졌고, 물론...

스탈린은 러시아인들 앞에서 그루지야 말로 이야기하는 것을 금지했소. 한번은 베리야가 그루지야 말을 하려 했는데, 그때 스탈린이 그를 심하게 질책했지. (스베틀라나 알릴루예바가 그녀의 책에 쓴 것이 생각났다. 그녀에 의하면, 그녀의 오빠 바실리가 큰 비밀이라면서 자기들 아빠가 젊었을 때 그루지야 사람이었다고 그녀에게 말했다는 것이다. – F. 추예프)

1977년 8월 16일, 1977년 12월 28일

— 스베틀라나 알릴루예바의 책에 의하면, 스탈린은 [장남] 야콥을 좋게 대하지 않았답니다.

▶ 야콥은 당원이 아니었던 것 같지, 아마. 나는 그를 스탈린의 집에서 어쩌다 만나곤 했는데, 스탈린이 그를 대할 때 특별한 따뜻함이라곤 물론 없었소. 스탈린이 그를 건조하게 대했어. 야콥이 과연 공산주의자였을까? 아마 공산주의자였을 거요. 하지만 그에겐 그런 측면이 두드러지지 않았어. 그는 그리 높지 않은 직책을 갖고 일했어. 잘 생겼지. 조금 속물처럼 보였는데, 포병부대에서 복무했소. 독일군 포로로 잡혔는데, 당당하게 행동했지. 영웅으로 죽었어. 스탈린은 그를 구하려고 하지 않았는데, 이렇게 말했소. "거기 병사들이 모두 내 아들이야!"

[차남] 바실리는 다소 전투적인 공산주의자였소. 공산주의자였다는 게 아니라 군인 정향의 소비에트 시민이며 소비에트 군대의 전사였다는 거요. 그는 대단한 호주가였는데, 아마 온갖 짓을 다했지... 그에겐 같이 어울리는 패거리가 있었는데, 좋은 것이라곤 전

혀 기대할 수 없는 자들이었소. 그가 전쟁 때 부상을 입었는데, 조촐한 연회 중에 뭔가 폭발했거든. 그는 술판을 벌일 줄 알았어...

1979년 12월 21일

▶ 바실리는 평범한 사람이었소. 그가 모든 면에서 나빴다고는 말할 수 없지만 그에겐 결점이 많았어. 사람들은 그에게 아부부터 했고, 그는 그런 칭찬에 아주 만족해했어. 그런데 특별한 재능은 없었소. 특별한 게 없었어. 아버지하고 닮지 않았어, 그래 닮지 않았어. 나약한 사람이었소. 다양한 쪽에서 접대와 훈장들을 받았는데, 그는 정치적 관계에서 발달하지 않은 사람이었소. 그의 주변 인물들에 관해 말하자면, 그들은 적어도 신뢰하기 어렵고 당성이 약한 자들이었고, 그도 당성이 약했지. 그의 주변에 있는 많은 자들이 곁불을 쬐며 사리사욕을 채웠어.

1972년 4월 13일, 1982년 10월 21일

— 제가 전설적 볼쉐비크인 아르촘[45]의 아들 아르촘 표도로비치 세르게예프와 만나 대화를 나누었습니다, – 내가 몰로토프에게 말한다.

▶ 그는 자신을 스탈린의 아들로 생각했는데, 그가 스탈린의 양자였어. 아르촘이 죽었을 때 갓난아기였지, – 몰로토프가 말한다.

— 그가 전쟁 전에 스탈린이 살던 아파트의 상황에 관해 제게 말했습니다. 아파트가 크렘린의 트로이츠키 대문 옆에 있는 2층 건물에 있었는데, 현관에 소금에 절인 오이가 담긴 큰 목재통이 있었답니다.

▶ 그렇지, 기억이 나, – 몰로토프가 말한다.

— 스탈린이 자주 [몽골식] 낡은 털외투를 입고 다녔다고 아르촘 표도로비치가 말했습니다. 얼핏 보기에 그 옷은 그가 내전 때부터 입었던 것 같았는데, 많은 사람들 생각은 스탈린이 그것을 유형지에서, 그가 예전에 유형을 살았던 투루한스크에서 가져온 것

---

45) 본명이 표도르 세르게예프(Ф.А. Сергеев, 1883~1921)인데 "아르촘 동무"로 더 유명하다. 현 바우만 공대 재학 중 1902년 입당했으며, 혁명운동 때 인연으로 스탈린과 키로프의 절친이 되었다고 알려져 있다. 10월혁명 후에 전(全)우크라이나 중앙집행위원회 의장, 모스크바 당위원회 서기 등을 지냈고, 1921년에 고속철 시험운행 때 사고로 사망했다.

같다고... 현관에는 그가 전선에서 입던 제복 외투가 걸려있었는데, 한번은 사람들이 그것을 바꾸려고 했다가 소동만 일으키고 말았답니다. 스탈린이 말했답니다. “내게 매일 가져올 새 제복 외투가 있으면 그거 동무들이나 입으시오. 이게 내게 10년쯤 더 봉사할 거요!” 낡고 낡아빠진 겨울장화가...

— 당시 그들은 모두 옷을 검소하게 입었습니다, – 타치야나 아파나시예브나가 대화에 끼어들었다. – 뱌체슬랍 미하일로비치께서는 외투가 한 벌밖에 없었습니다. 중절모 하나로 평생을 사셨는데, 사진에는 온통 그 모자를 쓴 모습만 있습니다. 그때는 지금이 아니란 거죠.

(나는 몰로토프가 대개 노동자 가정에서 그러는 것처럼 새 물건을 대한다는 걸 알아차렸다. 그가 무엇인가 선물 받았을 때, 이를테면 생일날 재킷이나 넥타이 같은 것을 선물 받으면 비록 기쁨을 드러내진 않았어도 진정 기뻐하고 있음이 느껴졌다. 하지만 그는 반드시 몸에 맞춰보았고 간략히 감사를 표했다. – F. 추예프)

▶ 스탈린이 그런 것에 아주 엄격히 굴었어. 그는 그런 데 신경을 쓰지 않았어. 제복 소매가 누더기 상태였지만, 그걸 꿰매서 빨아 입었는데...

...아르촘 표도로비치가 내게 이렇게 말했다.

— 스탈린이 일을 마치고 집에 돌아오면, 그의 뒤를 따라 포스크료비쉐프가 편지 더미가 들은 망태를 들고 왔어요. 스탈린은 테이블에 앉아 편지들을, 몇 개는 소리 내어 읽었어요. 편지에 어떤 지적을 하거나 혹은 해결 방안을 짧게 기입하곤 했는데, 그것들은 대개 소청이나 탄원 같은 것이었어요. 때로 소리 내어 읽기도 했지요. 한번은 자신들의 일터에 목욕시설이 없다고 불평하는 광부들의 편지를 읽고는 스탈린이 이렇게 말했지요. “거기 책임자는 인민의 적이야!”

나와 [스탈린의 아들] 바실리는 [1921년생] 동갑내기요. 스탈린은 우리에게 조셴코를 소리 내어 읽어주기를 좋아했는데, 한번은 그를 읽다가 눈물이 날 정도로 웃은 다음 이렇게 말했어요. “이 대목에서 조셴코 동무가 게페우를 의식해서 결말을 바꿔버렸네! 게—페—우!”[46]

---

46) 여기서 역자는 스탈린이 미하일 조셴코의 어떤 작품을 읽었는지 특정하지 못했다. 참고로, 1917년 12월 소브나르콤 산하에 설립된 베체카(ВЧК, =전러시아반혁명태업단속비상위원회)는 1922년 2월 내무인민위원부 산하기관이 되면서 게페우(ГПУ, =국가정치보위부)로 이름이 바뀌었다. 게페우는 소연방이 구성되면서 1923년 11월 소연방 소브나르콤 산하의 오게페우(ОГПУ, =통합국가정치보위부)가 되었고, 오게페우의 기능은 1934년

스탈린이 한번은 아들들을 불러 모았소. 즉, 야콥, 바실리, 그리고 나를 말이오. 우리들에게 그가 말했어요. "얘들아, 곧 전쟁이 터질 텐데 너희들은 군인이 되어야 한다!"

나와 야콥은 포병이 되었고, 바실리는 공군 조종사가 됐어요. 우리 세 명 모두 전선으로 나갔지요. 전쟁 첫 날에 나갔지. 스탈린이 우리들을 즉시 소집해가라고 전화했는데, 이게 아버지인 스탈린으로부터 받은 유일한 특전이었소.

바실리가 아버지에게 보낸 편지들이 있어요. 전선에서 바실리가 자기에게 돈을 보내달라고 편지를 썼고, 물론 부대에 식당이 있었지만, 또 게다가 장교 제복을 새로 맞추어 입고 싶어 했어요. 아버지가 그 편지에 이런 결정을 적어놨소. "1. 내가 아는 한 부대 배식, 특히 공군 비행부대의 배식은 아주 충분하다. 2. 스탈린 동무의 아들을 위한 특별 제복은 적군에서 고려되지 않는다." 결국 바샤[=바실리]는 돈을 받지 못했지.

...아르촘 표도로비치 세르게예프는 전쟁 기간 내내 복무했고 포병 소장으로 전역했다. 스탈린의 아들 모두는 전선에 있었고, 잘 알다시피 한 명은 [독일군 포로수용소에서] 죽었는데...

아르촘 표도로비치가 1933년에 스탈린이 생일 선물로 준 축음기를 내게 보여주었다. 그때 그가 12살이었다.

— 세르게예프가 [이반] 테보샤의 아들인 블라디미르와 가깝게 지내고 있는데, 테보샤이 자기 아버지에 대한 의장님의 생각을 알고 싶다고 부탁을 했습니다.

▶ 나는 그를 높이 평가해, – 몰로토프가 말한다. – 레닌과 스탈린을 초지일관 지지한 아주 정직하고 교양 있는 그런 사람이지. 야금에 정통했던 사람인데 1930년대 연수차 독일에 있었소. 크루프 공장에서 일했는데...

1985년 3월 9일, 1985년 10월 4일

...뱌체슬랍 미하일로비치가 스탈린의 쿤체보 다차에 관해 평면도를 그리며 설명한다.

▶ 널찍한 로비가 있고 그 오른쪽에 방이 하나 있는데, 언젠가 스탈린이 거기서 앓아누웠던 적이 있소. 커다란 식당이 있고, 여기서 우리가 모여 저녁식사를 하곤 했는데,

---

소연방 엔카베데(НКВД, =내무인민위원부)로 흡수되었다가, 국가보안인민위원부(1941년), 국가보안총국(1941~43), 국가보안인민위원부/국가보안성(1943~53년), 내무성을 거쳐 1954년 각료회의 산하 카게베(КГБ, =국가보안위원회)로 이전됐다. 카게베(KGB)는 1978년부터 독립된 국가기관으로 자리매김하였다.

점심식사를 하는 경우는 드물었소. 저녁을 점심이라고 했는데, 밤 10~11시에 점심을 먹었던 거요. 여기에 큰 탁자가 있었고, 축음기가 있었소. 그가 자주 축음기를 틀곤 했지. 많은 음반이 있었지만 그는 클래식 음악을 즐겼소. 볼쇼이 극장에 자주 다녔는데, 중간에 들어가 오페라를 보기도 했고, 잠깐 보고 나오는 경우도 있었소. [미하일] 글린카, [니콜라이] 림스키-코르사코프, [모데스크] 무소르그스키 같은 빼어난 러시아 작곡가를 좋아했소. [미트로판] 퍄트니츠키의 합창곡도 좋아했지.

식당에 15~20명 정도가 모이곤 했는데, 그곳이 스탈린의 집무실 같았소. 식당에서 주방으로 복도가 나 있었고...

로비의 각 벽면 모두에 지도가 걸려 있었소. 흐루쇼프는 스탈린이 지도할 때 지구본을 활용했다고 하는데, 거꾸로 스탈린은 지리학 지도를 아주 좋아했소. 여기에 아시아 지도, 유럽 지도 등 전 세계의 지도가 있었소. 여기서 우리가 오랜 기간 시간을 보냈는데... 그는 북빙양이나 시베리아의 강들, 시베리아 자원을, 특히 오비 강 하구를 어떡하면 활용할 수 있을지에 관심이 많았고, 오비 만(灣)을 그는 매우... 그곳에 어떡하면 항구를 건설할 것인가에 관해서...

집무실에는 크지 않는 탁자가 있었소. 여기서 우리가 자주 대화를 나눴는데, 그 규모가 식당보다 크지 않았소. 우리가 점심을 기다릴 때면 거기 있는 몇 개 디반에 나눠 앉아 함께 이야기를 했소. 지도 옆에서 온갖 경제문제를 미리 논의하기도 했지. 여긴 침실인데, 방이 그리 크지 않을 거요. 여기엔 한 번도 들어간 적이 없어. 여기 큰 방에서 그가 생의 마지막 순간을 보냈소. 여기 벽 쪽에 피아노가 있었고, 즈다노프가 그걸 연주했지. 그의 연주 솜씨는 거의 직업 연주자와 비슷했소.

스탈린의 다차에 당구대가 있었는데, 나도 때로 당구를 쳤지.

스탈린은 운동을 하지 않았어. 바다에서 수영도 하지 않았고, 그렇지, 사격은 좋아했지. 가끔 산책을 했으나, 그것도 아주 드물게 했지. 보로실로프는 사냥을 했고, 안드레예프, 흐루쇼프, 말렌코프는 사냥꾼들이었지.

스탈린은 팔이 정상이 아니었는데, 팔을 이런 식으로 들었소. 아마 어렸을 때 수술을 받을 것 같아. 그가 2인승 마차에 깔린 적이 있었는데...

다차 2층에는 스탈린 자신도 거의 올라가지 않았고, 딸이 주로 있었지.

1976년 7월 28일, 1978년 3월 4일, 1979년 4월 10일

▶ 나는 스탈린의 입만 쳐다봤던 사람이 아니오. 나는 그와 논쟁하고 그에게 진실을 말하던 사람이었다는 걸 유념하세요!

성자들만이 실수가 없지. 신을 비난할 수 있는 것은 그가 일을 공정하게 주재하지 않는다는 데 있소. 거지도, 불행한 사람도 많은데...

스탈린은 위대한 전술가요. 그렇게 깊이 파고들지 않았지만 일을 되게 하는 능력이 있었는데... 그 다음은 과감성과 불굴성.

...승리를 쟁취함에 있어 스탈린의 역할을 지적하면서 몰로토프가 말했다.

▶ 내게 있는 작은 땅과 텃밭이 아무리 소중하다 하더라도, 그것으로 스탈린이 지도했던 그 넓은 땅을 가릴 수는 없소.

...몰로토프의 귀가 계속 어두워졌고, [특별의료서비스기관인] 크레믈료프카에서 보청기를 요청했다고 한다. 그랬더니 대답인즉슨, 우리 것은 도움이 되지 않고 외국산이 더 좋을 거라고 하면서, 그러려면 뇌물이 필요하다고...

1978년 5월 11일

약해지기 시작했는데...

▶ 스탈린이 말년에 약해지기 시작했던 것 같소. 하지만 그는 그만큼 많은 일을 겪었어! 나는 어떻게 그가 그 모든 걸 견뎌낼 수 있었는지 아주 놀라워!

1978년 7월 24일

▶ 동맥경화는 좀 차이가 있어도 모든 사람에게 나이 들면 생기는 건데... 하지만 스탈린이 신경과민상태에 있다는 건 누구에게나 분명했소. 그는 모든 사람을 의심했어. 말년에 그렇게 위험한 게 없어. 극단적 감정에 빠지기도 했지. 하지만 그는 출간된 자신의 연설문이나 논문에 있는 낡은 도식들을 아주 조심스럽게 일부 수정하기도 했소.

1982년 4월 29일

▶ 스탈린이 [그루지야] 바투미 근처에 있는 다차에 머물렀소. 요양지 같은 곳이었는

데, 거기에 스탈린의 다차가 있었지. 그는 그곳에 있다가 대중의 눈을 피해 다른 지역으로 비밀리에 가기로 했고, 혁명 전부터 친분이 있던 남녀 지인들에게 만나자고 요청을 했어. 다차에 도착한 그들은 스탈린에게 불평을 늘어놓기 시작했는데, 도처에 뇌물과 도둑질 등이 성행하고 있다는 거야. 스탈린이 격분해서 당시 그루지야 제1서기였던 차르크비아니를 해임하고 대신 수후미에서 일하던 므겔라제를 새로 임명했소.[47]

하지만 행정적인 조치로는 해결되는 게 많지 않아.

1982년 10월 21일

— 〈미국의 소리〉 방송이 트로츠키 살해범의 죽음을 보도했습니다. 20년을 복역하고 석방된 후 소련영웅의 칭호를 받고 우리나라에서 잠깐 살기도 했던 그가 쿠바에서 죽었습니다. 그게 우리 지시에 따른 것이었습니까?[48]

▶ 물론이지. 트로츠키가 죽기 직전에 스탈린에 관해 이렇게 말했소. "그자가 여기까지 와서 나를 찾아냈어…"

1978년 11월 4일

▶ 스탈린이 기상학자들에게 예보의 정확도가 어느 정도인지 물었어. "40%입니다, 스탈린 동무." — "그런데 동무들은 반대로 말하니까, 그럼 우리나라에서 그게 60% 정도 되겠군."

1979년 1월 1일

▶ 나는 스탈린에 대한 레닌의 평가가 모두 옳았다고 생각해. 내가 그런 생각을 레닌 사망 직후 정치국에서 말했소. 나는 스탈린이 그걸 기억했다고 보는데, 왜냐하면 레닌의 사망한 후에 크렘린의 지노비예프 아파트에서 스탈린과 나를 포함해 5명 정도가 모였을 때 「유언」에 관해 말이 나왔는데, 그때 또 내가 레닌의 모든 평가를 옳다고 생각한다고 말했기 때문이야. 물론 그게 스탈린이 좋아할 말은 아니지. 그러나 그것에도 불구하고

47) 아카키 므겔라제(1910~1980)는 1952년 4월부터 1년간 그루지야공산당 제1서기를 지냈다.
48) 트로츠키 암살범 라몬 머카더(Ramon Mercader)는 1978년 10월18일 아바나에서 사망했다.

나와 스탈린은 오랜 기간을 잘 지냈소. 내 생각에 그는 나의 그런 소신과 내가 다른 사람들처럼 빙빙 돌리지 않고 직설적으로 말하는 것을 높이 평가했는데, 그는 그런 일에 담백하게 접근하는 것을 좋게 봤소.

비록 내가 스탈린과 아주 좋은 관계를 유지하고 있었지만, 나는 레닌에 반대하지 않았고 도리어 레닌의 「유언」을 지지하는 것이 필요하다 생각했는데, 그것은 스탈린이 그것에 공감토록 하기 위함이었소. 그는 내게 그것에 관해 한 번도 언급한 적이 없어. 물론 레닌의 「유언」은 근본적으로 스탈린에 유리했어. 레닌이 남긴 모두[=스탈린, 트로츠키, 지노비예프, 카메네프, 부하린, 퍄타코프]에 대한 평가를 보면, 그래도 스탈린에 대한 평가가 가장 긍정적이었어. 하지만 당시 스탈린은 「유언」에 아주 불만이 많았지. 자신에 대한 평가에 불만이 있었던 것 같아. 아주 불만이 컸지. 레닌은 「유언」에서 특히 두 사람을 주목했는데, 스탈린과 트로츠키 말이야. 내가 지금 「유언」에 적힌 트로츠키에 대한 인물평이 어떠한지 정확히 기억할 수 없지만, 레닌의 트로츠키에 대한 부정적 평가는 지나간 전 세월에 걸쳐 내려져 있었고, 물론 레닌이 그것을 고려했지. 레닌은 트로츠키가 아주 위험한 적이라는 것을 경고하고자 했고, 그렇기 때문에 트로츠키와 스탈린을 나란히 세워놓았던 거요. 두 사람 중 하나를 선택하라는 거지. 스탈린에 관해서는 노골적인 평가가 적어. 그러나 긍정적인 것만 있진 않았고, 끝 부분에서 몇몇 부정적 측면을 언급했소.

스탈린의 거친 면에 대해서 보면, 물론 그는 아주 과격한 사람이야. 그러나 그런 과격함이 없었더라면 어떤 좋은 결과가 있었을까? 내 생각에 과격함은 필요했어. 그렇지 않았더라면 흔들리고 회의하는 자들이 더 많았을 거요. 그런데 스탈린은 특유의 규정성과 과격성으로, 심지어 그 난폭성으로 일단의 사람들을 떠밀었어, 물론. 그는 분명하고 확고하게 흔들림 없이 기본 노선을 규정했고, 물론 그것은 당시 당을 위해서 아주 중요했지. 복잡한 사람이었소. 레닌의 비판을 유념했을까? 물론 유념했지. 그는 초기에 아주 절제된 사람이었는데, 나중에 내가 보기에 좀 거만해졌어. 거만해졌지. 나는 항상 그렇게 생각해. 그런 규모의 인물들에게 그건 아주 바람직하지 않아.

1977년 11월 1일, 1979년 7월 1일

— 지식인들 대다수는 스탈린이 레닌을 왜곡했고 그를 불구로 만들었으며 레닌의 우수한 간부들을 압살했다고 생각하고 있는데, 우리는 스탈린이 이루어 놓은 많은 것들을 지금까지 향유하고 있습니다.

▶ 그게 우익 편향이오. 그건 덜 공식적이고 비조직적이나 충분히 넓게 확장된 사회적 기반을 갖고 있소.

1979년 8월 26일

"거짓의 대대(大隊)가 진실을 지킨다"

…내가 몰로토프에게 전직 볼쇼이 극장 관리자였던 릐빈[49]과 나눴던 대화에 관해서 말한다. [스탈린 경호대원 출신인] 릐빈에겐 스탈린을 다차에서 여러 번 살펴볼 기회가 있었다는데, 그가 내게 말하길 스탈린이 어디에, 무엇을, 어떻게 건설할 것인가에 관해 노동자들과 토론하길 좋아했다고 한다. 그는 야외에서 안락의자에 앉아 낡은 제복이나 모피 외투를 덮고 잠자기를 즐겼는데, 머리에는 대원수 군모를 썼다고 한다.

▶ 그건 그렇지, – 몰로토프가 확인한다.

— 한번은 베리야가 다차에 지뢰가 매설되어 있다고 경고했다고 합니다. 스탈린이 "그래? 그럼 지뢰를 찾으러 갑시다!"라고 하더니 지뢰 탐지병을 불러 둘이 함께 다차 주위를 수색했는데 아무 것도 발견된 게 없었답니다.

▶ 스탈린은 천성적으로 소심하거나 겁쟁이가 아니었고, 재능 있는 사람들과 용감한 사람들을 아주 좋아했어. 예를 들면 로코솝스키 같은 사람들 말이야, – 몰로토프가 말한다.

— 릐빈은 스탈린이 언젠가 이렇게 말하는 것을 들었답니다. "누군가 내 이름을 빙자해서 행동하고 있어."

▶ 그럴 수 있지, – 몰로토프가 동의한다.

1979년 11월 4일

---

49) 알렉세이 릐빈(A.T. Рыбин, 1908~1998)은 1992년 『스탈린과 함께. 경호원의 수기(Рядом со Сталиным. Записки телохранителя)』라는 제목의 회고록을 출간하였다.

▶ 우리가 차를 타고 가면 뒤에서 반드시 경호원들이 따라왔소. 두 번째 차량이 있었지. 아마 스탈린에게는 앞에도 경호 차량이 붙었을 수 있어. 그러나 스탈린 한 사람에게만 그렇게 했겠지. 그럴 수 있어. 그렇지만 나는 그에 관해서 들은 바 없고, 두 번째 차량에 관해서는 우리가 잘 알고 있었소. 그 차는 다차에 갈 때도, 아무 데나 따라다녔는데...

내 생각에 초창기 때는 경호원들이 없었소. 당시는 모두 걸어 다녔지, 스탈린도 그랬고. 그런데 1928년 새로운 암살 기도가 시작되었을 때... 국경에서 폭탄을 가진 자들이 체포되었소. 에세르 같은 유형의 사람들이었는데, 그들은 테러리스트로서 아주 용감한...

그런데 당시엔 스탈린을 살해하기가 쉬웠소. 다른 당 간부들까지도 그랬는데, 실제 그런 일이 있었다면 모든 게 무너질 수 있었지.

눈보라가 기억이 나. 눈이 펑펑 내리는데 내가 스탈린과 함께 [크렘린 옆의] 마네즈 광장을 따라 걸었소. 아직 경호원이 없던 시절이었는데, 스탈린은 모피 외투를 입고 펠트로 만든 겨울장화와 귀 덮개가 있는 모자로 무장하고 있었소. 누구도 그를 알아보지 못했는데, 갑자기 어떤 거지가 스탈린에게 들러붙었어. "나리들, 한 푼 줍쇼!" 스탈린이 주머니에서 10루블을 꺼내 거지에게 주고 가던 길로 계속 갔지. 그런데 거지가 뒤에서 우리에게 소리쳤어. "에이, 빌어먹을 부르주아들아!" 스탈린이 나중에 웃으며 이렇게 말했소. "우리가 인민들을 이해해야 돼! 조금 주면 나빠, 많이 주면 그것도 나빠!"

1976년 3월 11일, 1977년 8월 16일

— 사범대학에 근무하는 'S'라는 동무가 있습니다. 그가 의장님께서 어떻게 자기를 베리야로부터 구해주셨는지 말해주었습니다. (그가 스탈린의 쿤체보 다차에서 당직 근무를 마치고 집으로 돌아오는 길에 우연히 친구를 만났다. 그들은 만남을 자축했고 코냑으로 시작된 술판이 맥주로 이어졌다. 친구와 작별한 그는 전차를 탔고, 거기에서 시쳇말로 뻗어버렸다. 있을 수 있는 일이었다. 그러나 취객의 정복 속 혁대에 권총이 달려 있는 것을 본 승객들이 기민하게 민병대를 불렀다. 결국, 다음 당직 때 출근한 그에게 베리야 명의로 된 겁나는 출두명령서가 날아왔는데...

그런데, 참담한 심정으로 일단 다차의 경비 근무에 임한 그가 지정된 길목에 서 있었다. 많은 사람들이 오가고 있었다. 몰로토프가 도착했다. 'S'는 결심했다. 어쨌건 아무 것도 잃을 게 없었다. 몰로토프에게 도움을 청했다. 몰로토프가 사건을 듣더니 그 내용을 자세히 물었다. 그리고 출두명령서를 읽더니 펜을 꺼내 그 위에 이렇게 썼다. "엄중 문책. B. 몰로토프"

'S'는 누구에게도 어디로도 불려가지 않았다. 하지만 역사는 끝나지 않았다. 며칠이 지난 후 일상적인 당직 근무 때였다. 길에 스탈린이 나타났다. 그가 천천히 'S'를 지나쳐 가면서 혼잣말 비슷하게 이렇게 말했다. "마셔라, 그럼 세상 이치를 이해할 테니!" 'S'는 전율했다. 스탈린이 길 끝까지 갔다가 다시 돌아오더니 체키스트[='S'] 옆에 섰다. "어떤 바보가 코냑에 맥주를 섞어 마시나!" 그리고는 'S'를 쳐다보았다. – F. 추예프)

그는 의장님 경호대에 있었습니다.

▶ 그가 내 운전기사였소. 지금은 박사가 됐지. 내게 때때로 안부를 전해왔소. 그는 항상 책을 읽었고, 내가 그걸 알고 있었소. 그는 내가 1918년 인민경제회의에서 행한 업무와 관련된 문제를 가지고 학위논문을 썼어. 내가 그때 페트로그라드 인민경제회의 의장 노릇을 했었지. 내가 그곳에서 논문을 여럿 썼는데, 그가 자료들을 수집해서...

— 그의 말에 따르면, 의장님에 대한 암살 기도가 있었다고 합니다.

▶ 그는 내게 한 번도 그런 일에 관해 말한 적이 없소. 이를테면, 누군가 아주 위험한 사람들이 내 뒤에서 나를 노리고 있다는 식의 이야기를 한 적이 없어. 내가 보기에 그가 좀 공상을 하는 것 같아. 뭔가 혼동하는 것 같기도...

— 의장님이 차에 타고 가시는 중에, 나무가 쓰러졌다는데...

▶ 우랄 사건이 심리 중에 있을 때, 거기서 사람들이 그렇게 이야기했소. 어떤 건 사실이고 어떤 건 사실이 아니오. 물론 그걸 판별하는 건 불가능하지. 나는 긍정도 부정도 할 수 없었소. 비록 내가 누구도 비난하지 않았지만 말이오. 체키스트들이 그런 자료들을 갖고 있었고, 또 조사도 했소. 모든 게 뒤죽박죽이었지, 명백한 과장도 있었고. 그런데 뭔가 심각한 것도 있었지만 충분히 조사되지 않았고, 훨씬 더 나쁘게 추정할 수도 있었소. 우리나라 사람들의 영웅적 기질은 충분하고도 남음이 있어.

— 쉬베르닉이 [1961년] 제22차 당대회에서 의장님에 관해 신랄한 말을 했습니다. 그의 말인즉슨, 몰로토프가 자기 자신에 대해 어떤 암살 기도도 없었다는 사실을 알고 있었는데 그런데도 침묵했다는 겁니다.

▶ 암살 기도가 있었지. [시베리아 케메로보 주] 프로코피옙스크에서 그런 일이 있었소.

— 운전수가 마지막 순간에 단념했다고 증언했답니다. 거기에 낭떠러지가 있어서...

▶ 그렇지, 그렇지. 배수로 같은 어떤 절개지가 있었소. [거기로 떨어지면] 당연하게도, 나만 죽는 게 아니라 그도 죽어야 했소. 그걸 믿기 어렵지만, 그에 관한 이야기와 떠도는 말이 꽤 많았다고 할 수 있지.

— 의장님께 대한 암살 기도가 실제 있었던 겁니까?

▶ 내가 판단하긴 어렵지만, 증언이 있었소. 차가 산으로 가서 배수로로 떨어진다는 건데, 법정에 선 사람들은 자기들이 암살을 준비했다고 증언했소. 운전수가 그 지역 사람이었는데, 그와 공모했는데 그가 실행하지 않았다는 거요. 법정에서 그들은 운전수가 암살을 실행하기로 합의해놓고서 그가 약속을 실제로 이행하지 않았다고 증언했소.

— 그럼 혹시, 그들이 운전수를 무고한 게 아닐까요?

▶ 오, 아니오. 내가 많은 데를 다녀봤는데, 혁명 초기 때만큼 위험했던 적은 없었소.

전에 내가 트로츠키를 읽었소. 그가 쓴 것의 의미를 나름 정확하게 전하고 싶은데, 아무튼 그의 말인즉슨, 사람들이 몰로토프가 스탈린 다음의 제2인자라고 하는데 자기가 보기엔 그게 좀 미심쩍다는 거였소. 그건 옳아. 그러나 몰로토프에 대한 암살 기도가 전혀 없다는 것은 의심스럽다고 했어. 즉, 암살 기도가 없다는 건 거짓이다, – 이게 트로츠키의 결론이오. 어디에 거짓이 있는지 잘 따져봐야 해.

나는 그걸 이렇게 이해하고 있소. 즉, 스탈린에게는 몰로토프가 실질적으로 당내 두 번째 인물이라는 거지.

— 당시 대체 누가 제2인자였습니까?

▶ 만약 트로츠키가 있었다면, 그자가 2인자였겠지. 그는 내게 아주 나쁘게 대했소.

1972년 6월 21일, 1972년 10월 4일, 1982년 12월 9일

...내가 묻는다.

— 사람들 말에 의하면, 스탈린의 대역이 있었다고 합니다. 스탈린이 레닌 영묘 위에 있게 되었을 때, 그가 피곤을 느끼면 그의 대역으로 하여금 인민들의 환호에 화답하게 했다고 합니다. 제가 여러 번 그런 말을 들었습니다.

▶ 헛된 공상이야! 쓸 데 없는 소리를 하는 거야. 마치…

1981년 3월 9일

— 의장님께서 보시기에 스탈린의 부정적 특질은 어떤 게 있습니까?

▶ 부정적 특질? – 몰로토프가 말한다. – 나는 지금껏 그런 문제를 생각해본 적이 없는데, 금방 대답할 수 없겠는 걸. 왜냐하면 편파적으로 보일 테니까 말이오. 그는 성격이 강인한 사람이었어. 그렇지만 동시에 아주 공정했지.

아무튼 사람들은 그를 사랑했어. 그를 매우 사랑했어.

부정적 측면은 생각하고 싶지 않소.

— 사람들은 흔히 레닌의 「유언」을 인용합니다. "스탈린은 매우 거칠다."

▶ 그래, 그건 알아. 그것이 스탈린에 대한 비난 중에서 가장 신랄한 거요. 그러나 내 생각에 다양한 성격을 가진 사람들이 다양한 시기에 스탈린과 잘 지냈어.

— 스탈린이 사람들을 "나사못"이라 불렀는데…

▶ 나사못은 나사못이지. 그러나 중요한 것은 그들이 어느 방향으로 도느냐 하는 거지. 인민들은 그를 진정으로 사랑했어. 그건 그냥 치켜세웠던 게 아니오. 그들은 스탈린에게 아주 호의적이었어.

— 사람들이 브레즈네프를 치켜세웠지만 잘된 거라곤 아무 것도 없습니다, – 내가 말한다.

▶ 왜 잘된 일이 없어? 긍정적인 게 조금 있지.

— 캐나다에서 제가 브레즈네프 숭배자들을 만났습니다. 우리 이민자들이었는데, 우리나라에서 그들을 비행기에 몰아넣은 다음 브레즈네프가 그들이 외국으로 떠나도록 허락했습니다. 그들은 브레즈네프를 매우 칭송했지만, 안드로포프, 레닌, 스탈린 등에게는 욕을 했습니다.

1984년 11월 15일

▶ 시간이 흐르면 러시아 역사에서 스탈린이 다시 부상할 거야. 모스크바에 스탈린박물관이 생길 거야, 반드시! 사람들이 요구할 거요.

스탈린의 역할은 엄청난 거요. 나는 스탈린의 이름이 다시 고양될 것이며, 스탈린이 역사에서 자신의 영광스런 자리를 차지할 것임을 믿어 의심치 않아.

1985년 1월 1일, 1985년 3월 8일

▶ 스탈린이 말했소. "거짓의 대대가 진실을 지킨다."[50]

1971년 8월 17일

키로프

...내가 백과사전을 읽는다.

— "1925년 [12월] 전연방볼쉐비키공산당 제14차 대회 때 세르게이 키로프, 클리멘트 보로쉴로프, 미하일 칼리닌, 안드레이 안드레예프 등과 함께 대회 대의원 그룹을 구성한 뱌체슬랍 몰로토프는..."

▶ 톰스키도 있을 텐데, – 몰로토프가 덧붙인다.

— 아닙니다, 톰스키는 여기에 없습니다. "...트로츠키주의자들과 지노비예프파를 척결함에 있어 레닌그라드 당조직에 실질적 도움을 주었다." 거기 무슨 일이 있었습니까?

▶ 제14차 당대회 때 레닌그라드파의 대표들이 참석했소. 레닌그라드 당조직 대부분은 당 중앙위원회의 노선에 반대하고 있었고, 아주 소수만이 그것을 지지했소. 레닌그라드 당조직은 실질적으로 지노비예프의 수중에 있었고, 지노비예프는 자파 출신으로 간부들을 선발했소.

카메네프가 지노비예프를 지도했지. 그가 레닌그라드파의 리더였는데, 카메네프는 지노비예프보다 이론적으로 더 깊이가 있었소.

레닌그라드 당조직이 볼쉐비키당 중앙위원회에 반대한다? 그래서 그때 [우리는] 당 중앙위원 그룹을 만들었소. 내가 그 일의 조직자였고, 그룹을 이끌었소. 지노비예프파는 우리 돌격 그룹을 "야만 사단"이라고 불렀소. 칼리닌, 키로프, 부하린, 톰스키, 보로쉴로프, 안드레예프, 쉬미트 같은 사람들이 그룹에 속했는데, 우리는 당대회가 끝난 후 바로

50) 진실은 너무도 소중한 것이어서 늘 그 주위에 거짓과 날조가 동반된다는 뜻이다.

레닌그라드로 가서 지노비예프를 해임했소. 우리가 그곳에 도착했을 때, 지노비예프가 우리를 자신의 집무실로 점잖게 초대했소. "동무들에게 무엇이 필요합니까? 아마, 상황 파악? 동무들이 말만 하면, 우리가 무엇이 어떻게 된 건지 이야기하겠습니다. 언제 일을 시작하렵니까?" — "내일 시작하려고 합니다." — "일을 어떻게 할 생각입니까, 말해줄 수 있지요?" — "우리는 공장에 가서, 보고를 하고, 투표를 실시할 겁니다."

그렇게 우리 그룹은 각 공장으로 흩어졌소. 다음 날 내가 레닌조선소에서 연설을 했는데, 유명한 곳이지. 함께 누가 있었는지 지금 기억나지 않는데...

어쨌건 지노비예프를 해임했소. 어떻게 해임했냐? 모든 공장에 가서 레닌그라드파에 대한 비판과 함께 [1925년 12월에 열린] 제16차 당대회 결정문을 공장마다 도처에 붙였소.

우리는 주요 공장들의 지지를 얻어야 했는데, 그러기 위해서 먼저 중소 공장을 장악해야 했소. 그런데 그들이 큰 공장들에서 조직적 지지를 확보하고 있었고, 당위원회들 또한 그들 수중에 장악돼 있었소. 나의 과제는 소임을 완수하는 것이었는데, 지노비예프가 물었소. "그럼, 동무는 푸틸로프 공장에 언제 갈 거요?"

내가 지노비예프에게 말했소. "때가 되면 갑니다. 우리는 서두르지 않습니다."

그런데 푸틸로프 [기계제작]공장은 그들의 주된 기지였고, 지노비예프는 푸틸로프 공장 노동자들에게 모든 기대를 걸고 있었소. 그런데 푸틸로프 공장 노동자 대표들이 내게 왔어요. "몰로토프 동무, 왜 동무는 우리 공장에 들리지 않습니까? 우리가 푸틸로프 사람이고, 우리가 바로 노동자란 말입니다!" 내가 말했소. "동무들에게 갈 거요. 그건 안심해도 좋아요. 우리 모두 동무들에게 갈 겁니다. 다른 공장들의 사정이 어떤지 먼저 살펴볼 기회를 주시오."

우리가 포위전술을 썼지. 가장 미심쩍은 공장 둘을 나중으로 미뤘소. 트레우골닉이라고 아주 큰 고무 공장이었는데 지금도 그대로 있소. 그렇지, 지금은 트레우골닉이 아닌 다른 이름으로 불리고 있는데, 붉은 트레우골닉이오. 우리는 지노비예프의 영향력이 막강했던 트레우골닉 공장과 푸틸로프 공장 방문을 뒤로 미뤘소. 그들에게 페테르부르크 노동자들의 도덕적 압력도 가해졌지. 우리는 둘 중에 트레우골닉을 먼저 방문할 곳으로 골랐고, 우리들 거의 모두가 그곳으로 갔소. 칼리닌도 갔고 톰스키도 갔는데, 부하린이 갔는지는 잘 기억나지 않소. 키로프도 있었지. 마침 키로프를 레닌그라드 당위원회 책임자로 임명해야 했소. 일단 지엽적인 문제들에 대해 투표를 시작했는데, 찬성과 반대가 반반이었소. 그럴 수밖에... 그들이 계속 대오를 흔들어 우왕좌왕하게 했지. 중앙위원회 노선을 지지하는 사람들은 왼쪽으로, 지노비예프의 노선을 지지하는 자들은 오른쪽으로 갈라졌는데, [문제를] 해명하기가 그토록 어려웠소. 그들이 훼방을 놨어도 우리들이 다수파가 되어갔는데, 그래도 확실한 절대 우위를 점하지는 못했소. 확신이 없거나 헷갈려 하는 자가 많았는데, 그건 그곳 노동자들 대다수가 양쪽으로 갈려 있었기 때문이오. 그들 역시 자신들의 정예세력을 내보냈는데, 오직 지노비예프가 없었다는 것뿐이지 나머지는 다 그곳에서 노련한 웅변가들이었소. 주요 연사들이 우리 편이었지만 지노비예프 편에도 유력한 연사들이 있었소. 누가 다수를 확보했는지 오랫동안 분명하지 않았는데, 얼마나 종잡을 수 없는 집회였던지! 거기엔 다른 곳보다 여성 당원이 아주 많았소. 그들이 각종 토론회를 열었는데, 거기서 내가 칼리닌에게 말했소. "동무, 테이블 위에 올라가서 동무가 의장이라고 외치고 집회를 진두지휘하세요!" 그가 테이블 위로 올라갔소. "친애하는 동무들, 중앙위원회를 지지하는 동무들은 오른쪽으로, 반대파인 레닌그라드 그룹을 지지하는 동무들은 왼쪽으로 가시오!" 테이블 주변에서 난리가 났지. 사람들이 그를 도왔는데, 그래도 역시 그는 권위가 있었소. 사람들이 그를 존경했어. 노동자 출신이지. 겨우 장내가 조용해졌소.

반대파가 비록 소수였지만, 대오를 혼동케 하고 편을 따지기 어렵게 만들었소. 공장에서도 식당에서도 그랬소. 그리고 나중에 최종 투표를 하게 되었을 때, 우리가 다수였는지 아니면 반반씩 차지했는지 내가 지금 정확히 기억하지 못하는데, 우리가 과반에 미달한 것 같지는 않소. 『레닌그라드 프라우다』라는 신문이 있었는데, 지금도 발행되고 있지. 우리는 그 편집인을 해임하고, 그 자리에 『자본』의 번역자로 유명한 스크보르초프-스테파노프를 임명했는데...

— 그가 1937년에 숙청됐지요?

▶ 아니야, 아니야! 그는 열렬한 레닌주의자였고 스탈린을 지지했소. 『자본』를 번역했고 저명한 이론가였소. 레닌의 지시에 따라 그는 전기화 사업에 관한 훌륭한 책을 썼어요. 이반 이바노비치 스크보르초프-스테파노프는 교양 있는 사람이었고 아주 강고한 고참 볼쉐비크였소.

해가 지자마자 나는 가장 필요한 공장들을 보다 세게 때릴 수 있게 [신문 기사를] 내기로 스크보르초프-스테파노프와 합의를 했고, 그가 신문을 그렇게 매일 발행했소. 즉,

아침이면 우리는 이미 탄약을 확보했던 거요. 그렇게 하루 또 하루가 가고, 일주일 내내 우리는 그 지노비예프파를 때렸소. 일주일, 아니 열흘이 분명 넘었을 거요. 마지막 공장이 푸틸로프였지. 우리는 다시 우리의 정예세력을 투입했고, 거기서 우리가 확실한 다수를 확보했소.

한마디로 우리는 그 어떤 공장도 지노비예프파에 내주지 않았소. 모든 곳에서 승리했지. 트레우골닉에서만 반반씩 확보했던 것 같아. 누가 다수를 확보했는지 특정하기 어렵다는 데 합의했지. 반씩 확보했다고 합의했던 것 같소. 그렇게 발표가 됐지.

협의회를 개최하기로 결정했는데, 그때 나는 이미 부하린과 함께 [레닌그라드에] 도착해 있었소. 그게 이미 1926년이었던 게 분명해. 일은 이미 끝났지. 협의회는 우리 사람들이 이미 장악하고 있었고, 반대파는 거의 없었소. 공장 다음으로 지구 협의회들도 우리를 지지했소. 공장에서 그들이 궤멸되고 나서 2~3주 후에 협의회가 열렸소. 나는 키로프와 함께 기거했소. 잘 기억이 나지 않는데, 우리가 〈예브로페이스카야〉 호텔 아니면 어떤 아파트에 묵었을 거요. 하지만 그건 후에 일이고, 그때 나와 부하린이 한 방에서 잠을 잤는데, 그가 내게 어떤 정보를 줬던 것 같아.

부하린이 정치보고를 했고, 우리는 협의회에서 쉽게 승리했소. 키로프가 레닌그라드 당 서기가 됐는데, 지노비예프는 연설하지 않았소. 그러나 항복하지 않았어. 그는 영리한 사람답게 패배를 공개적으로 수용하길 원치 않았소. 자기 생각을 숨겼어, 잠시 동안 말이오. 그는 코민테른 [집행위원회] 의장직을 유지했어. 레닌그라드에서 그를 제거했고, 나중에 그를 코민테른에서도 쫓아냈소. 그리고 부하린이 코민테른 제1서기가 됐지. 의장직을 폐지하고 대신 서기국을 만들었는데 부하린이 거기로 들어간 거요. 그가 스탈린의 노선을 지지했는데...

1973년 12월 4일, 1977년 4월 19일

— [1934년 초에 열린] 제17차 당대회에 관해 의장님께 질문이 있습니다. 당시 당 중앙위원을 선출할 때 스탈린이 키로프보다 지지표를 더 적게 받았다는데, 그게 사실입니까?

▶ 아니오. 얼마나 적게 받았는지에 관해 사람들이 말하지 않던가? 내가 동무에게 [그에 관해] 이야기한 적이 없는가? 모르겠네. 아무튼 내가 정확히 기억하는 게 있는데, 직

접적 관계는 없으나 상황을 비추어 볼 수 있을 거요. 어떤 당대회였는지는 말하지 않겠지만, 비공개 회의에서 중앙위원 선출 투표 결과가 공표되었을 때, 한 사람만이 반대표를 받지 않았소. 즉, 퍄트니츠키만 만장일치로 통과했어. 왜냐? 왜냐하면 그는 코민테른에서 일했고, 거기서 누구도 방해하지 않았기 때문이오. 반면 나머지 모두는 일정 수의 반대표를 받았소. 예를 들면, 스탈린도 2~3개의 반대표를 받았고, 나도 그 정도로 반대표를 받았지.

— 그럼, 누가 반대했는지 알아보지 않으셨습니까?

▶ 무엇 때문에 그걸 알아봐? 그건 그래도 명색이 당인데 어떤 수색기관이 아니잖소. 그리고 그게 무슨 의미가 있어? 내가 확신하기에 스탈린이 매번 1~2개의 반대표를 받았소. 매번 그랬어. 항상 반대하는 자들이 있었지.

그렇지, 키로프가 반대표를 하나도 받지 않았을 수 있어. 그럴 수 있지. 그러나 내 기억에 퍄트니츠키를 제외하곤 그런 경우가 없었소. 지금은 퍄트니츠키가 누구인지 아무도 몰라. 그리고 누구도 그에게 관심이 없어.

제17차 당대회 때 어떤 그룹이 있었소. 오가네소프라는 자가 있었는데, 그는 아르메니아인으로 혁명 전부터 활동한 고참 볼쉐비크였소. 그가 내게 항상 친근하게 굴었지만, 나는 그를 잘 기억하지 못했소. 그와 함께 일을 한 적이 전혀 없었으니까. 그렇긴 했어도 그가 혁명 전부터 볼쉐비크로 활동했으니까 이름은 들어 알고 있었지. 스탈린을 증오하는 사람이었는데, 그를 체포해서 투옥시켰소. 한번은 내가 그를 병원 병실에서 쫓아낸 적도 있어. "동무가 그렇게 말한다면, 나는 동무와 대면하고 싶지 않소."

그가 내게 한 이야기에 따르면, 제17차 당대회 때 북카프카스 지역 당위원회 서기 [보리스] 쉐볼다예프가 그들을 불러 모았소. 쉐볼다예프는 바쿠에서 미코얀과 함께 일한 적이 있는데, 보트를 타고 백군에서 탈주한 경험이 있는 괜찮은 청년이었소. 그는 북카프카스 출신이 아니라 러시아인이오. 내가 중앙위원회에 있을 때, 그는 중앙위원회 조직부장 대리로 일했소. 유능한 사람이었고, 사라토프, 북카프카스 등 몇몇 주에서 당서기를 지냈지. 그는 8~10명의 대의원을 모았는데, 거기에 오가네소프가 포함돼 있었소.

— 오가네소프는 아르메니아 사람이지요? – 쇼타 이바노비치가 묻는다.

▶ 그렇소, 아르메니아인이지.

— 그 나쁜 놈 때문에 쉐볼다예프가 투옥되었습니다! 거기에 가담해서 그가 투옥되었던 겁니다, – 쇼타 이바노비치가 벌컥 화를 낸다.

▶ 거기엔 당시 꽤 비중 있던 인물들이 포함돼 있었소, – 몰로토프가 계속한다. – 그가 그들을 거명했는데, 내가 이름을 모두 기억하지 못했어. 쉐볼다예프가 있었고, 오가네소프도 있었고, 미르조얀은 당시 카프카스 주당 서기였고, 그렇지, 그 전에는 우랄과 아르메니아에서 당서기를 했어. 오가네소프가 말했소. "우리가 휴식시간에 대회장 어딘가 적당한 장소를 골라 모임을 가졌습니다. 우리는 키로프를 거기로 불러낸 다음 그에게 우리가 그를 서기장으로 밀려 한다고 말했습니다. 키로프가 우리를 비웃더니 "동무들은 무슨 멍청한 소리를 하는 거요! 내가 무슨 서기장을?"라고 하면서 화를 냈습니다."

그들이 아무리 생각이 없는 자들이었더라도 그건 정말 황당무계한 일이지. 물론 나는 당에 있었고, 당시 지도간부들을 잘 알아. 키로프는 그런 차원의 지도자로 적합한 사람이 아니야. 몇 안 되는 서기들 중 하나로서 그는 대중 집회에서 연설이야 잘했지만 그게 서기장의 자질과는 전혀 다른 것이지. 키로프는 모든 일을 스탈린에게 자세히 고했어. 내 생각에 키로프가 그리 했던 것은 옳은 행동이었소.

— 사람들 말은 스탈린이 나중에 그들을 혼내주었다고 합니다.

▶ 아니오. 그가 나중에 아주 많은 사람들을 혼내줬는데, 그들이 거기에 포함된 것뿐이야. 하지만 그건 부차적인 문제지.

— 그리고 키로프는 그가 스탈린보다 더 큰 권위를 누렸다는 것 때문에 용서받지 못한 것 같습니다.

▶ 터무니없는 소리! – 몰로토프가 강하게 말한다. – 당대회 속기록을 읽어보시오! 누가 더 큰 권위를 누렸나? 스탈린인가 아니면 키로프인가? 키로프의 논문 및 연설집을 읽어봐. 거기에 뭐가 있나? "나는 스탈린 같이 거대한 인물을 본 적이 없다", – 이 말은 키로프가 말한 걸 기억나는 대로 인용한 거요. 그런데 거기 어디에 지도적 성격의 정치적 지시가 있는가?

그는 요구하지 않았소. 그는 다른 유형의 사람이야.

— 1917년의 경우를 생각해보시지요. 스탈린이 늘 레닌과 함께했습니까?

▶ 물론이오, – 몰로토프가 답한다.

— 제가 얼마 전에 읽었는데, 레닌과 스탈린이 브레스트–리톱스크 조약문을 밤새 함

께 썼다고 합니다. 그게 사실입니까?

▶ 그랬을 수 있지. 반면 키로프는 1917년 당시 당 조직 그 어디에도 존재를 드러내지 못했소. 그건 중요한 의미를 갖는 거요. 그는 지방 신문사에 앉아 있었어... 그런데 키로프를 서기장으로 밀려고 했다는 것은 정말 터무니없는 일이야! 그것은 그자들의 근시안적 사고를 말해주는 거요. 불쌍한 인간들! 키로프도 그들을 비웃었어!

— 혹자는 키로프가 당시 서기장이 되지 못한 게 당의 최대 불행이라고 말합니다.

▶ 누가 그렇게 말을 해? 마음대로 말하라고 해. 정치적 지도라는 시각에서 키로프에게 뭔가 가치 있는 게 있는가? 그럼 뭔가 가치로써, 유용성으로써 구별되는 그의 사상이 과연 있는지, 있으면 말해보라고 해! 어디에도 없어! 그 독창성으로서가 아니더라도, 스탈린이 말한 것과 뭔가 구별되거나 아니면 뭔가 새로운 것을 보충한 것이라도 있나?

— 트로츠키즘을 끝장내는 데 누가 결정적 역할을 했습니까? 『레닌주의의 문제』를 누가 썼습니까? 스탈린 아닙니까? – 쇼타 이바노비치가 묻는다.

— 문제는 그것이 아닙니다, – 내가 말한다. – 사람들은 키로프가 보다 인도주의적이라고 생각합니다. 두 번째는, 만약 1937년에 궁정반란이 실현되었다면 투하첸스키 같이 명석한 사람이 국가 최고지도자로 옹립되었을 것이고, 새 지도부가 국가 발전뿐만 아니라 파시즘과의 투쟁도 보다 성공적으로 실현했을 것이라는...

▶ 정말 웃기는 소리요, – 몰로토프가 격분한다. – 순전히 전문적인 분야를 제외하고 투하첸스키가 나라를 위해 뭔가 유용한 것을 할 수 있다는 주장의 논거가 뭐요? 어떻게 나온 생각이야? 근거 자료는? 누구에게서? 투하첸스키를 받들었던 사람들은 볼쉐비키당의 정책 변경을 원하거나 그것을 무심코 거드는 자들이오.

— 제가 보기에, 군인으로서 주코프가 추하첸스키보다 위대한 인물인 것 같습니다. 어떻게 생각하십니까? 의장님께선 그 두 사람을 모두 잘 아시지요? – 쇼타 이바노비치가 묻는다.

▶ 물론 두 사람을 알지만, 그들은 서로 다른 유형의 사람들이오. 주코프에겐 강고함과 물론 실천력이 있었지. 투하첸스키는 보다 교양 있는 사람이야. 그러나 군인다움이 덜 했어.

거기에 문제가 있는 게 아니오. 투하첸스키는 어디로 튈지 알 수 없는 사람이야. 내 생각에 그는 오른쪽으로 갔을 거요. 그는 흐루쇼프에 가까워.

좋아, 동무들이 키로프가 더 좋았다고 하는데, 그럼 키로프에 관해 무엇을 아시나? 그가 무슨 일을 했지? 스탈린에 관해서는 그의 저작과 논문들, 그리고 그가 어디서 일했는지도 우린 다 알고 있소. 그런데 키로프는? 그는 당 중앙위원회에서 거의 일하지 않았소.

제17차 당대회 말미에 우리가 함께 간부회 방에 앉아 있었는데, 그때 스탈린이 키로프에게 말했소. “이제 자네가 모스크바에 와서 일할 때가 됐어.”

내가 스탈린을 편들었지. “그렇지, 그래야지요.” 그러자 키로프가 내게 달려들었어. “동무는 지금 무슨 말을 하는 거야! 그래, 나는 여기에 필요 없어. 나는 레닌그라드에서 동무보다 더 잘 일할 수 있어. 그런데 여기 모스크바에서 내가 뭘 할 수 있어?”

그는 차마 입에 담기 어려운 욕설을 내게 퍼부었어. 모스크바로 전보되는 것을 몹시 두려워했소.

그는 대중운동가요. 그런 사람도 매우 필요해. 어떤 경우엔 그가 다른 사람들보다 더 필요했어, 자기 자리에서 말이오. 반면 더 굵직한 일에 대해서는 그의 능력이 많이 부족했소.

이론적으로 준비된 게 없었어. 그런 강고함도 없었고. 확실히 그런 사람이 국가를 혁신하고 전쟁에 대비한다는 것은... 알다시피...

— 의장님께선 키로프의 죽음을 어떻게 아셨습니까? – 나는 이 질문을 몰로토프에게 여러 해에 걸쳐 여러 번 했다.

▶ 레닌그라드 오게페우 책임자 베드베지가 스탈린 집무실로 전화를 했을 때, 나도 그곳에 있었소. 그가 오늘 〈스몰늬〉에서 세르게이 동무가 살해됐다고 하자, 스탈린이 전화기에 대고 말했소. “이런 병신들!”

바로 그날 저녁 스탈린, 보로쉴로프, 나 셋이서 레닌그라드로 향했소. 우리는 키로프 암살범 [레오니드] 니콜라예프와 이야기를 했지.

초췌한 모습에 당에서 제명된 자였는데, 사상적 이유로 키로프를 일부러 죽였다고 말했소. 지노비예프 지지자였지. 내 생각에, 거기에 여자문제를 개입시킬 필요는 없어. 스탈린이 〈스몰늬〉에서 니콜라예프를 심문했소.

— 니콜라예프는 어떤 사람이었습니까?

▶ 보통사람이지. 관리였는데, 직급은 높지 않았어. 초췌한... 내 생각에 그가 무엇인가에 분노한 것 같았어. 당에서 제명됐고, 모욕감으로 가득 차 있었소. 그런 그를 지노

비예프파가 이용한 거지. 그가 진짜 지노비예프 지지자도, 진짜 트로츠키주의자도 아니었을 수도 있고...

— 니콜라예프 한 명만 재판을 받은 게 아닙니다. 관련 피고인 명단이 있습니다, – 내가 말한다.

▶ 문제는 그들이 암살모의 혐의가 아니라 지노비예프파 조직에 가담했다는 이유로 유죄 판결을 받았다는 데 있소. 내가 기억하는 한, 암살이 지노비예프파의 결정에 따른 것이라는 데 대한 직접적 증거는 없었소.

그래서 그가 단독범행을 한 것 같았지만, 그의 과거를 보면 그는 지노비예프파였어.

1970년 6월 11일, 1971년 7월 28일, 1974년 6월 13일,
1976년 4월 28일, 1979년 7월 1일, 1981년 3월 6일,
1982년 12월 9일

▶ 키로프가 스탈린의 자리에 오를 수도 있었다는 불멸의 전설이 만들어졌는데, 그럼 키로프의 이론적 저작이란 게 있기나 한가? – 몰로토프가 말한다.

— 하지만 그때는 모두가 실천가였습니다. 반드시 이론적 저작을 가져야 하는 것은 아니지 않습니까?

▶ 틀렸소. 키로프는 선동가에 더 가까워. 조직가로는 취약했소. 그의 주변에 우파도 종종 모여들었는데, 그는 그것을 잘 분별하지 못했소. 그의 제2서기로 추도프[51]란 자가 있었는데, 그는 우파야. 물론 그는 나중에 화를 당했지.

1917년까지 키로프가 무얼 했는지에 관해서는 일반 사람들에게 알려진 게 하나도 없소. 공산주의자였지. 그러나 열성적이진 않았어. 그에겐 연단이 필요했는데, 문제는 당시에 연단이 없었소. 나중에 자신이 대중에, 노동자들에 접근하는 솜씨가 좋다는 걸 보였지만, 반동의 시대에 그는 별로 적극적이지 않았소. 그는 지방에서 발행되던 자유주의적 부르주아 신문에 글을 썼어. 1906년부터 1917년까지 키로프에게 연단이 없었어.

— 그러나 키로프가 스탈린 대신 서기장이 되었어야 했다는 전설은 견고합니다. 그러나 키로프가 사람들이 상상하는 그런 인물이 아니었다는 거지요?

51) 미하일 추도프(1893~1937)는 1926~36년 레닌그라드 주 당위원회 제2서기를 지냈다.

▶ 그게 아니고, – 몰로토프가 웃는다. – 그는 스스로 제1인자 자리를 전혀 탐하지 않았다는 거요. 그는 일할 수 있었어. 그러나 제1인자 역할로서는 아니야. 사람들이 그를 제1인자로 인정하지 않았을 거요. 동무들에게 확실히 말할 수 있는데, 특히 책임일꾼들이 그랬을 거요.

— 사람들 말이 어떻게 그루지야 사람이 러시아를 다스릴 수 있냐고...

▶ 거기엔 이런 측면도 있소. 스탈린이 그루지야 사람이었기 때문에, 이방인이었기 때문에 러시아 인민을 옹호하는 그런 일을 할 수 있었는데, 만약 러시아인 지도자라면 서기장으로서 그런 일을 결심할 수 없었을 거요, – 몰로토프가 단언한다.

1972년 8월 15일, 1979년 11월 7일

▶ 키로프는 조직가로서 소질이 없었지만 훌륭한 대중운동가였소. 스탈린이 그를 좋아했지. 그가 스탈린의 총아였다고 말할 수 있어. 흐루쇼프가 스탈린에 덮어씌운 혐의, 즉 스탈린이 키로프를 죽였다는 식의 주장은 추악한 거요.

우리는 키로프와 친하게 지냈는데, 내 기억에 스탈린이 키로프에게 나타했던 다정함은 나중에 즈다노프에게만 드러냈던 것 같아. 키로프 다음으로 그는 누구보다도 즈다노프를 가장 좋아했소.

— 그런데 인민들 사이에서 소문은...

▶ 무슨 소문이! 모욕당한 사람들이 많다는데, 그럼 이 싸움에서 진짜 모욕당한 사람이 누군데? 그거 참!

— 스탈린은 자신이 키로프로 대치되는 것을 겁냈다고 합니다.

▶ 터무니없는 소리! 그가 키로프를 두려워했다고? 아니야, 아니야. 아시는가, 여기서 멋진 연설은 부차적인 거요. 그게 다가 아니야. 특별히 비상한 개인적 자질을 갖추든지, 아니면 아주 훌륭한 그룹을 가져야 해. 흐루쇼프처럼 말이오. 그는 자기 주위에 그룹을 결집시켰어. 왜냐하면 모두가 휴식을 원했기 때문이오. 편안히 살기를 원했어. 그런데 스탈린식으로 하려면, 오랫동안 핸들을 꽉 잡고 있어야 했소.

잘살고 싶다

— 사람들은 물론 잘살고 싶었는데, 전쟁이 있었습니다.

▶ 잘살고 싶은 건 일부에 국한된 바람이 아니라 대다수 간부들, 나아가 광범한 대중에 해당되는 거요. 그들이 많이 지쳤지. 고위층에서도 모두가 그 [전쟁 준비 관련] 노선을 떠받쳤던 건 아니야. 왜냐하면 그걸 인내하기가 매우 어려웠기 때문이오. 꼭 그렇게 말하진 않았지만 브레즈네프가 제26차 당대회를 대략 이런 말로 마감했소. "편하게 숨쉬고, 일 잘하고, 조용하게 산다." 물론 볼쉐비키를 위해 한 말이오. "조용하게 산다!" 하지만 볼쉐비키라면 그럴 수 없소. 조용하게 산다면, 볼쉐비키가 필요하지 않지. 절대 필요치 않아. 어디에서도 그들은 움직여. 앞으로 나아가고, 난관을 극복하고, 그런데 편한 삶을 위해서라면 볼쉐비키가 왜 필요한가? 오히려 사회민주주의자들이 더 필요하지. 그들은, 말하자면, 자본주의의 자연적 운동에 종속돼 있소.

— 흐루쇼프 치하에 빵도 있었고 식료품도 있었습니다. 그건 좋습니다. 그는 그런 상황을 위해 나름 역할을 했습니다.

▶ 그가 했다기보다는 사람들이 그를 교묘히 이용했던 거요. 모두가 휴식을 원했고 긴장이 어떻게든 제거되길 원했소.

— 우리는 잘살고 싶습니다, – 쇼타 이바노비치가 말한다. – 한 번밖에 없는 인생입니다. 여자도 필요하고 연애도 하고 싶습니다.

▶ 역시 여자가 없을 수 없지. [스탈린 비서실장] 포스크료븨쉐프와 [스탈린 경호대장] 블라식이 거기에 빠졌었지. 나는 수수방관했는데, 그때 내가 눈 밖에 나 있었소. 매우 놀랐어. [어느 날 갑자기] 포스크료븨쉐프가 없는 거야. 스탈린이 그를 해임했는데, 하지만 투옥시키지 않았소. 왜냐하면 그가 국가 돈을 허비하진 않았기 때문이오. 그런데 블라식은 그 일에 경비대 예산을 썼어. 하지만 그 두 사람은 스탈린을 욕하지 않았소. 내가 어디선가 돌아왔을 때인데.., 몽골에서인가? 아니야, 빈에서 돌아왔을 때지. [모스크바 도심] 트베르스코이 불바르에서 포스크료븨쉐프를 만났소. 나는 그에게 다가가지 않고 대신 눈인사만 했는데, 그도 그렇게 했소. 그가 내게 큰 음해공작을 폈지. 포스크료븨쉐프 말이오. 나의 통역인 파블로프를 이용하려 했소. 그도 맞장구를 쳤지. 파블로프 말이오. 그에게 당성이라곤 조금도 없었지만 근무자로는 괜찮아. 내가 그를 알지. 파블

로프는 영어를 잘하고 독일어도 잘했는데, 물론 내게 그런 통역관, 그런 비당원 타입의 인물이 별로 마음에 들지 않았지만, 그는 근무자로서 정직했고 어떤 연출도 없었는데... 내가 스탈린 사후 그를 외무성에서 내쫓았소. 내가 외무성에 복귀한 후에 말이오. 스탈린이 나를 외무성에서 내쫓았지만, 1953년에 내가 복귀했을 때 파블로프가 비신스키의 통역을 맡고 있었소. 비신스키는 내 후임 외무상이오. 파블로프가 내게 들리기 시작했고, 비신스키를 밀고하기 시작했어.

내가 말했소. "파블로프 동무, 완전히 못쓰게 됐네. 동무는 내게 더 이상 필요하지 않소. 내가 비신스키를 아주 잘 알아. 그런데 동무는 왜 그에 관한 모든 것을 내게 말하려 하는가? 나는 동무를 외무성에서 멀리 있게 할 거요. 나는 더 이상 동무와 함께 일할 수 없소." 그런데 그런 일 다음에 그가 나를 중상할 거라는 사실을 알고 있었어.

— 베레쉬코프가 더 나았습니까?

▶ 내가 예전에 그를 외무성에서 내보내 언론 쪽 일을 하게 했는데, 그를 쫓아냈던 것은 그의 부모가 후방에서 독일인들에 협력했다고 체키스트들이 보고했기 때문이었소. 키예프 지역 어딘가에서 그랬다지, 아마. 그게 소문일 수도 있지만 그런 보고를 받은 이상, 나는 그걸 수용할 수밖에 없었소.

그때 나는 일단 그를 시사 잡지 『노보예 브레먀』로 보냈소. 너는 여기서 할 게 아무것도 없다는 거지. 내가 그 이유조차 말해주지 않았는데, 왜냐하면 알 필요 없으니까. 체키스트들이 기밀사항을 보고하면 그대로 해야 했어!

그는 젊은 청년이었는데...

포스크료비쉐프가 나를 음해하고 다녔는데... 고위층에서 음모들이...

내가 보기에 그는 스탈린에게 충성을 다했지. 하지만 지저분한 일에 휘말렸소. 그런 경우에 여자들이 중개인이자 도구가 되는데, 사람을 더럽히고 추하게 만들지.

[포스크료비쉐프는] 유능한 사람이오. 그는 [레프] 메흘리스[=스탈린 개인비서]의 후임자였고, 메흘리스의 전임자가 [이반] 톱스투하였소. 좋은 사람이었는데 폐병으로 죽었지.

— 군인들은 메흘리스를 좋아하지 않습니다.

▶ 대개 그렇지. [콘스탄틴] 시모노프가 그를 꽤 좋게 평했는데, 그것도 그거지만 메흘리스는 아주 헌신적인 사람이었소.

1975년 5월 15일, 1975년 7월 17일, 1976년 3월 11일, 1981년 1월 9일

— 의장님께선 자신도 도청을 당했다고 말씀하셨습니다.

▶ 아마 평생 도청 당했을 거요. 체키스트들이 내게 말하길, 내가 점검하지 않는다더군. 그들은 내게 호의적으로 대했는데, 나한테 대화할 때 더 조심하라고 직접 말해주더라고. 그냥 좋은 뜻으로 그랬겠지, 어찌 알겠소. 그런데 나에 관해 뭐라도 좀 보태서 보고하더군. 그래서 쓸데없는 건 떠들지 말자고 했는데... 마침 그때 스탈린은 때로 의심이 극에 달하는 상태에 있었소. 그가 의심을 해서는 안 되는데, 절대 안 되는데... 하지만 의심을 갖게 하는 어떠한 정보에라도 몰입하게 되면... 거기에 어려움이 있소. 그렇지, 어려움이 있어.

위에 계급들이 있는 한, 그렇게 살 수밖에 없어. 무엇이든 빠져나갈 구멍을 찾겠지만 바로 찾지는 못할 것이고, 반면 그들은 그렇게 친척을 통해서, 아니면 친척 주위의 수위나 그 누구를 통해서라도 [꼬투리를] 찾으려 하겠지. 사람들은 돈을 위해 양보할 준비가 되어 있고, 그 어떤 비겁한 행동이라도 할 거요. 이걸 고려하지 않을 수 없어. 그러나 나는 물론 언제든 위험에 처할 수 있다는 것을 늘 알고 있었고 늘 이해하고 있었소. 그걸 유념해야지. 다른 출구가 없는데... 끝없이 조심해야 돼. 세상에는 역시 절대적인 게 아무 것도 없는 것처럼, 비록 그 조심성이 그래도 역시 아무 것도 완전히 보장해주지 않더라도 끝없이 조심해야 돼. 할 수 없잖소? 그래도 그게 도움이 될 수 있어. 우리는 밀정 말리놉스키를 항상 기억했는데...

1975년 8월 15일

보로쉴로프

— 스탈린이 보로쉴로프에 대해 꽤 비판적인 생각을 갖고 있었습니다. 몇몇 대목에서 그랬습니다. 특히 전후에 그랬는데, 보로쉴로프가 가끔 [그에게] 말했습니다. "우리가 1907년 바쿠에서 처음 만났지." 그러자 스탈린이 대답했지요. "그런데 나는 그게 기억이 안 나."

▶ 물론, 내 생각에 스탈린은 보로쉴로프를 완전히 신뢰하지 않았소. 왜냐? 우리들 모두에겐 물론 그런 약점이 있었어. 지주 귀족처럼 사는 것 말이오. 그걸 체득했는데,

이는 부정할 수 없지. 우리나라에 모든 게 갖춰 있고 모든 게 보장돼 있소. 여기서 그가 나리처럼 거들먹거리기 시작했소. 그게 어디에 나타나느냐? 화가와 교제하길 좋아하고 극장을 사랑하는 거지. 특히, 화가를. 화가들을 자기 집에 초대하곤 했소.

— 외국에서 칼리닌에 대해 이렇게 쓰고 있습니다. "칼리닌과 모스크바 발레단 분장실과의 친밀한 관계, 그리고 〈전연방의 수장〉이 필경 국가자금으로 [오페레타 가수] 타치야나 바흐에게 선물한 모피 외투." 스탈린이 그에게 이렇게 말했답니다. "만약 동무가 내게 투표하지 않는다면, 그 모피 외투는..."

▶ 아니야, 아니야. 문제는 칼리닌이 아내가 아니라 다른 여인과 함께했다는 데 있었소. 그건 유명한 이야기인데... 칼리닌의 본처는 에스토니아 출신이야. 체포됐지. 그녀는 릐코프와 연결돼 있었소.[52]

발레리나들? 아니오, 그건 예누키제의 일이오. 이들이 [레프] 카라한과 친하게 지냈는데, 주로 그 분야에서.[53] 보로쉴로프가 화가들과 친했는데, 당시 화가들은 대개 당원이 아니었소.

스탈린은 그 문제에 아주 신중하게 접근했는데, 그건 절대적으로 옳았소. 그가 만약 그 일에 덜 신중했다면, 그가 과연 살아남을 수 있었을지 몰라. 특히 예민한 상황이었소. 반면 보로쉴로프는 자유주의자처럼 굴었소. 많이 마셨지. 술 마실 때 혀가 풀렸어. 그런데 우린 아주 복잡한 상황 속에 살았고 말을 아주 신중하게 해야 했소. 반면 보로쉴로프는 자기가 이를테면 문화의 보호자로 비추어지는 걸 좋아했어. 화가들의 후원자 같은 거 말이오. 그들이 물론 만방으로 애썼지. 알렉산드르 게라시모프는 훌륭한 화가였는데, 그는 보로쉴로프가 말에 탄 모습도, 스키를 타는 모습도 그렸소. 그건 아마 상호적인 그런 관계였을 거요. 스탈린이 절대로 옳았지. 왜냐하면 화가들이란 얼뜨기거든. 그들은 자체로서 해롭지 않지만, 그들 주변에는 줄무늬가 가득한 건달들이 많아. 그리고 그 관계를 이용하지. 보로쉴로프의 부하들이나 식솔들과의 관계를 말이오. 그건 계산하

52) 칼리닌은 예카테리나 로르베르크(Е.И. Лорберг, 1882~1960)와 1906년에 결혼하였다. 로르베르크는 1929년부터 파괴암해분자들과 조직적 관계를 유지하며 반혁명 활동을 모의했다는 혐의로 1938년 10월에 체포되어 15년 형을 선고받고 교정노동수용소에서 수형생활을 하다가 1945년 6월 특별사면을 받고 석방되었다. 칼리닌과 로르베르크는 1924년부터 별거상태에 있었는데, "전연방의 수장"[=전연방중앙집행위원회 의장] 칼리닌은 자신의 사망 9개월 전에 석방된 로르베르크를 만나지 않았다.

53) 레프 카라한의 두 번째 부인은 배우, 세 번째 부인은 발레리나였다.

기가 완전히 불가능해. 스탈린도 그것을 추적할 수 없었소. 그가 그러길 원했더라도 말이오. 그리고 더 중요한 것은 바로 일상의 측면이오. 그런 상황에서 그게 의미를 갖지.

보로쉴로프가 한동안은 훌륭했소. 그는 늘 당의 정치노선을 옹호하는 연설을 하고 다녔는데, 노동자 출신으로 거만하지 않고 연설할 줄 알았거든. 그래, 때 묻지 않은 사람이었고 개인적으로 스탈린에 헌신적이었소. 그의 헌신성이 그리 견고하지 않다는 게 밝혀졌지만, 당시 그는 아주 적극적으로 스탈린을 옹호했고 전폭적으로 지지했지. 비록 모든 면에서 확신이 있었던 건 아니었지만 말이오. 그것 역시 밝혀졌는데, 그건 아주 복잡한 문제요. 그런 것을 고려해야 했고, 그래서 스탈린이 그를 좀 비판적으로 대했고, 우리의 모든 대화에 그를 부르지 않았소. 적어도 사적인 대화에는 그를 안 불렀소. 비밀협의 때도 부르지 않았는데, 그가 마구 끼어들어서 스탈린이 눈살을 찌푸렸지...

흐루쇼프 때 보로쉴로프는 나쁘게 처신했소.

1972년 3월 4일, 1972년 12월 12일, 1974년 3월 8일

— 사람들의 이야기에 의하면, 보로쉴로프가 죽기 얼마 전에 한 모임에서 이렇게 말했답니다. "본인에게 다차를 남겨준 데 대해 공산당과 경애하는 니키타 세르게예비치에게 감사드립니다. 본인은 친애하는 우리 니키타 세르게예비치의 배려 덕분에 아주 잘살고 있습니다!"

▶ 내가 보기에 좀 과장된 것 같소. 그러나 그가 니키타에게 아부를 했지, – 몰로토프가 생각에 빠진다. – 보로쉴로프는 공적이 있는 사람이오. 좋은 일을 많이 했는데 인생 말년에 무너지고 말았소. 생각이 없었지.

국방인민위원부에 그를 두었던 것은 다 이유가 있었소. 트로츠키가 그곳에 자기 사람들을 얼마나 많이 심었나! 보로쉴로프의 인간관계와 교분 때문에 스탈린은 그를 전과 같은 신뢰로 대하는 걸 중단했소. 하지만 [1952년 10월에 열린] 제19차 당대회 후에 스탈린은 그를 간부회에도, 뷰로에도 있게 했소.[54] 그런데 그가 뷰로에서 나를 쫓아냈어.

1974년 11월 28일

---

54) 이때 스탈린은 중앙위원회 정치국을 중앙위원회 간부회로 이름을 바꿨으며, 간부회 위원들 중에서 9인(스탈린, 베리야, 불가닌, 보로쉴로프, 카가노비치, 말렌코르, 페르부힌, 사부로프, 흐루쇼프)을 선발해서 핵심기구로 뷰로를 구성했다.

▶ 국방인민위원으로서 보로쉴로프에게 물론 많은 것을 기대했소. 그는 진정 많은 걸 원했지만, 할 수가 없었소. 사업에 대한 새로운 접근이 필요했거든. 핀란드와의 전쟁을 앞두고 그는 기관총에 반대했소. "만약 페페쉬를 공급한다고 하면, 도대체 어디서 그 많은 탄환을 구한다는 말이오? 그걸 구할 수 없을 거요!"[55] 그런데 원하든 안 원하든 그게 구해져야 했어. 만약 반대자가 필요하다면 더도 말고 딱 보로쉴로프 같은 사람만 있으면 돼. 물론 그는 끝까지 우겼지. "우리는 감당할 수 없을 거요." 그러자 스탈린이 그에게 말했소. "감당할 수 없을 거라니? 다른 나라들은 갖고 있는데, 왜 우리는 안 된다는 거야?"

스탈린은 배울 줄 알았고, 새로운 걸 재빨리 파악했소.

1975년 8월 15일

▶ 우리가 핀란드 전쟁 때 꽤 바보 같은 상황에 빠졌소. 우리에겐 기관단총이나 돌격소총이 없는데 핀란드 군대는 그것들을 갖고 있더군. 그리고 그들은 나무에서 우리를 향해 총을 쐈소. 희생자가 많았지. 물론 그럴 수밖에 없지. 보로쉴로프를 국방인민위원에서 해임한 건 잘한 일이었소. 혁명기에 그가 발휘한 모든 긍정적인 재능에도 불구하고 이제 그는 시대에 뒤처졌소. 반면 독일군이 핀란드의 무장을 도왔지. 그건 우리를 아주 힘들게 만들었는데, 갖은 결핍에도 불구하고 우리는 뭔가를 생각해야 했소. 하지만 모두가 그러진 않았지.

1976년 6월 9일

— 보로쉴로프가 내전의 전설적 영웅인데, 흐루쇼프 때 왜 그는 3년 동안 걸레가 되어야 했을까요? – 쇼타 이바노비치가 말한다.

▶ 그건 그의 삶에서 치욕적인 장면이지, – 몰로토프가 동의한다.

— 흐루쇼프가 트빌리시에서 사냥할 때 이렇게 말했습니다. "모—올—로오—토프!"

▶ 그는 그렇게 말한 데 그치지 않고 나를 욕한 것 같은데.

— 아닙니다. 그가 말했습니다. "몰로토프는 항복하지 않고 있소. 몰로토프 하나만 자

55) 〈페페쉬〉는 흔히 "따발총"이라 불린 쉬파긴기관단총의 약칭이다. 제2차 대전 때 적군이 기본 개인화기로 사용했는데, 1949년경부터 〈AK-47〉(='칼라쉬니코프 돌격소총')로 대치되었다.

기 소신을 굽히지 않았어.” 저는 이념을 위해 교수대로 갔던 그런 사람들을 존경합니다. 사람들이 “한마디로, 포기해! 그럼 멋진 삶이 시작돼!”라고 말해도 볼쉐비크는 교수대로 갑니다, 교수대로 갑니다! 볼쉐비키가 정말로 교수대에 서지 않았습니까? – 쇼타 이바노비치가 계속 말한다.

보로쉴로프가 죽었을 때 뱌체슬랍 미하일로비치께서 문상을 가셨습니다. 조용히, 겸손하게 줄을 섰습니다. 사람들이 그를 알아봤고, 장군들이 다가와 의장병한테 의장님을 모시게 했습니다.

▶ 상상을 하시는군, – 몰로토프가 농담으로 손사래를 친다.

— 아닙니다, 그랬습니다. 우리나라 첫 번째 원수와 이별했는데...

— 흐루쇼프는 소련원수가 무척이나 되고 싶어 했습니다, – 내가 말한다. – 골로바노프 원수가 제게 이야기하기를, 그가 흐루쇼프에게 원수 계급을 수여하는 것에 관한 설문지를 받았답니다. 원수 계급을 가진 사람들은 그것에 서명해야 했답니다. 그러나 예료멘코가 주도한 무모한 시도는 실패하고 말았습니다. 전쟁 때 원수 계급장을 단 주코프, 로코솝스키, 골로바노프, 쿠즈네초프 및 다른 군 지휘관들이 서명하길 거절했답니다.

1973년 1월 16일

▶ 카가노비치가 말하길, 그의 형 미하일이 자기를 입당시켰다더군. 항공인민위원을 지낸 그는 나중에 자살했는데, 대범한 인물은 아니었소.[56] 라자리는 물론 스케일이 크고 아주 열정적이고 훌륭한 조직가이자 선동가였지만, 이론에는 밝지 못했지.

— 볼쉐비키당에는 대체로 이론가들이 적었습니다.

▶ 이론가가 별로 육성되지 않았소. 볼쉐비키 타입의 진짜 이론가 말이오.

— 멘쉐비키 중에는 더 많았습니까?

▶ 거기엔 순수한 이론가들이...

보로쉴로프도 이론에 약했고, 칼리닌처럼 약간 우익 편향적인 게 있었소. 그는 스탈린을 확고히 지지했는데, 왜냐하면 스탈린의 높은 권위가... 그들은 스탈린으로부터 격

56) 라자리 카가노비치의 형 미하일 카가노비치(1888~1941)는 1905년 러시아사회민주노동당에 입당했으며 후에 방위산업인민위원(1937~39년)과 항공산업인민위원(1939~40년)을 역임했다. 1940년 1월 항공기제작공장 사장으로 임명된 그는 1941년 2월 당과 정부의 지시를 완수하지 못한 데 대해 경고를 받았고, 동년 7월 자살로 생을 마감했다.

리되는 걸 두려워했소. 스탈린이 사망한 지 20년이 지났는데, 하지만 스탈린과 함께 남은 사람이 누구인가? 카가노비치와 나뿐이오. 더 이상 없을 걸.

— 말렌코프는 어떻습니까?

▶ 그도 역시 훌륭히 버티고 있지. 그래, 그는 스탈린에 반대하지 않아. 작년 여름 불가닌이 나를 찾아왔소. 나와 함께 한 1.5km를 걸었는데, 전혀 내 집에 들어오려고 하지 않더라고. 아마 흐루쇼프가 그렇게 윽박지른 것 같아! 그래도 좀 어색해 보였소. 평화공존을 이해하지 못하더라고! 그건 옳지 않아. 대다수의 이론 수준이...

내가 카가노비치와 루쥐니키[57]에서 만나 함께 산책하곤 했소. 그는 거기서 그리 멀지 않은 곳에 사는데...

나는 내가 기술하는 것 모두를 당 중앙위원회로 보내고 있는데, 아무 것도 감추지 않소. 원칙 문제들에 관해 쓰는데, 내가 틀릴 수도 있어. 아니면 내가 이해하지 못했거나 뒤처졌을 수도 있고. 그럼에도 나는 매일 일하고 있소. 내 생각에는 그래도 내가 특히 뒤처진 것 같진 않은데... 나는 요즘 그냥 사는 게 아니고 일하고 있소.

물론 새로운 요인들이 있어. 카가노비치에게 묻고, 내가 쓴 것을 그에게 읽어보라고 주기도 하는데, 그럼 그는 이러지. "깊이 감사!"

유감스럽게도 그에겐 질문이 없어. 내가 좀 노력했고, 자극을 주기도 했소. "그래도 이걸 읽어봐." 강령에 대한 비판도 없고 내 비판에 대한 답변도 없어. 그런데 강령은 받아들일 수 없어. 왜냐하면 그게 반혁명적 토대 위에 기초하고 있기 때문이오.[58]

1973년 12월 4일, 1973년 12월 30일, 1976년 3월 11일

▶ 얼마 전 카가노비치가 여기 우리 집에 왔었소. 두뇌는 작동해, 판단하고 있어. 그러나 가끔 아프기도 한데, 그는 팔 같은 데가 아파.

— 그가 의장님을 어떻게 대합니까?

▶ 내게 나쁘지 않게 구는데... 그는 늘 내게 개인적 반감을 갖고 있었소. 모두가 그

57) 루쥐니키는 모스크바의 올림픽 스타디움이 있는 곳의 지명이다.

58) 1961년 7월 당 중앙위원회 제1서기 니키타 흐루쇼프는 공산사회 건설을 목표로 하는 소련공산당의 새 강령을 공표했으며, 동년 10월에 열린 제22차 당대회에서 보고하면서 그는 1980년에 소련에서 공산주의 건설이 완수될 것이라고 선언했다.

걸 알고 있었는데, 그가 말하곤 했소. "동무에겐 쉽지. 동무는 지식인이지만 나는 노동자 출신이오." 그런데 지금도 그렇게 말하고 있어.

불쌍한 사람이지. 사는 게 편하지도 않아. 음식도 자신이 직접 차려 먹고 있어. "외동딸이 나를 지탱해주는 유일한 존재요. 나는 더 이상 아무도 만나지 않는데, 딸과도 떨어져 살고 있어." 역시 그런 사연이요. 그가 꽤 어려운 상황에 처해 있는데, 일꾼으로서는 아주 훌륭했소.

1974년 8월 20일

▶ 카가노비치는 행정가였지만 거칠었고, 그래서 모든 사람이 그를 인내하지는 못했소. 누르기만 한 것이 아니라 직원들을 잘라버리기도 했어. 강인하고 외골수였지. 조직가로서 스케일이 컸고 아주 훌륭한 연설가였소. 내가 잘 기억하는데, 언젠가 세르고가 내게 말하길 그들이 한 집회에서 연설을 하게 됐대. "거기서 라자리가 열변을 토하더군! 대단한 사람이야. 그는 사람들을 감동시킬 줄 알아." 세르고가 라자리의 연설을 듣고 감격했어.

세르고는 일에 대한 특별한 헌신성을 갖고 있었소. 그와 말이 통했지. 그는 진실한 사람이었고 그의 모든 게 진정성이 있었소. 마음에서 우러나는 것 말이오.

1975년 1월 14일

▶ 카가노비치가 유대인 출신이오. 그런데 유대인들은 그를 좋아하지 않았소. 그들은 보다 지성적인 사람을 정치국에 두고 싶었나봐. 반면 카가노비치는 지금도 역시 스탈린의 지지자인데, 그는 자기 면전에서 스탈린에 관해 조금이라도 나쁘게 말하는 걸 용납하지 않아. 그는 우리들 중에서 200% 스탈린주의자였소.

내가 스탈린을 충분히 찬양한 것 같지 않은데...

지금 카가노비치가 내게 이렇게 말을 해. "이제 우리는 동무를 우러러 볼 거요." 나는 아주 조심스레 받아들였소. 나는 그가 내게 호의를 갖고 있지 않다는 걸 알았는데, 그래도 그는 정직한 사람이야.

1976년 3월 11일, 1982년 10월 21일

▶ 내가 지난 해 봄에 카가노비치를 집으로 초대했는데... 스탈린을 절대 추종했던 그가 초대를 거절했소. 여기에 그의 약점이 있어, 그렇지. 그리고 그의 일률성이, 또 자주적 사고에의 불비성도 있어. 그렇게 반복하면 안 되지. 왜냐하면 스탈린의 주장도 모두 옳은 건 아니거든. 나는 늘 그렇게 말할 수 있었는데, 안 그럴 수 없었지. 만약 내가 그렇게 말하길 삼갔다면, 그건 그냥 내가 나 자신임을 그만 두는 거요. 많은 문제에서 나는 공부에 부실했소. 그러나 기본적인 것들을 연구하고 기억했는데, 나를 깨는 게 아주 어렵지.

스탈린은 시대의 인물이오. 그러나 그의 시대는 레닌이나 맑스의 시대가 아닌데... 그건 과학의 가장 심오한 모습이오. 그리고 바로 과학이 정치를 진단하지. 여기에 차이가 있소. 특정한 단계에서 스탈린은 누구도 하지 않았고 또 누구도 할 수 없는 일을 했어.

레닌과 스탈린에 관해서 나는 이렇게 말하고 싶소. 한 사람은 천재이고 다른 사람은 재능이 있었다고 말이야. 업적을 갖고 말한다면 그렇게 말하게 되지.

1976년 4월 28일

▶ 카가노비치가 전화를 했는데, 복당되지 않는 것으로 상심이 크더군.

그가 당대회 개막 직전에 전화를 했소. "내 생각에 이제 우리가 복당될 것 같은데." 내가 그에게 대답했지. "그렇지 않을 거요. 누가 복당시킬까? [우리를] 제명시킨 자들이?"

1981년 8월 28일

...몰로토프와 말렌코프, 몰로토프와 카가노비치 사이에 예전의 복종관계가 목격되었다.

— 의장님께선 말렌코프에게 전화하지 않으십니까? – 내가 물었다.

▶ 왜 내가 전화를 해야 하지? 보통 그들이 내게 전화를 했지! – 몰로토프가 대답했다.

...승리 40주년 기념일인 오늘 카가노비치가 전화를 했다. 몰로토프가 전화기에 대고 답한 내용은 이랬다. "라자리? 잘 지냈나? 잘 지냈어? 나도 축하해. 뭐라고? 잘 듣지 못했어. 내가 요즘 귀가 아주 안 들려. 잘 듣지 못해. 그래, 그거 이해해, 물론. 고마워. 그런데 동무, 축하해. 왜냐하면 그건 우리 공동의 일이기 때문이야. 우리 군대를 위한, 승리하는 우리 인민을 위한 투쟁 말이야. 그건 불가피해, 그러나 되는 게 어려워. 그래, 동무는 어떻게 지내시오? 어떻게 살고 있냐고? 그건 중요하지 않아. 그냥 어떤 대답도 없

었어? 없었어? 물론 그건 안 좋아. 나는 왜 그런지 도대체 모르겠어. 갑자기 나를 소환했는데, 일이 좋게 끝났어. 하지만 왜 동무에겐 전화하지 않았을까? 이해할 수 없네. 누군가 방해하고 있어. 그런데 말렌코프는 완전히... 동무가 그 일로 내게 화내는 게 아닌지 걱정돼. 화내는 거야? 아니라는 거지. 나는 항상 동무에게 공감했고 또 공감하고 있어. 그 문제가 긍정적으로 풀려야 하는데. 그래, 그럼 잘 지내. 고마워. 나 역시 동무의 일이 모두 잘되길 빌어. 그래, 또 봐."

▶ 카가노비치가 복당되지 않았어. 왜 그렇게 됐는지 이해가 안 돼, – 몰로토프가 말한다. – 한때 우리는 복당 투쟁과 관련해서 노심초사했지. 우리가 우파를 비판했는데...

1985년 5월 9일

전우들

▶ [각료회의 의장 알렉세이] 코싀긴은 정직한 사람이오. 당성도 좋지. 다른 사람들에 비해 아주 훌륭해.

스탈린은 코싀긴을 "코싀"이라고 불렀소. "코싀, 잘 지냈소?" 친근하고 따듯하게 허물없이 대했어. 그리고 높게 등용했지.

1971년 3월 24일

▶ [막심] 사부로프와 만났는데... [미하일] 페르부힌은 유능한 사람이야. 전기공학에 정통했는데... [뱌체슬랍] 말릐쉐프는 일을 잘했어. 암, 그랬지. 말릐쉐프는 훌륭한 실천가야. 반면 페르부힌은 실천가였을 뿐만 아니라 최고학부 출신으로 더 교양 있는 사람이었어. 머리가 좋은 사람이야.[59]

1985년 1월 14일

59) 코싀긴, 사부로프, 페르부힌, 말릐쉐프는 이반 테보샨, 보리스 반니코프, 드미트리 우스티노프 등과 함께 "스탈린의 인민위원"이라는 범주를 구성하는데, 이들은 스탈린에 의해 젊은 나이에 인민위원으로 발탁되어 1930년대 말~1950년대 초 소련의 공업 발전에 중추적 역할을 담당했다.

...진눈깨비가 내리는 음울한 날이다. 쇼타 이바노비치와 함께 몰로토프에게 갔다. 내일이 그의 85번째 생일이다. 활기가 있어 보인다. 우리가 그의 집 현관 계단에 이르렀을 때, 창문으로 밖을 내다보던 그가 우리를 향해 웃었다. 우리는 바로 테이블에 둘러앉았다.

▶ 자, 앉읍시다. 아무도 뭐라 안 해. 우리는 진지한 인민이란 걸 유념하시오. 모두가 정교회 신자들이고, 그루지야인 역시 정교회 신자요.

— 왜 역시입니까? 그들이 먼저 정교회를 받아들였습니다!

▶ 그렇지, 스탈린도 그것에 자부심을 가졌소. 그렇지, 그들이 먼저요, – 몰로토프가 동의한다. – 우리가 정말 역사적 사실을 왜곡할 뻔했네.

...얼마 전에 [니콜라이] 불가닌의 장례가 있었다.

— 불가닌 장례식에 다녀오셨습니까? – 내가 묻는다.

▶ 갔었소. 첫째, 모든 게 아주 폐쇄적이었고 아무도 들여보내지 않았소. [노보데비치] 묘원이 위생일이어서 닫혀 있었는데, 나는 묘원에 들어갔지. 시간 반 정도 있었나? 친척과 지인들이 참석했는데, 시신을 안치실에서 금방 내갔소. 추도사도 전혀 없었고.

— 그는 군인이었지요. 전에 원수였다가 후에 상장으로 강등됐습니다. 중대 규모의 의장대를 투입해서 법령에 따라 의식을 거행했어야 합니다. 군법에 따르면 오케스트라가 동원되어야 했습니다.

▶ 당규는 달라요, – 몰로토프가 말한다. – 당규가 상위에 있지.

1975년 3월 8일

— [안드레이] 즈다노프는 강력한 지도자였습니까?

▶ 그렇지 않았는데, 하지만 그에겐 몇 개 저작이 있었소. 내가 보기에 그의 논문들과 그가 말년에 한 연설들은 흥미롭지.

— 그가 키로프보다 더 강했습니까?

▶ 키로프보다? 당연히 그렇지. 그는 이른바 독학자였소. 혼자서 공부했지만 그럼에도 이론적 기초를 잘 쌓았소. 스탈린은 즈다노프를 누구보다도 높게 평가했는데, 즈다노프를 근사하게 대우했지.

1975년 1월 14일

▶ [세묜] 부됸늬는 내가 당에서 제명됐음에도 불구하고 항상 기념일 때마다 나를 축하해줬소. 글씨를 거의 쓸 수 없는 지경이었음에도 온갖 우편엽서를 내게 보냈소.

…우리가 함께 잡지 『돈(Дон)』에 게재된 부됸늬의 회고록을 넘겨본다. "혁명의 베테랑들은 많은 일을 겪었고, 많은 역경에 처하기도 했으며, 옆 사람의 죽음을 목격한 게 한두 번이 아니었다. 그러나 우리는 혁명의 최고지도자 레닌의 충실한 전우이자 우리 당의 훌륭한 활동가인 요시프 스탈린의 혁명적 열정과 혁명 과업을 의심하는 것보다 더 큰 재난을 보지 못했다.

역사는 후대에 속한다. 그들에게 역사가 왜곡된 거울이 되지 않도록 하자."

▶ 부됸늬는 훌륭하게 처신했소. 그러나 그에게 너무 많은 걸 바라면 안 돼. 그는 공적이 있는 사람이고 인민들 사이에 명성이 있었지, – 몰로토프가 말한다.

1978년 3월 4일

…아는 작가 한 명이 파리에서 [압두라흐만] 아프토르하노프의 책 『스탈린 죽음의 수수께끼』를 가져와서 내게 읽어보라고 주었다.[60] 내가 그것을 몰로토프에게 주었고, 며칠 후에 그의 의견을 듣기 위해 그의 집으로 갔다.

▶ 지저분한 책이야, – 몰로토프가 말한다. – 그는 모두를 강도 같은 모습으로 묘사하고 있어! 물론 진실한 부분도 있지. 베리야는 이를테면 과거의 사람이라기보다는 미래의 사람이야. 미래의 사람이란 뜻은 그가 선도적 입장을 장악하려 무척 애썼다는 데 있어. 오직 그런 뜻이야. 그는 반동적 요소들에 적극적이야. 그래서 그는 사적 소유를 위한 길을 부설하려 애썼어. 그것만 봤어. 그는 사회주의를 인정하지 않아. 그는 앞으로 간다고 생각하지만, 실제로는 뒤쪽으로, 나쁜 쪽으로 잡아끌고 있어.

…책 표지에 베리야, 흐루쇼프, 말렌코프, 불가닌의 사진이 인쇄되어 있다. 몰로토프가 그걸 보며 말한다.

▶ 흐루쇼프라는 자는 물론 반동적 유형의 인간이오. 그는 공산당에 빌붙었을 뿐이야. 물론 공산주의를 전혀 신봉하지 않아. 불가닌은 진짜 아무 것도 대표하지 않아. 찬

---

60) 이 책의 원제는 『스탈린 죽음의 수수께끼: 베리야의 음모(Загадка смерти Сталина: заговор Берия)』이며, 1976년 독일에서 러시아어로 출간된 후 각국 언어로 번역되어 보급되었다. 여기서 아프토르하노프는 스탈린이 베리야, 흐루쇼프, 말렌코프, 불가닌의 음모로 독살되었다는 과감한 주장을 하고 있다.

성도 반대도 없어. 바람이 부는 곳으로 그냥 몸을 맡긴 거야. 내 생각에 베리야는 이방인이야. 불순한 목적으로 당에 기어들었어. 말렌코프는 유능한 기관원이지.

읽으면 기분이 좀 나빠져. 불가닌은 큰 역할을 하지 않았소. 반면 말렌코프, 베리야, 흐루쇼프 세 명이 그 방향의 핵심이었어. 내 생각에 말렌코프 역시 이론적 문제나 공산주의의 문제에 관해 별로 관심이 없었어. 흐루쇼프는 관심이 있었으나 반대적 의미에서, 즉 언제 그리고 어떻게 과업을 뒤로 되돌릴 것인가 하는 데 관심이 있었지.

그러나 베리야는 원칙 없는 사람이야. 그가 젊었을 때 정보원으로 선발되었다는 건 내가 처음 들은 게 아니고, 이미 그에 관해 써놓은 게 많아. 그러나 입증된 건 아니야. 그런데 그가 젊었을 때 바쿠파[=바쿠에서 활동했던 볼쉐비키]과 함께했고 혁명을 위해 일했다는 건 확인해봐야 해.

— 그는 젊었을 때 미코얀과 함께 일했습니다. 그들은 서로를 싫어했습니다.

▶ 그래, 서로 싫어했지, – 몰로토프가 동의한다. – 그런데 아르메니아 사람과 그루지야 사람은 말하자면 서로 아주 친하지 않았어. 예를 들어 베리야는 아르메니아인들을 전혀 믿지 않았어. 그는 아르메니아인들이 그루지야의 비옥한 땅을 차지하려 한다고 생각했어.

— 아프토르하노프가 주장한 것처럼, 그 네 사람이 스탈린에 반대하는 음모를 꾸미는 게 과연 가능했습니까?

▶ 3인방, 3인방. 불가닌은 빼야지. 그래, 그 3인방이 어떤 계획도 꾸밀 수 있었어. 베리야의 역할은 분명치 않아.

— 스탈린의 사망 원인에 관한 몇몇 가설이 이 책에 있고, 각 가설마다 베리야의 이름이 연루되어 있습니다.

▶ 그렇지. 그런 데에는 다 근거가 있어. 스탈린이 때로는 아주 급격하게 입장을 바꿨어. 흐루쇼프가 티토에 대해 언급한 게 있어. "스탈린이 말하길, 자신이 손가락 하나만 까딱하면 티토는 아주 간단히 없어진다고 했어요!" 물론 그것은 스탈린 쪽에서의 실수였어. 티토는 유고슬라비아에서 황제이자 신이야. 비록 모든 공산주의자들이 곧 그런 의견을 지지하는 건 아니지만, 그가 유고슬라비아공산당 최고지도자라는 것은 분명한 사실이야.

자, 보자고. 국외에서 그런 책들이 출판되고 있고, 그것들은 우리나라에 물론 몰래 반입되고 있지. 그러나 내가 보기에 지난번에 동무가 한 행동은 좀 경솔했어. 다른 사람들이 있는 자리에서 그런 이야기를 시작한 것은 문제가 있었어. 그러면 안 돼. 금방 사람들이 한번 읽어보게 해달라고 내게 조르기 시작했어.

— 저는 그냥 친구라 생각해서...

▶ 그렇지, 친구지. 그러나 사람들이 서로 각각이야. 대다수는 공산주의적 의미에서 의식이 충분치 못한데...

방금 내가 신간 중 하나인 파블렌코의 『표트르 1세』를 읽었는데,[61] 많은 자료를 참조해서 쓴 것 같아. 진지하게 썼어. 표트르 1세는 아주 결단성 있게 행동했는데, 맑스가 말한 것처럼 야만에는 야만적 방법으로... 그러나 맑스는 표트르 1세를 국가개혁가로서 아주 높게 평가했어. 물론 표트르 1세가 근사한 사람이었지만, 그의 방법은 근대적인 것과는 거리가 아주 멀었어. 아주 험악했지. 새로운 것으로의 이행을 빠르게 하기 위해서 아주 결연하게 또 자주 잔혹하게 행동해야 했지.

내가 보기에 스탈린은 말년에 자신을 완전히 제어하지 못했어. 주변 사람들을 믿지 않았어. 내가 판단하기에 그래. 그런데 흐루쇼프를 자신에게 더 가까이 두었어. 거기서 그가 좀 혼동을 했지.

— 아프토르하노프의 책에는 스탈린이 베리야에 대한 신뢰를 버렸다고 합니다.

▶ 그렇다고 생각해. 스탈린은 베리야가 스스로를 구하기 위해서라면 무슨 짓이라도 할 것임을 알고 있었어. 실질적으로 베리야가 경호대를 선발했는데, 스탈린은 자신에게 추천된 자들 중에서 [경호원을] 뽑았어. 그러면서 자신이 직접 그들을 선발한다고 생각했는데, 하지만 베리야가 뒤에서 슬며시 작용을 했지.

— 그들은 스탈린이 쓰러지기 전 날에 함께 술을 마셨는데, 그랬던 그들이 스탈린을 독살한다는 게 과연 가능했을까요?

▶ 가능했지, 가능했지. 베리야와 말렌코프는 긴밀히 연결돼 있었어. 흐루쇼프는 그들에게 달라붙었고, 나름대로 목적이 있었어. 그는 모두를 속여 넘겼어! 흐루쇼프에겐 보다 군건한 사회적 기반이 있었는데, 왜냐하면 속물이 도처에 널려 있었거든. 흐루쇼프는 이념에 무관심한 속물들을 목표로 삼았어. 하나를 다른 것에 풀로 붙이듯 말이야. 그는 공산주의 건설의 이념에 관심이 없었어.

---

61) 니콜라이 파블렌코(1916~2016)는 역사학자이며 교수이자 러시아연방 작가동맹 회원이기도 했다. 『표트르 1세(Пётр Первый)』는 1975년 초판 발행 후 현재까지 재판이 발행되고 있다.

— 아프토르하노프가 쓴 것처럼, 스탈린이 제19차 당대회 후 정말 은퇴하려 했습니까?

▶ 내가 보기엔 그럴 생각이 없었어. 진지하게 생각했던 게 아니야.

— 그냥 확인해보려고, 분위기를 탐지하려고 했던 게 아닐까요?

▶ 그렇지, 나도 그렇게 생각해. 그 이상도 이하도 아니지. 정치국 회의라는 게 상대적으로 협소한 사회지. 거기서는 좀 자유롭게 뭔가 제안할 수 있지. 그 점에서 스탈린에겐 아무 것도 두려울 게 없었어. 그러나 그게 근거가 있다고 말하는 것은... 분위기 파악을 위한 검사, 아니면 시험이지.

— 아프토르하노프가 쓰기를, 제19차 당대회 후에 중앙위원회 간부회에서 스탈린이 자신을 서기장에서 해임해 달라고 했다는데...

▶ 그렇지, 그런 일이 있었지.

— 그 일 후에 스탈린은 당 중앙위원회 서기들 중 하나가 됐습니다.

▶ 서기장이 아니지. 그런 일이 있었지, 있었어. 스탈린이 서기장 직위를 폐지하고 그냥 "서기"라고 쓸 것을 제안했지.

— 그는 중앙위원회에서 스탈린의 자리를 말렌코프가 차지했다고 썼습니다.

▶ 그게 분명치 않아. 그는 스탈린의 제안으로 당대회에서 총괄보고를 했어.

— [세묜] 이그나티예프의 역할이 무엇이었습니까?

▶ 내가 그를 좀 아는데, 그는 자기 속내를 분명하게 말하는 법이 없었어. 큰 인물이 아니야. 특별히 뭔가 요구할 능력이 없었고 요구하지도 않았어. 이 책에서는 그의 역할이 실제에서보다 좀 과장되어 있어. 그건 사실이야.

— 책에는 제20차 당대회에서 흐루쇼프가 한 말이 인용되어 있습니다. 스탈린이 이그나티예프에게 이렇게 말했답니다. "만약 동무가 의사들의 자백을 받아내지 못하면 우리는 동무[의 키]를 머리만큼 줄일 거요."62)

▶ 그건 사실이 아닐 거요. 모르는 일인데, 사실이 아닐 거라 생각해.

— 제가 포스크료비쉐프의 집에 갔었는데, 블라식의 딸과 대화를 나눴습니다. 그녀의 말에 의하면, 스탈린 사망 전에 그녀의 아버지가 체포될 때 이렇게 말했답니다. "스탈린

62) 세묜 이그나티예프는 1951~53년 국가보안성의 수장이었으며, 그때 의사 사건과 민그렐리야 사건이 적발되었다. 전자가 반(反)시오니즘의 연장에서 유대인 의사들을 겨냥했다면, 후자는 그루지야의 공산당-정부에 포진해 있던 메그렐인들의 민족주의 및 친(親)터키성향을 겨냥하면서 메그렐리야[=민그렐리야] 출신인 라브렌티 베리야를 압박했다.

시대는 끝났다. 그의 삶이 얼마 남지 않았다." 그는 베리야가 스탈린에게 충성스런 사람들을 전부 제거하고 있는 걸 알아챘답니다.

▶ 그렇지, 맞는 말이야. 당시 블라식이 부패했다고 사람들이 말했어. 그리고 스탈린의 측근들 중에 부패한 자들이 또 있었는데, 여자들과 얽히는 등 엉뚱한 짓을 했어. 하지만 그때 이미 나는 일이 돌아가는 사정을 잘 알지 못했소.

— 아프토르하노프가 이렇게 썼습니다. "스탈린을 성심으로 대한 유일한 사람은 몰로토프였다."

▶ 그렇지, 장례식 때 추도사를 한 세 사람 중 진정성을 보인 한 명이... 나도 그렇다고 생각해.[63]

— 저는 흐루쇼프가 스탈린의 죽음을 슬퍼했다고 생각하지 않습니다.

▶ 그렇지, 그는 스탈린에 많은 악의를 품고 있었어. 물론 베리야는 말할 것도 없지. 스탈린은 때로 베리야에 대해 멸시적인 태도를 드러내보이곤 했어. 제거하려 했지. 그럼 누구를 신뢰했을까? 그건 말하기 어려워. 아마 아무도 신뢰하지 않았을 거요. 흐루쇼프를? 전혀 그를 신뢰할 수 없었지. 불가닌은 전혀 적당치 않아. 내가 보기에 말렌코프가 스탈린과 가까웠다고 할 수는 없어. 눈에 띄는 젊은 간부들이 없었어. 그가 [보즈네센스키 등의] 레닌그라드파를 제거했지.

— 아프토르하노프는 스탈린이 베리야를 쓰러뜨리기 위해 의사 사건[64]을 꾸몄다고 서술하고 있습니다. 그런 일 없이는 스탈린도 베리야를 해임할 수 없을 정도였습니까?

▶ 역시 있을 수 없는 일이오. 다른 사람들을 납득시킬 필요는 있었어. 침묵하겠지만 믿지는 않겠지...

---

63) 당시 흐루쇼프가 장례위원장이었으며, 말렌코프, 베리야, 몰로토프가 식장에서 추도사를 했다.

64) 전후 냉전이 본격화되면서, 대략 1948년부터 소련에서는 "부르주아 코스모폴리탄이즘"과의 투쟁 캠페인이 벌어졌는데, 소비에트 애국주의를 동반한 그것은 탄압 대상에 유대인이 많았기에 곧 반유대주의의 모습을 띠었다. 또한 1948년 11월 〈유대인 반파시스트위원회〉가 공식 해산되면서 시작된 유대인 탄압은 1952년 봄 〈유대인 반파시스트위원회〉 회원들이 반혁명 및 스파이 혐의로 체포되어 사건 연루자 13명이 총살형을 선고받는 사태로 이어졌다. (이로써 1948년부터 〈유대인 반파시스트위원회〉 관련하여, 총살형을 당한 23명 포함 총 125명이 탄압을 받았다.) 이들 희생자 중에 의사가 1인(보리스 쉬멜리오비치) 포함되었는데, 이로부터 이른바 의사 사건이 확대되었다. 1953년 1월 스탈린 주치의(표트르 예고로프) 포함 9명의 "의사-독살자"가 체포되었다는 보도가 있었고, 이어 20여 명의 유명 의사들이 체포되었는데, 이들의 대다수가 유대인이었다. 이들은 당시 소련 의학계의 주요 인사들이었는데, 혐의는 시오니즘, 유대 민족주의, 미 제국주의의 첩자 등이었다. 이후 의사 사건으로 반(反)코스모폴리탄이즘 캠페인이 정점으로 치달았으나, 스탈린 사망 직후 수감된 의사 전원이 석방과 함께 복직, 복권되면서 사건이 종결되었다.

— 의사들에 관한 보도에는 우리 국가보안기관의 경계심 태만에 관한 지적이 있었는데, 그건 베리야에 대한 강한 암시였습니다.

▶ 그렇지, 옳은 말이오. 베리야가 애쓰긴 했어도 완전히 충심을 다하진 않는 걸 봤어.

— 아프토르하노프에 의하면, 베리야, 말렌코프, 흐루쇼프가 처음에 스탈린을 고립시키려 했고, 그리고 [교정노동수용소가 있는] 솔로프키 군도로 데려가려고...

▶ 말도 안 되는 소리야. 그건 사실에 전혀 부합하지 않아.

— 흐루쇼프가 스탈린의 죽음에 관한 자신의 가설을 [윌리엄] 해리먼에게 말한 적이 있습니다. 즉, 스탈린이 자기 다차로 4인방[=베리야, 흐루쇼프, 말렌코프, 불가닌]을 초대했습니다. 토요일에 연회가 있었고, 일요일에 그는 [자신의 기상을 알리는] 전화를 하지 않았습니다. 월요일에 경호대장이 스탈린의 발병을 알렸습니다. 4인방이 다차에 도착했지만 그들은 의사를 부르려하지 않았고, 환자를 만나는 걸 거부한 채 모두 집으로 돌아갔습니다. 의사를 부른 시점은 스탈린이 가망 없는 상태라는 게 밝혀진 다음이었습니다. 의사들이 늦게 왔는데, 그 이유가 길바닥의 살얼음 때문이라고 했습니다.

흐루쇼프가 1964년 7월 19일 라디오 방송을 통해 이렇게 말했습니다. "인류 역사에서 잔혹한 독재자가 적지 않았지만, 그들 모두는 자신의 권력을 도끼로 유지했던 것과 똑같이 도끼로 죽었습니다." 많은 점에서 유사한 일리야 에렌부르크와 판텔레이몬 포노마렌코의 가설을 말씀드리면, 2월 말에 스탈린은 당 중앙위원회 간부회 회의를 소집해서 의사 사건 문제와 소련 유대인의 오지로의 강제 이주 문제를 논의했습니다. 스탈린의 제안은 지지를 얻지 못했고, 그 후 그가 의식을 잃고 쓰러졌습니다. 거기서 베리야는 입을 다물고 있었고, 나중에 그도 스탈린을 두고 떠났습니다.

▶ 베리야가 음모에 가담했을 수도 있을 거요. 그는 대놓고 아주 교활한 짓을 했어.

1984년 1월 13일

▶ 스탈린은 쿤체보에 있는 다차에서 자기 삶의 많은 부분을 보냈고, 역시 그곳에서 사망했소. 그의 말년에 나는 이런저런 이유로 그의 눈 밖에 나 있었는데... 내가 스탈린 사망 4~5주 전에 그를 봤어요. 아주 건강했지. 그가 쓰러졌을 때, 나를 불러서 그의 다차에 가보니 거기에 정치국원들이 있었소. 정치국원이 아닌 사람은 나하고 미코얀뿐이

었던 것 같은데, 베리야가 그곳을 지휘하고 있었소.

스탈린이 디반에 누워 있었는데, 눈이 감겨 있었소. 그는 간혹 눈을 떴고 뭔가 말하려 했는데, 의식이 돌아오지 않았소. 그가 뭔가 말하려 했을 때, 베리야가 그에게 달려가더니 그의 손에 입을 맞췄소.

— 스탈린을 독살하지 않았을까요?

▶ 가능하지. 하지만 지금 누가 그걸 증명하겠소?

훌륭한 의사들이 그를 치료했소. [파벨] 루콤스키는 훌륭한 내과 의사이고 [예브게니] 타레예프도… [이반] 쿠페린은 [크렘린 의무실장으로] 관리자요. 그때 정치국원들이 한 명씩 돌아가며 계속 그곳을 지켰소. 나도 역시 그곳을 지켰고.

스탈린이 사망했을 때, 거기서 모든 게 새로 시작됐소.

1970년 4월 22일

…나는 스탈린의 죽음에 관한 정황을 몰로토프에게 여러 번 상세히 설명했다. 같이 숲을 산책하던 중에 어떠한 예단도 없이 내가 그에게 선동적인 질문을 했던 걸 기억한다.

— 사람들은 스탈린을 죽인 사람이 바로 베리야라고 말합니다. 그렇습니까?

▶ 베리야가 왜? 체키스트 아니면 의사일 수 있지, – 몰로토프가 대답한다. – 그가 사경을 헤매고 있을 때, 그의 의식이 거의 돌아온 순간이 몇 번 있었소. 스탈린이 경련을 했는데, 그런 순간들이 있었소. 그가 의식을 회복하는 것 같이 보였지. 그때 베리야가 스탈린을 꼭 잡았소. “아–아!” 그가 [아부할] 준비를 했는데…

나는 베리야가 스탈린의 죽음에 개입했을 수 있다는 걸 배제하지 않소. 그가 내게 말한 것으로 추측컨대, 결국 내가 느낀 것은… 1953년 5월 1일 레닌 영묘 위의 연단에서 그가 암시했던 건… 나의 공감을 얻으려 했던 것 같아. 그가 말했소. “내가 그를 제거했어요.” 내게 협조한 것처럼 말했지. 물론 그는 나와의 관계가 보다 우호적이기를 바랬소. “내가 동무들을 모두 구했소!” 흐루쇼프는 [베리야를] 도울 수 없었을 거요. 짐작할 순 있었어. 그런데 가능한 건… 그래도 역시 그들은 가까운 사이였소. 말렌코프가 더 많이 알아. 더 많이 알지.

…쇼타 이바노비치가 전 그루지야공산당 제1서기 아카키 므겔라제로부터 들었던 이

야기를 전한다. 므겔라지는 스탈린 장례 직후 베리야를 만났는데, 그때 베리야가 큰소리로 웃으며 스탈린에게 욕설을 퍼부었다고 한다. "그가 무슨 학문의 대가야? 하–하–하!"

▶ 생각나는 게 있는데, 전쟁 중에 스탈린이 이렇게 말했소. "내가 죽은 다음 내 무덤에 쓰레기 더미가 쌓일 거라는 걸 나는 잘 알아. 그러나 역사의 바람이 그 쓰레기 더미를 완전히 흩날려 치워버릴 거야!"

1971년 8월 24일, 1976년 6월 9일

▶ 내 생각에, 나의 주된 임무는 올바른 역사를 기술하는 게 아니오. 비록 그것이 아주 중차대한 일이긴 하지만, 이행하기가 훨씬 더 중요하고 더 어려운 과제는 레닌 · 스탈린의 과업을 부흥시켜 지속시키는 데 일조하는 것이오. 그런데 그게 역사가 되고 있을 뿐만이 아니라 더더욱 미래의 일이 되고 있소.

미래와 현재의 시각에서 과거를 분석하는 것은 내 생각에 아주 중요한 일이오. 물론 나는 그런 과제를 이행하지 않고 있고, 그건 내 능력 밖의 일이오. 그러나 어떤 의미에서 그 일에 관해 보다 올바르게 사고하도록 돕는 건 지금 필요하다고 생각합니다.

1974년 3월 8일

▶ 스탈린이 『소련 사회주의의 경제문제』의 제2장을 쓰면서 내게 읽으라고 이것저것 주었는데, 그게 모두 어디 갔는지 전혀 안 보여.

— 베리야가 가져가지는 않았을까요?

▶ 아니오, 베리야는 그것에 관심이 없었소. 베리야의 관심 사항은 누가 누구를 반대하는지, 또 누구를 이용해 누구에게 타격을 줄까 하는 것들이야. 그에게 중요한 건 사람들 사이에 어떤 충돌이 있는지 하는 것이었는데, 그건 다 그들을 이용하기 위함이었소. 그리고 어떤 문서라고 내밀어야 할 필요가 생기면 이렇게 하지. "동무, 이것에 관해 한번 써봐!"

그리고, 한마디로, 싸우게 만드는 거요.

— 말렌코프와 베리야가 어떻게 새 정부를 구성했는지에 관해 므겔라제가 이야기한 게 있습니다. 그에 따르면, 말렌코프가 이런 성명을 냈답니다. "스탈린 동무는 아주 위

중한 상태에 있으며, 그것에서 회복될 것 같지 않다. 만약 회복되더라도 그가 업무에 복귀하기 위해서는 최소 6개월이 필요할 것이며, 그렇기 때문에 나라에 [새] 지도부가 있어야 한다." 그 다음에 베리야가 정부 각료 명단을 읽기 시작했답니다. 나라를 위해 두려운 일이 전혀 발생하지 않았다고 과시하려는 듯 즐겁게 읽었다고 합니다.

▶ 그럴 수 있지. 나는 자세히는 기억하지 못하지만... 죽기 직전에 스탈린이 손을 들어 올렸소. 들어 올리려고 들었는데, 하지만...

1976년 6월 30일

...아프토르하노프 책에 있는 1941년 6월 22일에 대한 서술을 내가 일부 발췌해서 읽는다.

— "사람들이 스탈린 다차로 가서 대국민 성명을 발표하라고 제안했으나 스탈린은 단호히 거절했다. 그러자 그것을 몰로토프에게 위임했다."

▶ 그렇지, 맞아. 대략 그랬어.

— "스탈린에게 적군 총참모부를 지휘하라고 제안했으나 그는 거절했다."

▶ 왜 그가 모든 것을 감당해야 하지? 그는 그냥 최고지도자로 있으면서, 자질구레한 일이나 부차적 문제에 몰두할 필요가 없었어. 그의 그런 결정은 물론 옳았소.

— "정치국원들이 스탈린에게 혹여 있을 파국에 대한 그의 개인적 책임을 언급하기 시작하자, 스탈린이 반격에 나섰고 몰로토프를 배신자로 비난했다."

▶ 몰로토프를?

— 그렇습니다, "리벤트로프와 조약에 서명한 것 때문에..."

▶ 이것 보시오, 웃기는 소리! 스탈린이 바로 그곳에 있었어. 본질적으로 모든 게 다 그가 주도한 것이야.

— "보로쉴로프와 즈다노프를 영국 · 프랑스 사절단에 동조한 태업자라고 불렀다."

▶ 사실이 아니오.

— "모든 게 스탈린 자신의 직접적 제안에 따라 행해졌다는 반박에 대해 스탈린은 예전과 달리 화를 내며 펄쩍 뛰었다. 모두에게 욕설을 퍼붓고는 자신만의 비밀장소로 사라졌다."

▶ 그래?

— [아프토르하노프가] 흐루쇼프의 말을 인용합니다. "나는 그가 어떤 영웅이었는지 안다. 이무기에 최면이 걸린 토끼처럼, 히틀러 앞에서 두려움으로 마비된 그를 나는 보았다."

▶ 물론 그가 노심초사했지만 그렇다고 토끼와 비슷하지는 않았소, 그럼. 2~3일 동안 그가 나타나지 않았고, 다차에서 두문불출했소.[65] 그는 노심초사했어, 물론. 조금 의기소침해 있었는데, 하지만 모두에게 매우 힘들었소. 스탈린에겐 특히나 그랬지.

— 베리야가 있는 자리에서 스탈린이 이런 식으로 말했다고 합니다. "모든 걸 잃었어. 내가 물러난다."

▶ 그렇지 않아! 그게 22일인지 23일인지 확실히 말하기 어려운데, 하루하루의 구분이 의미 없는 그런 때였소. 내가 물러난다는 그런 말을 나는 듣지 못했는데, 내 생각엔 신빙성이 없어.

— 아프토프하노프가 [스탈린의 딸] 스베틀라나의 이모인 예브게니야 알릴루예바에 관해 쓴 것을 보면, 1941년 8월에 스탈린을 찾아간 그녀는 그때 스탈린이 거의 패닉상태에 있는 걸 보고 매우 놀랐다고 합니다.

▶ 아니야, 그때 그는 평소 상태로 회복돼 있었소. 그가 언제 국방상이 됐다고? 6월 30일?

— "공식적으론 스탈린이 최고총사령관이었으나 실제는 그의 대리들이 통수권을 행사했다. 군대는 주코프가, 엔카베데 소속 부대는 베리야가 권한을 행사했다." 정말 그랬습니까?

▶ 그렇게 말할 수 없소.

— "정치적으로 총사령부는 베리야와 말렌코프의 수중에 있었다."

▶ 내가 보기에, 역시 그렇게 말할 수 없소.

— 아프토르하노프는 즈다노프가 말렌코프와 주코프에 반대하는 음모를 꾸몄고, 주코프가 말렌코프의 부하였다고 기술하고 있는데...

▶ 말렌코프가 주코프를 어느 정도 지지해줬는데, 하지만 부하라고 말하는 건 내가 보기에 적절하지 않소.

---

65) 스탈린은 6월 29일 국방인민위원부 방문을 마치고 쿤체보 다차로 갔으며, 그 다음날인 6월 30일 다차에 틀어박혀 두문불출하였다. 이에 30일 밤늦은 시각에 몰로토프 등이 스탈린의 다차를 찾아가 국방위원회 설립 등을 제안하였고, 스탈린은 7월 1일부터 크렘린 집무실에서 업무를 시작하였다.

— "모욕당한 정치국원들, 즉 몰로토프, 카가노비치, 보로쉴로프, 안드레예프가 즈다노프를 지지했다."

▶ 아니오, 그때 우리는 모욕당하지 않았어.

— 그가 또 이렇게 쓰고 있습니다. 전후에 [권력핵심으로] 부상한 즈다노프가 [니콜라이] 보즈네센스키와 [알렉세이] 쿠즈네초프를 중용했고, 쿠즈네초프가 당 중앙위원회 서기 및 국가보안성의 후견인이 되어 베리야파를 각 기관에서 제거하기 시작했는데, 그러자 베리야가 투르케스탄으로 쫓겨난 말렌코프를 불러와 즈다노프를 박살내기로 했고, 결국 레닌그라드 사건[66]이 무르익기 시작했다는 겁니다.

▶ 아마 말렌코프가 투르케스탄에 있었을 거야. 정확히 기억하진 못하겠는데, 필경 오래 있진 않았을 거요.

— 그 후에 즈다노프가 병원에 입원했고 죽어갔습니다. 나머지 인사들이 체포되었는데... 그리고 [게오르기] 디미트로프의 제안에 따라 불가리아인들과 유고슬라비아인들이 발칸연방을 구성하려 했다고 하는데, 그런 일이 있었습니까?

▶ 있었지. 그러나 디미트로프가 어떤 역할을 했는지는 분명치 않아.

— 스탈린이 1948년 2월 디미트로프에게 말했답니다. "동무는 왜 우리와 상의하지 않는 거요? 저잣거리의 여인들처럼 생각나는 대로 마음껏 떠드시오!" 그런데 디미트로프가 유고슬라비아인들에게 모스크바와 논쟁할 때 밀리지 말고 자기 입장을 고수하라고 조언했답니다.

66) 1949년 1월 10~20일 레닌그라드에서 전러시아 도매시장이 열렸다. 이에 당 중앙위원회 서기 게오르기 말렌코프는 그 행사가 당 중앙위원회 및 소련 정부의 승인을 받지 않은 것이라 하면서 행사를 조직한 당 중앙위원회 서기 알렉세이 쿠즈네초프, 러시아공화국 각료회의 의장 미하일 로디오노프, 레닌그라드 시/주당 제1서기 표트르 포프코프, 레닌그라드 시당 제2서기 야콥 카푸스틴을 비난하고 나섰다. 1949년 2월 중순 당 중앙위원회 정치국은 〈쿠즈네초프, 로디오노프, 표프코프 3인의 반당행위에 관한 결정〉을 채택하고 그들을 담당 직위에서 해임하였다. 동년 3월에는 그들에 연루된 당 정치국원이자 고스플란 의장인 니콜라이 보즈네센스키도 해임 조치되었다. 이어 1949년 7월부터 상기 인물들 및 레닌드라드 당조직 간부들이 체포되기 시작했고, 1950년 9월에 레닌그라드 사건 "핵심그룹"에 대한 재판이 열려 그들 중 쿠즈네초프, 포프코프, 보즈네센스키 등 6인이 반혁명 혐의로 사형을 선고받고 바로 총살되었다. 이후 1952년 여름까지 사건이 계속 진행되었는데, 1949~52년 동안 총 214명이 기소되어 유죄가 선고되었으며, 그중 23명이 사형에 처해졌다. 이 사태의 주요 원인은 스탈린의 의심에 있었다. 스탈린은 사건의 "핵심그룹"이 러시아공화국의 이익 옹호를 위해 러시아공산당의 창당을 논의, 제안했다는 정보에 극히 부정적으로 반응하였고, 외견상 러시아공화국의 "상업 행사"에서 비롯된 레닌그라드 사건은 결국 러시아 민족주의의 발흥을 억압하기 위해 기도된 것이었다고 평가할 수 있다. 소연방 내에서 러시아공화국이 차지하는 비중이 너무 크기 때문에, 레닌도 "대러시아 쇼비니즘"이 소연방의 안정에 치명적임을 경고한 바 있었다. (우리는 실제 1991년 소연방의 해체에 러시아 민족주의가 수행했던 역할을 목격했다.)

▶ 역시 별로 믿기 어려워.

— 디미트로프는 모스크바에 여행 와서 돌아가지 않았답니다.

▶ 모든 게 마치 완전한 갱단이 정치국에 앉아 있었던 것 같군!

— 아프토프하노프는 베리야와 말렌코프가 의장님을 스탈린에게서 떼어놓았다고 생각하고 있습니다.

▶ 나는 그렇게 생각하지 않았소.

— 그들은 의장님 그룹을, 즉 보로쉴로프, 카가노비치, 미코얀, 안드레예프를 시오니스트 음모의 도구로 내세웠습니다. 게다가 의장님께선 영·미의 스파이가 되실 수도 있었습니다.

▶ 충분히 가능하지. 다양하게 하려고 그랬겠지, – 몰로토프가 수긍한다.

— "심지어 스탈린은 개처럼 자신에게 충성하는 보로쉴로프를 영국 스파이로 공표하고, 그의 아파트에 도청장치를 설치하기에 이르렀다."

▶ 그럴 수 있어. 그러나 보로쉴로프를 비난하진 않았어.

그 책에는 순전히 부도덕한 인물들만 있군, – 몰로토프가 냉소를 짓는다. – 모든 짓을 다하네. 하지 않는 건 오직...

...내가 책을 계속해서 읽는다.

— "스탈린은 살인이 좋아서 사람을 죽이진 않았다. 그는 새디스트도 아니었고 편집병 환자는 더더욱 아니었다... 제19차 당대회에서 스탈린은 자신을 뺀 나머지 정치국원들로부터 완전히 고립되었다. 스탈린이 6명의 정치국원을 제켜놨지만, 중앙위원회 전원회의에서 그들이 [정치국원으로] 선출되었고, 이것이 스탈린의 첫 번째 역사적 패배였다." 정말 그런 일이 있었습니까?

▶ 그런 일 없었소.

— 한 대목이 또 있습니다. 아프토르하노프에 의하면, 1953년 2월 17일 스탈린이 인도 대사 크리쉬나 메논을 접견했습니다. 그가 공책 종이 위에 늑대들을 그린 다음 말했답니다. "농민들은 미친 늑대들을 죽이면서 지혜롭게 행동하지요!" 그는 몇몇 정치국원을 염두에 두고 있는 것 같았다는 겁니다.

▶ 재미 삼아 그렸던 게지, – 몰로토프가 대답한다.

1984년 1월 13일

"3인방"

...몰로토프는 나와 대화를 나누는 중에 수차례 3인방, 즉 베리야, 말렌코프, 흐루쇼프에 대한 이야기로 되돌아갔다.

스탈린 사후에 왜 흐루쇼프가 결국 당 중앙위원회를 지도하게 되었냐는 질문에 몰로토프는 흐루쇼프가 베리야, 말렌코프와 친했기 때문이라고 답했다.

▶ 그러나 거기서 베리야가 오판을 했소, – 몰로토프가 말한다. – 그는 말렌코프를 전면에 내세워 그 뒤에서 정국을 장악하려 했는데, 그가 각료회의 의장직을 거절했던 건 그 자리에 걸맞은 권위가 그에게 없었기 때문이오.

그런데 흐루쇼프가 바보가 아니거든. 그는 당 중앙위원회를 자기 것으로 만들었소.

1970년 4월 22일

— 무엇이 말렌코프, 베리야, 흐루쇼프 세 명을 결합시켰습니까?

▶ 그들은 물론 스탈린을 추종했지. 그것이 그들을 결합시켰어. 3인방이었지. 하지만 진정한 헌신적 관계가 그들 사이에는 없었소. 친교랄까? 어느 정도 마음은 맞았겠지...

1983년 4월 19일

...몰로토프는 스탈린 사망 직후, 1953년에 다시 외무상으로 복귀했다. 그는 독일문제를 살펴보며 어떤 정책을 추진할지 논의하게 되었다. 그는 정치국원으로서 동독을 담당했다.

▶ 스탈린 사후 [3인방이] 우리의 정책을 망가뜨리려 들었소. 베리야가 독일과의 관계에 있어 아주 적극적으로 나섰는데, – 몰로토프가 말한다. – 여기서 그는 전혀 좋은 모습을 보여주지 않았소. 우리에게 쉬운 때가 없는데, 1953년 동독의 정세가 아주 불안하다는 정보가 날아들었고, 내가 일요일에 그로미코를 외무성으로 오라고 불렀소. 당시 내가 데리고 있던 대리가 둘 있었는데, 하나가 그로미코였고, 다른 하나가 지금 최고회의 간부회에 있는 바실리 쿠즈네초프였소. 업무에 보다 노련한 그로미코를 불러 문제를 논의한 후에 함께 정책제안서를 작성했소. 요점은 동독에서 무엇을 할 것인가 하는 것이

었는데, 당시 거기엔 [발터] 울브리히트가 있었소. 그는 헌신적인 공산주의자이자 의식이 있는 동무였지만, 성격이 좀 직선적이고 융통성이 적었어. 그리고 결국 동독에서의 사회주의[의 발전]에 관해 호언장담하기 시작했는데, 사실 그것을 위해 준비된 게 아무것도 없었소.

우리가 외무성의 정책 방향을 입안했는데, 그 골자는 울브리히트와 다른 동독 지도자들이, 그때 우린 울브리히트를 거명하는 대신 독일사회당 지도부라고 표현했는데, 아무튼 그들이 자본주의 요소에 대한 공세 정책을 추진하는 것은 옳지 않을 뿐더러, 자본가들에 대한 강화된 반대정책을 추진해서도 안 되며 보다 신중하게 행동해야 한다는 것이었소.

언젠가 부하린이 주장했지. "부농에 대한 공세를 강화하라!" 그러자 스탈린이 물었소. "뭐, 강화하길 원한다고?" — "그래요, 강화해야 합니다." — "그래? 그렇다면 그렇게 써 넣지, 뭐" 우리는 아주 신중했었고, 강화한다는 말을 사용하지 않았어. 그런데 부하린이 끼어들더니 그 문구로 마무리하자고 주장을 했고, 결국 적어 넣었소. 부하린은 강화하는 걸 지지했는데, 이는 약화시키는 것에 정반대되는 정책으로...

우리가 외무성 정책제안서에 이렇게 썼소. "동독에서 사회주의 건설 강화 정책을 추진하지 않는다." 그런데 베리야가 강화라는 낱말을 버리자고 제안했소. 우리는 강화하지 않을 것을 제안했는데, 그는 강화라는 낱말을 지워버리자고 제안했고, 그러자 결국 이렇게 되었소. "동독에서 사회주의 건설 정책을 추진하지 않는다." 왜 그렇게 해야 하냐고 물었더니 그가 대답했소. "왜냐하면 우리에게 필요한 것은 단지 평화로운 독일이며, 그곳에 사회주의가 있건 없건 우리에겐 마찬가지지요."

우리의 정책안이 갖는 의미는 동독공산당이 사회주의 노선을 유지하되 그것을 서두르지 말고, 실제 상황에 유리되지 않게 추진하라는 것이었소. 왜냐하면 사회주의를 위해 준비된 게 별로 없었거든. 그 정책안을 정치국에 상정했고, 거기서 모든 걸 보다 상세하게 진술해야 했는데, 정치국에서 의견 대립이 시작됐던 거요. 그때 적극적인 역할을 하기 시작한 베리야가 다음과 같은 방침을 주장했소. 즉, 사회주의 노선의 추진 여부에 관계없이 동독은 평화로운 나라가 되어야 하며 우리에겐 그것으로 충분하다. 사회주의냐 아니냐 하는 것은 중요치 않다.

내가 새로운 제안을 했소. 즉, 유럽의 바로 중심부에서 가장 발전한 자본주의 나라였던 동독이, 비록 그게 독일의 전부가 아니긴 하나 그런 동독이 어떤 길로 나아갈 것인가 하는 문제는 많은 것이 달려 있는 아주 중요한 사항이며, 그렇기 때문에 사회주의 건설을 위한 확고한 노선을 정립해야 한다. 그러나 그것을 서둘러선 안 된다. 이런저런 행보가 다 가능하다는 확신이 섰을 때, 그때 가속화한다. 뭐, 그런 내용이었지.

베리야가 자기주장을 고수했는데, 동독이 어떠하든, 사회주의로 나아가든 아니든 그런 게 중요한 게 아니고, 중요한 것은 동독이 평화로운 나가가 되는 거라고 했소. 투표 결과 정치국이 분열됐는데, 흐루쇼프가 예상외로 나를 지지하더군. 가장 결정적인 인물이 말렌코프였소. 베리야와 말렌코프가 아주 친밀한 관계를 유지하는 듯 보였는데, 물론 나는 그걸 믿은 적이 없소. 베리야란 자는 대체로 구체적 문제나 정치에 별로 관심이 없었어. 동독이 사회주의가 되건 자본주의가 되건 거기에 큰 의미를 부여하지 않았소. 확고한 발판만 된다면 아무래도 좋다는 거였지.

논쟁을 했지. 말렌코프가 회의를 주재했는데, 왜냐하면 소브나르콤 의장이 항상 정치국 회의를 주재했거든. 말렌코프가 입을 다물고 있었지만, 나는 그가 베리야를 지지할 것이라고 알고 있었소. 일정한 결론에 도달할 수 없었기 때문에 위원회를 만들었는데, 거기에 말렌코프, 베리야, 그리고 나도 참여했소. 나는 사회주의 정책을 강화하지 않는 것을 지지했고, 베리야는 사회주의 건설 정책을 추진하지 않는다는 노선이었지. 그런데 말렌코프는 이리저리 동요하고 있었고, 베리야의 계산은 말렌코프가 결국 자신을 지지할 것이라는 거였소. 흐루쇼프도 그의 친구였지.

내가 좀 긴장해서 상황을 예의주시했는데, 말렌코프는 침묵을 지켰소. 나는 그 위원회에서 완전히 고립된 상태에 있었어. 회의를 마친 후 내가 창밖을 내다보니 세 명이 걸어가고 있었소. 그렇지, 크렘린에서. 베리야, 말렌코프, 흐루쇼프가 함께 산책하고 있었소. 그때 내가 저녁에 흐루쇼프에게 전화를 걸었소. 아니 저녁때가 아니라 초저녁이었지. "그쪽 동무들은 어찌 됐나? 동무가 독일문제에서 나를 지지했지만, 동무들이 산책하는 걸 봤소. 필경 나를 반대하기로 합의했겠지?" — "아니오, 나는 동무를 지지합니다. 나는 그게 옳다고 보는데, 동무가 제안한 내용을 확고히 지지할 겁니다." 그것 때문에 내가 그를 높이 샀소.

기분이 좋았지. 아직 자신을 드러내지 않은 동요세력이 모두 나를 지지할 것이라고 생각했어. 그날 저녁 베리야가 내게 전화를 해서 이렇게 말하더군. "왜 우리가 모여야 해? 자, 그냥 전화로 합의합시다. 결정을 내리자고. 동무가 제안한 것을 철회해요!"

— 베리야를 어떻게 부르셨습니까? 라브렌티라고 이름을 부르셨습니까?

▶ 그렇지, 라브렌티라고 불렀지. 아무튼, 그가 나를 설득하려 했소. "독일에는 사회주의가 필요 없어요!" — "아니야, 나는 내 주장을 고수할 거요. 이건 원칙의 문제야. 전쟁이 발발할 경우 어떻게 될 것인가 하는 문제와 연관된 원칙의 문제라고!" — "그래, 빌어먹을. 그럼 우리 모이지 맙시다. 내가 동무의 제안에 찬성할게요!" 그가 애를 써봤지만, 잘되지 않았지. 나는 그가 구체적 정치문제에 별로 관심이 없었다고 생각해. 그는 우리에게 힘이 있다면 누구도 우릴 건드리지 못할 거라고 생각했던 거요. 대략 그렇지. 적어도 그 문제를 깊이 생각하지 않았어. 내가 말했소. "그럼 동무와 내가 합의한 거야. 모이지 않는 거지? 그런데 말렌코프는 어떻게?" — "내가 말렌코프와 합의할 거요."

말렌코프는 결정적 역할을 하지 않았소. 나는 그와 대화하지 않았고, 나의 제안에 모두 찬성하기로 합의했어. 모두 서명했고, 그걸로 끝났지.

— 그런데 그 문제에 대해 스탈린은 어떻게 생각했습니까? 그가 의장님께 아무 말도 하지 않았습니까?

▶ 그것은, 스탈린 사후 베리야가 제안한 것은 언급할 가치조차 없소. 스탈린이 동독 수립 무렵에 나서서 말하기를, 그건 독일 발전의 새로운 단계라고 했소. 지극히 당연한 생각이지. 스탈린은 사회주의를 위해 모든 것을 바친, 그리고 사회주의의 쟁취를 위해서라면 전혀 양보가 없었던 그런 사람이오.

우리는 동독에서 사회주의 건설이 서서히 진행되어야 한다고 생각했소. 주민들이 사회주의에 반대하지 않도록 하기 위해서 말이오. 봉기가 시작된다면 우리가 막 이-일하기 시작한 독일을 힘으로 진압해야만 할 것이고, 우리 과업이 아직 본격적으로 시작되지도 않은 상태였는데, 우리는 버티면서 조금씩 우리 과업을 실천해 나아가야 했는데, 그래서 [사회주의 건설을] 강화할 수 없었소. 그런데 베리야는 "추진하지 말라!"는 것이었어. 사회주의 건설 정책을 추진하지 말하는 것이었소.

내가 그것에 반대했지. 독일이 사회주의의 길로 나아가지 않는다면, 평화로운 독일이라는 건 있을 수 없으며, 그래서 "평화로운 독일"에 관한 모든 담화는 결국 부르주아 독일을 의미하는 것이라고 했소. 오직 그거요. 그건 그냥 부르주아 독일일 수밖에 없고, 때문에 독일은 평화로운 국가가 될 수 없지. 그런데 독일이 사회주의의 길로 나아간다면, 그러나 서두르지 말고, 무리하지 말고, 조심스레 가야지. 우리 입장이 강화될 때까지 신중해야 한다는 거요. 우리가 1953년 5월에 그 문제를 논의했는데, 벌써 6월에 그들이 봉기를 일으켰소. 우리가 너무 지나쳤어. 우리가 벌써 독일 내부의 적들과 다시 싸우게 되는 듯했소. 즉, 다수의 독일인들을 우리에게 적대하게 한 거지. 그건 아주 위험한 일이었고, 그 위험성을 제거해야 했소. 그런데 그때 베리야가 그냥 평화로운 독일이 되기만 하면 독일에서 사회주의를 할 필요가 전혀 없다고 주장한 거요.

내 생각에 흐루쇼프는 우파였소. 그런데 베리야는 더 우파야. 더 나쁘지. 우리에게 그 증거가 있었는데, 둘 다 우파야. 미코얀도 그렇지. 그러나 그들은 모두 서로 다른 인물이야. 흐루쇼프는 속속들이 썩은 우파이고, 베리야는 더 우파이며 더 썩은 인물이었소. 베리야는 독일문제를 논의하면서 그걸 입증했어. 그래도 흐루쇼프에겐 베리야에 없는 러시아 애국주의 경향이라도 좀 있었지. 그렇기 때문에 흐루쇼프가 독일문제와 관련해서 나를 지지했던 거요.

내 생각에, 흐루쇼프에 있는 러시아 민족주의가 그로 하여금 국익을 좀 이해하게끔 한 것 같아. 러시아는 소연방 내에서 최종적 역할을 하지 않아. 그러나 러시아 민족주의가 혹 있었다면 우리는 레닌주의적 관점에서 이탈했을 거요. 하지만 흐루쇼프는 그 일에서 베리야를 추종하지 않았어. 우리나라 사람들이 설마 헛되게 피를 흘렸을까? 동독이 사회주의의 길을 따라 나아가지 않는다면, 그럼 과거의 독일이 될 거요.

1972년 7월 31일, 1973년 6월 6일, 1982년 4월 29일

▶ 말렌코프는 아주 훌륭한 집행자요. 우리가 그를 "전화꾼"이라고 불렀듯이, 그는 항상 전화기를 끼고 살았어. 그는 어디서 무엇을 알아내고 어디로 통해야 하는지 등의 일에 아주 능란했소.

조직 · 행정사업과 간부 재배치 문제가 바로 말렌코프의 전문 분야요. 현지로 지시를 전달하고, 각 문제에 합의를 도출하는 거 말이오. 그는 [사람들을] 압박했는데, 일을 되게 하려고 그랬지. 아주 적극적이고 활력 있고 붙임성 있는 사람이었는데, 주요 문제들에 대해서는 입을 닫았소. 그러나 그는, 모스크바에서도 우크라이나에서도 일했던 흐루쇼프와 달리, 당 조직을 단 하나라도 지도한 적이 전혀 없었어. 흐루쇼프가 정치국에 들

어온 게 아마 1938~39년쯤이었을 거요. 베리야, 말렌코프와 함께 어울렸지, 사람들 말로는, 얼마 전 말렌코프에게 모스크바로 돌아오는 게 허락되었다고 하던데,[67] 그의 모친이 사망했거든…

…레닌 탄생 100주년 기념일에 만나 대화하던 중에 몰로토프가 말했다. "우리 지도자들은 각자 레닌을 자신과 비슷하게 만들려고 해. 그래서 지금 레닌을 날조하고 수탈하고 있소. 심지어 [리디야] 포티예바도 레닌의 이름으로 연설하는 게 가능하다고 생각해. 그런데 그녀가 누구요? 일개 기술서기 아닌가."

…내가 과거 멘쉐비키가 지금에 와서 고참 볼쉐비키가 되었다고 지적했다.

▶ 멘쉐비키만이 아니요. 카데트들도 흑색백인단도 다 볼쉐비키 행세를 하고 있지, – 몰로토프가 빙긋이 웃으며 오른쪽 눈으로 윙크를 했다.

1970년 4월 22일, 1972년 4월 13일, 1976년 7월 28일, 1983년 10월 14일

▶ 말렌코프로부터 어떤 소식도 없어. 그가 한 2년 전쯤 우리 집에 한번 왔었는데, 나 때문에 기분이 좀 나빴나? 그가 나를 대하는 게 완전히 객관적이지 않은 건 분명해.

스탈린 사망 후에, 당 중앙위원회 전원회의에서 말렌코프를 각료회의 의장에서 해임하자는 흐루쇼프의 제안을 내가 지지하는 발언을 했어. 내가 스탈린 사후 말렌코프의 처신 방식을 비판했는데, 그의 첫 번째 결점은 그가 정치문제에서 즉시 우파의 손아귀에 놀아나게 됐다는 것이고, 두 번째는 그가 각료회의 의장이 됐을 때 진짜 당 중앙위원답지 않은 처신을 했다는 데 있었어.

1982년 4월 29일

▶ 말렌코프는 물론 성실한 사람이오. 성실하지. 그러나 유감스럽게도 이론적으로 갖춰진 게 없었소. 진지하게 정치적 방향을 잡지는 못했을 거요. 그게 아주 잘 드러났지.

아주 현학적인 사람이지. 질서를 지킬 수는 있지. 그러나 내가 보기에 정치문제나 경제문제를 보다 심도 있게 비판적으로 이해하는 게 그에게는 불가능했어. 그런데 그런

---

67) 말렌코프는 1957년 〈반당그룹〉 사건 이후 모든 직책을 박탈당하고 카자흐스탄으로 추방되어 그곳에서 발전소 소장으로 일하였고, 1961년 출당 조치되며 연금생활자가 되었다. 1968년 모친 사망 후 모스크바 인근 우델나야로 이주했으며, 1973년 모스크바 거주가 허락되었다.

자질 없이는 일을 자기 것으로 만들 수가 없어. 며칠 전 내게 안부를 전해왔는데...

1973년 4월 27일, 1982년 10월 21일

▶ 말렌코프가 내 집에 두 번 왔었는데, 내가 이미 동무에게 말했을 걸. 두 번째 왔던 게 3년은 안 됐을 거야. 전화도 없고 아무 연락도 없어. 지금 모스크바에 산다는 말만 들었는데, 나와 만나기를 원치 않는 게 아닌가 싶어. 오랫동안 그에게 모스크바 거주가 허용되지 않았어. 나는 그래도 그의 소식이 궁금한데, 아무튼 [그가 왔을 때] 내가 그에게 물었지. "지금 공부하는 어떤 문제라도 있소? 연구하고 있는 것 말이오. 어떤 문제라도 풀어낼 생각이 있는 거요?" — "연구하고 있는 게 있습니다." — "어떤 문제?" — "제국주의 문제입니다."

그때 나는 그가 국제관계나 제국주의와의 투쟁을 연구하고 있다고 이해했는데, 그게 아니라면 제국주의가 그에게 무슨 소용이 있나? 문제는 그 공부가 파탄난 후에 그가 다시 무엇에 관심을 가질 건가 하는 데 있소. 중요한 문제지. 그는 외국어를 몰라. 그런데 제국주의를 연구한다고... 아는 외국어가 없으면 제국주의는 연구하기 아주 어려운 주제요. 그러나 중요한 것은 외국어를 아는 데 있지 않지. 그는 여기에 와서 모두에게 정답게 입을 맞추고 갔소. 서로 요령 있게 말을 주고받지 못했지. 나는 그를 아무 것도 이해하지 못했어...

1985년 1월 14일

▶ 당 중앙위원회 전원회의에서 흐루쇼프가 말렌코프를 각료회의 의장에서 해임하자고 제안했을 때, 나 역시 말렌코프를 비판하는 발언을 했소. 왜냐하면 말렌코프가 굵직한 정치문제를 다룬 적이 없어. 자주적이지 못했어. 아무튼 그에 앞서 독일문제에 대해서도... 중요한 정치문제에 대해 자기 의견을 갖지 못한 사람이 각료회의 의장이라니... 나는 그것 때문에 그를 비판했소. 그가 아마 그걸 잘 기억하고 있었을 거요. 나중에 우리가 만났고, 한 그룹에 속하게 됐소. 정치국원 대다수가 그러는 것처럼, 작위적인 그룹이었지. 대체로 우리에게 도움이 되지 않았어.

그 일이 있은 후에 베리야는 내가 취했던 입장에 대해 특별한 의견을 표명하지 않았소. 나는 베리야를 무원칙한 인물로 여겼고 또 여기고 있어. 그는 약삭빠른 실무가요. 그는 자신에 유익한 일만 했어. 그는 출세주의자라고 할 수도 없어. 그냥 출세주의자가 아니었다고 하는 것은 그가 대다수 문제들에 볼쉐비키적 시각으로 대응하지 않았기 때문이오.

— 그러나 그는 많은 사람을 파멸시켰습니다.

▶ 나는 베리야에게 가장 많은 책임이 있다고 생각하지 않소.

— 그는 개인적 이유로, 당과 무관한 이유로 사람들을 없애버렸습니다.

▶ 그랬을 수 있어. 그는 무원칙한 인물이야. 공산주의자도 아니야. 나는 그를 진짜 당원으로 여기지 않아.

베리야에게 책임이 있다고 하기 위해서는 그걸 뒷받침할 많은 문서들이 필요해. 나는 모든 걸 기억하지 못해. 하지만 내겐 그래도 역시 베리야가 관리였다는 인상이 강하게 남아 있소. 그는 자기 이익을 지켰지.

내가 보기에 과도한 게 많았지. 하지만 그 과도함은 스탈린에 의해 구현된 거요. 베리야 자신은 스탈린을 아주 두려워했어. 그는 멀리 나아가지 않았을 거요. 반면 스탈린은 내가 보기에 극단적 과도함을 발휘했소. 내가 스탈린을 테러까지 포함해서 옹호했고 또 옹호하고 있는데, 내 생각에 전쟁 전에 테러가 없었다면 전후 우리나라에 다소 견고한 상황이 조성될 수 없었을 거요. 내가 보기에 그건 상당히 1930년대 말 시기에 의해 담보되었소.

1982년 10월 21일

▶ 아니오, 때로 나는 베리야에게 주된 책임이 있다고 생각하지 않소. 나는 늘 그 책임이 스탈린과 우리에게, 스탈린을 승인했고 적극 지지했던 우리에게 있다고 생각하는데, 나도 늘 적극적이었고 채택된 조치들을 지지했소.

우리가 아주 과격하게 행동한 것을 나는 전혀 후회한 적이 없었고 또 전혀 후회하지 않소.

그러나 물론 과오들도 있었지.

1977년 11월 1일

— 지금껏 베리야에 관해 논쟁하고 있는데, 그가 정말 외국 정보기관의 에이전트였습니까?

▶ 나는 아니었다고 생각해, – 몰로토프가 말한다. – 하지만 내가 보기에 그는 무원칙한 인물이었소. 그는 자기 자신을 몹시 걱정했는데, 스탈린을 두려워했지. 아부하려고 했는데... 그에게 이념적인 건 적었소. 아마 전혀 없었을 거요. 하지만 유능한 사람이야. 그는 겸손이라는 걸 몰랐어. 돌파해 나아가는 데 실패가 없었어.

1983년 10월 14일

▶ 베리야가 했던 것은 제국주의에 이득이 되는 방향으로 작용했고, 그는 제국주의의 에이전트 역할을 수행했소. 바로 여기에 문제의 핵심이 있소. 그의 역할은 이런 거요. 즉, 만약 그가 동독에서 사회주의를 거부했다면, 그것보다 더 훌륭한 제국주의에의 봉사가 없겠지. 공식적인 에이전트가 될 필요는 없소. 그러나 그런 짓을 한다는 것은 곧 제국주의의 에이전트 역할을 수행한다는 걸 의미하는 거요. 그런 점을 많은 사람들은 이해하지 못해. 그러나 동무는 그걸 이해해야 합니다.

나는 베리야를 제국주의의 에이전트로 봐요. 에이전트가 스파이를 의미하진 않아. 그는 무엇엔가 의지해야 했는데, 노동계급에 의지하든 아니면 제국주의에 의지하든 말이오. 인민의 지지가 그에겐 없었소. 그에겐 권위가 없었어. 심지어 그가 권력을 장악하는 데 성공했다손 치더라도, 그는 그걸 오래 유지하지 못했을 거요.

1971년 7월 28일, 1972년 7월 31일, 1982년 4월 29일

▶ 스탈린의 부인 나데즈다 알릴루예바는 베리야를 아주 적대적으로 대했소. 그러나 설령 그가 없었더라도 다른 누군가가 그의 역할을 했을 거요. 그는 쉽지 않은, 또 불가피한 역할을 수행했소.

그에겐 모든 사람의 신상에 대한 파일이 있었소. 스탈린에 대한 것도 있었고, 물론 내 것도 있었지. 아니, 신상 파일이라기보다는...

...쇼타 이바노비치가 이야기한다.

— 트빌리시에 케이블카를 설치할 때, 베리야에겐 밤에 건설현장을 둘러보는 습관이

있었답니다. 그는 아주 뛰어난 조직가였습니다.

▶ 대단한 상놈이지, – 몰로토프가 정정한다.

— 직책이 그랬습니다.

▶ 그건 꼭 그래야 하는 건 아니오. 제르진스키 역시 똑같은 직책을 맡았소. 예조프는 자기 직책[=내무인민위원]을 맡기 전까지 역시 괜찮은 청년이었소. 그런데 그게 그를 버려놨지... 아첨해서 승진하고 상대의 마음에 들어야 한다는 생각에 사로잡혔어. 거기서 출세주의가 시작되는 거요. 거짓 정보의 양이 사전에 정해졌어. "동무들에겐 왜 이리 숙청된 자들이 적은가!" 그러자 그들은 열심히 노력했지. 그런데 그게 직책과 무슨 상관이오?

— 과도하게 요구했겠지요. 전적으로 신뢰할 수 없는 자들은 모두 숙청하라고 했잖습니까?

▶ 실제 그랬지. 그런데 그러면 안 돼. 그건 해당행위요. 그런 게 지금도 너무 많아. 과도하게 노력했지.

— 만약 지금 그게 되풀이된다면, 맨 처음에 우리를 잡아갈 겁니다.

▶ 내가 동무들보다 먼저 잡혀갈 수 있지, – 몰로토프가 말한다.

— 베리야가 준비된 원고 없이는 조리 있게 연설하지 못했다는데, 그게 사실입니까? – 쇼타 이바노비치가 묻는다.

▶ 내 생각에는, 그렇소.

— 그가 애서가는 아니었지요?

▶ 물론 아니었소. 아니었지. 나는 1953년 베리야에 대한 심리를 내 집무실에서 들었소. 라디오로 방송했거든. [전 국가보안상 프세볼로드] 메르쿨로프가 말하길, 자기는 베리야가 책을 읽었다는 걸 믿지 않는다고 했소. 그게 사람을 특징짓기도 하지. 베리야는 러시아어로 교양 있게 말했소. 조직자였고, 아니 그보다는 훌륭한 관리자였을 거요. 그리고 필경 타고난 체키스트였지만 무원칙한 자였소. 즉, 아무에게나 봉사할 수 있는 사람이었소.

— 그것 때문에 스탈린이 그를 데리고 있었던 겁니까?

▶ 그럼, 그럼, 물론 그렇지. 그는 그런 의미에서 아주 유용한 일꾼이었소. 어떤 업무의 완수를 위해서 말이오. 원자폭탄 제조에 관한 것도 그의 업무였고, 공습에 대비한 모스크바 방공망 구성도 그에게 맡겨졌소.

— 그가 첩보원들에게 이렇게 말했다고 합니다. "진짜 기사는 무엇으로도 매수되지 않는다. 미인으로 유혹할 수 있을 뿐이다. 그런데 미인은 보석을 좋아한다. 자, 활동 개시!"

▶ 그렇지, 그는 능히 그럴게 말할 수 있어. 능히 그럴 수 있어. – 몰로토프가 동의한다.

1976년 6월 9일

▶ 작년 여름 [노보데비치] 묘원에 갔다가 마이스키의 묘지를 봤소, – 몰로토프가 말한다.

— 스탈린이 죽기 2주일 전에 그가 체포됐다고 하던데요.

▶ 그럴 수 있지.

— 스탈린의 지시로 체포됐습니까?

▶ 물론, 그렇지.

— 그는 흐루쇼프 때에도 감옥에 있었습니다. 베리야 사건에 연루됐다고 합니다.

▶ 그의 이야기에 따르면, 베리야가 그를 고용해서 이용하려 했다는 거요. 스탈린 사후에 말이야. 베리야가 그를 불러서 그에게 정보원이 될 것을 제안했다는 건데, 그가 제안을 거절하지 않았던 모양이오.

— 서방의 학설은, 베리야가 정권을 잡은 후 몰로토프 대신 마이스키를 외무상에 임명하려 했다는 겁니다.

▶ 나도 그걸 배제하지 않는데... 내가 동무들에게 말한 것처럼, 스탈린 사망 후 첫째 주에 나와 베리야 사이에 격한 충돌이 있었소. 내가 베리야와 흐루쇼프의 기대에 전혀 부응하지 않았겠지. 그들의 정책은 대체로 비슷했을 거요. 마이스키의 동의가 있었을 것이고... 내 생각도 그렇소. 베리야가 체포됐을 때, 마이스키도 조사를 받았지. 베리야는 마이스키를 데려다 쓰려고 했소.

1977년 3월 10일

— [세르게이] 크루글로프가 베리야의 대리였지요.

▶ 그랬지. 그들은 서로에 대해 상이한 생각을 가졌던 것 같아. 크루글로프는 어쨌거나 베리야에 대해 비판적이었는데, 생각만 그랬던 게 아니야. 베리야는 그를 완전히 통

제하지 못했소. 크루글로프는 엔카베데에 임용되기 전에 그루지야로 파견됐는데, 거기에서 그루지야 정세에 대해 비판적인 통신문들을 써 보냈어. 당시 베리야가 그곳의 당서기였지. 그걸 내가 기억하고 있어. 그 통신문들의 일부가 어딘가 게재됐던 것 같은데, 지금 확실한 기억은 없소. 아무튼 크루글로프가 그루지야 출장 후 내게 들렀는데, 그는 내게 모든 정보가 스탈린에 보고됐다고 말했소. 크루글로프는 꽤 과감하게 비판을 했어.

— 므겔라제가 제게 이야기하기를, – 쇼타 이바노비치가 말한다. – 베리야가 스탈린을 위해 건배하며 이렇게 말했답니다. "저는 1926년 스탈린 동무를 오르조니키제와 함께한 자리에서 처음 만났습니다. 저는 그들에게 블라디카프카스를 안내해 보여드렸습니다." 이에 스탈린이 단호히 답했습니다. "나는 그런 일이, 베리야와의 그런 만남이 기억나지 않소." 그러자 베리야가 잔을 옆으로 치웠습니다. 나중에 스탈린이 말했답니다. "나는 베리야가 마음에 들었소. 왜냐하면 그가 카프카스 정세를 거짓 없이 내게 보고했거든."

▶ 베리야가 왜 그런 행보를 했을까? – 몰로토프가 말한다. – 우선, 대장이 있는 동안에는 시키는 대로 하면 된다는 거요. 그런데 스스로 어떤 선택을 할 수 있는 상황이 되면, 자기 본색을 드러내기 시작하지.

1984년 3월 17일

▶ 내가 레닌의 집무실에서 젊은 베리야를 만났소. 그가 카프카스에 관한 정보를 보고하고 있었는데, 아마 확실한 정보였던 것 같소. 그렇지 않았다면 레닌이 그와 접촉했을 리가 없지.

1974년 11월 28일

— 그런데 베리야가 스탈린과 한 번이라도 논쟁한 적이 있습니까?

▶ 없소. 입을 다문 정도가 아니라 아예 끼어들지를 않았어. 끼어들지 않았지. 물론 구체적 문제에 관해서는 때로 논쟁하기도 했을 거요. 그렇지 않았겠어? 사실과 정보가 있으면 그는 자신이 해당 문제에 관해 가장 잘 알고 있다는 것을 입증하려 애썼소.

1975년 1월 14일

...쇼타 이바노비치가 말한다.

— 므겔라제는 베리야가 스탈린에게 열심히 봉사했고 지저분한 일을 처리했는데, 그렇지 않았다면 스탈린이 그를 버렸을 것이라는 제 말에 적극 동의했습니다. "바로 그거요. 봉사했지요! 그는 히틀러에게도, 무솔리니에게도 그렇게 열심히 봉사할 수 있었을 거요."

▶ 그렇지, 정말 그럴 수도 있겠지, – 몰로토프가 동의한다. – 그는 그 정도까지는 아니라도 적어도 위험한 사람이었소.

1973년 6월 6일, 1974년 8월 20일

▶ 자카프카스에 볼쉐비키 당조직 창설사에 관한 책이 나왔어. 그루지야 사람 한 명이나 두 명이 그 책을 썼는데, 벌써 저자 이름이 생각나지를 않아. 저자 중 한 사람이 베리야야. 그런데 베리야는 그 책을 읽지도 않았다는 사실이 밝혀졌어.

1983년 10월 14일

— 베리야를 소비에트 권력의 원수라고 부릅니다.

▶ 글쎄, 그가 원수이었는지 만만한 적이었는지는 모르겠으나, 그가 적이었다는 것은 확실해, – 몰로토프가 대답한다.

1985년 3월 8일

▶ 스탈린 사후, 베리야로부터 벗어나야 한다는 이야기가 나왔을 때 니키타 [흐루쇼프]가 내게 전화를 했소. "동무는 당 중앙위원회에 집무실을 마련하는 걸 어떻게 생각합니까? 괜찮으면 옮겨와요!" 그때 나는 스몰렌스키 거리에 있는 외무성 건물에서 일했소.

1978년 3월 4일

▶ 동무가 베리야의 운명이 결정된 한 대목에, 마지막 회의에 관심을 갖는다면, 뭐 그럴 수 있지. 그런데 그에 앞서 준비 작업이 있었던 거요. 여기서도 흐루쇼프가 아주 적극적이었고, 훌륭한 조직자였소. 그가 주동을 했는데, 그는 서기였소. 물론 조직능력이 탁월했지.

내가 말했소. "나는 베리야를 해임하고 정치국에서 축출하는 것을 전적으로 지지합니다."

나중에 미코얀에게 베리야를 혼자 남겨두지 말라고 했소. 그건 아주 위험하다고 말이오. 미코얀이 왜 그래야 하냐고 반문했소. 즉, 그는 동의하지 않았지. 동의하지 않았어. 그는 그런 기회주의적 입장을 취하고 있었고 항변하기 시작했소. 미코얀과 이야기했던 게 말렌코프였을 거요. 말렌코프가 그를 맡았지. 보로쉴로프와는 흐루쇼프가 접촉했소. 최고회의 간부회 의장이었던 보로쉴로프는 자기 집무실에 있었는데, 그는 즉각 지지 의사를 밝혔고 도청 방지를 위해 전화를 폐쇄했소. 그런 다음에 곧 소곤거리기 시작했고, 동의를 했소.

흐루쇼프가 보로쉴로프와 담판을 한 게 아마 회의 직전이었을 거요. 나와는 그 전날에, 회의 이틀 전쯤에 이야기했고, 미코얀과는 사전에 이야기했는데... 우리는 그 회의에 앞서 합의를 했소. 베리야를 정치국에서 축출하기보다는 차라리 체포해야 한다고 말이오.

흐루쇼프는 그걸 카가노비치를 위시해 다른 동무들에게 예고를 했소. 지금 정확히 기억나진 않지만 흐루쇼프가 대다수에게 예고를 했고, 한 이틀 지나서 정치국원들을 소집했던 것 같소. 베리야는 그때까지도 정치국원이었는데, 거기서 흐루쇼프가 베리야 동무를 신뢰할 수 없다고 보고를 했고...

당시 흐루쇼프가 서기였지만 제1서기로서의 역할을 했소. 그렇지만 아직 제1서기가 아니었지. 그가 모든 일을 조직했는데, 어째서? 그가 당 중앙위원회에 있었거든. 그리고 베리야가 뭔가 준비하고 있다는 식의 보고가 그에게 올라갔소. 베리야에겐 군부대가 있었소. 당 기구와 별개로... 내무성 소속 사단이 있었지.

— 간단히 말해서 혁명을 준비했다고 할 수 있군요?

▶ 그렇지... 정치국 회의 때 그를 체포했는데, 내가 동무에게 일부 자세한 상황을 이미 이야기했소. 토론이 있었고, 말렌코프가 주재했지. 누가 처음 말문을 열었는지 기억나지 않지만 나도 최초 발언자 중 하나였소. 아마 첫 번째 아니면 두 번째로 발언했을 거요. 회의는 평상시와 다름없이 시작됐고, 모두가 친구들이었지. 그러나 회의 중에 베리야를 체포할 것이라고 미리 합의한 상태였기 때문에 공식적으로는 그렇게 평소처럼 시작했소. 그리고 나중에 그 일로 옮겨 간 건데...

다른 문제들도 있었는데, 그게 무엇이었는지 지금 정확히 기억이 안 나. 회의가 아마 그것들부터 시작됐던 거 같은데, 일정 외에 있던 그 문제들로부터 시작됐는데, 누군가가 그냥 베리야를 심판해야 한다고 문제를 제기했소. 그때 앞선 발언자 축에 들었던 내가 이렇게 말했소. "나는 베리야를 변절자로 생각합니다. 그는 결코 진지한 사람이 아니며 공산주의자가 아닙니다. 그가 공산주의자였다고 하더라도 변절자입니다. 그는 공산당과 전혀 무관한 사람입니다." 그게 나의 기본 생각이었소. 나는 베리야의 과거를 잘 알지 못했소. 물론 그에 관해 온갖 말들이 들려왔지만, 그럼에도 나는 그가 그래도 역시 공산주의자로서 평당원이었다가 결국 어딘가 위에서 좀 다른 일을 맡게 됐던 거라고 생각했지.

내 다음으로 흐루쇼프가 발언했는데, 그가 내 말을 반박했소. "몰로토프 동무는 베리야가 변절자라고 합니다. 변절자란 뜻은 그가 예전에 공산주의자였지만 지금은 아니라는 말입니다. 하지만 베리야는 공산주의자였던 적이 없습니다! 그가 왜 변절자입니까?"

흐루쇼프가 더 왼쪽으로 갔소. 더 왼쪽 입장에 섰지. 나는 반박도 부인도 하지 않았어. 그래, 그의 말이 사실이었을 거요.

베리야는 자신을 변호했고, 논쟁이 있었소. 그가 이렇게 말했소. "물론 내겐 과오가 있었지만 나를 당에서 축출하지 말기를 청합니다. 나는 항상 당의 결정과 스탈린의 지시를 수행했습니다. 스탈린은 내게 가장 막중한 비밀스런 임무를 맡겼습니다. 나는 늘 그 임무들을 완수했습니다. 그렇기 때문에 나를 당에서 축출하는 것은 옳지 못합니다." 그럼, 그가 바보는 아니지. 말렌코프가 단추를 눌렀소.

베리야와 말렌코프는 친구 사이였고, 흐루쇼프가 그들과 자주 어울렸소. 그들과 함께 있길 원했지.

베리야는 아무 것도 모른 채 회의에 참석했는데...

미코얀은 베리야를 제거하는 데에 반대했고, 베리야가 훌륭한 일꾼이라는 둥 그를 변호했소. 베리야가 권력을 잡지 않을까 두려워했던 것 같아.

회의실은 누구도 접근할 수 없게 포위돼 있었는데, 하지만 방 하나 건너 포스크료비쉐프의 사무실에 주코프가 군인들이 데리고 대기하고 있었소. 포스크료비쉐프 방에 베리야를 체포하기 위해 미리 군인들을 대기시켰지. 말렌코프가 단추를 눌렀는데, 그게 신호였소. 말렌코프가 회의를 주재했고, 연락 단추를 관할했어. 주코프를 필두로 군인들이 들어왔지.

말렌코프가 말했소. "베리야를 체포하시오!"

— 썩어빠진 우정이군요! – 쇼타 이바노비치가 탄식조로 말한다.

▶ 그런 생각이 썩어빠진 우정보다 더 썩은 거요! – 몰로토프가 반박한다. – 어떻게 썩어빠진 우정에 대해 말할 수 있소? 마침 말렌코프가 우정을 좋은 쪽으로 보여줬던 거요. 그래도 정신을 차린 거지. 그게 무슨 우정이야... 3인방이었지. 내가 항상 말했듯이, 한동안 그랬지. 나는 그들에 대해 늘 그렇게 생각했소. 항상 세 명이 어울렸는데... 말렌코프는 자주적 입장을 갖지 못했고 의지가 좀 약했어. 약했지. 그런데 흐루쇼프는... 그가 나로부터 시작했든 아니든, 한마디로 나는 동의한다고 했소. 나는 지금껏 후회하지 않아. 반대로 나는 그게 흐루쇼프의 공적이라 생각했고 또 생각하고 있소. 이게 내 생각이오.

— 베리야에겐 그게 전혀 예기치 않은 일이었지요?

▶ 그렇지, 그가 좀 자유분방하게 굴었는데, 나중에 자기 가슴을 쳤지. "내가 무슨 일을 당한 건가?" 흐루쇼프가 그럴 줄 몰랐지.

— [키릴] 모스칼렌코가 거사에 참여했고, 흐루쇼프는 그에게 원수 계급을 수여했습니다.

▶ 그게 관련이 있는데, 모스칼렌코가 베리야 체포조에 포함돼 있었는지 잘 모르겠지만, 베리야는 모스칼렌코가 관리하는 감옥에 수감됐소. 물론 그것 때문에 모스칼렌코가 흐루쇼프로부터 포상을 받았지.

아마 그 직전에 베리야가 베를린 봉기를 진압하기 위해 그곳에 갔을 거요. 그는 그런 일들을 잘 처리했는데, 우리는 탱크를 동원해 진압하기로 결정했소. 베리야가 베를린으로 날아갔는지는 확실히 모르겠지만, 강경한 조치들을 통해 가차 없이 봉기를 진압하기로 결정했던 것은 확실해. 독일인들이 우리에게 반기를 든다는 게 말이 되는가? 안될 말이지! 모두가 동요하기 시작하면 제국주의자들이 침투해 들어올 것이고, 그렇게 되면 그건 엄청난 재앙이 되겠지.

독일 사태에 관한 정보가 입수되기 시작했을 때, 베리야는 강경 진압을 주장하는 그룹에 속했소. "반드시! 가차 없이! 지금 당장!"

그런데 베리야의 주장에 반대하고 나선 자가 흐루쇼프였소.

1971년 7월 28일, 1973년 6월 6일,
1977년 11월 1일, 1984년 3월 17일

▶ 처녀지 개간사업은 시기상조였소.[68] 물론 어리석은 짓이었지. 그렇게 대규모로 사업을 추진하는 것은 투기나 다름없어. 흐루쇼프가 나를 처녀지 개간사업의 주적으로 비난했지만, 나는 그것에 반대한 적이 없었소. 처음부터 나는 제한된 규모의 처녀지 개간사업을 옹호했는데, 우리로 하여금 엄청난 자금을 쏟아 붓도록 만들고 기존 경작지에서 생산성을 높이는 대신에 엄청난 비용 지출을 강요하는 그런 대규모의 개간사업은 문제가 있다고 생각했던 거요. 그건 하면 안 되는 일이었어. 수백만 루블이 있다면, 그것을 처녀지에 쏟아 붓는 것과 기존 경작지에 투자하는 것 중 어느 것에 성공 가능성이 있을까? 나는 그 돈을 처녀지가 아니라 우리나라의 비(非)흑토지대에 투자하자고 제안했소. 처녀지는 점진적으로 개간하자고 했지. 재원을 마구 낭비했는데, 그 돈으론 불가능했지. 곡물을 보관할 곳도 없고, 곡물은 썩어가고, 길도 없고, 반출할 수도 없고...

내가 정치국 회의에서 이렇게 말했소. "들어보시오, 우리는 동무들이 처녀지라고 부르는 그 지역들에서 얻어진 수확에 관해 중앙통계국이 제출한 자료를 받았습니다. 2~3백 킬로그램이지요. 그런데 건조 지역에서 최근 5~10년간 평균치가 5~6백 킬로그램입니다. 작은 수확이지요. 하지만 모두 갖춰진 상태에서 수확하는 겁니다. 우리가 2천만 헥타르 대신에, 수확이 보다 안정적이고 그 규모 면에서 우리의 역량에 보다 걸맞은 1천만 헥타르를 제대로 경작하면, 그때 우리가 얻는 것은..."

그러자 흐루쇼프가 끼어들었소. "오, 동무는 처녀지에 반대하는군!" — "그렇소, 왜 처녀지에 반대할까? 생각해야 할 것은, 어떻게 국가사업을 그런 식으로 벌일 수 있느냐는 거요!"

흐루쇼프는 [처녀지 개간] 아이디어를 발견했고, 고삐 풀린 말처럼 날뛰었소! 그 아이디어란 게 아무 것도 분명하게 해결하지 못해. 물론 도움을 줄 순 있겠지만 그것도 일정한 한도 내에서 그렇지. 생각할 줄 알아야 하고, 계산하고, 사람들에게 조언을 구해야 하는데, 흐루쇼프는 그냥 재촉하기만 했소. 광풍이 불기 시작했지. 거의 4,000만에서 4,500만 헥타르에 이르는 처녀지가 개간되었지만, 그걸 감당할 수 없었소. 무의미하고 불필요했다고! 만약 1,500만에서 1,700만 헥타르 정도였다면 뭔가 유익할 결과가 있었을지도 모르지. 그게 더 합리적이었소. 흐루쇼프는 내게 가축 중개상인처럼 보였소. 그것

---

68) 처녀지 개간사업은 흐루쇼프가 농작물 증산을 위해 1955년부터 추진했던 사업으로, 카자흐스탄, 볼가 강 유역, 우랄, 원동 등에서 대대적으로 전개되었다.

도 자잘한 상인 말이오. 물론 교양이 없는 사람이지. 가축을 매매하는 중간상이야.

스탈린의 과오는 그가 후계자를 키우지 않았다는 데 있소. 흐루쇼프는 우연이 아니야. 물론 그 직위에 어울리지 않았지. 그러나 우리 그룹에는 단합도 없었고 그 어떤 프로그램도 없었소. 단지 우리는 베리야를 제거하기로 합의했던 거요. 반면에 우리는 권력을 장악할 준비가 돼 있지 않았소.

나는 그렇게 대대적인 처녀지 개간사업에 반대했어. 그리고 지금도 그건 옳지 않다고 생각해. 나는 그 규모를 반 정도로 줄이자고 제안했는데, 사람도 기계도 충분치 않았소. 우리는 다른 분야를 희생해가며 사업을 추진할 수밖에 없었소.

나는 [개간사업을 추진하는] 각 인민경제회의에 반대했고, 그 사업이 준비되지 않았다는 서한을 당 중앙위원회 정치국에 보냈소.

나는 당을 농촌당과 도시당으로 분할하는 데 반대했소.[69] 그것은 헌법에도 당 규약에도 위배되는 일이었는데, 그건 그냥 바보짓이었을 뿐이야.

1979년 1월 1일, 1982년 12월 9일

▶ 흐루쇼프가 스탈린의 원저에, 그 다차는 200km 거리에 있다고 해서 "200"이라 불렸는데, 아무튼 그곳에 작가들을 불러 모았고, 거기서 그는 자신과 나 사이에 이견이 있다고 공개적으로 말했소. 나는 그런 그가 언짢았는데, 왜냐하면 그런 걸 당원 모임이 아닌 데서 말했기 때문이었소. 이야기는 1955년에 잡지 『코뮤니스트』에 게재된 논문, 즉 우리나라에 사회주의의 기반이 구축됐다는 내용의 논문이 발단이 됐는데, 그의 입장 표명이 있기 전에 내가 기자들을 불러 그들에게 그 논문을 나눠주고는, 이 문제에 대한 소견이 제시되었지만 나는 우리나라에서 사회주의가 아직 완수되지 않았다고 말했고 또 지금도 그렇게 생각한다고 공언했소.

— 흐루쇼프 치세 때 사람들은 우리나라에 "사회주의가 기본적으로 건설된 것"이 아니라 단지 "사회주의의 기반이 구축된 것"이라는 의장님 말씀을 비판하였고, 의장님께선 잡지 『코뮤니스트』에서 자신의 과오를 인정하셨습니다.

---

69) 흐루쇼프는 개혁정책의 일환으로 1962년 지방의 각급 당위원회를 공업위원회와 농업위원회로 분할하였는데, 이를 통해 농업의 실패를 만회하지는 못했다. 1964년 10월 흐루쇼프의 실각 후, 분할된 당위원회는 하나로 통합되어 예전처럼 원상회복되었다.

▶ 아니오, 어쩔 수 없었소. 내게 강요했소. 내가 소련 최고회의 회기 때 국제 정세에 관한 보고를 했는데, 아무튼 나는 이것도 저것도 옳다고 생각해. [표트르] 포스펠로프, [이반] 루만체프 등이 서명한 서한이 등장했는데... 내용인즉슨, 우리나라에서 오래 전에 사회주의가 기본적으로 건설되었는데 몰로토프는 단지 사회주의의 기반이 구축됐다고 한다는 거야. 그때 내가 정치국에서 이렇게 말했소. “나는 거기에 모순이 있다고 보지 않습니다. ‘기본적으로’라고 할 수도 있고 ‘기반’이라고 할 수도 있는데... ‘기반’이 보다 협소하며, 그건 경제적인 것을 보다 강조합니다. ‘기반’이냐 아니면 ‘기본적으로’이냐를 따지는 것은 이미 교조주의적 해석입니다. 나는 이것도 저것도 모두 옳다고 썼습니다. 그렇기 때문에 나의 공식화에 대한 반박은 옳지 않으며, ‘기본적으로’는 ‘기반’이기도 한 겁니다. 거기에 어떤 차이가 있습니까? 그걸 규명하기 위해선 훈고학자가 되어야 합니다.”

— 흐루쇼프가 이미 의장님을 제거하기 위한 작업을 시작했습니다.

▶ 시작했던 게 아니지. 그는 항상...

— 제 생각에, 의장님을 어떻게든 꼬투리를 잡아 파멸시키려 했던 것 같습니다. 의장님에 대한 투쟁이 시작된 거죠.

▶ 그건 꼬투리를 잡는 게 아니오. 꼬투리를 잡는 게 아니야. 그건 아주 중요한 문제였소. 그러나 사회주의가 완전하게 그리고 최종적으로 승리했다고 하는 것은 맑스·레닌주의에 위배되는 지나친 단순화요. 누구도 해명하길 원치 않는데, 하지만 착수할 거요. 젊은이들이 [문제를] 발견하고 그게 틀렸다고 말할 거요.

— 흐루쇼프가 이론에 밝았습니까?

▶ 아니지, 전혀 그렇지 않았어. 우리는 모두 실천가에 불과하지 이론가가 아니었소. 혁명 전 상황에서 우리 모두가 책을 읽고 신문을 봤는데, 지금은 누구도 읽지를 않아. 아마 내가 감옥이나 유형지에서 그렇게 많은 시간을 보내지 않았다면, 나도 많은 걸 몰랐겠지! 나는 반대파의 글도 읽었고, 많은 토론에도 참여하게 됐는데...

1971년 2월 19일, 1972년 12월 12일

— 스탈린이 사망한 후에 의장님에 대한 공격이 시작됐습니다, – 쇼타 이바노비치가 말한다. – 그런데 의장님께서 옳았습니다.

▶ 물론, 그렇지. 내가 옳았지. 흐루쇼프는 포스펠로프와 또 한 명을, 아마 그게 [파벨] 사튜코프 같은데, 아무튼 그들을 시켜서 몰로토프가 그 문제에서 틀렸다고 쓰도록 했어. 그것을 정치국원 모두에게 보냈고, 다음 정치국 회의에서 그 문제에 관해 토론을 했소. 그때 내가 서한으로 답했는데, 그래, 내 입장은 분명해. 내가 이렇게 썼소. "내 연설에 보면 '기본적으로' 사회주의의 승리라는 구절도 사회주의 승리의 '기반'이라는 구절도 있다. 나는 한 곳에선 우리나라에 '사회주의의 기반'이 구축되었다고 했고, 다른 곳에선 우리나라에서 사회주의가 '기본적으로' 승리했다고 했다. 차이가 있나 없나? '기본적으로' 혹은 '기반'? 물론 본질적인 차이가 없다." 그렇게 썼는데, 지금도 거기에 차이가 있다고 생각하지 않소.

흐루쇼프가 말했소. "뭐라고? 그건 몰로토프가 사회주의의 성공을 축소하고 있음을 의미하는 거요!" 모두가 맞장구를 쳤지. 그래서 내가 말했소. "그것 때문에 지금 이견을 들어올린다? 빌어먹을, 마음대로 해!" 하지만 지금도 내게 그 서한이 있소.

지금 동무는 우리 학자들의 문헌에서 미묘한 차이를 찾을 수 있는데, 대개 '기본적으로'라고 할 거요. 그래, '기반'이 구축된 건 과거의 일이고 지금은 더 나아갔다는 뜻에서 '기본적으로'라는 거요. 그러나 그건 훈고학적인 차이일 뿐인데... 진짜 황당무계한 일이지. 내 말의 요지는 현재 상황에서 사회주의가 무엇인지 규정하기 불가능하다는 거요. 이 문제에 대해 절대로 명백한 답이 없어. 기껏해야 단계를, 기본 단계들을 묘사할 수 있지. 여기에는 여러 단계가 있소.

1975년 3월 8일

흐루쇼프와 제20차 당대회

▶ 우리는 흐루쇼프가 제20차 당대회에서 그런 보고[70]를 할 거라는 걸 미리 알고 있었소. 보고문은 당 중앙위원회에서 논의되지 않았지만 그 요점은 알려져 있었소. 나는 1955년 유고슬라비아 문제와 관련해서 흐루쇼프의 입장을 비판하는 연설을 하려 했지

70) 소련공산당 제20차 대회는 1956년 2월 14~25일에 열렸는데, 니키타 흐루쇼프는 2월 25일 대회장 문을 닫고 비공개로 「개인숭배와 그 결과들에 관하여」라는 제목의 보고를 했다.

만, 동무들이 나를 지지하지 않았소. 그래도 나는 당내에서 얼마간 권위를 인정받고 있었소. 그래, 나중에 그들은 내가 옳았다고 말했지. 레닌은 엄청난 권위를 누렸지요. 많은 사람들이 레닌을 따라야 한다는 것을 이해했지. 10년이 지나서 스탈린이 엄청난 권위를 획득했소. 사람들이 스탈린을 따르기 시작했지. [예멜리얀] 야로슬랍스키라고 있었소. 그는 그 어떤 분파에도 가담하지 않았는데 나중에 이렇게 말했소. "이제 끝! 더 이상 어디로도 끌리지 않을 겁니다. 스탈린을 따를 겁니다. 그건 확실합니다." 스탈린이 사망한 후 많은 사람들이 망연자실했소. "이젠 어떻게 하나?"

1970년 4월 22일

▶ 제20차 당대회에서 흐루쇼프가 보고문을 읽었을 때, 나는 이미 완전한 국외자였소. 외무성에서뿐만 아니라... 사람들이 내게서 가능한 멀리 떨어져 있으려고 했지. 회의 때만 보고하고...

1977년 4월 19일

— 의장님께서는, 그리고 의장님 그룹은 왜 제20차 당대회 때 흐루쇼프에 반대하는 발언을 하지 않았냐고 사람들이 자주 묻습니다.

▶ 우리 당의 이런 문제에 내가 꼭 답을 주어야 할 것 같은데, 당시 나는 여러 측면에서 아주 오랫동안 생각했소. 당은 그런 일에 준비가 안 된 상태였소. 우리를 그냥 내쳤을 거요. 내가 바랐던 것은 우리가 당에 남아서 상태를 조금씩 개선해가는 것이었는데, 만약 우리가 들고일어났다면 당시 그건 전혀 예기치 않은 일이었을 것이고 누구도 우릴 지지하지 않았을 거요. 그럼, 누구도 지지하지 않았겠지. 준비가 좀 필요했소.

내겐 다른 생각이 있었소. 나는 사회주의 문제에 대한 나의 사소한 수정이 받아들여진 유일한 사람이지만, 그래도 나는 근본적인 수정을 요구하진 않았소. 그리고 위험성은 각자 처한 상황이 꽤 잡다한 우리 그룹에도 있었소. 실제로 잡다했지. 좋은 결과를 전혀 보장할 수 없는 그런 분열이 발생할 수 있었는데, 왜냐하면 당을 위한 일이 전체적으로 준비되지 않았기 때문이오.

— 그런데 흐루쇼프의 보고가 정치국에서 논의됐습니까?

▶ 논의됐지. 대다수가 지지했소, 무조건.

— 인민들은 스탈린에 대한 비판을 수용할 준비가 되어 있지 않았습니다. 그런데 당의 상부는 이미 그것을 수용할 태세가 되어 있던 겁니까?

▶ 그게 공개적으로 지지되었던 건 아니오. 그러나 그 쪽으로 기울었지. 그래, 그렇게 기울었어. 하지만 그 문제에 확고함은 없었소.

지금까지 많은 사람들이 [흐루쇼프의] 그 보고에 찬동하고 있소. 잘해야 분열이 생길 수밖에 없었고, 나도 그것을 염려했소. 공개적인 분열인데, 그걸 치유하기가 아주 어려웠을 거요.

당내 분위기가 마침 그렇게 모아졌는데, 내 생각에 당시 조성됐던 그런 상황에서 만약 우리가, 아니면 내가 그런 시각에서 연설을 했다면, 우리는 아주 쉽게 당에서 제명됐을 거요. 그것은 적어도 당 일각에서 분열을 초래했을 것이고, 그건 아주 심각한 분열이 됐을 거요. 당시 제철공업상이었던 [이반] 테보샨이 내게 소리쳤소. "이게 어찌 된 일입니까? 이게 어찌된 일입니까?" 그래, 그는 스탈린주의자요. 중국 주재 소련 대사였던 [파벨] 유딘도 똑같이 말했소. 그들 두 사람이 대회장에서 내게 다가왔어.

일부 사람들이 몰로토프를 비난하지. "제20차 당대회 때 당신은 왜 침묵했습니까?" 그러면서 나더러 흐루쇼프에 굴복했음을 차라리 인정하라고 해. 그런데 그게 그리 간단한 문제가 아니야. 침묵하는 게 과연 옳았을까? 그것도 그리 간단치 않아. 침묵은 흔히 동의의 표시라고 해. 그래서 침묵을 동의 표시로 해석하기도 하는데, 중요한 건 그 누구도, 반대자들조차도 내가 흐루쇼프에게 동의했다고 선언하지 못한다는 거요. 그런데 내가 침묵했던 것은 사실이지. (라자리 카가노비치는 1989년 10월 7일 나와 대화하던 중에 몰로토프, 보로실로프, 그리고 자신이 제10차 당대회에서 흐루쇼프의 비밀연설에 동의하지 않았다고 말했다. 흐루쇼프가 회의 중간 휴식시간에 연설문을 훑어볼 기회를 주었다고 했다. "흐루쇼프가 그의 회고록에서 기술한 것과는 달리 중앙위원회 간부회는 그에게 비밀연설을 하도록 위임하지 않았소. 그가 임의로 그것을 한 거요. 우리는 당시 공개적으로 의사 표명을 하지 않았을 뿐인데, 그건 당의 분열을 원하지 않았기 때문이오." – F. 추예프)

— 어떻게 흐루쇼프가 비밀연설을 하게 됐습니까? – 우리가 묻는다.

▶ 다수가 지지했소. 모두 투표했는데... 우리가 연설문을 읽었는지는 기억나지 않지만, 대개 보고를 했지.

— 흐루쇼프의 보고가 정치를 다 뒤엎었습니다. 흐루쇼프로부터 시작됐습니다.

▶ 뒤엎은 게 아니라 조력했지. 그로부터 시작된 게 아니요. 생각해보면 역시 기억할 거요. 그건 물론 그 전에 시작됐소. 1955년에 유고슬라비아 문제가 있었는데, 제20차 당 대회 개막 1년 전이오.[71] 내가 보기에 유고슬라비아 문제 때 이미 전복이 완수됐소. 물론, 그렇지. 내가 나서려고 시도했는데, 모두 내게 반대했소. 모두가 그랬어. 1년 반 후에 나를 지지했던 자들도 그때 나를 반대했소.

전복은 이미 그 전에 완수됐던 거요. 전복이 완수됐기 때문에 흐루쇼프는 제20차 당 대회에서 그에게 "만세!"를 외친 그런 자들을 선발할 수 있었소. 나는 공개적으로 그를 반대했소.

— 왜 그가 스탈린을 그렇게 비판했던 겁니까?

▶ 왜냐하면 그는 다른 정치를 지향했기 때문이오. 그는 우파인데... 우파와 트로츠키주의자들은 결국 합류를 하지. 1930년대 우리는 트로츠키주의자들이 아니라 바로 우파가 제일 위험하다고 생각했소. 그들은 농촌과 연결돼 있었고, 부농계급에 의지했소. 그-그럼, 흐루쇼프는 뿌리를 갖고 있었소.

— 포스펠로프가 보고문을 썼다는 말이 맞습니까?

▶ 그럴 거요. 아니면 적어도 보고문 작성에 참여했거나. 그도 특히 이론으로 무장한 자가 아니었지만, 그래도 그게... 그는 스탈린주의자였는데...

1974년 1월 8일, 1983년 3월 11일

▶ 흐루쇼프가 내심 스탈린에 적대했지. 스탈린과는 전적으로 다른 정신세계를 가졌소. 그의 개인적 적의가 어떤 짓이라도 하게 했는데, 흐루쇼프의 스탈린에 대한 적의는 그의 아들이 실질적으로 총살되는 그런 상황에 빠졌기 때문이오.[72] 그런 적의 때문에

---

71) 흐루쇼프는 1955년 봄 베오그라드를 방문하여 1948년 스탈린의 티토에 대한 "파문"으로 단절된 소련–유고슬라비아 양국 관계를 정상화하였다.

72) 공식 기록에 의하면 흐루쇼프의 아들 레오니드 흐루쇼프(Л.Н. Хрущёв, 1917~1943)는 공군 조종사로서 대조국전쟁에 참전하여 1943년 3월 공중전을 벌이다 산화하였다. 그런데 레오니드의 실종과 관련해서 다른 설도 있다. 하나는 레오니드가 비행기를 몰고 독일군에 투항하여 그들과 협력을 시작했는데, 방첩기관 〈스메르쉬〉의 특별 그룹이 그를 잡아와 모스크바에서 총살시켰다는 설이고, 다른 하나는 그가 상세히 밝혀지지 않은 다른 범죄행위로 인해 스탈린의 승인 하에 최고형을 선고받고 처형되었다는 설이다. 참고로, 레오니드의 아내 류보피 시즈흐는 1943년 간첩혐의로 체포되어 5년간 수용소에 유폐되었다가 1948년부터 카자흐스탄에서

그는 스탈린의 이름을 더럽히는 일이라면 무엇이든 했소.

— 그때 니키다[=흐루쇼프]가 아들을 포기했군요?

▶ 그렇지.

1972년 8월 15일, 1974년 1월 8일

▶ 흐루쇼프의 아들은 거의 반역자나 다름없었지. 이것도 흐루쇼프가 누군지 말해주는 건데, 좋은 정치가에 그런 아들이 있다는 게...

흐루쇼프의 부인은 두드러진 게 없었지만 그래도 정직하게 행동했소.[73] 그녀가 우리 마을에 살고 있어. 그녀는 여기서 완전히 고립돼 있는데, 누구도 그녀와 접촉하려 하지 않고, 그녀와 한 줄에 서려고 하지도 않아. 그녀 자신은 반듯한 사람인데... 흐루쇼프의 집권 초기에 그녀가 폴리나 세묘노브나에게 말하길, 니키타 세르게예비치가 불안해한다는 거요. 문제들이 아주 복잡하고, 잘 해결되지도 않고, 유고슬라비아 문제에는 확신이 없다고 했소. 그녀는 흐루쇼프가 도를 지나쳐 방향을 잃지 않을까 걱정했다는데...

그런데 그는 도를 지나친 정도가 아니었지. 하지만 그녀는 아무 것도 할 수 없었는데, 상황을 파악하지 못했소.

흐루쇼프에 관해 또 말하게 되겠지.

1976년 6월 30일, 1980년 10월 30일

▶ 스탈린은 흐루쇼프의 아들을 사면하려고 하지 않았소. 흐루쇼프는 스탈린을 개인적으로 증오했는데, 그 일이 추가된 거요. 그런데 그게 제일 중요한 게 아니지. 그는 혁명가가 아니야. 흐루쇼프는 겨우 1918년에 입당했는데, 대단한 열성당원이었지! 단순 노동자들이 당에 있었소. 어떻게 그가 우리 당의 리더가 되었나! 황당하지. 황당한 일이야.

1977년 6월 16일, 1982년 12월 9일

유형생활을 하였고, 1956년에 석방되었다.

73) 흐루쇼프의 처 니나 페트로브나(1900~1984)는 1920년에 입당한 공산주의자로, 1922년 도네츠크에서 당 활동 중 흐루쇼프와 처음 만났다. 당시 흐루쇼프에겐 전처(1920년 사망) 소생의 딸과 아들(=레오니드)이 있었는데, 이들 부부가 새로 3남매 얻으며 결혼생활을 유지했지만 공식적 결혼 등록을 한 것은 흐루쇼프의 실각 후인 1965년이었다. 니나 페트로브나는 남편의 사망(1971년) 후 월 200루블의 연금을 받으며 주코프카의 국영 다차에서 살았다.

▶ 흐루쇼프는 나보다 네 살 어렸지만 아이가 아니었소. 1917년 2월혁명이 우리의 첫 번째 혁명이오. 적극적 기질의 흐루쇼프는 [우크라이나] 유조프카[74]에 살았는데, 거기가 멘쉐비키의 중심지였소.

1971년 2월 19일

▶ 흐루쇼프는 스탈린에 반대하고, 레닌주의 정치에 반대하며 나아갔소. 그는 스탈린이 실행하고, 결국 나와 스탈린이 함께 지지한 레닌주의 정치를 수정하려고 했소. 우파가 뭘 원했는지 동무는 아시는가? 우리 당에서? 우파는 우리가 부농계급 청산을 밀어붙이지 않기를 바랐어. 그들은 친(親)부농 정책의 열렬한 옹호자였소. 그러나 부농계급은 이미 청산됐고, 그럼에도 그들에게 우파 정책은 남았지, 물론. 그들은 스탈린이 너무 지나쳤고, 그게 그의 실수라고 말했소. 우리는 흐루쇼프의 그런 생각을 알고 있었고, 그건 이미 스탈린 치하에 당 중앙위원회에서 공개적으로 인정된 바 있소. 실수는 모두에게 있을 수 있어. 레닌에게도, 스탈린에게도, 흐루쇼프에게도, 모두에게 과오는 있어. 내게도 과오가 있었소. 과오가 어디 한둘이겠나? 그가 잘하려고 했지만 그래도 실수했다면, 그를 고쳐줘야지.

소비에트 권력은 자기발전의 계기들을 재정립하고 그걸 한 방향으로 조정할 수밖에 없소. 그때 투쟁이 진행되는데, 투쟁은 피할 수 없는 거요.

1974년 1월 8일

▶ 흐루쇼프는 스탈린이 키로프를 죽였다고 암시했고, 일부 사람들이 지금껏 그걸 믿고 있소. 밑밥이 뿌려졌고, 1956년 위원회가 구성됐소. 다양한 사람들 12명으로 구성됐는데, 많은 문서를 훑었지만 스탈린에 불리한 것이라곤 발견된 게 아무 것도 없었소. 조사 결과는 공표되지 않았소.[75]

— 그 위원회에 누가 있었습니까?

---

74) '유조프카'는 1924년 '스탈리노'가 되었다가, 1961년에 '도네츠크'로 이름이 바뀌었다.

75) 흐루쇼프 치하에 스탈린의 "범죄들"을 조사하기 위한 위원회가 여럿 만들어졌는데, 그 첫 번째가 1955년 12월 표트르 포스펠로프를 위원장으로 해서 조직된 〈제17차 당대회 대의원들에 대한 탄압조사위원회〉였다. 이어서, 제20차 당대회 직후인 1956년 4월 〈키로프암살조사위원회〉가 만들어졌는데, 여기에 몰로토프(위원장), 카가노비치, 보로쉴로프, 포스펠로프, 쉬베르닉 등 모두 9명이 참여하였다.

▶ [니콜라이] 쉬베르닉, [미하일] 수슬로프, [라자리] 카가노비치, [예카테리나] 푸르체바, 검사 [로만] 루덴코가 있었고, 그리고 당시 체카에 근무했던 사람인데, 그게 누군가... 10~12명 정도였소. 정확하진 않지만 아마 미코얀도 있었을 거요. 정확하진 않아. 보로쉴로프는 위원회에 속하지 않았소. 잘 모르겠네, 다 잊었어. 일부만 생각나.

국가보안위원회가 보고를 했고, 루덴코의 사람들이 자료를 확인 검토했소. 자료의 분량이 꽤 많았지. 우리에게 준 자료와 자기들만 볼 수 있었던 자료를 모두 활용했소.

위원회는 스탈린이 키로프 암살에 가담하지 않았다고 결론을 내렸는데, 흐루쇼프가 그것을 공표하길 거부했소. 자신에게 도움이 되지 않았거든.

1979년 7월 1일

— 키로프 암살 건에 관한 위원회의 결론은 지금까지 공표되지 않았습니다.

▶ 결국 그건 공식적으로 확증되지도 않았소. 내가 그 위원회에 속했었고, 그래서 잘 알아.

1983년 1월 1일

▶ 흐루쇼프가 집권할 수 있었던 것은 우리나라에 흐루쇼프파가 많이 있었기 때문이오. 스탈린에겐 철권이 있었소. 철권이 있었어. 스탈린이 있을 때 모두가 철권에 엎드렸지. 주먹이 약해지자마자 자기 목소리를 내기 시작했소.

1957년에 흐루쇼프가 3일간 해임됐었소. 어떤 회의에서 그가 해임됐는데, 공표해야 했소. 그때 그가 정치국[=간부회] 회의에서 의장을 했는데, 그를 회의 의장직에서만 해임했던 거요. 그 이상 아무 것도 없었소. 그를 해임하지 않았고, 해임할 수도 없었소. 그건 당 중앙위원회 전원회의의 결정사항이오. 그를 어떻게 해임할 수 있나?

1974년 1월 8일

▶ 제20차 당대회에서 11명을 선출하여 간부회를 구성했는데,[76] 나중에 우리가 흐루

76) 1956년 2월에 열린 제20차 당대회에서 당 중앙위원회 간부회 위원으로 불가닌, 보로쉴로프, 카가노비치, 키리첸코, 말렌코프, 미코얀, 몰로토프, 페르부힌, 사부로프, 수슬로프, 흐루쇼프 합 11명이, 후보위원으로는 브레즈네프, 주코프, 무히트디노프, 푸르체바, 쉬베르닉, 쉐필로프 합 6명이 선출되었다.

쇼프를 해임하기로 결정했소, 1957년에 말이오. 정치국[=간부회]에서 그가 회의를 주재하고 있을 때 그를 [각료회의 의장] 불가닌으로 교체하기로 결정했소. 문제는 레닌 때부터 소브나르콤 의장이 정치국 회의를 주재했다는 거지. 그게 레닌주의 전통이오. 처음에 레닌이 회의를 주재했고, 물론 그가 병들었을 때는 카메네프가 대신했지만, 다음에 릐코프, 그 다음에 나, 그 다음엔 스탈린이 주재했소. 흐루쇼프가 처음으로 레닌주의 전통에서 벗어나 주당위원회 방식으로 일하기 시작했는데… [원래는] 의장이 아니고 사회자지. 한번은 톰스키가 사회자가 아니라 "의장 몰로토프"라고 인쇄된 걸 보고 화를 냈던 적이 있었소. 아무튼 불가닌이 [간부회 회의에서] 사회자로 앉았소.

— 그런데 흐루쇼프가 가만히 있었습니까?

▶ 그럴 리가! 고함치고 화를 냈소. 그러나 우리가 이미 합의했지. 11명 중 우리가 7명이었고, 흐루쇼프 지지자는 [수슬로프와] 미코얀을 포함해서 3명이었소. 우리에겐 아무런 프로그램이 없었고, 유일한 건 흐루쇼프를 해임하고 그를 농업상에 임명한다는 복안뿐이었소. 그런데 뒤에서 웅성거리는데, 보니까 거기에 푸르체바, [국가보안위원회 의장 이반] 세로프, [당 중앙위원 니콜라이] 이그나토프가 있었소. 당 중앙위원들을 소집했지.

다른 날 당 중앙위원회 전원회의가 열렸소. 중앙위원회 서기로서 푸르체바가 역할을 했고, 중앙위원회 서기 수슬로프도 역할을 했지. 세로프가 큰 역할을 했소. 하급 기구를 이용했지. 당 중앙위원들을 신속히 모스크바로 불러들였고, 수슬로프 쪽으로 모였어. 세로프가 힘을 보탰는데, 물론 그는 기술적인 역할을 했소. 흐루쇼프가 중앙위원회 제1서기로 있는 한 당 조직은 결국 그의 수중에 있었소.

수슬로프는 정치에서 시골뜨기나 다름없어! 엄청 고리타분한 자인데…

— 고리타분하기만 하면 다행이지요! - 내가 부연한다.

▶ 그건 내 외교적 수사요. 흐루쇼프와 한패가 있는데, 주코프는 강성 군인이었지만 정치가로서는 취약했소. 그는 1957년에 흐루쇼프가 권좌에서 밀려나지 않는 데 결정적 역할을 했지만, 나중에 흐루쇼프를 저주했는데…

흐루쇼프를 서기에서 해임하지 않았소. 할 수 없었지. 전원회의가 소집됐고, 전원회의는 흐루쇼프의 편이었어. 그게 무슨 일인지, 참!

— 의장님께는 전원회의 때 발언 기회가 없었습니까?

▶ 아니오, 기회를 줬지. 그러지 않았더라도 억지로라도 발언했을 거요. 내 속기록을

누구라도 보라고 해!

— 보여주지 않습니다. 그런데 전원회의에서 반응은 어떠했습니까?

▶ [내게] 고함을 쳤지, 고함쳤어. 나는 흐루쇼프에 대해 말하지 않고 특히 그의 리더십에 대해 말했소. 지금 내가 발언 내용을 전부 기억하진 못하는데, 특히 그때까지 마음에 담아둔 생각을 말했고 그 중에는 스탈린문서고 관련 위원회에 관한 이야기도 있었소. 1953년에 스탈린 관련 자료를 망라하는 문서고를 설치하기 위한 위원회가 조직되었는데, 흐루쇼프가 위원장이고 내가 위원이었소. 그런데 1957년부터 지금껏 우리 위원들은 한 번도 모인 적이 없소. 미코얀도 위원이었고, 또 누구냐... 스탈린문서고[의 설치]가 우리 위원회에 위임됐지. 자, 흐루쇼프가 어떻게 행동했는지 아시겠소?

흐루쇼프가 아마 우리의 전화 내용을 도청했을 거요. 그는 스파이들을 갖고 있었어. 내가 중앙위원회 전원회의에서 연설을 했는데, 사람들은 떠들면서 내 말을 듣지 않았소. 나중에 교활하게 [속기록을] 출간했지. 처음에 말렌코프, 카가노비치, 몰로토프 3인이 소위 〈반당그룹〉에 속했는데, 나중에 그에 가담한 쉐필로프가, 그리고 얼마 지나서 불가닌과 보로쉴로프가 거기에 추가됐지. 보로쉴로프는 우리와 함께했다가 나중에 뉘우쳤소. 보로쉴로프가 어떻게 행동했는지 출간된 것들을 보고 판단할 수 있는데, 나쁘게 굴었지, 어찌할 바를 몰랐어. 어디로 가는지 몰랐어. 그런데 흐루쇼프는 아주 교활한 자요. 보로쉴로프가 최고회의 간부회 의장이 된 것이 그의 권위를 높이지 않았어. 그의 권위는 내전과...

후에 내가 흐루쇼프의 정책을 비판하는 서한을 매년 1~2번씩 당 중앙위원회에 보냈지. 마지막 서한은 당의 강령을 비판하는 것이었는데, 내가 보기에 그것은 거짓인 동시에 반(反)레닌주의적이었소. 그런데 말렌코프와 다른 동무들은 그걸 몰랐어. 그냥 살았어. 하지만 나 하나만 당에서 제명시키기가 불편했겠지. 〈반당그룹〉이 필요했고, 4명을 제명시켰소.

1970년 4월 22일, 1974년 1월 8일, 1985년 5월 9일

▶ 나는 세 명이 당에서 쫓겨난 게 내 탓이라고 생각하지 않소. 카가노비치와 말렌코프와 나를 쫓아내고 쉐필로프를 우리에 합류시켰는데, 그를 제명한 건 불필요했소. 그가

얼마나 대단한 경제학자인지 나는 잘 몰라. 그렇지만 훌륭한 연설가였소. 정직한 사람이고, 스탈린에 대한 비판이 객관적 진실을 넘어 과도하게 진행된다고 느꼈소. 그래서 그는 참지 않고 우리를 지지했던 거요. "그들에게 가담한 쉐필로프", – 이 말은 의도적으로 만들어졌소. 위신을 실추시키려고 말이오.

— 사람들이 그걸 보고 가장 긴 이름이라고 합니다.

▶ 조롱하는 거지. 쉐필로프는 흐루쇼프에게 봉사하려 들지 않았소. 그런데 흐루쇼프는 쉐필로프에게 거는 기대가 아주 컸지. 나는 쉐필로프를 잘 몰랐어. 그래도 이 경우에 내가 흐루쇼프에게 훼방을 놓은 것 같은데...

1973년 12월 4일, 1973년 12월 30일

▶ 나는 흐루쇼프를 헌신적인 공산주의자로 생각하지 않아. 물론 유능한 사람이오. 그러나 맴돌기만 했는데... 이데올로기에 대해 전혀 심각하게 생각하지 않았소. 그가 카가노비치와 말렌코프와 나를 그렇게 쉽게 제거할 수 있었던 건 물론 이유가 있는데, 그건 그때 당내에 볼쉐비키적인 진짜 뚝심이 없었기 때문이오. 나를 당연히 처벌해야지, 그건 맞아. 그러나 나를 당에서 제명한다? 처벌할 때 처벌하더라도 잘 살펴야 하는데, 늘 그렇지는 않아. 그런데, 나는 우리가 테러지대를 통과할 수밖에 없었다고 봐. 나는 테러라는 말을 겁내지 않는데, 왜냐하면 그땐 잘 살펴볼 겨를도 없었고 가능성도 없었어. 우리는 러시아의 소비에트 권력만이 아니라 국제 공산주의 운동을 필사적으로 지켰소.

1983년 10월 14일

▶ 내가 제네바에서 당 중앙위원회로 편지를 보냈소. 내가 국제원자력기구에 있을 때 일인데, 흐루쇼프가 자본주의로 포위된 상태에서 공산주의를 건설할 수 있다고 한 스탈린의 실수를 계속 반복하고 있다고 썼지. [1961년 11월에] 나를 소환했소. 그러더니 각료회의 최하급 조직에서 나를 당에서 제명했소. 흐루쇼프가 데려온 [고스플란 의장 제1대리 미하일] 레세츠코와 어떤 여자들이 특히 난폭하게 굴었지. 제명하기에 이의신청을 했소. 뷰로에서 역시 나를 제명하기에 내가 다시 청원을 했지. 나중에 스베르들롭스크 지구당에서, 그 다음엔 모스크바 시당에서 나를 제명했소. 내가 계속 이의신청을 했지. [모

스크바 시당 제1서기 표트르] 데미체프가 내게 격한 발언을 했소. 내게서 당원증을 회수하더군... [당통제위원회 의장 니콜라이] 쉬베르닉만이 점잖게 굴었소. 그는 내게 반대투표를 하려 들지 않았고, 그 일에 참여하길 거부했소. 나는 복당 신청 서류를 네 번 제출했고, 브레즈네프에게 직접 편지도 보냈소. 한 번도 대답이 없었어. 그런데 [모스크바 시당 서기 알라] 샤포쉬니코바가 나의 당적 문제에 관해 협의회에서 당원들에게 답하기를, 내가 복당을 신청한 바가 없다고 했소. [1971년 3월말에 열릴] 제24차 당대회에 다시 신청할 거요.

나를 당에서 제명할 때, [흐루쇼프의 측근인 당통제위원회 의장 대리 지노비이] 세르듁 같은 자들이 대숙청을 언급하며 내게 소리를 질렀소. 하지만 나를 당에서 제명한 건 대숙청 때문이 아니라, 우리가 흐루쇼프에 반기를 들고 그를 해임하려고 했기 때문이오! 제20차 당대회에서 대숙청이 논의되었을 때, 나는 당에서 제명되지 않았고 오히려 정치국원으로 선임됐소.

1971년 2월 19일

— 의장님을 당에서 제명했을 때 대숙청의 책임을 의장님께 전가했습니까?

▶ 전가했지. 그러면서 덧붙이기를, 〈반당그룹〉은 자기 정체가 폭로되는 걸 두려워한다고 했소. 그런데 두려워할 자는 바로 흐루쇼프였지. 상황이 꽤 재밌게 됐는데...

— 의장님께서 흐루쇼프를 해임하셨을 때, 왜 당 조직이나 인민들에게 호소하지 않으셨습니까?

▶ 당 조직이 우리 수중에 있지 않았소.

— 아무튼 의장님께서는 기회를 놓치신 것 같습니다.

▶ 나는 당 조직을 활용할 수 없었소. 또 하나가 우리에게 불리함으로 작용했는데, 우리가 확실히 대항해야 했지만 그에 대한 준비가 없었소. 흐루쇼프가 [당 간부들에게] 이렇게 말했소. "동무들은 스탈린 치하에 힘들었지만, 이제 편해질 거요!" 이게 환심을 샀던 거요. 절대다수가 내게 반대투표를 했소. 모욕당한 사람들이 아주 많았어.

— 그러나 그건 당의 상부에서 그랬습니다.

▶ 당 상부만이 아니오. 일반 간부들도 그랬소.

— 그러나 노동계급은 의장님을 지지했습니다.

▶ 노동자들 역시 매수됐소. "자, 이제 편안해 질 겁니다. 앞으로 [사회주의적] 경쟁은 없을 겁니다!"라고 하는데 별 수 있나…

1971년 12월 2일

— 뱌체슬랍 미하일로비치! 모스크바 시당에서 데미체프가 의장님의 당원증을 회수하려 할 때 의장님께선 그에 순순히 응했다고 말씀하셨습니다.

▶ 그랬다고 생각하지 않는데… 데미체프가 이렇게 말했소. "동무는 마땅히 당원증을 내놔야 합니다." 그곳엔 많은 사람들이 있었고, 발언을 했소. 몇몇 사람을 선발했지. 처음에 내가 나서서 발언하며 해명했소. 나중에는, 내게 하도 시끄럽게 소리를 지르기에 짧게 말을 마무리했소. 주로 1937년의 일에 관해서 말이오. 모스크바 소비에트 집행위원회 의장 [니콜라이] 듸가이가 나섰는데, 그는 내가 당 중앙위원회와 각료회의에서 일할 때 건설 분야에 있던 자로, 우리가 여러 번 업무를 함께 처리했소. 유능한 사람이야. 나와 듸가이 사이에는 어떤 논쟁도 불쾌한 일도 없었소. 그런데 그가 나를 욕하기 시작했어. 그럼, 그는 그럴 수밖에 없었소. 그가 집행위원회 의장이오. 시당 제1서기가 지도하는 일에 어떻게 그가 침묵할 수 있겠소? 솔직히 내가 놀란 눈으로 그를 쳐다봤지만.

— 그들이 스스로 어색해했습니까?

▶ 누가 그들을 알겠소? 나는 그것에 관해 별 생각이 없소.

— 1956년에 그루지야에서는 아이들에게 총질을 했습니다,[77] – 쇼타 이바노비치가 말한다. – 사람들이 미코얀의 초상화를 떼어내 그걸 변소에 걸었습니다. 그는 거기를 자기 집을 삼아야 합니다. 또 흐루쇼프의 초상화를 전차에 매달았습니다. 그리고서 의장님 초상화를 맨 앞에 들고 행진하였습니다. "중앙위원회를 뱌체슬랍 미하일로비치 몰로토프의 지도 아래로!" 상황이 그랬습니다.

아이들이 죽었습니다. 그들이 누굽니까? 그 부모들은 1937년에 투옥됐고, 장례도 허락되지 않았습니다. 사람들은 울면서도 이해하지 못했습니다. "네 부모가 스탈린의 손에 죽었는데, 너는 그를 지지한다고?"

1973년 1월 16일

---

77) 1956년 3월 5일 스탈린 사망 3주기를 맞아 그루지야 트빌리시에서 "스탈린에 대한 비판을 용납하지 말자!"는 구호 하에 집회(시위)가 열렸고, 이를 진압하는 과정에서 15명이 죽고 54명이 다치는 참사가 발생했다.

— 말렌코프 역시 이론에 약했습니까?

▶ 그렇소, 내가 잘 알아.

— 그런데 이름이 거창합니다. 말렌코프! – 쇼타 이바노비치가 말한다.[78)]

▶ 농민의 이름이지. 아무튼 그것[=앞으로 편해질 것이라는 흐루쇼프의 약속] 역시 그의 쪽에서 한 데마고기였소. [흐루쇼프의 해임] 결의가 채택됐지. 흐루쇼프는 격분했고, 그걸 말해야만 했을 거요. 누가 무엇을 말했건 요점은 출세주의였는데, 본질적으로 그건 데마고기였소. 하지만 그게 있을 수밖에 없었는데, 물론 어떤 특수한 사정이 있었더라도 그 정도가 지나쳤지. 우리는 정말 노동자들에게 젖 먹던 힘까지 남김없이 완전히 쥐어 짰소. 녹초를 만들었지. 대신에 농민들에겐 갖고 있는 것을 모두 긁어냈소.

내게 책임이 없다고 할 수 없지. 그런데 나를 체포하지 않았소. 나를 체포하지 않았던 데는 이런저런 이유가 있었는데... 흐루쇼프는 모스크바로의 감자 반입 건을 구실로 나를 욕보일 방법을 찾았소. 평범한 사람에게 그건 말하자면 겁나는 일일 수 있어. 허나 소브나르콤 의장으로서 나는 당연히 질서를 바꾸어야 했소. 먹일 게 없었어. 물론 그 감자를 벨로루시, 서북부 지구들, 노브고로드 지방에서 갖은 수단을 동원해 빼앗았소. 체르니고프 지방에서는 마지막 것까지 퍼냈고, 그것들을 거두어 모았지. 내게 부여된 임무는 모스크바 사람들을 압박하면서, 그래도 이들의 형편이 좀 나은 편이었는데, 아무튼 그들에게 감자를 먹이는 것이었소. 모스크바 사람들이 힘들었지. 물론 나는 그들로 하여금 일정 부분의 양식을 스스로 조달하도록 강제하는 그런 법령을 시행했고, 그에 상응하여 벨로루시에서 들여오는 할당량을 줄였소. 왜냐하면 지방에서도 곡식이 부족했거든. 필요한 만큼 할당을 늘리고 그냥 억지로 빼앗는 게 우리가 일하는 방식이었소. 아무튼 [당시 모스크바 시당 서기로 일했던] 흐루쇼프가 그 문제를 지적하고 나섰소. "몰로토프라는 자가 어떤 짓을 했는지 아시오? 우리한테 감자가 부족했는데도 그는 우리에게 배급을 줄였소." 이건 공표된 거요. 흐루쇼프가 했던 농업 관련 보고들이 있는데, 거기서 그는 나를 무차별적으로 공격을 해. 그가 내 자리에 있었다면 어떻게 행동했을까? 아무도 다른 방안을 제안하지 않았고, 그래서 결국 우리는 모스크바 사람들에게, 그래도 부족했겠지만, 조금이라도 [양식을] 스스로 구해 보라고 말했던 거요.

---

78) 말렌코프는 작다는 뜻의 '말렌키(маленький)'에서 유래한 성이다.

그래도 뭔가 과장됐소. 과장된 게 아니라면, 그런 상황에서 우리에게 내줄 게 전혀 없었을 텐데, 이상해.[79] 우리들도 거기서, 크렘린에서 먹지 못했어. 그래도 역시 모스크바는 특권적 상황에 있었지. 우리는 식품 수입을 원치 않았소. 시도조차도 하지 않았지. 왜냐하면 전쟁에 대비하기 위해선 우선적으로 기계설비와 철이 필요했는데... 그건 누구도 논박할 수 없소.

1973년 12월 4일

▶ 흐루쇼프가 지방을 많이 다녔지. 콜호즈나 솝호즈에 자주 갔는데, 아주 자주 농민들을 만나고 다닌 걸 갖고 그를 비난할 수 없어. 이점에서 그는 아주 긍정적인 자질을 갖고 있었소. 여기저기 다녔지. 기관실에도 가고 마구간에도 갔어. 그런데 그게 문제가 아니야. 물론 그는 레닌보다도, 스탈린보다도 일반 농민과 노동자들을 더 많이 만났소. 아주 일상적인 상황에서 말이오. 부정할 수 없어. 사람들은 그를 더 친밀하게 여겼고 그를 자신의, 인민의 지도자로 여겼어.

1973년 4월 27일

— 흐루쇼프가 국가보안위원회 전 의장인 [블라디미르] 세미차스니에게 자신의 우크라이나 재임과 관계되는 모든 문서를 찾아보라고 요청했습니다. 그것도 반(反)스탈린 캠페인이 절정에 달했을 때 그랬습니다.

▶ 아마 대숙청 때 우크라이나에서 자신이 서명한 문서들을 없애려고 취한 조치겠지.

흐루쇼프가 어떻게 출세했나? 밑에서부터 말이오. 어떻게 그가 당 중앙위원이 됐을까? 중앙위원회엔 그의 동맹자들이 많았소. 자신을 위해 보다 믿을만한 리더를 찾으려는 그런 사람들이 많은데, 흐루쇼프는 위에서 보다 편안하고 보다 쉬운 삶을 약속했고, 그러자 많은 사람들이 그것에 매달렸어. 그리고 밑에서도 약속했지. 그게 매우 좋았지만, 그건 사기였소. 그런데 이 사기가 많은 사람들에게 조용하게 살 수 있는 가능성을 열어줬소. 아주 위험한 일이지. 이런 면에서 스탈린은 불안한 사람이었소. 아무튼 흐루쇼프가 편안한 삶을 약속했지만 그건 기본적으로 사기였고, 그럼에도 많은 사람들은 그

79) 여기서 몰로토프는 전면적 집단화가 초래한 1932~33년의 대기근을 염두에 두면서, 당시 소련에서 아사자 수가 대략 700~800만 명에 달한다는 서방의 연구결과에 의구심을 표현하고 있다.

걸 받아들였소. 그렇지, 걸려들었지.

내 생각에 그는 위에서 누가 끌어올린 게 아니라 밑에서 사람들이 밀어 올렸소. 그는 그렇게 나아갔던 거요. 그는 공업아카데미[80] 당세포 서기였고, 모스크바의 두 곳, 즉 크라스노프레스냐 지구당과 바우만 지구당의 서기였소. 그건 그곳에서 그를 지지했다는 걸 의미해. 스탈린 지지자들은 확고하게 노선을 실행했는데, 그는 그 노선에 교묘히 적응했소. 유능한 사람이야. 유념할 것은 흐루쇼프한테 그냥 그런 사람이라고 말하면 안 된다는 거요. 그는 부하린파가 될 수 있었지만 다른 쪽으로 갔소. 왜냐하면 그렇게 하면 안 됐거든. 흐루쇼프는 본질적으로 부하린파요. 하지만 스탈린 치하에 그는 부하린파가 아니었는데...

동무가 독일인들이 히틀러를 지지했다고 말하는데, 잠깐 기다려 봐요. 우리나라에도 흑색백인단이 있었고, 민족주의적 의미에서 더 많이 나아갔소. 물론 이들은 수적으로 그렇지 많지는 않았지.

독일 인구 대다수가 히틀러를 지지했던 건 아니다? 아니, 그건 틀렸소. 내가 동무에게 입증하지. 공식적으로 스탈린 치하에 우리나라 인민 모두가 스탈린을 지지했는데, 자기 속내를 표현할 수 있게 되었을 때 대다수가 그를 반대하는 것으로 나타났소. 왜냐하면 많은 사람들을 침묵하게 하기도 하고, 지도를 따르게 하기도 하고, 신음하게 하기도 할 정도로 지도자의 역할은 아주 막대하며 그 경우 개인적 특성이 큰 몫을 하는데... 흐루쇼프조차도 “아바이 스탈린! 경애하는 아바이 스탈린!”이라고 읊조렸소. 찬사란 찬사는 다 늘어놨어! 그런데 생각이 아직 익지 않았는데... 그를 읽어보시오. 대신에 다른 사람들을 비방했소.

— 하지만 그래도 사람들은 지지했습니다. 누구는 형식적이었지만 그래도 지지했습니다.

▶ 히틀러에게 한 것처럼 형식적으로 지지했지. 노동자들이 히틀러를 지지하게 될까? 히틀러가 없으면 인민이 파멸할 거라고 그들에게 말하면, 어쩔 수 없겠지. 그들은 왜 파멸할 건지 몰라. 그래도 파멸하면 안 되지. 우리는 히틀러에 반대했던 유명 인사들을 별로 알지 못하는데, 노동계급 중에는 [에른스트] 텔만 말고도 그런 사람들이 많았소.

— 하지만 그들이 그런 생각을 하면서도 적극 나서지 않았다면, 파시즘에 대한 조직

80) 전연방공업아카데미는 공업 분야의 지도간부 육성을 위해 1925~41년 중공업인민위원부 산하에 설치되었던 교육시설이다.

적인 저항이 하나도 없었다면, 그게 무슨 소용이 있습니까?

▶ 그렇다고 모두가 그냥 침묵하고만 있으면, 그건 무슨 도움이 되겠소? 독재권력 지도부는 고맙게도 사람들이 다들 자기를 지지한다고 생각하겠지?

— 히틀러 역시 그렇게 생각했을 겁니다, 고맙게도 다들 지지한다고.

▶ 그는 질 수밖에 없었고, 우리는 이길 수밖에 없었소.

— 하지만 그도 자기가 이길 수밖에 없다고 생각했습니다.

▶ 하지만 이런 객관적 측면이 있소. 즉, 히틀러의 그런 생각에도 불구하고 현실은 그 반대로 됐고, 동독이 있기에 이미 독일의 일부가 히틀러에 전적으로 반대하고 있소. 우리나라에서도 상황은 같아. 많은 사람에게 적지 않은 의구심이 있고, 그것이 실제 그들을 공산주의에서 멀어지게 만든다 하더라도, 적시에 궤도를 바꾼 덕분에 그들은 사회주의 건설을 도울 수밖에 없소. 비록 그들 중 많은 사람이 그걸 원치 않더라도 말이오.

1973년 6월 6일

▶ 히틀러는 바보가 아니라 아주 유능한 사람이었소, 흐루쇼프처럼 말이오. 흐루쇼프는 재능 있는 사람이오. 하지만 사람들이 그를 밀어 올려 정상까지 끌고 갔을 때, 그는 우리 같은 그런 국가에서, 그런 당에서 자기 혼자 일을 추진할 수 있다고 자만했소. 그의 기반은 그 자신처럼 좀 편하게 살기를 원하는 사람들이었소. 그들은 레닌과 스탈린에 의해 시작된 과업이 어려움 없이 진전되기를 바라고 있는데, 그건 기만이오. 레닌과 스탈린은 우리가 쉽게 전진할 수 있다고 말한 적이 없소. 제국주의가 존재하는 한, 전혀 그럴 수 없다는 거요. 난관은 피할 수 없소. 여기에 동의하지 않으면 마음대로 하고 싶은 짓이나 하며 살면 되는 것이고, 그것을 마음으로 알고 머리로 이해했다면 동무는 그 과업에 아주 훌륭한 조력자인 거요. 흐루쇼프는 비범한 재간을 가진 괜찮은 실천가이자, 에너지가 넘치는 지도자였소.

1973년 6월 6일

— 스탈린이 부농의 성향에 대해 아주 정확하게 말했습니다, – 쇼타 이바노비치가 지적한다. – 체코슬로바키아가 보여준 게...

▶ 그럼, 우리는 안 보여줬나? – 몰로토프가 묻는다. – 흐루쇼프를 밀었잖소! 우리도 보여줬지.

— 그건 분명 요시프 비사리오노비치가 잘못한 겁니다.

▶ 모든 게 그의 책임이오. 모든 게 그의 책임인데, 왜냐하면 우리가 약간은 에세르이기 때문이오. 흐루쇼프는 우파인데도 복종했소. 그건 좋아. 그는 동의하지 않았지만 복종했지. 그래 좋아. 얼마간 봉사했으나, 나중에는...

아무튼 그는 명령에 복종하고 충심으로 이행하는 걸 보여주는 게 자신에게 더 좋다는 것을 이해했소.

— 의장님께선 농업타운에 관한 『프라우다』 하단 사설을 기억하시죠? 거기서 흐루쇼프를 마치 꼬마처럼 혼냈는데...

▶ 종전 후에 도시와 농촌의 접근을, 즉 이른바 농촌타운이 우리나라에 조성되고 있음을 선전했소.[81] 스탈린이 그걸 비웃었소. 그리고 나도 포함된 위원회를 만들면서 우리가 더 세게 흐루쇼프를 비판해야 한다고 말했소.

— 스탈린이 그를 "나의 작은 맑스!"라고 불렀다고 합니다.

▶ 그랬던 적이 있는데... 스탈린이 말했소. "흐루쇼프를 더 빡세게 가르쳐 더 세게 만들려면 몰로토프도 집어넣어야 해!" 말렌코프가 의장이었고 나도 위원회에 적극 참여했소. 우리가 계획안을 갖고 가자 스탈린이 고개를 좌우로 젓기 시작했소. 전기화 사업은 레닌의 구상대로 하나의 사업이고, 농촌의 전기화는 그것과 별개의 사업이오. 이 둘을 동일시하면 안 돼. 그건 서로 다른 사업이오. 물론 발전소 자체는 아직 전기화가 아니지. 비록 그것도 유용하지만 말이오. 그런데 사회주의를 건설하기 위해서는 그냥 작은 발전소들을 만드는 게 아니라 전국을 커버하는 발전소 체계를 만들어야 하는데... 나중에 스탈린이 우릴 쳐다봤소. "[무리하지 말고] 좀 더 가볍게, 가볍게 하시오."

카가노비치가 교의를 "레닌이즘–스탈린이즘"이라 부르자고 제안했소. 물론 흐루쇼프도 그걸 지지했으나, 여기서는 카가노비치의 역할이 더 컸지.

1972년 2월 3일, 1973년 6월 6일

81) 농업타운(агрогород)이란 농민의 주거환경 현대화를 위해 농촌에 조성되었던 새로운 형태의 거주지이다. 도시적 편의시설이 망라된 농촌타운 건설은 흐루쇼프의 아이디어로, 1960년대 들어와 구현되기 시작했다.

▶ 흐루쇼프가 아주 나쁜 짓을 했지. 그는 우리 사회에 방종을 허락했소. 만약 [그를 돕는 다른] 사람들이 없었다면, 그가 그것을 할 수 없었을 거요. 트로츠키와 달리 그는 어떤 특별할 이론도 만들어 내지 못했소. 그러나 그는 지금 우리 사회에 엄청난 해를 끼치는 그런 짐승이 활개치고 다닐 가능성을 열었어. 흐루쇼프는 괜히 흐루쇼프가 아니야.

— 하지만 그 짐승을 민주주의라고 부릅니다.

▶ 휴머니즘이라 하지, – 몰로토프가 말한다. – 그런데 사실상 그건 소시민적 속물주의요.

1971년 7월 9일

▶ 흐루쇼프는 소비에트 권력을 지지했지만 혁명에는 반대했소. 그에게 두드러진 점은 모든 혁명적인 것에 반대한다는 거요. 흥미롭고 특이하지. 우리나라에서 스탈린의 방식으로 진행된 농업집단화는 물론 허용될 수 없는 것이었소. 허용될 수 없지. 그런데 다른 방법이 전혀 없었소.

그는 집단화에 반대했소. 그는 물론 부하린파야. 내가 보기에, 이론 수준은 부하린보다 높지 않았소. 귀동냥을 했지.

— [나데즈다] 알릴루예바가 그를 출세시켰지요, – 쇼타 이바노비치가 말한다.

▶ 들어보시오, 그 후 우리가 그를 15~20년간 관찰했소.

— 그는 스탈린을 위해 일했습니다.

▶ 그렇지, 바로 그거요. 그는 일을 실행하는 데 유능한 사람이오.

— 그는 스탈린을 무식한 사람으로 여깁니다, – 쇼타 이바노비치가 알린다.

▶ 그럴 수 있지, 물론 그럴 수 있어. 그는 무슨 말이든 할 수 있어, 특히 흥분했을 때 말이오. 스탈린이 무식하다고? 흐루쇼프가 과연 스탈린더러 무식하다고 할 수 있을까? 오만이나 자만이면 몰라도 무식은 아니지. 물론 실제로 그는 스탈린을 바보로 생각하지 않았소. 왜냐하면 그가 스탈린을 아주 두려워했거든!

— 제가 염두에 둔 것은, 후에...

▶ 물론, 후에... 그는 레닌이즘이 무엇이고 맑시즘이 무엇인지에 관해 한 번도 관심을 가진 적이 없소. 생각하지 않았어. 그렇게 교묘하게... 부하린과 리코프, 지노비예프를 복권시키려 했어. 그런데 지노비예프는 전혀 다른 그룹, 즉 트로츠키스트 그룹에 속

했소. 그런데 부하린은 우파였지. 흐루쇼프는 모두를 복권시키려 했소, 모두를.

1975년 4월 25일

▶ 흐루쇼프는 극렬 스탈린주의자로 행세했소. 미코얀도 그랬지. 그런데 그들의 속내는 달랐소. 그들 주위에는 복잡하고 애매한, 설명이 어려운 문제들이 있었고, 지금도 남아 있소. 일부 사람들은 아직도 그들이 실제 누구인지 모를 뿐더러, 아직도 이해를 못해. 그런데 고위 간부들이 모두 흐루쇼프 주위로 모여들었소. 고위 간부들 모두가 말이오. 우리 상황에서 혁명이 요구했던 건 더 미래지향적이고 더 기민한 사업을 통해서 현실을 극복하고 앞으로 나아가는 것이었소! 그런데 그게 아니었어. 심지어 이미 검증되었다고 여겨진 사람들에게도 그게 다가 아니었소. 혁명이 그만큼 깊이 갔는데, 그게 어느 정도인지 바로 보여주지는 않지. 문서나 논문, 그리고 공개적인 발언을 찾을 수는 없으나 스탈린은 그걸 모두 염두에 두었고, 물론 형식적 민주주의의 훼손이 없진 않았으나 30~40년대, 그리고 50년대에 이르기까지 그런 [미래지향적인] 정치가 구현되었소. 물론 거기엔 철권이 있었고, 그게 없었다면 우리는 견디지 못했을 거요. 스탈린에게 그런 권위가 있었기에 그가, 당연하게도, 당에서도 인민들 사이에서도 인정을 받았던 거요. 물론 형식성이 다 필요하지 않았고, 그게 늘 구현되었던 것도 아니야. 하지만 그럼에도 불구하고 더 좋은, 더 민주적인 길을 고를 수 없었소. 그러지 않았다면 우리는 더 어려운 상황에 빠졌을 거요. 그 시기에 스탈린의 권위 덕분에 아주 약한 사람들이 있는 곳에서, 또 불순한 사람들이 있는 곳에서도 많은 것들이 굳게 유지되었소. 왜냐하면 좀 두려워했거든. 그게 나름 역할을 했소. 그런데 과연 레닌 치하에는 그게 없었을까?

1972년·2월 3일

— 그런데 흐루쇼프의 주도로 아주 많은, 수천 명의 공산주의자가 제거됐음을 보여주는 문서들이 있습니다, – 쇼타 이바노비치가 단언한다. – 흐루쇼프가 모스크바 시당과 우크라이나에서 스탈린에게 보낸 명부가 있습니다.

▶ 물론, 당연하지. 그렇지 않았다면 그 자리에 올라가지 못했겠지. 그런 시절이 있었는데... 영리한 사람에겐 [무엇을 해야 하는지가] 분명했지. 당에 이질적인 무식한 사람

이오, 이질적인, 이질적인. 그가 오랫동안 [당에] 남아있을 순 없지. 그는 이제 벌써… 노보데비치 묘원에서 그를 옆쪽으로 치웠더군.

— 그 옆으로 지나가지 않으셨습니까?

▶ 아니오, 일부러 나는 그곳에 가지 않소.

— 가실 필요 없습니다. 그런데 누가 의장님께서 그곳에 계신 것을 봤다고 합니다. 그런 터무니없는 소문이 나돌고 있습니다! – 쇼타 이바노비치가 말한다. – 거기에 가실 필요 없습니다.

▶ 뭐, 그러라지… 내가 불가닌 장례 때 거기에 갔었소.

— 그렇다면 괜찮지요, – 쇼타 이바노비치가 수긍한다.

1975년 4월 25일

▶ 스탈린과 흐루쇼프는… 하지만 흐루쇼프는 스탈린의 손톱만도 못해! 스탈린은 그 모든 것에도 불구하고 대단한 일을 했소. 그는 위대한 개혁가야. 그는 일부 문제에서 신속 과감했는데, 그게 그에게 제동을 걸고 불리하게 작용하고 있지. 지금 그의 과오들을 반복하고 있는데, 특히 농민문제에서 그의 과오를 되풀이하고 있소. 그러면서 그가 엄청난 일을 했다는 사실을 호도하려 하고 있소.

1976년 4월 28일

▶ 흐루쇼프와 관련해서 스탈린도 잘못했지. 또 나도 그렇고, 우리 모두가 잘못했지. 우리가 못 봤어. 확실히 그건 그냥 흐루쇼프가 아니고 전형적 반(反)레닌주의자인데, 그런 사조는 시류에 편승한 투기성 놀이지.

훌륭한 지도부 밑에서는 흐루쇼프가 괜찮은 일꾼이었소. 하지만 그런 사람은 지금도 많고 앞으로도 많을 거요. 왜 그러냐? 그는 우크라이나에도, 모스크바에도 있었소. 그는 밑에서부터 시작했는데, 모스크바의 지구당위원회에서 시당위원회까지 올라갔소. 부차적인 역할을 했는데, [그의 역할을] 과장하면 안 돼. 스탈린이 그에게서 어떤 자질을 발견했고 그걸 활용하고자 했소. 그리고 활용했지.

흐루쇼프는 자기 책에서 나에 관해 꽤 간략하게, 한 대목에서 경멸하듯 쓰고 있소. 또 스탈린에 관해서는 야수적인 악의로 기술하고 있소. (니키타 세르게예비치 흐루쇼프는 자기 회고록에서 특히 이렇게 말한다. “몰로토프는 의지가 강하고 독립적이고 자주적인 사고를 하는 사람이라는 인상을 내게 남겼다.” – F. 추예프)

— 의장님께선 흐루쇼프가 아둔한 사람이라고 생각하십니까?

▶ 아둔하다는 게 아니오. 아니야, 그렇게 말할 수 없소. 아주 영리한 사람이지. 그는 어떤 말도, 어떤 비난도 강요하지 않아!

— 그는 스탈린을 공산주의자로 간주하지 않는답니다.

▶ 그렇게 말하면 안 돼. 지독한 증오의 표현인데, 그 자신이 공산주의자가 아닌데 어떻게 그가 스탈린을 공산주의자로 간주할 수 있겠소?

— 베리야에 관해 많은 말을 하고 있습니다. 역시 부정적이죠. 말렌코프에 대해서도 경멸조로 말하고 있습니다. 그런데 그들은 가까운 친구 사이였잖습니까! 말렌코프에 대해 “그는 관리로서, 유능하지도 전혀 자주적이지도 않은 그냥 집행자에 불과하다”고 평하고 있습니다. 불가닌에 대해서도 경멸조로 말합니다.

▶ 누구에 대해 좋게 말하지? 아마 미코얀에 대해서?

— 그렇습니다. 미코얀은 좋게 평합니다.

1975년 4월 25일

▶ 1920년 여름 니즈니-노브고로드에서 미코얀이 내 후임으로 임명됐소. 유능한 사람이오. 유능하지, 유능한데... 원칙을 잘 무시하고, 지조가 없고, 쉽게 굴복하는... 스탈린 사후 흐루쇼프와 완전히 유착이 됐지. 그 전까진 그러지 않았소. 말년에 그랬지, 그래. 그런데 흐루쇼프에겐 말렌코프와 베리야가 있었고, 그들이 주요 멤버였소.

— 저는 의심하지 않습니다, – 쇼타 이바노비치가 말한다. – 그것이 이르건 늦건 언젠가 흐루쇼프에 대한 심판이 있을 겁니다, 그렇겠지요?

▶ 그렇지, 물론 그렇겠지. 나도 의심하지 않소. 역시 의심 안 해. 그러나 그건 모두 시간을 필요로 하지. 왜냐하면 때론 이쪽으로, 때론 저쪽으로 흔드니까. 하지만 그 모든 걸 정돈하려면 시간이 필요해.

1977년 4월 19일

— 사람들은 미코얀이 흐루쇼프에게 스탈린 비판에 관한 아이디어를 주었다고 합니다.

▶ 그럴 수도 있지, - 몰로토프가 동의한다. - 흐루쇼프파는 그것에 긍지를 가질 수 있겠지만 공산주의자들에겐 그게 적절치 않은데... 당을 농업당과 공업당으로 나누는 건 따질 것도 없이 난센스지.

— 사람들은 그게 당시 진보적이었다고 생각합니다. 새로운 낱말이죠.

▶ 무엇이 새로워! 썩어빠진 거요! 아나스타스[=미코얀] 자체가 썩었어.

— 미코얀은 흐루쇼프와 아주 밀접히 연계됐습니다. 제 생각엔 그가 흐루쇼프로 하여금 가장 극단적인 조치를 취하도록 만들었던 것 같습니다만...

▶ 한때 흐루쇼프와 미코얀은 스탈린이 짜리 보안국의 밀정이었을 거라고 생각해서, 그걸 입증하려고 애쓰는 지경까지 갔소. 하지만 그들은 그런 문서를 조작하는 데 성공하지 못했지. 그들은 나에 대해서도 뭔가 그런 것을 날조하려고 애썼을 수도 있지.

— 한 작가가 제게 말하길, 몰로토프는 감옥에 갇힌 적이 전혀 없고, 그건 모두 혁명 후 날조된 것이라고 합니다.

▶ 날조됐다고? 그건 모두 공표됐어. 그런 자들이 많지. 과거에 탄압받은 사람들 중에 스탈린이 국제 제국주의의 첩자였다는 걸 증명하려고 하는 자들이 있다면, 동무는 어떡할 거요? 증오가 어느 정도면, 그게 무슨 짓이라도 하게 만드는지...

1977년 7월 16일

▶ 미코얀은 비열한 짓을 했소. 기회주의자야. 시류에 영합했지. 그때까지는 애매하게... 스탈린도 그를 별로 좋아하지 않았는데, 때론 그를 강하게 압박했어. 물론 그는 경제, 교역, 식품산업 등과 같은 실제적인 일에서 아주 유능한 일꾼이었소. 그는 그런 분야에서 제대로 잘 적응했고 일들이 잘 돌아가게 했지. 열심히 일했어. 그는 아주 근면한 사람이오. 아르메니아 사람들이 대개 그러한데, 그게 그들의 장점이지.

1981년 8월 28일

▶ 흐루쇼프는 이론문제에서 문외한이었소. 그는 맑스・레닌주의의 반대자였는데, 이는 공산혁명의 적이라는 뜻이오. 음흉하고 교활하며 아주 잘 위장한... 아니야, 그는 바보가 아니오. 무엇 때문에 바보를 추종했겠는가? 그렇다면 끝장 바보들이지! 그는 절대

다수의 분위기를 반영했소. 그는 차이를 느꼈고, 잘 느꼈어. 그렇기 때문에 그는 꿈쩍도 하지 않았소.

1972년 6월 21일

...산책을 하고 있다. [1961년 10월] 제22차 당대회에서 스탈린을 레닌 영묘에서 들어내자고 제안했던 [당시 레닌그라드 주당 제1서기 이반] 스피리도노프가 몰로토프와 인사를 나눴다.

▶ 내가 그와 함께 산책하면서, 그가 스탈린주의자라는 걸 알았소. 당의 규율을 이행한 거지. 그런데 [당시 그루지야공산당 제1서기였던 바실리] 므자바나제는 그러길 원치 않았어. 흐루쇼프가 그에게 당대회 때 그런 제안을 해달라고 요청했지만, 그는 아이스크림을 잔뜩 먹고 목이 잠기게 했소. 흐루쇼프가 그를 질책했지. 그래서 그루지야공화국 각료회의 의장 [기비] 자바히쉬빌리가 등단했던 거요, – 몰로토프가 말한다.

— 도라 라주르키나의 발언을 기억하고 있습니다.82)

▶ 내가 보기에 그냥 마녀 같은 할멈이지. 레닌이 스탈린을 욕하는 게 꿈에 보였다지.

1979년 4월 10일

— 전후 스탈린 치하에 시행된 소매가격의 체계적 인하 노선에 투기적 성격이 있었다는 흐루쇼프의 단언이 과연 옳습니까?

▶ 옳지 않지. 전후에 가격을 낮추는 건 올바른 정책이었소. 인민들이 그걸 잘 기억하고 있고 좋게 받아들이고 있어.

...몰로토프는 귀가 잘 들리지 않게 된 것에 마음고생이 아주 심하다. 그런데 보청기를 사용하는 걸 좋아하지 않는다. 우리가 신년휴일 축하모임을 가졌는데, 그는 사람들의 대화가 자신의 참여 없이 진행되는 것에 마음이 편치 않았다. 예전에 그는 늘 화제의 중심에 있었다.

1983년 1월 1일

---

82) 도라 라주르키나(1884~1974)는 1902년 러시아사회민주노동당에 입당한 원로 당원으로, 1937년에 체포되어 1953년 석방될 때까지 15년 이상을 교정노동수용소에 갇혀 있었다. 1956년에 복권된 그녀는 제22차 당대회에서 발언할 기회를 가졌다. "어제 본인은 일리치와 상의를 했습니다. 그가 내 앞에 마치 산 사람처럼 서서, 자신은 당에 그토록 해악을 끼친 스탈린과 함께 있는 게 불쾌하다고 말했습니다."

…내가 몰로토프에게 말한다.

— 전쟁이 끝나고서 2년 후에 식량배급제를 폐지했습니다. 엄청난 사건이었습니다. 얼마나 기뻤는지요. 제가 그 날짜를 기억합니다. 1947년 12월 15일이 아닙니까! 저는 굶주렸고, 저를 영양실조 아동을 위한 광장에 데려갔습니다. 그때 제가 6살이었습니다. 집에서는 예전에 빵이 놓여있던 찬장이나 핥고 있었는데… 그런 일을 겪은 사람이라면 그 날을 결코 잊지 못할 겁니다.

▶ 나는 그런 상황에 있지는 않았는데, – 몰로토프가 말한다. – 하지만 유형지에서는 종종 굶을 수밖에 없었소. 나와 같이 유형생활을 했던 내 동무인 작가 아로세프가 이렇게 말했소. "지금 우리에겐 아무 것도 먹을 게 없도다. 설탕이여 오라! 설탕 찌꺼기라도…"

물론 배급제 폐지는 법령에 의한 거요. 중대한 일이지.

전후에, 1947년부터 1954년까지 우리가 가격을 7번 인하했소. 7년 동안 2~3배 인하했던 거요. 그건 아주 훌륭해, 멋진 일이지! 그런데 그때 영국에는 배급제가 남아있었소.

1976년 4월 28일, 1976년 8월 18일

▶ 가격 인하와 루블화 가치 상승은 당 중앙위원회 입장에서, 특히 스탈린의 입장에서 아주 현명하고 훌륭한 조치였소. 그러나 동무가 반드시 유념할 것은 첫째, 1930년대 전 기간에 걸쳐 우리가 가격을 올렸다는 거요. 전쟁 동안에 물가가 급등했는데, 전쟁 전까지 우리에겐 다른 방도가 없었소. 계속해서 여러 이유로, 각종 구실로 물가가 올랐는데, 그걸 되돌리지 않으면 안 됐소. 반드시 그게 필요했어. 그래도 점차 가격 인하를 위한 조치들이 줄어들었는데, 왜냐하면 결국 그 가능성이 고갈됐거든. 그러나 전후에, 마침내 긴장이 조금 완화됐을 때, 그건 아주 현명한 조치였소. 지금 모든 나라에서 물가가 엄청 오르고 있는데, 우리나라에선 별로 오르지 않고 있지.

물론 우리에게 필요한 것은 어떻게든 물가를 잘 관리하고 인하할 수 있도록 하는 것인데, 왜냐하면 그게 정치의 정석이기 때문이오.

문제는 돈인데, 새로운 전쟁에 대비하기 위해서는 엄청난 자금이 필요할 거요. 미국인들이 [전쟁 준비에] 돈을 아끼지 않는 한, 우리도 그것을 아까워 할 필요가 없소. 우리는 큰 임무를 자임하고 있는데, 제국주의 타도가 실현되도록 조력하는 것 말이오. 그것은 아주 고귀한 일이오. 우리 모두가 그렇게 할 수 있도록 각자 분발해야 해.

1973년 12월 4일

▶ 스탈린이 1952년 당 중앙위원회 전원회의에서 나를 "난타"한 후 나의 권위는 완전히 떨어졌고, 결국 흐루쇼프가 내 의지와 무관하게 선출됐소. 왜 스탈린이 나를 그렇게 했는지 이해가 안 돼. 내 아내 때문인가? 그것도 이유가 됐겠지만, 내 생각에 그게 주된 원인은 아니었던 것 같아. 나는 흐루쇼프와 함께 일하는 걸 거절하지 않았는데, 그가 내게 두 번이나 말했소. "자, 함께 일합시다! 친하게 지내자고!" 내가 대답했소. "그러지. 그런데 조건은? 협의해 봅시다!"

아무 결과도 없었는데, 그건 우리 입장이 서로 달랐기 때문이오. 그는 주로 교정노동수용소 재소자들의 석방을 통해서 어떻게든 자신의 대중적 인기를 높여야만 했는데, 명백한 적들을 복권시키기 시작했을 때 나는 물론 그에 동의하지 않았소.

내가 흐루쇼프에게 "조건은?"하고 물었을 때, 나는 그것으로 그를 옭죄기 시작했던 건데, 그는 원치 않았소. 우리는 함께 일할 수 없었는데, 반면 미코얀은 흐루쇼프와 좋은 관계를 구축했소.

1980년 10월 16일

▶ 흐루쇼프가 나라를 이리저리 흔들며 마치 분대(分隊)처럼 다스린 것에 대해서도 그를 비난할 수 없소. 독재 상황에서 그런 결점은 상존할 수밖에 없소. 아주 엄청난 지혜를 갖춘 경우라 하더라도 그것은 어쩔 수없이 나타날 수밖에 없는 거요. 물론 레닌은 그 점에서 예외였소. 스탈린은 자기억제가 아주 강한 사람이었음에도 역시 나름의 결점을 가졌소. 그런 결점이야 숨겨질 수 없지.

문제는 흐루쇼프가 국가 규모에 걸맞은 사유 능력을 갖지 못했다는 데 있지 않소. 물론 갖지 못했지. 하지만 그는 괜찮은 전술가였고 멍청한 사람도 아니었으며 세상 물정에 밝은 사람이었소. 주요한 것은 그가 혁명가가 아니었다는 데 있소. 그게 가장 주된 본질이요. 내가 보기에 스탈린의 이름과 연관된 것을 모두 더럽히고자 했던 그의 시도는 그가 반혁명가라는 사실이 아니라, 그가 혁명가가 아니라는 사실을 보여주고 있소.

그는 이질적 이데올로기에서 나왔소. 반면 스탈린은 혁명가였어.

동무가 알다시피, 스탈린 말기 때 나는 냉대를 받고 있었소. 정치국 멤버에서 제외되기까지 했지. 스탈린의 교묘한 수였지. 물론 나는 그것에 동의할 수 없고 또 그 문제에 관해 나름의 의견을 갖고 있지만, 동무가 그 문제에 이런 면도 있음을 고려하라고 미리 말해두는 거요. 나는 전에도 스탈린의 일부 시각을 비판했고, 그에게 그것을 직접 말하기도 했소. 공산주의자이며 30년간 정치국원이었던 사람이 아무 의견을 갖고 있지 않다면, 그건 멍청이란 것 아니겠소. 내가 각종 문제에 대해 나름의 의견과 이해를 갖고 있었기 때문에 스탈린이 나를 높이 평가하기도 했다는 게 내 생각이오. 그런데 그가 항상 내 의견에 동의하진 않았지만 같은 의견을 가졌던 경우도 많소. 그렇지 않았다면 우리가 30년간 함께 일할 수 없었겠지.

1977년 6월 16일

독립채산제

▶ 기구제작 · 통신수단상 [콘스탄틴] 루드네프가 쓴 논문을 읽었소. 현재로서 기구제작 · 통신수단성은 1970년부터 독립채산제를 전면적으로 시행하고 있는 유일한 부처인데, 그의 생각은 독립채산제가 다른 부처에서도 시행되는 게 합목적적이라는 거요. 그런데 내가 보기에 그건 유해한 일이오. 정부 각 부처에서 독립채산제라! 전체 부처에 말이오. 그건 상디칼리즘적인 그런 접근인데, 루드네프는 그걸 전혀 이해하지 못하고 [독립채산제의] 이론적, 정치적 측면을 건드리지 않고 있어. 그는 긍정적 현상만을 기술하면서 그 결함에 관해선 한마디도 없고 비판적 지적이 하나도 없어.

그건 코시긴이 당대회에서 한 보고에 이미 암시된 적이 있소. 즉, 독립채산제를 계속 확대시켜야 한다는 거지. 하지만 내가 보기에 그건 아주 위험해.

— 왜 위험하다고 생각하십니까?

▶ 위험성은... 소비에트 권력 내내 우리나라에서 정부 부처 한 곳에만 독립채산제가 도입됐소. 독립채산제는 밑에서부터 확산됐지, 공장에서부터 이른바 기업합동까지 말이오. 그런데 예전에도 그랬던 것처럼, 지금 몇몇 사람이 개별 기업에서의 독립채산제에

대한 적극적 옹호자로 나서고 있지만, 정부 부처가 독립채산제로 가는 것은 한 번도 허용되지 않았소. 왜? 그렇게 되면 온갖 방법으로 이윤을 얻으려는 자들에 대한 통제가 없어지기 때문이지. 위에 권력자가 있으면 그가 각 집단의 그런 입장을 어느 정도 완화시킬 수 있소. 그런데 위에서 아래까지 모두가 이윤에 관심을 가진다면? 모두가 그것에 몰두할 것 아니겠소. 그땐 누가 그걸 시정할 수 있겠소? 그들 모두가 자의적인 가격으로 이윤을 얻고자 한다면, 또 이윤 뒤에 장려금까지 준다면 위에서 아래까지 모두 이윤에 관심을 갖는 가운데, 상황을 완화하고 일정 범위 안에서 통제하고 어떤 무절제를 중단시킬 수 있는 지렛대가 전혀 없어지는 거요. 그 결함에 대해 한마디도 없어. 내가 보기에, 손실만 생기는 게 아니라 부패분자들의 입지가 더 강화될 거요. 통제가 없는 상태에서 모두가 한 가지 일에 몰두하겠지.

루드네프는 그냥 이해하지 못하고 있소. 이론적 토대도 없고, 정치적 감각도 없어. 모두가 협소한 사무적 시각에서만 생각하는데, 그건 협소한 문제가 아니오. 그가 원하는 대로 만약 지금 모든 정부 부처에 독립채산제를 도입하게 허용하면 무슨 일이 생길까? 모두가 자신만을 고려할 거요. "이익만 있으면 된다, 중요한 건 이윤이다"라고 생각할 거요. 정부 부처는 필경 독점체로 변할 거요. 건설 독점, 석탄 독점... 루드네프는 그런 쪽으로 끌고 있어.

1972년 8월 15일

▶ 독립채산제 정책이 옳지 않다는 게 아니오. 하지만 그걸 끝내야 해. 그런데 우리나라에선 아직 그걸 선동하고 있어. 어떤 시기엔 그게 필요하고 불가피하기도 한데, 하지만 우리나라에선 박사들이 독립채산제에 감격하고 있어.

1976년 7월 28일

▶ 네프식 분위기의 지지자들이 기구제작 · 통신수단성의 독립채산제를 몹시 칭찬했소. 루드네프가 그것에 흐뭇해하는 걸 보면, 그는 아주 단련된 공산주의자가 아니야. 하지만 실제로 그가 몇몇 문제에 있어 앞서 나갔던 건 사실이오. 그건 대체로 긍정적인 모습인데, 그게 일정 한도를 넘지 않는다면 말이야. 그런데 그 한도가 어디냐? 나는 모든

부처에 독립채산제가 도입되는 것에 반대하는데, 반면 많은 사람들은 그걸 염원해. 그건 과거 네프에 대한 부분적 항복이오. 네프는 우리나라에서 이미 지나간 과거인데, 그럼에도 우리는 네프를 완전히 거부하지 않을 뿐더러 오히려 더욱 그것을 조직하고 있어. 그러면 계급 청산의 길로 나아가지 못해. 만약 정부 부처들의 노선과 각 경제 부문을 묶는 사슬을 풀어버리면 물론 우리 것이 아닌 다른 방향성이 생기게 되는데...

1983년 3월 11일

▶ 흐루쇼프에 따르면, 우리나라에서는 이미 교통비가 무료, 식사도 무료, 의약품도 무료여야 하는데.... 그는 사회주의에 대한 자신의 몰이해를 보여줬소. 사회주의란 복지를 나누는 게 아니라, 모든 게 정확히 법규화 되고, 모든 게 정확히 계산되고, 수립된 계획에 따라 소비가 정확하게 이루어지는 긴 기간이오. 즉, 사회주의에서 공산주의로의 이행을 준비하는 전 시기를 의미하지.

독립채산제가 원칙상 좋은 것일 수도 있겠으나, 우리는 그것에 준비가 안 됐어. 정부의 한 개 부처 그 이상으로 확대하지 않았어. 정부 부처는 관리되는 기구지만, 실제로 관리하기가 어렵지. 그래서 우리가 모든 부처를 독립채산제로 돌릴 수 없었던 거요. 나는 그것을 아주 신중하게 다루었어.

...몰로토프가 갈색 셔츠 위에 외투를 걸쳤다. 우리는 산책을 나갔다. 밖은 영하 6도였다. 길이 미끄러운 곳에서 그를 부축해주었다. 그는 그걸 거북해하는 듯 했다. 행인들이 그를 쳐다보았기 때문이다. 내가 손을 놓았다. 끝이 뾰족한 지팡이로 얼음을 찔러보면서 어깨를 구부린 그가 주저 없이 걷는다.

1983년 3월 11일

▶ 동무들이 물질적 동기라고 부르는 것을 레닌은 자본주의적 방법이라 불렀소. 내가 언제라도 읽어줄 수 있어. 동무들은 그런 면을 과소평가하고 있소. 동무들이 최근 출판되는 것들에 사로잡혀 있는 한... 만약 동무들이 흐루쇼프 같은 유형의 공산주의자들과 구별되길 원치 않는다면 그건 아주 슬픈 일이지. 그에 관해 생각해 볼 때요. 만약 지금 생각하지 않는다면 결국 나중에 골칫거리가 될 다른 문제들이 반드시 생길 거요.

— 말씀하시는 뜻을 알겠습니다, – 쇼타 이바노비치가 말한다. – 하지만 저는 지금 방도를 찾고 싶습니다.

▶ 내가 지금 동무들에게 지금 읽어줄 수 있소. 1922년이었지. 제11차 당대회에서 레닌이 당 중앙위원회의 총괄보고를 했는데, 물론 동무들은 그걸 읽지 않았겠지. 워낙 오래 전에 했던 보고라 다들 잊었지.

— 지금은 레닌을 인용하면서 레닌주의를 왜곡하는 일이 많습니다.

▶ 아마 그런 것들도 있겠지만, 동무들은 내가 인용하려는 것을 아직 잘 몰라. 레닌이 "우리나라에 지금 혼합사회가 조성되고 있다"고 했을 때 그건 자본주의적인 것들과 함께 혼합돼 있다는 거지. 그런데 당시 우리나라에 자본주의적인 것은 거의 없었고 겨우 조성되기 시작했을 뿐이었소. 나아가 그는 "이 경우 혼합사회란 우리의 모든 국영 무역처럼, 우리의 모든 신경제정책처럼, 우리 공산주의자들에 의해 무역 방식, 자본주의적 방식이 적용된 것"이라고 했소. 이 모두를 그는 "자본주의적 방식"이라고 부르고 있소. 하지만 그게 필요하다고 지금 사람들이 말하지.

— 지금까지 그것을 버리지 않고 있습니다.

▶ 바로 거기에 문제가 있는 거요. 기억해야 해. 흐루—흐루쇼프 같은 사람들에겐 그게 이해되지 않겠지. 그들은 부르주아식으로 생각하고 있소. 유감스럽게도 우리나라 문헌에 그에 관한 언급이 많지 않은데, 누구도 지적하지 않고 있어. 그런데 레닌은 그에 관해 수도 없이 이렇게 말했소. "여기서 자본주의적 방법과 사회주의적 방법의 실제적 경쟁이 정립된다."

1974년 8월 20일

"아마 부하린파가…"

▶ "거긴 어떤가?" — "우리 땅은 넓고 풍요롭지만 거기엔 질서가 전혀 없소이다. 와서 우리를 차지하고 다스리시오."[83] 나는 어릴 때 학교에서 이런 역사를 배웠어. 우리가

83) 이는 12세기 초에 편찬된 『원초 연대기(Повесть временных лет)』에 나오는 말로, 고대 슬라브 국가의 출현을 설명한다. 9세기 중엽 슬라브인들은 바랴인(고대 스칸디나비아의 노르드인)에게 가서 자신들을 다스려달라고

우리 얼굴에 침을 뱉는 거야!

1983년 10월 14일

▶ 체르넨코에게 사회주의노동영웅 훈장을 수여한 일에 관해 읽었소. 브레즈네프는 체르넨코가 정치국에 헌신한 것으로 훈장을 받을 자격이 충분하다고 했지만, 실제로 그건 "나에 대한 헌신"을 의미해.

1976년 4월 28일

▶ 브레즈네프의 새 초상화가 등장했군. 내 생각에 그게 그의 권위를 높이겠지. 금성 훈장을 셀 수도 없이 많이 달았군. 겨드랑이까지 달아야 하는데...

1976년 12월 7일

▶ 물론 브레즈네프가 겸손함을 읽었어, 겸손함을 잃었어, – 몰로토프가 말한다.
— 예전엔 훈장을 하나 달았는데, 지금 브레즈네프에게 훈장이 7개나 매달려 있습니다!
▶ 욕심이 많은데... 물론, 보기 흉해.

1982년 12월 9일

— 전직 국가보안위원회 요원이었던 한 동무가 [현 카자흐스탄공산당 제1서기 딘무하메드] 쿠나예프에 관한 부정적 사실을 잔뜩 써서 제게 보내왔습니다.

▶ 그럴 수 있지. 그곳에선 대지주들이 서로 이어가며 주인 노릇을 했는데, 물론 선택의 폭이 좁지. [아제르바이잔공산당 제1서기 게이다르] 알리예프가 브레즈네프를 만났을 때 좋은 인상을 주지 못했는데, 어찌나 오만방자하던지! 그루지야 사람은 그에 댈 것도 아니었어. [그루지야공산당 제1서기 에두아르드] 쉐바르드나제가 분개했어, – 몰로토프가 말한다.

1982년 10월 29일

▶ 우리나라엔 탐욕은 가득한데 지혜가 부족해. 마땅히 다른 문화, 다른 이데올로기

청했고, 이에 바랴인의 수장 류릭(Рюрик)이 862년 노브고로드 공국의 통치를 시작했다는 내용이다.

가 있어야 하는데... 우리나라엔 결핍도 많고 잉여도 많고, 아주 극단적이야. 빈부격차는 완전히 없어져야 해. 내 생각에, 균등화에 대한 계속된 반대는 전적으로 옳은 게 아니오. 균등화는 어느 정도 꼭 있어야 해. 하지만 그건 사람들이 지금까지 비판했던 그런 균등화가 아니라...

메두노프[84]를 잘 살펴보셨겠지? 그에게 공산주의자다운 모습이 있던가?

1982년 12월 9일

▶ 나는 스탈린그라드[85]가 다시 스탈린그라드로 될 거라고 확신해. 이번은 아닐 거요. 이번엔 그럴 것 같지 않아. 그러나 다시 스탈린그라드로 된다고 확신해.

— 전 세계에 스탈린그라드 거리, 스탈린그라드 광장 같은 것들이 있습니다만...

▶ 그건 흐루쇼프가 자신이 공산주의자가 아니라는 걸 보여준 거야. 그는 상황의 본질을, 원칙적 문제를 제대로 파악하지 못했어. 일이 그렇게 된 거요. 노골적인 적대 세력이 많았고 또 지금도 많아. 예전에 사람들이 스탈린을 찬양할 때 그는 스탈린 비판에 침묵했는데, 그러다가 스탈린을 비판하고 욕하기 시작하자 그 일에 적극적으로 달려들어서...

나라 안에, 우리 인민들에 아직도 많은 모순이 있소. 지금까지도 많아. 누구는 어떤 사람을 훌륭하다고 하고, 누구는 전혀 반대로 말을 해. 일부 모순이 조금 해소되고 있지만, 다른 모순들은 첨예화되고 있어.

1984년 10월 30일

— 지금 부하린과 [체코슬로바키아의] 두브체크가 스탈린의 대안으로 간주되고 있습니다.

▶ 그들은 우파요. 청산되지 않은 부농들이지. 부하린과 두브체크 사이에는 공통점이 많소.

1978년 7월 24일, 1979년 11월 4일

---

84) 세르게이 메두노프(1915~1999)는 "브레즈네프의 친구"로 유명했던 인물이다. 유리 안드로포프가 서기장이 되고서 당 조직에서 숙정작업이 추진되었는데, 이에 메두노프가 부패 혐의로 크라스노다르스크 주당 제1서기 및 당 중앙위원 자리에서 축출되었다.

85) 16세기 말에 등장한 이 도시의 원래 이름은 짜리친이다. 볼가 강 지류 짜리차 강에서 유래한 도시 이름은 1925년에 스탈린그라드로 개명되었고, 1961년에는 다시 볼고그라드로 고쳐졌다.

▶ 당내에 투쟁이 있을 거요. 흐루쇼프의 등장도 우연이 아니었어. 농민의 나라에서 우익 편향은 강할 수밖에 없소. 그들이 권력을 장악하지 않는다는 보장이 어디 있소? 가까운 시기에 반(反)스탈린주의자들이 정권을 잡을 게 확실해. 그들은 아마 부하린파일 거요.

1973년 8월 14일, 1974년 3월 8일

제6장

농업집단화

곡물을 퍼냈다

▶ 1928년 1월 1일에 나는 곡물 조달을 위해 우크라이나 멜리토폴에 있었소. 곡물을 퍼내기 위해서 말이오.[1)]

— 부농에게서 말입니까?

▶ 모두에게서, 곡물을 가진 모두에게서. 노동자와 적군 부대에 보내야 할 곡물이 많이 부족했소. 당시 곡물은 아직 개인 소유였고, 그래서 그걸 개인들에게서 거두어야 했는데, 당시 사람들은 자기 수중에 곡물을 조금이라도 갖고 있었소. 우리는 그걸 구하기 위해 각 지방으로 흩어졌는데, 그 첫 번째 여행을 나는 잘 기억하고 있소.

먼저 하리코프로 갔는데, 당시 거기에 우크라이나공산당 중앙위원회가 있었소. 그때 우크라이나의 수도였지. 열성분자들을 소집해서 우크라이나가 당연히 곡물을 내놔야 되고 열성적으로 일을 완수해야 한다고 지시하고, 제대로 일 못하는 자들을 비판대에 세웠소. 그리고서 나는 더 지방으로 들어갔는데, 1월 1일에 멜리토폴에 도착했던 거요. 모두 새해를 축하하는 상황에서 내가 주당위원회에 가서 열성분자들을 소집했소. 아니 그게 주당위원회였는지 정확히 기억이 안 나는데, 좌우간 큰 조직이었어. 아, 당시 그게 관구당위원회였을 거요. 그때 [혁명 전 행정구역인] 관구가 있었어. 규모가 상당히 컸지. 거기가 곡창지대였는데, 그래서 나를 그곳으로 보냈겠지. 곡물을 제대로 거두어들이라고 말이오.

저녁 무렵에 열성분자들이 모였는데, 한 5시쯤 됐을 거요. 내가 그들에게 지시했지. "곡물을 찾으시오! 지금은 부농들을 압박해야 할 때요!" 당연한 말을 한 거지. 그들이 결의문을 채택했소. [농민들을] 강제하고, 계획을 완수하고, [곡물을] 보낸다는 내용인데... 농민 지구였는데, 거의 자영농이었지... 곡물을 빼앗은 다음 그들에게 돈을 주었소. 물론 푼돈에 불과한 액수였고, 그들에게 당연히 유리하지 않았지. 당분간 농민들이 우리에

1) 1928년 1월 곡물 조달량이 목표치에 턱없이 미달하자 스탈린은 약 3만 명의 당원을 주요 농촌 지역으로 급파하며 곡물 조달을 독려했다. 스탈린 자신도 서 시베리아로 가서 현지의 조달사업을 지휘했는데, 이때 전시공산주의적 곡물 징발 방법이 동원되었다. 곡물위기는 1년 후에도 재현되었고, 이것이 스탈린이 1929년 봄부터 전면적 농업집단화를 추진하게 된 배경이었다. 그는 상품기근과 협상가격차로 특징지어지는 농업과 공업(특히 소비재)의 불균형적 발전을 이기적으로 이용하는 부농계급의 존재를 위기의 원인으로 지목했다. 전격적으로 추진된 전면적 농업집단화 사업은 1930년 1월부터 노골적 부농해체와 병행하였다.

게 빚을 놔야 한다고 내가 말하기도 했소. 공업을 복구하고 군대를 유지해야만 했거든.

다음에 [그 주변의] 지구들로 갔소. 거기에 그리스인들이 살고 있었는데, 우크라이나에 정착한 사람들이지. 그곳에서 곡물을 제대로 퍼내기 위해 전력을 다해 압박했소. 상당히 과격한 온갖 선동적 조치를 취할 수밖에 없었는데, 부농에 대한 탄압의 시작이었지. 만약 부농들을 압박하지 않았다면...

폴탑쉬나에도 갔었고, 드네프로페트롭스크에도, 멜리토폴에도 갔었소. 특별열차를 타고 다녔는데, 그 객차 안에서 살기도 했소. 경비대가 있었고, 객차에서 잠을 자기도 했지. 여러 지구를 다녔는데, 가는 곳마다 숙박을 한 건 아니고 객차로 돌아왔지.

모스크바로 돌아온 후 스탈린 주재 하에 가장 열성적인 활동가들의 협의회가 열렸소. 나는 내가 [농민들을] 어떻게 압박했는지 등에 관해 이야기했는데, 내가 왜 이 말을 하느냐? 왜냐하면 협의회 후에 스탈린이 직접 곡물 조달을 위해 시베리아로 가려고 했기 때문이오. 그게 그의 유명한 시베리아 여행이지.

— 의장님께서 스탈린 대신 남았습니까?

▶ 그렇소, 내가 모스크바에 남았어.

— 스탈린과 의장님 두 분이 함께 모스크바를 비우는 경우는 없었지요?

▶ 그렇지, 그런 경우가 없었던 것 같은데... 스탈린이 말했소. "자네가 거기서 그런 활약을 하다니! 너무 장해서 뽀뽀라도 해주고 싶어." 그런 활약을 하다니! – 이 말이 아직도 뇌리에 남아 있소. 그도 그렇게 하고자 했는데, 그래서 시베리아로 갔지. 그에겐 곡창지대가 아주 중요했는데, 그곳에서의 곡물 조달을 독려하려 했던 거요. 노보시비르스크, 알타이 같은 지구가 중요한 곳이었는데, 그가 거기로 갔지. 그는 내가 겪은 일과 다른 사람들이 가져온 경험을 좀 고려해서 법령 초안을 작성했는데, 그 골자는 부농들이 곡물을 자신에 할당된 양만큼 내놓지 않을 경우 즉각 탄압 조치를 가한다는 것이었소. 부농은 무슨 일이 있어도 곡물 조달 계획을 이행해야 했고, 불이행의 경우 강제적 조치가 내려지는 거요. 즉, 곡물은 몰수되어 국고로 들어가는 거지. 그게 공포되었고, 그것이 법이라고 모두가 느끼게 됐소. 그는 아주 강하게 압박을 했고, 결국 곡물이 조달됐지. 나는 우크라이나에, 스탈린은 시베리아에 있었고, 아마 카가노비치도, 미코얀도 곡물 조달을 위해 지방으로 갔소. 나중에 우리는 연초에 매번 곡물 조달을 위해 지방으로 갔는데, 스탈린은 더 이상 가지 않았소. 우리는 한 5년간 곡물을 퍼내러 매년 갔지.

1927년 [12월에 열린 제15차 당대회에서] 내가 농업집단화에 대해 보고를 했는데, 1928년에는 거의 방임했소. 1932년에 그때 소브나르콤 의장이던 나는 곡물을 퍼내려고 시베리아에 갔었소.

거기서 나에 대한 암살 기도가 있었던 것 같은데, [내가 탄 차가] 배수로로 굴러 떨어졌지.

1972년 6월 21일

— 혹시 정치국의 지시를 지방 당국에서 이행하지 않는 경우도 있었습니까?

▶ 물론 그런 경우들이 있었지. 그런 경우가 꼭 전시에만 있었던 건 아니오. 늘 그랬지. 특히 곡물 조달 때 그랬소. 그래서 우리 모두가 곡물을 위해 지방으로 갔던 거지. "자, 곡물을 내놔!" — "우리에게 곡물이 없습니다!" — "그렇다면, 찾아봐! 동무들에겐 어딘가 숨겨놓은 게 있잖아!" 우리는 그들에게 무엇이 숨겨져 있는지 몰랐는데, 실제로 숨겨진 게 있었소. "내놔, 내놔!" 물론 그때 그 모든 게 잘 뒷받침됐는데, 국가가 어떻게든 살아야 했소. 그렇게 하지 않았다면 국가가 붕괴됐을 거요. 안 그랬다면 국가에 가장 필수적인 군대, 학교, 건설 등을 유지할 수 없었을 거요. [곡물을] 퍼 날랐지. 물론 항상 성공적이진 않았소. 중앙에서 불가능한 걸 요구한다고 우리를 쉽게 비난할 수 있었소. 전부 그런 이야기들이야! 스탈린을 위시한 중앙의 엄청난 권위가 있었기에 계획이 완수될 수 있었던 거요.

1972년 7월 31일

1933년의 기근

— 작가들이 말하길, 1933년의 기근은 스탈린과 그 지도부에 의해 특별히 조직된 것이라고 합니다.

▶ 그건 공산주의의 적들이 하는 말이오! 그들은 공산주의의 적이야. 충분히 의식화된 사람들이 아니야. 계급의식이 전혀 없는...

그때 기근과 소요가 다 있었소. 그러나 거기서 겁먹고 두려움에 떨면 안 되는데, 누가 떨기라도 하면 "정신 차려! 얻어맞아야 알겠어?", – 그랬던 거요. 문제가 어디냐? 바로 거기에 문제가 있는 거요. 우리는 그렇게 치열했어. 동무들에겐 모든 게 있어. 다 갖춰진 거지. 동무들은 애들 같아. 지금 공산주의자들의 절대다수는 모두 다 갖춰진 상태에서 입당을 했고, 우리나라에서 모든 걸 좋게 하는 데 주력하면서 그게 주요하다고 해. 그런데 그게 주요한 게 아니오.

이 문제를 연구할 사람이 나타날 거요. 그런 사람들이 나타날 거요. 소시민적 유산과의 가차 없는 투쟁이 필요하지. 삶이 개선되지 않는다면 그건 사회주의가 아니오. 그러나 인민의 삶이 일정 시기에 해마다 개선되어 가더라도, 사회주의의 기반이 강화되지 않는다면 우리는 와해될 수밖에 없소.

— 하지만 1933년에 거의 1,200만 명이 굶어죽었다는데...

▶ 그건 입증된 사실이 아니오, – 몰로토프가 확언한다.

— 입증되지 않았습니까?

▶ 그럼, 전혀 입증되지 않았지. 당시 나는 곡물을 조달하러 다녔는데, 그렇다면 내가 당연히 그런 참상을 목격했겠지. 목격하지 않을 수 없겠지. 그때 내가 곡물 조달을 위해 2~3차례 우크라이나에 갔었고, 싀쵸보, 우랄, 시베리아에도 갔었소. 그런데 나는 아무것도 보지 못했어. 어찌된 일인가? 터무니없어! 아니야, 그건 터무니없는 소리요. 내가 볼가 지방에도 갔었는데, 그래, 그곳은 상황이 보다 나빴어. 물론 곡물 조달이 가능했던 곳으로 나를 보냈겠지.

아니야, 그건 과장된 거요. 하지만 일부 지역에선 물론 기근이 있었지. 힘든 시절이었소.

1972년 12월 12일, 1975년 8월 15일

지체할 수 없었다

— 第15차 당대회 때 의장님께서 농민문제에 대해 보고를 하셨습니다.

▶ 농업집단화에 관한 것이었지.

— 예, 집단화에 관한 것이었지요. 의장님께선 아주 흥미로운 입장을 견지하셨습니다. "교양 있는 주인"이라는 표현을 쓰셨는데, 무슨 뜻으로 하신 말씀인지 알고 싶습니다.

▶ 그때 거기서 했던 말이 생각나지 않는데, 교양 있는 주인은 물론 살만한 중농과 부농이지. 그때 우리는 아직 부농과 완전히 거리를 두지 않았는데, 왜냐하면 시기상조였거든. 당의 결정문에 보면 그 단계에서 부농의 청산이 아니라, 부농의 지향을 제한하는 것에 관한 언급이 있소. 그 후 꼭 2년이 지나서 우리가 계급으로서의 부농을 청산하기로 결정했던 거요.

— 그건 이를테면 준비기였군요?

▶ 준비기였지.

— 1927년 12월 11일 제15차 당대회에서 의장님께선 이렇게 말씀하셨습니다. "지금 농촌의 부농뿐만 아니라 일부 중농층에게서 강제로 빚을 내는 정책을, 즉 모두 합해 전체 농가의 10%에 불과한 그들에게서 대략 1.5억~2억 푸드의 곡물을 강제로 압수하는 정책을 추진하자고 우리에게 제안하는 사람은 그게 아무리 선의의 발로라고 하더라도 노동자와 농민의 적이자 노농동맹의 적입니다. (스탈린: "옳소!" – 청중 속에서 야유가 나옴) 또한 그는 소비에트 국가의 붕괴를 획책하는 자입니다."

이것이 1927년 의장님께서 하신 연설입니다. 그 후 어떻게 됐는지 정확히 알고 싶습니다. 제 생각에, 그로부터 꼭 한 달 후에 스탈린이 곡물 조달을 위해 시베리아로 갔고, 이제 우리가 부농을 청산해야 한다고 말했는데...

▶ 한 달이 아니오.

— 그럼 그게 언제였습니까? 연설이 1927년 12월이었고, 스탈린이 [시베리아에] 도착한 건 1928년 1월이었습니다.

▶ 최소한 그것보다 늦게 떠났소.

— 아닙니다. 그건 한 달 후입니다. 스탈린은 1928년 1월 15일에 곡물 조달을 위해 시베리아로 떠났습니다.

▶ 하지만 당시 우리는 부농 청산이라는 슬로건을 아직 내걸지 않았소.

— 그런데 스탈린은 곡물을 즉시 징발하고 형법 107조[2]를 적용하라고 요구했습니다.

▶ 그것 때문에라도 스탈린이 시베리아로 떠났던 거요. 내가 곡물을 징발하러 우크라이나에 다녀온 후에 말이오.

---

2) 러시아공화국 형법 107조의 내용은 다음과 같다: "농산물 및 대중소비품에 대한 개인의 사행성(투기성) 매점과 전매는 재산의 전부 또는 일부 몰수를 수반하는 5년 이상의 자유형에 처한다."

— 그렇습니다. 하지만 당대회에서 공언된 것과 스탈린의 발언 사이에 불일치가 있는데...

▶ 아니오. 무슨 불일치가 있지? 부농을 압박하는 것하고 부농을 청산하는 것은 전혀 다른 일이오. 당시 우리 입장은 압박을 하자는 것이지 청산하자는 게 아니었소. 1929년 가을에 가서야, 10월인지 11월인지 잘 모르겠는데, 스탈린이 "계급으로서의 부농을 청산하자!"는 슬로건을 내걸었소. 2년이 지난 다음이오. 상황이 작열하여 기회가 무르익기를 기다리는 게 필요했고, 그게 농업집단화요. 아무튼 우리는 일정 기간 곡물을 조달하며 준비했소. 우리는 곡물이 필요하다고 했고, 그것 없이는 노동계급도 군대도 존속할 수 없다고 했소. 그런데 부농들이 그걸 주지 않았지. 어떻게 하겠나? 한 해가 가고 두 해가 갔어. 계급으로서의 부농을 청산하는 것은 준비 기간을 거쳤는데, 그것 없이는 될 수가 없었소.

1975년 10월 9일

— 레닌이었다면 농업집단화를 잠시나마 연기하고, 스탈린이 한 것보다 공격을 늦출 수 있었겠습니까? – 쇼타 이바노비치가 묻는다.

▶ 아니오, 그렇게 생각하지 않소.

— 집단화가 더 일찍 추진될 수는 없었습니까? – 내가 묻는다.

▶ 없었을 거요.

— 사람들 말이 레닌이었다면 그렇게 하지 않았을 거라고 합니다, – 쇼타 이바노비치가 물러서지 않는다.

▶ 그건 기회주의자들의 말이오, – 몰로토프가 대답한다. – 그들은 그냥 이해 못해. 이해가 불가한 자들이오. 그 일을 헤아릴 줄 모르는 자들이오.

— 지금 작가들이 이렇게 말합니다. 즉, 스탈린과 몰로토프가 농업집단화를 서두르지 않겠다고 공언했음에도 불구하고 실제로는...

▶ 결코 미룰 수 없는 상황이었소. 파시즘이 시작되고 있었어. 지체할 수 없었소. 전쟁의 위험이 이미 도사리고 있었어.

— 하지만 사람들은 농부들을 그런 식으로 다루면 안 된다고 말합니다. 그 문제와 관련하여 레닌에겐 다른 복안이 있었을 거라고도 하는데...

▶ 레닌 역시 아주 단호한 사람이었소. 우리 상황이, 특히 그땐 이미 레닌이 없었는데, 아주 위험한 지경으로 치닫고 있었소.

— 농부들을 다 파멸시켰고, 영농 의지를 말살했고, 전혀 준비가 없는 상태에서 집단화를 추진했다고 합니다.

▶ 물론 거기엔 주지의 과오가 있었는데… 아주 복잡한 일이었소. 소부르주아의 나라에서 혁명이 일어났는데…

1972년 2월 3일, 1981년 9월 30일

▶ 어디서 혁명의 운명이 결정됐을까? 바로 네프로의 전환에서였소. 레닌은 우리가 이미 농민들의 신뢰를 잃었고, 우리가 이런 상황에서 빠져나올 출구를 찾지 못하면 그들이 우리를 쫓아낼 것이라고 말하기도 했소. 이는 다 공표됐소. 레닌은 [농민들이] 우리를 쫓아낼 거라고 아주 노골적으로 말했소. 대개 소농인 농민들은 상업 없이는 아무 것도 못하는데, 옷감이나 바지, 신발 등을 살 수 있다면 그들은 곡물을 마지막 한 톨까지 팔 거라면서, 다른 방도가 전혀 없다고 했소. 우리가 그걸 이해하지 못했다면 우린 파멸했을 거요. 이게 첫 번째인데, 하지만 그 전에 물론 브레스트 강화조약이 있었지. 물론 우리가 독일과 강화조약을 체결하지 않았다면, 그때 소비에트 권력은 붕괴됐을 거요.

나중에 농업집단화가 결정됐고, 공업화도 결정됐지. 그건 이해할 수 있어. 그럼 네프는? 레닌은 네프가 사회주의 노선으로부터의 전략적 후퇴라고 말한 적이 있소. 사람들이 레닌을 비난했어. 왜냐하면 지식인들 사이에 좌절이 엄청 컸거든! 당원증을 반납했지. 그렇다고 어찌 하겠소. 물론, 그건 일종의 전환이었어! 그 단계에서 네프가 우리를 파멸에서 구원한 거요.

내가 보기에 농업집단화와 좌 · 우파의 몰락과는, 특히 우파의 몰락과는 직접 연결되어 있소. 우익 편향과의 투쟁도 농업집단화를 둘러싸고 벌어진 일이오. 그런데 트로츠키즘적인, 즉 이른바 좌익 편향은 그 전에 있었소.

네프와 농업집단화를 통과했을 때 우리는 이미 [사회주의의] 튼튼한 지주를 갖고 있었소. [1921년 3월] 제10차 당대회에서 우리가 네프를 수용했는데, [1922년 봄] 제11차 당대회에서 레닌이 네프를 총괄하며 말했소. 즉, 우리가 1년 전에 우리의 예전 정책을 거부하지 않았다면 우리는 신뢰를 회복하지 못했을 거라고 말이오. 물론 그렇지. 소비에트 권력이 유지될 수 없었을 거요. 레닌은 1년이 지나 네프의 의미를 그렇게 분석했소. 1922년 제11차 당대회 때 레닌이 [중앙위원회의] 정치보고를 했고 내가 조직보고를 했지.

정치는 유연한 것이지만 앞을 내다보는 것이어야 해. 그때 노동자반대파가 시작됐소. 그때 이미 완전히 새로운 당이 농민들 사이에서만이 아니라 노동자들 사이에서 실질적으로 조직되었던 거요. 즉, 우리는 기존 노선을 버리고, 사회주의를 거부하고, 노동계급의 지도를 거부하고 자본주의로 가는 흐름을 따라서 헤엄쳤는데...

하지만 그렇게 하지 않았다면 소비에트 권력은 파멸했을 거요.

1972년 7월 31일

그건 전망이 아니다

— 우리나라에서 농업 관련해서는 뭔가 좀 아닌 것 같습니다만...

▶ 작가들을 농업인민위원부에서 일하게 해야 해. 그들이 그곳에서 질서를 수립할 거요, – 몰로토프가 농담을 한다.

— 미국인들이 환호합니다. 그들이 우리와 다시 곡물판매계약을 체결했는데요, 근래에 그런 계약이 전혀 없었다고 합니다.[3] 불쾌한 일입니다.

▶ 불쾌한 게 문제가 아니지. 국가에 그런 건 아무 일도 아니오. 미래에 다시 그런 일이 없도록 확실히 하면 되는데, 그러기 위해선 10년 이상을 힘껏 일해야 합니다. 한두 번의 흉작에 영향을 받지 않으려면 말이오. 우리는 모든 걸 원하는데, 우리가 당장 모든 걸 갖기를 원한다면 우리는 영웅이나 다름없지. 허나 실제로 우린 그런 영웅이 아니오. 어떤 면에서도 영웅이 아니지. 내 생각에 그건 우리가 농업을 사회주의 노선에 따라 더욱 발전시켜야 한다는 걸 의미하는데, 실상 우리는...

인민경제발전 5개년계획이 이젠 우리에게 뭔가 해가 되고 있소. 우리를 구속하고 있지, 구속하고 있어. 예전에는 우리에 유익했는데, 유익했던 것만이 아니라 불가피했지. 그런데 지금은 5개년에 있는 조각들을 명확히 이해하기 어려워... 이를테면 어떤 전망이

3) 소련은 1963년경부터 서방에서 곡물을 수입하기 시작했다.

있었더라면, 그리고 거기에 5개년계획이 담겼더라면 그걸 이해할 수 있었을 거요. 현실적 과제가 많이 규정되어 있으나, 그게 개별적으로 나열되어 있기만 하고, 특히 우리가 지향하는 바가 분명치 않아... 전망을 생각하려는 머리가 부족해. 5개년계획은 이미 전망이 아니오. 예전엔 전망이었지.

— 또 아무 전망이 없었던 때가 언제였습니까?

▶ 제1차 5개년계획이 수립되었을 때도 역시 그랬는데, – 몰로토프가 계속한다. – 우리가 5개년계획을 지지했던 반면 부하린이나 리코프 같은 우파들은 2개년계획을 지지했소. 역시 대조적이었지. 그것 때문에 아주 치열하게 싸웠소.

— 왜 그랬습니까?

▶ 우리는 농업에서의 힘든 상황에서 벗어나야 했소. 뭐? 망하지 않기 위해 향후 2년간 무엇을 해야 좋을지 결정하자고? 실질적으로 그들은 뒤처지기를 원했소. 어떻게 2년 동안에 농민의 집단화로 나아갈 수 있단 말이오. 즉, 우리는 근본 문제를 회피하면서 어떤 개별 지시들을 내려야 했을 텐데... 그런데 지금 온갖 현실적 조치들이 억지로 남발되고 있는데, 거기에 어떤 전망도 없소. 어떤 정치적 노선이 우리에겐 정말로 필요한데... 인민의 상황을 개선하는 것, – 이건 전망이 아니야! 그건 10월혁명이 발생했을 때부터 늘 있었는데, 그건 공산주의를 위한 전망이 아니오. 우리는 공산주의의 물질적, 기술적 기반을 구축하고 있소. 그것을 어떻게 구축하고 있을까? 그 모든 게 어떻게 서로 연결되어 있을까? 야금 분야에서 이것도 하고 저것도 해서, 전체적으로 인민의 상황을 개선하고, 그럼으로써 [경제적] 효율성을 보강한다는 것, – 그건 옳아. 하지만 거기엔 분명한 게 아무 것도 없소. 평화공존이 총노선이라면, 그럼 우리에게 혁명은 필요치 않소.

1975년 12월 24일

프룸킨의 편지

▶ 우리는 농업집단화를 그리 나쁘지 않게 실현했소. 나는 농업집단화의 성공이야말로 대조국전쟁에서 승리할 수 있었던 주요 요인이었다고 봅니다. 우리가 집단화를 추진하지 않았다면 전쟁에서 이기지 못했을 거요. 전쟁이 시작되었을 무렵에 이미 우리에게

는 자주 경제와 공업을 가진 강력한 사회주의 국가가 있었고...

내가 직접 부농들의 이주 지역을 표시했는데...

40만 명의 부농을 이주시켰소.[4] 내 휘하 위원회가 그 일을 했는데...

1970년 12월 18일, 1972년 5월 9일, 1978년 5월 11일

— 작가 바실리 벨로프가 저에게 프룸킨이 정치국에 보낸 편지에 관해 의장님께 여쭈어달라고 부탁했습니다.

▶ 그렇지, [모이세이] 프룸킨이라는 자가 있었는데, 그게 1928년 여름이었소.

— 정확합니다! 의장님의 기억력이...

▶ 왜냐하면 내가 그 일을 전체적으로 알기 때문이오. 말하자면 사건의 맥락을 내가 알아. 프룸킨은 그 편지에서 나를 언급하기도 했는데, 나를 비판했지. 프룸킨이란 자는 골수 우파들 중 하나요. 볼쉐비크지. 우리가 집단화 쪽으로 박차를 가하기 시작했을 때 편지를 보냈는데, 그는 집단화에 반대했소. 1927년 제15차 당대회에서 내가 집단화에 대한 보고를 하게 됐는데, 당 중앙위원회에 설치된 농촌위원회 의장으로서 나는 모든 책임을... 내가 시골 출신이지만 농촌을 잘 알지 못해.

그는 부농계급에 대한 투쟁이 농업의 쇠락으로 이어질 것이며, 결국 우리 수중에 식량이 없게 될 것이라고 논박했소. 그는 국가 시책에 따라 곡물 조달에 종사하고 있었는데, 우리가 부농을 압박하면 기근이 닥친다는 거지. 나는 농업집단화의 주창자에 속했는데, 그가 나를 비난하고 나섰소. 내가 틀렸다는 거지. 그런 편지가 있었고, 당 중앙위원회는 그를 엄중히 비판했소. 그런데 프룸킨의 배후에 리코프와 부하린이 있었던 거요. 프룸킨은 늘 그들과 접촉하고 있었소.

아무튼, 대체로 프룸킨은 상당히 자주적인 인물이었고, 1911년에 어떤 문제를 놓고 제1착으로 연설함으로써 유명세를 탔던 자요. 당시 페테르부르크에서 볼쉐비키와 멘쉐비키 간에 투쟁이 진행되고 있었소. 멘쉐비키는 이미 청산주의자가 되어 있었고, 우리는 그들이 당을 청산하려 든다고 그들을 맹렬히 성토했소. 반면 우리는 당을 모든 합법적

4) 소연방 해체 후 나온 한 연구 자료에 의하면, 1930~31년에 35만 6,500호의 농가 구성원 총 168만 명이 시베리아와 북극 지방으로 추방되어 교정노동수용소나 노동부락에서 새 삶을 시작했다. См.: Источник. 1995, No.1, с.124.

공간에서 일할 줄 아는 불법적인, 고도의 비밀조직으로 간주했소. 볼쉐비키의 노선은 아주 유연하고 아주 정연한, 그리고 아주 영리한 것이었소. 그리고 그때 페테르부르크 노동자들의 전형적 슬로건이 무엇이어야 하는가의 문제가 제기되었는데, 멘쉐비키가 내놓은 제안은 페테르부르크에 노동자 궁전을 건립하여 노동자들의 문화활동센터로 삼자는 것이었소. 반면 프룸킨은 노동자 궁전이 아니라 일간 노동자 신문을 발행하자는 제안을 내놨지. 역시 노동자로서 당시 유명했던 제빵공이 프룸킨을 지지했는데, 나중에 그는 반(反)스탈린파가 됐고 그리고 최근에, 1960년대에 사망했소. 그냥 이미 쇠약해져 전혀 분별력이 없었어, 그런데 그때 그는 프룸킨의 제안을 지지했소.

우리 볼쉐비키는 노동자 궁전이 아니라 노동자 일간지를 지지했고, 그래서 『프라우다』가 나오게 됐던 거요. 그리고 멘쉐비키 역시 자기 일간지를 발행하기 시작했지.

프룸킨의 역할은 작았지만, 그냥 그게 내 기억에 남아 있소. 그래도 역시 이따금 사람들이 생각하는 것은 그가…

그가 당 중앙위원회에 대략 이렇게 썼소. 즉, 경작지는 축소되고 있고, 수확도 줄고 있다. 시장에 나오는 곡물의 양이 감소했고, 나라가 보유한 곡물은 바닥나고 있다. 그런데 당신들은 부농들을 공격하면서 나라를 나락으로 몰고 있다.

프룸킨, – 그는 아주 분명한 사람이었소. 내가 그를 잘 알아. 정직한 사람이었고, 당 중앙위원회를 직설적이고 공개적으로 공격했어. 농업집단화를 용인하지 않을 것이며, 당대회건 스탈린이건 가리지 않고 비판하겠다고 공개적으로 썼는데…

그의 시각은 인도적이지. 보다 인도적이야. 그러나 그것부터 시작했다면 우리는 전쟁에서 이기지 못했을 거요.

— 그런데 그는 나중에 어찌 됐습니까?

▶ 그도 역시 우파 진영에 빠졌을 거요. 제2진이었지. 제15차 당대회 전까지 우리는 부하린과 함께 농업집단화에 관한 모든 결정문을 입안했소. 내가 [당대회에의] 보고자였고, 그 계획을 준비했소. 나중에 그것을 스탈린, 부하린, 나 셋이서 연구해 수정했고, 그래서 집단화에 대해 기본 방향과 결정문이 마련됐는데… 참, 그 전에 부하린이 "부자가 되시오!"라는 연설을 했소. 그런데 그게 우연이 아닌 걸로 판명되었지.

1972년 2월 3일

더 훌륭했고 성공적이었는데...

▶ 제15차 당대회에서 내가 했던 보고에 대한 결의문은 우리가 부하린과 함께 쓴 거요. 그런데 나중에 스탈린이 부하린을 비웃었소. 부하린은 자신의 기회주의적 노선을 감추기 위해 당 중앙위원회 전원회의, 아니면 당협의회에서 결의문을 작성할 때 이렇게 제안했소. "동무들은 내가 부농을 옹호한다고 합니다. 그런데 나는 부농에 대한 공세를 강화해야 한다는 입장을 지지합니다!" 스탈린이 웃었소. "부하린이 공세 강화를 지지한다고? 우리는 그걸 제안하지 않았소! 그렇다면 그가 제안하는 대로 '부농에 대한 강화된 공세'라고 써 넣지!" 그가 어찌할 바를 몰랐지.

그런데 나중에는 예전처럼 행동했소. 전력으로 당의 노선을 비판했는데, 부하린, 릐코프, 톰스키 3인방이 서명한 유명한 공식이 있소. 즉, 당 중앙위원회가 농촌문제와 농민문제에서 트로츠키의 노선을 추진하고 있는데, 그건 농민에 대한 군사·봉건적 착취 정책이라는 거요.

첫째, 우리는 부농에 대한 압박을 지지했소. 부농에 대한 강력한 압박 말이오. 그러나 그 압박이 다수의 농민대중에 확산되지 않고 소수의 부농에 국한되도록 했소.

반면 트로츠키는 농민을 배려해야 한다는 사실을 고려하지 않았소. 그는 농민들이 사회주의를 지지할 수 없다고 생각했소.

정책적 유연성은 우리에게 많은 도움을 줬는데, 부하린은 경제 조치들만으로 충분히 부농을 근절할 수 있다고 했소.

트로츠키는 농민에 대한 군사·봉건적 공격, 즉 무자비한 약탈을 추구했다는 점에서 당을 이미 배신했던 거요.

1972년 2월 3일, 1972년 4월 13일

— 스탈린과 의장님께선, – 내가 말한다. – 여러 발언을 통해 네프가 오래 지속될 것이라는 온갖 환상을 배제하고서 농촌에 조심스레 접근해야 한다고 지적하셨는데요... 만약 그렇게 했더라면, 우리가 지금도 바로잡고 있는 이런 상황은 없었을 겁니다. 그때 사람들은 곡물을 구덩이에 파묻었고 술에 빠지기 시작했습니다. 그리고 부농이 전체 농가

의 3~4%에 불과했지만, 실제로 부농해체를 당한 농가는 그보다 월등히 많았습니다.

...몰로토프는 스탈린과 자신이 그렇게 말한 적이 있다고 했다. 하지만 아주 급격했던 농업집단화로의 이행 필요성은 시간이 보여주고 현실이 요청한 것이라고 말했다.

▶ 농촌은 즉각적으로 집단화를 향해 궐기했소. 우리도 예상하지 못했던 질풍노도의 과정이 시작됐는데, 결과는 훨씬 더 훌륭했고 성공적이었소. 부농해체와 관련하여 1930년 1월 5일자 당 중앙위원회 결정5)은 어디서, 어느 주에서 집단화를 해야 하는지 표시했는데, 하지만 과도함이 물론 적잖이 있었고 스탈린도 그에 관해 언급을 했소.

네프에 관해 말하면, 그것은 폐지되지 않았고 그 개별 요소들이 오늘도 유지되고 있소.

나는 농민 작가들이 이해가 돼. 그들에겐 농부들이 가엾겠지. 그러나 어찌 하겠소? 희생이 없을 수 없었어. 레닌이었다면 그렇게 하지 않았을 것이라고들 말하지. 그런 일에서 레닌은 스탈린보다 더 냉혹했소. 많은 사람들이 레닌은 프롤레타리아 독재에 관한 자신의 명제들을 직접 재검토했을 것이라고 하면서 그가 독단주의자가 아니라는 식으로 말하고 있는데, 그들은 레닌이 재검토했을 것이라고 믿고 싶을 뿐이오!

1978년 5월 11일

아직 힘이 적다

— 요즈음 인민들은 흐루쇼프 때보다도 지금이 더 나쁘다고 말합니다.

▶ 모든 게 좋을 순 없지, – 몰로토프가 답한다. – 제국주의가 존속하는 한 말이오. 제국주의를 없애야 하는데, 그러기 위해선 스스로 많은 것을 갖춰야 해.

사회주의는 세계적 의미를 갖는 과업이오. 그런데 [먹을] 고기가 필요하고 저것도 필요하다고 하는 것은... 다 좋은데, 우리가 그런 것들에 기본 역량을 투입하면 몇 가지 성공을 거둘 순 있겠지. 하지만 나중에 우리에겐 그 성공이 일장춘몽으로 남을 거요. 그게 전부요.

---

5) 당 중앙위원회의 1930년 1월 5일자 결정 〈집단화 속도 및 콜호즈 건설에의 국가 지원에 관하여(О темпе коллективизации и мерах помощи государства колхозному строительству)〉는 카프카스와 볼가 강 중하류 지방은 1930년 가을에, 다른 곡창지대는 그 1년 후에 전면적 집단화 지역이 되어야 한다고 규정하는 가운데 1932년까지 집단화 사업의 종료를 예상하였다.

제국주의가 존속하고 있소.

— 그러나 제국주의에 대해, - 내가 말한다. - 사회주의가 있습니다. 제국주의의 적이죠. 그들에겐 모든 게 있는데, 왜 우리에겐 없습니까?

▶ 우리에게 아직 힘이 적어.

— 그런데 지금 콜호즈를 없앨 수 있습니까? 어떻게 생각하십니까?

▶ 당장 할 수는 없지. 그러나 그런 방향으로 가야 해. 당 중앙위원회의 최근 결정이 그쪽으로 큰 진전을 이뤘소. 전문화, 조합 결성, 그리고 산업화 궤도, 농산업 발전의 길이 그 의제인데, 과제들이 옳게 설정됐어. 아마 내[가 당 중앙위원회로 보낸] 메모가 좀 그쪽으로 밀은 것 같은데, 급히 서두를 필요가 있소. 아주 중요한 노정이야. 그걸 따라서 콜호즈는 사회화 수준 자체를 높이는 쪽으로 가야 해. 즉, 소비에트 경제로 전환해야 해. 다른 방도가 없소. 맑스와 엥겔스와 레닌이 말한 거요.

우리는 토지를 제외하곤 모두 국유화했소. 우리의 협동조합 부문은 순전히 사회주의적인 게 아니오. 제조소와 공장들은 순전히 사회주의적이지. 이건 의미가 있소. 개별 법규들이 확실한 의미를 갖도록 해야 해. 이것부터 시작해 전문화, 집중화를 하고 나중에 농산업 발전으로 가야지.

그러나 부유한 콜호즈들이 반대할 거요. 그들은 국가 덕분에 부유하게 됐고 토지 개량 등을 이뤘는데, 반면 생산물은 일부만 [국가에] 내고 나머지는 자신들이 갖잖소. 아주 유리한 상황이지. 맑스와 엥겔스는 그걸 두려워하기도 했는데...

내가 보기에 콜호즈는 이미 쓸모없게 된 것 같은데...

서두를 필요는 없지만 일을 지체할 이유도 없소. 왜냐하면 그것이 농업 발전을 막기 때문이오. 그것을 제약하지. 스탈린이 쓴 『경제문제』에 보면, 그 문제에 관한 올바른 생각이, 아주 올바른 생각이 기술돼 있소.

1976년 6월 30일, 1980년 10월 25일

▶ 문제의 근원은 가뭄이 아니라 제국주의요. 그걸 잊으면 안 돼. 제국주의가 있는 한 우리에게 쉬운 일이 없을 거요. 우리는 더 잘살기를 원하지. 원하고 또 당연히 그래야지. 하지만 그건 서서히 이루어질 거요.

— 그러나 전국적으로 사람들이 고기 냄새를 맡지 못하고 있습니다.

▶ 이런, 그 고기가 뭐라고. 제국주의가 파산하길 바라야지!

그런 가뭄 후에... 우리나라에서 모든 게 거기로 집중되고 있는데, 물론 그건 당연하고 옳아. 또 불가피해. 하지만 그래도 나는 다르게 접근하고 싶소. 그건 내가 모든 게 보장되어 있기 때문일 수도 있는데, 나는 단지 그것 때문이라고 생각하지는 않소.

우리가 다른 나라들을 돕는 것은 원조 자체가 아니라, 제국주의 타도를 위한 일이라는 데 의미가 있소.

1976년 11월 4일

제7장

대숙청

"국가가 존속하는 한..."

▶ 아무튼 지금 동무는 분명한 사실을 수용하지 않고 있소. 그것이 온갖 잡다한 사실로 뒤엉켜 심히 왜곡되고 호도되고 있는데, 지금 여기서 완전히 벗어나지 못할 것 같겠지. 하지만 그럼에도 깊이 생각하고 연구해보면, 기본적인 사실은 남아. 첫째, 우리나라가 선도적 위치에 나서게 됐는데, 거기엔 혁명 초기부터 우리나라가 단기간에 극복하지 못한 기본적인 것 두 가지가 있소. 심지어 지금도 완전히 극복하지 못했지. 그 첫 번째가 내적 낙후성이오. 자본주의 타도 및 낙후된 나라에서의 사회주의 건설에 가장 선도적 위치에 선다는 것, – 그건 정말 아주 어려운 과제요. 절대다수의 생각은 그것이 맑시즘에도 모순된다는 거요. 그래서 레닌이 맑스로부터 이탈했다는 거지. 서방에서 애쓰는 바요. 비록 레닌이 맑스 · 엥겔스에 대한 일관된 지지자이며, 맑스주의 사상가이고 혁명가였지만 말이오. 맑스는 객관적 계기들에 대한 자신의 이론을 수립했소. 그런데 레닌은 맑스가 예상하지 않았던 그런 정도로 주관적 동기를 설정했다고 하는데, 물론 그건 옳지 않아. 하지만 어느 정도는 실제에 부합하기도 해. [아무튼] 그건 물론 새로운 계기요, 나라의 후진성 말이오. 그 두 번째는 선진 자본주의 국가들이 계속 자본주의적으로 남았다는 사실이오. 그것은 이미 외적 요인이나, 숨길 수 없는 사실이오. 다른 것들은 차지하고서라도 이 두 개는 반드시 고려되어야 해. 그건 엄청난 어려움인데, 극복될 수 있지만 오직 특별한 조건 하에서만 극복할 수 있는 어려움이오. 레닌은 심지어 혁명이 승리한 후에도, 소비에트 권력 초창기에도 우리가 망할 수도 있음을 인정했소. 만약 우리에게 사회주의 사회를 건설할 역량이 없다면, 우리는 다만 할 수 있는 것을 전부 할 것이라고 공개적으로 말했소. 말하자면 그는 자신이 정한 전체적 방향에서 물러서는 데 소질이 없었소. 그러나 아시겠지만, 이미 [작가 바실리] 그로스만은 문제가 스탈린이 아니라 레닌에게 있다고 썼소. 거기엔 역시 나름의 진실이 있어. 왜냐하면 스탈린에게 생겨났던 그 가능성들이 레닌에겐 없었기 때문이오. 레닌이 자기 주위의 반대파를 모두 배척하려 했더라도, 당시에 그에겐 그럴 [물리적] 힘이 없었소. 그가 무엇을 할 수 있었을까? 그의 천재성은 그가 그런 상황에서 반대파를 휘어잡았다는 데 있소. 그는 진짜 천재요.

1937년은 불가피했소. 우리가 혁명 후에 좌우로 격파하고 승리를 거두었지만, 적들의 온갖 잔당이 존재하고 있고 파시즘의 공격 위험성이 고조되는 상황에서 그들이 연합할 수 있었다는 사실을 고려한다면 1937년은 불가피했소. 전쟁 중에 제5열이 없었다는 사실로써 우리는 1937년에 대해 빚을 진 거요. 볼쉐비키 중에서도 훌륭하고 헌신적인 그런 사람들이 있었고 또 지금도 있지. 모든 게 좋을 때, 어떤 위험이 나라와 당을 위협하지 않을 때라면 그렇소. 하지만 뭔가 시작되면 그들은 두려움에 배신하고 적 편에 가담할 거요. 내 생각에, 1937년에 탄압받은 많은 군인에 대한 복권은 옳지 않소. 지금 문서들이 감춰져 있으나, 시간이 가면서 진실이 밝혀질 거요. 그들이 스파이는 아니었겠지만 [적의] 첩보기관과 연계되어 있었고, 가장 중요한 것은 결정적 순간에 그들을 신뢰할 수 없었다는 거요.

…이 모든 것은, 투하쳅스키와 야키르가 죽음을 당하지 않았다면 전쟁 초기에 우리나라가 겪었던 그 엄청난 패배도 없었을 것이라는 유력한 주장에 대해 몰로토프가 내놓은 답변이다.

▶ 그건 지금 유행하는 날조요, – 그가 말했다.

1970년 12월 18일

▶ 내게 가끔 들리는 어떤 교수가 있는데, 그가 내게 물었소. "그 시대를 어떻게 설명하시겠습니까?" 내가 말했지. "만약에 우파가 국가를 지도했더라면 어떻게 됐을까? 역사가 어떻게 전개됐을까? 동무가 세세한 일들을 잘 분석해보면 어떤 해답을 발견할 거요."

1971년 2월 19일

▶ 국가란 것이 존재하는 한, 국가는 어떤 질병을 지닐 수밖에 없소. 그런데 국가 없이는 살 수도 없고 앞으로 나아갈 수도 없어, – 몰로토프가 말한다.

— 인민위원인가 아닌가에 따라 생활수준이 다른데…

▶ 그게 마침 서로 연관돼 있소. 모든 걸 고려해야 돼. 국가가 존재하는 한, 국가는 앞으로 오래 존속할 것이고, 또 돈이 존재하는 한, 돈 역시 당분간 유통될 것인데, – 이것이 관료주의, 출세주의, 온갖 탐욕 및 잔혹성도 포함하는 온갖 부정적 현상이 생겨나는 근본 원인이오.

…당의 숙청은 민주집중제 원칙에 전적으로 부합한다. 그러나 숙청은 어디서도 실시된 바가 없다. 오직 우리나라에서 실시되었는데, 근래에 체코인들이 답습하였다. 우리는 숙청을 수차례 실시했는데, 매번 그것은 그냥… 아주 매서운 숙청이었다. 물론 거기엔 과오도 많았다.

— 요컨대, 1938년에 복권되는 일까지는 없었는데, 어찌 생각하십니까? 전쟁이 임박해서 그랬습니까?

▶ 전쟁 때문에도 그랬고, 또 누구를 통해 확인할지가 아직 분명치 않았기 때문이었소. 불신이 아주 많았지. 골수 우파들만 고생했던 게 아니라, 트로츠키스트들은 차치하고서라도, 많은 동요분자들도 고생을 했는데, 이들은 노선을 확고히 따르지 않았거나 혹은 어려운 순간에 배신하지 않고 후퇴하지 않을 거라는 믿음을 사지 못한 자들이었소. 그럼에도 흐루쇼프나 미코얀 같은 자들이 살아남았지. 그들만이 아니라…

— 그렇습니다만, 저는 훌륭한 이들이 죽었다는 게 화가 납니다. 이해하시겠습니까?

▶ 그런 예리한 사업은… 매번 검증되지는 않은 자들의 손으로 행해지는, 때론 훌륭한 사람들의 척결을 악의적으로 거들기도 했을 법한 그런 자들의 손으로 행해지는 그런 예리한 투쟁에서, 그런 복잡한 투쟁에서 무고하게 희생된 사람들이 물론 있었소.

— 아시겠지만 그건 확인하기가 아주 어렵습니다. 거기에 국가, 특히 프롤레타리아 독재 국가 및 온갖 독재의 위험성이 있습니다. 독재는 엄격하며 비타협적인 규율을 요구합니다. 그런데 우리는 그걸 누구를 통해 실시했습니까? 독재를 항상 원하지는 않는, 내심 그것에 큰 반감이 있기도 한, 그리고 저항할 수 있으면 독재에 실제로 저항하는 사람들을 통해서였습니다. 그런데 그들은 위험을 느끼면 자리의 보전이나 승진을 위해 과도하게 행동합니다. 그런 사람들을 통해 아주 많고 많은 일이 행해지는데, 왜냐하면 아주 복잡하고 어려운, 온갖 불명료한 동기와 결부된 정책을 정말로 공정하게 수행할 만큼 준비된, 모든 죄악에서 정화된, 그렇게 깨끗한 사람들은 현실에 없기 때문입니다. 확인하고 안 하고를 떠나서, 확인 자체가 항상 적절할 수는 없는데… 당의 숙청사업은 아주 위험합니다. 훌륭한 사람들을 숙청하기 시작합니다. 정직하게 직언하는 사람들은 제거되는데, 모든 걸 몰래 쥐고서 지도부에 아첨하는 사람들은 자기 자리를 보전합니다. 그런데 이것은 출세주의나 영합주의가 사람들을 옥죄는 한, 예전에도 어느 정도 불가피했습니다만…

— 1937년은 혁명의 연장입니다, – 쇼타 이바노비치가 말한다.

▶ 나는 혁명이 어떤 의미에선 지금도 아직 끝나지 않았다고 봐요, – 몰로토프가 동의한다. – 어느 정도는 그렇지. 우리나라에 아직 사회주의가 완전히 건설되지 않았는데…

…몰로토프는 탄압을 지도부의 전횡이 아니라, 복잡한 국제 정세 하에 있었던 혁명의 연장으로 간주했다.

▶ 이미 다 완비된 상태에서 온 사람들에겐 모든 게 쉽게 되었다고 보이겠지만…

1972년 2월 3일

"지도부가 벌벌 떨었다면…"

▶ 이걸 잘 해명해야 돼요. 트로츠키즘과 특히 우익 편향을 기억해야 되는데, 문제는 1937년 당시 흔들리고 동요하는 자들이 적지 않았다는 데 있소. 정직한 공산주의자들이 많이 죽었어. 아니 땐 굴뚝에 연기나지 않는 법이지만, 여기서 체키스트들의 노력이 너무 과도했소. 그들은 임무를 받고서 흔쾌히 노력을 했지. 동요하는 사람들이 많았고, 때론 그것 때문에 정직한 사람들이 화를 입었소.

1971년 2월 18일

▶ 누구는 모욕을 당하고 누구는 강등이 되었소. 이 모든 여러 동기로 사람들이 [대숙청에 대한] 비판적 입장을 갖게 됐는데, 그들은 새로운 것을 이해할 줄 모를 뿐더러 나쁜 짓도 할 용의가 있던 자들이었고…

말로는 당을 위해, 스탈린을 위해 "만세!"를 외치지만 실제로는 동요하는 자들이 아주 많았소. 그 전형적인 예가 한때 트로츠키주의자였던 흐루쇼프인데… 지금은 많은 걸 해명하기 어렵지만, 그때는 아주 조심할 필요가 있었소.

지금 우리 모두가 현명해졌는데, 모든 걸 알고 모든 걸 시간 속에 뒤섞고 있소. 모든 것에는 다양한 시기가 있었소. 각 시기는 시기대로, 각 등장인물은 인물대로 별개로 해명해야 돼.

사회주의는 희생도 포함해서 엄청난 힘의 긴장을 요구하는데, 여기에 과오도 있었소.

그러나 지도부가 벌벌 떨었다면, 만약 지도부에 불화, 반목, 이견이 생겼더라면 우리는 전쟁 때 더 많은 희생자를 냈을 것이고, 심지어 패전할 수도 있었소. 만약 1930년대에 당 상층부가 깨졌다면 우리는 실제 겪은 것보다 몇 배나 더 어려운, 극도로 힘든 상황에 빠졌을 거요.

나는 그 정책에 대해 책임이 있고, 그것이 옳았다고 봐요. 나는 거기에 중대한 과오와 과도함이 있었다고 인정해. 늘 그렇게 말했고 앞으로도 말할 거요. 그러나 전체적으로 그 정책은 옳았소.

나를 포함해서 모든 정치국원이 그 과오에 책임이 있소.

그러나 수형자들 대다수가 무고한 사람이었다고 생각하는 경향이 있는데, 여러 수준에서 탄압을 받은 자들은 기본적으로 그에 걸맞은 죄를 지어 고초를 겪었던 거요.

1969년 12월 6일, 1971년 7월 29일

▶ 하지만, 정치라는 것과 그것을 현실에 구현하는 것은 별개의 일이오. 잔혹한 조치를 거부하면 분열 위험으로 귀결될 수 있소.

우리 당내의 출세주의가 [대숙청에] 나름 역할을 했소. 각자 자기 자리를 고수하다가, 나중에 어떤 캠페인이 벌어지면 고집스레 갈 데까지 가서 끝장을 보고 말지. 그렇게 캠페인이 대대적으로 전개되면 출세주의의 득세 가능성이 아주 큰데...

1973년 4월 27일

▶ 맑스주의 사상은 계속 보강되어야 해. 인물이 있을지 없을지 모르겠으나, 바라건대 훌륭한 인물이 한 명이 아니라 많이 있기를!

일부는 그런 과오를 가지고 우리 체제를 싸잡아 비난하려 애쓰고 있소. 틀렸소, [우리는] 사회주의를 그런 식으로 건설하지 않았어! 누가 더 잘할 수 있었을까? 우리가 처음으로 건설했는데...

1972년 8월 15일

▶ 나는 탄압이 정당했다고 봐. 비록 거기에 큰 과오도 있었지만 말이오. 유념할 것

은, 만약 야고다가 국가보안총국[1] 의장 자리에 있지 않았더라면 일이 그렇게 커지지 않을 수도 있었다는 거요. 그가 법정에서 대놓고 말하길, 반대파들이 그토록 오랜 기간 고위층에 있었던 건 자신이 그들을 도왔기 때문이라고 했소. 하지만 그는 이제 자신의 과오와 오류를 인정한다면서 자신을 용서하고 살려달라고 했소. 왜? 자기가 우리에게 도움을 주었으니까!

내게 그 재판 속기록이 있는데, 그가 이렇게 말했소. "그렇습니다. 그래서 여기 앉아 있는 우파들과 트로츠키스트들이 그렇게 늦게 적발된 것입니다. 내가 훼방을 놓았습니다. 하지만 지금 내가 그들을 모두 폭로했으니 동무들은 그 대가로 제 목숨을 보장해주셔야 합니다!" 이런 비열한 놈이 있나! 공산당원이고 인민위원을 지낸 이런 상놈이 제르진스키 주변에 있었다니! 제르진스키의 최측근이라서 그를 멘진스키 이후 점차 국가보안총국 인민위원으로 만들었는데... 대체 어떤 인간이기에 정신이 그렇게 썩었을까![2]

당시 나는 그를 잘 알았소. 그가 제르진스키의 측근이었던 게 유감이지. 제르진스키는 덕망이 높은 인물이었고, 아무 것도 그를 더럽히지 않았소. 그런데 야고다는 당 주위에 있던 더럽고 하찮은 인간으로, 1937년에야 걸려들었던 거요! 우리가 그런 상놈들과 함께 일했는데, 다른 사람이 없었어! 없었지! 물론, 그래서 저질러진 과오도 많았지. 고의로 [그런 자들을] 우리에게 밀어 넣었고, 그래서 무고한 사람들이 고통을 당했소. 전체적으로 여덟에서 아홉이 옳았다면, 하나에서 둘은 분명 잘못됐소. 이 모두를 잘 헤아려야 했어! 그런데 미룰 수 없었소. 전쟁이 다가오고 있었거든. 그랬던 거요.

1981년 1월 9일

▶ 그게 벌써 1937년이었는데, 20년이 필요했소. 아니, 20년이 아니지. 실제로 벌써 그들을 정치국에서 쫓아냈지만, 그래도 그들은 오랫동안 당에 남아있었소. 각종 문제를 주제로 열린 공개 토론이 도대체 몇 번이야! 먼저 트로츠키와, 나중에 1928~29년에 부하

1) 1934년 여름 오게페우는 소연방 내무인민위원부(엔카베데)가 신설되면서 그 산하기관으로 흡수되어 국가보안총국(ГУГБ)으로 이름이 바뀌었고, 그때 오게페우 의장 대리였던 겐리흐 야고다가 내무인민위원으로 임명되어 전 조직을 지휘했다. 야고다는 1936년 9월 내무인민위원에서 통신인민위원으로 전보되었다가 1937년 3월 반국가사범으로 체포되었다. 국가보안총국은 1941년 내무인민위원부에서 분리되어 국가보안인민위원부로 독립하였다.

2) 국가보안기관 수장은 제르진스키(1917~26년)에서 멘진스키(1926~34년), 야고다(1934~36년), 예조프(1936~38년), 베리야(1938~41년), 메르쿨로프(1941~46년) 순으로 이어졌다.

린과 토론을 벌였소. 트로츠키와는 이미 그 이전에, 레닌 치하에 시작됐고, 지노비예프, 카메네프와는 대략 1925~26년부터 시작됐지. 그런데 1928~29년에 부하린, 리코프, 톰스키 등 우익반대파가 전면에 나타났소. 그에 관해 별로 기술하지 않고 있는데, 당시 우익반대파가 주된 위험이었소. 그건 그들이 농촌의 부농적 본질을 반영했기 때문이었는데, 농촌의 많은 중농이 부농들과 같은 편이 됐소. 우익반대파와 투쟁하기가 아주 힘들었어. 지금도 아주 힘들게 싸우고 있는데, 그에 관해서는 누구도 쓰지 않고 있소. 이 문제를 누구도 해명하지 않고 있어.

여기서 우리는 물론 일련의 중대한 과오를 저질렀는데, 그러나 내 생각에는 그런 과오가 지금 많은 사람이 떠드는 것보다는 적었소.

1980년 4월 29일

▶ 그래, 지금도 나는 당 중앙위원회가 기본적으론 1937년에, 나아가 1930년대 후반에 올바르게 행동했다고 생각해. 그 모든 걸 매끄럽게, 관용적으로 처리했다면 아주 나빴을 거요. 정말 흥미로운 것은 1930년대 후반 그 사건이 있을 때까지 우리가 항상 기회주의자들, 기회주의적 그룹들과 함께 살았다는 거요. 전쟁 후에는 그 어떤 반대파 그룹도 없었는데, 이로 인해 올바르고 훌륭한 정책 방향을 잡는 게 용이해졌소. 그런데 만약 그 사람들 다수가 살아남았더라면 과연 우리가 굳게 서 있을 수 있을지 의문이오. 스탈린이 특히 그 모든 어려운 과업을 짊어졌고, 우리는 그를 올바르게 보좌했소. 올바르게! 스탈린 같은 사람이 없었다면 아주 어려웠을 거요. 아주, 특히 전시에 말이오. 화합이라곤 아예 없었을 거요. 분열이지. 전체적으로 서로 반목하는 두 편으로 갈렸을 텐데, 이게 뭔가?

저질러진 실수가 많았소. 그것 역시 분명한 사실이데…

그런데 그런 탄압의 시기가 없었더라면, 그들은 그렇게 두려워하지 않았을 거요. 그것도 역시 유념해야 돼.

— [작가 예브게니] 옙투셴코가 자기 소설에 쓰기를, 공포에 기반을 둔 승리는 승리가 아니라고 했습니다.

▶ 만일 옙투셴코 같은 영웅들을 내세웠더라면 과연 승리가 가능했을까? 우리나라는

낙후된 나라였소. 레닌이 말한 것처럼, 우리나라는 소농의 나라였어. 물론 우리는 살아남았고, 사회주의는 버텨낸 다음에 어쨌건 전진해 나아갔소. 내 생각에 이건 그 시대의 위대한 공적이며, 그렇게 되는데 중요한 역할을 한 것이 바로 그 탄압이라는 유행병이었소. 그렇지. 1921년 봄 제10차 당대회에서 레닌은 과연 우리가 더 이상의 토론을 인내해야 하냐고 하면서 가차 없는 투쟁을 전개해야 한다고 말했소. 안 돼! 더 이상의 토론은 없다! 그런데도 토론이 계속됐소. 물론 규모는 작아졌지만 끝없이 계속됐는데, 레닌 때는 다른 방도가 없었소. 그런데 1923년 초, 하물며 레닌이 이미 떠나고 난 후에야 더 말해 뭘 하겠소. 레닌이 있을 때와 레닌이 없을 때를 유념해야 해. 심지어 레닌 치하에도 온갖 반대파 그룹만큼이나 반대자들이 있었소. 레닌은 그걸 아주 위험하게 생각했고 또 단호한 투쟁을 요구했지만, 그가 무엇보다도 반대파와 싸우는 전사, 이견과 싸우는 전사의 모습으로 나설 수는 없었소. 누군가는 모든 탄압과 무관한 사람으로 남아야 했소. 실제로 스탈린이 그 엄청난 어려움과 그것의 극복을 기꺼이 떠맡았소. 내 생각에 그는 기본적으로 그 일을 잘 처리했고, 우리가 모두 그것을 지지했소. 나도 그 지지자들 중에 하나지. 그리고 그것을 후회하지 않아.

1982년 12월 9일

— 사회주의 하에서 계급투쟁이 격화된다는 스탈린의 테제가 과연 옳다고 보십니까?

▶ 그건 일정한 기간을 전제로 하는 경우에 옳은데... 항상 격화된 계급투쟁이 있는 건 아니고, 일정 기간에 격화가 있었지, 물론.

1983년 1월 1일

▶ 스탈린과 당시 지도부의 업적은 당의 단결을 강화했다는 데 있소. 엄청난 일이야. 그리고 세계 공산주의 운동에도 기여했지. 스탈린은 정직한 사람이었소.

1983년 1월 1일, 1983년 6월 16일

— 제가 듣기로는, 스탈린과 의장님께서 엔카베데 요원들에게 고문을 해도 좋다는 지침을 내렸다고 합니다.

▶ 고문을?

— 그런 지침이 있었습니까?

▶ 아니야, 그런 거 없었소.

— 사람들은 븨신스키를 비난합니다. 그가 법적 권리를 폐지한 탓에 사람들의 운명이 임의로 정해졌다는 겁니다.

▶ 그를 비난할 필요가 없소. 그는 아무 것도 결정하지 않았어. 물론 그런 과도함이야 있었지만 다른 방도가 없었어.

— 지구당위원회 서기의 뜻대로 사람에게 유죄를 선고할 수 있었습니다.

▶ 그럴 수도 있었겠지. 진정한 볼쉐비키는 제2차 세계대전 전야에 그 일을 중단할 수 없었소. 이건 아주 중요해.

— 그리고 다들 하는 말이, 스탈린과 몰로토프 같은 사람들은 자신들만 레닌주의자이고 다른 사람들은 아니라고 여겼답니다.

▶ 그러나 다른 방도가 없었소. 만일 우리가 자신을 레닌주의자로 생각하지 않았다면, 그리고 동요분자들을 공격하지 않았다면, [나라가] 상당히 약화될 수밖에 없었을 거요.

1983년 10월 14일

— 1937년에 관해 이렇게 말합니다. "그렇게 수많은 가족들에 체포된 사람이 있었는데, 왜 스탈린과 몰로토프는 그걸 몰랐을까?"

▶ 속물적인 대화야. 그건 불가피했어, – 몰로토프가 대답한다.

1985년 1월 1일

▶ 얼마 전 모스크바에서 어떤 차를 타고 여기로 왔소. 운전기사가 좀 늙은 사람이었는데, 그에겐 초행길이었지. 차를 잡아주면 그걸 타고 [주코프카로] 오는데. 그럴 땐 보통 라디오 방송 〈마약〉[3]의 뉴스와 음악을 들어. 마침 그가 나와 대화를 하고 싶어 하는 것 같아 라디오를 껐소. 그가 말할 것이라 생각했지. 대화 거리를 찾았고, 분위기를 좀 활기차게 하려고 내가 그에게 몇 가지 질문을 했소.

3) 국영 라디오 방송 〈마약(등대)〉은 1964년 방송을 시작한 이래 지금까지 러시아의 주요 정보채널로 기능하고 있다.

그가 말하기 시작했소. "그래도 역시 러시아에 시베리아가 있다는 게 얼마나 좋은 일입니까!" — "그렇소, 시베리아는 물론 거대한 사건이지. 시베리아가 없었다면 힘들었을 거요. 시베리아는 우리에게 많은 도움을 줄 거요." — "실제로 프랑스에도, 독일에도 시베리아가 없습니다. 그들에겐 일이 그렇게 되지 않을 겁니다."

그가 무엇 뜻으로 그런 말을 하는가 생각했소. "그런데 동무는 무슨 뜻으로 시베리아의 유용성을 말하시오? 나는 시베리아에 각종 자원이 있다는 뜻으로 이해하는데..." — "의장님께선 제가 무슨 뜻으로 드리는 말씀인지 아시는 것 같습니다. 그 모든 폐물과 쓰레기들을 분쇄해야 할 필요가 있던 시대가 있었습니다. 스탈린은 긴 안목을 가진 인물이었습니다. 요시프 비사리오노비치는 멀리 내다보며 적시에 해당 인물들을 압살했습니다. 왜 적시냐고요? 왜냐하면 강하고 단호하게, 가차 없이 행동해야 했었기 때문입니다. 스탈린 동무는 그 과업을 강하게 처리했습니다." — "그렇소, 동무 말이 맞소."

그는 더 이상 아무 것도 말하려 들지 않았소. 이미 우리가 다차에 거의 도착했거든...

사람들이 다 알아. 이렇게 말하지. "뭐야, 두 번째 혁명을 해야 하는 거야?"

1977년 11월 1일

— 제가 어렸을 때 일이 생각납니다, – 쇼타 이바노비치가 말한다. – 그건 무섭고 끔직한 일이었는데, 엔카베데 요원들이 나타나는 것 자체가 공포였습니다. 마치 게슈타포 면전에 서있는 것 같았습니다.

▶ 물론, 그랬겠지, – 몰로토프가 말한다.

— 와서 누군가를 잡아갑니다. 제 부친도 잡혀갔는데 결국 죽었습니다. 베리야를 좋아하지 않았기 때문입니다. 어머니가 괴로워했습니다. 끔찍했습니다. 저는 부정하지 않습니다. 좋다고 생각합니다. 국가보안기관이 없었다면 소비에트 권력은 존속할 수 없었을 겁니다.

▶ 물론 그렇지, – 몰로토프가 동의한다.

— 펠릭스 동무의 할아버지도 탄압을 받았는데... 당이 기관원들에게 요구했습니다. "제대로 일하시오!" 그들이 칭찬을 받는 경우란 거의 없었습니다.

...쇼타 이바노비치가 1937년에 고통을 당한 부모에 관해 이야기한다. 부친 이반 비사

리오노비치 크반탈리아니는 베리야 암살모의 혐의로 체포되어 그루지야 트빌리시의 무슬림 묘지에서 처형당했다. 감옥에 갇혀 있던 모친은 전쟁 중에 [작업]계획의 700%를 초과달성했다.

1977년 8월 16일

— 무엇 때문에 제 어머니가 체포된 겁니까? – 쇼타 이바노비치가 말한다. – 반역자와 한 가족입니다. 조국의 배신자 가족 말입니다. 한 가족이라는 것 외엔 아무 것도 없습니다.

▶ 이해해요, – 몰로토프가 말한다. – 그런데 부친은 왜 체포됐소?

— 아마, 우파였기 때문일 겁니다. 아버지는 1905년부터 당원이었습니다. 볼셰비크로서, 세 번 투옥됐습니다.

▶ 나폴레옹 때부터 당원이었다고 해도 그럴 수 있지. 한때 볼셰비크였다가 나중에 볼셰비크를 그만 둔 것 같은데...

— 항상 볼셰비크였습니다. 아버지가 복권되었을 때 어머니는 국가유공자 유족 연금을 받았고 무료승차권도 받았습니다. 어머니는 가난한 농가 출신으로, 전업주부였습니다.

▶ 부농 출신일 수도 있는데?

— 아버지는 빈농가 출신이고, 어머니 역시 그렇습니다만... 사람들이 "고슴도치 장갑"을 끼고[4] [고초를 겪고] 있을 때 스탈린과 의장님께선 연단에서 보고 계셨습니다. 스탈린이 그걸 승인했습니까?

▶ 왜냐하면 누구도 항변하지 않았는데... 예조프는 혁명 전의 볼셰비크요. 노동자였지. 어떤 반대파에도 가담한 적이 없어. 몇 년 동안 당 중앙위원회 서기였고, 중앙위원회 기구에서 꽤 오랫동안 일했소. 카자흐 주당위원회 제1서기였고, 평판이 좋았어. 물론 그가 부패할 수 있었다는 걸 배제하지 않아. 그가 내게 남긴 어떤 인상이 있는데...

— [항공기 설계사인 알렉산드르] 야코블레프의 회고록『삶의 목적』에 보면, 스탈린이 예조프에 대해 대략 이렇게 말했답니다. "인민위원부로 전화하면 중앙위원회에 갔다고 하고, 중앙위원회로 전화하면 인민위원부로 갔다고 하고, 그래서 아파트로 사람을 보내니까 고주망태로 취한 자가 널브러져 있는데..." 그런 예조프를 어떻게 이해하겠습니까?

4) 1937~38년 대숙청은 당시 내무인민위원 니콜라이 예조프의 책임 하에 진행되었는데, '예조프'라는 이름은 고슴도치(ёж)에서 유래하였다.

정직했지만 턱없는 짓을 했습니다, 그렇죠?

▶ 턱없는 짓을 했다고도, 과도한 노력을 했다고도 할 수 있는데... 사람이 자리를 고수하며 노력할 때... 이걸 출세주의라 부르기도 하는데, 엄청난 의미가 있지. 그것은 늘 생기는데, 우리의 주요한 현대적 질병들 중 하나요.

막강한 권한을 휘둘렀던 예조프의 주된 결점은 당시 그가 지도자로서 이미 부패했다는 데 있었소. 나는 동무가 한 그 이야기를 익히 들은 적이 있는데, 스탈린도 그렇게 말했소. 내가 야코블레프를 읽어봤지만 전부 기억하진 못해. 사람들이 예조프를 비난하기 시작했는데, 그가 각 주에 [탄압 대상자의] 규모를 할당하기 시작했고, 또 주에서는 각 지구로 숫자를 지정해 내려 보냈다는 거요. 어떤 주에서는 최소 2천 명을 없애버려야 했고, 어떤 지구에는 최소 50명이 할당됐는데... 그를 총살한 이유가 그것에 대한 문책이기도 했소. 물론, 그런 상황에 대한 통제가 이미 없었지.

— 기관을 너무 많이 믿은 데에 정치국의 과오가 있지 않겠습니까?

▶ 아니오. 다른 문제가 있었지... 몰로토프는 대머리가 아니라고 말한다고 해서, 그게 몰로토프가 곱슬머리라는 걸 의미하진 않소. 어떤 사람이 키가 크지 않다고 말하는 건 그의 키가 작다는 걸 의미하는 게 아니오. 나는 예조프가 전혀 때 묻지 않은 사람이었다고 말하지 않소. 하지만 그는 훌륭한 당 일꾼이었소. 더 많이 통제했어야 했는데... 통제를 했지만, 그게 충분하지 않았소.

— 기관이 자신을 당 위에 놓았습니까?

▶ 아니야, 그건 그렇지 않소. 쏠림의 위험성이 너무나 컸기에, 그걸 유의해야 했는데... 그럴 겨를이 없었고, 그럴 여지도 적었지. 우리가 너무 믿었다고는 보지 않소. 충분히 통제하지 못했지, 통제하지 못했어. 나는 너무 믿었다는 데 동의하지 않소. 통제가 부족했어.

1973년 4월 27일

▶ 물론, 사람들을 변하게 만든 게 있었소. 무슨 말인고 하니, 그 반대파들은 모두 왜? 어제는 우리가 친구였는데, 오늘은 우리한테 격렬한 싸움이 벌어졌소. 훌륭한 사람들이 있었는데, 우파 중에는 물론 더 많았소. 레닌 치하의 정치국원 중에서 스탈린 한

사람만 남았지. 나머지는 모두 반대파에 속했어. 트로츠키, 지노비예프, 카메네프, 리코프, 톰스키, 부하린… 물론 스탈린에겐 복잡한 환경이었는데, 그런 상황에서 견딘다는 게 참 어렵지. 사방에서 비판을 하고, 불만과 불평과 불신이 가득한 상황에서 물론 신경이 곤두설 수밖에 없지. 스탈린 역시 부하린을 높게 평가했소. 아주 높게! 잘 준비된 사람이었는데, 그런데 어떤 짓을 했소?

1973년 6월 6일

재판 과정

▶ 우선, 나는 당시 소브나르콤 의장으로서 모든 탄압에 책임이 있소. 내게 책임이 있지…

내가 [콘스탄틴] 우하노프를 잘 알아. 그는 꽤 훌륭한 흥미로운 청년이었는데, 게다가 잘 생겼지. 금속노동자 출신으로 아마 〈지나모〉 공장에서 일했던 것 같은데… 혁명가였지. 그가 모스크바 소비에트 의장이었소. 우파와 연루됐지. 내가 모든 사람들에 책임이 있어. 내가 그들 대다수에, 거의 모두에 서명한 이상… 물론 함께 결정했지. 그런데 결국 게페우를 신뢰한 결과였지, 물론. 일을 급하게 처리했어. 과연 모든 사람을 알았을까?

하지만 그 엔카베데 조직에 우파가 많이 있었음을 유념해야 해. 야고다는 골수 우파요. 예조프는 좀 다른 유형이지. 나는 야고다보다 예조프를 아주 잘 알았소. 야고다 역시 혁명 전의 볼쉐비크였지만 노동계급 출신은 아닌데…

— 하지만 그들의 결과는 똑같이 평가되고 있습니다.

▶ 차이가 있소. 정치적인 차이요. 야고다로 말하자면, 그는 당의 정치에 대해 적대적이었소. 예조프는 적대적이지 않았지. 그는 과도하게 노력했소. 스탈린이 압박을 강화하라고 요구했거든. 그건 좀 달라. 그는 비열한 감정의 발로가 아니야. 그리고 멈추는 게 불가능했소. 어디에서 멈출 것인가? 조사를 해야 했는데, 자주 우파들이 조사를 했소. 아니면 트로츠키주의자들이 했거나. 우리는 그들을 통해 아주 많은 자료들을 받았는데, 어디서 [그들을 대신할] 다른 사람들을 찾겠소?

— 그러나 [요나] 야키르를 안다는 이유만으로 혹은 멀리서 봤다는 이유로 연대장을

체포하는 건 무슨 일입니까?

▶ 그런 게 아니라 그 그룹에 속했을 수 있지. 반드시 개인적 친분이 있을 필요는 없소. 스탈린의 지지자 각자가 스탈린을 개인적으로 알았을까? 그들은 그의 노선과 정치를 믿었고 투쟁했던 거요.

그 공개재판 과정에서 부하린, 릐코프, 로젠골츠, 크레스틴스키, 라콥스키, 야고다 같은 사람들이 터무니없어 보이는 그런 것들조차 시인한 것을 보면 놀라울 따름이지. 야고다가 말하길, 자신은 소연방에 적대행위를 한 그 어떤 스파이보다도 나을 게 아무 것도 없는 존재라고 했소. 물론, 그건 명백한 난센스야. 두말할 것도 없어. 어떻게 그들이 그럴 수 있겠나? 그리고 실제로 릐코프와 부하린에 대해, 심지어 로젠골츠에 대해 좀 알고 있는 사람들은 어떻게 그럴 수 있냐며 소스라치게 놀랐어. 내 생각에, 그건 공개재판에서 당에 대한 투쟁을 계속하는 방법이었소. 자신에 관해 그토록 많은 말을 했던 것은 다른 혐의들도 믿을 수 없는 것으로 만들기 위함이었소.

내가 말할 수 있는 것은, 거기에 난센스가 있다면 그건 딱 10% 정도였다는 거요. 그보다 더 적을 수도 있지. 그러나 그들은 그 모든 혐의가 얼마나 터무니없는 것인가를 보여주기 위해 고의로 그런 것들을 자신에게 덧씌웠소. 그건 반당투쟁이오.

동무는 심리적, 정치적 측면을 고려하길 원하겠지. 왜냐하면 그게 과연 모두 진실일까 하는 의문이 생기니까 말이오.

나는 거기에도 부자연스러움과 과장이 있다고 봐. 나는 릐코프와 부하린이, 그리고 트로츠키조차도 원동 지방을, 우크라이나를, 아마 카프카스까지 내주는데 동의했다고 생각하진 않아. 나는 그걸 배제하는데, 아마 그에 관련한 어떤 대화가 오갔는데 나중에 조사관들이 그걸 단순화했겠지...

1973년 12월 4일

▶ 때가 오면 알게 될 거요. 당 지도자들 중에 솔제니친 같은 자들이 있었는데, 그때 그들을 참고 또 참을 수밖에 없었소.

1937년경 그들은 강령을 잃었고 인민의 지지를 잃었소. 스탈린에게 투표했지만, 표리부동한 자들이었지. 재판 과정에서 쿠이비쉐프와 고리키가 어떻게 우파들의 지시로 독살됐는지 밝혀졌는데, 오게페우 의장이었던 야고다는 자신의 전임자인 멘진스키를 독살하는데 참여했소.

1974년 1월 8일

— 1937년에 대해 탄압이 너무 과도했다는 의구심이 스탈린 자신에게도 있었습니까?

▶ 어떻게 없을 수 있겠나? 의구심만이 아니지. 국가보안총국 의장 예조프를 총살시켰소.

— 스탈린이 모든 걸 그에게 덮어씌우려고 그를 속죄양으로 삼은 게 아니었습니까?

▶ 단순화요. 당시 나라 상황을 잘 이해하지 못하는 자들이 그렇게 생각하지. 물론 숙청 요구는 스탈린에게서 나왔고, 물론 과도했지. 그러나 내 생각에는, 그 모든 게 단지 소비에트 권력을 보존해야 한다(!)는 기본 목적을 위해 용인되었던 거요.

— 1937년의 희생자들에 대한 의구심으로 스탈린이 고통을 받는 장면이 몇몇 예술작품에 등장하기 시작했습니다.

▶ 이런 바보들! 누구를 안타까워하나? 그들은 우리 일을 망쳤어!

— 스탈린이 로코숍스키에게 사과했다고 하는데, 사실입니까?

▶ 그럴 수도 있겠지. 로코숍스키는 훌륭한 사람이오. 메레츠코프 역시 전쟁 전까지 감옥에 있었소.

1980년 2월 29일

— 재판이 끝난 후에 트로츠키가 지노비예프와 카메네프를 연체동물이라고 불렀습니다.

▶ 재판 때 부하린이 말한 것을 읽어 보시오.

…내가 읽는다.

— "본인은 소연방을 분할하려는 사악한 계획에 있어 내 자신이 유죄임을 인정합니다. 왜냐하면 트로츠키가 영토 할양에 관해 합의했는데, 본인이 트로츠키주의자들과 한 블록에 있었기 때문입니다. 이건 사실이며, 본인은 그것을 인정합니다…

본인은 이미 예심에서 기본 진술을 할 때, 재판 과정에서 본색이 적나라하게 폭로된 우리 반혁명 모사꾼들을 그 악취 나는 지하실로 소환한 것은 공허한 투쟁 논리가 아니라고 했습니다. 이 공허한 투쟁 논리는 이념의 변질, 마음의 변질, 우리 자신의 변질, 사람들의 변질을 수반하였습니다. 변질의 많은 역사적 사례가 익히 알려져 있습니다. [아리스티드] 브리앙, [베니토] 무솔리니 등을 거론할 수 있습니다. 그리고 우리나라에도 자신의 방침이나 독특함에서 부농 근위 파시즘에 아주 가까운 그런 진영으로 우리를 데려간 변질이 있었습니다."

▶ 그는 그것을 도식화할 줄 알아. 그럼, 계속하지.

— "본인은 거의 석 달 동안 [혐의를] 부인했습니다. 다음에 자백하기 시작했습니다. 왜? 그 이유는 감옥에서 본인이 나 자신의 과거 전부를 재평가했다는 데 있었습니다. 왜냐하면, 만약 네가 죽어야 한다면 무엇을 위해 죽을 것인가를 자문했을 때였습니다. 그때 갑자기 칠흑 같은 공허함이 놀랍도록 선명하게 떠올랐습니다. 회개하지 않은 채 죽고자 하니까, 죽음과 바꿀 만한 귀중한 것이 아무것도 없었습니다. 반대로, 소연방에서 반짝이고 있는 긍정적인 것 모두는 인간의 의식 속에서 전혀 다른 규모[의 의미]를 획득합니다. 이것이 결국 본인을 완전히 무장 해제시켰으며, 당과 국가 앞에 무릎을 꿇도록 했습니다. 여기서 본인은 반혁명 전술이 구성되는 힘의 평행사변형에서 트로츠키가 운동의 주된 동력이었음을 꼭 지적하고자 합니다. 그리고 테러, 정탐, 소연방의 분할, 파괴 암해행위 같은 가장 격렬한 방침들이 누구보다도 저 트로츠키로부터 유래하였습니다.

본인은 트로츠키도, 그의 다른 범죄 동맹자들도, 그리고 제2인터내셔널도 선험적으로 예단할 수 있습니다. 왜냐하면 본인은 그에 관해 니콜라옙스키와 이야기를 나눴기 때문이기도 합니다..."[5)]

▶ 니콜라옙스키가 누구지?

— 서방에 망명한 멘셰비키 중 한 명입니다.[6)]

"...우리들을, 특히 그리고 특별히 본인을 변호하려고 노력들을 하겠지요. 그런데 본

---

5) 부하린의 최후 진술은 1938년 3월 13일자 『프라우다』에 게재되었다.

6) 1936년 봄 부하린은 맑스 · 엥겔스 관련 자료들의 구입을 위해 유럽에 출장을 갔으며, 그때 파리에서 보리스 니콜라옙스키(1888~1966)를 만났던 바 있다. 니콜라옙스키는 멘셰비키 중앙위원 출신으로 1922년 추방되어 독일에서 망명생활을 하였다. 그는 1924~31년 맑스 · 엥겔스연구소의 대리인 자격으로 유럽에서 파리코뮌, 맑스 · 엥겔스, 인터내셔널 관련 자료의 수집을 주도하였으나, 농업집단화 및 탄압정책을 비판하면서 소련 국적이 박탈되었다. 히틀러 집권과 더불어 파리로 이주한 그는 유럽에 출장을 온 부하린, 라데크 등으로부터 얻은 정보를 이용하여 볼셰비키당 내부 상황에 관한 분석 글을 당시 러시아 망명자들이 유럽에서 발행하던 인쇄매체에 기고하기도 했다. 1940년 미국으로 이주한 니콜라옙스키는 자신이 수집한 러시아 혁명운동 관련 자료를 스탠퍼드대학 후버연구소에 매각하기도 했다.

인은 나라와 당과 모든 인민 앞에 무릎을 꿇고 있기에 이 변호를 거부합니다. 본인이 저지른 범죄의 기괴함은 가늠할 수가 없습니다. 특히 소연방의 투쟁이 새로운 단계에 접어든 상황에서는 더욱 그러합니다. 이런 생각으로 선고를 기다립니다. 문제는 회개한 적의 개인적 체험에 있는 게 아니라 소연방의 번영에, 소연방의 국제적 의미에 있습니다."

▶ 여기서 그가 좀 얼버무리는데...

— "다시 한 번 강조합니다. 본인은 세상에서 가장 무거운 범죄인 사회주의 조국을 배신함에 있어, 부농들의 반란을 조직함에 있어, 테러행위를 조직함에 있어 본인이 유죄임을 인정합니다...

나아가 본인은 〈궁정반란〉 음모를 조직함에 있어 본인이 유죄임을 인정합니다.[7] 그것은 극히 실천적인 일들의 핵심입니다. 본인이 말한 것을 다시 반복합니다. 본인은 반혁명 사업에서의 저격수가 아니라 지도자였습니다."

▶ 달변가야. 언변이 있어. 깨끗한 연설이야, – 몰로토프가 말한다. – 사람들은 그때의 심리들을 비웃고 감히 부정하기도 했는데, 기록을 외면하고 있소. 이미 모든 기록이 다 공개적으로 발간됐어! 재판정에는 외국 특파원들, 부르주아 및 히틀러 체제의 기자들, 외교관과 대사들이 참석해 있었는데...

과오도 있었고 큰 희생도 있었기 때문에라도 우리는 이미 믿으면 안 되는 자들을 너무 많이 믿게 됐던 거요. 그들은 이미 변질됐는데, 우리가 늦게 그들에게서 벗어났던 거지.

— 거기에 개인적 동기도 연루됐습니다. 〈궁정반란〉 시도는...

▶ 개인적 동기? 나는 동의할 수 없소. 그건 본질적으로 문제를 사소한 것으로 귀결시키는데, 왜냐하면 개인적 동기는 모두에게 있소. 좋은 사람이건 나쁜 사람이건 마찬가지요. 그런데 한 길로 가다가 나중에 완전히 반대 방향으로 돌아선 바로 그자들이 왜? 개인적 출세주의는 아주 작고 좁았을 거요. 그들은 이미 믿지 않았고 믿음을 잃었소. 그들에겐 다른 방도가 필요했는데, 소비에트 권력의 원수들만이 그들에게 다른 방도를 제시할 수 있소. 그건 둘 중 하나요. 10월혁명을 수호하든가, 아니면 10월혁명에 반대하면서 그 동조자들을 찾던가.

아시겠지만 난관에 직면하면 복잡한 상황이 되지. 모든 사람이 그걸 견디는 게 아니

7) 부하린은 1928년 7월 카메네프에게 함께 협력해 스탈린을 제거하자고 은밀히 제안하였다.

오. 당은 앞을 향해 진격하고 있는데, 그들은 벌써 어디에 틈새가 있을지 찾고 있었소. 도망갈 데가 없었지. 이미 정체가 드러났고, 이미 트로츠키가 되고 부하린이 된 상황에서 그들은 이미 예전에 했던 말을 반복했소. 그런데 이미 속으론 그걸 믿지 않았지. 그것이 그들을 나중에 그런 걸레가 되게 만들기도 했는데...

1973년 8월 14일

▶ 부하린이 재판정에서 어떻게 말했소? 만약 내가 무엇이라도 감추려 한다면, 내게 무엇이 남을까? 무엇을 위해? 지금 내겐 아무 것도 없다. 비존재에 직면한 나는 모든 걸 말할 것인데... 그들은 잡혀서 빠져나오는 못한다는 것을 아는 거요.

— 그러나 지금 사람들 말은 자백 말고는 유죄를 뒷받침할 어떤 사실관계도 없고 유죄의 증거도 아직 나타나지 않았다는 겁니다.

▶ 그들이 유죄이고 그들이 적이라는 사실을 우리가 고스란히 알았는데, 어떤 증거가 아직 더 필요했겠소! – 몰로토프가 대답한다, – 부하린을 읽어보시오. 그는 기회주의자요! 그럼 부농의 반란은?

— 그들이 유죄라는 게 분명하다는 겁니까?

▶ 물론, 분명하지. 그들은 사건을 황당무계한 지경까지 끌고 가려고 애썼는데, 왜냐하면 그들은 실제로 지독한 원한을 품고 있었거든. 그들에 대해 승리를 거뒀지. 물론, 부하린은 자신을 아주 과대평가했소. 그는 자신이 망한 걸 아주 불쾌하게 여겼소. 아주, 아주!

1973년 11월 9일

— 지금 사람들 말은, 재판정에 피고들 대신 배우들이 있었다는 겁니다. 그런데 저의 문제 제기는 이렇습니다. 즉, 독일인들이 한 사람에 대한 단심 재판을 기획하고 괴링이 그것을 주관했는데, 그게 바로 재판 첫 날에 망했습니다!

▶ 그렇지, – 몰로토프가 동의한다. – 재판 기록이 모두 출간됐소. 군인들에 대한 재판 두 건을 빼고는 말이오. 그것들은 비공개로 재판이 진행됐는데, 군사 기밀이기 때문이었소. 소비에트 권력의 적들이 표출하는 것은 항상 상상을 초월해. 세계 언론이 참석

한 가운데 12일 동안 공개재판이 열렸고, 21명을 심판했소. 전부 꽤 유명한 인물들이었는데... 우리의 적들이 방청석에 앉아 있었고...

1974년 1월 8일, 1975년 3월 8일

— 지금 그와 관련하여 이렇게 반문합니다. "많은 희생을 치른 것이 실제로 소비에트 권력을 수호하기 위함이었다고 하더라도, 수백만의 죽음을 야기한 그런 권력이 왜 필요한가? 군주국 혹은 입헌민주국이 더 좋지 않았을까?"

▶ 부르주아 사회에서 형편이 좋은 사람들은 그렇게 말하겠으나, 그렇지 못한 노동자, 농민, 빈농들은 그에 동의하지 못할 거요, – 몰로토프가 말한다. – 그리고 구체제 하에서 희생자들은 훨씬 더 많았을 거요. 그리고 새롭고 새로운 전쟁이 부단히 계속됐겠지. 그건 피할 수 없소.

— 그럼 한번 증명해 보십시오!

▶ 증명할 필요 없소. 그건 삶이 보여줄 거요. 아직 안 보여줬던 사람들에게 말이오, 기본 대중인 노동자 · 농민에게가 아니라.

1974년 6월 13일

▶ 재판이 날조됐다고 말하는 자들은 그 지적 아둔함으로 백위대의 동맹자에 불과할 뿐이오. 그 어떤 게페우 기관이나 기타 우리의 보안기관도 그것을 기획할 수 없었소. 큰 재판이 세 건 있었는데, 1936년, 1937년, 1938년 이렇게 세 번 열렸소. 재판 기록이 충분히 공개됐어. 완전히 기가 죽은 자들이 말하고 그만큼 털어놓은 거요! 그래, 그들이 모든 죄를 고백하진 않았더라도, 역시 뭔가 혼동했을 수 있소. 그럴 수 있어.

크레스틴스키, 로젠골츠 같은 자들, 야고다 같은 자들, 부하린이나 퍄타코프 같은 자들이 모두 어떤 모범 답안에 따라 진술했다고 하는 것은 정말 터무니없는 일이오!

제국주의가 존재하는 한, 좌파와 우파는 모두 새로 반복될 거요. 제국주의가 존속하는 동안에 우리는 좌파와 우파 어디로부터도 벗어나지 못해.

— 의장님께서 1937년에 승리하지 못하셨다면, 소비에트 권력이 지금 존재하지 않을 수도 있습니다! – 쇼타 이바노비치가 말한다.

▶ 아니오, 그것도 극단적인 생각 같소. 더 많은 희생자들이 있었겠지. 내 생각에 우리는 어쨌건 승리했을 거요. 희생자들이 수백만이나 더 많았겠지. 독일의 공격을 격퇴하면서 안에서도 투쟁하는 일이 생겼을 거요.

1977년 6월 16일

— 사람들은 스탈린이 가장 재능 있는 사람들을 죽였다고 비난합니다.

▶ 재능 있는 트로츠키, 재능 있는 지노비예프를... 우리가 그런 명인들과 뒤쪽으로 기었다면! 재능도 재능 나름이지...

1977년 12월 28일

— 1930년대 공개재판에 관해 새로운 설이 등장했습니다. 그들이 모든 죄를 인정하면 생명을 보장하기로 약속했다고 합니다.

▶ 백위대 같은 자들이 하던 주장이야, 백위대가 하던. 그건 예전에도 있었소. 뭐야, 그자들 바보 아니야?

1976년 4월 28일

— 일부 사람들이 의장님을 비난합니다. – 쇼타 이바노비치가 말한다. – 의장님께서 1937년에 탄압을 더 강화했어야 했는데 부적절한 대처 탓에 숨은 적들이 많이 살아남았다는 겁니다. 의장님께서도 당원증을 가진 위선자들이 도처에 있었다고 지적하셨습니다.

▶ 주당의 조직들에도, 각 인민위원부에도 있었고, 정치국 내에도 우리 과업을 믿지 않는 자들이 있었소. 릐코프가 그랬고, 지노비예프 역시 그랬지. 릐코프는 돈 강 지역에서 농민 봉기가 있을 거라고 확신했소.

전쟁을 목전에 둔 상황에서 치열하게 전개된 당내 투쟁은 무엇으로 설명될까? 대체 무엇으로 설명이 될까? 여기 중요한 생각이 있소. 내가 많은 궁리 끝에 갖게 된 생각인데, 나름 의미가 있소. 그걸 무엇으로 설명할까?

그건 착취계급들이 완전히 분쇄되지 않았기 때문이오. 그런 상황이 당에 반영되어 나타났던 거요.

— 그런데 지금 사람들 말은, 착취계급들이 타도되어 1937년경에 이미 어떠한 계급도 없었다고 하는데...

▶ 부농들을 추방하고 그 다음 날 착취계급들을 다 깨버렸소! – 몰로토프가 말한다. – 그런데 지금 생각해보니 우리가 그걸 완전히 끝내지 않은 것 같아. 우리는 부농들에 승리를 거뒀지만, 본질적으로 지금도 아직 완결하지는 못했소. 부농적 경향은 지금도 얼마든지 있어! 당원증을 갖고서 부농들을 옹호하고 있지. 근로자들은 말하기를... 생각이 없는 작가들이 많아.

— 레닌이었다면 스탈린처럼 반대파를 다루지 않았을 것이라는 주장이 있습니다. 거기에 스탈린의 폭군적 성격이 반영되었다는 겁니다. 레닌이 트로츠키에게조차 얼마나 매달려 있었습니까!

▶ 시대가 달라. 그건 분명해. 문제가 바로 거기에 있어. 레닌이 말했소. "내가 당을 떠날 거요, 내가 정부에서 나갈 거요!" 정말 어떠한 지경까지 갔던지!

물론, 레닌은 많은 경우에 더 융통성이 있었지. 스탈린은 상대적으로 인내심이 적었어. 그러나 다른 측면에서 보면, 레닌은 10월혁명 시기에 지노비예프와 카메네프를 당에서 제명하려 했소. 반면 스탈린은 그들을 옹호했어. 여러 경우를 보면 한마디로 평가할 수 없으나, 레닌이 온화한 사람이었다고는 절대 말할 수 없소. 어린 애들을 예뻐하는 인자한, 그런 사람이 아니오. 레닌을 그렇게 묘사하면 절대 안 돼.

1976년 6월 30일

▶ 우리는 멈출 수 없었소. 충분히 사람을 연구했고 객관적으로 사람을 파악도 했고, 미룰 여지가 전혀 없었소. 몇몇 경우에는 일이 아주 위태로운 지경에 있었거든. 내 생각에, 우린 올바르게 행동했어. 탄압을 가함에 있어 심각한 무절제에 직면하기도 했으나, 그것이 불가피했기에 당시 우리에겐 다른 방도가 없었소. 만약 기회주의자들이 득세했다면, 그들은 물론 그 일에 착수하지 않았겠지. 하지만 그랬다면 전쟁 중에 우리나라엔 모든 일에, 또 소비에트 권력의 존속 자체에 영향을 미쳤을 그런 내적 투쟁이 있었을 거요. 우리를 비판할 수도 있고 비판이 필요하기도 해. 과도함을 이유로 우리를 비난할 수도 있어. 하지만 우리에겐, 내가 보기에, 다른 선택이 없었소. 그것이 가능한 대안들 중 최선이었소.

— 의장님을 비난하는 사람들이 이렇게 말합니다. "부하린이 스탈린과 몰로토프를 제압하고 승리했다면 좋았을 텐데... 유혈참사가 적었을 거야."

▶ 진짜 공산주의자라면 그렇게 말할 수 없지. 지금 한술 더 뜨는 사람들도 있어. 우리가 탄압에서 정도를 넘었던 것은 다 이유가 있는데, 그것이 과오를 정당화해주지. 허술한 과오들까지도 말이오. 그렇지 않았다면 우파들이 우리 모두에게 복수를 했을 것이고, 당내 투쟁이 격렬하게 전개됐을 거요. 우리가 굴복하지는 않았을 텐데, 반면 히틀러는 그로 인해 아주 많은 이득을 챙겼겠지. 그것은 물론 미래의 유럽 공산주의 운동 전체에 심각한 타격을 가했을 거요. 물론 그건 주로 유럽과 중국에서 아직 확고한 기반이 갖춰지지 않았음을 전제한 거요.

내 생각에, 볼쉐비키답게 사고하고 행동할 줄 모르는 자들이 과오를 이유로 우리에게 비난을 퍼붓고 있소. 물론 우리가 지도적 위치에 있었기 때문에 그에 대해 책임이 있는데, 하지만 그건 보다 난해한 문제요. 레닌은 차치하고서, 특히 스탈린 개인의 역할이 아주 컸지.

— 칠레의 예를 보면, 아옌데는 아무도 건드리지 않았습니다. 그런데 그로부터 어떤 결과가 있었습니까? 유혈 테러 아닙니까!

▶ 그렇지. 국제적 상황에서 히틀러가 볼쉐비키로부터 받을 도움이 있었다면... 그건 우리 당과 중앙위원회에서의 주먹다짐이었겠지. 그랬다면 우리는 그 결말을 예측할 수 없었을 거요. 그로부터 좋은 결과를 기대할 수 없겠지. 나는, 예를 들면, 레닌 때부터 함께했지만 볼쉐비키형이 아닌 몇몇 인물들, 즉 지노비예프, 카메네프, 부하린 같은 자들이 반대로 가는 걸 알았소. 물론 그들은 당에서 큰 역할을 했지만 말이오. 총론에서 우리는 기본적으로나 전체적으로나 올바른 입장을 취했소.

1983년 10월 14일

사람들이 다양했다

▶ 참, 사람들이 다양했지. 아직 많은 걸 해명해야 돼. [요시프] 바레이키스를 봅시다. 그래, 그는 탄압을 받았고 복권이 됐지. 그런데 그는 정말로 짜리 경찰 보안국의 요원이

었소. 문서로 입증된 완전히 정확한 사실이오. 그래, 나중에 그가 자신의 세계관을 바꿨을 수도 있어. 거기 보안국에 역시 바보들이 있진 않았지. 내가 자주 감옥에 가고 유형도 살았는데, 그들 중에 우리 형제보다 더 똑똑한 자들이 있었고... 1919년에 당 중앙위원회 지시로 내가 울리야놉스크에 가서 바레이키스를 만났소. 그는 레닌의 노선에 반대했소. 내가 보고할 수밖에 없었는데, 그러자 그가 발뺌을 하더니 모든 걸 반대로 말하기 시작했소. 나는 그가 어떤 사람인지, 어떤 볼쉐비크인지 이해했소. 그런 자들이 적지 않았지...

1969년 12월 6일

— 인민들 중에는 [파벨] 포스티쉐프에 대해... 또 [알렉산드르] 코사레프에 대해 좋게 기억하는 사람들이 있습니다.

▶ 포스티쉐프는 좋은 인상을 남겼소. 훌륭한 자질을 가졌지만 말년에 과오를 저질렀지. 우파들과 가까웠어. 코사레프는 노동자 출신으로 소장파에 속했소. 그는 콤소몰 단원으로 활동에 열성적이었지만, 물론 우파였지. 그는 부하린–슬레프코프 타입의 사람이었소. 그런 소장 그룹이 있었는데, [알렉산드르] 슬레프코프는 잡지 『코뮤니스트』의 편집장이었소. [드미트리] 마레츠키는 여배우[=베라 마레츠카야]의 오빠였고, [발렌틴] 아스트로프는... 그는 나중에 당의 역사에 관한 책들을 쓰기 시작했는데, 시쳇말로 사람이 된 거지. 몇 명이 더 있는데, 에이헨바움인지 아이헨바움인지 하는 자가 있었고... 그런 소장 그룹의 리더가 슬레프코프였소.8) 그가 우파 내 소장 그룹의 대표 격이었지. 모스크바에서 활동했던 그는 나름 괜찮은 조직가였지만 부농 타입의 유쾌하지 않은 인물이었고...

그리고 지금 의도적으로, 신부하린주의적인 방해 로비의 영향으로 인민경제에 엄청난 손해가 야기되고 있소.

농업 국가에서, 무얼 기대하시나! 농업 국가에서만이 아니라 독일에서도, 특히 노동자들 다수가 노동귀족이 되어 자신이 가진 것을 잃어버릴까봐 두려워하는 영국에서조차도

---

8) 여기서 몰로토프는 소위 "부하린 학파" 내지 적색교수단이라고 불린 세력을 언급하고 있다. 대개 (부하린의 영향이 컸던) 적색교수원 출신이었던 그들은 주로 언론계나 학계에 종사하면서 부하린의 이론과 정치적 입장을 지지했으며, 1930년대 전반 거의 정치무대에서 사라졌다.

그렇소. 그 모든 것을 연약한 조치들로 억누를 순 없어.

흐루쇼프 같은 자는 즉각 적의 편에 가담하고 싶기도 했을 거요. 아주 힘든 시절이 있었소.

1971년 2월 19일, 1981년 5월 1일

— 부르주아 민주주의자들은 의장님을 포함한 스탈린 지도부를 "반인반수"라고 부릅니다. 시각차를 빌미로 사람들을 총살했다는 이유입니다. 부르주의 의회에서 의원들을 총살하는 경우는 없습니다.

▶ 왜냐하면 거기서는 해야 할 것을 하지 않기 때문이오. 처음에 우리는 모든 걸 고려하지도 이해하지도 못했소. 물론 일이 순조롭게 진행될 것이라고 생각하진 않았지만, 모든 걸 장악하지도 않았는데... 반소비에트 파괴암해행위가 발생하면서 마침 이해하게 됐던 거요. 내가 개인적으로 잘 알고 또 아주 좋은 사람이었던 공산주의자 [모이세이] 루히모비치가 파괴암해행위에 가담했다고 우리 조사 자료에 나오면, 그건 이미 그가 그만큼 동요하고 있었다는 건데... 내가 1937년 당 중앙위원회 전원회의에서 루히모비치를 파괴암해자로 지목했고, 그는 그걸 인정했소. 증언이 많이 있었는데, 날조된 것일 수도 있어. 그러나 [그런 상황에서] 모두가 자신이 유죄라고 인정하지는 않았소. 루주탁은 자신이 유죄임을 인정하지 않았어! 그런데도 총살당했소. 정치국원이었는데, 그는 고의적 가담자가 아닐 거요. 그러나 그 패거리와 자유분방하게 어울렸고 그 모두가 실없고 사소한 것이라 생각했소. 그런데도 용서할 수 없었어. 그는 그것의 위험성을 이해하지 못했어. 그는 어느 순간까지는 괜찮은 동무였는데, 물론 꽤 똑똑한 사람이었지. 라트비아 사람답지 않은 유연성이 그에게 있었어. 대개 라트비아 사람은 생각이 느리다기보다는 좀 단순하게 생각해. 우리 당의 빼어난 사상가들 중에 라트비아 사람은 없소. 그런데 그는 사고의 유연성이 대단했고, 그것으로 다른 라트비아 사람들과 구별되었소. 그래서 정치국원이 되기도 했던 거지. 예전에 징역을 살면서 4년간 강제노동에 종사했소. 볼쉐비크로서 징역을 살았지. 라트비아에서 체포되었을 거요. 공적이 있는 사람이지.

감옥에서의 처신도 훌륭했소. 그래서 자신의 권위를 유지할 수 있었는데, 하지만 내가 보기에 그는 말년에, 즉 그가 이미 내 대리로 있을 때,[9] 이미 자기만족이 컸던 것 같

아. 혁명가다운 진짜 투쟁이 이미 없었어. 그런데 그 시기에 그것은 갖는 의미가 컸지. 그는 쉬고 싶어 했소. 일할 때 특별한 열의나 몰두는 찾아보기 어려웠지만, 유능하며 이미 정치적 경험이 많은 사람으로서 그는 토론할 때 유용했어. 영리하고 통찰력 있는 사람이었거든. 휴식 및 휴식과 연관된 일을 좀 맡으려는 성향은... 그는 술을 좋아하지 않았소. 쿠이비쉐프도 내 대리였는데, 반대로 그는 대단한 호주가였지. 그게 그의 약점이었소. 좋은 사람들과 어울려 마셨고, 그러면 소탈한 사람이 됐어. 그는 시를 읊고 노래를 불렀는데, 분위기에 좀 취하곤 했소.

반면 루주탁은 그 주위에 등장한 속물 그룹과 자주 어울렸는데, 그가 거기서 무얼 했는지 이해하기조차 어려워. 그는 그렇게 주변으로 처졌소. 주변에 있었지. 역시 휴식을 즐기는 자기 사람들과 함께 말이야. 그리고 당을 위한 뭔가 새로운 기여라곤 아무 것도 없었소. 감옥에서 고생했고, 그래서 휴식을 원한다고 이해했어. 그에게 시비를 걸지 않았어. 쉬고 싶으면 쉬라는 거였지. 그런 속물적인 생활에 심취했어. 앉아서 친구들과 식사하고 함께 어울리고, 나름 괜찮은 패거리였는데, 그러나 그 모든 것엔 정도가 있어야 하는 법이지.

꽤 융통성 있는 사람이었고 노련하게 행동할 줄도 알았어. 물론 볼쉐비키 정신으로 말이야. 1920년에 레닌이 루주탁을 인용했소. 즉, 노동조합 문제에 관한 트로츠키의 테제에 대항해서 루주탁이 제시한 테제에 주목하지 않는 실수를 우리 정치국이 범했다는 거요. 레닌에겐 어떤 기댈 데가 필요했고 그래서 루주탁을 내세웠던 것 같아. 하지만 그건 루주탁이 쓴 것이 아니야. 레닌그라드 노동조합에 [그리고리] 츼페로비치라는 사람이 있었는데, 역시 그는 잘 배운 유식한 사람이었소. 그들 둘이서 그 테제를 고수했는데, 내가 보기에 테제를 쓴 사람은 츼페로비치였으나, 루주탁이 그걸 감각적으로 포착했던 거요. 트로츠키는 노동조합의 활동에 대한 행정적 지도를 강하게 요구했는데, 반면 루주탁의 테제에는 노동조합에 사회적·이념적 조직자로서의 역할을 부여하는 편향이 있었고, 레닌은 그것을 노동조합의 기본 역할로 간주했소. 레닌이 이렇게 말했소. "자, 보시오! 노동조합에서 일하는 사람들이 그것에 관해 썼습니다. 그런데 동무들은 정도를 지나쳐 나사를 조이려고만 합니다. 이게 동무들에게 필요한 겁니다. 루주탁이 옳습니다."

---

9) 얀 루주탁은 1926~37년 소브나르콤 의장 대리를 지냈다.

루주탁이 즉시 우리들 사이에서 부각됐는데, 하지만 나는 그를 칭찬하고 싶지 않았소. 그가 왜 소진됐는지 말하기 어려우나, 그가 어울렸던 패거리 중엔 비당원 끄나풀들이 있었던 것 같은데 그들의 정체를 누가 알겠소. 체키스트들이 그걸 전부 관찰해 보고했던 것 같은데, 그게 날조됐다고는 믿기 어려워. 믿기 어려워. 이 경우에는 믿기 어렵지. 그러나 말해야 할 것은 그가 취조 때 끝까지 버텼다는 거요. 기질을 보였지. 우리가 국가보안총국으로 갔는데, 거기에 나도 미코얀도 있었소. 아마 정치국원이 몇 명 더 있었던 것 같은데, 베리야도 있었는지는 지금 기억이 없소. 아마 있었을 거요. 그는 체키스트로서 동참할 수 있었거든. 두세 명이 더 있었소.

루주탁은 체키스트들이 자신에게 견딜 수 없는 모진 고문을 가했다고 불평했지만, 그는 어떠한 자백도 하지 않았소. "나는 내게 뒤집어씌운 것을 아무 것도 인정하지 않습니다." 그게 엔카베데 안이었소. 루주탁은 자신을 모질게 때렸고 신나게 괴롭혔다고 말했소. 그래도 굳게 버텼어. 그를 엄청 고문했을 거요.

— 그게 베리야를 통해 진행됐습니까?

▶ 그가 없이는 안 되지.

— 의장님께선 그를 옹호할 수 없으셨습니까? 그를 잘 아셨잖습니까.

▶ 개인적 생각만으로 그렇게 하면 안 돼! 우리에겐 자료가 있었소.

— 혹시 확신이 있으셨다면...

▶ 나는 100% 확신하진 못했소. 어떻게 100% 확신할 수 있겠나? 사람들이 말하길... 내가 그와 그렇게 가까운 사이는 아니었소. 그는 내 대리였고 일로 만났어. 똑똑하고 좋은 사람이었지만 동시에 나는 그가 자신의 개인 일로 아주 바쁜 것을 봤어. 거기서 누군가와 뒤엉켰지. 멍청하게, 여자들과... 한도를 넘었지. 그는 당 정치국원이면서, 소브나르콤에서 내 대리였소, 도로교통 담당 대리.

— 제1대리였습니까?

▶ 아니오, 당시엔 아직 제1대리가 없었소. 루주탁이 네 번째였소.

— 그런데 죄목이 무엇이었습니까?

▶ 지금은 이미 기억을 못해. 그가 이렇게 말했소. "아닙니다. 전부 사실이 아닙니다. 나는 맹세코 거부합니다. 여기서 나를 고문하고 강요했지만, 나는 아무 것도 서명하지 않았습니다!"

— 그런데 스탈린에게 보고하셨습니까?

▶ 보고했지. 합리화할 수 없었고, 스탈린이 말했소. “일반 지침에 따라 처리하시오.” 그런데 스탈린은 루주탁에 좋은 생각을 갖고 있었소.

— 총살했습니까?

▶ 총살했지.

— 무죄일 수도 있지 않습니까?

▶ 나는 그가 정직하게 처신했다고 확실하게 보증할 수 없었소. [니콜라이] 안티포프, [블라스] 추바리 등과 어울렸어.

— 지금 『프리우다』는 루주탁에 관해 좋게 평하고 있습니다.

▶ 투하쳅스키에 관해서도 지금 좋게 쓰고 있잖소. 그를 복권시키더니 칭송을 하느라고...

재판에서 밝혀진 것으로 판단하면, 루주탁은 우파의 적극적 참여자로서 테러 계획에도 당 중앙위원회와 지도부를 전복시키려는 음모에도 적극 관여했소. 그래서 나는 대단한 불굴의 정신과 저항을 발휘한 그가 유죄라고 생각해. 그는 사실 자체에 관해 체키스트들에 반박하려고 하지 않았소. 그가 그런 상황에 처했다면, 과연 누구와 말해야 될까?

심지어 나는 한때 몇몇 의구심을 말한 적이 있소. 그를 유죄로 심판하는 것이 옳으냐는 것이었지. 그러나 이전에 보지 못했던 자료를 읽었을 때... 재판 과정은 그가 우파의 적극적 참여자였음을 낱낱이 폭로했소. 실제로 그는 릐코프, 톰스키와 개인적으로 연결돼 있었어.

모든 게 극도의 긴장상태에 있었소. 당시엔 가차 없이 행동해야 했는데, 나는 그게 정당했다고 생각해.

그런데 이제는 그게 완전히 정당화되지 않을 수 없어. 모든 게 깨끗해졌던 전쟁 때, 그리고 후에 융성이, 전반적인 융성이 있었는데, 그땐 이미 그런 위험성이 없었소. 만약 투하쳅스키와 야키르가 릐코프, 지노비예프와 함께 전시에 반대파 활동을 시작했다면, 아주 결렬한 투쟁이 전개됐을 것이고 엄청난 희생이 수반됐을 거요. 엄청난 희생이! 양쪽 다 파멸할 수밖에 없었을 거요. 굴복 없이 끝까지 갔겠지. 모두 상대를 가차 없이 섬멸하기 시작했을 거요. 물론, 결국 누구든 승리했겠지. 하지만 양쪽 다 아주 심각한 손상을 입었을 거요.

그런데 그들은 이미 히틀러와 내통하고 있었소. 그들은 그 전에 이미 히틀러와 내통하고 있었어. 물론 트로츠키가 관련되어 있었고, 여기엔 어떠한 의혹도 없어. 히틀러는 정치적 모험주의자였고, 트로츠키도 그랬소. 그들에겐 뭔가 공통된 게 있었지. 그런데 우파들이 그와 연결되어 있었소. 부하린과 릐코프 말이오. 그렇게 그들 모두가 서로 연결됐던 거요. 많은 군 지휘관들도 말할 것 없지. 위에서 정치지도자들이 히틀러에게 선이 닿았다면, 투하쳅스키 등은 부차적 역할을 하면서 그들을 따라간 거요. 이는 단지 그들에게 있었던 의구심, 즉 우리가 버텨낼 수 있을까, 나중에 언젠간 우리나라가 식민지로 전락하는 게 아닌가 하는 의구심에서 비롯되었을 수도 있소.

— 그러나 루주탁에게 했던 것처럼 그러면 안 되는데....

▶ 안 된다, 안 된다. 그럼 다른 경우를 봅시다. 베리야 집무실에서 우리가 추바리를 심문했소. 내 대리였던 그도 역시 유죄임을 의심받았소. 노동자 출신의 우크라이나 사람이었는데, 오랫동안 우크라이나 소브나르콤 의장을 했고, 나중에 연방 소브나르콤 의장 대리 및 정치국원이 됐소. 그에겐 우익 편향이 있었소. 우리는 모두 그걸 감지하고 있었는데, 릐코프와 개인적으로 얽혀 있었소. 아주 신중하고 아주 영리한 사람이었는데, 특별히 열성적이진 않았어.

체포된 안티포프가 추바리에 관해 진술했소. 안티포프 역시 내 대리였고 당 중앙위원이었으며 소비에트통제위원회 의장이었소. 우리가 그의 진술을 듣는데, 추바리가 내 옆에 앉아 있었소. 그가 체포되기 전이었는데, 그를 불러서 그에 관해 하는 말을 들어보라고 했던 거요.

안티포프는 추바리의 친한 친구였소. 추바리의 다차와 안티포프의 다차, 그리고 내 다차가 같은 방향에 있었어. 나는 안티포프 부부가 추바리의 다차에 자주 가는 걸 알고 있었소.

안티포프의 진술 중에 거짓말이 있을 수도 있어. 이렇게 말하더군. "동무가 내게 이런 저런 말을 했잖아!"

안티포프 역시 노동자 출신으로 레닌그라드 볼쉐비크였는데, 내가 그 두 사람을 아주 잘 알아. 서로가 서로에 대해 진술했는데, 추바리가 그에게 말했소. "어떻게 내가 저런 뱀을 내 마음에 품었을까! 동무는 내 마음의 뱀이야, 이 첩자야!"

— 그런데도 믿지 않으셨습니까?

▶ 그래도 우린 믿지 않았지.

— 안티포프를 믿으셨습니까?

▶ 많이는 아니었고, 전부 믿지 않았을 수도 있겠지. 나는 안티포프가 추바리를 모함할 수도 있다고 이미 직감하고 있었는데... 스탈린은 추바리를 신뢰할 수 없었고, 우리들 중 누구도 그럴 수가 없었소.

— 결국 스탈린은 사람들에게 전혀 연민을 갖지 않았습니다. 그렇지요?

▶ 연민을 갖지 않는다는 게 무슨 뜻이오? 그는 보고를 받았어. 그럼 확인해야지.

— 사람들이 서로 모함하고 있는데...

▶ 만약 우리가 그걸 이해하지 못했다면, 우린 바보 멍청이들이었겠지. 우리는 바보가 아니야. 우리는 그 사람들을 믿고 그런 일을 맡길 수 없었소. 아무 때라도 그들은 옆으로 샐 수 있었거든.

그런 가혹한 조치들을 취하지 않았더라면 동요가 어떻게 끝났을지 누가 알겠소. 국가 기구의 간부들이, 우리는 대중을, 농민들을 건드리지 않았는데, 지도 간부로서 어떻게 처신하는지, 나약하게 구는지, 혹 의구심을 갖는지 점검했던 거요. 찾아서 해결해야 할 복잡한 문제가 아주 많았는데... 나는 확신해. 그런데 [지금] 사람들이 믿지를 않아, 무슨 말을 해도...

내 제1비서가 체포됐고, 제2비서도 체포됐소. 내가 봤지, 내 주위가 어떤지...

— 의장님에 대해서도 썼습니까? 역시 보고했습니까?

▶ 그럼, 당연하지! 하지만 내게는 말하지 않았소.

— 하지만 스탈린이 그걸 수용하지 않았겠지요?

▶ 어떻게 수용하지 않나? 내 제1보좌관이 체포됐소. 우크라이나 사람인데, 역시 노동자 출신이었소. 그가 아주 유식하진 않았지만, 나는 그를 정직한 사람으로 봤어. 그를 체포한 후에 아주 많은 압박을 가했던 것 같은데, 그는 아무 것도 말하려 들지 않았고 엔카베데에서 승강기로 몸을 던졌어. 그리고 내가 통솔하던 기구 전체가...

1937년은 아주 힘들었소. 그러나 우리가 그렇게 하지 않았다면 희생자는 훨씬 더 많았을 거요. 나는 그것에 한 치의 의심도 없어. 만약 그들이 이겼더라면 당연히 아주 많은 희생자가 있었을 거요.

— 흐루쇼프가 의장님에 대해 뭐라고 말했는지 아십니까? – 쇼타 이바노비치가 말한다. – 그가 어떤 여인을 회상했는데, 1937년 일이랍니다. 10년형을 선고받은 여인들의 명부를 가져왔는데, 몰로토프가 그걸 지우더니 이렇게 고쳐 썼다는 겁니다. "총살하라."

▶ 그건 중국문제에 관한 수슬로프의 보고에도 나오는 이야기인데, 1961년이었을 거요. 그런데 동무가 정확하게 옮기지 못했네. 그의 말은 한 여성의 운명이 나의 결정으로 잔혹하게 바뀌었다는 건데, 나는 그게 군사적 결정이었다는 점을 말하고 싶소. 여기에 내가 부언해야 할 것은 그런 경우가 있었다는 거요. 결의에 따라 내가 그 명부를 갖고 있었고 그걸 수정했소. 수정을 한 거지.

— 그 여자가 누굽니까? 어떤 사람입니까?

▶ 그건 의미가 없소.

— 왜 탄압이 여성과 아동들에게까지 확대된 겁니까?

▶ 왜냐고? 그게 무슨 뜻인가? 그들은 어느 정도 격리되어 있어야 했어. 안 그랬다면 당연히 그들은 각종 불평불만의 유포자가 됐을 텐데... 그리고 나름대로 부패의 유포자가 됐을 거요. 실제 그랬을 거요.

...내가 폴리나 세묘노브나와 함께 지하철에서 내렸다. 그게 1965년 아니면 1960년의 일이었는데, 릐코프의 딸이 우리를 멈춰 세웠다. 그녀는 폴리나 세묘노브나를 알아봤다. 내게는 다가오지 않았다. 다가오지 않았다기보다는 인사를 나누었지만 그녀는 폴리나 세묘노브나와 이야기를 나누기 시작했다. 그렇게 그들은 사람들이 많은 지하철에서 이야기를 나눴다. 특별한 말은 안 했지만 어쨌건 이야기를 나눴다. 그렇게 우리는 만났다.

1972년 4월 13일, 1974년 6월 13일,
1977년 8월 16일, 1986년 1월 26일

▶ 극단성을 배제하고 레닌이나 스탈린을 상상하면 안 돼요. 상상만이 아니라 그런 생각으로 살면 안 돼.

1972년 6월 21일

— 군인들은 지금 이구동성으로 스탈린이 우리에게 아주 멋진 군대를 남겨줬다고 합니다.

▶ 바로 그거요. 내 생각에 우리는 테러의 시기를 거쳐야만 했는데, 왜냐하면 우리가 이미 10년 이상을 투쟁했기 때문이오. 그로 인해 비싼 대가를 치렀지만, 그렇게 하지 않았더라면 상황이 더 나빴을 거요. 무고한 많은 사람들이 고통을 받았는데, 나는 베리야

가 독단적으로 그렇게 했다고 생각하지 않소. 그는 지시를, 스탈린의 준엄한 지시를 수행했던 거요.

— 과연 스탈린이 생각하지 못했을까요? 그렇게 많은 사람들이 인민의 적이 될 순 없다는 걸 말입니다.

▶ 물론, 그 사람들이 매우 가엾고 안타깝지. 그러나 내 생각에, 1930년대 말에 실행된 그 테러는 불가피했소. 물론 더 신중하게 처리했더라면 희생자가 더 적었을 수도 있었겠지. 그러나 스탈린은 돌다리도 두들겨보려고 했소. 그는 누구도 불쌍히 여기지 않았어. 전시에 그리고 전후 오랫동안 믿을 만한 상황을 담보하려 했어. 그랬던 거요. 내가 그 노선을 지지했다는 걸 부정하지 않아. 내가 사람들 각자를 속속들이 알 수는 없었지만, 부하린, 릐코프, 지노비예프, 카메네프 같은 자들은 자기들끼리 연결돼 있었어.

어디서 멈추어야 하는지 정확한 한계를 긋기 어려웠소.

— 사람들 말이 모든 게 날조된 것이라 합니다.

▶ 그건 불가능해. 감추는 게 불가능해. 퍄타코프는 트로츠키에게 많은 정보를 주었는데...

— 그들을 때리고 고문하였습니다. 모든 사람이 그걸 견딜 수 있는 건 아닙니다. 사람이 맞으면 자신에 관해 그 무엇이라도 진술하게 됩니다.

▶ 내가 보기에, 스탈린이 시행한 노선, 즉 불순분자들을 제거하면 전시와 전후에 동요가 없을 것이라는 판단은 옳았소. 과오도 있었지. 그러나 로코숍스키와 메레츠코프는 석방됐소.

— 그런 사람들이 얼마나 죽었습니까?

▶ 별로 많지 않아. 내 생각에 그 테러의 시기는 불가피했고, 그것을 과오 없이 실행하기가 불가능했소. 전시에 논쟁을 계속한다는 것은... 만약 우리가 나약함을 표출했었더라면...

[안드레이] 블라소프는 있을 수 있었던 일들과 비교하면 아무 것도 아니야. 정치적 관계에서 동요하는 사람들이 많았소.

— 그들이 히틀러 편으로 넘어갈 수 있었다는 말씀입니까?

▶ 그 정도까지야... 그러나 동요는 매우 위험했었을 거요.

1982년 4월 29일

▶ 나는 1920년대, 1930년대를 아주 멋진 시대였다고 생각해.

— 사람들은 피의 시대라고 부릅니다.

▶ 나는 피의 시대로 생각하지 않소.

— 하지만 사람들이 피를 흘렸지 않았습니까?

▶ 피를 흘렸지. 하지만 모든 걸 탄압으로 귀결시키는 것은 속물적 태도요. 공산주의자들 중에도 그런 사람들이 아주 많아. 속물들 말이오.

1975년 1월 14일

▶ 레닌도서관에서 투하쳅스키의 저작 모두를 대출해 달라고 신청했소. 전부 다 달라고 했지. "그 책과 그 후에 나온 그의 저작을 다 주시오." 다음 날 받았는데, 나는 투하쳅스키가 『현대 전략의 문제』를 1926년에 출간했다는 걸 어떤 책에서 봐서 알고 있었소.

책들을 도서관에서 먼저 훑어보고 집으로 가져왔는데, 지금 여기 우리 집에 있지. 딱히 특별한 건 없고, 어떤 모습이었는지 그냥 궁금했소. 그는 [우리에게] 공개적으로 반대하고 나설 수 없었는데, 책은 전부 대규모 집회에서의 보고문들이오. 그의 저작이라야 모두 9권의 소책자인데, 각자 모두 25~30쪽을 넘지 않는 분량이오. 그게 그가 남긴 것 전부야. 도서관에서 그곳에 소장된 것 전부를 대출해주었소. 책자는 모두 각기 제본이 돼 있었는데, 그걸 다 가지고 왔지. 천재적 작품을 보는 건 모두 재미있어. 내가 그 책자들을 모두 읽어봤는데, 거기에 읽을 만한 게 없어. 스탈린이 한 말, 몰로토프가 한 말, 보로쉴로프가 한 말 등을 비스듬한 글씨로 적어 놨는데, 온통 우리 이름들만 나열해 놨소. 그것은 투하쳅스키가 최고회의 회기 중에 발언했던 내용이야. 나머지 4개의 소책자는 가져오지 않았는데, 거기엔 중대 교육을 위한 실천적 내용이 담겨 있었소. 읽고 싶지 않았어. 그런데 모든 보고와 연설은 1935~36년의 것들을 포함해서 모두 공식적으로 스탈린을 칭송하고 있고, 인용들만 있소. 우리는 독일군을 모두 분쇄할 것이다 등등. 그게 전부야. 간직할 필요가 없어. 그런데 그는 직접 반소비에트 그룹을 만들었소.

— 그러나 그가 독일 스파이였다고 누명을 씌웠습니다.

▶ 거기엔 경계란 게 없소. 왜냐하면 그가 정치적으로 계산하고 있었기 때문이오. 1935년까지 그는 좀 두려워했고 미적거렸어. 그러다가 1936년 하반기나 1936년 말부터

체제 전복을 서둘렀던 거요. 크레스틴스키도, 로젠골츠도 그렇게 말했소. 그건 이해가 돼. 그는 언제 체포될까 두려워했소. 그는 더 이상 지체할 수 없었고, 독일인들에 의지하는 것 말고는 다른 방도가 없었소. 그래서 그건 사실일 거요.

나는 투하쳅스키를 마지막 순간에 가까스로 체포된 아주 위험한 군사 도당이라고 생각해. 만일 잡히지 않았다면 아주 위험했을 거요. 그는 가장 권위 있는...

기소되고 총살당한 사람들은 각각 투하쳅스키가 꾸민 모반에 가담했을까? 분명 그들 중 몇 사람은 가담했을 것이고, 나머지는 실수로도 그에 연루될 수 있었소. 아니면 동조했거나. 다양하지. 그런데 기본 범주는 두 개요. 비록 한때나마 권위를 누렸던 군대의 위험인물들이 있는가 하면, 자신을 교정해서 진정 올바른 길로 나아갈 수 있었던 그런 사람들이 있지. 말하자면 로코숍스키도 체포됐잖소. 그가 어떻게든 그 도당에 연루됐을 가능성을 나는 배제하지 않아. 마땅히 조사가 요구되는 몇몇 다른 사실들을 아직 찾아낼 수 있소.

하지만 투하쳅스키에 관해서는, 또 트로츠키주의자 및 우파들과 연결되어 음모를 꾸민 군인 그룹의 존재에 관해서는 의심이 있을 수 없소.

한 사람이 내게 다가왔소. 그는 투하쳅스키에 관한 책의 저자였는데, 내가 그에게 재판 과정을 읽어봤냐고 물었더니 그가 아니라고 하더군. 저자라는 사람이... 어이가 없었지. "그가 정말 복권됐습니까?" — "그렇소, 복권됐는데... 하지만 동무는 재판 과정을 읽어봤소? 재판 속기록이 있소. 그건 공문서요. 그런데, 복권 관련 문서는 어디 있는지 아시오?"

눈을 부릅뜨더군.

만일 트로츠키주의자들을 증인으로 삼으면 트로츠키도 복권될 거요, – 몰로토프가 말한다.

1975년 3월 8일, 1977년 6월 16일

— 뱌체슬랍 미하일로비치, 우리가 지금 어떻게 된 겁니까?

▶ 이렇게 되었지. 나는 나와 대화하는 사람을 늘 유심히 보는데, 항상 드는 느낌이 사람들은 그들이 기대하는 것을 얻지 못할 때마다 열정을 잃어버린다는 거요. 투쟁이 전개되는 건 좋을 일이오. 새로운 위기가 시작되는 게 얼마나 좋은가!

— 저는 다른 걸 이해 못하겠습니다, – 쇼타 이바노비치가 말한다. – 사람들이 반소

비에트 선전을 벌이고 있는데, 역시 야키르의 아들이 주도하고 있습니다. 대체 그를 왜 석방한 겁니까?

▶ 관식을 거저 주는 게 아깝잖소.

— 시냡스키가 프랑스로 떠났습니다.[10]

▶ 쓸데없는 짓을 한 거지. 그런데 유—유대인들은 아직 더 내보낼 수가 있소. 그들은 우리가 알 바 아닌데, 그러길 원치 않아. 문제는 러시아인을 추방하는 건데, 그건 단견이야. 유대인들에겐 자기 조국이 있잖소.

— 어떤 조국을 말씀하십니까? 이스라엘은 부르주아 국가입니다.

▶ 상관없소. 유대인 자체가 부르주아적이야, 그들이 우리와 잘 지내지 않는다면 말이오. 하지만 예전에 받지를 말았어야지. 우리나라가 무슨 호텔이야 뭐야?.. 트로츠키를 추방할 수밖에 없었는데, 그러자 그는 거기서 반소비에트 활동을 벌였소. 그래도 추방했던 게 옳았던 것 같소. 그러지 않았다면 그는 더 난동을 피웠을 텐데...

— 1928~29년에 그를 죽일 수 있었잖습니까?

▶ 아니오! 오점으로 남았을 거요. 반대자들을 그렇게 처리하면... 어떤 기술적 수단에 모든 희망을 걸면 정치는 부차적인 것이 돼. 정치로 해결해야지. 지금도 솔제니친을 죽이는 건 어려운 일이 아닐 거요. 내 생각엔 그를 투옥시키는 게 더 좋아. 그러는 게 좋을 거요. 그런데 그 무리들을 으-으깨버리면 성가신 일들이 생겨. 그런 일을 방지해야 해. 아나톨리 쿠즈네초프 같은 작가가 무슨 가치가 있소?[11] 아무 가치도 없지. 거의

---

10) 1965년 가을, 서방에서 가명으로 문학 작품을 출간한 안드레이 시냡스키와 율리 다니엘이 러시아공화국 형법 70조 위반, 즉 반소비에트 선동선전 혐의로 체포되었다. 이들에 대한 재판이 1966년 2월까지 지속되었는데, 이 사건이 소련의 인권운동, 넓게 말해 이교도(異教徒)운동 – 여기에는 인권운동과 함께 민족운동, 종교운동 등도 포함된다 – 의 서막이 열리는 계기가 되었다. 1968년 4월에는 소련 인권운동의 상징물인 『시사연보』가 발행되기 시작했고, 1970년 11월에는 안드레이 사하로프 등의 주도로 소련인권위원회가 조직되기도 했다. 운동권 인사들에 대한 소련 당국의 대응 방식은 형사적 처벌 이외에, 혐의자들을 정신병원에 감금하는 방법도 있었다. 또한 서방과의 데탕트가 이루어지면서 "반체제 인사들"의 해외 이주를 종용 또는 허용함으로써 운동권을 와해시키려하기도 했다. 1971~74년에 운동권 인사들을 포함한 약 20만 명(이들 중 절반이 유대인)이 자발적으로 또는 반강제적으로 서방 국가들이나 이스라엘로 이주하였다. 특수한 경우에는 강제 추방이나 연금 조치가 취해졌다. 1973년 서방에서 『수용소 군도』를 출판한 알렉산드르 솔제니친은 1974년 2월 국경 밖으로 강제 추방되었으며, 그 "천재적 두뇌"로 인해 외국행이 차단된 사하로프는 1980년 1월 고리키(현 니즈니-노브고로드) 시에 유폐됨으로써 운동에서 격리되었다.

11) 중견 작가 아나톨리 쿠즈네초프(А.В. Кузнецов, 1929~1979)는 1969년 7월 출장차 런던에 도착한 직후 영국 망명을 신청하며 환국을 거부했다.

쓸모가 없어. 그가 떠난 게 아쉽지 않아. 그런데 사하로프에 대해서는 물론 고려할 게 많지. 사하로프와 그의 친구, 지인, 주변 인물들이 쓸모없을 거라고 보일 뿐이오. 그리고 어떤 의미에선 사람들과 그 주변을 치유해야 돼. 이게 늘 그냥 되는 건 아니오.

1970년 12월 18일, 1975년 1월 14일, 1975년 5월 24일

— 뱌체슬랍 미하일로비치, 붉은광장에서 이교도들이 데모를 했습니다. 반소비에트 선전삐라를 뿌렸는데요...

▶ 알고 있소. 이미 종탑 하나가 쓰러졌어. 대지를 흔들었어.

1976년 8월 18일

▶ 1917년 10월에 부하린과 릐코프는 페테르부르크에 없었소. 그들은 모스크바 사람들이야. 모스크바 부르주아 계급 출신들이오. 모스크바에서는 봉기가 아주 힘들게 전개됐어. 아주, 아주 힘들었소. 그곳의 봉기 지도부에 내 가까운 친구 아로세프가 참여했는데, 그는 나중에 작가가 됐소. 그가 자기 책들을 서명을 해서 내게 선물했는데, 그걸 쭉 갖고 있다가 무슨 기념일에 내가 바보같이 책을 전부 그의 맏딸에게 줬는데... 그에게 딸이 몇 명 있었소. 하나는 영화 〈사타로스〉에 출연한 배우이고, 다른 하나는 작가인데...

아주 좋은 사람이었소. 우리는 어렸을 때부터, 카잔의 소학교 때부터 함께했는데, 그의 어머니가 콜차크의 백군에게 총살당했어. 혁명 후에 그는 체코슬로바키아 주재 대사로 일했는데, 나는 그가 프라하에서 내게 보낸 편지를 지금도 간직하고 있소.

...아로세프가 1931년 6월 11일 프라하에서 몰로토프에게 보낸 편지 2통을 내가 읽는다.

— "친애하는 베챠!

자네에게 급하게 편지를 쓰네. M. M.과의 대화 후에 마린바트[=마리안스케 라즈네]에서 방금 도착했네. 지금 여기에 유레네프 전권대표가 있는데, 20분 후 우편이 떠나네.

자네가 내 편지를 모두 온전한 상태로 수령한다는 사실을 게르만에게서 들었네. 나는 자네를 아는, 그리고 모스크바에서 자네를 만난 거의 모든 사람에게서 자네가 미친 듯이 열정적으로 일하고 있다고 들었네. 얼마 전에 에누키제를 만났네. 그는 자네의 활동에 관해 직접 시를 읊듯 이야기했네. 베챠, 그래도 몸을 생각해야지. 자네의 친한 친구

로서 나는 한 편으론 그런 평을 듣는 것이 너무 너무 기쁘지만, 다른 편으론 바로 지금 내 가슴엔 불안감이 솟구치네. 베챠, 그래도 가끔 짬을 내 쉬도록 하게. 여기서 정중하고 품위 있게 어떤 말을 해야 할지 잘 모르겠지만 그래도 내 뜻을 이해하게나. 자넨 공산주의를 위한 노동계급의 투쟁에 모든 삶을 남김없이 바쳤네. 그렇기 때문에 자신을 소중히 해야 한다네. 우리 모두를 위해, 우리 공동의 과업을 위해 말일세.

내 말을 이해하게. 놀리거나 비웃지 말게나.

내가 쓴 논문 「오스트리아–독일 협정과 유럽」에 관해 자네의 비평을 듣고 싶네. 요시프 비사리오노비치는 내 글을 높게 평가했다네.

지금 나는 휴가 중일세. 프라하 부근에 머물고 있는데, 이제 유럽 정세에 관한 연구를 할 참이네. 비슷한 주제에 관해 두 번째 논문을 준비 중이고, 자료를 정리하고 있네. 마린바트 온천에서 일주일에 두 번 목욕을 해야 하네. 3주 이상은 하지 않을 걸세. 낮에는 나타샤의 건강을 돌봐주어야 하네. 오래 전부터 그녀는 코에 문제가 있었는데, 최근에 병이 심해져 위험한 지경에 이르렀네. 여기 의사들은 치료할 수 없다고 하면서, 모두가 프랑스의 코 전문의 레메 교수에게 데리고 가라고 권했네. 나는 나타샤와 함께 파리에 갔고, 거기에서 하루 반을 보냈네. 레메 교수는 나타샤에게 작은 수술을 했는데, 가장 중요한 것은 완치를 약속했다는 것이네. 특수 광선을 이용하여 수술을 했네. 병의 원인은 그녀의 오른 편에 뼈 한 조각이 부족한 데 있었네. 그것이 온갖 안 좋은 과정의 원인으로 작용했다고 하네. 의사의 말은, 그건 엄마가 임신 중에 제대로 먹질 못해서 그랬다고 하네. 지금 나타샤는 거의 회복됐네. 나도 스트레스에서 좀 벗어나 있는데, 때로 악화되는 그녀의 병이 나를 힘들게 했다네.

그래, 자네 딸 스베틀라나는 많이 컸나?

자네가 어렵다면 폴리나 세묘노브나가 자네 대신 짧은 답신이라도 보내주길 바라네.

폴리나 세묘노브나에게 정성스런 인사를 전해주게. 스베틀라나에게 사랑을 전하네.

자네에게 사랑을 전하며, 친구 사샤."

...편지는 체코슬로바키아 주재 소련전권대표부의 서식용지 이면에 쓰여 있었다. 두 번째 편지는 공책에서 찢어낸 종이 5장에 쓰여 있었는데, 거기엔 찢긴 자국이 그대로 남아있었다.

— "친애하는 베챠! 업턴 싱클레어가 쓴 「카우츠키와 러시아 낙타」로부터 나는 형언

할 수 없는 환희를 느꼈네.12) 지금 막 다과회에 참석했었는데, 거기에서 최고의 기술 인텔리들이 문자 그대로 나를 에워싸고 질문 공세를 폈네. 지금 전권대표는 선전원이 되어야 하네. 활동 폭이 넓은, 최고로 유능한 선전원이 되어야 하네. 신문에 글을 기고하는 일뿐만 아니라, 우리 소비에트 과학과 예술 및 건축에 관해 보다 깊은 탐사와 지식으로 무장한 선전원이 되어야 한다네. 전권대표는 사회적 인간의 영역에서 폭넓게 교육받은 사람이 되어야 하네. 그는 국가의 대표자일 뿐만 아니라 다른 세계의 대표자이기도 하네. 베챠, 자네가 어떻게 기술 인텔리들이 우리에게 모여들기 시작했는지 봤더라면 좋았을 텐데. 첫째로, 이제 그들은 낙타의 존재와 연관된 사회적 문제들에 대한 관심을 그렇게 깊은 수준에서 표명하고 있네. 물론, "아니야, 그런 가축은 없어!"라고 말하는 바보들도 있네.

자네를 사랑해. 엄청 서두르고 있어. 오늘 많이 쓰게 됐는데, 우편이 지금 출발한다네. 자네에게 체코어로 발행된 잡지 『소비에트의 대지』 한 권을 보내네. 친선문화협회 기관지일세. 전면에 실린 「새 문화의 발상지로서의 소련」이 내가 기고한 글인데, 러시아어 번역본이 내게 없어서 유감이네. 찾아서 자네에게 보내주겠네. 외국어로 된 특집 논문은 국제 관습에 완전히 일반적인 것이니 노하지 말게.

폴리나 세묘노브나에게 지출에 관한 명세서를 보내네. 그리고 만약 문서 전령이 받아주면 스베틀라나에게 작은 소포를 보내겠네.

나를 잊지 말게나.

자네의 사샤,

1931년 12월 11일"

▶ 나중에 아로세프는 소련국제친선문화협회 의장 대리가 됐다가 1937년에 사라졌소. 아주 헌신적인 사람이었는데, 아마 아무나 친구로 만났을 거요. 그를 반소비에트 활동에 연루시킨다는 것은 불가능했는데, 그 인간관계라는 게... 혁명의 어려움이지.

— 의장님께선 그에 관해서 혹은 어떻게 된 일인지 모르셨습니까?

---

12) 업턴 싱클레어(Upton Sinclair, 1878~1968)는 미국의 유명 작가이다. 싱클레어는 1930년 베를린에서 출간된 칼 카우츠키의 『궁지에 몰린 볼셰비즘(Большевизм в тупике)』을 반박하는 글을 발표했는데, 그 내용은 동물원에 간 농부가 낙타를 처음 보고는 낙타라는 가축이 없다고 선언한 것처럼 카우츠키도 소련에서의 분명한 성공(=낙타)을 부정하고 있다는 것이다.

▶ 어떻게 모르겠소, 알았지!

— 그를 빼낼 수 없었습니까?

▶ 그게 불가능했어.

— 왜 그랬습니까?

▶ 증언이 있었소. 사건을 내게 넘기라고, 내가 심문하겠다고 어떻게 말해? 불가능해.

— 누가 증언을 얻어냈습니까?

▶ 그걸 누가 알겠나!

— 모든 게 조작되지 않았을까요? 적들도 활동하고 있었습니다.

▶ 물론, 활동했지. 물론, 활동했지. 우리를 잡아 찢으려고 했어.

— 의장님께선 아로세프를 잘 아셨습니다. 헌신적인 인물이지요. 그런 것들이 전혀 이해되지 않습니다.

▶ 이해하기 어렵지. 그건 아주 복잡한 일이오! 내 아내가 체포됐는데, 그런데 나는 정치국원이었소.

— 결국, 그때 스탈린은 그런 일들로 비난받아 마땅합니다.

▶ 아니오, 그렇게 말할 수 없어. 스탈린이...

— 그럼 누구 책임입니까?

▶ 스탈린 없이는 물론 그럴 수 없지. 그는 아주 복잡한 상황에 있었소. 그의 주변 인물들 가운데 많은 사람이 변했는데...

— 의장님의 친한 친구이고 스탈린도 좋은 인상을 갖고 있었는데, 그런데 그런 사람이 사라졌다면...

▶ 그런 의미에서, 아주 잔혹한 노선이 있었소.

— 그런데 아로세프는 무슨 죄를 지은 겁니까?

▶ 그는 오직 하나의 죄를 질 수 있었소. 어디선가, 어떤 것이든 자유주의적인 표현을 내뱉은 거지.

— 우리가 말이 많군요!

▶ 여자 때문에 뭔가 말했을 수도 있지. 그런데... 투쟁이 진행되고 있었소. 우파에겐 단단한 핵심이 있었소. 부하린, 리코프, 톰스키는 단단한 3인방이었고 집요하게 굴었어. 정치국원 부하린, 리코프, 톰스키라고 자신들이 서명한 문서들을 정치국에 보냈어.

스탈린은 관용을 보이지 않았고, 칼리닌도 그런 일에선 관용을 보이지 않았소. 지지했어. 그러나 자기가 주도적으로 나서진 않았소.

1972년 4월 13일, 1973년 12월 30일

▶ 톰스키는 다차에서 총으로 자살했소. 그가 당 중앙위원회에서 축출됐지만 당원 신분은 유지했는데, 그 무렵 그는 내가 보기에 아주 심하게 관료화됐고,.. 1905년까지 볼쉐비크였지만, 후에 흔들렸지... 페트로그라드 당위원회와 당 중앙위원회에서 우리가 페트로그라드 당위원회의 기관지를 발행하자는 생각을 고집했어. 그게 1917년이었는데... 1917년 5월말에서 6월초였어. 그리고 상황이 아주 어려워졌을 때 그는 사라졌다가, 나중에 이미 10월혁명 후에 모스크바에 나타났지. 그게 사람들이 생각하는 탁월한 활동가야! 그런 자가 무슨 불굴의 활동가야! 그러나 선동가로는 훌륭했지...

— 우리를 정치국원이라 가정하고, – 쇼타 이바노비치가 말한다. – 우리들 중 한 명이 사라져서 빈 의자가 생겼습니다. 정치국 회의 때 그에 관해 무슨 말이 있었습니까?

▶ 아니오, – 몰로토프가 말한다. – 정치국에는 항상 지도 그룹이 있었소. 이를테면, 스탈린 때에는 칼리닌도, 루주탁도, 코시오르도, 안드레예프도 그 지도 그룹에 속하지 않았어. 이런저런 일에 관한 자료를 정치국원들에게 나눠 줬고, 전쟁 직전엔 정찰 관련 자료들을 받았지. 그러나 훨씬 중요한 문제들은 정치국의 지도 그룹이 논의했소. 레닌 때에도 그랬지.

과연 스탈린이 투하첸스키를 심문했을까? 아니오, 그런 일을 할 필요가 없었소.

— 의장님께선 가까운 사람들의 죽음을 대체 어떻게 용인하셨습니까? 지방에서 고통을 받은 그 수천의 사람들에 관한 것은 차치하고서라도 말입니다.

▶ 동무가 내 입장이었다면, 동무는 과연 어떻게 대처했을까? – 몰로토프가 대답한다.

...몰로토프의 생일이다. 탁자는 23년 전에 선물 받은 하얀 식탁보로 덮여 있는데, 거기엔 이런 문구가 수놓아져 있다. "60회 생일을 기념하여 뱌체슬랍 미하일로비치 몰로토프 님께." 오늘로 그는 83세가 됐다.

1973년 3월 9일

"나는 매번 당대회 후에 서한을 보내..."

▶ 내가 지금 동무에게 뉴스를 하나 말해주지. 지난 화요일에 당 위원단에서 나를 불렀소. 복당 신청 문제와 관련해서 당국자와 대화를 했는데, 그가 내게 신청서에 추가할 것이 없냐고 묻더군. 내가 답했지. "없소" — "1930년대 정치를 어떻게 생각하십니까?" — "나는 그 정치에 책임이 있고, 그것이 옳았다고 생각하오. 나는 굵직한 과오들과 과도함이 있었지만 전체적으로 그 정치가 옳았다고 생각하오."

내게 제기된 첫 번째 비난은 1930년대에 권력을 악용했다는 거고, 두 번째 비난은 〈반당그룹〉에 가담했다는 거요. 그래서 말했지. "그렇소, 우리가 특정한 그룹행동을 했던 건 사실이나, 우리는 흐루쇼프를 경질하려 했고, 나중에 당도 그렇게 했소. 우리는 그게 몇 년 전에 완수되어야 했다고 생각했소."

그는 더 이상 묻지도 코멘트하지도 않더군.

1971년 8월 17일

▶ 당대회 후에 매번 중앙위원회에 서한을 보내지. 나의 복당 신청을 검토해 달라는 거요. [1971년] 제24차 당대회가 끝난 후에 한번 나를 부르더군. 당대회 후에 서한을 보내서, 새로 구성된 중앙위원회가 새 관점에서 내 문제를 봐달라고 요청했거든. 거기서 내가 1930년대의 정책이 그 과오들에도 불구하고 옳다고 생각한다고 했어. 그랬더니 예전 결정을 재확인한다고 그러고는 그만이야. 물론 거기서 내게 반박을 했지. 몰로토프가 세상물정을 모르고 시대에 뒤떨어졌다는 거지. 흐루쇼프 때는 나를 "도그마틱"이라 불렀는데, 지금은 그러지는 않아. 나는 반대파에 속한 적이 없고, 겉보기에 늘 열성적이었지. 물론 나는 과오를 저질렀고, 그건 나도 부정할 수 없어.

레닌 역시 과오를 저질렀고, 그걸 시인했어. 스탈린은 일국에서 공산주의를 건설할 수 있다고 말했어. 그건 물론 맑스 · 레닌주의에 모순돼. 제18차 당대회에서 말이야.[13] 그때 나도 그것에 반대했지만, 침묵했지. 어떻게 해? [반대했으면] 나를 그냥 솜털처럼

13) 1939년 3월에 열린 제18차 당대회에서 스탈린은 맑스 · 엥겔스의 국가소멸론에 관한 논쟁에 종지부를 찍었다. 사회주의 국가가 자본주의에 포위되어 있는 국제적 상황에서 국가 소멸은 불가하다는 것이다.

털어냈을 거야. 모두 만세, 만세(!)를 불렀어. 모두가 공산주의를 원했어. 스탈린은 그가 일보 전진을 일구고 있다는 것을 보여주려 했는데, 당 강령에도 그렇게 되어 있소.

1980년 4월 29일

…산책을 하는 중에 몰로토프가 말한다.

▶ 어떤 동무가 내게 말했소. 많은 사람이 내가 복당되기만을 바라는데, 나는 당 중앙위원회에 비판적인 서한만 보내고 있다고 말이야. 그는 교수인데 경제학자요. 하지만 나는 그건 일부 사람들의 의견이라고 생각해. 당의 상부에서는 나를 반대하는 말을 많이 해대고 있어. 내 생각에, 지금 복당은 불가능해.

서방의 공산당들 앞에서 떠벌이며 나를 스탈린주의자로 내세우고 있소. 그럼 무엇을? 스탈린을 복권시켜야 되는 거야?

그런데 그들은 그런 일에 착수할 수 없을 거요.

당대회 직전에 또다시 짧은 편지를 써서 적당한 사람에게 맡겼소. 역시 비판적 내용이지. 대답도, 인사도 없어. 물론 그게 그들의 마음에 들 수 없겠지.

1981년 5월 1일

▶ 내가 오늘 내 복당 문제와 관련해서, – 몰로토프가 나지막이 말한다. – 당통제위원회에 갔었소. 오늘이 두 번째였는데, 아직 예전 결정이 유효해. 7월 15일에 내가 당대회에 제출한 복당 신청과 관련해서 나를 부른 거요. 나는 답변 준비가 그리 잘돼있지 않았고, 때문에 예전의 조사보고서를 읽을 수 있게 해달라고 했어. 그래서 오늘도 갔던 거요.

권력 악용을 이유로 대더군. 정확히 기억이 나지 않지만 좀 굼뜬 러시아식 이름을 가진 통제위원회 위원의 보고서에 기술되기를, 1930년대에 체포가 137만 건이나 있었다더군. 너무 많아. 내가 대답하기를, 무고하게 고통 받은 사람들이 실제 그만큼인지는 더 따져봐야 되는데 어쨌건 우리는 그런 가혹한 조치를 취할 수밖에 없었다고 했어. 이를테면, 무슨 근거로 투하쳅스키를 복권시켰냐? 당신들은 우파와 트로츠키주의자들이 동맹을 맺었던 1938년의 우파–트로츠키주의자 블록에 대한 재판 기록을 읽어봤는가? 부하린과 크레스틴스키, 로젠골츠 등을 재판했을 때, 거기에 투하쳅스키가 1937년 6월 정변을 일으키려 했다고 직접 적시되지 않았는가! 그들의 말은 그걸 읽지 않았다는 거야. 그러면서 하는 말이 그 모든 게 체키스트들의 압박에 의해 조작됐다는 거지.

내가 말했소. 만약 우리가 1930년대에 그런 체포를 하지 않았더라면 전쟁 때 희생자가 훨씬 더 많았을 거라고. 오늘 내가 보고서를 읽고 서명을 했어. "숙지했습니다. 서면으로 답변하겠습니다."

나는 편지로 답하기로 결정했는데, 물론 내 입장에선 나를 복당시키지 않은 것과 무관하지 않지. 그러나 나는 탄압에 대한 내 입장이 문서화되어 그들에게 전달되기를 원했소. 내가 이미 그들에게 말했지. 그렇다면 왜 스탈린을 사후에 당에서 제명하지 않았냐고 말이오.

— 지금은 칼리닌만이 훌륭합니다. 제르진스키조차 브레스트-리톱스크 조약이나 노동조합 논쟁과 관련해서 중대한 과오를 저질렀습니다. 그런데 칼리닌은 그렇게 적극적이지 않았나 보지요?

▶ 그렇지. 한 노동자가 내게 말하길, 제1차 세계대전 직전에 칼리닌이 맥주가게를 개업하려 했다고 하더군.

— 그런데 그가 불법 지하서클을 지도했다고 쓰고 있습니다.

▶ 그건 가능해. 나도 지하서클을 이끌었어. 칼리닌은 [2월혁명 후에 페트로그라드에서] 우리와 함께 일했어.

— 실제 칼리닌이 권위가 있었습니까, 아니면 겉으로만 그렇게 보이는 겁니까?

▶ 그는 인민들을 위해 많은 일을 했는데… 그리고 스탈린에 충성스러웠지. 그는 농민에 특히 가까웠는데, 농민 편을 드는 다른 볼쉐비키가 없었소. 그는 물론 좋은 사람이었어. 그는 조금 오른쪽으로 기울기도 했지만 우리에게서 이탈하지 않으려고 애썼어. 그리고 보로쉴로프도 우파 쪽으로 기울었는데… 적군도 농민 군대였소.

— 하지만 의장님을 복당시키지 않을 거라면, 왜 모든 백과사전에 〈반당그룹〉에 관해서는 한마디 언급도 없이 의장님께서 1906년부터 소련공산당원이라고 기술돼 있는 겁니까?

▶ 그것도 문제야. 나는 4개종 혹은 5개종의 백과사전에서 봤어. 아마 그들에겐 내가 당에서 제명됐다고 쓰기가 불편한 모양이지. 나에 관해서 지금도 그렇게 쓰고 있어. 이를테면 중립적 의미에서 말이오. 정치국 후보위원이자 국제문제 전문가라는 자의 감수를 받은 당사(黨史)에서만 그렇게…

1981년 7월 22일

— [1961년] 제22차 당대회에서 흐루쇼프는 몰로토프, 보로쉴로프, 카가노비치가 투하쳅스키 등의 사건에 대한 법원 판결이 옳지 않았음을 인정하고 투하쳅스키 등의 복권에 동의했다는 식으로 발언을 했는데요...

▶ 아니야, – 몰로토프가 강하게 부인한다.

— "우리가 중앙위원회 간부회의에서, – 흐루쇼프의 발언이다. – 그 사건을 심의할 때 들어온 보고에 따르면, 투하쳅스키도, 야키르도, 우보레비치도 당과 국가에 대해 어떠한 범죄도 저지르지 않았다는 겁니다. 그래서 우리가 그때 몰로토프, 카가노비치, 보로쉴로프에게 물었습니다. "동무들은 그들의 복권에 찬성합니까?" 그러자 그들이 답했어요. "그렇소, 찬성합니다." 그래서 우리가 화가 치밀어서 말했어요. "하지만 동무들은 그들을 처벌하기도 했소. 그렇지요? 동무들이 양심에 따라 행동한 게 대체 언제요? 그때요 아니면 지금이오?""

이게 흐루쇼프입니다.

▶ 이해해. 나는 투하쳅스키가 그릇된 처신 때문에 스탈린뿐만 아니라 당의 적이 되는 상황에 빠졌을 수도 있다고 인정해. 그러나 내게 그의 무죄를 입증하는 그런 문서들이 없었어. 그런데 그때 일들 중에 뭔가 생각나는 게 있는데...

— 흐루쇼프가 의장님께 그들을 복권시키는 데 동의하는지 물은 적이 있습니까?

▶ 그런 적 없소.

— 흐루쇼프의 발언입니다. "우리가 물었습니다. 동무들은 그들을 복권시키는 데 찬성합니까? 그러자 그들은 모두가 찬성한다고 대답했어요!"

▶ 나는, 아니야. 더구나 나는 동의하지 않았어.

— 그렇다면 흐루쇼프가 의장님 말씀을 왜곡했다는 것입니까?

▶ 물론, 그렇지. 그를 신뢰하면 안 돼. 그는 양심 없는 사람이야, 부정확하고. 내가 있는 자리에서 그 문제가 논의된 적이 없소. (라자리 카가노비치도 나와 나눈 대화에서 똑같이 증언했다. "흐루쇼프는 우리에게 그런 문제를 제기한 적이 없으며, 그런 비슷한 것도 없었소." 카가노비치는 97세이다. 몰로토프가 그 나이에 그랬던 것처럼, 카가노비치도 머리가 맑았고 기억력도 좋았다. – F. 추예프)

1982년 12월 9일, 1985년 5월 9일

1937년

▶ 내가 보기에 결함도 있었고 과오도 있었소, – 몰로토프가 말한다. – 어떻게 그런 게 없을 수 있겠나. 조사를 담당하는 그 기관들 내에 적들이 앉아 있었는데 말이오.

노선과 관련해서는, 복당 문제로 나를 불렀을 때도 나는 예나 지금이나 1930년대 당의 정책을 옹호한다고 말했소. 과오도 있었지. 물론, 있었지. 내가 보기에, 우리들 각자가 어떤 과오를 저질렀는지에 관해서도 나중에 말이 나올 거야. 이런저런 경우에 말이오. 과오가 없을 수 없었지. 그러나 결함은 기관에 대한 당의 당연한 통제가 항상 제대로 실현되는 것이 아니라는 사실에 기인해. 가능성의 문제 때문이지. 원하지 않았기 때문이 아니라 그렇게 할 수 없었기 때문이오.

생각해 보시오. 그 정책은 인민을 위한 또 혁명을 위한 유일한 구원책이었고, 레닌주의와 그 기본 원칙에 유일하게 부합했어. 물론, 지금은 그런 정책을 쓰면 안 되지.

…몰로토프와 만날 때마다 우리의 대화는 거의 스탈린 치하의 탄압으로 흘러갔다. 몰로토프는 그 문제를 자신의 책 『새로운 과제 앞에서: 사회주의 건설의 완수에 관하여』에서도 언급했다. 이 책은 출판되지 않은 채 있다. 그는 1977년 2월 자신의 서명을 담아 나에게 그 책 한 권을 선물했다.

그의 책에는 몰로토프가 내게 진술한 내용이 많은 부분에서 반복되고 있다. 그럼에도 불구하고 그것은 몰로토프 자신이 집필한 것으로, 그 중 일부를 발췌하여 인용한다.

“1920년대와 특히 1930년대에 레닌주의에 극히 적대적인 트로츠키주의자 도당이 완전히 오만불손해졌다. 그때도 트로츠키주의자들은 자신들이야말로 공산주의의 전사라고 사칭하였다. 1929년 소련에서 추방된 트로츠키는 이제 당과 (스탈린 지도부와) 투쟁함에 있어 국내적으로는 테러와 파괴암해활동에 이르기까지, 국제적으로는 히틀러 독일을 포함한 부르주아 국가들과의 더러운 배반의 정치적 거래에 이르기까지 어떠한 수단도 동원할 수 있다는 것을 국외에서 발간된 자신의 인쇄물을 통해 밝혔으며, 또한 소련 내 지지자들에게 보낸 편지들을 통해 그것을 직접 지시하였다. 트로츠키 등은 부르주아 국가들이 소련에 보낸 첩자들과 일정한 협력관계를 유지하였는데, 그 목적은 공세적인 제국주의 국가들의 소련에 대한 군사적 침략을 가속화하려는 것이었으며, 침략을 통해 국내에서 반(反)사회주의적 국가전복을 실현하기 위함이었다. 지노비예프–카메네프 도당은 트로츠키주의자들의 노선을 추종했다. (이는 1936년에 열린 공개재판에서 그들이 키로프 암살에 직접 개입했음을 인정했다는 사실을 상기시키는 것으로 충분하다.) 1930년대에, 아니 실질적으로 그 이전에, 다른 착취계급들처럼 사회주의 하에서 파멸할 숙명을 가진 부농계급과 어울려 어떻게든 편안하게 잘 지내고 싶어 하는 소부르주아 분자들의 정향을 반영했던 우파의 상층 지도부도 트로츠키주의자–지노비예프파 블록에 들어가게 됐다.

해가 갈수록 이 그룹(과 몇몇 작은 그룹들)의 리더들은 제국주의에 겁먹고 사회주의에의 믿음을 상실한 불쌍한 부르주아적 타락자로 변해갔다. 그들은 당과 그 지도부에 맞선 투쟁에서 너무 멀리 나아갔고, 결국 당과 사회주의적 과업에 대한 광포한 적으로, 소비에트 권력의 전복을 목표로 삼은 음모자들의 그룹이자 도당으로 변했다. 그들은 자기들끼리 더욱 가까워졌고, 나라를 자본주의로 되돌리고 부르주아 권력을 복원하여 그런 권력 아래서 일신상의 편의를 도모할 생각으로 역겨운 반혁명 음모와 군사정변을 모의했다. 위에 언급된 반혁명 그룹들과 이들에 의해 조직된 국가전복을 도모하는 범죄도당들의 근절과 궤멸을 위한 결정적 조치의 실행이 임박한 상황에서 – 그런데 이것은 공개재판 과정에서 피고인들 자신에 의해 인정되었다 – 깊은 유감을 표명하지 않을 수 없는 심각한 실수와 오류들이 물론 있었다. 이런 과오들이 가능했던 것은 후에 각종 반당–반소비에트 사건을 통해 그 자신의 반역행위가 드러난 자들이 개별 단계의 조사와 심문을 담당했기 때문이었다. 뒤늦게 폭로된 이 변절자들은 국가보안총국 조직과 당 조직 내의 배신자들이었다. 분명한 것은, 때로 그들이 고의적으로 양심적인 당원과 비당원을 노리는 일부 그릇된 조치를 취하게 만들었다는 사실이다. 당과 소비에트 국가는 완전히 필수가 된 징벌 조치의 실행을 지체하거나 지연할 수 없었다. 동시에, 수많은 조사 과정에서 드러난 권력 악용과 다른 불공정성이 단호하게 제거되었고, 당 조직들은 중앙위원회의 특별서한을 통해 그에 관해 자세히 숙지했다. 당의 정책에 대한 조야한 왜곡을 자행함으로써 정체가 드러난 내무인민위원 예조프는 중대한 권력 악용에 대한 심판으로 당시 사형을 선고받았다."

1977년 2월 4일

골로바노프 원수와의 대화

...오늘 나는 공군 총원수 알렉산드르 예브게니예비치 골로바노프를 모시고 쇼타 이바노비치 크반탈리아니와 함께 몰로토프를 만나러 일린스코예[14]로 갔다.

날씨가 따사롭다. 골로바노프는 큰 키에 폴리에틸렌 재킷을 입었고 모자를 쓰진 않았다. 보통 키의 쇼타는 헐렁하게 옷을 입었고 역시 모자를 안 썼다.

우소보[15]행 전철을 탔다. 내가 방금 나온 『콤소몰카』[16]를 꺼내들었다. 신문에 게오르기 주코프의 인터뷰 기사가 실려 있었다. 바실리 페스코프 기자가 질문을 한다. "전선으로부터 그렇게 가까운 곳에서 결정적인 전투를 지휘하는 게 위험하지 않았습니까?" 그는 모스크바 전투가 벌어지던 때 시골 마을인 페르후쉬코보에 있던 서부전선 사령부에 관해 언급하고 있었다.[17] 주코프가 대답한다. "위험은 있었소. 최고총참모부가 내게 그 사실을 주지시켰소. 그래도 내가 그걸 이해하지 못했겠소? 다른 것도 잘 이해하고 있었는데, 전선 사령부를 뒤로 빼면 그를 따라 군 및 사단 사령부도 뒤로 철수해야할 텐데, 그건 절대 허용될 수 없는 일이었소."

— 거짓말! – 골로바노프가 격하게 말하곤 신문을 전철 의자에 던져놓는다. – 주코프는 스탈린에게 서부전선 사령부를 페르후쉬코보에서 모스크바 동쪽 저 멀리에 있는 아르자마스 지구로 옮길 것을 요청했어요.[18] 그건 모스크바를 독일 군대에 내어준다는 걸 의미했소. 나는 스탈린과 공군 서부전선 군사회의 위원 스테파노프 장군과의 전화 통화를 직접 들었소. 스테파노프가 스탈린에게 전선 지휘를 위임하는 것과 관련해 문제를 제기했는데, 스탈린이 이렇게 대답했소. "삽을 들고 자신이 들어갈 묘를 파시오. 서부전선 사령부는 페르후쉬코보에 남아있을 거요. 그리고 나는 모스크바에 있을 거요. 그럼, 안녕!" 이 일에 관해서 스테파노프 말고도 바실렙스키와 쉬테멘코도 알고 있소. 주코프는 주코프요. 그러나 사실 또한 사실이지. 아무튼, 그런 일이 없었거나 아니면 기자가

---

14) 일린스코예는 주코프카 다차촌 인근의 지명이다.
15) 우소보는 주코프카 인근 철도역의 이름이자 그곳 지명이기도 하다.
16) 콤소몰카는 『콤소몰스카야 프라우다(Комсомольская правда)』의 약칭이다.
17) 페르후쉬코보는 모스크바 기점에서 서쪽 32km 지점에 있다.
18) 아르자마스는 니즈니-노브고로드 남방 112km 지점에 있다.

사실대로 쓰지 않았다고 만나면 이야기하세요, – 골로바노프가 씁쓰레 웃는다.

...1시간쯤 전철을 타고 가면서 〈야크–40〉에 관해 이야기를 나눴다.[19] 나는 2년 전 그것의 시험비행에 참여하게 됐었다. 그리고 유리 가가린의 죽음에 관해서도 이야기를...

우리가 몰로토프와 함께 탁자에 둘러앉았을 때 스탈린의 장손 예브게니 주가쉬빌리가 도착했고, 5시간 이상 흥미로운 대화가 오고갔다. 몇몇 대목을 인용한다. 모두 기록하기엔 너무 많은 분량이기 때문이다.

▶ 자, 환영합니다, – 몰로토프가 말한다. – 우리 집에 오는 손님이 많지 않은데, 그래도 우리는 만나는군.

— 손님들이 적다고 나쁘진 않습니다. – 골로바노프가 지적한다.

▶ 적으면 역시 나쁘지. 사람들이 없으면 안 됩니다.

— 제게 편지가 옵니다. 좋은 편지도 있지만, 악의가 있는 편지를 읽는 게 아주 흥미롭습니다.

▶ 그것들이 더 솔직하지. – 몰로토프가 동의한다. – 내게 뭔가 시처럼 쓰는 어떤 버릇이 생겼소. 예를 들면 이런 식이오. 당신 아내는 땅속에 있는데, 당신은 왜 땅속에 있지 아니한가? 그리고 "진실로 선량한 사람"이라고 서명을 하지, 배운 사람답게 말이오. 주소야 당연히 다들 알잖소.[20]

정치에 투쟁이 없을 수 없소. 10월혁명 때 공산당원이 20만 명을 좀 넘었소. 내 생각에, 24만 명이 가장 정확한 숫자일 거요.

그래도 역시 1억 5천만 주민 가운데 반 이상이 문맹이었고, 사회주의를 건설해야겠는데 주위는 적대세력으로 가득했소. 내부도 그랬지. 그런 나라를 어떻게든 큰 길로 이끌어내야 했소. 여기서 만약 한시적인 동맹자들이나마 활용하지 못하면, 동맹자의 4분의 1이라도 활용하지 못하면 그 어떤 결과도 있을 수 없고, 공산당원들이 자기 손으로 사회주의를 건설할 수 없을 거요.

1937년은 우리에게 불가피했소. 가장 신성한 사람들에 권력을 주고 그들로 하여금 그 시기를 통과하게 하면, 대화로써 그 시기를 지나게 하면, 그들에게 되는 일이란 아무 것

---

19) 〈Як–40〉은 야코블레프가 설계 제작한 소형 3발 제트여객기로, 1966년에 초도 비행을 하였다.
20) 1970년 5월 몰로토프의 처 폴리나 세묘노브나 젬추지나가 사망하였고, 이 대화는 그로부터 1년 반쯤 뒤에 이루어졌다.

도 없을 거요. 모든 게 망할 거요. 잔혹한 조치들 없이, 날뛰는 적들을 제압한다는 건 불가능한 거요. 하지만 적들만 걸려든 게 아니었지.

— 그렇습니다, – 골로바노프가 동의한다. – 1937년은 제5열과의 투쟁에서 과도해졌고, 물론 한도를 넘었습니다.

▶ 그런데 그것이 없었다면 위험은 훨씬 더 컸을 거요. 투하쳅스키가 어떻게 돌변했을지 누가 알겠소.

— 그런데 이미 말씀을 드렸는지 모르겠는데, 제가 투하쳅스키에 대해 클리멘트 예프레모비치[=보로쉴로프]와 이야기를 나눈 적이 있습니다. 저는 그 인물에 꽤 큰 흥미를 느끼고 있었는데, 그가 제게 이렇게 말했습니다. "나는 투하쳅스키를 한 번도 믿은 적이 없었고, 지금도 믿지 않소."

▶ 옳은 말이오, 바로 그거요. 하지만 그런 인물들을 활용하지 않는 것도 역시 옳지 않소. 그런데 언제까지 활용할 것인가? 바로 여기에서 실수할 수 있는 거요. 즉, 그런 자들과 너무 일찍 결별하든가 아니면 너무 늦게 하든가.

— 투하쳅스키가 반소비에트 분자였다는 평가가 있습니다, – 크반탈리아니가 말한다.

▶ 단정하기는 어렵소. 그러나 그가 전혀 믿을 만한 사람이 아니었다는 것은 분명하지.

— 그가 리코프와 연결되어 있었습니까?

▶ 물론, 연결되어 있었소.

— 그렇다면 그가 우익 편향의 주된 돌격세력이었군요.

▶ 그런데 그건 아주 위험해.

— 그가 리코프의 아파트에 자주 다녀가곤 했습니까?

— 아파트에 다녀가곤 했다는 건 전혀 중요하지 않아요! – 골로바노프가 말한다.

▶ 나 역시 리코프의 집에 가봤고, 스탈린도 가봤소, – 몰로토프가 확언한다.

— 여기서 문제는 투하쳅스키 한 사람에 있는 것 같지 않습니다만... – 내가 말한다.

— 이를 테면 투하쳅스키를 잡으면, – 골로바노프가 말한다. – 그게 천 명, 2천 명, 만 명, 10만 명으로 숫자가 불어났던 겁니다. 가장 주요한 것은 상부의 온갖 바람과는 달리 숫자가 불어났다는 거예요. 사람들이 서로 밀고하기 시작했고, 결국 사람이 온갖 버러지가 되어...

▶ 많은 실수가 있었소, 많은 실수가, – 몰로토프가 동의한다.

— 1938년에 스탈린은 여기서 뭔가 잘못됐고 사실관계를 조사해야 한다고 먼저 말할 수밖에 없었습니다, – 골로바노프가 열변을 토한다. – 저는 그 타격을 피하지 못했던 사람입니다. 저는 당에서 제명됐고, 기적적으로 체포를 면했지만 실직을 했습니다. 온 가족이 굶주렸습니다. 빵 한 덩어리로 일주일을 살아야 했습니다. 유명한 체키스트였던 제 매부는 총살당했습니다. 저는 그 일에 관해 제 책에 직접 쓰고 있습니다. 전에 제가 가졌던 생각은 스탈린이 모두 결정했고 파괴했다는 겁니다. 그런데 스탈린을 만났을 때, 여러 해를 함께 일하고 보니 그게 전혀 사실이 아니라는 것을 알게 됐습니다. 그는 제가 지금 기술하고 있는 바로 그런 사람이었습니다. 바로 제가 내리는 평가는, 또는 1937년에 역시 고생했던 콘스탄틴 콘스탄티노비치 로코솝스키가 놀랍게도 스탈린에 대해 내리는 높은 평가는 많은 사람들에게 특히 유쾌하지 않겠지만, 스탈린을 완전히 짓밟을 수 없게 합니다.

흐루쇼프가 스탈린에 관해 무엇이든 추악한 것을 써달라고 로코솝스키에게 요청했을 때 그는 이렇게 답했습니다. "제게 스탈린 동무는 신성한 존재입니다." 다음 날 콘스탄틴 콘스탄티노비치가 출근했습니다. 그런데 그의 집무실에는, 그의 의자에는 이미 모스칼렌코가 앉아 있었고, 그에게 해임결정서를 내밀었습니다. 일이 그렇게 됐습니다. 로코솝스키가 이렇게 말합니다. "아침에 일어나면 가벼운 체조를 하곤 내가 갈 곳이 없다는 사실을 떠올립니다. 우리는 지금 누구에게도 필요하지 않은 존재이며, 심지어 누군가가 모두 자기 식으로 묘사하는 것을 방해하고 있어요."

한번은 정부 리셉션 때 누군가 니키타 세르게예비치를 위한 건배를 제안하자 모두가, 심지어 다리를 저는 [키릴] 메레츠코프도 일어나 그를 향해 잔을 들었습니다. 그런데 저와 로코솝스키는 중앙부 어딘가에 서서 계속 이야기를 나눴습니다. 아마 그렇게 하고 있는 우리 모습이 눈에 뜨였던 모양입니다. 우리는 거기서 키가 가장 컸는데, 그 후에 그런 리셉션에 우리를 더 이상 초대하지 않았습니다.

1937년에 대해서 제 의견을 말씀드리자면, 저는 그것을 인민의 불행으로 여기고 있습니다. 수백 만 명의 사람들이 고통을 받았지만, 스탈린에게 100%의 책임이 있다고 말할 순 없습니다. 그의 주된 보좌역이 누구였습니까? 군 문제는 [레프] 메흘리스였고, 민간 문제나 모스크바 당조직과 관련해서는 니키타 세르게예비치 흐루쇼프였습니다. 그는 우크라이나에서 5만 4천 명을 저 세상으로 보내버렸습니다. 그는 바로 〈3인회〉[21]의 대표였고, 그 문서들에 서명을 했습니다! 물론 스탈린이 우리 국가의 총지도자로서 그에 대한 정치적 책임을 지지만, 각 개인의 사건이 개별적으로 스탈린의 재가를 받아 처리됐다고 말할 수는 없습니다. 1937년에 대해선 열변을 토하면서 5개년계획에 대해서, 당내 정치투쟁에 대해서, 도처에서 자행된 각종 테러행위에 대해 침묵하고, 대조국전쟁이 어떻게 전개됐는가에 관해서는 입을 닫는 이런 일들이 허용되어선 안 됩니다.

제가 다음과 같은 일을 말씀드리겠습니다, – 골로바노프가 계속한다. – 제가 당 중앙위원회에서 말했습니다. "1937년은 내게 분명합니다. 모든 일이 내 목전에 있었고, 그것이 어떻게 됐는지 나는 봤습니다. 그런데 레닌그라드 사건에 관해서는? 그 무렵 나는 이미 스탈린 동무와 교류가 없었고 따라서 잘 모릅니다." 제게 이렇게 대답합니다. "레닌그라드 사건은 스탈린의 배후에서 조직되었습니다." 그런데 만약 스탈린 모르게 그랬다면, 제 생각에 그건 아마 세 명의 절친들, 즉 베리야, 말렌코프, 흐루쇼프가 꾸민 짓일 겁니다. 그런데, 스탈린이 보즈네센스키를 자기 후임으로 당과 국가를 지도할 수 있는 인물이라 말했다고 하는 설이 있습니다.

▶ 나는 그런 말을 듣지 못했소, – 몰로토프가 말한다. – 나는 그 일을 아주 잘 알지 못하오. 나는 내 예단만 갖고 있을 뿐이오. 레닌그라드 사건이 스탈린의 면전에서, 그리고 그의 승낙 없이 만들어졌다고는 말할 수 없소. 레닌그라드 사건에는 러시아 민족주의에 대한 어떤 암시가 있었소. 나는 사건의 전체 그림을 완전히 그릴 순 없으나, 스탈린의 분노를 야기하고 논의되었던 게 하나 있었다는 건 알고 있소. 당 중앙위원회의 허락 없이 몇몇 동무들이 레닌그라드에 전체 러시아를 포괄하는 시장을 열 것을 기획했소. 각료회의 의장 대리이자 고스플란 의장으로서 보즈네센스키는 그 사업을 고무 장려했소. 아마 경제적 기반 위에, 말하자면 실무적, 실천적 기반 위에 어떤 그룹을 만들려는 시도나 의도가 있었을지도 모르지. 레닌그라드 사람들과 고리키 사람들이 자기끼리 협상을 하기 시작했소. 그 중심에 보즈네센스키가 있었지. 스탈린에 보고하지 않았고 우회했소. 국가보안성에 무엇이 보고됐을까? 나는 그에 관해 그냥 잘 몰라. 아마 경제 및 교역 사업의 기반 위에 합법적 그룹을 만들려는 시도로 해석됐겠지. 내겐 그것이 어

21) 〈3인회〉는 1937년 7월 2일자 "반소비에트 분자들"에 관한 당 중앙위원회 정치국의 결정에 의거하여, 엔카베데 지역단위 책임자, 해당 지역의 당 서기 및 검사로 구성되었으며, 이들은 별 제한 없이 〈인민의 적〉에 대한 판결을 내리고 형의 집행을 명령했다.

떤 조직된 그룹이라는 생각이 없었소. 그러나 자료와 문서들을 몰래 입수하기 시작했겠지... 유념해야 할 것은, 베리야가 보즈네센스키를 아주 두려워했고 그를 몹시 반대했다는 사실이오. 그런데 보즈네센스키는 물론 아주 잘 준비된 고위 일꾼이었지만 당에 대한 지도권을 요구할 수는 없었소. 스탈린은 그를 각료회의 의장 제1대리에 임명했는데, 베리야는 그걸 아주 탐탁하지 않게 여겼소. 나중에 베리야가 전화로 내게 말하길, 그들이 스탈린에게 가서 그것이 옳지 않다고 그를 설득했고 스탈린 역시 그런 결론에 이르렀다고 했소. 보즈네센스키는 의장 제1대리에서 해임됐지. 그때 체카 기관들이 어떤 자료를 준비했던 것 같은데, 거기에 무엇이 있었는지는 말할 수 없소. 말렌코프가 물론 스탈린의 지시로 레닌그라드로 갔는데, 그는 그런 일들에 자주적으로 어떤 조치를 취할 수 있는 인물이 아니었소. 그는 유능하고 정직한 집행자였소. 우리들 중 그 누구도 그런 일에 있어 자주적으로 결정할 수 없었소. 말렌코프는 속죄양이 됐던 거요.

— 뱌체슬랍 미하일로비치, – 골로바노프가 말한다. – 의장님 말씀을 아주 주의 깊게 들었습니다. 제가 물론 모든 세세한 사정을 모르지만 당시 존재했던 체제 아래서 스탈린이 모르는 가운데 그 일이 진행될 수는 없다고 생각합니다. 제게 "배후에서"라고 말했는데, 그건 무서운 일이지요! 게다가 시쳇말로 스탈린에 모든 비난을 퍼부을 때, 레닌그라드 사건은 웬일인지 항상 옆에 제쳐놓고 있습니다. 제겐 그것이 이해되지 않습니다. 그래도 제가 10년 동안 체카에서 일했습니다. 첩보와 방첩이라는 가장 뜨거운 문제를 다루는 곳에서 제가 단련되었는데, 저는 단지 시장이 그 원인으로 작용할 수는 없었다고 생각합니다.

▶ 내가 기억하기에는, 어떤 그룹이 만들어졌다는 거요. 스탈린 치세 말기에 베리야는 이미 내게 정보를 잘 주지 않았소. 나는 실세에서 좀 벗어나 있었고, 흐루쇼프 치하에는 더 그랬지. 몇 가지 일들은 내가 잘 알지 못해요. 내가 있는 자리에서 보즈네센스키 문제를 논의하지 않았소. 나는 베리야가 보즈네센스키를 몹시 시기하고 있다는 걸 알고 있었소. 두 사람은 동년배 그룹에 속했는데, 나보다는 나이가 아래였지. 전도유망한 사람들이었소. 그래서 여기에는 어떤 질투와 일종의 출세경쟁도 있을 수 있겠지.

보즈네센스키에겐 전시 경제에 관한 저작이 있었소. 그럴만한 능력이 있었지. 물론 자기 결점도 있지만, 나는 그 어떤 것보다 더 묵직한 저작이라 말하고 싶소. 물론 승승장구했지. 보즈네센스키는 젊고 적극적인 사람이었소. 물론 베리야는 경쟁자를 겁낼 수 있었지. 보즈네센스키는 그럴 자격을 갖추고 있었소.

— 제게 한 독자가, – 내가 말한다. – 이런 구절이 들어있는 편지를 보냈습니다. "스탈린은 쓸데없이 아무도 총살하지 않았다."

▶ 쓸데없다는 게 무슨 뜻이오? 너무 앞서갔어. 나는 쓸데없이 보즈네센스키를 총살했다고 봐.

— 쿠즈네초프에게도 그랬을 겁니다.

▶ 쿠즈네초프를? 그렇소. 쿠즈네초프가 레닌그라드 출신인데, 내 생각에, 괜찮은 청년이었지. 괜찮은 청년이었어. 마음에 들었지. 나는 그를 갖은 방법으로 지원했는데, 내가 아는 사람들 중에서 그는 아주 훌륭했소. 스탈린이 그를 무척 호의적으로 대했지만, 그 보즈네센스키 그룹이... 그가 거기서 오염됐는지 모르겠으나 좀 조급성이 있었지. 사람들이 내게 말하길, 나 역시 살아남지 못할 뻔했다는 거요. 그가 대체 누구에게 의지할 수 있었을까? 그리고 내게 실수가 있었소. 그가 말했소. "아무 것도 하지 않는 사람이 실수하지 않습니다."

물론 내게도 책임이 있지. 당시 내가 이미 스탈린에 의해 권력 중심에서 밀려나 있었긴 하지만 말이오. 하지만 나는 당 고위층에 있던 대다수 다른 사람들보다도 더 힘껏 버텼소.

그러나 주요한 것은 쿠즈네초프에게 당의 지도권을 맡길 수가 없었다는 거요. 그는 그에 대한 준비가 별로 없었소. 반복하면, 그는 좋은 사람이고 유능한 당 일꾼으로 당에 충성심이 깊었으나 정치적 분별력이 적었소. 레닌그라드 사건에서 많은 게 밝혀지지 않은 채 남아있는데, 당의 일이라는 것이 그리 간단한 게 아니지.

나는 보즈네센스키와 쿠즈네초프에 대해 실수를 했다고 봐요. 내 생각엔 실수였지. 쿠즈네초프는 훌륭한 청년이었소. 특별한 적극성을 발휘하지 않았고 출세하려고 들지 않았지만 정직하고 헌신적인 사람이었소. 그리고 레닌그라드가 독일군에 포위돼 있었을 때 훌륭히 버텼소. 쉬고 싶다는 희망을 피력하지 않았소.

— 스탈린을 바보로 만들 수도 있었습니까? – 크반탈리아니가 묻는다.

▶ 그런 일에서는, 아니오.

— 저는 누구에게도 그런 말을 들은 바 없습니다, – 골로바노프가 말한다. – 제가 보기에, 베리야는 스탈린을 누구보다도 더 많이 두려워했습니다. 저는 베리야를 가장 위대

한 모사꾼으로 생각합니다. 그렇습니다, 그는 [샤를-모리스 드] 탈레랑에 비할 바는 아니지만 그 모든 일들 꾸밀 수 있었습니다. 정치국원들 모두가 베리야를 물리적으로 두려워했습니다. 흐루쇼프, 말렌코프, 베리야가 전쟁 중에 친하게 지냈지요.

▶ 하지만 그건 진실한 우정이 아니었소.

— 베리야의 결정은, 흐루쇼프가 제1서기가 되면 말렌코프는 각료회의 의장이 되고, 그러면 그는 그들의 뒤에서... 그런데 흐루쇼프가 베리야보다 더 간교한 것으로 판명되었지요.

▶ 더 간교하지, – 몰로토프가 말한다.

— 만약 스탈린이 모든 걸 알았다면 어리석은 조언들을 신뢰하지 않았을 겁니다. 즉, 그는 무고하게 총살당한 사람들에 대해 직접적인 책임이 있다는 겁니다, – 내가 말한다.

▶ 좀 다르지. 이념을 이해하는 것과 그걸 현실에 구현하는 것은 전혀 별개의 일이오. 우파를 격파하고 트로츠키주의자들을 격파해야 했는데, 단호하게 처벌하라는 지시가 내려졌어. 그것 때문에 예조프가 총살됐던 거요. 잔혹한 조치들을 마다한다면 어려운 순간에 나라가 분열할 수 있는 큰 위험이 있었고, 그때 무슨 일이 생길지 아무도 몰랐소. 수백 만 명보다 훨씬 더 많은 희생자가 날 수 있었고, 그럼 완전히 붕괴되는 거요. 적어도 절박한 위기는 피할 수 없었을 거요.

— 모두 옳은 말씀이십니다, – 내가 말한다. – 예조프를 총살했지만, 죄 없는 사람들을 풀어주지도 않았습니다.

▶ 확실히 거기엔 제대로 체포된 사람들도 많았소. 조사를 해서 일부 사람들은 풀어줬소.

— 1938년에 석방했습니다, – 골로바노프가 말한다.

— 하지만 대다수는 그대로 남았습니다, – 내가 반박한다.

▶ 테보샨 문제에 대한 위원회가 만들어졌소. 그가 체포됐을 때 말이오. 그 위원회에 들어간 사람이 나, 미코얀, 베리야, 그리고 아마 누군가 더 있었는데... 테보샨은 당 중앙위원이었소. 물론 아주 청렴한 사람이고 금속공업 분야의 훌륭한 전문가였소. 고도로 숙련된 사람이었소. 그런데 그가 파괴암해분자이며 실질적으로 우리 철강공업에 대해 적대노선을 추구했다는 증언들이 나왔소. 그는 독일 철강회사 〈크루프〉에서 일을 좀 했는데, [자기 분야에서] 큰 성공을 거뒀고 불굴의 의지로 업무를 수행했지만 전문가나 경제 관료들로부터 그에 관한 증언들이 쏟아졌소. 스탈린의 지시로 증언을 검증하기 위한

위원회가 구성됐던 거요. 우리가 오게페우로 가서 증언을 들었소. 엔지니어 한 명이 오고, 두 번째, 세 번째가 왔소. 모두가 말하길, 그는 파괴암해분자이고 그래서 이런저런 지시를 내렸다는 건데... 그런데 테보샨은 거기 앉아 질문에 답하면서 그들을 반박하며 그들에게 온갖 욕설을 퍼붓는 거야! 우리는 여러 증언을 대조한 결과 모든 비난이 거짓이며 명백한 중상임을 확신했소. 그가 무죄임이 입증되었고, 당 중앙위원으로 남아 계속 일할 수 있었소. 스탈린에게 보고했고, 그는 보고에 동의했소.

유감스럽게도 그 후에, 내 지시에 따라 테보샨을 정당화하는 문서를 수집했던 내 보좌역이 죽었소. 누가 모함을 했을까?

— 솔제니친이 쓰기를, – 크반탈리아니가 말한다. – 스탈린이 직접 예조프를 중용했고, 당 간부들을 죄다 죽이라고 예조프에게 직접 강요했다는 겁니다.

▶ 그건 그렇지 않소. 예조프는 출세가도를 달린 꽤 비중 있는 일꾼이었소. 키가 작고 왜소한 체격이었지만 아주 집요하고 강한 성격의 일꾼이었소. 그가 권력 위에 섰을 때, 그에게 강력한 지시가 떨어졌고 그를 잡아끌자 그는 계획에 따라 처단하기 시작했소. 그것 때문에 예조프 전임자인 야고다가 큰 대가를 치렀지. 사람의 정체가 금방 드러나진 않아. 그러나 여기서 물론 턱없는 잘못을 저질렀소. 스탈린이 그에 관해 몰랐다고 말하는 것은 터무니없는 소리요. 그러나 그 모든 일에 책임이 있다고 말하는 것 역시 옳지 않소.

— 저는 이렇게 생각합니다, – 골로바노프가 말한다. – 표트르 대제는 앞에서 국가를 이끌었는데, 맞습니다, 그는 많은 희생을 치르고 레닌그라드를 건설했습니다. 이에 관해 많은 사람들이 말하지 않습니다. 유럽으로 창을 냈다고만 합니다. 만약 스탈린이 도살자였고 자신의 새디즘 때문에 사람들을 죽이고 먹어치웠다고 하면, 그랬으면 모르지만...

— 그렇게 생각하는 사람들이 있습니다, – 내가 말한다.

— 하지만 나도 그를 잘 아는데, 그는 피에 굶주린 독재자가 전혀 아니었어요, – 골로바노프가 말한다. – 투쟁이 벌어졌고, 다양한 정치적 사조와 편향이 있었지요. 사회주의를 건설함에 있어 강한 의지가 필요했는데, 스탈린의 의지는 그 누구에 비해서도 훨씬 강했습니다. 제5열이 있었습니까? 있었습니다. 그건 언급할 필요도 없습니다! 물론, 척후병 정도가 아니라 명백한 활동가들이 있었습니다. 저는 제가 투하첸스키처럼 체포되어 심문을 받더라도 "내가 독일 정보원이오, 폴란드 거점간첩이오"라고 자백하는 일은

하지 않을 겁니다. 때렸다고요? 무지한 놈들, 때리라고 하지요! 병신을 만들라고 하지요! 사람들을 갈고리에 매달았지만, 그들은 [취조자의] 낯짝에 침을 뱉었습니다. 만약 추하첸스키가 독일 정보원이 아니었다면 그는 [아니라고] 말했을 겁니다. 그에게 의지가 있었다면, 사건이 그렇게까지 진행되지 않았을 겁니다. 그리고 모든 게 즉각 밝혀졌을 겁니다. 그런데 그는 모든 걸 즉시 인정하고 첫날 그 많은 사람들에 대해 진술했는데... 그 다음엔 모든 게 순서대로 진행됐습니다.

로코솝스키를 보십시오. 그는 아무리 고문을 당했어도 모든 걸 부인했고, 아무도 지목하지 않았습니다. 그로 인해 아무도 체포되지 않았고, 그는 쉴리셀부르크[의 감옥]에 있다가 석방됐습니다. 군부에서는 그 일 때문에도 콘스탄틴 콘스탄티노비치를 아직도 많이 존경합니다. 스탈린은 로코솝스키에게 특별한 빚을 졌습니다. 그래서, 스탈린그라드 전투 후에 그는 스탈린이 [존경의 표시로] 이름과 부칭으로 부르는 두 번째 인물이 됐습니다. 첫 번째는 샤포쉬니코프였습니다. 그는 로코솝스키를 위대한 군사지휘관으로 생각했습니다. 그가 [붉은광장에서 거행된] 승리퍼레이드를 지휘했던 것은 그냥 그랬던 게 아닙니다. 공훈에 따른 영예였습니다! 스탈린이 물었습니다. "콘스탄틴 콘스탄티노비치, 거기서 때리던 가요?" — "때렸습니다, 스탈린 동무." 그러자 스탈린이 말했습니다. "우리나라에는 뭐든 분부만 내리라(!)고 하는 사람들이 아직도 아주 많소."

스탈린은 누가 저를 당에서 제명했는지 밝히려 했습니다. 이런 생각이 들었습니다. 지금 내가 스탈린에게 그를 지목하면 그 정치국원은 즉시 없어질 것이라고 말이죠. 그런데 말하지 않았습니다. 확실히 사람들은 열심히 씁니다. 테보샨에 관해 쓰라고 했을 때 그랬던 것처럼 말입니다. 그때 저는 그런 사람들을 많이 봤는데, 지인 중에는 대놓고 이렇게 말하는 사람도 있습니다. "알렉산드르 예브게니예비치, 저는 누구와 누구에 대해 썼습니다." — "왜 썼습니까?" — "두려웠습니다."

▶ 그랬었지, – 몰로토프가 말한다.

— 강요받지도 않았는데 자발적으로 쓴 사람들도 있었습니다. 대체로 강요되었다고 봐지지만, 그렇지 않은 경우가 있다면 개인적인 것들도 봐야 합니다. 흐루쇼프라는 자는 왜 그렇게 처신했을까요? 인민의 적들을 골라냈습니다. 동무들이 제게 말하길, 흐루쇼프가 우크라이나 수비대에 도착해 사단장에게 가서 사람들을 모은 다음 이렇게 말했답니다. "동무들, 인민의 적들이 도처에 있습니다!" 사단장 쪽으로 얼굴을 돌립니다. "동무는 인민

의 적을 얼마나 색출했소?" 그러자 잡아넣고, 체포하고, 굿판이 한바탕 벌어졌습니다.

▶ 흐루쇼프가 스탈린에게 인민의 적 명단을 가져왔소. 스탈린이 의혹을 나타냈지. "정말 그렇게 많은가?" — "스탈린 동무, 그들은 훨씬 더 많습니다. 얼마나 많은지 동무께선 상상도 못하실 겁니다!"

— 제가 아는 동무가 하나 있습니다. 제가 민간항공 조종사였을 때 그는 동승기관사로 저와 함께 비행기를 탔는데, 나중에 정치아카데미에서 공부해 학자가 되어 총참모부 아카데미에서 강의했습니다. 그런데 그 폭로전이 시작됐을 때 그를 맑스·레닌주의연구소로 전보시켰습니다. 그는 거기서 3년간 문서를 선별하면서 스탈린의 서명이 든 총살 명령서 같은 것을 찾으려 했습니다. 하지만 그는 그런 문서를 하나도 찾지 못했습니다.

▶ 아니오, 찾을 수 있소. 찾을 수 있소. 우리가 함께 서명을 했소. 우리한테 그런 명단을 가져왔소. 심문 조서들을 보며 세세한 일까지 함께 논의했소. 정치국원들 모두가 앉아서... 기본적으로, 스탈린이 당 노선에 따라 서명했소. 나는 정부 방침에 따라 서명했는데, 그런 문서들을 처리한 후에, 많은 사람들에게 물론 기분이 좋을 리 없었지.

— 군인들이 제게 말하길, 흐루쇼프도 그런 문서들에 서명했다고 합니다, – 내가 말한다.

▶ 당연히 그도 서명했고... 나는 스탈린이 서명하고 내게 보낸 것을 베리야에게 넘겨주곤 했소. 나 역시 서명을 했소. 당 중앙위원회가 판별하지 못했던 문서에도, 의심의 여지없이 정직하고 훌륭하고 헌신적인 사람들이 들어있었던 문서에도 나는 사인을 했소. 그게 해서는 안 될 일이었다는 걸 누군가가 입증하라지. 혁명 전에 볼쉐비키가 아니었던 자들은 그렇게 말할 수 있을 거요.

— 칼리닌도 서명했습니까? – 크반탈리아니가 묻는다.

▶ 칼리닌도 했고, 다른 사람들도 했소. 모든 문서에 서명을 했던 것은 아니지. 실제로 여기서 작용한 것은 물론 우리 기관에 대한 신뢰의 문제였소.

— 그렇습니다. 문제는 신뢰였습니다, – 골로바노프가 확언한다.

▶ 그럴 수밖에 없었소. 자신이 모두를 검증할 수 없잖소.

— 저는 베네쉬[22]가 스탈린에게 보낸 편지에 관심이 있습니다, – 크반탈리아니가 말한다. – 처칠이 그에 관해 이렇게 썼습니다.

22) 베네쉬(Edvard Beneš, 1884~1948)는 체코슬로바키아 대통령 재임 중 반(反)독일 외교정책을 추진했으나, 뮌헨협정이 체결된 1938년 가을 히틀러의 압력에 굴복하여 대통령직을 사임한 후 영국에 망명하였다.

"반(反)볼쉐비키 국가들의 방역선으로 포위된 소비에트 러시아는 자신의 고립에 화를 냈다. 우리는 계속 우리의 정책을 추구했지만 동쪽에서 어떠한 진전도 이루지 못했다. 나는 독일 동부 국경 지역에서 독일에 보다 많은 만족을 주려는 시도에 반대한 적이 없다. 하지만 그런 바람은 이 길지 않은 몇 해에 실현될 가능성을 보이지 않았다.

라발[23]이 사흘간의 모스크바 방문을 마쳤다. 스탈린이 그를 환대했는데... 스탈린과 몰로토프는 물론 무엇보다도 서부전선에서 프랑스 군의 병력 수가 얼마나 될 것인지, 몇 개 사단이 될 것인지, 복무 기간이 어느 정도인지에 관해 알고자 했다. 그런 문제들에 대한 논의를 끝낸 후에 라발이 물었다. "각하께선 러시아에서 종교와 천주교도를 고무하기 위해 무엇이라도 하실 생각이 없으십니까? 그건 제가 교황과 협상하는 데 큰 도움이 될 것 같습니다." 스탈린이 놀람을 표했다. "아, 그렇군요! 교황이 있군요! 그런데 그에겐 몇 개 사단이 있습니까?"

1936년 가을 베네쉬 대통령은 독일에 있는 군 고위인사로부터 그가 총통[=히틀러]의 제안을 수용할 생각이 있으면 서두르는 게 좋겠다는 통지를 받았다. 왜냐하면 베네쉬가 독일에 줄 수 있는 여하한 도움도 무의미하게 만들 사건이 러시아에서 곧 터질 것이기 때문이라는 것이었다.

베네쉬가 이 불안한 정보에 대해 숙고를 하고 있던 중에, 러시아 내 고위인사들과 독일 정부 사이에 모종의 관계가 프라하 주재 소련대사관을 매개로 수립되고 있다는 사실이 그에게 알려졌다. 이것은 스탈린을 타도하고 친(親)독일적인 새 체제를 수립하려는 군인들과 옛 공산 근위대가 꾸민 이른바 음모의 일환이었다. 즉시 베네쉬 대통령은 그가 설명할 수 있는 모든 것을 스탈린에게 알렸다. (그런데 베네쉬가 얻은 정보는 스탈린으로 하여금 우호적인 외국 소식통에게서 그 정보를 수령하게 하려고 오게페우가 체코 경찰에 제공한 것이라는 주장이 있다. 하지만 이런 주장은 베네쉬가 스탈린에게 한 봉사의 가치를 퇴색시키지 않으며, 따라서 의미가 없다.)

그 뒤로 러시아에서 군인들과 정치 기구에 대한 가혹한, 그러나 아마 유용하지 않은 숙청이 시작되었고, 1937년 1월에 일련의 재판이 이어졌다. 국가를 대신하여 원고로 나선 븨신스키는 재판에서 아주 근사한 논고를 개진했다.

---

23) 1935년 5월, 소련-프랑스 사이에 상호협조조약이 체결되었고, 그 일환으로 당시 프랑스 외상 라발(Pierre Laval, 1883~1945)이 모스크바를 방문하였다.

옛 근위대 출신 공산주의자들이 군인들에게 가담했다는 것이나 아니면 그 반대의 경우도 비록 매우 신빙성이 적지만, 그들의 마음은, 의심의 여지없이, 자신들을 축출한 스탈린에 대한 미움으로 가득 차 있었다. 그래서 전체주의 국가의 관례에 맞춰 그에게 한꺼번에 앙갚음을 하는 게 적절할 수 있었다. 혁명의 초창기 지도자들 중에서 지노비예프, 부하린, 라데크 등과, 그리고 게오르그 4세 대관식에 소련 대표로 참석했던 투하첸스키 원수 및 군 고급장교들 중 많은 사람이 총살을 당했다. 전체적으로 5천 명 이상의 고위 관리와 영관급 이상의 장교들이 청산되었다. 러시아군에서 친독일 분자들이 일소되었다. 비록 그것이 전쟁수행능력에 대단한 손실을 야기했지만 말이다. 소비에트 정부는 반독일 정책으로 뚜렷이 기울고 있다."

이것이 처칠이 서술한 내용입니다.

▶ 과연 문제가 정확히 기술됐는지 의심스럽소, – 몰로토프가 말한다. – 베네쉬는 우리들과 좋은 관계를 유지하려 했지만, 스탈린은 자기 사람들조차 모두 완전히 믿지 못하는 판에 부르주아 지도자의 편지를 믿을 수 없었소. 우리는 베네쉬 없이도 그 음모에 관해 알고 있었고, 심지어 거사 날짜도 알고 있었는데...

— 제가 의장님께 [소련작가동맹에서 발행하는] 잡지 『10월』을 가져왔습니다, – 골로바노프가 말한다. – 11호인데, 여기를 보면 의장님께서 1942년에 감행하셨던 비행을 잘못 기술하고 있습니다.

▶ 벌써 나왔소?

— 나왔다니요! 의장님께서 아셨더라면...

▶ 간신히?

— 그런 뜻이 아닙니다. 9호와 11호가 이미 나와 있습니다. 제가 브레즈네프에게 짧은 편지를 썼는데, 말하자면 분노를 담은 그런 편지였습니다. (이는 골로바노프의 회고록 『장거리 폭격기』에 대한 언급인데, 회고록은 잡지 『10월』의 1969년 7호부터 게재되기 시작했다. – F. 추예프.)[24]

매우 화가 나서 편지를 보냈더니, 그 후 수정본을 인쇄하기 시작했습니다. 그럼에도 많은 오류가 남았지만, 드리고 싶은 말씀은 많이 삭제했다는 겁니다. 내친김에 더 말씀

24) 『장거리 폭격기(Дальняя бомбардировочная)』는 1969년에서 1972년까지 5회에 걸쳐 『10월(Октябрь)』에 게재되었다.

드리면, 외무성이 무엇을 삭제했는지 아십니까? 처칠이 한 배신의 정치 모두를 삭제했을 뿐만 아니라, 그가 의장님과 루스벨트의 만남을 방해하려 했다는 사실도 삭제했습니다. 하지만 제가 의장님과 함께 이야기했던 기본 내용은 남았습니다. 마침 외무성 쪽에서 제가 들은 이야기가 있는데, [이반] 마이스키가 화를 냈다는...

▶ 마이스키가 왜? 그에 관해 무슨 말을 들었소?

— 사람들이 제게 말하길, 마이스키는 그 일의 장본인이 몰로토프가 아니라 자신이라고 여긴다는 겁니다.

▶ 오, 그건 그냥... 그리고 그가 제2전선 문제와 관련해서 자신이 한 일에 대해 쓴 것은 물론 맞지도 않고 아름답지도 않소. 그는 근무하면서 지시를 이행했소. 대사는 당연히 그렇게 해야지.[25] 그가 유능한 사람인데...

— 저는 진실만을 쓰고 있습니다. 어떻게 의장님께서 처칠과 조약 문제를 해결하셨는지, 그가 그 코뮈니케에 서명하기를 어떻게 거절했는지, 의장님께서 루스벨트와 그 모든 문제를 어떻게 해결하셨는지, 어떻게 런던으로 되돌아가셨는지, 그리고 처질이 왜 서명할 수밖에 없었는지에 관해서 말이죠.

▶ 처음에 영국에서, 내가 영국을 떠나기 전에 외상 이든과 조약에 서명했고, 미국에서 향후 상호관계 및 제2전선에 관한 코뮈니케를... 그리고서 나는 미국에서 다시 영국으로 갔는데, 역시 서명을 해야 했소.

— 의장님께서 말씀하신 그대로 제 회고록에 기술돼 있습니다. 이렇게 할 수 있었던 건 제게 얼마간 자료가 있는데다가 동무들에게 묻고 나중에 의장님과 대화를 나누며 확인했기 때문입니다. 의장님께선 이미 각기 날짜를 특히 기억하지 못하시지만 그 의미는... 저는 회고록 말미에, 그 여행이 비록 많은 불편과 위험 등을 수반하기도 했지만 전쟁에 긍정적 역할을 했다고 썼습니다.

저는 [당국이] 갖은 구실로 제 회고록의 간행을 거부하고 있다고 브레즈네프에게 직접 편지를 썼습니다. 40년 이상을 당에 몸담고 4개의 전쟁을 치러낸 저는 제가 직접 목격한 일들에 관해 그 진실을 기록할 자격이 있다고 생각합니다. 그렇지요, 그 진실이 누구에겐 마음에 들지 않을 겁니다. 내가 그 진실을 쓸 수 있다면 그에 상응하는 조치를 취

25) 마이스키는 1932~43년에 영국 주재 소련 대사를 지냈다.

해주고, 만약에 쓸 수 없다면 당신이 직접 내게 그렇다고 알려 달라, 그러면 나는 더 이상 쓰지 않겠다고 정중하면서도 분명하게 양자택일을 요구했습니다. 당 중앙위원회 행정기관부에서 저를 불렀고, 두 시간 이상 대화를 했습니다. 그렇게 해서 다시 간행되기 시작했습니다. 정말 많은 곳이 잘려나갔습니다만...

...대화가 오랫동안 이어졌고 나라의 경제에 관해 논쟁도 있었다. 일부를 발췌해서 인용한다. 이것은 그 문제들에 대한 몰로토프의 시각을 잘 보여주는 듯하다. 내가 묻는다.

— 우리가 실질임금은 인상하고 가격은 가능한대로 안정되게 유지할 것이라는 게 확실합니까? 가격 인하에 관해서는 전혀 언급이 없습니다.

— 가격 인하가 더 좋았지요, – 크반탈리아니가 말한다.

▶ 아시다시피 가격 인하가 더 좋지만, – 몰로토프가 대답한다. – 국가의 입장에서는 임금을 인상하는 게 더 쉽지.

— 그런데 왜 의장님께선 전쟁 직후 가격 인하 조치를 취하셨습니까? 왜 매년, 정기적으로 하셨습니까?

▶ 여기서 동무들과 의견이 합치되지 않는데, 뭐 이게 처음도 아니지. 아무튼, 그건 도덕적으로 엄청난 이득이었소. 엄청난 플러스였지. 그러나 문제는 사물을 있는 그대로 봐야 한다는 데 있었소. 물론 나는 전쟁 전에 있었던 일을 좀 미화하려 들 수도 있소. 왜냐하면 내가 그 일에 아주 가까이 있었기 때문이오. 하지만 그럼에도 1930년대 전반에 걸쳐 우리나라에 역시 지속적인 물가상승이 있었소.

— 시대가 다릅니다. 지금은 콤소몰 일꾼들에게 대형 세단 〈차이카〉를 내줍니다. 그런데 의장님께선 허름한 깔깔이 차림으로 건설을 하셨습니다. 시대가 서로 다릅니다.

▶ 다르지, 하지만 그럼에도 객관적이어야지. 너무 단순화하면 안 됩니다. 쇼타 이바노비치, 그건 지금 우리가 전쟁 전에 비해 훨씬 잘살고 있기 때문이오. 그건 당연한 결과이며, 그걸 위해 우리가 투쟁했던 겁니다. 더 잘살기 위해서 말이오. 물론 뭔가를 이루었지만 다른 위험도 있소. 바로 불평등의 확산이오. 불행과 재앙이 바로 거기에 있는 것이지, 지금 우리가 전보다 못살고 있다는 있는 게 아니오. 지금 노동자도, 심지어 농민들도 전반적으로 더 잘살고 있음에도 불구하고 아주 부정적인 요인이 있소. 그건 지금 나라 안에 불평등이 심화되고 있다는 거요. 그건 재앙이오.

— 우리나라에서 임금의 범위는 1:30입니다.

▶ 거스 할[26]이 체코슬로바키아에 관해 옳게 말했소. 그가 체코슬로바키아 사태에 관해 말한 것이 『프라우다』에 축약되어 실렸는데, 우리가 조치를 취하기 시작했을 때 그는 이렇게 말했소. 즉, 소연방이 다른 국가들과 함께 체코 사태에 개입하고 나선 것은, 비록 이탈리아공산당, 프랑스공산당, 영국공산당 등이 그에 반대했지만 옳았다는 거요. 그는 미국에 있으면서도 옳게 말했어. 그것은 완전히 불가피한 조치였고, 체코슬로바키아에서 선행 시기에 임금 수준이 서서히 올라갔다면 더 좋았을 뻔했으며, 그랬다면 사회주의 제도가 더욱 강화됐을 거라고 했소. 바로 여기에 문제가 있는 거요. 우리나라에서도 그걸 제대로 이해하지 못하고 있소. 내가 말하는 게 바로 그거요. 임금 수준은 반드시 올라가야 합니다. 삶의 수준의 향상 없이 사회주의는 있을 수 없다는 게 그의 생각이오. 나 역시 삶의 수준이 조금씩이라도 향상되고 그래서 사회주의 제도가 강화되어야 한다고 생각합니다. 그렇게 되면 우리에겐 두려울 게 아무 것도 없소. 그게 가장 중요하지. 우리는 1930년대를 살아냈고 결국 승리했소. 온갖 결핍에도 불구하고 말이오.

— 스탈린이 과감하게 그 길을 갔지요?

▶ 물론, 물론이오. 누구보다도 훨씬 더 과감하게 갔소. 우리 모두의 바람, 특히 제일 확고하게 노선을 시행했던 스탈린의 바람에도 불구하고 물론 많은 결핍이 있었소. 물론 생활수준을 높이고 물가를 낮추었으면 좋았겠지. 적어도 물가안정이라도 이뤘다면 그리 나쁘지 않았겠지. 그런데 우리나라엔 안정이란 것도 없었소. 물가를 낮췄더라면 더 좋았겠지만, 그럼에도 나는 그 문제에 역점을 두기보다는 불평등 문제를 강조하고 싶소.

— 물가의 안정은 곧 상품화폐관계의 강화입니다. 그런데 사회주의를 위해 필요한 것은 그것의 약화입니다.

▶ 반드시 그런 것은 아니지. 상품화폐관계는 물가에만 있는 게 아니기 때문이오. 그건 보다 복잡한 문제요. 물가안정 자체가 상품화폐관계에 이가 되거나 해가 된다고 말할 수 없소. 나는 상품화폐관계의 역할을 점차 축소시키는 노선이 추구되어야 한다고 보는데, 물가안정 자체가 그걸 방해하지는 않소.

— 하지만 우리가 상품가격을 내리지 않는다면, 대체 어떻게 상품화폐관계를 약화시킬 수 있겠습니까?

26) 거스 할(Gus Hall, 1910~2000)은 미국공산당 지도자이다.

▶ 전후에 우리는 물가를 내릴 순 없었지만, 당시 시행된 그토록 과감하고 일관적인 노선은 물론 스탈린의 커다란 공적이오. 그러나 불평등이 확산되고 있는 현재의 상황에서 그 노선은 충분치 않소.

— 물가안정은 서류상에 있습니다.

▶ 실제론 오르고 있는데, 그건 물론 좋지 않소.

— 임금인상률과 식료품의 가격상승률을 보면 모든 게 반대입니다, – 골로바노프가 말한다. – 임금은 오르지만 물가가 그걸 추월하고 있습니다.

▶ 그러면 우리 자신이 소비적 관점으로 전락하는 거요, – 몰로토프가 답한다. (골로바노프가 웃는다.) – 그것으로는 지금 뭔가 바꿔야 한다고 설득시켜야 할 사람들을 설득시킬 수 없소. 못 시키지.

— 우리가 노동생산성을 36% 제고하여 생산고를 87% 증대시킬 것이라는 제24차 당대회의 지령이 인쇄됐습니다. 즉, 그건 만약 우리가 생산성을 100% 높이면 생산고가 1년에 즉각 3배가 된다는 겁니다!

▶ 그게 아니오. 동무는 수치를 갖고 장난하고 있소. "만약"이라는 것은 그 어떤 근거도 없는 가정이오.

— 왜 그렇습니까? – 골로바노프가 묻는다.

▶ 문제는 우리가 노동생산성을 37~38%까지만 제고할 수 있다는 데 있소. 그걸 40%까지 올린다는 건 아주 어려운 일이오. 어떻게 100%를 높인다고 말할 수 있소?

— 뱌체슬랍 미하일로비치, 저는 의장님께서 제18차 당대회에서 행한 보고를 갖고서 의장님을 논박하고 있습니다, – 골로바노프가 말한다.

▶ 무슨 말씀을 하려 하시오? 그런 일을 나는 아주 잘 알고 있는데.

— 의장님의 보고에서 강조점은 노동생산성 문제에 있습니다. 레닌이 말했던 것에 관해 사람들이 말들 하지만, 말하는 것과 실행하는 것은 전혀 별개의 문제입니다. 코시긴의 보고와 의장님의 보고에는 뭔가 공통점이 있습니다. 노동생산성에 역점이 있는 것 말입니다. 결근이나 근무태만에 대한 투쟁이 의장님 때 실행되었습니다. 직장에 20분 지각했다고 재판에 넘겨졌습니다. 그것은 실질적인 성과를 냈습니다. 그런데 지금 우리나라에서 500만 명의 건설노동자 중에서 매일 50만 명이 일터에 나가지 않습니다. 예전엔 그런 일이 없었습니다.

▶ 있었소, 규모는 작았지만.

— 의장님께서는 여기서 상황을 전부 아시기 어렵습니다.

▶ 뭐, 전부 알지는 못하겠지.

— 쓰는 것과 행하는 것은 하늘과 땅만큼의 엄청난 차이가 있습니다. 사람들은 생산 목표를 완수하기가 불가능하다며 괴로워합니다. 경제가 어떤가에 따라 정치도 그렇게 됩니다. 극한의 게으름뱅이와 무대책의 결근자들이 많습니다. 당대회에 즈음하여 오븐을 생산했는데, 지금은 문을 닫았습니다. 모스크바 서커스단이 공연을 하나 했는데, 닫았습니다. 제가 우스트-일림스크에 갔었습니다. 그들이 계획 완수를 보고합니다. 그런데 원료가 없습니다. 원료는 조합 일꾼들에게 갑니다. 악순환이지요... 스탈린이 말하길, 우리는 그 어떤 선전이나 선동으로도 세계 프롤레타리아를 우리 주위에 결집시킬 수 없으며, 그러기 위해서는 우리나라 사람들이 미국이나 다른 자본주의 국가들보다 더 잘사는 모습을 우리가 보여주어야 한다고 하면서, 그것이 최선의 선전이요 최선의 선동이라고 했습니다.

▶ 같은 이야기를 반복하지 마시오, – 몰로토프가 말한다. – 나는 내 의견을 고수합니다.

— 다른 사회주의 국가들에서 최저생계비가 우리나라에 비해 2배 더 많다면, 그걸 합당하다고 생각할 수 있습니까? 왜 우리는 항상 허리띠를 졸라매야만 합니까? 저는 의장님보다 좀 젊고, 정치국원이었던 적이 없습니다, – 골로바노프가 말한다.

▶ 그런데 왜 그런 말을?

— 저는 의장님께서 높은 지위에 계셨다는 생각이 아니라, 의장님께서는 더 넓고 [일반인과] 전혀 다른 식견을 갖고 계시다는 생각에서 말씀드리고 있습니다.

▶ 말씀하고자 하는 요지는?

— 저는 무엇보다도 주민들에게 기본적 물질생활을 보장함으로써 국가 기반을 확고히 해야 한다는 스탈린의 노선이 완전히 옳았다고 생각합니다. 그런데 우리가 의장님과 함께 아무리 많은 선전과 선동에 종사한다고 하더라도...

▶ 나는 동무에게 전혀 동의하지 않아요, – 몰로토프가 화를 낸다. – 동무는 일을 단순화하고 있어요. 스탈린은 동무가 주장하듯 그렇게 판단하지 않았소! 스탈린은 그렇게 단순하게 판단하지 않았다고. 레닌도 그렇게 판단할 수는 없었소. 맑스주의적 입장에 동의한다면 누구도 그런 입장에 설 수는 없소. 동무는 불량한 공산주의자들이 아니라

훌륭한 공산주의자들을 본 받아야 합니다!

— 제가 장담하건대, 그건 스탈린에게서 들은 말입니다.

▶ 동무는 그를 제대로 이해하지 못했소. 그렇게 판단하면 안 됩니다. 동무의 수치는 부정확합니다. 나는 다른 나라들의 생활수준이 높다는 동무의 말에 동의하지만, 2배나 많다는 건 그렇고, 1.5배 정도 많겠지요. 우리가 정확한 비교에서 벗어나면, 그럼 유언비어로 넘어갑니다. 그건 불가피해요. 나는 그들의 생활수준이 높고, 고기도 더 많이 먹고, 신발도 그들에게 더 많다고 생각하는데, 한 1.5배 정도 우리보다 잘산다고 할 수 있을 거요. 그런데 내 생각에, 우리는 그들이 그렇게 살도록 하는 데 관심을 쏟아야 합니다. 다른 예를 들어 보면, 우리나라의 발트 해 연안 주민들은 모스크바 시민들보다 훨씬 높은 수준의 삶을 누립니다. 우리에게 그건 불가피한 거요. 그건 모스크바의 이해관계에 부합하는 정책이오.

— 저는 의장님의 사위 알렉세이 드미트리예비치 [니코노프]와 대화를 해봐야겠습니다. 모든 통계자료를 꿰뚫고 있는 박식하고 영리한 사람이지요. 저는 의장님 말씀에 동의합니다. 제가 만나는 외무성 고위 일꾼들이 이렇게 말합니다. "베트남만 아니었다면 우리가 훨씬 더 잘살았을 텐데..."

▶ 베트남 사람들이 우리를 위해 피 흘리고 있소! 그걸 이해해야 합니다. 진짜 공산주의자라면 그렇게 말할 수 없소.

— 테헤란회담 후에 스탈린이 제게 말했습니다. 그가 당시 몸살을 좀 앓고 있었는데, 이렇게 말했습니다. 즉, 사람들이 스탈린을 신성시하는데, 신성한 사람은 없으며 [사람들이 생각하는] 스탈린 같은 사람도 물론 없는데, 하지만 사람들이 그런 존재를 만들고 그를 믿는다면, 즉 그게 프롤레타리아트의 이익에 필요하다면 그것을 지지할 필요도 있다고 했습니다.

스탈린이 살아있었다면 소비에트 인민들은 지금보다 훨씬 더 잘살았을 것이고, 베트남에 5배 이상을 더 도와줬을 것이며, 중국이나 인도와도 좋은 관계를 유지했을 겁니다, – 골로바노프가 말한다.

▶ 그런 말을 들으니 기분이 좋은데, 그때 우린 더 어렵게 더 가난하게 살았소. 1919년에 레닌이 말하길, 혁명은 노동자 혁명인데 그로부터 농민이 더 많은 이득을 봤다고 했소. 그러나 완전한 승리는 우리나라 농촌에서 모든 게 정상화될 때라고 했소. 계급의식

이 있는 노동자는 그쪽으로 나아가며 의식 없는 노동자를 설득해야 하는데, 노동자가 농민을 앞장서 이끌 때에만 노동자는 승리할 수 있다고 했소.

— 경제 기반이 제일 중요합니다. 저는 이상주의자가 아닙니다만, 스탈린이 살았었다면 영국에 공산주의자가 2만 9천 명 이상 되었을 것이고 우리 노동계급은 영국보다 2배나 더 잘살았을 겁니다.

...몰로토프가 당 강령을 집어 들고 흐루쇼프가 제기한 명제, 즉 다른 나라들에서 우리가 그들보다 더 잘사는 모습을 보면 그들이 우리를 따라올 것이라는 명제를 읽는다.

▶ 동무는 흐루쇼프의 뻘짓을 되풀이하고 있소. 그것은 소비적 관점이오. 게다가 민족주의적이기도 해요. 볼쉐비키가 모든 사람이 유식해지기를 기다렸더라면 우리나라에 혁명도 없었을 거요. 서방 국가의 노동자들은 우리보다 더 잘삽니다. 왜냐하면 부르주아 계급이 다른 나라들을 착취했기 때문이오. 자기 나라만 착취한 게 아니지. 영국인 1명이 10명의 노예를 부리는 꼴이오. 노동귀족이지. 만약 우리가 기다리려고 한다거나 먼저 우리의 수준을 높이면 나중에 우리와 동등해질 것이라고 생각한다면, 우리는 공산주의자가 아니라 자기 일에만 종사하는 민족주의자가 되는 거요. 그것은 흐루쇼프의 뻘짓보다 더 나쁩니다. 그건 이상주의요.

— 제가 스탈린에게서 수차례 들었습니다, – 골로바노프가 말한다. – 단언컨대, 인민이 어떻게 사느냐가 모든 것의 기초라는 겁니다. 그러나 인민이 권좌에 올랐을 때 절도, 결근, 알코올중독, 뇌물 같은 게 있을 거라곤 맑스에게도 엥겔스에게도 전혀 언급된 바 없습니다. 그런 것들이 사회에서 모두 일소될 것이라고 암시됐습니다. 작년에 2천만 톤의 곡물이 밭에서 그냥 썩었습니다. 외국에서 곡물을 수입해 금으로 결제합니다. 스탈린의 철권이 다시 등장하지 않는다면 우리는 여하한 공산주의도 건설할 수 없습니다. 저는 스탈린이 올바른 길을 갔다고 생각합니다. 우리는 그 길을 계속 가야 합니다. 악을 도려내야 합니다. 그런데 우리에겐?.. 제가 처음 스탈린에게 불려갔을 때가 생각납니다. 벌써 오래 전 일이지요. 전쟁 중에 그가 제게 다차를 하나 제안했습니다. "옆에 가까이 살도록 합시다. 모두들 내가 위대한 천재라고 말하는데, 저녁엔 함께 차 마실 사람이 없소." 제가 거절했습니다. 그러자 그가 말했습니다. "받으시오, 안 그러면 바실렙스키에게 줄 거요."

그런데 스탈린은 [알렉산드르] 바실렙스키와 재미있는 역사가 있었습니다. 알렉산드르 미하일로비치가 제게 한 이야기에 의하면, 한번은 스탈린이 그를 초대해서 그의 부모에 관해 묻기 시작했다는 겁니다. 그의 부친이 시골의 목사였는데, 바실렙스키가 부친과 교류를 끊고 있었습니다. 스탈린이 말했답니다. “부모를 잊는 것은 좋지 않소. 그런데 동무는 오랫동안 내게 빚을 갚지 않는군.” 그러더니 금고에 가서 우편환 영수증 다발을 꺼내더랍니다. 스탈린이 바실렙스키 부친에게 정기적으로 돈을 보냈고, 그의 부친은 그것이 아들이 보낸 돈으로 생각했다는 겁니다. 바실렙스키가 이렇게 말했습니다. “제가 할 말을 잃었습니다.”

그런 종류의 일에도 스탈린은 많은 인내를 발휘했습니다! 제게 전화합니다. “아직 안 자오? 동무한테 경호대가 없을 텐데, 우리가 체키스트들을 보냈소.” 제가 스탈린과 얼마나 논쟁을 했던지! 지금은 그와 대화를 할 것도 같은데, 그땐 제가 어린애 같았지요! 유감스럽게도 제가 드려야 할 말씀은, 사람들에게 건강한 사고는 역시 나이가 지긋해져야 가능하다는 거죠.

▶ 가끔 그런 나이가 안 오는 경우도 있소, - 몰로토프가 답하자 모두 웃는다.

— 저는 스탈린을 새로운 조건 하의 전쟁학 창시자로, 군사이론가로 기술하였는데, 사람들은 이런 대목의 출판을 원하지 않습니다. 그것은 정말 제가 직접 목격한 것입니다. 저는 전쟁 기간 내내 거의 매일 스탈린의 집무실에 들렀습니다. 그것도 하루에 몇 번씩 말입니다!

저는 포돌스크에 있는 국방성 중앙문서보관소에서 작업을 했습니다. 그곳에서 살았습니다. 동무들이 제게 모스칼렌코의 저작을 읽게 내줬습니다. 모스칼렌코 역시 그곳에서 작업을 했습니다. 그가 스탈린에게 얼마나 많은 모욕을 가했는지! 그런데 전쟁 중에 사람들은 모스칼렌코를 “패닉 장군”이라 불렀죠. 스탈린이 그에겐 염치가 없다고 했습니다.

주코프가 [제게] 이렇게 말합니다. “알랙산드르 예브게니예비치, 내게 패닉 장군이 전화했습니다!”

스탈린과의 수많은 만남, 그리고 이런저런 문제로 그와 나눴던 대화들이 생각납니다. 그 모든 게 귓가에 생생합니다! 언제 생각이 나게 됐는가? 스탈린에게 각종 오물을 뿌리기 시작했을 때입니다. 저는 그의 치세에 수없이 많은 인민이 죽었다는 사실이 아니라, 그가 그걸 과감히 중단시켰다는 사실에 놀랍니다! 정말 전체적 분위기는 우리가 우리 손으로 나라의 절반을 파괴할 수 있었을 정도였습니다. 빌어먹을, 우리 러시아에서, 우리 같은 나라에서 있을 수 있는 일이라 생각합니다! 예전 시대에 대해, 표트르 대제에 대해 생각하면서 모든 게 반복되는 걸 보게 됩니다. 역사는 새롭게, 그러나 반복됩니다. 저는 스탈린이 했던 말을 수없이 생각했습니다. 그가 몇 번이나 말했는지 모릅니다. "존재가 의식을 규정하지만, 의식은 존재에 지체한다!"고 말이죠. 저는 우리가 정말 본질에 있어 공산주의적으로 사고해야 한다고 생각합니다. 그런데 17세기적으로 사고합니다. 이렇게요. "어떻게든 누구를 밀어내야 한다!"

— 레닌은 돈의 힘을 두려워했습니다, – 크반탈리아니가 말한다. – 높은 급료가 사람들을 타락시킵니다.

— 스탈린 치세에도 급료를 줬습니다. 돈이든 뭐든 줬습니다, – 골로바노프가 말을 이어간다. – 그러나 지금은 아무나 생각할 수 있는 그런 것을 예전엔 생각조차 할 수 없었습니다. 지금은 어떤 자리라도 차지하면 곧바로 다차를 짓기 시작합니다. 도처에서 각자 뭔가를 가로채고 있습니다. 저는 레닌의 말을 자주 생각하는데, 그는 관료주의를 빼고는 그 어떤 힘도 소비에트 권력을 부수지 못한다고 말했습니다. 이 관료주의가 일련의 온갖 잡다한 결함들을 발생시키고 있는데...

제가 중국문제로 수슬로프에게 두 번 전화했습니다. 레닌이 이미 주목했던 나라를 그렇게 대하면 안 됩니다. 그 일을 바로잡아야 합니다. 제가 보기에 흐루쇼프 다음으로 비난받아야 할 자가 미코얀입니다. 흐루쇼프를 해임했을 때, 브레즈네프는 미코얀이 [중국문제를] 바로잡길 기대했습니다. 그러나 그는 저우언라이의 질의에 대해 소련공산당 중앙위원회의 중국에 대한 입장은 예전과 같다고 답했습니다. 그는 중국과의 협상에 전권을 갖고 있었습니다.

수슬로프가 말하길, 마오쩌둥이 흐루쇼프를 당 중앙위원회에서 축출하라고 요구하는 서한을 보낸 데 대해 자신이 "우리의 중앙위원회도, 니키타 세르게예비치도 그대로 있을 겁니다!"라고 답했답니다. 수슬로프라는 인물은 우리 당의 활동을 놓고 봤을 때 가장 음울한 자입니다. 그런 카멜레온을...

▶ 수슬로프는 스탈린주의자였는데... – 몰로토프가 말한다.

— 그리고 흐루쇼프를 해임할 때도 나섰습니다, – 내가 부연한다. – 또한 브레즈네프에게 소련영웅의 칭호를 수여하자고 처음으로 제안했습니다.

— 정치란 게 깨끗하지 않은 것이라고 하지만, – 골로바노프가 말한다. – 그래도 품

격이 있어야 합니다.

▶ 정치가 깨끗하지 못하다는 것은 속물적 생각이오, – 몰로토프가 반박한다. – 레닌이 깨끗하지 못한 사람인가? 그는 정치가였고, 우리는 그가 지저분하게 행동했다고 생각하지 않소.

— 스탈린이 스베틀라나에게 말하길, – 예브게니 주가쉬빌리가 지적한다. – 정치란 더러운 것이라 했습니다.

▶ 그건 부엌에서나 하는 이야기요, – 몰로토프가 동의하지 않는다. – 스탈린이 그렇게 말했을 리 없소. 평생 정치에 종사했는데, "더러운 것"이라니...

— 의장님께선 스탈린이 언어구사에 아주 신중했다고 말씀하시는 겁니다, – 크반탈리아니가 중재자 톤으로 부연한다.

— 저는 그곳에서 [스탈린과] 4년 동안 교류했습니다, – 골로바노프가 말한다. – 의장님께선 평생을, 40년을 그와 함께하셨죠. 스탈린이 눈썹 하나 까딱하지 않고, 게다가 어떠한 분노 표시도 없이 조용히 온갖 사기꾼과 비열한들을 처단했다는 게 참 흥미롭습니다. 하지만 그는 사람들과 좋은 관계를 유지했습니다.

▶ 그렇소, – 몰로토프가 확언한다.

— 제가 많이 생각해봤는데, 저는 의장님을 오랫동안 뵙지 못했습니다. 스탈린이 사망한 후에 뵙지 못했습니다. 저는 의장님께서 어떤 노선을 취할 것인가 생각했습니다. 왜냐하면 정치국원들 중에서 바로 의장님께서 스탈린 치하에 막중한 압박을 모두 자신의 어깨에 짊어지게 되었기 때문입니다. 단도직입적으로 말씀드리면, 만약 스탈린이 아직 살아있다면 의장님께 무슨 일이 있었을지 모릅니다.

▶ 그렇소.

— 그리고 말씀드려야 할 것은, 지금 의장님께선 아주 힘든 시간을 보낼 수밖에 없게 됐음에도 불구하고 스탈린에 대한 관계에 있어 객관적이고 공정하시다는 것입니다. 뒤에서 소곤거렸는데, 그 뒷담화는 주로 베리야의 몫이었는데... 고맙게도, 그래도 의장님께선...

▶ 내가 당원이 그냥 됐던 게 아니오, – 몰로토프가 말한다.

— 저는 의장님께서 인내하신 것의 100분의 1도 겪지 않았습니다. 스탈린이 죽었고, 사흘이 지난 후에 저는 이미 없는 사람이었습니다. 저를 소환해서 구슬리며 자리를 제

안했습니다. 저는 정직한 사람입니다. 함께 일했던 사람을 무고한다는 건...

— 의장님께서, – 주가쉬빌리가 말한다. – 당원증을 반납하지 않았고 정기적으로 당비를 납부하신다는 말이 인민들 사이에 돌고 있는데...

▶ 아니오, 그건 사실이 아니오. 문제는 당원증이 아니오. 혁명 전까지 우리에게 당원증이란 게 없었소. 나중에 당원증 번호가 레닌이 1번, 스탈린이 2번, 내가 5번이 됐는데...

— 제가 제7차 모스크바 당협의회 대의원이었습니다, – 골로바노프가 말한다. – 예고릐초프가 우리에게 어떻게 몰로토프가 당에서 제명됐는가에 관해 이야기했습니다.[27] 이런 말을 했습니다. "만약 그가 [자술서를] 쓰고 인정하고 회개했더라면, 벌써 그를 복당시켰을 것이오!" 제가 회고록을 쓰면서 몇몇 대목에서 미화하는지도 모르겠으나, 그 모든 것이 청년들에 유익할 것이라고 생각합니다. 의장님께선 문자 그대로 신중하신 분이고, 저는 보다 젊은 세대인데... 얼굴이 좋아 보이십니다. 의장님께서 소브나르콤 의장, 그리고 나중에 의장 제1대리, 외무상 자리에 계실 때, 의장님의 안색은 항상 누런, 그런 색이었습니다. 밤낮을 가리지 않고 일하신 탓에 피로가 얼굴에 나타났습니다. 의장님 건강이 어떠냐고 도처에서 제게 묻습니다. 이렇게 답할 수 있습니다. "지금 의장님께선 전보다 훨씬 좋아 보이십니다!"

▶ 내가 비교적 잠을 잘 자요. 밤 11시에 침대에 눕는데, 밤에 가벼운 읽을거리를 보지요. 6시 반에 일어나고, 낮엔 30~40분 낮잠을 자는데, 적지만 나쁘지 않소. 머리가 가벼워지고 혈액순환이... 숲속을 두 번 산책하지요. 늘 같은 시간에 점심식사를 하고, 1시에... 당연하게도, 나머지 시간에 독서하고 일합니다.

— 의장님께서 언제 회고록을 쓰실 지 모두가 기다립니다.

▶ 그건 내게 관심 없소. 레닌도 안 썼고, 스탈린도 안 썼고...

— 회고록이 출간됐다고 생각하는 사람들이 많습니다, – 주가쉬빌리가 말한다. – 누구는 책을 봤다고 하기도 합니다. 심지어 책 이름이 『스탈린과의 30년』이라고 말합니다.

▶ 우체부가 내게 회고록 출판을 축하했소. 심지어 발행부수도 언급하는데, 그런 터무니없는 일이 어디 있나! – 몰로토프가 눈살을 찌푸린다. – 나만 빼고 모두가 봤다는

27) 니콜라이 예고릐초프(Н.Г. Егорычёв)는 1962~67년 모스크바 시당 제1서기를 지냈다.

데... 『스탈린과의 30년』이라, 내가 그와 함께한 시간이 41년인데... 상세한 일들이야 이미 많이 잊었지.

...내가 묻는다.

— 의장님께선 젊은 시절과 혁명을 더 잘 기억하십니다.

▶ 그건 노인들에게 흔한 일이오.

— 의장님께 한 가지 사례를 말씀드리면서 저는 의장님께서 뭔가 잊어버리셨다는 걸 확신했습니다, – 골로바노프가 말한다. – 우리가 테헤란으로의 비행을 준비하고 있었습니다. 제가 스탈린의 다차에 도착했고, 스탈린이 온갖 말로 베리야에게 욕하는 소리가 현관 밖까지 들려왔습니다. 제가 안으로 들어갔더니, 베리야는 앉아있었고 귓가가 빨갛게 돼 있었습니다. 그런데 스탈린이 이렇게 말했습니다. "골로바노프 동무, 자 보시오. 저게 진짜 뱀눈이야! 저기 있는 우리 뱌체슬랍 미하일로비치는 거의 장님이오. 그런데 베리야는 깨알같이 잔글씨로 쓰면서도 보통 유리로 된 코안경을 끼고 있소!" 그때 의장님께선 창문가에 앉아 계셨는데... 제가 그 대목을 말씀드리니까 의장님께선 기억이 나지 않는다고 하셨습니다. 저는 의장님께서 농담하시는 줄 알았습니다.

▶ 누구라도 전부 기억할 순 없지...

— 제가 의장님 면전에서 국방위원회 회의 장면을 재현하겠습니다. 괜찮겠습니까? 여기에 의장님께서 계시고, 여기엔 스탈린이 앉아 있습니다. 참석하는 경우가 아주 드물죠. 다른 직책들은 차치하고, 의장님께선 특정 공업 부문을 담당하는 정치국원이기도 했습니다. 제가 주목한 것은 의장님께서 제기된 문제에 전혀 간섭하지 않으셨다는 겁니다. 사람들이 많았지요. 하지만 그럼에도 의장님께서 스탈린과 함께 많은 것을 결정하고 있다는 느낌이 들었습니다. 처칠이 스탈린에게 편지를 보냈던 걸 저는 기억합니다. 첫 편지가 아니었을 겁니다. 의장님께서 스탈린에게 편지를 주었고, 그는 그것을 읽고 난 후 일어나서 이렇게 말합니다. "흠... 처칠의 생각은, 말에 올라타 쓰다듬으며 간질이면 그에겐 만사 오케이라는 거지? 뱌체슬랍, 내가 옳지?" 의장님께서 스탈린에게 아주 나지막이 대답합니다. "아닐 겁니다." 그러자 스탈린이 즉각 말문을 닫습니다. 그때 제가 얼마나 아연질색 했는지! 뇌리에 각인이 됐습니다.

▶ 논쟁은 불가피한 거요. 항상 맞장구치는 것은... 비록 스탈린이 사망하기 얼마 전에 나를 중앙위원회 간부회 뷰로에서 쫓아내기도 했지만 나는 낙담하지 않소. 나는 내

다리와 내 생각과 머리가 있어. 나는 모두가 있는 자리에서 그에게 내 의견을 말했소. 그게 항상 마음에 들지는 않았겠지. 그러나 직접적으로... 심지어 『소련 사회주의의 경제문제』에 관해서도 그랬소. 지금은 그 문제에 관해 훨씬 흥미롭게 판단할 수 있지만, 당시엔 내가 잘 알지 못했소. 그랬어도 나는 일부 대목에서 그게 아니라고 느꼈고, 그걸 스탈린에게 말했소. 경제를 세차게 재촉해야 하는데, 스탈린에겐 마침 그게 되지 않았소. 어떻게 경제 자체가 사회보장을 과제로 설정할 수 있겠소? 그건 물론 이데올로기적, 심리적 추진력일 수 있소. 그걸 객관적 법칙으로 간주한다? 그런데 처음에 그는 객관적 법칙이란 인간 의지와 무관하게 작동하는 법칙이라고 지적했는데...

그런데 경제법칙이 당시 어땠을까? 어떤 법칙이 자본주의가 아니라 사회주의의 길로 향하는 과제를 설정할 수 있을까? 그런 법칙이란 있을 수 없소. 처음에 그의 판단은 옳았지만 나중에 모순이 생겼소.

— 의장님께선 스탈린을 어떻게 부르셨습니까? – 내가 묻는다.

▶ 당에서 통용되는 이름으로 불렀지. 스탈린 혹은 코바라고 말이야. 그런데 그는 나를 몰로토프 혹은 뱌체슬랍이라고 불렀소. 그가 종종 "몰로토쉬빌리"라고 부르기도 했는데...

— 뱌체슬랍 미하일로비치, 제안이 있습니다, – 골로바노프가 말한다. – 만약 의장님께서 반대하지 않는다면 12월 21일에 요시프 비사리오노비치 생일을 기념하도록 하시죠.

▶ 우리가 꼭 자주 회동할 필요는 없지만, 가끔은 괜찮소.

— 어떻게 생각하실지 모르지만, 건강은 어떠십니까? 제가 의장님을 집으로 초대하면 어떠시겠습니까?

▶ 나는 동무를 힘들게 하고 싶지 않소. 동무는 우리들 중 누구라도 모스크바에서 추방될 수 있음을 생각하지 않는 것 같은데.

— 의장님 말씀에 깊은 뜻이 있군요, – 골로바노프가 말한다.

▶ 말렌코프에게 모스크바 거주를 허락하지 않고 있는데, 그는 우리들 중에 가장 젊은 사람이오. 그의 모친은 랴잔스카야 철도의 우델나야 역 근처에 살았는데, 그가 모친 집에 좀 머물다가 나중에 이사를 갔지. [드미트리] 쉐필로프가 당에서 제명됐는지 아닌지 알 수 없는데, 아마 제명됐을 거요. 박식하고 훌륭한 편집인이자 달변가요. 잘 준비된 사람이었으나 당 경험이 없었소. 조금밖에 없었을 거요. 주로 관방에서 일했지.

— 제가 말씀드리고 싶은 것은, 만약 흐루쇼프가 멀리 내다봤다면 그는 스탈린의 권위

에 의지하는 게 필요하다는 걸 이해했을 것이고, 그랬다면 모두가 그를 용서했을 겁니다.

…우리는 사진을 찍으려고 밖으로 나왔다. 내가 다차 앞에서 많은 사진을 찍었다. 몰로토프는 외투를 입고 모자를 쓰고 코안경을 꼈다. 골로바노프는 모직 셔츠 하나만 입었다. 미소를 머금은, 아직은 아주 젊어 보이는, 가벼운 한기에 몸을 좀 웅크린 그가 말한다.

— 제 나이가 지금 67세인 것을 생각하면 깜짝 놀랍니다. 이게 어찌 된 일인가! 왜? 저는 오랫동안 신체를 단련하고 있는데, 반드시 냉수로 샤워를 합니다. 제가 읽은 바로는, 냉장고에 물을 얼렸다가 그것을 해동해 마시면 건강에 좋다고 합니다. 그 물은 살균 작용이 있고 헤모글로빈 활성화에 기여한다고 합니다. 냉각을 통해 인간의 삶을 20년 연장할 수 있다는 가설이 있습니다. 게다가 인간은 바다코끼리와는 달리 빠르게 냉각되기 때문에, 냉각을 빨리 중단해야 합니다.

▶ 만약 살아남는다면, – 몰로토프가 눈을 찡긋한다.

…우리 4명은 예브게니 주가쉬빌리의 차를 타고 그곳을 떠났다. 오후 5시 30분이었다.

…용기와 힘과 에너지의 화신 그 자체인 알렉산드르 예브게니예비치 골로바노프는 약 4년을 더 살았다. 쇼타 이바노비치 크반탈리아니는 딱 6년을 더 살고 죽었다. 그의 나이 50세가 되기 전이었다. 몰로토프는 이때로부터 15년을 더 살았다.

녹음기로 음성을 듣는다. 지금 그것은 저 세상에서 들려오는 소리 같다. 그런데 깜빡 정신을 놓으면 방금 집에 도착한 것처럼 느껴진다. 가장 타협하기 힘든 게 죽음인데…

1971년 12월 2일

"가볍게 벌한 걸 고맙다고 하시오"

…뱌체슬랍 미하일로비치, 쇼타 그리고 나. 이렇게 셋이서 철길과 나란히 있는 오솔길을 산책한다. 전쟁 때 항공산업인민위원을 지낸 알렉세이 이바노비치 샤후린이 우리 맞은편에서 걸어오고 있다. 노인들이 서로 친절하게 인사를 나누고 멈춰 서서 이야기를 나누기 시작한다. 처음에는 건강이나 집안 일 등에 관해 이야기를 한다. 몰로토프가 우리를 그에게 소개했다. 내가 용기를 내서 물었다.

— 알렉세이 이바노비치, 왜 투옥되셨습니까?

— 이 분에게 여쭤보세요, – 머리로 몰로토프를 가리키며 샤후린이 대답한다. – 이 분이 나를 집어넣었습니다.

▶ 가볍게 벌한 걸 고맙다고 하시오, – 지팡이로 길 위의 얼음을 톡톡 두드리며 몰로토프가 대답한다.

...샤후린이 뭔가 조금 생각하더니 나를 쳐다본다.

— 이 분이 옳습니다. 그 시절엔 더 나쁠 수도 있었습니다. 지금은 그것 때문에 사회주의노동영웅의 칭호를 주지만, 그때는 그로 인해 총살당할 수도 있었는데...

...경제에 관해 이야기하기 시작했다.

— 전후 모든 것에 세금을 매겼는데, 심지어 암소에도 부과했지요, – 샤후린이 말했다.

▶ 그게 어때서? – 지팡이로 길바닥을 두드리며 몰로토프가 말했다. – 누군가에는 부과해야 했지. 왜, 동무에게 부과됐소?

— 그런데 그렇게 부과해서 무슨 결과가 있었습니까?

▶ 그게 우리에게 아주 조금이라도 준 게 있었고, 그것에 의지해서 우리가 살 수 있었던 거요.

— 아주 조금입니다!

▶ 그렇소, 바로 그거요.

— 1953년에 내가 [석방되어] 모스크바로 돌아왔을 때, – 샤후린이 회고한다. – 모스크바 근교에 도처에 염소들이 있었어요. 우리가 예전에는 염소를 몰랐소. 거기서 사람들은 그걸 "스탈린의 암소"라고 불렀는데...

▶ 친애하는 동무, 우리에겐 다른 방도가 없었소. 우린 그걸 이해해야 합니다. 그렇지, 이해해야지, – 몰로토프가 말한다.

...뱌체슬랍 미하일로비치와 쇼타 이바노비치가 앞서 걸어갔다. 나는 샤후린과 이야기하느라 몇 분을 뒤에 처져있었다. 나는 골로바노프로부터 샤후린에 대해서 들은 적이 있는데, 샤후린에게 내가 알렉산드르 예브게니예비치의 회고록 집필을 돕고 있다고 말했다.

— 읽었어요. 아주 마음에 들었소, – 샤후린이 지적한다. – 그런데 하나 문제가 있는데, 나는 골로바노프처럼 그렇게 똑똑한 사람이 스탈린을 왜 그렇게 칭송하는지 그 이유를 모르겠소. 자상하고 신중한 사람이라는 건데... 스탈린을 어떻게 자상하다고 할 수 있소? 그가 동무를 점심에 초대해서 함께 앉아 식사하며 모든 것을 물어요. 위장은 어떤

지, 어떤 포도주가 좋은지, 그리고 동무 집으로 모든 걸 보냅니다. 그런데 일주일이 지나 동무를 체포하지. 골로바노프는 그 모든 걸 봤어요!.. 그는 스탈린이 투폴레프를 어떻게 대우했는지에 관해 썼어요. 그런데 스탈린 아니면 누가 그를 체포할 수 있겠소? 투폴레프는 자기 뒤로 약 50명을 끌고 들어갔는데, 모두 국가보안총국이 작업했던 거요. 그들은 감옥에서도 기계를 만들었는데… 투폴레프는 정말로 스탈린에 대해 이렇게 말했소. "거인! 대인배! 주인!"

— [항공기 설계사 블라디미르] 페틀랴코프도, [열기관/항공엔진 연구 분야의 대가 보리스] 스테츠킨도, [로켓우주공학자 발렌틴] 글루쉬코도 투옥된 경험이 있습니다만…

— [항공기 설계사 블라디미르] 먀시셰프도 잡혀들어 갔었소. 동무가 샤후린도 복역했다고 덧붙일 수 있겠지. 그 일을 몰로토프에게 물어보시오. 아니, 그럴 필요 없소. 나는 내게 관한 일을 그에게 묻지 않소.

— 하지만 알렉세이 이바노비치께서 스스로 잘 아시지 않습니까?

— 아무도 모르지. [국가보안상 빅토르] 아바쿠모프가 (나를) 불러요. "자백하시오, 누구와 그리고 언제 파괴암해활동에 관해 모의했는지…" 내가 답해요. "동무 미쳤소? 무슨 파괴암해활동을,.. 유리처럼 깨끗이 일할 때 중앙위원회에서 매일 2개 부(部)가 우리를 감독했습니다. 각 공장과 관계된 주당의 항공담당 서기들 역시…" 문제는 기관이 자신이 일하고 있음을 [상부에] 보여줘야 한다는 데 있었소. 내가 보기에, 나와 관련해서 그들에겐 말렌코프에 타격을 가하는 게 필요했던 것 같소.

— 말렌코프가 항공산업을 담당했기 때문입니까? 잘라내려고요?

— 그렇소, 잘라내려는 거였지. 왜냐하면 그가 이미 많은 힘을 가졌기 때문이오. 그는 주당위원회들을 장악하고 있었고, 제반 (공장)설비를 복구하는 일과 더불어 독일에서 산업시설을 해체해 가져오는 일도 지휘했는데…

— 골로바노프가 제게 이렇게 말했습니다. "내가 위원단에 선발되었는데, 나는 노비코프 원수와 샤후린을 전력을 다해 옹호했소. 사람들은 내가 그들을 공격하리라 생각했지만, 거꾸로 나는 그들을 변호하기 시작했소."

— 내가 그를 압니다, – 샤후린이 말한다. – 그는 좋은 사람이오. 우리 관계는 아주 좋고, 나는 그를 아주 좋아해요. 그는 내게 그 일에 관해 말하지 않았는데, 나는 그게 사실이라고 생각해요.

— 골로바노프가 말하길, 모두가 기뻐하면서 지금이 노비코프에게 복수할 때라고 생각했다고 합니다. 그들에게 알력이 있었죠. 그런데 그가 변호하기 시작했던 거죠.

— 그것 보시오, – 샤후린이 말한다. – 뱌체슬랍 미하일로비치는 심지어 [좋아서] 실눈을 하기도 했어요. 나는 그의 그런 모습을 예전에 한 번도 본 적이 없었소.

— 물론, 아픈 문제입니다.

— [재무상 아르세니] 즈베레프가 쓰기를... 하지만 스탈린에게 모든 걸 전가할 수는 없소! 장관도 무엇인가 책임이 있지 않겠소? – 샤후린이 말한다. – 이를테면 내가 항공분야에서 뭔가 잘못을 했는데도 내가 그것에 대해 어떠한 책임도 지지 않고 모든 걸 스탈린에게 전가한다? 이것과, 골로바노프가 스탈린이 그렇게 자상하고 그렇게 배려 깊다고 쓰는 것은 전혀 다른 일이오. 그 스탈린이 우리 당의 꽃인 레닌그라드 당조직을 초토화시켰소! 쿠즈네초프가 막 중앙위원회 서기로 임명됐던 때였소. 당 중앙위원이자 레닌그라드 당위원회 제1서기였던 포프코프를... 왜 그렇게 됐을까? 대체로 그 정도 지위의 당 일꾼이라면 스탈린 허락 없이는 절대 체포될 수 없는 거요! 그럴 수 없었소. 어떻게 그런 일이 생겼을까?

나는 스탈린에게 많은 긍정적 측면이 있었음을 인정할 수 있어요. 왜냐하면 6년에 걸쳐 그와 자주 만났기 때문이오. 거의 매일 만났고, 그의 보기 드문 긍정적 면모를 아주 많이 알고 있고, 그가 얼마나 많은 일을 했는지도 잘 알고 있소. 그가 아주 심오한 국가 이성과 특출한 능력을 지닌 사람이었다는 걸 잘 알지만, 동시에 나는 당 간부들과 경제 및 군 간부들을 그렇게 살육한 그를 용서하면 안 된다고 생각해요.

— 그런데 그게 어떻게 설명될 수 있습니까?

— 몰로토프에게 물어보시오!

— 그는 자기 생각으로 해명합니다. 그는 그렇게 할 수밖에 없었다고 합니다.

— 거짓말하는 거요. 그게 어떻게 가능한가? 아니, 아니오. 거짓말하는 게 아니지. 몰로토프는 정직하고, 아주 원칙적인 사람이오. 그는 자기 생각을 굳게 고수합니다. 합리화하지 않아요. 그래, 그는 자신의 정당성을 확신해요. 나 역시 그에게 그 질문을 하는데, 그는 이렇게 답해요. "물론, 모두가 적이라고 할 수는 없겠으나 그들은 잠재적으로..." — "잠재적이란 게 뭡니까?" — "예를 들면, 흐루쇼프를 보시오." 물론 그건 그가 옳아요. 흐루쇼프에 관해서는 나도 동의할 수 있소. 왜냐하면 그는 10년 동안 적들이 할

수 없었던 걸 하는 데 성공했소. 그건 적보다도 나쁩니다. 애써 건설했던 걸 그렇게 허물어 버리다니! 지금 사람들은 스탈린이 우리의 후진성에 모든 책임이 있다고 합니다. 아니오, 미안하지만 스탈린 치하에 우리는 그렇게 앞으로 나아갔소. 고마운 일이지!

...나는 쇼타와 몰로토프를 따라잡았다. 몰로토프에게 의견을 물었다.

▶ 그렇고말고, 물론, 그는 자신에 관해 말하지 않을 거요. 그는 자신이 7년간 복역했던 것 때문에 스탈린에게 고마워할 수 없지!

...그리고 몰로토프는 1946년 샤후린이 체포됐던 이유에 관해 이야기했다. 그는 내가 전에 골로바노프에게 들었던 것을 다시 확인해주었다. 그 핵심은 다음과 같다.

전쟁이 끝난 후 공군 총사령관 알렉산드르 노비코프 항공원수와 항공산업인민위원 알렉세이 샤후린은 한 항공기에서 세로대를 빼기로 결정했다. 좋아서 그랬던 게 아니라 금속 절약 및 구조 경량화를 위한 것이었다. 그런데 정치국의 허락 없이는 군용 비행기에 여하한 형태의 구조적 변형을 가할 수 없게 돼 있었지만, 그들은 정치국의 결정을 거슬러 그렇게 했다. 비행기들이 깨지기 시작했다고 스탈린에게 보고됐다. 위원회가 구성됐고, 노비코프와 샤후린은 재판에 회부되어 8년형을 선고받았다.

▶ 샤후린이란 인물은 천성적으로 깊이 생각하는 사람이 아니오, – 몰로토프가 말한다. – 괜찮은 인민위원이었지, 특히 전쟁 중에 말이오. 모두가 친절한 사람이 되길 원해. 그런데 볼쉐비키가 친절했었다면 볼쉐비키는 전혀 존재할 수 없었겠지. 그들은 견디기 아주 힘들었을 거요. 그런데 조종사들은 죽었고, 그 가족들이 남았는데... 그에게 죄가 없단 말인가?

1973년 12월 4일

"투폴레프 같은 자들은..."

— [안드레이] 투폴레프, [보리스] 스테츠킨, [세르게이] 코롤료프는 왜 투옥됐습니까?

▶ 그들 모두가 수감생활을 했는데, 쓸데없는 것들을 너무 떠들었어. 그리고 그들의 주변 인물들도 예상대로... 그들은 정말 우리를 지지하지 않았고...

우리 러시아 인텔리겐치야의 상당수가 중농들과 연계돼 있소. 그들은 대개 부농의 심성을 갖고 있는데, 우리가 농민의 나라잖소.

투폴레프 역시 위험한 적이 될 수도 있었소. 그는 우리에게 적대적인 인텔리겐치야와 많은 관계를 갖고 있었는데, 그가 적들을 도우려했다면, 그 일에 그것이 러시아 인민에 유익한지 분별하길 원치 않는 다른 사람들을 끌어들였을 거요. 그에겐 그렇게 하기에 충분한 권위가 있었는데... 사람들은 날조된 상황에 빠져들지. 투폴레프 같은 자들은 한때 우리에게 아주 심각한 문제였소. 한동안 그들은 반대자였고, 그들을 소비에트 권력과 가깝게 만들기에는 좀 시간이 필요했소.

이반 페트로비치 파블로프[28]가 학생들에게 이렇게 말했소. "누구 때문에 우리가 이 꼴로 사는가!" 그러면서 레닌과 스탈린의 초상화를 가리켰소. 노골적인 반대자인 그를 이해하는 건 쉽지. 그런데 투폴레프 같은 자들과는 더 복잡해. 투폴레프는 소비에트 권력에 아주 필요한 그런 범주의 인텔리겐치야 출신이오. 하지만 그들은 정신적으로 반대자였고, 그들은 개인적 관계에 의거해 위험하고 사회해체적인 작태를 벌였소. 만약 그들이 그런 짓을 하지 않았다고 하더라도 그런 생각으로 호흡했어. 그럼, 그들은 그럴 수밖에 없었소!

투폴레프가 왜? 레닌의 가까운 친구들 중에서 그의 곁에 남은 사람은 결국 아무도 없었소. 레닌과 당에 헌신적인 사람들 중에서 스탈린을 제외하곤 그의 곁에 한 명도 남지 않았소. 레닌은 스탈린도 비판했지만.

투폴레프가 영광을 누리고 있는 지금은 지금이고, 당시 인텔리겐치야는 소비에트 권력에 부정적으로 대했어! 그 일을 제어하기 위한 방법을 찾아야만 했는데, 투폴레프 같은 자들을 감옥에 집어넣은 다음 체키스트들에게 명령했소. "그들에게 가장 좋은 환경을 보장하고 최대한 좋은 음식으로 잘 먹이는데, 단 내보내지 말라!" 거기서 일하게 하고 나라에 필요한 군수품을 설계하게 했어. 그들은 절대 필요한 사람들이었지만, 그들이 어떤 선전활동을 해서가 아니라 그들의 개인적 영향력으로 위험했던 거요. 어려운 시기에 그들이 특히 위험해질 수 있다는 것을 고려해야만 했소. 정치에서는 그럴 수밖에 없는 거요.

(1988년 4월 12일 나는 소련영웅 바이두코프와 이야기를 나눴다. 그가 말하길, 1935년 시기즈문트 알렉산드로비치 레바넵스키의 인솔 하에 북극을 통과해 미국으로 비행하려

---

28) 이반 파블로프(И.П. Павлов, 1849~1936)는 러시아의 저명한 생리학자로 1904년 노벨생리학 · 의학상을 받았다. 〈파블로프의 개〉로 알려진 고전적 조건화의 행동 연구로 유명하다.

는 시도가 실패한 후 스탈린 집무실에서 회의가 열렸다.[29] 레바넵스키가 "스탈린 동무, 제가 정식으로 신고를 하려고 합니다!"라고 말하고는, 노트에 뭔가를 쓰고 있는 몰로토프를 쳐다봤다. 그는 몰로토프가 회의록을 작성하고 있다고 생각한 듯했다. 물론 그렇지 않았지만, 그가 몰로토프 쪽에 대고 말하기 시작했다. "정식으로 신고합니다. 저의 발언을 기록하길 바랍니다. 저는 투폴레프가 파괴암해자라고 생각합니다. 그가 가장 중요한 순간에 작동이 안 되는 비행기들을 고의로 만들었다고 확신합니다." – F. 추예프)

1971년 11월 2일

▶ [1935년 레바넵스키가 스탈린에게 북극횡단 비행계획의 실패 이유를 보고하고 있을 때] 투폴레프가 그곳에 탁자 곁에 앉아 있었는데, 그의 얼굴이 창백해졌소.

그때 사람들은 다르게 생각했소. 불량품을 만들었다면 그건 적이라고 말이오. 그런데 레바넵스키가 물론 아주 유능한 조종사였지만 운이 나빴지. 나중에 츠칼로프, 벨랴코프와 함께 우리가, 그리고 그로모프 팀도 투폴레프가 만든 비행기 〈안트-25〉의 높은 성능을 입증했소.[30]

...내가 위인전 시리즈의 일환으로 투폴레프 아니면 일류신에 관한 책을 써달라는 제안을 받았는데, 선택은 나의 자유라고 몰로토프에게 말했다.

▶ 내 생각엔 일류신에 관해 쓰는 게 좋을 것 같소, – 몰로토프가 말한다. – 비당원에 관해서는 이미 쓰지 않았는가? (몰로토프는 스테츠킨을 염두에 두고 있다. – F. 추예프)

— 의장님께선 두 사람을 모두 잘 아셨죠?

▶ 투폴레프가 이를테면 사이드에 있었지만, 나는 그를 제법 잘 알았소. 그 다음에, 일류신은 내가 아주 잘 알았지. 내 딸 스베틀라나가 일류신의 아들과 결혼했었소.[31] 나

29) 1935년 8월 시기즈문트 레바넵스키, 게오르기 바이두코프, 빅토르 레브첸코 3인이 〈AHT-25〉기를 조종해서 모스크바-북극-샌프란시스코를 비행하는 계획이 수립 실행되었으나, 항공기 고장으로 실패하였다.

30) 1936년 7월에 발레리 츠칼로프(조종사), 게오르기 바이두코프(부조종사), 알렉산드르 벨랴코프(항법사)는 〈AHT-25〉기를 타고 모스크바에서 캄차카 우드 섬(현 츠칼로프 섬)까지 9,374km 거리를 56시간 동안 무착륙으로 비행했으며, 이어 1937년 6월 이들은 〈AHT-25〉기로 모스크바-북극-밴쿠버(미국 워싱턴 주)에 이르는 8,504km를 무착륙으로 비행하는 데 성공하였다. 또한 미하일 그로모프는 1934년 〈AHT-25〉를 타고 12,411km 거리를 75시간 동안 비행하는 기록을 수립한 바 있으며, 1937년 7월에는 〈AHT-25〉로 모스크바-시베리아-북극-미국 캘리포니아 San Jacinto를 잇는 10,148km의 무착륙 비행에 성공하였다.

31) 몰로토프의 딸 스베틀라나(1929~1989)는 블라디미르 일류신과 이혼한 후에 알렉세이 니코노프(1917~1992)와 재혼하였다.

중에 공산당원이 됐지만 투폴레프는 다른 종류의 사람이오. 다른 종류지. 그는 물론 반소비에트 사건에 연루되기도 했소. 그랬지. 그래서 우리는 많은 생각을 해야 했고, 사건을 무마하기 위해 번거로운 일을 하기도 했소.

내가 보기에, 일류신은 좋은 사람이오. 좋은 사람이지. 게다가 훌륭한 공산주의자이기도 하지. 전문가이기도 하고. 내 생각에 그는 항공을 이해하고 있었고 다른 분야 일에는 끼어들지 않았소. 그리고 많은 훌륭한 일을 했지. 그가 내게 자주 들리진 않았지만 우리는 모든 문제에 대해 꽤 많은 대화를 했소.

그래, 그들은 서로 달라. 한 명은 공산주의자고, 다른 한 명은 부르주아적 유형의... 그렇지. 하지만 투폴레프도 물론 많은 점에서 소비에트화가 되었고, 투폴레프가 물론 더 권위가 있지. 차이는 크지 않지만 그래도 역시... 투폴레프에겐 경험이 많아. 그리고 그는 많은 고난을 극복했어. 반면 일류신은 앞서 마련된 기반을 이용해서 많은 걸 했어. 준비의 깊이에서, 이 경우 기술적 준비에서 내가 보기에 투폴레프가 일류신보다 우위에 있지. 문화도 역시 투폴레프가 우위에 있다고 생각해. 그들 사이에 경쟁이 있었는데, 일류신은 공산주의자의 지휘 아래 만들어진 비행기가 비당원이 만든 것보다 나쁘지 않기를, 나아가 더 좋기를 원했소. 그리고 우리는 그것을 입증하려 했는데... 그런 갈망이 있었지. 그리고 전체적으로 그는 그 과제를 제법 잘 수행했어. 내가 보기에 일류신은 쉽게 이해될 수 있어. 하지만 그에 관해 저술하는 것은 쉽지 않을 거요. 그는 소란스러운 사람이 아니고, 그를 파들어 가는 것은 단순하지 않지. 투폴레프를 이해해야 해. 왜냐하면 그를 소비에트 사람으로 묘사하는 것은 충분치 않기 때문이오. 그는 더 복잡한 인물이야.

그런데 카피차 같은 경우도 있었지. 우리는 그를 소련 안에 붙잡아둘 수밖에 없었소. 그는 한 국제학회 참석차 영국에 다녀오길 원했는데, 우리가 소련에 있을 것을 제의했어. 그는 특별한 저항 없이 제의를 수용했지. 그러나 그 문제와 관련해서 적어도 어떠한 불만을 공개적으로 표명한 적이 한 번도 없어.

— 제가 들은 바로는, 이반 페트로비치 파블로프 역시 카피차가 외국으로 떠나는 걸 반대했다고 합니다.

▶ 그랬던 것 같소.

— 파블로프는 카피차에게 영국에서 그가 누구를 적으로 삼아 일하게 될 것인지 상기시켰습니다. 바로 러시아라는 거죠! 비록 파블로프가 공산주의자들을 좋아하지 않았지만 말입니다.

▶ 좋아하지 않았지, – 몰로토프가 동의한다.

— 그런데 러시아 애국자였습니다.

▶ 물론. 그런데 그것만이 아니지. 나는 그 일들에 관해 파블로프가 쓴 서신을 봤는데, 몇몇 사람을 외국에 내보내지 않는다는 등의 내용이었소. 나중에 모스크바에서 열린 생리학회에서 만났지. 그가 그 학술회의 의장이었고 나는 소브나르콤 의장으로서 학회에 참석했는데, 나중에 함께 있게 됐어. 우리가 함께 앉았을 때 그가 내게 말했소. "내가 농촌을 잘 알고 있는데, 당신들의 실험에서 어떤 결과가 나오는지 주시하고 있어요. 내가 농민을 잘 압니다. 농민이 괴로워하며 침묵할 수 있다는 걸 알지요. 그런데 농민이 돌연 당신들의 콜호즈에서 옛날로 돌아오길 원하게 되면, 그땐 어떻게 할 겁니까?" 그는 집단화를 실험이라고 불렀소.

아무튼, 내가 대답했소. 동무는 실제 존재하고 있는 농민들을 완전히 올바르게 이해하지 못하고 있다. 그들이 개인 영농을 원하고 있고 그들에겐 그 일에 대한 그들 나름의 접근방식이 있다고 말하는데, 중요한 것은 빈농과 중농, 부농을 구별해야 한다는 거다. 동무는 그들 모두가 돌연 각자의 개인 영농으로 돌아가길 원하면 어찌할 거냐고 묻는다. 그런데 농민에 관해 전체적으로 말할 수는 없다. 부농들은 별개다. 그들에겐 아쉽게 생각하는 게 있다. 그런데 다수인 빈농들은 무엇을 아쉬워할까? 심지어 중농들은? 그들에겐 사는 게 아주 힘들고, 수입은 적다. 그들은 온갖 어려움을 견딜 수밖에 없다고 말이오.

그랬더니 그가 뭔가 좀 생각하더군. 나는 그가 그 문제를 기피하지는 않아도 그것에 다가서지는 않고 있다고 느꼈소. 왜냐하면 그에겐 농민에 관해 에세르 식의 정형화된 견해가 있었기 때문이오. 어떤 별개의 부농들이 있는 것은 있는 것이고, 농민은 모두 자영농이며 소유농인데, 그것이 농민에게 결정적 문제라는 거지. 물론 실제로는 그렇지 않지. 내가 보기에 파블로프는 그 논거를 생각했던 것 같아. 그게 그의 생애 말년 무렵이었소. 학회가 1934년 아니면 1935년 초에 열렸는데...

— 일류신에 관해 이야기하시죠...

▶ 공산주의자로도 인간으로도 훌륭했지, – 몰로토프가 말한다. – 어떻게 말할까... 아주 정연했지. 볼로그다 출신인데, 그냥 전문가가 아니었어. 일에 대한 확신도 있었고 의식화된 소련 시민이었소. 헌신적이었지. 독자적으로 행로를 개척했어. 자신의 생각과 일로써 말이오.

그런데 투폴레프에 관해서는, 그가 파리 및 프랑스와 독일의 다른 도시들에 살고 있는 부자 이민자들이 설립한 반소비에트 파리위원회와 밀접히 관련돼 있다는 정보가 있었어. 하지만 그래도 그는 나중에 소비에트 사람들과 가까워졌고 아주 나쁘지 않게 처신했지.

물론, 백군파는 자신의 전장에 투폴레프를 계속 잡아두려고 했지. 그가 큰일에 소용이 된다는 걸 본 거야. 그는 그들과 꽤 오랫동안 친하게 지냈어. 그러나 나중엔 내가 보기에 정직하게 일했지. 결국 나이가 들어서, 처음의 부정적 태도를 버리고 소비에트 권력으로 귀의했지. 나쁘지 않게 복귀했어. 나쁘지 않게.

내가 초일류 항공기 설계사들을 모두 알아. 성격이 다양하지. 원숙한 사람도 있고, 사교적인 사람도, 좋은 사람도 있지. 반면 회의적인 성격을 가진 사람도 있어.

— 그런데 의장님께선 폴리카르포프32)와 충돌하셨지요?

▶ 회의 때 그랬지. 실무적 성격의 회의였지.

— 사람들이 그를 "전투기의 황제"라고 불렀습니다.

▶ 그랬지. 물론 그가 전투기 설계에 선구자였소. 항공기 제작기술에서, 초기 단계 때 그가 탑이었소. 내 생각에 그는 종교적 인간이었는데, 철저하게 구식의 그런... 투폴레프는 사업가적 기질이 강했어. 물론 세르게이 블라디미로비치[=일류신]가 더 양심적인 사람이었소.

— 스탈린이 일류신과도 만나게 됐습니까?

▶ 많이 만났지. 항공과 관련된 업무 문제로 만나게 됐지. 스탈린은 기술에 관해 탁월한 감각을 갖고 있었소. 일류신의 "날아다니는 탱크"는 정말 근사했지.33) 그런데 스탈린은 일류신에게 [그것의 진화형인] 〈일-10〉을 만들게 했소.

— 스탈린이 항공에 많은 관심을 쏟았습니까?

▶ 그랬지. 많은 관심을 쏟았는데, 전쟁 전에 그가 주로 한 일들 중의 하나요, - 몰로토프가 말한다. - 많은 회의를 했고, 의제는 특정 문제에 국한되지 않았소. 온갖 문제가 의제에 올랐고, 그리고 거기엔 일류신이 반드시 참석했소.

1983년 4월 29일, 1983년 10월 14일,

1984년 8월 1일, 1986년 4월 30일

---

32) 니콜라이 폴리카르포프(Н.Н. Поликарпов, 1982~1944)는 1930년대를 대표하는 〈И-16〉을 비롯한 다수의 전투기를 설계 제작하였다.

33) "날아다니는 탱크"는 일류신이 설계 제작하여 1941년 실전 배치된 폭격기 〈Ил-2〉를 말한다.

"왜 내가 밀려났을까?"

...제17차 당대회 대의원들의 숙청에 관한 대화이다.[34)]

— 당 중앙위원 80명 중에서 30명이 올바른 입장을 취하고, 50명은 잘못된 입장을 취했을 뿐만 아니라 당의 정책에 대한 공세적인 적대자가 되었다고 치지요. 그런데 왜 다수가 소수에 복종해야 합니까?

▶ 문제 설정이 잘못됐소, – 몰로토프가 답한다.

— 그러나 문제는 많은 사람이 그런 식으로 문제를 제기한다는 겁니다.

▶ 흐루쇼프가 그런 식으로 문제를 제기하라고 전부 만든 거지. 전부 그러라고 만든 거요. 전부 만든 거야. 우선, 민주집중제에 관해 봅시다. 유물변증법은 민주집중제로 확장되는가? 들어 보시오. 소수가 다수를 배제해야 한다는 그런 명제는 없었어. 그건 점차적으로 이루어진 거요. 70명이 10~15명을 배제하고, 다음에 60명이 또 15명을 배제하고... 그렇게 해서 다수와 소수가 질서를 유지하는 거요.

— 그건 빛나는 전술의 증거이지, 아직 정당성의 증거가 되지는 못합니다.

▶ 미안하지만, 이게 만물의 실제 발전에 부합해요. 그냥 전술이 아니오. 점차로 여러 구역에서 첨예한 투쟁이 터졌소. 어디에서는 참을 수 있었지. 신뢰하지 않았어도 버텼어. 어디에서는 참을 수 없었소. 그리고 점차 모든 게 민주집중제의 질서 속에 놓였지. 형식의 훼손 없이 말이오. 본질적으로 그것은 당 중앙위원회에 그런 다수로부터 소수가 남는 것으로 귀결됐지만, 형식의 훼손은 없었소. 그런 점차적 과정이 있기에 그것은 형식적으로 민주집중제를 훼손하지 않는 거지. 비록 그것이 꽤 급속한 치도(治道) 과정이긴 했더라도 말이오.

— 불과 2~3년에 걸친 일입니다.

▶ 하지만 그건 엄청난 의미를 갖고 있는 거요! 2월혁명은 2월혁명 나름의 투쟁 조건

---

34) 이 문제와 관련해서 니키타 흐루쇼프는 1957년 7월에 열린 당 중앙위원회 전원회의에서 이렇게 분노를 토로했다. "제17차 당대회에서 선출된 중앙위원회 위원과 후보위원 가운데 [대숙청 기간에] 98명이 제거되었습니다. 살아남은 사람이 고작 41명에 불과합니다. 대회에 참석한 대의원의 대다수도 제거되었는데, 1,966명의 대의원 중에서 〈인민의 적〉으로 1,108명이 체포되었고, 그 가운데 848명이 총살되었습니다." См.: Исторический архив. 1994, No.2, с.40.

이 있었소. 10월혁명은 이미 사회주의 혁명이었고, 8개월 동안 이루어진 진척이란 게 실로 어마어마하지 않는가! 그리고 사람들도 이미 달라졌고... 다른 상황이 조성됐던 거요. 그런데 2~3년은 누가 어디에 서있는지 보여주기에 충분했소. 부패가 분명히 드러나진 않았으나, 사람들은 이미 완전히 썩어서 지도자로서 신뢰 받을 자격을 잃고 있었소. 그렇기 때문에 역사적 측면을 봐야 하는 거요. 유물변증법은 엄청난 의미를 지니는데, 그 사건을 구체적으로 분석해보면 그것은 다수에 대한 소수의 전복이 전혀 아니란 것을 알 수 있소. 그것은 사태의 역사적 발전과 치도 과정이었소. 이건 아주 본질적인 거요. 역사적 시기 및 당시 형성된 세력 분포에 관해 보다 구체적으로 판단할 필요가 있소. 역시 그 사람들이 남긴 그 과거에 대해서도 마찬가지요. 트로츠키즘과의 투쟁은 트로츠키주의적인 모든 것을 당과 중앙 기관에서 축출하는 데 성공하지 못했소. 아무튼, 이미 그 시기에 주된 것은 우파와의 투쟁이었는데, 그들은 당에 아주 교묘히 달라붙어 있었소. 당시 당은 그들을 주된 위험으로 간주했는데, 부농계급이 궤멸된 후에도, 농업집단화가 완전히 실현된 후에도 우파는 용인했던 것보다 훨씬 더 많은 것으로 판명됐소. 그게 주된 위험이었소.

— 제17차 당대회는 "승리자 대회"라는 이름으로 우리 당의 역사가 됐습니다.

▶ 바로 그 이름이 마치 무엇이라도 규정하는 것 같지! 그런데 그건 선동적인 이름이오.

— 제17차 당대회에서는 반대파의 문제 제기가 전혀 없었지요?

▶ 드러나 있는 건 정치국이 알았지만, 모든 걸 아는 건 불가능하지. 그냥 불가능해, 모든 걸 알아야 할 어떤 이유라도 생기지 않는 한 말이오. 내가 그런 상황을 납득할 수 있도록 동무에게 좀 말해주지. 흐루쇼프를 어떻게 생각하시오? 우파, 좌파, 레닌주의자? 뭐요? 흐루쇼프란 자는 스탈린 치하 1940년경부터 1950년대 초까지 정치국에 앉아있었소. 미코얀도 그랬지. 숙청하고 또 숙청했는데도 결국 정치국에 우파들이 앉아있었던 거야! 정말로 그게 얼마나 어려운 일인가! 그래서 그런 수치로, 그런 형식적 징후로는 그걸 이해할 수 있는 게 아니라고 말하고 싶소. 이해할 수 없지. 나라에 그렇게 중대한 변화가 있었어도, 당에서도 마찬가지였지만, 더욱이 트로츠키주의자들과 우파로부터 벗어나려고 스탈린이 그토록 경계했는데도... 스탈린 치하에도 특히 우파는, 시류에 영합해 아주 잘 처신할 줄 아는 우파는 정치국에 늘 있었소. 우파는 농민 국가인 우리 조국과 매우 유연하고 강하게 결속되어 있고, 우리 농민은 자신의 이데올로그들을 통해 온

갖 변화와 굴절에 적응할 줄 알고 있기에, 트로츠키즘이 어디서 시작되는지, 특히 우파가 어디서 시작되는지 분석하는 건 아주 어려운 주제요. 가장 어려운 주제지.

그들은 대개 진짜 레닌주의자들보다 나쁘지 않게 행동을 해. 그러나 어느 순간까지만 그렇지. 흐루쇼프처럼 말이오. 아직 스탈린이 있을 때, [1952년 10월에 열린] 제19차 당대회에서 그가 조직문제의 보고자로 나섰소. 내가 그때 개막 연설을 했는데...

지금도 나는 약 20쪽 분량의 제19차 당대회 때 연설문을 보관하고 있소. 그런데 정치국에서 모두 내게 충고를 했소. "연설하지 마! 스탈린이 좋아하지 않을 거야. 하지 마, 연설하지 마!" 내겐 특별한 것이 없었고, 물론 모든 게 결국은 스탈린에 유익한 것이었소. 누구도 내 연설 텍스트를 몰랐는데, 요지는 끼어들지 마라, 네가 연단에 나올 필요가 없다는 것이었소!

— 왜 그랬습니까?

▶ 왜 내가 제19차 당대회가 끝나자마자 정치국에서 축출됐을까? 실질적으로, 아니 형식적으로도 그렇지. 그래, 그래, 동무는 그걸 모르지.

— 하지만 각 신문에서는... 의장님께서 당 중앙위원회 간부회에 속하셨다고...

▶ 간부회는 25명으로 구성됐소. 그렇게 당규에 규정됐어. 중앙위원회 전원회의가 소집되어 뷰로 멤버를 선출했는데, 뷰로에서 나와 미코얀이 배제됐소. 내가 25명으로 구성된 간부회에는 들어갔지만, 간부회는 소집된 적이 거의 없었소. 반면 9명으로 구성된 뷰로는 공표되지 않았소. 베리야와 흐루쇼프가 거기에 들어갔지.

1953년에 스탈린은 소수의 실세 회의뿐만 아니라 측근들 모임에도 나를 부르지 않았소. 저녁 만찬을 한다거나 영화를 볼 때도 나는 초대받지 못했지. 스탈린이 말년에 나를 부정적으로 대했음을 유념하시오. 내 생각에 그건 옳지 못했어. 아마 사람들이 그 문제를 잘 분석하겠지. 나는 스탈린에 대한 내 생각을 바꾸지 않았지만, 그가 나에 대한 생각을 달리하게 된 데에는 어떤 영향이 있었을 거요.

— 아마 베리야, 흐루쇼프, 말렌코프 3인방이 뭔가 일을 꾸몄던 게 아닐까요?

▶ 아마, 그랬겠지. 그랬을 거요. 하지만 그랬어도 물론 다른 데 문제가 있었지. 내 아내에 대한 불신에 있었소. 거기엔 시온주의적인 사회층에 대한 그의 불신이 반영됐던 건데, 하지만 그게 충분한 근거가 있는 건 아니오.

1975년 10월 9일

— 백과사전에 이렇게 기술되어 있습니다. “1946년 11월 소련과학원 총회는 뱌체슬랍 미하일로비치 몰로토프를 명예 아카데믹으로 선출했다.”

▶ 1946년이지. 내가 그때 외국에, 뉴욕에 있었는데 스탈린이 이런 전문을 보냈소. “내게 아카데믹들이 다녀갔는데, 그들은 동무를 명예 아카데믹으로 선출하길 원함. 동의 바람.” 그런데 내가 동의한다고 답하면서 바보짓을 했지. 뭔가 쓸데없는 구절을 써넣었소. “당신의 몰로토프”라고 쓰고 서명을 했지. 나중에 스탈린이 내게 말했소. “내가 놀랐어. 어떻게 자네가 그렇게 서명할 수 있어?”[35]

그래, 진짜 과하게 바보짓을 한 거지. 과학원이 잡다한 성원이 합해진 조직이라는 걸 누가 알았겠나. 게다가 “당신의”라고? 쉽게 말해서 원했지. 나를 아카데믹으로 만들려고 한다는데, 동의하지 않을 수 없었지. 그건 물론 바보짓이었소.

— 계속됩니다. “1949년 3월 뱌체슬랍 미하일로비치 몰로토프는 외무상에서 해임됐으며, 소련 각료회의 의장 대리로서 자신의 활동을 소련 각료회의에 집중하였다.”

아무런 주석도 없습니다. 그건 이미 스탈린이 의장님을 압박하기 시작했다는 거지요.

▶ 주석이 없다고? 아니오, 그전에 모든 게 시작됐소.

1977년 4월 19일

▶ 1953년 1월에 한 폴란드 여성예술가가 공연을 왔는데... 이름이 돔브롭스카야-투르스카야였소. 다음 날 이렇게 공표되었소. “그녀의 콘서트에 1. 스탈린, 2. 몰로토프 등이 참석하였다.” 나는 예전처럼 서열이 두 번째에 랭크되었고, 사람들은 누가 누구 다음인지 주시했소. 나는 공식적으로 아직 2인자였고, 그렇게 공표됐소. 내가 직접 신문을 봤지만, 이미 나를 어디에도 초대하지 않았소. 스탈린은 내가 우파라고 공개적으로 비난하기도 했소.

— 그런데 폴리나 세묘노브나 때문이 아닐까요?

▶ 그녀는 나 때문에 고초를 겪었소.

---

35) 러시아어에서 단수 2인칭은 ‘띄(ты)’, 복수 2인칭은 ‘븨(вы)’이다. 프랑스어도 그러하지만 복수 2인칭은 존칭으로도 사용되는데, 존칭은 관계의 상하뿐만 아니라 원근도 내포한다. 여기서 몰로토프는 ‘븨’를 썼는데, 이는 스탈린의 입장에서 몰로토프가 자신에게 거리를 두는 표현으로 읽힐 수 있다. 1912년부터 오랜 시간을 함께 한 두 사람은 서로 ‘띄’로 부르며 대화하였다.

— 그 반대가 아닙니까?

▶ 그들은 내게 접근할 방법을 모색했소. 그녀를 철저히 심문했는데, 그들의 생각은 그녀 역시 음모에 참여했다는 것이었소. 시쳇말로 나를 적시기 위해 그녀를 깔아뭉갰소. 그녀를 소환하고 또 소환하고... 내가 당 노선의 진정한 지지자가 아님을 자백하라고 집요하게 심문했지. 그런 상황이었소.

— 의장님께서 국가의 지도적 활동가가 되시기 훨씬 전부터, 뱌체슬랍 미하일로비치 몰로토프는 요시프 비사리오노비치와 함께했던 인물이 아닙니까.

▶ 1912년부터였지, – 몰로토프가 정확히 한다.

— 1912년부터! 우리의 가장 긴박하고 어려웠던 투쟁의 순간에 의장님과 스탈린은 함께 당 중앙위원회에 계셨고, 대조국전쟁과 같은 그런 위대한 시련을 함께 극복하셨습니다. 사느냐 죽느냐, – 이것이 그때 제기되었던 문제입니다.

▶ 내가 특별히 무엇을 한 것은 없고, – 몰로토프가 말한다. – 거기서 내 공적은 아주 적지, 이를테면...

— 의장님께서 비행기로 런던에 가셨지요.

▶ 런던에 갔지.

— 전시에 정치가들 중 그 누구도 의장님께서 완수하신 그런 행보를 하지 않았습니다.

▶ 하게 됐던 거지, – 몰로토프가 동의한다.

— 뱌체슬랍 미하일로비치 몰로토프는 실제로 그토록 오랜 기간 국가의 제2인자였습니다. 그걸 어떻게 설명하시겠습니까? 스탈린은 왜, 누구도 믿지 않았던 걸까요? 아니면 마음에 어떤 영향을 받았을까요? 그게 어떻게 가능합니까?

▶ 의심증이 있었소. 스탈린은 그런 어려운 시절을 겪었고 그토록 무거운 짐을 자기 어깨에 짊어졌는데, 그래서 말년에 역시 편협증으로 고통을 겪게 됐소. 편협증의 문제는 이런저런 실수가 심각한 사건에 이르는 원인이 될 수 있다는 데 있소.

— 하지만 1950년대 초에는 당에서 반(反)스탈린 노선을 추진하려 했던 사람들이 이미 없었고, 또 있을 수도 없었습니다.

▶ 기다려 보시오. 스탈린이 3월에 사망했고, 이미 6~7월에 이르면 흐루쇼프가 바로 그 중앙위원회를 지도했소. 어째서 그렇게 되었는가? 흐루쇼프, 미코얀 등 우파 성향의 사람들이 중앙위원회에 앉아 자신들을 스탈린의 절대적 지지자로 표방했어. 미코얀은

스탈린의 70세 생일에 붙여 이렇게 말했소. "스탈린은 오늘의 레닌입니다!" 동무도 하지 않고 나도 하지 않는 말을 미코얀은 했소. 그는 스탈린 70세 생일을 기념하여 쓴 글에서 "전에 동무들에게 레닌이 있었다면, 지금은 그와 똑같은 스탈린이 있다"고 했소. 그런데 스탈린 사후 몇 달이 지나서 그는 자신의 말을 번복했어. 그럼 흐루쇼프는? 그는 패거리를 조직했잖소! 동무에겐 모든 게 이미 지나간 일이겠지! 그런데, 아직 지나간 게 아무것도 없어!

내가 1960년에 레닌 탄생 90주년을 맞아 글을 하나 써서 그걸 『코뮤니스트』로 보냈는데, 글이 잡지에 게재되지 않았소. 당시 나는 소련 대사로 몽골에 있었어. 당시 편집장이었던 콘스탄티노프가 내 글이 왜 게재되지 않는지 대답을 주었는데, 그런 대답이라도 준 사람이 드물었소. 그의 대답은 이랬소. "의장님의 글은 게재될 수 없습니다. 왜냐하면 첫째, 의장님께선 자신의 과오에 대해 침묵하고 있기 때문이며, 둘째, 의장님께선 2월혁명에 관해 논하면서 마치 10월혁명이 아니라 2월혁명이 제국주의에 대한 타격이었다고 말하는 것 같기 때문이며, 셋째, 레닌이 의장님과의 대화중에 공산주의자들을 비판하며 우리나라가 그렇게 약한 나라라고 말했다는데, 그래서 우리는 게재할 수 없습니다."

1921년에 레닌이 내게 무엇을 말했을까? 대화는 정치적으로 아주 예민한 그런 것이었는데, 내겐 아주 중요했다고 할 수 있소. 레닌이 말했소. "나는 우리의 경제적 과업에 관해 동무와 이야기하고 싶소." 프레오브라젠스키가 당시 재무인민위원 대리였소. 반대파였지. 당시 그는 자신을 완전히 드러내지 않고 있었는데, 그래도 이미 당의 입장에 전적으로 찬동하지는 않았소.

레닌이 말했소. "프레오브라젠스키가 재정 개혁을 제안하는데, 루블화 평가를 변경하자고 합니다. 즉 1,000루블을 1루블로 정하는 방식으로 호칭 단위를 절하하는 개혁을 하자는 거요. 그게 과연 필요할까? 하긴 우리나라는 지금 손가락 하나로 건드려도 모두 붕괴되기에 충분한 상황에 있지!"

내가 레닌의 그 말을 쓴 거요. 그랬더니 이런 지적이 온 거요. "그런 말을 쓰면 국외에서 그걸 어떻게 이해할 거냐? 혁명을 두려워 할 거다."

레닌이 그걸 내게 말한 지 거의 40년이 지났는데, 그에 관해 발설하면 안 된다는 거야. 그건 난센스라는 거지! 자, 상황이 어떠했는지 봅시다. 그런 상황에서 오직 레닌의 권위 덕분에 국가가 유지됐던 거요. 바로 레닌의 권위 덕분에! 나중엔 스탈린 덕분에!

많은 게 실행되었고, 우리가 생각했던 것보다 더 좋은 결과가 있었소. 정말 우리들 중에 다수는 충분한 준비를 갖추고 있지 못했어. 그런데 스탈린은, 그의 권위는 어려운 문제가 제기될 때마다 중앙위원회 전원회의 등을 어디서든 바로 소집할 수 있을 정도로 높았소. 때론 아주 민주적이지 않게 결정하게 됐고, 나중에 그걸 당이 추인했지. 만약 우리가 매 문제마다 모여서 매번 민주적 결정을 내렸다면, 그건 국가와 당에 큰 손실을 끼쳤을 거요. 왜냐하면 문제 해결을 지체시키고, 아마 어떤 경우에는 깊은 논의를 거친 후 채택된 결정이 보다 좋은 결과를 야기했겠지만, 다른 경우에는 결정의 지연 자체가 엄청난 해악을 끼쳤을 거요. 그런 어려운 상황에서 형식적 민주성이 항상 일을 결정할 수는 없지.

물론 스탈린은 그토록 무거운 짐을 짊어진 후에 그릇된 충고에, 슬며시 내밀어진 그릇된 정보에 때론 구부러지기도 하고 때론 굴복하기도 했소. 그는 나를 아주 잘 알았지. 그는 내 모든 이력을 환히 알고 있었고, 1912년부터 개인적으로 나를 알았어. 우린 수십 년을 함께 일했고 가장 긴박한 결정들을 내리고 실행했어. 기본적으로 나는 모든 일에 적극적이었고, 소극적이었던 적이 전혀 없어. 그런데 그가 의심을 품기 시작했소. 왜 그랬는지, 누가 알겠어! 그는 갖은 근거를 갖고 있었소. 1940년도에 내가 어떤 한 문제에서 동요했던 것 같아.

나는 내 말이 우파의 어법처럼 들릴 수 있다는 것에 개의치 않고 그에게 직접 문제를 제기했소. "곡물의 수매가격을 인상합시다. 중앙 지역 농민들이 아주 힘들게 살고 있어요."

그랬더니 스탈린이 말했소. "어떻게 그래? 어떻게 그런 제안이 가능하지? 그런데 전쟁이 터지면?" — "전쟁이 나면 인민들에게 직접 말할 겁니다, 전쟁이 났기 때문에 예전 가격으로 돌아간다고." — "어떤 냄새가 나는지 알지?"

"전쟁이 나면 예전 가격으로 돌아간다. 농민들은 우리가 더 많이 지불할 수 없는 걸 이해할 거다", – 여기에 나의 실수가 있었던 것 같아. 더 인내해야 했소. 나는 논쟁하려 하지 않았고 그냥 제안했을 뿐이야. 그건 우리끼리 한 말이야. 단 둘이서 한 말이오, 아파트에서. 나는 그렇게 말했고 더 이상 문제를 제기하지 않았어. 1952년에 [당대회에서] 그는 내게 그 대화를 상기시켰어. 그가 이렇게 연설했소. "실은 몰로토프가 곡물가격의 인상을 제안하고 중앙위원회 전원회의의 소집을 요구했습니다!"

나는 요구할 수 없었어. 무슨 중앙위원회 전원회의를? 내가 그에게 개인적으로 말한 거요. 그런데 그는 그걸 내가 오른쪽으로 흔들렸다고 기억한 것 같아. 그는 나를 직접 우익 편향으로 비판하진 않았지만 이렇게 말했소. "동무는 릐코프주의자야!" 미코얀에게도 그렇게 말했지. 그런데 미코얀은 진짜 릐코프주의자였소. 우파지. 흐루쇼프파였지. 나는 흐루쇼프와 릐코프 사이에 큰 차이가 있다고 생각하지 않아. 나는 미코얀을 한 번도 지지한 적이 없어.

미코얀이 첫 번째로 연단에 나섰소. 자신은 릐코프와 전혀 상관이 없다는 것인데... 이 문서들은 물론 공표되지 않았소.

나는 전혀 아무 것도 몰랐소. 역시 연단에 서서 말했지. "그렇습니다. 나는 나의 과오를 인정합니다. 그러나 문제는 그것이 나와 스탈린 동무 사이의 개인적인 대화였다는 겁니다. 우리 말고는 아무도 없었습니다." 그런데 스탈린이 왜 혼동했을까? 그릇된 의구심조차도 그에게 말하면 안 되는가?

하지만 그건 아주 중요한 일이었던 것 같소. 왜냐하면 그때 중앙 러시아에서 긴장이 아주 고조돼 있었거든.

[당대회 폐막 후 열린 중앙위원회] 전원회의에서 그는 흐루쇼프를 위로 밀어 올렸소. 우파로 몰린 나는 뷰로에 선발되지도 못했어. 물론 문제가 작지 않지. 그건 그냥 핑계가 아니오. 그건 그 문제에서 내게 일부 동요가 있었다는 걸 의미해.

— 저는 스탈린이 그 문제에서 옳았다고 확신하지 않습니다.

▶ 나는 그가 옳았다고 생각해, – 몰로토프가 단호하게 대답한다.

— 그렇게 모든 걸 정당화할 수 있습니다.

▶ 자, 봅시다. 그렇게 왜곡해도 안 돼. 우리는 전보다 더 부유하고, 우리는 이제 그런 일을 행하고 있소. 물론 그건 기본 과업에 해가 되지만, 아무튼 수매가격을 터무니없이 올렸는데, 그게 꼭 필요했던 건 아니오. 그건 나라 전체에 대한 것은 차치하고서라도, 일단 농민에게 해로워. 그건 해로워. 우리가 곡물 수매에 물 쓰듯 지출한 엄청난 규모의 그 돈을 우리는 트랙터, 콤바인 및 다른 기계의 생산 증대에 투입했어야 했는데, 보다 빨리 농업을 발전시켜야 한다고 그 돈을 전부 농민들에게 주었으니...

스탈린도 모든 걸 다 정확히 기억할 순 없겠지. 누군가 적당한 때 그에게 어떤 문서를 주었을 것이고, 그는 그것에 집착했다가 중앙위원회 전원회의에서 문제 삼아야 되겠다고 생각했겠지. 즉, 미코얀과 나를 우파로... 뭔가 또 있을지도... 생각나는 게 없네.

내가 연단으로 나갔고, 그게 나의 실수라고 후회했지. 인정해.

그게 1952년 제19차 당대회가 끝난 후의 일이오. 10월이 아니면 11월이었소. 하지만 나는 내가 과오를 저질렀다고 생각해. 나는 그게 잘못한 게 아니라고 주장하지 않아... 그런 논쟁적인 문제들로 인해서, 그리고 그때부터 이미 12년이나 지났는데... 폴리나 세묘노브나는 그때 이미 쫓겨나 있었소.

1972년 2월 3일, 1972년 10월 4일, 1976년 5월 12일

▶ 물론 나는 우리들 몇 사람이 모인 자리에서 내 의견을 개진했고, 일부 문제에 관해서는 스탈린에 동의하지 않았소. 새로운 5개년계획을 논의했는데, 기간산업 건설에 관해서 나는 항상 발언을 자제했소. 모든 게 지체되고 또 지체되고, 결국 완수가 안 되지. 하지만 우리가 실행 가능한 범위를 초과하는 계획을 수립해서 넘겨주었을 때, 한 곳에서 계획이 깨지면 서로 탓하기 시작하다가 다른 곳에 추가를 해. 즉, 계획을 다시 수립해야 해. 그럼 스탈린이 책임을 추궁해. 그의 다차에 6~7명이 모여요. 그가 각료회의 의장이었고 내가 제1대리였는데, 그게 아마 1950년의 일일 거요. 스탈린이 이렇게 말했소. "우리는 추가하고, 추가하고, 그러면 안 돼. 나중에 여기서 가져다가 저기에... 누구 책임이오?" 내가 반박했지. "동무 책임이지!"

그가 격노했어. 그럼에도, 우리 동무들 모두가 있는 자리에서 내가 흥분해서 그에게 이렇게 소리쳤소. "사람들이 동무에게 [계획을 가져]오면, 동무는 항상 더 추가하잖아, 더!

내가 많은 사람들과 싸웠지.

내 생각에, 베리야가 다른 사람들보다 내게 해를 덜 끼쳤어. 해를 덜 끼쳤지. 말렌코프도 내게 거의 해를 입히지 않았소. 나는 중앙위원회 서기들을 의심하는데, 누군가 보고를 올리니까 나중에 스탈린이 조사를 하게 한 것이 아닌가...

내가 왜 축출되었는지 지금껏 이해할 수가 없소. 베리야가? 아니야. 그 일과 관련해 베리야는 나를 변호했던 것 같소. 나중에 몰로토프도 밀려날 수 있다는 사실이 확인된 다음에 그도 몸을 사렸을 거요. 이미 스탈린이 몰로토프를 믿지 않는다면 자기들도 순식간에 밀려날 수 있다고 생각했겠지.

흐루쇼프가? 아닐 거요. 몇 사람은 스탈린의 약점을 알고 있었고, 그래서, 적어도 나

는 그에게 어떠한 구실도 안 주려고 했소. 내가 항상 그에게 맞장구를 치진 않았어. 이건 사실이오. 그는 나의 그런 면을 높이 평가했소. 자기 의견을 말하면 그것이 옳건 그르건 그 취지를 고려할 수밖에 없다는 거지. 그런데 갑자기…

우리에겐 습관이 하나 있었소. 전쟁 직전에 생긴 건데 전시에도 계속됐지. 저녁에 중앙위원회 아니면 스탈린의 아파트에 오래 앉아 있다가 저녁식사를 하고, 다음에 영화를 보러가곤 했소. 밤 11~12시경 크렘린 홀에 만들어진 영화관으로 들어가지. 거기에 크지 않은 무대가 있었는데, 외국인들을 거기로 초대하곤 했소. 거기에 처칠이 몇 번 왔었지. 영화관은 크지 않았지만 편안했고 우리들만 있었소. 참, 영화 관계자가 누구라도 꼭 있었는데, 우선 볼샤코프가 위원회 의장으로 참석했고,[36] 때론 시나리오 작가 같은 사람들 중에서도 참석자가 있었소. 물론, 그때 대화가 좀 오고가곤 했지.

나는 지금껏 이해할 수가 없소. 스탈린은 흐루쇼프에 대해서도 아주 비판적으로 대했거든. 그는 흐루쇼프를 실천가로 여겼는데, 흐루쇼프는 어디에서나 귀를 세우고 뭔가 알아내려고 애썼소. 스탈린에겐 자신이 좀 의지할 수 있는 그런 사람이 필요했지.

최근에 『평화와 사회주의의 문제』[37]에서 연구원으로 일했던 야로쉔코라는 동무가 있었는데, 스탈린이 말년에 쓴 글에서 그를 호되게 비판했지.[38] 흐루쇼프가 없을 때 스탈린이 이렇게 말했소. "흐루쇼프 짓이야!"

스탈린이 야로쉔코를 완전히 뭉개버렸어. 내가 보기에 스탈린의 말이 옳아. 내가 그 문제를 분석해야 하나 하는 생각이 있었는데, 왜냐하면 거기에 아주 복잡한 정치경제학적 문제들이 있었기 때문이오. 스탈린은 야로쉔코가 모스크바 당조직에 있었기 때문에 그 글에 저의가 있다고 말했소. 내가 보기에 그건 아니야. 흐루쇼프가 거기까지 생각할

---

36) 이반 볼샤코프(И.Г. Большаков, 1902~1980)는 1939~46년 소련 소브나르콤 산하 영화제작위원회 위원장을 지냈다.

37) 『평화와 사회주의의 문제(Проблемы мира и социализма)』은 1958~90년 프라하에서 26~28개 언어로 발행되었던 월간 잡지로서, 편집권이 소련공산당 중앙위원회 국제부에 있었다.

38) 1951년 말 소련에서는 정치경제학 교과서 제정을 위한 토론이 진행되었다. 경제학자로서 당시 고스플란 일꾼이었던 루카 야로쉔코(Л.Д. Ярошенко, 1896~1995)는 교과서 집필과 관련하여 스탈린이 쓴 『소련 사회주의의 경제문제』의 내용에 관해 정치국에 서한을 보내 이의를 제기했다가 스탈린의 비판을 받았다. 예를 들면, "사회주의적 생산관계는 사회주의적 생산력의 구성부분이기에 생산력의 합리적 조직화를 위한 과학이론을 발전시키는 것이 사회주의 정치경제학의 주요 목표가 되어야 한다"는 야로쉔코의 테제에 대해 스탈린은 그것이 비맑스주의적이라고 일갈하였다. 스탈린은 사회주의 사회에도 (제한적으로) 가치법칙이 작용하며 생산력과 생산관계의 모순도 존재한다고 하면서, 사회주의 경제는 당의 정치적 의지에 완전히 복속된다고 주장하는 "주의(主意)주의자들"에 제동을 걸었다. (См.: Сталин И.В. Соч., т.16. с.258~290.) 야로쉔코는 고스플란에서 해고되어 이르쿠츠크로 쫓겨났다가 1953년 말 모스크바로 돌아왔다.

리 없거든. 그는 그런 이론적인 문제에 조예가 없소. 옆에서 부추겼을 수는 있지. 감바리들이 늘 있거든. 어떤 문서를 줘야 하는지 적시에 알리고, 그러면 사람은 관심을 갖게 되고 점점 일에 끼어들기 시작하지.

하지만 스탈린은 누구도 완전히 신뢰하지 않았소. 특히 말년에는 더 그랬지.

1972년 10월 4일, 1981년 1월 9일

"폴리나는 살아있어요!"

...무더운 8월의 하루 우리는 노보데비치 묘원으로 갔다. 폴리나 세묘노브나 젬추지나의 묘비 개막이 오늘 예정돼 있다. 오후 4시경 묘원 내 구(舊)묘역의 구석에 사람들이 모여들기 시작했다. 세상은 몰로토프가 온다는 소문으로 무성했다. 1957년에 정치무대에서 사라진, 바로 그 사람 말이다. 군중 속에서 나오는 소리가 들린다. "내가 얼마 전에 그 분과 함께 버스를 탔어요." — "그 분이 버스를 탄다고요? 그 분에겐 개인용 세단 〈차이카〉가 지급돼 있을 거요!"

흐루쇼프는 몰로토프에게 전에 누리던 모든 특권을 박탈했고, 다른 〈반당그룹〉 멤버들에게도 그렇게 했다. 몰로토프는 [모스크바의] 츠칼롭스카야에 있는 친척 집에 살면서 연금으로 120루블을 받았다. 저축이나 재산은 없었고, 결국엔 모두 국가에 의지해 살았다.

게오르기 콘스탄티노비치 주코프 원수와의 대화가 생각난다. 그가 말했다. "흐루쇼프 치하에 나를 해임했을 때 갈리나 알렉산드로브나[=아내]와 나는 우리에게 돈이 많을 거라고 생각했소. 그런데 돈이 없었소. 손풍금을 팔아야 했는데, 병사가 그걸 위탁판매점에 가져다주고 500루블을 받아왔소. 물론 내가 전차를 타고 다닐 수도 있었지만, 그랬으면 외국 기자들이 나를 사진 찍었을 거요. 내가 그들에겐 증오의 인물이 아니겠소."

내겐 이미 놀랍지 않았다. 나는 최고 권력자의 미움을 산 사람들이 어떻게 사는지 잘 알고 있었다.

...단정한 남색 양복에 넥타이를 매고 코안경을 쓴 몰로토프가 좁은 길을 따라 걸어온다. 그의 옆에는 딸 스베틀라나와 사위 알렉세이 드미트리예비치 니코노프가 함께 온다. 사위는 박사이면서 교수다.

묘비는 [유명 조각가인 예브게니] 부체티츠가 만들었다. 그는 돈을 받지 않았다. 만들면서 시간이 많이 지체됐는데, 그것은 "당연히 부체티츠의 명성에 부합하도록" 하기 위함이었다고 설명했다. 수직으로 세워진 검은 판석에 하얀 양각, – 그것이 전부였다. 단정하고 간결했다.

우리는 묘원에 반시간쯤 있다가 그라놉스키 거리로 떠났다. 우리는 그곳에 있는 [몰로토프의] 아파트 61호에서 폴리나 세묘노브나를 추모했다.

▶ 그녀가 내 아내였던 것이, – 몰로토프가 탁자 곁에 서서 손님들에게 말했다. – 내겐 큰 행복이었소. 그녀는 아름답고 똑똑했어요. 가장 중요한 것은 그녀가 참된 볼셰비크였으며 참된 소비에트 사람이었다는 겁니다. 그녀에게 삶은 그리 순탄치 못했는데, 그건 그녀가 내 아내였기 때문이었소. 그녀는 힘든 시기를 겪었지만 모든 것을 이해했지요. 스탈린을 비난하지 않았을 뿐만 아니라, 사람들이 그를 욕할 때도 그 소리를 들으려고 하지 않았어요. 왜냐하면 스탈린을 비방하는 자들은 시간이 가면서 우리 당과 우리 인민에 이질적인 분자로서 도태될 것이기 때문이지요.

— 그래도 제 생각엔, – 나중에 내가 그에게 말했고, 결국 여러 번 우리에게 이 주제에 관해서도 대화가 생겼다. – 폴리나 세묘노브나가 의장님 때문에 고초를 겪은 게 아닌 것 같습니다. 의장님께서 그녀 때문에 고통을 받으셨죠. 제19차 당대회 직후 열린 중앙위원회 전원회의에서 스탈린이 의장님에 대해 비난 발언을 하고 중앙위원회 간부회 뷰로에 포함시키지 않았던 게 그녀 때문이지요.

▶ 왜 그가 나를 위협했을까? 그게 의미를 가졌을 수 있소. 스탈린이 체카에서 올라온 폴리나 세묘노브나에 대한 자료를 정치국 회의에서 읽었을 때, 나는 놀라서 무릎이 다 후들거렸소. 그러나 그녀에 대해 사건은 이미 만들어졌고, 어쩔 도리가 없었소. 체키스트들이 애를 썼지. 그녀의 죄가 무엇이었냐? 그건 시온주의자 조직과 이스라엘 대사 골다 메이어 등과 관련돼 있었소. 크림 지역을 유대인 자치주로 만들려고 했는데... 그녀는 미호엘스[39]와 좋은 관계를 유지했거든... 미호엘스가 이질분자라는 걸 찾아냈지.

물론, 그녀는 지인들과의 관계에서 보다 조심해야 했소. 그녀는 직장에서 쫓겨났지만

39) 솔로몬 미호엘스(С.М, Михоэлс, 1890~1948)는 유명 연극배우이자 무대감독으로서 1939년에 소련인민배우 칭호를 받고 1946년에 스탈린상을 수상했다. 1942년 〈유대인 반파시스트위원회〉 설립을 주도하고 그 의장에 올랐으며, 1944년 2월 위원회 위원들과 함께 크림에 유대인자치공화국 수립을 청원하는 서한을 스탈린에게 보냈다. 1948년 1월 교통사고로 사망했다.

일정 기간 체포되지 않았는데, 중앙위원회로 소환되고는 [1949년 1월에] 체포됐소. 나와 스탈린 사이에 말하자면 [불행의 전조인] 검은 고양이가 지나간 거지.

그녀는 1년 넘게 감옥에 있다가 유형지로 보내져 3년 이상을 있었는데, 정치국 회의에서 베리야가 내 곁을 지나며 말했소. 아니 귀에 대고 속삭였어. "폴리나는 살아있어요!" 그녀가 루비안카 감옥에 있었는데,[40] 나는 그걸 몰랐소.

— 그런데 의장님께선 국가의 제2인자로서 계속 남아계셨습니까?

▶ 형식적으론 그랬지. 하지만 그건 신문과 사회적 여론을 위해서 그랬소.

그녀가 자유의 몸이 된 것은 스탈린의 장례가 끝난 이틀 후였는데, 그녀는 스탈린이 죽은 것조차 몰랐어. "스탈린은 어때요?" 이게 그녀의 첫 마디였소. 스탈린의 병에 관한 소문을 들었던 거지. 나는 베리야의 집무실에서 그녀를 만났소. 베리야가 나를 그곳으로 불렀는데, 내가 그녀에게 다가서기 전에 베리야가 그녀에게 달려들며 말했소. "오, 히로인!"

그녀는 많을 걸 견뎌냈소. 그러나 다시 말하지만 그녀는 자신의 스탈린에 대한 태도를 바꾸지 않았어. 항상 그를 높게 평가했소.

...쇼타 이바노비치가 부연한다.

— 한번은 그녀의 친척 한 명이 식탁에서 스탈린을 비난하기 시작했습니다. 그러자 그녀가 그를 빨리 그 자리에 일으켜 세웠습니다. "젊은이, 동무는 스탈린에 관해서도, 그의 시대에 관해서도 아무 것도 이해하지 못하는군. 그 자리에 앉아있는 게 그에게 얼마나 힘들었는지 알고나 하는 소린가!"

1973년 8월 18일

▶ 스탈린에겐 말년에 피해망상이 있었소. 그는 늘 신경이 곤두서 있었는데, 피해망상이 그를 갉아먹었고, 자극했고, 이런저런 사람에 반감을 갖게 했소. 그건 사실이야. 그 누구라도 자신을 지탱하지 못했을 거요. 그도 지탱하지 못했지. 그리고 어떤 조취를 취했는데, 그것도 아주 극단적인 조치를... 유감스럽게도 그런 게 있었소. 그가 지나쳤지. 보즈네센스키, 쿠즈네초프 같은 동무들이 죽음을 당했는데...

---

40) 루비안카(Лубянка)는 베체카에서 카게베(KGB)에 이르기까지 소련 국가보안기관 건물이 위치한 모스크바 도심의 지명으로, 흔히 국가보안기관의 대명사로 사용된다.

아무튼 그에겐 말년에 피해망상이 있었소. 결국 그러지 않을 수 없었지. 그건 그런 자리에 오래 앉아 있는 사람들의 숙명이야.

1982년 10월 21일

▶ 모르겠소. 그가 누구를 신뢰했을까! 흐루쇼프를 중용했고, 반면 나를 미코얀과 함께 밀어내버렸어. 아무런 근거도 없이 말이야. 그건 폴리나 세묘노브나 때문만이 아니요. 나는 알아. 그게 영향을 미쳤지. 그럴 것 같아.

— 사람들이 말하길, 스탈린이 의장님께 이혼하기를 요구했다고 합니다. 그런데 의장님께서 그걸 거부하셨다고요. 그녀와 갈라서라고 요구했다는 겁니다.

▶ 첫째, 그들은 나를 그녀로부터 떼어냈소. 이미 1940년에 그녀가 당 중앙위원회에서 제명됐는데, 당시 나는 투표할 때 기권했소. 그건 사실이야. 그렇지, 스탈린이 그때 이렇게 말하기도 했소. "모두가 어떻게 그럴 수 있냐고 해. 어떻게 반대할 수 있냐고!" 그녀가 당 중앙위원회 후보위원이었는데, 그녀를 제명시켰소. 그녀를 비난했는데... 뭐든 궁리해낼 수 있었지... 모든 게 아주 엉망이었어. 아마, 즈다노프가 그 문제를 해명하는 발언을 했던 것 같아. 아내가 [1932~36년에 사장으로] 일했던 [화장용품트러스트] 〈테제〉에 파괴암해분자들이 출현했소. 우즈베키스탄에서 시작됐지. 그때 아내는 화장용품을 담당하고 있었는데 의심스런 사람들을 화장품 사업에 끌어들였던 거요. 물론 다른 사람들이 없었지. 그런데 독일 스파이들이 거기에 있었던 거요. 고위 간부의 부인네들이 화장품 때문에 그녀에게 모여들었어.

1949년에 그녀가 체포됐을 때, 스탈린을 암살하려고 모의했다는 혐의가 그녀에게 고지됐소. 븨신스키가 나중에 말해줬지. 내가 외무상에서 해임되기 전에 스탈린이 중앙위원회 회의 때 내게 다가왔소. "동무는 부인과 갈라서야 해!" 그녀는 내게 이렇게 말했어. "그게 당을 위해 필요하다면 우리는 이혼해야 해요!" 1948년 말에 우리는 이혼했고, 그녀가 1949년 2월쯤 체포됐소.

그런데 내겐 어떤 비난도 가해지지 않았어. 누구도 내게 제대로 말해주지 않았지만, 나는 몇 가지 사실을 대조해서 문제를 이해했고, 나중에 내가 미국에 있을 때, 그게 아마 1950년도 같은데, 내가 뉴욕에서 워싱턴으로 갈 때 문제가 어디에 있었는지 확실히 알게 됐소. 그때 내게 특별객차가 제공됐는데, 그때 나는 그 의미를 제대로 이해하지 못했소. 그것은 분명 도청을 위한 객차였소. 내 말을 잘 듣기 위해 그걸 내게 제공한 거야. 소련에서 온 의사들이 승차권 없이 나와 함께 타고 갔소. 어떤 위원단에 속한 의사들이었는데, 그들이 무엇에 관해 떠들 수 있었겠나?

스탈린은 아무 말도 하지 않았는데, 포스크료비쉐프가 암시를 주기 시작했어. "왜 특별객차를 제공했겠습니까?" 나중에 비신스키가, 또 포스크료비쉐프가 객차를 검사했냐고 묻는 거야. 특별객차는 물론 아무에게나 제공되는 게 아니지. 그때까지 그런 일이 없었어. 그런데 웬일인지 내게 제공했던 거요.

— 그런데 왜? 거부하셨어야죠. 의장님께서 의심받을 이유가 없지 않습니까?

▶ 나에 대한 특수한 대우겠지. 그건 내가 유엔에 있을 때요. 이미 유엔에 대한 의심이 아주 고조됐을 때야. 스탈린이 직접 폴리나 세묘노브나를 수산업인민위원으로 임명했던 적도 있어. 내가 반대했지만 말이오! 그녀는 경제 관련 인민위원들 중 유일한 여성이었어. 보건 분야에는 여성들이 있었고, 크룹스카야는 [1929년부터 러시아공화국의] 교육인민위원 대리였소. 그런데 경제 관련 부처에는 없었어.

스탈린은 한편으론 폴리나 세묘노브나를 높게 평가하고 중용하는 것 같았소. 그러나 말년에 그는... 여기에 반유대주의적 분위기가 작용했을 수 있어. 그가 지나쳤지. 그리고 여기서 교묘히 작용한 자들이 있었소.

1972년 12월 4일, 1977년 3월 10일, 1982년 9월 29일

▶ 스탈린은 내게 매우 비판적인 태도를 취했어. 왜냐고? 나는 지금까지 그 정확한 이유를 몰라. 내가 느끼기엔 불신에 컸던 것 같소. 그런데 나에 대한 불신의 근거가 무엇인지는 아직도 분명하지 않아. 스탈린의 허락 없이, 아니 그의 지시 없이 내 아내를 체포할 수는 없지. 그것 역시 사실이야.

— 스탈린이 무엇 때문인지, 왜 그랬는지 말하지 않았습니까?

▶ 말하지 않았소. 나쁜 인간관계 때문이지. 그런 의미에서 폴리나 세묘노브나는 좀 무절제하게 처신했어. 그건 맞아, 온갖 사람들을 만나고 다녔으니까. 이 대목에선 나도 어느 정도 책임이 있다고 할 수 있어. 왜냐하면 그러지 말라고 분명히 말하지 않았기 때

문이지. 기본적으로 그녀의 관계는 좋았어. 그러나 완전히 정당화되지 않는, 심지어 정당화될 수 없는 친분관계도 있었지.

— 의장님의 개인적인 적들도 의장님을 해하려 했을 수 있습니다.

▶ 물론, 그런 자들이 있었지. 있었지. 정치국원 중에서 내게 노골적으로 적대하는 사람은 없었어. 그러나 은밀하게 한 자들은 있었지, 물론.

그런데 나중에 그녀를 카자흐스탄으로 유형을 보내버렸어.

— 거기 어디로 보냈는지 모르십니까?

▶ 그럴 리가, 당연히 알지. 지명이 뭐더라? 카자흐스탄에서 제일가는 곡창지대인데... 맞아, 쿠스타나이!

— 정말 이상합니다. 의장님께선 국가 내 제2인자이신데, 아내가 체포됐다니...

▶ 칼리닌의 아내 역시 체포됐는데... 그녀는 아무런 짓도 안 했지만, 아마 여러 사람들과 엉켰을 거야. 그런 의심이었지, 의심. 하지만 칼리닌이 대체 누구에게 의지할 수 있었을까? 그런데 흐루쇼프가 주제넘게 참견하고 나섰소. 훨씬 전부터 칼리닌도 그를 신뢰하지 않았는데, 그건 실제 근거가 있었지.

어떤 사람들은 베리야가 스탈린을 죽였다고 주장하고 있는데, 나는 그게 그럴 수도 있다고 봐. 왜냐하면, 스탈린이 누구에게 의지할 수 있었겠소? 만약에 그가 나를 믿지 못했고, 또 다른 자들이 자신을 별로 지지하지 않는 것을 봤다면 말이오.

— 서방의 라디오 방송이 의사 사건에 관해 상세히 보도했습니다. 보도에 따르면, 의사들에 대한 재판이 3월 5일에 열려야 했는데 마침 그날 스탈린이 죽어가고 있었다고 합니다. 여기서 암시하는 바는 그가 죽임을 당했다는 거지요.

▶ 가능한 일이오. 그럴 수 있지. 베리야는 교활하고 믿을 수 없는 인물이었소. 그는 단지 자기 일신의 안녕을 위해 그런 짓을 할 수 있었소. 여기서 실타래가 많이 엉켜있어. 나 역시 그가 자연사하지 않았다는 생각을 갖고 있는데, 그는 특히 아픈 데가 없었소. 항상 일했는데... 활기차 있었지, 그것도 매우.

...내가 어두워질 때까지 앉아 있다가 떠날 채비를 했다.

▶ 시간이 많이 됐나? – 몰로토프가 묻는다.

— 7시 15분입니다.

▶ 그렇다면 환해야 하는데...

— 아닙니다. 왜요? 밖은 이미 어둡습니다.

▶ 아직 아니야. 아직 환해지지 않은 것 같은데. 밖엔 이미 어두운 게 아니라 아직 어두운 거야. 아직 어두워. 환해져야 하는데! 반시간 지나면 이미 환해질 거야!

...여기서 나는 그가 아침과 저녁을 혼동하고 있다는 걸 알았다.

▶ 우리가 아침에 아직 회의하는 걸로 착각했네, – 몰로토프가 웃기 시작했다. – 정치국에서 그랬던 것처럼 말일세. 그랬었지, 그랬었어.

1983년 3월 11일

"혁명적 관점에서"

▶ 스탈린은 아주 무거운 짊을 짊어졌고, 결국엔 물론 지쳤소. 그가 늙었을 때, 그의 생애 말년에 그게 힘에 부쳤던 거요. 그런데 중요한 것은 몹시 지쳐버린 그가 거의 치료를 받지 않았다는 거지. 그는 치료받길 두려워했소. 거기에는 역시 그럴만한 근거가 있었는데, 그건 몰래 뭔가를 넣을 수 있었기 때문이었소. 스탈린에겐 적이 꽤 많았고, 겁을 냈소. 누군가를 통해 그가 먹는 음식이나 약에 무엇이라도 몰래 넣지나 않을까 겁을 냈소. 의심이 극단으로 치달았지. 그건 다소 이해될 수 있는데, 왜냐하면 그 모든 것을 자기 어깨에 혼자 짊어지고 간다는 게 실제로 매우 힘들었기 때문이오. 그에겐 다양한 의심이 있었소. 아마 생겼을 거요. 그런데 누군가가 그 일을 부추겼더라도, 그걸 모두 넘기기에 그의 인내와 의지가 충분하지 않았던 거요. 그의 상황이 그랬소.

그런 사건이 내게 아주 근접해왔고, 그가 더 살았더라면 내가 무사히 살아남지 못했을 것임에도 불구하고, 나는 그를 당시 당내 인사들 중 그 누구도 수행할 수 없었던 그토록 거대하고 힘든 과업을 완수한 위대한 인물로 평가했고, 또 지금도 그렇게 평가하고 있소.

그 일에서 키로프가 스탈린을 대체할 수 있는 인물이었다고 말하는 것은 공산주의의 과업을 이해하는 사람들 모두가 보기엔 완전한 난센스요! 그건 스탈린과 키로프의 상호관계에 완전히 모순되며, 무엇보다도 자신의 역량에 대한 키로프의 생각과도 완전히 모순돼! 그건 흐루쇼프 같은 그런 범죄자 유형의 인간만이 스탈린에겐 키로프를 살해할만한 충분한 이유가 있었다는 식으로 과감하게 주장할 수 있었던 것만큼 모순적인데...

맞아, 키로프는 제17차 당대회에서 대의원 그룹이 자신을 [서기장에] 추천하더라고 스탈린에게 이야기했소. 그런데 그건 난센스야. 그건 그냥 난센스야, 난센스! 키로프는 대단한 선동가이자 훌륭한 공산주의자였소. 그런데 그는 이론가도 아니었고, 자신을 이론가로 생각지도 않았어. 전혀 생각지도 않았지. 그가 트로츠키, 지노비예프, 카메네프를 이념적으로 격파한다는 것은 전혀 상상할 수 없는 일이오! 그렇지, 그들은 키로프보다 이론적으로 훨씬 강했어. 다른 사람들도 키로프보다 더 강했어. 더 강했어!

1920년대 및 1930년대 초에 신문을 통해 공개적인 이념투쟁이 전개되었소. 펜으로 하는 투쟁이었지만 끝없이 투쟁을 벌이는 것은 국가와 노동계급에 큰 해가 될 뿐이었소. 사람들은 일하면서 자신의 상황을 개선하려고 하는데, 우리는 위에서 또 신문에서 늘 크고 작은 투쟁을 지속하고 있었소. 노동계급을 안타깝게 여긴다면, 아시다시피 그건 극히 위험한 일이오!

— 이와 관련해서 순전히 심리적인 문제가 하나 있습니다. 물론 정치와 아주 밀접한 관계를 갖지만 그래도 역시 심리적인 문제입니다. 의장님께선 탄압이 누구에게나 닥칠 수 있었던 일이었다고 말씀하셨습니다. 물론, 조건을 다셨습니다만...

▶ 그럼, 그럴 수 있었소.

— 그럴 수 있었습니까?

▶ 그럴 수 있었지.

— 게다가 폴리나 세묘노브나께서도...

▶ 제대로 걸렸지, – 몰로토프가 동의한다.

— 의장님께서는 당에서 어마어마한 이력을 쌓고 당의 과업과 사회주의 건설에 모든 것을 바치셨던 그런 분인데, 갑자기 가시철조망에 갇히게 되시다니요!

▶ 그런 분이라고? 오, 맙소사! 나는 그때 일을 혁명적 관점에서 봐요, – 몰로토프가 조용하게 대답한다. – 나는 그 세월 동안에 수차례 죽을 수도 있었소. 혁명 전에도 혁명 후에도 말이오.

— 하지만 그건 경우가 좀 다른 것 같습니다만...

▶ 내가 동무에게 말하는 것은 나의 과오가 하나 있었다는 거요. 하나가 아닐 수도 있지. 뭔가 또 발견했을 수도...

…이번에 몰로토프의 대화 상대는 스탈린에게도 몰로토프에게도 공감하지 않는 사람이었다. 그는 내게 몰로토프를 만나게 해달라고 오랫동안 졸랐고, 나는 몰로토프를 설득하는 데 애를 먹었다. 몰로토프는 평생을 반대자들과 투쟁하는 데 물렸다며 손사래를 쳤다. 그랬어도 그는 나중에 초면의 한 손님을 맞는 데 동의했다.

대화가 거의 4시간 동안 계속되었다. 매우 민감한 문제들이 제기됐고, 모든 문제에 대답이 제시되었다.

만남 후에 전철을 타러 가는 길에서 그 사람이 말했다. "몰로토프를 방문한 게 처음 외국에 간 것과 똑같네요. 반소비에트 성향을 가진 사람이라면 [몰로토프를 만난 다음] 더 반소비에트적인 인물이 될 겁니다. 만약 자신이 친소비에트적이라고 확신하고 있다면 그는 자기 신념을 더 강화할 겁니다. 나는 그를 좋아할 수 없었어요. 하지만 나는 그의 지력과 반응에 전율했어요. 그래요, 이 사람들을, – 그가 좀 생각에 잠긴다. – 경계해야 합니다. 잘못하다간 사로잡혀요! 스탈린 밑에 있던 몰로토프가 저 정도라면, 스탈린은 대체 어떠했겠습니까!"

1972년 2월 3일

"조직을 해산하라…"

▶ 내 말은 사기꾼들을 바로 감옥에 집어넣을 게 아니라, 그들을 좀 데리고 노는 시간을 갖자는 거요. 트로츠키도 데리고 놀고 부하린도 데리고 놀았소. 그리고 더구나 지금은, 이를테면 조급성이 아니라 합리성을 발휘해야 합니다.

1975년 3월 8일

…우리는 서방에 망명한 항공산업상 대리 표도세예프[41]에 대해 이야기하고 있다.

▶ 당성이 약한 사람이었냐고? – 몰로토프가 말한다. – 사기꾼이지. 그자는 우리 체

41) 아나톨리 페도세예프(А.П. Федосеев, 1910~2001)는 물리학자로, 레닌상을 수상하고 사회주의노동영웅 칭호도 받았으나, 1971년 프랑스 출장 중 서방에 망명하였다. 영국에 거주하며 『덫. 인간과 사회주의(Западня. Человек и социализм)』(1976), 『인간의 길(Пути человеческие)』(1997) 등의 저술을 남겼다.

제를 인정하지 않았고, 그 모든 게 오래 가지 않을 거라고 생각했소. 그러니까 챙길 건 챙기고, 받을 건 받고, 훔칠 건 훔쳐라! 이랬던 거지. 소비에트 권력이 어떻게 버텨냈을까?.. 그 모든 것을 견뎌내야 했소. 각종 곰팡이와 쓰레기들이 권력 주변에 얼마나 많이 출몰했던지!

…우리는 숄로코프, 자살한 파킬레프 상장, 그리고 재판에 회부된 사기꾼들에 관해 이야기한다.[42]

▶ 그들은 총살감이야, – 몰로토프가 말한다. – 그들이 속했던 당 조직이 어디요? 왜 그것을 논의하지 않지?

— 지도부를 비난하진 않습니다. 지금 어떻게 선출하는지 아시잖습니까.

▶ 좀 알지.

— 그런데 사람들은 의장님께서 그 시스템을 도입했다며 의장님을 비난합니다. 지도부를 비난하면 안 된다는 원칙을 세우셨다는 거죠.

▶ 그건, – 몰로토프가 말한다. – 처벌받아야 할 자들을 옹호하려는 자들의 말이오. 그런 핑계를 찾은 거요.

— 사람들이 지금은 레닌까지도 비난합니다. 갈 데까지 갔습니다.

▶ 하느님에게까지? – 몰로토프가 묻는다.

— 의장님께선 일찍이 혁명을 하셨습니다. 그런데 요즘은 아예 혁명을 할 필요가 없었다고 말합니다.

▶ 그건 지금뿐만 아니라 혁명 전에도 그렇게들 떠들었소.

— 혁명 전에 그렇게 떠들었는데, 나중에 의장님께선 그런 말을 못하게 강제하셨습니다.

▶ 강제할 수 없는 문제지.

— 그래도 의장님께서 강하게 압박하셨습니다.

▶ 몇 가지 조치를 취하긴 했지. 아무튼, 당 조직들에서 그 지도자들은 어떻게 그런

42) 1982년 11월 레오니드 브레즈네프 사후 소련공산당 중앙위원회 서기장에 오른 유리 안드로포프는 국가경제 상황의 개선을 위한 노동규율 강화 캠페인을 전개했으며, 그 일환으로 "부패와의 전쟁"이 시작되었다. 니콜라이 숄로코프(Н.А. Щёлоков, 1910~1984)는 브레즈네프의 측근으로 1966~82년 소련 내무상을 지냈다. 부패 혐의로 조사대상에 오른 그는 1983년 6월 소련공산당 중앙위원회에서 축출되었고 결국 모든 지위 박탈과 더불어 당에서 제명되자 1984년 12월 자살하였다. 게오르기 파킬레프(Г.Н. Пакилев, 1922~2008)는 1969~80년 군 수송항공단 사령관을 지낸 인물이다. 참고로, 본문의 "자살한 파킬레프 상장"은 원문의 오기인 듯하다. 파킬레프는 자살하지 않았다.

일이 생길 수 있었는지를 왜 논의하지 않는 거지? 물론, 결과보다 왜 그렇게 됐는가가 더 중요해. 그걸 설명해야 돼.

— 그렇다면 아주 많은 일을 파헤쳐야 합니다.

▶ 조금만 하면 돼. 레닌까지, 스탈린까지 파들어 가지는 마시오.

— 하지만 의장님 때는 당의 고위층에 대해 논의하는 일이 없었습니다, - 내가 말한다.

▶ 좋아, 그런데 지금은 논의해야 해. 왜냐하면 그런 일이 이미 많이 드러났기 때문이오. 안 된다는 것은 민주주의에 대한 몰이해이며, 그런 문제에서 무관하기를 원치 않는... 그래서 그 문제들을 논의하지 않는 건데, 그러면 안 돼. 논의해야 돼.

절도 및 뇌물수수가 있는 경우 하급 당 조직 전체를 해산하는 동시에 그 조직의 당원들을 모두 출당시켜야 돼.

1983년 11월 10일, 1985년 1월 1일

제8장

사회주의란 무엇인가?

처음에

▶ 지금 우리나라 신문에 진실이 절반밖에 실리지 않는 건 다 이유가 있소. [1976년 2월에 열린] 제25차 당대회를 보면, 거기서 우리의 결함에 대한 언급이 과연 많았다고 할 수 있나? 실제로는 결함이 아주 많지. 나는 그것을 말할 수 없을 거라고 확신해. 그럼 우리가 무엇을 해야 하고, 그로부터 무엇이 얻어질까? 되는 일은 없고, 우리는 그냥 입을 다물고 있어. 그러면서 세월만 보내는 거요. 내가 사람들을 많이 만나진 않아도 때론 이 그룹 때론 저 그룹에서 온 사람들은 보는데, 사람들이 공산당원들을 만나면 이렇게 말을 해. 즉, 동무는 지금 이 상황이 보이지 않는 거요? 왜, 위에서는 보이지 않는 거요? 그런데, 그들도 봐, 알아. 하지만 첫째, 그들에겐 결단력이 부족하고, 둘째, 그들은 진실을 말해야 할 뿐만 아니라 올바른 결론까지 내려야 되는데 아직 그럴 준비가 안 되어 있소. 레닌은 준비돼 있었지. 레닌과 스탈린은 가혹한 진실을 이야기했고, 그래서 사람들은 그들을 믿었던 거요.

1976년 4월 28일

▶ 레닌이 말했소. "정치적, 경제적 발전의 불균등성은 자본주의의 절대 법칙이다. 이로부터 처음에 사회주의의 승리가 가능하다는 결론이 나온다..." "처음에"라는 단어를 보시오. "처음에"라는 게 무얼 뜻하는가? "이 나라의 승리한 프롤레타리아트는 자본주의를 폐지하고 자기 나라에 사회주의적 생산을 조직한 다음..."

모든 게 정확히 서술됐소! 10월혁명의 승리 후 5년이 지나서, 그러니까 1922년에 레닌이 이렇게 썼소. "사회주의의 승리는 몇몇 선진국 노동자들의 함께하는 노력을 요구한다. 이는 맑스주의의 자명한 진리이다." 즉, 권력을 장악할 수 있고 심지어 사회주의적 생산을 조직할 수도 있지만, 그건 단지 처음에 한 나라에서 그렇다는 거요. 승리하기 위해선 함께하는 노력이 필요하지. 그리고 아직은 가장 선진적인 나라들이 [사회주의로] 나아가지 않았소.

그러나 처음에는 완전한 승리가 요구되지 않소. 그냥 승리지. 처음에 한 나라에서, 개별 국가에서 승리할 수 있지. 착취자들을 청산하고 사회주의적 생산을 조직할 수 있지.

그런 견지에서 승리할 수 있다는 거요. 레닌에 의하면, 완전하게 승리하는 건 당분간 불가능해. 사회주의 국가와 자본주의 국가들과의 오랜 기간 지속되는 공존은 생각할 수 없소. 이것 아니면 저것이지. 그런데 트로츠키는 [사회주의적 생산을 조직한다는 걸] 믿지 않았는데...

— 수학적 언어로 말하자면, 트로츠키는 산수의 범주로 사고했지만 레닌은 고등수학의 범주로, 급수로 사고했던 게 아닐까요?

▶ 그렇지, 대략 그렇게 비유할 수도 있지, – 몰로토프가 동의한다. – 트로츠키는 농민계급을 혁명 대열로 이끌 수 있다는 걸 믿지 않았소. 그게 그의 가장 조야한 실수였지.

— 우리는 지금 "몰로토프 아카데미"에서 공부하고 있습니다, – 쇼타 이바노비치가 농담을 한다.

▶ 레닌의 입장은 그 모든 게 아주 분명하게 기술됐지만, 내가 보기에 어디에도 그에 대한 설명이 제시된 바가 없소. 그래서 레닌이 얼마나 왜곡되었는지... 포스펠로프는 레닌의 전기를 쓰면서 승리할 수 있다는 인용의 첫 번째 부분은 가져왔지만 두 번째 부분, 즉 함께하는 노력이 요구된다는 부분은 생략해버렸소. 심지어 특별히 출간된 맑스·엥겔스·레닌의 인용문집에도 첫 번째 부분은 있지만 두 번째 부분은 없소.

또 레닌의 저작에는 승리한 프롤레타리아트가 필요한 경우 다른 나라들에서 무장봉기를 감행할 수 있으며, 필요하다면 전쟁을 할 수도 있다고 분명히 쓰여 있소. 그런데 그가 방위론자라니!

직설적으로 말해졌지만, 그게 지금은 적절하지 않아. 평화공존 때문이지. 그런데 그건 계급투쟁이기도 해.[1] 아무튼, 자본주의는 양보하지 않을 것인데, 만일 우리가 계급투쟁에 말려들었다면 두 개의 방도가 있소. 즉, 우리가 우리 내부에서 우리를 강화하고 동시에 프랑스, 이탈리아, 스페인, 포르투갈 등 몇몇 주요 자본주의 국가들에서 자본주의를 타도함으로써 다른 나라들에서도 우리를 강화하여 제국주의로 하여금 우리에게 전쟁을 선포할 수 없도록 만들거나, 아니면 혁명이 미리 터지고 여기에 그들이 개입하고 나설 때를 대비해야 하는데, 그땐 핵전쟁이 있을 거요. 그건 배제될 수 없지. 즉, 극도로 첨예화된 대규모 긴장이 있을 수 있소. 문제가 서로 연결되어 하나가 다른 하나를 야기

1) 1961년 가을 채택된 새로운 당 강령은 평화공존을 "사회주의와 자본주의 사이에 국제적 차원에서 전개되는 계급투쟁의 특수한 형태"라고 규정하였다.

하기에, 일국에서 일궈진 승리는 그것으로 끝나는 게 아니오.

독일이 우리를 침공했고, 내일은 미국이 공격해올 수도 있지. 문제가 바로 거기에 있는 거요. 그래서 계급투쟁이 끝나간다고 말하는 것은 물론 옳지 않소.

1971년 7월 29일, 1972년 12월 12일, 1976년 6월 30일

▶ [1959년 1월에 개막된] 지금은 거의 잊힌 제21차 당대회에서 흐루쇼프는 우리나라에서 사회주의가 완전히 그리고 최종적으로 승리했다고 말했소. 그럼, 완전하고 최종적으로 승리했다면 이제 무엇을 해야 하나? 그러자 그들은 우리가 이제 공산주의를 건설하고 있다고 말했소. 그런데 무엇을 위해서? 아직 완수되지 않은 혁명 과업을 멋진 간판으로 은폐하기 위해서였소. 계급의 청산이라는 과업은 어렵고 혁명적인 거요. 그런데 "우리가 공산주의를 건설하고 있다"고 함은 그 문제를 은폐하기 위한 구실이자 혁명 과업을 포기하려는 시도에 불과한 거요. 공산주의에서는 자연스레 계급이 청산될 것이라고 하는데, 그건 전형적인 우파의 입장이오. 그들은 부농을 청산할 필요가 없다고 했는데, 그건 부농이 스스로 사라질 것이기 때문이라고...

"잔인한 징벌을 배제하자", "휴머니스트가 되자", "법을 준수하자", – 이런 게 그들의 도덕이오. 하지만 그건 혁명의 도덕이 아니오. 그건 전진을 거부하고 어려움을 호도하며 문제를 회피해. 다 이유가 있소. 우리가 공산주의를 건설한다는 핑계 말이오.

레닌은 계급을 청산해야 한다고 말했소. 이에 사람들이 이렇게 답하지. "그건 공산주의에서 가능합니다. 물론, 우리는 모든 걸 서서히 청산할 겁니다. 당분간 자연스럽게 가게 합시다." 어려움 없이 가자는 거지. 평화공존을 하면 더 빠르다는 건데... 흐루쇼프는 평화공존으로 [권력투쟁에서] 승리를 했소. 적어도 이데올로기적 측면에서 다수의 지지를 이끌어 냈지. 그런데 동무, 레닌을 보시오. 그가 말하길, 우리의 이데올로기는 신을 지지하거나 반대하는, 또는 이런저런 혁명을 지지하거나 반대하는 게 아니라고 했소. 우리의 이데올로기는 "사회주의 혁명으로 자본주의를 타도하라!"는 거요. 그게 우리의 이데올로기요.

이 이데올로기를 고수하면, 우리의 도덕 모두는 그 과업의 실현을 지향하는 혁명의 도덕이 되는 거요. 우리의 휴머니즘은 맑스주의에 의거해 있으며, 그것은 부르주아 휴머

니즘과 비슷할 수 없소. 그들의 휴머니즘은 누구도 모욕하지 않으려는 것이오. 그게 그들의 휴머니즘이오. 기독교적이건 비기독교적이건 간에, 그건 부르주아 휴머니즘이오. 부르주아적인 제도를 건드리지 않고 사람들을 육성한다는 게 톨스토이의 가르침이었소. 그는 지주였기에, 제도의 변화 없이는 사람이 변하지 않는다는 걸 이해할 수 없었소.

우리가 도덕으로 인간에게서 선량한 품성을 육성하려해도 뇌물과 착복으로 얼룩진 제도를 그냥 둔다면, 우리가 그걸 그냥 두게 되면 그 도덕은 모두 썩은 채로 있을 거요. 그런데 우리가 제도를 부수는, 제도를 손질하는 혁명 과업을 설정한다면, 그러면 도덕을 승리를 위한 투쟁에 적합하게 조정하는 게 필요해. 그런데, 그건 다른 도덕이오. 문제는 모두가 그걸 피하려고 해. 그래서 도덕에 관한, 휴머니즘에 관한 모든 대화가 시종일관 허위인 거요. 위해 싸워야 할 뿌리가 없다면, 위해 싸울 목표가 없다면 우리는 어디로 가나? 평화공존으로! 그렇다면 그에 걸맞은 다른 도덕이 있지.

우리나라엔 아직 사회주의가 없소. 우리나라에는 뇌물과 착복이 만연하고, 우리나라엔 온갖 무질서가...

트로츠키란 자는 사기꾼이오. 100% 사기꾼이야. 그는 이미 부르주아 철학자들이 자본주의 발전의 불균등성을 규정했다고 하면서 스탈린을 비난했어. 물론, 그들이 그 비슷한 말을 했지. 부르주아 철학자들이 구사한 이런저런 개념과 구절들 역시 진실에 가까이 있었소. 단, 그들이 자신의 세력을 믿고 혁명적 활동을 지지했던 동안에 말이오. 요컨대, 영국에서는 그 찰스 [1세]에게 큰 창피를 주었고, [프랑스에서는] 루이 [16세]를 처형했는데, 필요했을 때 가엾게 여기지 않았어. 하지만 그것으로 혁명이 끝나지는 않지. 즉, 지주들을 쫓아냈는데, 그건 거대한 혁명적 사건이었소. 그런데 그 이상의 일들은 그들에게 적합하지 않지. 그때 노동자들이 좀 약했었소. 과연 우리가 거기서 멈출 수 있는가? 멈출 수 없지. 문제의 핵심은 지금의 혁명 과업이 어디에 있는지 이해하는 데 있는데, 그것은 공산주의에 관한 말들이 아니라, 평화공존에 관한 복된 호의가 아니라, 바로 계급의 청산에 있소. 지금 그것보다 더 결정적인 혁명 과업은 있을 수 없는데, 있다면 열거해 보시오...

그것에 관해 누구도 말하지 않지. 왜냐하면 그게 혁명 과업이기 때문이오. 당장 계급을 청산할 수는 없고, 그럼 그걸 어떻게 할 수 있는지 논의해 봅시다! 그런데 논의하지 않아. 논의하길 원치 않지. 과연 다른 방도가 있을까?

지금 사람들은 마지못해, 억지로 일하고 있소. 이런 상황을 개선하려면 사람들을 교육해야 해. 물론 봉급을 줘야지. 하지만 그것 말고도 교육이 있어야 해. 그런데 그게 없어. 모두가 돈으로 받을 거라고 생각해. 우리에게 도덕은 혁명적인 것만이 가능해. 우리나라에서 혁명 과업은 아직 완수되지 않았소. 우리는 세계대전이 발발하지 않도록 모든 노력을 다해야 하고, 게다가 우리의 진지를 내주면 안 돼. 오히려 강화해야 해. 그걸 어떻게 할 수 있을까? 투쟁을 통해서 해야지. 그런데 투쟁은 위험해. 여기서 결국 둘 중에 하나를 선택해야지.

1976년 12월 7일

▶ 내가 동무에게 트로츠키를 좀 읽어주지.

"향후 40~50년 동안 유럽 사회주의가 쇠퇴하고 프롤레타리아트가 혁명을 완수할 수 없을 것이라는 예상이 과연 가능할까?.." 그런데 이미 50년이 흘렀소. 여기에 트로츠키의 기본적 결함이 있지.

"유럽 프롤레타리아트가 향후 40~50년 동안 권력을 잡지 못할 것이라는 가정을 거부하는 것은 공산주의자로서의 나의 이론적 혹은 정치적 의무의 발로이다..." 그렇지, 프롤레타리아트는 권력을 잡지 못했어!

"내가 단언컨대, 우리가 농민과 함께 사회주의를 건설하는 것이 유럽 프롤레타리아트가 권력을 잡는 것보다 더 쉽다고 생각할 여하한 이론적 혹은 정치적 근거가 나에겐 없다." 이건 이론적인 판단이 아니오.

"그리고 1924년에 스탈린 동무가 농민 국가 한 나라에서의 노력이 사회주의를 건설하기에 충분치 않다고 썼는데..." 1924년 2월에 스탈린은 일국에서 생산을 수립할 수는 있어도 사회주의를 완전히 건설할 수는 없다고 썼소, – 몰로토프가 말한다.

— 하지만 여기서 트로츠키는 맑스주의적 입장에 서있는 것 같습니다, – 내가 지적한다.

▶ 그가 맑스주의를 이용하고 있지만 실은 아주 교묘하게 맑스주의에 대항하는데, 여기에 문제의 핵심이 있소.

— 사회주의와 공산주의 간에 어떠한 경계가 있어야만 합니다.

▶ 그건 당연하지. 그 경계는 아주 분명해. 공산주의에는 국가가 없소. 그런데 스탈

린은 공산주의에 국가를 허용했어. 그건 레닌주의의 입장에서 봤을 때 난센스야. 스탈린이 이렇게 말했소. “공산주의 하에서 국가는 당연히 있을 필요가 없다. 그러나 자본주의적 포위가 남아있다면...”

— 군대와 [국가]기관은 있을 것입니다.

▶ 그게 무슨 공산주의인가? – 몰로토프가 말한다. – 좋은 집, 좋은 삶, 생활의 보장 같은 게 주어지면 보통사람의 시각에서는 충분하지. 모든 빈농이 다소 잘살게 된다면, 그게 이미 사회주의인 거지, 자본주의가 아니라. 아직 완전한 사회주의는 아니지만...

...전화벨이 울린다. 손녀의 전화이다. 몰로토프가 전화기에 대고 말한다. “개인상점을 그만둬야지, 아니면 제대로 된 일을 하던가! 공부를 하는 것도 아니고 일을 하는 것도 아니고... 그러니 졸업논문이 통과되지 않았겠지. 남들은 다 통과되는데, 아쉽네. 잘 생각을 해보세요!”

그리고는 내게 설명을 한다.

▶ 이 아이가 좋은 논문을 쓰지 못한 것 같소. 내가 이 아이에게 엉터리로 썼으면 고치라고 했지. 충분히 재주가 있는 아이인데... (몰로토프가 자신의 손주들, 즉 로라, 류바, 슬라바, 그리고 증손녀 폴린카를 매우 사랑하고 있음이 느껴진다.[2)] 그는 상대에 맞춰 말을 할 줄 안다. 1955년 〈아르텍〉에서 공산소년단원들과 작별하면서 그가 했던 말이 생각난다. “이제 손녀한테 갈 건데, 우리 할아버지가 어디로 사라졌냐며 그 아이가 지금 나를 찾고 있어요.” – F. 추예프)

맑스에 따르면, 집산주의 원리에 기반을 둔 사회에서 생산자들은 자신의 물건들을 교환하지 않소. 교환하지 않지. 그렇다면 그들은 그것들을 구덩이에 내다버리나? 아니오, 그들은 교환 없이, 상품화폐관계 없이 활동하게 되는데, 이게 사회주의요.

— 그럼 공산주의는 그런 사회주의와 어떻게 구별됩니까?

▶ 많이 다르지. 어떻게 다른지 봅시다. 계급이 없어지고, 상품화폐관계가 없어지고, 생산 수준이 아직 그런 정도에 이르지 않은, 즉 각자에게...

— [필요를] 완전히 충족시키는?

▶ 아니오, “완전히”가 아니라 최대로. 완전한 충족은 어디에도 전혀 없을 거요. 스탈

---

2) 몰로토프의 직계 손자는 그의 외동딸 스베틀라나와 알렉세이 니코노프 사이에 태어난 뱌체슬랍 A. 니코노프(1956~) 한 명뿐이다.

린이 그 말을 아주 무모하게 사용했어. 그건 말하자면 장난을 친 거요. "완전히"라는 게 무엇을 의미하지? 모두가 그랜드 피아노를 갖게 되고 모두가 자동차를 갖게 된다는 건 난센스요. 즉, 사회주의는 필요의 완전한 충족이 아니라 모든 기본적 필요의 충족이오. 모두가 공동으로 소유한 시설을 누구나 사용할 권리를 갖는 거요. 지금 나를 포함해 전직 장관 등이 [크렘린의] 식당을 이용하고 있는데, 한 달에 60루블을 내고 모든 식료품을 제공받고 있소. 그건 이를테면 100노-노동일을 일했기에 받는 거요. 맑스도 말했소. 각자는 자신이 일한 노동일 수에 맞는 대가를 받을 것이라고 말이오. 100노동일을 일해서 장화 100켤레를 만들었으면, 장화 1켤레를 갖고 나머지 99켤레는 다른 제품으로 받되, 자기에게 필요한 것으로 고르는 거요.

— 하지만 어떻게 계산합니까? 사회주의는 곧 계산입니다.

▶ 가장 엄밀한 계산이지, 가장 엄밀한. 공산주의는 사회주의보다 높은 단계요. 왜냐하면 거기에는 정신노동과 육체노동 간의 차이뿐만 아니라 사회적 계급을 없애는 것이 가능한, 그러한 풍요가 있을 것이기 때문이오. 도시와 농촌 간의 차이도 없앨 수 있지만, 양자 간 수준 차이는 좀 남아있을 거요.

— 계급이 없어지는데, 어떻게 도시와 농촌 간의 차이가 남아있습니까?

▶ 엥겔스가 그에 관해 언급을 했는데, 농민은 없어지겠지만 산사람들은 다른 환경에서 살게 되면서 산기슭에 사는 걸 원치 않을 것이라는 거요. 그들에겐 그들 나름의 문제가 있지. 그 모든 걸 평준화할 수는 없고, 그래야 한다는 필연성도 없소. 그리고 누구도 그걸 방해하지 않을 거요. 농촌에서 살길 원하면, – 좋다 이거야. 하지만, 그렇다면 덜 문화적인 상황에서 사는 걸 감수해야 한다는 거지. 이용할 수 있는 극장이나 영화관이나 TV가 적을 수 있다는 거요.

— 그리고 인간관계가 다르죠.

▶ 그럼, 다르지. 인간관계에 대한 호불호는 사람마다 다르지. 그거야 각자 알아서. 사회적 관계에서 차이가 없게 하기 위해서는 물론 아직 시간이 좀 필요해. 그건 즉시 완전히 없앨 수 없지. 더욱이 정신노동과 육체노동 간의 차이야 말할 것도 없지.

물질적 풍요는 하루아침에 가능하지 않아. 아직은 때가 아니지. 규준에 따른 지급이 아마 더 지속될 거요. 그런데 레닌이 말하길, 사회주의에서 관리들은 노동자 평균임금보다 더 받으면 안 된다고 했소. 서기장, 소브나르콤 의장, 각료회의 의장까지 포함하여

관리들 중 그 누구도 임금을 노동자 평균임금보다 더 받으면 안 된다는 거요. 파리코뮌에서 실현됐던 원칙이지. 그런데 우리나라에 그런 원칙이 정말 있는가?

우리는 미완의 것을 미화하고 있어. 중요한 것은 관료주의를 극복할 수 없다는 데 있소. 누구는 100루블을 받고, 누구는 한 달에 1,000루블을 받는 동안에는...

노동계급만이 사회주의를 조직할 수 있는데, 노동계급에 사회주의 이데올로기를 주입하는 건 과학적으로 준비된 사람들, 즉 인텔리겐치야요.

— 인텔리겐치야를 중간계층이라고 부르는 게 과연 옳습니까?

▶ 그렇지. 그럼 그게 중간계층이 아니면 뭐지?

— 좀 비하적으로 들립니다.

▶ 사회계층으로 중간계층이야. 계급이라고 부르는 건 더 좋지 않지. 레닌은 계급의 청산을 요구했어.

— 서방에서는 볼셰비키가 세계 공산주의 강령을 포기했다고 말합니다. 사실입니까?

▶ 맙소사, 우리가 작은 세력이었을 때도 그걸 겁내지 않았소. 그런데 왜 우리가 세계혁명을 두려워하지? 그렇게 말하라고 해. 포기하지 않았어. 단지 좀 혼돈했을 뿐이오.

지금 우리나라에는 모든 게 다 있소. 강대국이고, 사회주의 국가들 간의 우호관계도 있어. 우리는 우리의 방종과 나태와 무규율 말고는 그 누구도 그 무엇도 겁낼 이유가 없어. 사회주의의 과업을 강화하기 위해 그것들과 싸워야 해.

지금은 삶이 더 복잡해졌소. 그때는 사는 게 더 힘들었지, 더 힘들었어.

동무의 일은 깊이 연구하는 것이오. 나는 이미 늙었지만 동무는 젊잖소. 열심히 연구해야지. 왜냐하면 그렇게 하지 않으면 눈뜬장님이 되어 이리저리 휘둘릴 거니까.

사회주의에서 물질적 동기를 무엇으로 대신할 수 있을까? 나는 즐로빈 여단의 명성에 동의하지 않소.3) 그는 완전한 청부업자인데, 그런 자들은 제정 시대에도 차고 넘쳤어! 사회주의에서 물질적 동기를 대신할 수 있을 것 같은 6가지 요인을 내 책에 열거해 놨는데, 그것은 1) 치밀하고 과학적인 생산의 계획화, 2) 사회주의적 경쟁, 3) 간부 선발, 4) 사회적 지향(모든 조직은 하나의 공동 목표를 위해 일해야 함), 5) 사회주의 경제의

3) 니콜라이 즐로빈(Н.А. Злобин, 1931~1997)은 건축가로, 1958년부터 시작된 젤레노그라드 건설사업에 현장감독으로 참여하였는데, 이때 그는 각 작업반에 독립채산제 원리를 적용한 근로방식을 도입하였다. 현재 모스크바 북서부에 위치한 위성도시인 젤레노그라드는 전자, 반도체, 컴퓨터공학 관련 기업들이 밀집해 있어 '러시아의 실리콘밸리'로 불린다.

국제적 통합, 6) 당의 이념적 육성(이것은 국내적 · 국제적 현실 문제들을 포괄해야 함)이오, – 몰로토프가 나열한다.

1975년 7월 17일

강령이 방해한다

▶ 청년들의 육성을 위해, 청년들뿐만 아니라 생각이 흐려진 노인들 및 이런 문제들에 대해 생각이 없는 장년층의 육성을 위해 모범으로 삼을 사람이 레닌 말고는 없다는 게 내 지론이오. 그런데 사람들은 레닌을 오래 전에 존재했던 인물로 간주하는데, 즉 누군가 새로운 인물이 필요하다고 생각하는데, 문제의 핵심은 모든 투쟁을 다소 새로운 단계로, 전체 그림이 오롯이 드러나는 단계로 올려야 한다는 데 있소. 그럼 우리가 많은 걸 새롭게 보게 될 텐데...

레닌의 『프롤레타리아 독재 시대의 정치와 경제』를 읽어 보시오. 1919년 말에 쓴 거지. 내가 지금 동무에게 그걸 인용할 수 있지만, 제대로 알려면 나중에 읽어보시오. 지금은 내가 그 정확한 의미를 설명하리다.

사회주의란 무엇인가? 레닌에 의하면, 사회주의란 계급의 청산이오. 계급을 청산하는 것은 오직 프롤레타리아 독재 때나 가능하고, 그렇기에 프롤레타리아 독재가 필요하다는 거요. 그것 없이는 계급이 청산될 수 없소.

우리나라에서는 착취계급들의 청산이 실현되었지만, 저 농민들, 즉 집단농장원들을 애지중지하고 있소. 그런데 집단농장원들의 행복을 바란다면 그들을 보호하면 안 돼. 그들을 콜호즈에서 해방시켜 사회주의 농촌의 근로자로 만들어야 해. 농민 민주주의의 지지자라는 사람들은 실제 반동분자들이오. 그들은 농민을 현 상태로 보존하길 원해. 그들은 자신들이 영위하는 소부르주아적 속물주의로 머리가 무뎌졌소.

1971년 7월 29일, 1972년 12월 12일, 1976년 6월 30일

▶ 모두가 레닌을 언급하지. 역사학자 [그리고리] 글레이제르만은 레닌의 『위대한 창발』[4]을 인용하면서, 공산주의는 무계급 사회이고, 계급의 청산 과정은 장구하며, 공산주

의에서 계급이 최종적으로 청산될 것이라고 썼소. 그리고 그런 생각이 지배적이지. 그런데 문제는 맑스주의 전체가, 맑스주의적 변증법 전체가 절대적으로 역사 발전을 가정하고 있으며, 모든 게 발전 속에서 파악되고 과정은 어디에서도 멈춰지지 않는다는 데 있소. 그래서 사회주의란 곧 계급의 청산이라는 레닌의 규정이 옳은 거요. 그것이 의미하는 바는, 사회적 차이가 없어질 것이나 완전히 없어지는 것은 물론 미래의 일이라는 건데... 아무튼 사람은 어린애에서 학자가 돼. 갓난아이에서 소년이 되고, 대학생 연령의 청년이 되고, 그리고 성인 학자가 돼. 당연히 정확한 경계를 그을 순 없지.

— 하지만 그래도 레닌은 사회주의에서의 계급 청산을 예상했습니다.

▶ 예상하지 않았소. 하지만 그건 그의 가르침에 완전히 부합하지. 그런데 그건 계급이 완전히 깨끗하게 청산되어야 한다는 게 아니라, 계급 청산이 계속되어야 한다는 뜻이오. 하지만 그는 계급 청산을 공산주의로 미루지 않았고, 여기에 문제의 핵심이 있소. 그런데 그들은 계급 청산을 미루면서 그것에 의지하고 있어. 혁명성이 없어. 미루면 안 돼. 때론 뭔가를 미뤄야 하고 준비해야 해. 그럼 그렇다고 말해야지. 그런데 여기서는 계급 청산을 공산주의로 미뤄버렸어. 그러나 문제는 계급 청산의 문제를 해결하지 않고는 공산주의에 도달할 수 없다는 것에 있소. 이게 가장 주요한 거요. 그들은 어려운 문제를 뛰어넘으려고 하는데, 문제는 그걸 뛰어넘을 수 없다는 거요.

레닌이 말하길, 소부르주아 민주주의자들에겐 프롤레타리아 계급투쟁에 대한 혐오와, 그것을 회피하려는 꿈과, 첨예한 대립을 조정하고 화해시키고 무디게 하려는 열망이 본질적이라 했소. 맑스도 말하길, 자본주의와 공산주의 사이의 전환기에 프롤레타리아 독재 이외에는 그 어떤 것도 있을 수 없다고 했소. 그런데 우리나라에서는 지금 도처에서 프롤레타리아 독재가 자본주의와 사회주의 사이에 있는 것이라고 제안하고 있소. 모든 문헌에 그렇게 수정돼 있지. 당 강령에도 그렇소.

1976년 4월 28일

— 우리는 투쟁을 마감했습니다, - 쇼타 이바노비치가 말한다.

▶ 우리는 아직 아무 것도 끝내지 않았소, - 몰로토프가 대답한다.

---

4) 레닌은 1919년 여름에 쓴 『위대한 창발(Беликий Почин)』에서 휴일에도 "자발적으로" 일하는 수보트니키(Субботники)의 활동을 "공산주의의 실제적 시작"이라고 높게 평가하며 무계급 사회로의 이행을 호소했다.

— 국내에서 말입니다.

▶ 국내에서 우리는 아직 아무 것도 끝내지 않았소. 토대만 구축했지.

— 흐루쇼프가 끝났다고…

▶ 흐루쇼프 때 전혀 끝나지 않았소. 그리고 지금도 끝나지 않았소. 우리 소련공산당 강령에 있는 이데올로기가 거꾸로 그걸 방해하고 있소.

— 강령이란 게 옳지 않습니다. 어처구니가 없습니다.

▶ 옳지 않은 게 아니라, 그것이 사회주의 건설을 방해하고 있소. 노동자들은 일하면서 과업을 진전시키고 있고, 농민들, 집단농장원들도 비록 서서히 하고 있지만 그래도 앞으로 나아가고 있소. 그런데 그들에겐 참된 지도부가 없소. 반대로, 사람들은 일상의 문제에 대한 걱정에 휘말려 있소. 맑스, 엥겔스, 레닌에게 돈의 지배가 지속되는 그런 사회주의는 없소. 그런 사회주의는 없지. 있는지 찾아보시오. 그런데 우리나라에서는 지속되고 있소. 우리가 말하는 발전된 사회주의, 즉 두 가지 형태의 소유방식이 존재하는 완전히 건설된 사회주의 같은 건 없소. 맑스, 엥겔스, 레닌에 그런 사회주의는 없소. 그런 사회주의가 없어. 그 전환기의 잔재를 극복하는 대신 우리는 그것 모두를 방부 처리해서 보존시켰소. 그러면서 우리가 이미 공산주의를 건설하고 있다고 묘사하고 있는데, 그건 난센스야. 이데올로기가 그런 방향으로 가고 있어.

—『경제문제』에서 스탈린은 그 문제에 옳게 접근하고 있습니까?

▶ 그렇소. 앞에선 유연하게, 끝에는 확고한 입장을 취했소. 유일하게 스탈린만이 올바르게 접근했소. 우리들 모두가 그걸 이해했던 건 아니오. 『경제문제』에는 그의 실수가 좀 있는데, 내가 그와 논쟁을 했소. 그는 내게 그 원고와 출판된 것, 그리고 집필 중이던 두 번째 파트를 읽도록 했소. 사회주의가 돈의 지배, 지갑의 지배하에 있다는 것은 맑스, 엥겔스, 레닌에겐 전혀 생각할 수 없는 일이오.

콜호즈는 과도기적 형태요, 과도기적 형태! 어떠한 사회주의라도 완성된 사회주의에는 두 가지 소유형태가 있을 수 없소. 그런데 우리는 우리나라에 발전된 사회주의 사회가 있다고 하면서 그것으로 자신을 안심시키고 스스로 제동을 걸고 있소. 우리는 그걸 청산하고 인민의 모든 역량을 다른 방향으로 보내야 해. 발전된 사회주의 사회는 위기가 작열하고 있는데, 곧 자기 길을 찾을 거요. 그러나 우리 지도자들은 지금 상황을 이해하지 않고 있으며, 그들에게 각종 문서를 밀어 넣는 자들은 무엇도 할 수 없는 소부르주아 이데올로그들일 뿐이오. 이미 기반이 구축됐고, 그들은 되돌릴 수 없을 거요. 이런 선언을 보시오. "이건 발전된 사회주의다! 우리는 공산주의로 넘어간다!" 우리는 넘어갈 게 없소. 브레즈네프는 그걸 이해하지 않는 지도자들 중 하나요. 그걸 원하지 않기 때문이 아니라 그들이 속물적 이데올로기로 살고 있기 때문이야. 소부르주아 이데올로기 말이오. 아직도 이게 우리나라에 아주 많은데, 반드시 제어해야 할 거요. 그러나 가장 흥미로운 건, 그에 대해 진지하게 궁리하는 사람들을 찾아볼 수 없다는 거요. 맑스, 엥겔스, 레닌이 구축한 사회주의 쪽으로 무엇이든 밀어야 한다는 말은 누구나 들었지만, 그걸 실천하는 사람을 동무들은 찾지 못할 거요.

— 어떻게 밀어야, 어디에서 시작해야 합니까? 콜호즈부터? 아니면 무엇부터?

▶ 실질적으로, 콜호즈부터.

— 콜호즈를 없애고 국가 소유로 만들어야 합니까?

▶ 그렇지, 그렇지. 그걸 하기 위해서는 엄청난 준비 작업이 필요한데, 우리는 아직 그걸 하지 않고 있소. 왜냐하면 모든 게 건설됐다고 착각하고 있기 때문이지. 그럼으로써 콜호즈를, 나아가 화폐를 청산하기 위한 준비 작업을 지체하고 있소. 꼭 말하고 싶은 것은, 스탈린을 제외하고는 누구도 그렇게 하려고 작정하지 않았는데, 그게 단지 몰이해의 소치였다는 거요. 나는 『경제문제』을 읽고 스탈린과 그 문제에 관해 논의했소. 스탈린의 책을 보면, 처음에 모호하게 언급됐으나 마지막 부분에 아주 분명하게 규정되어 있소. 20년 전에 그는 콜호즈에 제동이 걸리기 시작했다고 말했소. 지금 콜호즈는 자기 자산을 운용할 수 있지. 그런데 국가가 그 일에 투자한다면? 생산이 급속도로 증대될 거요. 당 강령에는 솝호즈가 콜호즈의 모범이 되어야 한다고 규정되어 있는데, 왜 그렇게 되지 못했을까? 우리가 이미 그렇게 많이 준비되어 있고 또 우리가 공산주의를 건설하고 있는데, 그런데 왜? 끝없이 그냥 떠들기만 하면 안 돼. 하지만 요점은 지금 우리나라에서 기계화, 자동화가 제대로 진척되지 않는다는 데 있소. 미국에서는 곡물도 목화도 사탕무도 부족하지 않아. 왜? 왜냐하면 도처에 기계가 있기 때문이지. 모든 게 복합적으로 기계화되어 있어. 우리도 그렇게 하게 된다면, 우리는 그들을 빠르게 추월할 거요. 그럼에도 불구하고, 그것에 모든 걸 집중해서 나아가는 대신에 우리는 지금 농업에 엄청난 투자를 하고 있는데... 그런데, 우리가 솝호즈 형태로 옮겨간다면, 그때 국가는 전방위적으로 또 복합적으로 기계화를 구현하기 위해 모든 걸 다할 거요. 그럼 아주 근사

하겠지. 아주 근사할 거야. 우리에게 농업은 문제가 아니오. 우리는 그걸 신속히 해결할 수 있소. 지금 우리에겐 여러 지역에 투입할, 여러 작물이나 품종에 적용할 기계가 부족할 뿐이오. 우리가 과학과 경제성에 의거하여 본격적인 기계화를 구현한다면, 농업문제를 쉽게 해결할 수 있을 거요. 우리는 군사기술에서 뒤처질 수 없소. 여기에도 우리가 전력을 투구해야...

— 다들 공업이 중요하다고 생각하고 있습니다.

▶ 물론, 말할 나위 없지. 우리는 지금 아주 유리한 입장에 있소. 외국의 석유와 가스에 종속되지 않은 유일한 나라지. 세계에서 유일해. 미국, 프랑스, 영국, 모두가... 우리는 전혀 종속돼 있지 않소. 단지 기계가 부족할 뿐이오. 그리고 무식한 사람이 많아. 그러나 중요한 건 물론 기계화야. 그걸 이해해야 되고, 그 노선을 굳게 밀고 나가야 해. 우리는 아주 빨리 앞으로 나아갈 거요.

우리는 사회주의가 무엇인지 알아야 하고, 사회주의 과업을 이해해야 돼.

— 그에 관해 지금은 아무도 말하지 않습니다.

▶ 아무도 말하지 않다니? 말하고 있지, 그것도 너무 많이. 철학자들도 경제학자들도 말하고 있소. 과학적 공산주의의 기초에 관한 두 권의 책이 있는데, 책의 감수자가 맑스·레닌주의연구소 소장인 아카데믹 페도세예프[5]요. 그가 맑스, 엥겔스, 레닌에 대해 어떻게 허풍을 떠는지 한번 읽어봐요.

— 그가 갈피를 못 잡고 있습니까?

▶ 그렇소. 완전히... 머리를 헷갈리게 하지. 평화, 평화, 평화! 닉슨은 평화를 가져오지 않아. 그건 어떤 잔혹한 투쟁이 될 것이고, 우리는 그걸 회피할 수 없소. 그런데 그는 순진하기 그지없어. 평화, 평화! 그런 헛소리를 쓰느니 오히려 파-팔짱을 끼고 가만히 있는 게 낫지. 평화, 평화! 그건 쟁취해야 하는 거요!

우리가 어찌어찌해서 이제 근동에 거점을 확보했는데, 하지만 너무 멀리 나아가는 건 전혀 유익하지 않소. 우리가 유엔에 내놓은 제안, 즉 우리 파트너들이 동의한다면 근동의 평화를 위해 그곳에 우리 군대를 투입하겠다고 제안한 것은 내가 보기에 무모하기 짝이 없는 일이오.

5) 표트르 페도세예프(П.Н. Федосеев, 1908~1990)는 철학자로, 1939년 입당한 후 1960년에 아카데믹이 되었고 1967년부터 1973년까지 맑스·레닌주의연구소 소장을 역임했다.

— 미국인들도 자국 군대를...

▶ 왜 우리가 개입해야 하지? 그건 이미 쓸데없는 짓이오. 전에 우리는 아랍인들로 하여금 중무장하여 제국주의에 대항토록 하기 위해 [안와르] 사다트를 이용했는데, 이제 그들은 자신들에게, 아랍인들에게 머리를 숙이라고 강요하고 있어. 아랍인들은 단결해야 한다는 걸 이해했고, 그런 다음 석유 가격을 인상하고 석유 공급을 제한하기 시작했소. 이런 상황은 우리에게 그냥 유리한 거요. 사다트더러 그 일을 계속하라고 해. 우리에게 나쁠 게 있나? 우리가 좀 도와주면, 그는 더 적극적으로 나설 거요. 우리가 수수방관하면, 그건 제국주의자들에게 도움을 주는 건데...

— 블라디미르 일리치 레닌이나 요시프 스탈린이라면 공산당을 청산한 사다트와 좋은 관계를 유지했을까요? – 쇼타 이바노비치가 묻는다.

▶ 생각해보시오! 레닌은 브레스트 평화조약을 체결했고, 스탈린은 히틀러와 조약에 서명했소. 그들은 바보가 아니었어. 오히려 영리했지. 그런데 동무는 아주 원초적으로 접근하는군.

— 하지만 당시엔 다른 방도가 없었습니다.

▶ 추잡한 브레스트 조약이 언제 활용되었는지를 이해해야지! 레닌이 서명했지만, 트로츠키는 반대했소. 트로츠키가 얼마나 영리했는데! 우리가 히틀러와 불가침조약을 체결했는데, 나중에 그들은 우리를 침공했소. 우리가 아주 멍청했다고? 우리는 거의 2년을 벌었던 거요. 2년을 벌었다고!

핵실험금지조약을 체결했소.[6] 사회주의 중국에 반대하는 조약을 미국, 영국의 제국주의자들과 체결한 거요. 중국이 [핵]무기를 갖지 못하게 하려고 했던 건데, 왜? 중국은 그것을 무시하고 무기를 만들었소. 프랑스도 그랬지. 그런데 우리는 속수무책이 되었고, 그건 마오쩌둥에게 중국이 소련과 결별하게 하는 주된 논거가 됐소. 제국주의자들은 중국과 소련 사이에 분열을 조장하기 위해 서명했던 거요. 지금 그건 교정이 거의 불가능해. 그런데 후에 중국인들이 더 나아갔지. 그건 그들이 맑스주의자가 아니기 때문이오. 그들은 절반만 맑스주의자요.

— 흐루쇼프가 우리를 그렇게 하도록 떠밀었던 거죠.

6) 미 · 영 · 소 3국은 1963년 8월 모스크바에서 핵실험금지조약을 체결했다.

▶ 떠민 게 아니라, 우리를 그 일에 끌어넣은 거요. 그래서 조약을 체결한 거지. 평화, 평화! 전쟁 없이 평화는 있을 수 없는 거요.

— 우리가 수십억 루블을 외국에 제공하고 있습니다. 그런데도 그들은 무너졌습니다! – 쇼타 이바노비치가 말한다.

▶ 어디에서 그들이 무너졌소?

— 예를 들면, 칠레를 보십시오. 몇 년 전에 의장님께서 칠레가 오래 유지되지 못할 것이라고 우리에게 말씀하셨습니다.

▶ 칠레에서의 일은 괜찮아. 앞으로 칠레 같은 나라가 많을 거요. 승리와 패배를 맛보겠지.

— 사다트를 돕는 것이…

▶ 그건 범속한 대화요, 시장 바닥에서 하는.

— 만약 그가 미국 편으로 기운다면 어찌합니까?

▶ 만약은 무슨 만약! 그는 반드시 미국 편으로 기울 거요!

— 좋습니다. 입 다물겠습니다. "살다보면 알게 된다"는 좋은 격언이 있습니다. 역사가 입증한다는… 처칠이 쓴 『제2차 세계대전』에 보면…

▶ 동무는 역사 공부를 잘 안한 것 같소. 오직 처칠을 통해서 역사 공부를 하다니… 처칠에 의거하면 많은 실수를 범할 거요.

— 우리는 그에 의거하지 않습니다.

▶ 아니, 의거해. 의거해.

— 하지만 누구도 우리의 수십억 루블을 부정할 수 없습니다.

▶ 에이, 동무는 속물이오, 속물! 속물이오. 누구도 부정할 수 없는… 에이!

— 흐루쇼프는 휘파람 불며 시간만 허비하고 가버렸습니다.

▶ 동무는 어디에 있었소? 휘파람을 불었다니. 그런데 동무는 어디서 휘파람을 불었소? 다름 사람에게 조금이라도 그 탓을 전가하는 것은… 아니야, 그러면 안 되지. 때때로 내가 동무를 책망하는데, 아무튼 동무의 생각은 우리나라에서 사회주의가 200년 후에나 가능하다는 거지요? 자, 그 일을 제대로 공부해 봅시다.

내 생각에, 자몽은 멋진 미국 과일이오. 그루지야 사람들이 그걸 재배해야지.

— 그거 있습니다. 하지만 아주 조금이지요, – 크반탈리아니가 대답한다.

▶ 그건 해야 해요. 그건 아주 훌륭한 과일이오.

— 우리가 전쟁 전에 그렇게 집요하게 동전 한 닢이라도 경제에 투입하지 않았다면, 우리가 돈을 마구 낭비했다면 우리는 전쟁에서 승리하지 못했을 겁니다.

▶ 모든 게 다 때가 있는 법이오. 지금은 우리가 연구해야 할 때요.

— 선전을 통해 마땅히 설명해야 합니다.

▶ 그런데 우리는 우리 선전의 과오를 반복할 필요가 없소. 그리고 그 결함도 말이오.

— 우리가 스포츠 콤플렉스를 지어주고 그걸 개관하는 장면을 텔레비전으로 보여주면서도 그것이 소련의 선물이라는 사실은 말하지도 않습니다.

▶ 자, 자몽을 드시오. 미국산인지 쿠바산인지 모르지만...

— 쿠바는 우리에게 부담을 주고 있습니다. 뭐, 그러라고 하지요.

▶ 부담 주는 거 아무 것도 없소.

— 칠레도 부담을 주라고 하지요.

▶ 아니오, 그러면 안 되오. 나는 그 주제에 아주 조심스럽게... 그런데 동무는 정치에 있어 대단한 속물이오, – 몰로토프가 쇼타 이바노비치에게 말한다.

— 뱌체슬랍 미하일로비치, 저는 의장님 말씀을 잘 기억하고 있습니다. 작년에 하신 말씀 말입니다. 제가 말씀드리길, 제 월급을 칠레에 주는 것이 아깝지 않다고 했습니다. 그러자 의장님께서 답하셨습니다. "그 월급이 뭐요? 삶을 혁명에 바쳐야지!" 그렇게 말씀하셨습니다.

▶ 정상적인 삶을 영위할 수 있기까지는 아직 멀었소.

1973년 11월 9일

평화공존

— 제가 보기에, "평화공존"이라는 슬로건은 레닌 때는 사용되지 않았던 것 같습니다.

▶ 한 번도 사용된 적이 없고, 레닌도 전혀 그 말을 쓴 적이 없소. 왜 그런지 이해할 거요. 그런 시절이었소. 당시 평화공존을 이야기하는 건 순진한 일이었지. 순진한 일이었어. 우리가 "제발, 평화를 달라!"고 요청하는 형국이었는데, 그들은 물론 우리에게 어

떠한 평화도 주지 않았소. 그들은 그들의 길을 갔고, 우리는 우리 길을 갔지. 우리의 정책은 혁명적으로 확립되고 강화되었소. 지금의 슬로건은 옳은 것 같소. 물론 유념해야 할 게 있지. 그 슬로건을 잘못 이해하는 사람들이 있다는 것, 그리고 평화주의적으로 지향된 사람들이 있다는 것 말이오. 그들은 자연히 평화주의적인 사고방식에 끌리게 돼 있는데, 레닌 치하의 옛 강령에는 그런 시각을 비판하는 구절이 있었소. 레닌은 그런 데에 아주 신중했고 무척 꼼꼼했는데, 지금은 그때와 다르지.

— 흐루쇼프는 심지어 그걸 강령에 집어넣었는데...

▶ 개인적으로 나는 그런 표현을 쓰지 않았소. 나는 그 공식을 피하려고 노력했는데, 흐루쇼프는 거꾸로 그것을 당의 금과옥조로 삼으려 했소. 부정확한 공식화지. 그런데도 그것에 더 많은 의미를 부여하는 것은 용납될 수 없지. 다른 측면을 강조할 필요가 있소.

1921년에 우리는 그런 슬로건을 사용하지 않았소. 우리는 평화를 지지하며 부르주아 국가들과의 관계 발전을 지지했소. 우리는 누구도 공격하려 하지 않았지만, 평화주의에는 반대했소. 그리고 그것은 강령에 아주 격하게, 아주 신랄하게 기술됐소. 레닌의 강령에 말이오. 내가 강령을 찾아 확인해봤는데, 거기엔 그런 평화주의적인 슬로건이 없소. 레닌이 평화의 필요성을 옹호했던 브레스트 조약이 체결되던 시기에도 역시 그런 표현이 사용된 적이 전혀 없소. 적어도 레닌이나 그의 최측근들은 그런 표현을 사용한 바가 없소. 지금 평화공존이라는 표현이 아주 광범하게, 절충적으로 사용되고 있는데, 일반 노선은 이미 규정되어 있소. 우리가 평화를 요청하고 있는 듯한데, 평화를 요청하는 건 자신의 약점을 내보이는 걸 의미하는 거요. 그런데 강자 앞에서 자신의 약점을 드러내는 것은 정치적으로 유익하지 않을 뿐더러 합목적적이지도 않소. 볼쉐비키에겐 어울리지 않는 일이지. 이론의 문제에서, 특히 정치적인 원칙 문제에서 취약했던 흐루쇼프가 그걸 폭넓게 사용했소. 그에겐 그런 조잡한 것들이 많이 있는데...

내 생각에 스탈린의 글 중에는 평화공존과 같은, 그런 매끈한 표현이 없소. 그런 표현이 기억에 없어. 물론 레닌에게도 없지. 그러나 레닌에겐 구미에 맞는 표현이 아주 많지. "우리는 평화를 지지한다", "우리는 다른 국가와의 정상적인 관계를 지지한다" 등과 같은 표현 말이오. 물론 우리는 평화를 위해 투쟁했소.

— 스탈린에게 이런 글귀가 있습니다. "인민들이 평화 유지의 과업을 움켜쥐고 그것을 끝까지 지켜낸다면, 평화는 유지되고 강화될 것이다."

▶ 그렇지, 움켜쥐어야지. 그러면 더 강해질 것이고, 평화를 구걸할 필요가 없지. 레닌의 생각도 같소.

1982년 4월 29일

▶ 우리가 평화를 공고히 했다고 생각하는 사람이 많은데, 실상은 우리가 공고히 한 게 아무 것도 없소. 아무 것도 공고히 하지 않았지. 제국주의와 어떻게 그럴 수 있나? 그것은 그것대로, 우리는 우리대로 병존할 수 있을까? 그렇다면 우린 무엇을 위해 사는 거지? 제국주의 타도가 우리의 목적이라면, 타도 없이 어떻게 평화롭게 공존하는 게 가능하지? 그렇게 우리는 제국주의 타도를 포기했는가? 아니, 포기하지 않았지. 그럼 어떻게 평화공존과 제국주의 타도가 양립할 수 있지? 『공산당 선언』에 이렇게 쓰여 있소. "공산주의자들은 자신의 시각을 감추지 않는다. 그들은 존속하는 전체 사회제도의 강제 전복을 지지한다." 이것이 맑스와 레닌의 기본 시각이오. 이 명제에 모순되지 않게 모든 이론이 마련됐소. 그런데 지금 우리는 평화공존을 설교하고 있어. 이게 어떻게 서로 부합되겠소? 그것이 부합된다면 어떻게 그러한지 설명해 보시오. 그건 사람들을 편하게 해주기 위함이오.

100여 년 전 우리는 대놓고 말하는 걸 두려워하지 않았고, 그것으로 사람들을 봉기하게 만들었소. 그런데 지금 우리가 강국이 되고서는 평화공존을 말하는데... 전망은 오직 하나가 있을 수 있소. 앞으로 나아가고자 한다면 오직 국제 혁명으로 나아가야 합니다. 더 확실한 것은 없소.

우리는 당연히 평화를 소중히 해야 하지만, 우리가 평화공존을 통해 – 우리가 평화를 위해 투쟁하고 있고 또 전쟁을 늦추고 있다는 것은 차치하고 – 공산주의에 도달할 수 있다는 걸 아직 믿는다면, 그건 맑스주의적 관점에서 기만일 수밖에 없소. 그건 자기기만이자 인민을 기만하는 것이오.

혁명은 진행되고 있고, 강화되고 있소. 모든 게 앞으로 나아갑니다. 하지만 희생이 없을 수 없소. 희생 없이, 과오 없이 공산주의로 갈 수 있다고 믿는 사람은 순진한 사람이오. 과오가 적으면 좋겠지. 그러나 그런 일은 없소. 환상을 조장하는 근본적으로 잘못된 공식은 사람들을 편하게 하고, 결전에의 준비를 방해하지. 결전은 피할 수 없소. 되는 일은 없을 것이고, 앞으로 나아가지 못할 거요. 그리고 그것이 의미하는 바는 향후 매우 심각한 전투가 있을 것이라는 사실이오. 그런데 우리는 그것에 대비하지 않고 있고, 여기에 주된 위험이 있소.

어떻게든 평화를 유지하고, 새로운 전쟁, 특히 사회주의 국가에 대한 전쟁의 시작을 늦추어야 합니다. 그러나 아랍인 등이 특히 자신의 민족적 이익을 추구하고 나설 때, 우리는 그들에게 너무 많은 것을 약속하면 안 됩니다. 우리는 그들을 지원해야 하나 필요한 만큼만 적당히 해야 하는데, 우리가 그간 너무 과했소.

평화공존이 우리가 평화를 지지한다는 의미라면, 우리는 평화공존을 지지해. 어떻게든 평화를 지켜야지. 평화가 향후 사회주의의 성장과 강화 및 해방운동의 성장을 방해하지 않는 한에서 우리는 가장 평화애호적인 나라요. 국제 공산주의의 성장 또한 당연하지. 우리가 공산주의와 국제 공산주의를 위해 투쟁하지 않는다면, 우리나라에서 사회주의도 없어질 거요. 평화가 의미를 갖는 것은 그것이 자본주의의 토대가 점차 붕괴되는 걸 방해하지 않기 때문이오. 우리가 드러내 말하지는 않지만, 평화를 보존하는 것은 제국주의 타도를 위해서요.

그런데 흐루쇼프가 평화공존으로 나아갔을 때, 거기에는 가장 지독한 이기주의가 있었소. 핵전쟁으로 위협하면서 우리는 핵전쟁을 조장하게 될 거요. 물론 앞으로 많은 일이 있겠지만, 우리의 대전제는 우리 진지를 강화하는 것이오.

1975년 1월 14일, 1975년 7월 17일

— 어떤 투쟁을 말씀하십니까? 자본주의는 망했습니다, – 쇼타 이바노비치가 단언한다.

▶ 휴, 앞으로도 아주 어려운 투쟁이 있을 거요. 더 어려워질 거요. 어떤 책도 그 문제를 해결하지 못해요. 가장 완벽한 책인 맑스의 『자본』도 모든 걸 해결하지 못합니다.

— 『국가와 혁명』 역시 그렇습니까?

▶ 그 책은 맑스에 의거하고 있소. 맑스는 자신의 책이 부르주아 사회에 있었고 또 앞으로 있을 그 어떤 폭탄보다도 가장 강력한 폭탄이라고 말했소. 왜냐하면 그 폭탄이 부르주아 사회를 폭파할 것이기 때문이오. 그 어떤 핵폭탄으로도 부르주아 사회를 폭파시킬 순 없소. 폭탄은 도움이 되지 않아. 맑스의 교의는 그의 교의를 준수했을 때만 의

미를 갖는데, 레닌은 맑스의 교의를 확고히 준수했고, 아주 차-창조적으로 그것을 우리 나라의 상황에 적용했으며, 그것으로 우리 사회를 폭파시켰소. 그런데 다른 나라에서는 아직 그렇게 하지 못했지.

1974년 1월 8일

▶ 부르주아 체제가 사회주의 체제보다 좋은가? 더 좋은가? 왜 좋을까? 왜냐하면 흐루쇼프주의에 완전히 젖어있기 때문이오. 흐루쇼프주의는 부르주아 정신이오.

내가 흐루쇼프에게 직접 그렇게 말했고, 그래도 당에서 존중되던 나는 점차 불필요한 존재가 됐소. 내가 동무들에게 말합니다. 절대로 흐루쇼프파를 추종하지 마시오! 흐루쇼프는 한 명이 아니오. 우리나라에 흐루쇼프가 아주 많아. 그들은 절대다수요. 그들과는 원칙적으로 다른 입장에 서야 한다고 생각하는 우리 같은 사람들에게 필요한 건 좀 더 깊게... 왜 우리나라에 그런 상황이 조성됐을까? 그 원인이 뭘까? 흐루쇼프 한 사람에게 그 책임이 있을까? 그를 쫓아내는 건 아주 쉬었소. 그런데 도처에 흐루쇼프들이 앉아 그냥 침묵하고 있는데, 이제 그들이 이해한 것은... 모두가 잘살기를 원해. 합법적 요구지. 그러나 자신을 의식화된 공산주의자라고 생각하는 사람들인 우리가 지금 그것에 주목하게 되면, 우리는 흐루쇼프를 도우러 부르주아 들판을 떠돌게 될 거요. 뒤처지지 않으려고 그의 지팡이에 매달리게 될 텐데...

우리는 사회주의에 관해 생각만 하고, 그 밖의 것들에 대해선 말만 하고 있소. 깊이 연구하려 들지 않고, 연구하고 있지도 않아.

1972년 6월 21일

제도를 강화하라

...보리스 자이체프[7]가 묘사한 것 같은, 러시아에 전형적인 섭씨 30도의 화창한 7월

7) 자이체프(Б.К. Зайцев, 1881~1972)는 약관의 나이에 문단에 데뷔하여 활동하다가 1920년대 초 독일로 이주한 후 서방에서 문예활동을 한 망명 작가이다. 투르게네프와 체호프의 전기를 출간했으며, 대표작으로는 『안나』 등이 있다.

날씨이다. 나는 쇼타 이바노비치와 함께 전철을 타고 12시에 일린스코예에 도착했다. 몰로토프가 현관 계단에서 우리를 맞이했다.

▶ 괜찮으면, 한 30분 산책합시다, – 몰로토프가 지팡이를 들더니 코안경을 꼈다. – 나만 지팡이를 들긴 좀 그렇고, 이걸 그냥 두고 갑시다.

...그는 평소 입던 평범한 회색 바지를 입고 하늘색 셔츠를 걸친 상태에서 노란 망사 구두를 신었다. 우리는 숲으로 향하며 소위 "소비자 사회주의"에 관해 이야기를 시작했다.

▶ 흐루쇼프는 보통사람들에게, 속물들에게 승부를 걸었소. 상품을 더 많이, 질이 좀 떨어져도 더 저렴하게! 천장이 낮은 건물을 짓고, 외국 자본가들을 흉내 냈소. 하지만 그들은 노동자들을 어떻게든 더 많이 쑤셔 넣는데 관심이 있을 뿐이야! 우리나라에서 사회주의는 단지 토대만 구축되었을 뿐이오. 완전히 된 게 아니지. 사회주의 건설은 단기간의 일이 아니라 한 시대에 걸친 일이오. 독일민주공화국의 정치경제학이 바로 그렇게 접근하고 있소, 비록 혼란스런 명제를 일부 포함하고 있지만 말이오.

...몰로토프는 20세기에 제국주의를 반드시 끝장내야 한다고 생각한다.

▶ 1917년 1월 레닌은 10개월 후에 자신이 세계 최초로 등장한 사회주의 국가의 정부 수반이 될 거라는 사실을 몰랐소.

10년이면 물질적, 문화적 수요를 나름대로 충족시키는 데 성공할 수 있소, – 몰로토프가 말한다. – 그런데 그 다음 10년에는 그것이 실패로 돌아갈 거요. 동무들이 물질적, 문화적 수요를 충족시키는 정책노선을 채택했다면, 그를 위해서는 물론 경공업과 식품 산업의 발전을 우선적으로 추진해야 할 거요. 그렇지요? 사람들을 위해서 말이오. 그리고 점차 중공업에 관해 잊게 될 거요. 그 노선에 따르느라 특히 중공업을 끌어올려야 한다는 것을 잊는다면, 그 물질적 수요를 충족시키는 것 자체가 점차 어려워질 거요. 거기에 문제가 있지. 내가 강조하고 싶은 게 바로 그거요. 사회주의 제도가 강화되어야, 그때 물질적, 문화적 수요가 올바르게 충족될 거요. 문제를 소비로 귀착시키면 안 됩니다. 사회주의 제도의 강화와 결부되어 사람들의 생활조건 개선이 이루어지면, 그거야 옳지만, 양자가 따로 놀면... 모든 충족이 가능한가? 아니야, 그렇지 않지. 우리가 중공업을 잊는다면, 그리고 우리가 계급 청산을 잊는다면... 내가 스탈린에게 『경제문제』에 관해 뭔가 말하려고 했는데, 하지만 모두가 "옳소! 옳소!"하고 소리쳤소.

내 생각에는 그래요. 개선도 있을 것이나 좀 점진적으로 되고, 대신 제도가 강화되어

계급 청산으로 이어질 것이오.

노동계급이 자본주의적 환경에서 빠져나오기 위해서는 희생을 치러야 하는데, 희생 없이 그러기를 원하는 사람이 있다면 그는 다른 정당에 가입할 필요가 있소. 즉, 평화주의자, 실업자, 요설가, 희망 없는 부르주아 이데올로그의 정당에 가입해야 할 거요. 그래야만 하지. 왜냐하면 노동계급이 자본주의적 환경에서 빠져나오는 것은 위대한 희생들이 있어야만 가능하기 때문이오. 그게 싫으면 노예상태로 있을 수밖에, 다른 방법이 없소. 뭘 상상하시오? 그건 삶이 증명하는 바요. 우리 공산당, 특히 레닌 덕분에 우리 소비에트 인민이, 러시아 인민이 앞으로 나아가는 길을 냈고, 그래서 실제로 세계의 인민들 중에서 소비에트 인민이 명예로운 지위를 획득한 거요.

1971년 7월 28일

▶ 모든 게 앞으로 나아가지만, 희생 없이는 안 됩니다. 희생 없이, 과오 없이 공산주의로 나아갈 수 있다고 생각하는 사람은 순진한 사람이오. 그것은 앞으로 아주 중대한 전투가 있을 것이라는 걸 의미하는데, 유감스럽게도 우리는 그것에 대비하고 있지 않소. 나는 거기에 주된 위험이 있다고 봐요.

1975년 1월 14일

▶ 공산주의자들에겐 수치스런 강령이오. 1980년에 공산주의를 실현한다고 했는데, 벌써 1981년이 됐소. 공산주의가 어디 있다는 거요! 공산주의가 있을 수 없고, 있을 수도 없었지. 어떤 조건에서라도 1980년에는 공산주의가 실현될 수 없었소. 왜냐하면 사회주의를 마저 건설해야 하기 때문이오.

그것은 어떤 불행도 아니고, 더욱이 어떤 범죄도 아니오. 그건 완전히 본질적인 문제요.

그건 고삐 풀린 망아지 같던 흐루쇼프가 제멋대로 강요했던 거요. 정말 고삐 풀린 망아지였지. 그리고 작은 망아지들이 그의 뒤를 쫓아 뛰어다녔소. 그건 있을 수 없는 일이었소. 과학에 의하면 도저히 있을 수 없지. 국내적 조건도 없고, 국제적 조건도 없소. 공산주의는 양자를 모두 요구하지. 사회주의 건설을 완수해야 하고 동시에 앞으로 나아가야 하는데, 그러나 우리나라에는 그것이 완수되지 않았었고 지금도 완수되지 않았소. 그렇기 때문에 나는 사회주의 건설의 완수가 우리의 정치적 과제로 남아있다고 지적하는 거요. 그것 역시 5개년계획 하나만을 요구하는 게 아니고, 심지어 수십 년을 필요로 할 수 있소.

1981년 3월 6일

▶ 왜 1980년에 공산주의가 실현될 것이라고 당 강령에 규정했는지에 관해 내가 내린 결론이 있소. 1961년 11월이었소. 왜 그렇게 됐을까? 어떤 설명이 꼭 필요한가? 왜 그런 과오를 저질렀을까?

내가 페도세예프와 포스펠로프를 비난하는 건 다 이유가 있소. 전자는 철학자고, 후자는 당사 연구가요. 페도세예프가 책임 감수한 책『과학적 공산주의의 기초』에 보면 공산주의 건설이 강령에 있는 것처럼 해석되고 있소. 사회주의란 착취계급이 청산된 때이며, 전반적으로 계급은 공산주의에서 청산된다는 거요. 그는 썼고, 누구도 책임지지 않아! 하지만 당 강령에도 그렇게 쓰여 있어.

— 저 높은 연단에서 당은 "현 세대의 소비에트 인민들이 공산주의에서 살게 될 것"이라고 선언했습니다. 그런데 그것이 얼마나 현실과 동떨어진 것인지, 인민들도 그걸 믿지 않고 있습니다. 언젠가 그랬던 것처럼, "당과 인민은 하나다!"라는 슬로건이 그 어느 때보다도 정확해졌습니다. 당은 인민을 속이고, 믿음을 잃어버린 인민들은 적당히 일하면서 당을 속이고 있는 겁니다, – 내가 몰로토프에게 말한다.

▶ 내가 그에 관해 여러 번 생각했는데, 내 결론은 사회주의가 무엇인가에 관한 올바른 이해가 없기 때문에 일이 그 지경에 이르렀다는 거요.

1976년 4월 28일

▶ 대략 그때, 1960년대에 마오쩌둥이 공산주의에 관해, 사회주의에 관해 언급했소. 어디에서 그랬는지 잘 기억나지 않지만, 중국에서의 코뮨 건설을 선언했던 그는 그걸 완전히 철회하지 않았는데, 아무튼 그는 공산주의의 첫 단계인 사회주의를 건설하기 위해서 200~300년이 필요하다고 말했소. 그것 역시 예상하기 어렵고, 결국 필연성이 없다고...

하지만 그래도 역시 그건 우리나라에서 사회주의에 대한 생각이 얼마나 피상적인지 보여줬소. 이미 발전된, 성숙한 사회주의 아닌가!.. 그것 역시 허풍이야! 내가 보기에 우리는 이미 오래 전에 발전된 사회주의 단계에 접어들었지만, 단지 접어들었을 뿐이오. 우리는 발전된 사회주의의 맨 처음 시기에 있소. 그런데 일국의 사회주의를 위해 해야 할 것을 하기 위해서는 경제 전체를 전 인민의 소유로 넘겨야 돼. 그것이 가장 중요해. 이에 대해서 레닌이 간단하고 분명하게 정의했소. "사회주의는 계급의 청산"이라고 말이오. 아주 사려 깊은 우리의 연설가들은 그에 관해 언급하기를 좋아하지 않지. 당 강령에 계급 청산에 대해 한마디도 없어. 그게 사회주의의 가장 어려운 문제요. 그게 주된 문제야.

지금 노동생산성이 높아지고 있소. 우리가 기업들이 유기적으로 접합될 수 있도록 지체 없이 적시에 조율할 때, 우리나라에서 노동생산성이 크게 제고될 거요. 그에 더해서 규율도, 그냥 규율이 아니라 아주 중요한 접합 계기인 그것은 도처에서 생산이 계획에 따라 이루어지도록 보장할 거요. 지금은 그게 없어. 많은 사람들이 언제나 자신들에게 제대로 일할 수 있는 환경이 조성될 지 마냥 기다리며 시간을 헛되이 보내고 있소. 이게 뭐요? 그건 진정한 계획경제가 아니라는 뜻이오. 우리나라에는 계획의 초과달성에 대한 허풍이 너무 많아. 우리는 5개년의 계획을 전혀 완수하지 못하고 있어. 주요한 것은 접합의 계기요. 정연하게, 적시에, 그리고 정확하게 되어야지. 물론 이렇게 규모가 큰 경제에서 그건 쉬운 일이 아니오. 하지만 그게 사회주의이며, 거기에 사회주의의 어려움이 있소. 우리는 그냥 농민의 심성으로 살고 있어. "어떻게 되겠지! 어떻게 되겠지!" 하며 버티고 있는데... 내가 이미 오래 전에 그것에 관해 쓰고 싶었는데, 결과가 없네. 그게 주요하다는 게 내게 분명히 보이는데, 착수할 수조차 없어.

조심스럽지만, 안드로포프를 칭찬할 수 있소. 그가 새로운 흐름과 좋은 방향을 줬는데, 아직은 그게 확실히 입증되지 않았고 그게 오랫동안 지속될 것인지도 충분히 분명하지 않아. 그러나 첫 걸음은 내가 보기에 긍정적인 것 같소.

1983년 3월 11일

▶ 겉보기에 안드로포프가 아주 건강한 사람 같지 않아. 하지만 그래도 그 사람은 지금 시기에 우리나라에 횡재나 다름없소. 나는 누가 그를 대신할 수 있을지 몰라. 그 그룹에는 없는 것 같아. 과묵한 사람이지. 생각을 말로 망치지 않아.

— 안드로포프가 이렇게 말합니다. "우리는 생산관계의 완성 문제에 접근합니다. 그 기초는 생산수단의 사회적 소유입니다. 주지하다시피 우리나라에는 두 가지 형태의 사회적 소유가 있습니다. 국가 소유와 콜호즈-조합 소유입니다. 우리는 이 두 가지 소유를 하나의 전 인민의 소유로 병합시켜야 한다고 생각합니다." 의장님께서 쓰고 계신 내용입니다, – 내가 말한다.

▶ 그렇지, 그렇지.

— "우리 공산주의자들은 소비에트 국가가 점차 사회적 자기관리로 전환하는 데서 전망을 발견한다."

▶ 옳은 말이야, 그렇지, – 몰로토프가 동의한다.

— "그리고 우리가 생각하듯, 그것은 전 인민의 국가의 향후 발전에 의해 실현될 것이다."

▶ 내 생각에, 전 인민의 국가는 옳지 않아. 나는 당 중앙위원회의 입장과는 다른 시각을 갖고 있어. 폴란드와 몇몇 다른 국가들은 전 인민적이라는 게 특히 신뢰할만하지는 않다는 걸 보여주고 있어. 당장은 그렇지. 제국주의가 존속하는 한 그렇지.

1983년 6월 16일

▶ 나는 새 헌법에 관한 내 생각을 써 보낼 거요.[8] 그러면 나를 이 다차에서 쫓아낼 수도 있겠지만... 하지만 그에 관계없이, 그러거나 말거나 보낼 거요.

— 우리나라에서는 비판한다고 박해하면 안 됩니다, – 내가 지적한다.

▶ 예외가 되는 경우도 있지, – 몰로토프가 웃는다. – 주된 결함은 제국주의에 대한 계급투쟁으로부터 이미 크게 멀어져 있다는 거요. 더 구체적으로? 강령에도 있는 것처럼, 프롤레타리아 독재는 이미 자기 역할을 완수했소. 여기에 새로운 것이라곤 아무 것도 없소. 전 인민의 국가가 문제지. 계급 노선에서의 그런 노골적 이탈은 이미 당 강령에서 시작됐고, 여기서 그게 계속되고 있는 거요.

그건 모든 국제적 운동에서도 나타날 거요. 왜냐하면 그것이 근원적 문제이기 때문이오. 권력에 관한 문제요. 발전된 사회주의 사회가 무엇인지에 관해서도 알기 쉽게 말해

8) 1924년 1월에 채택된 소련 헌법은 1936년 12월에 개정되고(=스탈린 헌법), 1977년 10월 재차 개정되었는데(=브레즈네프 헌법), 브레즈네프 헌법은 소련을 "전 인민의 국가"로, 소련 사회를 "발전된 사회주의 사회"로 규정하였다.

야 했는데, 여기서는 하나의 되새김이 있을 뿐 아무 것도 설명되지 않소. 그것의 저자들도 우리의 모든 문헌도 그것을 알지 못하고 있기는 마찬가지요. 나는 누구와도 논쟁을 할 용의가 있는데, 누구도 그걸 알지 못하고 있소.

그런 혼돈은, 근본적 혼돈은 그 문제에 관한 당 강령이 초래했는데, 그에 의하면 우리가 1980년에, 즉 지금부터 3년이 지나면 공산주의를 갖게 된다는 거요. 그런데 누가 그걸 믿겠소? 난센스지, 완전한 난센스요.

— 사람들 말은, 1980년에 공산주의 대신에 올림픽 경기가 실현될 거라고 합니다.

▶ 그렇겠지. 거꾸로 서서 팔로 걷게 될 거요. 내가 보기에, 발전된 사회주의 사회가 무엇인지 해명되어야만 새 헌법이 정당화될 수 있을 거요. 그러나 그렇게 하면, 당 강령과 헌법을 근본적으로 바꿔야만 하겠지.

1977년 6월 16일

▶ 나는 헌법안이 원칙적으로 성립할 수 없는 것으로 봐. 물론 거기엔 좋은 조항이 많이 있지. 하지만 원칙적 내용이 말이 안 되는데... 저 불쌍한 브레즈네프는 자신에게 써주는 것을 그냥 따라하고 있지만, 그렇게 해서 상황이 개선되는 건 아니지. 그런데 그건 우리가 네프의 일부를 아직 보존하면서 경제정책을 답습하고 있는 것 때문에 그러한데, 그때는 전환기였고, 지금은 생산과 분배에서 전환기적 잔재를 극복해야 돼. 전환기의 본질적 잔재가 있는데, 두 가지 소유형태와 상품화폐관계가 바로 그것이오. 누구도 반박하지 않고 또 반박할 수도 없소. 대신 이 문제를 비껴가지. 기만적으로 회피하는 거요. 지도부에 있는 건 실천가들인데, 그들이 나쁘다는 것도 그들에게 책임이 있다는 것도 아니야. 그들에겐 풍부한 지방 경험이 있지만 국가 전체적 차원의 경험은 적소. 그들은 성장하지 않았어. 과학적 관점에서 그들은 준비되어 있지 않소. 그건 그들의 죄가 아니라, 그들의 불행이오.

기본적 오류가 심화되면 세 가지 점에서 해가 있을 거요. 첫째는 프롤레타리아 독재의 거부요. 맑스와 레닌은 공산주의에 이르기까지 우리에겐 프롤레타리아 독재가 필요하다고 생각했고, 그것 없이는 공산주의에의 준비를 위해 필요한 일들을 할 수 없다고 했소. 내가 보기에 그것을 거부하는 건 있을 수 없는 일이오. 물론 지금 독재가 다른 형태 및 다른 성격을 띠고 있지만, 그것을 부인하는 것은 어불성설이오. 이를 모두 인정해야 해요. 국가가 필요한 한, 그 형태는 오직 프롤레타리아 독재가 될 수밖에 없소.

부르주아 독재는 모든 나라에서 경제적으로나 정치적으로나 모든 걸 장악하고 있는데, 노동계급은 독재를 안 할 것이다? 노동계급은 무장한 적들에 맨손으로 돌진해야 한다? 그건 난센스요. 그건 가장 유해한 일이야!

지금 논리는 노동계급이 이미 모든 걸 쟁취했는데 누구에 대한 독재가 필요하냐는 생각인 것 같소. 소부르주아지 및 농민대중이 우리 당으로 기어들어왔고, 혁명적 단련도 없고 본격적인 계급투쟁에 참여한 적도 없는 이론가들 모두가 그들의 비위를 맞추었소. 그 이론가들이 바로 페도세예프 같은 자들이오. 그들을 읽고 잘 보시오. 그들은 혁명적 횡보를 겁내고 있어! 내 생각에, 두 가지 소유형태를 청산하여 한 가지 형태로 전환하는 과제는 바로 계급의 청산이라는 과제를 의미해. 그건 혁명적 과제지만 그들은 그것에 착수하기를 두려워해. 그걸 해결할 수 있는 것은 오직 프롤레타리아 독재밖에 없소. 다른 그 누구도 그걸 해결하지 못해. 농민은 아무리 선량한 농민이라고 하더라도 농민일 뿐이오. 그들은 계급 청산의 입장을 취할 수가 없소. 그들이 농민인 한, 그것은 그들의 세계관 밖에 있소. 그들은 아직도 오랫동안 그들의 이데올로기에 남아있을 것이고, 그들의 이데올로기에 따라 혁명적 프롤레타리아가 아니라 농민으로 남아있을 거요. 그들은 동맹자로서 멋지게 갈 거요, 지금도 가고 있고. 그러나 그들에게 일관성이나 완전한 이해는 없소. 오직 노동계급만이!

두 번째. 나는 전 인민의 국가를 비판합니다. 내 생각엔, 지금의 진술에도 불구하고 우리나라엔 프롤레타리아 독재가 그대로 남아 있소. 국가는 노동계급, 집단농장원, 인텔리겐치야의 이익을 모두 한꺼번에 표현할 수 없소.[9] 인텔리겐치야는 계급이 아니오. 계급은 우리나라에 노동자와 농민 둘밖에 없소. 인텔리겐치야는 노동자나 혹은 농민의 이익과 의지를 표현할 뿐이오. 인텔리겐치야에 관해 헌법안에서 말하는 게 대개 옳지 못한데, 충분한 근거 없이 언급되고 있소. 게다가 인텔리겐치야 중에는 예전에 계급의 적이었던 세력이 적지 않소. 그들은 프롤레타리아 독재를 위해 싸울 수 없을 건데… 인민주의자들뿐만 아니라 심지어 부르주아 활동가들조차 자신들에게 투표권이 있을 때 이렇게 말했

9) 브레즈네프 헌법 제1장 1조의 내용은 다음과 같다: "소련은 나라의 모든 민족 및 민족성의 노동자, 농민, 인텔리겐치야, 근로자의 이익과 의지를 표현하는 전 인민의 국가이다."

소. “우리는 인민의 대표자이다!” 그것은 어느 정도 옳은 말이오. 그들은 그들이 수중에 있는, 그들의 권력 아래 있는, 그들에게 저항하지 못하는 인민의 대표자들이오.

우리 맑스주의자들은 노동계급과 농민의 의지를 모두 표현한다고, 그렇게 거짓말하면 안 돼! 맑스와 레닌이 말하길, 사회주의를 실현하기 위해서는 과업이 노동계급의 수중에 있어야 한다고 했소. 우리가 프롤레타리아 독재를 거부할 때, 우리는 노동계급을 거부하는 거요. 독재를 누구에게 넘겨주지? 예를 들면, 노동자들에게도 주고 농민들에게도 주고, 그렇게 하나? 있을 수 없는 일이야. 노동계급이 더 혁명적이고 더 전위적이오. 노동계급이 농민과 동맹관계에 있으나, 리더는 노동계급이어야만 해. 그렇기 때문에 전 인민의 국가에 관한 이 모든 대화는 그냥 명칭 변경일 뿐이오. “독재”라는 잔인한 말이 마음에 안 들지. 서방에 익숙해지고 있소. 그런데 거기서는 위선이 판을 치고 있고, 독재 없이 그들은 전혀 움직일 수 없을 것이고, 독재에 반대해서 아무리 떠들지라도 자본주의의 노예로 남던가, 혹여 그로부터 빠져나온다면 그건 오직 독재의 도움으로 가능하리라는 것을 이해하지 못하고 있소.

우리나라에서 노동계급이 한 15%도 되지 못했을 때 우리가 독재를 선포했는데, 농민들이 그에 동의했소. 왜냐하면 독재가 그들에게 토지를 주었기 때문이오. 그들을 위해 평화를 위한 투쟁을 하고, 그들에게 기계를 주고, 그런데 왜 그들이 그것에 반대하겠소? 노동계급보다 더 잘 부르주아지와 지주들을 교살할 자 누가 있겠소. 노동계급이 농민들에게 가장 믿을만한 존재지. 국가 이론에 전 인민의 국가라는 개념이 없는 건 전혀 우연이 아니오. 실제 그런 건 전혀 없었고 또 지금도 없소. 우리 프롤레타리아 국가가 수행할 수 없는 어떤 새로운 과제들이 전 인민의 국가에 제기되는가? 어떤 것들? 열거해 보시오! 열거할 수 없소.

세 번째. 나는 지난 헌법에서도 그렇고 이 헌법안에서도 과오로 남은 문제에 이의를 제기합니다. 바로 이거요. “각자는 능력에 따라, 각자에게는 노동에 따라.” 99%는 이것을 지적하지 않지만 나중에 말해질 거요. 이전 헌법에 비해 새 헌법안에서 개악된 부분을 한번 봅시다. 이제 이렇게 써놨소. “각자는 능력에 따라, 각자에게는 노동의 양과 질에 따라.” 이건 우리 관료들에 의해 교묘히 만들어진 것으로, 자신들의 이야기요! 문제의 핵심은 “노동의 양과 질에 따라”라는 구절에 있소. 아, 나는 책임일꾼인데, 내 노동의 질은 다른데, 내게 급료 다섯을 줍시다. 그런데 동무에겐 하나면 충분하지. 나는 장관인데, 그래서 내게 급료 여섯을 줍시다. 그런데 동무가 하는 노동의 질은 다르니까, 동무는 주는 대로 받고 그냥 앉아 계시오!

당분간 우리가 질도 고려할 수밖에 없다는 사실을 나는 부정하지 않소. 1918년에 레닌이 말하길, 우리는 부르주아 전문가들에게 더 많이 지불할 수 있다고 했소. 특히 우수한 2천 명의 전문가가 있어, 우리가 그들에게 연간 5천 만 금화[루블] 혹은 심지어 1억 금화[루블]을 지불한다면, 그게 나쁠 게 뭐 있소. 그러나 그것은 부르주아적인 원칙이 될 거요. 그것이 파리코뮌의 원칙과 공산주의로부터의 후퇴가 되겠지만, 그래도 한시적으로는 그렇게 할 수 있소.

그런데 그 대신 지금 우리는 그런 것들을 신성화하고 하고 있소. 물론 아주 해롭지. 당원급료상한제[10] 같은 건 없어. 내겐 다른 질의 노동이 있어. 그러니 10배 더 많이 지불해!

이게 바로 헌법이오.

그게 바로 공산당선언 같은 거라고 외치고 있어! 멍청한 자들!

내 생각에 그건 오랫동안 지속될 것 같지 않소. 그건 왜 그래야 하냐는 비판이 빠르게 표출되기 시작했기 때문이오.

그러나 지금은 뻔뻔하게 노동자들에게 말할 거요. "왜 그러냐고? 헌법에 '양과 질에 따라...'라고 쓰여 있잖아!"

주코프카 다차촌에서 어떤 여성이 내게 다가와 물었소. "여기 몰로토프가 사는 데가 어디지요?" — "내가 몰로토프요" — "본인이 몰로토프시라고요? 아주 잘됐군요." 그리고 나와 이야기를 나눴는데, 그녀는 그냥 행인이 아니었소. 그녀는 랴잔 부근의 화학공장 직원이었소. 내가 그녀와 세 번 만났는데, 그녀는 나와 만나려고 길목에서 잠복하다시피 했소. 그녀는 개인적으로 내게 호의를 갖고 대했는데, 하지만 자신이 랴잔의 화학공장에서 10년 정도 일했다고 하면서 이렇게 말하는 거요. "보세요, 제가 이미 할머니 같지만, 저는 젊은 여잡니다. 우리 공장의 작업환경은 일하기 불가능한 정도예요. 건강에 아주 유해한 환경입니다. 제가 도처에 청원을 해봤지만 아무 소용이 없었습니다." 그녀가 내게 노골적으로 말하기 시작했소. 이미 외국 특파원들과 접촉했고, 미국대사관과 일본대사관을 찾아갔다고 합디다. 외국 라디오에서 이미 그녀에 관해 보도하기 시작했다고 해.

10) 1921년에 도입된 당원급료상한제(партмаксимум)는 당 간부들의 임금이 그들이 지도하는 기관이나 기업에서의 평균임금의 150%를 넘지 못하게 규정하였다. 1932년 폐지되었다.

그녀는 사람들이 그것에 주의를 기울이게 하기 위해 외국 특파원들을 통해 그렇게 했다고 합니다.

내가 어디에 문제가 있는지 써서 달라고 그녀에게 말했소. 상황이 어떤지 또 왜 그렇게 불만이 많은지 써서 인민통제위원회[11]에 보내고, 내게 그 사본을 달라고 했지.

2주일이 지나 집 근처에서 그녀와 만났소. 그녀가 메모를 내밀기에 내가 그것을 읽었지. 그녀가 말했소. "저는 인민통제위원회에 쓰지 않았습니다. 그것이 소용없다고 생각했지요. 그런데 의장님께는 제가 쓴 것을 드리는 겁니다." 나는 그녀의 메모를 복사해서 그것을 검토해보라고 펠쉐[12]에게 보냈소.

또 2주 지나서 내가 다차촌 밖을 걷고 있는데 그녀가 다가왔소. "의장님께선 이쪽으로도 다니시는군요! 안녕하시죠?"

내가 이렇게 말했소. 즉, 내가 메모를 읽었는데, 동무는 소비에트 권력을 도우려는 게 아니라 오히려 소비에트 권력에 반대하는 활동을 하는 사람이란 걸 알게 됐으며, 나는 앞으로 동무와 어떠한 대화도 나누지 않을 것이라고 했소. 그래서 외국 특파원들에 호소하는 일을 그만 두던가 – 그녀는 터키대사관에도 또 호소했는데 – 그렇지 않으면 나는 동무와 대면하길 원치 않는다고 했소. 그녀는 돌아갔고, 더 이상 나타나지 않았소.

그녀는 믿음을 상실했소. 그게 문제인 거요! 사람들은 믿지 않아. 어디에 대고 호소해도 소용이 없어. 그녀가 지방 기관에도 청원을 냈소. 그녀의 메모에 따르면, 정부 관계부처 대표자회의가 랴잔에서 열렸고, 거기에 주당 집행위원회에서 나온 사람들도 있었소. 아마 뭔가 조치를 취했겠지만 본질적인 것은 아니었을 거요.

그녀는 사람들이 믿음을 상실했다는 사례들 중 하나요. 그런 사람들이 개별적으로 나한테까지 찾아왔다는 것은 그런 사례가 아주 많다는 사실을 반증하는 거요. 그건 물론 아주 슬픈 일이지. 그런데 여기서 헌법을 선동하고 있는데, 그건 빈말일 뿐이야! 물론 헌법에는 실제 쟁취된 것들이 적혀 있소. 주택에 대한 권리 같은 것은 어디에도, 그 어떤 나라에도 헌법에 규정될 수 없소. 그러나 확실히 적을 게 많지 않은데, 아무튼 어떻게 일이 진행되는지, 취해진 조치들로부터 어떤 결과가 얻어지는지 잘 알아야 합니다. 지금 헌법에 관해 논의가 활발한데, 그건 물론 온갖 정책적 조치들과 무관한 거요.

---

11) 당-국가통제위원회는 1965년 12월 당통제위원회와 인민통제위원회로 분할 개편되었다.
12) 아르비드 펠쉐(А.Я. Пельше, 1899~1983)는 1966~83년 당통제위원회 의장을 지냈다.

이것으로 내 보고를 마칩니다.

1977년 11월 1일

"나는 조용히 사는 게 싫어"

...뱌체슬랍 미하일로비치가 말하길, 얼마 전 그가 발전된 사회주의에 관한 레닌의 진술을 인용한 논문을 잡지 『코뮤니스트』에서 읽었고 그래서 편집국으로 [그를 반박하는] 편지를 보냈다고 한다. 잡지사에서 편집장 [리차르드] 코솔라포프가 전화로 대화를 청해 왔고, 몰로토프가 그에 동의했다. 그들이 승용차를 보냈다.

▶ 그들이 보낸 차를 타고 그곳에 갔다 왔소. 그는 내가 옳다고 했고 내게 반박한 것은 아무 것도 없었어. 그리고 레닌이 실제로 그런 말을 하지 않았다고 하면서, 하지만 자신은 나와 함께 같은 공산당원으로서 (몰로토프는 목소리로 이 대목을 강조했고 미소를 지었다. 그는 당에서 제명된 상태였다! – F. 추예프) 당의 정책을 이해하고 있다고 그가 말했소.

편집장이 말하더군. "유감스럽게도 제가 그 편지를 게재할 수 없다는 것을 의장님께서는 이해하실 겁니다."

내가 답했소. "내게 강요할 생각은 없는데, 하지만 인민을 기만해선 안 됩니다."

1977년 12월 28일

...체코슬로바키아 사태와 그 원인 및 어려운 경제상황에 관해 말하기 시작했다.

▶ 나는 어떻게 하면 우리나라에서 그런 일이 방지될 수 있을까 생각합니다, – 몰로토프가 말한다. – 왜냐하면 우리가 지금 경제적으로 깊은 수렁에 빠져 있기 때문이오. 여기서 빠져나가는 방법은 가격 인상이 아니야. 내 생각엔, 사회적 관계들을 바꿔야 해. 공산당원의 급료상한제부터 시작해야지. 그건 나라를 위해 엄청난 도덕적, 물질적 의미를 갖게 될 거요. 문제는 아직 흐루쇼프파가 심지어 중앙위원회에서도 다수라는 데 있소. 스탈린 사후에 우리는 스탈린 치하에 비축된 것들 덕분에 살았소.

스탈린을 위하여! – 이렇게 말하며 몰로토프가 술잔을 병에 부딪친다. – 왜냐하면 그가 자신의 어깨에 짊어졌던 것은 그 누구도 감당할 수 없기 때문이오. 그건 아무리 대범하고 강인한 사람이라도 전혀 감당할 수 없는 일이었소!

1970년 12월 18일

▶ 내가 맑스·레닌주의연구소에 민원을 넣었소. 내가 요즘 당의 몇몇 문제를 살펴보고 있기에 맑스·레닌주의연구소에 소장된 당원급료상한제에 관한 자료를 볼 수 있게 해달라고 한 건데, 한 달 정도 후에 답이 왔소. 과거에 채택된 결정들에 관한 조사서를 보내왔는데, 결정의 제목만 있을 뿐 그 텍스트 자체는 없더라고. 그래도 고맙게 생각해. 당원급료상한제는 1932년에 폐지됐는데, 이는 문서로 확인할 수 있소. 그 전부터 실질적으로 없어지기 시작했으나 공식적으로는 1932년에 폐지된 거지.

나중에 누군가가 당 중앙위원회의 결정에 따른 원칙에 관해 내게 설명해줬는데, 공산당원만이 맑스·레닌주의연구소 안에서 일할 수 있다는 거야. 이는 이해할 수 있는 일이고, 아마 그래야겠지. 즉, 내가 당원 신분이 아니기 때문에 그 조사서를 내게 보냈던 거요.

1986년 3월 11일

▶ 우리가 폴란드에게 마음대로 하라고 하면, 그건 우리에게 해가 될 거요.13)

모든 게 우리와 상호 연결되어 있소. 그리고 우리 계획경제가 강고해져야 되는데, 그렇지 않으면 한 사람이 다른 이들의 희생 덕에 살게 될 것이고, 그래서 확고한 권력이 요구되는 거요. 누구도 화나게 하지 않을 뿐만 아니라 아무도 제멋대로 하지 못하게 해야 하고, 그렇게 하면서 질서를 확립할 수 있소. 여기에도 총노선이 필요한데, 그건 실없는 말들을 나열하는 게 아니라, 생산에서부터 엄격하고 일관된 작업 규준을 모든 지방에서 확립하는 거요. 그리고 분배에서 다른 사람, 다른 정직한 일꾼의 몫을 누군가 자신의 불로소득으로 삼는 일이 있으면 안 되지. 일한 만큼 받으라는 거요. 공산주의가 되면 달라지겠으나, 공산주의가 아닌 동안에는 그리해야 돼. 레닌은 생산과 소비에 대해 극도로 엄격한 통제가 필요하다고 했소. 그것이 어떻게 가능할까? 규준의 확립을 통해

13) 1980년 8월 폴란드 그단스크조선소에서 시작된 파업은 레흐 바웬사가 지도하는 자유노조운동으로 발전했으며, 보이체흐 야루젤스키는 1981년 12월 전국에 계엄령을 선포하고 자유노조 지도자들을 구금하는 등 폴란드 민주화운동에 강경책으로 대응하였다.

가능하지. 그건 아주 어려운 일이지만, 다른 방도가 없소. 우리가 정신을 차리지 않으면 재앙이 있을 거요.

1980년 10월 16일

▶ 우리는 편하게 살고 싶은데, 제국주의가 그것을 용인하지 않아.

— 의장님 말씀에 동의합니다, – 내가 말한다.

▶ 동무는 아무 것도 이해하지 못해, – 몰로토프가 흥분한다. – 동무는 단지 말로만 그걸 인정할 뿐이오. 그런데 실제론 훨씬 더 잔혹하고 위험한 투쟁이 진행되고 있어. 그건 우리에게 바람직한 상황이 아닌데, 왜냐하면 우리는 잘사는 것도 투쟁하는 것도 원하기 때문이오. 그런데 두 가지를 다 이루는 게 현실적으로 어렵지.

내가 보기에, 지금 폴란드 사태는 우리나라에서도 반복될 수 있소. 우리가 매일 축사를 쓰기만 하는 그런 복된 노선을 시행한다면... 그건 잡담이자 자화자찬이오. 우리에겐 투쟁이, 그것이 아무리 어렵더라도 투쟁이 필요해. 그런데 우리는 환상이나 만들고 있고...

내가 웃으면서 새해 인사를 받는데, 사람들은 내게 "조용한 삶"을 기원한다고 인사를 해. 그들은 조용한 삶을 원해. 그러나 그게 불가능하다는 걸 나는 알아. 나는 조용하게 사는 게 싫소! 내가 조용한 삶을 원하게 되면, 그건 내가 속물이 됐다는 뜻이오!

그래도 역시 스탈린의 가장 큰 과오는 내가 보기에 바로 자만이었소. 스탈린처럼 수십 년 동안이나 그렇게 긴장된 시간을 감당한 사람은 없소. 그럼에도 역시 과오를 저질렀는데, 왜냐하면 그는 레닌이 아니기 때문이오.

1981년 11월 9일

▶ 사회주의에 화폐가 있어야 하나, 아니면 없어야 하나? 화폐는 청산되어야 해.

— 가격 인하, 안정된 급여, 각 식당에서 거저 나눠주던 빵... 이런 것에 사람들이 익숙해졌습니다, – 내가 말한다.

▶ 거저 나눠주었다... 그건 거의 맞지 않을 거요, 아직 아냐. 그런데 그것도 위험해. 그건 국가가 제공하는 거요. 만약 그렇다면, 아주 용의주도하고 신중하게 해야 돼. 국가 내 관료주의에 관해서도 유의해야 하는데, 왜냐하면 국가가 관료주의화 되면, 그게 점차

부패할 것이기 때문이오. 우리나라에는 부패인자가 있소. 왜냐하면 절도가 많기 때문이오. 그게 소수의 개인적 결함이라고 하는데, 그게 아니지! 그건 자본주의의 병이오, 우리가 벗어날 수 없는... 그럼에도 우리나라에는 발전된 사회주의가 있어! 발전된 것으로 부족하다면 성숙한 것이라고 해! 화폐와 계급이 있는데, 성숙한 사회주의가 대체 무슨 말이오!

— 사람들은 사회주의가 무엇인지 이해하지 못합니다. 저는 우리나라가 발전된 사회주의의 시작 단계에 있다고 생각합니다.

▶ 무슨 성숙한 사회주의? 그건 가당찮은 말이지, 사방에 자본주의가 있는데. 만약 성숙한 사회주의가 있다면, 어떻게 자본주의가 저렇게 복되게 존재할 수 있겠소? 자본주의가 아직도 존재할 수 있기에, 우리의 사회주의는 막 익기 시작했을 뿐이오. 모든 게 아직 익지 않았고, 사회주의는 이제 막 힘을 모으기 시작했을 따름이오. 모든 게 사회주의를 방해하고 있고, 자본주의도 우리 안의 온갖 형태의 적들도 우리에게 대항하고 있소. 그들은 살아서 우리 사회의 사회주의적 토대를 분쇄하려고 애쓰고 있는데...

우리의 사회주의를 비방하고 있는데, 좋아질 게 없고, 당분간 좋아질 수도 없소. 그런데 현존의 것들, 즉 헝가리, 폴란드, 체코의 사회주의가 유지되는 것은 단지 우리가 버티고 있기 때문인데, 우리나라에서는 경제적 토대가 국가에 속하고 있소. 콜호즈 말고는 모든 게 국가 소유지.

우리나라에서는 유일 정당이 권력을 장악하고 있소. 당은 복종을 요구하며, 일의 방향을 결정하지.

— 그런데 방향이 올바르지 못하면 어찌합니까?

▶ 설령 방향이 올바르지 못하더라도 당에 저항하면 안 돼. 당은 위대한 힘이오. 당을 올바르게 이용해야지.

— 그런데 당에 의견을 말할 수 없다면, 어떻게 과오를 바로잡습니까?

▶ 그건 쉬운 일이 아니오. 배워야 하는데... 어쨌건 당보다 좋은 건 없소. 하지만 당에도 결함이 있지. 다수의 당원들은 배움이 좀 부족한 편인데, 그들은 20~30년대의 사회주의에 관한 생각으로 살고 있소. 그런데 그건 이미 충분치 않아. 어려운 시대를 지나왔지만 내가 보기에 앞으로 더한 어려움이 많을 거요. 왜냐하면 낡아버린 현실적 여건을 잊지 않으면서 모든 새로운 환경을 고려해야 하기 때문이오. 그런데 그렇게 하기가 어렵

지. 많은 사람들이 잊기도 해. 어떤 단계가 지나면, 그에 연루되었건 연루되지 않았건 간에 그들은 일정 기간 그것에 관해 기억하다가 나중에는 새 단계에 어떻게 될 것인가를 더 많이 생각하는데, 이데올로기에서도 비슷한 방식으로 적응을 해. 그건 사실이오.

1983년 6월 16일

...새 보고서를 쓰고 있던 몰로토프가 책에 관해 논의하고자 네 명을 초대했다. 11월의 날에 우리는 몰로토프의 다차에 모여 탁자에 둘러앉았다. 오후 3시 반이었다. 땅거미가 지고 있었다. 불을 켰다. 몰로토프는 떨리는 필체로 테제들의 초안이 쓰인 종이 몇 장을 탁자 위에 올려놓았다. 그의 손은 더 심하게 떨기 시작했고, 어둠 속에서 종이 스치는 소리가 들렸다. 그가 탁자 위에 시계를 놓았고, 논의가 시작됐다.

▶ 내 보고는 이렇게 시작됩니다. "공산주의 건설을 위한 투쟁과 소연방."

...몰로토프의 보고는 그간의 우리 대화를 요약한 듯 했다. 몇몇 테제를 인용하고자 한다.

▶ 어디에서 공산주의가 시작되지? 사회주의의 어느 단계에서? 레닌이 강조하기를, 사회주의 건설을 끝내야 할 국가는 프롤레타리아 독재 국가여야 한다고 했소. 그런데 1961년에 채택된 당 강령은 프롤레타리아 독재가 이미 불필요하며 인민의 국가가 되어야 한다는 것에서 도출되고 있소. 그러나 레닌은 『국가와 혁명』에서 쓰기를, 인민의 국가는 난센스이며 사회주의로부터의 후퇴라고 했소. 인민의 국가는 있지도 않고 있을 수도 없어. 그런 국가는 부르주아 국가이거나 소부르주아 국가일 수 있소. 현행 국가를 인민의 국가처럼 말하는 것은 일보 후퇴이며 난센스요.

— 지금 사람들 말은 레닌이 모든 걸 예상할 수 없었다는 겁니다.

▶ 어깨 위에 머리가 아니라 상자를 얹고 다니는 사람들이 그렇게 말하는 거요, – 몰로토프가 대답한다. – 「협동조합론」에서 레닌은 권력이 국가에, 즉 노동계급에 속해야만 한다고 했소. 그러나 노동계급 하나가 사회주의를 실현하는 건 아니지. 무엇이 필요할까?

정치에서는 전 인민의 국가가 아니고, 경제에서는 화폐를 보존하는 게 아니라 돈의 압제를 타도해야 하며, 이데올로기에서는 맑스 · 엥겔스의 과학적 사회주의가 있소. 그런데 우리 당이 전 인민의 당이라고? 난센스야. 사회적 문제에 대해서 레닌에게는 계급적 접근만이 유효했소. 만약 당이 전 인민적이라면, 그건 소시민의 이익도 소(小)소유자의 이익도 대변한다는 건데, 나를 당에 받아주든 말든 나는 계급적 접근을 거부하지 않아. 우리는 전위당, 노동계급의 전위당이 될 수밖에 없어. 우린 강령이 가르치는 소부르주아적 습성을 거부하는 어려운 과정을 통과해야 해. 우리는 노동계급의 입장에서 인민의 입장으로 이탈하기 시작했소.

지금이라면 레닌이 그렇게 말하지 않았을 거라고 말할 수 있소. 하지만 그건 레닌의 과거 발언에 반대하는 게 아니라, 지금 당에 있는 많은 속물들에 반대하는 거요.

1920년에 레닌은 〈화폐 청산에 관한 법령〉에 서명했는데...

— 하지만 화폐 없이 사회주의를 건설할 수는 없습니다.

▶ 하지만 그걸 청산해야 해, – 몰로토프가 고수한다. – 화폐란 부르주아 사회의 일부요. 계획으로 화폐를 청산할 수 있어. 화폐란 노동시간이오. 그건 노동시간의 양만큼 가치가 있지, 노동시간의 양만큼. 동무는 화폐의 해악을 호도하고 있는데, 왜냐하면 대다수가 화폐 없이 살 수 없다고 생각하기 때문이오!

...영하의 추운 날에, 헤드라이트 불빛 아래 불그스레한 눈이...

1983년 11월 7일

▶ 곧 혁명 70주년이 되는데, 지금 계급은 남아있고 화폐의 역할은 점점 더 커지고 있어. 그건 맑스에 의해서도 레닌에 의해서도 예상되지 못했던 거지.

그럼에도 내가 그에 관해 쓰려고 하고 있는데, 비록 그것이 내게 매우 버겁긴 해도 꼭 필요한 일이오.

— 지금 실업률을 좀 낮추기만 하면 우리가 그리 나쁜 게 아니라는 의견도 있습니다. 일부는 그렇게 생각합니다, – 내가 말한다.

▶ 그런 자들이 있지. 속물들이지. 철저한 속물들이야.

— 실업자들이 많습니다.

▶ 당연히 어떤 조치가 있어야지.

— 그런데 사회주의에서 어떻게 모든 사람을 일하게 강제합니까?

▶ 내가 보기에 그건 간단한 일인데, 하지만 우리가 계급의 청산을 승인하지 않기에

실업 대책도 서두르지 않는 거요. 실업은 부패를 조장해.

절도, 투기, 사기 등이 많아. 그러나 그건 다른 형태의 자본주의이기도 해. 그에 대한 투쟁은 없고 말로만 싸우고 있어. 자본주의에서 그건 아주 흔한 일이나, 사회주의에서는 있을 수 없는 일이오. 근본적인 차이를 인정하지 않으면서 문제를 회피하고 있어.

— 혁명성을 아주 크게 상실했습니다.

▶ 그것도 없었어, – 몰로토프가 대답한다. – 사회주의적 혁명성 말이오. 민주주의적 혁명성은 있었지. 그러나 더 나아가지 않았어. 그런데 지금 이론가들은 계급의 청산을 전적으로 거부하고 있어.

— 그들의 말에 따르면, 콜호즈와 솝호즈는 지금 그게 그것인데, 둘 다 계획 및 지구당위원회에 종속되어 있어 이미 큰 차이를 보이지 않는다고 합니다.

▶ 큰 차이는 없지만, 그것이 부패를 조장하고 있소. 그 차이가 말이오. 그것에 관해 어떻게든 특별히 문제 제기를 해야 하는데, 그게 지금 아주 어려운 문제지. 그런데 우리가 그에 대해 충분히 생각하지 않으면, 우리는 자본주의로 후퇴할 수밖에 없소.

— 스탈린이 네프를 서둘러 폐지했다는 의견이 아직도 있습니다.

▶ 유감스럽게도, 스탈린 역시 그것에 관해 생각이 적었소. 네프를 폐지한 게 아니라 더 나아간 거지.

— 많은 사람들은 그냥 남겨둘 수 있었다고 생각합니다.

▶ 그렇지. 그게 속물적 사고의 전형이오.

— 그러나 그런 사람들이 많습니다.

▶ 많지! 내 생각엔 다수지. 많은 게 아니라 대다수야. 그 일에 관해 잘 몰라. 그걸 가르치지 않아. 그에 관해 어디에도 기술하지 않고 있어.

— 만약 네프가 계속됐더라면, 우리가 전쟁에서 이겼을까요?

▶ 이겼을 거라고 보기 어렵지. 네프만이 싸우러 나갔을까?.. [속물들은] 안심하라고 하면서 독단주의자들이나 전쟁에 졌을 거라 생각한다고 말할 거요. 20세기 초에 멘쉐비키, 경제주의자들, 기회주의자들이 레닌을 독단주의자라고 비난했어. 주된 흐름 중 하나가 경제주의자들이었는데, 그들에게 노동계급의 과제는 경제상황을 개선하기 위한 투쟁이었소, 정치적인 게 아니라...

1984년 1월 13일

제9장

일상과 마지막 만남

"누가 코트 좀 구해줄 수 있나?"

▶ 누가 코트 좀 구해줄 수 있나? 평범하지만 좀 점잖은 것으로. 아주 어둡지도 아주 밝지도 않은 게 좋겠소. 내가 찾아보니까 전에 입던 게 하나 있던데, 이미 입고 다니기가 꽤 불편해. 어디서 살 수 있는지, 어디서 구할 수 있는지 동무들이 좀 알려줘요. 상점에서 구할 수 있을 것 같은데, 미국이나 프랑스에까지 갈 필요가 있나? 우리 형제 중 충분히 관료화된 사람이 하나 있었는데, 한때는 그가 우리에게 필요한 걸 다 구해주었소. 길이는 2호인 것 같은데, 아닐 수도 있어. 타냐가 알고, 사라 미하일로브나도 알고 있소. 그들이 내게 그렇게 일러줬는데, 늘 그들이 옷을 구해줘서... 자, 어디서 살 수 있는지 말해 봐요. 동무들은 우리와 달리 활동하는 인민이 아닌가. 동무들은 모스크바에 살고, 우린 시골에 살고.

— 정상적으로 살 수가 없습니다. 뭔가 편법이 필요합니다, – 쇼타 이바노비치가 말한다.

▶ 당연하지, – 몰로토프가 동의한다. – 그런데 어디로 가야지? 이게 문제요. 어디서 외투를, 코트를 살 수 있는지 알아봐 주시오. 그렇소, 좀 점잖은 것으로 말이오. 내게 있던 가을 외투 대신 입을 수 있게.

— 일본제 코트가 있는데 한 120루블 정도합니다, – 쇼타 이바노비치가 말한다.

▶ 나는 일본제 같은 거 모르오.

— 뱌체슬랍 미하일로비치는 자본주의 국가의 물건을 쓰지 않습니다, – 내가 말한다. – 사회주의 국가들 것만 쓰시죠!

▶ 그렇지, 오직 코메콘 국가들 것만 쓰지, – 몰로토프가 웃는다.

1977년 4월 19일

봉급과 연금

— 의장님께선 연금을 받으십니까 아니면 국가보장 하에 계십니까?

▶ 연금을 받지.

— 얼마나 받으십니까?

▶ 모르겠는데, 한 번도 관심을 가져본 적이 없소. 쓰기에 부족함이 없는데, 먹고 살 수 있으면 그것으로 족한 것 아니오? 그 한도에서 말이오.

— 그래도 역시 스탈린이 여기서는 도가 지나쳤던 같습니다.

▶ 물론, 그렇지. 그런데 스탈린만이 아니지. 우리 모두가 여기서는... 그건 그렇고, 내가 그것에 대해 많이 생각해봤는데, 그러면 안 되지, 그러면 안 되지, – 몰로토프가 되뇐다.

1972년 12월 18일

▶ 물론 우리는 봉급을 받았지. 그런데 아시오? 우리에게 봉급이 제대로 지급되지 않았는데, 그건 봉급에 관계없이 모든 게 보장됐기 때문이오. 실질적으로 국가보장 하에 있었지. 그때 내 봉급이 얼마였는지 지금 정확히 말할 수 없는데, 몇 차례 변경됐거든. 게다가 전후엔 스탈린의 주도로 이른바 패키지가 도입됐소. 봉인된 패키지에 돈을 넣어 보냈는데, 아주 거금이었지. 군이나 당 지도자들에게 보냈소. 물론 그건 전혀 옳지 않지. 그 규모도 과도했고 옳지도 않았어. 나는 그걸 부인하지 않을 뿐더러, 내겐 반박할 자격도 없소.

스탈린이 얼마나 받았는지는 아무도 모르지. 다차를 몇 개 갖고 있었는데... 얼마를 받았는지 어떻게 알 수 있겠소?

그런데 꿰맨 대원수 제복을 빼면 그에게 개인적인 게 거의 아무 것도 없었소.

우리에겐 당 조직이 있었고, 당비를 냈소. 막판에 나는 외무성 당 명부에 등재돼 있었는데, 나를 출당시켜야 했을 때 소련 각료회의 사무국의 세포조직에 나를 등재시켰소.

스탈린이 어디에 등재돼 있었는지 나는 아는 바 없소. 물론 우리가 당 집회에 다니진 않았으나 당연히 어딘가에 등재돼 있었고 당비도 냈지. 그게 전부요.

1976년 8월 18일

▶ 글이나 연설 등에 대한 보수를 받았소. 공식 연설에 대해서는 받지 않았는데, 논문이라면 어떤 종류라도...

그러나 갖지는 않았소.

1982년 2월 5일

...몰로토프는 처음에 크렘린 안에 있는 아파트에서 살았다. 나중에 흐루쇼프 치하에는 레닌언덕[=현 참새언덕]에서 살았고, 우소보에 다차가 있었다. 이른바 제1다차 말이다. 해임 후에 그는 그라놉스키 거리에 살기 시작했다. 그는 레닌언덕의 아파트에서 갖고 나온 게 거의 없었고, 다차에서도 아무 것도 갖고 나오지 않았다. 큰 상자 57개에 담아 외무성 지하실에 쌓아둔 엄청난 양의 개인 장서를 포함하여 모든 걸 두고 나왔는데, 나중에 그 지하실이 침수되는 바람에 책이 모두 소실됐다.

1985년 5월 9일

▶ 내가 연금으로 120루블을 받았는데, 그러다가 소비에트 권력 수립 50주년 무렵에 연금이 250루블까지 올랐소.

(몰로토프의 아내 폴리나 세묘노브나가 당 지도부에 다차를 할당해달라고 요청했다. "동무들이 그를 존중하지 않더라도, 그래도 나는 당 중앙위원이었고 인민위원이었어요!" 그들은 주코프카에 있는 각료회의 다차를 제공했다. 그런데 1967년에 연금이 250루블로 인상됐다. 이에 관해 키릴 트로피모비치 마주로프가 내게 이렇게 말했다. "몰로토프가 120루블을 받는다는 소식을 듣고 나는 상황을 코시긴과 상의하였고, 우리는 연금을 인상하기로 결정했어요. 그때 알렉세이 니콜라예비치가 "몰로토프는 몰로토프요!"라고 말하고는 손가락으로 양 눈썹을 쓰다듬으며 그 일에 관해 함구하자고 했소." – F. 추예프)

내겐 식품구매카드가 있는데, 이것으로 크렘린 식당에서 점심식사와 저녁식사를 할 수 있소. 한 달에 60루블을 내는데, 타냐가 매주 그곳에 가서 점심, 저녁의 식사 대신 식료품을 가져와요. 전투식량으로 말이오. 물론 그게 60루블보다 훨씬 큰 가치가 있는데, 적어도 두 배 이상의 가치가 있지. 우리가 오늘 동무들을 대접한 게 바로 전투식량이오.

사나토리움에서 26일 간 요양하라는 처방을 받았는데, 아마 포드모스코비야 병원에 입원할지도 몰라. 모스크바 근교에 그런 병원이 있소. 올해도 작년에도 거기에 있었는데, 사나토리움에 있다가 거기서 몸이 나빠져서 병원으로 옮겨갔소. 매년 예방적으로 사나토리움에 가거나 병원에 입원을 해, – 몰로토프가 이야기한다.

— 제가 화가 납니다. 왜 의장님 같으신 분이 120루블을, 아니 지금 250루블을 받으셔야 합니까? – 예브게니 주가쉬빌리가 목청을 높인다.

▶ 사회주의에서는 대체로 돈이 꼭 있어야 하는 건 아니오. 그렇기 때문에... – 몰로토프가 빙그레 웃는다.

1974년 3월 8일

▶ 동무에게 말할 게 있는데... 내가 요청하지 않았는데도 내 연금이 증액되었소. 250루블에서 300루블로 올랐는데, 각료회의 총무국장 [미하일] 스미르튜코프가 전화해서 내 연금을 올리고 다차를 국가보장으로 돌리겠다고 했소. 그리고 국가가 타냐에게 임금을 지불하도록 하겠다고 했는데, 지금 타냐는 아마 나보다도 더 많이 받을 거요. 그리고 지금껏 그랬던 것처럼 나도 타냐에게 급료를 지급하지. 다차는 이제 무상이 됐소. 그게 적어도 매달 120루블 정도인데, 모두 면제된 거요. 내가 어찌된 일이냐고 물었지. 우리가 서로 잘 아는 사이인데, 스미르튜코프가 답하기 곤란해 하는 것 같았소. 내가 그에게 재차 물었소. "그런데 그게 누구에게 해당되오?" 그가 대답하길, 카가노비치에게도 올려준다는 거요. 연금액을 올렸다는 거지. 카가노비치가 안됐어. 그에겐 다차가 필요해. 그는 혼자 사는데 몸이 아파. 그리고 스미르튜코프가 말했소. "그런데 그에게는 그게 해당되지 않습니다." 내가 다시 "누구?"하고 물었소. 그러자 그가 말렌코프에겐 올려주지 않았다고 하는 거요. 내가 이유를 묻자 이렇게 말하더군. "그는 의장님보다 젊습니다. 그는 늦게 연금생활에 들어갔습니다."

그들이 내 다차로 식기를 보내왔소. 타냐는 요리사로 인정되는데, 그녀에게 내가 도움이 되는 모양이오. "제가 정말 의장님 덕에 먹고 삽니다." 내가 대답했소. "변한 게 아무 것도 없어요."

타냐는 우연히 우리 집에 왔지만 좋은 사람이오. 다른 집에서 일했소. 단 두 곳에 있었는데, 한 곳에선 6년, 다른 곳에선 8년 동안 일했소. 그 집에서 타냐를 내보냈지. 그 주인이 연금생활을 하게 됐는데, 돈이 부족해서...

1975년 7월 17일

...몰로토프가 그의 다차에서 깨진 식기들이 무상으로 교환되는 걸 보고 화를 냈다. 단지 [수리할] 도토 원료만 주면 된다는 것이었다.

▶ 왜 그래야 하지? 식기를 무료로 사용토록 하는 게 모자라서, 깨진 걸 모두 다 교환한다고! 이렇게 말을 해. "식기가 마음에 들지 않지요? 자, 바꿉시다!"

1978년 7월 16일

"보물섬"

...우리는 주코프카를 산책하고 있다. 몰로토프가 지팡이로 바닥을 두드리며 걷는다.

▶ 여기가 "전관들의 동네"요. 내가 이른 봄에 불가닌을 만났었는데, 그때 그는 아주 건강한 모습이었소.[1] 그는 여기를 "보물섬"이라고 했어. 여기 주민이 샤후린, 므좌바나제, 불가닌... 이제는 쉘레핀도 주민이 됐소.

...공산주의에 관해 말하기 시작했다. 이런 일화가 있다. 1980년에 실현된다던 공산주의는 다른 데로 가고, 그 대신 모스크바에서 올림픽 게임이 열린다는...

▶ 기발한 생각이지, – 몰로토프가 말한다. 그는 일화에 관해 자주 말하지 않는다. 그러나 유머 감각은 남아있다.

— [나치 친위장교였던] 오토 슈코르체니가 죽었습니다! – 쇼타 이바노비치가 불쑥 말을 꺼낸다.

▶ 왜, 슬퍼서 좀 눈물이 났소? – 몰로토프가 순간적으로 반응한다.

1975년 7월 17일

"주요 승객이 안 탔어요"

...주코프카에서 모스크바로 오는 도중에 몰로토프의 양녀 소냐는 자기 부모가 아직까지 생존해 있다고 말했다. 아버지는 노동자이며, 어머니는 국영 다차에서 식기를 닦았다고 했다. 소냐는 몰로토프의 딸 스베틀라나와 놀게 됐다. 모스크바에서 그들은 칼리닌의 접견실이 있었던 건물에 살았다. 그곳에서 몰로토프의 아내가 소냐를 처음 보았고,

---

1) 니콜라이 불가닌은 1975년 2월 24일에 사망했다.

폴리나 세묘노브나 젬추지나가 크렘린의 자기 집으로 소냐를 불러 스베틀라나와 놀게 했다. 그게 일상이 됐고, 매일같이 폴리나 세묘노브나는 소냐를 유치원에 데려가듯 스베틀라나에게 데리고 갔다. 때로 소냐는 몰로토프의 집에서 자게 됐고, 나중엔 하루 종일 크렘린에서 살게 됐다. 소냐의 부모는 반대하지 않았고, 만족해했다. 상황은 학교에서 소냐에게 상장을 주는 데까지 이르렀다. "소냐 몰로토바는..."

폴리나 세묘노브나가 미국에 갔다가 그곳에서 예쁜 인형들과 크리스마스 장식을 가져왔다. 소냐는 새해맞이 공 두 개를 오늘까지도 보관하고 있다.

— 마침 신년 트리 전통은 레닌 사후 없어졌지만, – 소냐가 말한다. – 뱌체슬랍 마하일로비치께서 그것을 부활시켰어요. 왜 어린이들에게 그건 즐거움을 빼앗느냐는 거죠. 스베틀라나와 저는 현관에 걸린 뱌체슬랍 마하일로비치의 외투 속에 숨는 것을 좋아했어요. 그는 집에 있는 경우가 드물었지만 집에서도 항상 일을 했습니다.

한번은 스베틀라나와 제가 기차놀이를 했어요. 우리는 차장 모자를 쓰고 펀치를 갖고 뛰어가서 벨을 울렸는데... 그때 뱌체슬랍 미하일로비치께서 당신 서재에서 베개를 겨드랑이에 끼고 손엔 촛대를 들고 뛰어나오셨어요. "기다려요, 주요 승객이 안 탔어요!" 그렇게 그가 지각한 승객을 흉내 냈던 것 같은데...

그가 "크쉐프세술스키와 크쉐크세술스키"라고 하면서 우리에게 발음 훈련을 시켰던 것도 생각납니다.

스탈린을 자주 봤어요. 오르조니키제의 백발 갈기머리가 생각나네요.

1941년 6월 22일에 우리는 크림에 있었죠. 이른 아침 모스크바에서 뱌체슬랍 미하일로비치께서 폴리나 세묘노브나께 전화를 해서 우리에게 속히 모스크바로 돌아오라고 했어요. 폴리나 세묘노브나가 조용히 짐을 꾸렸고, 사람들이 우리를 챙겼어요. 그녀가 미용사를 불렀고, 12시에 그녀에게 매니큐어를 해줬는데, 그러면서 그녀는 뱌체슬랍 미하일로비치의 라디오 연설을 들었어요.

기차를 타고 모스크바로 오면서 우리는 크림에 전쟁 무기들이 엄청 많이 배치돼 있고 창문들이 십자로 봉합돼 있는 것에 놀랐어요. 우리는 뱌체슬랍 미하일로비치의 친척들이 있는 뱌트카로 후송됐어요. 나중에 폴리나 세묘노브나가 주위의 권유에 따라 쿠이비쉐프로 떠났는데, 우리는 1942년에 모스크바로 돌아왔어요.

1979년 8월 26일

다락방에서

— 차콥스키가 『봉쇄』에서 쓰기를, 의장님께선 흡연을 한 적도 없고 그걸 견디지도 못했다고 하면서... 의장님께서 흡연하지 않는다는 걸 알면서도 리벤트로프가 의장님께 시가를 권했다고 합니다.

▶ 나는 그를 옹호할 수 없소. 난 항상 담배를 피웠는데 깊이 들이마시지 않았을 뿐이오. 그러나 많이 피우지는 않았지.

— 그런데 율리안 세묘노프는 반대로 쓰고 있습니다. 몰로토프가 광적인 애연가라고 말이죠.

▶ 그런 말이 퍼져 있지. 그게 왜 그러냐? 왜냐하면 내가 외국어를 잘하지 못하니까 모든 회담을 통역에 의존해요. 그런데 통역하는 동안 할 일이 없으니 담배를 피웠지. 그래서 그런 생각들을 하게 된 거지. 내가 권련을 들고 있는 사진도 있소. 지금은 담배를 완전히 끊었지만 얼마 전까지 일할 때는 하루 두세 개비씩 피웠소. 긴장을 완화시키지.

내가 젊었을 때 담배를 피웠지만 완전한 애연가였던 적은 없었소.

나는 19세기의 사람이오. 이미 나이를 느껴. 지난 2년 전부터 느끼기 시작했소. (84세부터이다. – F. 추예프) 할 수 있을 때 일찌감치 운동을 시작했소. 휴가 때는 반드시 바다에서, 흑해에서 수영을 했소. 시간이 있을 때 말이오. 겨울에는 일요일마다 다차에서 스키를 탔소. 하지만 일요일에 우리도 일했소. 어쩌다 스탈린이 전화하면 내가 어디에 있는지 폴리나 세묘노브나에게 물어요. 그녀가 대답하지. "일하고 있습니다." 그러면 그가 이렇게 말해. "나는 그가 일요일마다 카드놀이를 한다고 생각하는데! 자백해요!"

1975년 3월 8일, 1976년 5월 12일, 1979년 4월 10일

...13시 20분에 몰로토프와 나는 집 상부에 있는 다락방으로 올라갔다. 그가 사무용 책상 옆에 나란히 놓인 탁자 곁에 앉아 『프라우다』를 펼쳤다. 전에는 없던 사진이 눈에 띄었다. 레닌의 작은 초상화 왼쪽에 나란히 사진이 걸려 있는데, 스탈린, 보로쉴로프, 카가노비치, 칼리닌, 오르조니키제, 몰로토프가 함께 찍은 사진이다. 모두 다 어디론가 가고 있다. 스탈린이 즐거운 표정으로 보로쉴로프에게 무언가 말하고 있다.

▶ 이게 아마 1920년대 말일 거요, – 몰로토프가 말한다. – 정확한지는 모르겠네. 이 사진 역시 마음에 들어서 걸어놨소. 저 그룹이 기본 그룹으로 일했는데, 미코얀이 빠졌지만 괜찮아. 그런데 저들은 오염되지 않은 사람들이오, 오염되지 않은.

...레닌 오른쪽에 사진 한 장이 압정으로 꽂혀있다. 스탈린과 몰로토프가 부부 동반으로 찍은 사진이다. 같은 시기의 사진이리라. 내가 탁자 옆에 있는 목제 책상을 본다.

▶ 나는 서거나 앉아서 쓰지, – 몰로토프가 말한다. – 자세를 바꾸면서 말이오.

...이 환한 다락방에서 그는 1966년부터 일을 했다. 창이 하나 있는 작은 방이다. 탁자 위에 놓인 서류첩들에는 각종 원고가 끼워져 있다. 벽 옆의 협탁 위에는 체홉, 아이트마토프의 『눈보라 치는 간이역』,[2] 『노브이 미르』와 『발전된 사회주의』 같은 책과 잡지가 놓여 있고, 이들 옆에 대략 5~7개의 작은 컵이 있다, 벽면에는 셀로판지로 씌워진 커다란 세계정치지도가 걸려 있다. 창의 맞은 편 벽 옆에는 시트 없이, 흰 홑청의 모포로 감싸진 침대가 놓여 있다. 장롱과 의자 두 개, – 이게 전부다.

오늘이 5월 1일이다. 손님들이 오기 시작했다.

▶ 동무들은 거기서 무엇을 그리 조용히 속삭입니까? – 몰로토프가 묻는다. 그는 청력이 나빠지기 시작했다.

— 콜리마 지방에서는 이렇게 말을 한답니다. "나쁜 금은 없다. 좋거나 아주 좋은 금만 있다. 코냑처럼 말이다."

▶ 코냑은 따듯한 것도 있고 차가운 것도 있지, – 몰로토프가 말한다.

...내가 두 손가락으로 손님들을 의자에서 일으켜 세우면서 생체파동에너지 실험을 보여주기 시작했다. 우리는 주나[3]에 대해 이야기하기 시작했다. 몰로토프가 많은 관심을 보였다.

▶ 그것에 관해 그렇게 말하고 써야 해요! 1930년대에 카자코프라는 불가리아인 의사가 있었는데, 그 역시 이해할 수 없는 방법으로 치료를 했소. 결과가 항상 좋았던 건 아니지만 그가 레닌의 여비서와 고참 볼쉐비크 [세르게이] 구세프의 궤양을 완치시켰소.

1981년 5월 1일

---

2) 칭기즈 아이트마토프(Ч.Т. Айтматов, 1928~2008)는 키르기즈스탄 출신의 유명 작가이다. 『눈보라 치는 간이역(Буранный полустанок)』은 1980년에 출간되었다.

3) 주나(Джуна, 1949~2015)는 러시아의 저명한 대체의학 치료사이자 점성술사 및 시인으로, 본명은 예브게니야 사르디스(다비타쉬빌리)이다.

...그루지야인 손님들이 도착했다.

▶ 그루지야에서는 지금 어떻게들 사시오? – 몰로토프가 묻는다.

— 좋습니다. 일하는 사람은 잘삽니다.

▶ 그럼 일하지 않는 사람들 역시 사는 게 괜찮겠네, – 몰로토프가 말한다.

— 저희가 의장님께 일화를 하나 말씀드리겠습니다. 흐루쇼프 치하에 온갖 곳에서 “스탈린” 대신에 “당”이라고 쓰기 시작했습니다. 그런데 스탈린이 아직 영묘에 누워 있었습니다. 그루지야인 하나가 모스크바에 도착해서 집으로 편지를 썼습니다. “내가 영묘에 갔었는데, 거기에 레닌이 안치돼 있고 그 옆엔 당이 안치돼 있어요.”

▶ 흐루쇼프란 자는 당에 말썽거리지, – 몰로토프가 말한다.

1981년 6월 3일

▶ 내가 산책을 하고 있는데, – 몰로토프가 이야기한다. – 한 사람이 내게 다가왔소. 그의 말에 내가 좀 맞장구를 쳤지. 몇 가지 질문을 하다가 스탈린을 슬쩍 언급하더군. 그래서 내가 말했지. “스탈린에 관해 어떻게 생각하시오?” 그러자 그가 대답했소. “어떻게 생각해야 합니까?”

숲까지 걸어가 그 안으로 좀 들어갔지. 내가 말했소. “우리는 대화가 안 될 것 같소. 안녕히 가시오.” 우린 서로 다른 방향으로 갔는데, 그는 스탈린을 아주 부정적으로 평가하더군.

1982년 4월 29일

조종사들

...몰로토프는 항상 옷을 가볍게 입었다. 감기를 두려워하지 않았다. 몰로토프는 집에서 흔히 셔츠를 헐렁하게 입고 다녔다. 우리는 숲으로 갔다. 몰로토프는 회색 코트에 중절모를 쓰고 지팡이를 들었다.

우리가 산책을 하는데 숲속 길 맞은편에서 차양이 넓은 모자를 쓰고 낡은 갈색 양복에 검붉은 넥타이를 맨 사람이 급히 걸어온다. 걸음을 늦추더니 멈춰 서서 인사를 했다.

[게오르기] 바이두코프였다!

— 의장님께선 또 이 길을 가십니까? 저 길이 아니고요? 저희는 명예의 가치를, 그 모든 일의 가치를 알고 있습니다, – 바이두코프가 말한다. – 그건 이미 지난 일이죠, 지나간 일. 어제 1시간짜리 TV방송에 나가 공산소년단원들을 만났습니다. 이런 질문을 하더군요. "귀하는 70년을 살았습니다. 다시 처음 시작하게 된다면 어떠실 것 같습니까?" 제가 이렇게 대답했습니다. "왜 내게 다시 내가 겪은 그 가난과 난관들을 되돌려 줘야 합니까?"

뱌체슬랍 미하일로비치, 저는 의장님과의 지난 번 만남을 기억합니다. 저는 의장님께서 얼마나 검소하게 생활하시는지 친구들에게 말합니다. 예를 들면 스탈린이 그랬던 것과 똑같이 말입니다. 저는 1936년에 스탈린의 다차에 갔던 적이 있습니다. 침대는 군용 모포로 덮여 있었고 모든 게 그냥...

...우리는 15~20분 정도 서서 이야기를 나눴다. 게오르기 필리포비치가 간 후에 몰로토프가 말했다.

▶ 츠칼로프가 불쌍해. 가가린처럼 허무하게 죽었지. 언젠가 벨랴코프가 내게 와서는...

1982년 4월 29일

— 레닌이 "러시아 항공의 할아버지"라고 불렀다고 하는 조종사 로신스키[4)]는...

▶ 스스로 지어낸 거요.

— 흐루쇼프가 그를 입당시키고 레닌훈장을 수여했습니다.

▶ 물론, 그렇지. 그래서 그가 괜찮은 사람처럼 보였지만, 그는 물론 볼쉐비크가 아니오. 그는 볼쉐비즘과 아무런 연관이 없소. 그냥 소련 사람이지. 다행스럽게도 반소비에트 분자는 아니오. 물론, 그에게 있는 긍정적인 대목이지.

1973년 7월 24일

▶ 한 세기 동안 얼마나 많은 사건이 있었나! 시끄럽지만, 변화의 연속이지. 내가 19세

4) 보리스 로신스키(Б.И. Россинский, 1884~1977)는 유명 조종사이자 항공기 설계사이다. 1918년 5월 1일 그는 노동절 집회에 모인 군중들에게 모스크바 상공에서 고난도의 공중회전비행을 선보였고, 착륙 후 레닌에게 불려가 "러시아 항공의 할아버지"라는 칭찬을 들었다고 한다.

기에 10년을 살았고 금세기에 85년을 살고 있소, – 몰로토프가 말한다.

— 금세기 초에 비행기가 막 출현했습니다, – 내가 말한다. – 1903년에 라이트 형제가 비행을 했지요. 우리 항공의 선구자 중 한 사람인 그로모프의 장례를 얼마 전에 치렀습니다. 그로모프와 츠칼로프 중에 누가 더 위대한지에 관해서 지금껏 논쟁이 있습니다.

▶ 츠칼로프가 인민들에 더 가까웠소, – 몰로토프가 말한다. – 그로모프는 단정했지. 자부심이 컸다고 할까. 츠칼로프가 더 붙임성이 있고 소박했는데, 예기치 않게 사고로 [1938년에] 죽었소.

— 그로모프가 제게 이렇게 말했습니다. "나는 츠칼로프가 이르건 늦건 부서질 줄 알았어요. 내가 예전에 그 누구도 경험한 적 없는 그런 극한상황에 처했었지만, 그래도 나는 부서지지 않았소." 그의 말은 사실입니다.

▶ 역시, 맞는 말이야. 츠칼로프는 진짜 러시아 사람이지. 제멋대로지. 스탈린은 츠칼로프를 더 좋아했소.

— 그로모프는 모욕을 느꼈습니다. 그가 당연히 북극점을 통해 미국으로 날아가는 첫 번째 비행사가 되어야 했는데, 츠칼로프를 보냈습니다.

▶ 맞아, 맞아. 일이 그렇게 됐지. 자세한 내막은 모르고 기억도 나지 않지만, 인민들 사이에서 츠칼로프가 유명했고 신문에도 많이 났지만, 그로모프는 지정된 임무를 아주 정직하고 반듯하게 완수했소. 그렇게 붙임성이 있거나 소박한 사람은 아니었지.

— 그로모프가 말하길, 전쟁 직전에 스탈린이 츠칼로프가 아니라 자신을 독일로 보냈는데, 왜냐하면 자신이 모든 걸 정직하게 수행하며 자신에겐 완수하지 못한 임무가 하나도 없다는 걸 스탈린이 알고 있었기 때문이라는 겁니다!

▶ 맞는 말이오. 그는 강직하고 조직된 사람이오. 그에겐 모든 게 정연했고, 신중하고 준비된 사람이라는 인상을 주었지. 그로모프가 더 단정하게 보였는데, 그로모프보다 더 유명했던 츠칼로프는 술꾼이었고 참지를 않았어. 아주 바보같이 사고를 당했지. 그로모프는 모범이자 표준이었소.

1985년 2월 16일

맘라카트

...나는 예브게니 주가쉬빌리, 맘라카트 나한고바[5]와 함께 몰로토프에게로 출발했다. 그녀가 모스크바에 왔고, 우리는 만나기로 약속했었다.

몰로토프가 현관에서 물었다. “이 동무가 맘라카트요?” 이 질문이 마치 우리 역사처럼 들렸다. 바로 이 여성이 1930년대 경이적인 양의 면화를 수확하여 레닌훈장을 받은 타지크인 소녀였다. “좀 컸네”, – 몰로토프가 말했다. 맘라카트는 자신이 정치국원들과 함께 찍은 사진을 보여준다. 거기엔 스탈린, 몰로토프, 안드레예프가 타지키스탄의 고유 의상인 긴 두루마기 같은 옷을 입고 있다.

▶ 이건 부하린 같아 보이는데... 스탈린식으로 부르면 “부하르칙”이지.

— 이 사람은 미코얀의 동서입니다, – 맘라카트가 말한다. – 이 사람이 제 타지크 말을 통역했어요. 그때 저는 러시아 말을 할 줄 몰랐고 단어 몇 개를 아는 정도였는데, 그가 타지크 말을 배웠고 우리 대표단의 통역을 맡았어요. 스탈린이 이 카드를 제게 선물했는데, 그 뒷면에 이렇게 썼습니다. “공부와 일에서 훌륭한 성취가 있기를 기원하며 요시프 스탈린이 맘라카트 나한고바 동무에게. 1935년 12월.”

저는 그에게 책을 선물했어요. 펜을 찾으려니까 의장님께서 대리석 빛깔의 펜을 제게 주셨지요. 나중에 제가 돌려드리려니까 저더러 그냥 가지라고 하셨어요.

...맘라카트는 1939년에 리벤트로프가 도착하는 모습과 그를 농업박람회에 데리고 갔던 것을 기억했다.

▶ 그런 일이 있었지, – 몰로토프가 말한다. – 나는 리벤트로프와 함께 다니지 않았소. 그를 뭐라도 하게 했어야 했는데...

...맘라카트는 자기가 [스탈린의 장남인] 야콥 주가쉬빌리, 즉 예브게니의 아버지와 독서실에서 공부했던 일을 이야기했다. 그는 맘라카트의 땋은 머리갈래 중 하나를 잉크병에 담갔는데, 나중에 그 일을 스탈린에게 이르지 말라고 오랫동안 설득했다고...

1982년 6월 6일

5) 타지키스탄 출신의 나한고바(М.А. Нахангова, 1924~2003)는 스탈린과 함께 찍은 사진으로 유명세를 누리며 1930년대 스타하노프 운동의 아이콘이 되었다.

의외의 두 인물

— 안드로포프가 권좌에 있을 때 다시 복당 신청을 하시는 게 좋지 않겠습니까?

▶ 복당 신청? 아니야, 그건 적절치 않아. 동의할 수 없어. 상황이 변했고, 그래서 지금 기어들어가자? 아니야, 그건 좋지 않아.

— 그런데 다른 측면에서 보면, 의장님을 복당시키는 게 불편할 겁니다. 그들 자신이 의장님을 제명했는데...

▶ 그렇게들 생각하지. 그런데 그건 모험이 될 거요. 내 쪽에서 보면 좋지 않아. 어떤 틈을 비집고 들어가려는 생각에 불과해.

1983년 1월 1일

▶ 물론 나는 신청을 할 거요. 그것이 우연한 계기를 이용하는 것으로 보이지 않고, 그게 완전히 정당하다고 평가된다면 말이오.

1983년 10월 14일

...10월혁명 66주년 기념일이다. 아들 이반과 함께 주코프카로 향했다. 영상 10도의 따사한 날씨다. 쿠투조프 대로가 화려하다. 몰로토프의 집에는 벌써 손님과 친척들이 모여 있었다. 늘 그렇듯 17명쯤 되었다. 그리고 우리는 흔히 그렇듯 1시에 축하연을 시작했다. 뱌체슬랍 미하일로비치가 〈테트라〉 술잔을 들고 일어나 기념일을 축하하면서, 모든 사람이 다음 67번째 기념일 무렵엔 어떤 좋은 일을 할 것인지 생각하길 바란다고 말했다.

수차례 건배가 있었는데... 이런 건배사도 있었다. "우리가 미국을 따라잡아야 하는 게 아니라, 미국이 우리를 따라잡아야 합니다. 주로 어디에서? 이데올로기에서!"

몰로토프가 마지막 건배사를 했는데, 그건 내게 전혀 의외였다.

▶ 우리 당과 당 중앙위원회를 위해, 안드로포프 동무를 위해, 그리고 그의 건강을 빌며 건배!

...몰로토프가 우리 당의 지도자들을 위해 건배를 제안하는 그런 모습은 예전에 한 번

도 본 적이 없었는데...

▶ 내 생각에, 두 사람의 등장은 최근 2년간 우리 공산주의자들에게 커다란 성취였소, - 몰로토프가 말한다. - 첫째, 안드로포프요. 이건 내게 전혀 뜻밖인데, 왜냐하면 내가 간부들을, 특히 볼쉐비키 간부들을 잘 알기 때문이오. 그로미코는 내가 발탁한 인물인데 자리에 맞았소. 안드로포프는 첫 번째 의외였지만 기분이 좋았소. 그는 정치적 식견을 갖춘 강건한 인물로 판명됐소. 믿음직한 사람이오. 직무를 수행하면서 훌륭히 성장한 것 같소. 완전히 믿을만한 사람이오.

그리고 두 번째는 야루젤스키요. 나는 야루젤스키가 [1981년 10월 폴란드통일노동자당] 제1서기로 등장하기 전까지 그런 이름을 들어본 적이 없는데... 폴란드인 가운데 볼쉐비키가 적었소. 하지만 있었지. 제르진스키였는데, 고상한 사람이었지. 폴란드인들은 그때가 지금보다도 더 나빴어.

내가 보기에 야루젤스키가 우릴 구출했는데... 예전에 피델 카스트로가 그와 같은 기분 좋은 의외였소, 내게는...

1983년 11월 7일

...1984년 새해를 맞았다. 몰로토프가 물었다.

▶ 국제문제 전문가들은 어떻게 생각하지? 이 한 해 동안 전쟁이 가까워졌을까 아니면 멀어졌을까?

— 가까워졌답니다, - 손님 중 하나가 대답한다.

▶ 가까워졌다, - 대답을 따라하는 것인지 동의하는 것인지 모르게 몰로토프가 말했다.

1984년 1월 1일

— 제가 의장님을 뵙지 못한 한 달 반 사이에 정말 많은 사건이 있었습니다. 안드로포프가 사망했습니다, - 내가 말한다.

▶ 그가 안됐어, - 몰로토프가 말한다. - 그는 정치적 접근에서, 대외정책 분야에서 뭔가 해법을 찾아냈는데...

— 인민들은 안드로포프를 좋게 생각했습니다. 그게 느껴집니다.

▶ 그렇지, 맞는 말이야. 왜 그런지 분석해봐야 해, – 몰로토프가 동의한다.

— 『아가뇩』 편집장 소프로노프[6]가 이런 말을 했습니다. 안드로포프가 서기장으로 선출됐을 때 소프로노프는 그의 보좌관에게 전화해서 잡지에 실을 새 서기장의 초상화에 관해 상의하고자 했는데, 그러자 보좌관이 그를 안드로포프와 직접 연결해주었답니다. 안드로포프가 말했답니다. "필요 없소." — "하지만 우리는 새로 선출된 서기장의 초상화를 게재합니다. 항상 그래왔습니다." — "지금부턴 다르게 할 거요."

심지어 『프라우다』도 안드로포프와 〈질〉 자동차공장 노동자들과의 만남을 사진 없이 보도했습니다.

▶ 그런데 체르넨코는 인민에게 억지로 제시된 그런 사람인데...[7] 우리는 지금껏 국가주석[=소련 최고회의 간부회 의장]을 임명하지 못하고 있어.[8] 우리는 앞을 별로 생각하지 않고 있고, 그래서 일이 예기치 않게 되는 거요. 그리 어려운 일이 아닌데도 우린 그걸 못해, – 몰로토프가 말한다.

— 사람들이 말하길, 만약 체르넨코에게 무슨 일이 생긴다면 다음은 고르바초프가 될 거랍니다. 그가 정치국에서 가장 젊은 사람이죠.

▶ 그가 몇 살이지?

— 아마 53세일 겁니다.

▶ 좋아. 그도 예기치 않게 등장했군.

...안드로포프는 분명히 흐루쇼프의 편이 아니었고, 아마 브레즈네프의 편도 아니었다.

— 벌써부터 미국인들은 소비에트 체제가 오래가지 못할 거라고 대놓고 이야기합니다. 건물의 껍데기만 남았을 뿐이지 속은 다 썩었다는 겁니다, – 내가 말한다.

▶ 그럴 리가, 반혁명분자들의 그런 꿈은 실현되지 않을 거요. 우리나라는 가장 견고한 국가로 남아있어. 사회주의 진영 역시 마찬가지요. 반면에 부르주아 체제가 건실하지 못한 상태에 있는 거지... 지금 누가 이데올로기를 맡고 있지?

— 이데올로기 담당이 없습니다. 전에는 수슬로프라도 있었지만 지금은 그마저도 없습니다.[9]

---

6) 아나톨리 소프로노프(А.В. Софронов, 1911~1990)는 민스크 태생의 작가로, 1953~86년 『아가뇩』의 편집장을 지냈다.

7) 콘스탄틴 체르넨코는 1984년 2월 13일 서기장에 선출되었다.

8) 서기장 체르넨코는 1984년 4월부터 소련 최고회의 간부회 의장을 겸직하였다.

▶ 맙소사, 없다니. 이해할 수 없군.

1984년 3월 29일

...내가 이야기한다.

— 제가 크렘린 궁벽을 따라 걸어보니 그 누구보다도 두 개의 묘, 즉 스탈린과 안드로포프의 묘에 꽃이 많았습니다.

▶ 사람들이 안드로포프를 좋게 생각했어. 특이한 일이지. 안됐어. 오래 살지 못했어. 좋은 사람인데... 지도자로서도 훌륭했어, – 몰로토프가 말한다.

— 왜 리빈스크[10]를 안드로포프로 개칭했을까요? 도시 이름이 리빈스크였다가 [1946년에] 셰르바코프로, [1957년에] 다시 리빈스크로, 그리고 이젠 안드로포프로... 보기 좋지 않습니다.

▶ 물론, 좋지 않지. 누군가 헛짓을 했지.

1984년 8월 1일

복당

...아침 8시경, 사라 미하일로브나가 내게 전화를 했다. "우리에게 아주, 아주 기쁜 일이 있어요. 뱌체슬랍 미하일로비치께서 복당 되셨어요!"

주코프카로 출발했다. 하얀 셔츠를 입은 몰로토프가 소파에 앉아 TV를 보고 있었다. 몰로토프에게 축하 인사를 건넨 후에 나는 자세히 이야기해 달라고 청했다.

▶ 어제 그 누구더라, – 몰로토프는 좀 생각한 후에 기억해냈다. – 아, 체르넨코가 나를 만나자고 해서 만났는데... 내게 결정문을 읽어보라고 했소. 단 한 줄이었는데, 몰로토프에게 소련공산당 당원으로서의 권리를 회복시킨다...

— 서기국의 결정이었습니까?

9) 미하일 수슬로프는 1982년 1월 사망했다.

10) 리빈스크는 모스크바 북방 270km, 야로슬라블 서북방 80km 지점에 위치해 있는 도시로서, 1984년 3월 안드로포프가 되었다가 1989년부터 다시 리빈스크로 불리고 있다. 참고로, 모스크바 주당 제1서기와 정치국 후보위원을 지낸 알렉산드르 셰르바코프(А.С. Щербаков, 1901~1945)는 소년 시절을 리빈스크에서 보냈다.

▶ 정확히 말하긴 어렵지만, 정치국의 결정이겠지. 당 중앙위원회가 나를 출당시켰는데, 그렇다면 당연히 중앙위원회가 해야지. 현 문화상 [표트르] 데니체프가... 당원증은 곧 발급해 준다더군.

— 크렘린에서 만나셨습니까?

▶ 아니, 중앙위원회에서 만났지, 스타라야 광장[11]에 있는. 모든 게 아주 간단했는데, 하지만 의문이 들더군. 『소련공산당사』 최신판에 나에 관해 기술하고 있는데, 말하자면 포노마료프[12]의 적극성 덕분에 나를 [볼쉐비키와 멘쉐비키의 연대를 주장한] 화해파로 적고 있소. 나더러 화해파라고 하면, 화해파가 안 될 사람이 아무도 없어!

— 이미 어디서도 의장님을 〈반당그룹〉으로 지목하지 않는다는 걸 아셨습니까?

▶ 이미 오래 전이지. 흐루쇼프가 자신의 악의를 정정했어. 잘 지내자는 제안을 해왔지.

— 어제 의장님을 불렀습니까?

▶ 어제 저녁에.

— 그렇다면 정치국 회의가 끝난 후입니다. 어제 목요일에 정치국 회의가 있었습니다.

▶ 보통 목요일에 정치국 회의가 있는데, 레닌 때도 그랬지, – 몰로토프가 말한다.

— 오늘 『프라우다』에 정치국 회의가 보도되었습니다. 보도문 맨 끝에 이런 구절이 있습니다. “정치국 회의에서 일련의 경제문제 및 우리 당의 사회정책이 검토되어 결정이 내려졌다.” 즉, 이건 의장님에 관한 것입니다. 정치국 회의 후에 체르넨코가 의장님을 접견한 것 같습니다. 의장님께 차량을 보냈습니까?

▶ 〈볼가〉 두 대를 보냈더군.

— 전화를 해서 의장님을 찾았어요, – 사라 미하일로브나가 말한다. – 그래서 누구냐고 했더니 당 중앙위원회라는 거예요. 기다리라고 했지요. 의장님께서 내려오셔서 전화를 받으셨더니 의장님을 모시러 온다고 하는 거예요.

— 그들이 의장님을 복당시킨다는 말을 전했습니까?

▶ 아니오. 그래도 내가 눈치를 챘지, – 몰로토프가 대답한다. – 5월 14일에 내가 정치국에 서한을 보냈거든.

11) 소련공산당 중앙위원회 건물이 있던 ‘스타라야 광장’은 모스크바 도심 지하철역 ‘키타이-고로드’에 인접해 있다.

12) 보리스 포노마료프(Б.Н. Пономарёв, 1905~1995)는 1960년 초판이 나올 때부터 『소련공산당사(История КПСС)』의 집필 책임자였다. 그는 당 중앙위원회 국제부장(1955~86), 중앙위원회 서기(1961~86), 정치국 후보위원(1972~86)을 역임하고 1986년 은퇴하였다.

— 하지만 거절할 수도 있잖습니까? 전에는 거절했지요.

▶ 물론, 그렇지.

— 의장님께서 집무실에 들어가시니까...

▶ 거기에 뭐 특별한 게 있다고. 체르넨코 혼자 있었소. 집무실이 아주 넓어.

— 스탈린이 쓰던 집무실인가요?

▶ 아니, 그런 커다란 방이오. 정치국 회의를 하는... 그가 자신의 집무실에서 나를 맞이했고, – 몰로토프가 상황을 정확하게 진술한다. – 테이블에 둘러앉았지. 내가 들어갔을 때 그는 일어나 나를 맞으면서 악수를 하며 나를 축하했소. 그리고 우린 긴 테이블에 서로 마주보고 앉았는데, 그가 뭔가를 말했지만 내가 귀가 어두워 잘 듣지 못했소. 그런데 그 불쌍한 사람이 대수롭지 않게 말하는 거야. 그리고는 결정문을 보여줬어. 내가 그에게 말했지. "나는 이미 1906년부터..." 그러자 그가 말했소. "여기 결정문에 그렇게 쓰여 있습니다."

— 경력을 지키시려고요?

▶ 그렇지, 그렇지.

— 지금 우리나라에서 의장님의 당원 경력 기간이 가장 깁니다. 거의 80년이나 됐습니다.

▶ 그렇지, 벌써...

— 그런 경력은 누구에게도 없습니다.

▶ 있지, 산타 할아버지에겐 있을 걸, – 몰로토프가 농담한다.

— 그런데 체르넨코가 의장님께 무슨 말을 했습니까?

▶ 특별한 건 없어. 어떤 대화도 거의 없었어. 그는 내가 복당됐다고 말하고는 결정문 사본을 내게 줬지. 나를 축하했고, 더 이상 아무 것도 없었소.

— 그가 의장님께 결정문을 직접 주지 않았습니까?

▶ 아니오, 안 그랬소. 그와 함께한 시간이 채 2분을 넘지 않았을 거야. 그가 내게 말하는 것을 나는 잘 알아듣지 못했는데, 나는 내가 왜 당에서 제명됐고 왜 복당됐는지 잘 알지 못한다고 말했지.

...타치야나 아파나시예브나가 들어온다.

— 뱌체슬랍 미하일로비치께선 아주 기분이 좋으십니다. 오늘 아침에 일어나셔서는

"나를 중앙위원회에 부르는 꿈을 꾼 게 아닌가?"하고 말씀하셨어요.

— 그런데 많은 사람들은 의장님이 당에서 제명됐던 사실을 모르기도 합니다. 오직 백과사전에만 의장님께서 1906년부터 1962년까지 당원이었다고 기술돼 있습니다. 체르넨코가 의장님께 축하인사를 드렸지요?

▶ 정확히 알아듣지 못했지만, 아마 했겠지. 그렇게 생각해. 안 그랬겠소?

— 서기장이 직접 그렇게 했습니다. 지구당위원회에 맡길 수도 있었는데 말이죠...

▶ 미리 말한 거겠지. 아마 어제 공식적으로 결정했을 거요. 1시 반에 전화가 왔거든. 접견 시간이 4시 반이었소. 우리는 그 전에 도착했고, 그가 곧 나를 영접했소. 그가 숨을 좀 헐떡이던데, 그래, 그는 호흡하기 힘들어 했어. 그는 어려운 상황에 있지. 매일 어디선가 발언해야 하고, 작은 연설, 회의 참석... 쉽지 않은 일이야. 내가 잘 알지.

7시에 저녁식사를 합시다, 늘 그렇듯.

...식탁에 둘러앉았다.

— 뱌체슬랍 미하일로비치, 약주하실 거지요? – 타치야나 아파나시예브나가 물었다.

▶ 당연히 마셔야지! – 몰로토프가 외친다.

...타냐가 샴페인 두 병을 가져왔다. 하나는 소련산, 다른 하나는 헝가리산이다.

— 어떤 것을 열까요?

...몰로토프가 병을 유심히 살피더니 소련산을 지목했다. 카가노비치와 말렌코프도 복당이 됐냐고 내가 물었다.

▶ 그들이 전화를 했을 수도... 카가노비치가 지난 수요일에 우리 집에 왔었소. 자기가 나의 가장 가까운 친구라고 말하더군. 그런데 말렌코프는 만난 지 오래 됐지.

...나는 다시금 어제 중앙위원회에 갔던 일에 관해 자세히 묻기 시작했다.

— 한 4시쯤에 사람들이 차 두 대에 나눠 타고 의장님을 모시러 왔어요, – 사라 미하일로브나가 말한다. – 한 대에는 3명이 탔고, 그 중에 의사가 있었어요. 다른 차엔 2명이 타고 있었죠. 다차 부근의 길에 차를 세웠는데, 마침 제가 그곳에 있었어요. 안테나를 단 검정색 차였어요. 내가 "우리 집에 오셨나요?"하고 물으니 아무 말도 안 하더군요. 아무튼 저는 집에 들어왔는데, 그때 두 사람이 우리 집으로 오는 것을 봤습니다. 제가 여기 사는 사람일 걸 알아차리고는 웃으면서 그들이 집으로 들어왔어요. "우리는 뱌체슬랍 미하일로비치를 모시러 왔습니다." 그래서 "의장님께선 위층에서 옷을 입고 계세요"

라고 했어요. 그때 타냐가 의장님 시중을 들고 있었죠.

— 우리가 의장님께 회색 양복을 다림질 해드렸어요. 회색 넥타이에 중절모를 쓰셨죠, – 타냐가 말한다. – 의장님께선 낮잠도 못 주무셨어요.

— 그런데 체르넨코 역시 양복에 넥타이를 매고 있었습니까, – 몰로토프에게 내가 묻는다.

▶ 물론, 그에겐 당연한 거지.

— 그런데 여기 온 사람들이 앉더니 뱌체슬랍 미하일로비치를 칭송하기 시작했어요. – 사라 미하일로브나가 말한다. – 의장님께서 어떤 분인지, 전 인민이 의장님을 얼마나 사랑하고 존경하는지에 관해 말하기 시작했어요. 한 사람이 말했어요. "너무나 소박하게 사시는군요!" 다른 사람이 물었어요. "뱌체슬랍 미하일로비치께선 차 앞자리 조수석에 앉는 걸 좋아하십니까, 아니면 뒷자리에 앉는 걸 좋아하십니까? 외출 시 지팡이를 들고 나가십니까? 가는 도중 차 안에서 라디오 방송 〈마약〉을 틀어드려도 괜찮습니까?.." 비록 그들이 아무 말도 하지 않았지만 우리는 의장님께서 좋은 일로 가신다는 걸 알았어요. 그들은 경호원들이었을 거예요. 어떤 비밀요원 같았어요! 만약에 대비에 의사를 데려왔다고 했지만, 의사는 필요하지 않았어요. 뱌체슬랍 미하일로비치께선 늘 그렇듯이 그 시간에 차를 마시러 내려오셨고, 그들에게 차를 권하셨어요. 그들은 기꺼이 차를 마신 후 떠났어요. 첫 번째 차가 출발하고 조금 있다가 두 번째 차가 떠났어요. 저는 타냐와 함께 하느님께 기도하기 시작했고, 모든 게 잘됐으면 하는 바람에 마루를 쓸지도 않았어요. 의장님을 다시 집으로 모셔왔을 때 이미 차 한 대가 대기하고 있었는데, 우리가 나가니까 이미 구면인 두 사람이 쾌활하게 말했어요. "뱌체슬랍 미하일로비치, 축하드립니다!" 그리고 우리에게도 축하한다는 말을 건넸어요. 우리는 의장님을 얼싸안았어요...

...타냐가 말하길, 브레즈네프 때인 [1971년 봄에 거행된] 제24차 당대회 후에 복당 신청과 관련하여 몰로토프를 소환했을 때, 23명으로 구성된 위원회가 열렸고 그에게 결정문을 읽도록 했다. 처형된 사람과 숙청된 사람에 관한 사실관계와 통계자료가 인용된 그것과 관련해서 몰로토프는 들어보지 못했다고 답했다는 것이다. 그런데 이제 체르넨코는 그에 관해 한마디 말도 없이 몰로토프를 영접하였다.

— 그래도 역시 체르넨코가 잘했습니다, – 내가 말한다.

▶ 여기 체르넨코의 지지자가 또 있군, – 몰로토프가 웃는다. – 그런데 우리가 전쟁

전에 탄압을 했던 것은, 내가 보기에, 잘한 일이야.

...몰로토프는 자기 생각을 고수하고 있다. 그리고 참회하지 않으면서, 그 어떤 자기 비하적인 글을 쓰지 않고서도 자신의 바람을 성취했다. 그런 글의 당위성에 대해서 예전에 사람들이 그에게 수차례 권고했지만 말이다.

1984년 6월 8일

▶ 카가노비치가 복권되지 않았소. 그들을 복권시키긴 할 거요. 말렌코프는 오지 않아서... 필경 그는 자신들이 쫓겨난 게 내 책임이라고 생각할 텐데...

— 당원증을 받으셨습니까?

▶ 그럼, 벌써 당비를 냈지, – 이 새로운 수고가 그에게 큰 기쁨을 준다는 게 느껴진다.

— 의장님께선 이제 8월분을 내셔야 해요, – 사라 미하일로브나가 상기시킨다. (몰로토프가 그녀에 대해 이렇게 말한 바 있다. "우리 집에 당원은 사라 한 명이야." – F. 추예프) – 6월분, 7월분은 이미 납부하셨고요, 이젠 8월분을 받으러 올 거예요. 지구당위원회에서 여성 두 명이 왔었어요. 그들이 말하길, 앞으로는 의장님께 집회에 관해 알려주겠다고 하면서, 하지만 집회에 반드시 참석할 의무는 없다고 했어요. 6월 12일에 그들이 당원증을 갖고 왔는데, 왜 이제야 복당이 되는 거지요? – 그녀가 조용히 내게 말한다. – 진작 됐어야 했어요.

...내가 몰로토프의 새 당원증 번호를 적어둔다. 21057968번. 경력은 1906년부터.

— 의장님의 복당과 관련해서 프랑스인들이 그린 캐리커처가 있습니다. 의장님과 체르넨코를 그린 다음 이렇게 써놨습니다. "체르넨코가 자신의 후계자를 낙점했다." 나이를 조롱하고 있습니다. 그들의 기사에 따르면, 체르넨코가 오래 사는 비법을 배우기 위해 의장님을 초대했다는 겁니다.

▶ 체르넨코가 이제 어느 정도 대중성을 획득했어, – 몰로토프가 말한다.

1984년 8월 1일

▶ 내가 아는 사람 중에는 강인하고 박식한, 자격을 갖춘 맑스주의자가 없어. 그런 사람을 알지 못해. 헌신적인 사람들은 있지. 헌신적인 사람들이 많지만 그들은 올바른,

볼쉐비키적인, 레닌적인, 맑스주의적인 방향을 고수하지 않아. 체르넨코를 보시오. 맑스주의와 부합하는 게 별로 없어. 그런데 그가 지금 이론 작업을 지휘하고 있어.

— 기본적으로 모두가 실천가들이죠.

▶ 그렇지, 실천가야. 나 역시 실천가요. 나는 스탈린 주위에서, 심지어 레닌 주위에서 살았어. 누가 옆으로 새는 엉뚱한 소리를 하면, 내가 그게 부끄러워... 그래서 그런 게 만연하게 될까 두렵소.

1984년 11월 15일

"올해도 살아갑시다"

...오늘이 새해 첫날이다.

한 손님이 사진기를 가져와 탁자 곁에 앉은 몰로토프를 찍으려 했는데, 그가 거부했다.

— 뱌체슬랍 미하일로비치, 왜 그러시죠?

▶ 왜, 왜 그러냐... 술 취한 모습으로 사진을 찍고 싶지 않아.

— 누가 취했습니까?

▶ 내가 취했겠지. 좀 취기가 도네. 이런 상태에서 사진 찍으면 나중에 남은 생애를 울고 지내야 하는 일이 생길 수 있지.

...그러나 여기서 자신에 대한 그런 비방이 과했음을 느낀 몰로토프는 자기 사위인 알렉세이 드미트리예비치 니코노프와 장난을 치더니 한 손님에게 농담을 건넸다.

▶ 게오르기 보리소비치, 춥지 않소? 내 생각엔 추운데. 거기 술 한 병이 또 있을 텐데...

...손님들이 작별을 고하며 몰로토프에게 건강을 기원했을 때 그가 말했다.

▶ 노력합시다. 올해도 살아갑시다.

1985년 1월 1일

...내일이 몰로토프의 95세 생일이다. 순양함 〈몰로토프〉호의 노병들이 몰로토프를 축하하러 왔다. 전국 각지에서 말이다.

— 위대한 승리를 쟁취하면서 우리 "몰로토프인" 모두는, 우리 노병들 모두는 의장님

이름을 자랑스레 명예롭게 간직해왔습니다, – 수병 E. 스트루고프가 말했다. – 1947년 8월 19일 우리 배에 스탈린 동무가 승선하셨습니다. 우리는 얄타에서 아침 5시에 그를 태웠고, 뱌체슬랍 미하일로비치께선 소치에서 19시에 커터에서 스탈린 동무를 만나셨습니다. 〈몰로토프〉라고 쓰인 함정에 오르기 위해 트랩에 올라서자 스탈린이 아래로 내려가 의장님의 어깨를 쳤습니다. "자기 배에 좀 타보려고 서두르는 거지!" 그리고 의장님께선 곧 돌아가셨습니다. 그래서 의장님께선 그 배의 트랩에 좀 오르다 마셨습니다. 기억하십니까?

▶ 그랬지, 그랬지. 우리 두 사람 중 누군가는 반드시 육지에 있어야 했소.

— 지금 미사일 순양함 〈슬라바〉호가 〈몰로토프〉호의 계승자가 됐습니다. 의장님을 〈슬라바〉라고 부릅니다. 그래서 모든 게 같습니다. 스크랴빈과 랴빈이 같은 것처럼 말입니다! 〈몰로토프〉호의 모든 전통은 〈슬라바〉호에서 계승되고 있습니다.

1985년 3월 8일

...오늘이 몰로토프의 95번째 생일이다. 어제처럼 청명한 날이다. 영하 6도. 11시쯤에 몰로토프의 다차에 도착했다. 현관 계단 앞에 섰다. 조용하다. 아직 아무도 없는가 싶었다. 하지만 내가 집에 들어갔을 때, 응접실 소파에 몰로토프가 앉아 있고, 바실리 파블로비치 므좌바나제가 그 맞은편에 있었다. 그리고 그들 사이의 탁자 한편에 포도주 한 병과 잔 두 개가 놓여 있었다. 여기에 세 번째 잔이 놓여졌다.

대략 25명 정도의 손님이 왔다. 계속된 건배에 피곤을 느낀 주빈이 쉬려고 들어가자 나는 아르촘 표도로비치 세르게예프, 블라디미르 이바노비치 테보샨과 함께 몰로토프의 집 옆에 있는 아르촘의 다차로 갔다.

한 시간이 지났다. 몰로토프가 이미 일어났을 것이고, 그래서 우린 그에게로 돌아갔다. 몰로토프의 다차에서 흐루쇼프의 손자 니키타 세르게예비치를 만났다. 그는 자기 할아버지와 이름이 똑같다. 푸른 스포츠 재킷에 "핵전쟁 반대!"라는 문구의 배지를 달은, 쾌활한 용모의 키 큰 청년이었다.

그는 몰로토프가 가장 대단한, 심지어 스탈린보다도 더 대단한 스탈린주의자라고 언급된 기사가 실린 서독 신문을 몰로토프에게 가져왔다.

우리는 몰로토프와 차를 마셨다. 그리고는 그와 함께 마을을 산책하러 나갔다. 아르촘 세르게예프가 물었다. "왜 레닌의 측근들 거의 모두가 나중에 반대파가 됐습니까?"

▶ 왜냐하면 그들은 새로운 문제들에 대해 올바른 준비를 갖추지 못했기 때문이오, – 몰로토프가 대답한다.

— 제가 기억하기에 몇 년 전에, 한번은 노동자들이 의장님께 다가와 왜 당에서 제명당하셨냐고 물었습니다.

▶ 놀랍구먼, – 몰로토프가 대답한다. – 레닌은 나를 거부하지 않았어. 스탈린 역시 나를 거부하지 않았는데... 내가 당 밖에 있는 것은 물론 난센스야, – 그가 부연한다.

— 브레즈네프가 권좌에 오르자 역시 모두를 내쫓았습니다, – 므좌바나제가 말한다. – 쉘레핀, 쉘레스타, 마주로프, 보로노프, 폴랸스키, 포드고르늬 등을 말이죠. 전부 그랬었습니다.

...나중에는 우리 둘이서 이야기했다. 몰로토프는 급히 지쳐갔고, 나는 좀 일찍 떠나려 했다. 그러나 그가 좀 더 대화를 하고 싶어 하는 것 같았다. 그가 생각에 잠겨 창밖을 바라본다.

▶ 그는 내게 호의적으로 대했어.

— 누구 말씀이십니까? – 내가 묻는다.

▶ 레닌.

1985년 3월 9일

— 제가 레닌이 의장님께 쓴 메모 두 개를 『아가뇩』 1955년 제6호에서 봤습니다. 레닌은 1921년 12월 모스크바 근교 코스티노에서 쉬고 있을 때 그것을 썼습니다. "몰로토프 동무! 오늘 떠납니다. 내가 최근에 업무량을 줄이고 휴식 시간을 늘렸음에도 불구하고 불면증이 지독히 심해졌소. 당 협의회에서나 소비에트대회에서 보고할 수 없을 것 같아 두렵소. 만일의 경우에 대비하여 정치국원들에게 공지하기 바랍니다. 레닌."

그런데 레닌은 왜 고르키로 가지 않고 코스티노로 갔습니까? 거긴 베체카의 솝호즈가 있던 볼쉐보에서 가깝긴 합니다.

▶ 어디로 가는지는 제르진스키가 알았을 거요. 암살 시도를 막기에 거기 경비대가 더 좋았소. 그런 상황을 방지하기 위해서요. 카플란이란 여자가 레닌을 저격했지.[13] 그

런 짐승 같은 자가 있었소.

— 며칠 후 레닌이 의장님께 두 번째 메모를 보냅니다. "몰로토프 동무! 내가 동무에게 필요하게 되면 주저하지 말고 나를 부르기 바랍니다. 전화가 있습니다. (3층의 교환수들도 포티예바도 주지하고 있습니다) 포티예바를 통해 서류를 보낼 수도 있고, 내가 직접 갈 수도 있소. 나는 기꺼이 갑니다. 한 시간도 안 걸립니다. 레닌."

▶ 그렇지. 그는 물론 대비를 했는데... 나는 규정된 시간이 아니면 레닌에게 가지 않았소. 오직 업무로 갔지. 그리고 레닌이 차 마시자고 나를 불렀을 때도...

1986년 3월 9일

...몰로토프가 복당이 되자 그의 기력이 쇠하기 시작했다. 그는 오랫동안 기다렸고 당대회가 열릴 때마다 신청서를 제출했다. 그런데 소원이 실현되자 그의 몸은 약해져 갔다. 귀가 더 어두워지고, 자주 되묻고, 전보다 더 짧게 대답한다. 하지만 맑은 두뇌는 유지되었는데... 무언가 잊기 시작했다. 언제 스탈린이 사망했는지 묻기도 했다.

가정부 타냐가 이야기하기를, 몰로토프가 자신이 몽골에 있는 꿈을 꾸었다고 했다. 잠을 깬 후 이렇게 말했다고 한다. "나가지 않을 거요. 우린 여행 중이잖소."

그러나 그는 예전처럼 사건과 인물에 대해 분명한 자기 의견을 제시한다.

그는 집안에서 입는 헐렁한 하늘색 셔츠를 걸치고서 복도로 나왔다. 오른쪽으로 기울면서 천천히 걷는다. 폐렴을 앓았다. 그는 어제 병원에서 퇴원했다. 몰로토프가 꺼져가고 있다...

그는 사람들의 운명과 세계 정치를 결정했던, 이 세상의 권력자 중 한 명이다. 진실로 모든 활동가가, 심지어 그런 차원의 활동가 모두가 국경선이 자신의 이름으로 불리는 자격을 부여받지는 못했는데...[14)]

▶ 흔히 말하듯, 자만할 게 없어. 아무튼 그게 정상이야, – 그가 빙그레 웃는다.

1985년 8월 2일, 1985년 10월 4일, 1986년 1월 1일

---

13) 레닌은 1918년 8월 30일 모스크바 미헬손 공장의 노동자집회에 참석했다가 나오면서 에세르 화니 카플란(Ф.Е. Каплан, 1890~1918)의 총격을 받아 턱 아래 목 부위와 팔에 중상을 입었다.

14) 1940~41년 소련이 발트 3국, 우크라이나와 벨로루시 서부 지역, 베사라비아를 자국 영토로 편입시킨 후 공고화된 소련의 서부 국경선을 '몰로토프 라인'이라고 불렀다.

...몰로토프가 탁자 곁에 앉아 있다. 바닥으로 냅킨을 떨어뜨렸다. 자신이 그것을 주워 올리려 노력한다. 할 수 없다. 그러나 도와주는 것을 싫어한다.

경제에 관해 말한다. 러시아 땅에 돈을 투자하라고 어떻게 제안했는지에 관해 말한다. 그런데 흐루쇼프는 몰로토프를 "도그마틱"이라고 불렀다.

▶ 도그마틱? 왜냐하면 책을 읽기 때문이지, – 몰로토프가 말한다. – 투쟁은 다른 형태로 계속되고 있어. 그것은 진행되고 있다고. 끈질긴 투쟁이지. 그에 관해서 작가 동무들이 말하고 있어.

— 문인회관에서 베레쉬코프를 만났습니다. 이야기를 나누던 중에 그가 말하길, 의장님께서 스탈린과 함께 우리 외교를 아주 어렵게 만드셨다고 했습니다. 외교 협상에서 유연성을 발휘할 수 있는 "개구멍"을 모두 막아버렸다는 겁니다. 스탈린과 의장님께서 그렇게 엄격한 정책을 시행했기 때문에 지금 자본주의자들과 일하기가 매우 어렵다고 했습니다.

▶ 내가 보기에 그건 아주 피상적인 판단인데... 스탈린이 외교의 ABC를 이해하지 못했다고 하는 건 어이없는 소리지...

사람들이 레닌에게 다가서려고 스탈린을 짓밟고 있어. 그런데 일부는 이미 레닌을 짓밟기 시작했어. 스탈린이 레닌의 계승자라는 말인데, 어떤 의미에서? 나쁜 의미에서. 레닌이 집중수용소 설치를 시작하고 체카를 창설했는데, 스탈린이 그걸 계속했다는 거지... 스탈린 말고 다른 사람을 대보라는 거야!..

그럼 말을 해봐. 또 무엇에 관해 이야기했나? – 최근에 몰로토프가 내게 반말을 하기 시작했다.

— 고르바초프에 대해서입니다. 알콜리즘과의 투쟁에 대해 이야기했습니다.[15)]

▶ 어제 TV에 나–나와서 말하더군. 내가 보기엔 꽤 잘... 내가 그 사람과 만난 적은 없는 것 같아.

— 그는 젊은 사람입니다. 1931년생입니다. 의장님께서 이미 정부 수장을 하고 계실 때 그가 태어났습니다.

---

15) 1985년 3월 소련공산당 중앙위원회 서기장으로 선출된 고르바초프는 동년 4월에 열린 중앙위원회 전원회의에서 '사회정치적 발전의 가속화'를 전략 목표로 설정 제시했으며, 그 일환으로 사회기강 확립 차원에서 동년 5월부터 추진한 것이 알콜리즘과의 투쟁이었다. '페레스트로이카', '글라스노스치', '신사고 외교' 등의 개념은 1987년 초부터 유통되기 시작했다.

▶ 물론, 나도 젊었지. 가장 젊은 소브나르콤 의장이었지. 일본 대사가 내게 와서는 내 팔에 근육이 있다고 농담을 하기 시작했어. 어찌 이렇게 젊은 수상이 있을 수 있냐(!)는 거겠지. 이름은 생각나지 않지만, 대자본가 출신의 한 미국인 역시 그렇게...

우리나라는 신생 국가야. 인물이 중요할 수밖에 없어. 물론, 별 생각이 없는 흐루쇼프 같으면 안 되지만, 그래도 인물이 없이는 안 돼. 그러나 아주 조심해야 해. 특히 지금이 그렇지.

그런데 알콜리즘에 대해서 보면, 우린 그것을 너무 방치했고 이제 그걸 바로 잡기가 아주 어려워. 그러나 불가피한 건... 우린 농업 국가야. 우익 편향이 지배하는 나라요. 많은 사람들이 사회주의를 별로 좋아하지 않는데...

인민들이 왜 술을 많이 마시나? 거기엔 긴 역사가 있소. 지리적인 이유도 많아. 우리는 북쪽 지역에 살아. 술을 아주 많이 마시는데, 지금처럼 많이 마신 적이 없어. 부유해진 것이 그 첫 번째 이유이고, 두 번째는 신경이 더 예민해진 거요. 최면제가 필요하지. 전에는 지금보다 적게 마셨어.

그런데 무얼 읽고 있소? 얼마 전에 내가 『노븨이 미르』에서 어떤 단편을 읽었는데, 일반 구어체로 쓰인 것이야. 몇몇 단어는 전혀 이해할 수 없었고, 많은 방언이 있었는데, 아름답게 느껴지지 않았어. 작품 속 인물들이 러시아 말이 아니라 잡다하게 혼합된 언어로 대화를 하는 것 같더군. 숄로호프의 작품에는 전혀 다르지. 숄로호프는 [돈 강 지역의 방언을] 장인적으로 적용하고 또 적절히 했지. 그걸 악용하지 않았어. 러시아 말을 엉망으로 만들진 않았지. 오히려 아름답게 만들었어! 그런데 여기선 억센 사투리들이 문학 속으로 기어들어 갔어.

그런데 피쿨[16]을 읽어봤소? 『한계선』은 읽었나? 내 생각에, 괜찮게 쓴 것 같아. 재미있는 소설이야. 그리고 아주 사실적으로 쓰고 있어.

— 그런데 의장님께선 일을 좀 하실 수 있으십니까? – 내가 묻는다.

▶ 못 하지. 하고 싶지만, 아주 힘들어. 기력이 쇠해서 그렇지, – 몰로토프가 말한다.

— 세르게이 이바노비치[=말라쉬킨]께서는 쓰면 바로 잊어버린다고 푸념을 하시는데...

16) 발렌틴 피쿨(В.С. Пикуль, 1928~1990)은 역사를 주제로 한 많은 작품을 발표한 유명 작가로서, 그가 생전에 발표한 작품의 총 발행부수는 지금까지 2천만 부에 달한다. 그의 대표작으로는 그리고리 라스푸틴의 삶과 죽음을 다룬 『더러운 힘(Нечистая сила)』(1979)을 들 수 있는데, 이 작품은 잡지 『동시대인(Наш современник)』의 1979년 4~7호에 원본을 축약한 형태로 『한계선(У последней черты)』라는 제목으로 게재되었다.

▶ 나도 잊어버려. 그러나 기억하는 것도 많지. 조용히 일할 수 없어. 머리가 빠르게 둔해지고 있어. 뭘 생각하려해도 잘되지 않아. 쓰는 것보다 쉬는 시간이 더 많아. 두 쪽을 쓰고서 세 쪽을 지워버리는 걸, – 몰로토프가 농담을 한다.

— 그런데 예전 자료를 보시다가 수정하고 싶은 부분이 있으면 고치기도 하십니까?

▶ 그렇지. 하지만 중요한 생각을 빠뜨릴까 걱정이 되지. 그래도 조금씩 일할 수 있어. 뭔가 결론을 지었으면 해. 그런데 내가 너무 오래 살았어... 아니야, 나는 이미 제대로 일할 수 없어. 몇 가지 일을, 적어도 세 가지 일을 시작했는데, 그것들을 끝내려고 했어. 그런데 지금은 이미 희망이 없어졌어. 정치적인 주제야. 훗날을 위해...

쓰기가 겁나. 왜냐하면 뭔가 착각하고 혼돈하기 때문인데... 모든 게 그리 명확하지 않아서 아무 것도 쓰지 않고 있어. 쓴 것을 바로 잊어버린다고 할 수는 없는데, 하지만 읽은 것들 중에서 많은 걸 잊어 버렸어. 문제가 복잡해.

— 옛 국가지도자들의 풍부한 경험을 활용하지 못하는 게 아쉽습니다. 예를 들면, 연금생활을 하는 마주로프는 아직 활력이 있어 우리 사회에 크게 기여할 수 있을 것 같습니다.

▶ 내가 보기에 마주로프는 정직한 사람이야. 우리는 그 문제를 여러 번 논의했는데, 노인이 된 볼쉐비키로 위원회를 구성하는 문제를 말이오. 논의했지만 즉각적으로 결정이 채택된 바 없어. 웬일인지 잘되지 않았어.

1984년 11월 15일, 1985년 2월 16일, 1985년 10월 4일

...오늘이 10월혁명 68주년 기념일이다. 영상 5도의 늦겨울 날씨이다. 이미 고인이 된 쇼타 이바노비치가 말한 대로 벨로루시 역은 고색이 있고 복스럽다.

10시 52분 발 우소보행 전철을 타서 12시경에 몰로토프의 다차에 도착했다. 다른 손님들보다 일찍 도착한 나는 몰로토프와 나란히 TV를 보려고 소파에 앉았다. 기념식을 보여주고 있었다. 내가 몰로토프에게, 얼마 전에 내가 이르쿠츠크에 다녀왔고 그가 과거에 유형생활을 했던 카추그 차도를 통과했다고 말했다. "내가 이르쿠츠크에서 베르홀렌스크까지 가는 도중에 그 길을 지났소.[17] 레나 강까지 걸어서 가는 건 일도 아–아니야! 물론, 그땐 젊었지."

---

17) 카추그는 바이칼 호 서쪽 레나 강 최상류 지역에 있고, 베르홀렌스크는 카추그 기점 서북방 27km 지점에 위치해 있다.

그는 이미 내가 수차례 들어 잘 알고 있는 그의 70년 전 시베리아 유형생활에 관해 시시콜콜한 것까지 더해 이야기를 하기 시작했다.

그리고는 이렇게 말을 끝냈다. "혁명이 [짜리 법정의] 그런 선고들을 모두 날려버렸지. 그러나 우리나라에 많은 난관이 새롭게 드러났는데, 우리는 그런 것들에 대한 대비가 덜 돼 있었소. 지금 우리나라에는 모든 게 다 있어. 강대국이고, 사회주의 국가들과의 우호협력관계도 있어. 우리는 우리 자신의 방종과 게으름, 무규율을 빼곤 그 누구도, 그 어느 것도 두려울 게 없어. 사회주의의 과업을 강화하기 위해 그것들과 반드시 투쟁해야 해. 동무는 모든 게 갖추어진 상태에서 시작했지만, 아주 굳건히 일해야 할 거요."

...내가 몰로토프에게 소련공산당 강령의 새 수정안에 대한 의견을 물었다.[18]

▶ 그건 본질적으로 새 수정안이 아니라 새 강령이오. 하지만 당분간 그것에 관해 특히 소란을 피울 필요가 없어. 시간이 이 강령도 수정하겠지만, 잘 생각해야 할 거요. 이게 아직 쓸모가 있을 수 있어. 지금은 그에 필적할만한 그런 권위 있는 지도자가 없어. 예전에 레닌이 있었고, 다음엔 스탈린이 그 역할을 수행하려 애썼는데, 그에겐 그 일이 완전히 잘되진 않았지. 더 많은 어려움이 있을 거요. 새로운 문제들이 본격적으로 검토되지 않았어. 매우 신중한 자세가 필요해. 당분간 입 다물고 연구하는 게 좋아. 한동안 의심스런 문제들을 연구하다보면 좀 더 확실하게 말할 수 있겠지. 우리나라에 발전된 사회주의가 완전히 건설됐다는 것은 물론 옳지 않아. 그리고 지금은 올바른 말을 해줄 수 있는 그런 권위자가 없어. 전반적으로 레닌에게 더 가까이 다가갈 필요가 있어.

이제 우리나라에서 레닌 때도 스탈린 때도 전개되지 않았던 그런 새로운 한 획이 그어질 거요. 지금껏 상품화폐관계에 관해 아무런 연구나 이론이 없는데, 그래도 그건 아주 중요한 문제요. 사회주의에서의 노동문제에 관해서도 역시 불분명하고, 부분적으론 옳지 못해. 이건 우리 당에 국한된 사정이고, 다른 나라의 당들에서는 모호성이 더 커.

하지만 우리가 동요하기 시작하면, 그들은 무너질 수도 있는데...

이데올로그들이 자기 생각을 거의 말하지 않아. 다양한 의견이 있는데, 그래서 신중하게 이론화할 필요가 있어. 일부 문제들에 대해서는 함구하는 게 낫지. 레닌의 『국가와

---

18) 당 강령의 '새 수정안(Новая редакция программы)'은 1986년 3월 제27차 당대회에서 채택되었다. '새 수정안'은 1961년 제22차 당대회에서 채택된 강령 중 특히 1980년까지 공산주의를 건설하겠다는 부분을 삭제하고 '사회경제적 발전의 가속화'를 공산주의 건설을 위한 소련공산당의 기본 과제로 규정하였다.

혁명』을 다시 읽게 될 거야. 거기엔 다른 어떤 저작들보다도 그에 관해 많이 언급돼 있어. 그리고 맑스의 「고타강령 비판」도 다시 읽게 되겠지. 이 두 저작이 지금 아주 필요해. 상황 타개에 도움이 될 수 있는 방향타가 그 책들에 있어.

...그러는 사이에 친척과 손님들이 도착했다. 모두 14명이 모였다.

▶ 오늘은 소수정예네, – 몰로토프가 말한다. – 두 시에 식사를 하기로 했소.

...몰로토프가 탁자들 위에 놓인 접시의 개수를 하나하나 세며 사람이 얼마나 올 것인지 점검했다. 탁자 위에 백포도주 두 병과 샴페인, 보드카, 코냑이 한 병씩 놓인 것을 보고는 포도주나 보드카나 코냑 중에 뭘 따든지 술이 너무 많다고 말했다. 내가 이미 코냑을 딴 걸 보고는 손자에게 보드카 병을 따지 말라고 했다. 그건 결코 탐욕이 아니라 그에게 항상 나타났던 절약정신이었는데, 이제 해가 감에 따라 예민해졌다. 그는 자신을 최소한으로 돌보는 데 익숙한 사람들 출신이다.

그는 인사말을 해야 한다며 여성 친척 중 한 명을 질책하였다. 그는 그때까지 기분이 좋았다. 별안간 짜증을 냈다. 탁자에 둘러앉은 사람들이 하는 말을 모두 알아듣지 못하기 때문인 것 같았다. 그는 보청기 끼는 것을 좋아하지 않았다. 소리가 갈라지기도 하고, 그냥 싫기도 했다. 나는 그가 내게 한 이야기를 떠올렸다. 레닌은 안경 끼고 있는 자신의 모습을 다른 사람에게 보이기를 특히 싫어했다고 한다.

탁자에 둘러앉았다. 그가 붉은 건포도주 잔을 들고 건배를 제안했다.

▶ 이 자리 최고 연장자로서의 권리로, 위대한 10월 사회주의 혁명 제68주년을 위해, 그리고 우리 각자가 우리 혁명을 위해 뭔가 유용한 것을 행하기를 기원하며, 건배!

...나는 몰로토프 옆에 나란히 앉아 그가 천천히 적게 소식하는 모습을 바라봤다. 사람들이 전화를 해서 그에게 혁명 기념일을 축하했다. 그는 이미 전화 받기에 지친 것 같았다.

그는 흔한 갈색 셔츠를 걸치고서 회색 바지에 잘 닦인 검은 구두를 신고 있었다. 왼쪽 눈은 완전히 실눈이 되어 거의 감겼는데... 몇 차례 건배의 말이 있었다. 갑자기 그는 우리가 여기 모인 이유가 술을 마시기 위해서가 아니라 10월혁명 기념일을 축하하기 위해서라고 말했다. 1시간쯤 지나 몰로토프는 자리에서 일어나 "점심식사가 끝났다"고 말하고는 쉬러 들어갔다. 우리는 계속 자리에 앉아있었다. 몰로토프는 오늘 특히 기분이 언짢은 것 같았다. 당 지도부에서 누구도 그에게 축하의 말을 전해오지 않았다. 그는 10월혁명을 준비했던 군사혁명위원회 위원 중 아직 생존하고 있는 유일한 사람이 아닌가!

1985년 11월 7일

"문해력이 좀 떨어져"

...1986년 첫 날에 만났다.

내가 묻는다.

— 1937년에 이미 소비에트 권력의 적이, 혁명의 적이 모두 청산되었다는 목소리가 지금 높아지고 있습니다만...

▶ 생각이 없는 거지. 거의 70년이 지났는데 지금도 적들이 잔뜩 있어. 그런데 당시는 겨우 20년이 지났을 때구먼!..

오늘날 사기에 대해, 조작된 수치에 대해 많이들 쓰고 있는데, 우리가 그에 대해 그냥 나오는 대로 말할 게 아니라 각자 자기 자리에서 그런 부정과 싸우기 시작한다면 우리 사회에 더 많은 이익이 될 거야. 우리 모두가 각성해야 하고, 무엇보다도 가장 정직한 사람이 되어야 해. 그러면 그때 우리 당은 전진할 것이고, 우리는 사회주의와 공산주의의 길을 따라 계속 나아갈 거야. 그 모든 것에도 불구하고 볼쉐비키는 더 어려운 시기에도 버텨냈어!

1986년 1월 1일

...내가 몰로토프에 관한 르포를 썼다. 그것을 읽은 몰로토프는 일부 지적을 했으나 전체적으로 동의했다. 내가 그것을 몇 개 편집국에 보냈더니 모든 곳에서 흔쾌히 받아주며 게재를 약속했다. 하지만 우리의 글라스노스치 정책에도 불구하고 그것을 출판할 수 없었다. 그때 나는 르포를 소련공산당 중앙위원회로 보냈다. 그러자 그들이 나를 대화에 초대했는데, 그로부터 르포가 출판되지 않을 것이라는 사실이 분명해졌다. 중앙위원회의 간부 두 명이 나와 대화를 했다. 오늘 내가 그들의 판단에 대해 코멘트 해달라고 몰로토프에게 요청했다.

내 말을 다 듣더니 몰로토프가 말했다.

▶ 지금 큰 변화가 진행되고 있지. 우리가 변화를 견뎌낼 것이라는 확신이 있는가? 사회주의의 과업을 두고 하는 말이야. 지금 그건 많은 점에서 스탈린에 대한 태도에 달려 있어.

— 중앙위원회에서 제게 말하길, 1920년에 니즈니-노브고로드 성 당위원회에서 의장님께 견책 처분을 내렸다고 합니다. 의장님께서 꾸미신 어떤 음모 때문이라는 겁니다.

▶ 그랬었지, – 몰로토프가 대답한다. – 거기서 내가 지방 일꾼들을 비판하는 연설을 했어. 아니야, 그건 내가 어떤 음모를 꾸몄기 때문이 아니라 그들이 범속한 형태의 자기 노선을 확립하길 원했기 때문이야. 특히 아무 것도 건드리지 않고, 누구도 자극하지 않는... 그게 1920년이었지. 그런데 1921년에 내가 레닌의 제안에 따라 중앙위원회 책임서기가 됐어. 니즈니-노브고로드 성 당위원회로부터 견책 처분을 받은 후에 말일세.

— 또 그들은 레닌이 지은 의장님 별명을 언급했습니다. "돌 궁..."[19)]

▶ 그들은 레닌이 다른 사람들을 어떻게 불렀는지 아는 것 같군! 그래도 레닌은 나를 정치국으로 데려 갔어. 그것도 제1후보위원으로 말이야! 나를 후보위원으로 임명한 것은 내게 전혀 의외였어. 많은 사람들이 그것에 불만을 가졌는데, 왜냐하면 나는 늘 분명하고 확고한 정책을 위해 싸웠거든. 그게 아마 레닌의 마음에 들었나봐. 모든 게 불분명했고, 아무 것도 준비되어 있지 않았어. 식량도 없었고, 그래도 역시 우리는 결국 승리를 했어! 즉, 무엇인가에 의지해서 버텼던 거야. 내 생각엔 네프를 거부할 수가 없었어. 그렇다고 네프의 흐름에 순응할 수도 없었어. 구체적으로 그걸 정식화하기가 간단치 않았는데, 몇몇 사람은 네프에서 자신의 어떤 노선을 구현하려고 애썼지. 실질적으로 범속성과 선량함을 보여주려 했어. 그러나 그건 유익한 결과를 주지 못했을 것이고, 우리를 더욱 더 어려운 상황으로 끌고 갔을 거야. 하지만 그 모든 어려움에도 불구하고 당은 노선을 지키기 위해 투쟁했고, 결국엔 트로츠키주의자들, 지노비예프파, 부하린파가 분쇄됐지. 그리고 그 모든 결함에도 불구하고, 신뢰할만한 공산주의자들이 적었던 상황에도 불구하고 아주 얇은 공산주의자 층이, 이에 관해 레닌이 쓰기도 했는데, 아무튼 그럼에도 그들이 굉장히 큰 역할을 수행했어. 만약 그들이 없었거나 그 층이 더 얇았더라면 일

19) 레닌은 몰로토프가 비서[=책임서기]로서 정치적 역량을 발휘하여 자신을 보좌해주기를 기대했으나, 규정과 지시에 따른 업무 처리에 집중하며 주로 의자에만 앉아 있는 모습에 대한 불만의 표시로 몰로토프에게 "돌 궁둥이"라는 별명을 붙였다. 여기서 원문에 '궁' 자만 표기된 이유는 그 러시아어 낱말(жопа)이 입에 담기 거북한 비속어이기 때문이다.

이 잘못됐을 수도 있었고, 나라의 지도부가 조직적 체계를 갖추지 못했을 수도 있었어. 우린 그런 어려움을 극복했는데, 때론 모든 게 다 무너질 것 같은 위기에 처하기도 했지만 그래도 우리는 손에서 조종간을 놓치지 않았어. 정치국에는 노골적인 반대파가 세 명 있었지만, 물론 나는 드러나지 않게 레닌을 도우면서 그들과 투쟁했어. 스탈린은 문제의 이론적 측면에 대해선 대체로 파고들지 않았어. 그런데 레닌은 실제의 측면과 이론적 측면을 연계시킬 줄 알았고, 여기에 그의 공적이 있어. 그런데 어떤 문제들에 대해서는 레닌도 좀 지나쳤지.

하지만 결정적 조치들이 없었다면, 기회주의에 대한 비판이 없었다면 우리는 살아남지 못했을 거요. 깨져 사라졌겠지. 왜냐하면 일이 풍전등화 같은 상황에 처해 있었거든. 그들은 양보하길 원치 않았어. 그런데 우리 수중에는 그래도 보다 신뢰할만한 당원 층이 있었어. 그걸 항상 기억해야 해. 그리고 이쪽으로나 저쪽으로나 흔들리면 안 돼. 정확하지 않고 분명하지 않았지만, 우리는 희망을 갖고 살았고 우리 입장을 포기하지 않았소. 범속한 생활에 귀의하지 않았다고. 니즈니-노브고로드에서, 그리고 그밖에 다른 곳에서 당시 범속한 풍조가 퍼졌지만 그것이 승리할 수는 없었지. 여기서 나는 그것이 레닌을 깊이 이해했던 당권파의 공적이라고 생각해. 비록 그들이 항상 그 노선을 올바르게 수호하지는 못했지만 말이오. 다르게는 배우지 못했어. 그런데, 그럼에도 불구하고 흐루쇼프 같은 자를 당의 최상부로 집어넣었어. 지금도 많은 사람들이 그를 좋아하지. 바로 거기에 큰 위험이 도사리고 있소. 몇몇은 사회주의를 지지하지만 그들의 속내는 달라. 그들은 마음에서 사회주의를 믿지 않아.

많은 게 지도자에 달렸소. 예를 들면, 브레즈네프는 좋은 지도자 밑에서 일을 잘할 수는 있을 사람이지.

— 당 중앙위원회에서 제게 말하길, 스탈린과 몰로토프는 설득이 아니라 기관단총으로, 트로츠키식으로 행동했다고 합니다. 트로츠키 역시 두멘코와 미로노프를 총살하지 않았습니까…[20]

▶ 우리는 그것과 상관없어.

---

20) 보리스 두멘코(Б.М. Думенко, 1888~1920)는 내전 때 트로츠키에 대립했던 적군 기병부대 지휘관(제4기병사단장)으로, 세묜 부됸니가 그의 참모였다. 필리프 미로노프(Ф.К. Миронов, 1872~1921) 역시 내전 때 제2기병군 사령관으로, 트로츠키의 군사전략과 적군 지휘방식에 비판적이었다.

— 스탈린과 몰로토프가 똑같이 행동했다는 겁니다. 투하쳅스키, 블류헤르[21] 등을 죽이고 제17차 당대회를 거의 전멸시켰다고...

▶ 그래서? 그건 범속한 생각이야. 소시민적이며 흐루쇼프적인 생각. 그게 아직 살아 있어. 정치에서 속물이 되고 싶지는 않지만, 그리로 끌리지.

— 제가 그들에게 우리나라 역사상 레닌을 제외하고는 좋은 지도자가 하나도 없다고 지적하자 그들이 제게 이렇게 말했습니다. "안드레이 안드레이비치 안드레예프도 있고, 쉬베르닉도 있고..."

...몰로토프가 큰 소리로 웃었다.

지난번에 나는 [모스크바의] 크라스노프레스냐 지구당 일꾼 E. 그루닌이 쓴 몇 쪽의 메모를 그에게 가져다주었다. 몰로토프는 흥미롭게 그 메모를 읽었다. 그루닌이 적은 메모에 따르면, 레닌 때에 소브나르콤이 모든 재정적, 경제적, 행정적 권한을 장악하고 있었고 당은 보조적 역할만 했다는 것이다.

▶ 레닌 때는 그랬지, – 몰로토프가 말한다.

— 레닌은 1922년 3월 몰로토프에게 보낸 편지에 이렇게 썼습니다. "결국, 당과 중앙위원회, 소비에트 권력[=정부]의 기능을 극히 정확하게 구분해야 한다..." 그런데 지금은 당이 너무 많은 권한을 갖고 있습니다.

▶ 지도를 다르게 해보라는 건데, 그루닌이 하는 비판은 대개 옳아. 그러나 결론을 내리지 못해. 그게 어려워, – 몰로토프가 말한다.

— 그는 국가기관의 업무에 대한 전반적인 지도권을 당에 맡기자고 제안합니다. 사소한 간섭은 배제되어야 한다는 것입니다.

▶ 그건 우리 상황에서 구현하기가 어려워, – 몰로토프가 말한다. – 어려운 문제야.

— 그는 사람들이 왜 일을 잘하지 못하는지 파헤치고 싶어 합니다.

▶ 왜냐하면, 우리가 형편없는 공산주의자이기 때문이오. 우리는 아직 다수가 훌륭한 공산주의자가 아니야. 온갖 결함에도 불구하고 그래도 역시 어떤 힘이 있는 것은, 문제

---

21) 바실리 블류헤르(В.К. Блюхер, 1890~1938)는 적군 지휘관으로, 1935년 군 계급체계 도입 시 보로실로프, 부됸니, 투하쳅스키, 예고로프와 함께 소련원수 계급을 받았다. 1938년 7월 원동전선군 사령관에 임명되었으나 동년 10월 적군 원수에서 해임되며 체포되었고, 동년 11월 수감 중에 폐색전증으로 사망하였다. 체포 이유는 1938년 7~8월에 벌어진 하산전투(=장고봉 사건)에서의 지휘 문제로 알려져 있으나, 그에게는 사후인 1939년 3월 일본스파이 혐의로 사형이 선고되었다.

들에 대한 총체적 이해가 빈약함에도 불구하고 그래도 역시 당의 어떤 핵심을 붙잡아 보존했던 것은 다행스런 일인데... 우리는 사회주의와 공산주의를 위한 요구가 '각자는 능력에 따라'의 원칙 하나로 귀결되었다는 데 대해 주목하지 않고 있어. 그게 문제이고, 나중에 그걸 후회하게 될 거야. 그런 일이 없는 게, 아니면 적시에 해명하는 게 좋아. 나는 그걸 쓰지 못할 거요. 왜냐하면 정확히 정식화해야 되기 때문인데, 이제 일하기가 좀 힘들어서...

그렇지, 정부의 역할을 강화해야 해. 하지만 우리나라에서 그게 금방 되지를 않아. 우리는 모든 게 부족해. 공업 부문에 투자하고 인민 생활의 개선을 위해 우리는 조금씩 비축하고 있어. 하지만 당장은 많은 걸 할 수 없어. 우리는 당의 기본 노선을 강화해야 해. 그래야 속물들이 당을 장악하는 걸 막을 수 있어. 쉬고 싶어 하는 사람들이 많아. 많지, 그럼.

1986년 1월 26일

...몰로토프가 다음에 만날 때 그루닌의 메모에 대해서 마저 이야기하자고 했다.

▶ 내가 그 메모를 다시 읽어봤는데, 그 논지가 완전히 분명해 보이지 않아. 그는 거의 아무 것도 얻어진 게 없고 어떠한 사회주의도 없다는 식으로 생각하고 있소. 그는 양극단 사이에서 흔들리고 있어. 그러나 그래도 역시 우리가 권력을 잡고 있었고, 공업은 국가의 수중에 있었으며, 농민의 삶은 집단화의 길을 따라 갔어. 소비에트적인 새로운 삶이지. 그리고 타파되기 아주 어려웠던 게 타파됐어. 우리는 모순들을 헤치며 앞으로 나아가고 있는데, 그 모순들이 하나의 5개년계획으로 없어지진 않을 거요. 그래서 지금 일어나고 있는 일들에 대한 이해와 불굴의 의지가 필요해. 우리 사회주의 사회에서 모순들이 아직 존재하고 있어. 하지만 그들이 지배적인 건 아니야. 비록 그들 역시 자기 일을 하고 있지만, 그래도 프롤레타리아 독재라는 기본 노선이 승리할 거요. 그런데 그루닌의 주장은 관리들이 모든 걸 지배한다는 거야. 실제로 관리들이 아주 많은 걸 자기 수중에 넣었지만, 그들은 머리가 거의 떨어진 사회적 범주야. 그럼에도 어려움이 남아있지.

그래서 내가 두 번이나 읽었는데, 그 메모는 우리 상황에 대한 거의 비관적인 시각을 반영하고 있소. 하지만 우리는 앞으로 나아갈 거야. 많은 낡은 것들이 멈춘 진자처럼 아직 우리들에 매달려 있어서 나아가기가 아주 어렵지만 말이오. 그러나 우리를 뒤로 돌아가게 만들 수 있는 그런 세력은 없어. 우리는 굴하지 않고 앞으로 나아갈 거야. 그러나 바람직한 속도보다도 천천히 갈 거요. 이게 내 생각이야. 동무의 의견이야 어떨지 모르지만.

— 그루닌에게 어떤 충고를 할 수 있겠습니까?

▶ 첫째, 우리가 구현하는 그 노선을 지속해야 해. 그것은 레닌주의적이고 사회주의적이지만 완전하진 않아. 경제에서, 문화에서, 그리고 당 자체에서 사회주의적 요소들을 강화해야 해. 그게 어려운 일이나, 우리는 어려운 과업에 달려들었고, 내 새–생각에 대체로 우리는 성공적으로 앞으로 나아가고 있어. 아직 낡은 많은 것들이 도상에 있고 우리 길을 막고 있어. 어떠한 미사여구로도 벗어나지 못해. 동무에겐 모든 게 분명하지 않나?

— 제겐 모든 게 분명하지 않습니다. 그루닌은 우리의 결함을 보고 그것을 어떻게 고칠 것인가를 생각합니다.

▶ 내가 말하는 게 바로 그거요. 우리는 앞으로 나아가고 있지만, 아직 많은 어려움이 남아있고, 거기에 쉽게 극복됐던 것 같았던 것들이 포함되어 있어. 우리에게 쉬운 건 아무 것도 없어. 그건 우리가 본질적으로 소부르주아적인 나라에 살고 있기 때문이오. 우리는 사회주의를 건설하며 공산주의로 나아가고 있어. 왜냐하면 인민의 전위와 권력이 당의 정책을 굳게 지지하고 있기 때문이오. 이게 주요하지.

사회주의의, 공산주의의 전위는 우리나라에 남아있고 강화되고 있어. 이게 주요해. 비관론에 빠지는 것은 옳지 못해. 소련에서 우리가 하는 일은 전 인류에 영향력을 갖고 있고, 대체로 성공리에, 그러나 천천히 앞으로 나아가고 있어. 다른 경우가 있을 수 없어. 아직 트로츠키주의자들도 부하린파도 있어. 그들은 우리의 어려움과 온갖 결함을 지적하지. 그들은 절망과 불신의 표현자요. 우리가 전진하지 않고 후진하는 것처럼 말을 해. 그건 옳지 않아. 5~10년이 지나면 우리에게 보다 분명해질 거요. 하지만 그래도 아주 많은 어려움이 남아있을 거야. 지금 되고 있는 것을 넘어서는 뭔가 구체적인 것을 나는 말할 수 없어. 하지만 잘될 거라고 생각해. 우리의 일은 이미 되돌리기 불가능할 정도로 인민들의 삶 속에 깊숙이 들어갔어. 그런데 뭔가 새로운 것을 제안할 수 있을 것 같은 사람들이 내가 보기에 아주 적어. 이 새로운 요인들이 축적되지 않았어. 새로 부각되는 사람이 아무도 없어. 그런 인물에 관해 이야기하고 있나? 어떤 글에서? 그래, 적지 않은 사람들이 새로 부상했지. 하지만 그들은 광범하게 검증되지 못했어. 그런 상황이야.

— 소비에트에 더 많은 권한을 주어야 한다는 주장에 관해서는 어떻게 생각하십니까?

▶ 그건 옳아. 그래야지. 다만 그렇게 빨리 될 수는 없는데, 그건 우리나라에 문해력이 좀 떨어지기 때문이야. 즉, 오늘 내가 읽고 이해했더라도 어떻게 행동할지는 더 숙고해야 해. 그것을 당이 하고 있는데, 올바로 하는 것 같아. 너무 서두르면 안 돼.

메모를 보면 그루닌은 절망하고 있지 않아. 하지만 모든 걸 부각시키려 하다 보니까, 결국 상당히 어두운 그림이 그려져. 권력이 이미 볼셰비키 수중에서 빠져나갔고, 전혀 신뢰할 수 없는 사람들이 지휘하고 있다는 거지. 그러나 거기에도 문제가 있어. 지금 당장은 권력을 놓치지 않았고, 대체로 또 전체적으로 성공리에 투쟁을 벌이고 있어. 다만 앞으로 나아갈 수 없는 곳에서 약간 뒤로, 부르주아적 원칙들로 회귀하고 있을 뿐이야. 맑스 · 레닌주의가 없었더라면, 나빴을 거야. 맑스 · 레닌주의가 보여주는 것은, 우리가 이 모든 어려움을 극복할 수 있지만 현실에서 맑스 · 레닌주의로 완강히 버텨야 한다는 사실이야.

— 프랑스의 전직 대통령 지스카르 데스탱이 레닌의 집무실을 둘러보고는 이렇게 말했습니다. "이제 나는 레닌의 힘이 어디에 있는지 이해했습니다. 그의 청렴함이었습니다. 그는 자신의 모든 걸 인민에게 내주었습니다. 그런 사람은 승리할 수밖에 없습니다. 그가 승리하지 않았다면 그건 공정하지 않은 겁니다!"

▶ 그는 바보가 아니야. 모든 게 자본주의 쪽으로 가지 않는다는 걸 이해하고 있어. 그가 그렇게 말한 건 그가 공정한 사람이라는 걸 알아봐 달라는 거지, – 몰로토프가 말한다. – 라스푸틴[22]이 새로운 걸 뭐라도 준비하고 있나?

— 새 중편소설 『포좌르』를 썼습니다.

▶ 요즘엔 뭔가 조금만 읽어도 머리가 무거워지는 걸 느껴. 어제 흥미로운 글을 봤는데, 피델 카스트로의 연설 말일세. 읽으려 했는데 못 읽었어. 그런데 동무는 무얼 읽고 계시나?

— 처칠을 읽고 있습니다. 그런데 그가 의장님을 비난합니다. 프랑스가 1940년에 독

22) 발렌틴 라스푸틴(В.Г. Распутин, 1937~2015)은 이르쿠츠크 출신의 작가로, 『마리아를 위한 돈(Деньги для Марии)』(1967), 『살아서 기억하라(Живи и помни)』(1974), 『마툐라와의 작별(Прощание с Матёрой』(1976) 등의 작품을 썼다. 포좌르(Пожар)는 화재라는 뜻이다.

일과 전쟁을 할 때 히틀러를 도왔다고 말이죠. 히틀러에게 프랑스에 승리한 것을 축하했는데... 하지만 스탈린과 몰로토프는 1년 후에 자신들이 히틀러와 싸우게 된다는 것을 알지 못했다(!)고 했습니다.

▶ 알았지. 아주 잘 알고 있었어. 그런데 처칠은 실패했어. 그는 전망을 보지 못했지. 오히려 보려고 하지 않았겠지. 그는 대단한 성격의 소유자야. 강인하지. 그러나 성격이 중요한 게 아니라, 이해력이 있어야 해.

— 뱌체슬랍 미하일로비치, 만주르카에 있는 기념관에 전시할 의장님 사진이 필요한데 거기에 몇 말씀 적어주셨으면 좋겠다고 이르쿠츠크 사람들이 제게 요청하였습니다. 그곳에서 키로프, 프룬제, 오르조니키제 그리고 의장님께서 유형생활을 하셨지요.

▶ 지금 내 필체가 이렇게 엉망이 됐는데...

...몰로토프가 펜대를 잡더니 그것을 손에서 돌린다. 내가 몰로토프에게 구술하기 시작한다. "만주르카의 박물관에..." 하지만 그는 좀 생각하더니 안경을 쓰지 않은 채 떨리는 손으로 힘들게 자기 생각을 적는다. "만주르카 및 다른 오지의 시베리아인 동무들에게. 큰 성공을 기원합니다. 옛 유형자로부터. 뱌체슬랍 몰로토프. 1986년 2월."

사진이 붙은 용지에 그가 글을 쓰고, 나는 그것을 손으로 누르고 있다.

▶ 잘 안 보여, – 몰로토프가 말하면서 그걸 읽기 위해 안경을 쓴다.

...최근에 그는 곱은 손으로 [그루지야] 고리에 있는 스탈린 기념관에 보낼 자신의 사진에 서명을 했다. "나는 요시프 비사리오노비치 스탈린과 오랜 기간 함께 일했다는 것에 긍지를 갖고 있습니다. 뱌체슬랍 몰로토프."

1986년 2월 7일

...1986년 3월 9일 일요일, 몰로토프의 96번째 생일이다. 내가 그에게 축하 인사를 하자 그는 이렇게 말했다. "앞으로도 우리 그런 정책을 펴나갑시다." 그리고 미소를 지었다.

— 의장님께선 제27차 당대회를 어떻게 보셨습니까? – 내가 묻는다. 평생 동안 몰로토프는 우리 당의 27개 대회를 봐왔다.

▶ 구체적인 게 별로 없어. 가속화, 가속화... 서둘러도 안 돼. 그건 어려운 문제들이 역시나 해결되고 있지만, 누구도 그것들을 해결한 적이 없기 때문이야. 대다수는 그런

문제들에 대해 생각조차 하지 않았어. 말은 많아도 당장 행동이 별로 없어. 5개년계획을 수립하지만, 그것을 실행하지 않아.[23] 그게 물론 모양새가 좋지 않지만, 첫 행보 때 그건 어쩔 수 없어. 계획을 완수하고 초과달성하라고 요구하는데, 그것 역시 어쩔 수 없어. 새롭고 중대한 각 행보에 대비해야 돼. 사회주의를 위해 투쟁하려는 지향이 있어. 그게 가장 주요한 거지. 늘 충분히 의식하진 않더라도 사람들은 오직 거기에 난국에서 벗어나는 출구가 있다고 느끼고 있어. 우린 아직 좀 힘들게 살고 있고, 많은 사람들이 별로 잘살지 못해. 그러나 개선의 전망은 있지. 내가 보기엔 그래...

당장은 일이 별로 없어. 그래도 역시 나는 당이 잘 살펴서 필요한 사람을 등용할 거라고 생각해. 그런데 당장 결과가 보이지 않는다고 해서 칭찬에서 비난으로 그렇게 금방 넘어가면 안 돼. 어느 정도 인내심을 발휘해야 하는데...

아직도 많이 무질서해. 위에 부패가 적지 않아. 의식 있고 전투적인 전위분자들과 발맞춰 가야 해. 우리는 아직 누구도 참여한 적이 없는 거대한 과업에 참여하고 있어. 우리의 경험 역시 많지 않아. 그래서 절망하는 건 옳지 않아. 고칠 것은 고쳐가며 더 나아가야 해.

하지만 당의 핵심부는 훌륭해. 그런데 그 주위에 부패한 분자들 역시 적지 않아...

우리가 그때 스탈린을 지지하지 않았다면 어떻게 됐을지 몰라. 그런데 브레즈네프는 모두에게 상장을 줬고, 전혀 신뢰할 수 없는 그런 자들이 끼어들었는데...

...손님들이 오기 시작했다. 바실리 파블로비치 므좌바나제가 도착했고, 그와 함께 손님 세 명이 왔다. 므좌바나제가 건배를 제안하며 아주 길지는 않지만 꽤 수려한 축사를 하자, 몰로토프가 포크로 컵을 두드리며 말했다. "끝내세요!"

다른 손님이 축사를 할 때도 "오래 끌지 마세요!" 하거나 "자세한 것은 식사 후에 합시다!"라고 말했다. 점심식사 후에 그는 모두에게 짧게 감사를 표한 다음 쉬러 들어갔다.

말년에 그는 자기 생일을 몇 차례 그냥 넘어가려고 했다. 그러나 늘 손님들로부터 벗어나지는 못했다. 아마 자신의 모습이 초라하게 보일까봐 그게 싫었던 것 같다. 그런데 올해는 축하연을 열기로 했다. 아마 그게 마지막이라고 느꼈을지도...

1986년 3월 9일

---

23) 1986년 3월 5일 폐막된 소련공산당 제27차 대회에서 1986~90년을 대상으로 하는 제12차 인민경제발전 5개년 계획이 승인되었다.

"꼭 들러서 이야기를 해줘!"

...1986년 4월 30일에 나의 139번째 항목이 만들어졌고, 살아있는 몰로토프와의 마지막 만남이 있었다.

— 저는 당대회에서 어디에 문제가 있는지, 왜 우리가 이렇게 낙후되었는지 그 원인들이 열거되길 기대했습니다, – 내가 몰로토프에게 말한다.

▶ 우리는 혁명 초기에 낙후된 상태에 있었고, 게다가 그렇게 큰 전쟁과 그런 어려움들이 있었지. 서방에선 우리가, 소비에트 국가가 존속할 것이라고 생각하지 않았어. 대다수가 그렇게 생각하는 경향이 있었어. 아니야, 그럴 수밖에 없었겠지...

— 전쟁이 끝나고 40년이 지났습니다. 제 생각엔 브레즈네프 시대가 우리에게 많은 제동을 건 것 같습니다.

▶ 물론, 제동을 걸었지. 흐루쇼프주의가 브레즈네프 때도 되풀이됐어. 그건 사실이야. 그것이 말하는 것은 우리나라에 썩은 곳이 많고 당 자체에도 아직 많은 낙후성, 무지함, 생각 부족이 많다는 거야. 하지만 그럼에도 우리는 그 어려운 상황에서 빠져나오기 시작했어. 대체로 성공적으로... 물론 자위할 필요는 없어. 우리는 많은 일을 해야 해... 지금 제일 위험한 것은 비판으로 가려진 자기만족이야.

— 올해가 의장님께서 입당하신지 80년이 되는 해입니다.

▶ 그렇지, 엄청 오래됐지. 내가 이렇게 오래 살려고 한 건 아닌데, 내 동년배들은 이미 오래 전에 모두 북망산으로 갔지... 그런데 요즘 무슨 일을 하시나?

— 일류신에 관한 책을 준비하고 있습니다. 지금 우리나라에는 많은 분야에서 장인정신의 상실이라고 하는 그런 문제가 불거지고 있습니다. 우리 비행기들이 어떻게 날고 있는지 놀랍기만 합니다. 엉망으로 만들지요! 양심들이 없습니다.

▶ 그건 지금 농민층이 부상한 것에 따른 결과인데... 못 배웠거나 덜 배운 사람들로 된 거대한 층을 끌어올리고 있어. 새로운 것을 아직 제대로 겪어보지 않았어. 일이 어떻게 될지... 그런데 그들이 부상하면 다시 뒤로... 우리가 기술 개발의 각오를 다지긴 했는데, 두세 배 더 세게 다져야 해.

— 〈아르텍〉 주변에 미국 배들이 나타나 우리를 비웃고는 떠났습니다.

▶ 그들은 잡았어야 했는데, – 몰로토프가 말한다.

— 흐루쇼프 때 미국 비행기를 격추했던 걸 기억하십니까? 흐루쇼프가 스탈린과 의장님의 지도부에 오래 있었지요. 그 시절이 그에게 헛된 것만은 아니었던 것 같습니다.

▶ 그는 물론 유능한 사람이었지만 많은 일을 제대로 분별하지 못했어. 그리고 맑스주의를 제대로 활용할 줄 몰랐지. 계급적 삶을 이해하지 못했어.

...우리는 유리 본다레프, 발렌틴 라스푸틴, 예고르 이사예프 같은 작가들에 관해 이야기를 나누었다. 내가 아프가니스탄에 갈 준비를 하고 있다고 말했다.

▶ 꼭 내게 들러서 이야기를 해줘!

...그게 그로부터 들은 마지막 말이었다.

끝.

1986년 4월 30일

140

...지금껏 그래왔듯, 나는 일기장의 깨끗한 새 장에 다음 번 만남의 순번을 적었다. 140번 째. 붉은 색연필로 적었다. 그러나 붉은 글자를 검은 색연필로 둘러치게 되었다. 140번째는 장례식이었다.

여름에 그가 발병했다. 폐렴이었다. 6월에 그를 쿤체보 병원에 입원시켰는데, 그는 그곳에서 1986년 11월 8일 12시 55분에 사망했다. 그는 평소대로 쉬려고 누웠는데, 이후 눈을 뜨지 못했다.

하느님께 쉬운 삶을 달라고 기도했지,
쉬운 죽음을 달라고 기도했어야 했는데...

11월 12일 그의 장례식을 치렀다.

신문 『이즈베스치야』와 『베쵸르카』[24]에 짤막한 기사가 실렸다. "소련 각료회의는

24) '베쵸르카'는 일간신문 『베체르나야 모스크바(Вечерняя Москва)』의 약칭이다.

1906년부터 소련공산당 당원이며 1930년부터 1941년까지 소브나르콤 의장을 역임하고 1941년부터 1957년까지 소련 소브나르콤 및 각료회의 의장 제1대리를 역임한 연금생활자 뱌체슬랍 미하일로비치 몰로토프가 1986년 11월 8일 97세를 일기로 지병으로 사망했음을 애도하며 이를 공지한다. 소련 각료회의"

아침 10시 그라놉스키 거리에 사람들이 모이기 시작했다. 그들은 버스를 타고 쿤체보로 갔다. 제1호 영안실. 여기에 200명 정도 있었고, 훨씬 더 많은 사람들이 거리에 모여 있었다. 노보데비치 묘원에서 나는 많은 지인들을 봤다. 스탈린, 아르촘 세르게예프, 포드보이스키, 테보샨, 불가닌, 카가노비치, 미코얀 등의 친족들이 왔다. 경호대는 군중을 안으로 들여보내지 않았다.

몰로토프는 붉은 관에 누워 볼쉐비키의 암호인 붉은 패랭이꽃으로 덮여 있었다. 검푸른 양복에 흰 와이셔츠와 회색 넥타이. 얼굴은 심하게 변했고 아주 말라 있었다. 각료회의, 딸과 사위, 손자와 증손들, 친구 및 측근들 명의의 화환 4개가 놓여 있었다. 각 쿠션 위에는 제79호 사회주의노동영웅 금성훈장, 레닌훈장 4개, 명예훈장 및 4개의 메달이 놓여 있었다. 메달은 모스크바 방어, 독일에의 승리, 대조국전쟁에 대한 공헌 및 모스크바 정도(定都) 800주년을 기념하여 받을 것들이었다.

옆쪽의 좀 작은 홀에는 스카프를 두른 어떤 노파가 관에 누워있었다.

장례 의식은 길지 않았다. 작가 이반 스타드뉵, 순양함 〈몰로토프〉의 승무원 E. 스트루고프, 몰로토프의 조카 블라디미르 스크랴빈, 그리고 내게 추도사가 허락됐다.

각료회의 총무국장이 의식을 마감했다. 우리는 관을 차로 운구했다. 사진기자들이 몰려들었다. 외국인들이 많았다. 유명한 조종사인 인민영웅 게오르기 바이두코프가 쿠션 위에 놓였던 금성훈장을 들었다.

묘원에서 장의버스 운전기사가 차를 연단에 대기 시작했다. 보통 그곳에서 마지막 작별의 말들을 한다. 하지만 어떤 사람이 놀라서 차를 빨리 오른쪽으로 돌리라고 소리쳤다. 영구대 위에 관을 올려놓은 다음, 그것을 묘지로 옮겼다. 주름진 목 위에서 머리가 흔들렸다. 차가운 이마와 희끗한 콧수염이…

군중 속에서 누군가 말했다. "이 장례식이 반(反)알콜리즘 명령보다 더 가치가 있을 겁니다!"

국비로 장례를 치르고 고인을 공양했다.

몰로토프가 사망한 날 그의 아파트와 다차에 관련 기관의 동무들이 와서 트렁크 두 개에 각종 서류와 사진들을 담아갔다.

몰로토프가 살던 주코프카의 다차에 새 주인이 속히 등장했다. 몰로토프가 사용했던 사무용 책상을 가지러 그곳에 갔더니, 책상은 관리자의 창고에서 뒹굴고 있었다. 그것은 누구에게도 필요하지 않았다. 창고를 열면서 젊은 여자가 말했다. "뱌체슬랍 미하일로비치 같은 분은 우리 구역에 없었어요. 그 어떤 부탁도, 게다가 요구나 변덕은 더더욱 없었어요. 양탄자도, 샹들리에도, 그 어떤 사치도 없었고..."

몰로토프는 주코프카의 다차에서 1966년 7월 8일부터 1986년 6월 27일까지 살았다.

— 마지막 날까지 의장님은 모두 손수 하시려고 애를 쓰셨어요, – 가정부 타티아나 아파나시예바 타라소바가 이야기한다. – 아주 의지적인 분이시죠. 이미 걷기가 거의 어렵게 됐어도 산보할 때 여섯 번째 전신주까지 가시려 애쓰셨어요. 이렇게 말하곤 했죠. "뱌체슬랍 미하일로비치, 네 번째까지만 가시죠." — "아니야, 여섯 번째까지!"

...그의 생애 마지막 날들에 삐뚤빼뚤한 글씨로 더럽혀진 종이들 중 하나에는 그가 연구하려 했던 테제들이 적혀 있었다. "1. (공산주의가 아닌) 사회주의의 기본 원리는 사회에 의해 설정된 노동 규준의 실행이다. 2. 공산당은 (전 인민이 아닌) 노동계급의 정당이다. 3. 사회주의에서의 민주주의."

몰로토프는 우리의 만남이 지속된 기간 동안 이런 문제들로 수없이 회귀하곤 했다. 아마 그는 이런 문제들에 대해 현 지도부와도 대화하고 싶었을 것이다. 일전에 그가 가정부에게 말했다. "각료회의 사무국 스미르튜코프에게 전화해서 내가 고르바초프와 면담할 수 있도록 시간을 만들어보라고 요청하세요."

성사되지 않았다.

예전에도 그랬던 것처럼 머리는 일하고 있었다. 죽음 직전에 이탈이 눈에 뜨였다. 사망하기 얼마 전에 그는 『프라우다』의 맨 뒷면을 읽고서는 신문을 내려놓으며 말했다. "[외무상] 쉐바르드나제를 다섯 시에 내게 데려오시오!" 아마 어떤 국제문제가 그를 불안하게 했고, 그는 정치국원, 각료회의 의장 제1대리, 외무상, 국가 대외정책의 지도자라는 과거 자신의 역할 속으로 들어갔을 것이다. 다섯 시 전에 그가 자신이 한 말을 잊을 것이라고 생각했는데, 그는 양복을 입고 넥타이를 맸다. 그때 몰로토프에게 우리는 쉐바르드나제 동무가 아주 바빠서 그를 맞이할 수 없다고 말했다.

그는 11명의 국가지도자를 겪었다. 알렉산드르 3세 때 태어나서 고르바초프 치하에서 사망했다.

그의 장례식 때 나는 이렇게 말했다. "우리는 오늘 레닌의 마지막 전우이며 공산주의의 투사인 사람과 이별합니다..."

인물약력

가마르닉(Я.Б. Гамарник, 1894~1937): 혁명운동가/적군 정치보위부장
볼린省 지토미르 출생. 인텔리 집안 출신. 유대인. 김나지야 졸업 후 가정교사 생활. 17세 때부터 맑스주의에 경도. 1915년 키예프대학 법학부 입학. 1916년 러시아볼쉐비키사회민주노동당 입당. 1917년 2월 혁명 후 볼쉐비키당 키예프위원회를 지도. 1918년 키예프혁명위원회 위원/우크라이나공산당 중앙위원. 1919년 오데사省 당위원회 의장/제12군 남부집단군 혁명군사회의 위원. 1920~23년 키예프省 집행위원회 의장. 1923~26년 연해省 집행위원회 의장. 1925~27년 全연방공산당 중앙위원회 후보위원. 1927~37년 全연방공산당 중앙위원. 1928~30년 벨로루시공산당 중앙위원회 제1서기. 1929~37년 赤軍 정치보위부장. 1930~34년 군사인민위원 제1대리. 1937년 5월 투하쳅스키에 연루 혐의로 赤軍 정치보위부장에서 해임된 직후 자살.

게오르기우-데지(G. Gheorghiu-Dej, 1901~1965): 루마니아공산당 지도자
1930년 루마니아공산당 입당. 1933~44년 수감생활/옥중 당 중앙위원에 선출됨. 1944~65년 당 제1서기. 1952~55년 총리. 1961~65년 국가평의회 의장.

고르킨(А.Ф. Горкин, 1897~1988): 당 간부/소련 대법원장
트베리 출생. 농민 가정 출신. 1916년 러시아사회민주노동당 입당/볼쉐비크. 1917~19년 트베리市 소비에트 서기. 1918~19년 트베리省 집행위원회 의장. 1921~33년 트베리省 당위원회/키르기즈州 당위원회 등에서 복무. 1931~32년 적색교수원 농학부 수학. 1934~37년 오렌부르크州 당위원회 제1서기. 1937~38년 소련 중앙집행위원회 서기. 1938~53년 소련 최고회의 간부회 서기. 1957~72년 소련 대법원장.

[막심] 고리키(Максим Горький, 1868~1936): 작가
니제고로드省 카나비노 출생. 목공의 아들. 본명은 알렉세이 막시모비치 페쉬코프. 11세 때 고아가 되어 힘든 청소년기를 겪으며 1884년 학업을 위해 카잔에 갔으나 뜻을 이루지 못하고 대신 혁명운동 관련 선전과 사상을 접함. 1888년 맑스주의 서클 가담 혐의로 체포됨/동년 10월 카잔을 떠나 철도역 경비로 전전하다가 1892년 그루지야 신문에 막심 고리키라는 필명으로 단편소설 『마카르 추드라』를 발표하며 문단에 데뷔. 1898년 작품집(『Очерки и рассказы』) 발간을 계기로 작가로서 세계적 명성을

누리기 시작. 맑스주의자로서 활동을 지속하다 1901년 체포되어 니즈니-노브고로드에서 추방됨. (1902년쯤에 이미 그의 50여 개 작품이 16개 언어로 번역 출판됨) 1905년 1월 "피의 일요일" 이후 혁명 선동 혐의로 체포되어 페트로파블롭스크 요새에 잠시 투옥되기도 하는 등 1905년 혁명운동에 적극 가담/볼쉐비키 합법 신문 ≪노바야 쥐즌≫ 발행에 참여/동년 11월 러시아사회민주노동당에 입당. 1906년 말 결핵 요양차 이탈리아로 가서 1913년까지 7년간 카프리 섬에 정착. (고리키의 자택은 레닌, 보그다노프, 루나차르스키 등 혁명운동가들의 휴양소가 됨) 이때 레닌의 혁명론보다 보그다노프, 루나차르스키의 건신(建神)주의에 동조. 1913년 12월 귀국 후 페테르부르크에서 창작과 잡지 발행 등의 활동에 종사. 1917년 2월혁명 후 동년 4월 창간한 일간지 ≪노바야 쥐즌≫의 편집인 겸 주필/레닌의 볼쉐비즘과 10월혁명을 비판.

1921년 10월 망명길에 올라 헬싱키, 베를린, 프라하를 거쳐 1924년 이탈리아 소렌토에 정착. 1928년 스탈린의 초청으로 소련을 방문하여 5주간 전국을 둘러본 후 소련에 우호적 태도 유지. 1932년 10월 영구 귀국. 이후 소련작가동맹의 대부로서 사회주의 리얼리즘의 문학적 방법론을 확립/스탈린주의를 "프롤레타리아 휴머니즘"으로 규정하며 스탈린의 정책을 지지. 1936년 폐렴으로 사망.

고물카(Władysław Gomułka, 1905~1982): 폴란드공산당 지도자

1926년 폴란드공산당 입당. 1943~48년 폴란드노동자당 서기장. 1948년 9월 '사회주의에 이르는 폴란드의 길'이라는 개념을 고집한 후 민족주의 편향으로 비판을 당함/당 서기장 및 모든 공직에서 해임됨. 1949년 출당된 후 1951년 체포 수감됨. 스탈린 사망 후 1954년 말 석방됨. 1956년 10월 당 제1서기로 선출되어 1970년까지 직위를 유지.

고트발트(Klement Gottwald, 1896~1953): 체코슬로바키아공산당 지도자

1921년 체코슬로바키아공산당 창당 멤버. 1929~45년 체코슬로바키아공산당 서기장. 1935~43년 코민테른 서기. 1948~53년 체코슬로바키아 대통령. 1951~53년 체코슬로비키아공산당 의장.

골로바노프(А.Е. Голованов, 1904~1975): 공군 총원수

니즈니-노브고로드 출생. 예인선 선장의 아들. 1917년 10월 13세 때 적위대 입대/1919년 3월 赤軍에 편입. 1924~33년 합동국가정치보위부(오게페우) 근무/1929년 입당/1931~33년 중공업인민위원부 파견 근무/1932년 국방 · 항공 · 화학진흥협회 항공학교 졸업. 1933~41년 항공기 조종사로 아에로플로트 근무. 1941년 1월 장거리폭격기 조종사들의 악천후 대비 특별훈련 필요성을 지적하는 편지를 스탈린에게 보냄/동년 2월 제212장거리폭격항공연대 연대장/동년 8월 제81장거리활동항공사단 사단장. 1941년 10월 공군 소장. 1942~44년 장거리활동항공군(АДД) 사령관. 1943년 공군 상장/원수/1944년 공군 총원수. 1944~46년 제18항공사단장. 1946~48년 장거리항공군 사령관. 1950년 총참모부아카데미 수료. 1952~53년 제37공수근위군단 사령관/스탈린 사망 직후 전역 조치됨.

구치코프(А.И. Гучков, 1862~1936): 국가두마 의장

모스크바 출생. 자본가 집안 출신. 1886년 모스크바대학 역사인문학부 졸업. 1886~1890년대 말까지 모스크바市 두마 의원. 1901~08년 모스크바 할인은행 행장/이사장. 1907~12년 제3대 국가두마 위원/자유주의적 보수정당인 10월당(=10월 17일 동맹)의 리더/스톨리핀 개혁정책의 지지자. 1910~11년 제3대 국가두마 의장. 1915~17년 중앙전시공업위원회 의장. 1917년 2월혁명 후 2개월간 임시정부 육해군상. 10월혁명 후 白軍 편에 가담하여 反볼쉐비키 투쟁을 전개. 1936년 파리에서 사망.

그라빈(В.Г. Грабин, 1899~1980): 대포 설계사/적군 상장
쿠반省 템류크 출생. 엔지니어 가정 출신. 1921년 입당. 1923년 페트로그라드 포병학교 졸. 1930년 제르진스키 군사기술아카데미 포병학부 졸업/대포 설계사로 활동. 제2차 대전 때 중앙대포설계국을 지휘하며 다수의 보병용, 탱크용 포를 설계 제작. (1950년대 포에 대한 관심이 저하되고 로켓에 대한 관심이 고조됨) 회고록『승리의 무기(Оружие победы)』가 1972~73년 잡지 ≪10월(Октябрь)≫에 분할 게재됨/1989년 단행본으로 모스크바에서 출간됨.

그로모프(М.М. Громов, 1899~1985): 비행사/공군 상장
트베리 출생. 귀족-인텔리 집안 출신. 모스크바 보스크레센스키 실업학교 졸업 후 1916년 모스크바 제국기술학교(현 바우만 공대) 입학/1917년 동교 비행이론과정 수료/입대. 1918년 모스크바 비행학교 졸업/비행교관으로 근무. 1924~30년 공군 항공연구소(НИИ ВВС) 시험비행사. 1930~41년 중앙에어로유체역학연구소(ЦАГИ) 근무. 1925년 'АНТ-3'을 타고 모스크바-베이징 간 7,000km 비행에 성공. 1926년 'АНТ-3'로 모스크바-파리-로마-비엔나-바르샤바-모스크바를 잇는 7,150km 거리를 비행. 1929년 'АНТ-9'로 서유럽을 넘어 마르세유까지 비행하고, 1934년에는 'АНТ-25'를 타고 12,411km 거리를 75시간 무착륙으로 비행하는 기록을 수립. 1937년에는 'АНТ-25'로 모스크바-시베리아-북극-미국 캘리포니아 San Jacinto를 잇는 10,148km의 무착륙 비행에 성공. 1941년 [그로모프]비행연구소(ЛИИ) 초대 소장. 대조국전쟁 때 공군 지휘관으로 복무. 1944년 공군 상장. 1946~49년 장거리활동비행단 사령관 대리. 1949~55년 항공산업성 항공관리청장. 1955년 퇴역. 1959~61년 소련역도협회 회장.

그로미코(А.А. Громыко, 1909~1989): 당 간부/외무상
마길료프省 고멜 출생. 농민·노동자 가정 출신. 고멜 직업기술학교 졸업. 1931년 민스크경제대학 입학/입당. 1936년부터 농학아카데미 농업연구소 연구원. 1938년 소련과학원 경제연구소 학술서기. 1939년 몰로토프 추천으로 외무인민위원부에 들어가 일하기 시작. 1939~43년 주미 소련전권대표부 참사관. 1943~46년 주미 대사. 1946~48년 주UN 소련대표. 1949~52년 외무인민위원 제1대리. 1952~53년 주영대사. 1953~57년 외무상 제1대리. 1956~89년 당 중앙위원. 1957~85년 외무상. 1973~88년 당 정치국원. 1985~88년 소련 최고회의 간부회 의장.

그로스만(В.С. Гроссман, 1905~1964): 작가
지토미르省 베르디체프 출생. 엔지니어 가정 출신. 본명은 요시프 솔로모노비치 그로스만. 유대인. 1929년 모스크바국립대학 물리수학부 졸업. 1920년대 말부터 작가 생활 시작/막심 고리키의 지지로 1930년대 중후반 작가로서의 명성을 확립. 1941~45년 군사지 ≪붉은 별≫ 종군기자로 활약함/스탈린

그라드 전투 때 현지에 머물며 활약한 공적으로 적기훈장 받음. 1952년 소설『대의(За правое дело)』 발표 후 작품이 사상적으로 유해하다는 비판에 직면. 소설『삶과 운명(Жизнь и судьба)』은 1961년 출판 대기 중 초고가 압수됨/동시에 다른 원고들도 압수되었으나 그의 사후 많은 작품이 서방에서 발표됨. 대표작인『삶과 운명』은 1980년 스위스에서 처음 출판되었고, 페레스트로이카 때인 1988년 소련에서도 내용 일부가 삭제되어 출간됨.

네크리치(A.M. Некрич, 1920~1993): 역사학자/저술가
바쿠 출생. 저널리스트 가정 출신. 1941년 모스크바대학 역사학부 졸업. 1942~45년 참전/전선에서 복무. 1943년 입당. 1945년 9월 대위로 예편. 1950~68년 소련과학원 소련역사연구소/세계사연구소 연구원. 1963년 제2차대전기 영국 외교정책을 주제로 박사학위 취득. 1965년 논쟁적인 저서『1941년 6월 22일』발간/1967년 과오 불인정으로 당에서 제명되고 책은 금서가 됨. 1976년 서방으로 이주/이후 하버드대학 러시아연구센터에 적을 두고 활동. 제2차 대전에 관한 다수의 저작 및 논문을 발표.

노비코프(A.A. Новиков, 1900~1977): 공군 원수
코스트로마省 크류코보 출생. 농민 가정 출신. 1918년 흐레노보 사범학교 졸업. 1919년 입대. 1930년 프룬제 군사아카데미 수료. 1933년부터 공군에서 복무. 1940년부터 레닌그라드군관구 공군 사령관. 대조국전쟁 때 북부전선/레닌그라드전선 공군 사령관. 1942~43년 국방인민위원부 공군담당 대리. 1943년 공군 원수. 1943~46년 공군 사령관. 1946년 항공산업인민위원 샤후린과 함께 항공사건에 연루 체포되어 1953년까지 수감생활/1953년 복권됨. 1953~55년 장거리활동항공군 사령관/공군 총사령관 대리. 1956년 퇴역.

데니킨(A.И. Деникин, 1872~1947): 백군 지도자
바르샤바省 블로츨라벡 출생. 퇴역 장교 가정 출신. 1882년 블로츨라벡 실업학교 입학. 1890년 입대. 1892년 키예프 보병사관학교 졸업/장교 임관. 1895년 페테르부르크 총참모부아카데미 입학. 1900~04년 제2포병여단/제2보병사단/제2기병군단에서 복무. 러일전쟁 및 제1차 대전에 참전/1914년부터 장군. 1916년 8월부터 제8군단 사령관/루마니아전선에서 복무. 2월혁명 후인 1917년 3~8월 러시아군 최고총사령관 참모장/서부전선군 사령관/서남부전선군 사령관. 1917년 8월 말 코르닐로프 쿠데타 동조 혐의로 체포 구금됨. 10월혁명 직후 反볼쉐비키 군부세력에 의해 석방됨/로스토프省 노보체르카스크에서 反볼쉐비키 의용군을 조직. 1918년 1월경 데니킨 부대는 안토노프-오브세옌코가 지휘하는 적위군과 전투를 벌임. 1918년 9월부터 '남러시아 무장군(ВСЮР)' 총사령관/1919년 여름 하리코프, 예카테리노슬라브, 차리친 등의 러시아 남부를 점령한 후 모스크바로 진격/동년 9~10월 보로네시, 체르니고프, 오룔을 차례로 점령하고 툴라에 대한 공세를 시작할 때 무장군 후방이 마흐노 군대의 공격으로 붕괴되면서 전열이 분산됨. (1919년 3월~10월 '남러시아 무장군' 병력은 64,000명에서 150,000명으로 증가) 거듭된 패배로 지배권이 크림반도로 좁아진 1920년 4월 '남러시아 무장군' 총사령관 직위를 표트르 브랑겔에게 넘기고 영국으로 이주/이후 프랑스 거주/제2차 대전 중 反蘇-반공 투쟁을 함께 하자는 독일의 제안을 거부.

데카노조프(В.Г. Деканозов, 1898~1953): 당 간부/독일 주재 대사
바쿠 출생. 석유회사원 가정 출신. 그루지야인. 티플리스 김나지야 졸업 후 사라토프대학과 바쿠대학에서 의학 공부. 1918년 赤軍 입대. 1921~31년 자카프카지예공화국/그루지야공화국 체카 근무/베리야 측근/이후 그루지야공산당 중앙위원회 서기. 1936년 그루지야공화국 식품공업인민위원. 1937년 그루지야공화국 고스플란 의장. 1938년 말 모스크바로 소환/내무인민위원부 국가보안총국 의장 대리. 1939년 5월 외무인민위원 대리. 1940년 11월(~1941년 6월) 주독 대사. 1941~52년 全연방공산당 중앙위원. 1952년 방송위원회 지도위원. 1953년 3월 그루지야공화국 내무상. 1953년 6월 베리야와 함께 체포되어 동년 12월 처형됨.

듸벤코(П.Е. Дыбенко, 1889~1938): 혁명운동가/적군 지휘관
체르니고프省 류드코보 출생. 농민 가정 출신. 1903년 3년제 시립학교 졸업. 1906년 노보알렉산드롭스크市 출납국 직원으로 취업. 1907년부터 볼쉐비키 서클에서 활동. 1911년 해군 입대. 1912년 러시아사회민주노동당 입당. 1916년 4월 反戰 선동으로 체포되어 군사감옥에 수감됨. 1917년 2월혁명 때 페트로그라드에서 무장봉기에 가담. 1917년 4월 발틱함대 중앙위원회 의장/안토노프-오브세옌코와 함께 1917년 페트로그라드 반정부 봉기(7월사태)를 지휘/10월혁명 때 수병과 함선을 무장봉기에 동원. 1917년 10월 해양인민위원. 1918년 3월 독일군과의 전투 패배로 당에서 제명되며 모든 직책에서 해임됨/재판에 회부되었으나 무죄 판결을 받음. 1919년 콜론타이와 결혼. 내전 때 赤軍 지휘관으로 복무. 1920~21년 赤軍 군사아카데미 수학. 1924~25년 제10보병군단 사령관. 1928~33년 중앙아시아군관구 사령관. 1933~37년 沿볼가군관구 사령관. 1937년 레닌그라드군관구 사령관. 1938년 초 임업인민위원 대리/동년 2월 말 반혁명 음모 가담 혐의로 체포된 후 동년 7월 처형됨.

디미트로프(Г.М. Димитров, 1882~1949): 코민테른 집행위원회 서기장
1902년 불가리아노동자사회민주당 입당/1909년부터 당 중앙위원. 1913~23년 불가리아 의회 의원. 1921년 코민테른 제3차 대회 참가/프로핀테른 중앙회의 위원에 선출됨. 1923년 불가리아 반정부 무장봉기를 주도/유고슬라비아, 소련을 거쳐 1929년 독일 망명. 1934년부터 소련 거주. 1934년 코민테른 집행위원회 정치위원회 위원. 1935~43년 코민테른 집행위원회 서기장. 1945년 11월 귀국. 1946~49년 불가리아인민공화국 각료회의 의장. 1948~49년 불가리아공산당 중앙위원회 서기장. (티토가 추진했던 불가리아-유고슬라비아 연방 구성안을 지지)

라데크(К.Б. Радек, 1885~1939): 혁명운동가/트로츠키파
오스트리아-헝가리제국 렘베르크(현 리보프) 출생. 교사 가정 출신. 본명은 카롤 소벤손. 유대인. 1902년 김나지야 졸업(재학 중 2회 제적됨)/폴란드사회당 입당/크라코프대학 역사학부 입학. 1903년 러시아사회민주노동당 입당. 1904년 폴란드-리투아니아왕국 사회민주당 입당. 1906년 혁명운동으로 로자 룩셈부르크 등과 함께 바르샤바에서 체포됨/반년 간 수감생활. 1907년 다시 체포되어 오스트리아로 추방됨. 1908년부터 독일사회민주당 좌파에 가담/룩셈부르크와의 논쟁 후 출당 조치됨. 라이프치히대학 등에서 중국사, 국제정치 등을 공부. 제1차 대전 때 국제주의적 입장을 고수/스위스로 이주하여 레닌과 친교. 1917년 2월혁명 후에 야쿱 가네츠키(Я.С. Ганецкий, 1879~1937) 등과 함께 레닌의 귀국 문제를 독일군 총참모부와 교섭. 10월혁명 후 페트로그라드로 귀환/全러시아 중앙집행위원회 대외교섭부장/외무인민위원부 지도위원으로 브레스트-리톱스크 조약 협상단에 참여. 1918년 말 독일에 가서 독일공산당 창당대회 사업에 참여. 1919~24년 러시아공산당 중앙위원. 1920년 코민테른 집행위원회 서기. 1923년부터 좌익반대파로 활동. 1927년 당에서 제명됨/체포되어 4년형을 선고받고 크라스노야르스크로 추방됨. 1930년 프레오브라젠스키, 스밀가 등과 함께 당 중앙위원회에 트로츠키즘과의 절연을 선언하는 신고서 제출 후 모스크바로 귀환. 1936년 여름 체포되어 다시 출당 조치됨. 1937년 1월 10년형을 선고받고 베르흐네우랄스크 정치감옥에서 복역 중 1939년 5월 옥중에서 살해됨.

라린(Ю. Ларин, 1882~1932): 혁명운동가/경제학자

크림반도 심페로폴 출생. 엔지니어 가정 출신. 본명은 미하일 알렉산드로비치 루리예. 1901~02년 오데사 사회민주주의 운동을 주도. 1903년 8년형을 선고받고 야쿠츠크로 추방됨/1904년 유형지를 탈주하여 스위스로 망명/1905년 밀입국하여 페테르부르크 등지에서 혁명운동에 종사. 1913년 체포됨/건강문제로 석방되어 외국으로 추방됨. 1917년까지 멘쉐비키 진영에서 활동/1917년 여름 멘쉐비키-국제주의자로서 볼쉐비키당에 합류. 1917~21년 베세엔하(최고인민경제회의) 간부회 위원. 고스플란 창설자 중 1인/1921년부터 고스플란 간부회 위원/화폐 및 상업 폐지를 주장. 1921년 노동조합 논쟁 때 부하린을 지지. 1920년대 중반 부하린의 "親부농적" 입장을 비판. (그의 양녀 안나 라리나(1914~1996)가 부하린의 세 번째 부인임)

라코쉬(Rákosi Mátyás, 1892~1971): 헝가리공산당 지도자

제1차 대전 중 헝가리공산당 입당. 1919년 벨라 쿤이 지도하는 소비에트 정부에 참여/적위대를 지휘/헝가리소비에트공화국 몰락 후 소련 입국. 1920~24년 코민테른 집행위원회 서기. 1924년 말 공산당 창당을 위해 헝가리 밀입국/1925년 가을 체포되어 투옥됨/1940년 소련이 제안한 교환협상으로 석방되어 소련 입국. 1940~45년 헝가리공산당 중앙위원회 외지국(外地局) 의장. 1945~56년 헝가리공산당/헝가리노동자당 서기장. 1952~53년 헝가리인민공화국 각료회의 의장/스탈린 사망 직후 임레 나지에게 각료회의 의장직 이양. 1956년 10월 모스크바로 망명.

라콥스키(Х.Г. Раковский, 1873~1941): 혁명운동가/트로츠키파

오스만제국(現 불가리아) 코텔 출생. 불가리아 민족해방운동 지도자 게오르기 스토이코프 라콥스키의 손자. 불가리아인/국적은 루마니아. 김나지야 재학 때부터 혁명운동 가담. 1889년부터 맑스주의자. 1890년 제네바로 이주하여 제네바대학 의학부 입학/플레하노프와 친교. 1893년 독일로 이주/베를린 의과대학 입학/독일사회민주당 기관지 ≪전진(Vorwärts)≫ 발행에 협력/대학에서 제적. 1896년 프랑스 몽펠리에대학 의학부 졸업/러시아와 유럽 맑시스트 그룹들 간의 가교역할을 하기 위해 페테르부르크에 도착/밀류코프, 스트루베와 친교/추방됨. 1898~1899년 루마니아 군대 복무. 1900~02년 페테르부르크 거주/프랑스로 이주. 1903년 러시아사회민주노동당의 분열 이후 멘쉐비키와 볼쉐비키 사이에서 중도주의적 입장 취함. 1903~17년 막심 고리키 등과 함께 두 세력 사이의 연결고리 역할/러시아 혁명가들 및 로자 룩셈부르크와도 협력관계 유지/특히 불가리아와 루마니아의 사회주의 운동을 조직하는 데 주력. 1913년 트로츠키와 친교. 1914~16년 프랑스에서 마르토프와 트로츠키가 발행하는 신문 ≪우리의 말(Наше слово)≫을 재정적으로 지원. 1915년 짐머발트 국제회의 참가. 1917년 여름 러시아 입국. 1917년 11월 볼쉐비키당 입당/이후 주로 외교 업무에 종사. 1919~23년 우크라이나공화국 소브나르콤 의장 겸 외무인민위원. 1919~27년 러시아공산당 중앙위원. 1923년 제12차 당대회에서 스탈린의 민족정책을 비판. (스탈린은 라콥스키의 연방주의와 "민족편향주의"를 비판) 1923~25년 주영 소련 전권대표. 1925~27년 주불 소련 전권대표. 1923년부터 좌익반대파에 가담/1927년 모든 직책에서 해임되며 당에서도 제명됨. 1927년 4년형을 선고받고 쿠스타나이에서 유형생활. 1931년 다시 4년형을 선고받고 바르나울에서 유형생활. 모스크바 귀환 후 1935년 복당 조치됨. 1936년 다시 당에서 제명된 후 1937년 1월 반혁명 혐의로 체포되어 1938년 3월 20년형을 선고받음. 독일의 침공 후인 1941년 9월 처형됨.

랴자노프(Д.Б. Рязанов, 1870~1938): 혁명운동가/아카데믹

오데사 출생. 상인 집안 출신. 본명은 골덴다흐. 오데사 김나지야 5학년 때인 1886년 학교에서 제적되며 혁명운동에 투신. 1889년 프랑스 여행/귀국 후 체포되어 재판 없이 18개월간 구금됨. 1891~96년 크레스티 감옥에서 수감생활. 1896~99년 키쉬뇨프에서 유형생활. 1900년 유럽 망명. 1903년 러시아사회민주노동당 제2차 대회에서 레닌의 분파주의를 비판/볼쉐비키와 멘쉐비키 양쪽에 거리를 둠. 1905년 귀국/페테르부르크에서 노동조합운동 전개. 1907년 유럽 망명/칼 카우츠키의 연구비서/맑스·엥겔스의 저작들을 모아 출판. 1909년 보그다노프 등의 ≪전진≫ 그룹의 학교에서 강의. 1911년 레닌의 롱쥐모黨학교에서 강의. 제1차 대전 전 빈에 살면서 국제주의적 입장을 취함/트로츠키와 협력관계 유지. 1915년 짐머발트 국제사회주의 회의 참가. 1917년 2월혁명 후 귀국하여 메쥐라이온파에 가담/동년 8월 볼쉐비키당에 합류/全러시아 중앙집행위원회 위원. 1918~20년 교육인민위원부 산하 문서보존관리청장. 1921~31년 맑스·엥겔스연구소장. 1929년 소련과학원 아카데믹. 1931년 1월 ≪프라우다≫에 멘쉐비키와의 관련 등을 비난하는 비판기사가 실린 후 체포되어 출당 조치됨/동년 4월 사라토프로 추방됨/사라토프대학 역사학부에서 강의. 1937년 7월 체포되어 1938년 1월 처형됨.

레바넵스키(С.А. Леваневский, 1902~1937): 비행사

페테르부르크 출생. 폴란드 귀족 가문 출신. 볼쉐비키 편에서 10월혁명에 가담/1918년 赤軍 입대. 1925년 세바스토폴 해군항공학교 졸업/해군 비행사로 복무/1930년 전역. 1931~32년 우크라이나 항공학교 비행부장. 1933년부터 북극항로관리국 비행사. 1934년 입당. 1935년 8월에 'АНТ-25'기로 모스크바-북극-샌프란시스코를 비행하는 계획을 수립 시도하였으나 실패. 1937년 8월, 빅토르 볼호비티노프가 설계한 장거리 폭격기 'ДБ-А'로 모스크바-북극-페어뱅크스(알래스카)를 잇는 비행 중 북극 상공에서 1개 엔진 고장과 기상 악화를 무전으로 알리고 동승했던 5명의 승무원과 함께 실종됨.

레핀(И.Е. Репин, 1844~1930): 화가

하리코프省 추구예프 출생. 러시아의 사실주의 화단의 거장. 이동파(移動派)의 대표로, 러시아 민중의 삶을 사실적으로 표현함. 톨스토이 초상화를 비롯하여 〈볼가 강에서 배를 끄는 인부들〉, 〈쿠르스크省

의 종교행렬〉, 〈이반 뇌제와 그의 아들 이반〉, 〈자포로지예 코사크들의 답장〉, 〈1905년 10월 17일〉 등의 많은 걸작을 남김.

로모프(Г.И. Ломов, 1888~1938): 혁명운동가/당 간부
사라토프 출생. 귀족 가문 출신. 본명은 오포코프. 1903년 러시아사회민주노동당 입당/볼쉐비크. 1905년 혁명운동에 참여. 1906~10년 페테르부르크대학 법학부 수학. 1907~08년 러시아사회민주노동당 모스크바지방위원회 위원. 1909년부터 페테르부르크 당위원회 위원. 1910~13년 아르한겔스크에서 유형생활. 1916~17년 이르쿠츠크省에서 유형생활. 1917년 2월혁명 후 모스크바로 귀환. 10월혁명 때 〈스몰늬〉에서 무장봉기를 지휘. 1917년 법무인민위원/당 중앙위원. 1918년 '좌익공산주의자' 그룹에서 활동/브레스트-리톱스크 조약 체결에 반대함. 1918~21년 베세엔하 의장 대리. 1921~23년 당 중앙위원회 시베리아局 위원. 1923~26년 소련 석유신디케이트 사장/모스크바市 당위원회 위원. 1927년부터 당 중앙위원. 1929~31년 베세엔하 의장 대리. 1931~33년 고스플란 의장 대리. 1933~37년 소비에트통제위원회 위원. 1937년 6월 체포되어 1938년 12월 처형됨.

로젠골츠(А.К. Розенгольц, 1889~1938): 혁명운동가/당 간부
벨로루시 비텝스크 출생. 상인 집안 출신. 1908년 러시아사회민주노동당 입당/볼쉐비크. 1917년 2월혁명 이후 모스크바 소비에트/모스크바 군사혁명위원회에서 위원으로 활동. 1918~19년 제8군 혁명군사회의 위원/이후 군사 분야에서 활동. 1922년 서부전선 혁명군사회의 위원. 1923~25년 赤軍 공군사령관. 1925~27년 주영 소련 대사. 1927~34년 중앙통제위원회 위원. 1930~32년 중앙통제위원회 간부회 위원. 1930~37년 대외무역인민위원. 1934년부터 당 중앙위원회 후보위원. 1937년 10월 스탈린 암살모의 혐의로 체포되어 1938년 3월 처형됨.

로쟌코(М.В. Родзянко, 1859~1924): 국가두마 의장
우크라이나 드네프르 출생. 대지주 집안 출신. 1877년 러시아제국 파제군사학교 졸업/기병근위연대에서 복무/이후 예카테리노슬라브省 젬스트보에서 활동. 1903~05년 신문 ≪예카테리노슬라브 젬스트보≫ 편집장. 1906년 제1대 국가두마 의원에 선출됨/10월당의 리더. 1911년 알렉산드르 구츠코프 후임으로 제3대 국가두마 의장에 선임됨. 1912년 제4대 국가두마 개원과 더불어 의장으로 선출됨. 1917년 2월혁명 후 국가두마 임시위원회 의장. 10월혁명 후 돈(Дон)지방에서 형성된 白軍에 가담하여 활동. 1920년 유고슬라비아 왕국으로 망명.

로좁스키(С.А. Лозовский, 1878~1952): 혁명운동가/당 간부
예카테리노슬라브省 알렉산드롭스크 출생. 유대교학교(헤데르) 교사 가정 출신. 본명은 드리조. 유대인. 헤데르에서 수학. 1901년 군 복무 중 대학입학 자격시험 합격/러시아사회민주노동당 입당. 1903년 페테르부르크에서 체포되어 카잔에서 유형생활. 1905년 혁명 때 볼쉐비키에 가담. 1906년 하리코프에서 체포되어 이르쿠츠크에서 유형생활. 1908년 유형지 탈주/제네바로 망명. 1909년부터 파리 거주/프랑스 사회당 입당/볼쉐비키-화해파 그룹에 동조/볼쉐비키당에서 출당 조치됨. 제1차 대전 때 국제주의자(트로츠키파)로 활동. 1917년 6월 귀국하여 볼쉐비키당에 합류/全러시아 노동조합중앙평의회 서기. 1918~21년 섬유노조/全러시아 철도노조평의회 책임서기. 1919~38년 프로핀테른 서기/1921~37년 프로핀테른 서기장. 1927~37년 당 중앙위원회 후보위원. 1937~49년 당 중앙위원. 1939~46년 외무인민위원 대리. 1940~49년 당 중앙위원회 최고위과정(ВПШ) 국제관계사 · 소련대외정책 강좌 좌장. 1945~48년 정보선전매체 솝인포름뷰로 책임자. 1949년 1월 당 중앙위원에서 해임되며 출당 조치됨/동시에 체포됨. 1952년 8월 〈유대인 反파시스트위원회〉 관련 혐의로 사형을 언도받고 처형됨.

로코솝스키(К.К. Рокоссовский, 1896~1968): 적군 원수/폴란드 국방상
바르샤바 출생. 소귀족 집안 출신. 폴란드인. 일찍 고아가 되어 1909~14년 석공으로 노동/독학. 1914년 러시아군에 자원입대하여 하사관으로 복무. 1917년 10월혁명 후 적위대에 가담/내전 때 戰隊 및 연대 지휘관으로 활약. 1919년 3월 입당. 1920년 1월 제5군 30사단 30기병연대장. 1921년 10월 제5쿠반기병사단 3여단장. 1924~25년 주코프, 예료멘코 등과 기병지휘관능력개선과정 이수. 1926~28년 몽골에서 군사교관으로 근무. 1929년 프룬제 군사아카데미 최고지휘관과정 이수. 1930~32년 제7사마라기병사단장. 1935년 9월 赤軍에 계급체계 도입 때 콤디브(Комдив, 사단장급)가 됨. 1936년 제5기병군단장. 1937년 6월 당에서 제명됨/동년 8월 간첩 혐의로 체포 투옥됨/1940년 3월 티모쉔코의 청원으로 석방 후 군에 복귀. 1940년 6월 군 계급체계 변경에 따라 소장이 됨/동년 11월 제9기계화군단장/1941년 7월 독일군 공격에 대한 성공적 방어 작전으로 적기훈장 받음. 1941년 8월 제16군 사령관/동년 9월 중장. 1941년 말 모스크바 전투에 참여하고 그 공적으로 레닌훈장 받음. 1942년 3월 포탄 파편에 중상. 1942년 9월 돈(Дон)전선군 사령관/스탈린그라드 전투 작전의 입안과 실행에 참여. 1943년 1월 상장 진급/수보로프훈장 받음. 1943년 봄 중앙전선군 사령관으로 셉스크 작전을 지휘/그 공훈으로 대장 진급. 1943년 여름 쿠르스크 전투의 전략과 전술 입안에 큰 역할을 하고, 전투를 성공적으로 수행하여 서방까지 군사 전략가로서의 명성이 퍼짐. 1944년 여름 벨로루시 해방작전을 단독으로 입안하고, 독일군 10만 명 이상을 생포하면서 작전을 성공적으로 수행/동년 6월 원수 진급/이때부터 스탈린은 로코솝스키를 "동무"가 아니라 이름과 부칭(콘스탄틴 콘스탄티노비치)으로 부르며 예우. 1944년 11월 제2벨로루시전선군 사령관/베를린 진격 임무를 성공적으로 수행하여 1945년 6월 금성 메달을 받음. 1945년 5월 24일 모스크바에서 거행된 승전기념 열병식을 지휘. 1945~49년 폴란드 주둔 북부집단군 사령관. (1949~56년 폴란드 국방상/부수상/폴란드공산당 정치국원/고물카 집권 후 스탈린주의자의 아이콘으로 국방상과 정치국원에서 해임되며 소련으로 귀국) 1956년 11월~1957년 6월 국방상 대리. 1957년 10월 자카프카스 군관구 사령관. 1958~62년 국방상 대리.

루나차르스키(А.В. Луначарский, 1875~1933): 혁명운동가/교육인민위원/아카데믹
우크라이나 폴타바 출생. 고위 관리의 혼외자. 키예프 제1김나지야 재학 중 맑스주의에 경도/1892년 맑스주의 학생 지하서클 가입. 1895년 김나지야 졸업 후 스위스 취리히대학 입학/리하르트 아베나리우스의 철학적 영향을 받음. 1898년 귀국하여 혁명운동에 종사. 1899년 체포되어 폴타바로 추방됨. 1900년 키예프에서 체포되어 칼루가/볼로그다/토티마에서 유형생활. 1903년 러시아사회민주노동당이 분열하자 볼쉐비키에 가담. 1904년 형기를 마치고 제네바로 망명/볼쉐비키 신문 ≪프롤레타리아≫와 ≪전진≫의

편집에 참여/레닌, 보그다노프 등과 친교를 유지. 러시아사회민주노동당 제3차(1905년)/제4차(1906년) 대회 참가. 1905년 귀국하여 볼쉐비키 합법 신문 ≪노바야 쥐즌≫에서 활동하다 체포되자 다시 유럽으로 탈주/점차 레닌과의 철학적 견해 차이가 정치적 대립으로 발전. 1909년 소환주의 입장을 개진/이후 맑시즘 이념과 종교를 융합시키려는 建神주의(богостроительство)를 발전시킴. 1914년 제1차 대전 발발 후 국제주의(트로츠키파) 입장을 견지. 2월혁명 후인 1917년 5월 페트로그라드로 귀환하여 메쥐라이온파 조직에 가담. 1917년 8월 볼쉐비키당 합류. 1917~29년 교육인민위원. 1929년 소련 중앙집행위원회 산하 학술위원회 의장. 1930년 소련과학원 아카데믹. 1933년 9월 스페인 주재 소련 전권대표/동년 12월 협심증으로 사망.

루덴코(Р.А. Руденко, 1907~1981): 당 간부/검찰총장

우크라이나 노소프카 출생. 빈농 가정 출신. 1926년 입당. 1929년부터 체르니고프管區 검찰청 근무. 1937~38년 도네츠크州 검사. 1938~40년 스탈린州 검사. (대숙청 때 도네츠크州 지방내무인민위원부 〈3인회〉로 활약) 1942~53년 우크라이나공화국 검사장. 1945~46년 뉘른베르크 전범재판 소련 측 원고. 1953년 베리야 사건 담당검사. 1953~81년 검찰총장. 1961년부터 당 중앙위원.

루먄체프(И.И. Румянцев, 1913~1992): 당 간부.

모스크바省 노긴스크 출생. 농민 가정 출신. 1930~41년 모스크바 프룬제공장에서 노동자 생활/1934년 모스크바 항공기술학교 졸. 1932년 입당. 1941~43년 프룬제공장 후송본부 전권위원/공장 당위원회 서기. 1943~46년 모스크바市 당위원회 항공산업부 지도원. 1946~50년 레닌그라드地區 당 제1서기. 1950~52년 모스크바市 당 제1서기. 1952~63년 비행기공장 공장장. 1963~86년 기계공장 〈혁명기치〉 공장장.

루주탁(Я.Э. Рудзутак, 1887~1938): 혁명운동가/당 간부

쿠를란드省 골딘겐 출생. 농민 가정 출신. 라트비아인. 교구소학교 2년 수료. 1905년 러시아사회민주당 입당/볼쉐비크. 1906년 러시아사회민주노동당 리가위원회 위원/1907년 벤트스필스 당위원회 의장. 1909년 체포되어 15년 징역형을 선고받음/10년으로 감형. 1917년 2월혁명 후 석방되어 全러시아 섬유노조중앙평의회 서기/모스크바 노조평의회 간부회 위원. 10월혁명 후인 1917~21년 모스크바 인민경제회의 의장/베세엔하 간부회 위원/全연방 노동조합중앙평의회 서기장. 1921년 노동조합논쟁 때 레닌의 강령을 지지함. 1921~22년 당 투르케스탄局 의장. 1922~23년 당 중앙아시아局 의장. 1923~24년 당 중앙위원회 서기. 1923~26년 당 정치국 후보위원. 1924~30년 도로교통인민위원. 1926~32년 당 정치국원. 1926~37년 소브나르콤 의장 대리. 1931~34년 노농감독인민위원/당 중앙통제위원회 의장. 1934~37년 당 정치국 후보위원. 1937년 5월 반혁명 혐의로 체포되어 1938년 7월 처형됨.

루히모비치(М.Л. Рухимович, 1889~1938): 혁명운동가/당 간부

로스토프省 카갈닉 출생. 철공의 아들. 1903년부터 혁명운동에 가담. 1904년 분트(유대인노동자총동맹) 입당/1913년 볼쉐비키당에 합류. 1917년 2월혁명 후 하리코프 당위원회 위원/10월혁명 때 하리코프 군사혁명위원회 위원. 1919년 제41보병사단 군사위원. 1919~20년 제14군 혁명군사회의 위원. 1924~37년 당 중앙위원. 1925~26년 우크라이나공화국 베세엔하 의장. 1926~30년 소련 베세엔하 의장 대리. 1930~31년 도로교통인민위원. 1936~37년 방위산업인민위원. 1927~30년 당 조직국원. 1937년 10월 체포되어 1938년 7월 처형됨.

률카(А.М. Люлька, 1908~1984): 항공엔진 설계사/아카데믹

키예프省 사바르카 출생. 농민 가정 출신. 1931년 키예프 종합기술대학 졸업. 1933~39년 하리코프 항공대학(ХАИ) 강사. 1939~41년 세계 최초로 터보샤프트엔진을 설계하여 특허 취득. 1941~42년 첼랴빈스크에서 디젤엔진 연구 개발에 종사/1945~47년 소련 최초의 제트엔진 'Tr-1'을 설계. 1950~60년 모스크바 항공대학(МАИ) 교수. 1967~84년 소련과학원 가스터빈위원회 의장. 1968년 아카데믹. 항공기 설계사인 파벨 수호이(П.О. Сухой, 1895~1975), 세르게이 일류신, 안드레이 투폴레프 등이 설계한 각 항공기에 장착된 일련의 터보제트엔진을 설계 제작함.

리코프(А.И. Рыков, 1881~1938): 혁명운동가/당 간부/소브나르콤 의장

사라토프 출생. 부농 가정 출신. 사라토프 제1고전김나지야 재학 때 혁명사상에 경도됨. 1898년 러시아사회민주노동당 입당. 1900년 카잔대학 법학부 입학. 1901년 사회민주주의 학생운동을 벌이다 체포 투옥됨/사라토프로 추방됨/이후 사라토프, 카잔 등에서 당 활동. 1905~07년 러시아사회민주노동당 중앙위원/볼쉐비크. 1910~11년 프랑스 망명생활. 1911년 8월 귀국 후 체포와 유형생활을 반복하다 1917년 2월혁명 후 유형지 나림에서 풀려나 모스크바로 귀환/동년 5월 모스크바 소비에트 의장 대리/동년 8월 볼쉐비키당 중앙위원/동년 9월 페트로그라드 소비에트 간부회 위원. 10월혁명 후 내무인민위원/모든 사회주의 세력이 참여하는 연합정부 구성을 요구하며 동년 11월 인민위원과 당 중앙위원職을 사임. 1918~21년 베세엔하 의장. 1921~24년 소브나르콤 의장 대리. 1922년부터 당 정치국원. 1924~30년 소브나르콤 의장. 1920년대 후반 부하린, 톰스키 등과 함께 우익반대파의 리더로, 스탈린 정책에 반대. 1931~36년 체신인민위원. 1937년 2월 당에서 제명됨과 동시에 체포되어 1938년 3월 처형됨.

리보프(Г.Е. Львов, 1861~1925): 국가두마 의원/임시정부 수반

독일 드레스덴 출생. 귀족 가문 출신. 1881년 모스크바 김나지야 졸업. 1885년 모스크바대학 법학부 졸업/고향인 툴라省 젬스트보에서 정치활동을 시작. 1906년 제1대 국가두마 의원에 선출된 후 정치활동을 통해 신뢰받는 정치인으로 기록됨. 1917년 2월혁명 후 임시정부 수반 겸 내무상/동년 7월사태 후 사임. 10월혁명 후인 1918년 봄 체포되어 예카테린부르크로 압송됨/옴스크로 탈출하여 '시베리아임시정부(Временное Сибирское правительство)'에 가담. 1918~20년 파리 소재 러시아정치협의체 통령/이후 정치활동을 중단하고 파리에 거주하며 생업에 종사/회고록 집필.

리트비노프(М.М. Литвинов, 1876~1951): 혁명운동가/외무인민위원

폴란드 벨로스톡 출생. 상인 집안 출신. 본명 발라흐. 유대인. 유대인학교(헤데르)를 거쳐 1893년 벨로스톡 실업학교 졸업/이후 5년간 바쿠에서 군 복무. 1898년 러시아사회민주노동당 입당. 1900년부터 키예프 당위원회 위원/≪이스크라≫ 국내 배포책으로 활동. 1901년 체포되어 키예프 루키야노프카 감옥에 수감됨. 1902년 탈옥 후 스위스로 망명. 1903년 제2차 당대회 후 볼쉐비키 진영에 가담. 1904년 귀국 후 지하활동에 종사/1905년 러시아사회민주노동당 제3차 대회 참가/볼쉐비키 합법 신문 ≪노바야 쥐즌≫ 발행에 참여. 1905~07년 혁명기에 무기의 구매와 공급을 담당. 1907년 유럽 망명. 1908년 티플리스 국고 강탈 사건(1907년)과 연루되어 프랑스에서 체포되어 영국으로 추방됨/이후 런던 거주/출판사(Williams and Norgate) 근무하며 사회주의 운동을 지속/1917년 혁명 때 영국 거주. 1918년 주영 러시아공화국 전권대표(영국 정부로부터 인정받지 못함). 1918년 11월 러시아 귀국. 1921~30년 외무인민위원 대리. 1930~39년 외무인민위원. 1934~41년 당 중앙위원. 1941~46년 외무인민위원 대리/1941~43년 주미 소련 대사. 1946년 퇴직.

마누일스키(Д.З. Мануильский, 1883~1959): 혁명운동가/코민테른 집행위원회 서기
볼린省 크레메네츠 출생. 성직자 가정 출신. 오스트로그 김나지야 졸업 후 1903년 페테르부르크대학 입학/러시아사회민주노동당 입당. 1905년 러시아사회민주노동당 페테르부르크위원회 위원. 1906년 크론쉬타트 및 스베아보르크 무장봉기를 조직하고, 그 혐의로 체포되어 투옥됨/탈옥. 1910~12년 파리 거주/소환주의자/보그다노프 등의 ≪전진≫ 그룹에 가담. 1911년 솔본느대학 법학부 졸업. 1912~13년 페테르부르크와 모스크바에서 지하혁명운동에 종사/프랑스로 망명. 1917년 5월 귀국하여 메쥐라이온파에 가담/동년 여름 볼쉐비키당 합류. 10월혁명 때 페트로그라드 군사혁명위원회 위원. 1917년 12월 식량인민위원부 지도위원/1918년 2월 식량인민위원 대리/동년 4월 우크라이나로 파견됨. 1921~23년 우크라이나공산당 제1서기. 1924년부터 코민테른 집행위원회 간부회 위원/1928~43년 코민테른 집행위원회 서기. 1944년부터 우크라이나공화국 외무인민위원. 1944~53년 우크라이나공화국 소브나르콤/각료회의 의장 대리.

마르토프(Ю.О. Мартов, 1873~1923): 혁명운동가/멘쉐비크
콘스탄티노플 출생. 사업가/저널리스트 집안 출신. 본명은 체데르바움. 유대인. 1877년 러터전쟁으로 터키를 떠나 가족과 함께 러시아 이주. 1891년 페테르부르크 제1고전김나지야 졸업/페테르부르크대학 물리수학부 입학/학내 혁명서클을 조직하여 활동하다 1892년 체포됨/1893년 학교에서 제적. 1895년 레닌과 함께 〈노동계급해방투쟁동맹〉을 조직. 1896~1900년 시베리아 투르한스크에서 유형생활/이후 레닌과 ≪이스크라≫ 창간에 주도적 역할을 함. 1903년 여름 개최된 러시아사회민주노동당 제2차 대회에서 레닌과 대립/당이 레닌파(볼쉐비키)와 마르토프파(멘쉐비키)로 분열. 1905년 10월 귀국하여 페테르부르크 노동자 · 농민 소비에트에 참여/멘쉐비키 합법 신문 ≪나찰로(Начало)≫ 편집인. 1906년 2월에 체포되어 3년 유형을 선고받음/동년 9월 유형 대신 해외로 추방됨. 1907년 러시아사회민주노동당 제7차 대회에 참가. 제1차 대전 발발 후 국제주의 입장을 취함/트로츠키와 함께 ≪우리의 말(Наше слово)≫을 발행하며 협력/1916년 3월 결별. 1917년 2월혁명 후 독일을 경유해 귀국/멘쉐비키 진영 내의 위상과 권위에도 불구하고 체레텔리, 단, 츠헤이제 만큼의 지도력도 발휘하지 못함. 10월혁명을 부정적으로 평가. 제헌의회 해산 후 1918년 3월 신문 ≪전진≫을 발행하며 10월혁명을 민주적 방향으로 돌리려고 노력. 1919년부터 全러시아 중앙집행위원회 위원. 1919~20년 모스크바 소비에트 대의원. 1920년 결핵 발병 후 국외 이주.

마이스키(И.М. Майский, 1884~1975): 혁명운동가/외교관/저술가
노브고로드省 키릴로프 출생. 軍醫 가정 출신. 본명은 얀 랴호베츠키. 옴스크 김나지야 졸업/페테르부르크대학 역사문학부 입학. 1903년 러시아사회민주노동당 입당/멘쉐비크. 1906년 체포되어 토볼스크에서 유형생활. 1908년 독일로 망명/1912년 뮌헨대학 경제학부 졸업/영국 이주. 1917년 5월 귀국/임시정부 노동성 지도위원. 1918년 여름 사마라에서 에세르들이 수립한 反볼쉐비키 정부에 참여했다는 이유로 멘쉐비키당에서 제명됨. 1919~20년 몽골에서 학술탐사활동. 1921년 2월 볼쉐비키당 입당/시베리아 고스플란 의장. 1922년부터 외무성 근무. 1929~32년 핀란드 주재 소련 전권대표. 1932~43년 주영 소련 특명전권대사. 1943~46년 외무인민위원 대리/얄타회담에 참여. 1953년 2월 반혁명 혐의로 체포되었으나 1955년 석방됨/1960년 복권됨. 『에스파니야. 1808~1917』(1957), 『소련 외교관의 회상. 1925~1945』(1971) 외 다수의 저작을 보유.

마주로프(К.Т. Мазуров, 1914~1989): 당 간부
벨로루시 고멜 출생. 농민 가정 출신. 1933년 고멜 車路기술학교 졸업. 1938~38년 赤軍 복무. 1940년 입당. 1949~41년 고멜市/브레스트州 콤소몰 서기. 1943~47년 벨로루시 콤소몰 중앙위원회 제2서기/제1서기. 1947~48년 벨로루시공산당 중앙위원회 근무. 1950~53년 민스크州 당 제1서기. 1953~1956년 벨로루시공화국 각료회의 의장. 1956~1965년 벨로루시공산당 중앙위원회 제1서기. 1956~1981년 소련공산당 중앙위원. 1965~78년 당 정치국원/소련 최고회의 의장 제1대리.

마흐노(Н.И. Махно, 1888~1934): 아나키즘 혁명운동가/"우크라이나혁명반란군" 총사령관
예카테리노슬라브省 굴랴이폴레 출생. 농민 가정 출신. 굴랴이폴레 2년제 소학교 졸업. 1903년부터 도장공 보조/상점 점원/주물공장 노동자 생활. 1906년 가을 굴랴이폴레의 아나코-공산주의 농민단체인 〈자유농민동맹〉의 일원으로 부자들에 대한 테러 및 수탈 작전에 가담. 1908년 8월 지방 관리 살해 혐의로 체포됨/1910년 3월 교수형을 선고 받았으나 무기징역으로 감형. 1911년 모스크바 부티르카 감옥으로 이감/그곳에서 유명 아나키스트 표트르 아르쉬노프(Пётр Аршинов, 1887~1938)를 만나 그로부터 이론적 학습을 받음. 1917년 2월혁명으로 석방되어 굴랴이폴레로 귀향/현지의 실질적 지도자인 농민동맹 의장으로 선출된 후 흑위대를 조직하여 지주, 기업가 등에 대한 테러와 수탈을 자행하는 등 혁명적 변혁을 이루고자 시도. 1917년 여름 지역 내 각 기업에서 노동자통제를 확립/교회와 지주 소유 대토지를 몰수하여 농민에게 무상 분배. 10월혁명 후인 1917년 12월 예카테리노슬라브(현 드네프르)가 우크라이나 민족주의 세력에 점령되자 아나키스트, 좌파 에세르 및 우크라이나 에세르의 대표자들로 구성된 굴랴이폴레 혁명위원회를 조직/反혁명 세력과의 투쟁에 나섬. 1918년 봄 브레스트-리톱스크 조약 이후 우크라이나에 독일군이 진주하자 무장부대를 조직하여 독일군에 대항/戰力 부족으로 부대를 해산. 1918년 5월 모스크바로 가서 크로포트킨, 아르쉬노프 같은 아나키즘운동 지도자들 및 레닌, 트로츠키 등과 만나 혁명운동에 관한 의견을 교환/레닌으로부터 혁명운동에 대한 지원을 약속받고 1918년 7월 굴랴이폴레로 잠입하여 빨치산부대를 조직. 1918년 9~10월경 주변 지역의 각 빨치산부대를 흡수한 마흐노 군대는 우크라이나 남부 알렉산드롭스크(현 자포로지예) 지역에서 현지 지배 권력에 대항하는 주된 세력으로 부상. 1918년 말 굴랴이폴레를 장악한 후 그곳에 〈혁명참모부〉를 설치하고 赤軍 부대와의 공동작전으로 예카테리노슬라브에 진출하였으나, 곧 우크라이나인민공화국 군대에 패배하며 굴랴이폴레로 퇴각.

1919년 2월 赤軍 지휘부와 군사협정을 맺고 흑위군을 赤軍에 편입시켜 우크라이나에서 데니킨의 白軍에 대항/1919년 3월 마리우폴레 부근에서 白軍을 패퇴시킨 공으로 赤旗훈장 받음. 1919년 4월 굴랴이폴레 소비에트대회에서 명예의장에 선출됨/전시공산주의 정책으로 농민들을 수탈하는 볼쉐비키 정권의 배신을 비난하며 토지와 공장의 사회화, 곡물징발정책 폐지, 좌익 정당에의 언론 · 출판 · 집회의 자유 보장, 신체의 자유 보장, 공산당 독재 거부, 소비에트의 자유선거 등을 요구. 1919년 6월 흑위군이 白軍에 대패/돈바스를 내어줌/전선 붕괴에 대한 문책으로 트로츠키가 마흐노를 "법외자"로 수배/이에 赤軍과의 군사협정 파기를 선언하고 헤르손으로 퇴각.

1919년 7월 우크라이나혁명반란군(РПАУ)의 창설을 선포/예카테리노슬라브, 알렉산드롭스크 등지로 세력권을 확장하면서, 농민빨치산들에게 "그래도 혁명적인 볼쉐비키-赤軍"과의 연대를 호소. (1919년 9월 하순 우크라이나혁명반란군이 모스크바로 진격하는 데니킨 白軍과 우크라이나 페레고노프카에서 벌인 전투는 白軍 후방을 붕괴시킴으로써 내전의 향방에 결정적 영향을 미쳤다고 평가됨. 내전 기간에 마흐노 군대의 병력 수는 대략 3만~3만 5천명 수준을 유지했다는 것이 학계의 정설임. 발레리 볼코빈스키의 연구에 따르면, 1919년 11월경 마흐노 군대는 약 8만 명의 병력을 유지하고 있었음)

1919년 10월 말 알렉산드롭스크에서 독립적인 〈농민공화국〉의 수립을 위한 행동강령을 제시/강령은 프롤레타리아 독재 및 공산당의 지도적 역할의 폐지, 비당파적인 자유 소비에트의 원칙에 입각한 자주관리의 발전, 볼쉐비키 타도 및 인민 권력의 확립, 농민에 대한 착취 청산, 전시공산주의 정책으로부터의 농촌 보호, 농민에의 토지 분배 및 자유 경작 등을 위한 "세 번째 사회혁명"의 조직화를 예상.

1920년 1월 볼쉐비키 정권은 데니킨 白軍을 진압한 후 마흐노를 다시 "법외자"로 수배/이에 白軍('남러시아 무장군') 총사령관 표트르 브랑겔은 마흐노에게 赤軍에 대항하는 연대를 제의했으나, 이를 거부함. 1920년 11월 크림의 白軍을 진압하는 데 연대하자는 볼쉐비키 정부의 제안을 수락/우크라니아혁명반란군 병력 2만 5천명을 페레코프로 파병하여 그곳에서 赤軍과 함께 브랑겔 白軍과 전투를 벌임. 크림 수복 후 "빨치산 반란군의 박멸"을 위한 볼쉐비키의 군사작전이 시작됨/1921년 4월 마흐노 군대의 근거지 굴랴이폴레가 함락됨으로써 赤軍, 白軍, 우크라이나 민족주의 세력 및 독일군에 대항했던 아나키즘 혁명운동이 소멸.

1921년 여름 루마니아로 도피/1922년 봄 현지 수용소를 탈출하여 폴란드로 갔으나 동년 4월 난민수용소에 수감됨. 이후 토룬에 정착했으나 폴란드 정부에 의해 다시 그단스크로 보내졌고, 그곳에서 체카 요원들에 붙잡혀 베를린으로 이송되던 중에 탈출/1925년 4월 파리 근교 뱅센에 정착. 목공일 등으로 생계를 유지하며 자신과 아나키즘에 쏟아지는 온갖 비난과 비방을 반박/잡지에 기고/회고록『회상(Воспоминания)』을 집필. 1934년 7월 결핵으로 사망.

말라쉬킨(С.И. Малашкин, 1888~1988): 작가

툴라省 예프레모프 출생. 농민 가정 출신. 12세 때부터 점원 등으로 생업에 종사함. 1904년 모스크바로 이주. 1906년 러시아사회민주노동당 입당/1917년부터 볼쉐비크. 1908~14년 러시아 전역을 유랑/제1차 대전에 참전/부상으로 전역. 1916년 詩를 발표하며 작가 활동을 시작. 모스크바 샤냡스키 인민대학 수학. 1918년부터 몰로토프와 친교.

말렌코프(Г.М. Маленков, 1902~1988): 당 간부/소련 각료회의 의장

오렌부르크 출생. 철도사무원 가정 출신. 1919년 고전김나지야 졸업/赤軍 입대/1920년 입당. 1921년 모스크바 고등기술학교(현 바우만 공대) 전기학부 입학/재학 시 학내 당 서기로, 트로츠키파에 대한 숙청을 주도. 1920~30년대 당 중앙위원회 조직부 근무. 1927년부터 당 정치국 기술서기. 1930~34년 모스크바州 당위원회 조직부장. 1934~36년 당 중앙위원회 조직지도부장 대리. (이 시기에 카가노비치의 후원이 말렌코프의 경력에 주효하게 작용) 1937~38년 대숙청의 집행인으로 활약/특히 예조프 제거에 주도적 역할을 함. 1939~57년 당 중앙위원. 1941~46년 당 정치국 후보위원. 1946~57년 당 정치국원/당 중앙위원회 간부회 위원. 1946~53년 소련 각료회의 의장 대리. 1953~55년 소련 각료회의 의장. 1957년 6월 몰로토프, 카가노비치 등과 함께 당 제1서기 흐루쇼프의 해임을 주도(〈반당그룹〉 사건)/이후 지방으로 쫓겨나 수력·화력발전소 소장 역임. 1961년 당에서 제명/은퇴. 1968년 모스크바 거주를 허락받음.

말리놉스키(P.B. Малиновский, 1876~1918): 볼쉐비키당 중앙위원/보안국의 밀정

바르샤바 출생. 일찍 고아가 되어 구걸 생활을 하다 1899년 절도죄로 형사 처벌됨. 1901~05년 군 복무. 1906년 러시아사회민주당 입당/페테르부르크 금속노조에서 활동. 1910년 보안국에 포섭됨. 1912년부터 볼쉐비키당 중앙위원/제4대 국가두마 의원. 1914년 봄 밀정임이 드러나자 외국으로 도피/당에서 제명됨. 그의 공작에 따라 부하린(1910년), 오르조니키제(1912년), 스베르들로프(1913년), 스탈린(1913년) 등이 체포됨. 제1차 대전 개전 초기 독일에서 러시아제국 신민으로 체포되어 수용소에 억류됨. 1918년 귀국/동년 11월 처형됨.

말리쉐프(B.A. Малышев, 1902~1957): 경제 관료/"스탈린의 인민위원"

코미[공화국] 식팁카르 출생. 교사 가정 출신. 1918~20년 프스코프省 벨리키예-루키 인민법원 서기. 1924년 벨리키예-루키 철도기술학교 졸업. 1924~26년 철도기관사 조수. 1926년 입당. 1926~27년 군 복무. 1927년부터 철도기관사. 1934년 바우만 공대 졸업. 1934~39년 콜롬나 기관차제작공장 설계엔지니어/공장 총설계사 대리/총설계사/공장장. 1939~40년 重기계제작인민위원. 1940~41년 中기계제작인민위원. 1941~42년/1943~45년 탱크공업인민위원. 1945~47년 교통기계제작인민위원/교통기계제작상. 1950~52년 조선공업상. 1953~55년 中기계제작상. 1957년 급성방사선증후군으로 사망.

메레츠코프(K.A. Мерецков, 1897~1968): 적군 원수

랴잔省 나자리예보 출생. 농민 가정 출신. 4년제 지방 소학교 졸업 후 1909년에 모스크바에서 공장노동자 생활 시작. 1915년부터 노동자 집회 참가. 1917년 2월혁명 직후 볼쉐비키당 입당. 1918년 赤軍 입대/1921년 제1톰스크기병사단 참모장. 1923년 2월 제15보병군단 참모장 보좌관. 1923년 11월 제9돈(Дон)보병사단장. 1924~32년 모스크바군관구 동원과장/참모장 보좌관/참모장 대리/참모장. 1936~37년 군사고문으로 스페인에 파견됨. 1939년 레닌그라드군관구 사령관. 1939~56년 당 중앙위원회 후보위원. 1940년 대장. 1940~41년 赤軍 총참모장/국방인민위원 대리. 1941년 6월 23일 개전 둘째 날에 반혁명 혐의로 체포되어 레포르토보 감옥에 수감됨/동년 9월 석방됨. 1941년 12월부터 볼호프전선군 사령관. 1944년 2월 카렐리야전선군 사령관/원수 진급. 1945년 4월 연해집단군 사령관/동년 7월 제1원동전선군 사령관. 1947~55년 모스크바군관구/백해군관구/북부군관구 사령관. 1955~64년 국방상 보좌역.

메르쿨로프(В.Н. Меркулов, 1895~1953): 당 간부/국가보안상

아제르바이잔 자가탈리 출생. 세습귀족 가문 출신. 1913년 티플리스 제3김나지야 졸업/페테르부르크대학 물리수학부 입학. 1916~17년 러시아군 복무. 1918~21년 티플리스에서 교사로 근무. 1921~23년 그루지야공화국 체카 경제과장 보좌역. 1923~31년 자카프카지예공화국/그루지야공화국 체카에서 간부로 근무. 1925년 입당. 1931~34년 그루지야공산당 중앙위원회 제1서기. 1934~36년 자카프카스州 당위원회 국영상업부장. 1936~37년 그루지야공산당 중앙위원회 특별부장. 1938~41년 소련 내무인민위원 제1대리. 1939~46년 全연방공산당 중앙위원. 1941년/1943~46년 국가보안인민위원. 1947~50년 국외국유자산관리청장. 1950~53년 국가통제상. 1953년 9월 베리야 사건과 관련해서 체포된 후 동년 12월 베리야 등과 함께 처형됨.

메즐라욱(В.И. Межлаук, 1893~1938): 혁명운동가/고스플란 의장

하리코프 출생. 귀족 출신 교사의 아들. 라트비아인. 1907년 러시아사회민주노동당 입당/멘쉐비크. 1914년 하리코프대학 역사문학부 졸업. 1913~16년 하리코프대학 강사. 1916년 러시아군 지원 입대. 1917년 3월 하리코프 소비에트 선동위원회 의장/동년 6월 볼쉐비키당 입당. 1917년 10월혁명 때 하리코프 군사혁명위원회 위원. 1918년 도네츠크省 당위원회 위원/제5군, 제10군 혁명군사회의 위원. 1919년 1~6월 우크라이나 군사인민위원. 1921~22년 러시아공화국/소련 도로교통인민위원부 總전권위원 대리. 1922~24년 도로교통인민위원부 지도위원. 1924~28년 베세엔하 간부회 위원. 1928~31년 베세엔하 의장대리. 1931~34년 고스플란 의장 제1대리. 1934~37년 고스플란 의장/소브나르콤 의장 대리. 1934년부터 당 중앙위원. 1937년 重기계인민위원/기계제작인민위원. 1937년 12월 체포되어 1938년 7월 처형됨.

메흘리스(Л.З. Мехлис, 1889~1953): 당 간부/스탈린 비서

오데사 출생. 사무원 가정 출신. 유대인. 6년제 유대인 상업학교 졸업. 1904~11년 사무원 및 가정교사로 일함. 1911년 러시아군 입대/1917년까지 포병 하사관으로 복무. 1918년 입당/1920년까지 赤軍 정치위원으로 활동. 1921~22년 노농감독인민위원부 행정감독관. 1922~26년 당 중앙위원회 서기국 서기보좌역(=스탈린 비서). 1926~30년 공산아카데미/적색교수원 수학. 1930년부터 당 중앙위원회 신문부장/≪프라우다≫ 편집장. 1934~37년 당 중앙위원회 후보위원. 1937~40년 국방인민위원 대리 겸 赤軍 정치보위총국장. 1937~53년 당 중앙위원. 1940~41년 국가통제인민위원. 1940~44년 소브나르콤 의장 대리. 1946~50년 국가통제상. 1953년 심장병으로 사망.

멘진스키(В.Р. Менжинский, 1974~1934): 혁명운동가/오게페우 의장

페테르부르크 출생. 귀족 가문 출신. 폴란드인. 1898년 페테르부르크대학 법학부 졸업. 1902년 러시아사회민주노동당 입당/볼쉐비크. 1903년 ≪이스크라≫ 국내 배포를 위해 야로슬라블로 파견됨/직업혁명가로 활동. 1905년 러시아사회민주노동당 페테르부르크위원회 군사조직 멤버. 1906년 체포되어 몇 달간 투옥생활 후 출소. 1907년 서유럽으로 탈주/망명생활 중 보그다노프 등의 ≪전진≫ 그룹에 가담/볼로냐 黨학교 강사. 1915년부터 은행원 생활. 1917년 2월혁명 후 귀국/10월혁명 때 페트로그라드 군사혁명위원회 위원. 1918년 재무인민위원. 1919년 우크라이나공화국 노농감독인민위원. 1919년 9월부터 베체카 근무 시작. 1923년부터 오게페우 의장 대리. 1926~34년 오게페우 의장. 1927년부터 당 중앙위원. 1934년 5월 질병으로 사망.

모스칼렌코(К.С. Москаленко, 1902~1985): 적군 원수
예카테리노슬라브省 그리쉬노 출생. 농민 가정 출신. 4년제 농업소학교 졸업. 1917~19년 바흐무트 농업학교 수학. 1920년 赤軍 입대. 1922년 하리코프 군관학교 포병과 수료. 1924년 포병중대장. 1926년 입당. 1934년 포병연대장. 1939년 포병사단장. 1941년 남서전선 제5군 15보병군단장/제6군 사령관 대리. 1942년 제1근위군 사령관/스탈린그라드 전투에 참가. 1943~45년 제38군 사령관. 1948년부터 방공군 모스크바지구군 사령관. 1953년 6월 모스크바군관구 사령관/베리야 체포 때 주코프와 함께 주도적 역할을 함. 1955년 원수. 1956~85년 당 중앙위원. 1960년부터 전략로켓군 사령관/국방상 대리.

무라노프(М.К. Муранов, 1873~1959): 혁명운동가/국가두마 의원
우크라이나 폴타바 출생. 농민 가정 출신. 1900년부터 하리코프에서 노동자 생활. 1904년 러시아사회민주노동당 입당/볼쉐비크. 1912년부터 제4대 국가두마 위원. 1914년 11월 체포되어 1915년부터 투루한스크에서 유형생활. 1917년 3월 스탈린, 카메네프와 함께 페트로그라드 귀환/이후 볼쉐비키당 중앙위원회 사무국 멤버/≪프라우다≫ 편집인/내무인민위원 대리. 1917~23년 당 중앙위원회 감독관. 1922~34년 당 중앙통제위원회 위원. 1939년 은퇴.

므겔라제(А.И. Мгеладзе, 1910~1980): 당 간부/그루지야공산당 제1서기
쿠타이시省 오주르게티 출생. 귀족 집안 출신. 그루지야인. 1927년 콤소몰 입단. 1932년 입당. 1934~37년 그루지야공화국 콤소몰 제1서기. 1938~42년 트러스트 〈그루즈네프치〉 사장. 1942~43년 자카프카스전선 후방관리 전권위원. 1943~51년 그루지야공산당 압하지야州 당위원회 제1서기. 1951~53년 그루지야공산당 중앙위원회 뷰로 위원. 1952~53년 그루지야공산당 제1서기. 1952~53년 소련공산당 중앙위원. 1950년대 스탈린의 총애를 받으며 베리야의 政敵으로 부상(1951년 말 민그렐리야 사건의 조사를 지휘)/스탈린 사망 직후 당에서 제명되며 체포됨/베리야 몰락 후 복당 조치됨. 1953~73년 그루지야의 養苗솝호즈 지배인. 1973~78년 트러스트 〈그루즈플로드오보시〉 사장.

므디바니(Б.Г. Мдивани, 1877~1937): 혁명운동가/그루지야공산당 간부
트빌리시 출생. 귀족 집안 출신. 그루지야인. 1899년 모스크바대학 재학 중 시위 관련 제적됨. 1903년 러시아사회민주노동당 입당/자카프카지예에서 혁명운동 전개. 1918~19년 제11군 혁명군사회의 위원. 1920~21년 그루지야공산당 중앙위원회 의장. 1922년 그루지야공화국 소브나르콤 의장/자카프카지예소비에트연방사회주의공화국 연방소비에트 의장. 1923년 좌익반대파에 가담. 1931~36년 그루지야공화국 경공업인민위원. 1936년 "트로츠키 센터" 가담 혐의로 체포된 후 1937년 7월 처형됨.

므좌바나제(В.П. Мжаванадзе, 1902~1988): 당 간부
그루지야 쿠타이시 출생. 노동자 가정 출신. 그루지야인. 1915년부터 노동자 생활. 1924년 赤軍 입대.

1927년 입당. 1937년 레닌그라드 군사정치아카데미 수료/이후 정치장교로 복무. 1940년부터 沿발트특별군관구 정치부장. 1944년 중장. 1945~53년 하리코프군관구/키예프군관구 정치위원. 1953~72년 그루지야공산당 제1서기. 1956~76년 소련공산당 중앙위원. 1957~1972년 소련공산당 중앙위원회 정치국/간부회 후보위원. 1972년 은퇴 후 주코프카 다차촌에 거주.

미코얀(А.И. Микоян, 1895~1978): 혁명운동가/당 간부/소련 최고회의 간부회 의장
아르메니아 사나인 출생. 빈농 가정 출신. 아르메니아인. 1906년 티플리스 아르메니아신학교 입학. 1914년 러시아군 입대/터키전선에서 전투에 참가/1915년 말라리아로 의병 제대/티플리스 귀환 후 볼셰비키당 입당. 1917년 2월혁명 후 티플리스와 바쿠를 거점으로 당-선전 사업 벌임. 1917년 9월부터 티플리스 당위원회 서기. 1918년 봄 赤軍 제3여단 전권위원. 1919년 3월 카프카스지구 당위원회 바쿠局 의장. 1919년 10월 모스크바로 소환/全러시아 중앙집행위원회 위원. 1920년부터 바쿠 점령 제11군 혁명군사회의 전권위원. 1922~24년 (스탈린 추천으로) 당 중앙위원회 남동局 서기. 1922년부터 당 중앙위원회 후보위원. 1923년부터 당 중앙위원. 1924~26년 北카프카스州 당위원회 제1서기. 1926년부터 당 정치국 후보위원. 1926~30년 대내외교역인민위원. 1930년 조달인민위원. 1934~38년 식품공업인민위원. 1935~66년 당 정치국원. 1937~55년 소련 소브나르콤/각료회의 의장 대리. 1938~49년 대외교역인민위원. 1941년부터 '赤軍에의 식품 · 물자보급위원회' 의장. 1952년 제19차 당대회 직후 열린 당 중앙위원회 전원회의에서 몰로토프와 함께 스탈린에게 비판당함. 1953년 스탈린 사망 후 소련 각료회의 의장 대리/교역상. 1956년 제20차 당대회 이후 反스탈린 운동의 전면에 섬. 1957년 몰로토프 등의 〈반당그룹〉을 비판하며 흐루쇼프를 지지. 1957~64년 소련 각료회의 의장 제1대리. 1964~65년 소련 최고회의 간부회 의장. 1965년 공직 은퇴.

미쿨린(А.А. Микулин, 1895~1985): 항공엔진 설계사/아카데믹
블라디미르 출생. 엔지니어 가정 출신. 1912년 키예프 종합기술대학 입학/중퇴. 러시아 항공학의 대부 니콜라이 주콥스키(Н.Е. Жуковский, 1847~1921)의 제자. 1914~1921년 모스크바 고등기술학교(현 바우만 공대) 수학. 1923년부터 자동차엔진중앙연구소(НАМИ) 근무/1925년부터 총설계사. 1930년부터 항공엔진설계중앙연구소(ЦИАМ) 시험설계국 설계사. 1936년부터 항공엔진(제24)공장 총설계사. 1943년 소련과학원 아카데믹. 1943~55년 항공엔진시험설계(제300)공장 수석설계사. 1954년부터 당 중앙위원. 1955~59년 소련과학원 엔진실험연구소 근무. (투폴레프가 제작한 'АНТ-25', ' ТБ-3', 'Ту-16', 'Ту-104' 및 미코얀과 구레비치의 합작품 'МиГ-1', 'МиГ-3', 페틀랴코프의 'Пе-8', 일류신의 'Ил-2', 'Ил-10' 등을 비롯한 많은 항공기종에 미쿨린이 설계 제작한 엔진들이 장착됨)

미콜라이칙(Stanisław Mikołajczyk, 1901~1966): 폴란드망명정부 수반
독일 도르스텐 출생. 1911년 가족과 함께 폴란드 서부 지역으로 이주. 1918년 폴란드군 입대. 1920년 폴란드농민당 입당. 1930~35년 의회 의원. 1937년부터 농민당 당수. 1939년 9월 독일 침공 후 영국으로 망명. 1943~44년 런던 주재 폴란드망명정부 수반. 1945년 6월 귀국/폴란드 민족통일임시정부에 농업상으로 참여. 1947년 미국으로 망명.

[레프] 미하일로프(Л.М. Михайлов, 1872~1928): 혁명운동가
예카테리노다르 출생. 광산 관리의 아들. 1903년 러시아사회민주노동당 입당/폴리티쿠스라는 이름으로 활동. 1905년 12월 모스크바 무장봉기에 참여. 1917년 3~5월 볼쉐비키당 페테르부르크위원회 의장. 1921~22년 노르웨이 주재 소련 전권대표. 1923~24년 당 중앙위원회 중앙아시아局 위원. 1924~28년 全연방 고참볼쉐비키협회 책임서기.

[바실리] 미하일로프(В.М. Михайлов, 1894~1937): 혁명운동가/당 간부
모스크바 출생. 노동자 가정 출신. 1907~17년 인쇄소 제본공으로 생활함. 1915년 러시아사회민주노동당 입당/볼쉐비크. 1917~18년 모스크바 소비에트 대의원. 1918~20년 赤軍 정치부 복무. 1921~22년 당 중앙위원회 서기/조직국원. 1921~22년/1923~30년 당 중앙위원. 1925~29년 모스크바市 당위원회 서기/모스크바 노조평의회 의장. 1929~32년 드네프르수력발전소 건설소장 대리. 1930~37년 당 중앙위원회 후보위원. 1932~37년 모스크바 소비에트 궁전 건설소장(구세주 그리스도 대성당 폭파 책임자)/全러시아 중앙집행위원회 위원. 반혁명 혐의로 체포되어 1937년 9월 처형됨.

밀류코프(П.Н. Милюков, 1859~1943): 역사가/입헌민주당 지도자/임시정부 외무상
모스크바 출생. 귀족 출신 유명 건축가의 아들. 모스크바 제1김나지야 졸업. 1882년 모스크바대학 역사인문학부 졸업. 1886~95년 모스크바대학 조교수. 1890년대 초부터 러시아고대사학회 회원. 1897~99년 불가리아에서 학술연구 활동. 1901년 反정부 정치활동으로 몇 달간 투옥됨/러시아 자유주의 이론가로 부각됨. 1903년/1904~05년 도미하여 시카고대학 등에서 강의. 1905년 "피의 일요일" 소식을 듣고 귀국/반정부단체 '노동조합연합(Союз союзов)'의 대표로 활동. 1905년 10월 입헌민주당 창당/1907년부터 입헌민주당 중앙위원회 의장. 1906년 7월 제1대 국가두마 해산 후에 시민불복종을 호소하는 「븨보르크 선언(Выборгское воззвание)」을 작성. 1907~17년 제3~4대 국가두마 의원. 1917년 2월혁명 후 국가두마 임시위원회 위원. 1917년 3~5월 임시정부 외무상. 1918년 11월 서유럽으로 망명/白軍에 대한 지지를 호소. 1921~40년 파리에서 발행되는 러시아망명지 ≪최신 뉴스(Последние новости)≫ 편집인. 망명생활 중『두 번째 러시아 혁명의 역사(История второй русской революции)』등의 저작 출간/볼쉐비키 정권에 대한 비판적 태도를 유지/독일과의 전쟁이 발발하자 입장을 바꿔 소련을 적극 지지/소련군이 스탈린그라드 전투에서 승리했다는 소식에 격한 감동을 표현.

바레이키스(И.М. Варейкис, 1894~1938): 혁명운동가/당 간부
코브노省 빌코미르 출생. 노동자 가정 출신. 리투아니아인. 초급 직업학교 졸업 후 선반공으로 일함. 1911년부터 혁명운동에 가담. 1913년 볼쉐비키당 입당. 1917년 2월혁명 후 포돌스크 소비에트 간부회 위원/예카테리노슬라브(현 드네프르) 당위원회 위원/예카테리노슬라브 소비에트 간부회 위원. 10월혁명 후 주로 지방의 당위원회에서 서기로 활동/1918년 7월 투하쳅스키와 함께 에세르의 봉기를 진압. 1924~30년 당 중앙위원회 후보위원. 1930~37년 당 중앙위원. 1934~35년 보로네시州 당위원회 제1서기. 1935~36년 스탈린그라드州 당위원회 제1서기. 1937년 원동州 당위원회 제1서기. 1937년 10월 체포되어 1938년 7월 처형됨.

바실렙스키(А.М. Василевский, 1895~1977): 적군 원수/대조국전쟁 때 총참모장

코스트로마省 키네쉬마 출생. 성직자 가정 출신. 1897년 가족과 함께 노보포크롭스코예로 이주. 1909~14년 코스트로마 신학교 수학. 1915년 알렉세예프 군사학교 수료/1915~17년 제1차 대전에 장교로 참전. 1917년 10월혁명 후 시골에서 교사생활. 1919년 4월 赤軍에 소집되어 소대장 보좌로 복무/내전 종료 후 약 10년간 야전 보병사단 근무. 1931년부터 赤軍 전투준비국 근무. 1934~36년 볼가군관구 전투준비부장. 1937년 총참모부 군사아카데미 수료/총참모부 근무 시작. 1938년 입당. 1939년 총참모부 작전국장 대리. 1941년 8월 총참모장 대리 겸 작전국장. 1941년 10월 중장 특진. 1942년 5월 상장 진급. 1942년 6월부터 1945년 2월까지 赤軍 총참모장. 1942년 여름 스탈린그라드전선 시찰 후 스탈린그라드 전투 작전을 입안하고 전투를 조정. 1943년 1월 대장 진급. 1943년 2월 원수 진급. 1945년 2월부터 제2벨로루시전선군 사령관. (1944년 여름 스탈린은 바실렙스키에게 향후 일본과의 전쟁을 지휘할 원동군사령관에 임명할 것임을 예고) 1945년 6월 만주 공격작전을 입안. 1945년 7월부터 원동군 사령관. 1946~48년 총참모장 겸 국방상 대리. 1949~53년 무력상/국방상. 1952~61년 당 중앙위원. 1953~56년 국방상 제1대리. 1957년 퇴역.

[카를] 바우만(К.Я. Бауман, 1892~1937): 혁명운동가/당 간부

리플랸드省 볼마르 출생. 농민 가정 출신. 라트비아인. 1907년 러시아사회민주노동당 입당/볼쉐비크. 1916년 키예프 상업대학 졸업. 1917년 키예프에서 10월혁명에 참여. 1920~23년 쿠르스크省 노동조합평의회 의장/쿠르스크省 당위원회 의장. 1923~24년 당 중앙위원회 조직지도부장 대리. 1925~38년 당 중앙위원. 1929~30년 모스크바州 당위원회 제1서기/당 정치국 후보위원. 1929~32년 당 중앙위원회 서기. 1931~34년 당 중앙위원회 중앙아시아局 위원. 1934~37년 당 중앙위원회 과학기술발명부장. 1937년 10월 1일 체포되어 이틀 후 레포르토보 감옥에서 고문으로 사망.

바이두코프(Г.Ф. Байдуков, 1907~1994): 비행사/공군 상장

톰스크省 타르쉬타 출생. 철도원 가정 출신. 9세 때 고아가 되어 1921년부터 시베리아 철도공사 현장에서 노동. 1926년 赤軍 입대/공군 레닌그라드 군사이론학교 수료. 1928년 카차 군사항공학교 수료. 1931~34년 공군 항공연구소(НИИ ВВС) 시험비행사. 1936년 7월 츠칼로프, 벨랴코프와 함께 부조종사로 'АНТ-25'기를 타고 모스크바에서 캄차카 우드 섬(현 츠칼로프 섬)까지 9,374km 거리를 56시간 무착륙으로 비행/1937년 6월 모스크바-북극-밴쿠버(미국 워싱턴州)에 이르는 8,504km를 무착륙으로 비행. 제2차 대전 때 공군 항공사단/항공군 사령관으로 참전. 1947~49년 민간항공관리본부장. 1949~52년 공군 항공연구소 비행담당 부소장. 1952년부터 방공군 총참모장 제1대리. 1957~72년 국방성 제4관리본부장. 1950~70년대 소련 방공시스템 구축에 기여. 1961년 공군 상장. 1988년 퇴역.

바투틴(Н.Ф. Ватутин, 1901~1944): 적군 대장

보로네시省 체푸히노 출생. 농민 가정 출신. 1909~13년 체푸히노 교구학교/1913~15년 발루이키 공립학교/1915~17년 우라조보 상업학교 수학. 1920년 赤軍 입대/주로 우크라이나, 北카프카스 주둔 보병부대에서 복무. 1922년 폴타바 제14보병학교 수료. 1934년 프룬제 군사아카데미 수료. 1937년 총참모부 군사아카데미 수료. 1938~40년 키예프특별군관구 참모장. 1940년 총참모부 작전국장. 1941년 2월 총참모장 작전 · 후방담당 제1대리. 1941년 6월 서북전선군 참모장/중장. 1942년 5월 총참모장 원동담당 대리. 1942년 7월 보로네시전선군 사령관. 1942년 10월 서남전선군 사령관/스탈린그라드 전투에 참여. 1942년 12월 상장/1943년 2월 대장. 1943년 3월부터 보로네시전선군/제1우크라이나전선군 사령관. 1944년 2월 작전 중 우크라이나 빨치산부대의 매복 공격으로 부상 사망함.

[데미얀] 베드늬(Демьян Бедный, 1883~1945): 작가
헤르손省 알렉산드리아 출생. 농민 가정 출신. 본명은 예핌 알렉세예비치 프리드보로프. 1900년 키예프 의무학교 졸업. 1899년 첫 詩를 발표. 1908년 페테르부르크대학 문학부 졸업. 시집『불쌍한 데미얀, 해로운 사내에 관하여(О Демьяне Бедном, мужике вредном)』(1911)와『우화집(Басни)』(1913) 발간 이후 활발한 문예활동 벌임. 1912년 러시아사회민주노동당 입당. 1914년 징집/1915년 예비역 편입. 1917년 2월혁명 후 ≪이즈베스치야≫, ≪프라우다≫에 많은 글을 기고. (베드늬의 작품을 좋아했던 레닌은 자신의 글이나 연설에 베드늬에 시구들을 인용하기도 했는데, 1920년대에 베드늬는 막심 고리키에 필적하는 작가로 평가되기도 했음) 내전 때 赤軍에서 선동활동에 종사. 1930년, 일부 작품 속에서 러시아 인민을 비하 모독했다는 이유로 스탈린에게 비판을 받음. 1938년 당 및 작가동맹에서 제명됨/제2차 대전 중 인민들을 고무 격려하는 시들을 발표했으나 명예 회복에는 실패.

베레쉬코프(В.М. Бережков, 1916~1998): 외교관/통역관/저술가
페트로그라드 출생. 조선 엔지니어의 아들. 1924~30년 키예프 독일어학교 수학. 1938년 키예프 종합기술대학 졸업/이후 태평양함대 및 西우크라이나에서 군 통역관으로 복무. 1939년 대외무역인민위원부 구매단 통역관으로 독일 출장/이후 외무인민위원부에 들어가 몰로토프의 보좌관으로 독소불가침조약 체결 업무를 수행. 1940~41년 주독 소련대사관 제1서기. 대조국전쟁 발발 후 외무인민위원부에 근무하며 여러 외교현장에 참여/1943년 말 테헤란회담 때 스탈린 통역으로 일함. 부모가 퇴각하는 독일군을 따라 서방으로 갔다는 이유로 1945년 초 외무인민위원부에서 쫓겨남. 1945년부터 잡지사 등에 근무하다가 스탈린 사후 외무성 복직. 1979~83년 주미 소련대사관 제1서기. 잡지 ≪신시대(Новое время)≫ 편집장. 1992년 미국에 정착.『테헤란 1943년(Тегеран, 1943)』(1971),『외교사 현장(Страницы дипломатической истории)』(1982) 등의 저서를 남김.

베르크(А.И. Берг, 1893~1979): 해군 제독/엔지니어/아카데믹
오렌부르크 출생. 퇴역 장성의 아들. 페테르부르크 聖표트르학교 졸업/1904~08년 페테르부르크 제3생도학교 수학. 1914년 해군유년학교 졸업/해군 장교로 제1차 대전 참전. 1919년부터 잠수함 조타수/함장. 1925년 페트로그라드 제1종합기술대학 졸업/이후 해군기술학교 무선통신 및 무선항법 분야 교관. 1932~37년 해군통신원격조종법연구소장. 1937년 12월 파괴암해활동 혐의로 체포됨/1940년 5월 석방 복권됨. 이후 해군아카데미 교관. 1943~44년 전기공업인민위원 대리. 1943~47년 국방위원회(ГКО) 레이다분과회의 의장 대리. 1946년 소련과학원 아카데믹. 1950~60년 전파물리학 · 무선공학 분야 전국학술회의 의장. 1953~57년 국방상 대리. 1955년 해군 엔지니어-제독. 1959년부터 소련과학원 간부회 산하 사이버네틱스문제 학술회의 의장.

베르트(Александр Верт, 1901~1969): 영국 작가

영국인 아버지와 러시아인 어머니 사이에서 페테르부르크 출생. 1917년 영국 이주. 1922년 글래스고대학 졸업. 1924년부터 기자 생활. 1941~48년 영국 신문과 BBC 모스크바 특파원. 이후 독소전과 관련한 여러 저작을 출간/1964년에 나온『전쟁 속의 러시아. 1941~1945(Россия в войне. 1941~1945)』는 모스크바에서 1967년 노어로 번역 출간됨.

베리야(Л.П. Берия, 1899~1953): 당 간부/내무인민위원

쿠타이시省 메르헤울리 출생. 빈농 가정 출신. 메그렐인. 1915년 수후미 상급초등학교 졸업. 1919년 바쿠 기계건축중등학교 졸업. (1916년부터 노벨석유회사 지국에서 견습노동자 생활) 1917년 3월 러시아사회민주노동당 입당. 1918년 2월부터 볼쉐비키당 바쿠위원회/바쿠 소비에트 서기국에서 활동. 1918년 9월 터키-아제르바이잔 군대가 바쿠를 장악했을 때부터 1920년 4월 그곳에 소비에트 정권이 수립될 때까지 바쿠에서 지하운동을 전개. 1919년 가을 바쿠 볼쉐비키 지하운동 지도자 아나스타스 미코얀 지시로 "아제르바이잔민주공화국 국방위원회 산하 반혁명투쟁조직"에 침투하여 활동. 1920년 4월 그루지야로 잠입/그곳 멘쉐비키 정부의 타도를 위한 무장봉기를 준비. 1920년 8월 아제르바이잔공산당 중앙위원회 총무부장. 1921년 아제르바이잔공화국 체카 비밀작전부장. 1922년 그루지야공화국 체카 비밀작전부장 겸 의장 대리. 1924년 멘쉐비키 봉기를 진압한 공로로 적기훈장을 받음. 1926~31년 그루지야공화국/자카프카지예연방공화국 오게페우 의장. 1927~30년 그루지야공화국 내무인민위원. 1931~38년 그루지야공산당 제1서기. 1934년부터 全연방공산당 중앙위원. 1938년 1월 소련 최고회의 간부회 위원/동년 8월 내무인민위원 대리/동년 9월 내무인민위원부 국가보안총국장. 1938년 11월부터 내무인민위원. 1944~45년 국방위원회 의장 대리. 1946~53년 당 정치국원/중앙위원회 간부회 위원. (종전 후 소련의 보안기관 및 군산복합체가 베리야의 지휘 아래 있었으며, 핵무기 개발도 그의 책임 하에 추진됨. 스탈린 사후 가장 막강한 물리적 힘을 가진 인물로 부상) 1953년 3월 내무상(국가보안성이 내무성에 흡수 통합됨). 1953년 6월 흐루쇼프에 의해 전격 체포되어 동년 12월 처형됨.

벨랴코프(А.В. Беляков, 1897~1982): 공군 중장/항법사

모스크바省 오레호보-주예보 출생. 교사의 아들. 김나지야 졸업 후 1915~16년 페트로그라드 임업대학 수학. 1916년 징집. 1917년 알렉산드롭스키 보병학교 수료/내전 참전. 1921년 모스크바 항공사진측량학교 수료. 1930~35년 주콥스키 군사항공기술아카데미(ВВИА) 항법학강좌 좌장. 1936년 카차 군사항공학교 수료. 1936년 7월에 발레리 츠칼로프, 게오르기 바이두코프와 함께 'АНТ-25'기를 타고 모스크바에서 캄차카 우드 섬(현 츠칼로프 섬)까지 9,374km 거리를 56시간 동안 무착륙으로 비행. 1937년 6월에도 츠칼로프, 바이두코프 함께 'АНТ-25'기로 모스크바-북극-밴쿠버(미국 워싱턴 주)에 이르는 8,504km를 무착륙 비행. 1936~39년 특수임무비행단 수석항법사. 1939~40년 공군 수석항법사. 1940년부터 공군아카데미 원장 대리. 1941~45년 랴잔 공군항법사학교 교장. 1945~60년 공군아카데미 항법학부장. 1960년부터 모스크바 물리기계대학 교수.

보그다노프(А.А. Богданов, 1873~1928): 혁명운동가/사회사상가/의사
폴란드 소쿨카 출생. 교육자 집안 출신. 본명은 말리놉스키. 툴라 고전김나지야 졸업 후 1892년 모스크바대학 물리수학부 입학. 1894년 인민주의 서클 가담 혐의로 체포되어 툴라로 추방됨/그곳에서 블라디미르 바자로프, 이반 스테파노프와 교류하며 맑스주의로 입장을 전환. 1895년 하리코프대학 의학부 독학과정 입학. 1897년『경제학 단기과정(Краткий курс экономической науки)』출간. 1898년에『역사적 자연관의 기본 요소(Основные элементы исторического взгляда на природу)』출간. 1899년 하리코프대학 졸업/의사면허 취득/러시아사회민주노동당 입당. 1899년 대학 졸업 후 체포되어 반년 간 수감생활 후 칼루가로 추방됨/그곳에서 아나톨리 루나차르스키와 함께 유형자서클을 지도하다 다시 볼로그다로 추방되어 3년간 정신병원 의사로 일하는 한편 저술활동에 종사. 1903년 가을 볼쉐비키에 가담. 유형을 마치고 1904년 봄 스위스로 가서 레닌과 협업하고 동년 가을 귀국하여 페테르부르크 볼쉐비키를 지도. 1904~06년『경험일원론(эмпириомонизм)』1권, 2권, 3권 출간. 1905년 혁명기에 레닌, 크라신과 함께 볼쉐비키 분파의 핵심 3인방으로 활동하다 동년 12월 체포된 후 국외로 추방되었으나, 1906년 밀입국하여 페테르부르크 근교 레피노에서 레닌과 함께 기거하며 볼쉐비키 기관지 편집에 참여. 1907년 가을 제3차 국가두마 선거와 관련하여 소환주의의 입장을 취하며 레닌과 대립. 1907년 말 러시아 정부 당국의 탄압을 피해 레닌과 함께 국외로 이주하여 볼쉐비키 기관지 ≪프롤레타리≫를 발행. 1909년 5월 레닌이 "한 반동철학에 대한 비판적 지적"이라는 부제를 붙여『유물론과 경험비판론(материализм и эмпириокритицизм)』을 출간하여 보그다노프의 입장을 비판하면서 두 사람의 협력관계가 종식. 1909년 여름 카프리에서 고리키, 루나차르스키, 마누일스키, 멘진스키, 츠하카야 등과 함께 노동자학교를 설립하고 "새로운 프롤레타리아 문화의 확립과 융성, 프롤레타리아 과학 및 철학의 발전"을 강령적 목표로 설정/자파 기관지 ≪전진(Вперёд)≫을 발행함. 1912년 ≪전진≫ 그룹에서 이탈하여 텍톨로지(tectology), 사회의식 등에 관한 연구에 몰두. 1913년 로마노프 왕조 수립 300주년 기념 사면에 따라 귀국. 1914년『사회의식학(Наука о социальном сознании)』출간. 제1차 대전 발발 후 동원되어 軍醫로 복무. 1917년 2월혁명 후 프롤렛쿨트(=프롤레타리아 문화) 운동을 주도하면서, 사회주의 혁명을 도모하는 레닌을 비판함(레닌이 혁명의 당위적 근거로 제시하는 것은 전시 상황에서 나타나는 공산주의적 현상, 즉 전시공산주의 현상에 불과일 것이며, 노동자들의 계급의식과 문화수준을 볼 때 사회주의 혁명은 시기상조라고 주장함)/10월혁명 후 볼쉐비키당에 적대하지는 않음. 1918~26년 공산주의아카데미 간부회 위원. 1921년 프롤렛쿨트 관련 활동을 마감/이후 혈액학과 노년학 분야 연구에 몰두함. 1926년부터 수혈법연구소 소장. 1928년 4월 직접 자신의 몸에 교환수혈 실험을 하다가 사고로 사망.

보도피야노프(М.В. Водопьянов, 1899~1980): 비행사/공군 소장
탐보프省 리페츠크 출생. 농민 가정 출신. 1918년 2월 赤軍 입대. 1921년부터 운전병. 1925년부터 항공기 동승기관사. 1928년 비행사학교 수료. 1929년 모스크바 항공기술학교 수료/사할린 항로 개척. 1930년 1,130km에 달하는 하바롭스크-오하-알렉산드롭스크(사할린) 횡단비행 완수 후 수많은 항로개척 임무를 수행. 1934에 소련영웅 칭호와 레닌훈장/1939년 금성훈장/1940년 적기훈장을 받음. 대조국전쟁에 참전하고 1946년 전역. 1948~50년 극지탐험 원정비행에 참여/이후 작가 활동에 종사.

보로노프(Н.Н. Воронов, 1899~1968): 포병 총원수

페테르부르크 출생. 사무원 가정 출신. 1914년 실업학교 중퇴/생업에 종사. 1917년 중등교육 수료 검정시험 합격. 1918년 가을 페트로그라드 제2포병지휘학교 수료/내전 참전. 1919년 입당. 1930년 프룬제 군사아카데미 수료/포병연대장. 1934년 제1포병학교장. 1936~37년 스페인 파견 근무. 1939년 할힌골 전투에 포병지휘관으로 참전. 1940년 포병 상장. 1941년 포병사령관/국방인민위원 대리/이후 포병 책임자로서 스탈린그라드 등 여러 전선에서 포병의 전술과 운용을 지휘감독. 1943년 포병 원수. 1944년 2월 포병 총원수. 1946년 포병아카데미 창설. 1953~59년 포병지휘관아카데미 원장.

보로쉴로프(К.Е. Ворошилов, 1881~1969): 혁명운동가/적군 원수/국방인민위원

우크라이나 루시찬스크 출생. 철도노동자의 아들. 7세부터 목동/광부 일에 종사. 1893~1895년 바실레프카 지방학교 수학. 1896년부터 유리예프 야금공장 노동자. 1903년부터 루간스크 증기기관차 제작공장 노동자. 1903년 러시아사회민주노동당 입당/볼쉐비크. 1905년 루간스크 소비에트 의장. 러시아사회민주노동당 제4차(1906년)/제5차(1907년) 대회 대의원. 1908~17년 바쿠, 페트로그라드, 차리친 등에서 지하활동을 전개하며 체포 및 유형생활을 반복. 1917년 2월혁명 후 페트로그라드 소비에트 대의원/볼쉐비키당 제7차 당협의회(4월)/제6차 당대회(7~8월) 대의원. 1917년 10월혁명 때 페트로그라드 군사혁명위원회 위원. 1917년 말 제르진스키와 함께 베체카(全러시아반혁명태업단속비상위원회) 창설작업에 참여. 내전 때 차리친집단군/제10군/하리코프군관구/제14군을 지휘. 1921~24년 北카프카스군관구 사령관. 1921~61년 당 중앙위원. 1924~25년 모스크바군관구 사령관. 1925~40년 군사인민위원. 1941년 9월 레닌그라드전선군 사령관. (스탈린의 측근으로 赤軍을 조직하는 데 참여하였고, 트로츠키 축출 이후 군부의 중심인물이었음) 1926~52년 당 정치국원. 1940~53년 소브나르콤/각료회의 의장 대리. 1953~60년 소련 최고회의 간부회 의장. 1960~69년 소련 최고회의 간부회 위원.

보즈네센스키(Н.А. Вознесенский, 1903~1950): 당 간부/고스플란 의장/아카데믹

툴라省 체르니 출생. 사무원 가정 출신. 1919년 입당. 1919~20년 체르니郡 콤소몰 조직을 지도. 1921~24년 스베르들로프 공산대학 수학. 1928년 적색교수원 입학. 1931년 적색교수원 강사. 1935년 경제학 박사. 1937년 고스플란 의장 대리. 1938~41년/1942~49년 고스플란 의장. 1939~49년 소브나르콤/각료회의 의장 대리. 1939~49년 당 중앙위원. 1941~47년 당 정치국 후보위원. 1943년 아카데믹. 1947~49년 당 정치국원. 1949년 3월 레닌그라드 사건과 연루되어 모든 직위에서 해임, 출당 조치됨. 1949년 10월에 체포되어 1950년 10월 처형됨.

부됸늬(С.М. Будённый, 1883~1973): 적군 원수

돈(Дон)군관州 플라톱스카야 출생. 빈농 가정 출신. 1903년 징집. 1904~05년 러일전쟁 참전. 1907~08년 기병사관학교 이수/1914년까지 연해省 경기병연대에서 복무/하사관으로 제1차 대전 참전/전공으로 다수의 훈장을 받음. 1917년 2월혁명 후 카프카스 기병사단위원회 의장 대리/기병연대위원회 의장. 1917년 8월 미하일 프룬제와 함께 코르닐로프 반란군 무장해제 작업을 지휘. 1918년 2월 혁명기병대 창설/내전 때 기병군단을 창설 지휘함. 1919년 입당. 1921~23년 北카프카스군관구 사령관 대리. 1924~37년

赤軍 기병 검열관. 1932년 프룬제 군사아카데미 수료. 1935년 11월 소련원수. 1937~39년 모스크바군관구 사령관. 1940년 국방인민위원 제1대리. 1939~52년 당 중앙위원. 1941~45년 남서방면군/예비전선군/北카프카스전선군 사령관. 1952~73년 당 중앙위원회 후보위원.

부브노프(А.С. Бубнов, 1884~1938): 혁명운동가/당 간부
이바노보省 이바노보-보즈네센스크 출생. 상인 가정 출신. 1903년 실업학교 졸업 후 모스크바 농업대학 입학/재학 중 혁명운동 가담 혐의로 제적됨. 1903년 러시아사회민주노동당 입당. 1905년 이바노보-보즈네센스크에서 72일간 벌어진 노동자 파업을 지도. 1906년 러시아사회민주노동당 제4차 대회 대의원. 1912년 볼쉐비키당 중앙위원회 후보위원. 1917년 2월혁명 후 볼쉐비키당 모스크바지역국 위원. 10월혁명 때 볼쉐비키당 중앙위원회 정치국원/페트로그라드 군사혁명위원회 위원. 1917~18년 도로교통인민위원부 지도위원. 1918년 '좌익공산주의자'로 활동. 1919년 우크라이나공화국 내무인민위원. 1921~22년 北카프카즈군관구 혁명군사회의 위원/당내에서는 민주집중파로 활동. 1922~24년 당 중앙위원회 선동선전부장. 1924~29년 赤軍 정치보위부장. 1924~37년 당 중앙위원. 1925년 당 중앙위원회 서기. 1929~37년 러시아공화국 교육인민위원. 1937년 10월 반혁명 혐의로 체포되어 1938년 8월 처형됨.

부하린(Н.И. Бухарин, 1888~1938): 혁명운동가/당 간부/우익반대파 지도자
모스크바 출생. 교사 가정 출신. 모스크바 제1김나지야 졸업 후 1907년 모스크바대학 법학부 경제학과 입학/1911년 제적됨. 이미 1905~07년 일리야 에렌부르크와 함께 학생시위에 적극 가담. 1906년 러시아사회민주노동당 입당/볼쉐비크. 1907년 그리고리 소콜니코프와 함께 모스크바에서 청년회의(콤소몰의 원조로 간주됨)를 조직 개최. 1908~10년 러시아사회민주노동당 모스크바위원회 위원. 1911년 6월 체포되어 3년 유형을 선고 받고 아르한겔스크로 추방됨/곧 탈주하여 독일 하노버 경유 1912년 가을 오스트리아에 정착. 1912년 크라코프에서 레닌과 친교. 1914년 오스트리아 당국에 체포되어 스위스로 추방됨. 1915년 프랑스와 영국 경유하여 스톡홀름에 정착. 1915년『세계경제와 제국주의(Мировое хозяйство и империализм)』를 집필하고 '국가자본주의'라는 개념을 제시. (이 책에 서문을 써준 레닌은 자신의 책『자본주의의 최고 단계로서의 제국주의』에서 부하린의 일부 명제를 활용) 1916년 3월 스웨덴 경찰에 체포되어 동년 4월 노르웨이로 추방됨. 1916년 10월 미국 뉴욕에 정착/트로츠키, 콜론타이 등과 친교. 1917년 1월 트로츠키와 함께 신문 ≪노비이 미르(신세계)≫를 발행. 1917년 2월혁명 후 일본을 거쳐 동년 5월에 귀국. 1917~34년 당 중앙위원. 1917년 볼쉐비키당 모스크바위원회에서 활동하며 10월혁명 때 선전활동에 종사. (존 리드는『세계를 뒤흔든 열흘』에서 부하린이 레닌보다 더 좌익이라고 평가함) 1918년 '좌익공산주의자' 그룹의 리더로 활동하며 레닌의 정책을 비판. 1919~24년 당 정치국 후보위원. 1918~29년 ≪프라우다≫ 편집장. 1919년 예브게니 프레오브라젠스키와 함께『공산주의 입문(Азбука коммунизма)』을 집필. 1920년 전시공산주의 정책을 합리화하는『이행기의 경제(Экономика переходного периода)』를 집필. 1923년 말부터 좌익반대파와의 투쟁에 적극 가담/이후 네프 전도사로 활약. 1924~29년 당 정치국원. 1925년 농민을 향해 "부자가 되시오!"라는 구호를 외침. 1926~29년 코민테른 의장. 1928년 스탈린의 식량징발정책을 비판한 후 당 중앙위원회에서 릐코프, 톰스키와 더불어 우익편향으로 비판당함. 1929년 당 정치국원에서 해임됨. 1929~32년 베세엔하 간부회 위원.

1934~37년 당 중앙위원회 후보위원/≪이즈베스치야≫ 편집장. 1936년 독일사회민주당 소장 맑스 · 엥겔스 관련 자료 구입을 위해 유럽 출장. 1937년 2월 출당 조치됨과 동시에 체포됨. 1938년 3월 사형 선고 후 즉시 처형됨.

불가닌(Н.А. Булганин, 1895~1975): 당 간부/국방상

니즈니-노브고로드 출생. 노동자 가정 출신. 1917년 실업학교 졸업/러시아볼쉐비키사회민주노동당 입당. 1918~22년 체카 근무. 1922~27년 베세엔하 산하 국영전기트러스트 사장. 1927~31년 모스크바 전구공장 사장. 1931~37년 모스크바 소비에트 의장. 1934년부터 당 중앙위원회 후보위원. 1937~38년 러시아공화국 소브나르콤 의장. 1937년부터 당 중앙위원. 1938~40년/1940~45년 고스방크(중앙은행) 총재. 1944년부터 국방인민위원 대리/국방위원회 위원. 1946년부터 당 정치국 후보위원. 1947~49년 무력상. 1948~58년 당 정치국원/당 중앙위원회 간부회 위원. 1953~55년 국방상. 1955~58년 소련 각료회의 의장. 1957년 6월 〈반당그룹〉에 가담. 1958년부터 소련 고스방크 총재. 1960년 은퇴.

브랑겔(П.Н. Врангель, 1878~1928): 백군 지도자

리투아니아 노보알렉산드롭스크 출생. 귀족 출신/남작. 1896년 로스토프 실업학교 졸업. 1901년 페테르부르크 국립광산대학 졸업/엔지니어. 1901년 근위기마연대에 지원 입대/1902년 전역 후 이르쿠츠크에서 총독부 관리 생활. 1904년 러일전쟁 개전 후 자원입대/자바이칼 카자크군 제2베르후네우딘스크연대 지휘관으로 참전. 1910년 니콜라이 군사아카데미 수료. 1911년 기병장교학교 수료/제1차 대전 참전. 1915년 자바이칼 카자크군 제1네르친스크연대장. 1916년 소장. 1917년 1월 우수리스크기병사단 제2여단장/동년 7월 제7기병사단장/우크라이나에서의 전공으로 聖게오르기십자훈장을 받음. 1917년 10월 혁명 후 크림반도에 은신하다 1918년 여름 白軍이 점령하고 있는 크라스노다르에 가서 제1기병사단의 지휘를 맡음/北카프카스 지역의 白軍운동에 투신/모스크바로의 조속한 진격을 고집하는 '남러시아 무장군' 총사령관 안톤 데니킨과 전략상 갈등을 겪음. (브랑겔은 콜차크 白軍과의 연합을 위해 짜리친 방향으로 군대를 전개하라고 요구) 1919년 7월 白軍의 모스크바 진격이 결정된 후, 동년 11월 의용군 사령관에 임명됨/동년 12월 총사령관과의 갈등으로 사령관에서 해임됨. 1920년 4월 데니킨 후임으로 '남러시아 무장군' 총사령관이 됨. 1920년 11월 크림반도가 赤軍에 점령되면서 서유럽으로 망명.

브레즈네프(Л.И. Брежнев, 1906~1982): 소련공산당 서기장

우크라이나 카멘스코예 출생. 노동자 집안 출신. 1915~21년 카멘스코예 고전김나지야 수학. 1921년부터 쿠르스크 버터공장 근무/1923년 콤소몰 입단. 1923~27년 쿠르스크 측량토지개량직업기술학교 수학. 1928~30년 우랄州에서 토지정리사로 근무. 1931~35년 드네프로제르진스크대학 야간과정 수학/드네프로제르진스크 야금공장 철공/1931년 입당. 1935~36년 赤軍 복무. 1936~37년 드네프로제르진스크 야금직업기술학교 교장. 1937년부터 드네프로제르진스크 당조직에서 근무. 1938~41년 우크라이나공산당 드네프로페트롭스크州 당위원회 부장/서기. 1941~43년 北카프카스전선 흑해집단군 정치부장 대리. 1943~45년 제18군 정치부장/남부전선군 정치부장 대리. 1944년 赤軍 중장. (1945년 6월 24일 붉은광장에서 거행된 승리기념 군사퍼레이드에 참여하여 안드레이 예료멘코 대장과 함께 정치위원으로서 대열

선두에서 행진함) 1946~47년 우크라이나공산당 자포로지예州 당위원회 제1서기. 1947~50년 우크라이나공산당 드네프로페트롭스크州 당위원회 제1서기. 1950~52년 몰다비아공산당 제1서기. 1952년 10월 제19차 당대회에서 스탈린과 대면한 후 소련공산당 중앙위원/중앙위원회 서기/중앙위원회 간부회 후보위원으로 선출됨/스탈린 사망과 함께 당 중앙위원회 서기 및 간부회 후보위원에서 해임됨. 1953~54년 소련군 정치보위총국장 대리. 1955~56년 흐루쇼프의 제안으로 카자흐스탄공산당 제2서기/제1서기로 재임하며 처녀지개간운동을 지도. 1956~60년 소련공산당 중앙위원회 방위산업담당 서기. 1957년부터 당 중앙위원회 간부회 위원/정치국원. 1957년 6월 〈반당그룹〉 사건 때 흐루쇼프를 지지. 1964년 10월 흐루쇼프 축출을 주도/1964~82년 당 중앙위원회 제1서기/서기장. 1960~64년/1977~82년 소련 최고회의 간부회 의장.

블라소프(А.А. Власов, 1901~1946): 적군 중장/나치 부역자
니제고로드省 로마키노 출생. 농민 가정 출신. 1917년 니즈니-노브고로드 신학교 중퇴. 1919년 赤軍 입대/4개월 지휘관과정 수료 후 소대장으로 군복무 시작. 1930년 입당. 1935년 프룬제 군사아카데미 입교. 1937년부터 제72보병사단 133연대장. 1938~39년 장개석 정부의 소련 군사고문단 일원으로 활동. 1940년 소장/제99보병사단장/모스크바 전투에서의 공훈으로 1942년 1월 중장 진급/동년 4월부터 제2타격군 사령관. 1942년 7월 볼호프전선에서 독일군 포로가 됨. (전향 후 그는 反蘇캠페인에 동원되었고, 그가 쓴 「나는 왜 볼쉐비즘과의 투쟁에 나섰는가」라는 제목의 글은 삐라로 만들어져 소련군 진영에 뿌려지기도 함. 이후 '러시아인민해방위원회'와 소련군 포로들로 편성된 '러시아해방군'을 이끌면서 본격적 반소비에트 투쟁을 전개) 1945년 5월 우크라이나전선에서 생포되어 모스크바로 압송된 후 1946년 8월 처형됨.

블라식(Н.С. Власик, 1896~1976): 적군 중장/스탈린 경호대장
벨로루시 슬로님 출생. 빈농 가정 출신. 교구학교 3년 수료 후 13세부터 생업에 종사. 1915년 징집 후 하사관으로 참전/무공으로 聖게오르기십자훈장을 받음. 1917년 10월혁명 직후 모스크바 민병대에서 활동. 1918년 2월 赤軍 입대/입당. 1919년 9월부터 체카 근무. 1927년 크렘린특별경비대장으로 부임하며 실질적인 스탈린 경호대장이 됨. 1930년부터 오게페우 선임 작전과장/내무인민위원부 국가보안총국 제1과장/이후 직위 변동과 무관하게 1952년 5월까지 스탈린의 경호대장 역할을 수행. 1945년 赤軍 중장. 1952년 12월 의사 사건에 대한 문책으로 체포됨과 동시에 출당 조치됨. 1955년 배임 혐의로 10년 유형을 선고받고 크라스노야르스크로 추방됨/1956년 사면됨.

븨신스키(А.Я. Вышинский, 1883~1954): 혁명운동가/검찰총장/외무상
오데사 출생. 귀족 가문 출신. 폴란드인. 1900년 바쿠 고전김나지야 졸업. 1901년 키예프대학 법학부 입학/학생운동으로 제적됨. 1903년 러시아사회민주노동당 입당/멘쉐비크. 1906~07년 두 차례 체포되었으나 곧 석방됨. 1908년 반정부 선동 혐의로 체포되어 바쿠 바일로보 감옥에 투옥됨/이곳에서 스탈린과 친교. 1913년 키예프대학 졸업. 1915~17년 변호사 파벨 말랸토비치(П.Н. Малянтович, 1869~1940) 보좌역. 1917년 2월혁명 후 멘쉐비키 진영에서 활동. 1920년 볼쉐비키당 입당. 1920~21년 모스크바대학 강사/플레하노프 인민경제대학 학부장. 1923~25년 검사. 1925~28년 모스크바대학 강사. 1928년

샤흐티 사건, 1930년 공업당 사건 등의 재판 때 검사로 활동. 1931~33년 러시아공화국 검찰총장. 1935~39년 소련 검찰총장. 1939년부터 당 중앙위원. 1940~49년 외무인민위원/외무상 대리. 1949~53년 외무상. 1953~54년 주UN 소련대표.

사부로프(М.З. Сабуров, 1900~1977): 경제 관료/"스탈린의 인민위원"/당 간부
예카테리노슬라브省 드루즈코프카 출생. 노동자 가정 출신. 1914년부터 상점 사환/철공 조수/선반공 등으로 생업에 종사. 1920년 입당. 1921~23년 콤소몰 서기. 1923~26년 스베르들로프 공산대학 수학. 1926~28년 당 중앙위원회 돈바스 지역 선전원. 1933년 바우만 공대 졸업. 1937~38년 기계제작인민위원부 重기계제작총관리국 기사장. 1938~41년 고스플란 의장 제1대리. 1941~42년 고스플란 의장. 1941~44년 소브나르콤 의장 대리. 1944~47년 고스플란 의장 제1대리/대리. 1947~53년 소브나르콤/각료회의 의장 대리. 1952~61년 당 중앙위원. 1952~57년 당 중앙위원회 간부회 뷰로 위원. 1957년 보로실로프, 불가닌, 페르부힌과 함께 몰로토프 등의 〈반당그룹〉을 지지. 1958~66년 싀즈란 重기계공장 공장장.

사튜코프(П.А. Сатюков, 1911~1976): 당 간부/언론인
니제고로드省 고르키 출생. 노동자 가정 출신. 1937년 고리키사범대학 졸업. 1939년 입당. 1942~46년 당 중앙위원회 근무. 1946~49년 잡지 ≪문화와 삶(Культура и жизнь)≫ 편집장. 1949~56년 ≪프라우다≫ 편집국 책임서기/편집장 대리. 1956~64년 ≪프라우다≫ 편집장/흐루쇼프 자문그룹 멤버. 1959~64년 소련언론인협회 이사장. 1961~66년 당 중앙위원. 1964~71년 잡지 ≪당 생활(Партийная жизнь)≫ 편집국 책임서기.

사하로프(А.Д. Сахаров, 1921~1989): 물리학자/아카데믹/소련 인권운동의 대부
모스크바 출생. 학자 집안 출신. 1938년 중등학교 졸업 후 모스크바대학 물리학부 입학/1942년 졸업. 1942~44년 울리야놉스크 탄약공장 근무. 1944~47년 소련과학원 물리학연구소(ФИАН) 대학원 과정 수학. 1947년부터 모스크바에너지공학연구소(МЭИ)에서 수소폭탄 관련 연구에 종사함/1953년 8월 수소폭탄 개발 성공의 주역/아카데믹/1950년대 말부터 수소폭탄 실험 중지를 주장. 1968년『진보, 평화공존 및 지적 자유에 관한 숙고(Размышления о прогрессе, мирном сосуществовании и интеллектуальной свободе)』를 출간/1960년대 말부터 소련 인권운동의 지도자로 부상. 1975년 노벨평화상 수상. 1980~86년 부인 옐레나 본네르와 함께 고리키(현 니즈니-노브고로드)에서 유폐생활. 1986년 12월 모스크바로 귀환. 1989년 봄 소련 인민대의원에 선출/제1차 소련 인민대위원 대회에 참가/동년 12월 사망.

샤포쉬니코프(Б.М. Шапошников, 1882~1945): 적군 원수
우파省 즐라토우스트 출생. 사무원 가정 출신. 1899년 페름 실업학교 졸업. 1901~03년 모스크바 알렉세예프 군사학교 수학/소위 임관. 1907~10년 총참모부아카데미 수학. 1914년부터 제1차 대전 참전/1917년 9월 척탄연대장/동년 11월 카프카스 척탄사단장으로 선출됨. 1918년 3월 동원 해제됨/동년 5월 赤軍에 가담. 1919년 공화국혁명군사회의 야전참모부 작전국장. 1921년 내전 때 공적으로 적기훈장 받음. 1925~27년 레닌그라드군관구 사령관. 1927년 모스크바군관구 사령관. 1928~31년 赤軍 참모장.

1930년 입당. 1932~35년 프룬제 군사아카데미 원장. 1935~37년 레닌그라드군관구 사령관. 1937~40년 赤軍 총참모장. 1939년 당 중앙위원회 후보위원. 1940년 5월 赤軍 원수. 1940년 8월 건강상 이유로 총참모장職 사임하고, 대신 국방인민위원 대리에 임명됨. 1941년 7월~1942년 5월 총참모장. 1942년 5월 국방인민위원 대리. 1943년 6월 총참모부 군사아카데미 원장. 1945년 3월 숙환으로 사망. (많은 전쟁 이론서를 저술하며 소련 군사학 발전에 기여함. 1930년대 말부터 스탈린의 군사고문 역할을 수행하였으며, 스탈린이 '동무'라 칭하지 않고 이름과 부칭("보리스 미하일로비치")으로 부르며 예우했던 극소수 인물들 중 하나.)

샤후린(А.И. Шахурин, 1904~1975): 당 간부/항공산업인민위원
모스크바省 포돌스크 출생. 농민 가정 출신. 1921~25년 전기수리공/선반공으로 생업에 종사. 1925년 입당/이후 모스크바市 바우만地區 콤소몰 서기/러시아공화국 상업인민위원부 근무. 1932년 모스크바 기술경제대학 졸업/이후 비행기공장 생산조직부장으로 전보됨. 1933년 赤軍 입대. 1933~38년 공군기술아카데미 근무. 1938~39년 야로슬라브州/고리키州 당위원회 제1서기. 1939년부터 당 중앙위원. 1940~46년 항공산업인민위원. 1946년 공군 사령관 알렉산드르 노비코프 등과 함께 체포되어 직권남용 등의 혐의로 7년 징역형을 선고받음. 1953년 스탈린 사후 석방되어 항공산업상 대리에 임명됨. 1957~59년 소련 각료회의 대외관계국가위원회 의장 대리. 1959년 퇴직.

세레브랴코프(Л.П. Серебряков, 1888~1937): 혁명운동가/당 간부
사마라 출생. 노동자 가정 출신. 초급학교 수료 후 여러 공장에서 직공으로 일함. 1905년 러시아사회민주노동당 입당. 1905~06년 루간스크에서 혁명운동에 종사/이후 돈바스, 바쿠, 오데사, 모스크바 등에서 당 사업에 종사. 볼쉐비키당 창당의 계기가 된 1912년 제6차 프라하 당협의회에 참석/이후 수차례 체포됨. 1917년 1월 징집되어 코스트로마 예비연대에서 복무/2월혁명 때 병영에서 연대를 동원하여 혁명을 지지. 1917년 여름부터 모스크바 당위원회 서기/모스크바 소비에트 간부회 위원. 1919~20년 全러시아 중앙집행위원회 간부회 서기/남부전선 혁명군사회의 위원. 1919~21년 당 중앙위원. 1922~24년 도로교통인민위원 대리. 1927년 12월 좌익반대파 활동으로 당에서 제명되며 세미팔라틴스크로 추방됨/1930년 복당 조치됨. 1931~35년 車路 · 자동차교통중앙관리청장. 1936년 8월 "트로츠키 센터" 가담 혐의로 체포되어 1937년 1월 처형됨.

세로프(И.А. Серов, 1905~1990): 당 간부/국가보안위원회 의장
볼로그다省 카드니코프 출생. 농민 가정 출신. 1923년 콤소몰 입단. 1925년 赤軍 입대. 1926년 입당. 1928~34년 포병부대 소대장/중대장. 1935년 공병장교아카데미 입소. 1936~39년 프룬제 군사아카데미 수학. 1939년부터 내무인민위원부 중앙부서 근무. 1941~47년 내무인민위원/내무상 대리. 1941~56년 당 중앙위원회 후보위원. 1954~58년 국가보안위원회 의장. 1956~61년 당 중앙위원. 1958~63년 총참모부 정보총국장/총참모장 대리. 흐루쇼프 실각 후 1965년 4월 출당 조치되며 강제 퇴직.

[아르춈] 세르게예프(А.Ф. Сергеев, 1921~2008): 스탈린의 양자/포병 소장
쿠르스크省 파테즈 출생. “아르춈”이라는 이름으로 유명했던 볼쉐비크 표도르 세르게예프(Ф. А. Сергеев, 1883~1921)의 친자. 1938년 모스크바 제2특별포병학교 졸업 후 赤軍 입대. 1940년 레닌그라드 제2포병학교 수료/대조국전쟁에 포병 지휘관으로 참전. 1960~65년 防空軍 제9사단장/이후 방공군 제1군 사령관 대리. 1981년 포병 소장으로 퇴역.

세묘노프(В.С. Семёнов, 1911~1992): 당 간부/외교관
탐보프省 키르사노프 출생. 철도노동자 가정 출신. 1920년대 후반 모스크바 이주. 1931~37년 모스크바 역사철학문학연구소 수학. 1937~39년 로스토프 사범대학에서 맑시즘 강의. 1938년 입당. 1939년부터 외무성 근무. 1939~55년 리투아니아/독일/스웨덴/동독 등에서 대사 역임. 1955~78년 외무상 대리. 1966~86년 당 중앙위원회 후보위원. 1969년 미국과의 전략무기감축회담 소련 협상대표. 1978~86년 서독 주재 특명전권대사.

세미차스니(В.Е. Семичастный, 1924~2001): 당 간부/국가보안위원회 의장
예카테리노슬라브省 그리고리예프카 출생. 노동자 가정 출신. 1941~42년 드네프로페트롭스크 화학기술대학 수학. 1943년부터 스탈린州 콤소몰 제2서기/제1서기. 1944년 입당. 1946~50년 우크라이나 콤소몰 중앙위원회 제1서기. 1950~59년 全연방콤소몰 중앙위원회 서기/제1서기. 1956~64년 소련공산당 중앙위원회 후보위원. 1959~61년 아제르바이잔공산당 중앙위원회 제2서기. 1961~67년 소련 각료회의 산하 국가보안위원회 의장. 1964~71년 소련공산당 중앙위원. 1967~81년 우크라이나공화국 각료회의 의장.

세바스티야노프(В.И. Севастьянов, 1935~2010): 우주비행사
스베르들로프州 크라스노우랄스크 출생. 1953년 모스크바 항공대학(МАИ) 입학. 1960~63년 우주인센터에서 교육훈련 받음. 1963년 소련공산당 입당. 1970년 6월 〈소유즈-9〉호를 타고 17일간의 우주비행 완수/이때 세바스티야노프 등이 속한 우주팀과 공군 총사령관 우주담당 보좌관 등이 속한 지상팀 간 체스경기가 벌어짐. 1975년 5~6월 〈소유즈-18〉호로 62일간의 우주비행 완수. 1977~86년/1988~89년 소련체스협회장. 1990~93년 러시아공화국 인민대위원. 1993~2007년 러시아연방 국가두마 의원. 1993년부터 러시아연방공산당 중앙위원.

소콜니코프(Г.Я. Сокольников, 1888~1939): 혁명운동가/당 간부
폴타바省 롬늬 출생. 의사 가정 출신. 유대인. 모스크바 제5김나지야 졸업/모스크바대학 법학부 중퇴. 1905년 러시아사회민주노동당 입당/볼쉐비크. 1905~07년 혁명운동에 참여. 1907년 가을 체포되어 1909년 2월 종신 유형을 선고받고 예니세이省으로 추방됨/6개월 후 유형지에서 탈주하여 프랑스로 망명/솔본느대학에서 경제학을 연구하며 혁명운동 지속. 제1차 대전 때 스위스에 거주/레닌의 反戰 입장을 지지하며 스위스사회민주당에서 활동. 1917년 2월혁명 후 레닌과 함께 “봉인 열차”로 귀국/모스크바 볼쉐비키 지도자로 부상함. 1917년 여름 볼쉐비키당 제6차 대회 때 당 중앙위원으로 선출됨/페트로그라드 소비에트 집행위원회 위원/全러시아 중앙집행위원회 위원/볼쉐비키당 중앙위원회 정치국원.

10월혁명 이후 ≪프라우다≫ 편집인/은행 국유화 업무를 총괄/재무인민위원부 지도위원/트로츠키 후임으로, 브레스트-리톱스크 강화조약 협상단 대표/베세엔하 간부회 위원. 내전 때 제2군/제9군 혁명군사회의 위원. 1919~20년 제9군 사령관. 1920년 투르케스탄전선군 사령관. 1921년 신병 치료차 독일 거주. 1922~26년 재무인인위원. 1924~25년 당 정치국 후보위원. 1925~26년 지노비예프, 카메네프 등과 더불어 신반대파 활동. 1926~28년 고스플란 의장 대리. 1928~29년 소련 석유신디케이트 사장. 1929~32년 주영 소련 대사. 1932년부터 외무인민위원 대리. 1935년 임업인민위원 제1대리. 1936년 7월 反혁명 혐의로 체포되어 1937년 1월 10년 징역형 선고됨. 1939년 5월 베르흐네우랄스크 정치감옥에서 복역 중 살해됨.

소콜롭스키(В.Д. Соколовский, 1897~1968): 적군 원수/무력상
그로드노省 벨로스톡 출생. 빈농 가정 출신. 1918년 네벨 사범학교 졸업 후 모스크바 제1군사교관과정 수료/초급 지휘관으로 내전 참여. 1921년 군사아카데미 수료. 1930~35년 보병사단 사단장. 1931년 입당. 1938~41년 모스크바군관구 참모장. 1941~42년 총참모장 제1대리. 1942~43년 서부방면군/서부전선군 참모장. 1943~44년 서부전선군 사령관. 1944~45년 제1우크라이나전선군 사령관 대리. 1946년 독일점령군 사령관. 1946년 소련원수. 1949~52년 무력상/국방상 제1대리. 1952~60년 총참모장/국방상 제1대리. 1952~61년 당 중앙위원. 『군사전략(Военная стратегия)』(1962), 『모스크바 부근에서의 독일파시스트 군대의 궤멸(Разгром немецко-фашистских войск под Москвой)』(1964) 등 몇 권의 저작을 남김.

소콜로프(В.Д. Соколов, 1919~1990): 작가
리페츠크省 이바노프카 출생. 농민 가정 출신. 1939년 입대/대조국전쟁 참전/1973년 전역. 1949년 입당. 1950~58년 소련 최고회의 대의원. 1952년부터 소련작가동맹 회원. 게오르기 주코프, 콘스탄틴 로코솝스키, 미하일 슈밀로프 등 유명 장군들과 친교 유지. 『침입(Вторжение)』(1963), 『파멸(Крушение)』(1970) 등 다수의 작품을 저술.

숄로호프(М.А. Шолохов, 1905~1984): 작가
돈(Дон)군관州 뵤쉔스카야 출생. 소상인 가정 출신. 1915~18년 보로네시省 보구차르 김나지야 수학. 1920~21년 로스토프省 카르긴스카야에 거주하며 세무원과정 수료/식량조달 감독원으로 취업/이때 마흐노 군대에 잡혀서 포로가 되기도 함. 1922년 8월 직권남용 혐의로 체포되어 사형을 선고받음/1923년 미성년이 고려되어 1년 교화노동으로 형이 대체되며 모스크바 근교 볼쉐보 교화소로 보내짐/콤소몰 입단/작가 수업(독학). 1923년 가을부터 콤소몰 기관지 ≪청년 프라우다≫에 소품을 발표하기 시작/동년 12월 카르긴스카야로 귀환. 1924년 결혼. 1928~40년, 제1차 대전부터 혁명 및 내전 시기의 돈 카자크에 대한 대하소설『고요한 돈 강(Тихий Дон)』1~4권을 출판. (『고요한 돈 강』은 보기에 따라 혁명적인 것으로도 反혁명적 것으로도 읽힌다. 숄로호프가 1931년 제3권을 내려고 했을 때 출판사는 反혁명성을 이유로 작품 출판을 거부했는데, 스탈린의 개입으로 "명작"이 세상에 나올 수 있었다. 스탈린이 말했다. "Изображение хода событий в третьей книге『Тихого Дона』работает на нас, на революцию!") 1932년 입당. 1941년 3월『고요한 돈 강』으로 스탈린상 수상(문학예술 부문). 1941~45년 종

군기자로 활동/이후에도 많은 작품을 발표. 1961년부터 당 중앙위원. 1965년 노벨문학상 수상. 1966년 제23차 당대회 때 등단하여 反소비에트 선전죄로 유죄 판결을 받은 시냡스키와 다니엘을 비난함. 1973년 8월 31일자 ≪프라우다≫에 게재된 '솔제니친과 사하로프의 反소비에트 행위를 규탄하는 소련 작가들의 서한'에 동참 서명함.

수슬로프(M.A. Суслов, 1902~1982): 당 간부

사라토프省 흐발린스크 출생. 농민 가정 출신. 1918년 빈농위원회에 가담. 1920년 콤소몰 입단. 1921년 입당. 1924년 모스크바 소재 프레치스텐카 노동자학부 졸업. 1928년 모스크바 플레하노프 인민경제대학 졸업. 1931년 공산아카데미 경제연구소 대학원과정 졸업/모스크바국립대학 등에서 정치경제학 강의. 1931년부터 ЦКК-РКИ에서 근무. 1936~37년 적색교수원 수료. 1938~39년 로스토프州 당 제2서기. 1939~44년 스타브로폴州 당 제1서기. 1944년 당 중앙위원회 리투아니아 담당국 의장. 1946년 당 중앙위원회 대외정책부장. 1947~82년 당 중앙위원회 서기. 1949~50년 ≪프라우다≫ 편집장. 1952~82년 당 중앙위원회 간부회 위원/당 정치국원(이데올로기 담당)/1964년 흐루쇼프 축출에 가담.

수하노프(H.H. Суханов, 1882~1940): 혁명운동가/멘쉐비크/저술가

모스크바 출생. 귀족 출신 철도사무원의 아들. 본명은 니콜라이 힘머. 독일계 러시아인. 1901년 모스크바 제1김나지야 졸업/프랑스로 출국. 1903년 귀국 후 모스크바대학 역사철학부 입학/에세르 단체에 가입. 1904년 5월 체포됨/복역 중『우리의 농업강령』을 저술. 1905년 10월 석방됨/동년 12월 모스크바 무장봉기에 가담/1906년 스위스로 도피. 1909년 모스크바대학 법학부 경제학과에 복학/자신을 완성된 맑스주의자로 간주. 1910~13년 아르한겔스크省에서 유형생활. 1914년부터 페테르부르크에 불법 거주하며 저술활동에 종사/反戰 입장을 피력하며 국제주의자로서의 명성을 획득. 1917년 2월혁명 후 페트로그라드 소비에트 집행위원회 위원/소비에트 기관지 ≪이즈베스치야≫ 발행의 주역. 1917년 5월 율리 마르토프의 추천으로 멘쉐비키-국제주의자 그룹에 가담. 1917~18년 ≪노바야 쥐즌≫ 편집인/볼쉐비키의 급진주의와 사회적 선동을 비판하고 레닌의「4월테제」를 "파렴치한 폭동-무정부주의적 발상"이라고 비난. 10월혁명의 승리를 인정하지 않았으나 소비에트 권력의 첫 번째 법령들에는 찬성. 1918년 6월 全러시아 중앙집행위원회에서 축출됨/1917년에 대한 회고록『혁명 수기(Записки о революции)』집필에 착수. 10월혁명에 대한 평가를 점차 달리하며 1920년 말 멘쉐비키당에서 탈당/공개적으로 볼쉐비키 및 그들의 혁명적 역할에 대한 자신의 평가가 잘못된 것이었다고 진술. 1923년 12월 볼쉐비키당 입당을 시도했으나 거부됨. 1924~25년 소련 무역대표부가 외국어로 발행하는 경제 잡지를 편집/공산주의아카데미 회원/1928년 10월 상품기근 현상의 해소를 위해 농업집단화를 늦추어야 한다는 보고(「상품기근문제」)를 제출. 1930년 7월 체포됨/1931년 3월 소위 "멘쉐비키당 중앙위원회 연방국" 관련 혐의로 10년 징역형을 선고받음/1935년 잔여 형기가 토볼스크에서의 유형으로 대체됨. 1937년 9월 독일 스파이 혐의로 다시 체포됨/1940년 6월 총살형이 선고되어 옴스크 감옥에서 바로 처형됨.

쉘레핀(A.H. Шелепин, 1918~1994): 당 간부/국가보안위원회 의장

보로네시 출생. 철도사무원 가정 출신. 1934년 콤소몰 입단. 1936~1941년 모스크바 체르니쉡스키 철학문학역사연구소 역사학부 수학. 1940년 입당. 1940년부터 모스크바市 콤소몰위원회 위원. 1952~1958년 全연방콤소몰 중앙위원회 제1서기. 1958~1961년 국가보안위원회 의장. 1961~1967년 당 중앙위원. 1962~1965년 당-국가통제위원회 의장. 1962~1965년 소련 각료회의 의장 대리. 1964년 흐루쇼프 축출에 중요한 역할을 수행. 1964~1975년 당 정치국원. 1967~1975년 全연방 노동조합중앙평의회 의장. 1975~84년 직업기술교육 국가위원회 의장 대리.

쉐볼다예프(Б.П. Шеболдаев, 1895~1937): 혁명운동가/당 간부

프랑스 파리 출생. 의사 가정 출신. 1900년부터 페테르부르크 거주. 1914년 러시아사회민주노동당 입당/볼쉐비크. 1916년 징집. 1917년 카프카스軍 군사혁명위원회 의장 대리. 1918년 볼쉐비키당 바쿠위원회 위원/이후 주로 카프카스 지역에서 활동. 1927~30년 당 중앙통제위원회 위원. 1930~37년 당 중앙위원. 1931~34년 北카프카스州 당위원회 제1서기. 1934~37년 아조프-흑해州 당위원회 제1서기. 1937년 6월 체포되어 동년 10월에 처형됨.

쉐필로프(Д.Т. Шепилов, 1905~1995): 당 간부/≪프라우다≫ 편집장/외무상

중앙아시아 아스하바드 출생. 철도노동자 가정 출신. 1926년 모스크바국립대학 법학부/적색교수원 농학부 졸업. 1926년 입당. 1926~28년 야쿠티야 검찰 근무. 1929년부터 학술 활동. 1933~35년 시베리아에서 솝호즈 정치부 복무. 1935년부터 당 중앙위원회 학술부 근무. 1938년부터 소련과학원 경제연구소 학술서기. 1941~46년 赤軍 복무. 1946~47년 ≪프라우다≫ 편집인(선전부 담당). 1947년부터 당 중앙위원회 선전선동부장. 1952~56년 ≪프라우다≫ 편집장. 1952~57년 당 중앙위원. 1955~56년/1957년 2~6월 당 중앙위원회 서기. 1956~57년 당 중앙위원회 간부회 후보위원. 1956년 6월~57년 2월 외무상. 1962년 흐루쇼프에 대한 비판적 태도로 인해 당에서 제명되었으나, 1976년 복당 조치됨.

쉬미트(В.В. Шмидт, 1886~1938): 혁명운동가/당 간부

페테르부르크 출생. 가정부의 아들. 독일인. 1904년 4년제 시영학교 졸업. 1905년 러시아사회민주노동당 입당/혁명운동에 가담. 1907~11년 독일 망명생활. 1911~14년 페테르부르크에서 노동운동에 종사. 1914~15년 드네프로페트롭스크에서 유형생활. 1915~16년 볼쉐비키당 페테르부르크위원회 서기. 1915년과 1916년 두 차례 체포됨. 1917년 2월부터 볼쉐비키당 페트로그라드위원회 서기/페트로그라드 노동조합중앙평의회 서기/페트로그라드 군사혁명위원회 위원. 1917~18년 노동인민위원 대리. 1918~28년 노동인민위원. 1918~19년/1925~30년 당 중앙위원. 1928~30년 소브나르콤 의장 대리. 1930~31년 농업인민위원 대리. 1931~33년 소브나르콤 소속 총조정관. 1933년 1월 당 중앙위원회 전원회의 때 "에이스몬트 우파 반당그룹"과의 접촉으로 경고처분을 받음. 1938년 1월 사형을 선고받고 처형됨.

쉬베르닉(Н.Н. Шверник, 1888~1970): 혁명운동가/당 간부

페테르부르크 출생. 노동자 가정 출신. 1902년부터 노동자 생활. 1905년 1월 8일 "피의 일요일" 사건의 목격자. 1905년 러시아사회민주노동당 입당/볼쉐비크. 1910~11년 금속노동자노조 집행부원. 1917년까지 툴라 등에서 노동운동 전개. 1917년 사마라 시영학교 졸업. 1918년 6월 체코군단과의 전투에 참여.

1919~21년 카프카스 군사보급계 지도일꾼. 1921년부터 노동조합에서 지도일꾼으로 활동. 1924~25년 노농감독인민위원. 1927~38년 소련 중앙집행위원회 위원. 1939~52년 당 중앙위원. 1946~53년 최고회의 간부회 의장(칼리닌 후임). 1953~57년 당 중앙위원회 간부회 후보위원. 1956~66년 당통제위원회 의장. 1962~66년 정치탄압 희생자 복권 문제를 다룬 위원회(=쉬베르닉 위원회)를 주재. 1957~66년 당 중앙위원회 간부회 위원.

쉬테멘코(С.М. Штеменко, 1907~1976): 적군 대장

돈(Дон)군관州 우류핀스크 출생. 코사크 빈농 가정 출신. 1924년 소학교 졸업 후 취업을 위해 도시로 나감. 1926년 赤軍 입대. 1930년 입당/세바스토폴 고사포병학교 수료. 1937년 赤軍 기계화군사아카데미 수료. 1940년 총참모부 군사아카데미 수료. 1941년 8월부터 총참모부 작전국 근무/종전 때까지 총참모부 소속. 1946년 총참모장 대리. 1948~52년 총참모장/무력상 대리. 1953년 베리야 체포 후 대장에서 중장으로 강등. 1968년 대장 계급 회복/총참모장 제1대리. 1952~56년 당 중앙위원회 후보위원. 1968년 회고록『전시의 총참모부(Генеральный штаб в годы войны)』를 출간.

쉴랴프니코프(А.Г. Шляпников, 1885~1937): 혁명운동가/노동자반대파 리더

블라디미르省 무롬 출생. 도시하층민 가정 출신. 1895년 무롬 초등학교 3년 수료. 1898년부터 공장노동자 생활. 1901년 러시아사회민주노동당 입당/볼쉐비크. 1908~14년 프랑스, 독일, 영국의 공장에서 일함/알렉산드라 콜론타이와 연인관계. 1914년 귀국 후 노동자 생활/이후 출입국을 반복하며 당의 임무를 수행. 1915년 볼쉐비키당 중앙위원에 호선됨. 1917년 볼쉐비키당 중앙위원회 러시아국 위원/2월혁명 직후 페트로그라드 볼쉐비키 사이에 중심적 역할을 수행. 10월혁명 후 첫 소비에트 정부의 노동인민위원으로 임명됨. 1920년 노동자반대파의 주축이 되어 레닌과 대립/레닌은 쉴랴프니코프의 입장을 아나코-상디칼리즘으로 규정. 1923년 당의 네프 정책을 공개적으로 비판/프랑스 주재 통상대표부 책임자로 파리 근무 후 1925년 귀국. 1929년까지 철강수입업체 사장. 1932년 2월 당 조직국은 레닌과 당에 대한 쉴랴프니코프의 계속된 비판에 경고하는 결정을 채택. 1933년 당에서 제명됨. 1935년 노동자반대파의 활동을 지속한 혐의로 체포되어 5년형을 선고받음/아스트라한으로의 유형으로 대체됨. 1936년 9월 반혁명 활동 혐의로 다시 체포되어 사형을 선고받고 1937년 9월 처형됨.

슈트코(К.И. Шутко, 1884~1941): 혁명운동가/당 간부

쿠반省 예이스크 출생. 상인 가정 출신. 1901년 실업학교 졸업. 모스크바 고등기술학교 1학년 때부터 혁명운동에 가담. 1902년 러시아사회민주노동당 입당. 1904~10년 선전활동에 종사하다가 3회 체포됨. 1910년 레닌과의 연락관계 구축을 위해 파리에 다녀온 직후 체포되어 볼로그다省으로 추방됨/계속된 활동으로 인해 더 변방으로 추방됨. 1914년 페트로그라드로 귀환/볼쉐비키당 페테르부르크위원회 위원. 1915년 10월 체포되어 3년 유형을 선고받고 이르쿠츠크省으로 추방됨. 1917년 2월혁명 후 볼쉐비키당 페테르부르크위원회 위원/러시아사회민주노동당 러시아국 위원. 10월혁명 때 〈스몰늬〉에서 페트로그라드 군사혁명위원회와 지구 혁명위원회 간 연락 업무를 총괄. 10월혁명의 승리 후 노동인민위원부 간부로 근무. 내전 때 벨로루시, 우크라이나, 서부전선에서 정치보위 업무를 관할. 1922년부터 당 중앙위원회의 영화, 경제, 외교 업무 등을 담당. 1932년부터 고스플란 문화예술분과를 총괄. 1938년 10월 반혁명 혐의로 체포되어 8년 징역형을 선고 받음. 1941년 다른 정치범들과 함께 처형됨.

스밀가(И.Т. Смилга, 1892~1937): 혁명운동가/당 간부
리플란드省 알로야 출생. 지주 집안 출신. 라트비아인. 실업학교 재학 중이던 1907년 14세 나이로 러시아사회민주노동당 입당. 1910년 모스크바국립대학 입학/1911년 학생시위 관련하여 대학에서 제적됨. 1915년 체포되어 시베리아로 추방됨. 1917년 2월혁명 때까지 시베리아에서 유형생활을 지속. 1917년 4월 당 중앙위원에 선출되어 중앙위원회 대표로 핀란드로 파견됨. 10월혁명 때 핀란드에서 군대를 동원하여 페트로그라드로 투입시킴. 1918년 초 핀란드혁명 실패 후 페트로그라드로 귀환. 1918~21년 서부/남부/카프카스/크림전선 혁명군사회의 위원. 1919~23년 공화국혁명군사회의 위원. 1921~23년 베세엔하 간부회 위원. 1923년 고스플란 의장 대리. 1924~27년 플레하노프 인민경제대학장/레닌 사후 트로츠키를 지지. 1925~27년 당 중앙위원. 1927년 좌익반대파 활동/출당 조치됨/체포되어 4년형 선고받고 미누신스크로 추방됨. 1930년 라데크, 프레오브라젠스키 등과 함께 트로츠키즘과의 결별을 공개 선언한 후 복당 조치됨. 1935년 1월 다시 체포되어 1937년 1월 "트로츠키 반혁명단체" 가담 혐의로 사형 선고받고 처형됨.

[알료샤] 스바니제(А.С. Сванидзе, 1886~1941): 혁명운동가/역사가/스탈린의 처남
쿠타이시省 바지 출생. 그루지야 하급 귀족(아즈나우리) 집안 출신. 그루지야인. 티플리스에서 중등교육 수료. 1901년 러시아사회민주노동당 입당/1903년부터 볼셰비크. 독일 유학/예나대학에서 고대문명 전공. 1919년 귀국 후 티플리스에서 교직 생활. 1921~22년 그루지야/자카프카지예연방공화국 재무인민위원. 1924년 주독 소련 통상대표. 1935년 소련 대외무역은행 이사장 대리. 1930년대 스탈린과 친교 유지. 1937년 체포됨/자신이 독일 간첩이라는 혐의를 부인/15년형을 선고받고 복역 중 1941년 8월 처형됨.

스베르들로프(Я.М. Свердлов, 1885~1919): 혁명운동가/全러시아 중앙집행위원회 의장
니즈니-노브고로드 출생. 판각사 아들. 유대인. 김나지야 4년 수료 후 약방 일을 배움/소년 시절부터 니즈니-노브고로드에서 지하운동가로 이름이 남. 1901년 러시아사회민주노동당 입당. 1903년부터 카잔, 예카테린부르크 등에서 직업혁명가로 활동. 1905년 9월부터 볼셰비키당을 대표해 우랄 지방에서 혁명운동을 선도. 1906~09년 9월 페름 감옥 등에서 수감생활. 1909년 12월 다시 체포되어 3년형을 받고 유형지 나림으로 추방되었으나 1910년 페테르부르크로 탈주. 1911년 체포되어 4년형을 받고 다시 나림으로 추방됨. 1912년 1월 레닌이 볼셰비키당을 조직했을 때 궐석으로 당 중앙위원에 선출됨/동년 여름 나림에서 스탈린과 조우/동년 12월 나림 탈주/페테르부르크에서 스탈린을 도와 ≪프라우다≫ 편집에 참여. 1913년 2월 말리놉스키의 밀고로 페테르부르크에서 스탈린과 함께 체포되어 유형지 투르한스크로 추방됨. 1913년 10월 레닌이 볼세비키당 중앙위원회 회의에서 스탈린과 스베르들로프의 탈주 방안을 논의했으나 불발됨. 1917년 2월혁명 후 유형지에서 페트로그라드로 귀환/예카테린부르크로 파견되어 우랄 지방의 당조직을 정비. 1917년 4월 당 협의회에서 레닌과 첫 대면. 1917년 11월부터 全러시아 중앙집행위원회 의장. 1919년 3월 스페인독감으로 사망.

스크보르초프-스테파노프(И.И. Скворцов-Степанов, 1870~1928): 혁명운동가/당 간부
모스크바省 보고로드스크 출생. 공장사무원 가정 출신. 본명은 스크보르초프/스테파노프는 필명. 1890년 모스크바 교육대학 졸업/교사생활. 1896년 사회민주주의 운동권에 가담. 1898년 러시아사회민주노동당 입당/이후 수차례 체포됨. 1905년 러시아사회민주노동당 모스크바위원회 교사그룹 멤버. 1907~09년 이반 스테파노프, 알렉산드르 보그다노프, 블라디미르 바자로프가 함께 번역한 『자본』이 출간됨. 1911년 체포되어 유형지 아르한겔스크로 추방됨. 1917년 2월혁명 이후 모스크바 당위원회 위원/모스크바 소비에트 기관지 ≪이즈베스치야≫ 편집인/모스크바 군사혁명위원회 위원/재무인민위원. 1918년 '좌익 공산주의자'로 활동하며 브레스트-리톱스크 조약 체결에 반대. 1918~24년 ≪프라우다≫/≪콤무니스트≫ 편집인. 1925년부터 소련 중앙집행위원회 기관지 ≪이즈베스치야≫ 편집장/당 중앙위원. 1927년 ≪프라우다≫ 책임서기 대리/레닌연구소 소장. 1928년 10월 장티푸스로 사망.

스클랸스키(Э.М. Склянский, 1892~1925): 혁명운동가/트로츠키파
키예프省 파스토프 출생. 도시하층민 가정 출신. 유대인. 1911~16년 키예프대학 의학부 수학. 1913년 러시아사회민주노동당 입당. 1916년 징집. 1917년 2월혁명 후 제38보병사단 병사위원회 의장/제19전열군단 위원회 위원/제2회 병사대회 의장/북부전선 제5군 전열위원회 의장/제2회 全러시아 소비에트대회 대의원/마길료프 최고총참모부 전권위원. 1918년 최고군사회의 위원. 1918~23년 공화국혁명군사회의 의장(=트로츠키) 대리. 1920~21년 노동방위회의 위원. 1924년 모든 군사 관련 직책에서 해임된 후 경제 관련 부서로 전임됨. 1925년 8월 미국 출장 중 사고로 사망.

스타드뉵(И.Ф. Стаднюк, 1920~1994): 작가
포돌리야省 코르디쉐프카 출생. 농민 가정 출신. 1939년 우크라이나 언론대학 입학/징집. 1940년 입당. 대조국전쟁 때 종군기자로 활동. 1957년 모스크바 인쇄대학 편집학부 졸업. 1965~72년 잡지 ≪아가뇩(Огонёк)≫ 편집장 대리. 1993년에 회고록 『스탈린주의자의 참회(Исповедь сталиниста)』를 출간.

스타소바(Е.Д. Стасова, 1873~1966): 혁명운동가/당 중앙위원회 서기
페테르부르크 출생. 귀족 가문 출신. 1890년 페테르부르크 5년제 김나지야 졸업/이후 주일학교 교사로 일하며 1893년 나데즈다 크룹스카야와 교류 시작. 1898년 〈노동계급해방투쟁동맹〉 멤버. 1905~06년 스위스 망명생활. 1907~12년 러시아사회민주노동당 중앙위원회 대표로 티플리스에서 활동. 1913~16년 예니세이省에서 유형생활. 1917~20년 당 중앙위원회 서기. 1918~20년 당 중앙위원. 1921~25년 코민테른 집행위원회 대표부 위원으로 독일에서 활동. 1927~37년 국제적색구원회(모프르) 중앙위원회 의장 대리. 1930~34년 당 중앙통제위원회 위원. 1935~43년 코민테른 국제통제위원회 위원. 1938~46년 잡지 ≪국제문예≫ 편집장. 1946년부터 연금생활.

[바실리] 스탈린(В.И. Сталин, 1921~1962): 스탈린의 차남/공군 중장
모스크바 출생. 母는 스탈린의 두 번째 부인 나데즈다 알릴루예바. 1938~40년 카차 군사항공학교 수학/이후 주콥스키 공군기술아카데미(ВВИА) 수료. 대조국전쟁 때 공군 전투기 조종사로 참전. 1949년

공군 중장. 1948년부터 모스크바군관구 공군 사령관/1952년 스탈린에 의해 보직 해임됨. 스탈린 사망 후, 1953년 4월 당 지도부 비방 혐의로 체포되어 8년 징역형을 선고받음/1960년 4월 석방됨/모스크바 및 그루지야 거주가 금지되고 스탈린이라는 이름도 사용 금지됨. 1960년 6월 다시 체포된 후 카잔으로 추방되어 그곳에 거주하다 사망. 모두 4번 결혼하여 4명의 자녀를 둠.

스테클로프(Ю.М. Стеклов, 1873~1941): 혁명운동가/저술가
오데사 출생. 中부르주아 가정 출신. 1891년 키예프대학 입학/1년 반 후 제적됨. 1893년부터 사회민주주의 운동에 가담. 1903년부터 볼쉐비키/유형과 망명생활을 거친 다음 1908년 페테르부르크대학 입학/2년 후 제적됨/재차 유형 및 망명생활을 거친 후 귀국하여 1916년 페테르부르크대학 졸업. 1917년 페트로그라드 소비에트 집행위원/혁명적 방위론을 지지. 1917~25년 ≪이즈베스치야≫ 편집인. 1924년 소련 헌법 초안 작성에 참여. 1930년대 잡지 ≪혁명과 민족성≫ 편집인. 1938년 체포되어 후에 옥중 사망함. 『칼 맑스 전기(Карл Маркс. Его жизнь и деятельность)』(1918), 『바쿠닌 전기(М. А. Бакунин. Его жизнь и деятельность: 1814~1876』(총4권, 1920~27)를 비롯한 많은 저서를 남김.

스톨리핀(П.А. Столыпин, 1862~1911): 러시아제국 총리
독일 드레스덴 출생. 귀족 가문 출신. 1881년 페테르부르크대학 물리수학부 입학. 1884년 학생 신분으로 내무성 근무 시작. 1889~1902년 리투아니아 카우나스郡 귀족단장. 1903~06년 사라토프省 지사. 1906년 4월~1911년 내무상. 1906년 7월~1911년 총리. (총리로 재직하며 농업개혁 등 "위대한 러시아"의 건설을 위한 개혁정책을 추진) 1911년 9월 키예프에서 암살됨.

스트루베(П.Б. Струве, 1870~1944): 사회사상가/국가두마 의원
페름 출생. 페름省 지사 아들. 1889년 페테르부르크대학 이학부 입학/1890년 학내 맑스주의 서클을 조직/1892년 오스트리아 그라츠대학 수학/1894년 페테르부르크대학 법학부 졸업. 1896년 러시아 대표로 플레하노프와 함께 제2인터내셔널 런던대회에 참가. 1898년 러시아사회민주노동당 창당 선언문 집필. 1900년 레닌, 마르토프 등과 함께 ≪이스크라≫ 창간을 논의. 1901년 짧은 유형생활 후 유럽으로 망명. 1902년부터 잡지 ≪해방(Освобождение)≫을 편집/이후 맑스주의에서 자유주의로 사상적 입장이 전환됨. 1905년 귀국. 1905~15년 입헌민주당 중앙위원. 1906년부터 페테르부르크 종합기술대학에서 강의. 1906~18년에 잡지 ≪러시아 사상(Русская мысль)≫을 발행. 1907년 제2대 국가두마 의원. 1909년에 니콜라이 베르쟈예프 등과 더불어 『표지. 러시아 인텔리겐치야에 관한 논문집』을 발간. 1918년 유럽 망명 후 소비에트 러시아에서 궐석으로 사형이 선고됨/프라하, 베를린, 파리, 베오그라드 등으로 거주지를 옮기다가 1941년 독일군에 의해 "레닌의 친구"라는 혐의로 체포됨. 1942년 파리로 이주하여 그곳에서 사망.

스피리도노바(М.А. Спиридонова, 1884~1941): 혁명운동가/좌파 사회혁명당 지도자
탐보프 출생. 관리(10등관)의 딸. 1902년 탐보프 여자김나지야 졸업/이후 에세르 단체에 가담하여 활동/1905년 체포되나 곧 석방됨. 1906년에 혁명 진압에 적극적이었던 지방 고위관리를 암살하고 1917년까지 수감생활을 함. 1917년 2월혁명 후 석방되어 좌파 에세르들의 중심인물로 부상/잡지 ≪토지와 자유≫와 신문 ≪노동의 기치≫의 편집에 참여/볼쉐비키와 협력하다가 브레스트-리톱스크 조약 이후 결별을 선언. 1918년 7월 反볼쉐비키 정변 시도 후 체포되었으나 그간 공적을 감안해 석방됨. 1919년 체포 후 도주함. 1920년 다시 체포되어 1936년까지 수감 및 유형생활. 1937년 다시 체포되어 25년 징역형을 선고받았으나, 독일 침공 후인 1941년 11월 다른 153명의 정치범들과 함께 처형됨.

슬레프코프(А.Н. Слепков, 1899~1937): 당 활동가/부하린파
랴잔 출생. 교사 가정 출신. 1917년 공산주의 운동을 벌이다 反국가활동 혐의로 체포됨/1918년 석방됨. 1919년 입당. 1921년 스베르들로프 공산대학 졸업. 1924년 적색교수원 졸업/부하린 추종자. 1924~28년 ≪프라우다≫ 편집국 근무/당 중앙위원회 부장 대리/코민테른 집행위원회 선전선동부장. 1925년부터 ≪콤소몰 프라우다≫ 편집장. 1928년 中볼가州 당위원회 선전선동부장. 1930년 "우익 기회주의" 혐의로 당에서 제명됨. 1931년 복권되어 사라토프대학 교수로 근무. 1932년 "맑스·레닌주의자 동맹"에의 가담 혐의로 체포되어 3년 유형을 선고받음. 1936년 12월 "우익 반혁명 그룹"을 지도한 혐의로 체포되어 1937년 5월 처형됨.

시냡스키(А.Д. Синявский, 1925~1997): 작가
모스크바 출생. 몰락한 귀족(좌파 에세르) 집안 출신. 유대인. 대조국전쟁 초 가족과 함께 사마라州 시즈란으로 후송됨/1943년 학교 졸업과 동시에 입대. 1945~49년 모스크바대학 인문학부 수학. 이후 세계문학연구소/모스크바대학 등에서 강의. 1955년부터 문예활동 전개. 1960년대 초 가장 리버럴하다고 평가되었던 잡지 ≪노븨이 미르≫의 비평가 그룹 일원으로 활동. 1965년 反소비에트 선전 혐의로 유리 다니엘과 더불어 체포됨. 1966년, 소련 인권운동의 시발점이 되었다고 평가되는 '시냡스키·다니엘 재판'을 통해 7년 교정노동수용소형을 선고받음/많은 문인들이 재판 결과에 항의/1971년 석방됨. 1973년 프랑스로 이주하여 1997년 사망.

시모노프(К.М. Симонов, 1915~1979): 작가
페트로그라드 출생. 장군의 아들. 1919년 랴잔으로 이주. 소학교 7년 졸업 후 공업학교 입학/졸업 후 선반공으로 일함. 1931년 모스크바로 이주. 1938년 고리키 문학대학 졸업/소련작가동맹 회원. 1939년 종군기자로 할힌골에 파견됨. 대조국전쟁 중 종군기자로 활동. 작가로서 수많은 르포, 소설, 산문, 희곡, 시나리오 등을 발표하여 6차례 스탈린상을 받고 1974년 레닌상을 수상함. 1942년 입당. 1952~56년 당 중앙위원회 후보위원. 그의 사후에 일기, 회고록 등이 출판되었는데, 대표적인 작품으로 2권짜리 『전쟁의 나날. 작가의 일기(Разные дни войны. Дневник писателя)』(1982년)와 『우리 세대의 눈으로. 스탈린에 대한 사색((Глазами человека моего поколения. Размышления о И. В. Сталине)』(1988년) 등이 있음.

아로세프(А.Я. Аросев, 1890~1938): 혁명운동가/외교관
카잔 출생. 재단사의 아들. 1905년 사회혁명당 입당. 1907년 몰로토프의 영향으로 러시아사회민주노동

당 입당/수차례 체포, 투옥 후 1909년 유럽으로 망명. 1910~11년 벨기에 리에주대학 철학부 및 페테르부르크 정신신경대학 수학/이후 수감 및 유형생활을 반복. 1917년 10월혁명 때 모스크바 군사혁명위원회 위원으로 활약. 1920년 우크라이나 최고혁명재판소장. 1921~27년 체카 근무. 1927~28년 리투아니아 주재 소련 대사. 1929~33년 체코슬로바키아 주재 소련 대사. 1934~37년 全연방국제친선문화협회(ВОКС) 회장. 1937년 7월 체포 후에 처형됨.

아르구노프(А.А. Аргунов, 1866~1939): 혁명운동가/에세르/사회혁명당 창당 주역 중 1인

크라스노야르스크省 예니세이스크 출생. 귀족 가문 출신. 톰스크 김나지야 졸업 후 모스크바대학 법학부 입학/1890년에 제적됨. 1896년에 사라토프에서 '사회혁명가연합(Союз социалистов-революционеров)'을 조직. 1900년 지하신문 ≪혁명 러시아(Революционная Россия)≫를 발행. 1901년 체포되어 시베리아 10년 유형 선고받음/1905년 유형지에서 탈주. 1905년 12월 사회혁명당 제1차 대회에서 당 중앙위원으로 선출됨/이후 수차례 체포 투옥을 거듭한 후 유럽으로 망명. 1917년 2월혁명 후 귀국/에세르 신문 ≪인민의 의지(Воля народа)≫ 편집인. 10월혁명 후 1918년 1월 체포되나 좌파 에세르들의 청원으로 석방됨/이후 우파(Уфа)로 가서 '全러시아임시정부'(디렉토리야)에 참여. 1918년 말 옴스크에서 체포되어 국외로 추방됨.

[이네사] 아르만드(И.Ф. Арманд, 1874~1920): 혁명운동가/레닌의 연인

파리 출생. 오페라 가수의 딸. 본명은 Elisabeth Pecheux d'Herbenville. 프랑스인. 15세 때 러시아 섬유자본가 예브게니 아르만드 집에서 가정교사로 일하는 이모 권유로 러시아 입국/19세 때 예브게니의 아들 알렉산드르 아르만드와 결혼. 1902년부터 알렉산드르의 동생 블라디미르(당시 18세)와 사실혼 유지/블라디미르의 영향으로 모스크바의 에세르 그룹과 친교. 이후 레닌의『러시아 자본주의 발전(Развитие капитализма в России)』을 읽고 볼쉐비키를 지지/1904년 러시아사회민주노동당 입당. 1905~07년 적극적 혁명활동을 이유로 체포되어 아르한셀스크省 메젠으로 추방됨. 1908년 유형지를 탈주하여 페테르부르크로 잠입/곧 스위스로 망명. 브뤼셀의 대학에서 1년간 경제학 공부. 1909년 레닌과 만남/레닌이 관할하는 롱쥐모 黨학교에서 일함/레닌의 저작 등을 불어로 번역. 1912년 소책자『여성문제(О женском вопросе)』를 통해 결혼의 자유를 주장. 1912년 러시아 밀입국/체포 투옥됨/1913년 봄 보석으로 석방됨/프랑스로 도피. 제1차 대전 때 프랑스 노동자들을 상대로 反戰 선동활동 전개. 1917년 4월 레닌과 함께 "봉인 열차"를 타고 페트로그라드 귀환. 볼쉐비키당 모스크바지방위원회에 들어가 10월혁명에 참여. 10월혁명 후 모스크바 인민경제회의 의장. 1918년 모종의 임무를 띠고 파리로 파견됨/파괴활동 혐의로 현지에서 체포됨/모스크바에 있는 프랑스 선교단을 모두 처형하겠다는 레닌의 위협으로 석방되어 귀국. 1919~20년 당 중앙위원회 여성분과장. 1920년 제1회 국제여성공산주의자협의회를 주관. 1920년 9월 날치크에서 콜레라로 사망.

아르한겔스키(А.А. Архангельский, 1892~1978): 항공기 설계사

카잔 출생. 교수 가정 출신. 모스크바 김나지야 졸업 후 1911년 모스크바대학 물리수학부 입학/1912년 모스크바 제국기술학교(현 바우만 공대)로 전입. 1915년부터 모스크바 항공비행학교 강사/안드레이 투폴레프, 보리스 스테츠킨, 알렉산드르 미쿨린 등과 친교. 1918년부터 중앙에어로유체역학연구소(ЦАГИ) 근무. 1932년 중앙에어로유체역학연구소 투폴레프 설계국 조장. 1936년 필리 비행기공장 설계국 책임 설계사. 이때까지 'AHT-2', 'AHT-4', 'AHT-6', 'AHT-9', 'AHT-20', 'AHT-40' 등의 설계 개발에 참여. 1938년 체포되어 '엔카베데 특별설계국(ЦКБ-29)'에 유폐됨/1941년 독일 침공 후 석방되어 투폴레프와 함께 옴스크에서 설계국 운영. 1945년 투폴레프와 함께 전략폭격기 'Ту-4'를 설계함/이후 'Ту-14', 'Ту -104', 'Ту-114', 'Ту-124', 'Ту-134', 'Ту-154' 등의 개발에 참여. 1971년부터 '투폴레프 설계국' 과학기술 회의 의장 겸 총설계사.

아바쿠모프(В.С. Абакумов, 1908~1954): 당 간부/국가보안상
모스크바 출생. 막노동자의 아들. 모스크바 시립학교 4년 졸업. 1921~23년 모스크바특수여단에서 지원병으로 복무. 1927년 콤소몰 입단. 1930년 입당. 1932년부터 오게페우/엔카베데에서 근무. 1943~46년 국방인민위원 대리 겸 방첩총국 〈스메르쉬〉 총국장. 1946~51년 국가보안상. 1951년 국가반역 혐의로 체포되어 복역 중 1954년 12월 처형됨.

아프토르하노프(А.Г. Авторханов, 1908~1997): 역사학자/작가
트베리省 라하-네르비 출생. 체첸인. 1918년 콤소몰 입단. 7년제 소학교 졸업 후 1924~26년 黨학교 수학. 1926~27년 체츠냐 신문 ≪세를로≫ 편집장 보좌관. 1927년 입당. 1927~29년 그로즈니 노동자학부 수학. 1929~30년 체츠냐州 당위원회 조직부장 보좌관. 1932~33년 黨출판사 그로즈니 지부장. 1934~37년 적색교수원 수학/1937년 10월 적색교수원 수료 후 '인민의 적'으로 몰려 체포됨/당에서 제명되며 1942년까지 복역. (1940년 1월, 독일 침공 1년 반쯤 전에 체츠냐에서는 아프토르하노프의 친구인 하산 이스라일로프의 지도로 反소비에트 봉기가 시작되었고 1942년 2월경 이들 세력은 체츠냐의 산악 지역을 거의 장악함/라브렌티 베리야의 지시로 이스라일로프와의 담판을 위해 체츠냐로 간 아프토르하노프는 오히려 향후 체츠냐 독립을 조건으로 독일군에 상호 협력을 제안/독일군은 이를 거절하며 아프토르하노프를 反소비에트 선전에 활용) 1945년 이후 독일에 거주하며 반공주의적 입장에서 소련에 관한 저술 활동을 전개.

악탸브리스키(Ф.С. Октябрьский, 1899~1969): 해군 대장
트베리省 주브초프 출생. 농민 가정 출신. 1918년 붉은 발트함대에 지원 입대. 1919년 입당. 1924년 10월 (악탸브리)혁명을 기려 본인 성을 '이바노프'에서 '악탸브리스키'로 바꿈/이후 발트함대, 태평양함대, 흑해함대 등에서 복무. 1938년 아무르小함대 사령관. 1939년 흑해함대 사령관. 1944년 대장 진급. 1948~51년 해군 총사령관 제1대리. 1957~60년 흑해 최고해군학교장.

안드레예프(А.А. Андреев, 1895~1971): 혁명운동가/당 간부
스몰렌스크省 쿠즈네초보 출생. 농민 가정 출신. 농촌학교 2년 수료 후 1908년 모스크바로 이주하여 생업에 종사/노동자를 위한 일요학교 등에서 맑스주의에 공감하고 1911~12년 사회민주주의 서클에 가입해 활동. 1914년 페테르부르크 푸틸로프 공장 노동자/볼쉐비키당 입당. 1917년 볼쉐비키당 페테르부르크위원회 위원/2월혁명 후 레닌 귀국 때 핀란드 역에서 레닌을 영접/10월혁명에 적극 참여/제2차 全러시아 소비에트대회 대의원. 1917~19년 우랄과 우크라이나에서 노동조합 사업 전개. 1920~22년 全러시아 노동조합중앙평의회 서기/노동조합 논쟁 때 트로츠키와 부하린의 입장을 지지. 1920~21년/1922~61년 당 중앙위원. 1922~27년 철도노조 중앙평의회 의장. 1924~25년/1935~46년 당 중앙위원회 서기. 1926~30년 당 정치국 후보위원. 1930~31년 노농감독인민위원. 1931~35년 도로교통인민위원. 1932~52년 당 정치국원. 1939~52년 당통제위원회 의장. 1943~46년 농업인민위원. 1946~53년 소브나르콤/각료회의 의장 대리. 1953~62년 소련 최고회의 간부회 위원. 1962년 은퇴.

안티포프(Н.К. Антипов, 1894~1938): 혁명운동가/당 간부
노브고로드省 스타라야-루사 출생. 농민 가정 출신. 기술학교 졸업 후 페테르부르크 공장에서 철공으로 일함. 1912년 볼쉐비키당 입당/혁명운동으로 수차례 체포됨. 1917년 2월혁명 후 볼쉐비키당 페테르부르크위원회 위원/페트로그라드 소비에트 대의원. 10월혁명 후 베세엔하 의장 대리. 1918년 8월 페트로그라드 체카 의장. 1919년 카잔省 당위원회 서기. 1920년 全러시아 노동조합중앙평의회 간부회 위원. 1923년 모스크바市 당위원회 서기. 1924~37년 당 중앙위원. 1925년 우랄州 당위원회 제1서기. 1926년 레닌그라드州 당위원회 제2서기. 1928~31년 우편전신인민위원. 1935~37년 소브나르콤 의장 대리/소비에트통제위원회 의장. 1937년 6월 체포되어 1938년 6월 최고형을 선고받고 처형됨.

알렉세예프(Н.А. Алексеев, 1873~1972): 혁명운동가
체르니고프省 쇼스트카 출생. 관리 집안 출신. 노브고로드 김나지야 졸업 후 1891~92년 페테르부르크 대학 수학. 1892년 軍醫아카데미 입학. 1897년 레닌의 〈노동계급해방투쟁동맹〉에 가입/1898년 러시아 사회민주노동당 창당 멤버. 1900~05년 런던에서 망명생활을 하며 레닌과 협력관계 유지/≪이스크라≫에서 일함. 1917년 10월혁명 후 정치적으로 유의미한 족적을 남기지 않음. 1954년부터 연금생활. 1963년 사회주의노동영웅 칭호 받음.

알리예프(Г.А. Алиев, 1923~2003): 당 간부/아제르바이잔 대통령
아제르바이잔 나히체반 출생. 철도노동자 가정 출신. 1939년 나히체반 사범학교 졸업/아제르바이잔 산업대학 건축학부 입학. 1941년부터 나히체반자치공화국 내무인민위원부 근무. 1945년 입당. 1948년부터 국가보안성 아제르바이잔 담당 제5국장. 1966~69년 아제르바이잔 국가보안위원회 의장. 1969~82년 아제르바이잔공산당 제1서기. 1982년부터 소련공산당 정치국원. 1982~87년 소련 각료회의 의장 제1대리. 1987년 은퇴. 1990년 아제르바이잔공화국 최고회의 대의원으로 정계 복귀. 1991~93년 아제르바이잔 나히체반자치공화국 최고회의 의장. 1993년 아제르바이잔 국회 의장. 1993~2003 아제르바이잔 대통령.

[나데즈다] 알릴루예바(Аллиуева, 1901~1932): 스탈린의 처/세르게이 알릴루예프의 막내딸
바쿠 출생. 1917년 3월 스탈린이 페트로그라드로 귀환했을 때 알릴루예바의 집에서 잠시 기거함. 1918년 여름 스탈린이 차리친으로 파견될 때 동행하면서 사실혼 관계에 돌입/1919년 3월 결혼 등록. 1918년 입당. 민족문제인민위원부/레닌 비서실/≪혁명과 문화≫, ≪프라우다≫ 편집국 등에서 근무. 1929년 공

업아카데미 섬유공업학부 수학/同學 니키타 흐루쇼프를 스탈린에게 소개함. 1932년 권총으로 자살.

야고다(Г.Г. Ягода, 1891~1938): 혁명운동가/내무인민위원
야로슬라블省 릐빈스크 출생. 본명은 예노흐 게르쉐노비치 이예구다. 인쇄공-판각사의 아들. 유대인. 1907년 러시아사회민주노동당 입당. 1912년 모스크바에서 체포되어 2년 유형을 선고받고 심비르스크에서 유형생활을 하다 만기 전에 사면됨. 1913년부터 페테르부르크 푸틸로프 공장에서 노동자 생활. 1915년 징집/1916년 부상으로 전역. 1917년 ≪병사 프라우다≫에서 근무/10월혁명에 참여. 1917~18년 ≪농촌 빈민≫ 편집장. 1918년부터 베체카 근무/1920년부터 베체카 간부회 위원. 1923년부터 오게페우 의장 대리. 1930~34년 당 중앙위원회 후보위원. 1934년부터 당 중앙위원. 1934~36년 내무인민위원 겸 국가보안총국장. 1936~37년 통신인민위원. 1937년 3월 체포되어 1938년 3월 처형됨.

야로슬랍스키(Е.М. Ярославский, 1878~1943): 혁명운동가/당 간부/아카데믹
치타 출생. 시베리아 流刑식민자 가정 출신. 1898년 러시아사회민주당 입당/자바이칼 지역 철도노동자를 대상으로 사회민주주주의 운동을 벌임. 1901년 유럽 이주 후 ≪이스크라≫ 통신원. 1903년 러시아사회민주노동당 페테르부르크위원회 위원. 1905~07년 볼쉐비크로서 혁명운동을 전개함/1907년 체포됨. 유형생활을 마친 후 東시베리아에 거주. 1915~17년 야쿠츠크 지지학박물관장. 10월혁명 때 모스크바 군사혁명위원회 위원/모스크바당 기관지 ≪소셜-데모크라트≫ 편집인. 1918~19년 모스크바군관구 전권위원. 1919~20년 당 중앙위원회 후보위원. 1921년 당 중앙위원회 서기. 1921~23년 당 중앙위원. 1923~34년 당 중앙통제위원회 위원. ≪프라우다≫, ≪볼쉐비크≫ 등의 편집인 역임. 1934~39년 당통제위원회 위원. 1939년 소련과학원 아카데믹. 1939~43년 당 중앙위원.

야코벤코(В.Г. Яковенко, 1888~1937): 당 간부/농업인민위원
예니세이省 칸스크 출생. 농민 가정 출신/9세 때 고아가 됨/날품팔이 생활. 1910년 징집/제1차 대전 참전. 1917년 7월 볼쉐비키당 입당/고향으로 귀환. 1918년~20년 시베리아에서 콜차크 白軍에 저항하는 빨치산운동을 지도. 1920~21년 칸스크 혁명위원회 의장. 1922년 크라스노야르스크省 집행위원회 의장 대리/모스크바로 소환됨. 1922~23년 농업인민위원. 1923~26년 사회보장인민위원. 1924년 당 중앙통제위원회 위원. 1926~35년 고스플란 간부회 위원. 1935년 농업인민위원부 산하 新인피작물연구소 소장. 1937년 체포되어 처형됨.

야코블레프(А.С. Яковлев, 1906~1989): 항공기 설계사
모스크바 출생. 사무원 가정 출신. 소년 시절부터 비행기에 심취/1924년 자신의 첫 번째 글라이더(АВФ-10) 제작. 1924~27년 주콥스키 군사항공기술아카데미(ВВИА) 비행대 노동자 생활. 자력으로 경비행기(АИР-1)를 제작한 후 1927~31년 주콥스키 아카데미에서 수학. 1935~56년 항공산업인민위원부 산하 특별항공트러스트(Спецавиатрест Авиапрома) 생산설계국 총설계사. 1938년 입당. 1940~46년 항공산업인민위원 대리. 1956~84년 야코블레프 특별설계국(ОКБ имени Яковлева) 설계장/이곳에서 200여 종의 항공기가 제작됨.

[요나] 야키르(И.Э. Якир, 1896~1937): 적군 지휘관.
베사라비아省 키시뇨프 출생. 약제사 아들. 유대인. 스위스 바젤대학/하리코프 기술대학 수학. 1915년부터 오데사 군수공장에서 선반공으로 병역 대체 복무. 1917년 4월 볼쉐비키당 입당/동년 10월 베사라비아省 소비에트 집행위원회 위원/동년 12월 省당위원회 위원. 1918년 1월부터 赤軍 부대를 지휘. 1918~19년 제8군 혁명군사회의 위원. 1919~20년 사단 지휘관. 1921~23년 키예프군관구 사령관. 1923~24년 우크라이나-크림무력군 사령관 보좌관. 1925~35년 우크라이나군관구 사령관. 1930~34년 소련 혁명군사회의 위원. 1930년 당 중앙위원회 후보위원. 1934년부터 당 중앙위원. 1935~37년 키예프군관구 사령관/국방인민위원부 군사회의 위원. 1937년 레닌그라드군관구 사령관. 1937년 5월 체포되어 6월에 투하쳅스키와 함께 처형됨.

[표트르] 야키르(П.И. Якир, 1923~1982): 소련 인권운동가/요나 야키르의 아들
1923년 키예프 출생. 유대인. 1937년 부친 처형과 동시에 아스트라한으로 추방됨/이후 사회적 위험분자로 체포되어 1942년까지 수용소 생활. 1942년 赤軍 입대/대조국전쟁 참전. 1944년 다시 체포되어 1945년에 8년 징역형을 선고 받음/1953년 석방됨. 1955년 모스크바 정착. 1957년 소련과학원 소련역사연구소 입학/赤軍 관련 논문으로 학위 취득/이후 저술활동. 1966년부터 소련 인권운동에 가담. 1969~72년 야키르의 집에서 인권운동가들의 모임이 지속됨. 1970년 인권운동지 ≪시사연보(Хроника текущих событий)≫의 발행을 주도. 1972년 反소비에트 선전활동 혐의로 체포되어 1973년 9월 징역 3년과 3년 유형을 선고받음. 1974년 감형과 함께 모스크바 귀환이 허용됨. 1982년 사고로 사망.

에렌부르크(И.Г. Эренбург, 1891~1967): 혁명운동가/작가
키예프 출생. 엔지니어-상인 가정 출신. 유대인. 1901년부터 모스크바 제1김나지야에서 부하린과 함께 수학. 1905년부터 혁명운동에 가담. 1908년 1월 체포 투옥됨. 1908년 말 프랑스 망명 후 그곳에서 문예활동에 종사. 1917년 귀국/10월혁명을 부정적으로 평가하고 1921년 독일로 망명. 1923년부터 ≪이즈베스치야≫ 유럽 통신원으로 활동/히틀러 집권 후 反나치 선전활동에 주력. 스페인 내전 기간인 1936~39년 ≪이즈베스치야≫ 종군기자. 1940년 소련 귀국. 대조국전쟁 시기 ≪붉은 별≫ 종군기자로 ≪프라우다≫ 등의 신문에 많은 反나치 기고문을 발표. 1942년 〈유대인 反파시스트위원회〉에 가담/전후 크렘린과 긴장관계 유지. 1954년에 발표한 소설『해빙(Оттепель)』은 흐루쇼프 시대를 표현하는 용어로 사용됨. 1966년 학계 · 문화예술계 인사들과 함께 스탈린 복권에 항의하는 서한을 당 중앙위원회 간부회 앞으로 발송.

예고로프(А.И. Егоров, 1883~1939): 적군 원수
사마라省 부줄룩 출생. 도시하층민 가정 출신. 1901년 사마라 고전김나지야 졸업/입대. 1902~05년 카잔 보병사관학교 수학/이후 장교로 복무. 1917년 2월혁명 후 사회혁명당 입당. 1917년 12월 赤軍 입대. 1918년 입당. 1918~19년 제10군/제14군 사령관. 1919~20년 남부전선군 사령관. 1920~21년 키예프군관구 사령관. 1922~24년 카프카스 赤旗軍 사령관. 1927~31년 벨로루시군관구 사령관. 1931~35년 赤軍 참모장. 1935년 赤軍 원수. 1934~38년 당 중앙위원회 후보위원. 1935~37년 赤軍 총참모장. 1937년 5월 국방인민위원 제1대리/1938년 1월 해임됨. 1938년 3월 스파이 혐의로 체포되어 1939년 2월 처형됨.

예누키제(А.Ф. Енукидзе, 1877~1937): 혁명운동가/나데즈다 알릴루예바의 대부/당 간부

쿠타이시省 츠하디시 출생. 농민 가정 출신. 그루지야인. 1889~1892년 멘그렐리 소학교 수학. 1893~1897년 티플리스 기술학교 수학. 1898년 바쿠철도창 기관차 기관수. 1899년 바쿠 사회민주주의 단체 창립 멤버. 1901년 직업혁명가로 활동을 시작/이후 2월혁명 때까지 볼쉐비크로서 체포와 유형생활을 반복. 1917년 제1차 全러시아 소비에트대회 대의원. 1917~18년 全러시아 중앙집행위원회 군사부장. 1922~35년 소련 중앙집행위원회 서기. 1927~34년 당 중앙통제위원회 간부회 위원. 1934~35년 당 중앙위원. 1937년 2월 조국배신 및 간첩 혐의로 체포되어 동년 10월에 처형됨. (1930년대 당 간부들에 대한 재판들 중 유일하게 "소녀들에 대한 체계적 약취유인 행위"가 혐의 내용에 포함됨)

예료멘코(А.И. Ерёменко, 1892~1970): 적군 원수

예카테리노슬라브省 마르코프카 출생. 빈농 가정 출신. 1913년 징집되어 제1차 대전 때 병사로 참전/10월혁명 후 하사관 신분으로 귀향. 1918년 3월 고향 우크라이나에서 빨치산부대를 조직하여 反나치 투쟁을 전개/이후 부대가 赤軍에 편입됨. 내전 때 세묜 부됸늬가 지휘하는 제1기마군에서 복무. 1931년 탈마쵸프 군사정치아카데미 지휘관과정 수료. 1935년 프룬제 군사아카데미 수료. 1937년 제14기병사단장. 1940년 제3기계화군단장/중장. 1941년 8월 브랸스크전선군 사령관/상장. 1941년 12월 제4타격군 사령관. 1942년 9월 스탈린그라드전선군 사령관/이후 스탈린그라드 전투의 한 축을 담당. 1943년 2월 건강상 이유로 모스크바로 소환됨. 1943년 4월 칼리닌전선군 사령관/대장, 10월 제1발트전선군 사령관. 1944년 제2발트전선군 사령관. 1945년 3월 제4우크라이나전선군 사령관. 1946~53년 西시베리아군관구 사령관. 1953~58년 北카프카스군관구 사령관. 1955년 소련원수 진급. 1958년 퇴역.

예조프(Н.И. Ежов, 1895~1940): 당 간부/내무인민위원

페테르부르크 출생. 주물공의 아들. 1911년부터 푸틸로프 공장에서 견습공으로 일함. 1915년 징집. 1917년 5월 볼쉐비키당 입당. 1918년 8월부터 븨쉬니-볼로촉 유리공장에서 일함. 1919년 赤軍에 소집됨. 1921년 타타르省 당위원회 선전선동과장 대리. 1922~26년 여러 省에서 당서기 역임. 1927~29년 당 중앙위원회 조직배치부 지도원. 1929~30년 농업인민위원 대리. 1930~34년 당 중앙위원회 조직배치부장/스탈린의 지시에 따라 당의 숙정작업을 이행. 1934년부터 당 중앙위원/당 조직국원/당통제위원회 의장 대리. 1935~39년 당통제위원회 의장/당 중앙위원회 비서. 1936~38년 내무인민위원. 1937~37년 정치국 후보위원. 1938~39년 수상교통인민위원. 1939년 10월 체포되어 1940년 2월에 처형됨.

예피세프(А.А. Еписев, 1908~1985): 당 간부/적군 대장

아스트라한 출생. 노동자 가정 출신. 1927년부터 기업 콤소몰조직 서기로 일함. 1929년 입당. 1930년 赤軍 입대. 1931년 군 지휘관과정 수료/이후 보병사단 참모부 과장 및 탱크부대 정치일꾼. 1938년 기계화 · 모터화군사아카데미 수료. 1938년 당 복귀. 1938~52년 우크라이나공산당 중앙위원. 1940년부터 하리코프市/州 당 제1서기. 1943년 5월 소장 계급을 달고 군문에 복귀/제40군 군사회의 위원. 1946년 전역 후 당 복귀/우크라이나공산당 중앙위원회 조직국원 및 간부담당 서기. 1950년 오데사州 당 제1서기. 1951년 소련 국가안전상 간부담당 대리. 1953년 오데사州 당 제1서기. 1955~61년 루마니아 대사. 1961~62년 유고슬라비아 대사. 1962~85년 육해군 정치총국장/대장. 1964~85년 소련공산당 중앙위원.

오르조니키제(Г.К. Орджоникидзе, 1886~1937): 혁명운동가/당 간부
쿠타이시省 고레샤 출생. 몰락한 귀족 집안 출신. 그루지야인. 1901~05년 티플리스 의무학교 수학. 1903년 러시아사회민주노동당 입당/볼쉐비크/1904년 체포됨. 1905~07년 혁명운동에 참여. 1907~09년 수감생활. (1907년 감옥에서 스탈린과 친교) 1910년 프랑스로 가서 1911년까지 레닌의 黨학교(롱쥐모)에서 수학. 1911년 여름 레닌의 지시로 귀국하여 프라하 당협의회 소집을 주관하고 1912년 1월 협의회에서 당 중앙위원에 선임/중앙위원회 러시아국 위원. 1912년 체포됨/3년 징역형을 마친 후 야쿠츠크로 추방됨. 1917년 6월 페트로그라드로 귀환/페트로그라드 당위원회 및 소비에트 집행위원회 위원. 1918년 이후 내전 때 데니킨 군대를 격파하는 데 공적을 세움/자카프카지예의 볼쉐비키 정권 수립에 공헌. 1921~27년 당 중앙위원. 1922년 자카프카지예 당위원회 제1서기. 1926년 北카프카스州 당위원회 제1서기. 1926~30년 노농감독인민위원/당통제위원회 의장/소브나르콤 의장 대리. 1930~32년 베세엔하 의장. 1930~37년 당 정치국원. 1932~37년 중공업인민위원. 1937년 2월 자살함.

올민스키(М.С. Ольминский, 1863~1933): 혁명운동가/당 간부/저술가
보로네시 출생. 귀족 출신 하급 관리의 아들. 1873년 보로네시 김나지야 입학/1879년 제적됨/페테르부르크 제7김나지야로 전학. 1883년 페테르부르크대학 법학부 입학. 1887~89년 병역 필함. 1891년 '인민의 의지당'의 청년동맹에 가입/1894년 체포되어 보로네시로 추방됨. 1891년 페테르부르크에서 '인민의 의지 그룹'을 조직/1894년 체포되어 약 5년간 독방에 갇혀 있다가 1898년 야쿠티야 올룍민스크로 추방됨/러시아사회민주노동당 입당. 형기 종료 후 1904년 2월 스위스로 망명하여 볼쉐비키에 가담/레닌과 함께 일함. 1905년 말 귀국/볼쉐비키 신문 ≪노바야 쥐즌≫ 등의 편집인. 1907~09년 바쿠/페테르부르크에서 혁명사업에 종사. 1911~14년 ≪즈베즈다(Звезда)≫, ≪프라우다≫ 편집인. 1916년부터 러시아사회민주노동당 모스크바省 지방국 위원. 1917년 2월혁명 후 모스크바 볼쉐비키 신문 ≪소셜-데모크라트≫, ≪프라우다≫ 편집인/볼쉐비키당 중앙위원회 사무국 위원. 1917년 12월 재무인민위원. 1918~20년 ≪프라우다≫ 편집인. 1920~28년 10월혁명 · 당사 연구위원회(Истпарт, 1928년 레닌연구소에 통합) 위원장. 1922~31년 고참볼쉐비키협회 의장. 『독방에서의 3년(Три года в одиночной тюрьме)』(1917)을 비롯한 많은 저술을 남김.

요페(А.Ф. Иоффе, 1880~1960): 물리학자/"소련 물리학의 대부"
폴타바省 롬늬 출생. 상인 집안 출신. 유대인. 1902년 페테르부르크 기술대학 졸업. 1905년 독일 뮌헨대학 졸업. 1921~50년 물리학기술연구소 소장. 1924~30년 소련물리학회 회장. 1930년대 중반 핵반응에 대한 집중적인 연구 필요성을 역설. 1945년 원자폭탄의 개발을 위한 '특별위원회 기술회의(Технический совет Специального комитета)'에 참여. 1950년 12월 코스모폴리탄이즘과의 투쟁 캠페인 와중에 공직에서 추방됨. 1954년 반도체연구소 설립. (요페의 가장 큰 공적은 소련 물리학을 세계 수준에 올려놓은 많은 학자들을 육성했다는 데 있다고 평가됨)

우글라노프(Н.А. Угланов, 1886~1937년): 혁명운동가/당 간부
야로슬라블省 리빈스크 출생. 농민 가정 출신. 농촌 소학교 졸업 후 1898년부터 페테르부르크에서 점원 등으로 일함. 1905~07년 혁명운동에 참여. 1907년 러시아사회민주노동당 입당. 1908~11년 병역. 1912년 페테르부르크 상공사무원노조 의장. 1914~16년 하사관으로 다시 군 복무. 1917년 볼쉐비크로서 2월혁명과 10월혁명에 참여. 1919~20년 赤軍 복무. 1921~22년 당 중앙위원회 후보위원. 1923~30년 당 중앙위원. 1924~28년 모스크바州 당위원회 제1서기. 1924~29년 당 조직국원. 1926~29년 당 정치국 후보위원. 1928~30년 노동인민위원. 1920년대 중반 좌익반대파와의 투쟁을 선도했으나 1928~29년 "우익편향"을 드러내며 스탈린의 공업화 정책을 비판. 1932년 출당 조치됨. 1933년 "부하린 학파" 사건 관련하여 체포됨. 1934년 복당. 1936년 다시 체포되어 1937년 5월 처형됨.

우보레비치(И.П. Уборевич, 1896~1937년): 적군 지휘관

코브노省 안탄드리야 출생. 농민 가정 출신. 1909~14년 라트비아 드빈스크 실업학교 수학. 1914~15년 페트로그라드 종합기술대학 수학. 1916년 콘스탄틴 포병학교 졸업/초급장교로 제1차 대전 참전. 1917년 3월 볼쉐비키당 입당. 1918년부터 내전에 참전. 1924~27년 우크라이나군관구/北카프카스군관구 사령관. 1927~28년 독일 파견. 1928~29년 모스크바군관구 사령관. 1930년 독일 파견. 1930년 당 중앙위원회 후보위원. 1931~37년 벨로루시군관구 사령관. 1937년 6월 투하쳅스키와 함께 체포되어 처형됨.

우하노프(К.В. Уханов, 1891~1937): 혁명운동가/당 간부

카잔 출생. 짐꾼의 아들. 1906년부터 노동자로 생활. 1907년 러시아사회민주노동당 입당/볼쉐비크. 이바노보-보즈네센스크, 보로네시 등에서 당 활동을 전개. 1915년 모스크바 〈디나모〉 공장에서 활동/체포 후 유형생활. 1917년 2월혁명 후 모스크바 소비에트 대의원/10월혁명 때 모스크바 모노프지구 군사혁명위원회 위원. 내전 때 모스크바 소비에트에서 활동/〈디나모〉 공장 공장장. 1923년부터 당 중앙위원. 1926~29년 모스크바市 소비에트 집행위원회 의장. 1929~31년 모스크바州 소비에트 집행위원회 의장. 1932~34년 조달인민위원 대리. 1934~36년 러시아공화국 지방공업인민위원. 1936~39년 러시아공화국 경공업인민위원. 1937년 10월 反혁명 혐의로 처형됨.

이그나토프(Н.Г. Игнатов, 1901~1966): 당 간부

돈(Дон)군관州 호표르管區 출생. 목수 아들. 1917년 적위대/1918년 赤軍 입대. 1921~32년 베체카/오게페우 근무. 1924년 입당. 1939~41년 당 중앙위원회 후보위원. 1949~52년 크라스노다르스크州 당위원회 제1서기. 1952~66년 당 중앙위원. 1953~53년 조달인민위원. 1953년 레닌그라드州 당위원회 제1서기. 1955~57년 고리키州 당위원회 제1서기. 1957~60년 당 중앙위원회 서기. 1957년 6월 〈반당그룹〉에 맞서 흐루쇼프를 지지하며 당 중앙위원회 전원회의 소집에 주요 역할을 함. 1957~61년 당 중앙위원회 간부회 위원. 1960~62년 소련 각료회의 의장 대리. 1961~62년 국가조달위원회 의장. 1962~66년 러시아공화국 최고회의 간부회 의장. 1963~66년 소련 최고회의 간부회 의장 대리. 1964년 흐루쇼프 해임 모의에 적극 가담.

이그나티예프(С.Д. Игнатьев, 1904~1983): 당 간부

헤르손省 카를로프카 출생. 빈농 가정 출신. 1914~19년 중앙아시아 테레메즈 면(棉)정제공장 직공.

1919년 콤소몰 입단. 1920년부터 체카 근무. 1926년 입당. 1929~31년 全연방 노조중앙평의회 중앙아시아국 대중부장. 1931~35년 全연방 공업아카데미 항공학부 수학. 1935~37년 당 중앙위원회 공업부장 보좌역. 1937~43년 부랴트-몽골자치공화국 제1서기. 1943~46년 바쉬키르州 당위원회 제1서기. 1947~49년 벨로루시공산당 중앙위원회 서기. 1950~52년 소련공산당 중앙위원회 당·노조·콤소몰기구 담당 부장. 1951~53년 국가보안상. 1952~53년 당 중앙위원회 간부회 위원. 1953년 당 중앙위원회 서기. 1957~60년 타타르스탄州 당위원회 제1서기.

이오르단스키(Н.И. Иорданский, 1876~1928): 혁명운동가/저널리스트
보로네시省 노보호표르스크 출생. 사무원 가정 출신. 1895년 심페로폴 김나지야 졸업/페테르부르크대학 물리수학부 입학. 1899년 대학에서 제적됨/〈노동계급해방투쟁동맹〉에 가담/이후 1904년까지 체포와 수감생활을 반복. 1904년 제네바에서 ≪이스크라≫을 위해 일함/플레하노프와 친교. 1905년 혁명기에 귀국하여 "티혼"이라는 가명으로 페테르부르크 소비에트 집행위원으로 활동/청산주의 등장 이후 볼쉐비키 그룹에 가담/제1차 대전 때 주전파로 활동. 1917년 2월혁명 전후기에 ≪소브레멘늬 미르≫의 편집인/10월혁명에 반대하며 핀란드로 망명. 1922년 귀국 후 러시아공산당 입당. 1923년 이탈리아 주재 전권대표. 1924년부터 국영출판사 근무.

일류신(С.В. Ильюшин, 1894~1977): 항공기 설계사
볼로그다 출생. 빈농 가정 출신. 1909년 15세 때 도시에서 직공생활 시작. 1914년 입대/항공대 복무. 1917년 여름 군사비행학교 수료 후 조종사 면허 취득. 1918년 러시아공산당 입당/볼로그다 교육대학에서 당 활동. 1919년 赤軍에 징집됨/이후 항공대 복무. 1921년 붉은항공대 기술연구소 근무 시작. 1923년 자신의 1호 활공기 'АВФ-3'를 제작. 1926~31년 공군 과학기술위원회 비행부장. 1932년 중앙에어로유체역학연구소(ЦАГИ) 설계국을 경비행기와 중비행기 부문으로 나눌 것을 제안하고, 이에 따라 1933년 1월 설립된 항공복합체(ОКБ)의 중앙설계국장 겸 사장 대리가 됨. 1935년 항공복합체 총설계사/이후 수많은 일류신(Ил) 중비행기를 설계함. 1970년 일류신 항공복합체 사장에서 퇴직.

잘루츠키(П.А. Залуцкий, 1887~1937): 혁명운동가/당 간부
마길료프省 크루차 출생. 농민 가정 출신. 실업학교 1년 수료 후 1904년부터 혁명운동에 가담. 1907년 러시아사회민주노동당 입당. 1911년부터 페테르부르크에서 공장노동자로 일하며 ≪프라우다≫ 일꾼으로 활동. 1916년부터 볼쉐비키당 러시아사무국 국원. 1917년 2월혁명 후 페트로그라드 소비에트 집행위원. 10월혁명 때 페트로그라드 군사혁명위원회 위원. 1918~20년 赤軍 정치위원으로 복무. 1919~20년 쿠르스크省 혁명위원회 의장. 1920~22년 당 중앙위원회 후보위원. 1922~25년 페트로그라드州 당위원회 책임서기. 1923~25년 당 중앙위원. 1925~27년 신반대파/연합반대파의 주요 멤버로 활동. 1927년 당에서 제명됨. 1928년 6월 복당. 1932년까지 니즈네볼가州 인민경제회의 의장. 1934년 12월 다시 출당 조치되며 "지노비예프 반혁명 그룹" 사건 관련하여 체포됨/5년 징역형을 선고받음/복역 중에 "트로츠키스트 반혁명 활동" 사건 관련하여 1937년 1월 최고형을 선고받고 즉시 처형됨.

제르진스키(ф.Э. Дзержинский, 1877~1926): 혁명운동가/체카 의장
빌나省 오쉬먀늬 출생. 귀족 가문 출신. 폴란드인. 1887~1895년 김나지야 수학. 1895년 리투아니아사회민주당(후에 러시아사회민주노동당으로 흡수됨) 입당. 1897년 체포 수감됨. 1898년부터 놀린스크 등에서 유형생활을 하다 1899년 탈주하여 빌뉴스에 잠입. 1900년 체포되어 수감생활을 거친 후 1902년 유형지로 호송 중 탈주하여 유럽으로 망명. 1905년 혁명기 때 바르샤바에서 체포되었으나 곧 특사로 석방됨. 1907년 러시아사회민주노동당 중앙위원으로 궐석 선출됨. 1908~17년 체포와 유형지 탈주를 반복하며 바르샤바를 주 무대로 삼아 직업혁명가로 활동/ 1911년경부터 볼쉐비크. 1917년 2월혁명 후 출옥과 동시에 러시아사회민주노동당 모스크바위원회 위원 및 모스크바 소비에트 집행위원으로 선출됨. 1917년 여름 볼쉐비키당 제6차 대회에서 당 중앙위원에 선출됨. 10월혁명 후 레닌의 지시로 베체카 창설을 주도. 1917~26년 베체카/게페우/오게페우 의장. 1917~26년 당 중앙위원. 1919~23년 내무인민위원. 1923~24년 도로교통인민위원. 1924~26년 베세엔하 의장/당 정치국 후보위원. 1926년 7월 당 중앙위원회 전원회의에서 퍄타코프와 카메네프를 비판하는 연설을 한 직후 심장마비로 사망.

조셴코(М.М. Зощенко, 1894~1958): 작가
페테르부르크 출생. 화가의 아들. 1913년 페테르부르크 제8김나지야 졸업/페테르부르크대학 법학부 입학/1년 후 학비 미납으로 제적됨. 1914년 9월 파블로프 군사학교 입교/1915년 초부터 초급 장교로 군 복무/1917년 2월혁명 직전 의병 전역. 1919년 초 赤軍에 자원입대/동년 4월 전역. 1922년 문단 데뷔/1920~40년대 왕성한 작품 활동을 통해 풍자문학의 대가로 부상함. 중편『회춘(Возвращенная молодость)』, 일화집『하늘색 책(Голубая книга)』, 희곡『범포 가방(Парусиновый портфель)』, 자전적 소설『일출前에(Перед восходом солнца)』, 등을 발표. 1946년 "비열하고 저속한 근성으로 소비에트 인민의 영웅적 헌신과 높은 도덕성을 폄하했다"고 안드레이 즈다노프에 의해 비판당한 후 소련작가동맹에서 제명됨.

[야콥] 주가쉬빌리(Я.И. Джугашвили, 1907~1943): 스탈린의 장남
쿠타이시省 바지 출생. 母는 스탈린의 첫째 부인 예카테리나 스바니제. 그루지야인. 트빌리시에서 유년기를 보낸 후 1921년 모스크바로 이주. 1925년 모스크바 소재 전기학교 졸업/동년 첫 번째 결혼/스탈린의 결혼 반대로 자살 시도/이때 스탈린이 아들에 대한 무관심을 선언. 1929년 이혼. 1930~35년 모스크바 교통엔지니어대학 수학. 1936년 1월 사실혼으로 득남(예브게니). 1936년 12월 발레리나 율리야 멜쩨르와 결혼/1938년 2월 득녀(갈리나). 1937년 赤軍 포병아카데미 입교. 개전 초기인 1941년 6월부터 포병중대장으로 참전/동년 7월 최전선 벨로루시 리오즈노 부근에서 독일군 포로가 됨. 1943년 4월 독일군 집중포로소용소 작센하우젠에서 사망.

주코프(Г.К. Жуков, 1896~1974): 적군 원수
칼루가省 스트렐코프카 출생. 농민 가정 출신. 1915년 징집/러시아군 하사관으로 복무. 1918년 8월 赤軍에 가담. 1919년 3월 입당. 내전 때 동부/서부/남부전선에서 활약. 1920~21년 탐보프 농민반란 진압에 참여/그 공적으로 적기훈장을 받음. 1929년 赤軍 최고지휘관과정 수료. 1933~37년 여러 기병사단의 지휘관으로 복무. 1938년 서부특별군관구 사령관 대리. 1939년 6월부터 몽골공화국 내 소련 제1집단군 사령관. 1939년 8월 할힌골 전투(노몬한 사건)에서 탱크전을 시험하며 일본군에 승리함/그 공적으로 소련영웅 칭호 받음. 1940년 키예프특별군관구 사령관/대장. 1941년 2월 당 중앙위원회 후보위원. 1941년 2~7월 赤軍 총참모장 겸 국방인민위원 대리. 1941년 7월부터 예비전선군/레닌그라드전선군/서부전선군 사령관. 동시에 최고총참모부 위원으로, 스탈린과 함께 대규모 작전을 지휘. 1942년 8월부터 스탈린그라드 전투의 작전 입안을 주도하고 그 공적으로 1943년 1월 소련원수 진급. 1943년 봄부터 쿠르스크 전투의 작전 입안 및 실행에 주도적으로 참여. 1944년 봄 제1우크라이나전선군 사령관. 1944년 11월 제1벨로루시전선군 사령관/이후 베를린 전투를 지휘하여 1945년 5월 8일 22시 43분(=모스크바 시간 9일 0시 43분) 독일군의 항복을 접수. (1945년 6월 24일 모스크바 붉은광장에서 진행된 승전기념 열병식에서 주코프는 로코솝스키 원수가 지휘하는 기수단의 경례를 받음) 1946년 3~6월 육군 총사령관 겸 무력상 대리. 1946년 6월 "보나파르티즘"으로 비판당한 후 오데사군관구 사령관으로 좌천됨. 1947년 2월 당 중앙위원회 후보위원에서 탈락. 1948년부터 우랄군관구 사령관. 1952년 10월 당 중앙위원회 후보위원으로 다시 선임됨. 1953년 스탈린 사망 직후 베리야의 청원으로 국방상 제1대리에 임명됨. 1953년 6월 베리야 체포 작전에 가담/동년 7월 당 중앙위원에 선임됨. 1955~57년 국방상. 1957년 10월 당 중앙위원 직위 박탈과 동시에 국방상에서 해임됨. 1958년 3월 퇴역 후 연금생활. 1964년 흐루쇼프 실각 후 생활 여건이 개선되며 1969년에 회고록『회상과 숙고(Воспоминания и размышления)』를 발간.

즈다노프(А.А. Жданов, 1896~1948): 당 간부

예카테리노슬라브省 마리우폴레 출생. 장학관 가정 출신. 1910~15년 트베리 실업학교 수학. 1915년 볼쉐비키당 입당. 1916년 징집. 1917년 8월부터 페름省 샤드린스크 볼쉐비키 당위원회 의장. 1918년 6월 赤軍 입대. 1919년 제1트베리소비에트기병지휘관과정 교관. 1920~21년 트베리省 당위원회 의장 대리. 1920년 12월 제8차 全러시아 소비에트대회에서 중앙집행위원에 선출됨. 1922년 트베리省 소비에트 집행위원회 의장. 1924~34년 니제고로드州 당위원회 제1서기. 1934~45년 레닌그라드市/州 당위원회 제1서기. 1934~48년 당 중앙위원회 서기. 1930년대부터 당의 유력 이데올로그로 부상/『全연방볼쉐비키공산당사 단기과정』(1938)의 출간에 참여. 1938~40년 당 중앙위원회 선전선동부장. 1938~47년 러시아공화국 최고회의 의장. 1939~48년 당 정치국원. 1948년 8월 심장질환으로 사망. (스탈린과 사돈관계/아들 유리 즈다노프(1919~2006)가 1949년 4월 스탈린의 딸 스베틀라나와 결혼함)

즈베레프(А.Г. Зверев, 1900~1969): 당 간부/재무상

모스크바省 클린 출생. 노동자 가정 출신. 1913년부터 노동자로 생활. 1919년 입당. 1922년 클린郡 당위원회 선전선동부장. 1925년 클린군 재무부장. 1932년 모스크바 바우만지구 당위원회 재무부장. 1933년 모스크바 재정대학 졸업. 1937년 모스크바 몰로토프지구 당위원회 제1서기/재무인민위원 대리. 1938년 1월~48년 2월 재무인민위원/재무상. 1939~61년 당 중앙위원. 1948년 12월~60년 5월 재무상.

지노비예프(Г.Е. Зиновьев, 1883~1936): 혁명운동가/당 간부/코민테른 집행위원회 의장

헤르손省 옐리사벳그라드 출생. 본명은 라도믜슬스키. 농장주 집안 출신. 유대인. 1901년 러시아사회민주노동당 입당. 1902년 서유럽으로 이주. 1903년부터 레닌과 친교/러시아사회민주노동당 제2차 대회 때 레닌을 지지. 1904년 베른대학 화학부 입학. 1905년 혁명기에 귀국하여 러시아사회민주노동당 페테르부르크위원회 위원으로 선출됨. 1907년 러시아사회민주노동당 제5차 대회에서 당 중앙위원에 선출됨/귀국하여 잡지 ≪사회민주주의자≫와 ≪전진≫의 편집인으로 활동. 1908년 체포됨/3개월 후 질병으로 석방/이후 서유럽으로 망명. 1917년 4월 레닌과 함께 "봉인 열차"를 이용하여 귀국/동년 7월사태 후 레닌과 함께 라즐리브에 은신/동년 10월 볼쉐비키당 중앙위원회 비밀회의 때 카메네프와 함께 무장봉기(=10월혁명)에 반대 의견을 개진. 1917년 10월혁명 이후 1926년까지 페트로그라드 소비에트 의장/레닌그라드 당위원회 의장. 1919~21년 당 정치국 후보위원. 1919~26년 코민테른 집행위원회 의장. 1921~26년 당 정치국원. 1923~24년 당 조직국원. 1925년 카메네프와 함께 신반대파를 구성하고 스탈린의 네프 정책을 비판. 1926년 당 정치국 및 코민테른 집행위원회에서 축출됨. 1927년 트로츠키와 함께 연합반대파를 구성하여 스탈린과 대립/출당 조치됨. 1928년 회개 후 카잔대학 강사. 1932년 '맑스·레닌주의자 동맹' 건으로 체포되어 4년형을 선고받고 유형지 쿠스타나이로 추방됨/당에서 재차 제명됨/1933년 정치국 결정으로 복당 조치됨. 1934년 제17차 당대회에 등단하여 회개 연설을 함/잡지 ≪볼쉐비크≫ 편집위원. 1934년 12월 "모스크바 센터" 건으로 다시 체포되어 베르흐우랄스크 감옥에 수감됨. 옥중에서 1936년 8월 "트로츠키-지노비예프 反蘇연합 센터" 건으로 사형을 선고받고 즉시 처형됨.

차콥스키(А.Б. Чаковский, 1913~1993): 작가

페테르부르크 출생. 의사 가정 출신. 유대인. 1938년 고리키 문학대학 졸업/대학 재학 중 문예잡지 ≪10월(Октябрь)≫에서 일하며 1937년에 비평가로 문단 데뷔. 1941년부터 소련작가동맹 회원. 대조국전쟁 때 종군기자로 활동. 1955~63년 잡지 ≪외국문학≫ 편집장. 1962~88년 ≪문학신문(Литературная газета)≫ 편집장. 1971~86년 당 중앙위원회 후보위원. 1986~90년 당 중앙위원. 소설『봉쇄(Блокада)』(1969),『승리(Победа)』(1979) 외에 다수의 산문, 비평, 희곡, 비평을 발표.

추루파(А.Д. Цюрупа, 1870~1928): 혁명운동가/당 간부

타브리다省 알료쉬키 출생. 시청 공무원 가정 출신. 1887~93년 헤르손 농업학교 수학. 1891년부터 맑스주의 학생서클에서 활동하며 1893년과 1895년에 체포됨. 1898년부터 러시아사회민주노동당원/이후 심비르스크, 우파(Уфа)에서 회계원으로 일하다 1900년 레닌과 만남/≪이스크라≫ 활동가. 1901년부터 하리코프 등에서 활동하다 1902년 체포됨. 1902~05년 올로네츠에서 유형생활. 1905~17년 우파 쿠구쉐프公의 영지 관리인. 1917년 2월혁명 후 러시아사회민주노동당 우파위원회 간부회 위원/10월혁명 때 우파 군사혁명위원회 위원. 1918~21년 식량인민위원. 1922~23년 노농감독인민위원. 1923~25년 고스플란 의장. 1923~28년 당 중앙위원. 1925~26년 대내외교역인민위원. 1928년 심장질환으로 사망.

체레텔리(И.Г. Церетели, 1881~1959): 혁명운동가/멘쉐비크/국가두마 의원

그루지야 쿠타이시 출생. 귀족 가문 출신. 그루지야인. 티플리스 제2김나지야 졸업 후 1900년 모스크바대학 법학부 입학/학생운동을 주도한 혐의로 체포되어 1901~03년 시베리아 유형생활. 1903년 러시아사회민주노동당 입당/멘쉐비크. 1904년 베를린 망명. 1905년 러시아 귀국. 1907년 제2대 국가두마 의원. 1907년 체포 수감생활 후 1912년부터 시베리아에서 유형생활. 1917년 2월혁명 후 이르쿠츠크에서 노동자 소비에트를 창설. 1917년 3월 페트로그라드로 귀환하여 페트로그라드 소비에트 집행위원회 위원이 됨. 1917년 5월 제2기 임시정부 때 체신장관으로 입각. 1918년 제헌의회 해산 후 그루지야로 귀향하여 신생 그루지야민주공화국의 리더가 됨/1921년 赤軍이 그루지야로 진입하자 유럽으로 망명. 1940년부터 미국 거주.

체르넨코(К.У. Черненко, 1911~1985): 소련공산당 서기장
예니세이省 미누신스크 출생. 농민 가정 출신. 1929~31년 크라스노야르스크州 노보숄로보地區 콤소몰 선전선동부장. 1931년 입당. 1931~33년 카자흐스탄에서 군 복무. 1933~41년 크라스노야르스크州 노보숄로보 지구당/우야르스크 지구당 선전선동부장. 1941~43년 크라스노야르스크州 당위원회 서기. 1943~45년 당 중앙위원회 산하 당조직자최고학교 수학. 1945~48년 펜자州 당위원회 서기. 1948~56년 몰다비아공산당 중앙위원회 선전선동부장/브레즈네프와 친교. 1956~60년 소련공산당 중앙위원회 선전선동부 대중선동과장. 1960~65년 소련 최고회의 간부회 서기국장. 1965~82년 당 중앙위원회 총무부장. 1971년부터 당 중앙위원. 1976~84년 당 중앙위원회 서기. 1978~85년 당 정치국원. 1984~85년 소련공산당 중앙위원회 서기장.

체르노프(В.М. Чернов, 1873~1952): 혁명운동가/사회혁명당 지도자
사라토프省 흐발린스크 출생. 관청 재무관 가정 출신. 사라토프 제1김나지야 재학 때 인민주의 사상에 접함/1890년 체포되어 학교에서 제적됨. 1892년 에스토니아에서 김나지야 졸업 후 모스크바대학 법학부 입학/1894년 체포되어 탐보프로 추방됨. 1895~1899년 탐보프에서 농민 혁명운동에 종사. 1899년 스위스로 이주. 1902년부터, 러시아 국내외에 산재한 여러 사회혁명가 단체들을 통합하여 하나의 단일한 당으로 만들자는 활동가들의 합의에 따라 제네바에서 발행된 기관지 ≪혁명 러시아(Революционная Россия)≫ 편집인/정치 테러의 불가피성을 인정. 1905년「10월선언」공표 직후 귀국. (1905년 12월에 열린 사회혁명당 제1차 대회에서 채택된 당 강령은 체르노프가 기초한 것) 첫 번째 러시아 혁명이 실패로 돌아간 후 1908년 유럽 망명. 제1차 대전 발발 후 국제주의적 입장을 견지. 2월혁명 후인 1917년 4월 귀국/페트로그라드 소비에트 의장 대리/동년 5~8월 임시정부 농업장관. 1918년 제헌의회 의장/제헌의회 해산 후인 1918년 여름 사마라에서 볼쉐비키 정권 타도 투쟁을 준비/콜차크 白軍과의 제휴는 거부. 1920년 8월 체코슬로바키아로 피신. 1931년부터 프랑스 거주. 1941년 미국으로 이주.

추바리(В.Я. Чубарь, 1891~1939): 혁명운동가/당 간부
예카테리노슬라브省 표도로프카 출생. 농민 가정 출신. 1904년 알렉산드롭스크 기계기술학교 입학. 1905~07년 혁명운동에 가담. 1907년 러시아사회민주노동당 입당. 1911년 기계기술학교 졸업 후 모스크바, 페트로그라드 등의 공장에서 일함. 1917년 2월혁명 후 페트로그라드 소비에트 대의원. 10월혁명 후 군사혁명위원회 파견 무기관리총국(ГАУ) 전권위원. 1918~19년 국영기계제작기업합동(ГОМЗа) 이

사회 의장. 1918~22년 베세엔하 간부회 위원. 1921년부터 당 중앙위원. 1923~1925년 소브나르콤 의장 대리. 1923~34년 우크라이나 소브나르콤 의장. 1926~1935년 당 정치국 후보위원. 1934~38년 소브나르콤 의장 대리. 1935~38년 당 정치국원. 1937~38년 재무인민위원. 1938년 4월 反소비에트 행위 등의 혐의로 체포되어 1939년 2월 처형됨.

츠칼로프(В.П. Чкалов, 1904~1938): 비행사

니제고로드省 바실료보 출생. 보일러공 아들. 1919년 15세 때 赤軍에 의용병으로 들어가 비행기 조립공 조수로 일하기 시작. 1921년 예고리옙스크 공군군사학학교 입교. 1922년 보리소글렙스크 군사항공학교/1923~24년 모스크바 군사항공학교에서 고도의 비행훈련을 받음/이후 전투기 조종사로 복무 시작. 1926~28년 제1赤旗전투비행대 복무. 1928년 비행 사고로 처벌받고 예비역 편입. 1930년 현역 복귀/이후 2년간 공군 항공연구소 시험비행사/800회 이상 시험비행 완수. 1933년부터 모스크바 제2비행기공장 시험비행사. 1936년 7월 게오르기 바이두코프, 알렉산드르 벨랴코프와 함께 'AHT-25'기를 타고 모스크바에서 캄차카 우드 섬(現 츠칼로프 섬)까지 9,374km 거리를 56시간 동안 무착륙으로 비행. 1937년 6월에도 츠칼로프, 벨랴코프와 팀을 이루어 'AHT-25'기로 모스크바-북극-밴쿠버(미국 워싱턴州)에 이르는 8,504km 거리를 무착륙 비행. 1938년 12월 신형 전투기 폴리카르포프 'И-180' 시험비행 때 사고로 사망.

츠하카야(М.Г. Цхакая, 1865~1950): 혁명운동가/당 간부

쿠타이시省 훈치 출생. 성직자 가정 출신. 그루지야인. 1886년 티플리스 신학교에서 제적됨. 1892~93년 자카프카지예 최초의 사회민주주의 단체 〈메사메-다시〉 창단 멤버로 활동. 1897년 카프카스 밖으로 5년간 추방형을 선고받음. 1898년 러시아사회민주노동당 예카테리노슬라브위원회에서 활동. 1900~02년 수감생활. 1903년 카프카스 동맹위원회 위원. 1904년 스탈린-스바니제 결혼식 때 대부 역할을 함. 1905~07년 혁명운동에 종사. 1907~17년 유럽에서 망명생활. 1917년 레닌과 함께 "봉인 열차"를 타고 귀국. 1917~20년 볼셰비키당 트빌리시위원회 위원. 1920년 그루지야공산당 중앙위원/코민테른 집행위원회 위원. 1923~30년 그루지야공화국 중앙집행위원회 간부회 의장. 1922~37년 소련 중앙집행위원회 간부회 위원. 1938~50년 소련 최고회의 대의원.

츠헤이제(Н.С. Чхеидзе, 1864~1926): 혁명운동가/멘셰비크/페트로그라드 소비에트 의장.

쿠타이시省 쇼라파니 출생. 귀족 가문 출신. 그루지야인. 1887년 오데사 노보로시이스크대학 입학/혁명운동 가담을 이유로 제적됨/이후 하리코프 수의과대학 입학/1888년 제적됨. 1892년부터 그루지야 사회민주주의 단체 〈메사메-다시〉의 멤버/「공산당 선언」을 그루지야語로 번역/1898년 러시아사회민주노동당에 합류/1903년부터 멘셰비크. 1898~1902년 바투미市 두마 의원. 1902~05년 市병원 감독관. 1905년 혁명운동에 가담. 1907년부터 제3대 국가두마 의원. 1912년부터 제4대 국가두마 의원. 1917년 3~9월 페트로그라드 소비에트 의장. 1917년 6~10월 全러시아 중앙집행위원회 의장. 1917년 10월혁명 후 그루지야로 귀향. 1918년부터 자카프카지예 의회 의장. 1921년 2월 赤軍의 그루지야 점령 후 프랑스로 망명/그루지야 망명정부 수반. 1926년 6월 결핵을 앓다가 자살함.

치페로비치(Г.В. Цыперович, 1871~1932): 혁명운동가

오데사 출생. 유대인. 1888년부터 혁명운동에 투신. 1894년 사회민주주의 서클 지도 혐의로 체포됨/1년 반 독방생활 후 10년 형기로 야쿠티야 스레드네콜림스크로 추방됨. 1905~06년 하리코프에서 혁명운동에 종사. 1907년 페테르부르크대학 입학/1907~11년 페테르부르크 노동조합 등에서 활동. 1911년 체포되어 5개월 수감생활 후 유럽으로 망명/멘쉐비크-국제주의자로 활동. 러시아 귀국 후 볼쉐비키 입장에서 주로 경제문제에 관해 기고. 1917년 2월혁명 후 페트로그라드 소비에트 경제 분과에서 일함/≪이즈베스치야≫ 편집인. 10월혁명 때 무장투쟁에 참여함. 1918년부터 노동조합평의회 간부회 위원. 1919년 입당. 1920년 코민테른 제2차 대회 대의원. 1921~29년 페트로그라드/레닌그라드 인민경제회의 간부회 위원. 1929~32년 레닌그라드 공업아카데미 강사.

치체린(Г.В. Чичерин, 1872~1936): 혁명운동가/외무인민위원

탐보프省 카라울 출생. 귀족 가문 출신. 탐보프/페테르부르크 김나지야 졸업. 1895년 페테르부르크대학 역사문학부 졸업. 1898년 러시아외무성 근무 시작. 1904년부터 유럽에서 사회주의 운동에 종사함. 1905년 러시아사회민주노동당 입당/멘쉐비크. 제1차 대전 중 런던에 거주하며 영국사회당 입당. 1918년 1월 귀국과 동시에 외무인민위원 트로츠키의 대리에 임명되어 브레스트-리톱스크 조약의 실무협상을 담당. 트로츠키 후임으로 1918년 5월부터 1930년 7월까지 외무인민위원 역임.

카가노비치(Л.М. Каганович, 1893~1991): 혁명운동가/당 간부

키예프省 라도믜슬 출생. 농민 가정 출신. 유대인. 인민학교 2년 수료 후 14세부터 키예프에서 노동자 생활. 1911년 러시아사회민주노동당 입당/볼쉐비크. 1914~15년 러시아사회민주노동당 키예프위원회 위원. 1915년 체포됨. 1916년 유형지에서 키예프로 잠입하여 혁명운동에 종사/볼쉐비키당 드네프로페트롭스크위원회 위원. 1917년 10월혁명에 참여/벨로루시 고멜에서 봉기를 지도/제3차 全러시아 소비에트대회 대의원/全러시아 중앙집행위원회 위원으로 선출됨. 1918년 니즈니-노브고로드省 당위원회/집행위원회 의장. 1919년 보로네시省 혁명위원회 의장. 1920년 당 중앙위원회 투르케스탄局 위원/투르케스탄전선 혁명군사회의 위원. 1921년 全러시아 노동조합중앙평의회 지도관. 1922년 당 중앙위원회 조직지도부장. 1923~24년 당 중앙위원회 후보위원. 1924~25년/1928~39년 당 중앙위원회 서기. 1924~25년/1928~46년 당 조직국원. 1924~57년 당 중앙위원. 1925~30년 우크라이나공산당 제1서기. 1926~30년 당 정치국 후보위원. 1930년 모스크바 당위원회 제1서기. 1930~57년 당 정치국원/간부회 위원. 1933년 당 중앙위원회 농업부 설립 및 기계·트랙터관리창(MTC)의 조직사업을 지도함. 1934~35년 중앙통제위원회 의장. 1935년 모스크바 재건계획 작성을 지도/모스크바 지하철 공사를 지도/니키타 흐루쇼프를 천거. 1939~40년 석유공업인민위원. 1943~44년 도로교통인민위원. 1946~47년 건설자재공업상. 1955~56년 소련 각료회의 산하 국가노동임금위원회 의장. 1956~57년 건설자재공업상. 1957년 6월 "몰로토프·말렌코프·카가노비치 반당그룹 사건"으로 주요 직책에서 축출. 1957~61년 아스베스트 광석채취공장 공장장. 1961년 12월 당에서 제명됨/이후 연금생활.

카라한(Л.М. Карахан, 1889~1937): 혁명운동가/외교관

쿠타이시省 티플리스 출생. 변호사 가정 출신. 아르메니아인. 1904년 러시아사회민주노동당 입당/멘쉐비크/하얼빈, 페테르부르크 등에서 당 사업 전개. 1909년 클라우디야 마나예바와 결혼. 1910년 티플리스 실업학교 졸업. 1910~15년 페테르부르크대학 법학부 수학/1916년 톰스크대학 졸업. 1912년부터 노동조합 운동에 종사. 1913년 메쥐라이온파(트로츠키파)에 가담. 1917년 8월 페트로그라드 소비에트 간부회 위원. 1918년 외무인민위원 대리. 1918년 배우 베라 제네예바와 재혼. 1921~22년 폴란드 주재 러시아공화국 전권대표. 1922~23년 외무인민위원부 동방부장. 1923~26년 중국 주재 소련 전권대표. 1926~34년 외무인민위원 대리. 1930년 발레리나 마리나 세묘노브나와 삼혼. 1934년 터키 주재 소련 전권대표. 1937년 5월 소련에 소환되어 체포되었고, 동년 9월 사형 선고를 받고 처형됨.

카메네프(Л.Б. Каменев, 1883~1936): 혁명운동가/당 간부

모스크바 출생. 철도엔지니어 가정 출신. 본명은 로젠펠트. 유대인. 그루지야 티플리스 제2김나지야 졸업/1901년 모스크바대학 법학부 입학. 1901년 러시아사회민주노동당 입당. 1902년 봄 학생운동 관련하여 체포되어 티플리스로 추방됨/동년 가을 파리로 가서 레닌과 친교/1903년 귀국 후 티플리스, 모스크바를 무대로 활동. 1905~07년 페테르부르크 등에서 볼쉐비키파 일원으로 혁명운동에 종사함. 1907년 러시아사회민주노동당 제5차 대회에서 당 중앙위원에 선출됨. 1908~13년 유럽 망명생활. 1914년 초 귀국하여 ≪프라우다≫ 편집국 및 제4대 국가두마 볼쉐비키 분파를 지도. 1914년 11월 체포되어 1915년 투루한스크 지방으로 추방됨/아친스크에서 유형생활을 하다가 1917년 2월혁명 직후 스탈린과 함께 페트로그라드로 귀환. 1917~27년 당 중앙위원. 1918~26년 모스크바市 소비에트 의장. 1919~26년 당 정치국원. 1925년 지노비예프 등과 함께 신반대파를 구성하여 스탈린의 네프 정책을 비판. 1926년부터 트로츠키와 연대하여 스탈린에 대항함(연합반대파). 1927년 12월 출당 조치됨/과오 인정 후 1928년 6월 복당. 1928~29년 베세엔하 과학기술국장. 1929년 5월부터 소브나르콤 산하 이권허여관리위원회 위원장. 1932년 10월 다시 출당 조치되며 미누신스크로 쫓겨남. 1933년 12월 복당되면서 출판사 ≪Academia≫ 사장에 임명됨. 키로프 암살 후인 1935년 1월 다시 체포되어 “모스크바 센터” 사건으로 5년형이 선고됨. 복역 중에 1936년 8월 “트로츠키-지노비예프 센터” 사건으로 최고형을 선고받고 즉시 처형됨.

카피차(П.Л. Капица, 1894~1984): 물리학자/아카데믹

페테르부르크省 크론쉬타트 출생. 베사라비아 태생의 軍엔지니어 가정 출신. 크론쉬타트 실업학교 졸업/1914년 페테르부르크 종합기술대학 전기공학부 입학. 1921~22년 영국 유학/케임브리지대학에서 박사학위 취득. 1929년 런던왕립학회 회원. 1934년 귀국. 1935년부터 물리문제연구소(ИФП) 소장. 1939년 소련과학원 아카데믹. 1945년 8월 베리야의 책임 하에 원폭개발사업이 시작되었을 때 이고리 쿠르차토프, 아브람 요페 등과 함께 ‘특별위원회 기술회의’에 참여함. 1946년 물리문제연구소 소장職에서 해임/1953년 복귀. 1978년 노벨물리학상 수상.

칼리닌(М.И. Калинин, 1875~1946): 혁명운동가/당 간부/[소비에트]중앙집행위원회 의장
트베리省 코르체바 출생. 농민 가정 출신. 소학교 졸업 후 1889년 페테르부르크로 가서 사환 등으로 생업에 종사. 1890년대 중반 페테르부르크 푸틸로프 공장 선반공 신분으로 〈노동계급해방투쟁동맹〉과 연계된 맑스주의 운동 지하서클에서 활동. 1898년 창당된 러시아사회민주노동당 원년 멤버. 1899년 맑스주의 서클 관련 혐의로 체포되어 10개월 징역 후 티플리스에서 유형생활 시작. 유형지에서 혁명운동을 지속하다 다시 체포되어 1901년 탈린으로 추방됨. 1903년 혁명운동으로 다시 체포되어 페테르부르크 크레스티 감옥에 투옥되었다 반년 후 탈린으로 추방됨. 1904~05년 카렐리야에서 유형생활. 1905년 혁명에 적극 가담. 1912년 볼쉐비키당이 창당되었을 때 당 중앙위원회 후보위원 및 중앙위원회 러시아국 멤버로 선출됨. 1916년 체포되어 근 1년간의 징역 후 東시베리아로의 유형을 선고받음/호송 중 탈주하여 페테르부르크에서 당 사업을 지속함. 1917년 2월혁명 당시 페트로그라드에서 볼쉐비키 활동가로 활약/10월혁명 후 북방 지역의 도시경리 업무를 관할. 내전 때는 전국을 다니며 선전활동에 종사. 1919년 3월 스베드를로프 후임으로 全러시아 중앙집행위원회 의장으로 선출됨. 1919년 당 중앙위원/정치국 후보위원. 1926~46년 당 정치국원. (1919년 全러시아 중앙집행위원회 의장으로 선출된 후에 소련 중앙집행위원회 의장/소련 최고회의 간부회 의장으로 재직하며 1946년까지 국가수반의 역할을 수행)

케렌스키(А.Ф. Керенский, 1881~1970): 변호사/국가두마 의원/임시정부 수반
심비르스크 출생. 성직자 집안 출신. 1899년 타쉬켄트 김나지야 졸업/페테르부르크대학 법학부 입학. 1904년 대학 졸업 후 변호사 보좌관 활동. 1905년 변호사협회가 구성한 〈1월사태 희생자지원위원회〉에 참여/동년 10월부터 사회혁명당 공보 ≪바다제비≫[=폭풍우 예보자라는 뜻]의 편집에 참여/탄압 대상이 됨. 1909년 12월부터 페테르부르크에서 정식 변호사로 활동/인권변호사의 명성을 얻음. 1912년 제4대 국가두마 의원에 당선(원내분파: 트루도비키). 1915년 트루도비키 원내대표. 1917년 2월혁명 때 페트로그라드 소비에트 의장 대리/사회혁명당 입당/임시정부 법무장관/5월 군사장관/7월 임시정부 총리. 1917년 10월혁명 후에 유럽으로 망명. 1940년 나치군대의 프랑스 점령 후 미국으로 망명. 1965년 회고록 발간. 1970년 뉴욕에서 사망.

코네프(И.С. Конев, 1897~1973): 적군 원수
볼로그다省 니콜스크 출생. 농민 가정 출신. 1916년 징집. 제1차 대전에 참전/포병 하사관으로 복무. 1918년 입당/내전 때 자바이칼리예 및 원동에서 정치장교(코미사르)로 복무. 1926년 프룬제 군사아카데미 최고지휘관과정 수료. 1934년부터 보병사단장. 1938년 제2독립赤旗軍 사령관. 1939~52년 당 중앙위원회 후보위원. 1940년 자바이칼군관구 사령관/중장. 1941년 北카프카스군관구 사령관/상장 진급. 1941년 9~10월 서부전선군 사령관/전선군 참패의 원인 조사를 위해 위원단이 구성되었고, 주코프가 코네프를 구원함/이후 칼리닌전선군 사령관으로 모스크바 전투에 참여. 1942년 8월(~1943년 2월) 서부전선군 사령관으로 스탈린그라드 전투에 참여. 1943년 7월 스텝전선군 사령관으로 쿠르스크 전투에 참여/동년 8월 대장 진급. 1943년 10월부터 제2우크라이나전선군 사령관으로 여러 작전을 지휘하였으며, 1944년 초 코르순 전투에서의 공적으로 동년 2월 소련원수로 진급. 1944년 5월 제1우크라이나전선군 사령관. 1944년 7월 레닌훈장과 함께 소련영웅 칭호를 받음. 1945년 봄 코네프의 전선군 베를린을 점령. 1945~46년 오스트리아주둔군 사령관. 1946년 육군 총사령관 겸 무력상 대리. 1951~55년 프리카르파티예군관구 사령관. 1955~60년 국방상 제1대리 겸 바르샤바조약군 사령관. 1961~62년 독일주둔군 사령관. 1952~73년 당 중앙위원.

코롤료프(С.П. Королёв, 1906~1966): 로켓·항공우주과학자/우주선 설계사

볼린省 지토미르 출생. 교사 가정 출신. 1917년 오데사 김나지야 입학. 1924년 키예프 종합기술대학 입학/1926년 모스크바 고등기술학교(현 바우만 공대)로 전학하여 안드레이 투폴레프의 지도하에 항공기 관련 논문을 쓰고 졸업. 1931년 반동추진 연구그룹을 결성하고 1933년 첫 로켓 발사에 성공/이후 로켓(미사일) 연구와 실험에 매진. 1938년 6월 反국가 파괴암해활동 혐의로 체포되어 교정노동수용소 수감 10년을 선고받음/모스크바 부티르카 감옥을 거쳐 1939년 봄 콜리마로 추방됨. 1940년 3월 모스크바로 이감/재심을 거쳐 징역 8년을 선고받고 모스크바 특별감옥 '엔카베데 특별설계국(ЦКБ-29)'에 유폐됨/수감 중에 수형자 신분으로 투폴레프와 함께 폭격기 'Пе-2'와 'Ту-2' 등의 개발에 참여함/이후 'ОКБ-16'으로 이감되어 요격기, 로켓 등의 개발에 종사하다 1944년 7월 스탈린의 지시로 형 만기 전에 석방됨. 1946년 8월부터 제1특별설계국 책임설계사. 1948년에 탄도미사일 'Р-1', 1956년엔 대륙간탄도미사일 'Р-7'을 개발. (세르게이 코롤료프의 지휘 하에 1957년 10월 'Р-7'에 실린 최초 인공위성 〈제믈랴〉가 우주공간으로 발사됨. 1961년 4월 유리 가가린을 태운 최초의 유인우주선 〈보스톡-1〉 발사 성공 후에 우주정거장 구상을 추진했으나, 코롤료프의 구상은 1967년 4월 〈소유즈-1〉호가 발사됨으로써 그의 사후에 실현되기 시작함)

코르닐로프(Л.Г. Корнилов, 1870~1918): 임시정부 러시아군 최고총사령관

세미필라틴스크省 우스치-카메노고르스크 출생. 시베리아 카자크 집안 출신. 1883년 옴스크 육군유년학교 입학. 1889~92년 페테르부르크 미하일롭스키 포병학교 수학. 1892~04년 투르케스탄 군관구에서 정보장교로 복무. 1895~97년 총참모부아카데미 이수. 1904~05년 러일전쟁 참전. 1907~11년 중국 주재 러시아대사관 무관. 1914년 8월부터 제48보병사단장/제1차 대전 참전/1915년 4월 전투 패배로 오스트리아軍 포로가 됨/1916년 7월 포로수용소 탈출/동년 9월부터 서남부전선 특별군 제25군단 사령관. 1917년 2월혁명 후 페트로그라드군관구 사령관/동년 7월 임시정부 軍 최고총사령관/동년 8월 말 "무정부 상태의 청산"을 위해 군대를 동원하여 수도 점령을 시도/쿠데타 실패 후 체포 구금됨/10월혁명 직후 反볼쉐비키 군부세력에 의해 석방됨/이후 돈(Дон)지역에서 미하일 알렉세예프(М.В. Алексеев, 1857~1918)와 협력관계 구축/의용군(白軍) 사령관이 됨. 1918년 4월 예카테리노다르 부근에서 벌어진 赤軍과의 전투 때 전사.

코사레프(А.В. Косарев, 1903~1939): 당 간부

모스크바 출생. 노동자 가정 출신. 9세부터 공장 직공으로 일함. 1914년부터 섬유공장에서 일하며 노동운동에 가담. 1917년 가을 청년노동자연맹 가입/1918년 11월 콤소몰 창설과 동시에 입단. 1919년 10월 입당. 1920년부터 페트로그라드 콤소몰에서 활동. 1922~23년 모스크바 바우만지구 콤소몰위원회 제1서기. 1924년 공산청년인터내셔널 집행위원회 위원. 1926년 콤소몰 중앙위원회 조직배치과장. 1927년 콤소몰 중앙위원회 서기. 1927~30년 당 중앙통제위원회 위원. 1929~38년 콤소몰 중앙위원회 제1서기. 1934년 당 중앙위원/조직국원. 1938년 11월 체포되어 1939년 2월 처형됨.

코식긴(А.Н. Косыгин, 1904~1980): 당 간부/"스탈린의 인민위원"/소련 각료회의 의장
페테르부르크 출생. 노동자 가정 출신. 1919~21년 赤軍 복무. 1921~24년 페트로그라드 조합직업기술학교 수학. 1924~28년 튜멘/키렌스크 소비조합 지도원 등. 1927년 입당. 1930~35년 레닌그라드 섬유대학 수학. 1937~38년 레닌그라드 섬유공장 〈10월〉 공장장. 1938~39년 레닌그라드市 소비에트 집행위원회 의장. 1939~40년 섬유공업인민위원. 1939~80년 당 중앙위원. 1946~80년 당 정치국원/간부회 의원/정치국원. 1948~53년 경공업상. 1953~54년 생필공산품상. 1953~64년 소련 각료회의 의장 대리. 1959~60년 고스플란 의장. 1964~80년 소련 각료회의 의장.

콜라로프(В.П. Коларов, 1877~1950): 불가리아공산당 지도자/코민테른 서기장
불가리아 슈멘 출생. 1897년 불가리아노동자사회민주당 입당. 1912~13년 발칸전쟁 참전. 1919년 불가리아공산당 중앙위원회 서기로 선출됨/불가리아 대표단을 이끌고 코민테른 제2차 대회(1921년)와 제3차 대회(1922년)에 참가. 1922~1924년 코민테른 서기장/이후 1945년까지 소련 거주. 1945~47년 불가리아 인민공화국 국민회의 의장/1947~49년 외무상/1949~50년 각료회의 의장.

콜론타이(А.М. Коллонтай, 1872~1952년): 혁명운동가/페미니스트/외교관
페테르부르크 출생. 본명은 알렉산드라 미하일로브나 도몬토비치(콜론타이는 첫 번째 남편의 성). 귀족 가문 출신. 유년 시절 다면적 홈스쿨링 받음/6개 이상 외국어에 능통/'인민의 의지당' 이념에 동조하는 가정교사 스트라호바(М.И. Страхова)의 영향을 받음. 1893년 장교 블라디미르 콜론타이와 결혼/5년 후인 1898년 (옐레나 스타소바와의 친교를 계기로) 혁명운동에 가담하가 위해 러시아사회민주노동당 입당/스위스 취리히대학 입학. 1899년 런던으로 가서 영국 노동운동을 공부. 1901년 제네바에서 플레하노프와 친교. 러시아사회민주노동당이 멘쉐비키와 볼쉐비키로 분열한 1903년 제2차 당대회 이후 중립적 태도 견지. 1905년 레닌과 친교/첫 번째 러시아 혁명에 적극 참여. 1908년 유럽 망명. 1907년/1910년/1912년 국제사회주의 대회에 러시아사회민주노동당 대의원으로 참석. 제1차 대전 때 처음엔 전쟁을 지지했으나, 그것의 제국주의 성격을 이해한 후 레닌 진영에 합류. 1915년 볼쉐비키당 입당/레닌과 긴밀한 관계를 유지하며 부여받은 임무를 수행. 1917년 2월혁명 직후 귀국/페트로그라드 소비에트 집행위원회 위원/레닌의 「4월테제」를 지지/동년 8월 당 중앙위원으로 선출됨/10월혁명의 실행을 결정한 당 중앙위원회에 참석/동년 10월 제2차 全러시아 소비에트대회 간부회 위원. 1917년 10월혁명 후 후생복지인민위원. 1918년 '좌익공산주의자'로 활동/브레스트-리톱스크 조약에 반대하며 인민위원職 사임. 내전 때 우크라이나에서 赤軍 사단 정치부장/크림공화국 선전선동인민위원. 1920년 당 중앙위원회 여성부장. 1921년 쉴랴프니코프와 함께 노동자반대파로 활동함. 1921~22년 코민테른 국제여성서기국 서기. 1924~26년/1927~30년 노르웨이 주재 소련 전권대표. 1926~27년 멕시코 주재 소련 전권대표. 1930~45년 스위스 주재 소련 전권대사.

콜차크(А.В. Колчак, 1874~1920): 백군 지도자

페테르부르크 출생. 군인 집안 출신. 1885~88년 페테르부르크 제6김나지야 수학. 1888~94년 해군유년학교 수학/1894년 해군 소위 임관/이후 해양 연구와 북극 탐사활동에 주력/러일전쟁에 참전. 1906년 러시아지리학회 회원. 1910년 해군총참모부 발트작전과장. 제1차 대전 참전. 1916~17년 흑해함대 사령관/1917년 6월 퇴역. 1918년 5월 중동철도(=동청철도) 경비대 총감독으로 하얼빈에 부임하여 그곳에서 여러 무장부대의 통합을 시도. 1918년 10월 옴스크 白軍 본영에 합류/'全러시아임시정부'(디렉토리야)의 육해군장관에 취임. 1918년 11월~1920년 2월 '디렉토리야' 최고통령 겸 러시아군 최고총사령관. (미국 등 간섭국의 지원을 받은 콜차크는 1919년 봄 40만 명에 이르는 병력을 보유하였으나 결국 赤軍에 패배하여 1920년 2월 이르쿠츠크에서 처형됨)

쿠나예프(Д.Ф. Кунаев, 1912~1993): 당 간부

세미레치예省 베르니 출생. 사무원 가정 출신. 카자흐인. 1936년 모스크바 비철금속대학 졸업/이후 주로 공업기관 근무. 1939년 입당. 1942~52년 카자흐공화국 소브나르콤 의장 대리. 1952년부터 소련공산당 중앙위원. 1955~60년/1962~64년 카자흐공화국 각료회의 의장. 1960~62년/1964~86년 카자흐스탄공산당 제1서기. 1971~87년 소련공산당 정치국원. 1987년 당 정치국 및 중앙위원회에서 축출됨.

쿠르차토프(И.В. Курчатов, 1903~1960): 물리학자/소련 원자폭탄 개발의 주역/아카데믹

우파省 심 출생. 산림 관리인의 아들. 1908년 가족이 심비르스크로 이주/1911년 현지 김나지야 입학. 1912년 가족과 함께 크림반도 심페로폴로 이주/심페로폴 김나지야 공부에 병행하여 야간 기능공학교 졸업. 1920년 크림 타브리다대학 물리수학부 입학/1923년 졸업. 1925년부터 레닌그라드 물리학기술연구소 연구원(지도교수 아브람 요페). 1930년 물리학기술연구소 물리학과장. 1932년부터 핵물리학 연구에 착수/1942년 9월 시작된 원폭개발 사업에서 중심적 역할을 수행. 1943년 소련과학원 아카데믹. 1943~60년 원자력연구소 소장. (1945년 8월 원폭개발 프로젝트의 시작과 함께 '특별위원회 기술회의' 학술분과 책임자가 됨) 1948년 입당. (1949년 8월 29일 쿠르차토프의 지도 아래 원자폭탄 실험이 성공적으로 완수됨)

쿠시넨(О.В. Куусинен, 1881~1964): 혁명운동가/코민테른 서기/당 간부

핀란드 바사省 라우카 출생. 재단사 가정 출신. 핀란드인. 1904년 핀란드사회민주당 입당/2년 후 당 리더가 됨. 1905년 헬싱키대학 역사인문학부 졸업. 1908~09년/1911~13년 핀란드 의회(Sejm) 의원. 제2인터내셔널 코펜하겐대회(1910년)와 바젤대회(1912년)에 참가. 1918년 핀란드혁명정부 교육전권위원/혁명정부 붕괴 후 소비에트 러시아로 도피/핀란드공산당 창당을 주도. 1919년 핀란드에 잠입하여 혁명운동을 벌였으나 실패한 후 1921년 러시아로 귀환. 1921~39년 코민테른 집행위원회 서기. 1922~39년 코민테른 집행위원회 간부회 위원. 핀란드와의 전쟁 중인 1939년 12월~1940년 3월에 수립되었던 '핀란드민주공화국' 정부 수반 겸 외무상. 1940~56년 카렐리야-핀란드소비에트사회주의공화국 최고회의 간부회 위원. 1941~64년 소련공산당 중앙위원. 1952~53년/1957~64년 당 중앙위원회 간부회 위원. 1957~64년 당 중앙위원회 서기.

쿠이비쉐프(В.В. Куйбышев, 1888~1935): 혁명운동가/당 간부
옴스크 출생. 귀족 집안 출신. 1898년 옴스크 육군유년학교 입학. 1903년 사회민주주의 지하서클에 가입하여 활동. 1904년 러시아사회민주노동당 입당. 1905년 육군유년학교 졸업 후 페테르부르크 군사의학원 입학/1906년 제적됨/이후 혁명운동에 종사. 1909년 톰스크대학 법학부 입학/1910년 초 혁명활동으로 대학 제적과 동시에 체포되어 톰스키 감옥에 5개월간 투옥됨/西시베리아 나림으로 추방되어 2년의 유형생활 시작/나림에서 스베르들로프와 함께 볼쉐비키 조직을 만듬. 1912년부터 1916년까지 체포와 탈주를 반복하며 페테르부르크, 볼로그다, 하리코프 등에서 혁명운동을 벌임. 1916년 체포되어 5년 유형을 받고 투르한스크로 호송되는 도중 2월혁명으로 석방됨. 1917년 러시아사회민주노동당 사마라 위원회를 지도하며 사마라 소비에트 의장으로 선출됨. 10월혁명 때 사마라에서 소비에트 권력을 수립. 1918~20년 赤軍 제1군/제4군 혁명군사회의 위원. 1920년 全연방 노동조합중앙평의회 간부회 위원. 1921년 베세엔하 간부회 위원. 1922~23년 당 중앙위원/중앙위원회 서기. 1923~26년 노농감독인민위원. 1923~27년 당 중앙통제위원회 위원. 1926~30년 베세엔하 의장. 1930~34년 고스플란 의장. 1927~35년 당 중앙위원/당 정치국원. 1935년 1월 심장질환으로 사망.

[니콜라이] 쿠즈네초프(Н.Г. Кузнецов, 1904~1974): 해군 원수
볼로그다省 메드베드키 출생. 국가농노의 아들. 1917년부터 아르한겔스크港 배달부로 일함. 1919년 北드비나江 소함대 입대. 1921~22년 아르한겔스크함대 승무원. 1923~26년 프룬제 해군학교 수학/졸업 후 흑해함대에서 근무. 1929~32년 해군아카데미 수학. 1933~36년 순양함 〈체르보나 우크라이나〉호 함장. 1936년 해군고문으로 스페인에 파견됨. 1938~39년 태평양함대 사령관. 1939년 해군인민위원 대리/해군인민위원. 1940년 해군 대장. 1941~45년 최고총참모부 위원. 1944년 해군 원수. 1945년 국방위원회 위원/얄타회담 및 포츠담회담에 참여. 1946년 해군 총사령관/무력상 대리. 1947년 1월 해군발전계획 관련 스탈린과의 이견으로 총사령관 등에서 면직됨. (전시에 기밀문서를 연합국에 임의로 넘겼다는 혐의로 기소되었으나 1948년 2월 소련무력성 명예법정에서 집행유예 판결을 받음) 1948년 6월 원동 해군사령관 대리. 1950년 태평양 제5함대 사령관. 스탈린 사후 1953~55년 국방성 제1대리 겸 해군 총사령관. 1955년 말 국방상 주코프와의 갈등으로 국방상 제1대리에서 해임됨/1956년 해군 중장으로 강등. 주코프 해임(1957년)과 흐루쇼프의 실각(1964년) 이후 해군 베테랑그룹이 쿠즈네초프의 복권을 수차례 청원함. 『승리의 항로(Курсом к победе)』(1975)를 비롯한 몇 권의 회고록을 남김.

[바실리] 쿠즈네초프(В.В. Кузнецов, 1901~1990): 당 간부
코스트로마省 소필로프카 출생. 농민 가정 출신. 1915년 사범학교 입학. 1920~21년 赤軍 복무. 1926년 레닌그라드 종합기술대학 졸업. 1927년 입당. 1930~31년 미국 유학(야금학). 1940~44년 고스플란 의장 대리. 1944~53년 全연방 노동조합중앙평의회 의장. 1946~52년 당 조직국원. 1952~53년 당 중앙위원회 간부회 위원. 1952~89년 당 중앙위원. 1955~77년 외무상 제1대리. 1977~86년 최고회의 간부회 의장 제1대리/당 정치국 후보위원.

[스테판] 쿠즈네초프(С.М. Кузнецов, 1891~1938): 당 간부
니제고로드省 크냐기닌 출생. 농민 가정 출신. 교구학교 3년 수료/8세부터 노동에 종사. 1915년 볼쉐비키당 입당. 1917년 2월혁명에 참여/동년 3월부터 니즈니-노브고로드省 당위원회 서기. 1919년 8월부터 1년간 니즈니-노브고로드市 소비에트 의장. 1920년 1~7월 니제고로드省 당위원회 의장. 1920년 8월 우크라이나 전출/헤르손省 혁명위원회 의장. 1921~23년 하리코프省 집행위원회 의장. 1930~31년 소련 고스플란 의장 대리. 1931~35년 동청철도 이사회 의장 대리. 1935~37년 스탈린그라드州 집행위원회 의장. 1937년 7월 체포되어 1938년 1월 처형됨.

[알렉세이] 쿠즈네초프(А.А. Кузнецов, 1905~1950): 당 간부
노브고로드省 보로비치 출생. 노동자 가정 출신. 1922년부터 노동자 생활. 1924~32년 노브고로드/레닌그라드 콤소몰에서 활동. 1925년 입당. 1932년부터 레닌그라드 당조직에서 활동. 1939년 당 중앙위원. 1945~46년 레닌그라드市/州 당 제1서기. 1946~49년 당 중앙위원회 서기/조직국원. 1949년 8월 레닌그라드 사건 관련하여 체포되어 1950년 10월 처형됨.

[벨라] 쿤(Kun Béla, 1886~1938): 헝가리공산당 지도자
1902년 헝가리사회민주당 입당. 오스트로-헝가리軍에 징집되어 제1차 대전 참전/1916년 러시아군 포로가 됨. 1917년 2월혁명 후 러시아볼쉐비키사회민주노동당 입당. 1918년 러시아공산당 내 헝가리 공산주의자 그룹을 결성/이후 레닌을 만나 오스트로-헝가리제국 내 공산주의 운동의 지도권을 위임받음. 1918년 11월 부다페스트로 귀국하여 헝가리공산당을 창당. 1919년 3월 수립된 헝가리소비에트공화국에서 리더 역할을 함/동년 9월 소비에트공화국 몰락 후 소비에트 러시아로 귀환/1920년 10월 남부전선 혁명군사회의 위원으로 임명됨. 1921년부터 코민테른 집행위원회 및 간부회 위원/코민테른을 기반으로 활동. 1937년 체포되어 1938년 8월 처형됨.

크라신(Л.Б. Красин, 1870~1926): 혁명운동가/당 간부
토볼스크省 쿠르간 출생. 경찰 관료의 아들. 1887년 튜멘 알렉산드로프 실업학교 졸업 후 페테르부르크 기술대학 입학/맑스주의 운동그룹 브루스네프 서클에서 활동/1891년 학생시위 관련하여 대학에서 제적됨. 1892년 브루스네프 서클 가담을 이유로 체포되어 투옥됨/1893년 석방됨. 1895년 다시 체포되어 이르쿠츠크에서 3년간 유형생활. 1897~1900년 하리코프 기술대학 수학/이후 바쿠에서 발전소 기사로 일하며 그곳을 근거로 맑스주의 운동을 벌임. 1905년 첫 번째 러시아 혁명 때 볼쉐비키 전투기술그룹을 지도하며 당의 재정문제를 책임졌으며(1907년 6월 그루지야 티플리스의 에리반 광장에서 자행된 국고 25만 루블 강탈사건의 배후인물로 거론됨), 페테르부르크 소비에트 대의원이었고, 막심 고리키와 함께 ≪노바야 쥐즌≫을 발행함. 러시아사회민주노동당 제3차 대회(1905년, 런던), 제4차 대회(스톡홀름, 1906년), 제5차 대회(1907년, 런던)에 대의원으로 참석함. 1903~07년 러시아사회민주노동당 중앙위원. 1908년 체포되었으나 증거불충분으로 석방/이후 이탈리아로 이주. 급진파 볼쉐비크로서 최후통첩주의 입장을 취함/레닌과 갈등을 빚고서 1909년 운동권에서 이탈/이후 독일 지멘스社에 입사하여 베를린에 거주하다 1912년 모스크바 지사장으로 귀국. 1913년 지멘스 러시아 총지배인이 되어 페테르부르크로 이주. 1917년 2월혁명 후 레닌의 노선에 비판적 태도를 취했으나 10월혁명 후 레닌과 트로츠키의 제안을 받아들여 브레스트-리톱스크 회담에 참여. 1918~20년 상공업인민위원. 1919~20년 도로교통인민위원. 1920년 서방과의 상업적, 정치적 관계 회복을 위한 대표단장으로 서방에 파견됨. 1920~23년 대외무역인민위원. 1924~26년 당 중앙위원. 1925~26년 주영 소련 전권대표.

크레스틴스키(Н.Н. Крестинский, 1883~1938): 혁명운동가/당 간부

벨로루시 마길료프 출생. 교사 가정 출신. 1901년 빌냐 제2김나지야 졸업. 1903년 러시아사회민주당 입당/볼쉐비크. 1907년 페테르부르크대학 법학부 졸. 1908~14년 노동조합 및 국가두마 러시아사회민주노동당 분파 법률고문. 1917년 8월부터 볼쉐비키당 중앙위원. 1918~21년 재무인민위원. 1919년부터 당 정치국원/조직국원. 1920~21년 당 중앙위원회 책임서기/트로츠키파. 1921년 제10차 당대회 때 당 정치국 및 중앙위원회에서 축출됨. 1921년 독일 주재 전권대표. 1923~26년 좌익반대파로 활동. 1930~37년 외무인민위원 제1대리. 1937년 봄 법무인민위원 제1대리/동년 여름 체포되어 1938년 3월 처형됨.

크루글로프(С.Н. Круглов, 1907~1977): 당 간부/내무상

트베리省 주브초프 출생. 대장장이 아들. 1924년 초등학교 졸업. 1924~25년 트베리省 니키포로프카 농촌소비에트 서기. 1926~28년 솝호즈 〈바호니노〉의 수선 노동자/철공. 1928년 입당. 1928~29년 트베리州 소비조합 〈소즈베지예〉 조합장. 1929~30년 赤軍 복무. 1931년 모스크바 산업사범대학 입학/1934년 모스크바 동방학연구소 특별부 일본과로 전입. 1935~37년 적색교수원 동방과 수학. 1937년 당 중앙위원회 책임조직원. 1938년부터 내무인민위원부 근무. 1939~41년 내무인민위원 간부담당 대리. 1939~52년 당 중앙위원회 후보위원. 1941~45년 내무인민위원 대리. 1945년~53년 내무인민위원/내무상. 1952~56년 당 중앙위원/베리야의 부하로 인식되어 한직을 전전하다 1960년 출당 조치됨.

크룹스카야(Н.К. Крупская, 1869~1939): 레닌의 처

페테르부르크 출생. 몰락한 귀족 가문 출신. 1887년 페테르부르크 사립 여자김나지야 졸업. 1889년 베스투제프 고등여학원 입학. 1890년 맑스주의 학생서클에 가입/1891~96년 야간학교 교사 일을 병행/1894년 레닌과 만남. 1895년 레닌과 함께 〈노동계급해방투쟁동맹〉의 결성과 활동에 참여. 1896년 체포되어 몇 달간 수감생활을 거친 후 우파(Уфа)로 추방됨. 1898년 7월 레닌의 유형지 크라스노야르스크省 슈쉔스코예로 가서 레닌과의 혼배성사를 등록. 1901년 4월 형기를 마치고 독일로 망명/이후 레닌과 함께함. 1924년부터 당 중앙통제위원회 위원. 1925년 제14차 당대회 때 지노비예프와 카메네프의 신반대파에 가담하여 스탈린을 비판하였으나 곧 자신의 과오를 인정. 1927년부터 당 중앙위원. 1929~39년 러시아공화국 교육인민위원 대리.

크르쥐좌놉스키(Г.М. Кржижановский, 1872~1959): 혁명운동가/당 간부

사마라 출생. 인텔리 집안 출신. 1889년 사마라 실업학교 졸업 후 페테르부르크 기술대학 입학. 1891년 레오니드 크라신의 인도로 페테르부르크 맑스주의 운동그룹인 브루스네프 서클에 가입. 1893년 레닌을 만나 〈노동계급해방투쟁동맹〉에 가담. 1894년 대학 졸업 후 니즈니-노브고로드에서 공업기사로 일함. 1895년 〈노동계급해방투쟁동맹〉 사건으로 레닌과 함께 체포된 후 1900년까지 東시베리아에서 유형생활. 1901년 뮌헨에서 레닌을 만나 ≪이스크라≫ 창간을 논의. 1902년 귀국 후 사마라에서 철도 관련 전기기사로 일하면서 '이스크라 센터'를 지도함. 1903년 러시아사회민주노동당 제2차 대회에서 당 중앙위원으로 궐석 선출됨. 1905~07년 혁명기에 철도노동자 파업을 지도하는 등 혁명운동에 적극 가담/이후 1917년까지 엔지니어로서 삶을 영위. 2월혁명 후 모스크바 소비에트 위원. 1918년 베세엔하 국가설비위원회 의장. 1919년 베세엔하 전기총관리위원회 의장. 1920년 고엘로(러시아전기화국가위원회) 의장. 1921~23년/ 1925~30년 고스플란 의장. 1927~37년 소련 중앙집행위원회 위원. 1929~39년 소련과학원 원장 대리. 1937~45년 소련 최고의회 위원. 1930년부터 사망 때까지 소련과학원 산하 전기연구소 소장으로 재직.

클리몹스키(В.Е. Климовский, 1885~1941): 적군 소장
페리가나省 코칸드 출생. 도시하층민 가정 출신. 1913년부터 군 복무/알렉세예프 군사학교 졸업/제1차 대전에 장교로 참전. 1918년 赤軍에 가담. 1932~36년 프룬제 군사아카데미 교관. 1940년 서부특별군관구 참모장/소장. 1941년 서부전선 참모장/개전 후 1941년 7월 전선 붕괴의 책임 추궁으로 체포 처형됨.

키발치치(Н.И. Кибальчич, 1853~1881): 혁명운동가/발명가/골로바노프의 조부
체르니고프省 코로프 출생. 성직자 가정 출신. 1871년 페테르부르크 도로교통엔지니어대학 입학. 1873년 외과의학원 입학. 농민들에게 혁명을 선동한 혐의로 체포되어 1875~78년 키예프 루키야노프카 감옥에서 수감생활. 1879년 '토지와 자유당'의 비밀테러조직 '자유 아니면 죽음'에 가입/"책임기술자"로서 알렉산드르 2세 암살을 준비했으며, 1881년 3월 체포되어 교수형에 처해짐. (이그나티 그리네비츠키가 알렉산드르 2세에게 던진 젤리그나이트 폭탄이 바로 니콜라이 키발치치가 만든 것임)

키로프(С.М. Киров, 1886~1934): 혁명운동가/당 간부
뱌트카省 우르줌 출생. 노동자 가정 출신. 본명은 코스트리코프. 1901~04년 카잔 초급공업기술학교 수학. 1904년 러시아사회민주노동당 입당. 1906년 체포되어 1년 반 동안 투옥. 1908년경부터 보노시비르스크, 이르쿠츠크 등에서 직업혁명가로 활동. 1909년 北카프카스로 이주해 그곳에서 발행되는 입헌민주당 신문 ≪테렉(Терек)≫의 기자로 활동. 1911년 지하인쇄물 관련 혐의로 체포되었으나 1912년 증거불충분으로 무죄 선고를 받고 풀려난 후 기자활동을 지속. 1917년 2월혁명 후 임시정부를 지지했으나 10월혁명 후 볼쉐비키 진영에 가담. 1918년 봄 北카프카스 지역 소비에트 위원. 1919년 2월 아스트라한 임시혁명위원회 의장. 1920년 4월 러시아공산당 카프카스局 위원/동년 6월 그루지야 주재 소비에트 러시아 전권대표. 1921~26년 아제르바이잔공산당 중앙위원회 제1서기. 1923년부터 全연방공산당 중앙위원. 1926년 지노비예프 후임으로 레닌그라드市/州 당위원회 제1서기에 임명됨. 1926년부터 당 중앙위원회 정치국 후보위원/1930년부터 정치국원. 1934년 12월 피살됨.

키르포노스(М.П. Кирпонос, 1892~1941): 적군 상장
체르니고프省 베르티예프카 출생. 농민 가정 출신. 1915년 징집됨. 1917년 의무병학교 수료. 1918년 초 전역 직후 볼셰비키당 입당/동년 8월 赤軍 입대. 1927년 프룬제 군사아카데미 수료. 1939년 11월 콤디브(=사단장급). 1940년 6월 중장. 1941년 2월 키예프특별군관구 사령관/상장 진급. 독일 침공 후 서남부전선군 사령관으로 전투를 지휘하다 1941년 9월 전사.

테보샨(И.Ф. Тевосян, 1902~1958): 경제 관료/"스탈린의 인민위원"
옐리자벳폴省 슈샤 출생. 재단사 아들. 아르메니아인. 1918년 입당. 1921~27년 모스크바 광산아카데미 수학. 1929~30년 연수차 독일/체코슬로바키아/이탈리아 출장. 1930~34년 당 중앙통제위원회 위원. 1931~36년 중공업인민위원부 산하 금속연합공장 〈스페츠스탈〉 공장장. 1939년부터 당 중앙위원. 1939~40년 조선공업인민위원. 1940~48년 제철공업인민위원. 1948~49년 금속공업상. 1950~53년 제철공업상. 1952~53년 당 중앙위원회 간부회 후보위원. 1953~54년 금속공업상. 1953~56년 소련 각료회의 의장 대리. 1956~58년 주일 소련 대사.

[에른스트] 텔만(Ernst Thälmann, 1886~1944): 독일공산당 지도자
1917년 독립사회민주당 입당. 1922년부터 독일공산당 중앙위원. 1923년 함부르크 무장봉기를 지도. 1924년 독일공산당 중앙위원회 대표. 1925~33년 (바이마르공화국) 국가의회 의원. 히틀러 집권 직후 1933년 3월 체포되어 11년간 독방에 수감됨/1944년 8월 집중수용소에서 처형됨.

토레즈(Maurice Thorez, 1990~1964): 프랑스공산당 지도자
1924년부터 프랑스공산당 중앙위원. 1930~64년 프랑스공산당 서기장/제2차 대전 중 소련에 체류. 1944년 11월 프랑스로 환국. 1946~47년 부수상.

톱스투하(И.П. Товстуха, 1889~1935): 혁명운동가/당 간부/스탈린 비서
체르니고프省 베레즈나 출생. 집사의 아들. 1905년부터 실업학교 학생 신분으로 혁명운동에 참여. 1909년부터 체르니고프 사회민주주의 단체에서 활동. 1909년 체포되어 1911~12년 이르쿠츠크 지방에서 유형생활. 유형지 탈주하여 1912~17년 유럽 망명생활. 1913년 볼셰비키당 입당. 1917년 2월혁명 후 귀국. 1917년 11월~1918년 3월 적위대 중앙참모부 감독과 서기. 1918~21년 민족문제인민위원부 지도위원회 서기/지도위원. 1921~22년 당 중앙위원회 기구 책임일꾼/서기국 관리책임. 1924~26년 레닌연구소장 대리. 1926~30년 당 중앙위원회 비밀부장 겸 서기장 제1보좌관(스탈린 비서실장). 1930년부터 맑스 · 엥겔스 · 레닌연구소장 대리. 1934년 당 중앙위원회 후보위원. 1935년 결핵으로 사망.

투만스키(С.К. Туманский, 1901~1973): 항공엔진 설계사/아카데믹
민스크 출생. 엔지니어 가정 출신. 1922년 페트로그라드 군사기술학교 졸업. 1931년 주콥스키 군사항공기술아카데미(ВВИА) 수료. 1931~38년 항공엔진설계중앙연구소(ЦИАМ) 근무. 1938년 자포로지예 항공엔진공장 책임설계사. 1941~43년 그로모프 비행연구소 엔진과장. 1943년부터 미쿨린 특별설계국 총설계사 대리/1955년 설계국장/1956년 총설계사. (고온터빈항공엔진 개발에 공헌하였고, 2단압축기 제트엔진 개발을 위한 기초연구에 기여) 1951년부터 당 중앙위원. 1968년 소련과학원 아카데믹.

투폴레프(А.Н. Туполев, 1888~1972): 항공기 설계사
트베리省 코르체바 출생. 지방 공증인 가정 출신. 1908년 모스크바 제국기술학교(현 바우만 공대) 입학/1911년 학생운동 가담 혐의로 체포되어 트베리로 추방됨/제1차 대전 직전 모스크바로 귀환하여 1918년 제국기술학교 졸업. 1918~36년 중앙에어로유체역학연구소(ЦАГИ) 핵심 멤버로 활동. 1937년 파괴암해분자로 몰려 체포된 후 15년을 선고받고 모스크바 특별감옥 '엔카베데 특별설계국(ЦКБ-29)'에 유폐됨. 1941년 7월 형 집행이 유예되어 석방됨/1955년 복권됨. (1925년에 제작한 쌍발기 'ТБ-1'부터 시작하여 여객기 'Ту-114'에 이르기까지 100종이 넘는 항공기를 설계 제작함)

투하쳅스키(М.Н. Тухачевский, 1893~1937): 적군 원수
스몰렌스크省 도로고부스 출생. 몰락한 세습귀족 집안 출신. 1904~09년 펜자 제1김나지야 수학. 1912년 모스크바 제1군관학교 졸업/이후 러시아군 장교로 복무/제1차 대전 중 독일군 포로가 됨/1917년 러시아로 귀환. 1918년 赤軍에 가담. 1919년 콜차크 白軍을 진압한 공로로 최고훈장을 받음. 1920년 카프카스전선군/서부전선군 사령관. 1921년 3월 제7군 사령관으로 크론쉬타트 해군기지 수병들의 반란 진압작전을 지휘. 1925년 赤軍 총참모장. 1926년 군사인민위원 대리/군사인민위원 보로쉴로프와의 갈등으로 대리職 사임. 1928~31년 레닌그라드군관구 사령관. 1931년 국방인민위원 대리. 1934년 당 중앙위원회 후보위원. 1935년 소련원수. 1937년 5월 국방인민위원 제1대리에서 볼가군관구 사령관으로 좌천된 직후 체포됨. 1937년 6월 반혁명 혐의로 최고형을 선고받고 처형됨.

트루톱스키(В.Е. Трутовский, 1889~1937): 혁명운동가/좌파 사회혁명당 지도자
폴타바省 콘스탄트노그라드 출생. 귀족 집안 출신. 하리코프 김나지야 졸업 후 1906년 하리코프대학 법학부 입학. 1907년 사회혁명당 입당. 1910~13년 아르한겔스크 지방에서 유형생활. 1914~15년 에세르 잡지 ≪소브레멘닉(현대인)≫ 발행인. 1917년 사회혁명당 중앙위원. 1917년 10월혁명 후 1918년 1월까지 지방자치인민위원. 1918년 7월 좌파 에세르들의 反볼쉐비키 봉기를 주도/1920년 2월 체포됨/1923년 형기 만료 후 1937년까지 여러 유형지를 전전함. 1937년 10월 체포 후 처형됨.

티모쉔코(С.К. Тимошенко, 1895~1970): 적군 원수
베사라비아省 아케르만 출생. 농민 가정 출신. 1914년 징집/제1차 대전에 참전. 1918년 赤軍에 가담/내전 때 공훈으로 적기훈장을 3회 받음. 1922년과 1927년 군사아카데미 최고위과정 수료/1930년 탈마쵸프 정치군사아카데미 지휘관과정 수료. 1933년 벨로루시군관구 사령관 대리. 1935년 키예프군관구 사령관 대리. 1937년 北카프카스군관구/하리코프군관구 사령관. 1939년 9월 폴란드 점령 때 우크라이나전선을 지휘/1939~40년 핀란드 전쟁 때 서북전선을 지휘. 1940년 소련원수. 1940~41년 국방인민위원. 1941년 6~7월 최고총사령관. 1942년 7월부터 스탈린그라드전선군/서북전선군 사령관. 1943년 3월 작전 실패를 이유로 서북전선군 사령관에서 보직 해임됨. 1945년 종전 후 벨로루시군관구 등의 사령관 역임. 1939~52년 당 중앙위원, 1952~70년 당 중앙위원회 후보위원.

[드미트리] 파블로프(Д.Г. Павлов, 1897~1941): 적군 대장
코스트로마省 콜로그리브 출생. 농민 가정 출신. 교구학교 4년 졸업. 1914년 제1차 대전 개전과 동시

에 자원입대/하사관으로 복무/독일군 포로가 되어 종전 후 석방됨. 1919년부터 赤軍 복무. 1928년 프룬제 군사아카데미 수료. 1928년부터 기병연대/기계화연대 등을 지휘. 1936~37년 소련 의용군으로 스페인 내전에 참전. 1939년 당 중앙위원회 후보위원. 1940년 서부특별군관구 사령관/상장. 1941년 대장 진급. 1941년 6월 개전 후 서부전선이 붕괴된 것에 책임을 추궁 당함/군법회의의 선고에 따라 동년 7월 총살됨.

[블라디미르] 파블로프(В.Н. Павлов, 1915~1993): 외교관/몰로토프 통역관
철도엔지니어 가정 출신. 1939년 모스크바 에너지대학 졸업과 동시에 외무성 근무 시작/1939년 입당. 1939~40년 독일 주재 소련대표부 제1서기. 1941~47년 몰로토프 보좌관으로 근무. 1947~48년 영국 주재 소련 대사 보좌관. 1949~53년 외무성 제2중유럽부장. 1952~56년 당 중앙위원회 후보위원. 1953~74년 ≪프로그레스≫ 출판사 편집장.

퍄타코프(Г.Л. Пятаков, 1890~1937): 혁명운동가/당 간부
키예프省 체르카시 출생. 귀족 출신 설탕공장장의 아들. 1907년 키예프 실업학교 졸업/재학 중 혁명운동에 가담. 1910년 페테르부르크대학 법학부 경제학과 3학년 제적/러시아사회민주노동당 입당. 1912년 러시아사회노동민주당 키예프위원회 서기/수차례 체포 석방을 경험함. 1914년 이르쿠츠크省 유형지를 탈주하여 일본과 미국을 거쳐 스위스에 망명. 1915년 스위스에서 볼쉐비키 잡지 ≪콤무니스트≫ 편집에 참여/레닌과 이견으로 갈등을 빚은 후 스웨덴, 노르웨이로 이주. 1917년 2월혁명 후 귀국/이후 키예프를 거점으로 활동하다 페트로그라드로 소환되어 10월혁명 때 국립은행 점령 작전을 지휘. 1918년 부하린과 함께 '좌익공산주의자' 그룹을 이끌며 레닌과 대립함. 1918~1819년 우크라이나 노농임시정부 수반. 1920년부터 주로 경제 분야에 종사. 1922년 고스플란 의장 대리. (1922년 12월 레닌은 「유언」에서 "젊은 중앙위원"으로 부하린과 함께 퍄타코프를 언급함) 1923~27년 베세엔하 의장 대리. 1928년 고스방크 의장 대리. 1930~36년 당 중앙위원. 1930~32년 베세엔하 의장 대리. 1932~36년 중공업인민위원 대리. 1936년 9월 트로츠키파 반혁명분자로 체포되어 게오르기 소콜니코프, 칼 라데크 등과 함께 1937년 1월 처형됨.

퍄트니츠키(О.А. Пятницкий, 1882~1938): 혁명운동가/코민테른 집행위원회 서기/당 간부
코브노省 빌코미르 출생. 소목장이 아들. 본명은 타르쉬스. 유대인. 13세부터 재봉사 조수로 일함. 1898년 러시아사회민주노동당 입당. 1900년부터 수년간 ≪이스크라≫의 內地 요원으로 활동. 1902년 8월 체포 투옥됨/수감생활 중 니콜라이 바우만, 막심 리트비노프 등으로부터 맑스주의 이론을 습득/동년 8월 탈옥하여 서유럽으로 망명. 1903년 말 귀국하여 러시아사회민주노동당 오데사위원회 위원으로 활동. 1905~07년 혁명기에 혁명운동에 참여. 1908~13년 서유럽 망명생활/1913년 귀국. 1914~17년 예니세이 지방에서 유형생활. 1917년 2월혁명 후 모스크바로 귀환/모스크바 당위원회 위원/10월혁명 때 카메네프의 입장에 동조. 1918~19년 全러시아 철도노조 집행위원회 위원. 1918~22년 모스크바 소비에트 집행위원회 위원. 1920~21년 당 중앙위원회 후보위원. 1921년부터 코민테른 집행위원회 위원/1923~35년 코민테른 집행위원회 서기. 1927~37년 당 중앙위원. 1937년 7월 반혁명 혐의로 체포되어 1938년 7월 처형됨.

페르부힌(М.Г. Первухин, 1904~1978): 경제 관료/"스탈린의 인민위원"
우파省 즐라토우스트 출생. 대장장이 아들. 1919년 즐라토우스트 부르주아재산국유화위원회에 참여/입당. 1919~20년 신문 ≪바리바(투쟁)≫의 발송에 참여/내전 때 反볼쉐비키 봉기 진압 전투에 참여. 1929년 모스크바 플레하노프 인민경제대학 졸업(전기공업 전공). 1930~33년 모스크바 〈바리카다〉 공장 기사장/이후 중공업 및 전기 분야에서 경력을 쌓은 뒤 1938년 중공업인민위원 대리에 선임됨. 1939~40년 발전소 · 전기공업인민위원. 1939~57년 당 중앙위원. 1942~50년 화학공업인민위원/화학공업상. 1942년부터 소브나르콤 의장 대리 자격으로 원자폭탄 개발프로젝트를 담당. 1952~57년 당 중앙위원회 간부회 뷰로 위원. 1953~54년 발전소 · 전기공업상. 1955~57년 소련 각료회의 의장 제1대리. 1957년 中기계제작상. 1958년 동독 주재 소련 대사. 1957~61년 당 중앙위원 후보위원/이후 한직에 종사.

페트로프(Ф.Н. Петров, 1873~1973): 혁명운동가/국제친선문화협회 회장
모스크바 출생. 철공의 아들. 1896년부터 사회민주주의 운동에 가담. 1902년 키예프대학 의학부 졸업. 1903년부터 볼쉐비크. 1905년 키예프 봉기에 참여/1906년 체포되어 1915년까지 쉴리셀부르크 요새에 감금됨/이후 이르쿠츠크에서 유형생활을 하다가 1917년 2월혁명 후 풀려남. 1917년 3월 이르쿠츠크市 두마의원. 1918년 시베리아 빨치산운동에 참여. 1920년 당 중앙위원회 원동국 위원. 1921년 원동공화국 각료회의 의장 대리. 1923~27년 교육인민위원부 과학문화예술관리총국장. 1927~39년『소비에트대백과사전』편집장 대리. 1929~33년 全연방국제친선문화협회 회장. 1939~49년『소비에트대백과사전』출판사 사장. 1959~73년『소비에트백과사전』출판사 편집회의 위원. 소련공산당사 및 레닌에 관한 많은 저작과 회고록을 남김.

포노마렌코(П.К. Пономаренко, 1902~1984): 당 간부/대사
쿠반省 벨로레첸스크 출생. 농민 가정 출신. 1918년 赤軍 입대/내전 참전. 1922년부터 콤소몰 활동. 1925년 입당. 1932년 모스크바 교통엔지니어대학 졸업. 1936년 全연방 전기공학연구소 엔지니어. 1937년부터 당 중앙위원회 근무. 1938~47년 벨로루시공산당 제1서기. 1939~61년 全연방(소련)공산당 중앙위원. 1944~48년 벨로루시공화국 각료회의 의장. 1948년부터 全연방(소련)공산당 중앙위원회 서기. 1950~52년 조달상. 1952~53년 소련공산당 중앙위원회 간부회 위원. 1953~54년 문화상. 1954~55년 카자흐스탄공산당 제1서기. 1959~62년 네덜란드 주재 소련 대사. 1961~62년 국제원자력기구 소련대표. 1962~78년 당 중앙위원회 산하 사회과학연구소 근무.

포드보이스키(Н.И. Подвойский, 1880~1948): 혁명운동가/군사인민위원
체르니고프省 네진 출생. 성직자 가정 출신. 1894년 체르니고프 신학교 입학/1901년 신학교 제적/러시아사회민주노동당 입당. 1901~05년 야로슬라블 데미도프 고등法학교 수학. 1903년 제2차 당대회 후 볼쉐비키에 가담. 1904~05년 볼쉐비키 학생위원회 의장. 1905년 이바노보-보즈네센스크 노동자대의원 소비에트 리더. 1906~07년 유럽 망명생활. 1907년 귀국 후 볼쉐비키 당조직에서 활동. 1910~14년 볼쉐비키 신문 ≪즈베즈다(Звезда)≫, ≪프라우다≫의 조직 및 발행에 참여. 1915~16년 잡지 ≪보험문제≫ 편집장. 1916년 11월 체포되었으나 1917년 2월혁명으로 석방됨. 1917년 6월 제1차 全러시아 소비에트대회 대의원. 1917년 10월혁명 때 기갑대대 병사들을 지휘하며 군사작전에 참여/페트로그라드 군사혁명위원회 위원. 10월혁명 직후 1918년 3월까지 군사인민위원. 1918~1919년 공화국혁명군사회의 위원/우크라이나공화국 육해군인민위원. 1919~20년 서부전선 제7군/카프카스전선 제10군 혁명군사회의 위원. 1921~27년 체육인터내셔널 의장. 1924~30년 당 중앙통제위원회 위원. 1935년 은퇴 후 선전 · 문예 활동에 종사.

포스크료비쉐프(А.Н. Поскрёбышев, 1891~1965): 스탈린 비서실장/당 간부
파트카省 슬로보다 출생. 농민 가정 출신. 의무학교 졸업 후 우랄 바란차에서 근무. 1917년 3월 볼쉐비키당 입당/이후 우랄 등에서 활동하다 1922년부터 당 중앙위원회에서 근무/스탈린 보좌관. 1923~24년 당 중앙위원회 총무국장. 1924~29년 당 서기장 보좌관. 1927년 모스크바대학 경제법학부 졸업. 1930년부터 당 중앙위원회 비밀부(=스탈린 비서실) 부장. 1934년부터 당 중앙위원회 후보위원. 1939년부터 당 중앙위원. 1952년까지 스탈린 비서실장 역할 수행. 1952년 12월 당 중앙위원회 간부회 뷰로 서기. 1956년 공직 은퇴.

포스티쉐프(П.П. Постышев, 1887~1939): 혁명운동가/당 간부
블라디미르省 이바노보-보즈네센스크 출생. 방직공의 아들. 9세 때부터 노동에 종사. 1900년부터 노동자서클에 가담. 1904년 러시아사회민주노동당 입당. 1905년 혁명에 적극 가담/총상을 입고 공장에서 해고됨. 1906년 러시아사회민주노동당 이바노보-보즈네센스크 당위원회 위원/볼쉐비크. 1908년 체포되어 복역 후 1912~13년 이르쿠츠크省에서 유형생활. 1914~17년 러시아사회민주노동당 이르쿠츠크局 위원. 1917년 여름부터 東시베리아 및 원동에서 활동. 1921~22년 원동공화국 전권대표. 1923년부터 우크라이나에서 활동. 1924년 우크라이나공산당 키예프州 당위원회 서기. 1927년부터 全연방공산당 중앙위원. 1930~33년 全연방공산당 중앙위원회 서기. 1933~37년 우크라이나공산당 중앙위원회 제2서기/1933~34년 하리코프州 당위원회 제1서기/1934~37년 키예프州 당위원회 제1서기. 1934~38년 全연방공산당 정치국 후보위원. 1938년 2월 반혁명 혐의로 체포되어 1939년 2월 처형됨.

포스펠로프(П.Н. Поспелов, 1898~1979): 당 간부/아카데믹
트베리省 쿠즈네초보 출생. 사무원 가정 출신. 트베리 김나지야 재학 중 혁명운동에 가담/모스크바 농업아카데미 수학. 1916년 러시아사회민주노동당 입당. 1917년부터 트베리에서 노동조합 운동을 벌임. 1920년부터 트베리/노브고로드에서 당 사업에 종사. 1924년부터 당 중앙위원회 근무. 1931년부터 ≪볼쉐비크≫, ≪프라우다≫ 편집국 근무. 1937년 당 중앙위원회 선전선동부장 대리. 1939~71년 당 중앙위원. 1940~49년 ≪프라우다≫ 편집장. 1949~52년 맑스 · 레닌주의연구소 소장. (과거 스탈린에 대한 헌신에도 불구하고 흐루쇼프 집권 후 입장을 바꿔 대량탄압조사위원회 의장을 맡음/포스펠로프 위원회의 자료가 흐루쇼프의 「개인숭배와 그 결과들에 관하여」에 활용됨) 1953~60년 당 중앙위원회 서기. 1953년 소련과학원 아카데믹. 1957~61년 당 중앙위원회 간부회 후보위원. 1961~67년 맑스 · 레닌주의연구소 소장.

포크리쉬킨(А.И. Покрышкин, 1913~1985): 공군 원수

톰스크省 노보니콜라옙스크 출생. 노동자 가정 출신. 1930년 기술학교 입학. 1931년 콤소몰 입단. 1932년 자원입대/1933년 페름 항공기술학교 졸업. 1934~38년 제74보병사단 항공편대 선임항공엔지니어로 복무. 1939년 제55전투비행연대에 조종사로 배치됨/중위. 1941년 6월 개전과 함께 시작된 독일 전투기와의 공중전에서 활약하며 1941년 겨울 레닌훈장 받음. 1942년 입당. 1943년 4월 1달간 10대의 적기를 격추시킨 공적으로 소련영웅 칭호 받음. 1944년 제9근위비행사단장/대좌. 1944년 8월 550회 출격과 53회 승리 후 소령영웅 칭호 받음. 1945년 6월 제1우크라이나전선군 기수로 승전기념 열병식에 참가. 1948년 프룬제 군사아카데미 수료. 1953년 공군 소장. 1957년 총참모부 군사아카데미 수료. 1961~68년 防空軍 제8독립군 사령관. 1968~72년 방공군 총사령관 대리. 1972년 공군 원수. 1976~85년 당 중앙위원회 후보위원. 1979~84년 소련 최고회의 간부회 위원.

포티예바(Л.А. Фотиева, 1881~1975): 혁명운동가/레닌의 비서

랴잔 출생. 사무원 가정 출신. 랴잔 김나지야 졸업 후 1899년 모스크바음악원 입학/1917년 졸업. 1901년 학생운동 관련하여 체포되어 페름으로 추방됨/크룹스카야를 통해 ≪이스크라≫를 받아 페름 지방에 배포. 1904년 다시 체포되어 사마라로 추방되었으나 탈주에 성공/1904년 러시아사회민주노동당 입당/볼쉐비크. 1904~05년 유럽 망명생활. 1905년 귀국 후 당을 거점으로 활동. 1917년 볼쉐비키당 븨보르크지구 위원회 위원 및 ≪프라우다≫의 일꾼으로 활동. 1918~24년 레닌의 개인비서. 1918~30년 소브나르콤 서기. 1938년부터 레닌중앙박물관 근무. 1941~45년 국제적색구원회(모프르) 중앙위원회 위원. 1956년 은퇴.

표도로프(Г.Ф. Фёдоров, 1891~1936): 혁명운동가/당 간부

페테르부르크 출생. 노동자 가정 출신. 1907년부터 공장노동자 생활. 1907년 볼쉐비키당 지하조직에 가입/이후 페테르부르크, 모스크바 등지에서 볼쉐비크 운동가로서의 활동을 지속하며 수차례 체포, 투옥, 추방됨. 수배자 신분으로 1917년 2월혁명에 가담함/2월혁명 후 페트로그라드 소비에트 대의원/당 중앙위원으로 선출됨. 10월혁명 때 페트로그라드 군사혁명위원회 위원. 1917년 노동인민위원부 지도위원. 내전 때 남부전선 제13군/제14군 정치부장. 1920~30년대 당, 정부, 노동조합에서 간부로 활동. 1936년 9월 반혁명 혐의로 체포되어 동년 10월 처형됨.

푸르체바(Е.А. Фурцева, 1910~1974): 당 간부/문화상

트베리省 븨쉬니 볼로촉 출생. 노동자 가정 출신. 1924년 콤소몰 입단. 1928~30년 븨쉬니 볼로촉 직물공장 노동자. 1930년 입당. 1930~33년 지방의 지구콤소몰 서기. 1933~38년 모스크바 정밀화학기술대학 수학. 1941~42년 쿠이븨쉐프市 당위원회 서기. 1942~50년 모스크바市 프룬제 지구당 서기/흐루쇼프와 친교. 1950~57년 모스크바市 당위원회 제2서기/제1서기. 1952~56년 당 중앙위원회 후보위원. 1956~60년 당 중앙위원회 서기. 1956~74년 당 중앙위원. 1957~61년 당 중앙위원회 간부회 위원. 1960~74년 문화상.

푸리쉬케비치(В.М. Пуришкевич, 1870~1920): 국가두마 의원/라스푸틴 암살자
베사라비아 키쉬뇨프 출생. 대지주 귀족 가문 출신. 키쉬뇨프 김나지야 졸업/노보로시이스크대학 역사 인문학부 수학. 1895~1900년 베사라비아 지방 관리. 1904~06년 내무성 관리. 국수주의-전제주의적 결사 러시아인민연합(Союз русского народа)의 리더. 1907~17년 제2~4대 국가두마 의원. 1916년 12월 그리고리 라스푸틴의 암살에 가담. 1917년 2월혁명 후 임시정부에 반대하여 비밀무장조직을 결성. 10월혁명 후 지하에서 소비에트 권력의 타도를 위한 음모를 도모하다 체포 투옥됨. 1918년 석방 후 南러시아로 가서 안톤 데니킨과 협력/이후 로스토프-나-다누에서 흑색백인단 잡지 ≪교회종(Благовест)≫을 발행하다가 1920년 2월 병사.

프레오브라젠스키(Е.А. Преображенский, 1886~1937): 혁명운동가/당 간부
오룔省 볼호프 출생. 사제장의 아들. 1897~05년 오룔 고전김나지야 수학/김나지야 재학 중 러시아사회민주노동당 오룔위원회 세포로 활동. 1905~06년 러시아사회민주노동당 페름위원회 위원/1906년 체포 투옥됨. 1907~08년 러시아사회민주노동당 우랄省 당위원회 위원/1908년 체포 투옥됨. 1911년 유형지에서 탈주. 1911~12년 노보시비르스크에서 합법적 맑스주의 신문 ≪오비의 삶(Обская жизнь)≫ 발행에 참여. 1912년 체포되어 1917년까지 이르쿠츠크에서 유형생활. 1917년 2월혁명 후 치타 소비에트 의장 대리/러시아사회민주노동당 즐라토우스트위원회 위원. 1917~18년 볼쉐비키당 우랄省 당위원회 위원. 1918년 '좌익공산주의자'로 활동. 1919~20년 ≪프라우다≫ 편집인. 1919년 부하린과 『공산주의 입문(Азбука коммунизма)』을 집필. 1920~21년 당 중앙위원회 서기/당 중앙위원/당통제위원회 위원. 1921~24년 당 중앙위원회 재정위원회 의장. 1923년부터 좌익반대파로 활동. 1926년 네프 정책을 비판하는 트로츠키파의 경제이론서 『신경제(Новая Эконмика)』를 출간. 1927년 당에서 제명됨/1928년 우랄스크로 추방됨. 1930년 복당 조치됨. 1930~32년 니제고로드州 계획위원회 의장 대리. 1933년 다시 당에서 제명됨. 1937년 1월 "트로츠키 센터" 관련 혐의로 체포되어 동년 7월 처형됨.

프룬제(М.В. Фрунзе, 1885~1925): 혁명운동가/군사인민위원
세미레치예省 비쉬케크 출생. 도시하층민 가정 출신. 베르늬 김나지야 재학 중 혁명운동서클에 가담. 1904년 페테르부르크 종합기술대학 입학/러시아사회민주노동당 입당. 1905년 1월 "피의 일요일" 시위에 참여하여 부상/이후 1905년 혁명에 적극 가담하여 파업을 주도하고, 동년 12월 모스크바 무장봉기에 가담. 1906년 스톡홀름에서 열린 러시아사회민주노동당 제4차 대회에 참가/레닌과 친교. 1907년 경찰관 살해를 모의했다는 혐의로 사형을 선고받았으나 감형되어 6년 징역을 마친 후 1914년 이르쿠츠크省 만주르카에서 무기 유형생활을 시작. 1915년 치타로 탈주하여 그곳에서 사회민주주의자들이 발행하는 신문 ≪자바이칼 평론≫ 편집국에서 활동. 1916년 레닌의 지시로 벨로루시에 잠입 활동. 1917년 2월혁명 때 민스크에서 무장 민병대를 조직 지휘하여 도시 치안을 확보/이후 1917년 9월까지 민스크 소비에트 집행위원회 의장/≪농민신문≫ 편집장/러시아사회민주노동당 민스크위원회. 1917년 10월혁명 때 모스크바에서 혁명 전투에 참여. 1918년 이바노보-보즈네센스크省 당위원회 의장/야로슬라블군관구 군사전권위원. 1919년 전반기 赤軍 제4군 사령관/동부전선군 사령관/콜차크 白軍을 제압한 공로로 적기훈장 받음. 1919~21년 투르케스탄전선군 사령관/남부전선군 사령관/우크라이나 · 크림 무력군

사령관/이 과정에서 브랑겔 白軍과 마흐노 黑軍을 진압. 1921년부터 당 중앙위원. 1922년 우크라이나 공화국 소브나르콤 의장 대리. 1924년 소련 혁명군사회의 의장 대리/군사인민위원 대리/赤軍 총참모장/赤軍 군사아카데미 원장. 1924~25년 당 정치국 후보위원. 1925년 트로츠키 후임으로 소련 혁명군사회의 의장/군사인민위원에 임명됨. 1925년 10월 위궤양 수술 직후 패혈증으로 사망.

프룸킨(М.И. Фрумкин, 1878~1938): 혁명운동가/당 간부
모길료프省 고멜 출생. 상인 가정 출신. 1898년 러시아사회민주노동당 입당. 1901년 모스크바로 이주/혁명운동에 본격 가담. 1909년부터 모스크바 노동조합 중앙국 의장. 1911년부터 예니세이 지방에서 유형생활. 1917년 2월혁명 후부터 1918년 3월까지 크라스노야르스크省 소비에트 집행위원회에서 활동. 1918~22년 식량인민위원부 지도위원/식량인민위원 대리/당 중앙위원회 시베리아局 위원. 1922~29년 대외무역인민위원 대리/재무인민위원 대리. (1926년 6월 당 정치국에 편지를 보내 스탈린의 농민정책을 비판) 1928~30년 우익반대파로 활동. 1932~37년 대외무역인민위원 대리/플라스틱기업합동 〈소유즈플라스트마스〉 대표. 1937년 10월 체포되어 1938년 7월 처형됨.

피셔(Ruth Fischer, 1895~1961): 독일공산당 지도자
1918년 오스트리아공산당 창당을 주도. 1920년경부터 독일공산당에서 활동하며 당내 좌익 그룹을 형성/특히 함부르크 봉기의 실패 이후 1924~25년 당내 지도권을 행사. 1924년부터 독일 국가의회 의원. 1924년 코민테른 집행위원회 후보위원. 1926년 全연방공산당의 연합반대파, 즉 트로츠키와 지노비예프의 노선을 지지했으며 이로 인해 독일공산당에서 제명됨. 1933년 나치정권 등장 이후 프라하를 거쳐 파리로 도피하여 트로츠키와 협력관계를 수립. 1941년 쿠바를 거쳐 미국에 정착/이후 스탈린주의에 반대하는 활동을 하며 1944년 정보지 ≪The Network≫을 발행. 1945년 케임브리지대학의 주문으로 공산주의 역사에 관한 연구에 착수하여 1948년『스탈린과 독일공산주의』를 발간/이후 주로 反蘇 저술활동에 종사함. (2010년에 공개된 비밀자료에 의하면 피셔는 제2차 대전 후 8년간 미국첩보기관 "The Pond"의 비밀요원이었음)

필냐크(Б.А. Пильняк, 1894~1938년): 작가
모스크바省 모자이스크 출생. 의사 가정 출신. 본명은 보가우. 독일인. 1915년부터 작가생활 시작. 1920년 모스크바 상업대학 졸업. 1926년 프룬제의 죽음에 대한 의혹을 담은 소설『꺼지지 않은 달의 이야기(Повесть непогашенной луны)』를 출간. 1929년 소설『붉은 나무(Красное дерево)』를 국외에서 출간한 이유로 全러시아 작가동맹에서 축출됨. 1937년 스파이 혐의로 체포되어 1938년 4월 처형됨.

흐루쇼프(Н.С. Хрущёв, 1894~1971): 소련공산당 제1서기
쿠르스크省 드미트리예프 출생. 광부의 아들. 어린 시절 겨울에는 학교 다니고 여름에는 목동으로 일함. 1908년 유조프카(현 도네츠크)로 이주. 1912년부터 유조프카 인근 광산에서 철공노동자 생활. 1917년 2월혁명 후 지역 소비에트 대의원으로 선출되며 혁명운동에 가담. 1918년 입당/내전에 참전하여 정치위원으로 활동. 1920년부터 돈바스 광산에서 정치지도원 활동. 1922년 도네츠크 광산기술학교 입학.

1925년 페트보로-마리인郡 당위원회 서기. 1929년 모스크바 소재 全연방 공업아카데미 입교/스탈린의 처 나데즈다 알릴루예바와 친교. 1931년 모스크바市 바우만 지구당/크라스노프레스냐 지구당 제1서기. 1932~34년 모스크바市 당위원회 제2서기. 1934~38년 키예프市 당위원회 제1서기. 1935~38년 모스크바市/州 당위원회 제1서기. 1938~49년 우크라이나공산당 제1서기. 1939~64년 全연방(소련)공산당 중앙위원회 정치국원/당 중앙위원회 간부회 위원. 1941년 이후 대조국전쟁 때 서남전선군/스탈린그라드 전선군/남부전선군/보로네시전선군/제1우크라이나전선군 정치위원. 1944~47년 우크라이나공화국 소브나르콤 의장. 1949~53년 모스크바市/州 당위원회 제1서기. 1953년 9월~1964년 10월 소련공산당 중앙위원회 제1서기. 1958년~64년 소련 각료회의 의장. 1964년 가을 권좌에서 축출됨.

찾아보기

ㅅ

ㅈ

ㅊ

ㅋ

ㅌ

ㅍ

ㅎ

역자 ▎이 완 종

성균관대학교 정치외교학과 졸업

성균관대학교 대학원 정치외교학과 석사, 박사과정 수료

러시아연방과학원 러시아역사연구소 수학(역사학 박사)

『러시아 10월혁명사』, 『이념의 제국: 소비에트연방의 부상과 몰락』 외 다수의 저서와 역서 및 논문이 있음.

現) 동국대학교 대외교류연구원 연구교수